中华人民共和国年鉴

志鉴系列

唐山年鉴

TANGSHANYEARBOOK 2022

2022

唐山市地方志办公室　编

新华出版社

图书在版编目（CIP）数据

唐山年鉴. 2022 / 唐山市地方志办公室编.
北京: 新华出版社, 2022.10
ISBN 978-7-5166-6453-7
Ⅰ. ①唐… Ⅱ. ①唐… Ⅲ. ①唐山—2022—年鉴
Ⅳ. ①Z522.23
中国版本图书馆CIP数据核字(2022)第169910号

唐山年鉴. 2022
编　　者：唐山市地方志办公室

出 版 人：匡乐成　　　　责任编辑：董朝合
责任印务：冯自勇　　　　封面设计：徐　靖

出版发行：新华出版社
地　　址：北京石景山区京原路8号　　邮　　编：100040
网　　址：http://www.xinhuapub.com
经　　销：新华书店
购书热线：010-63077122　　中国新闻书店购书热线：010-63072012

印　　刷：唐山十月制版印刷有限公司
成品尺寸：285mm×210mm
印　　张：31.75　　字　　数：1200千字
版　　次：2022年10月第一版　　印　　次：2022年10月第一次印刷

书　　号：ISBN 978-7-5166-6453-7
定　　价：368.00元

《唐山年鉴》主审

乔朝英　唐山市人民政府常务副市长

王小龙　唐山市人民政府秘书长

李　丹　唐山市人民政府副秘书长

《唐山年鉴》编辑部

主　　编　果爱民

执行主编　张北环

编　　辑　（以姓氏笔画为序）

王　雪　王国梅　齐红珊

李雅静　杨玉伟　张北环

编辑说明

一、《唐山年鉴》是唐山市人民政府主办的重要年刊，是汇集市情信息资料的地方综合年鉴，全面、真实、系统地记载唐山自然、政治、经济、文化和社会等方面的基本情况，逐年编纂出版，国内外公开发行。

二、本卷为《唐山年鉴》2022卷（总第15卷），主要记述全市2021年度的基本情况，客观反映各行各业新变化、新成就、新业绩，为唐山的发展建设提供借鉴，为国内外读者了解、认识唐山提供最新信息，为编史修志积累资料。

三、本卷年鉴采用分类编纂法，大致分为类目、分目、条目3个层次，部分篇内增加子目。有目录、索引两种检索途径，目录在卷前，索引在卷尾，同时有电子版（光盘）随书赠送。

四、本卷年鉴文稿由各承编单位指定专人撰写，经单位负责人审定并加盖公章。部分稿件参考《唐山劳动日报》《唐山晚报》和唐山市委、市政府有关简报及网络信息等。

五、本卷年鉴正文涉及的单位名称，首次出现时用全称，再次出现的采用习惯简称。正文内需要解释的名词或简略语，首次出现时采用括注，再次出现时一般不再括注。

六、本卷年鉴主要数据由唐山市统计局提供，有些数据由供稿单位提供。因统计范围和口径的调整，部分数据不具可比性。“全年”“年内”指2021年，“上年”指2020年。计量单位采用国家法定单位。

一、经济提速促进发展量变，"稳"的基础更加坚实

全市地区生产总值增长6.7%，一般公共预算收入增长9%，固定资产投资增长7%，规模以上工业增加值增长4.9%，服务业增加值、进出口总值等主要指标增速领跑全省。

10月27日至28日，中国共产党唐山市代表会议在南湖国际会展酒店召开。省委常委、市委书记张古江强调，2021年是"十四五"开局之年，是开启全面建成社会主义现代化强国新征程第一年，号召全市人民全面完成全年经济社会发展目标任务。 吕光宇 摄

8月18日，中国共产党唐山市第十一届委员会举行第一次全体会议，选举产生十一届市委常务委员会委员、书记、副书记。新当选市委常委合影：张古江（左六）、田国良（右五）、杨培苏（左五）、乔朝英（右四）、郭永博（左四）、张旭（右三）、韩宏良（左三）、来广普（右二）、李丽（左二）、陈宇（右一）、侯旭（左一）。 吕光宇 刘洪超 摄

位于汉沽管理区汉丰产业园蓝欣玻璃有限公司浮法生产线。　吕光宇 摄

位于乐亭经济开发区唐山国堂钢铁退城搬迁环保升级改造项目进入快速建设阶段。　吕光宇 摄

唐山市迁西县安梨丰收，成为农民致富果。　李少华 摄

金秋时节，冀东地区秋收作物进入大面积收获期。唐山市农户们抢抓晴好天气收获、晾晒农作物。　李秀清 摄

4月23日，中国奶业高质量发展推进会暨第三届河北国际奶业博览会在唐山南湖国际会展中心开幕，展会吸引各地客商和群众前来参观。图为商家产品展示。　张北男 摄

二、项目建设支撑转型质变，“进”的态势更为强劲

开展招商选资百日攻坚，新签约超亿元项目560个。每季度组织项目“三集中”活动，460个省市重点项目完成投资2020.9亿元，占全省四分之一；71个产业转型项目竣工投产，新建项目入统规模以上工业企业134家，省内遥遥领先。

唐山市丰润区引导当地门业生产企业提档升级，发挥产业集群优势，拥有门业生产、配套企业百余家，年产金属门200多万套。 杨世尧 摄

唐山遵化市河北美客多食品集团股份有限公司是农业产业化国家级重点龙头企业、全国农产品加工业示范企业、中国食品工业重点龙头企业，年为农户增收3亿元。图为肉鸡加工生产线。 闫 军摄

河北省唐山市曹妃甸区新天LNG（液化天然气）项目二期工程开工，建设4座单体储能20万立方米LNG储罐，配套建设管廊、蒸发气处理系统、消防系统以及辅助生产设施和公用设施等。 朱旭东 摄

文丰新材料有限公司新材料生产项目位于曹妃甸装备制造园区，总投资110亿元，于1月开工建设，建成后年产氢氧化铝及深加工产品360万吨，实现销售收入75亿元，税金7亿元。图为项目主体施工中。 吕光宇 摄

唐山市乐亭县实施传统制造业创新转型，持续推进企业技术革新，引进发展汽车配件、特种车辆、风电装备等装备制造产业，助推县域经济高质量发展。 杨世尧 摄

中储粮粮食仓储物流项目位于唐山海港经济开发区，属于“央企进冀”项目，实现当年签约当年落地。总投资11.11亿元。图为浅圆仓主体施工现场。 吕光宇 摄

三、创新驱动加快结构裂变，"新"的动能持续释放

全社会研发投入总量全省最高，新增省"专精特新"企业、国家"小巨人"企业全省最多。认定高新技术企业528家、省级科技型中小企业3637家，上市企业实现县域全覆盖。战略性新兴产业增加值增长15.9%，制造业高质量发展排名位居全省第一。

唐山市滦南县发展现代农机制造产业，涌现出30多家创新能力强、产品竞争优势明显农机制造企业，产品畅销全国并出口非洲、欧洲及南北美洲。图为鑫万达实业股份有限公司生产车间装配青饲料收获机割台。 张永新 摄

鑫宝智能制造唐山有限公司高分子工程塑料项目位于唐山海港经济开发区，总投资1.5亿元，主要建设24条改性聚苯醚系列新材料生产线，于5月建成投产。年产聚苯醚改性塑料10万吨、聚苯醚型材管材5万吨，实现销售收入8亿元，税金0.5亿元。 吕光宇 摄

中信开诚特种机器人研发及产业化基地一期项目于5月建成投产，并对二期项目进行谋划筹建。项目建成后，年产特种机器人产品3000台，实现销售收入20亿元，税金3亿元。

吕光宇 摄

唐山市滦南县发展高新技术产业，助力区域经济发展，拥有电子信息、新材料、汽车零部件、节能环保等高新技术企业80余家。图为食品级包装产品企业生产线。 杨世尧 摄

唐山市丰南区加大传统制造业技改力度同时，引进发展特种车辆、精密铸件、线缆、新型防水材料、高端卫生陶瓷等制造产业，助推经济发展，全区规模以上制造企业80余家。图为线缆企业生产车间。 杨世尧 摄

四、向海图强引领路径转变，“蓝”的优势日益增强

唐山港成立国际集装箱公司，货物吞吐量稳居世界沿海港口第二位。曹妃甸自贸片区20项自主创新案例复制推广，跨境电商综试区市场主体达到1000家，综合保税区全国排名前进10位，省级以上开发区营业收入突破两万亿元大关。

2021年，唐山港货物吞吐量居世界沿海港口第二位。图为唐山港集装箱码头。

吕光宇 摄

9月25日，唐山港京唐港区25万吨级航道通过交工验收。 杨世尧 摄

7月10日，巨型货轮在拖轮协助下向唐山港曹妃甸港区矿石码头靠泊。

朱旭东 摄

唐山市发展跨境电商行业，跨境电商综试区市场主体达到1000家。图为有"京东第一大集"之称玉田县鸦鸿桥镇一家直播平台。 牟 宇摄

唐山汉沽经济开发区2021年地区生产总值完成35.9亿元，比上年增长6.1%，一般公共预算收入比上年增长8.9%。图为汉沽城区一角。 韩 轩摄

芦台经济开发区是河北省唯一一块全域在天津市境内"飞地"。2021年，全区实现地区生产总值83.3亿元，比上年增长10.1%；高新技术产业增加值24.1亿元，比上年增长25.5%。 刘国生摄

五、改革攻坚撬动活力嬗变，“创”的红利不断涌现

161项重点改革任务落地见效。国企改革经验全省推广。发布“唐山优化营商环境政府令”，创新“拿地即开工”审批模式，推出“凤凰英才”3.0升级版，实施“凭意愿、零门槛”落户制度，新登记市场主体11.9万户，新增外资企业124户，高居全省榜首。

优化营商环境是唐山市2021年重要目标，“拿地即开工”“一窗受理”“百事通”等系列改革压缩企业投资立项审批时限。图为唐山滦州市行政审批局综合受理窗口。　于传洋 摄

2月，中国（河北）自由贸易试验区曹妃甸片区跨境保税商品展示中心投入运营。　新 华 摄

2月4日，集装箱班列搭载100标箱蒙古国进口煤炭驶入唐山港曹妃甸港区通用码头站。这是曹妃甸港区开通中蒙国际货运班列之后首次开行中蒙煤炭集装箱回程班列。　新 华 摄

唐山市乐亭县引进装备制造业企业30多家，转型升级传统制造业，年主营收入超30亿元。图为引进的上海电气风电设备（河北）有限公司风机生产车间。 刘江涛 摄

唐山迁安市加大对精品钢企业扶持和引导力度，把培育钢铁深加工和耗钢产品作为发展外贸经济突破口，精品钢出口总值超30亿元。图为镀锌管生产企业工人吊运出口钢管。 杨世尧 摄

六、共建共富带来民生改变，"好"的日子愈发红火

23项民心工程和10件民生实事兑现承诺，就业、医保、低保、社区工作者薪酬待遇等指标跻身全省前列。PM2.5浓度降至43微克/立方米，优良天数比上年增加19天，创有监测记录以来最高水平。美丽乡村创建数量位居全省前列。持之以恒抓疫情防控，实现零输入、零输出、零反弹。

唐山市221个老旧小区改造在11月底前全部完工。图为改造后的路北区祥荣里社区。 吕光宇 摄

唐山市把改善农村人居环境列为重点民生工程，改善村容村貌，提升农民幸福感。图为丰南胥各庄镇岭子上村。 牟宇 摄

唐山市发展绿色能源，改善环境质量。图为丰润区依托荒山坡地优势发展光伏发电。 亢晓雨 摄

“十四五”迈稳第一步

唐山市注重发展医养综合体，提升养老服务水平。图为古冶区安馨医疗养老庄园内老人做康复训练。
牟 宇摄

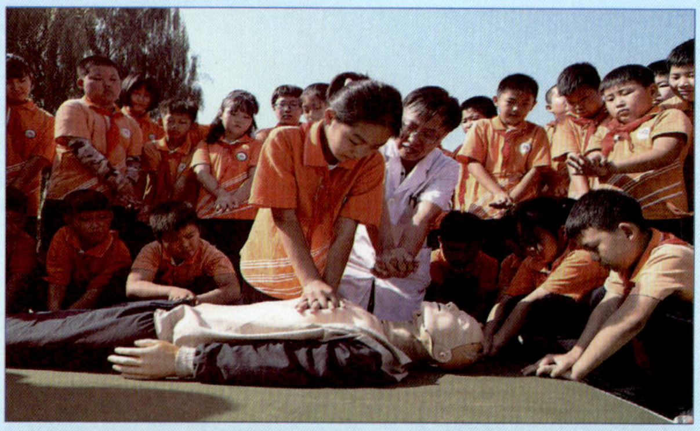

在“世界急救日”，唐山各学校开展主题教育活动，组织学生学习日常救护、防灾避险演练。
朱大勇摄

2021年初，唐山市为疫情期间留唐就地过年外来务工人员提供全方位服务。图为友谊街道慰问辖区内外来务工人员。
刘大民摄

“城市后花园”唐山花海成为市民休闲首选地。
郑 勇摄

目录

MuLu

大事记

年度聚焦一 抗疫

对接京津 协同发展

中共唐山市委员会

唐山市人民代表大会及常务委员会

唐山市人民政府

中国人民政治协商会议唐山市委员会

中共唐山市纪律检查委员会

民主党派·工商联

人民团体

军事

城乡建设

民营经济

商贸服务

开放与合作

口 岸

财税·金融

交 通

邮政·通信

旅　游

科学技术

教 育

文　化

新闻事业

体 育

社会·民生

开发区建设

县（市、区）

人　物

权威媒体看唐山

报道唐山新闻要目

附 录

法规·规章

重要文献

统计资料

索 引

封面图片：唐山市后花园——花海

唐山“十四五”这样做

“十四五”期间，“三个努力建成”将取得决定性成果，唐山将成为以首都为核心的世界级城市群重要一极。找准历史坐标，唐山要成为勇立潮头的革命之城；升华精神坐标，唐山要塑树再创辉煌的英雄之城；锁定价值坐标，唐山要建设人民满意的幸福之城；抬高发展坐标，唐山要打造创新开放的未来之城。

推动向海发展实现新跨越，全力建设东北亚地区经济合作窗口城市。

推动转型发展实现新跨越，全力构建现代产业体系。

推动协同发展实现新跨越，全力开拓京津第二空间。

推进绿色发展实现新跨越，全力建设美丽唐山。

推动融合发展实现新跨越，全力加快“一港双城”建设。

推动统筹发展实现新跨越，全力打造乡村振兴“国家样板”。

推动共享发展实现新跨越，全力增进民生福祉。

推动安全发展实现新跨越，全力提升社会治理体系和治理能力现代化水平。

CONTENTS

People' s Organization

Politics and Law

Military

Urban and rural construction

Integrated Management

Ecological Environment

Agriculture

Industry

Private Economy

Commerce and Trade Service

Open and cooperation

Port

Taxation · Finance

Transportation

Post and Communication

Tourism

Science & Technology

Education

Culture

Journalism

Health

Sports

Society · People's Livelihood

Development Zone and New Town Construction

County (City、District)

Character

Authoritative Media to See Tangshan

Highlights in Tangshan News

Appendix

Regulations · Rules

Important literature

Statistics

Index

Cover image:
Back Garden of Tangshan City — Sea of Flowers

特载
TeZai

中共唐山市第十一届六次全体会议报告（摘要）

全会由市委常委会主持。市委书记武卫东代表市委常委会作了题为《牢记习近平总书记殷切嘱托，解放思想、奋发进取，加快实现“三个努力建成”“三个走在前列”宏伟目标》的报告。

会议审议通过了《中共唐山市委关于忠诚捍卫“两个确立”坚决做到“两个维护”，解放思想、奋发进取，加快实现“三个努力建成”“三个走在前列”宏伟目标的意见》《中国共产党唐山市第十一届委员会第六次全体会议决议》。

全会指出，今年是习近平总书记对我市作出“三个努力建成”重要指示12周年，作出“三个走在前列”重要指示6周年。十二年来，市委、市政府团结带领全市人民遵循习近平总书记的谆谆教导勇毅前行，经济社会发展取得了显著成绩。全市人民由衷地感恩总书记、感谢党中央。全市上下要时刻牢记习近平总书记的殷切嘱托，不辜负总书记的深切关怀和厚爱，坚决扛起党中央和省委赋予的使命责任，夙兴夜寐、激情工作，马上就办、真抓实干，鞠躬尽瘁、拼搏竞进，以更加昂扬的姿态奋进新征程、建功新时代。

全会强调，要坚定不移以习近平总书记视察唐山重要指示精神领航定向，把忠诚捍卫“两个确立”、坚决做到“两个维护”落实到“三个努力建成”“三个走在前列”的生动实践中。要深刻认识到，习近平总书记视察唐山重要指示精神是引领唐山各项事业发展的指南针，是破解唐山高质量发展难题的金钥匙，是英雄城市再创辉煌的动力源，必须不断提高政治判断力、政治领悟力、政治执行力，推动党中央和省市委决策部署落地落实。

全会指出，要坚定不移沿着习近平总书记为唐山指引的光明大道勇毅前行，朝着“三个努力建成”“三个走在前列”宏伟目标加速迈进。工作总体要求是：坚持以习近平新时代中国特色社会主义思想为指导，深入贯彻党的十九大和十九届历次全会精神，全面落实习近平总书记重要指示精神和党中央、省委决策部署，忠诚捍卫“两个确立”，增强“四个意识”，坚定“四个自信”，坚决做到“两个维护”，统筹推进“五位一体”总体布局，协调推进“四个全面”战略布局，深入落实省委十届二次全会精神，坚持稳中求进工作总基调，坚持以人民为中心的发展思想，完整准确全面贯彻新发展理念，坚决落实“疫情要防住、经济要稳住、发展要安全”的要求，高效统筹疫情防控和经济社会发展，解放思想、奋发进取，着力构建“12345”总体工作布局，全面开创新时代“三个努力建成”“三个走在前列”新局面，以优异成绩迎接党的二十大胜利召开。

全会强调，要坚定不移打造创新绿色高质量发展的有力支撑。要聚力建设新工业，全力推动传统优势产业转型升级、战略性新兴产业扩容增量、产业链供应链现代化发展，加速产业基础高级化和产业链现代化。要聚力打造大港口，在基础设施建设、优化集疏运体系、发展港口贸易、绿色智慧平安港口建设、壮大海洋产业上升级加力，加快建设面向东北亚开放的桥头堡。要聚力发展高科技，推动创新能级提升，突出企业创新主体地位，抓好创新创业平台建设，促进科技成果转移转化，全面开启创新型唐山建设新征程。

全会指出，要坚定不移以改革创新激发动力活力，推动“三个努力建成”“三个走在前列”行稳致远。要坚持改革创新，让园区承载平台能级更强大，让资本运营平台实力更雄厚，让人力资源平台服务更精准，着力搭建要素集聚的新平台。要坚持调旧育新，着力壮大欣欣向荣的新产业，推进生产性服务业专业化提升，加快生活性服务业多样化发展，全力推动现代农业提质增效，积极培育发展未来产业，打造唐山高质量发展新引擎。要坚持生态优先，加快建设绿色生态体系、绿色城乡体系、绿色交通体系，着力建设宜居宜业宜游新家园。要坚持人民至上，让就业更加充分，让教育更加公平，让“健康唐山”品质更高，让社会保障覆盖面更广，让人民精神文化生活更丰富，着力共创幸福美好的新生活。

全会强调，要坚定不移走好新的赶考路，在加快实现“三个努力建成”“三个走在前列”中交出优异成绩单。

要坚持高水平对外开放，以更大格局构建开放型经济新体制，以更宽视野抓好招商引资，以更大力度推动沿海经济高质量发展，以更高标准优化营商环境，推动东北亚地区经济合作窗口城市建设实现新突破。要深化供给侧结构性改革，巩固提升去产能成果，多措并举去库存，持续强化金融支撑，千方百计降成本，推动环渤海地区新型工业化基地建设实现新突破。要加快新型城镇化步伐，优化城乡发展空间布局，强力推进城市更新，促进农业转移人口市民化，加快推进乡村振兴，推动首都经济圈重要支点建设实现新突破。要全力保护人民生命财产安全，坚决维护政治安全，推进社会治理创新，严防发生重特大事故，加快建设法治唐山，推动平安唐山建设实现新突破。要大力营造风清气正政治生态，加强党的政治建设，夯实基层战斗堡垒，打造过硬干部队伍，大力弘扬优良作风。要深化反腐倡廉建设，深入落实全面从严治党要求，一体推进不敢腐、不能腐、不想腐。坚持"三个区分开来"，既要严查害群之马，又要为好干部撑腰担当。

全会强调，全市各级党组织和广大党员干部要深入学习贯彻党中央和省、市委决策部署，解放思想、更新观念抓落实，扭住重点、攻坚克难抓落实，比学赶超、事争一流抓落实，真抓实干、转变作风抓落实，恪尽职守、廉洁奉公抓落实，万众一心、凝聚合力抓落实，以实际行动迎接党的二十大胜利召开。

全会号召，全市上下要更加紧密地团结在以习近平同志为核心的党中央周围，牢记习近平总书记谆谆教导，在省委的坚强领导下，忠诚捍卫"两个确立"，坚决做到"两个维护"，解放思想、奋发进取，全面开创新时代"三个努力建成""三个走在前列"新局面，奋力书写英雄城市再创辉煌的新篇章，为建设经济强省、美丽河北作出新的更大贡献。

政府工作报告

——在唐山市第十六届人民代表大会第二次会议上

唐山市人民政府市长　田国良

各位代表：

现在，我代表唐山市人民政府向大会作工作报告，请予审议，并请市政协委员和列席会议的同志提出意见。

一、2021年工作回顾

2021年，时代之变与世纪疫情交织叠加，百年变局与复兴全局相互激荡。我们在省委、省政府坚强领导下，落实"33458"工作思路，在变数中把握规律，在不确定中抓住确定，办成了一批以点带面的大事要事，解决了一批想办未办的难事急事，兑现了一批顺应民心的实事好事，"十四五"迈稳了第一步、见到了新气象。

这一年，经济提速促进发展量变，"稳"的基础更加坚实。把完成任务作为硬道理，狠抓经济运行调度，实现增速进位、体量跃升。全年地区生产总值完成8230.6亿元、增长6.7%，一般公共预算收入完成552.7亿元、增长9%，固定资产投资增长7%，规模以上工业增加值增长4.9%，服务业增加值、进出口总值等主要指标增速领跑全省。

这一年，项目建设支撑转型质变，"进"的态势更为强劲。开展招商选资百日攻坚，新签约超亿元项目762个。每季度组织项目"三集中"活动，460个省市重点项目完成投资2020.9亿元、占全省四分之一；71个产业转型项目竣工投产，新宝泰、华西、金马等退城搬迁企业原址关停，新建项目入统规模以上工业企业134家，省内遥遥领先。

这一年，创新驱动加快结构裂变，"新"的动能持续释放。全社会研发投入总量全省最高，新增省"专精特新"企业、国家"小巨人"企业全省最多。认定高新技术企业528家、省级科技型中小企业3637家，上市企业实现县域全覆盖。战略性新兴产业增加值增长15.9%，钢铁高附加值产品比重达到38%，制造业高质量发展排名位居全省第一。

这一年，向海图强引领路径转变，"蓝"的优势日益增强。唐山港成立国际集装箱公司，货物吞吐量7.2亿吨，稳居世界沿海港口第二位。曹妃甸自贸片区20项自主创新案例复制推广，跨境电商综试区市场主体达到1028家，综合保税区全国排名前进10位，省级以上开发区营业收入突破两万亿大关。

这一年，城市更新激活品质蝶变，"美"的颜值充分彰显。全省首创"投资人+EPC"模式开发城市原点，唐山新城、花海等片区亮点纷呈，城市"双大外环"雏形初显。成功入选全省唯一国家城市更新、城市体检"双试点"、新能源汽车应用试点、一刻钟便民生活圈试点、全域海绵城市示范，举办了省第5届园林博览会，演绎了清水润城、污染退城、秀色满城的别样精彩。

这一年，改革攻坚撬动活力嬗变，"创"的红利不断涌现。161项重点改革任务落地见效。国企改革经验全省推广。发布"唐山优化营商环境政府令"，创新"拿地即开工"审批模式，推出"凤凰英才"3.0升级版，实施"凭意愿、零门槛"落户制度，新登记市场主体11.9万户，新增外资企业124户、高居全省榜首。

这一年，共建共富带来民生改变，"好"的日子愈发红火。23项民心工程和10件民生实事兑现承诺，就业、医保、低保、社区工作者薪酬待遇等指标跻身全省前列。PM2.5浓度降至43微克/立方米，优良天数同比增加19天，创有监测记录以来最好水平。产值10亿元以上农产品加工集群达到9个，美丽乡村创建数量位居全省前列。持之以恒抓好疫情防控，实现零输入、零输出、零反弹。

这一年，“十型”政府推动作风蜕变，“干”的激情全面迸发。深入开展党史学习教育和“四史”宣传教育，说了算、定了干、马上办在政府系统蔚然成风。认真执行市人大及其常委会决议决定，自觉接受人大法律监督、工作监督和政协民主监督，办理人大代表建议478件、政协委员提案471件，按时办复率100%。严格执行中央八项规定及其实施细则精神，毫不松懈纠治“四风”，全年“三公”经费下降10.9%。完成“七五”普法，法治政府建设实现新提升。国防动员和双拥共建不断加强，退役军人服务管理全面优化。民族宗教、机构编制、审计、统计、新闻出版广电、外事侨务、人防海防、史志档案、消防救援、防灾减灾救灾、气象、援藏援疆等工作取得新成效，工会、妇女儿童、青少年、老龄、残疾人、红十字等事业迈出新步伐。

各位代表，这些成绩的取得，根本在习近平总书记重要指示的正确指引，得益于省委、省政府和市委的坚强领导，离不开省直部门的关心帮助和市人大、市政协的监督支持，凝结着全市人民的智慧和汗水，饱含着社会各界的辛劳和付出。在此，我代表市政府，向全市人民，向人大代表、政协委员、离退休老同志，向各民主党派、工商联、无党派人士、人民团体，向驻唐部队、武警官兵、政法干警和消防指战员，向所有关心支持唐山发展的海内外朋友们，致以崇高的敬意和衷心的感谢！

在肯定成绩的同时，也必须看到我们面临的问题和困难：一是人口聚集能力不强。人口是城市未来发展的基础变量。城镇化率提升1个百分点，将直接带动人均资本存量增加3.5%。全市常住人口城镇化率65.52%，低于石家庄、张家口、廊坊，人口总量在全省比重较2010年下降0.2个百分点；县域城镇化水平不高，个别县（市、区）城镇化水平低于50%，亟须加快新型城镇化建设，提高承载能力，释放需求潜力。二是民间投资活力不足。唐山民营经济举足轻重，占全市GDP的62%、财政收入的65.3%、市场主体的95.3%。受市场预期影响，民间投资趋于谨慎，投资增速低于全市投资2个百分点，占固定资产投资比重持续下行。营商环境还有短板，亲商氛围不够浓厚，创业条件不够便利，本土企业家返乡投资意愿还不够强烈。我们要把民营企业家当“自己人”，破除隐性障碍，提振经济信心，让企业投资放心、创业安心、发展称心。三是新兴动能体量不大。科技企业规模小、创新投入少是唐山转型的最大难点。全市传统产业增加值占规模以上工业近九成，高新技术产业增加值占比仅为15.3%。75%的规模以上工业企业没有研发活动，在238家企业调研样本中，研发人员比例低于5%的占到52%，比例超15%的只占17%，政府引导力度有待增强，企业创新能力亟待提升。四是沿海经济增长不快。深水大港的优势还没有充分释放。唐山港面临内部升级慢、向外拓展难的“双重挑战”。海洋经济还处在起步阶段，临港产业层级总体偏低，“过路财神”特征明显，沿海地区经济总量占全市比重33.2%，固定资产投资占比40%，与总书记的要求还有差距，与现代化沿海强市的定位还不匹配。五是财政收入结构不优。税收质量决定财政实力。虽然我市一般公共预算收入保持了稳健增长，但占GDP比重仅为6.7%，丰产不丰收。税收占比62.8%，与全国全省还有差距，存在吨钢税收参差不齐、废钢税收流失、房地产竣工项目土地增值税清缴不彻底等问题，在培植税源税基、提升治税效能等方面还有较大空间。六是能耗控制水平不高。唐山因煤而建、因钢而兴，高耗能产业占比大、工业企业数量多。2021年规模以上工业能源消费总量9116.5万吨标准煤，单位GDP能耗1.4吨标准煤/万元，远高于全省平均水平。全市涉气工业企业6634家，污染物日均排放量相当于石家庄、邢台、邯郸、保定之和，在最有利气象条件下，SO2、NOx、PM2.5、VOCs超载率分别为38%、65%、125%、87%，高排放严重挤压环境容量，远超区域生态承载能力。七是金融服务机制不活。金融是实体经济的血脉。我市基金、保险、信托、融资租赁等业态发展滞后，中小微企业融资难没有明显改观，全市存款余额1.19万亿元，贷款余额7765亿元，存贷比65%，低于全省平均11.3个百分点，与唐山区域资本规模相比，存在较大差距。如果存贷比提高到全省平均水平，将释放1500亿元信贷规模，按照1∶3比例撬动社会资本，可带动超4000亿元的社会投资。八是共同富裕短板不少。共同富裕是全体人民的富裕，不是少数人的富裕。目前各县（市、区）发展依然不平衡，人均GDP差5.2倍，一般公共预算收入差6.1倍，城镇居民人均可支配收入是农村居民的2.1倍，与浙江等先进地区有明显差距。实现共同富裕既不能整齐划一、简单“打平火”，也不能杀富济贫、进行“斗地主”，更不能一哄而上、开展“大跃进”，要解决不平衡不充分的矛盾，持续扩大中等收入群体规模，形成“中间大、两头小”的橄榄型分配结构。九是解决实际问题能力不够。直面问题、破解难题是应对复杂形势的迫切需要。比如在土地要素保障方面，今年全市谋划的省市重点项目用地需求约7000亩，土地报批手续还不够精简高效，基层组卷效率还需大幅提高，特别是存有约9万亩建设用地处于批而未供闲置状态。在日常工作中，仍有少数干部热衷于讲“世界观”，避而不谈“方法论”，干事情坐而论道、纸上谈兵，抓落实高高在上、浮于表面，只表态不表率，只挂帅不出征的现象还不同程度存在。

各位代表，短板就是潜力，差距就是空间。这些问题调优了就是增长动能；抓实了就是发展后劲。唐山前进的每一步，都需要我们不停地去战斗，以初心比拼，拿担当对决，用实干较量，以难题破解的力度提升跨越赶超的速度。

二、2022年主要目标任务

今年是党的二十大召开之年，在唐山发展的历史坐标上至关重要。新的一年，唐山以什么样的姿态强起来、富起来、美起来，全市人民充满新期待。我们要准确把握唐山发展的阶段特征，明晰唐山赶超的方位目标、区间界标、奋进航标，干出英雄人民的样子，赢得英雄城市的未来。

越是形势多变，越要明辨时与势，在主动出击中搏取发展先机。当前，世界形势之变、发展阶段之变、竞争态势之变错综复杂，我国经济面临需求收缩、供给冲击、预期转弱三重压力，但经济长期向好的基本面没有变。唐山经济韧性强、产业基础好、回旋空间大，正处于大有可为的战略机遇期、优势叠加的历史窗口期、全面绿色转型的关键攻坚期。我们要时刻牢记习近平总书记嘱托，因势而谋，顺势而为，乘势而上，在新的赶考路上创造新的辉煌。

越是经济承压，越要统筹稳与进，在动态平衡中加快能级跃升。把大局，稳字当头；谋大势，稳中求进。稳是基础，进是方向。唐山调整产业结构、优化收入结构，加快迈进“万亿俱乐部”，发展仍是解决所有问题的关键，没有一定的增速是办不到的，不进难以固稳。我们要在确保经济运行稳、社会大局稳的基础上，向项目要投资，向企业要收益，实现更有力的进，推动量的合理增长和质的稳步提升。

越是转型关口，越要加快转与调，在动力变革中重塑领跑优势。实体经济是唐山的本钱。我市传统产业“船大难掉头”，新兴产业“量小不添秤”，结构调整愈进愈难，但非进不可。转方式调结构要有定力，不能重打锣鼓另开张，更不能穿新鞋走老路。我们要处理好总量和结构的关系，以创新引擎提速动能转换，以产业优势打开上升空间，一产稳产量保安全、二产优质量增效益、三产扩增量强拉动，推进唐山经济直道冲刺、弯道超车、换道领跑。

越是竞相比拼，越要把握立与破，在你追我赶中率先突围制胜。时时争先才能步步领先。区域分化格局下，我们要面向东北亚、站位环渤海、立足京津冀，跳出唐山看唐山、放眼全国看唐山、极目世界看唐山，与最优者对标、与最强者比拼、与最快者赛跑，始终保持只争朝夕、昂扬向上的奋斗姿态。我们要聚焦“双碳”“双循环”、共同富裕、初级产品供给保障等领域，先立后破，稳扎稳打，化解积压矛盾、放大存量优势、催生增量动能，在区域竞争中先人一步、快人一拍、胜人一筹。

越是重任压肩，越要衔接近与远，在系统推进中绘就壮美画卷。经济运行是有序演化的动态过程，不能把体系目标碎片化、长期目标短期化。我们要兼顾“十四五”规划的整体与局部、速度与质量、需要与可能，把目标分解到年度、细化到阶段、落实到人头，抓主要矛盾和关键环节，战术上打攻坚战，战略上打持久战，始终保持经济蓬勃向上的良好势头。

今年工作的总体要求是：坚持以习近平新时代中国特色社会主义思想为指导，坚持以“三个努力建成”领航定向，坚持稳字当头、稳中求进，坚持“33458”工作思路不动摇，始终以经济建设为中心，完整准确全面贯彻新发展理念，统筹疫情防控和经济社会发展，统筹发展和安全，统筹当前和长远，推动经济社会发展全面绿色转型，加快建设繁荣舒适美丽的现代化沿海强市。

今年全市经济社会发展的主要预期目标是：经济支撑型指标彰显速度。地区生产总值增长7%左右，一般公共预算收入增长8%以上，固定资产投资增长7%以上，社会消费品零售总额增长8%左右，进出口总值增长5%左右。质量结构型指标力求高度。研发与试验发展经费支出增长10%左右，每万人拥有高价值发明专利数达到2.0件，高新技术产业增加值增长10%左右，每万元生产总值能耗达到省要求。民生保障型指标体现温度。民生支出占一般公共预算支出比重稳定增长，居民消费价格指数涨幅控制在3%左右，居民人均可支配收入增长8%左右，细颗粒物（PM2.5）平均浓度完成省达任务。

重点做好十个方面工作：

（一）向增速领跑要规模领先，站位全省大局唐山要担重任。规模是影响力，也是竞争力，更是抗风险能力。我们要抓增量支撑增速，抓总量提升实力，巩固全省发展的龙头地位。

1.立起经济强县“顶梁柱”。县域是最具潜力、最富活力的经济单元。根据产业基础、项目支撑、资源优势，科学划定18个县（市、区）的发展梯次，盯住停限产企业、亿元以上项目、新开工项目等“十个具象指数”，分类施策，分层调度，迁安争取“全国百强”更好位次，丰润、曹妃甸、丰南跨入经济总量千亿方阵，推动更多县域经济体进位突破。

2.培育企业大户“活细胞”。企业的量级决定产业的能级。实施“万亿级产业、千亿级企业（集团）”跃升计划，支持首钢迈上2000亿台阶，唐钢、九江冲刺千亿量级，开滦突破500亿大关。壮大后备梯队，抓好“升规纳统”，年内新增规模以上工业企业150家、服务业企业130家，限额以上批零住餐企业100家。深入开展包联服务，动态更新达标转进、在库临退企业清单，强帮扶，减税费，保要素，让解渴措施跑在需求前头。

3.深挖商贸物流“增长点”。进军“万亿俱乐部”，工业是基本盘，服务业是潜力股。围绕制造业与服务业深度融合，把生产性服务业作为着力点，突出工业、建筑施工、交通运输等重点领域，开展贸易回归、平台集聚、区域总部设立、工业设计提升“四大行动”，新增贸易额5000亿元以上，工业设计成果转化产值42亿元，让制造长在唐山、营销兴在唐山、税收留在唐山。

4.攻坚园区平台“主战场”。产业项目效能提升园区平台势能。突出经济管理、投资服务主责主业，深化人事和薪酬制度改革，开展“六比六看”活动，实施工业企业“四个一批”，盘活闲置资源，推动海港、迁安经济开发区晋升国家级，营业收入超2000亿元开发区达到3家、超千亿元4家，让园区发展更富“含金量”“含绿量”“含新量”。

各位代表，增速领跑，就要率先起跑；规模领先，就要处处争先。我们下好开局起步“先手棋”，全力抓好一季度25件大事要事，瞄准最高目标，付出最大努力，争取最好效果，以首季“开门红”确保全年“满堂彩”。

（二）向投资消费要内生动力，经济稳中有进唐山要站排头。紧紧扭住扩大内需战略基点，抓项目促投资，抓招商增后劲，抓消费强拉动，稳增长、稳市场、稳预期。

5.重点项目提速突破。今天的项目速度就是明天的发展高度。持续开展项目集中签约、开工、观摩活动，落实市级领导、属地政府、职能部门、项目单位“四包一”制度，抓实谋划、签约、开工、在建、投产“五个一批”，推动131个省重点前期项目尽早开工，能快则快，好上加好。全年实施省市重点项目520个，完成投资2000亿元以上。

6. 招商选资提质增效。项目来源于招商，落地永远比签约更重要。主攻重点区域，突出头部企业，瞄准世界500强、中国500强和民营500强，敲门入户，登门拜访。深化“金凤还巢”工程，放大商协会功能，建立域外唐商定期沟通机制，筹办第4届世界冀商大会，加快“唐人回唐、唐企返唐、唐资归唐”。强化精准招商、以商招商、产业链招商，全年新签约亿元以上项目500个，实际利用外资增长5%左右。全市按月考核，每周通报，防止有雷无雨、有花无果、有形无实。

7. 消费供给提档升级。消费拉动需求、调节生产、促进投资。深度挖掘城乡消费潜力，稳定汽车、成品油等大宗消费，培育优质商圈、特色街区、夜经济，壮大电商经济，全年网络零售额180亿元以上。深化国家文化和旅游消费试点城市创建，办好第7届省旅发大会、第24届唐山中国陶瓷博览会、第12届评剧艺术节，抓好长城国家文化公园（唐山段）建设，创建南湖·开滦5A级景区，打造文旅融合“新IP”，为游客提供品城、看山、游湖、观海的新体验。

各位代表，项目建设是经济运行的生命线。我们要牢牢把握增长靠项目、项目靠招商、招商靠环境的大逻辑，以项目手续为突破，开展“手续跑办季”活动，581个计划新开工项目一季度全部具备开工条件，实现开年即开工、起步即冲刺、开局即决战。

（三）向产业升级要质量效益，优化产业链供应链唐山要闯新路。全球经济体系变革带来产业分工调整。围绕12个重点产业结构升级，推进产业基础高级化、产业链现代化，提升唐山经济核心竞争力。

8. 朝阳思维做优传统产业。传统产业不是落后产业的代名词。如果漠视钢铁对唐山历史的贡献，将忘记工业城市本源；但是把唐山的未来全部寄托于钢铁，将陷入资源诅咒深渊。要以朝阳思维走好转型新路，推进“千企转型”“二次创业”，滚动实施技术改造等“4×100”项目，新增省“千项技改”项目120个以上，年内完工50个。开展质量提升行动，鼓励企业主导和参与标准制定修订，新增国家（行业）标准20个以上，企业标准领跑者3个以上，支持迁安创建全国质量强市示范市，以标准引领发展、品牌提升价值。

9. 未来眼光做大新兴产业。新兴产业分量决定转型升级质量。用好河北产业投资引导基金（唐山），推动先进装备制造、新材料、新能源和新能源汽车等产业率先突破，支持中车唐车打造京津冀轨道交通装备龙头企业。抓好首钢智新高性能取向硅钢等100个新兴产业项目，完成投资100亿元以上。推进产业数字化、数字产业化，提高数字经济渗透率，电子信息产业营业收入增长15%以上，更多企业“上云、用数、赋智”。

10. 集群路径做强特色产业。特色产业是县域经济的命脉。坚持园区化、集群化、品牌化方向，细化营业收入、企业规模、创新能力、上缴税金等指标，每个县（市、区）重点发展2-3个特色产业。做大做强遵化食品、滦州装备制造、开平应急装备等产业，优化提升滦南钢锹、玉田印机等产业，提速壮大乐亭建筑支护、芦汉家具等产业，全市营业收入超50亿元特色产业集群达到13个以上，让各具特色的块状经济多点开花。

各位代表，钢铁是工业的“粮食”，是唐山的产业地标。曾经渴望产量，如今追求质量，我们必须依托钢、不唯钢、提升钢，年内全面关停退出1000立方米以下高炉、100吨以下转炉，天柱、国义（国堂）钢铁沿海搬迁项目建成投产，钢铁高附加值产品比重达到40%左右，建设国家级钢铁清洁生产示范基地，让产业从规模的博大走向内涵的精深。

（四）向科技创新要转型成果，新旧动能转换唐山要提速度。围绕产业链、创新链、价值链深度融合，以企业为“坐标原点”，产业为“增长纵轴”，人才、技术、资本为“赋能横轴”，画好唐山创新驱动的上升曲线。

11. 培育高质量创新主体。企业创新加速度轰出发展推背感。健全科创企业梯次培育机制，新增科技型中小企业500家、高新技术企业100家、国家“小巨人”企业10家以上、省“专精特新”中小企业100家以上。实施企业创新能力提升工程，落实研发投入后补助、研发经费加计扣除等政策，技术攻关项目突破20个，设立研发机构的规模以上工业企业比重过半。

12. 建设高能级创新平台。创新平台孕育科技成果、催生产业价值。推动“政企学研金”共建创新联合体，全力引进国字号科研院所，新建市级以上科研平台20家。建设唐山技术转移公共服务平台，推动市场主体与科研院所精准对接、创新需求与技术成果高效衔接，技术合同成交额达到115亿元。深化“京津研发、唐山产业化”，引进科技项目70项以上，让创新成果走出实验室、走上生产线。

13. 聚集高水平创新人才。顶尖人才支撑顶格发展。用好“凤凰英才”新政，落实“编制池”“人才贷”等措施，引进海外高层次人才20人、研究生1000人以上。抓好国家产教融合试点城市建设，举办河北省首届职业技能大赛，培养高技能人才2万人以上。落实“揭榜挂帅”“赛马”制度，建设青年友好型城市，给平台、给待遇、给荣誉，让各路英才在唐山施展抱负，有用武之地，无后顾之忧。

各位代表，一座城市，承载创新的未来，托举创业的梦想。我们将尽最大努力优化众创生态，一季度启动科技特派员“万人助万企”活动，让科技创新、企业创富、草根创业成为唐山发展的时代强音。

（五）向广袤海洋要空间未来，沿海经济崛起唐山要挑大梁。坚定不移向海发展，强化港口带动、港产联动、产城互动，打造全省沿海经济崛起带的引领区、支撑区、示范区。

14. 加快综合大港转型。港口辐射力就是开放竞争力。坚持以内陆港、国际班列延伸陆域腹地，以外贸航线、开放口岸、航运物流拓展海域空间，内陆港达到50个，货物吞吐量保持领先，集装箱340万标箱。更好融入环渤海港口群，承接秦皇岛煤炭转移。用好口岸资质“全牌照”，大力发展港口服务业，做强价格指数、交易、金融“三大平台”，抓好河北自贸区大宗商品交易中心运营，年内贸易额超5000亿元，形成贸易通全球、买卖在唐山的巨大增量。

15. 优化临港产业布局。“前港后产”打造向海产业带。加快精品钢铁、高端装备、绿色化工、能源储输等产业向海布局，放大商贸物流和加工制造优势，沿海地区经济总量占全市比重升至35%。强化项目带动，三友集团有机硅三期等项目开工，100个沿海亿元以上项目完成投资超700亿元，促进产业链、供应链、物流链关联企业加速聚集。

16.扩大海洋经济规模。海洋经济是蓝色银行。实施“海洋+”行动，深挖“海上富矿”，深耕“海上粮仓”，培育壮大海洋渔业、海工装备、海洋生物、海洋旅游等产业，曹妃甸大型海水淡化产业基地等标志性项目尽快达效，推动国际旅游岛创建国家旅游度假区，新建省级以上海洋研发基地2个，海洋产业营业收入达到1600亿元，开拓唐山经济转型新蓝海。

各位代表，向海图强是唐山潜力所在、希望所在、未来所在。我们要用好深水良港独特资源，一季度唐山港吞吐量1.6亿吨，港口贸易额突破千亿元，以大通道聚集大物流，以大平台留住大数据，以大便利带动大贸易。

（六）向城市更新要品质魅力，区域协调发展唐山要走在前。把人民城市作为价值地标，更加注重精准规划、精美建设、精明增长、精细管理，让城市颜值更高、气质更佳、生活更美好。

17.城市建设要热起来。片区开发撬动城市产业兴、人气旺。优化中心城区“两轴两带、四核多点”空间结构，实施“九大片区”项目117个，完成投资162.8亿元。突出西翼战略引领，唐山新城加快中央商务区开发建设，唐山银行大厦、二十二冶总部大厦等项目落地开工。提速东翼魅力转型，小山原点和东部片区打造城市更新参照模板，抓好建国园、小山商业街改造提升，重拾繁商文化的唐山记忆。

18.城市更新要火起来。城市更新让承载记忆的空间焕发活力。以绣花功夫“留改拆建”，全面启动八大领域城市更新项目，提升城市价值，传承历史文脉，再现“唐山往事”。推进“五改一通一场”工程，改造4个棚户区、151个老旧小区，打通20条断头路瓶颈路，盘活7个“烂尾楼”，消除城市“蜘蛛网”。以管理革新促城市更新，启动“智慧唐山”二期工程，抓好城乡结合部、背街小巷的治乱清脏，让城市的面子更靓、里子更实、底子更厚。

19.滨海新城要靓起来。沿海是热点，滨城是重点，县城是支点。曹妃甸优化“一主六辅多点”空间布局，加快城市规划展馆等项目建设，均和贸易总部基地首期完工。沿海县区坚持“一协同、六统筹”，打造优势互补、抱团发展的美丽海湾。推进县城提质升级，开展公共服务、基础设施、宜居环境等七大专项行动，实施县城建设项目566个，全市常住人口城镇化率提高1.2个百分点，增强人口承载力、内需带动力、发展竞争力。

各位代表，21世纪是城市的世纪，21世纪的竞争是城市的竞争。我们要按下城市建设“快进键”，一季度50个城市更新项目开工建设，让拔节生长的城市印上唐山的时代封面。

（七）向改革开放要市场活力，畅通经济循环唐山要当先锋。从市场主体反映最迫切、阻碍经济发展最突出的领域和环节入手，用好政府有形之手，用活市场无形之手，牵上企业家勤勉之手，让一切劳动、知识、技术、管理的活力竞相迸发，让一切创造社会财富的源泉充分涌流。

20.更硬举措优化环境。好的营商环境就像阳光、水和空气，须臾不能缺少。加快诚信唐山建设，国家综合信用排名“保50争30”，争创国家信用示范城市。坚持把投资盈利值作为首要标准，全力减材料、减环节、减费用、减时限。深化“拿地即开工”审批改革，优化“一网办”“一窗办”“一次办”服务，工程建设项目手续办理全省最快，政务服务事项100%网上可办，让政府管事不看人，企业办事不求人。

21.更深层次推进改革。改革破冰引领发展突围。加快金融改革创新，每季度组织银企对接会，推动融资总量少变多、成本高变低、期限短变长、审批难变易，存贷比达到70%左右。支持企业上市融资，新增上市挂牌企业10家。强化预算管理，提高财政支出效益。完成国企改革三年行动，市属国企资产总额突破1800亿元，实现强筋壮骨、瘦身健体。

22.更高水平扩大开放。开放的唐山充满魅力。深化“三区联动”，曹妃甸自贸片区新增市场主体2000家以上，跨境电商交易额增长5%，综合保税区全国排名前进10个名次。坚持“三外协同”，做强机电产品、卫生陶瓷、先进装备、优质农产品等特色出口基地，加快爱信齿轮、万浦热电等外资项目落地，进出口实绩企业超1000家，对外投资企业达到180家，开放型经济释放新活力。

23.更大力度协同发展。融入京津冀世界级城市群，唐山需要高品质引领。深化“四个一百”进唐山活动，实施超亿元京津合作项目200个，完成投资300亿元以上。以交通一体化带动要素一体化，启动唐山轨道交通、环渤海城际铁路等项目前期工作，京唐城际、遵秦高速建成通车，41个“大交通”项目完成投资203亿元，把唐山“出海口”搬到北京“家门口”。精益求精做好北京冬奥会和冬残奥会服务保障，培育冰雪旅游精品项目，让冬奥有我们更精彩。

各位代表，改革是一场向市场放权、为企业松绑、让群众便利的自我革命。一季度，我们将开展营商环境专项整治，让改革措施一贯到底，政府服务一诺千金，改革的唐山唱响春天的故事。

（八）向强农富农要乡村振兴，农业农村现代化唐山要创样板。坚持农业增效、农村增美、农民增收，在要素配置上优先满足、在资金投入上优先保障、在公共服务上优先安排，推动唐山由农业大市向农业强市转变。

24.打造高质高效的农业田园。今天的耕地就是明天的饭碗。建设高标准农田，实施现代种业提升工程，粮食总产量稳定在58亿斤左右。实施“双十双百”工程，打响“山海境·唐山味”农产品区域公用品牌。全域推广滦南与中电国际、海港与中储粮等合作的经验做法，加快天津食品农业产业园等项目建设，支持玉田创建国家农业现代化示范区，让小农户融入大市场、小产品链成大产业。

25.打造宜居宜业的乡村乐园。农村美在环境、美在乡愁。推进“十百千”工程，创建10个市级示范区、230个示范村、1000个提升村，丰南、迁安打造乡村振兴“国家样板”先行示范区。开展农村人居环境整治提升五年行动，新建、改建农村户厕71258座，改造农村公路

765公里。保障农村居民饮水安全，彻底消除78个高氟村饮用水超标隐患。创建10个全国乡村治理示范村镇，让文明乡风、良好家风、淳朴民风吹遍希望的田野。

26.打造富裕富足的农民家园。农民有收入，生活有奔头。培育新型农业经营主体，新增市级示范家庭农场80个以上。深化农村土地制度改革，推进农村土地经营权抵押贷款试点，增加农民财产性收入，让资源变资产、资金变股金、农民变股东。开展“三包一扶”活动，1011个年集体收入低于5万元的薄弱村全部清零。实施“百企帮百村”行动，加快民族乡村建设。成立市县两级防贫中心，健全防贫监测帮扶机制，让脱贫群众近不愁、远无忧。

各位代表，没有发达的农业，就没有繁荣的农村，也不会有殷实的农民。我们将全力实施乡村振兴战略，一季度与中国农科院合作加快编制专项规划，首农、中化等签约项目落地，让产业找到效益，村庄找到韵味，致富找到门路。

（九）向减污降碳要环境容量，全面绿色转型唐山要过难关。协同推进污染减排、降低碳排，让生态高颜值与发展高质量齐头并进，守护好大美唐山的蓝天白云、绿水青山、良田沃土。

27.精准治理让天更蓝。让令人向往的“生态蓝”定格唐山。坚持治污、利企、便民相统筹，突出重点因子、重点区域、重点时段，推进PM2.5、O3、NO2一体治理，大幅削减PM10、CO排放，狠抓“创B争A”、重点污染源治理、车油路场综合整治；精准分析、精准预警、精准响应，少生产调控，少交通限行，抓环保不扰民不伤企，实现稳定“退后十”，让澄澈蓝天、星斗满天、碧海云天成为唐山的每一天。

28.精细管理让水更清。水是城市诞生的摇篮。系统推进水资源、水环境、水生态“三水融合”，压实河湖长责任，加强入海入河排污口和渤海综合治理，全域治水清水润城工程全部完工，黑臭水体动态清零，国省考核河流断面和近岸海域水质稳定达标。加快17项地下水超采综合治理工程，保持采补平衡，推动水位回升，让水清岸绿成为城市的靓丽基底。

29.生态修复让地更绿。还山于民、还绿于民、还景于民。加强矿山综合治理，开展自然保护区“绿盾”行动。管控土壤污染风险，提高固废综合利用率，打造无废城市。实施大规模国土绿化，推进荒山披绿、矿山复绿、村镇植绿，完成营造林面积25万亩，争创国家生态园林城市，让生态画卷铺展唐山大地。

30.绿色转型让碳更低。做好削煤降耗“减法”、清洁能源“加法”。坚决遏制“两高”项目盲目发展。强化煤炭清洁高效利用，积极发展光电、氢能，新开工可再生能源项目150万千瓦。实施全面节约战略，抓好重点行业绿色低碳改造，支持减碳固碳技术研发应用，推进用能权、排污权交易改革，创建低碳城市、园区、社区试点，实现单位GDP能耗、二氧化碳排放双下降。

各位代表，环境就是民生，青山就是美丽，蓝天也是幸福。我们要坚决打赢大气污染防治攻坚战，一季度PM2.5浓度同比下降16%以上，全力保障北京冬奥会和冬残奥会空气质量。

（十）向共建共享要民生温度，实现共同富裕唐山要做示范。把百姓的普遍诉求作为政府的价值追求，将群众的“柴米油盐”记在心上、“急难愁盼”抓在手上、“安危冷暖”扛在肩上，用心用情用力解决好教育、医疗、住房、养老等烦心事、操心事、揪心事，让群众的呼声变成群众的掌声。

31.就业创业促进共同富裕。就业是最大的民生。强化就业优先导向，保障高校毕业生、农民工、退役军人等重点群体就业，城镇新增就业11.7万人以上，实现零就业家庭动态清零。深化收入分配制度改革，完善收入持续增长机制，多渠道增加居民收入。

32.品质教育确保人民满意。教育精彩，人生出彩。巩固城乡学前教育全覆盖成果，普惠性幼儿园覆盖率保持在85%以上。推进“双减”一号工程，改造校舍、操场38万平方米。发挥唐山一中“旗手”作用，打造一流高中教育品牌。支持唐山师范学院组建海洋学院，唐山幼专新校园完成主体工程70%。提高中等职业教育质量，支持唐山工职院申办本科。推进华北理工大学冀唐学院与唐山职业技术学院合并转设为河北唐山职业技术大学。

33.优质医疗促进乐享健康。健康指数提升幸福指数。坚持精准防控、应急处置有机结合，突出“快准全严实好”，抓细抓实“十个常态化”30项措施，确保群众生命安全、身体健康。以市工人医院为样本，全面带动公立医院高质量发展。深化“四医”联动改革，加快国家医疗服务价格改革试点出经验、出实效，建设冀东北地区省级区域医疗中心，让群众看得上病、看得起病、看得好病。

34.社会保障实现民有所依。用社保高线托举幸福底线。推动社保扩面提质，完善低保动态调标机制，提高退休人员基本养老金。强化居家、社区、机构养老服务典型示范，完成1669户特殊困难老年人家庭的居家适老化改造。落实三孩生育政策和配套措施。发挥住房公积金保障作用，职工住房消费贷款突破40亿元。坚持“房住不炒”定位，开工（筹集）保障性租赁住房2000套，促进房地产市场平稳健康发展。

35.平安建设守护和谐安宁。让平安阳光照进千家万户。完成安全生产整治三年行动，强化危险化学品、矿山、道路交通、食品药品等安全监管。抓好防汛抗旱、森林防火等工作，提升应急救援能力。推进采煤塌陷区整治、地震断裂带农房抗震改造。建设立体化、信息化社会治安防控体系，常态化开展扫黑除恶专项斗争，严厉打击各类违法犯罪行为，创建全国市域社会治理现代化试点合格城市。加强国防动员和国防后备力量建设，强化退役军人服务保障，巩固双拥共建良好局面。深入实施中长期青年发展规划，发挥工会、共青团、妇联等人民团体桥梁纽带作用。做好民族宗教、文化体育、新闻出版广电、外事侨务、人防海防、气象地震、援藏援疆、妇女儿童、老龄、残疾人、红十字、关心下一代等工作。

各位代表，群众所盼的，就是政府要干的。今年我们继续坚持群众提、委员议、代表定、政府办，梳理了24项候选民心工程，提请大会票决确定。我们和百姓从“面对面”转向“肩并肩”做到“心贴心”，用直抵人心的民生温度标注人民至上的情感刻度。

三、全面提升政府治理能力

静水流深，靠的是容纳万境，绵延不绝。对当下最好的把握，对未来最好的作答，就是用新的奋斗续写新的荣光。我们要让群众满意成为工作的最高标准，市场逻辑谋事，资本力量做事，平台思维成事，真心服务英雄城市，真诚造福英雄人民，书写“十型”政府的优异答卷。

我们要一生向党，把忠诚信念熔铸心头。以忠诚之心答好“政治卷”。坚决拥护“两个确立”，坚定做到“两个维护”，做习近平新时代中国特色社会主义思想的坚定信仰者、忠诚实践者，始终与党中央和省委、市委思想同心、目标同向、行动同步，以对工作的热诚、对人民的真诚、对事业的赤诚来诠释对党的绝对忠诚。

我们要一马当先，把攻坚责任担当在肩。以进取之心答好“发展卷”。保持只争朝夕的拼搏状态，盯着问题上、奔着结果去、朝着目标干，不躲不推不绕，不等不慢不怕，当好破解难题的“攻坚队长”，让抓落实成为政府系统鲜明特征，以冲锋在前确保突破在先。

我们要一往无前，把创新本领抓在手上。以勤学之心答好“能力卷”。围绕把事情干成干好，克服本领恐慌，破除视野局限，摆脱路径依赖，在困境中见极致、难局中见真章。市政府班子成员率先垂范，树立顶格标准，保持满格状态，一级做给一级看、一级带着一级干，以干事的众志成城带动发展的热气腾腾。

我们要一心一意，把宗旨情怀融入血脉。以为民之心答好“民生卷”。用脚步丈量民情，用真心倾听民意，办好群众牵肠挂肚的民生大事，做好天天有感的关键小事。严格依法行政，提高政府决策质量，推进政务公开，强化审计、统计监督，增强政府公信力，以良法善治擦亮法治政府名片。

我们要一身正气，把从政操守落到平常。以律己之心答好“清廉卷”。坚持把纪律规矩挺在前面，筑牢思想“防线”、严守道德“底线”、不碰纪律“红线”，干干净净为人民服务。落实过紧日子要求，“三公”经费只减不增。整治形式主义、官僚主义，以清廉如水、心若荷香彰显政府最纯的底色。

各位代表！历史的长河奔流不息，奋斗是对唐山最深情的告白，实干是对人民最负责的报答，拼搏是对自己最有力的交代。我们将把生命写入唐山大地，深耕细作，静待花开。让我们更加紧密地团结在以习近平同志为核心的党中央周围，在省委、省政府和市委的坚强领导下，全市人民想在一起、站在一起、干在一起，干出千帆竞发、百舸争流的气势，奋力开创“三个努力建成”新局面，以优异成绩迎接党的二十大胜利召开！

2022年工作总体要求

坚持以习近平新时代中国特色社会主义思想为指导，坚持以“三个努力建成”领航定向，坚持稳字当头、稳中求进，坚持“33458”工作思路不动摇，始终以经济建设为中心，完整准确全面贯彻新发展理念，统筹疫情防控和经济社会发展，统筹发展和安全，统筹当前和长远，推动经济社会发展全面绿色转型，加快建设繁荣舒适美丽的现代化沿海强市。

2022年全市经济社会发展主要预期目标

经济支撑型指标彰显速度。地区生产总值增长7%左右，一般公共预算收入增长8%以上，固定资产投资增长7%以上，社会消费品零售总额增长8%左右，进出口总值增长5%左右。质量结构型指标力求高度。研发与试验发展经费支出增长10%左右，每万人拥有高价值发明专利数达到2.0件，高新技术产业增加值增长10%左右，每万元生产总值能耗达到省要求。民生保障型指标体现温度。民生支出占一般公共预算支出比重稳定增长，居民消费价格指数涨幅控制在3%左右，居民人均可支配收入增长8%左右，细颗粒物（PM2.5）平均浓度完成省达任务。

唐山概况

TangShanGaiKuang

基本情况

【历史沿革】 唐山，因市区中部的大城山（原名唐山）而得名。商代属孤竹国与山戎国，战国为燕地，汉代属幽州。唐属平州、蓟州，辽金属南京道、中都路、北京路，元为中书省、大都路、永平路，明、清属顺天府、永平府、遵化州。清光绪三年（1877 年）建乔屯镇，后改为唐山镇。民国元年（1912 年）政区建制均袭清制，1929 年，直隶省改称河北省。1939 年 1 月 28 日，伪冀东防共自治政府鉴于唐山具有经济、政治上特殊地位明令唐山设市，初称“唐山市政府”，后改称“唐山市公署”。日本投降后，驻北平国民党派员接收日伪政权，设置督察专员公署。1946 年 4 月，中共河北省委员会第 132 次会议通过唐山设市，同年 5 月 5 日，唐山市政府成立。

1949年10月1日，中华人民共和国成立后，唐山市仍为省辖市，辖区12个。1955年3月，唐山市第一届二次人民代表大会将唐山市人民政府改为唐山市人民委员会，辖区未变。1958年4月28日，国务院批准唐山市划归唐山专区领导。同年8月29日，河北省第一届人民代表大会第七次会议决定，唐山专员公署驻地由昌黎县迁至唐山市。1959年6月3日，经中央决定，唐山市为全国45个开放城市之一。6月8日，中共河北省委、省人委决定，唐山专署和唐山市人委合并改设唐山市人民委员会。1960年4月2日，国务院正式批准撤销唐山专区，原唐山专区管辖的秦皇岛市和迁安、昌黎、乐亭、宝坻、玉田、蓟县、遵化划归唐山市，唐山专区撤销后实际划归唐山市还有滦县、丰润两县（原为市辖区）和柏各庄农场。同时，唐山市改为省辖市。1961年5月23日，经国务院批准恢复唐山专区建制。同年6月1日，河北省人民委员会第14次会议通过恢复唐山专区决议，唐山专、市分开，唐山市改为专辖市。1968年1月6日，唐山市革命委员会成立，隶属于唐山地区革命委员会。1978年3月11日，唐山市改为省辖市。1982年10月，唐山市第七届人民代表大会撤销唐山市革命委员会，建立唐山市人民政府。1983年3月3日，国务院批准撤销唐山地区，与唐山市合并，实行市管县体制，同年5月13日，河北省人民政府通知撤销唐山地区行政公署，5月15日，唐山地区行政公署停止办公。1984年12月15日，国务院批准唐山市为全国13个“较大城市”之一。1995年，唐山市辖路南、路北、古冶、开平、新区5个区和丰润、滦县、滦南、乐亭、迁安、迁西、玉田、唐海8个县，代管丰南、遵化2个县级市，另辖芦台、汉沽2个农场，下设31个街道、115个镇、128

唐山市行政区划简表

表1

序号	项目 单位	街道	镇	乡	居委会	村委会	备注
1	路南区	9	2		80	55	
2	路北区	11	2		177	71	
3	古冶区	5	2	3	84	122	
4	开平区	5	6		46	134	
5	丰南区	1	13	2	43	444	
6	丰润区	3	17	3	69	480	
7	曹妃甸区	3	5		31	11	
8	滦南县	1	16		18	589	
9	乐亭县	1	11	2	15	473	
10	迁西县	1	14	3	11	417	
11	玉田县	1	17	3	23	750	
12	遵化市	2	17	8	42	648	
13	迁安市	4	17		38	534	
14	滦州市	4	10		29	504	
15	芦台经济技术开发区	1	1		8	20	行政区划隶属于丰南区
16	汉沽管理区	1	1		7	18	行政区划隶属于丰南区
17	高新技术产业开发区	1	1		20	52	行政区划分别隶属于路北区、开平区、丰润区
18	海港经济开发区		1		3	60	含旅游岛托管的3个村委会 行政区划隶属于乐亭县
	合计	54	153	24	744	5382	

个乡。1996年，撤销迁安县，设立迁安市。

2002年，撤销丰南市，设立唐山市丰南区；撤销丰润县和新区，设立唐山市丰润区。2003年，芦台农场建立芦台经济开发区，汉沽农场建立汉沽管理区。2012年，撤销唐海县，设立唐山市曹妃甸区。2018年，撤销滦县，设立滦州市。2018年底，唐山市辖路南、路北、古冶、开平、丰南、丰润、曹妃甸7个区，滦南、乐亭、迁西、玉田4个县，代管遵化、迁安、滦州3个县级市，另辖芦台、汉沽、高新、海港4个开发区（管理区），下设54个街道、132个镇、45个乡。2020年底，唐山市辖路南、路北、古冶、开平、丰南、丰润、曹妃甸7个区，滦南、乐亭、迁西、玉田4个县，代管遵化、迁安、滦州3个县级市，另辖芦台、汉沽、高新、海港4个开发区（管理区），下设54个街道、146个镇、31个乡，有738个居委会、5382个村委会。

2021年，路南区女织寨乡，丰南区南孙庄乡，迁西县白庙子乡、上营乡，遵化市西留村乡、兴旺寨乡和西三里乡7个乡撤乡设镇。2021年底，唐山市辖路南、路北、古冶、开平、丰南、丰润、曹妃甸7个区，滦南、乐亭、迁西、玉田4个县，代管遵化、迁安、滦州3个县级市，另辖芦台、汉沽、高新、海港4个开发区（管理区），下设54个街道、153个镇、24个乡，有744个居委会、5382个村委会。

唐山市行政区划一览表（实际管辖）（截止2021年12月31日）

表2

县（市、区）名称及政府驻地	辖街道办事处、镇、乡名称	街、镇、乡，居、村委会数
路南区（驻新华西道）	街道办事处：学院南路街道（11居）、友谊街道（11居）、广场街道（10居）、永红桥街道（9居）、小山街道（7居）、文化北后街街道（9居）、钱家营矿区街道（3家）、惠民道街道（12居）、梁家屯路街道（10居） 镇：稻地镇（37村）、女织寨镇（1居17村）	9街道办事处 2镇 80居委会 54村委会
路北区（驻新华东道）	街道办事处：乔屯街道（11居）、文化路街道（17居）、钓鱼台街道（19居）、东新村街道（2居）、缸窑街道（14居）、机场路街道（14居）、河北路街道（7居1家）、龙东街道（14居）、大里街道（19居1家）、光明街道（21居）、翔云道街道（27居） 镇：韩城镇（4居43村）、果园镇（6居28村）	11街道办事处 2镇 177居委会 71村委会
古冶区（驻永盛路）	街道办事处：林西街道（24居）、唐家庄街道（11居）、古冶街道（7居）、赵各庄街道（14居）、京华街道（21居） 镇：范各庄镇（5居32村）、卑家店镇（2居24村） 乡：王辇庄乡（35村）、习家套乡（15村）、大庄坨乡（16村）	5街道办事处 2镇 3乡 84居委会 122村委会
开平区（驻新苑路）	街道办事处：马家沟街道（9居）、开平街道（19居）、税务庄街道（10居）、陡电街道、荆各庄街道 镇：开平镇（34村）、栗园镇（4居19村）、洼里镇（16村）、越河镇（3居35村）、双桥镇（12村）、郑庄子镇（1居18村）	5街道办事处 6镇 46居委会 134村委会
丰南区（驻正苑大街）	街道办事处：青年路街道（22居） 镇：胥各庄镇（18居31村）、小集镇（1居48村）、黄各庄镇（1居55村）、西葛镇（18村）、大新庄镇（62村）、钱营镇（50村）、唐坊镇（18村）、王兰庄镇（30村）、柳树瞿阝镇（14村）、黑沿子镇（1居9村）、大齐各庄镇（19村）、岔河镇（26村）、南孙庄镇（28村） 乡：东田庄乡（27村）、尖字沽乡（9村）	1街道办事处 12镇 3乡 43居委会 444村委会
丰润区（驻幸福道）	街道办事处：太平路街道（18居）、燕山路街道（17居）、浭阳街道（29居2村） 镇：丰润镇（1居45村）、任各庄镇（24村）、左家坞镇（29村）、泉河头镇（18村）、王官营镇（27村）、火石营镇（38村）、新军屯镇（1居33村）、小张各庄镇（10村）、丰登坞镇（42村）、李钊庄镇（24村）、白官屯镇（45村）、石各庄镇（23村）、沙流河镇（23村）、七树庄镇（13村）、杨官林镇（17村）、银城铺镇（2居15村）、常庄镇（1居17村） 乡：姜家营乡（12村）、欢喜庄乡（11村）、刘家营乡（12村）	3街道办事处 17镇 3乡 69居委会 480村委会
曹妃甸区（驻垦丰大街）	街道办事处：希望路街道（7居）、垦丰街道（15居）、中山路街道（5居） 镇：唐海镇（农场的2居、28村大队）、柳赞镇（5村）、滨海镇（4居6村）、孙塘庄镇（农场的1居、31村大队）、双井镇（农场的2居、31村大队）	3街道办事处 5镇 31居委会 11村委会

续表2-1

县（市、区）名称及政府驻地	辖街道办事处、镇、乡名称	街、镇、乡，居、村委会数
滦南县（驻崇法大街）	街道办事处：友谊路街道（18居） 镇：倴城镇（50村）、宋道口镇（65村）、长凝镇（45村）、胡各庄镇（33村）、坨里镇（19村）、姚王庄镇（28村）、司各庄镇（59村）、安各庄镇（29村）、扒齿港镇（42村）、程庄镇（47村）、青坨营镇（40村）、柏各庄镇（45村）、南堡镇（18村）、方各庄镇（29村）、东黄坨镇（17村）、马城镇（23村）	1街道办事处 16镇 18居委会 589村委会
乐亭县（驻东大街）	街道办事处：乐安街道（15居22村） 镇：乐亭镇（51村）、汤家河镇（35村）、胡家坨镇（24村）、阎各庄镇（41村）、马头营镇（27村）、新寨镇（27村）、汀流河镇（31村）、姜各庄镇（70村）、毛庄镇（39村）、中堡镇（33村）、大相各庄镇（26村） 乡：庞各庄乡（22村）、古河乡（25村）	1街道办事处 11镇 2乡 15居委会 473村委会
迁西县（驻景忠东街）	街道办事处：栗乡街道（10居） 镇：兴城镇（45村）、金厂峪镇（19村）、洒河桥镇（1居26村）、太平寨镇（29村）、罗家屯镇（24村）、东荒峪镇（26村）、新集镇（36村）、三屯营镇（38村）、滦阳镇（25村）、汉儿庄镇（30村）、东莲花院镇（16村）、新庄子镇（12村）、白庙子镇（26村）、上营镇（14村） 乡：渔户寨乡（13村）、旧城乡（15村）、尹庄乡（23村）	1街道办事处 12镇 5乡 11居委会 417村委会
玉田县（驻无终街）	街道办事处：无终街道（23居） 镇：玉田镇（73村）、亮甲店镇（44村）、鸦鸿桥镇（52村）、窝洛沽镇（63村）、石臼窝镇（28村）、虹桥镇（38村）、散水头镇（27村）、林南仓镇（21村）、林西镇（46村）、杨家板桥镇（51村）、彩亭桥镇（19村）、孤树镇（36村）、大安镇镇（31村）、唐自头镇（19村）、郭家屯镇（45村）、杨家套镇（25村）、陈家铺镇（42村） 乡：林头屯乡（24村）、潮洛窝乡（24村）、郭家桥乡（42村）	1街道办事处 17镇 3乡 23居委会 750村委会
遵化市（驻鼓楼东街）	街道办事处：华明路街道（21居）、文化路街道（21居） 镇：遵化镇（40村）、堡子店镇（32村）、马兰峪镇（25村）、平安城镇（39村）、东新庄镇（22村）、新店子镇（44村）、党峪镇（22村）、地北头镇（17村）、东旧寨镇（29村）、铁厂镇（20村）、苏家洼镇（40村）、建明镇（33村）、石门镇（34村）、崔家庄镇（24村）、西留村镇（18村）、兴旺寨镇（30村）、西三里镇（19村） 乡：东陵乡*（27村）、刘备寨乡（19村）、西下营乡*（14村）、汤泉乡*（10村）、团瓢庄乡（28村）、娘娘庄乡（20村）、侯家寨乡（19村）、小厂乡（23村）	2街道办事处 17镇 8乡 42居委会 648村委会 *为满族乡
迁安市（驻钢城大街）	街道办事处：永顺街道（17居45村）、兴安街道（21居53村）、滨河街道（15村）、杨店子街道（21村） 镇：夏官营镇（28村）、杨各庄镇（37村）、建昌营镇（50村）、赵店子镇（15村）、野鸡坨镇（21村）、大崔庄镇（21村）、蔡园镇（26村）、马兰庄镇（17村）、沙河驿镇（19村）、木厂口镇（19村）、扣庄镇（27村）、彭店子镇（18村）、上射雁庄镇（24村）、阎家店镇（17村）、五重安镇（29村）、大五里镇（16村）、太平庄镇（16村）	4街道办事处 17镇 38居委会 534村委会
滦州市（驻滦河西路）	街道办事处：滦河街道（16居）、古城街道（10居34村）、滦城路街道（1居56村）、响嘡街道（1居51村） 镇：东安各庄镇（41村）、雷庄镇（29村）、茨榆坨镇（28村）、榛子镇（2居59村）、杨柳庄镇（33村）、油榨镇（39村）、古马镇（29村）、小马庄镇（37村）、九百户镇（32村）、王店子镇（36村）	4街道办事处 10镇 29居委会 504村委会
芦台经济开发区	街道办事处：新华路街道（7居） 镇：海北镇（1居、20村）	1街道办事处 1镇 8居委会 20村委会
汉沽管理区	街道办事处：振兴街道（7居） 镇：汉丰镇（18村） 农业总公司（12队）	1街道办事处 1镇 7居委会 18村委会
高新技术产业开发区	街道办事处：高新技术开发区街道（17居8村） 镇：老庄子镇（27村） 实际管辖还包括托管的开平区郑庄子镇3居9村，丰润区石各庄镇6村、任各庄镇2村	1街道办事处 1镇 20居委会 52村委会
海港经济开发区	镇：王滩镇（1居54村） 实际管辖还包括托管的乐亭县汤家河镇1村、马头营镇5村 （注：含旅游岛托管的王滩镇2个村、马头营镇1个村）	1镇 3居委会 60村委会
全市总计	7区　4县　3县级市　4开发区（管理区）　54街道办事处　153镇　24乡（含3民族乡）　744居委会　5382村委会	

（母　慧）

【土地资源】 2021年，依据全国第三次国土调查成果，唐山市（不包括“飞出地”芦台经济开发区和汉沽管理区一分场）耕地50.02万公顷、园地15.24万公顷、林地16.63万公顷、草地5.47万公顷、湿地4.43万公顷、城镇村及工矿用地31.60万公顷、交通运输用地4.58万公顷、水域及水利设施用地12.06万公顷。“飞出地”：芦台经济开发区耕地8073.3公顷、园地66.7公顷、林地246.7公顷、草地13.3公顷、城镇村及工矿用地2213.3公顷、交通运输用地326.7公顷、水域及水利设施用地2373.3公顷。汉沽管理区一分场：耕地180公顷、园地0.7公顷、林地26.7公顷、草地46.7公顷、城镇村及工矿用地480公顷、交通运输用地146.7公顷、水域及水利设施用地186.7公顷。

【矿产资源】 截至2021年底，唐山市有30种矿产资源被开发利用，主要矿产资源保有量：煤炭53.5亿吨、铁69.6亿吨、金22.7吨、熔剂用灰岩2.9亿吨、冶金用白云岩4.8亿吨、制碱用灰岩1.4亿吨、水泥用灰岩3.5亿吨。

【海洋资源】 2021年，唐山市海域面积4336平方千米，大陆岸线251.33千米。全市具有海岛形态特征无居民海岛4个，均为沙泥岛，分别为：菩提岛、月岛、祥云岛、龙岛。

【湿地和保护地资源】 2021年，唐山市湿地面积4.43万公顷，其中灌丛沼泽226.7公顷，沿海滩涂4.28万公顷，内陆滩涂1266.7公顷。全市有自然保护地25处，其中风景名胜区10处、森林公园8处、地质公园3处、湿地公园2处、自然保护区2处。

【野生动植物资源】 2021年，唐山市陆生野生动物17目、52科、416种，其中丹顶鹤、东方白鹳等国家一级保护鸟类23种，国家二级保护鸟类64种；陆生野生植物122科834种，其中国家二级以上保护野生植物5科5种。

（高　宇）

【水资源】 2021年，唐山市降水量1038毫米，比多年平均降水量增加61.13%，全市各县（市、区）降水量均高于多年平均值。其中，路北区降水量1172.7毫米，为全市最高，比多年平均值增加94.18%；曹妃甸区降水量830.4毫米，为全市最低，比多年平均值增加41.54%。全市地表水资源量26.56亿立方米，比多年平均值增加146.39%；地下水资源量22.74亿立方米，比多年平均值增加67.31%。扣除地表水、地下水重复计算量，全市水资源总量为40.48亿立方米，比多年平均值增加82.96%。全年全市入境水量52.77亿立方米，全市出境水量8.43亿立方米，入海水量23.68亿立方米。

（侯宇巍）

【人口】 2021年，唐山市常住人口769.70万人，比2020年末减少2.15万人，其中城镇人口503.54万人，增加7.10万人。常住人口城镇化率65.42%，比上年提高1.10%。

（翟淑霞）

唐山市开平区“工业疮疤”变身园博美景。　　杨世尧 摄

【灾害】 2021年，唐山市极端天气气候事件频发，暴雨（雪）、大风沙尘、短时强对流、连阴雨等灾害影响较大。年内发生主要气象灾害种类有暴雨、暴雪、寒潮、大风沙尘、连阴雨、大雾等。汛期暴雨次数多，创造有观测记录以来最高纪录；初雪时间偏早，降雪强度大，日最大积雪深度突破历史极值；春季大风沙尘日数偏多；冬季寒潮天气频发，降温幅度较大，影响范围广。全年全市平均降水日数多于常年，夏秋季节出现连阴雨天气。连阴雨天气分别出现在7月11～15日、7月27～31日、10月3日～6日。10月3～6日全市平均日照时数为0，平均降水量64.3mm，由于前期降水偏多，土壤含水量接近饱和，连阴雨天气造成大秋作物收获和冬小麦播种推迟。

【气温】 2021年，唐山市年平均气温12.4℃，属偏高年份，冬季、春季、秋季气温偏高，夏季气温接近常年。市区及各县（市、区）年平均气温在11.8～12.8℃之间，迁西最低11.8℃，丰南和遵化12.8℃为全市最高，其余各站在12.0～12.7℃之间。与常年相比，各地气温均偏高，遵化、乐亭、迁安、滦州、丰润、丰南气温显著偏高，曹妃甸、滦南气温偏高，迁西、唐山市区和玉田气温正常。全年最高气温37.2℃（6月11日），出现在迁安；最低气温-23.7℃（1月7日），出现在唐山西外环气象观测站。全年全市主要寒潮天气过程有4次，分别出现在1月5～7日、2月22～24日、10月15～17日、11月6～9日。1月5～7日寒潮降温过程具有影响范围广、风寒效应强特点，受极地冷空气南下影响，全市最低气温普遍降至-20℃左右，唐山站7日最低气温-23.7℃。10月15～17日寒潮过程影响范围广，降温幅度大，最低气温降幅普遍超过11℃。

【降水】 2021年，唐山市年平均降水量1086.6毫米，居历史第一位，属异常偏多年份。各地年降水量在867.8（曹妃甸）～1331.9（丰南）毫米之间，区域差异明显，多雨中心主要位于西北部和中部，曹妃甸、滦南、乐亭和玉田降水量较少在867.8～997.5毫米之间，其余各站均超过1000毫米，其中丰南1331.9毫米为全省最多。与常年相比，各站降水量均偏多50%以上，丰南偏多132.5%，唐山市区偏多113.5%。全年全市平均暴雨日数4.2天，主要出现在6～9月，年内有4次范围较大暴雨过程，分别出现在6月26日、7月11～13日、7月30～31日和9月20日。其中6月26日迁西降水量171.2mm、迁安153mm、滦州136.2mm，3站日降水量均为历史同期最大。全年全市2次暴雪过程，分别出现在2月28日～3月1日、11月6～7日。2月28日白天全市普降小雨，夜间转为中到大雪，乐亭达到暴雪，全市降水量5～12.7mm，最大积雪深度7cm。11月6～7日降雪过程降雪量大、影响范围广，全市降暴雪到大暴雪，局地特大暴雪，过程降水量25.2～42.6mm，7日最大积雪深度26cm，多站日积雪深度突破11月份历史极值。

2021年唐山市主要气候要素一览表

表3

各季和年平均气温（℃）

气温	冬季	春季	夏季	秋季	年值
2021年值	-2.7	13.5	24.6	12.8	12.4
常年值	-3.3	12.3	24.6	12.1	11.5

各季和年降水量（毫米）

降水量	冬季	春季	夏季	秋季	年值
2021年值	12.0	61.6	758.1	256.9	1086.6
常年值	11.0	82.3	421.2	93.6	607.9

各季和年日照时数（小时）

日照时数	冬季	春季	夏季	秋季	年值
2021年值	627.0	657.7	571.1	510.1	2352.9
常年值	533.9	727.7	646.9	613.2	2522.2

【日照】 2021年，唐山市平均日照2352.9小时，较常年偏少169.3小时，属偏少年份。各地日照在2232.1（迁安）～2846.5（唐山市区）小时之间，唐山市区最多，迁安最少，大部分在2260小时以上。与常年相比，迁安、曹妃甸、滦南属异常偏少年份，遵化、丰南、乐亭、丰润属显著偏少年份，迁西、玉田属偏少年份，滦州属正常年份，唐山市区属异常偏多年份。日照时空分布不均，出现异常偏多和异常偏少区域；冬季日照时数偏多，春季、夏季偏少，秋季显著偏少。

【风】 2021年，唐山市出现大风99站次，大风天气主要集中在1月、3～5月、6～7月。1月6日强冷空气造成大范围大风天气，其中玉田日极大风速23.2m/s，是有记录以来同期（1月）最大。3月28日大风伴有沙尘，局地出现沙尘暴，能见度较差，唐山站日极大风速20.5m/s。4月15～16日大风天气过程中，15日全市11个县（市、区）出现超过17m/s西北大风，其中迁西日极大风速25m/s；大风天气导致多地设施农业出现不同程度损坏。5月4日、6～7日大风天气过程中，玉田、丰南、唐山等站日极大风速超过20m/s，玉田日极大风速21.9m/s，突破5月历史最大值；大风引起多地出现扬沙，空气质量显著下降。6月26日、7月12日部分县（市、区）出现大风天气，各地日极大风速14.6～21.2m/s。

【雾】 2021年，唐山市大雾年平均日数为23天，较为明显大雾天气过程有：1月26日、2月13日、3月28日、6月3日、8月21日、10月29～31日、11月3～6日、11月18～19日、11月30日、12月5～6日、12月9～10日，秋冬季出现频率较高。其中11月3～6日大雾过程持续时间长，影响范围广，大部分地区最小能见度不足100米，曹妃甸最小能见度仅为28米。

（郑燕萍）

【民族】 唐山市是少数民族散居地区。2021年唐山市有51个少数民族成份，少数民族户籍人口总计36.98万人，占全市户籍总人口4.92%，居全省第3位。少数民族人口中，满族、回族、蒙古族人口较多，其中满族29.56万人，占79.9%；回族3.28万人，占8.9%；蒙古族1.49万人，占4%。少数民族人口超万人县（市、区）有：遵化市11.55万人，玉田县4.93万人，丰润区3.24万人，路北区2.34万人，丰南区2.31万人，迁安市3.11万人，滦南县1.99万人，迁西县1.58万人，滦州市1.42万人，开平区1.01万人。唐山市有3个民族乡，全部分布在遵化市，分别是东陵满族乡、汤泉满族乡、西下营满族乡。全市有228个民族村。其中，满族村199个、回族村28个、满回联合村1个。

【宗教】 2021年，唐山市有天主教、基督教、伊斯兰教、佛教、道教五种宗教，信教群众9.9万余人，占全市总人口1.27%，其中天主教2.2万人、基督教近2.4万人、伊斯兰教1.6万人、佛教3.3万人、道教0.4万人。市级爱国宗教团体7个，分别为唐山市佛教协会、唐山市道教协会、唐山市伊斯兰教协会、唐山市天主教爱国会、唐山市天主教教务委员会、唐山市基督教三自爱国运动委员会、唐山市基督教协会。宗教活动场所165处，其中佛教41处、道教9处、伊斯兰教清真寺22处、天主教41处、基督教52处。全市有宗教教职人员364名。

（郑翠玉）

深化改革

【深化改革概况】 2021年，唐山市召开市委深改委会议7次，审议改革事项45项，听取工作情况汇报22次，把握全面深化改革正确方向。省委常委、市委书记张古江领衔“实施海洋强市战略，推进‘海洋+’行动计划，借力综合大港壮大临港产业，加快推进沿海经济带高质量发展”改革任务，市委副书记、市长田国良领衔“落实12个重点产业发展规划，促进转型升级、提质增效，实现创新发展、绿色发展、高质量发展”改革任务，15名深改委委员认领22项重大改革事项，市直各单位、各县（市、区）主要负责人领衔推进改革事项116项，以上率下落实。唐山市先后获批国家级、省级试点20余项，多项改革试点被国家、省复制推广，为全省乃至全国改革发挥示范、突破、带动作用。谋划确定一批自主创新改革项目，激发基层活力和改革动力，创新开展“2021年唐山市拟复制推广十大改革创新经验”评选活动，推动改革落地生根造福群众。聚焦解决制约唐山高质量发展突出问题和人民群众急难愁盼问题，针对9项重点领域改革推出改革举措161项，一批重要领域和关键环节改革取得突破性进展，为完成年度目标任务提供支撑。唐山市全面深化改革工作在2021年度省委改革考核中再次位列全省第一。

【唐山改革成果】 2021年，唐山市第四次蝉联全国文明城市，第八次蝉联全国双拥模范城，被评为第四批国家公共文化服务体系示范区；入选北方地区唯一全国深化医疗服务价格改革试点、全省唯一国家级城市体检和城市更新“双试点”城市、全省唯一国家产教融合试点城市、全省唯一国家首批城市一刻钟便民生活圈试点地区、全省唯一国家首批系统化全域推进海绵城市建设示范城市。全省深化改革开放暨沿海经济带建设工作会议、全省经济工作推进会议等重大会议相继在唐山召开，高新技术产业开发区、唐山轨道交通产业创新中心项目被国家发展改革委等4部委通报表扬。乐亭县、滦南县、滦州市、迁西县被中央文明办确定为2021～2023年创建周期全国文明城市提名城市；丰南区被评为平安中国建设示范县；迁安市被中央农办、农业农村部评为全国村庄清洁行动先进县；迁西县喜峰口长城抗战遗址被中央宣传部评为全国爱国主义教育示范基地；曹妃甸区摘得国家级渔业健康养殖示范县金字招牌，成为全省唯一入选县；海港经济开发区被农业农村部评为“全国平安渔业示范县”；丰南区青年路街道新华社区党总支、迁安市五重安镇万宝沟村党支部被中央组织部评为全国先进基层党组织；玉田县被国家商务部评为2021年电子商务进农村综合示范县；高新产业技术开发区创新招商做法得到副省长夏延军肯定批示“唐山做法值得关注，推动各市加强招商”。《人民日报》《光明日报》《经济日报》和新华社等中央主流媒体刊发唐山改革典型经验120余篇，《河北省唐山市：“十百千”创建行动打造乡村振兴样板》入选“中国改革2021年度案例”，唐山市案例为全省唯一入选此类案例。“唐山经验”“唐山模式”成为全省乃至全国改革名片。

【供给侧结构性改革】 2021年，唐山市谋划和建设“两新一重”项目162个，总投资793亿元。推动传统产业提升，入选省重点技术改造项目194项，超省达目标74项，计划总投资898亿元，居全省第一位。实施创新驱动发展战略，全年规模以上高新技术产业增加值增长7.4%，规模以上战略性新兴产业增加值增长15.9%。华通线缆等6家企业被评为国家技术创新示范企业，居全省第二位。培育国家专精特新“小巨人”企业18家，居全省第二位。省专精特新中小企业89家、累计培育省制造业单项冠军企业（产品）77个，均居全省第一。吸引京津转移产业“组团式”进驻，全年全市实施亿元以上京津项目399项，完成投资819.95亿元，举办4场项目集中签约活动，373个项目集中签约，总投资4413.1亿元。管理价格和收费，落实价格调控机制，保供稳价重要民生商品，城市居民消费价格指数（CPI）上涨0.9%，低于涨幅3%全年预期目标，与全国持平，低于全省0.1%。

【国有企业改革】 2021年，唐山市制发《唐山市国企改革三年行动实施方案》及重点任务分工方案，明确重点任务及责任分工，截至年底，各项改革任务平均完成率88.12%，超额完成国企改革阶段性任务。制发《关于进一步深化市级经营性国有资产集中统一监管改革实施方案》，按照“四个一批”（脱钩划转一批、规范提升一批、清理退出一批、改革过渡一批）处置原则，完成首批重点企业脱钩划转，国资监管比例97.07%，经验做法在全省推广。全市列入改制范围17户企业全面完成公司制改革任务。

【“放管服”改革】 2021年，唐山市制发《唐山市优化营商环境若干规定》，细化政策措施，打造营商环境组合拳，释放吸引项目聚集“强磁场”效应。制发《唐山市社会投资新建工业项目“拿地即开工”审批改革实施方案（试行）》，通过减审批并环节、优流程、缩时限、转方式解决“开工慢”难题，为项目开工节约跨度用时4个月以上。推动企业开办全流程在线办理，一个工作日办结，创建企业开办标准化省级示范点，全年全市新登记市场主体11.89万户，完成全年任务118.95%；完善市场退出机制，扩大简易注销适用范围，注销公告时间由45个自然日压减为20个。全市42个市直部门、19个县（市、区）、228个乡（街）入驻一体化在线政务平台，1223个市级事项、2.03万个县级事项网上可查、可办，市、县政务服务事项网上可办率分别为100%、99.98%。推进“一窗受理、按责转办、内部流转、统一出件”审批模式，梳理76个市本级“不见面受理”事项清单并向社会公布，实现“不见面受理”和审批结果“不见面送达”，让办事企业和群众“零跑腿”；推进“百事通”套餐式审批改革，上线39个服务套餐，为群众提供“一件事、一次办”服务。开展“双下放”，实现160项服务事项入乡、34项服务事项入村；提升基层行政综合服务机构办事能力，建成22个乡级、118个村级综合服务中心（站），带动全市建成228个行政综合服务中心和6096个村（社区）综合服务站，打通服务群众“最后一百米”。2021年7月16日，全省村（社区）综合服务站提升工程现场观摩会在唐山市召开，向全省推广唐山经验。完善落实“好差评”制度，设置多种评价渠道，全市“好差评”评价数量1655.97万余条，好评率99.9%。

唐山市新型工业化基地建设提速，图为中信重工开诚智能装备有限公司内调试机器人。 金皓原 摄

【投融资体制改革】 2021年，唐山市制发《唐山市关于加速项目培育和项目开工的工作方案》《关于进一步推进全市固定资产投资任务落实的工作方案》，推进在建项目提质提速，保障新开工项目应开尽开。全年入库项目总投资1.58万亿元，其中续建项目总投资9479亿元，新开工项目总投资1687亿元，储备项目总投资4679亿元。制发《关于进一步促进民营经济加快发展的若干措施》等支持民营经济发展政策，推动民营经济创新发展、绿色发展、高质量发展。唐山市连续7年被省评为“民营经济发展先进市”。推进“信易贷”平台建设，在全省率先推动实现唐山市金服平台与国家“信易贷”基础平台系统对接和成效数据全量推送，建立企业常态化入驻“信易贷”平台和月度推荐企业白名单机制。全年全市入驻国家“信易贷”示范平台金融机构36家、企业12.50万家，发布金融产品68个，授信金额97.86亿元；入驻市级金服平台机构63家、企业1.49万家，发布金融产品245个，融资金额747.1亿元。推动企业挂牌上市，相继制发《唐山市关于发展多层次资本市场服务区域经济质效提升若干措施》《唐山市关于支持上市挂牌公司高质量发展的实施意见》，全年14家企业在上交所、深交所、北交所、新三板和石交所上市或挂牌，实现未上市挂牌县（市、区）全部清零。

【科技体制改革】 2021年，唐山市制发《关于加快实施科技强市行动的实施意见》，实施关键核心技术攻关、企业创新能力提升、科技成果转化、产业创新人才培育、科技创新开放合作、国际高端智力引进“六大工程”。推进技术研发攻关，唐山市获省科技厅重点研发计划立项项目18项。健全科技成果转化服务体系，促进科技成果产业化规模化应用，研究制定《技术转移平台建设方案》，平台进入试运行阶段。起草《唐山市科技成果转化奖补实施办法》，建设唐山市产业技术创新战略联盟，高新技术企业1450家，省级科技型中小企业1.00万家。建设省市两级重点实验室、技术创新中心、产业技术研究院等科技研发平台，全年新增省级科技研发平台19家。起草《唐山市科技研发平台绩效评估办法》，构建科学、规范、高效、诚信评价体系。开展“百家科研院所（机构）进唐山”活动，全年全市企业与北京科技大学、中国科学院电工研究所、冶金工业信息标准研究所等162家科研机构签订合作协议，引进科技成果（项目）110项，省科技厅对唐山市科技精准招商做法给予肯定。

【金融财税体制改革】 2021年，唐山市编制《唐山市金融业发展“十四五”规划》。制发《关于金融支持曹妃甸自贸区与站西片区建设发展的若干措施》，引导金融资源向重点区域倾斜聚集，精准赋能曹妃甸自贸区、唐山新城建设发展。围绕存贷比65%目标，加强横向联动、纵向协调，引导金融机构应贷尽贷、应贷快贷。全市贷款余额7764.76亿元，存贷比65.01%，比上年增长3.11%，创10年新高。制发国防、自然资源、公共文化、生态环境领域市与区财政事权和支出责任划分改革实施方案，制发《进一步深化预算管理制度改革的实施意见》，提高财政资源配置效率，推进现代财政预算管理能力和水平提升。创新工作思路，运用PPP项目化解政府债务，二环线PPP项目采取TOT模式运营，转让特许经营权评估作价48亿元，转让收入作为非税收入入库20亿元，增加即期收入，并为降低全市和市本级政府债务率打下基础。加强政府债务限额管理，全市债务风险整体可控，没有出现系统性、区域性债务风险。在政府网站、财政网站公示2021年减税降费惠企纾困政策清单，制发《唐山市财政局关于做好2021年度减税降费综合推进工作的通知》，落实减税降费惠企纾困政策，支持疫情防控和经济社会发展。

【教育文化体育领域改革】 2021年，唐山市制发《唐山市推进教育高质量发展实施方案》《唐山市推进普通高中教育实施方案》《唐山市关于进一步减轻义务教育阶段学生作业负担和校外培训负担的实施方案》，减轻学生过重作业负担，提升课后服务水平，规范校外培训机构，提高学校教育教学质量，“双减”政策全面落地。落实全国和省职业教育大会精神，制发《唐山市关于推动现代职业教育高质量发展，加快建设技能强市的实施意见》等文件，31所职业院校新增26个专业，25所院校参与教育部职业院校提质培优工程441个子项目。文化体制改革，完成国家、省级文明城市复检测评，新时代文明实践中心建设从试点县向全市拓展延伸，建成新时代文明实践中心14个、实践所228个、实践站5705个。培育重点文化产业项目，唐山培仁历史文化街区、中国•唐山皮影主题乐园续建项目获省2021年度文化产业发展引导资金扶持。举办第五届唐山市旅发大会，建设长城国家文化公园（唐山段），提升“唐山周末”品牌影响力。体育领域改革，制发《唐山市体育产业发展规划（2021-2025年）》《唐山市体育产业发展支持政策》等文件，服务北京冬奥会和冬残奥会，举办唐山市第三届冰雪运动会暨中小学生冰雪运动会，在全市营造浓厚冰雪运动氛围。

【“四医联动”改革】 2021年，唐山市落实“2+4+24”和“四组联动”解释要求，组织应急演练，为科学精准防控疫情提供支撑。制发《唐山市深化医药卫生体制改革2021年重点工作任务》《唐山市关于进一步规范医疗行为促进合理医疗检查的若干措施》等文件，规范诊疗服务行为，保障群众基本医疗权益。争取国家区域医疗中心试点，向省卫健委推荐唐山市第二医院为国家骨科区域医疗中心。制发《唐山市推动公立医院高质量发展实施方案》，巩固公立医院编制备案制改革和薪酬制度改革成效，落实“两个允许”（允许医疗卫生机构突破现行事业单位工资调控水平，对医疗卫生机构单独制定绩效工资总量核定办法；允许医疗服务收入扣除成本并按规定提取各项基金后主要用于人员奖励），严格目标管理和绩效考核，解决公立医院多种身份、不同待遇问题，提升公立医院薪酬水平。优化分级诊疗制度，健全鼓励优质医疗资源下沉机制，科学规划医联体空间布局，织密市县乡村互联互通健康服务网络。建成4大城市医疗集团，25个专科联盟，29个功能完善医联体建设信息化平台，7个县（市、区）完成县域医共体建设。

【纪检监察体制改革】 2021年，唐山市破解“一把手”监督难题，学习贯彻党中央《关于加强“一把手”和领导班子监督的意见》，制定唐山市实施方案，明确5方面46项具体工作并落实。先后向市领导发送履责提示函23份，抄送纪检监察建议书30份，推动上级“一把手”抓好下级“一把手”、上级班子抓好下级班子。全年全市纪检监察机关立案1675件，涉及1960人，党纪政务处分1967人，移送检察机关39人。开展“天网”行动，追回在逃人员2名，得到省纪委监委领导肯定。查处政法干警违纪违法问题，全市处理151人，党纪政务处分94人，移送检察机关18人，214名政法干警主动投案。加大政治巡察力度，落实党中央和省委、市委关于巡视巡察工作部署，完成十届市委届内巡察全覆盖任务，启动十一届市委第一轮巡察。全年常规巡察25家单位，延伸巡察5家检察院系统直属单位，专项巡察全市粮食购销系统，发现问题522个、问题线索17件，把全面从严治党向纵深推进。

【经济领域改革】 2021年，唐山市实施企业标准“领跑者”制度，全年获省政府质量奖组织奖2项、个人奖2项、提名奖3项，5个组织和4名个人获第四届市政府质量奖。优化城市商圈布局，打造一刻钟便民生活圈，唐山市获批“全国首批城市一刻钟便民生活圈试点地区”，为全省唯一获批城市。主动融入共建“一带一路”，国家境外投资项目备案23个，投资总额4.21亿美元，中方投资额3.95亿美元。加强城市片区建设，唐山新城、老交大老火车站片区、唐山花海等重点片区开发建设拉开城市框架，城市二环路、中心医院等公共基础设施建成投用。实现老旧管网改造项目动态“清零”和全市雨污分流改造项目“清零”，实施18个市政道路建设项目和14个道路翻修改造维修提升项目，延伸城市“骨架”，疏通城市“微循环”。新增城市停车位1.7万个。举办省第五届园艺博览会暨第四届河北国际城市规划设计大赛。实施开发区薪酬制度改革，分别制定唐山市高新技术产业开发区、海港经济开发区、芦台经济开发区、汉沽管理区人事薪酬制度实施方案和《唐山市开发区绩效考核办法》，激发开发区发展活力。实施向海发展战略，提速港产城融合发展，沿海地区经济总量占全市比重33.2%，对全市经济增长贡献率56.0%。释放港口优势，唐山港货物吞吐量稳居世界沿海港口第二位，45个内陆港布局9省30市，232条内外贸航线通达世界190多个港口，创建港口型（生产服务型）国家物流枢纽，国际班列实现常态化运行。

【农业农村体制改革】 2021年，唐山市加快农业结构调整，推动农业高质量发展，创新实施“双十双百”（发展10个优势特色产业、建立10个农产品加工集群，创建100个农业高质量发展示范基地、创建产值超100亿元乳品产业加工集群）工程，推进农业大市向农业强市转变。全年农村居民人均可支配收入2.28万元，增速10.4%，总量全省排名第一；全市一产增加值606.5亿元，增速6.6%，总量全省排名第一。健全解决相对贫困问题长效机制，防止发生规模性返贫现象，制发《关于实现巩固拓展脱贫攻坚成果同乡村振兴有效衔接的实施意见》，加强防止返贫监测部门筛查预警、数据共享与比对分析，对符合认定条件防返贫监测对象及时履行程序，纳入全国防返贫监测信息系统。完善乡村振兴推进制度体系，打造乡村振兴“国家样板”，制发《中共唐山市委、唐山市人民政府关于全面推进乡村振兴加快农业农村现代化的实施意见》，实施农村人居环境整治提升行动，完善长效管护机制。与北京首农食品集团、中国农业科学院、天津食品集团、中国融通农业发展集团、中国中化控股有限责任公司开展对接合作，实现合作项目超前落地与合作协议签约落地“双落实”。农村宅基地改革，全年全省农村宅基地改革和管理工作唐山市综合排名全省各市第一。农村承包地改革，健全农村土地经营权流转服务体系。地下水超采综合治理取得阶段性成效，地下水超采区深、浅层地下水位埋深连续两个季度在全省排名前两名，获省级资金奖励600万元，2021年唐山市地下水超采综合治理工作在全省年度考核中获“好”等次。全域治水清水润城工程创新采用“市带县”PPP项目治水投融资模式，总投资129.78亿元，构建河河相连、河湖相通安全水网体系，实现生态效益、经济效益、社会效益多赢。

【政治领域改革】 2021年，唐山市加强人大监督职能，制发《市人大常委会关于加强国有资产管理情况监督的决定》，把握人大国有资产管理情况监督职责，从规范报告工作、提高报告质量、增强人大监督实效等方面，对加强和完善市人大国有资产管理情况监督作出规定。面向全市各级国家机关、政党、人民团体、社会组织、企业事业单位和人大代表、政协委员、公民个人征集立法项目建议，确定立法规划项目30件。从唐山市实际出发，在省4项联动监督基础上增加1项大气污染治理监督，即创新开展“4+1”联动监督，开展“6+1”联动监督“回头看”，全市参加4项联动监督和“6+1”联动监督“回头看”各级人大代表分别为1731人和2053人，检查点位1943个，监督工作取得实效。加强协商机制平台建设，将“1+1+2+10+N”协商机制调整为“1+3+10+N”（每年召开1次全体会议、3次议政性常委会议、10次专门协商会议、N次界别活动），既保障政协协商完整体系，又增强重要协商活动组织灵活性，建设“数字政协”，搭建覆盖全市远程协商系统，增加网络议政、远程协商密度和频次，实现市县政协线上线下互动、场内场外联动协商新模式。加强法院执行机制建设，制发《关于调整优化执行业务运行机制的决定》，打破上下级界限，打通办案流程，以执行指挥中心实体化运行为基础，打造“统一立案、分段集约、繁简分流”业务运行新机制，得到省高院党组书记、院长黄明耀肯定。加强未成年人保护建设，开展全国首批“未检工作社会支持体系建设”试点工作，先后建成全省首家未成年人司法社工组织、首家未成年人关爱中心暨医疗机构“一站式”办案区、首家未成年人保护社会支持体系建设基地，唐山特色未成年人保护社会化大格局初步形成。

【社会民生领域改革】 2021年，唐山市在住房方面制发《关于持续整治规范房地产市场秩序专项行动方案》，规范住房租赁市场秩序。棚户区改造建成2.01万套，新开工棚改项目1.21万套，提前完成年度新开工、基本建成任务目标。制发《市中心城区既有住宅加装电梯项目财政补助办法》，推进加装电梯试点工作。推动地震断裂带周边房屋抗震改造，涉及13个县（市、区）2.20万套房屋改造完成。开展“迎新春送温暖、稳岗留工”专项活动，为8.32万名留唐过年外地农民工每人发放500元“暖心红包”，发放资金4162.1万元，唐山市做法被央视焦点访谈、人民网、《光明日报》等十多家主流媒体报道。把促进高校毕业生就业作为重中之重，开展实名制服务，促进供需对接，2021届高校毕业生报到4.15万人，实现就业3.96万人，就业率95.4%；兜底安置就业困难人员、退役军人等公益性岗位，截至年底在岗1.15万人。打造人力资源产业园，入驻企业27家，营业收入10.4亿元，促进就业4.54万人，具备省级产业园评估认定条件。全市基本养老、工伤、失业保险分别覆盖589.3万人、135.86万人和117.72万人，基本实现法定参保人群全覆盖。

【党的建设制度改革】 2021年，唐山市遵循选人用人原则，推进县乡村三级领导班子集中换届。加大年轻干部提拔使用力度，优化县级领导班子年龄结构，县级党政班子平均年龄44.6岁，比换届前降低4岁；乡街领导班子平均年龄39.7岁，比上次换届降低2.4岁；村（社区）“两委”干部平均年龄下降8岁。组织庆祝中国共产党成立100周年系列活动，实施以“牢记嘱托当先锋、英雄城市党旗红”为主题基层党建示范引领行动计划，推动全市基层党组织全面进步、全面过硬。结合庆祝建党百年主题，抓实抓好党史学习教育、“抓抗惠保促”“三基”建设年等重大任务，促进党员干部联系群众制度化、规范化、长效化。激发人才活力，坚持党管人才，制发《唐山市关于深入实施新时代“凤凰英才”计划加快建设高质量人才强市意见》，推出具有比较优势的“1+N”人才政策3.0升级版，加大招才引智工作力度，激发人才创新创造活力，推动人才与发展融合共进。

（市委改革办）

国民经济

【国民经济概况】 2021年，唐山地区生产总值8230.6亿元，比上年增长6.7%。其中，第一产业增加值606.5亿元，增长6.6%；第二产业增加值4546.8亿元，增长4.1%；第三产业增加值3077.3亿元，增长10.2%。三次产业增加值结构为7.4：55.2：37.4。全市人均生产总

河钢唐钢高强汽车板公司构建“国内首发”“行业领跑”大格局，图为工人安装调试设备。 刘洪超 摄

值 10.68 万元，比上年增长 6.8%。

全年民营经济增加值5175.9亿元，比上年增长6.7%；占地区生产总值比重为62.9%，比上年提高0.1%。

全年城镇新增就业12.99万人，城镇失业人员实现再就业4.37万人，农村劳动力向非农产业转移6.56万人。年末城镇登记失业率3.21%。

全年城市居民消费价格比上年上涨0.9%。分类别看，食品烟酒价格上涨1.9%，衣着价格上涨0.5%，居住价格下降2.0%，生活用品及服务价格上涨0.4%，教育文化和娱乐价格上涨0.5%，医疗保健价格与上年持平，交通和通信价格上涨5.6%，其他用品和服务价格下降2.0%。

全年全部财政收入975.0亿元，比上年增长13.4%。一般公共预算收入552.7亿元，增长9.0%，其中税收收入347.1亿元，增长6.7%。一般公共预算支出921.4亿元，比上年下降0.5%。其中，一般公共服务支出增长5.8%，教育支出增长7.7%，社会保障和就业支出增长5.1%，卫生健康支出增长13.7%。

【农业经济】 2021 年，唐山市粮食播种面积 49.0 万公顷，比上年增长 0.7%。粮食产量 293.8 万吨，增长 1.4%。其中，夏收粮食 70.8 万吨，秋收粮食 223.1 万吨。粮食亩产 400.1 公斤，增长 0.7%。棉花播种面积 0.8 万公顷，产量 0.9 万吨，下降 20.8%。油料播种面积 7.6 万公顷，产量 31.9 万吨，下降 0.3%。蔬菜播种面积 12.2 万公顷，产量 947.6 万吨，增长 0.7%，其中设施蔬菜（含食用菌）产量 309.5 万吨，增长 2.0%。

全年干鲜果产量142.1万吨（含果用瓜），比上年增长0.2%，其中板栗产量10.8万吨，增长5.5%。中草药材种植面积1380.6公顷，下降21.4%。全年造林面积（含森林抚育）4.1万公顷，增长10.5%。

全年猪牛羊禽肉产量60.0万吨，比上年增长4.5%。其中，猪肉产量39.8万吨，增长8.8%；牛肉产量7.9万吨，增长0.6%；羊肉产量1.6万吨，下降2.4%。禽蛋产量26.4万吨，下降9.0%。牛奶产量110.5万吨，增长1.3%。

全年水产品产量（不含远洋、远海捕捞）51.6万吨，比上年增长4.2%。在总产量中，养殖水产品产量42.3万吨，增长4.1%，捕捞水产品产量9.2万吨，增长4.3%；海水产品产量33.6万吨，增长5.9%，淡水产品产量18.0万吨，增长1.0%。

年末农业产业化龙头企业331家，比上年末增加3家，其中销售收入亿元以上企业78家。

【工业和建筑业经济】 2021 年，唐山市全部工业增加值 4141.5 亿元，比上年增长 3.4%，其中规模以上工业增加值增长 4.9%。

年末规模以上工业企业1950家，其中年内新建投产企业134家。

在规模以上工业中，分经济类型看，国有控股企业增加值比上年增长5.6%，股份制企业增长4.9%，外商及港澳台商投资企业增长3.5%，私营企业增长4.7%。分门类看，采矿业增加值比上年增长8.7%，制造业增长4.8%，电力、热力、燃气及水生产和供应业增长7.6%。分行业看，煤炭开采和洗选业增加值比上年增长10.0%，石油和天然气开采业下降2.6%，黑色金属矿采选业增长10.7%，农副食品加工业增长5.8%，石油、煤炭及其他燃料加工业下降11.5%，化学原料和化学制品制造业增长9.5%，橡胶和塑料制品业增长8.1%，非金属矿物制品业增长11.9%，黑色金属冶炼和压延加工业增长5.4%，金属制品业下降8.8%，通用设备制造业增长5.3%，专用设备制造业增长10.6%，汽车制造业下降5.5%，铁路、船舶、航空航天和其他运输设备制造业增长15.6%，电气机械和器材制造业增长21.0%，电力、热力生产和供应业增长6.1%。战略性新兴产业增加值比上年增长15.9%，占规模以上工业比重12.3%。高新技术产业增加值比上年增长7.4%，占规模以上工业比重15.3%。装备制造业增加值比上年下降1.0%，占规模以上工业比重13.1%。

全年规模以上工业企业营业收入1.50万亿元，比上年增长24.6%。其中，采矿业892.1亿元，增长36.0%；制造业1.34万亿元，增长24.6%；电力、热力、燃气及水生产和供应业706.8亿元，增长12.3%。全年规模以上工业企业实现利润565.0亿元，比上年增长14.3%。其中，采矿业53.8亿元，增长104.7%；制造业525.5亿元，增长17.1%；电力、热力、燃气及水生产和供应业亏损14.3亿元。

全年全社会建筑业增加值416.9亿元，比上年增长12.0%。资质等级以上建筑业企业房屋施工面积4295.0万平方米，增长16.5%；房屋竣工面积936.9万平方米，增长10.0%。具有资质等级的总承包和专业承包建筑业企业利润12.0亿元，增长5.9%。

【固定资产投资】 2021 年，唐山市全社会固定资产投资比上年增长7.0%,其中固定资产投资（不含农户）增长 7.0%。

在固定资产投资中，第一产业投资比上年增长45.3%，第二产业投资增长7.3%，第三产业投资增长2.6%。工业投资增长7.8%，其中工业技术改造投资增长0.9%，占工业投资比重67.9%。在工业投资中，采矿业投资比上年增长8.8%，制造业投资增长8.0%，电力、热力、燃气及水生产和供应业投资增长4.4%。高新技术产业投资比上年下降10.7%，战略性新兴产业投资增长17.3%，装备制造业投资下降4.7%，城市基础设施投资下降0.7%。民间投资比上年增长5.0%，占固定资产投资比重75.2%。

全年固定资产投资施工项目4000个，其中本年新开工项目3026个，比上年增长24.8%。在施工项目中，总投资亿元以上项目1145个，下降2.9%，完成投资增长4.3%，其中本年新开工亿元以上项目593个，增长1.9%，完成投资增长2.5%。

全年房地产开发投资比上年增长12.6%。其中，商品住宅投资增长8.9%，办公楼投资增长1.1倍，商业营业用房投资下降2.3%。

【国内贸易】 2021 年，唐山市社会消费品零售总额 2143.2 亿元，比上年增长 5.7%。按经营地统计，城镇消费品零售额 1767.1 亿元，增长 5.8%；乡村消费品零售额 376.1 亿元，增长 5.1%。按行业统计，批发业零售额 385.9 亿元，下降 9.0%；零售业零售额 1586.7 亿元，增长 8.9%；住宿业零售额 10.8 亿元，增长 9.4%；餐饮业零售额 159.9 亿元，增长 16.8%。

年末限额以上批发、零售、住宿、餐饮企业1075家，其中年内新增新开业企业119家。

在限额以上批发和零售单位商品零售额中，粮油食品类零售额比上年增长1.9%，服装鞋帽纺织品类增长14.1%，金银珠宝类增长87.9%，日用品类增长13.7%，家用电器和音像器材类增长6.5%，家具类增长32.4%，通信器材类增长10.1%，汽车类增长3.7%，中西药类增长6.6%，石油及制品类增长4.6%。

【对外经济】 2021 年，唐山市进出口总额 1420.9 亿元，比上年增长 36.3%。其中，出口额 416.6 亿元，增长 19.0%；进口额 1004.2 亿元，增长 45.1%。

全年实际利用外资21.0亿美元，比上年增长7.9%。外商直接投资20.2亿美元，增长4.1%。其中，第二产业16.4亿美元，增长18.7%；第三产业3.4亿美元，下降35.9%。全年新批准外资合同项目124个，合同外资额40.7亿美元，增长128.1%。年末实有外商投资企业498家。

全年对外承包工程业务完成营业额6.3亿美元，比上年增长32.8%。境外投资中方实际投资额0.4亿美元，下降25.3%。

（翟淑霞）

社会发展

【服务业发展】 2021 年，唐山市批发和零售业增加值 779.7 亿元，比上年增长 12.2%；交通运输、仓储和邮政业增加值 713.2 亿元，增长 15.1%；住宿和餐饮业增加值 68.3 亿元，增长 6.5%；金融业增加值 229.9 亿元，增长 4.6%；房地产业增加值 207.6 亿元，下降 0.2%。年末规模以上服务业企业 925 家，其中年内新增新开业企业 12 家。全年规模以上服务业企业营业收入 865.0 亿元，比上年增长 2.8%；利润总额 73.1 亿元，增长 13.7%。

年末公路通车里程1.99万千米，比上年末增加136.6千米。高速公路通车里程754千米。农村公路通车里程1.77万千米，全年改造农村公路746千米。

全年公路货物运输量4.79亿吨，比上年增长13.3%；货物运输周转量1479.2亿吨千米，增长14.7%。公路旅客运输量527.1万人次，下降34.0%；旅客运输周转量5.9亿人千米，下降47.0%。全市拥有客运班线491条，班线客车947辆。

全年唐山港货物吞吐量7.2亿吨，比上年增长2.8%，排名稳居世界沿海港口第2位；集装箱吞吐量329.3万标箱，增长5.7%。三女河机场旅客吞吐量39.4万人次，比上年下降9.7%；货（邮）行吞吐量2078.3吨，下降35.5%；年底开通航线17条，通达19个城市。

年末民用汽车保有量260.3万辆（包括三轮汽车和低速货车），比上年末增加20.0万辆，其中私人汽车保有量236.3万辆，增加16.4万辆。民用轿车保有量145.5万辆，增加8.6万辆，其中私人轿车保有量140.3万辆，增加8.1万辆。

全年邮电业务总收入86.8亿元，比上年增长9.4%。其中，邮政业务收入30.1亿元（不包括邮政储蓄银行直接营业收入），增长16.5%；电信业务收入56.7亿元，增长4.7%。年末固定电话用户86.4万户，比上年末增加0.6万户；移动电话用户967.1万户，增加29.9万户；互联网宽带接入用户309.7万户，增加29.9万户；移动互联网用户865.3万户，减少64.7万户。年末全市许可备案快递法人企业18家，其分支机构333家，备案快递末端网点2082个，全年完成快递业务量13622.1万件，增长31.7%，实现业务收入21.2亿元，增长24.4%。

【金融业发展】 2021 年，唐山市有“一行两会”批准金融机构 142 家。其中，银行业金融机构 41 家，保险公司 62 家（财险公司 28 家、寿险公司 34 家），财务公司 1 家，证券公司 23 家，期货公司 15 家。地方金融组织 98 家。其中，小额贷款公司 38 家，融资担保公司 15 家，典当行 42 家，融资租赁公司 1 家，资产管理公司 1 家，交易场所 1 家。

年末金融机构人民币各项存款余额1.19万亿元，比年初增加700.6亿元，其中住户存款余额8191.2亿元，比年初增加730.3亿元。金融机构人民币各项贷款余额7748.1亿元，比年初增加811.9亿元。

年末全市有存量上市挂牌公司126家。其中，境内外上市公司15家（上交所7家、深交所5家、北交所1家、港交所2家），新三板挂牌公司29家（基础层22家、创新层7家），河北股权交易所挂牌公司82家。全年实现股权融资160.5亿元。

全年保险业实现原保险保费收入271.7亿元，比上年增长4.0%。其中，财产险保费收入66.7亿元，人身险保费收入205.0亿元。保险业赔款与给付支出97.7亿元，增长27.2%。其中，财产险业务赔款与给付支出45.7亿元，人身险业务赔款与给付支出52.0亿元。

【城市建设与管理】 2021 年，唐山市集中供热面积 7205 万平方米，比上年末增加 335 万平方米。天然气管线总里程 2056 千米，增加 7 千米。年末建成区供水能力 93.2 万立方米/日，排水管道长度 2980.4 千米，

智能化管理农村粪污处理站建设完成。　　杨 欢 刘海好 摄

污水处理能力91.8万立方米/日，污水集中处理率99.2%，生活垃圾无害化处理率100%。年末建成区绿化覆盖面积1.08万公顷，绿化覆盖率43.37%；绿地面积9960.6公顷，绿地率40.0%；公园绿地面积3396.2公顷。

年末城区公交运营车辆2034部。其中，新能源公交车（电动、插电）883部，清洁能源公交车1151部。公交运营线路143条。其中，优化调整线路25条，新开线路3条，线路总长度2348.9千米。

【教育、科技、文化和体育事业】 2021年，唐山市拥有普通高等学校13所，在校生19.7万人，其中研究生4862人；本年新招生6.3万人，其中研究生1791人。中等职业学校在校生6.2万人，比上年末增长4.5%;普通中学在校生39.2万人，增长3.0%；小学在校生55.4万人，下降0.9%；幼儿园在园幼儿23.8万人，增长1.9%。九年义务教育巩固率98.1%，高中阶段教育毛入学率95.3%。发放各类困难学生生活费、助学金、奖学金2.2亿元，惠及各类学生11.2万人。

年末拥有市级以上重点实验室、技术创新中心和产业技术研究院等科技研发平台309家，其中省级106家。

年末拥有国家级高新区1个，省级高新区2个；省级以上农业科技园区9个。国家级科技企业孵化器3家，省级16家；国家级众创空间10家，省级22家。年末拥有高新技术企业1458家，其中本年新增203家；科技型中小企业1.00万家，其中本年新增1081家。

全年专利授权1.39万项，比上年增长22.2%。截至年底，有效发明专利5667件，增长15.6%，每万人口高价值发明专利拥有量1.84件。全年引进科技成果110项。

年末拥有艺术表演团体11个，影剧院6个，文化馆、群艺馆15个，博物馆、纪念馆17个，公共图书馆15个。《相期吾少年》《更待丁香开·少年李大钊》等10部优秀作品参加“百年风华 红色旋律”河北省庆祝中国共产党成立100周年优秀剧目展演活动。

全年接待游客5087.8万人次，比上年增长20.1%；旅游总收入536.5亿元，增长20.1%。举办第五届唐山市旅游产业发展大会。南湖景区入选首批国家夜间文旅消费集聚区。

年末拥有体育场地1.67万个，游泳池78个，公共体育健身器材1.29万套，人均体育场地面积2.27平方米。全年获全国冠军3个，省年度比赛金牌75枚。举办全国U21足球联赛、第17届中国大学生柔道锦标赛暨第31届世界大学生夏季运动会柔道项目选拔赛、河北省青少年艺术体操锦标赛等赛事活动。

【卫生、社会保障和公共服务】 2021年，唐山市拥有各类卫生机构9065个。其中，医院262个，乡镇卫生院190个，社区卫生机构187个，农村卫生室6011个。全市卫生机构拥有床位6.1万张。其中，医院4.4万张，乡镇卫生院0.6万张。卫生技术人员6.7万人。其中，执业（助理）医师2.8万人，注册护士3.0万人。全年总诊疗人次4036.5万人次。

年末全市城镇职工基本养老保险覆盖人数257.0万人，比上年末增加4.5万人。其中，参保职工183.4万人，参保离退休人员73.6万人。城乡居民养老保险覆盖人数332.3万人，减少3.3万人，其中农村居民参保人数323.2万人。城乡基本医疗保险覆盖人数725.0万人。其中，城镇职工参保183.4万人，居民参保541.6万人。失业保险覆盖人数117.7万人，增加8.6万人。工伤保险覆盖人数135.9万人，其中参加工伤保险的农民工42.5万人。生育保险覆盖人数121.3万人。

全年发放城乡最低生活保障金4.3亿元，保障居民7.41万人。其中，1.06万人享受城市最低生活保障，6.34万人享受农村最低生活保障。城市低保标准每人每月770元，农村低保标准每人每年6312元。

年末全市敬老院327家，床位3.23万张，收养照料人数1.60万人。儿童福利机构集中养育孤儿和社会散居孤儿每月基本生活费分别为1450元和1000元。

【人口和人民生活】 2021年，唐山市常住人口769.70万人，比上年末减少2.15万人，其中城镇人口503.54万人，增加7.10万人。常住人口城镇化率65.42%，比上年提高1.10%。

全年居民人均可支配收入3.77万元，比上年增长8.0%。按常住地分，城镇居民人均可支配收入4.73万元，增长6.6%；农村居民人均可支配收入2.28万元，增长10.4%。城乡居民人均可支配收入比值2.07，比上年缩小0.07。居民人均消费支出2.42万元，比上年增长13.0%。按常住地分，城镇居民人均消费支出2.88万元，增长10.5%；农村居民人均消费支出1.71万元，增长18.4%。

【环境保护和应急管理】 2021年，唐山市环境空气质量优良天数256天，比上年增加19天。其中，优天56天，增加19天；重度污染及以上天数8天，减少4天。细颗粒物（PM2.5）年均浓度43微克/立方米，下降14.0%；可吸入颗粒物（PM10）年均浓度79微克/立方米，下降16.0%。

全年共发生各类生产安全事故93起，死亡84人。

（翟淑霞）

精神文明建设

【精神文明建设概况】 2021年，在市委领导下，唐山市精神文明建设战线坚持以习近平新时代中国特色社会主义思想为指导，围绕庆祝中国共产党成立100周年主线，聚焦奋斗“十四五”、奋进新征程，培育和践行社会主义核心价值观，深化公民道德建设，推进文明创建工程，精神文明建设保持积极发展态势，展现良好时代风貌，文明城市创建取得成效，在全国文明城市年度复检测评中位列全国第50名；在省级文明城市（城区、县城）年度复检测评中，位列全国文明城市序列全省第二名，其中档案材料成绩位列全省第一名，为开创“三个努力建成”新局面提供强大精神力量和良好社会环境。

【文明城市创建】 2021年，唐山市文明城市创建工作上水平，市及所辖遵化市、迁安市、滦州市、乐亭县、滦南县、丰南区、曹妃甸区、玉田县、开平区9个县（市、区）因成绩排名靠前或进步幅度较大受到全省通报表扬；丰南区、遵化市、乐亭县分别在省检测评序列中排名全省第一名；乐亭县、滦州市、滦南县等提名城市实现争创全国文明县城“开门红”。调整充实全国文明城市建设工作领导小组及其办公室、各创建工作部，形成三级指挥体系。编制任务精准到日工作台历和指导手册，为工作开展提供根本遵循。健全文明城市创建责任人制度，压实压准创建责任。实施常态化创建10项提升行动，推进文明素质、交通秩序、市容环境、社区环境、市场秩序、城乡共建、窗口服务等各领域创建，针对空中缆线乱拉乱设、私装地锁、小广告乱贴、不文明养犬等突出问题集中攻坚，让群众有幸福感、获得感、安全感。组建常态化督导检查队伍，分市辖区（开发区）、建制县（县级市）、市直相关责任单位三类督导检查，督导实地点位7550个次，发现并责令整改存在问题1.9万余个；制发《实地考察工作常态化督导考核办法》《档案工作“日清工作法”考核办法》，每周打分排名全市通报。深化“访千楼万家、创文明城市”主题活动，通过入户走访、发放明白纸、组织座谈会等形式，宣传文明城市创建意义，征询群众意见建议5.1万余条，解决群众身边急难愁盼问题4.3万余个，近百万人采取不同形式参与创城活动。健全常态化包联制度，组织全市12.8万名志愿者包联实地点位，及时发现解决存在问题；健全模板复制式推进制度，打造模板点位45类578个，以点带面提升创建水平；健全社区楼门长制度，强化对社区居民服务和管理，发动群众解决楼门内环境秩序问题。

【日清工作法】 2021年，唐山市创新实施文明城市创建“日清工作法”，实现工作思路清、创建任务清、实际成效清，做法被中央文明办内刊《精神文明建设》刊发，向全国推广。编制《“日清工作法”台历》，将全年工作任务分解到天、落实到人。建立健全精准量化指标体系，对全部工作任务逐项量化分级赋分，确保各项工作精细化推进。健全清晰到底责任体系，厘清各级各部门之间权责边界，建立个性化任务清单和标准要求，压实压准创建责任。建设文明城市创建智慧化管理平台，每天按任务要求向各级各部门发布工作命令、回收成果反馈，各项创建任务按照时限和标准要求推进；每天依托数字化城市管理队伍，对10大类、194小类城市管理事项实施可视化监督管理，发现解决存在问题48.1万个；每天实时监测全市各项重点工作风险点，及时发现处置突发事项，确保整体工作平稳可控。建立健全创建点位常态化包联制度，组织志愿者包联创建点位，每天利用下班时间巡视巡查包联项目，及时发现反馈、动态化解决创建点位存在问题，实现解决问题不过夜。建立与市纪委监委对接机制，市纪委监委实时介入文明城市创建，发挥监督保障执行作用，以严肃监督执纪问责推进工作落实。每天开展“访千楼万家、创文明城市”主题活动，建立与群众信息沟通渠道，让群众成为文明城市创建最大受益者。夯实“六位一体”社区治理体系，全市54个街道、654个社区全部建立“大党委”，实现社区楼门长制度全覆盖，每天与群众交流互动，让群众在提升获得感幸福感安全感中厚植爱国情怀、国家意识和社会责任意识。发挥全市14个文明实践中心、224个文明实践所、4437个文明实践站以及8531个学雷锋志愿服务站阵地作用，每天面向群众开展理论宣讲、疫情防控、扶贫帮困等志愿服务活动。

【市级精神文明建设先进典型受表彰】 2021年，为展示唐山市精神文明建设成果，激发各地各部门各单位和群众参与精神文明建设积极性、主动性、创造性，经自愿申报、自查评估、征求意见、考核验收等程序，评选2018～2020年度唐山市文明单位498个、唐山市文明建设先进单位304个、唐山市军民共建先进单位18个、唐山市文明乡镇51个、唐山市文明建设先进乡镇40个、唐山市文明村431个、唐山市文明建设先进村106个、唐山市文明社区124个、唐山市文明建设先进社区102个、唐山市文明校园114个、唐山市文明家庭10个、唐山市精神文明建设先进工作者224人。12月31日，中共唐山市委、唐山市人民政府制发《关于表扬 2018～2020年度市级文明单位、精神文明建设先进单位及精神文明建设先进工作者的通报》，通报表扬先进集体和先进个人。

【基层基础创建】 2021年，唐山市坚持重在建设、贵在坚持、注重实效，培树文明乡风、行业新风、优良家风，精神文明创建向纵深拓展。制发《唐山市文明村镇测评细则》，指导各县（市、区）开展文明村镇创建。县级文明村镇创建扩面提质，全市县级以上文明镇、村占比89.44%和73.25%，提前超额完成“十四五”末目标。移风易俗，制发《关于组织开展“移风易俗过春节”主题活动的通知》等指导性文件，加大移风易俗典型案例媒体刊播力度，培育文明乡风。在全市各级党政群机关、司法执法部门、公用事业单位和服务行业窗口开展“提质提效、文明服务”创建竞赛活动，发放文明服务、文明执法、文明行政流动红旗214面，提升文明服务水平。制发《关于推进文明单位在疫情防控中发挥示范表率作用的通知》，各级文明单位870余家直接或间接参与疫情防控。制发《关于组织开展“学习贯彻全会精神——文明单位在行动”主题活动的通知》，推动文明单位发挥示范引领作用，带动全市兴起学习宣传贯彻全会精神热潮。围绕庆祝中国共产党成立100周年，依托文明实践中心、公共文化设施等宣传文化阵地，开展家庭文明建设主题活动，在全社会形成共建文明家庭、共祝伟大时代氛围。在新闻媒体开设“好家风代代传”专题栏目，宣传报道文明家庭先进事迹，扩大家庭文明建设影响力。建立健全常态化管理服务机制，联系走访各级各类家庭领域先进典型，征询意见建议、了解思想动态、关心实际困难。

【文明实践中心建设】 2021年，唐山市新时代文明实践中心（所）建设基本实现全覆盖，实践站覆盖率94.96%，开展各类新时代文明实践活动1.2万余场。依托各地中心（所、站）和喜峰口长城抗战公园、大钊纪念馆等126个实践点，开展各类宣讲7751场，服务群众420万

迁西县上营乡99岁老战士向年轻人讲述革命战争故事。顾大鹏 贾尚霖 摄

人次。组建“大钊故里”红色宣讲团、“老爷爷宣讲团”“小马扎宣讲队”等文明实践志愿服务宣讲队伍294支，用身边事教育感染身边人。开展“老党员讲党的故事”“童心向党”等红色基因传承文明实践志愿服务活动726场，组织文艺活动直播17场，创作大型评剧《我的嫂子我的娘》并在全市巡演。全市各级各单位组建党员学雷锋志愿服务队，注册党员志愿者36.8万人，为群众提供全方位服务，引导群众事事找组织，实现群众事事有人管。培育农村居家养老助餐“小食堂”、派出所“便民夜市”、农村“夜摊村务”等34个特色文明实践志愿服务品牌，打造“守护生命、救在身边”“电商助农”等58个服务品牌，让群众在文明实践志愿服务活动中享受“文明红利”。组建“新乡贤”“人民调解员”等志愿服务队伍420支，文明实践融入基层社会治理。制发《关于拓展新时代文明实践中心的实施意见》等3个指导性文件，先后开展3轮专题督导。市和县（市、区）用专项资金推进中心建设，其中市财政投入资金150万元。健全市县乡村四级协调联动机制，明确文明实践中心建设各项制度规范，各县（市、区）均明确3～5名专兼职人员在中心办公，确保各项工作有序开展。

【公民道德建设】 2021年，唐山市贯彻《关于新时代加强和改进思想政治工作的意见》，推动社会主义核心价值观内化于心、外化于行。选树道德标杆，苏海东、汤宝俊（牺牲）获第八届全国见义勇为道德模范提名奖；苏海东、韩宏升、汤宝俊（牺牲）获第八届河北省道德模范称号，郭俊章获第八届河北省道德模范提名奖；李盛等4人登“中国好人榜”，丁振涛等29人登“时代新人、河北好人”榜单。开展第八届唐山市道德模范推荐评选活动，授予苏海东等10人第八届唐山市道德模范称号、骆宗明等10人获第八届唐山市道德模范提名奖。开展“月评学雷锋十佳事迹”活动，评选十佳事迹120件。开展道德模范学习宣传和帮扶礼遇活动，在新闻媒体开设专题栏目《道德的力量》，创排以省级道德模范佟立华为原型大型评剧《我的嫂子我的娘》；邀请市级以上道德模范参加河北省园博会开幕仪式，帮扶关爱困难道德模范71名，发放慰问金26.64万元。

【思想道德建设和文明校园创建】 2021年，唐山市以文明校园创建推动未成年人思想道德建设，培养合格社会主义建设者和可靠接班人。召开全市未成年人思想道德建设推进会议，制发《唐山市2021年未成年人思想道德建设工作要点及责任分工》，助推全市未成年人思想道德建设。打造未成年人思想道德建设工作品牌，建设未成年人保护社会支持体系基地。组织未成年人思想道德建设年中测评，推进各项任务落地落实。围绕庆祝中国共产党成立100周年，在路北区韩城镇中学、大钊公园、滦州市榛子镇节振国小学举行“缅怀革命英烈·传承红色基因”清明祭英烈活动、“追寻先辈足迹、牢记百年党史、弘扬民族精神”学习教育实践活动、“童心向党”活动，引导未成年人感党恩、听党话、跟党走。制发《2021年度新时代好少年推荐发布活动的通知》，评选唐山市2021年度“新时代好少年”20名，艾宇暄等4人获2020～2021年度河北省“新时代好少年”，获奖人数全省第一。在重要时间节点，开展“小手拉大手·居家防疫情”作品征集、“七彩画卷颂党恩”、我和国旗“合个影”等主题活动400余场次。创排评腔单元剧《更待丁香开·少年李大钊》，列入全省庆祝建党100周年巡演剧目。在新闻媒体开设专题专栏，依托《唐山广播电视报》开办《唐山少年周刊》，发行45期。利用公交车体、户外大屏、楼宇电视等社会媒介，刊播展示关爱保护未成年人健康成长公益广告。发挥爱国主义教育基地、公共文化设施、乡村学校少年宫等阵地作用，营造良好社会环境。

【学雷锋志愿服务】 2021年，唐山市贯彻落实中央、省决策部署，志愿服务融入社会治理、服务百姓民生、顺应时代需求，制发《关于开展学雷锋志愿服务先进典型宣传推选活动的通知》等文件，健全完善志愿服务注册登记、培训管理、褒奖激励等方面规章制度，为志愿服务提供保障。总结疫情防控志愿服务做法，建设应急志愿服务体系，开展“疫情防控、志愿同行”志愿服务活动，2316支志愿服务队伍、20万余名志愿者在社区、村居就近就便开展疫情防控志愿服务，在卡口执勤、便民服务、防疫宣传、心理援助等方面发挥作用。开展“都来学雷锋、城市更文明”志愿服务活动，全市16.8万余名志愿者参与到党史学习教育、文明健康绿色环保宣传、文明劝导、优质服务、关爱特殊群体等志愿服务活动中，服务群众120余万人。开展庆祝建党100周年系列志愿服务活动，在社区开展文艺演出、义诊义治、关爱困难家庭、走访慰问老党员等志愿服务活动，突出“让我的爱陪伴你”

主题，陪伴路南区、路北区社区老党员参观李大钊纪念馆和故居。开展“文明出行、从我做起”文明交通志愿服务活动，全市各级文明单位2000余名党员志愿者在交警部门指导下，在市区主要交通路口文明劝导和协助纠正各类不文明交通行为。全市17人获评省级优秀志愿者、15个组织获评省级先进志愿服务组织、18个项目获评省级志愿服务创新项目、21个社区获评省级先进志愿服务示范社区（站点）。开展2021年度唐山市学雷锋志愿服务先进典型宣传推选活动，评选唐山市优秀志愿者100名、先进志愿服务组织50个、创新志愿服务项目30个、志愿服务示范社区站点50个。

（高文龙）

生态文明建设

【生态文明建设概况】 2021年，唐山市空气质量综合指数5.00，比上年下降14.8%；PM2.5平均浓度43微克/立方米，比上年下降12.2%；优良天数256天，比上年增加7天，全部超额完成省达考核目标，均创有监测记录以来最高水平，完成“七一”空气质量保障，生态环境部致函予以表扬。11个国省考核河流断面水质全部达标，近岸海域17个监测站位水质优良率100%。土壤污染风险防控取得成效，再开发利用污染地块得到安全利用，受污染耕地安全利用率100%，土壤污染重点监管单位隐患排查在全国大会上作典型发言，先进经验报送国务院办公厅。唐山市贯彻新发展理念，走生态优先、绿色发展之路，以实现减污降碳协同增效为总抓手，以改善生态环境质量为核心，强化精准治污、科学治污、依法治污，突出综合治理、系统治理、源头治理，实施产业转型升级、退城搬迁、“公转铁”、新能源车替代、“双代一清”、企业深度治理等工程，实现以生态环境高水平保护推动经济社会高质量发展。

【生态文明体制改革】 2021年，唐山市先后制发《唐山市空气质量综合指数“退后十”攻坚行动方案》《唐山市空气质量综合指数“退后十”6—12月强化攻坚方案》等文件，推进去产能、“公转铁”“双代一清”等治本工程，开展工业企业、扬尘、散煤、重污染天气应对等行动，确保唐山市空气质量持续改善。开展“创B争A”专项行动，推进钢铁行业超低排放评估监测，全年累计减少排放颗粒物4.32万吨、氮氧化物2.64万吨、二氧化硫1.8万吨、一氧化碳96.12万吨。水土共治，全域治水清水润城工程117个项目开工，开工率100%，累计实物量投入93.37亿元，完成沙河、横河等50条河段747千米清理整治任务，完成率100%。根据国家采测分离结果，唐山市11个断面Ⅲ类及以上水质优良比例63.64%，无劣Ⅴ类水体。全市雨污分流改造87.1千米。坚持土壤污染属地治理机制，强化污染地块土壤环境联动监管，督促213家土壤重点监管单位落实土壤污染防治主体责任，按时完成自行监测和污染隐患排查。创新矿山环境综合治理模式，督促责任主体灭失矿山生态修复，重塑绿水青山，省要求141处矿山按期完成。制发《唐山市近期推动落实碳达峰碳中和工作方案》，构建碳达峰碳中和“1+1+N”政策体系。制发《关于坚决遏制“两高”项目盲目发展的若干具体措施》，在全市范围内开展3次全面排查。全年全市单位GDP能耗比上年下降13.9%，超省达计划目标10.4%；全市煤炭消费量比上年削减68.72万吨。

古冶区生态建设推动老工矿区绿色转身。　　牟宇摄

【国土绿化誓师大会】 2021年1月21日，唐山市召开2021年空气质量排名“退后十”暨国土绿化工作誓师动员大会。省委常委、市委书记张古江出席会议并讲话。张古江强调，要全面落实党中央和省市委决策部署，坚持政治站位，推动决战决胜，以铁的决心坚决打赢“退后十”攻坚战和国土绿化大会战，为实现“三个努力建成”目标提供坚实支撑，努力在新时代全面建设经济强省、美丽河北中担重任、挑大梁。全市上下要切实提高政治站位，增强政治责任感、历史使命感和现实紧迫感，以时不我待、只争朝夕的干劲，以迎难而上、克难而进的毅力，以踏石留印、抓铁有痕的作风，坚决打赢“退后十”和国土绿化两场硬仗，努力交出一份“双战双胜”优异答卷。要坚持靶向施策、持续精准发力，坚决实现空气质量“退后十”目标。要坚持突出重点、统筹协调推进，以铁的措施坚决完成国土绿化任务。要坚持加强领导、完善工作机制，以铁的作风坚决推动各项措施落地落实。市政府与19个县（市、区）和开发区（管理区）签订2021年大气污染防治目标责任书。

【大气污染防治“退后十”会议】 2021年9月1日，唐山市召开大气污染防治“退后十”攻坚推进会议。

省委常委、市委书记张古江在会上强调，要举全市之力推动大气污染防治各项工作落实，确保圆满完成既定目标任务，坚决打赢“退后十”攻坚战。各级各部门必须敢于向积存多年顽瘴痼疾开刀，必须敢于触及深层次利益关系和矛盾，必须敢于向更高更好目标不断迈进，举全市之力向大气污染突出问题发起总攻。要坚持政治站位，以铁的意志坚决打赢空气质量“退后十”攻坚战。

【新能源推广】 2021年，唐山市培育秸秆收储运站（点）200多个，形成收储运体系，总结10个秸秆综合利用典型经验模式，通过召开现场会、技术指导、发放明白纸等方式宣传推广典型经验。争取各级资金1350万元，在遵化市、丰润区、曹妃甸区、开平区、芦台经济开发区实施秸秆综合利用项目。全年全市秸秆综合利用率98.14%。开展确村确户需求台账登记及洁净煤宣传推广，2021～2022采暖季在全市农村“双代”未覆盖平原地区及边远山区推广洁净煤31万户，总计44.9万吨，实现洁净煤推广全覆盖。

（马建朝 改革办）

景区景点

【清东陵（国家AAAAA级旅游景区、世界文化遗产）】 清东陵位于河北省遵化市，界于北京、天津、唐山、承德、秦皇岛之间，西距北京125千米，南距天津150千米，东南距唐山100千米，是中国现存规模最为宏大、体系最为完整、布局最为得体的清代皇家陵寝建筑群，规模为清朝三大陵区（关外三陵、东陵、西陵）之冠。始建于1661年，营建时间达272年。整个陵区以昌瑞山为界，以北称“后龙”，是龙脉来源；以南称“前圈”，占地80平方千米的15座陵寝中，长眠着161位清朝帝、后、妃及皇子公主们。其中有：入关第一帝清世祖顺治；功勋卓著年少有为的清圣祖康熙；文治武功、寿命最长的清高宗乾隆；清初杰出的女政治家，辅佐两位皇帝的孝庄文皇后（庄妃）；内忧外患的清文宗咸丰；短暂人生的清穆宗同治；掌权达48年之久的慈禧太后；还有给人以扑朔迷离之感的香妃等。联合国世界遗产专家说清东陵是“人类具有创造性的天才杰作”，陵区以昌瑞山主峰下孝陵为中轴线，依山势呈扇形东西排列，主次分明，尊卑有序。各陵按规制营建一系列建筑，总体布局为“前朝后寝”。“百尺为形，千尺为势”审美思想贯穿于每一座陵寝建筑中，使各单体建筑在空间组合上达到近乎完美的空间组合。

【唐山南湖生态旅游风景区（世园会）（国家AAAA级旅游景区）】 南湖生态风景区总体规划面积30平方千米，是融自然生态、历史文化和现代文化为一体大型城市生态风景区。湖水、绿地、城市森林、花草组合成天然生态景观，置身优美意境中如江南水乡，烟波如幻，任人遐想。由工业废弃地到山水相宜生态风景区，南湖诞生可以用“奇迹”这个词概括。这里是2016唐山世界园艺博览会举办地，吸引全国乃至世界各地游客。唐山世园会总体空间以“一轴、三线、八园”为结构布局，形成凤凰展翅主骨架，呼应大会主题。一轴为园区主景观轴线，由北向南依次包括展示中心、丹凤朝阳广场、水上剧场、驳船码头、花卉长廊、彩虹桥、立体花街、空中飞桥、低碳花园、龙山和热带风情园11个主景观节点；三线为中轴线和东、西两条线路；八园包括国内园、国际园、设计师园、植物专类园、生态科教园、少年世博园、低碳生活园和工业创意园。

【开滦国家矿山公园（国家AAAA级旅游景区）】 开滦国家矿山公园是由自然资源部于2005年批准建设全国首批28家国家级矿山公园之一，是依托开滦丰厚矿业文化底蕴，集旅游、休闲、历史文化与科普展示、旅游地产开发于一体新型工业旅游景区。馆内藏有中国迄今存世最早开平矿务局一期股票、千余册羊皮蒙面大账本、中国第一条准轨铁路铁轨等48件国家一级文物和上万件珍品。游客可深入煤层巷道体验“井下探秘”及井下4D影院等。

【唐津运河生态旅游度假区（国家AAAA级旅游景区）】 唐津运河生态旅游度假区位于唐山市丰南区西南部，整个景区以一条绵延25千米长唐津运河贯穿，集休闲、娱乐、购物、养生为一体，景区主题为“运河民俗展历史，体育运动显活力，生态休闲归自然”，有“北方秦淮景、运河唐人街”之称。

【滦州古城（国家AAAA级旅游景区）】 素有“自古京东无双地，从来关西第一州”之称。“城迎天下”是新滦州8景之一。2014年5月，滦州古城获评国家AAAA级景区。古城以盛清建筑风格为主基调，汲取中原、江南、西南等地区建筑文化精髓，集中式建筑文化之大成古建筑群落。从迎宾广场进城门沿巡滦大道，观看鼓楼、文庙、紫金塔、文姬楼，到韶音广场，最后参观和园。一路上，观看娱乐节目、民俗

南湖荷花竞相盛开，吸引市民前往观赏、拍照。 吕光宇 摄

活动，倾听滦州故事，回味千年乡愁。祭火大典：整台演出共分为“萨满祈福、萨满驱魔、迎火、火神火把舞、萨满赞颂歌、火把拍卖、萨满火女狂欢”7个篇章，再现古代游牧民族神圣、古朴、神秘祭火盛况。紫金塔：滦州古城制高点，作为佛教圣地，更是滦州古城旅游区龙穴所在。滦州皮影博物馆：“一口叙说千古事，双手对舞百万兵”。河北首家滦州皮影博物馆，以大量详尽史料和原物，再现皮影发展历史。

【青龙山（国家AAAA级旅游景区）】青龙山是与碣石山、盘山齐名三大名山之一，属燕山余脉，古称清凉山，又名截龙岭，为道家四方神之一“左青龙”，历史上被佛、道两家视为圣地。景区内群山俊美、自然天成，延古寺、望海楼、卧佛峰、罗汉洞、八仙石及千年古树、古井等熠熠生辉，是集旅游观光、休闲度假、宗教朝圣、商务会议为一体综合性旅游景区。文化和旅游部于2012年批准青龙山风景区成为国家AAAA级旅游景区。

【景忠山（国家AAAA级旅游景区）】游山，一是览山中天然美景，二是观人文建筑景观。据史料记载，景忠山“旧有二名，南曰明山，北曰阴山”。明初于山顶建三忠祠，祀诸葛亮、岳飞、文天祥，“欲人景行仰止”，故改名“景忠山”。景忠山景区位于迁西县三屯营镇，“万松穿石立，一径与天争。”这是清代大诗人张太复为景忠山美景题诗。山上200年以上古松有3000多株，万壑松风，步入其中，超然物外。早在宋代，山上就有古建庙宇，明末清初达到鼎盛，形成山脚、山中、峰顶3个完整宗教建筑群。“庙宇七十二，金面百六尊”形象地概括景忠山当时盛景。景忠山集儒、释、道三教于一山。清初，顺治、康熙2位皇帝曾6次登临，顺治帝诏请一代高僧别山慧善普应禅师到皇宫大内讲禅礼佛，开创清代高僧进宫之先河；康熙皇帝即位后多次登临景忠山，先后为景忠山题写“名山初步”“天下名山”“灵山秀色”等匾额，足见对此山肯定嘉许。山脚署院、四帅殿、一二三道茶棚、灵官殿、朝仙门、望海楼、南天门、碧霞元君殿、三忠祠、东山玉皇庙、鬼王庙、西山舍利塔群等近百座建筑错落山间，由1872级台阶所串联，步移景异。

【青山关（国家AAAA级旅游景区）】“秦时明月汉时关”，以“关”为名的地方总是让人能够想起金戈铁马壮烈雄浑。迁西境内有古长城115千米，敌楼203座，烽火台41座，关城20座，其中保存最完好，最有代表性就是位于上营乡青山关长城，始建于明洪武年间，距今有600多年历史。青山关位于燕山支脉大青山腹地，万里长城在大青山上蜿蜒而过，青山关城堡建在山脚平台上，所以叫青山关。这里有万里长城中保存最完好水门，有造型奇特七十二券楼、监狱楼，有匪夷所思月亮城，有八角八面北天一柱八面峰，更有距今400多年历史青山关长城古堡。古堡较为完整地保存官衙、兵营、庙宇、茶馆、酒肆、民居等古建设施，游人可以零距离观赏长城，接触长城，感受长城。

【山叶口景区（国家AAAA级旅游景区）】如果用时间追溯历史，可以穿越回多么久远时光？在迁安山叶口景区可以看到地球形成早期——约38亿年前太古代时期所形成古老片麻岩，还可以穿行在世界上最古老沉积岩——18亿年前中元古代形成五彩石林之中。在这里，可以一步跨越十亿年，看巍峨高山，听潺潺流水，品世外桃源。国家地质公园、河北省森林公园山叶口景区坐落于迁安市大五里乡山叶口村，是国家AAAA级旅游景区。它以峡谷、溪流、瀑布、砾岩滚石等地质遗迹景观为主体，融地质文化、民俗特色于一体，这里有景色奇特砾石风光、丰富完整太古地貌，被地质学家誉为“全息太古时代地质地貌档案馆”。进入景区沿步游路拾级而上，脚下五彩溪潺潺流水，身旁峡谷丛林鸟语花香，手扶五彩巨石鬼斧神工，仰望参天古木遮天蔽日，置身其中，仿佛穿越时空，回到太古时代，又像超脱凡尘，进入世外桃源。这里是天然地质博物馆，是回归大自然旅游胜地。

【万佛园（国家AAAA级旅游景区）】位于清东陵风水墙内，是一座将佛学、道学、儒学与现代园林艺术有机结合花园式陵园景区，是以展现佛教文化为主大型仿古观光园林，园内有1万尊形态各异玉佛、金佛，因此被称为“万佛园”。这里风光秀美，幽静肃穆，佛国韵味浓厚，是一处静心观景好地方。

【李大钊纪念馆（国家AAAA级旅游景区）】李大钊纪念馆坐落于乐亭县新城区，占地8.67公顷，建筑面积8656平方米，整个建筑由灰、白两种色系组成，融民族特色与现代格调为一体。8根功绩柱，象征李大钊丰功伟绩；8块浮雕，展示李大钊主要革命活动足迹；38级台阶，寓意李大钊走过38年风雨历程。瞻仰厅正面设李大钊汉白玉雕像，雕像背面镌刻中共中央起草《李大钊烈士碑文》。

【李大钊故居（国家AAAA级旅游景区）】位于乐亭县胡家坨镇大黑坨村，始建于清光绪七年（1881年）。故居坐北朝南，呈长方形，分为3进宅院，是典型冀东农家庄户格局，占地面积1010平方米。这里是李大钊诞生和幼年成长地方，为爱国主义教育基地和旅游胜地。

【菩提岛（国家AAAA级旅游景区）】位于乐亭县。菩提岛面积5.07平方千米，国家AAAA级旅游景区，为华北第一大岛，也是距离北京最近生态海岛。河北省生态旅游开发示范区，有“孤悬于海上的天然动植物园”美称，有各种植物260多种，野生动物40多种，鸟类400多种。素以“古、幽、野、奇、闲”闻名于世，是回归自然，寻找野趣世外桃源。菩提岛以其自然之态成为省级海洋自然保护区，国际观鸟基地，每年吸引大批观鸟爱好者云集于此。菩提岛侧重于生态保护和高端体验，以自然生态体验与佛教文化观览为开发重点，打造海天佛国，形成高端养生养心圣地。2015年，菩提岛被评为“全国十大美丽海岛”。

【月岛（国家AAAA级旅游景区）】位于乐亭县。月岛因形似弯月而得名，总面积11.96平方千米，为河北省海洋自然保护区。岛上植被丰茂，春秋两季既有大量候鸟停留栖息，也有山鸡等留鸟在此繁衍；岛周边有天然海岛浴场，沙白水净，适宜避暑度假；岛四周广阔滩涂水域有大量鱼、虾、蟹、贝等海产品，可开展采捕渔猎等海上特色趣味活动。月岛侧重于高端海岛娱乐休闲和运动体验服务，以异域风情海岛娱乐休闲和运动设施为开发重点，开发高品质旅游产品和配套设施。

【曹妃甸湿地公园（国家AAAA级旅游景区）】 曹妃甸湿地文化旅游度假区是国家AAAA级旅游景区、省级湿地与鸟类自然保护区、河北省十佳旅游景区，拥有华北地区最大湿地温泉中心，规划总面积120平方千米，是集鸟类保护、湿地体验、科普教育、运动休闲、商务会展、文化创意、生态居住为一体休闲旅游度假区。

【凤凰山（国家AAAA级旅游景区）】 迁西县凤凰山旅游区位于新集镇境内，连通京沈高速二线、京沈高速迁西连接线，地理位置优越，交通便利。凤凰山以山体形状如展翅欲飞凤凰而得名。景区内树木繁茂，曲径通幽，阳春三月，山花烂漫，鸟语花香；盛夏六月，草木葱郁，青翠欲滴；金秋八月，果实累累，五光十色；寒冬腊月，雪压青松，冰瀑高悬，一步一景，四季变换，如诗如画。

【花乡果巷（国家AAAA级旅游景区）】 花乡果巷位于迁西县东莲花院乡，是京东有名"花果之乡"，这里生态优良、山水田园、百花争艳；这里花香百里、硕果累累、景色宜人。依托燕山独特山区自然风光，以"山水田园，花乡果巷，诗画乡居"为规划定位，打造特色鲜明、宜居宜业、惠及各方国家级田园综合体。九月丰收季，在这里品尝新鲜瓜果，体验采摘乐趣。

【喜峰雄关大刀园（国家AAA级旅游景区）】 位于迁西县。以著名喜峰口长城抗战为大背景，将长城文化与自然景观相融合，集爱国主义教育、旅游观光、休闲度假为一体多功能旅游区。1933年宋哲元、张自忠、赵登禹等抗日爱国将领率领国民革命军29军，以大刀、步枪、手榴弹等劣势兵器同装备精良日军英勇搏斗、浴血奋战、杀敌近千，夺炮18门、枪千余支，予日军以沉重打击。《大刀进行曲》由此而诞生，铿锵一段岁月，汇成一段时代足音，响彻神州大地。景区突出"爱国主义教育"主题，利用景观艺术、雕塑艺术、大地艺术相结合手段，再现喜峰口长城抗战恢宏壮阔场面。曾经刀光剑影、旌旗猎猎的战场，如今被载入世界军事史册，成为红色旅游圣地。

【蚕沙口妈祖文化度假区（国家AAA级旅游景区）】 位于曹妃甸区。蚕沙口是冀东平原濒海千年古渔村，南滨渤海，西临被称作"铜帮铁底运粮河"泝河（也称溯河），泝河北连滦河，西通天津直沽，自古就是海河转运知名码头，是天然避风港。元代古码头则被称为古海上丝绸之路中重要节点。

【十里海河豚小镇（国家AAA级旅游景区）】 位于曹妃甸区。十里海河豚小镇集渔事体验、特色餐饮、休闲度假、古朴民俗、文化体验为一体，盛产东方虾、南美白对虾、河豚、梭子蟹、鲈鱼、梭鱼、油光鱼等海鲜，食材到餐桌只有50米，让游客充分享受美食之好，体验小镇慢生活之惬意。

【北河文化旅游区（国家AAA级旅游景区）】 位于滦南县。"天下第一碗""天下第一鼓""天下第一影"等雕塑坐落于北河两岸。赏心亭、悦目亭、欣闻亭3亭可欣赏冀东文艺三枝花：皮影、评剧、乐亭大鼓；乘坐游船穿梭于"观花胜地——十里荷塘"之上，闻着缕缕清香，令人心旷神怡。景区内巍峨耸立着16座图腾柱，以图文并茂形式，记录着滦南不同历史时期典型事件和典型人物。回音亭（蒙古包）回音效果可媲美北京天坛回音壁，给人一种"天人感应"的神秘气氛。在这里可赏花、听戏、观舞，在独具特色商业街区可满足游客味蕾和购物欲。

【蒙牛乳业（滦南）工业旅游景区（国家AAA级旅游景区）】 位于滦南县。国家AAA级旅游景区、"全国工业旅游示范点"。占地面积13公顷，是全国最大百利包生产基地。在蒙牛公司，游客可透过玻璃窗亲眼看到原奶怎样一步步经过加工处理而成为成品蒙牛牛奶，可以看到处理过的污水多么清洁；在游客中心可以稍作休息，购买到新鲜蒙牛奶产品，还有来自内蒙古草原纯正牛肉干、奶酪等。

【德龙钢铁工业旅游文化园（国家AAA级旅游景区）】 位于乐亭县。依托唐山市德龙钢铁有限公司建立，2018年10月被批准为国家AAA级景区。园区旅游产品丰富多样，设有观光工厂、钢铁生产参观通廊、钢铁主题雕塑、国内先进脱硫脱硝环保设施、花鸟园等，形成以钢铁文化为核心综合人文工业旅游景区。

【京东龙泉谷（国家AAA级旅游景区）】 位于历史文化名人曹雪芹故乡丰润区，这里是天然世外桃源，有着唐山后花园美誉。景区特色服务分为：四季采摘、国防教育、军事射击、企业拓展培训、特色养生木屋住宿、九大仙草之首铁皮石斛种植观赏、清代思母泉、关帝庙、现代防空洞等人文景观和自然景观，为休闲娱乐于一体生态景区。景区一年四季空气清新，是不可多得天然"氧吧"，全国青少年户外体育活动营地、河北省五星级休闲农业园区、唐山市丰润区研学旅游示范基地。

【山缘生态文化庄园（国家AAA级旅游景区）】 位于丰润区。山缘生态庄园景区集餐饮、住宿、垂钓、瓜果采摘、特色养殖、红色教育、现代农业、休闲娱乐、会议接待、旅游观光度假、户外拓展、惊险体验为一体，是多功能国家AAA级旅游景区。景区有吊桥、滑索、高山滑水、网红桥、革命抗日小道、饮龙井、四季山、儿童统感训练基地、冀东唐山市丰润区王官营镇施家营村东革命抗战历史馆等自然人文景观。还有瓜果长廊，水中凉亭等休闲设施。

【西那母旅游度假村（国家AAA级旅游景区）】 丰润区西那母旅游度假村是集采摘、餐饮、观光、休闲、度假为一体生态农庄。旅游项目有高科技农业园区、千米葡萄长廊、水上大世界、大型主题公园、农家酒店、滨水木屋区、户外婚礼基地、儿童主题乐园、房车木屋别墅营地、国际拓展训练基地、孝道及蒙元文化展馆等。以及教育配套设施幼儿园、小学，年接待游客50万人次。

【塔寺峪景区（国家AAA级旅游景区）】 位于迁安市。塔寺峪景区以山岳森林生态和峡谷地貌景观著称，峡谷内有16条沟、18道岭，18个天然洞，古树名木、奇峰怪石、溪流瀑布遍布，堪称一座自然资源的宝库。

【迁安博物馆（国家AAA级旅游景区）】 迁安博物馆展示古老迁安、革命迁安、和谐迁安、优秀迁安、生态迁安。有馆藏文物1000余件，是一座极富韵味的迁安历史文化宝库。

【敬天岭旅游养老度假区（国家AAA级旅游景区）】 敬天岭旅游养老度假区位于玉田县郭家屯镇麻山北，依托山林地资源，建设有采摘园、静幽竹院、天然石壁文化长廊、华山神庙、主题文化雕塑广场、活动中心、餐厅等景观，以及休闲场所和服务设施，是集采摘休闲、养生度假、观光旅游为一体旅游度假景区。

【中国板栗博物馆（国家AAA级旅游景区）】 中国板栗博物馆位于迁西县，是我国乃至世界首家以板栗为主题国家级专业博物馆，主要从板栗植物学特性、经济价值、栽培管理、产业构建、文化民俗等方面进行全面展示，采用多媒体互动、全息影像、场景雕塑等展示手段，形成趣味互动观展效果，在这里可以充分了解板栗世界奥妙。

【施尔得美食文化园（国家AAA级旅游景区）】 位于唐山市中心区。施尔得美食文化园，以匠心文化为主题，创新游憩和体验方式，形成“一心一轴 ，两大分区”景区布局。以特色购物为驱动，构建工业观光型景点、文化体验类工坊、特色餐饮店铺、情景化购物店铺4个吸引力业态。走进施尔得美食文化园，游客可充分享受“可看、可玩、可吃、可学、可购”旅游体验。

【抗震纪念馆（国家AAA级旅游景区）】 位于唐山市中心区，纪念馆外圆内方，设计独特，馆内展出唐山大地震灾害以及唐山人民抗震救灾、改革开放取得巨大成就，是全国爱国主义教育基地。

【蒙牛乳业（国家AAA级旅游景区、全国工业旅游示范点）】 丰润蒙牛工业旅游景区，有可供游人观光游览的液体奶、奶源、质量检测中心等观光亮点，进入蒙牛公司后从生产车间到灌装生产线全部用玻璃取代墙壁隔断，实现透明化可观光管理模式，游客可以直观看到蒙牛奶生产过程，清楚了解蒙牛、感受蒙牛。

【净觉寺（国家AAA级旅游景区）】 位于玉田县。是河北省文化名片系列十大古建筑之一，占地2万平方米，素有“京东第一寺”美誉。该寺坐北朝南，共有门殿、正殿、后殿、钟楼、鼓楼、碑楼、配殿、碑亭等建筑81间，各式门楼6座，各式造像百余尊，碑刻8统及石狮、大钟、“净觉寺”匾额、建筑图纸等珍贵文物。净觉寺建筑艺术具备明清两代风格，融宫廷与民间两种特色。景区风光绮丽、空幽宁静、晨钟暮鼓、禅音袅绕。

【五虎山（国家AAA级旅游景区）】 位于迁西县境内。古语云：“仁者乐山，智者乐水。”在五虎山景区可以同时欣赏到山水乐趣。它原是康熙冬季狩猎皇家猎场，现在是一处集休闲度假、山林探幽、拓展训练于一体山地休闲度假旅游区。五虎山峰峦起伏，峡谷幽深，林木繁茂，植被良好，多为原始次生林。滦河漂流项目，景区河段总长20千米，整个漂流过程需要2个小时。河段河道宽阔，河水清澈见底，水深从半米至几米，滩涂遍布鹅卵石，两岸景观丰富，“九曲十八湾”，可谓“筏在河上走，人在画中游”。

【白羊峪长城旅游区（国家AAA级旅游景区）】 位于迁安市。“不到长城非好汉”，那蜿蜒于山脊巍峨长龙是旅游者必须感受的壮丽雄浑。“长达7千米，始建于战国，盛于明朝，至今已有2200多年历史。”明朝隆庆万历年间，著名将领戚继光主持北方军务时，多次对这段长城进行修复和加固，白羊峪长城就是明朝所留原貌，一段原汁原味没有任何人工雕琢、修饰，饱经500多年沧桑古长城，这里集结明长城中完备军事防御体系，城墙、关隘、敌台、烽火台、城堡等，是万里长城防御体系缩影。并且它还有很多匠心独具独创防御设施，如谎城、神威楼、双重水关、大理石长城等。除完整古代军事防御体系，白羊峪还有“乾隆观碾”“七松登高”“旱龟断流”等丰富人文历史典故和美丽传说。白羊峪景区以长城为背景，以生态民俗为特色，依山傍水，风景雄浑秀丽，素有“北国江南”之美誉。

【禅林寺（国家AAA级旅游景区）】 位于遵化市。禅林寺以古山、古刹、古树“三古”著称。古山指有五座山峰的五峰山，中峰撑出云表，另外四峰侧立；古刹指禅林寺，是文殊菩萨道场，几经毁坏和重修；古树即银杏树，是指禅林寺周围13棵距今两千年以上古银杏树，1雄12雌，枝叶繁茂，绿荫成片。

（旅游局）

组织机构和负责人

【市级主要机构及负责人名单】

中共唐山市第十届委员会

（2021.1～2021.8）

书　记　张古江
副书记　高建民（1月任，6月免）
　　　　田国良（满族，3月任）
　　　　杨培苏（女，6月任）
常　委　杨　洁（女，6月免）
　　　　陈学民（6月免）
　　　　乔朝英
　　　　穆伟利（6月免）
　　　　付振波（6月免）
　　　　孙贵石（6月免）
　　　　赵尔全（4月免）
　　　　郭永博（6月任）
　　　　张　旭
　　　　韩宏良（6月任）
　　　　来广普（6月任）
　　　　杨华森（挂职）
秘书长　张　旭（6月免）
　　　　陈　宇（6月任）

中共唐山市第十一届委员会

（2021.8～）

书　记　张古江
副书记　田国良（满族）

杨培苏（女）
常　委　乔朝英
郭永博
张　旭
韩宏良
来广普
李　丽
陈　宇
侯　旭
杨华森（挂职，10 月免）
秘书长　陈　宇

市委工作部门

办公室
主　任　牛俊武（7 月免）
徐　民（7 月任）
组织部
部　长　陈学民（6 月免）
张　旭（6 月任）
宣传部
部　长　杨　洁（女，7 月免）
李　丽（女，7 月任）
统战部
部　长　陈学民（6 月免）
张　旭（6 月任）
政法委
书　记　乔朝英（6 月免）
来广普（6 月任）
市委市政府研究室（市委全面深化改革委员会办公室）
主　任　蔡宗健（5 月免）
胡维刚（7 月任）
市委市政府督查室
主　任　顾俊旺
网络安全和信息化委员会办公室
主　任　马文斌
机构编制委员会办公室
主　任　黄敬东（7 月免）
高春平（7 月任）
市直机关党工委
书　记　张　旭（6 月免）
陈　宇（6 月任）
巡察工作领导小组办公室
主　任　鲁振峰（7 月免）
梁立航（7 月任）
信访局
局　长　艾长征（5 月免）
马立军（7 月任）
老干部局
局　长　王会良
保密机要局
局　长　贠晓良
教育工作委员会（与市教育局合署办公）
书　记　刘绍辉（7 月免）
史林友（7 月任）
文明办
主　任　李泽明（7 月免）
王海明（12 月任）
党史研究室
主　任　宗玉田
党　校
校　长　陈学民（3 月任，6 月免）
张　旭（6 月任）
唐山劳动日报社
党委书记、社长　张秀山
唐山广播电视台
党委书记、台长　王树林（7 月免）
孙昌英（7 月任）

（孙庆武）

唐山市第十五届人大常委会

（2021.1 ~ 2021.8）

主　任　郭彦洪（女）
（8 月换届自然免）
副主任　毕开艾（8 月换届自然免）
魏文忠
常庆久（8 月换届自然免）
郑汉军（8 月换届自然免）
李东升（8 月换届自然免）
秘书长　王宝兴（二级巡视员）
（8 月换届自然免）

市人大常委会党组

党组书记　郭彦洪（女）（6 月免）
杨　洁（女）（6 月任）
党组副书记　张艳春（女）（8 月免）
苏铁成（6 月任）
张国栋（9 月免）
党组成员　毕开艾（8 月免）
魏文忠
常庆久（8 月免）
郑汉军（8 月免）
李东升（8 月免）
曹金华（8 月免）
王宝兴（8 月免）

唐山市第十六届人大常委会

（2021.8.26 ~ ）

主　任　杨　洁（女）（8 月 26 日当选）
副主任　苏铁成（8 月 26 日当选）
魏文忠（8 月 26 日当选）
王福燕（女）（8 月 26 日当选）
李贵富（8 月 26 日当选）
董立群（8 月 26 日当选）
孙辉福（8 月 26 日当选）
秘书长　郑胜宏（8 月 26 日当选）

市人大常委会党组

党组书记　杨　洁（女）（6 月任）
党组副书记　苏铁成（6 月任）
党组成员　魏文忠
李贵富（8 月任）
董立群（8 月任）
孙辉福（8 月任）
郑胜宏（8 月任）

市人大常委会工作部门

办公室
主　任　王宝兴（1 月免）
孙昌彦（1 月任，7 月免）
石海涛（7 月任）
研究室
主　任　孙昌彦（1 月免）
么树军（1 月任）
选举任免代表工委
主　任　李　丽（12 月免）
（空缺）
常务副主任　兰丽萍
法制工作委员会
主　任　张国华（1 月免）
王保军（1 月任）
内务司法工作委员会
主　任　贾东君（女）
财政经济工作委员会
主　任　周春东（7 月免）
孙昌彦（7 月任）
城乡建设环境保护工作委员会
主　任　王玉升
农村经济工作委员会
主　任　毛成海（7 月免）
杨学山（7 月任）
教育科学文化卫生工作委员会
主　任　潘友忠（7 月免）
白丽杰（7 月任）
民族宗教侨务外事工作委员会
主　任　王荣国（7 月免）
张　硕（7 月任）
机关党委
专职副书记　白　洁（女）
信访与监督协调办公室
主　任　闫立新（1 月任）

（董玉洁）

唐山市人民政府

市　长　高建民（1 月代，2 月任，6 月免）
田国良（满族，6 月代，8 月任）
常务副市长　付振波（7 月免）
乔朝英（8 月任）
副　市　长　杨华森（挂职，10 月免）
曹全民（8 月免）
张月仙（女）

闫泽利（7月免）
李贵富（8月免）
王　海（6月免）
邱　舰（挂职，3月任）
赵晋进（8月任）
张　涛（8月任）
李建忠（8月任）
郝志军（8月任）
石小璞
（女，挂职，10月任）
秘　书　长　张文明（4月免）
刘铁民（4月任）

市人民政府工作部门

办公室
政府机关党组书记、主任
张文明（4月免）
刘铁民（4月任）
发展和改革委员会
党组书记　郝志军
主　　任　郝志军（8月免）
郎文昌（10月任）
教育局
党组书记、局长
刘绍辉（7月免）
史林友（7月任）
科技局
党组书记　潘树文（7月免）
刘宏杰（7月任）
局　　长　王福燕（女，7月免）
刘宏杰（7月任）
工信局
党组书记、局长
徐树成（7月免）
孟祥印（7月任）
民宗局
党组书记、局长
张　硕（回族，7月免）
冯会章（7月任）
公安局
党组书记、局长
闫泽利（6月免）
赵晋进（6月任）
民政局
党组书记、局长　王德满
司法局
党组书记　张占忠（7月免）
侯西岭（7月任）
局　　长　侯西岭
财政局
党组书记　郑汉军（4月免）
肖其放（4月任，7月免）
李建华（7月任）
局　　长　肖其放（7月免）
李建华（7月任）
人力资源和社会保障局
党组书记、局长
李东升（7月免）
张福林（7月任）
自然资源和规划局
党组书记、局长
韦远东（7月免）
冀桂梅（女，7月任）
住房保障和城乡建设局
党组书记　李再东（7月免）
李　强（7月任）
局　　长　李再东（7月免）
城市管理综合行政执法局
党组书记、局长
冀桂梅（女，7月免）
王树林（7月任）
交通运输局
党组书记、局长
蔡洪魁（7月免）
张宝才（7月任）
水利局
党组书记、局长
李建华（7月免）
李鸿祥（满族，7月任）
农业农村局
党组书记　张印勤（7月免）
肖润光（7月任）
局　　长　肖润光（7月免）
马兰银（女，7月任）
商务局
党组书记、局长
张雪梅（女）
文化广电和旅游局
党组书记　邢京林（7月免）
刘金柱（7月任）
局　　长　张桂芳（女，7月任）
卫生健康委员会
党组书记、主任
徐昌盛（7月免）
张进霜（女，7月任）
退役军人事务局
党组书记、局长
崔敬学
应急管理局
党组书记　张宝才（7月免）
于兴维（7月任）
局　　长　于兴维（7月任）
审计局
党组书记、局长
王洪江（7月免）
艾文志（7月任）
国资委
党委书记、主任
张洪山（7月免）
蒋观勇（7月任）
市场监督管理局
党组书记　张建波（7月免）
徐昌盛（7月任）
局　　长　路　遇（7月免）
徐昌盛（7月任）
体育局
党组书记、局长
刘利东（7月免）
李全民（7月任）
统计局
党组书记、局长　吕志玉
机关事务管理局
党组书记、局长
王小龙（7月免）
江　洁（女，7月任）
人防办
党组书记、主任　王玉国
地方金融监督管理局
党组书记、局长
蒋观勇（7月免）
闫世蕾（女，7月任）
行政审批局
党组书记、局长
王文彬（5月免）
王小龙（7月任）
医疗保障局
党组书记、局长
李建新（7月免）
李金生（7月任）
“一港双城”（城镇化）工作委员会办公室
党组书记、主任
任艾泉（4月免）
薛　波（7月任）
海洋口岸和港航管理局
党组书记、局长　赵立军
供销合作总社
党组书记、主任　任国军
住房公积金管理中心
党组书记、主任　甄贵福
档案馆
馆　　长　侯永坤（女）
高新技术产业开发区
工委书记、主任　庞秋原
海港经济开发区
工委书记、主任
黄玉刚（12月免）
芦台开发区
工委书记、主任　韩庆文
汉沽管理区
工委书记、主任
许焕庆（9月免）

边志兴（9月任）

清东陵保护区

工委书记　董学忠（5月免）
　　王凤海（5月任）
主　　任　刘金柱（7月免）
　　刘继良（7月任）

唐山湾国际旅游岛

工委书记　郑友东
主　　任　郑友东（9月免）
　　杜　佳（9月任）

（孙庆武）

政协唐山市第十二届委员会

（2021.1.1～2021.8.22）

主　席　胡国辉
副主席　王连灵（女）
　　胡万宁
　　白春明
　　崔武成
　　李长春
　　张会春
　　王福燕（女）
　　甄德恩
秘书长　李长远

政协唐山市第十二届委员会工作部门

办公室

主　任　李长远（1.1～1.28）
　　刘海峰（1.28～8.22）

研究室

主　任　刘海峰（1.1～1.28）
　　张　芳（1.28～8.22）

提案委员会

主　任　刘晋波（1.1～1.28）
　　黄　杰（1.28～8.22）

文化文史和学习委员会

主　任　李治欣

经济建设委员会

主　任　马　进

人口资源环境委员会

主　任　李志安（1.1～1.28）
　　解桂林（1.28～8.22）

教科卫体委员会

主　任　袁会林（1.1～1.28）
　　阎　磊（1.28～8.22）

社会法治委员会

主　任　李　伟

港澳台侨和民族宗教委员会

主　任　李孝利

农业农村委员会

主　任　王　权

政协唐山市第十三届委员会

（2021.8.22～）

主　席　胡国辉
副主席　白春明
　　李长春
　　甄德恩
　　袁　宁
　　李治欣
　　全荣哲
　　董学忠
　　胡世宁
秘书长　李长远

政协唐山市第十三届委员会工作部门

办公室

主　任　刘海峰

研究室

主　任　米广峰

提案委员会

主　任　黄　杰

文化文史和学习委员会

主　任　阎　磊

经济建设委员会

主　任　谢雪生

人口资源环境委员会

主　任　解桂林

教科卫体委员会

主　任　何大海

社会法治委员会

主　任　王少杰

港澳台侨和民族宗教委员会

主　任　张　芳

农业农村委员会

主　任　王　权

（陈利刚）

中共唐山市第十届纪律检查委员会

（2021.1～2021.8）

书　记　穆伟利（6月免）
　　郭永博（6月任）
副书记　冯慧洁（女，常务）
　　张庆来
　　于　峰
常　委　江　洁（女，7月免）
　　刘玉芳
　　李晓忠
　　梁立航（7月任）
　　张　爽（女）
　　程美志

中共唐山市第十一届纪律检查委员会

（2021.8～）

书　记　郭永博
副书记　张庆来
　　刘玉芳
　　李晓忠
常　委　梁立航
　　张　爽（女，12月免）
　　刘学民（12月任）
　　程美志
　　张军荣（女，满族）
　　赵　辉

监察委员会

主　任　穆伟利（7月免）
　　郭永博（7月代，8月任）

中级人民法院

党组书记、院　长　牛向阳

人民检察院

党组书记、检察长　贾志宏

民主党派和工商联

中国国民党革命委员会唐山市委员会

主　委　张月仙（女）

中国民主同盟唐山市委员会

主　委　刘长锁（3月免）
　　袁　宁（4月任）

中国民主建国会唐山市委员会

主　委　王连灵（女，3月免）
　　胡世宁（4月任）

中国民主促进会唐山市委员会

主　委　王福燕（女）

中国农工民主党唐山市委员会

主　委　高瑞华（女、满族，3月免）
　　李治欣（4月任）

九三学社唐山市委员会

主　委　胡万宁（3月免）
　　张桂芳（4月任）

唐山市工商业联合会

主　席　甄德恩
党组书记　王彩霞（女）

人民团体

唐山市总工会

主　　席　张国栋
党组书记　张喜怀（回族）

唐山市妇女联合会

主席、党组书记
　　张进霜（女，7月免）
　　魏　明（女，7月任）

中国共产主义青年团唐山市委员会

书　　记　李　虹（女，6月免）
　　郭　斌（9月任）

唐山市文学艺术界联合会

主　　席　袁　宁
党组书记　刘宝富（3月免）
　　杨秀慧（女，3月任）

唐山市社会科学界联合会

党组书记、主席
王　力（2月免）
刘宝富（4月任）

唐山市残疾人联合会

理事长、党组书记
董爱民（7月免）
刘连奎（7月任）

唐山市归国华侨联合会

主席、党组书记
韩春云（女）

唐山市红十字会

会　长　曹全民

唐山市贸促会

党组书记、会长、会展办主任
夏裕萍（女）

中央、省垂直管理部门

国家税务总局唐山市税务局

党委书记、局长
张　渤（4月免）
岳广建（4月任）

唐山市烟草专卖局

党组书记、局长、经理
程　渊

唐山海关

党委书记、关长　常　义

唐山海事局

党委书记、局长　杨庆义

唐山市气象局

党组书记、局长　王建平

唐山无线电管理局

局　长　张智杰（10月免）
刘宗宏（10月任）

【县（市、区）主要机构负责人名单】

遵化市

市委书记
董学忠（5月免）
王凤海（5月任）

人大常委会主任
高海柱（6月免）
任万阁（7月任）

市　长
王凤海（5月免）
张福增（5月代，7月任）

政协主席
崔　明（6月免）
王振国（7月任）

纪委书记
刘继链（3月免）
熊向阳（3月任）

法院院长
刘永民（5月免）
王宏伟（5月代，7月任）

检察院检察长
李求军（2月任）

迁安市

市委书记
韩国强（5月免）
王文彬（5月任）

人大常委会主任
刘振凯（2月任）

市　长
王鸿飞（5月免）
崔东鑫（5月代，7月任）

政协主席
李维林（6月免）
唐延海（7月任）

纪委书记
许俊良（1月免）
张春雷（1月任）

法院院长
褚建全（5月免）
周渊博（5月代，7月任）

检察院检察长
孙玉军（5月免）
陈志刚（5月代，7月任）

滦州市

市委书记
李建忠

人大常委会主任
张志国（6月免）
王殿新（7月任）

市　长
孙自生

政协主席
孙太和（6月免）
崔敬民（7月任）

纪委书记
崔敬民（6月免）
果爱宾（6月任）

法院院长
李　岩(女,1月任,5月免)
任丽伟(女,5月代,7月任)

检察院检察长
吕景利（5月免）
梁胜伟（5月代，7月任）

玉田县

县委书记
陈　宇（5月免）
田军威（5月任）

人大常委会主任
周庆岩（6月免）
李树娟（女，7月任）

县　长
田军威（5月免）
兰志刚（5月代，7月任）

政协主席
王跃飞

纪委书记
王新清

法院院长
付春生（5月免）
滕云彪（5月代，7月任）

检察院检察长
周金刚（5月免）
杨志勇（5月代，7月任）

迁西县

县委书记
全荣哲（5月免）
蔡宗健（5月任）

人大常委会主任
张金彪（6月免）
薛向刚（7月任）

县　长
石井满（1月代，2月任）

政协主席
王　芳（6月免）
刘永宏（7月任）

纪委书记
张建军（6月免）
郑宏锋（6月任）

法院院长
秦连国

检察院检察长
狄泽军

滦南县

县委书记
艾文志（5月免）
吕素青（女，5月任）

人大常委会主任
徐文辉（6月免）
刘兆宾（7月任）

县　长
吕素青（女，5月免）
侯新宏（5月代，7月任）

政协主席
谢雪生（6月免）
程少杰（7月任）

纪委书记
赵　峰（满族）

法院院长
刘士刚（5月免）
李柳青（5月代，7月任）

检察院检察长
郭晓辉

乐亭县

县委书记
张福林（5月免）
李　铁（5月任）

人大常委会主任

安爱军（女，6月免）
张国勇（7月任）
县　　长
李　铁（5月免）
高光宇（5月代，7月任）
政协主席
张国勇（6月免）
姚清华（女，7月任）
纪委书记
宫春磊
法院院长
姚凌峰（5月免）
吴　青（5月代，7月任）
检察院检察长
张世新（5月免）
高　强（5月代，7月任）

曹妃甸区

区委书记
孙贵石（5月免）
侯　旭（5月任）
人大常委会主任
侯树军（2月任）
区　　长
侯　旭（5月免）
郑友东（5月代，7月免）
政协主席
母树宏（2月任，6月免）
周永山（7月任）
纪委书记
韩顺宏（1月免）
刘艳东（回族，1月任）
法院院长
李建翔（5月免）
陈丹宁（5月代，7月任）
检察院检察长
周春林（5月免）
周立杰（5月代，7月任）

丰南区

区委书记
赵立华
人大常委会主任
李志龙
区　　长
霍　强（2月任）
政协主席
才文举（6月免）
赵晓梅（女，7月任）
纪委书记
王增典（6月免）
骆金凤（女，6月任）
法院院长
郑金宽（5月免）
姚凌峰（5月代，7月任）
检察院检察长
任宪瑞（5月免）
张玉峰（5月代，7月任）

丰润区

区委书记
董立群（5月免）
朱文军（5月任）
人大常委会主任
张印久（6月免）
刘瑞新（7月任）
区　　长
宋宇宁（2月任）
政协主席
杨爱民（6月免）
许广三（7月任）
纪委书记
张勇军（1月任）
法院院长
李月臣（5月免）
李　岩（女，5月代，7月任）
检察院检察长
冯博元（5月免）
单庆梅（女，5月代，7月任）

路北区

区委书记
张秀新（4月免）
艾长征（5月任）
人大常委会主任
史玉尊（6月免）
李季莲（女，7月任）
区　　长
伦绍金（3月免）
任　桓（3月代，7月任）
政协主席
李季莲（女，6月免）
王润达（7月任）
纪委书记
王润达（6月免）
温学会（6月任）
法院院长
李艳明（5月免）
刘士刚（5月代，7月任）
检察院检察长
孙　岩（2月任）

路南区

区委书记
孙辉福（5月免）
李俊朝（5月任）
人大常委会主任
刘国忠（6月免）
张　炮（7月任）
区　　长
李俊朝（5月免）
张　静（女，5月代，7月任）
政协主席
贾向东（6月免）
李庆军（7月任）
纪委书记
温学会（6月免）
杨艳辉（女，6月任）
法院院长
冯广东（5月免）
刘永民（5月代，7月任）
检察院检察长
徐　超（2月任）

开平区

区委书记
张永新（5月免）
王鸿飞（5月任）
人大常委会主任
宋荣兴
区　　长
崔东鑫（5月免）
张婷婷（女，5月代，7月任）
政协主席
褚兆利
纪委书记
陈　华（6月免）
马文彪（6月任）
法院院长
宣少川（5月免）
左　军（5月代，7月任）
检察院检察长
周立杰（5月免）
张世新（满族，5月代，7月任）

古冶区

区委书记
朱文军（5月免）
陈延杰（5月任）
人大常委会主任
董广俊
区　　长
陈延杰（5月免）
路军强（5月代，7月任）
政协主席
王俊和（6月免）
卢利新（7月任）
纪委书记
骆金凤（女，6月免）
袁博谦（6月任）
法院院长
陈志刚（5月免）
徐铭徽（女，5月代，7月任）
检察院检察长
李云飞（5月免）
郭程亮（5月代，7月任）

（孙庆武）

大事记
DaShiJi

1月

1日《唐山市城市供水用水管理条例》施行。

△《唐山市工业遗产保护与利用条例》施行。

2日省委常委、市委书记张古江就贯彻落实党中央和省委部署要求、加强基层党组织建设、抓好常态化疫情防控等工作在乐亭县调研。

3日省委常委、市委书记张古江召开全市新冠肺炎疫情防控工作领导小组会议暨疫情防控工作会议，强调贯彻落实党中央和省委部署要求，毫不放松，抓紧抓实抓细“两节”期间和常态化疫情防控各项工作。

4日中国共产党唐山市第十届委员会第十二次全体会议在南湖国际会展酒店召开。省委常委、市委书记张古江代表市委常委会讲话。

△中国·唐山皮影主题乐园获评年度创新文旅融合项目，成为河北省首个也是唯一一个获该奖项旅游项目。

5日唐山市召开疫情防控工作调度会议，传达省委常委（扩大）会议精神和省委常委、市委书记、市新冠肺炎疫情防控工作领导小组组长张古江指示要求，安排部署唐山市当前疫情防控工作。

7日省委常委、市委书记张古江召开全市新冠肺炎疫情防控工作调度会。

△张古江在长途客运东站、税务庄街道河联社区、文北小学、唐人医药、唐山公安南湖检查站、首佳养老服务中心和吾悦广场等场所暗访检查新冠肺炎疫情防控工作。

8日省委常委、市委书记、市新冠肺炎疫情防控工作领导小组组长张古江召开全市新冠肺炎疫情防控工作领导小组会暨视频调度会议，分析研判当前疫情防控形势，对下步工作进行再动员、再部署。

9日省委常委、市委书记张古江在丰润区、迁西县督导检查疫情防控工作。

10日省委常委、市委书记张古江召开市疫情防控工作应急处置领导小组会暨视频调度会议，部署、推动疫情防控重点工作。

△张古江在丰南区暗访检查疫情防控措施落实情况。

△唐山市公安局举行首个中国人民警察节升警旗仪式。

△唐山市市场监督管理局发布《疫情防控期间市场监管领域举报奖励暂行办法》。

12日省委常委、市委书记张古江召开市疫情防控工作应急处置领导小组会暨视频调度会议。

△张古江在路北区调研检查疫情防控工作开展情况。

△唐山市部署外地务工人员在唐过年服务保障工作。

△唐山市首个路内停车收费路段投入运营。

13日省委常委、市委书记张古江在唐山市新冠肺炎医疗救治定点医院调研检查。

△张古江主持工作部署会议，强调深入贯彻落实党中央和省委决策部署，全面有效做好疫情防控各项工作。

△唐山市向石家庄紧急送援血小板支持抗疫。

14日省委常委、市委书记张古江收听收看全国疫情防控工作电视电话会议后，主持召开会议，安排部署会议精神。

△张古江主持召开市疫情防控工作应急处置领导小组会议。

△唐山市紧急组建两支医疗队出发，前往石家庄市和邢台市，支援当地开展新冠肺炎医疗救治工作。

15日省委常委、市委书记张古江主持召开市新冠肺炎疫情防控工作领导小组暨全市疫情防控工作总指挥部会议，强调强化应急指挥体系建设，坚决打赢疫情防控人民战

开滦总医院医护人员组成支援石家庄医疗队，全体队员合影后出发。

魏 伟 摄

争总体战阻击战。

△唐山市第十五届人民代表大会常务委员会第三十八次会议决定：任命高建民同志为唐山市人民政府副市长、代理市长。

16日省委常委、市委书记张古江主持市疫情防控工作调度会议强调，不折不扣落实党中央和省委决策部署，以更加科学高效举措推动疫情防控各项工作落地落实。

△唐山市委副书记、代理市长高建民在路北区、丰南区、市疾控中心等地调研检查疫情防控工作开展情况。

17日唐山市委副书记、代理市长、市政府党组书记高建民主持召开市政府党组会议，听取近期重点工作汇报，安排部署有关工作。

△高建民主持召开“十四五”规划编制和重点项目建设情况汇报会。

18日省委常委、市委书记张古江主持召开市新冠肺炎疫情防控工作领导小组（指挥部）暨视频调度会议，强调贯彻落实党中央和省委决策部署，狠抓疫情防控工作落实。

19日省委常委、市委书记张古江主持召开市新冠肺炎疫情防控工作领导小组（指挥部）会议暨视频调度会议，强调从严从细从实从快抓好疫情防控各项工作，全面防范化解疫情反弹风险。

△张古江在丰南区调研检查集中隔离点建设及隔离用房准备情况。

△唐山人才市场获批河北省首个市级AAAAA级人力资源服务机构。

20日省委常委、市委书记张古江主持市新冠肺炎疫情防控工作领导小组（指挥部）会议，强调学习贯彻习近平总书记重要讲话精神，以实际行动当好首都政治“护城河”。

△张古江主持市疫情防控工作调度会议，强调全面落实党中央和省委部署要求，抓好新冠肺炎疫情防控工作。

21日省委常委、市委书记张古江主持召开市新冠肺炎疫情防控工作领导小组（指挥部）会议。

22日省委常委、市委书记张古江主持召开市新冠肺炎疫情防控工作领导小组（指挥部）会议暨视频调度会议，强调以更大力度更实举措全面抓好疫情防控工作，当好首都政治“护城河”。

△唐山市行政审批局参加“云上办”政务服务“跨省通办”合作联盟线上签约仪式，标志由“9省17地”结成“云上办”政务服务“跨省通办”战略合作联盟成立。

△英诺特捐赠30万人（份）检测试剂盒驰援石家庄市抗疫。

25日省委常委、市委书记张古江在市新冠肺炎疫情防控工作领导小组办公室调研检查，看望慰问工作人员。

△张古江主持市新冠肺炎疫情防控工作领导小组（指挥部）会议暨视频调度会议。

26日省委常委、市委书记张古江主持召开市新冠肺炎疫情防控工作领导小组（指挥部）会议，强调加强督导检查促进整改提升，确保疫情防控工作全面系统准确及时有效落实。

27日省委常委、市委书记张古江主持市新冠肺炎疫情防控工作领导小组（指挥部）会议，强调全力推动党中央和省市委决策部署落地落实，确保新冠肺炎疫情不输入不输出不反弹。

28日省委常委、市委书记张古江主持市新冠肺炎疫情防控工作领导小组（指挥部）会议，强调科学分析研判，聚焦重点难点，持续精准用力，全面提升疫情防控工作能力水平。

△市委副书记、代理市长、市新冠肺炎疫情防控工作领导小组组长高建民在市疫情防控工作领导小组视频调度会议上强调强化责任担当，狠抓任务落实，毫不放松抓好疫情防控工作。

△高建民在乐亭县调研检查疫情防控、项目建设、安全生产。

29日省委常委、市委书记张古江主持市新冠肺炎疫情防控工作领导小组（指挥部）会议。

30日省委常委、市委书记张古江主持召开市新冠肺炎疫情防控工作领导小组（指挥部）会议。

30日～2月1日政协唐山市第十二届委员会第五次会议在唐山大剧院召开。

31日省委常委、市委书记张古江主持召开市新冠肺炎疫情防控工作领导小组（指挥部）会议。

31日～2月2日唐山市第十五届人民代表大会第六次会议在唐山大剧院召开。

2月

1日中共唐山市委召开常委会（扩大）会议，传达学习1月28日中共中央政治局会议精神，习近平总书记在中共中央政治局第二十七次集体学习时讲话精神、在世界经济论坛“达沃斯议程”对话会上特别致辞精神和省纪委九届六次全会精神，研究全市贯彻落实意见。省委常委、市委书记张古江主持会议并讲话。

△省委常委、市委书记、市新冠肺炎疫情防控工作领导小组组长张古江主持召开市新冠肺炎疫情防控工作领导小组（指挥部）会议。

2日省委常委、市委书记、市新冠肺炎疫情防控工作领导小组组长张古江主持召开市新冠肺炎疫情防控工作领导小组（指挥部）会议。

△唐山市第十五届人民代表大会第六次会议选举高建民为唐山市人民政府市长。

△唐山市第十五届人民代表大会第六次会议听取和审议高建民所作政府工作报告。会议肯定“十三五”时期和2020年政府工作，同意报告提出“十四五”时期发展总体思路和主要任务、2035年远景目标及2021年工作安排，决定批准这个报告。

△唐山市第十五届人民代表大会第六次会议宣布2021年20项民心工程项目票决结果。

3日省委常委、市委书记、市新冠肺炎疫情防控工作领导小组组长张古江主持召开市新冠肺炎疫情防控工作领导小组（指挥部）会议。

△张古江视频检查隔离点规范管理情况，并慰问返唐援石医护、流调工作人员。

△唐山市召开冬春季爱国卫生运动视频调度会，就开展冬春季爱国卫生运动、助力疫情防控调度部署。副市长曹全民出席会议并讲话。

△唐山市公安局制定《唐山市公安局举报烟花爆竹违法犯罪活动奖励办法》，奖励范围涵盖举报违法违规生产、销售、运输、储存、燃放烟花爆竹行为。

4日省委常委、市委书记、市新冠肺炎疫情防控工作领导小组组长长张古江主持召开市新冠肺炎疫情防控工作领导小组（指挥部）会议暨视频调度会议。

△由唐山劳动日报社自主摄制、以“留唐过年暖在身边”为主题微电影《谢谢留下的你》，在“唐山+”客户端、环渤海新闻网和《唐山劳动日报》《唐山晚报》及环渤海新闻网微信公众号上线。

5日唐山市“深入开展爱国卫生运动助力疫情防控”活动周启动仪式在抗震纪念碑广场举行。市委常委、宣传部长杨洁出席启动仪式并宣布活动周启动，副市长曹全民主持。

△全国首家县（市）级长城国家文化公园建设保护机构——迁安市长城国家文化公园管理中心成立。

6日省委常委、市委书记、市新冠肺炎疫情防控工作领导小组组长张古江主持召开市新冠肺炎疫情防控工作领导小组（指挥部）会议。

7日唐山市2020年度落实全面从严治党主体责任、监督责任和党风廉政建设责任制情况专项检查反馈意见会议召开。省委常委、市委书记张古江出席会议并讲话。省纪委常委许晓娟主持会议并反馈检查意见。市委副书记、市长高建民，市人大常委会主任郭彦洪，市政协主席胡国辉，市委常委出席会议。

△省委常委、市委书记、市新冠肺炎疫情防控工作领导小组组长张古江主持召开市新冠肺炎疫情防控工作领导小组（指挥部）会议。

△省委常委、市委书记、市海防委员会主任张古江主持召开市海防委员会全体会议，传达学习河北省海防委员会全体会议精神，听取“十三五”期间全市海防工作开展情况汇报，审议通过《唐山市海防委员会工作规则》《唐山市海防委员会办公室工作细则》《唐山市海防委员会2021年工作要点》，研究部署当前和今后一个时期海防工作。

8日省委常委、市委书记张古江主持召开全市“八个发展”工作调度会议，听取全市“八个发展”工作情况汇报，研究下步工作举措。

△张古江主持召开市新冠肺炎疫情防控工作领导小组（指挥部）会议。

9日唐山市政府与北汽集团举行战略合作协议云签约活动。省委常委、市委书记张古江，北汽集团党委书记、董事长姜德义出席活动并讲话。市委副书记、市长高建民，北汽集团党委副书记、总经理张夕勇代表双方在协议书上签字。市委常委、常务副市长付振波主持签约活动。市委常委、曹妃甸区委书记孙贵石，市委常委、秘书长张旭，副市长曹全民等出席。

△张古江主持召开市新冠肺炎疫情防控工作领导小组（指挥部）会议。

10日省委常委、市委书记、市新冠肺炎疫情防控工作领导小组组长张古江主持召开市新冠肺炎疫情防控工作领导小组（指挥部）会议。

11日省委常委、市委书记张古江，市委副书记、市长高建民，市人大常委会主任郭彦洪，市政协主席胡国辉走访慰问节期坚守在工作一线干部职工，代表市委、市人大常委会、市政府、市政协向他们送上新春的祝福和问候。

△副市长、市公安局局长闫泽利在路北区韩城镇、路南区十九个庄社区实地督导检查烟花爆竹禁燃禁放工作，并慰问巡控值守民辅警。

△副市长李贵富带领市政府办、市生态环境局、市公安局、市城管局负责人，在丰南区、路南区、路北区、高新区巡查烟花爆竹禁放和冥纸禁烧工作。

12日辛丑年正月初一晚，副市长李贵富带领市政府办、市大气办、市城管局、市生态环境局、市公安局等相关负责人，对路南区、开平区、路北区重污染天气二级应急响应期间冥纸禁烧及烟花爆竹禁燃禁放工作现场督导检查。

13日省委常委、市委书记、市新冠肺炎疫情防控工作领导小组组长张古江主持召开市新冠肺炎疫情防控工作领导小组（指挥部）会议。

15日省委常委、市委书记、市新冠肺炎疫情防控工作领导小组组长张古江主持召开市新冠肺炎疫情防控工作领导小组（指挥部）会议暨视频调度会议。

16日唐山市“2020年度改善农村人居环境”重点工作成果展示新闻发布会公布全市完成农村人居环境整治目标任务。

△市委办公室、市政府办公室制定印发《关于改革完善社会救助制度的若干措施》。

19日参加河北省第十三届人民代表大会第四次会议唐山市代表团审议省《政府工作报告》。省委常委、市委书记张古江，副省长时清霜、丁绣峰，市领导高建民、郭彦洪、陈学民、穆伟利、张国栋、张月仙等参加审议。

△唐山市4人获省蓝天卫士称号。

22日唐山市燃气安全生产电视电话会议在市政府会议中心召开，市委常委、常务副市长付振波出席

唐山蓝天救援队队员支援石家庄市执行防疫消杀任务后凯旋，在唐山机场高速口受到市民代表欢迎。 杨文进 摄

会议并讲话。会议由副市长、市公安局局长闫泽利主持。

△唐山573家食品生产企业实施电子追溯，创建市级“放心肉菜示范超市”75家。

23日玉田县河长办被评为2020年全国河长制工作先进集体。

△中央农村工作领导小组、农业农村部对全国106个“措施有力、成效突出、群众满意”的“2020年全国村庄清洁行动先进县”予以通报表扬，迁安市榜上有名。

24日省委常委、市委书记张古江会见中国金茂控股集团有限公司总裁李从瑞一行。市委副书记、市长高建民，市委常委、常务副市长付振波，市委常委、秘书长张旭参加会见。

△唐山市6个县区获中央财政产粮大县奖励，玉田县获资金3864万元，位居全市首位。

△唐山市203个退役军人服务中心（站）通过全国示范型退役军人服务中心（站）创建验收。

24～25日交通运输部副部长刘小明一行在唐调研2021年春运、交通运输保障以及运输结构调整工作。

25日中共唐山市委召开常委会（扩大）会议，传达学习贯彻习近平总书记系列讲话精神，传达学习贯彻省相关会议精神，研究全市贯彻落实意见。

△省委常委、市委书记张古江主持召开全市生态环境保护督察整改工作动员会议。

△全国脱贫攻坚总结表彰大会上，唐山市扶贫办业务指导处处长李占民获“全国脱贫攻坚先进个人”称号。

△市委副书记、市长高建民会见中国大唐集团总经理助理、大唐京津冀规划发展中心主任、大唐国际总经理梁永磐一行。大唐国际党委副书记、副总经理王琪瑛，副市长李贵富，市政府秘书长张文明参加会见。

26日全市党史学习教育动员大会召开。省委常委、市委书记张古江出席会议并讲话。

△唐山市“全域治水清水润城”工程项目全面复工复产。

28日省委常委、市委书记张古江会见河钢集团董事长、党委书记于勇一行。

3月

1日省委常委、唐山市委书记、市新冠肺炎疫情防控工作领导小组组长张古江主持召开市新冠肺炎疫情防控工作领导小组(指挥部)会议。

2日省委常委、市委书记张古江会见中国工商银行河北省分行行长田耕一行。

△张古江在省第五届园博会项目建设现场调研并听取布展方案汇报。

3日唐山市级总河湖长及市级河湖长名单调整。市级总河湖长由省委常委、市委书记张古江，市委副书记、市长高建民担任。市级河湖长由付振波、曹全民、张月仙、王海、闫泽利、李贵富、卢宏秋担任。

△张古江在开滦集团调研。

4日中共唐山市委召开常委会（扩大）会议，听取全市安全生产工作汇报，原则通过《关于全面推进乡村振兴加快农业现代化的实施意见》《唐山市地下水超采综合治理2021年度实施方案》。省委常委、市委书记张古江主持会议并讲话。市委副书记、市长高建民，市委常委出席会议。市人大常委会主任郭彦洪，市政协主席胡国辉，市人大常委会、市政府有关领导，市法检“两长”，省第五督查组主要负责人列席会议。

△省委常委、市委书记、市委全面深化改革委员会主任张古江主持召开市委全面深化改革委员会第十三次会议，研究审议《中共唐山市委全面深化改革委员会2020年度全市全面深化改革工作考核评价结果的通报》《中共唐山市委全面深化改革委员会2021年工作要点》《唐山市进一步规范农业综合行政执法工作的实施方案》，书面审议《中共唐山市委全面深化改革委员会2020年工作总结报告》，听取市9项重点领域改革相关内容汇报。市委副书记、市长、市委全面深化改革委员会副主任高建民，市委全面深化改革委员会委员出席会议。市人大常委会主任郭彦洪、市政协主席胡国辉、省第五督查组主要负责人列席会议。

5日唐山市领导干部学习贯彻党的十九届五中全会精神专题研讨班开班。省委常委、市委书记张古江出席开班式并作专题报告。市委副书记、市长高建民主持开班式。市人大常委会主任郭彦洪，市政协主席胡国辉，市委常委杨洁、穆伟利、付振波、孙贵石、张旭出席。

△“唐山+”客户端网络问政平台“问政唐山”全新改版上线，新版增加“查询”“搜索”等诸多功能。

△唐山市滦州休闲度假冬趣线路入选河北省15条休闲农业精品线路名单。

△河北省第五届园林博览会唐山市筹备工作委员会向社会公开征集园博会会歌和吉祥物设计方案。征集活动至4月9日结束。

6日唐山市举办党史学习教育专题讲座，主题为“中国共产党创始人的理想信念和优良家风”。省委常委、市委书记张古江，市委副书记、市长高建民，市人大常委会主任郭彦洪，市政协主席胡国辉等市四大班子领导，市检察院检察长出席。市委常委、宣传部部长杨洁主持。

7日唐山市领导干部学习贯彻党的十九届五中全会精神专题研讨班结业，市委副书记、市长高建民出席结业式并作总结讲话。

8日唐山市路南区女织寨乡西礼尚庄村等7个行政村（社区）上榜全国第八批“全国民主法治示范村（社区）”名单。

△唐山市公安局机场治安分局法制大队四级警长张茉母亲孙越被评为“爱警母亲”，受到公安部、全国妇联联合通报表扬。

△唐山市人民政府发布《关于禁放烟花爆竹的通告》(唐政通字〔2021〕5号)，通告自发布之日起施行，有效期5年。2018年2月8日印发《唐山市人民政府关于禁限放烟花爆竹的通告》（唐政通字〔2018〕1号）同时废止。

△唐山市丰南区和滦州市跻身全省村庄清洁行动先进县名单。

10日省委常委、市委书记张古江主持召开唐山市推进京津冀协同发展工作领导小组暨唐山沿海经济带高质量发展工作领导小组会议。

△全市第一季度重点项目观摩总结暨城市重点项目推进工作会议召开，与会人员会前现场观摩18个县（市、区）38个重点项目，会上

根据观摩情况对项目建设分类测评打分。

11日由丰南胥各庄小学副校长赵方明、路南区万达小学教师刘冰花和丰润车轴山中学教师廉学刚组成“唐山怒江支教小组”受到表彰。教育部教师工作司颁发荣誉证书，中共怒江州委向唐山致感谢信，3位教师获得“怒江州优秀教师”“怒江州荣誉市民”“兰坪县优秀教师”等称号30多个。

12日中共唐山市委召开常委会（扩大）会议，听取河北省第二轮生态环境保护督察反馈意见整改情况汇报。省委常委、市委书记张古江主持会议并讲话。市委副书记、市长高建民，市委常委出席会议。市人大常委会主任郭彦洪，市政协主席胡国辉等列席会议。

13日唐山机场改扩建指挥部第一次工作会议召开，唐山机场T2航站楼建设正式启动。

△按照省委、省政府办公厅《关于2020～2021年采暖季延长供暖的通知》要求，唐山供暖时间延长至3月31日。

16日中共唐山市委召开常委会（扩大）会议，听取关于2020年市委巡察重点工作、2021年工作安排和市委第八轮巡察综合情况汇报。省委常委、市委书记张古江主持会议并讲话。市委副书记、市长高建民，市委常委出席会议。市人大常委会主任郭彦洪，市政协主席胡国辉等列席会议。

△唐山遵化市、滦州市入选2020年度全省农业产业化先进县名单。

17日唐山市、迁安市被确定为2021年河北省城市体检试点。

18日省委常委、市委书记、市政法队伍教育整顿领导小组组长张古江主持召开全市政法队伍教育整顿领导小组第一次会议，传达全国、全省政法队伍教育整顿领导小组会议及全省政法队伍教育整顿指导工作动员培训会议精神，审议《唐山市政法队伍教育整顿领导小组工作规则》《唐山市政法队伍教育整顿领导小组办公室工作细则》等文件，听取市政法系统工作汇报并作出部署。

19日唐山市开展爱国卫生“周五行动”，省委常委、市委书记张古江，市委副书记、市长高建民，市人大常委会主任郭彦洪，市政协主席胡国辉等市四大班子领导参加活动。全市5.7万余人参加大扫除行动。

22日省委常委、市委书记、市委党的建设（基层组织建设）工作领导小组组长、市委统一战线工作领导小组组长张古江主持召开市委党的建设（基层组织建设）工作领导小组暨统一战线工作领导小组2021年第一次全体会议，审议《市委党的建设工作领导小组2020年工作总结和2021年工作要点》《市委统一战线工作领导小组2020年工作总结和2021年工作要点》《市委落实全面从严治党主体责任清单》《市纪委监委落实全面从严治党专责监督责任清单》以及市宗教工作相关文件，作出安排部署。

△“曹妃甸气象服务标准化试点”“曹妃甸政务服务标准化试点”入选全国第七批社会管理和公共服务综合标准化试点项目名单。

23日唐山市举行2021年第一季度项目集中签约活动，92个重点项目集中签约，总投资1057.6亿元。

23～24日中国李大钊研究会会长、北京大学原党委书记朱善璐一行就围绕建党100周年深入开展李大钊研究工作在唐山调研。

24日市委副书记、市长高建民主持召开市政府十五届第五十次常务会议，研究审议深化供给侧结构性改革加快推进钢铁产业高质量发展贯彻落实意见，审议并原则通过《唐山市焦化行业企业环境问题专项治理方案》《唐山市电力行业企业环境问题专项治理方案》《唐山市陶瓷行业企业环境问题专项治理方案》《唐山市水泥行业企业环境问题专项治理方案》《唐山市石灰行业综合治理工作方案》《唐山市矿产资源领域环保问题排查整治工作方案》。

25日省委常委、市委书记张古江，市政协主席胡国辉等市四大班子领导在唐山花海与机关干部、驻唐部队官兵、基层群众代表一起参加义务植树活动。

△张古江会见首钢集团党委书记、董事长张功焰和总经理赵民革一行。

26日全省首家打击知识产权犯罪联合办公室在唐山揭牌，联合办公室由市知识产权促进和保护中心、路北区人民检察院联合成立。

△2021年“京津冀专家唐山行”首场活动——应急产业及高端装备制造专场活动举办，中国科学院、北京交通大学、华北电力大学等国内重点高校和科研院所8名专家与唐山8家企业集中签约，开展智力技术服务。

△《唐山市住房公积金管理办法（试行）》发布，4月1日起施行。

29日中共唐山市委召开常委会（扩大）会议，学习习近平总书记在福建考察时讲话精神和发表在3月16日《求是》杂志文章《努力成为世界重要科学中心和创新高地》，研究贯彻落实意见。省委常委、市委书记张古江主持会议并讲话。

△唐山市侯淑丽等21名幼儿教师被评为2019～2020年度“省级最美幼师”，其中李菲等3名教师入围“全国最美幼师”。

30日唐山港—韩国平泽港国际集装箱班轮航线正式开通。

△玉田县虹桥镇孙广涛入选全国农机使用一线“土专家”名录。

△唐山市中医医院、迁安市中医医院韩文宝分别入选全国中医药系统2018～2020年改善医疗服务先进典型医院和个人名单，被国家中医药管理局通报表扬。

△遵化市农村产业融合发展示范园入选第三批国家农村产业融合发展示范园创建名单。

31日“唐山市‘12345’政府服务热线”更名为“唐山市‘12345’政务服务便民热线”。

△唐山市和迁安市分别入选“全国城市传播百强榜”。

△18时03分，唐山滦州市发生2.0级地震，震源深度17千米，震中位于北纬39.65度、东经118.49度。

△唐山市民李盛、刘瑞、马印明3人入选3月“河北好人榜”。

4月

2日省委常委、市委书记张古江率队在北京市拜访重点国有企业。

△唐山市新冠肺炎疫情防控工作领导小组办公室发布《关于做好应对云南瑞丽本土新冠肺炎疫情防控工作通告》。

△滦州市葛XX成为中华骨髓

库第11063例、河北分库第508例、唐山市第23例造血干细胞捐献者。

3日省委常委、市委书记张古江在丰南区督导检查钢铁企业环境问题专项治理工作。

4日省委常委、市委书记张古江在丰润区和玉田县调研春耕备耕工作并暗访检查节期基层应急值守情况。

8日北京市政曹妃甸工业基地项目在曹妃甸工业区中日生态工业园区举行开工仪式。

9日中共唐山市委召开常委会（扩大）会议，传达学习贯彻3月30日中共中央政治局会议精神、习近平讲话精神、全省雄安新区建设发展工作会议精神，研究唐山市贯彻落实意见。会议听取关于追授汤宝俊同志“唐山市优秀共产党员”有关情况说明。省委常委、市委书记张古江主持会议并讲话。

10日中共唐山市委决定，追授汤宝俊为“唐山市优秀共产党员”。

12～13日退役军人事务部党组书记、部长孙绍骋带队在唐调研退役军人工作，省委常委、市委书记张古江陪同。

13日世界钢铁协会公布第15届世界模拟炼钢挑战赛总决赛结果，河钢唐钢选手石晓伟获世界总冠军。

14日“第四届河北国际城市规划设计大赛”在唐山市开赛。

15日省委常委、市委书记张古江在曹妃甸区就加快重点项目建设、推动产业转型升级等工作调研。

△张古江在丰南区和路南区检查新冠病毒疫苗接种工作，并慰问基层医务工作者。

16日中共唐山市委召开常委会（扩大）会议，传达学习贯彻习近平总书记讲话、批示精神，李克强总理批示精神，全国、全省扫黑除恶专项斗争总结表彰大会精神，研究唐山市贯彻落实意见。会议审议通过《中共唐山市人大常委会党组关于做好市县乡三级人民代表大会换届选举工作意见》。省委常委、市委书记张古江主持会议并讲话。

17日唐山市举办碳达峰、碳中和专题讲座，省委常委、市委书记张古江主持专题讲座，并召开市委理论学习中心组学习会议。

20日河北省“爱鸟周”主题宣传活动启动仪式在滦南县举行。

21日省委常委、市委书记、市政法队伍教育整顿领导小组组长张古江主持召开全市政法队伍教育整顿领导小组第三次会议。

22日唐山市自然资源和规划局与河北省地矿局第五地质大队联合举办世界地球日宣传活动。

△唐山市共享两轮车管理模式获评中国城市公共交通协会“2020年度全国慢行交通优秀城市案例”。

23日中国奶业高质量发展推进会暨第三届河北国际奶业博览会在唐山南湖国际会展酒店开幕。全国乳品企业现代化评价工作启动会暨现代奶牛场定级与评价推进会在唐召开。

△中共唐山市委召开常委会（扩大）会议，传达学习贯彻习近平相关讲话精神，研究贯彻落实意见。传达学习全省经济工作会暨开发区和服务贸易高质量发展大会精神，听取第一季度经济运行情况和第二季度工作安排汇报、第十二届评剧艺术节筹备情况汇报，审议通过《中共唐山市委关于全面加强新时代少先队工作实施意见》。省委常委、市委书记张古江主持会议并讲话。

24日唐山市在南湖公园举行市直机关“奋进新征程、健康伴我行”健步走活动。省委常委、市委书记张古江出席并宣布活动开始。

25日省委常委、市委书记张古江会见北汽集团党委书记、董事长姜德义一行，并出席签约活动。

26日唐山市经济工作推进会暨开发区和服务贸易高质量发展大会召开，省委常委、市委书记张古江参会并讲话。

27日省委宣讲团团长、省委书记、省人大常委会主任王东峰参观唐山市乐亭县李大钊纪念馆和李大钊故居，缅怀李大钊同志，开展党史学习教育，向基层党员干部代表作专题宣讲报告。

△2021年全国五一劳动奖和全国工人先锋号在北京人民大会堂颁奖，唐山市2个集体获全国五一劳动奖状，8名个人获全国五一劳动奖章，4个集体获全国工人先锋号。

28日唐山市在乐亭县李大钊纪念馆举行纪念李大钊同志英勇就义94周年“学大钊精神、做红色传人”主题党日活动。省委常委、市委书记张古江出席活动并讲话。

△张古江会见国家开发银行河北省分行行长关宏岩一行。

△唐山市仲裁委员会知识产权仲裁中心成立。

29日省委常委、市委书记、市政法队伍教育整顿领导小组组长张古江在市法院、市检察院等市直政法部门及基层政法单位，实地调研政法队伍教育、整顿开展情况。

△第二十届唐山市职工职业技能大赛在曹妃甸港举办。

30日中共唐山市委召开常委会（扩大）会议，传达学习贯彻习近平总书记在广西考察时讲话精神、省委书记王东峰在唐作党史学习教育专题宣讲报告精神、河北省科学技术奖励大会精神、河北省政法队伍教育整顿工作推进会精神、全省脱贫攻坚总结表彰大会精神，研究唐山市贯彻落实意见。会议听取唐山市科技工作情况汇报，审议通过《唐山市人大常委会关于开展“4+1”联动监督工作实施方案》。省委常委、市委书记张古江主持会议并讲话。

△迁安市滦河引水工程首部提水泵站工程开工建设。

5月

2日省委常委、市委书记张古江，市委副书记、市长高建民等在高新区、迁安市调研检查“五一”节期间疫情防控、安全生产和森林防火等工作。

△北京2021“RTG杯”青少年网球挑战赛上，唐山市两位网球少年张若娇、齐洪瑾分获13岁组比赛女子、男子单打金牌。

△位于冀东油田南堡2号人工岛1-29储气库开钻，中国首个海上储气库开始建设。

3日唐山市公安交警支队与市保险行业协会、唐山中心医院共同建立“道路交通事故社会救助基金绿色通道”，唐山中心医院成为唐山市首家为交通事故伤员垫付抢救费用医院。

5～9日由省教育厅、省人力资源和社会保障厅、省工业和信息化厅主办，省现代农业职业教育集团、唐山职业技术学院承办2021年全国职业院校技能大赛河北选拔赛暨省赛园艺技能大赛在唐山市举行。

5月2日，国内首个海上储气库在南堡2号人工岛开钻。　王明珠　摄

6日中国共产党唐山市第十届委员会第十三次全体会议召开。

7日省委常委、市委书记张古江率队在北京考察拜访，张古江一行先后拜访京津冀国家技术创新中心、中国建材集团和中国大唐集团有限公司等单位企业负责人，就有关合作事宜会谈交流。

△唐山市青年志愿者协会成立。

△市委统战部、市工商联在乐亭县李大钊纪念馆举行“唐山市民营经济人士理想信念教育基地”授牌仪式。

8日中国农科院党组书记张合成在唐调研，省委常委、市委书记张古江，市委副书记、市长高建民，市委副书记田国良，市政府副市长张月仙陪同调研或参加座谈会。

△中华全国供销合作总社党组书记、理事会副主任韩立平就供销合作深化综合改革、建设为农服务体系、服务乡村振兴等工作在唐山市调研。

△青少年评腔单元剧《更待丁香开·少年李大钊》在唐山南湖剧院首次公演。

△唐山市医师协会乡村医师分会成立。

△唐山市第二医院脊柱侧弯门诊为唐山市第三十中学1246名学生开展脊柱侧弯免费筛查。

9日2021中国品牌价值信息发布暨中国品牌建设高峰论坛在上海举行，会上发布中国地级市品牌综合影响力指数前100名城市名单，唐山列第33位，在全省位列第一。

11日河北省人大常委会党组副书记、副主任，省总工会主席王晓东率省直有关部门负责人在唐山市调研。

12～14日省人大常委会调研组在唐山市专题调研发挥海外侨胞在共建“一带一路”中作用情况。市人大常委会副主任李东升及政府相关部门负责人陪同调研。

13日中共河北省委追授汤宝俊“河北省优秀共产党员”称号。

14日唐山三女河机场与航科院中宇（北京）新技术发展有限公司联合创办“技术创新实验室（机场运行应用）”揭牌，此实验室是全国首家支线机场运行应用类科技研发实验室。

△唐山国际旅游岛首届“康达新材杯”马术精英邀请赛在祥云岛金沙滩开赛。

15日市委副书记、市长高建民调研重点文旅项目。

17日15时唐山市大部分地区最高气温超过30℃，其中市区30.4℃，全市最高气温出现在迁安31.7℃，2021年唐山市最高气温首次突破30℃。

△唐山红色收藏家李印政将56件珍贵红色文物捐赠给河北革命军事馆。

18日市委副书记、市长高建民在雄安新区考察对接，对标学习雄安新区规划建设经验，省委常委、副省长，雄安新区党工委书记、管委会主任张国华会见高建民一行。

△全省首家市级社会工作孵化基地落户唐山。

△全国首条环保高性能焊丝生产线——唐山神钢SE焊丝项目正式投产。

19～20日省政协副主席徐建培率调研组在唐山市就支持跨境电商健康发展进行专题调研。

19日省双拥办副主任、省退役军人事务厅一级巡视员程晓辉率省第一考评组在唐山市就省级双拥模范城考评验收工作召开汇报会，市双拥工作领导小组组长、市委副书记、市长高建民出席会议并作双拥共建工作汇报。

△市委副书记、市长高建民会见中国华能集团副总经济师兼规划部主任王葵、隆基清洁能源有限公司董事长张长江一行。

20日省委常委、市委书记张古江会见天津银行董事长、党委书记孙利国一行。

20～22日省政府党组成员胡启生在唐山市调研检查生态环境保护和工业经济运行等工作，出席大气污染综合治理座谈会并讲话。

21日省委常委、市委书记张古江会见京津冀国家技术创新中心主任王荸祥一行，并出席有关签约活动。

22日省委常委、市委书记张古江会见河钢集团党委书记、董事长于勇一行。

△由唐山文旅集团文旅旅行社公司负责承接首趟旅游专列驶进唐山站，开启为期2天唐山文化休闲之旅。

22～23日北方击剑公开赛首站比赛在唐山举行。

23日孟加拉国帕德玛大桥铁路连接线100辆宽轨客车项目签约仪式在孟加拉国达卡市和中国唐山市通过视频连线方式举行。

24日市委副书记、市长高建民主持召开市政府十五届第五十三次常务会议。副市长张月仙、闫泽利、李贵富、邱舰，市领导卢宏秋，市政府秘书长刘铁民出席会议。

26日省委常委、市委书记张古江率队在北京市考察，先后拜访中国中化控股有限责任公司、中国五矿集团有限公司等单位企业负责人，就有关合作事宜进行会谈交流，并出席签约活动。

27 日唐山港口集团北京首发内陆港成立暨物流推介活动在京举行。

28 日省委常委、市委书记张古江会见中航通飞公司党委书记、董事长白小刚一行。

△全国人大常委会委员、农工党中央专职副主席杨震率调研组在唐山市就"深入推动绿色转型，确保如期实现碳达峰、碳中和"开展专题调研。

31 日中共唐山市委办公室、唐山市人民政府办公室发布紧急通知，要求各地各部门做好近期强对流天气防范应对工作。

6月

1 日唐山市第七次全国人口普查领导小组办公室公布，第七次全国人口普查结果，截至 2020 年 11 月 1 日零时，唐山市常住人口 7717983 人，拥有大学文化程度人口 1111717 人。

△唐山市正式实施公安交管便利措施，包括：试点机动车驾驶证电子化、试点二手车异地交易登记、优化驾驶证考试内容和程序等12项。

2 日省委常委、市委书记张古江会见国家卫健委原副主任、国家中医药管理局原局长、中华中医药学会第六届会长王国强，国家中医药管理局规划财务司原司长、上海中医药大学高质量发展研究院院长苏钢强一行。

3 日中共唐山市委召开常委会（扩大）会议，传达贯彻 5 月 31 日中共中央政治局会议精神，学习贯彻习近平总书记各次讲话及发表文章。听取全市防汛备汛工作情况汇报，研究审议《法治唐山建设规划（2021 ～ 2025 年）》《唐山市法治社会建设实施方案（2021 ～ 2025 年）》和《关于深入学习宣传贯彻〈中国共产党统一战线工作条例〉的工作方案》，研究部署有关工作。省委常委、市委书记张古江主持会议并讲话。

△唐山市政府举行新闻发布会，确定"唐欣欣、唐荣荣"和歌曲《花漾唐山》为河北省第五届园林博览会吉祥物和会歌。

4 日"河北省第五届园博会——绿色唐山、文旅产品"新闻发布会在市政府新闻发布厅举行，市文化广电和旅游局推介园博会期间旅游线路。

5 日智能制造工程教育高峰论坛暨智能制造相关制度试点工作说明会在唐山工业职业技术学院举行。

△唐山市乡村振兴局挂牌成立，副市长张月仙出席挂牌仪式并讲话。

7 日省委常委、市委书记张古江会见松下集团代表董事、副社长，松下电器中国东北亚公司总裁、总代表，松下电器（中国）有限公司董事长本间哲朗一行。市委副书记、市长高建民，市委常委、秘书长张旭，副市长曹全民参加会见。

△市人大常委会召开党组（扩大）会议，研究讨论市十六届人大一次会议日程及分工安排方案、市十五届人大优秀代表人选名单。

△唐山市举行防止干预司法"三个规定"宣讲会。省政法队伍教育整顿第五指导组组长刘振钢宣讲。胡国辉、杨洁、陈学民、乔朝英、穆伟利、张旭等市领导出席。会议由乔朝英主持。

8 日河北省人大常委会党组书记、常务副主任范照兵在唐调研清东陵保护区文物保护工作。省人大常委会秘书长曹汝涛，市人大常委会党组书记、主任郭彦洪，市二级巡视员、秘书长王宝兴陪同调研。

△河北省副省长丁绣峰与山西省副省长韦韬在唐座谈，并出席山西省交通运输厅、唐山港集团股份有限公司、中国铁路太原局集团有限公司、华远国际陆港集团有限公司签订四方战略合作协议活动。

△"港口工匠创新联盟"2021 年发展大会在唐山市举行。中华全国总工会劳动和经济工作部部长王晓峰，中国海员建设工会主席李庆忠，市委副书记田国良，市人大常委会党组副书记、市总工会主席张国栋出席会议。

9 日唐山市市场监督管理局科普教育基地正式开放，这是河北省首家市场监督领域科普教育基地。

9 ～ 10 日省人大常委会副主任王会勇率调研组在唐专题调研控告申诉检察工作。

△中国地震局工程力学研究所党委书记、所长李山有，中国地震局公共服务司副司长韦开波一行在唐考察调研。市委常委、常务副市长付振波，市政协副主席王福燕，市政府秘书长刘铁民参加交流座谈及考察调研活动。

12 日唐山市群众艺术馆举办 2021 年"文化和自然遗产日"非遗宣传展示活动。

15 日中共唐山市委召开常委会（扩大）会议，传达学习贯彻习近平总书记对湖北十堰市张湾区艳湖社区集贸市场燃气爆炸事故作出指示和李克强总理批示，传达学习贯彻习近平总书记在青海考察时讲话精神，研究全市贯彻落实意见。省委常委、市委书记张古江主持会议并讲话。

△河北省第五届（唐山）园林博览会官方网站（https://tsybh2021.huanbohainews.com.cn）正式上线。

△第二十八届唐山市青少年爱国主义读书教育活动"百年光辉历程，全面建成小康"讲故事、演讲比赛决赛在新华书店举行，最终评出一等奖 9 名、二等奖 20 名。

16 日唐山市举办党史学习教育专题讲座。全国政协常委、民族和宗教委员会主任、中国社会科学院马克思主义学院院长王伟光应邀以"学好哲学用好哲学"为主题作辅导报告。省委常委、市委书记张古江主持。市委副书记、市长高建民，市人大常委会主任郭彦洪，市政协主席胡国辉，市委副书记田国良等出席。

18 日唐山市政府与海委引滦局联合举办 2021 年防汛抢险与避险转移演练在迁西县举行，市委副书记、市长、市防汛抗旱指挥部指挥长高建民出席活动并讲话，海委引滦局局长韩清波致辞，市委常委、常务副市长付振波主持活动。

△唐山市区首条采用风光互补路灯龙华东道新建工程（缸窑路—开越路）正式全线通车。

20 日唐山市直机关庆祝中国共产党成立 100 周年歌咏大会在市群艺馆举行。省委常委、市委书记张古江，市委副书记、市长高建民，市人大常委会主任郭彦洪，市政协主席胡国辉，市委副书记田国良等出席。

22 日中共唐山市委、中国李大

6月20日，河北省第五届（唐山）园林博览会志愿者集体出征。

庄 子 摄

钊研究会在乐亭县共同举行“学习李大钊精神”研讨座谈会。省委常委、市委书记张古江，中国李大钊研究会会长朱善璐出席会议并讲话，中共河北省委党校常务副校长魏四海，市领导高建民、郭彦洪、胡国辉、田国良等出席。

△中央宣传部新命名111个全国爱国主义教育示范基地，迁西县喜峰口长城抗战遗址位列其中。

23日唐山市新党员代表集中入党宣誓活动在乐亭县李大钊纪念馆举行。省委常委、市委书记张古江出席并讲话，市委常委、组织部部长、统战部部长陈学民主持，市委常委、秘书长张旭参加。

△河北省人大常委会党组副书记、副主任王晓东率执法检查组在唐检查固体废物污染环境防治“一法两条例”（《中华人民共和国固体废物污染环境防治法》《河北省固体废物污染环境防治条例》《河北省城乡生活垃圾分类管理条例》）贯彻实施情况。市人大常委会主任郭彦洪等陪同调研。

△中华医学会副会长、秘书长王健带领国务院联防联控机制综合组驻河北疫苗接种工作指导组在唐督导疫苗接种工作。

24日唐山市第十五届人民代表大会常务委员会第43次会议决定：接受高建民辞去唐山市人民政府市长职务请求，任命田国良为唐山市人民政府副市长、代理市长。

26日河北省第五届（唐山）园林博览会暨第四届河北国际城市规划设计大赛在唐山开幕。

28日庆祝中国共产党成立100周年“不忘初心、牢记使命”党史档案文献暨唐山党史图片展在唐山市档案馆开展。

△全国“两优一先”表彰大会宣读《中共中央关于表彰全国优秀共产党员、全国优秀党务工作者和全国先进基层党组织的决定》，唐山市4名优秀个人和2个先进集体获表彰。

△唐山市2021年清华大学研究生社会实践活动启动。

30日中共唐山市委发布《关于表彰唐山市优秀共产党员、优秀党务工作者和先进基层党组织决定》。对张晓静等200名优秀共产党员、彭国利等200名优秀党务工作者、遵化市建明镇西铺村党支部等200个先进基层党组织予以表彰，并分别授予“唐山市优秀共产党员”“唐山市优秀党务工作者”和“唐山市先进基层党组织”称号。

7月

1日唐山市组织收听收看庆祝中国共产党成立100周年大会实况。省委常委、市委书记张古江在省会石家庄收听收看，市四大班子领导在唐山市收听收看。

△截至7月1日，唐山市共向5.6万多名老党员颁发“光荣在党50年”纪念章。

△零时，河北省首票跨境电商企业对企业出口报关单正式在曹妃甸诞生。

3日《唐山市国民经济和社会发展第十四个五年规划和二〇三五年远景目标纲要》公布。《纲要》共14篇、65章，包括3大板块，设置1个表、18个专栏，提出105项重大工程。

4日唐山市庆祝中国共产党成立100周年座谈会在李大钊故乡乐亭县召开。省委常委、市委书记张古江在会上讲话。市委副书记、代市长田国良主持会议，市人大常委会主任郭彦洪、市政协主席胡国辉等出席。

5日河钢集团氢能重卡投运全国首发式在唐山临港工业区河钢唐钢新区举行。省委常委、市委书记张古江，中国工程院院士、中国金属学会理事长干勇，世界钢铁协会主席、河钢集团党委书记、董事长于勇，市委副书记、代市长田国良等出席首发式。

6日省委常委、市委书记张古江会见有研科技集团有限公司党委书记、董事长赵晓晨一行。唐山市政府与有研科技集团签署战略合作框架协议。

△张古江会见清华大学航天航空学院院长李路明一行。

△2021年首批“唐山老字号”授牌仪式在鸿宴饭庄举行，唐山万里香食品有限公司、唐山华盛超市等22家企业被认定为“唐山老字号”。

△唐山市商标受理窗口获评全国先进。

7日省委常委、市委书记张古江会见石药集团有限公司董事长蔡东晨一行。

8日中国工程机械工业“十四五”规划在唐山市发布。

9日省委常委、市委书记张古江会见北京首农食品集团党委书记、董事长王国丰一行。唐山市政府与北京首农食品集团签署战略合作框架协议。

△贵州省金沙县名优农产品唐山市展示展销中心揭牌。

11日省委常委、市委书记张古江与中储粮集团公司董事长邓亦武一行座谈交流，并出席中储粮集团公司2021年仓储设施建设项目集中开工仪式。

△河北爱华慈善基金会唐山办事处正式启动。

△唐山市市级总河湖长及主要河湖市级河湖长名单调整。市级总

河湖长：省委常委、市委书记张古江，市委副书记、市政府党组书记、代市长田国良。市级河湖长：市委副书记杨培苏，市委常委、市政府党组副书记乔朝英，市政府副市长、党组成员、一级巡视员曹全民，市政府副市长张月仙，市政府党组成员、市公安局党委书记、督察长赵晋进，市政府副市长、党组成员李贵富，市政府党组成员张涛。

12日省委常委、市委书记张古江会见良业科技集团股份有限公司董事长梁毅一行。

13～14日河北省省长许勤在唐山市宣讲习近平总书记“七一”讲话精神，调研检查经济运行、港口转型升级、旅游岛规划建设、防汛等工作。

14日省委常委、市委书记张古江会见河北港口集团董事长曹子玉一行。

△李大钊之孙李宏塔向李大钊纪念馆捐赠“七一勋章”。李宏塔，72岁，安徽省政协原副主席、省民政厅原厅长，6月29日在人民大会堂金色大厅接受“七一勋章”。

16日中国中车创业140周年系列庆祝活动在唐山启动。省委常委、市委书记张古江在开滦国家矿山公园“中国铁路源头”采集火种，并点燃中国中车党委书记、董事长、总经理（总裁）孙永才手中火炬。

△张古江会见红星美凯龙集团董事长车建新一行。唐山市与红星美凯龙控股集团有限公司签订战略合作框架协议。

△唐山市“百城万店拥军行”活动在唐山吾悦广场启动。

19日省委常委、市委书记张古江与北京科技大学党委副书记、校长杨仁树和首钢集团党委副书记、总经理赵民革一行座谈交流。迁安市人民政府、北京科技大学、北京首钢股份有限公司三方签署共同创建政产学研用示范基地战略合作协议。

20日省委常委、市委书记张古江会见巴龙国际集团董事长姜俊平一行。

△张古江会见河北省农村信用社联合社党委书记、理事长徐翀一行。唐山市人民政府与河北省农村信用社联合社签订金融助力乡村振兴战略合作协议。

△财富中文网发布2021年《财富》中国500强排行榜，唐山4家企业上榜，分别是唐山冀东水泥股份有限公司、庞大汽贸集团股份有限公司、开滦能源化工股份有限公司、唐山三友化工股份有限公司。

△全省“铸盾-2021”人民防空综合演练暨半年工作调度会在唐山举行。

22日唐山市召开学习贯彻习近平总书记“七一”讲话精神专题宣讲报告会。省委宣讲团成员、市委宣讲团团长、省委常委、市委书记张古江作专题宣讲。

24日第六届“中欧物流、信息化、管理和服务科学博士生院暑期学校”国际学术论坛在唐山举办。

△唐山市在地震遗址纪念公园举行向在“7·28”大地震中罹难同胞和在抗震救灾中捐躯英雄敬献花篮仪式。省委常委、市委书记张古江，市委副书记、代市长田国良等市四大班子领导参加。

25日全省“文创进景区”工作推进会议在唐山召开。

27日省委常委、市委书记张古江会见应急管理部党委委员、中国地震局党组书记、局长闵宜仁等第二届全国防震减灾科普大会及应急产业大会参会嘉宾。

△中国地震预警网示范运行新闻发布会在唐山召开。

27～29日2021中国·唐山国际应急产业大会在南湖国际会展中心举办。

△“防灾减灾救灾应用技术成果暨新唐山建设45周年成就展”在南湖国际会展中心开展。应急管理部党委委员、中国地震局党组书记、局长闵宜仁出席展览开幕式。

28日第二届全国防震减灾科普大会在唐山举行。省委副书记、省长许勤，应急管理部党委委员、中国地震局局长闵宜仁出席大会并致辞。大会颁发全国防震减灾工作优秀奖，表彰先进个人代表。

△2021中国·唐山国际应急产业大会在唐山南湖国际会展中心开幕。美国、新加坡、法国、德国及国内各省市83家企业500余名企业代表和专家学者参加大会。中国工程院院士、国际欧亚科学院院士、国家煤矿水害防治工程技术研究中心主任武强等出席开幕式。

△2021中国·唐山国际应急产业大会招商洽谈会在南湖国际会展酒店举行。全国220位客商应邀参加，会上有11个项目签约，总投资36.76亿元。

△全省深化改革开放暨沿海经济带建设工作会议在唐山召开。会议期间，与会代表观摩北京巴威（唐山）高端装备制造项目。

29日省委书记、省人大常委会主任王东峰在唐山市走访慰问退役军人和优抚对象，代表省委、省政府向全省退役军人和优抚对象致以节日祝贺和慰问。

△2021中国·唐山国际应急产业大会应急技术成果对接会在南湖国际会展酒店举行，73项成果现场达成对接意向15项。

7月28日，在唐山地震遗址纪念公园，市民们来到纪念墙前，哀悼地震遇难者。 金皓原 摄

△“学习强国”唐山学习平台PC端正式上线。开设“牢记总书记嘱托”“英雄城市再出发”等17个栏目。

30日 18时18分，39902次班列装载50个集装箱从唐山港京唐港区发出，开往俄罗斯首都莫斯科。这是唐山港在10天内第二列“中—蒙—俄”班列。

△《唐山市养犬管理条例》公布施行。

△中国（河北）自由贸易试验区曹妃甸片区涉海部门联席会议暨协作机制签约仪式在曹妃甸综合保税区举行。

△由唐山市司法局会同市住建局起草《唐山市供热管理办法（修订草案征求意见稿）》向社会公开征求意见。

31日 唐山市气象台7时发布：台风“烟花”变性为温带气旋，中央气象台对其停止编号，对唐山市影响彻底结束。

△唐山市丰南区仕静农机农民专业合作社5名农机手、5台（套）400毫米口径大型排涝设备组成首批排涝救灾队，赴河南安阳执行灾后排涝救灾任务。

△唐山市新冠肺炎疫情防控工作领导小组办公室发布《关于近期非必要不出差不旅行的提示性通告》。

8月

1日 2021河北足球联赛在南湖城市足球广场开赛，比赛持续至11月份。

2日 唐山市新冠肺炎疫情防控工作领导小组办公室发布《关于加强近期新冠肺炎疫情防控工作提示性通告》。

△唐山籍女子铁饼运动员陈扬获东京奥运会第十名。

4日 唐山市召开疫情防控工作视频调度会议。省委常委、市委书记张古江强调要抓好常态化疫情防控，筑牢疫情防控防线。

△河北自贸区大宗商品交易中心开业仪式在河北自贸区曹妃甸片区港口贸易大厦举行。

5日 省委常委、市委书记张古江在基层暗访、检查常态化疫情防控措施落实情况。

△唐山市新冠肺炎疫情防控工作领导小组办公室发布《关于喜事缓办、白事简办、减少聚集性活动提示性通告》。

6日 省委常委、市委书记张古江就抓好城市防汛工作在市主城区调研。

8日 两位唐山市造血干细胞志愿者在河北医科大学第二医院完成捐献。

9日 唐山市在全省率先批复设立县级文物局。

10日 唐山市召开疫情防控工作视频调度会议。

14日 中共唐山市第十届委员会第十四次全体会议在市政府会议中心举行，决定8月16～18日召开中国共产党唐山市第十一次代表大会。

15日 中共唐山市第十一次代表大会预备会议在唐山大剧院举行。会议依次通过中国共产党唐山市第十一次代表大会议程、大会主席团名单、大会秘书长名单和大会代表资格审查委员会名单。

△中共唐山市第十一次代表大会主席团举行第一次会议。会议推选8名大会主席团常务委员会委员，通过大会执行主席和大会副秘书长名单。会议通过大会代表资格审查委员会关于代表资格审查报告、大会秘书处组织机构及大会列席人员名单。

16日 中共唐山市第十一次代表大会在唐山大剧院开幕。张古江代表中共唐山市第十届委员会向大会作题为《牢记总书记嘱托，走好新的赶考路，奋发有为开创“三个努力建成”新局面》报告。

△中共唐山市第十一次代表大会主席团举行第二次会议。会议听取张旭关于十一届市委委员、候补委员和市纪委委员候选人预备人选情况说明，通过十一届市委委员、候补委员和市纪委委员候选人预备人选名单，审议通过大会《选举办法》（草案）。

△中共唐山市第十一次代表大会主席团举行第三次会议。会议听取大会秘书处关于各代表团审议十届市委报告情况汇报；听取大会秘书处关于各代表团讨论大会《选举办法》（草案）和酝酿十一届市委委员、候补委员，市纪委委员预选候选人建议名单情况汇报；表决通过大会选举办法；确定十一届市委委员、市纪委委员预选候选人名单。

17日 中共唐山市第十一次代表大会主席团举行第四次会议。会议听取总监票人关于预选十一届市委委员、候补委员和市纪委委员情况报告，确定十一届市委委员、候补委员和市纪委委员正式候选人名单，听取大会秘书处关于各代表团审议十届市纪委工作报告情况汇报，审议通过关于中共唐山市第十届委员会报告决议（草案），审议通过关于中共唐山市第十届纪律检查委员会工作报告决议（草案）。

18日 中共唐山市第十一次代表大会闭幕。大会选举产生中国共产党唐山市第十一届委员会和纪律检查委员会，通过关于中国共产党唐山市第十届委员会报告决议和中国共产党唐山市第十届纪律检查委员会工作报告决议。

△中共唐山市第十一届委员会举行第一次全体会议。选举产生中国共产党唐山市第十一届委员会常务委员会委员，张古江当选市委书记，田国良、杨培苏当选市委副书记。选举张古江、田国良、杨培苏、乔朝英、郭永博、张旭、韩宏良、来广普、李丽、陈宇、侯旭为市委常务委员会委员。通过中国共产党唐山市第十一届纪律检查委员会第一次全体会议选举产生常务委员会委员和书记、副书记。

△中共唐山市第十一次代表大会主席团举行第五次会议。会议通过关于中国共产党唐山市第十届委员会报告决议（草案），通过关于中国共产党唐山市第十届纪律检查委员会工作报告决议（草案），听取总监票人关于大会选举结果报告。

20日 唐山市新冠肺炎疫情防控工作领导小组办公室发布《关于在公共场所实行健康码、行程码和新冠病毒疫苗接种记录“三码”联查通告》。

21日 政协唐山市委员会举行十三届一次会议预备会议。大会审议通过政协唐山市第十三届委员会第一次会议大会主席团、主席团会议主持人、秘书长名单，审议通过政协唐山市第十三届委员会第一次会议议程、日程，审议通过政协唐山市第十三届委员会第一次会议提案审查委员会主任、副主任、委员名单。

△政协唐山市委员会举行十三届一次会议主席团第一次会议。会议听取关于政协唐山市第十三届委员会第一次会议主席团常务主席名单和常务主席会议主持人名单说明，审议通过政协唐山市第十三届委员会第一次会议主席团常务主席和常务主席会议主持人名单，审议通过政协唐山市第十三届委员会第一次会议常务副秘书长、副秘书长名单，审议通过政协唐山市第十三届委员会第一次会议编组办法，审议通过政协唐山市第十三届委员会第一次会议小组划分和小组召集人名单。

△政协唐山市委员会举行十三届一次会议主席团常务主席第一次会议。会议审议通过政协唐山市第十三届委员会第一次会议各次全体会议执行主席及主持人名单。

22日政协唐山市第十三届委员会第一次会议开幕。省委常委、市委书记张古江讲话，胡国辉作常委会工作报告，白春明主持，李长春作提案工作报告。

△唐山市第十六届人民代表大会第一次会议预备会议在唐山大剧院举行。会议选举产生市十六届人大一次会议主席团和秘书长，表决通过市十六届人大一次会议议程、市十六届人大一次会议议案审查委员会组成人员名单。

△唐山市十六届人大一次会议主席团举行第一次会议。会议推选出大会主席团常务主席，表决通过大会执行主席分组名单，决定大会副秘书长人选；表决通过唐山市第十六届人民代表大会第一次会议日程、市十六届人大一次会议选举办法草案。

23日唐山市第十六届人民代表大会第一次会议召开，田国良作政府工作报告。

24日唐山市十六届人大一次会议第二次全体会议举行。张古江、田国良、胡国辉、杨培苏等出席，郭彦洪作市人大常委会工作报告。大会听取市中级人民法院、市人民检察院工作报告，表决通过市十六届人大一次会议选举办法。

△政协唐山市委员会十三届一次会议主席团举行第二次会议。会议审议政协唐山市第十三届委员会第一次会议选举办法（草案）、关于政协唐山市第十三届委员会常务委员会第一次会议政治决议（草案）、关于政协唐山市第十二届委员会常务委员会工作报告决议（草案）。

△唐山市十六届人大一次会议主席团举行第二次会议。会议听取各代表团审议市政府工作报告情况汇报，听取大会秘书处关于各代表团审议市十六届人大一次会议选举办法草案、设立市十六届人大专门委员会决定草案和专门委员会组成人员人选表决办法草案情况汇报。

△唐山市十六届人大一次会议主席团举行第三次会议。会议提出市十六届人大常委会主任、副主任、秘书长、委员，市人民政府市长、副市长，市监察委员会主任，市中级人民法院院长，市人民检察院检察长各职候选人建议名单；提出市十六届人大专门委员会主任委员、副主任委员、委员人选建议名单。

△唐山市开平区大丰谷庄小学于子萱作品《免接触手部消毒机器人》获第十六届宋庆龄少年儿童发明奖小学组铜奖。

25日政协唐山市委员会十三届一次会议闭幕。胡国辉当选政协唐山市第十三届委员会主席，白春明、李长春、甄德恩、袁宁、李治欣、全荣哲、董学忠、胡世宁当选政协唐山市第十三届委员会副主席，李长远当选政协唐山市第十三届委员会秘书长，马中良、马文斌等71名委员当选政协唐山市第十三届委员会常务委员。会议审议通过政协唐山市第十三届委员会第一次会议政治决议、关于政协唐山市第十二届委员会常务委员会工作报告决议。

△政协唐山市委员会十三届一次会议第二次全体会议在唐山大剧院举行。

△政协唐山市委员会召开十三届一次常委会会议。会议审议通过政协唐山市第十三届委员会常务委员会关于设置专门委员会决定和人事事项。

△政协唐山市委员会第十三届一次会议主席团举行第三次会议。

△政协唐山市第十三届委员会第一次常委会会议通过关于设置提案委员会、文化文史和学习委员会、经济建设委员会、人口资源环境委员会、教科卫体委员会、社会法制委员会、港澳台侨和民族宗教委员会、农业和农村委员会决定。

26日唐山市十六届人大一次会议闭幕。杨洁当选市人大常委会主任，田国良当选市人民政府市长。苏铁成、魏文忠、王福燕、李贵富、董立群、孙辉福当选市人大常委会副主任，郑胜宏当选市人大常委会秘书长，乔朝英、张月仙、赵晋进、张涛、李建忠、郝志军当选市人民政府副市长，郭永博当选市监察委员会主任，牛向阳当选市中级人民法院院长，贾志宏当选市人民检察院检察长。会议审议批准政府工作报告和其他报告。

△唐山市十六届人大一次会议第三次全体会议在唐山大剧院举行。

△唐山市十六届人大一次会议主席团举行第四次、第五次会议。

△唐山市第十六届人民代表大会第一次会议第四次全体会议通过《关于唐山市人民代表大会常务委员会工作报告决议》，通过《关于唐山市中级人民法院工作报告的决议》《关于唐山市人民检察院工作报告的决议》。

△唐山市第十六届人民代表大会第一次会议通过《关于设立唐山市第十六届人民代表大会专门委员会的决定》。

27日中共唐山市委召开常委会（扩大）会议，传达学习贯彻习近平总书记在承德考察调研时讲话精神和全省领导干部电视电话会议精神，研究本市贯彻落实意见。

△唐山市政府办印发通知，公布《唐山市保留证明事项目录》《唐山市第一批实行告知承诺制证明事项目录》。

△唐山市残疾人运动员齐勇凯在东京残奥会男子举重59公斤级决赛中，以总成绩187公斤夺得金牌。

28日唐山市残疾人运动员刘利在东京残奥会赛场F32级投掷棒比赛中获金牌，并打破该项目世界纪录。

29日唐山市29名运动员将参加9月15～27日在陕西省举行第十四届全运会决赛。在网球项目比赛中，唐山市4名网球裁判将参加全运会执裁工作。

30日省委常委、市委书记张古江在包联民营企业调研。

31日唐山市残疾人运动员刘利

在东京残奥会田径比赛中，以12.97米成绩夺得F32级铅球项目冠军，并打破由他自己保持世界纪录。

9月

1日《唐山市集中式饮用水水源地保护管理条例》施行。

2日中共唐山市委召开常委会（扩大）会议，传达学习贯彻8月31日中共中央政治局会议精神及习近平相关讲话精神，研究贯彻落实意见。会议还听取关于近期疫情防控督察检查问题整改落实以及全市疫情防控和疫苗接种工作情况汇报，就相关工作进行研究部署。省委常委、市委书记张古江主持会议并讲话。市委常委出席会议。市人大常委会、市政府、市政协有关领导，市法检"两长"，省第五督查组组长列席会议。

3日中国中车创业140周年火种交接暨中车唐山公司火炬传递仪式在唐山举行。

△中国（河北）自由贸易试验区曹妃甸片区在全国自由贸易试验区首家推出"关银—KEY通"海关电子口岸卡，启动仪式在曹妃甸政务服务中心举行。

6日在第十四届全国运动会跳水团体比赛中，河北省队获第二名，唐山市队员张楠、王奕典分别参加女子双人10米跳台和双人3米板比赛，助河北省队获亚军。

7日省委常委、市委书记张古江主持召开市委理论学习中心组学习（扩大）会议暨全市领导干部会议，田国良、胡国辉、杨洁等市四大班子领导出席。

△在第三届河北省文创和旅游商品创意设计大赛中，唐山市获1金3铜，并获"最佳网络人气"奖。

8日唐山市地震断裂带房屋设施改造和采煤沉陷区治理工作会议召开。省委常委、市委书记张古江讲话，市委副书记、市长田国良主持会议。市领导杨洁、乔朝英、张旭、陈宇、李建忠、全荣哲参加。

9日教师节前，省委常委、市委书记张古江看望慰问教师和教育工作者，同时检查学校疫情防控工作。

△市委副书记、市长田国良在遵化市民族乡现场办公，协调解决发展问题。

10日唐山滦州市境内迁（安）曹（妃甸）高速公路跨京哈铁路桥转体成功，与高速主路精准对接。

△唐山市网络综合治理体系建设示范点授牌仪式在新华联铂尔曼酒店举行。市委常委、宣传部长李丽出席活动并讲话。

△唐山三女河机场候机楼改造工程完工，并完成所有设备调试及环境清理，比原计划工期提前20天。

△唐山古冶区首支由70名退役军人志愿者组成雷霆助援队成立。

11日河北省唐山无线电监督执法局挂牌成立。省工业和信息化厅二级巡视员苏会彬、副市长郝志军出席仪式并揭牌。

12日唐山市红色文化研究会成立暨第一届第一次会员大会在市委党校举行。大会选举产生唐山市红色文化研究会第一届理事会，市委党校副校长、市社科联副主席张朝民当选首届会长。中国红色文化研究会会长刘润为出席会议并讲话。

13日唐山市人民政府与中国供销集团、河北省供销合作总社在京签署战略合作框架协议。

△国家海上搜救无脚本实战演练在曹妃甸海域举行。

13～14日河北省药监局党组成员、副局长常生茂一行三人，在唐山市督导调研化妆品监管工作。

14日北京交通大学唐山研究院科创园区启用暨"产学研"合作签约活动举行。

△国网唐山供电公司李征劳模创新工作室在供电公司职工之家揭牌。

△在第十四届全国运动会步手枪射击男子10米气手枪团体比赛中，唐山选手胡鹏琦与队友获团体金牌。

△由唐山文旅集团承办2021中国足球协会乙级联赛第二阶段（冲甲组）比赛在唐山南湖城市足球广场开赛。

15日唐山银行新一代信息系统项目集群上线新闻发布会在唐山银行总行举行。

△唐山市"冰雪大篷车"装备捐赠暨社区乡村冰雪运动推广普及启动仪式在体育公园举行。

△唐山遵化市省级绿色葡萄栽培农业标准化示范区创建工作通过省专家考核组验收。

△曹妃甸综合保税区东南亚航线首航启动仪式在唐山港口集团国际集装箱发展有限公司综保区码头举行。

15～16日2021年中国国际板栗大会及板栗嘉年华活动在唐山遵化市举办，世界各地100余名专家学者、板栗加工企业及相关行业代表在现场或以"云视频"形式参加。

16日唐山市疫情防控和经济运行暨重点项目建设视频调度会议召开。省委常委、市委书记张古江在石家庄主会场通过视频连线方式主持会议。

△由唐山市人民政府主办，遵化市人民政府、唐山市文化广电和旅游局承办第五届唐山市旅游产业发展大会在遵化市开幕。

9月，唐山市秋季学期开学平稳、安全、顺利，各学校利用开学第一课开展健康教育。　何　川　摄

△在第十四届全运会男子气步枪团体比赛中，唐山选手杜林澍与队友合作获团体金牌。

16～17日 省侨联副主席周晓辉率调研组在唐山市调研参政议政暨侨情专报工作开展情况。

△由省委网信办、省教育厅共同主办河北省高校2021年研究生网络与信息安全技术大赛在华北理工大学举行，全省16所高校39支队伍同场竞技。

17日 中共唐山市委召开常委会（扩大）会议，传达学习贯彻习近平总书记给全国高校黄大年式教师团队代表回信及相关会议精神，研究贯彻落实意见。省委常委、市委书记张古江主持会议并讲话。市委常委出席会议。市政协主席、市政府有关领导、市检察院检察长列席会议。

△为期3天唐山市第六届“市长杯”小学生足球比赛在唐山南湖城市足球广场举办。

18日 省委常委、市委书记张古江采用“不发通知、不打招呼、不听汇报、不用陪同接待、直奔基层、直插现场”方式，就文明城市常态化创建工作暗访检查、现场办公。

△唐山鑫达钢铁工业园国家AAA级旅游景区揭牌。

△唐山师范学院滦州评剧实践基地签约暨挂牌仪式在滦州市文化馆举行。

19日 省委常委、市委书记张古江等市领导冒雨调研唐山市部分重点交通基础设施项目，并在滦州市召开全市重点交通基础设施项目建设座谈会。

△市委副书记、市长田国良在市水利局主持召开全市大风强降雨防范应对工作会议，视频调度各县（市、区）和相关单位防范准备情况。

△在第十四届全运会女排青年组决赛中，唐山选手董铭霄与队友合作获银牌。

△在第十四届全运会男子赛艇单人双桨项目比赛中，唐山选手韩崴以两秒之差惜败东京奥运会铜牌选手张亮获银牌。

△2021年河北省小篮球联赛暨河北省第二届小年龄段篮球联赛在唐山市开赛。

20日 唐山市委副书记、市长田国良就重点项目建设、工业经济运行在曹妃甸区调研。

21日 在第十四届全运会男子乒乓球团体比赛中，唐山选手梁靖崑与队友合作获铜牌。

△在第十四届全运会女子铁饼决赛中，30岁唐山选手陈扬凭借第二投63.90米成绩获银牌。

23日 省委常委、市委书记张古江在丰南区走访慰问困难职工群众和坚守岗位一线职工。

△张古江就抓好经济运行、项目建设、乡村振兴等工作在滦南县调研。

△河北省首条25万吨级航道——唐山港京唐港区25万吨级航道项目通过验收。

△河北省农耕文明农事健身比赛暨美丽乡村健身跑、唐山市2021年中国农民丰收节在曹妃甸区举行。

24日 省委常委、市委书记张古江在北京理工大学唐山研究院、西南交通大学唐山研究院和唐山师范学院调研。

△干法选煤技术成果展示暨煤炭干法清洁技术战略发展研讨会在唐山市举办。

25日 由河南卫视、唐山文旅集团主办“大益杯”武林风·战唐山环球拳王争霸赛在南湖丹凤朝阳广场开战。

△河北省冰雪联赛暨河北省第三届冰雪运动会社会组陆地冰壶项目预选赛（东部赛区）第一、二站比赛在唐山市开赛。

△在第十四届全运会女子投掷团体项目比赛中，唐山市运动员陈扬继在女子铁饼单项比赛获亚军后，又在团体项目中与队友合作获金牌。

26日 中共唐山市委召开常委会（扩大）会议，传达学习贯彻习近平相关讲话精神及有关会议精神，研究贯彻落实意见，就有关工作进行研究部署。省委常委、市委书记张古江主持会议并讲话。市委常委出席会议。市人大常委会、市政府、市政协有关领导，市检察院检察长列席会议。

△省委常委、市委书记张古江，河北省副省长葛海蛟参加中国轨道交通工业140年峰会系列活动，出席唐山市人民政府与中国中车集团签约仪式，会见中国轨道交通工业140年峰会嘉宾。

△市委副书记、市长田国良走访慰问奋战在项目工地建设者和部分困难职工群众，向他们致以节日问候和祝福。

△在第十四届全国运动会乒乓球比赛中，唐山选手梁靖崑获男子单打铜牌。

26～27日 第十一届河北省沿海经济带高层次人才交流大会暨唐山市高质量发展招才引智大会在唐山市举办。

27日 省委常委、市委书记张古江就推动重点项目建设、加快科技创新、提升开发区（园区）能级等工作在海港经济开发区调研。

△唐山市举行第三季度重点项目集中开工活动，张古江在主会场宣布开工，田国良讲话。涉及158个项目，总投资739.4亿元。

△中国轨道交通工业140年峰会在中车唐车公司举行，副省长葛海蛟出席峰会并致辞。

△由中车唐山公司研制具有完全自主知识产权新型都市快轨列车下线。

28日 中共唐山市委召开常委会（扩大）会议，传达学习贯彻习近平总书记致2021年世界互联网大会乌镇峰会贺信，传达学习贯彻河北省京津冀协同发展工作推进会暨领导小组第七次全体会议和9月22日省委常委会（扩大）会议有关精神，研究贯彻落实意见。省委常委、市委书记张古江主持会议并讲话。市委常委出席会议。市人大常委会、市政府、市政协有关领导，市法检“两长”列席会议。

△市委副书记、市长田国良会见中国工商银行河北省分行行长田耕一行。

△唐山工运史馆面向社会开放。

△在第十四届全运会上，唐山市体校选手获3金4银3铜。

△唐山劳动公园正式开园。

△唐山市百名劳动模范宣讲颁奖仪式在市工人文化宫举行，表彰50名获奖劳动模范。

29日 唐山市人民政府与中国农业科学院在京签署战略合作框架协议。

△省委常委、市委书记张古江与北汽集团党委书记、董事长姜德义在京举行工作座谈。

△唐山市举行市级经营性国有资产集中统一监管划转签约暨唐山

交通发展集团有限公司揭牌仪式。

△2021唐山创业创新大赛落幕，351个项目参赛，32个项目获奖。

30日唐山市在冀东烈士陵园举行向革命烈士敬献花篮仪式。张古江、田国良、胡国辉、杨洁等市四大班子领导以及烈士亲属、老战士代表，市直单位和社会各界代表参加。

△唐山市召开新冠肺炎疫情防控工作领导小组会议，市委副书记、市长、市新冠肺炎疫情防控工作领导小组组长田国良出席并讲话。

△古冶区人民政府与天津大学建筑设计规划研究总院签署战略合作框架协议。

10月

1日省委常委、市委书记张古江检查供电保障、大气污染防治、社会稳定和疫情防控等工作，走访慰问一线工作者。市委副书记、市长田国良，市委常委、秘书长陈宇，市一级巡视员、市总工会主席张国栋陪同走访。

5日全省市场监管系统"'12315'在线消费纠纷解决业务"培训（一期）在唐山市举行。

8日中共唐山市委召开常委会（扩大）会议，传达学习贯彻习近平讲话精神，研究贯彻落实意见。审议通过《关于加快推进新型城镇化建设切实提高城镇化率的意见》，听取有关工作情况汇报。省委常委、市委书记张古江主持会议并讲话。市委常委出席会议，市人大常委会、市政府、市政协有关领导，市法检"两长"，省第五督查组负责人列席会议。

△唐山迁安市、曹妃甸区入选中国小康网《2021中国智慧城市百佳县市》榜单。

△全市"12348"公共法律服务热线升级，启动"7×24小时"全天候服务模式。

9日唐山市组织收听收看纪念辛亥革命110周年大会实况。省委常委、市委书记张古江参加收听收看并就全市学习贯彻落实习近平总书记讲话精神进行安排部署。田国良、胡国辉、杨洁等市四大班子领导参加收听收看。

12日唐山市政协举办以"打造循环产业链体系，大力推进绿色发展"为主题协商议政大会。省委常委、市委书记张古江出席会议，市委副书记、市长田国良讲话。市政协主席胡国辉主持。市领导陈宇、侯旭、张涛、白春明、甄德恩、袁宁、全荣哲、董学忠出席。

△2021中国·唐山"物流行业+行业物流"智能发展博览会在唐山南湖会展中心开幕。

△第三届中国国际冶金炉料交易博览会在南湖国际会展中心开幕。

12～13日河北省政协副主席梁田庚率省直有关部门负责人在唐就包联企业进行调研。市政协主席胡国辉陪同调研。

13日鑫丰热力有限公司承担"供热服务标准化试点"启动仪式在丰南区举行。该试点是全国首个供热服务领域国家级标准化试点项目。

14日省委常委、市委书记张古江在海口市与中国旅游集团董事长万敏就有关合作事宜进行洽谈。

15日中共唐山市委召开常委会（扩大）会议，传达学习贯彻习近平、栗战书讲话精神，研究贯彻落实意见。会议还研究审议并原则通过《关于深入实施新时代"凤凰英才"计划加快建设高质量人才强市的意见》。省委常委、市委书记张古江主持会议并讲话。

16日市委副书记、市长田国良会见北京燃气集团党委书记、董事长李雅兰一行，双方就进一步加强地企合作对接交流。

△唐山师范学院与唐山市司法局国家统一法律职业资格考试合作基地挂牌成立。省司法厅副厅长梁洪杰，市委常委、政法委书记来广普出席并为基地揭牌，市人大常委会党组副书记、副主任、市一级巡视员苏铁成，市政协副主席全荣哲出席。

17日唐山市举办数字经济专题讲座。省委常委、市委书记张古江，市委副书记、市长田国良，市政协主席胡国辉等市四大班子领导，市法院院长出席。讲座由田国良主持。国家信息中心信息化和产业发展部主任、智慧城市发展研究中心主任单志广应邀以《数字经济发展形势与推进策略》为题作报告。

17～18日"以疫情为鉴健康城市建设探索——城市更新视角下应对与思考"专题研讨会召开。

18日河北省第五届（唐山）园林博览会暨第四届河北国际城市规划设计大赛在唐山市结束。省委常委、市委书记张古江会见参加人员。沧州市委副书记、市长向辉，唐山市委副书记、市长田国良致辞。省住房和城乡建设厅一级巡视员李贤明出席闭幕式并宣布园博会闭幕。

19日市委副书记、市长田国良在北京会见中国中化集团党组成员、副总经理阳世昊一行，并出席与中化现代农业有限公司战略合作框架协议签约活动。副市长张涛参加。

△市委副书记、市长田国良会见广发银行总行党委委员、副行长徐红霞一行，双方就深化金融领域

10月8日，中国青少年足球联赛在唐山南湖举办。图为河北足球俱乐部对阵中花江镇中学比赛现场。 王欢 摄

务实合作进行洽谈交流。唐山市人民政府与广发银行签署《金融战略合作框架协议》。

△文化和旅游部发布《关于第一批国家级夜间文化和旅游消费集聚区名单的公示》，唐山南湖旅游景区入围，拟被确定为第一批国家级夜间文化和旅游消费集聚区。

20日省委常委、市委书记张古江会见哈工大机器人集团董事长王飞一行。市委常委、秘书长陈宇，副市长郝志军参加。

22日京津冀交通一体化重要项目——迁曹高速公路全线通车。

21～22日唐山市十六届人大常委会举行第一次会议，集中任命新一届市政府组成人员，任命市政府副市长（挂职）、市监察委员会副主任、委员和市检察院副检察长；表决通过关于设立市十六届人大常委会代表资格审查委员会的决定（草案）及组成人员名单（草案）。市人大常委会党组书记、主任杨洁主持任命仪式并讲话。

△2021年中国毛皮动物产业发展大会暨唐山毛皮产业专家论坛在唐山举行。

23日大型评剧《相期吾少年》获第十七届中国戏剧节优秀剧目。

24日中共唐山市委召开常委会（扩大）会议，传达学习贯彻习近平相关讲话精神，贯彻全省经济工作推进会议精神，听取全市前三季度经济运行情况和下一步工作安排汇报，听取“四个一百”进唐山活动工作情况汇报，研究部署有关工作。省委常委、市委书记张古江主持会议并讲话。

△唐山市委、市政府制发《关于深入实施新时代“凤凰英才”计划加快建设高质量人才强市的意见》，对以往人才政策优化升级，推出唐山人才新政3.0升级版。

25日中共唐山市第十一届委员会第二次全体会议在市政府会议中心举行。

26日唐山市经济运行暨沿海经济带高质量发展推进会议召开。

△市委副书记、市长田国良会见太平洋建设集团董事局副主席、总裁宋少庭一行。

27～28日中共唐山市代表会议在南湖国际会展酒店召开，选举产生唐山市出席中国共产党河北省第十次代表大会代表。

28日市委副书记、市长田国良会见中电建路桥公司党委书记、董事长汤明一行。

△唐山市全面启动3～11岁人群新冠病毒疫苗免费接种工作。

△工业和信息化部公布11个新能源汽车换电模式应用试点城市名单，唐山市入选重卡特色类试点城市。

30日市委副书记、市长田国良会见富海集团董事长罗冰一行。

11月

1日零时起全市启动供热。

2日竞争力智库、中国经济导报社等机构联合发布《中国县域旅游竞争力报告2021》，唐山迁西县入选“2021中国县域旅游发展潜力百强县市”名单。

3日唐山路北区启新1889文化旅游街区、路北培仁历史文化街、丰南区运河唐人街街区、迁安市轩辕里民俗休闲街区入选首批省级旅游休闲街区。

△唐山乐亭县姜各庄镇（乐亭大鼓）入选2021～2023年度“中国民间文化艺术之乡”。

5日唐山市民苏海东、汤宝俊（牺牲）获第八届全国道德模范提名奖。

△唐山入选全国首批城市更新试点，成为全省唯一国家级城市体检和城市更新双试点城市。

△唐山南湖旅游景区上榜第一批国家级夜间文化和旅游消费集聚区名单。

△4时25分，在唐山市丰南区发生2.4级地震，震源深度14千米，震中位于北纬39.51度，东经118.14度，无人员伤亡和财产损失。

6～7日唐山市出现小到中雨转暴雪到大暴雪天气，雨雪总降水量全市平均35.3毫米，最大降水量42.7毫米（丰南），最大积雪深度27厘米（市区），是唐山市有气象观测记录以来11月份最强降雪过程，其中市区、丰润和丰南积雪深度创造有气象记录以来极值。

7日唐山市启动消防宣传月暨消防车巡游宣传活动。

9日省高级人民法院“我做的群众最满意的一件事”评选结果揭晓，唐山市曹妃甸区人民法院获评“十佳集体”，乐亭县人民法院吕晓颖获评“十佳个人”。

10日遵化市团瓢庄乡山里各庄村、唐山曹妃甸区双井镇李家房子村上榜第十一批全国“一村一品”示范村镇名单，乐亭县中堡镇、遵化市平安城镇上榜2021年全国乡村特色产业十亿元镇名单，遵化市西留村乡朱山庄村上榜2021年全国乡村特色产业亿元村名单。

11日省委常委、市委书记张古江会见三一集团董事、三一重工总裁向文波一行，并主持唐山市政府与三一集团有限公司《战略合作框架协议》签约活动。

唐山市曹妃甸区农民适时收获水稻，确保应收尽收、颗粒归仓。 杨世尧 摄

12日中共唐山市委召开常委会（扩大）会议，传达学习贯彻党的十九届六中全会精神，习近平总书记在第四届中国国际进口博览会开幕式主旨演讲、参加北京市区人大代表换届选举投票时讲话精神，研究贯彻落实意见。省委常委、市委书记张古江主持会议并讲话。市委常委出席会议。市四大班子领导、市法检“两长”列席会议。

△按照《河北省建设京津冀生态环境支撑区“十四五”规划》，全省以县（市、区）为单元分为五大功能区，其中唐山14个县（市、区）被划入燕山－太行山生态涵养区和沿海生态防护区两大区域。

14日京秦高速遵（遵化）秦（秦皇岛）段标志性建筑滦河特大桥主桥正式合龙。

15日河北润农节水科技有限公司成功登陆北京证券交易所（简称北交所），成为北交所首批上市企业。

△迁安市大五里乡山叶口村入选2021年中国美丽休闲乡村。

16～17日唐山博物馆“影动唐博——唐山皮影沉浸式社教活动”获评2021年度“全国十佳文博社教案例”。

17日葡萄牙波尔图地铁及维保项目开工仪式在中车唐山公司举行，中国首个出口欧盟城轨车辆项目由研发阶段进入生产阶段。

19日唐山市首个政治性警示教育基地——市党员干部警示教育展馆正式开馆。省委常委、市委书记张古江，市委副书记、市长田国良为展馆揭幕。市四大班子领导、市法检“两长”出席开馆活动并参观展览。

△第四届唐山工匠职业技能大赛颁奖，王建等20名选手获“唐山工匠”称号，郑兆鹏等40名选手获“唐山技术能手”称号，唐山劳动技师学院等10家单位获“优秀组织奖”。大赛于6月15日开赛，共设20个竞赛项目，全市167家企业2774名职工参赛。

22日中共唐山市第十一届委员会第三次全体会议召开。全会审议通过《中共唐山市委贯彻落实〈中共河北省委贯彻落实《中共中央关于党的百年奋斗重大成就和历史经验的决议》的意见〉的意见》《中国共产党唐山市第十一届委员会第三次全体会议决议》。省委常委、市委书记张古江就《意见（讨论稿）》向全会作说明。

23日一艘搭载包钢集团出口钢轨货船从曹妃甸港启航，这批钢轨11月11日通过火车专列由包头西站发出，14日抵达曹妃甸港，系首次通过海铁联运方式运输。曹妃甸港正式构建起长距离海铁联运物流新链条。

△遵化市上榜《赛迪投资竞争力百强县（2021）》。

24日唐山市上榜《新时代中国城市社会发展指数暨百强榜（2021）》，位列第93位。

26日唐山港曹妃甸港区通用码头506～508号泊位取得危货集装箱装卸作业资质，填补唐山港1类危险货物装卸运输空白。

△唐山3人入选11月“时代新人•河北好人”，分别是“敬业奉献”刘丙辉、佟德强和“孝老爱亲”杨艳环。

26～28日唐山文化旅游亮相首届中国文化旅游博览会，市文旅集团、开滦国家矿山公园、唐山国际旅游岛等重点文旅部门及企业参加展会。

28日唐山4户家庭上榜2021年全国最美家庭名单，分别是曹妃甸兴海水产总经理孙艳梅家庭、丰南区大新庄镇养马坨村村民孙连珍家庭、玉田县玉田镇凤凰盛世居民王丽娜家庭、迁西县大数据中心主任马行晓家庭。

29日遵化市肉鸡产业上榜全国农业全产业链典型县建设名单。在农业农村部确定全国农业社会化服务创新试点单位中，唐山玉田县上榜试点县名单，滦县百信花生种植专业合作社上榜试点组织名单。

△唐山市“12•4”宪法宣传周活动开始。

30日唐山首次开通两条城际公交线路，分别是城际1路：唐山站—曹妃甸工业区；城际2路：唐山站—曹妃甸大学城。

△京唐铁路鸦鸿桥至唐山机场站区间11-1锚段承力索成功架设。

12月

1日省政协党组成员、市委书记张古江主持召开市委理论学习中心组学习会议。

△中共唐山市委召开常委会（扩大）会议，传达学习贯彻中共中央政治局会议精神，学习习近平致首届中国网络文明大会贺信精神、在中央全面深化改革委员会第二十二次会议上讲话精神。传达学习贯彻河北省第十次党代会精神和省委领导在唐山市委呈报《关于干部教育培训工作总结报告》上作出批示精神，研究唐山市贯彻落实意见。研究审议《唐山市新农村建设实施意见》以及《关于进一步深化户籍制度改革意见》，研究部署有关工作。省政协党组成员、市委书记张古江主持会议并讲话。

△唐山市2022年征兵工作全面启动。

2日“英才杯”唐山市第三届冰雪运动会暨中小学生冰雪运动会开幕。

3日省政协党组成员、市委书记、市委全面深化改革委员会主任张古江主持召开市委全面深化改革委员会第十八次会议。

△张古江主持召开全市应对疫情工作领导小组会议暨视频调度会议。

△《唐山市城市更新实施办法（暂行）》颁布，唐山市入选首批国家级城市更新试点城市。

6日省政协党组成员、市委书记、市委宣讲团团长、市委党史学习教育领导小组组长张古江作专题宣讲报告。

7日省政协党组成员、市委书记、市委宣讲团团长、市委党史学习教育领导小组组长张古江在丰润区调研。

△唐山市人民政府、滦南县人民政府与中国电力国际发展有限公司在北京签署战略合作协议。

8日中共唐山市委召开常委会（扩大）会议，传达学习贯彻中共中央政治局会议精神，学习习近平相关讲话精神，传达学习贯彻国务院联防联控机制全国疫情防控工作电视电话会议、省应对新冠肺炎疫情工作领导小组会议精神，研究唐山市贯彻落实意见。

10日省人大常委会党组副书记、副主任王晓东率调研组在唐调研2021年计划和预算执行情况、2022年计划和预算草案初步审查工

12月4日起，唐山迁安博物馆文创展厅举办非遗展示季活动，图为非遗传承人张文芳为参观者介绍自己以冬奥为主题创作的剪纸作品。　闫　军　摄

作，并在基层开展党的十九届六中全会精神宣讲。

△由中国钢铁工业协会、河北唐宋大数据产业股份有限公司、全联冶金商会等主办支持2021钢铁产业推进“双碳”高质量发展年终论坛暨中国钢铁产业网年会在唐举行。

11日河北省代省长王正谱在唐山市宣讲党的十九届六中全会精神并调研检查。

12日“唐山担当助力冬奥”北京2022年冬奥会和冬残奥会唐山市帮扶服务保障团队出征活动在丹凤朝阳广场举行。

△唐山交通文艺广播开播25周年。

14日省政协党组成员、市委书记、市新冠肺炎疫情防控工作领导小组组长张古江主持召开全市新冠肺炎疫情防控工作领导小组会议暨视频调度会议。

△唐山开放大学暨唐山老年开放大学揭牌。

15日河北省首家家政服务学院——曹妃甸职业技术学院家政学院挂牌成立。

16日中共唐山市委召开常委会（扩大）会议，传达贯彻相关会议精神，学习贯彻习近平相关讲话精神，研究唐山市贯彻落实意见。听取“两节”暨冬奥会期间保障工作情况、“两节”期间走访慰问工作情况汇报，研究审议《关于以铸牢中华民族共同体意识为主线推进新时代党的民族工作高质量发展实施意见》，研究部署有关工作。省政协党组成员、市委书记张古江主持会议并讲话。

17日省政协党组成员、市委书记张古江在京与部分北京市属国企座谈。

△唐山市以“主会场+分会场”视频连线形式，举行2021年第四季度项目集中签约活动，101个签约重点项目总投资达1600亿元，投资规模再创新高。

19日省政协党组成员、市委书记张古江会见北京东方雨虹防水技术股份有限公司董事长、北京高能时代环境技术股份有限公司董事长李卫国一行。

20日唐山市第二批北京2022年冬奥会和冬残奥会帮扶服务保障团队离唐。

21日河北省重点区域质量提升现场会暨唐山市质量强市工作会议在迁安召开。

22日中共唐山市委召开常委会（扩大）会议，传达学习贯彻习近平相关讲话精神，研究唐山市贯彻落实意见。会议集体学习《河长湖长履职规范（试行）》，研究部署有关工作。省政协党组成员、市委书记张古江主持会议并讲话。

23日唐山市委副书记、市长田国良会见工商银行河北省分行党委书记、行长田耕一行。

24日中国共产党唐山市第十一届委员会第四次全体会议召开。全会坚持以习近平新时代中国特色社会主义思想为指导，深入学习贯彻党的十九大和十九届历次全会精神，全面落实中央和省经济工作会议、省第十次和市第十一次党代会精神；通过中国共产党唐山市第十一届委员会第四次全体会议决议。全会由市委常委会主持，省政协党组成员、市委书记张古江代表市委常委会向全会作工作报告。

27日省政协党组成员、市委书记张古江主持召开全市农业农村重点工作汇报会议。

△张古江主持召开全市应对疫情工作领导小组会议暨视频调度会议。

△唐山市委副书记、市长田国良主持召开市长办公会时强调，用心用情用力推动养老工作健康发展。

28日省政协党组成员、市委书记张古江会见中国医疗器械有限公司党委书记、董事长李杨一行。

△唐山市召开城市更新央企对接会议，市委副书记、市长田国良致辞。

△唐山市举行2021年第四季度重点项目集中开工活动，集中开工138个项目，总投资584.9亿元。

29日唐山市制发《关于加快科技创新平台建设实施方案》。

30日省政协党组成员、市委书记张古江在全市党建工作暨政治性警示教育大会上强调，学习贯彻党的十九届六中全会精神，深化政治性警示教育，推动全面从严治党向纵深发展。

△中共唐山市委召开常委会（扩大）会议，传达学习习近平相关讲话精神，研究唐山市贯彻落实意见。省政协党组成员、市委书记张古江主持会议并讲话。

△唐山市在凤凰中学举办“心往北京，滑向2022”——2021年河北省“万人、万校、行万里路”城市公路滑轮巡回赛（唐山路北站）暨全市校园冰雪嘉年华启动仪式。

31日唐山市开平区政府与北京正和恒基滨水生态环境治理股份有限公司签订唐山花海整体运营合作协议，开启唐山花海“后园博时代”。

△唐山市文明办向全市人民发出文明祥和过“双节”倡议书。

△唐山市冬奥志愿者誓师出征。

△“英才杯”唐山市第三届冰雪运动会暨中小学生冰雪运动会在遵化龙山滑雪场结束。

年度聚焦 抗疫

NianDuJvJiao KangYi

综 述

【唐山抗疫概况】 2021年，唐山市委、市政府学习贯彻习近平总书记指示精神和党中央、国务院决策部署，落实国务院联防联控机制和省委、省政府各项工作要求，坚持“外防输入、内防反弹”总策略和“动态清零”总方针，压实“四方责任”（属地、部门、单位、个人），落实“四早”（早发现、早报告、早隔离、早治疗）要求，持续常态化防控疫情，确保疫情不输入、不输出、不反弹。成功应对防范石家庄市、南京市、额济纳旗、满洲里等国内本土聚集性疫情蔓延本市，连续677天无新增本土阳性病例，人民群众生命安全和身体健康得到保障。

【科学高效防控指挥体系建立】 2021年，唐山市把疫情防控作为“国之大者”头等大事。省政协党组成员、市委书记张古江，市长田国良对疫情防控亲自谋划、亲自推动，多次召开市委常委会、市疫情防控领导小组会议、市政府常务会议，研究部署疫情防控。年底前半个月，连续3次就“两节”期间暨冬奥会期间疫情防控进行调度部署。市、县两级分别成立党委、政府主要负责人任组长疫情防控领导小组，与应急指挥部合二为一，下设办公室和16个工作组（分指挥部），由相关市领导任组长（分指挥长），各司其职、分兵把口，扁平化高效运行。市、县两级防控办抽调骨干人员集中办公，保持应急响应状态，各项工作顺畅运转。建立排查、流调、转运、隔离、检测、消杀等专业队伍及应急联络机制，确保涉疫突发事件能够迅速到岗处置。

【包联到人检查到位】 2021年，唐山市制发《关于进一步强化疫情防控领导包联工作意见》，市“四大班子”领导全面下沉包联县（市、区）督导检查。省政协党组成员、市委书记张古江，市长田国良带头采取“三不两直”（不打招呼、不要陪同、不听汇报；直达基层、直达现场）方式在包联县（市、区）开展暗访检查，推动各项工作落到实处。将“疫情防控”纳入《2021年度市管领导班子和领导干部综合考核指标体系》，市纪委监委、市委市政府督查室、市卫健委常态化派出督导检查组在各县（市、区）开展督导检查，及时交办、及时整改，提升防控水平。

【青年志愿者疫情防控】 2021年，唐山市各级团组织组建疫情防控青年突击队337支，参与人员1.06万人，8008名返乡大学生团员向所在社区（村）报到参与疫情防控，全市各县（市、区）成立14支青年志愿者服务队，青年志愿者5110人。迁安市40名返乡大学生响应共青团迁安市委号召，加入本地疫情防控工作领导小组办公室大数据工作组，每天平均工作10小时以上，通过电话联系方式确认重点人员行动轨迹，详细记录排查所需信息。4名创业青年和4名大学生组成青年志愿者服务队在唐山站进出站口对过往旅客进行体温测量和查验健康码。共青团路北区委招募一批具有医学相关专业青年志愿者在路北区疾控中心实验室参加核酸检验，在各采集点进行核酸采样，缓解疾控中心压力。

【唐山市2起涉疫情典型案例】 2021年11月1日，唐山市通报2起

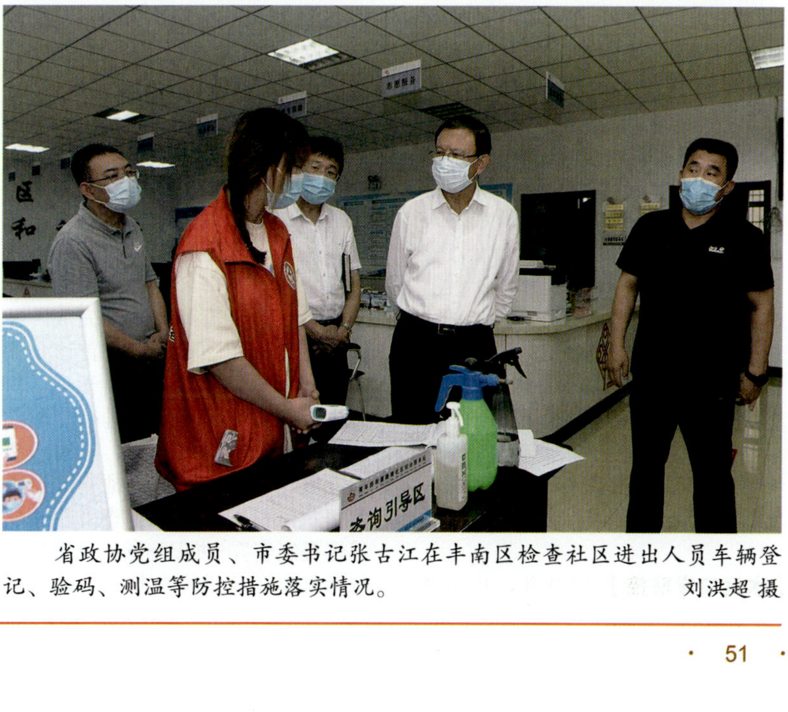

省政协党组成员、市委书记张古江在丰南区检查社区进出人员车辆登记、验码、测温等防控措施落实情况。 刘洪超 摄

涉疫案例。郝某某等人拒不执行政府紧急状态下发布决定、命令案。2021年10月30日，唐山市公安局获悉，唐山鼎石公司20名大货车司机曾由津西钢铁公司运送建筑材料前往北京丰台区南苑一建筑工地。回唐山后，队长郝某某为掩盖大货车司机行程轨迹，授意司机登录他人手机行程码，以便再次进入津西钢铁公司装运材料，严重违反疫情防控有关规定。遵化市孟某某等人隐瞒个人健康信息获取健康码案。孟某某等人在建龙集团马来西亚分公司东钢钢厂期间，因回国向中国驻马来西亚大使馆申报健康状况时，未通过手机防疫健康码国际版小程序如实填写在马来西亚期间核酸检测呈阳性并被隔离事实，隐瞒个人健康信息获取健康码。依据《中华人民共和国治安管理处罚法》相关规定，公安局机关对郝某某、孟某某等人依法给予行政拘留处罚。

防控常态化

【风险人员排查管控】 2021年，唐山市通过大数据排查、区域排查、交通场（站）排查、社区（村）兜底排查及群众主动报告、有奖举报等措施，密织疫情防控安全网。全市共划分4.99万个排查网格，10.75万排查人员上岗工作，对密切接触者及重点风险人员坚持流调、转运、检测、消杀“四组联动”，第一时间切断可能传播链条。年内累计排查域外来唐8898人、中高风险地区来唐10.14万人，第一时间落实集中隔离管控措施，核酸检测均为阴性。

【监测设备配置】 2021年，唐山市在党政机关、村庄社区、宾馆商超、车站码头、医疗机构等场所配置人脸识别红外测温设备1.77万套，安排专人值守，逐人查验体温，第一时间排查发热重点人员，确保及早发现、及早管控。开展物品环境监测，定期对大型农贸市场、海鲜市场、冷链食品加工储运场所等采集物品和外环境样本进行检测，年内累计检测物品样本20.17万件、外环境样本20.05万件，检测结果全部为阴性。

【水运口岸防控】 2021年，唐山港水运口岸下辖曹妃甸港、京唐港两个港区，开放泊位73个。船员下船上岸一律实施“14+7天”集中隔离+7天居家健康监测，年内规范管控下船上岸船员3685人。港口经营单位登临国际航行船舶作业人员，全部实行轮班作业周期14天集中居住+7天集中隔离+7天居家健康监测，禁止人员、车辆、机械在内外贸船舶之间交叉混岗作业。持续暂停冷链食品进口，加强冷链食品全链条追溯管理，实施相关外环境、从业人员核酸检测，全年进口488箱高风险非冷链集装箱，全部实施核酸检测和预防性消毒消杀。

【重点人群核酸检测】 2021年，唐山市在省定34类（冷链冷库、快递、外卖、市场、家政、保安、进口非冷链货物、餐饮、商超、美容美发、洗浴、住宿、交通、散装散建、房屋中介等生活服务重点行业从业人员，医疗机构、学校、养老服务、儿童福利、残疾人服务、工程工地、文化娱乐、体育健身和小药店小诊所等重点场所人员，定点医院和隔离场所周边、入境口岸、机场周边、城乡结合部和城中村、平房区等重点区域人员）重点人群基础上，增加唐山港水运口岸生产经营单位10类重点人员，制定专门文件规范检测范围、频次和方式，针对不同风险人群开展每周1次、每周2次及每两天1次核酸检测，全市每周二进行集中核酸检测重点人群58.41万人，累计检测1318.7万人次。全市有81家核酸检测实验室，日最大检测能力271万人份。设置一级（大）网格214个，二级（中）网格4874个，三级（小）网格2.24万个，日采样能力430万人。

【医疗机构院感防控】 2021年，唐山市规范、设置发热门诊43家，就诊患者在发热门诊挂号、缴费、检查、治疗、取药等一站式完成。各医疗机构落实预检分诊、首诊负责制，对发热患者实施闭环管理，住院患者和陪床家属全部进行核酸检测。建立院内每日自查、院间每两周互查、质控中心每月抽查、卫生监督执法机构不定期督查“四级院感巡查制度”，防止院感事件发生。规范基层医疗机构发热人员处置流程，完善定点救治医院建设，确定工人医院为定点救治医院，有救治床位812张，其中重症床位75张。确定唐山中心医院为后备定点医院（床位106张）、遵化坤桐医院为定点康复医院（床位760张）。组建由呼吸、重症、儿科、产科、感染疾病、中医等12个专业245名专家救治队伍，按照“一人一院一团队，一人一策一方案”要求，随时实施病例救治。

【集中隔离管理】 2021年，唐山市按照每万人不少于20个房间标准设置，应设置集中隔离点1.59万间，年内建成集中隔离点266个、单人单间1.79万间，另有后备符合设置标准106家、1.45万个单间。每个启用隔离点均由一名县级干部包联、一名科级干部驻点指挥，规范设置“三区两通道”（清洁区域、半污染区域和污染区域；工作人员通道和隔离人员通道），安装视频监控，禁止使用中央空调，实施“一人一间一卫”和封闭管控。

【重点场所防控】 2021年，唐山市落实商场超市、宾馆饭店、车站码头、旅游景区等重点场所测温验码、佩戴口罩、消毒消杀等防控措施，旅游景区全部实行“限量、预约、错峰”等减少人群聚集措施，降低疫情传播风险。强化公共交通工具日常预防性消毒消杀，加大高频次接触部位消毒消杀，引导旅客规范佩戴口罩、保持安全距离。加强学校疫情防控，各级各类学校周密制定放假、放学方案，离校、返校前有序组织核酸检测，确保校园安全。

【应急处置能力提升】 2021年，唐山市根据国际国内疫情发展和病毒新特点，市县两级及时调整完善流调、排查、隔离、转运、救治、检测、封控管理等方案、预案。高标准组建采样、检测、流调、隔离、救治、消杀、社区防控、健康教育专业队伍，共计4.08万人。开展专业培训和实战演练，提升疫情防控专业能力和应急处置能力。加强应急物资储备，优化应急物资采购、管理、申领流程，建立健全物资出入库档案，按照30%实物入库、70%企业代储原则，超前储备各类防疫物资，确保30天满负

全市中小学校对教学楼、办公楼、食堂、宿舍等区域进行全方位消毒消杀。

梁玉水 摄

荷运转需要。

【社会层面宣传引导】 2021年，唐山市各级各类融媒体加大疫情防控政策、知识宣传力度，提倡“红事缓办、白事简办”，减少聚集性活动，非必要不离唐，不前往中高风险地区。引导群众离唐返唐后自觉申报旅居史，养成戴口罩、勤洗手、多通风、不聚集习惯，形成群防群治社会氛围。

【新冠疫苗接种】 2021年，唐山市坚持适龄无禁忌人群新冠疫苗“应接尽接”，按照全省统一部署，分阶段、分人群实施新冠疫苗接种。截至12月底，全市3岁以上人群累计接种701.63万人，接种覆盖率93.4%；3～11岁人群累计接种75.88万人，占该人群91.86%；完成加强免疫接种229.51万人，占符合接种间隔条件人群63.8%，完成省达各阶段接种任务，初步建立群体免疫屏障。

救助支援

【救助支援概况】 2021年1月6日，唐山市市委、市政府按照河北省省委、省政府要求，从迁安市、遵化市、滦州市、滦南县、乐亭县、玉田县、迁西县、丰南区、丰润区、曹妃甸区10个县（市、区）66所医院抽调医护人员200人，援助石家庄市疫情防控。1月14日，唐山市组建两支医疗队，分别前往石家庄市和邢台市，支援当地开展新冠肺炎医疗救治。1月13日晚，唐山市卫健委连夜研究部署，紧急抽调包括心内科、外科、神经内科等多学科在内且政治素质高、业务能力强医护人员，组建成2支援助医疗队。14日早晨，来自唐山市工人医院、人民医院、第二医院、协和医院、精神卫生中心（第五医院）、华北理工大学附属医院、开滦总医院64名医务人员从唐山站出发前往石家庄市。抵石后，15名医务人员进驻石家庄市人民医院开展新冠肺炎医疗救治。14日下午，49名医疗队员到达邢台南宫市，开展新冠肺炎医疗救治。

【迁安市行动】 2021年1月6日，按照唐山市卫生健康委统一安排部署，迁安市选派市人民医院、市中医医院和市疾控中心22名医务人员前往石家庄市支援核酸检测。从接到命令起，所有人员立即收拾行装，连夜出发，分别于7日凌晨4点和上午9点到达石家庄市，按照任务需要开展核酸采集检测。其中岳亚军、焦立兵2人2020年春曾参加援鄂医疗队前往武汉。

【遵化市行动】 2021年1月6日，遵化市选派20名医护人员组成核酸采样医疗队，援助石家庄市全民核酸采样。唐山市卫健委下发紧急通知后，遵化市卫健局立即行动，安排部署市人民医院、中医院、第二医院、妇幼保健院、仁康医院、仁爱医院、友好医院、新城区医院、鑫正医院、京诚医院10家医疗机构选派医务人员。各医院接到通知后，医护人员报名请战，于当晚8点确定20名符合专业要求、身体健康医护人员组成核酸采样队，连夜驰援石家庄市。

【滦州市行动】 2021年1月6日，滦州市人民医院选派急诊科护士长商君辉、老干部门诊护士长杜金娥、产房护士长张静、急诊科护士吴超然4名护理人员前往石家庄市支援当地全员核酸检测。滦州市中医医院选派高源、高慧启、裴建、章宪丽4人支援石家庄市核酸采集。参加援石人员来不及与家人道别，甚至没有时间准备保暖物品便踏上前往石家庄市列车。

【滦南县行动】 2021年1月6日，滦南县卫健局按照市卫健委统一部署，紧急抽调20名核酸采样队员，支援石家庄市核酸采样。其中县医院7人、中医院5人、华佗医院5人、妇幼保健院3人。于当日23时17分乘坐高铁连夜前往石家庄市，支援当地抗击新冠疫情。

【乐亭县行动】 2021年1月6日，乐亭县卫健局接市卫健委紧急通知，从各医疗单位筛选出20名医护人员支援石家庄市疫情防控，其中县医院10人、中医院7人、妇幼保健院3人。当晚，抽调人员在唐山站统一集合，乘坐高铁连夜前往石家庄市。1月7日凌晨，支援医疗队抵达石家庄市，经过简短对接，立即投入核酸检测。

【玉田县行动】 2021年1月6日，玉田县疾控中心、县医院、中医院接到支援石家庄市通知后，抽调22名医护人员援助石家庄市疫情防控。疾控中心王立华、高杰2人6日下午16时接到通知，立即准备防护物资，于18时准时到达市疾控中心集合地点。县医院、中医院医务人员接到通知后立即集结，在零下20摄氏度寒风中连夜前往石家庄市。

【迁西县行动】 2021年1月6日，迁西县卫健局按照市卫健委通知要求，在全县各医疗卫生单位抽调20名医护人员支援石家庄市进行核酸采集。出发前，迁西县委书记全荣哲，迁西县卫健局党组书记、局长吴强，迁西县疫情防控组常务副组长张全宝专程在车站为他们送行，感谢医务人员勇于担当，舍小家顾大家，预祝完成医疗支援各项任务。

【丰南区行动】 2021年1月6日，丰南区卫健局根据市卫健委统一安排，选派20名医务人员紧急驰援石家庄市。晚21时45分，20名医务人员冒着零下20摄氏度严寒，连夜乘火车前往石家庄市支援核酸检测。区卫健局局长田勇带领局领导班子和工作人员、各医院领导和同事们第一时间在出发现场为20名医护人员举行简单送行仪式。

【唐山市妇幼保健院行动】 2021年1月7日，按照省、市卫健委安排部署，唐山市妇幼保健院抽调20名核酸采集人员前往石家庄市支援疫情防控。下午18时，院领导、相关职能科室及科主任一同为医疗队员送行。临行前，院领导嘱托大家做好个人防护，听从指挥、服从安排，完成援石任务。

【华北理工大学附属医院行动】 2021年1月7日，华北理工大学附属医院选派呼吸、重症、心内30名医护人员组成支援石家庄市医疗队，并连夜前往抗疫一线。院领导、相关职能科室及临床、医技科室负责人与代表一同为医疗队员送行。30名医疗队员中23人为中共党员，其中有参与过援鄂疫情防控人员。

【3000套集成房屋援石疫情防控】 2021年1月13日，唐山市调用3家企业3000套集成房屋支援石家庄市疫情防控，第一批600套集成房屋连夜装车起运，其余2400套加紧生产，短时间内陆续发往石家庄市。每个集成房屋使用面积为18平方米，有集成卫浴设施，一房一卫一浴布局。集成房屋采用轻钢结构，配件可以更换，疫情结束后可回收利用。

【10辆负压救护车支援石家庄市】 2021年1月10日，唐山市10辆负压救护车紧急驰援石家庄市。其中迁安市、丰润区、曹妃甸区各抽调2辆负压救护车，唐山工人医院、滦州市、丰南区、滦南县分别抽调1辆负压救护车，参与支援石家庄市确诊患者转移等疫情救治。每辆负压救护车配备1名司机和1名医护人员，并配备必要抢救设备。

【流行病学调查队支援辛集市】 2021年11月，华北理工大学公共卫生学院应河北省疾病预防控制中心邀请，组建62名师生流行病学调查队前往抗疫一线，开展流行病学调查。11月份，石家庄市、辛集市等地疫情有所蔓延，急需流调人员。华北理工大学流调队于11月3日和5日分两批到达辛集市疫情防控办公室，经过短暂对接，立即开展流行病学调查。

疫情防控线建立

【应急状态持续保持】 2021年，唐山市坚持“宁可信其有”“宁可信其大”，持续保持疫情防控应急响应状态。市、县两级防控办继续实行集中办公，做到人员不撤、力量不减，强化每日调度、领导带班、24小时值班、层层包联、督导检查等制度。排查、流调、转运、隔离、检测、消杀等专业队伍保持24小时备勤状态，持续开展专业培训和实战演练，防控指挥部实行提级指挥、扁平化运行，全面落实流行病学调查“2+4+24”（“2”指接到疫情报告以后，小分队2个小时内到达现场，快速开展相应流调工作；“4”指4个小时内掌握基本信息，包括工作单位、家庭住址等；“24”指24小时以内写出初步流行病学调查报告）机制，做到“四组联动”（流调、转运、检测、消杀），限制风险人员流动，阻断疫情传播链条，防止疫情蔓延扩散。

【“五类风险人员”管控】 2021年，唐山市持续多渠道监测管控，强化网格化管理，开展农村、社区返乡人员筛查，及时发现、规范管控“五类风险人员”，包括国外入境来唐人员、区域密接来唐人员、中高风险地区（阳性病例发生地）所在县域旅居史来唐人员、中高风险地区（阳性病例发生地）所在地级城市旅居史来唐人员、边境口岸重点地区来唐人员。

【口岸防控持续】 2021年，唐山市落实登临国际航行船舶作业人员集中居住、闭环管控措施，针对“两节”期间亲友聚会增多，冷链食品购买、食用量增大，强化冷链食品生产、储运、加工、销售等各环节监管，实施全链条信息登记，确保来源可查、去向可追。曹妃甸区疫情防控办、港口办、商促局、交通局等单位联合对进口企业数量、进口货物种类、货源国等情况进行摸底排查，对京唐港集装箱码头、文丰码头、保税区码头集装箱实施消毒消杀，最大程度降低通过进口集装箱货物输入疫情风险。年内排查企业22家，抽查货物175批次。

【发热门诊闭环管理】 2021年，唐山市实施发热病人闭环管理，所有发热病人全部进行核酸检测，4～6小时内反馈核酸检测结果，检测结果反馈前全部留观。医疗机构配备核酸快速检测设备，减少发热病人等候时间，降低交叉感染风险。

（唐控办 鲍 文）

1月13日，第一批600套集成房屋连夜装车运往石家庄市。 杨世尧 摄

对接京津 协同发展

DuiJieJingJin XieTongFaZhan

综　述

【年度目标全部完成】 2021年，唐山市贯彻落实习近平关于推进京津冀协同发展系列指示批示精神，全面落实省委、省政府部署要求，在市委、市政府领导下，抓住北京非首都功能疏解这个“牛鼻子”，落实“三区一基地”（产业转型升级试验区、新型城镇化建设和城乡统筹示范区、京津冀生态环境支撑区，现代商贸物流基地）功能定位，以重大工程建设和重大政策落实为抓手，主动对接京津、服务京津，精心组织、狠抓落实，完成年度各项目标任务，在全市“八个发展”年度考核中，协同发展排名第一。计划全年实施亿元以上与京津合作项目200个以上，完成投资300亿元以上；全年累计实施亿元以上与京津合作项目399个，完成投资819.95亿元，超额完成全年计划目标。计划全年新开工亿元以上与京津合作项目70个以上，完成投资80亿元以上；全年累计新开工亿元以上与京津合作项目99个，完成投资153.98亿元，超额完成全年计划目标。围绕全市12个重点产业，紧盯北京非首都功能疏解、产业转型升级、产业链、创新成果转化、平台建设等10个方面抓招商，应对疫情创新招商方式，采取电话连线、视频连线等方式开展对接，推动项目签约，开展以商招商、小团组招商，计划年内新签约超亿元项目500个以上，全年实际新签约超亿元项目762个，涉及投资额4929.7亿元，超额完成年度目标。京冀曹妃甸协同发展示范区和津冀（芦·汉）协同发展示范区计划全年新开工亿元以上京津项目30个以上，完成投资25亿元以上。全年曹妃甸区累计新开工亿元以上京津项目30个，完成投资20.28亿元，芦汉两地新开工亿元以上京津项目13个，完成投资8.85亿元；曹妃甸和芦汉合计新开工亿元以上京津项目43个，完成投资29.13亿元，超额完成全年计划目标。京唐铁路完成投资22亿元，唐山机场候机楼改造工程于8月底前全部完工，提前完成年度目标。融入京津冀协同创新共同体建设，计划引进京津科技成果转化项目20个以上，全年实际引进京津科技成果转化项目20个，完成全年计划目标。

【张古江会见京津冀国家技术创新中心负责人】 2021年5月21日，省委常委、市委书记张古江会见京津冀国家技术创新中心主任王荽祥一行，并出席有关签约活动。张古江对京津冀国家技术创新中心给予唐山的关注与支持表示衷心感谢。他说，京津冀国家技术创新中心作为国家设立的顶级科创战略平台，人才资源力量雄厚，科研创新成果丰硕。在双方合作中，唐山按照一项任务、一名领导、一套方案、一个专班、一抓到底的“五个一”工作机制，全力抓好合作事项落实，确保开好局、起好步。王荽祥表示，京津冀国家技术创新中心将围绕唐山重点产业创新发展和转型升级，培育创新骨干支柱，强化多方向发展，推动更多高质量研发成果在唐山实施产业化和推广应用，打造京唐创新共同体，实现价值和协同共生双循环。会见结束后举行签约活

由北京转移到唐山市乐亭县建筑支护设备生产企业工人在加工桥梁用大型模板。 刘江涛 摄

动。唐山市政府与京津冀国家技术创新中心签署《战略合作框架协议》和《共建京津冀协同创新基金框架协议》。高新区、市直有关部门主要负责人，负责与京津冀国家技术创新中心对接合作市工作专班全体人员参加活动。

【唐山市政府与中国中车集团签署合作协议】 2021年9月26日，省委常委、市委书记张古江，河北省副省长葛海蛟参加中国轨道交通工业140年峰会系列活动，出席唐山市人民政府与中国中车集团签约仪式，会见中国轨道交通工业140年峰会参加人员。中国工程院院士傅志寰，中国中车集团党委书记、董事长孙永才等出席相关活动。唐山市委副书记、市长田国良，中国中车集团党委副书记、总经理楼齐良参加会见并在签约仪式上致辞。唐山市委常委、常务副市长乔朝英，中国中车集团党委常委、副总裁王宫成分别代表双方在《合作框架协议》上签字。

河北省工信厅二级巡视员纪永建，中国中车集团党委副书记王铵，唐山市委常委、秘书长陈宇，唐山市副市长郝志军，中车唐山公司党委书记、董事长周军年等参加相关活动。

【20余家京企入驻京唐智慧港】 2021年，唐山高新区京唐智慧港通州产业园内，北京双泰气动设备有限公司建设基本完成，具备投产条件，该企业于2019年开工，是首批落户京唐智慧港企业之一，集气动起重设备研发、生产、销售、服务于一体，是国家级高新技术企业和国内细分领域龙头企业。该公司总经理周文川说："搬到京唐智慧港后，办公面积和生产占地较北京增加3倍，这里交通便利，具有海港、陆港和空港3港叠加有利条件，京唐高铁即将通车，届时到北京仅需29分钟。公司投产后3年内产能将翻三至四倍。"京唐智慧港2017年开建，规划占地30平方千米，主要承接京津疏解企业，促进北京产业转移、成果转化。为吸引北京企业落户，唐山高新区推出按照投资力度给予入驻企业5%至7%奖励、简化审批流程、在企业高管落户和子女入学问题上给予照顾等一系列优惠政策。到2021年底，京唐智慧港签约入驻京津冀企业40余家，其中50%以上为北京企业。

（李 昆）

北京建工新型建材科技股份有限公司绿色低碳建材综合产业基地位于唐山市玉田经济开发区，项目于1月开工建设，一期项目年内投入试生产。 吕光宇 摄

重点领域对接

【重点领域对接概况】 2021年，唐山市坚持高位推动，市委、市政府多次召开市委常委会议、市政府常务会议专题研究协同发展工作，协调解决存在问题，特别是将协同发展纳入全市重点推进"八个发展"工作之中，坚持每月督导调度，每两个月召开全市推进会议，确保协同发展各项工作稳步推进。市委、市政府主要领导亲自带队赴北京与首钢、中交建、北汽、首农、有研院、中化、五矿集团等央企、京企对接，成功签订一批战略合作协议。

【承接京津产业转移持续发力】 2021年，唐山市共实施亿元以上京津项目399个，完成投资819.95亿元。其中，曹妃甸区实施亿元以上京津项目112个，完成投资211.36亿元，中交建生活垃圾焚烧发电等27个项目完工，华能6号泊位等30个项目开工建设。芦台经济开发区实施亿元以上京津项目43项，累计完成投资26.45亿元，世纪京泰家具生产基地、富力城一期工程等27个项目在建。汉沽管理区实施亿元以上京津项目27个，累计完成投资23.09亿元，环渤海家具产业园一期等12个项目完工，彦硕科创新城等6个项目开工建设。高新技术产业开发区实施亿元以上京津项目11个，完成投资9.41亿元，微探科技光纤感知智能消防预警系列产品研发生产项目主体封顶，进入内装阶段，联东U谷加速器（二期）主体封顶进行二次结构施工。玉田县实施亿元以上京津项目22个，完成投资21.88亿元，九洲通电线电缆生产加工等6个项目完工，北京建工新型建材生产基地等10个项目开工建设。滦南县实施亿元以上京津项目19个，完成投资44.8亿元，同仁堂兴安保健品生产基地、洪天力中成药及研发等8个项目完工。迁安市实施亿元以上京津项目31个，完成投资62.68亿元，首钢智新高性能取向硅钢、首钢股份新能源汽车材料项目在建。

【交通一体化建设提速】 2021年，京唐铁路全年完成投资22.1亿元，累计完成投资73.9亿元，唐秦高速完成投资40亿元，津唐国际集装箱码头完成集装箱吞吐量228万标箱，秦唐高速长深至唐港段年内按特许经营模式完成可行性研究报告编制，G508赤曹公路滦州至青坨营段完成投资8.6亿元。

【生态环境联建联防联治】 2021年，唐山市推进污染退城、清水润城、城市增绿三大工程，建设首都绿色安全屏障，全市 PM2.5 平均浓度降至每立方米 43 微克，优良天数比上年增加 19 天，创有监测记录以来最高水平。全市无劣Ⅴ类水体，集中式饮用水水源水质达标率 100%。成功建立遵化—蓟州，玉田—宁河、宝坻、蓟州，芦台—宁河，汉沽—宁河等跨区域联动机制。

【现代商贸物流基地建设】 2021 年，唐山市制发《唐山市现代商贸物流产业发展规划（2021 ～ 2025 年）》，唐山合德、中谷新良等海运公司开设唐山港至天津港航线支线，唐山市被商务部等 5 部委确定为城乡高效配送专项行动第二批城市，到 2021 年底，全市拥有 10 个省级物流园区、25 家综合物流配送中心（园区）和 11 家网络货运平台，全年累计完成网络零售额 153 亿元；唐山港货物吞吐量达到 7.22 亿吨，位居世界沿海港口第二位，集装箱吞吐量 329.35 万标箱，新增内陆港 6 个，内陆港总数达到 45 个。

【产业转型升级试验区建设】 2021 年，唐山市印发《关于大力推进重点产业高质量发展加快构建现代产业体系的实施意见》等系列政策文件，构建“支柱产业 + 优势产业 + 新兴产业”现代产业体系，打造重点产业集群。71 个重点产业转型项目竣工投产，新宝泰、华西、金马等退城搬迁企业原址关停。新建项目中，入统规模以上工业企业 134 家，全省第一。全社会研发投入总量全省最高，新增省“专精特新”企业、国家“小巨人”企业全省最多。认定高新技术企业 528 家、省级科技型中小企业 3637 家，上市企业实现县域全覆盖。战略性新兴产业增加值增长 15.9%，钢铁高附加值产品比重达到 38%，制造业高质量发展排名位居全省第一；入选国家首批产教融合试点城市、国家大宗固废综合利用示范基地、京津冀燃料电池汽车示范城市群、新能源汽车应用试点、电动汽车换电模式应用试点城市。

【新型城镇化建设和城乡统筹示范区建设】 2021 年，唐山市在河北省首创“投资人 +EPC”模式开发城市原点，唐山新城、花海等片区建设成为新亮点，城市“双大外环”雏形初显。年内，唐山市入选全省唯一国家城市更新和城市体检“双试点”、一刻钟便民生活圈试点、全域海绵城市示范点，举办省第五届园林博览会，凸显城市绿色发展成效。

（李 昆）

全方位合作

【“四个一百”进唐山活动】 2021 年，唐山市共签约央企京（津）项目 196 项，涉及投资 2968.91 亿元，累计完成投资 246.76 亿元。其中，完工项目 48 项，累计完成投资 146.7 亿元；在建项目 45 项，累计完成投资 100.06 亿元；前期项目 103 项，涉及投资 1895 亿元。与优质民企对接合作，全年与优质民企累计签约项目 222 个，协议投资额 1751 亿元，其中 41 个项目开工建设，完成投资 19 亿元。引进国内科研院所（大学）优质资源，全年引进科技成果（项目）110 项，对接引进科研院所（大学）338 家。加强人才工作，推出“凤凰英才”3.0 升级版，全年引进京津专家 190 人，达成智力合作项目 102 项。加强通（县）宝（坻）唐（山）人才合作，累计发布“通宝唐”人力资源共享信息 14 期，发布 3 地招聘岗位 3048 个，组织通州、宝坻两地企业在唐参加交流会，同步联动 3 地需求，发布需求岗位 481 个。

【协同创新共同体建设】 2021 年，唐山市实施“京津孵化、唐山产业化”，融入京津冀协同创新共同体建设，全年对接引进北京农学院“烧鸡自动稳定传送加工技术”、北京开拓鸿业高科技有限公司“开发行李传送车自动对接飞机控制系统软件”等京津地区科技成果（项目）20 项。北交大唐山研究院二期工程引进 40 个实验室，8 个实验室年内正式进驻并开展科研工作，22 个实验室年内进入搬迁进驻阶段，其余 10 个落实进驻计划，学校常驻科研团队成员（教授、副教授）42 人。

【公共服务短板补齐】 2021 年，唐山市推进与北大人民医院全域医联体建设工作，累计开通异地就医门诊直接结算系统 143 家。北理工唐山研究院改造提升工程装修改造部分完工，新建建筑主体封顶；市第一职业中等专业学校与北京昌平职业学校、北京电气工程学校、北京劲松职业高中分别进行专业交流研讨；迁安职教中心与北京求实职业学校进行交流访学。雄安郊野公园唐山园建成并投入运营。

【北京交通大学唐山研究院科创园区启用】 2021 年 9 月 14 日，北京交通大学唐山研究院科创园区启用暨产学研合作签约活动举行。省委常委、市委书记张古江，北京交通大学党委书记黄泰岩，唐山市委副书记、市长田国良，市委常委、秘书长陈宇，副市长张月仙出席。张古江与黄泰岩共同为 8 个入驻北京交通大学唐山研究院科创园区重点实验室揭牌，北京交通大学唐山研究院与产学研合作单位签约，北京交通大学唐山研究院科创园区举行启用仪式。与会领导共同参观唐山研究院科创园区。北京交通大学相关负责人，相关县（市、区）、市直有关部门主要负责人参加。

【唐山与中化现代农业有限公司签约】 2021 年 10 月 19 日，唐山市委副书记、市长田国良在北京会见中国中化集团党组成员、副总经理阳世昊一行，并出席唐山与中化现代农业有限公司战略合作框架协议签约活动。副市长张涛参加。签约仪式后，田国良一行参观中化 MAP 智慧农业大数据平台运行情况。中国中化集团负责人，市直有关部门主要负责人参加活动。

【京津冀晋蒙青少年增绿减霾行动】 2021 年，唐山迁西县启动“京津冀晋蒙青少年增绿减霾共同行动——河北迁西项目”，启动仪式上，70 名青年志愿者在青年林植树，同时向全县青少年发起倡导绿色发展理念、投身爱绿植绿护绿行动倡议。该项目总占地面积 23 公顷，由保护母亲河行动解放军青年林项目基金会出资 35 万元支持建设。迁西县践行“绿水青山就是金山银山”发展理念，坚持生态优先、绿色发展，倡导爱绿植绿护绿文明风尚，引导全县青少年参与生态文明建设，为美丽唐山建设、书写“画境迁西”绿色发展贡献青春力量。

【首场“才聚河北·筑梦唐山”活动】2021年4月28日，2021年首场“才聚河北·筑梦唐山——高端装备制造及电子产业专场”在唐山举办。清华大学、哈尔滨工业大学、南京航空航天大学、北京瑞途科技有限公司等单位13名专家在唐开展智力技术服务，4个技术项目现场签约，分别是清华大学杨佳伟副教授“移动式生物质热解反应器”和“近红外光谱技术应用”2个项目与达泰科技有限公司签约；良明（天津）科技有限公司佟宪良高级工程师“船舶尾气能量回收发电技术及产品”项目与华成机械制造有限公司签约；北京理工大学南金瑞副教授“新能源电动汽车”项目与唐山代步科技有限公司签约。会后，市人社局组织专家在企业实地考察走访，现场为企业提供技术咨询和指导，助力企业破解难题。

【第十五届环渤海人才网络招聘大会】2021年9月25日～10月25日，“第十五届环渤海人才网络招聘大会”举办，会期1个月。本届网络招聘大会是第十一届河北省沿海经济带高层次人才交流大会暨唐山市高质量发展招才引智大会活动内容，由河北人才网、唐山人才网联合京才人才网、北方人才网、甘肃人才网、大连人才网、秦皇岛人才网等14家人才网站举办，旨在聚焦河北沿海地区转型发展需要，发挥网络平台优势，扩大视野、拓宽渠道，为唐山市乃至全省重点企事业单位引进高层次和紧缺人才。1000余家用人单位参会，发布招聘岗位2万余个。参会单位招聘信息“一网发布、多网同步”，实现同时面向多个省市招才选才。应聘者登录任一网站均可实时向意向单位投递简历，做到足不出户、一键求职。唐山市参会单位800家，发布招聘岗位1.6万个，涉及环境工程、电气自动化、仪器仪表、机械设计、港口航道与海洋工程等多个专业。

【中国首条超高纯氧化镁千吨生产线落户海港开发区】2021年6月，国内首条超高纯氧化镁千吨生产线在海港经济开发区开工建设，标志着“原电池法超高纯氧化镁”技术步入产业化阶段，将改变国内超高纯氧化镁材料依赖进口“卡脖子”现状。“原电池法超高纯氧化镁”技术由北京理工大学（唐山）转化研究中心自主研发，该技术使用碳基高分子作为催化剂，制备成本更低、工艺路线更短、产品成品率更高，最高纯度99.95%，比国内现有氧化镁制备纯度增加一个百分点。纯度99.5%氧化镁材料主要用于航空航天材料、高端光学镜头、芯片制造、特种钢材等多个领域，国内市场需求在140万吨以上，过去完全依赖进口。唐山超高纯氧化镁千吨生产线开工建设，为国内超高纯度氧化镁大规模制造奠定可复制、可推广模块化产业基础。

【京津冀一卡通互联互通完成】2021年12月15日，唐山市政府新闻办举行“我为群众办实事”成果展示新闻发布会，宣布唐山市全面完成京津冀一卡通互联互通。乘客持京津冀互联互通卡、银联卡或使用京津冀互联互通虚拟卡、云闪付APP等方式，可以在全市各县（市、区）公交车辆以及全国300余个城市公交、31个城市地铁和其他地市实现县级公交一卡通县区刷卡乘车。唐山市全国交通互联互通乘车卡和手机电子乘车卡都可支付乘车，各大银行发行具有云闪付功能银行卡也可支付乘车。

【京冀妇产科专家在唐交流】2021年7月14日，唐山市妇幼保健院院士工作站学术会议举行，京冀各医院妇产科专家参加，互相交流学习相关领域最新医疗技术和研究成果。中国工程院院士、北京协和医院妇产科名誉主任郎景和，唐山市政协副主席、市医学会会长胡万宁出席会议并致辞。郎景和院士以及北京协和医院、解放军第一医学中心、北京妇产医院、北京天坛医院、北京朝阳医院、河北医科大学第二医院多名妇产科专家和学者分别进行主题演讲，提升唐山市妇产科、生殖医学科诊疗水平。

【芦台宁河“党建合创”结对签约】2021年，芦台经济开发区水电工程公司电力管理党支部与中国移动通信集团天津有限公司宁河分公司党支部以“党建合创”为主题结对共建签约，助力落实京津冀协同发展战略，推动津冀共建芦台协同发展示范区。双方以围绕中心、服务大局、统筹兼顾、整体推进原则，以党建为合作窗口，“党建合创”为主题，实践活动为平台，开展“理论同学、组织同建、品牌共筑、服务同行、成效共享”5项共建活动。同时围绕5G产业发展，开展5G体验活动，推动以5G为代表通信新技术在水电设施建设中推广应用，联合开展满足双方需求其他各类信息化建设项目。

（李昆鲍 文）

2021年疫情期间，唐山市全力组织蔬菜种植大户及合作社，联合农民发展蔬菜生产，保障北京、天津等地市场，丰富市民菜篮子。图为乐亭县胡家坨镇蔬菜生产合作社员工采摘黄瓜供应京津市场。 新华摄

中共唐山市委员会

ZhongGongTangShanShiWeiYuanHui

统筹协调（市委办公室）

【市委办公室概况】 2021年，中共唐山市委办公室在市委领导下，继承党办传统，倡行“立即办、马上办”“第一时间、第一效率”作风，发挥中枢机关作用，提升办公室“三服务”（服务党委、服务部门和基层、服务人民群众）能力水平与质量效率。全市党办系统对标对表习近平“五个坚持”指示要求，围绕打造“第一政治机关”，追求细致、精致、极致“三个标准”，全面实施强基铸魂提升工程、以文辅政提档工程、协调服务提质工程、督导检查提效工程、保密机要提标工程“五个工程”，推动实现在服务决策上提升、在科学运转上提升、在推动落实上提升、在全面保障上提升、在机关党建上提升“五个提升”，形成唐山特色“51355”工作品牌。市委办公室把对党绝对忠诚作为首要政治原则，通过“51355”工作法将讲政治落实到一人一事、体现在一文一会，多项工作走在全省前列，确保市委机关高效运转和决策精准落实。

【“第一政治机关”建设】 2021年，唐山市委办公室通过压实责任、强化学习和实施品牌工程，提高政治判断力、政治领悟力与政治执行力，担负市委中枢机关政治责任，带头贯彻落实市委决策部署，展示“第一政治机关”形象。结合市委巡察反馈意见进行整改，召开纪律作风、巡察整改专题民主生活会，对照市委领导指示要求和巡察整改反馈事项立行立改、建章立制，完成整改阶段性任务。落实请示报告制度，贯彻民主集中制和意识形态工作责任制，把党的领导落实到各领域、各方面、各环节。开展党史学习教育和“四史”宣传教育，围绕习近平“七一”系列讲话、党的十九届六中全会精神以及市委书记张古江讲话要求，开展理论学习中心组学习，组织实施能力提升行动，采取线上线下相结合教学模式，开办理论知识、公文写作等22项线上课程和4场线下课程，受训1200余人次。制定“51355”品牌工程实施意见，研究谋划“强基铸魂工程”等5项具体工程，制定可量化、可检查、易操作实施举措，健全制度体系和操作规程，修订制度、完善流程17项，12项制度填补空白，形成工作闭环。

【党史教育组织保障】 2021年，唐山市委办公室聚焦党史学习教育，为党史学习教育动员大会、总结大会、专题读书班提供会务组织和文字服务工作，推动践行习近平视察唐山重要指示5周年系列活动、庆祝中国共产党成立100周年系列活动，贯彻落实《中共河北省委贯彻落实〈中共中央关于党的百年奋斗重大成就和历史经验的决议〉的意见》并起草印发实施意见，制发《关于深入学习贯彻习近平总书记在庆祝中国共产党成立100周年大会上重要讲话精神的实施意见》等一系列文件，撰写市委领导关于党史学习教育和党的十九届六中全会精神宣讲报告10余篇，助推全市党史学习教育活动开展。

【省委巡视意见落实】 2021年，唐山市委办公室聚焦省委巡视整改，按照市委部署，推动省委巡视“回头看”反馈意见整改落实，制定《省委巡视“回头看”反馈意见整改工作方案》和问题、任务、责任、措施、

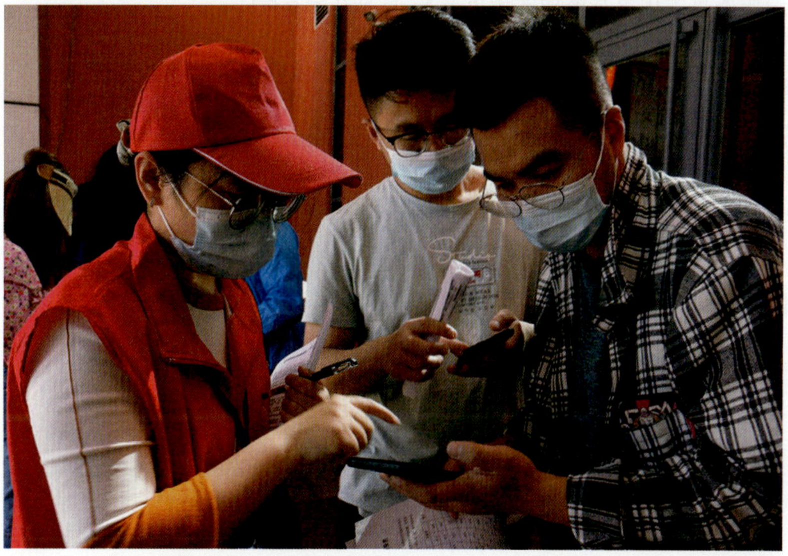

唐山市全域有序组织新冠疫苗接种。图为在海港经济开发区体育馆新冠疫苗接种点，志愿者指导市民填写接种信息。 杨世尧 摄

时限清单，压实各责任单位职责。服务市委主要领导落实第一责任人责任，组织召开整改工作动员部署会、调度会、民主生活会16次。坚持“日跟进、周调度、半月一总结”，协调解决涉房领域信访矛盾等难点问题30多个，整改工作取得阶段性成效。

【疫情防控政务服务】 2021年，唐山市委办公室聚焦常态化疫情防控，参与市疫情防控办日常工作，组织省市疫情防控工作领导小组会议120余场次，办理文件2400余件，核发文件210余件。全年报送全国、省、市实时疫情日报178期，被省委办公厅采用31篇。编发《信息研判专报》30期、《信息工作简报》191期，多次得到省委领导和市委领导肯定。起草《唐山市新冠病毒疫苗接种工作调研报告》，为全市疫苗接种工作提供参考。

【重大战略服务保障】 2021年，唐山市委办公室聚焦“三重四创五优化”（重大国家战略、重大项目建设、重大民生工程；创新，创业，创全国文明城市、国家卫生城市、国家森林城市，创平安河北、法治河北；优化政治生态、优化经济结构、优化自然生态、优化营商环境、优化基层治理），按照省委“三重四创五优化”工作要求，制定唐山市“三重四创五优化”《工作任务分解表》和《月度目标任务清单》，编发《关于服务重大国家战略的实施方案》等14个实施方案，定期督导检查，压实工作责任，推动方案落实。撰写《唐山市“三重四创五优化”活动典型特色经验材料》等综合文稿20余篇，编发《工作动态》72期，被省委采用6篇，《共产党员》刊发专题文章2篇，刊发数量居全省前列。

【机关主体责任督导】 2021年，唐山市委办公室聚焦主体责任落实，加大指导督导力度，按照省委2020年度全面从严治党主体责任、监督责任和党风廉政建设责任制落实情况专项检查反馈意见进行整改，实地检查全市125个党委（党组），所有事项均整改到位。按照年初制发《2021年度市委落实全面从严治党主体责任工作要点》《四个责任清单》，会同市纪委监委机关督导检查9个牵头单位、18个县（市、区）主体责任，监督责任落实情况。

【市委文稿信息服务】 2021年，唐山市委办公室完成省、市党代会和省委、市委全会以及省深化改革开放暨沿海经济带建设工作会议等讲话文稿，全年起草各类文稿1000余篇600余万字，其中向省委、省政府提交工作报告和工作汇报110篇，起草《市委2021年工作要点》等重要文件20余篇、市委专题会议纪要和市委书记专题会议纪要56篇、市委书记交办事项文件60余篇，制发办公室通报55期，审核新闻稿件360余篇。《牢记嘱托担使命 英雄城市再出发》署名文章、十九届六中全会宣讲报告等多篇稿件得到市委领导肯定。围绕市委关注热点、难点工作开展调研，全年交办调研具体事项50余个，跟随调研及会议活动300余人次，撰写《关于加快“一港双城”建设打造京津冀世界级城市群重要一极问题研究》等研究成果纳入市委决策。全年编发信息刊物331期，获得市领导批示402次，210条信息为市委决策提供参考。上报中共中央办公厅信息220篇，其中2篇获得中央领导批示，信息质量系数居全省第二位；报省委办公厅信息2542条、正面亮点信息60篇，长篇信息《优化产业布局 加快动能转换 唐山市坚定不移推进全面绿色转型发展》获省媒体刊发，经验做法在全省推广。

【市委运转服务保障】 2021年，唐山市委办公室制发《呈报市委文件前置审核制度》，全年审核文件1029件3.75万页2323万字，向省委报备规范性文件20件，及时率和准确率均为100%，审核各县（市、区）报备文件184件，发现并纠正问题42处。制定《关于进一步规范公文办理程序的工作办法》等制度，健全公文提醒催办、登记转办机制，把住市委公文入口关、保密关、安全关。全年办理上级来文1496件、请示报告320件，传阅各类文件1.18万件，其中市委书记直接交办类文件1872件，登记转办书记信件1675件，交换文件9万余份，网发文件4.67万份。完成市第十一次党代会组织工作，全年组织市委常委会60次，组织全市领导干部大会等全市会议120余次，组织各项座谈会、汇报会、调度会100余次，组织调研、检查、暗访90余次，组织会见、签约、走访慰问70余次，服务市委主要领导参加中车创业140年纪念活动启动仪式等活动50余次，服务市委主要领导在北京、海口等地外出活动10余次。完成省委书记王东峰在唐调研检查、全省经济工作推进会议等重要会务活动。加强会议计划管理，改进会议形式，控制时间规模，提高会议质量，会议次数较上年减少4.8%。

【协调枢纽作用发挥】 2021年，唐山市委办公室按照市委主要领导“打造最强‘指挥中枢’”指示要求，发挥统筹协调作用，建设全市应急值守指挥调度系统，覆盖全市285个点位，形成市、县、乡三级指挥平台。与公安、海事、安监、林业、水务等单位建立常态化互动、协调和督办机制，重点领域信息报送质量、效率均有提升，全年办理呈报卡232期、值班报告980期、请示报告73期，处置紧急突发事件100余起。完成全国政协副主席巴特尔等在唐期间服务接待工作，接待服务突出地域文化特色，优化酒店政务服务标准，提升唐山接待服务品牌形象，全年接待领导及来宾258批次、副省级及以上领导103人次。提升内部运转质效，助推信息化建设，在全市率先通过等保三级测评，率先完成安可替代项目工程。严守财经纪律，科学编制预算，全年无差错支出资金2000余万元。落实老干部政治待遇和生活待遇，老干部工作体现温度和活力。

【市委办机关建设】 2021年，唐山市委办公室把学习贯彻习近平新时代中国特色社会主义思想作为首要政治任务，采用理论学习中心组带头学、室务会成员在支部宣讲学、各支部组织学、党员干部自主学“四学”模式，全年组织集体学习60余次。落实市委选人用人机制，公开、公平、公正选拔任用干部，优化干部队伍结构和梯次配备，选拔5名中层骨干晋升四级调研员，选拔3名一级主任科员、3名处长、1名副科级干部，向外输送县级、科级领导干部6人。通过推优比选，2名“80后”和4名“90后”干部纳入全市后备人才库。实施机构划转，理顺档案行政管理体制和行政管理机构，整体划转市档案馆业务指导法规处职能和人员，转隶组建期间实现机构划转和日常工作两不误。开展作风纪律专项整治，弘扬“严实细快久”工作作风，实行精细化管理，评选“文明行政红旗处室”，提升全办工作质效，保障市委机关高效安全运转和市委政令畅通。教育引导党员干部遵守廉洁自律各项规定，在节假日发廉政提醒并加强监督，全办未发生违法违纪问题。

（石 伟）

组 织

【组织概况】 2021年，唐山市有基层党组织2.44万个，其中基层党委909个、党总支部1286个、党支部2.22万个，党员总数61.46万人。全市组织系统学习贯彻习近平新时代中国特色社会主义思想，践行新时代党的建设总要求和新时代党的组织路线，落实“五个一”（一项任务、一名领导、一个专班、一套方案、一抓到底）工作机制，秉持“争第一、创唯一”工作标准，聚焦“三个努力建成”（努力建成东北亚地区经济合作窗口城市、环渤海地区新型工业化基地、首都经济圈重要支点）目标固本强基、选贤任能、广揽英才、锤炼队伍，为全市实现新发展目标提供组织保证。在全省考核中，唐山市组织系统干部选拔任用、基层组织建设、人才工作3项指标均排名前三位。

【党史学习教育】 2021年，唐山市各级组织部门在党史教育中，把学习习近平新时代中国特色社会主义思想作为首要任务，围绕贯彻习近平总书记关于党史论述、“七一”讲话精神和党的十九届五中、六中全会精神，教育引导党员干部树立正确党史观，自觉用党的创新理论武装头脑、指导实践、推动工作。市委组织部开展习近平总书记视察唐山5周年系列活动，指导各级党组织开展“三会一课”和主题党日活动，集中3天时间举办市级领导干部专题读书班，县处级以上干部开展党史专题宣讲3685场，全市举办读书班和主题党课2.3万班次，112万人次参加党史学习教育各类专题活动。开展“我为群众办实事”实践活动，教育引导各级党组织和党员干部推动解决群众最关心、最直接、最现实利益问题，全市村（社区）“两委”班子领办“开门一件事”1.2万件，实现“学党史、悟思想、办实事、开新局”目的。

【建党百年庆祝活动】 2021年，唐山市委组织部结合庆祝建党100周年开展系列活动。组织“两优一先”推荐、评选和表彰，全市获评全国“两优一先”表彰对象（含个人和集体）5人（个），获评全省“两优一先”和优秀基层党组织书记表彰对象（含个人和集体）116人（个），市本级评选表彰“两优一先”对象（含个人和集体）600人（个）。组织各级党组织走访慰问获得党内功勋荣誉表彰党员、生活困难党员、老党员、老干部1.68万人（户），发放慰问金1134.21万元。向全市符合条件5.69万名党员发放“光荣在党50年”纪念章。为957名新中国成立前入党农村老党员和未享受离退休待遇城镇老党员足额发放生活补贴191万元。制作完成各类党员教育宣传课件96部，其中向省委组织部报送78部，向中央组织部报送54部，由中央组织部选取向全国各基层党组织推送1部，宣讲弘扬党员先锋模范作用和党支部战斗堡垒作用。

【领导班子集中换届】 2021年，唐山市各级党组织贯彻落实党中央和省委关于换届工作各项政策举措和目标要求，加强党对换届工作领导，市委成立换届领导小组，在市委常委会领导下统领各项工作。组织部门加强各级换届工作统筹，强化过程管控，在市、县党代会和“两会”上，候选人均全票当选，为历次换届中首次。落实选人用人机制，强化干部政治素质考察，细化40项正反向评价内容，对县、乡换届考察纳入推荐2420名干部逐一测评，确保选出干部政治上信得过、靠得住。选拔经过基层历练干部，县级领导班子换届中提拔乡、街党政正职31名，占新进县级党政班子干部总数67%。选配乡、街领导班子，提拔使用有2年以上乡、街工作经历干部2069名，占比超过93%，高于省委确定“三分之二”比例要求。选拔工作实绩突出和经过重大斗争考验干部，优先提拔使用年度考核、日常考核、专项考核优秀干部，换届新提任副县级干部中有44人连续3年考核为“优秀”。在换届使用干部中，谈话调研和会议推荐情况总体集中，民主测评优秀称职率98.7%，为历次换届最高。

【领导班子结构优化】 2021年，唐山市委组织部坚持优化各级领导班

7月1日，唐山市领导集体收听收看庆祝中国共产党成立100周年大会实况。
吕光宇 摄

子结构功能，提拔使用优秀年轻干部，配备40岁左右县级党政正职7名、县级党委副书记和政府常务副职5名，40岁左右县级党政班子成员44名。配备35岁以下乡、街党政正职56名，其他乡、街领导班子成员732名。村（社区）换届“一人兼”比例100%,村（社区）“两委”干部平均年龄下降8岁，具有大专以上学历村（社区）书记占比20%,实现干部年龄和信访舆情下降、学历和能力提升“双降双升”目标。加大选调生提拔使用力度，县级党政班子配备选调生29名，乡、街党政正职中配备选调生36名，乡、街领导班子中配备选调生327名，选调生在干部队伍中“源头活水”作用逐步显现。加大结构性干部配备力度，县级党政班子配备女干部37名、少数民族干部19名，县级班子配备党外干部45名；乡、街领导班子中女干部686名、少数民族干部134名，配备比例均超过省委确定标准。加大高素质专业化干部配备力度，根据县域经济发展需要，从市直单位选派21名专业型干部在县（市、区）任职。提升县级党政班子学历层次，新提拔进班子干部中有80%以上具有全日制大学本科及以上学历；换届后乡、街领导班子中，具有全日制大学本科及以上学历干部940名，比换届前增加457名。

【干部任前考察】 2021年，唐山市组织系统坚持换届任职教育在先、警示在前，组织收看《警钟长鸣》等警示教育片4.6万人次，发放提醒函5.1万份，签署换届纪律承诺书5.6万份，开展谈心谈话8万人次。坚持“凡提四必”(对拟提拔干部档案必审、个人有关事项报告必核、纪检监察机关意见必听、信访举报具体线索必查）审核，凡是档案中“三龄两历一身份”(年龄、工龄、党龄，学历、工作经历，干部身份）存疑、无备案、手续越级或破格提拔、试用期未满调动、工作经历与档案记载不符干部，均不予使用。县(市、区）换届考察中有22名干部因“凡提四必”审核未过关取消提拔资格，占拟提拔人选近五分之一。从严把握年轻干部提拔使用，从县（市、区）提拔年轻干部必须担任乡、街书记满1年或乡、街党政正职满3年，从市直单位提拔年轻干部必须担任内设机构正职3年以上；年轻干部使用全部实行异地交流任职；非全日制大学本科及以上学历，或者没有经过岗位历练、实绩不够突出年轻干部暂缓使用。严把代表委员人选质量关，年内换届市、县产生党代表4824名、人大代表4005名、政协委员3719名，各项结构符合政策要求。推行代表委员资格联审机制，经过多方听取意见和查证求实，市、县、乡有226名初选人选被取消资格。

【领导班子换届后建设】 2021年，唐山市组织系统加强换届后领导班子分析研判和动态调整，开展换届后县（市、区）领导班子运行情况专题调研，了解掌握优秀干部以及公检法“三长”履职情况。按照省委统一安排，推进政法机关领导干部交流，完成市级政法机关87名干部交流和县（市、区）政法机关118名干部交流，指导市县两级政法机关对54名干部分工调整。统筹推进开发区改革，牵头制定总体方案，推行以转换用人机制、实行全员聘任制为核心人事制度改革，以绩效为核心薪酬制度改革。选优配强开发区领导班子，加大开发区干部交流力度，在全市范围为开发区选配熟悉招商引资、对外开放、项目建设领域专业型干部，首次落实开发区职级并行政策，调动干部干事创业积极性。

【干部考核监督】 2021年，唐山市委组织部会同有关部门开展“一人多证”专项清理整治，组织完成自查填报13.9万人次，随机抽取比对信息4.5万人次。开展领导干部个人有关事项报告和查核953人，因漏报问题责令作出书面检查39人，予以诫勉9人，取消提任资格2人；查核一致率为96.12%，比上年度增加4.36个百分点。在全市111家单位开展“一报告两评议”工作，全市选人用人工作总体评价为“好”比例占97.48%，比上年度增加1.83个百分点，高于全省平均水平6.45个百分点；评价为“不好”比例降为0。研究制定唐山市贯彻落实《中国共产党组织处理规定》实施意见，发挥干部考核“指挥棒”作用，强化指标运行监控，加强分析研判，推动中心工作、重点任务及时落地落实，形成能者上、优者奖、庸者下、劣者汰正确导向。

【公务员管理】 2021年，唐山市通过“四级联考”招录公务员1299人，为历年最多，约占全省招录计划总数六分之一；招录北大、清华等重点院校定向选调生75人、常规选调生97人。市委组织部落实各项关心关爱公务员政策举措，常态化推进公务员职级晋升，全年综合管理类公务员晋升职级3110人。开展争做“人民满意的公务员”、争创“人民满意的公务员集体”和“双十佳”典型选树活动，唐山市就此项工作在全省公务员工作会议上作典型发言。在河北省第八届“人民满意的公务员”和“人民满意的公务员集体”评选中，唐山市有4名公务员和4个公务员集体获此称号。

【党建引领乡村振兴】 2021年，唐山市委组织部开展“抓党建、抗疫情、惠民生、保安全、促发展”活动，以党建引领乡村振兴，明确33项措施，扶持壮大村级集体经济，推进建设145个省财政扶持发展集体经济项目村，全市年集体收入5万元以上村占81.5%。坚持常态化、长效化整顿软弱涣散基层党组织，印发《关于夯实筑牢农村基层党组织战斗堡垒防范和整治“村霸”问题的若干措施》，全年完成172个村级党组织整顿任务。实施乡村振兴“十百千”工程，推进农村垃圾治理、厕所改造“两个全域达标”,“美丽乡村”创建数量居全省第一，全省农村产业融合发展会议、村综合服务站提升工程现场观摩会议分别在唐山召开。向全市180个乡村振兴任务较重村选派50个市级工作队、130个县级工作队和第一书记。以党建促进农村宗教治理，选派133人入驻41个村。分层分期培训村(社区)“两委”干部760期8.1万人次，为打造乡村振兴“国家样板”提供支撑。

【党建引领社区治理体系建设】 2021年，唐山市委组织部全面加强社区工作者职业体系创建，印发《关于贯彻落实〈河北省社区工作者管理办法〉的实施方案》《唐山市社区工作者管理办法》《社区工作者薪酬待遇实施细则》等制度文件，建立社区工作者职业体系，健全社区工作者岗位等级序列、晋升机制和薪酬体系，将全市5486名社区工作者纳入员额管理，社区工作者年人均薪酬增加1.5倍。截至年底，54个街道、644个社区全部成立物业管理委员会，主任全部由街道党工委书记兼任，社区物业管理委员会负责人由社区党组织书记兼任，推动治理体系和治理能力提升。

【“两新组织”党建】 2021年，唐山市委组织部推进非公有制经济组织和社会组织党建工作，制发《关于在全市“两新组织”中深入开展党建质量提升行动的实施方案》，提升“两个覆盖”（党的组织覆盖和党的工作覆盖）质效，全市“两新组织”（新经济组织和新社会组织）党组织书记与出资人“一人兼”比例较上年增加8.7个百分点。开展“千企帮千村”“社会组织跟党走”等活动63场次，提升“两新组织”党建社会影响力。健全“两新”工委工作规则和工作制度，制发《关于进一步加强全市“非公”经济组织和社会组织党建示范带（圈、群）建设的实施意见》，建设“两新”党建示范点和示范圈（带），培树各级“两新”党建示范点534个。在全省率先开展专职党务工作者试点工作，选派10名具有党务工作经验退休干部入驻10家“非公”企业专职开展党务工作。参照省委“两新”工委做法，建立市委非公有制经济组织和社会组织工委联系30家“非公”企业和社会组织党建工作制度，推动市委“两新”工委成员单位发挥作用。

【各领域基层党建】 2021年，唐山市委组织部统筹推进各领域基层党组织建设，贯彻落实《中国共产党党和国家机关基层组织工作条例》，开展“双创一争”主题实践和达标创先活动，破解机关党建“灯下黑”问题。制发《关于进一步加强和改进国有企业党的建设工作的若干措施》《关于市属企业在完善公司治理中加强党的领导的若干措施》等制度文件，调研督导国企党建重点任务落实情况，加强党的领导和完善公司治理深度融合。在全市教育系统开展“红色思政课”大讲堂、“三进”大讲堂、“传承红色基因”大讲堂、“赓续精神血脉”大讲堂活动，培育“双带头人”（党建带头人和学术带头人），提高学校党建工作质量水平。修订完善全市10家三级医院、29家二级医院党委会、院长办公会议事规则，完成“党建入章”，二级以上医院临床医技科室党支部书记由业务骨干担任比例占93%，二级以上公立医院全部分设党委书记和院长。谋划实施以“牢记嘱托当先锋英雄城市党旗红”为主题基层党建示范引领3年行动计划，制发行动计划方案，召开专门会议动员部署，以党建引领新征程，加快“三个努力建成”步伐。

【党员教育管理】 2021年，唐山市委组织部分层次、分领域开展党员教育培训，对教育培训规划实施情况进行中期评估，2019～2021年全市党员培训覆盖率超额完成省达目标，全市9个党员教育案例入选《河北省党员教育工作75例》，数量位居全省前列。全年发展党员3.02万名，提前一个月完成全年发展计划。承办全省入党积极分子培训班2期（全省年内共办4期），培训积极分子460人。在省内率先排查整顿农村发展党员违规违纪问题，经验做法在全省推广。创新党统（党内统计工作）和党费工作，完成2021年度上半年党内统计专报和年度党内统计工作。受省委组织部委托，基于党统数据分析，完成调研课题《新形势下基层党组织建设的现状、问题及对策》，分别获得省委组织部一等奖、中组部一等奖。

【“凤凰英才”政策升级】 2021年，唐山市推出“凤凰英才”政策3.0升级版，以更具吸引力和比较优势政策举措集聚高素质人才。市委组织部落实中央和省委、市委人才工作会议精神，确立人才引领发展战略地位，完善党委统一领导、组织部门牵头抓总、有关单位各司其职闭环管理协同推进机制，利用3个月时间开展人才工作调研，了解政策执行情况，摸清人才需求，根据形势和需要对原有“凤凰英才”计划迭代升级。以市委、市政府名义印发《唐山市关于深入实施新时代“凤凰英才”计划加快建设高质量人才强市意见》，推出具有比较优势30条人才政策以及“1+N”人才政策体系。召开专场发布会，在新华社、“学习强国”平台、《河北日报》等100多家主流媒体宣传推介，实施人才队伍建设“四个一百进唐山”等“十大工程”，为全市招才引智提供政策支持。

【人才招引与服务】 2021年，唐山市委组织部编发全市年度紧缺人才需求目录，发布涵盖装备制造、物流、金融等13个行业海外创新创业人才智力引进信息120项。举办“第十一届河北省沿海经济带高层次人才交流大会暨唐山市高质量发展招才引智大会”，组织1000多家用人单位参会引才，邀请100名海内外专家在唐对接洽谈。举办“中关村高层次人才智力引进洽谈会”等校企联合引才活动，组织金隅冀东、新时基业等1727家用人单位与2878名紧缺人才达成引进意向。推进北交大、北理工唐山研究院工程改造，

9月26日，第十一届河北省沿海经济带高层次人才交流大会暨唐山市高质量发展招才引智大会开幕。 任 滠 摄

建成重点实验室40个，建立“国家奶牛胚胎工程技术中心唐山示范基地”等人才平台28个，全市有省级院士工作站8家，数量居全省第一。全年引进高端人才218人，全职引进本科及以上高校毕业生2.2万人，培养高技能人才2.1万人，聘请“市政府特聘专家”44名，促成引才意向3532人，签约智力合作项目11项。组织开展第八批市管优秀专家评选、第五届“市长特别奖”选拔、第四届“唐山工匠”职业技能大赛，表彰奖励各类人才210余人次。通过省级评审立项，“四个一百进唐山”“智慧港口人才素质提升工程”等11个项目入选省“人才强冀”工程，数量居全省第一。拓展“凤凰英才”服务卡服务范围、服务项目、服务内容、服务方式，年内发放服务卡218张，组织持卡人健康体检1045人次。落实高层次人才子女就学50人，安置高层次人才配偶工作随迁37人，为高层次人才在唐工作创造安心环境。

【全市组织部长会议召开】 2021年3月19日，唐山市召开全市组织部长会议，市委常委、组织部长陈学民出席会议并讲话。会议总结2020年工作，部署2021年任务，号召全市各级组织部门以“三基”（基层组织、基础工作、基本能力）建设年活动为引领完善上下贯通、执行有力组织体系，以集中换届为契机建设政治过硬、具有领导现代化建设能力干部队伍，以“四个一百进唐山”为抓手全方位培养引进人才。会议要求各级组织部门开展党史学习教育和庆祝建党100周年系列活动，引导党员干部学史明理、学史增信、学史崇德、学史力行，健全农村“五位一体”组织体系和城市“六位一体”社区治理体系，提升党建引领基层治理效能。

（周　跃）

宣　传

【宣传概况】 2021年，唐山市委宣传部以习近平新时代中国特色社会主义思想为指导，全面贯彻党中央和省委、市委决策部署，自觉承担举旗帜、聚民心、育新人、兴文化、展形象使命任务，推动宣传思想各项任务落地落实，在新时代全面建设经济强省、美丽河北中担重任、挑大梁，提供思想保证、精神动力和舆论支持。围绕庆祝中国共产党成立100周年，把党史学习宣传作为年度宣传工作重点，宣传部建立党史学习教育组织架构，制发指导性文件，以理论学习中心组集中研讨、开办读书班、组织生活会等形式开展专题学习，邀请党史专家授课。组建各级党委宣讲团、党史专家宣讲团及基层志愿者宣讲队伍，以“红马甲”“小马扎”“红色使者讲党史”等多种形式开展宣讲。组织开展“永远跟党走”群众性主题教育活动、“巡访巡学”活动及“纪念李大钊英勇就义94周年”系列活动，推动电影《革命者》、评剧《相期吾少年》、话剧《沙石峪》等文艺精品创作并集中宣传。开展“我为群众办实事”活动，23件“民心工程”和10件民生实事按期兑现承诺，解决一批群众“急难愁盼”问题。各地围绕脱贫攻坚和乡村振兴制定政策举措，滦南县“养老小食堂”作为典型在全省经验交流会上发言。多角度宣传全市党史学习教育进展成效，市县主要媒体开设以“在习近平新时代中国特色社会主义思想指引下——学党史　悟思想　办实事　开新局”内容为主各类专栏，在中央和省级媒体刊发稿件。选树李志刚、汤宝俊、郝荣刚等一批基层先进典型，组织“我为群众办实事”擂台赛、经验交流会、“最美人物”发布厅等活动，开展先进事迹展播。

【理论宣传】 2021年，唐山市委宣传部指导各级党委（党组）理论学习中心组开展学习活动，把加强和改进理论学习中心组学习列入各级党委（党组）议事日程，纳入意识形态工作责任制，担负主体责任和领导责任。贯彻落实习近平新时代中国特色社会主义思想主题宣传，组织全市主流媒体及时转载习近平重要活动、重要讲话、重要批示指示精神新闻报道和学习稿件。组建市委宣讲团和市委“走基层”宣讲团，宣讲党中央重要会议精神以及省委、市委决策部署。发挥基层宣讲员作用，以“大喇叭”“小马扎”“365百姓故事汇”等形式开展理论政策宣讲志愿服务。强化爱国主义教育基地管理，发挥红色资源育人作用，喜峰口长城抗战遗址获批“全国爱国主义教育基地”。创新学习教育载体，开设理论学习专栏，组织“微党课”展示活动，推出一批应用性对策研究成果。依托“学习强国”平台打造唐山学习平台，APP端和PC端实现上线运行，并策划“李大钊纪念馆”“庆祝建党百年·党史学习教育”等专栏内容，成为全市重要学习渠道和展示载体。

【新闻宣传】 2021年，唐山市委宣传部推行主流媒体和新媒体、内宣和外宣、网上和网下“六宣联动”，围绕中心、服务大局，全方位、多

6月25日，“永远跟党走”——唐山市优秀国产电影主题展映活动在爱国主义教育示范基地乐亭县大黑坨村李大钊故居举行。　刘丽霞 摄

角度宣传报道全市经济社会重大举措和实际成效，组织“奋斗百年路 启航新征程”等主题宣传活动，完成第五届省园林博览会宣传报道和“记录小康工程”报道任务，市直主要媒体开设专栏刊播报道，集中展示全市经济社会变化。强化新闻媒体建设和管理，规范新闻发布制度，组织召开“我为群众办实事”“牢记嘱托开新局”“奋斗小康路”等系列新闻发布会，回应社会关切和民生热点。支持市级主流媒体创新融合发展，提升市直2家媒体传播力和影响力。

【对外宣传】 2021年，唐山市委宣传部围绕市委、市政府重大决策部署、重大活动开展集中宣传，通过实地走访、召开座谈会等形式邀请中央主要新闻媒体调研采访、深度报道。疫情期间，在中央和省级新闻媒体刊发反映党员发挥先锋模范作用、筹备物资援助石家庄抗疫一线、关爱留唐过年外来务工人员等方面系列报道。拍摄唐山城市形象宣传片、专题片，组织“走唐山 看发展”集中采访活动，在中央和省级新闻媒体刊播各类新闻稿件，在《人民日报》头版刊发《唐山加快构建现代产业体系》，在《新华每日电讯》头版刊发《“三个努力建成”唐山涅槃重生》等稿件，提升唐山形象。完成中央电视台《今日中国》栏目在唐山直播、河北电视台《今日河北•唐山篇》1小时直播，在《河北日报》《奋斗百年路 起航新征程》栏目刊发唐山专版4版，展现唐山市发展举措和成就。

【精神文明建设】 2021年，唐山市委宣传部贯彻《新时代公民道德建设实施纲要》，开展第八届市道德模范评选、月评“学雷锋十佳”事迹等推选宣传活动，全市2人获“全国道德模范”提名奖，3人入选“中国好人”榜，3人获省级“道德模范”称号，29人入选“河北好人”。加强“诚信唐山”建设，治理10类重点领域诚信缺失突出问题。倡导文明健康生活方式，发布倡议书16件。建立健全未成年人思想道德建设联席会议制度，打造“以青春之我•创青春中国”18岁学生成人礼活动品牌，开展“童心向党”教育实践活动，教育引导青少年听党话、感党恩、跟党走。开展群众性精神文明创建活动，落实“日清工作法”、实地点位常态化包联制度、社区楼门长制度、模板复制式推进达标等常态长效机制，推动文明城市、文明村镇、文明单位、文明校园、文明家庭创建工作。坚持全面创建、全域创建、全民创建，组织全市大培训，开展“访千楼万家 创文明城市”主题活动。开展志愿服务活动，全市“燕赵志愿云”注册人数、登记志愿服务项目均有增加。依托新时代文明实践中心（所、站）开展文明实践活动，以试点经验为模板，总结推广试点经验，拓展新时代文明实践中心建设从农村地区向城市社区延伸，从试点地区向全市范围覆盖。

【文艺宣传】 2021年，唐山市委宣传部深化文化体制改革，发挥“改革群众联络员”作用，收集、整理、落实“改革群众联络员”意见建议，定期召开文化体制改革和文化产业发展工作专题会议，研究解决问题，深入基层调研，听取相关单位改革进展情况。组织全市文艺工作者学习贯彻习近平在中国文联十一大、中国作协十大开幕式上讲话精神，引导文艺工作者打造文艺精品。协助拍摄电影《革命者》，组织全市主题观影活动，《革命者》被国家电影局确定为全国庆祝建党百年重点影片。推出评剧和同名沉浸式实景戏剧《相期吾少年》、音乐舞蹈史诗《走进大钊》、评腔单元剧《静待花开•少年李大钊》、话剧《沙石峪》等一批文艺作品，评剧《相期吾少年》参加第十七届中国戏剧节展演并获得优秀剧目奖，2部文艺作品入选全省“百年风华 红色旋律”庆祝中国共产党成立100周年优秀剧目。出版《唐山抗震战地日记》《历史上的纪念地》《望风烟》等一批图书，《望风烟》入选“河北省作家协会庆祝建党百年创作工程”。

【公共文化服务】 2021年，唐山市委宣传部开展京津冀公共文化服务创新发展研讨活动和京津冀三地文化馆协同发展共建共享活动，挖掘唐山特色文化资源，激发全市文化创新创造活力。提升基层文化单位服务水平，全市1家单位获评“第九届全国服务农民、服务基层文化建设先进集体”。组织文化、科技、卫生“三下乡”活动，开展“农村公益电影”“千场惠民电影”放映等文化活动，邀请河北省“心连心”艺术团开展文化惠民演出，丰富群众文化生活。加强文化产业项目扶持，提升文化产业规模效益，全市6个文化产业项目入选《2021年河北省重点文化产业项目推介名录》，唐山培仁历史文化街区等项目入选省“十大文化产业项目”。推动骨干文化企业发展，打造唐山特色文旅融合产品，提升“唐山周末”品牌影响力，推动启新1889文创园提档升级以及文旅集团中医药康养、长城国家文化公园（唐山段）、喜峰口长城抗战遗址公园等一批项目建设。

【国防教育】 2021年，唐山市开展国防教育系列宣传活动，在全社会形成关心国防、热爱国防、建设国防、保卫国防氛围。市委宣传部开展纪念《国防教育法》颁布施行20周年主题活动，全市各地各单位开展多种形式群众性国防教育活动，宣传国防法规，普及国防知识，强化国防观念，增强国防技能。组织国防法律法规试卷答题，开展第21个“全民国防教育日”宣传活动，通过组织观看展览、发放宣传材料、提供咨询服务、举办文艺演出等方式，向社区干部群众宣传国防法律法规和国防建设成就，普及国防理论、国防历史和国家安全知识。组织全市各高校参加河北省大学生“爱我中华 强我国防”演讲比赛，以“迈向强国新征程 军民共筑强军梦”为主题开展社区国防教育宣传。与市教育局联合开展“国防教育进校园”活动，各级各类学校组织国防教育专题活动，召开主题班会，参观爱国主义教育基地和国防教育场所，举办国防知识和国防素养竞赛，通过微信、微博等新媒体平台开展国防热点问题讨论，增强国防教育针对性和感染力，培育青少年爱国情怀。

（唐　轩）

统一战线

【统一战线概况】 2021年，唐山市统一战线学习贯彻中央和省委、市委关于统战工作决策部署，贯彻落实《中国共产党统一战线工作条例》，构建大统战格局，加强党对统一战线集中统一领导，在思想政治引领、防范化解风险、助推高质量发展方面取得新成效。贯彻落实习近平关于宗教工作指示批示精神和中央、省委重大决策部署，治理宗教领域重点难点问题，维护宗教领域和谐稳定局面。市委把统战系统组织换届纳入整体安排统筹落实，市委常委会听取专题汇报，研究部署换届工作。全市6个民主党派于4月1～2日分别召开代表大会进行换届选举，32名民主党派领导班子提名人选全票当选。市工商联（总商会）于6月17日召开第十八次代表大会，完成领导班子换届选举，39名市工商联（总商会）领导班子提名人选全票当选，省委常委、市委书记张古江给予肯定性批示。

【民主党派活动】 2021年，唐山市委统战部在民主党派成员中开展“学习中共党史　携手开创新局”主题教育活动，通过开辟专栏、专题辅导、实地教学等方式开展党史学习教育活动36次，发布微信公众号14期，发表学习体会文章500多篇，培训近千人。完成年度调研课题18篇，刊发《统战专报》6期，得到市委、市政府领导批示。以“两办”名义印发《唐山市2021年度政治协商计划》并组织实施。协助召开各类通报会、征求意见会、协商座谈会9次，实现“协商于决策之前和决策执行过程当中”。打造“博爱牵手”“烛光行动”“爱心基金”等惠民品牌，各民主党派组织各类咨询服务活动110次，捐款捐物价值200多万元，受益群众2.8万人。指导各党派“一会一主题”双月学习会，在组织发展中坚持控制规模、质量优先、稳慎发展。指导各民主党派量化考核，建立履职档案800多份，健全各类制度58项，激发组织活力。

【民族宗教建设】 2021年，唐山市委统战部在民族宗教领域开展“学党史、颂党恩、听党话、跟党走”主题实践活动，组织集中宣讲、主题征文、党史答题、实地考察等活动，坚定宗教界中国化方向思想共识。开展民族团结进步宣传教育，增进共同性，引导各民族坚定对伟大祖国、中华民族、中华文化、中国共产党、中国特色社会主义高度认同；尊重和包容差异性，尊重少数民族风俗习惯，防止“大汉族主义”倾向。市委、市政府把民族地区经济发展纳入全市工作大局统筹谋划，开展民族乡现场办公和民族村“百企帮百村”行动，确保民族村与全市农村发展同步。丰富和完善少数民族流动人口服务管理模式，加强地域间协调合作。开通服务热线，建立司法援助站，畅通少数民族利益诉求渠道，通过结对联系、走访慰问等方式，解决少数民族流动人口“最后一公里”问题。

【统战经济联络活动】 2021年，唐山市委统战部在非公有制经济领域开展“坚定理想信念　争做四个典范”教育实践活动，依托“唐山企业大学”“青年企业家学院”开展宣传，提升民营经济人士政治自觉、思想自觉和行动自觉。健全政企沟通协商制度，制发《关于建立政企沟通协商制度的实施办法》，省委常委、市委书记张古江通过召开会议、实地调研、督导检查等形式，先后8次与民营企业家座谈交流，听取意见建议。开展服务民企活动，依托“唐山企业大学”等互联网平台，向民营企业家宣讲中央和省委、市委决策部署，开展服务民企、“温暖台企”系列活动，全年向民营企业发放“凤凰英才”卡133张，拨付博士后科研工作站资助经费、“三三三人才工程”市级配套经费、博士硕士安家补贴费用共计540万元，解决线上、线下问题176个。强化民营经济组织基础，推动商会组织覆盖民营经济发展各个行业和领域，截至年底，全市建立乡镇（街道）商会109家、各类协会47家，其中古冶区、丰南区、迁西县、滦南县、乐亭县实现乡镇（街道）商会全覆盖。

【党外人士管理】 2021年，唐山市委统战部按照制定方案、酝酿推荐、资格审查、考察审核、协商提名、党委审议程序，推荐520名优秀人士为市政协委员，其中党外人士312名，完成市政协换届工作。为市级政府部门推荐配备16名党外干部，其中2名党外干部担任正职。在县（市、区）实行党外干部担任副职，其中县级人大年内配齐，县级政府配备7名党外副职，县级政协配备24名党外副职。针对路北区、遵化市、滦州市、丰南区政协各缺配1名党外副职情况，与市委组织部配合，要求各县（市、区）制定党外干部培养计划，以届中配齐为目标，加大科级党外干部教育培养力度。调整市领导联谊交友名单，加强对党外代表人士政治引导。制定全市党外代表人士教育培训计划，与市委组织部配合实施，举办各类培训班10期次，线上、线下培训1900余人。

【党外知识分子管理】 2021年，唐山市委统战部在党史学习教育活动中征集作品104件，上报中央和省委统战部。以市委名义印发《关于

5月25日，唐山市“新联会”书画院、艺术团、法律服务团成立。

佟　占　摄

加强新时代党外知识分子思想政治工作和无党派代表人士队伍建设的实施意见》，完善市级“新联会”（新社会阶层人士联谊会）双月轮值、党建指导员派驻制度，在全省率先实现县级党外知识分子、“新联会”全覆盖。市县两级“新联会”组织形成“双月学习、季度活动、年度总结”工作模式，全年制定完善各类规章制度35项，召开双月学习会168次，开展谈心谈话585人次，党外知识分子和新社会阶层人士统战工作形成新格局。

【台胞侨胞统战活动】 2021年，唐山市委统战部开展“凝侨心、汇侨智、聚侨力，服务唐山高质量发展”活动，按照《进一步做好海外统战工作的实施意见》精神，对全市海外侨胞代表人士开展多渠道信息采集，厘清侨界身份，开发海外资源。5月13日，在全省“海外侨胞在共建‘一带一路’中的重要作用情况”调研会上，唐山市作为典型发言。通过牵线搭桥，迁安市引进侨资企业德林思特纸制品项目；侨眷创办企业海都水产食品有限公司产品在第128届广交会“云端”展示，成为全省首家通过粤港澳大湾区“菜篮子”认定企业。开展“温暖台企”系列活动，参与调处涉台矛盾纠纷3起，协调解决各类涉台求助7起，处置涉台突发事件，救治台胞林鸿荣，并规范处置其身故善后工作，受到省台办肯定，在全省对台系统通报表扬。

（姜英楠）

政务督查

【政务督查概况】 2021年，唐山市委市政府督查室落实中央和省委、市委决策部署，改进和提升督查工作，年内开展各类督查活动160余项，呈报各类督查报告612件，提出意见建议511条，65个呈报件得到市领导肯定性批示。结合党史学习教育活动，把“为群众办实事”贯穿于督查活动，全市“民心工程”、民生实事以及全年各项督查工作目标任务按期完成。

【“八个发展”督查】 2021年，唐山市委市政府督查室制发《唐山市2021年“八个发展”工作方案》，将各项工作任务纳入“八个发展”（向海发展、转型发展、协同发展、绿色发展、融合发展、统筹发展、共享发展、安全发展），形成《2021年月度目标任务清单》，每项目标任务均明确责任领导、牵头单位、责任单位和月度形象进度，每月对“八个发展”目标任务逐项实地复核，向市委、市政府主要领导报告完成情况，并印发《唐山市“八个发展”工作情况通报》；每两月组织召开全市“八个发展”工作调度会，协调解决存在问题，研究部署下步工作。制发《唐山市“八个发展”工作督导调度考核办法》，每月根据目标任务完成情况考核排名，年底综合考核排名，将考核结果纳入县（市、区）、市直部门领导班子和主要领导干部年度考核指标体系。

【疫情防控督查】 2021年，唐山市委市政府督查室根据疫情防控常态化要求，启动战时应急体制，每日梳理省、市疫情防控工作领导小组会议交办事项，并于次日有针对性开展督导检查，连续30余天督导落实省、市疫情防控各项政策措施。进入常态化防控后，坚持以中高风险地区来唐返唐人员排查、重点人员定期核酸检测、境外人员闭环管理、医疗机构疫情防控、重点场所防控、集中隔离点设置、疫苗接种、“一退双抗一咳”药物管控、冷链产品管控为重点，累计检查点位4100余个，发现问题600余项，呈报疫情防控相关报告40余期。

【重大专项督查】 2021年，唐山市委市政府督查室以落实国家、省在唐专项检查交办问题，市委（书记）专题会议纪要、市长办公会议纪要议定事项为统领，组织专项督查130余项。为配合国务院第八次大督查做准备，呈报《大督查每日专报》9期。全年办理市委（书记）专题会议纪要、市长办公会纪要84期，均建立台账，倒排时间节点，逐项协调督办，动态更新进展。会同相关市直部门盯办中央环境保护督察“回头看”、省第二轮环境保护督察、省委专项巡视和钢铁行业企业环境问题整改情况。对二环线内19家独立石灰窑取缔、矿山整治、地热井关闭取缔、地下水压采、河湖长制落实等10余项工作梳理预警，提出督查意见。督查盯办全市460项省市重点项目建设，确保投资体量和完成投资情况保持全省领先地位。开展招商引资百日攻坚专项督查，全市新增签约项目321个，协议总投资1451.62亿元，完成总目标任务（200个）161%；新增落地项目144个，完成总目标任务（50个）288%。开展“双代一清”（气代煤、电代煤改造工程，清理散煤）、洁净煤保供、防止散煤复燃专项督查，通过明查暗访摸清“双代”使用情况，提出针对性建议，提升全市“双代”使用率。针对信访稳定、安全生产、

秋季开学前，唐山市各所学校开展校园消杀防疫工作，确保学生安全返校。图为唐山遵化市第三中学职工在学校操场进行防疫消杀。 刘满仓 摄

防汛抗汛、农民工工资、食品药品安全等重点领域开展专项督查 10 余次，阶段性重点工作取得实效。

【“四个一百”专项督查】 2021 年，唐山市委市政府督查室以“督考一体”机制（督察机制 + 考核机制）推动“四个一百”(百家科研院所（大学）、百家央企京（津）企、百名高端人才、百家优质民营企业）进唐山专项督查，会同“四个一百”工作专班开展平时考核和年终考核，每季度形成工作报告报市委市政府主要领导。截至年底，全市对接央企和京津企业 88 家、项目 203 个，签署各类协议 163 个，协议金额 3336.43 亿元，均创历年新高；引进科技成果（项目）110 项，对接引进科研院所（大学）338 家；签约优质民企项目 222 个，协议投资额 1751 亿元；引进高端人才 218 名，全职引进本科及以上高校毕业生 2.17 万人，培养高技能人才 2.1 万人，促成全面绿色转型发展亟须人才智力合作 93 项，入选省“人才强冀”工程 11 项，数量居全省第一，“四个一百”进唐山项目获评省一等奖。

【批示交办事项办理】 2021 年，唐山市委市政府督查室在批办督查收集、交办、督办、反馈、“回头看”等环节实行“闭环管理”，按照“事不过夜、精准答复、按时反馈”原则落实上级交办任务，办理中央、省交办事项 100 余件，全部按时反馈。办理市委常委会、市政府常务会议定事项，督办年内 60 次市委常委会 345 项议定事项，办结 308 项；盯办 22 次市政府常务会 188 项议定事项，全部落实到位。办理市委书记、市长交办事项，整理市委书记审阅件 9486 件，办理批示件 5817 件、督办件 618 件，办理市委书记在各县（市、区）调研交办事项 143 件；办理市长批示件 3378 件，办结 3352 件。

【社情民意督查办理】 2021 年，唐山市委市政府督查室建立 10 件民生实事和 23 项“民心工程”任务台账，并纳入“八个发展”每月督导检查，对进展滞后县（市、区）或牵头单位预警提示，跟进督办。截至年底，全市 10 件民生实事和 23 项“民心工程”全部完成。规范人民网留言办理程序，制定《唐山市关于群众在人民网给省、市委书记留言办理流程》，全年办理市民在人民网给省委书记留言 319 件、给市委书记留言 553 件，承办市政协提案 24 件、市人大代表建议 16 件，全部办理完毕。

【“互联网 + 督查”办理】 2021 年，唐山市委市政府督查室制定《国务院“互联网 + 督查”平台留言办理办法》，规范办理机制，受理国务院“互联网 + 督查”群众反映问题 668 件，办结反馈 644 件。加强网络平台和手机 APP 建设，推出“问政热点”栏目，办理过程向群众公开，办理结果接受群众检验，社会关注度、群众满意率均有提高，全年处理群众留言 9.61 万条，收到群众感谢信 1736 封，“‘问政唐山’全天候网络问政着力解决群众‘急难愁盼’”入选河北省践行网上群众路线“优秀平台类”典型案例。

【督查检查为基层减负】 2021 年，唐山市委市政府督查室对印发文件、召开会议、督查检查与考核实施动态监测，月统计、季上报，确保总量只减不增，为基层减负。年内，市本级印发纳入精减范围全市性文件 2748 件，比上年减少 3.24%；市本级召开纳入精减范围全市性会议 119 次，比上年减少 4.8%；市本级开展督查检查考核事项 42 项，与上年持平，完成省“尽量减轻基层负担，且计划数原则上不超过 2020 年计划数”目标要求。

【作风纪律专项整治】 2021 年，唐山市委市政府督查室制发《唐山市纠正“四风”和作风纪律专项整治工作考核评价细则》《2021 年唐山市群众满意度提升活动实施方案》，在重要时间节点及时提醒教育，年内查处“四风”典型问题线索 310 件，追责问责 381 人次，通报党组织 22 个，督导重要会议会风会纪 109 场，下发关于违反会风会纪提示函 31 件。

（顾俊旺）

政策研究

【政策研究概况】 2021 年，唐山市委市政府研究室围绕“调研报告出精品、深化改革当先锋、综合文稿上水平”目标，坚持“争第一、创唯一”，以“超出预期”为标准，打造“调研尖兵”“改革铁军”品牌，创建“忠诚、善学、创新、有为、干净”模范政治机关。全年完成《呈阅件》《调研内参》20 期、领导专报文稿 3 篇，出版《新唐山》《唐山经济》各 6 期，多项改革工作经验得到国家和省有关部门肯定、推广。全年起草完成讲话、汇报、报告、发言等综合文稿 160 余篇 110 余万字，起草唐山市第十一次党代会报告中创新提出“四城”引发全市共鸣，政研室服务保障质效得到市委领导肯定。推动筹建市政府参事机构，起草印发《唐山市人民政府参事工作办法》，编列下年度参事处专项经费预算，为政府参事工作奠定基础。

【对策性调研】 2021 年，唐山市委市政府研究室围绕领导关注焦点开展对策性调研，撰写《我市加快发展轨道交通装备产业的调查与建议》《加快发展我市数字经济的思考与建议》《我市加快推进海洋碳汇的研究报告》《做大做强我市农产品加工业的调研报告》《借鉴先发经验加快片区建设的调查与建议》《对我市社会消费品零售总额指标情况的分析报告》《注重需求侧管理背景下激活我市消费潜力路径分析》。调研报告围绕市委、市政府中心工作，有针对性列出课题、掌握情况、深入研究，为市委、市政府科学决策提供参考借鉴，均得到市委书记和市政府相关领导肯定性批示。

【决策性调研】 2021 年，唐山市委市政府研究室围绕社会热点开展决策性调研，撰写《我市初高中生源流失情况的调研报告》《优化我市营商环境的思考与建议》《加快我市康养产业发展的调研报告》，市委书记、市长分别作出批示。调研报告回应社会关切，击中堵点、痛点、难点，透过现象探究潜在规律，通过“小切口”反映“大变化”，提出建议措施得到各方面认可。

【政策性调研】 2021 年，唐山市委市政府研究室围绕改革难点开展政策性调研，撰写《沿海经济带高质量发展体制机制改革有关问题的调研思考》《赴苏州市考察工程建设项目审批改革、加速产业项目落地情况的调研报告》。调研报告聚焦全面深化改革部署要求，提出多项原创性、导向性建议，并结合有关部门转化为工作举措，推动相关领域改革进程，得到市领导肯定。

【针对性调研】 2021年，唐山市委市政府研究室围绕临时交办重点任务开展针对性调研，撰写《做好我市人口工作的调研报告》《加强我市城市与建筑风貌管理的调研报告》《推进人才与产业有效衔接的调研报告》《我市古树名木资源保护利用情况的调查报告》《金融服务创新助力乡村振兴——关于唐山市与建行河北分行联合打造“裕农通”乡村振兴综合服务平台情况的报告》《城市综合经济竞争力排名情况的报告》《激发既有企业高质量发展活力的调研报告》《加快发展我市医疗康养房地产业的思考与建议》《我市城镇化率有关情况的分析报告》《我市地震断裂带农房改造有关情况的调研报告》《加快推进采煤沉陷区综合治理工作的调研报告》。调研报告围绕市委、市政府重点工作和重要事项，总结经验，破解问题，多个调研报告得到省、市领导肯定性批示，被市委主要领导在部署工作及制发政策文件中采纳。

【改革任务落实】 2021年，唐山市委市政府研究室强化规划设计，起草《市委深改委2021年工作要点》《关于进一步深化改革开放推动高质量发展的若干措施》等文件，召开7次市委深改委会议，审议改革事项45项，安排部署改革任务161项，年内全部完成。健全完善市委深改委委员领衔改革事项机制，搭建唐山市全面深化改革工作信息化管理平台，实现数字化管理。常态化开展改革任务落实情况“回头看”，向河北省委深改委报送《关于开展基层治理改革工作“回头看”情况的报告》，印发《关于我市重点领域改革任务“回头看”情况的通报》。制定《唐山市2021年全面深化改革督察计划》，对完善乡村振兴制度机制、唐山市空气质量“退后十”、深化医药卫生体制改革、公安受立案和刑事案件“两统一”改革等事项开展集中督察，每季度综合评价和评估监测相关单位、部门重点考核指标。强化改革实效评估，全年开展改革评估5次，《农村宅基地改革评估报告》和《居家养老改革评估报告》得到市委书记肯定性批示，有关对策建议转化为党委、政府决策。年内，唐山市获批第一批国家文化和旅游消费试点、全国第一批城市更新试点城市、国家产教融合试点城市、全国城市体检样本城市、农村宅基地改革试点等国家级和省级试点26项，其中多项改革试点经验被国家和河北省复制推广。

【政研成果宣传推介】 2021年，唐山市委市政府研究室利用各种宣传平台，宣传推介创新做法和改革经验，展示唐山新形象。《新唐山》《唐山经济》每期印刷1800册，覆盖全市各级党政机关，与全国200多家地级以上城市开展交流。全年刊发《改革动态》69期，“唐山改革”微信公众号发布信息295期885条，《人民日报》《新华社》等媒体刊发唐山改革经验文章120余篇，《中国改革报》《改革内参》刊发唐山改革经验文章60余篇，《政策与研究》《河北发展》《河北改革动态》刊发唐山改革经验文章40余篇。《实施“十百千”创建行动 打造乡村振兴“唐山样板”》入围“中国改革2021年度典型案例”，《河北唐山打造企业综合金融服务平台的创新实践》《河北滦南小食堂“微改革”探索居家养老新模式》被河北省委改革办作为典型经验上报中央改革办。

（甄庆民）

网信管理

【网信管理概况】 2021年，唐山市委网信办贯彻落实中央和省、市网信委会议精神，印发《中共唐山市委网络安全和信息化委员会2021年工作要点》，提请召开市委网信委第二次会议，部署全年网信工作。制发《市委网络安全和信息化委员会会议纪要》《关于学习贯彻中共唐山市委网络安全和信息化委员会第二次会议精神的通知》，督促全市各级各部门落实网信委会议要求。召开全市网信办主任会议，制定全年重点工作清单台账，细化分解任务，压实各县（市、区）和涉网部门治网管网责任。制发《关于贯彻落实市委主要领导批示要求的通知》，指导全市各级各部门学习《习近平总书记关于网信事业的8个比喻》《习近平关于网络强国论述摘编》并运用于实际工作。对标对表中央和省规划，修改完善《“十四五”时期唐山市网络安全和信息化发展规划》，经市委常委会审议后印发。

【网络主题宣传】 2021年，唐山市委网信办加强习近平新时代中国特色社会主义思想网上宣传，围绕常态化疫情防控、党史学习教育、建党100周年、党的十九届六中全会主题以及市委、市政府中心工作，制发《2021年网上重大主题宣传和重大议题设置方案》，全年发稿12万余篇，制作插图、长图、海报2400余幅，承接省委网信办“大国小鲜@新发展理念”等网络主题宣传活动。

【网络文明建设】 2021年，唐山市委常委会传达学习习近平致首届中国网络文明大会贺信，研究贯彻落实意见，制发《关于加强网络文明建设的实施方案》，成立唐山市网络文明建设领导小组，建立全省首个网络文明实践中心，加强对网络文明工作组织领导。开展打造唐山特色“三好”（“唐山好网民”“网络好公益”“网上好作品”）网络文明主题活动，全年征集“好网民”典型91个，开展网络公益活动62次，举办“网络中国节”等网络文化作品创作和线上宣传活动，累计制作图文、H5、动漫、视频等原创作品1200余个。

【网络空间净化】 2021年，唐山市委网信办强化网络舆论引导，完善网评员队伍建设，围绕疫情防控、庆祝建党100周年等重点工作开展日常引导和专项引导，全年组织网评业务培训68次，网评队伍转发各类引导信息400余万条，跟帖5.2万余条，在“丰润治超站货车司机服用农药死亡事件”等4起舆情事件中，全市网评员发声3.7万余条，发挥正面引导作用。强化有害信息管控，以“零容忍”态度管控“历史虚无主义”错误思潮，年内上报政治类信息1.6万条，落实封堵、查删、修正指令120次，维护网上政治安全和意识形态安全。强化网络生态治理，开展“清朗·唐山净网2021”“清朗·春节网络环境”“‘饭圈’乱象整治”等净化网络环境专项行动22个，清理有害信息1.02万条，查处涉政治类有害网站26家，协调关闭或取消备案网站96家。规范网络举报和辟谣工作，建成一级管一级、一级对一级负责网络举报辟谣工作体系，明确网络举报受理范围，调整优化举证要求，规范来函程序、形式和内容，形成“发现线索、研判上报、分类处置、及时回应”工作“闭环”，全年发布科普辟谣作品3万篇，创作辟谣短视频600多部，传播量500万次，发现和举报全网不良信息85万条，受理处置属地网民举报40件。

【网络舆情处置】 2021年，唐山市委网信办落实7×24小时值班制度，全网监测涉唐舆情，对涉唐负面信息早发现。完善预警核查、会商研判、快速处置工作机制，及时妥善处置突发舆情事件。对一般性舆情，通过线上形式组织会商研判，第一时间预警涉事单位核查反馈；对重大突发舆情，由网信办牵头，相关涉事单位在应急指挥中心现场集中会商研判，妥善应对；对特别重大舆情事件，由市委常委、宣传部长通过扁平化指挥处置微信群直接下达指令，调度工作进展，网信办相关负责人直接在现场协调涉事单位进行线下处置。年内，市委网信办发出预警核查信息1.1万条，下发《舆情预警通知单》75期，向省委网信办反馈预警400条，编写呈报《网络舆情呈报》《网络舆情专报》94期，市领导批示230多次，制定专项应急预案10个，处置敏感舆情105起，全市网络意识形态领域稳定。

【网络意识形态引导】 2021年，唐山市委网信办制定《唐山市网络意识形态工作考核评价办法（试行）》，落实网络意识形态工作责任制，加强督导考核。11月10日，召开全市网络意识形态工作推进会暨专题督查考核培训会，实地检查各地各部门网络意识形态责任制落实情况。12月，向市委报告本年度网络意识形态工作情况，得到市委书记张古江、市委副书记杨培苏批示。加强阵地管理，提升唐山市互联网媒体中心功能，优化全市新媒体管理和服务工作，汇集全市最具影响力新媒体，弘扬正能量。全年举办政务新媒体专题培训1次、“媒体沙龙”活动2次、新媒体业务线下培训4次，规范网络自媒体及政务新媒体建设和运营，完善信息发布管理机制，提升发布质量。规范化管理互联网新闻信息服务单位，对从业人员进行登记，全市互联网新闻信息服务38个项目、284名从业人员全部纳入管理。

【网络综合治理】 2021年，唐山市委网信办结合市委网信委全年工作要点，按照可量化、可操作原则，细化《唐山市网络综合治理指标体系及实施方案》并下发至各县（市、区）。召开网络综合治理体系建设专项部署会、调度会、推进会11次，实行“每月一调度、每季一总结”，落实网络综合治理体系建设任务。开展网络综合治理建设示范点创建工程，征集具有创新性、体现唐山特色网络综合治理经验做法，经过材料初审、展示评价、实地考察3个阶段，评选出县级网信部门、综合指挥和信息化网络中心、网信工作服务站、互联网新闻信息服务单位、互联网企业、互联网社会组织6类17家示范单位。9月份，对示范点授牌并展示优秀成果，市委常委、宣传部长李丽出席授牌仪式并致辞。全市网络综合治理体系建设每半年测评，测评结果通报各县（市、区）网信委。在迁安市、丰南区和路南区开展全市网络综合治理体系建设现场会，梳理问题补短板，全面提升基层网信系统网络综合治理工作。在全省网络综合治理体系测评中，唐山市名列全省第一，受到市委书记张古江批示表扬。

【网络安全保障】 2021年，唐山市委网信办建立网络安全报告制度，以《网络安全工作专报》《互联网网络安全通报》为载体，向市委、市委网信委提出网络安全工作建议，市委书记张古江5次作出批示，对网络安全保障及网络安全考核评价提出具体要求。与组织部门对接，将网络安全工作纳入综合考核，起草《唐山市网络安全工作考核评价办法（试行）》，以市委办名义印发。在全省率先建成地市级网络安全态势感知平台，有8764个重要网络资产纳入平台监测范畴，及时发现和识别网络攻击威胁，截至年底，通报整改网络安全隐患和事件166起。建设网络安全协调指挥中心，遇有重大网络安全事件，由网信部门牵头协调各部门联动。在庆祝建党100周年之际成立网络安全应急处置工作小组，制定《保障方案》，对重要网络资产全天候监测并开展专项检查，保障全市网络安全稳定运行。在重点领域开展互联网网站安全整治、政务云服务安全防护、移动互联网应用程序安全整治、具有舆论属性或社会动员能力互联网新技术新应用安全评估检查、公共区域LED屏幕整治5个专项行动，对存在问

10月11日，“2021国家网络安全宣传周唐山活动”启动。 王 信 摄

题全部整改。开展"网络安全宣传周"活动，组织线上、线下活动2379场次、网络安全"七进"活动1134场次，信息报道数量3800余条，发放宣传材料40余万份，发送手机短信900余万条次。

【信息化建设】 2021年，唐山市委网信办协同全市各地各单位推动信息化建设，市委网信委各成员单位树立信息化工作全市"一盘棋"思想，各领域信息化工作全面发展。落实信息化协调会商机制，年内组织召开4次信息化协调会商会议，研究部署重点领域门户网站IPv6改造、信息化工作考核评价、数据基础设施建设、IPv6技术创新和融合应用试点申报等工作。组织4家单位申报IPv6规模部署和应用优秀案例，5个试点项目申报IPv6技术创新和融合应用国家级试点。实行重点任务清单化管理，制发《2021年唐山市信息化重点工作台账》，细化9项目标、39项重点任务，分季度制定实施措施，落实牵头单位和责任单位，每半年总结重点任务完成情况，督促责任部门完成目标任务。

【网信人才基地建成】 2021年，唐山市委网信办采取市场化路子、企业化管理模式建设网络人才基地，联合曹妃甸联城科技股份有限公司建设集现场教学、案例实践、情景模拟、直播互动、线上课堂为一体综合性实训基地。联城科技自主研发信息化教学系统——教育云及视频云平台提供全程直录播课件服务，通过视频云平台对线上、线下培训提供直播和录播功能。10月25日，人才基地揭牌成立。

【网信队伍培训】 2021年，唐山市委网信办开展党史学习教育活动，组织理论学习中心组专题学习17次、研讨交流6次，在李大钊纪念馆等教育基地开展活动4次。加强网信体系建设，完善"六有"配备（有机构、有编制、有人员、有经费、有办公场所、有交通工具），落实"地方网信部门主要负责人双重管理体制"，发挥"一中心一站"（"信息化网络中心"和"网信工作服务站"）作用。年内，各县（市、区）均明确"一中心一站"工作职能，组织培训35次，提高基层网信队伍业务能力。省委网信办职能调整后，市委网信办处室分工进行微调。

（杨伟光）

·公安网络监管·

【公安网络监管概况】 2021年，唐山市公安机关强化网上综合防控体系建设，提升信息监控、舆情导控、侦察打击和防范控制能力，完成年度目标任务和重大活动、关键节点网上安保维稳工作，确保网络安全和全市社会大局稳定。年内，依法打击处理造谣传谣人员101人，上报意识形态类情报1553条；主侦破获侵犯公民个人信息、帮助信息网络犯罪案件223起，其中省督案件7起，移送起诉违法犯罪嫌疑人970名；配合相关警种部门梳理经营各类案件线索1480条，配侦破获涉"黄赌毒"、网络诈骗等案件970起，抓获违法犯罪嫌疑人589名。

【网络秩序维护】 2021年，唐山市公安局创新完善部门协同、警种协作、企业配合、群众参与网上秩序打击整治长效机制。开展"护网""净网""砺剑铸盾"专项整治和"网络安全执法监督检查"专项行动，坚持"源头防控、基础管控"。指导全市互联网服务企业和网站管理者遵守《网络安全法》等法律法规，履行网络安全主体责任，清理网络"黄、赌、毒"等违法信息，营造和谐清朗用网环境。组织开展互联网安全专项执法检查、违规采集公民个人信息APP整治、互联网上网服务营业场所整治等专项工作，强化涉网企业管理，维护公民个人信息安全，确保网络秩序安全稳定。年内，现场检查单位1025家，下发限期整改通知书728份，依法关闭违法网站、交互式栏目5个，预警处置网络安全漏洞等风险隐患1503处，强化网上重点阵地管控和安全等级保护。

【网络围栏建设】 2021年，唐山市公安局以党政机关、国有企业门户网站和电力、金融等重点领域、重要信息系统为重点，开展网络安全执法检查，排查清理信息安全漏洞、木马病毒等有害程序，督促用网单位健全优化网络安全防范制度，落实人防、物防、技防措施，筑牢网络安全"防火墙"。6月2～7日，在省内率先组织开展市级单位网络攻防实战演习，由知名网络安全企业、科研机构、高校等单位组建8支网络安全攻击队伍，对全市58家重点党政机关、国有企业及重要信息系统展开模拟攻击，攻破26家单位、40个网络系统，市公安局发现漏洞隐患61处，指派专人督促指导相关单位整改到位，通过发现并排除各类信息系统、服务器、网络设备、安全设备等网络安全风险，提升全市整体网络和数据防护能力。

【网络攻防实战演习】 2021年6月1日，唐山市公安局在110指挥中心启动全省首家地市级单位"护网2021"网络攻防实战演习，通过实兵对抗演习，检验提升全市重要行业部门网络安全监测发现能力、应急处置能力和安全防护能力，确保全市政府网站、重要信息系统、关键信息基础设施运行安全和数据安全。副市长、市公安局党委书记、局长闫泽利，河北省公安厅网安总队二级高级警长方国等出席仪式。各分局主要领导及主管领导、参加演习58家党政机关和企事业单位主管领导及相关负责人、公安网安系统全体民警参加启动仪式。6月2～7日，市公安局组织8家攻方队伍、58家防守单位在真实网络环境中开展"背靠背"实兵对抗，对发现问题派专人督促指导相关单位整改。

（赵　红）

机构编制

【机构编制概况】 2021年，唐山市委机构编制委员会办公室（简称唐山市委编办）贯彻落实《中国共产党机构编制工作条例》《中共河北省委机构编制管理规定》，推动各类机构职能优化、重点领域体制机制改革和公益服务事业发展，统筹优化机构编制资源配置，提升机构编制管理科学化、规范化、法定化水平，完成全年各项目标任务，多项成果全省首创、排名第一，综合考核"优秀"，中央、省、市新闻媒体多次报道，得到各级领导肯定。年内，市委编办被省委省政府评为"全省保密工作先进集体"，被市委评为"全市脱贫攻坚先进集体""诚信唐山建设优秀单位”，被市直机关工委评为“机关党建优秀单位”“机关纪委优秀单位”“党史讲坛——读党史书籍讲革命故事理论宣讲先进单位”，获得“我为群众办实事”典型案例“优秀组织奖”，其中1个案例获三等奖，1个案例获优秀奖，1人被省委省政府授予“河北省爱国拥军模范”称号，1人被省委宣传部、省退役军人事务厅授予“河北省优秀退役军人”称号，1人被市委评为“优秀共产党员”，2人被市直机关工委评为“优秀共产党员”，2人被评为“优秀党务干部”。

【向海发展体制机制优化】 2021年，唐山市委编办助推曹妃甸区与唐山国际旅游岛管理体制融合发展，实行统一领导、统一规划、统一政策、统一管理、统一调控，推动岛区联动，实现资源优势互补，促进高质量发展。优化调整市“一港双城”办职能和内设机构，增加统筹沿海经济带高质量发展工作职能，承担唐山沿海经济带高质量发展工作领导小组办公室日常工作，强化重点项目建设和重点片区开发建设职能，发挥在开发建设中牵头作用。

【民生领域体制机制优化】 2021年，唐山市委编办将唐山市县两级扶贫开发办公室重组为市县两级乡村振兴局，调整内设机构，设置乡村振兴服务和防返贫机构，配齐人员，助力乡村振兴战略实施。为市县两级住建部门设立农村房屋建设指导机构，明确职能职责，构建市、县、乡三级和市属开发区（管理区）统一农房管理体系。优化设置学校安全机构、干部保健机构和卫生应急机构，调整优化疾病控制机构编制，提高应对突发重大公共卫生事件能力和干部保健能力。健全热线管理和政务服务便民机构，增强人员力量，发挥网络问政平台倾听民声、凝聚民智、汇聚民力、服务民生作用。

【行政机关职能体系优化】 2021年，唐山市委编办强化市政府办公室数据管理职责，调整优化行政编制和内设机构，助力唐山经济社会数字化转型升级。调整设置“海绵城市”管理机构，承担“海绵城市”建设管理相关职责，助力“海绵城市”示范城创建工作。不再授权市档案馆行使档案管理行政职能，改由市委办公室行使。健全市委、市政府参事管理机构，为市委、市政府决策提供体制机制保障。健全军民融合发展机构，推动唐山军民融合发展。加强基层统计工作，明确乡镇街道统计职能，配齐统计人员。理顺信息化协调规划职能，解决改革遗留问题，实现上下对口衔接。调整优化市公安局驻京机构、特巡警机构和刑事侦查机构有关职责，增强看守所人员力量，适应履职需要。

【部门权责清单编制】 2021年，唐山市委编办在全省率先将权责清单面向社会公开，提前完成市县两级政府部门权责清单编制工作，通过省委编办关于权责清单专项督导考核并得到好评。中央编办对唐山市委编办权责清单制度建设工作给予肯定，经验做法在中央机构编制网刊载。印发《唐山市权责清单动态管理办法》，健全完善权责清单动态调整机制和操作规范，清单管理工作实现动态化、制度化、常态化。按照“公开透明、便企利民”原则，依托政府门户网站、各部门门户网站、机构编制网、移动终端设备、政务服务电子显示屏及时对外发布、更新权责清单，拓宽公开渠道，以直观简捷方式为公民、法人和社会组织办理业务提供权责依据。

【综合行政执法改革】 2021年，省委编办批复唐山市5个领域综合行政执法机构规格调整为副县级。市委编办参与市农业农村局、市交通运输局、市文旅局、市市场监管局、市生态环境局5家单位规范综合行政执法工作，完善执法事项，健全执法机制，提升执法能力，完成5个领域综合执法改革任务。组织市直相关部门和各县（市、区）对综合行政执法改革落实情况“回头看”，破解多头执法、重复执法、执法扰民等问题，构建综合执法体系。深化应急管理综合行政执法改革，实行“局队合一”机制，落实改革涉及机构设置、职责调整、编制划转等工作，提升安全防范能力。

【开发区管理机构整合】 2021年，唐山市委编办按照省委编委《关于规范开发区管理机构促进开发区创新发展的实施方案》等文件精神，对全市各开发区（功能区）管理体制和管理机构情况调研摸底，征求意见建议，起草《唐山市整合规范开发区管理机构促进开发区创新发展工作方案》。按照市委、市政府主要领导批示要求，采取多种形式向省委编办请示汇报争取支持，绝大部分意见建议被省委编办采纳。起草《关于完善开发区干部人事管理体制推进薪酬制度改革的实施意见》，从严审定高新、海港、芦台、汉沽4个开发区人事薪酬制度改革实施方案，最大限度提供岗位数量，为开发区人事薪酬制度改革提供保障。

【乡镇和街道改革】 2021年，唐山市委编办按照省、市领导在省委编办《关于深化乡镇和街道改革检查验收工作情况报告》上批示精神，结合唐山实际列出10项问题清单，明确责任单位和完成时限，以乡街改革领导小组名义印发文件。完成整改后联合市直有关部门开展多轮检查，取得督导成效。巩固完善乡街改革成果，加强党对基层治理全面领导，理顺县乡权责关系，提升基层审批服务水平，规范基层综合行政执法，实现基层治理体系和治理能力现代化。

【公益类事业单位调研】 2021年，唐山市委编办印发《关于对公益类事业单位进行全面调研的通知》，从5月份起对市本级承担公益服务职能事业单位（高校、中小学、幼儿园、公立医院除外）全面调研，对涉及民生保障、安全生产、信访稳定、生态环境和调整机构编制事业单位进行现场调研，摸清市本级公益类事业单位机构、编制、人员、经费形式及职能履行情况，为公益类事业单位改革打基础。年内，完成市本级22个主管部门所属195家事业单位调研任务。

【行业编制资源优化】 2021年，唐山市设立跨介质科学与系统研究院，加挂“清华大学跨介质科学与系统实验室”牌子，市委编办按时完成机构编制调整工作。市委编办年内为华北理工大学冀唐学院与唐山职业技术学院合并转设补充编制258名，为市县两级疾控中心增加财政性资金基本保证事业编制407名，为唐山市食品药品综合检验检测中心创建部级质检中心调剂增加财政性资金基本保证事业编制23名，理顺和规范内设机构设置。统筹中小学教职工编制管理，建立教育系统编制周转池，将各县（市、区）、市管开发区（管理区）教育系统空余编制统筹注入周转池，形成动态流转机制，保证周转池编制循环使用，实施空编资源共享。2020年周转池编制总量为5056名，2021年周转池编制总量为4054名。截至11月底，唐山各县（市、区）中小学教学职工编制全面达标，为教育系统补充编制1158名。

【机构编制管理】 2021年，唐山市委编办将《中国共产党机构编制条例》《中共河北省委机构编制管理规定》纳入市委党校主体班次和全市干部普法内容，加强学习宣传。编印《唐山市机构编制实名制业务办理指南》，提升机构编制实名制管理可操作性和规范化水平，机构编制实名制管理工作位居全省前列。坚守"严禁超编进人"红线，规范办理市直机关事业单位进人报请《机构编制验证单》及相关材料，控制逆向流动和跨系统调动，鼓励人员向基层流动。督促整改选人用人专项检查中机构编制问题，根据"12310"举报线索协调解决问题2个。针对"人员编制和任职单位不一致"问题开展检查、清理，维护机关事业单位人事管理、机构编制实名制管理权威性和严肃性。按照空编运行要求，建立机构编制管理预警机制，对满编、超编和空编较少机关事业单位下达编制使用预警通知单，接到通知单位在预警解除前原则上不得新增人员。

【编制资源使用】 2021年，唐山市委编办完善周转编制使用工作，对于受编制限制不能补充人员、又急需引进补充高层次人才或改善人员结构单位，规范使用周转编制，达到编制使用期限后自动收回，优化改善机关事业单位人员结构，缓解编制供需矛盾，提高编制资源使用效益。对于因改革、任命市管领导干部、政策性安置人员等造成超编单位，直接核定周转编制，不计入单位编制总量，实行单列管理，按照实有人员"出一收一"原则核减，直至全部收回，防止超编进人。综合考虑单位职责任务、空编、人员结构、自然减员、财政供养人数和改革等情况，按照保证重点、服务发展和从严从紧原则，确定公务员招录计划1402名，事业单位工作人员招聘计划5882名，审核定向选调生、"三支一扶"志愿者、公费师范生、选调生等专业人才需求用编计划。

【网上名称管理】 2021年，唐山市委编办制定《唐山市网上名称管理工作办法（试行）》，维护党政机关和事业单位在互联网上权益和权威，为省内唯一、全国领先。推动云平台（地方版）数据录入，打造集聚唐山特色"机构编制文件管理系统"。在西安举办2021年"国家网络安全周"网络安全博览会上，唐山机构编制信息化工作成果在地方编办交流区滚动展示，提升城市形象。唐山市网上名称管理工作受到中央编办通报表彰。

（吴连峰）

信　访

【信访概况】 2021年，唐山市信访系统围绕市委、市政府决策部署，以建党100周年信访稳定为主线，以"事要解决"为核心，畅渠道、听诉求，抓攻坚、化积案，消存量、控增量，为维护全市、全省乃至全国社会稳定作出唐山贡献，受到中联办和省、市领导肯定。年内，全市发生进京访1427批1588人次，批次、人次较2019年分别下降20.5%和40.2%，排全省第二位。其中，发生进京集体访19批107人次，批次、人次较2019年分别下降69%和80%；发生赴省访456批516人次，赴省访批次、人次较2019年分别下降61.7%和69%，排全省第八位。唐山信访工作在全省综合考评中获得"优秀"，省联席办予以通报表彰。

【信访积案包联化解】 2021年，唐山市信访系统把包联化解信访事项作为"我为群众办实事"具体实践，发挥领导"关键少数"作用，化解群众烦忧。市委书记张古江、市长田国良多次作出批示，主动包联重点疑难案件，带头接访、约访、下访、回访，深入基层回应群众诉求，给市县党政领导作出表率。市联席会议第一召集人杨培苏，召集人来广普、陈宇、赵晋进统筹协调，调度部署。在市联席办组织推动下，市县两级领导干部定期在本级群众工作中心公开接访，阅批和处理群众来信，分包重点案件，及时就地化解。第一批省领导包联55个案件、市领导包联240个案件、县级领导包联1411个案件，3月底在全省率先"清零"；第二批省领导包联34件信访事项、市领导包联265件信访事项全部化解报结。省联席办对唐山做法给予肯定，在全省推广。

【信访源头治理】 2021年，唐山市信访系统开展示范县区、"三无"（无越级访、无集体访、无非访）乡镇（街道）评选活动，学习借鉴"枫桥经验""安吉经验"和邯郸成安"零式工作法"，创新源头治理模式，打造滦南县程庄镇、迁安市五重安镇等一批基层化解矛盾纠纷新样板。开展"五型队伍"（忠诚为民型、学习进取型、敬业担当型、规范高效型、廉洁清正型）创建活动，引导全市信访干部改进工作作风，提升能力素质。组织信访业务培训，邀请国家信访局、省信访局专家和业务骨干集中授课，以业务规范、岗位规范、服务规范提升为民服务质量和效能。各级信访干部以人民为中心，树立"三家"意识（把来访群众当家人、把群众来信当家书、把群众上访事项当家事），全年收到群众感谢信200余封、锦旗26面。

【重复信访治理】 2021年，唐山市信访局开展集中治理重复信访化解积案专项工作，市联席办对各重要节点信访保障作出具体安排，各县（市、区）、市直有关部门层层召开会议动员部署，压实责任、强化措施，形成统一领导、多方联动、标本兼治工作格局。落实"五个一"（一个案件、一名领导、一个专班、一套方案、一个化解时限）工作机制，坚持"三重新"（包案领导重新与信访群众见面、重新分析案情、重新研究化解措施），实现"三到位"（将合理诉求解决到位、无理诉求教育到位、生活困难救助到位），中联办第一批交办3851件重复信访事项于6月底全部化解“清零”，第二批交办1115件重复信访事项于年底全部化解报结。

【敏感期信访维稳】 2021年，唐山市信访局在各敏感时间节点按照“三个一切”要求，筑牢多道防线，构建实战化、扁平化、合成化应急指挥体系，坚持左右协调、上下联动，密织巡查网络，灵通信访信息，突出应急处置，各类访情得到及时妥善处理，实现“四个不发生”（不发生进京到非接待场所访、不发生进京集体访、不发生进京出丑滋事问题、不发生群体性事件及信访负面舆论炒作），暑期实现北戴河“零上访”。

【信访专项整治】 2021年，唐山市信访局按照《关于严格落实责任全力解决信访突出问题的工作方案》要求，开展信访突出问题专项整治，引导各有关部门围绕本领域、本系统信访突出问题梳理建账、压实责任，从源头上减少和杜绝信访问题发生。其中，省交办233件涉房问题有203件得到化解，解决一批办证难、入住难问题。启动拖欠农民工工资专项治理，摸排梳理116件欠薪问题，全部纳入治理台账，年内化解112件。

【信访机制创新】 2021年，唐山市信访局制发《关于加强和改进新形势下信访工作的意见》，增强信访工作敏锐性、主动性、时效性、创新性和保障性。市联席办成立专项督导组、联合督导组，深入督导重点案件、重点单位、重点部位，随时发现问题、解决问题，精准开展工作。建立进京访情日通报、周汇总、月倒排通报制度，推动工作被动、问题突出重点县区、部门和单位提高认识、强化措施、改进工作，扭转被动落后局面。建立健全倒查问责机制，凡是发生进京访、回流访并造成严重影响，由市联席办会同纪检监察、组织等部门进行责任倒查。健全完善信访工作考核机制，制定《2021年信访工作考核评分细则》，细化考核指标，定期对标对表，及时查漏补缺，推动信访工作“争第一、创唯一”。

（李泮兴）

老干部服务管理

【老干部服务管理概况】 2021年，唐山市委老干部局贯彻落实全国、全省老干部局长会议精神，全市老干部服务管理工作获得省、市领导批示指示14次，“老党员驿站”建设等8项工作在全省领先。截至年底，全市有离退休干部11.90万人，其中离休干部1852人，退休干部11.71万人。市管离退休干部8.33万人，省部属单位管理离退休干部3.57万人。市管离退休干部中，离休干部1337人，退休干部8.20万人，享受副省级医疗待遇23人，担任过唐山市正厅级实职9人、副厅级实职78人。

【离退休干部思想政治建设】 2021年，唐山市委老干部局采取集中学习、专题研讨、“三会一课”、网上答题等多种形式，组织全市老干部研读习近平“七一”讲话和党的十九届五中、六中全会精神，学习贯彻省、市党代会精神。1月，11个离退休干部党组织被省委老干部局确定为“全省离退休干部基层党组织示范点”。7月，10个先进离退休干部基层党组织和10名优秀离退休干部党员受到省委老干部局通报表彰。9月，召开全市离退休干部党建工作交流推进会。全年创建“老党员驿站”75个，其中县（市、区）65个、市直单位10个。依托离退休干部党支部主阵地举办红色经典朗诵会、书画摄影展、“初心讲堂”等活动，组织老干部结合自身经历讲党史、上党课。

【离退休干部待遇落实】 2021年，唐山市委老干部局运用“燕赵红枫”河北省离退休干部服务管理系统完成数据录入，全市录入离退休干部7.77万人，完成率94.5%，居全省第一。推广关注中组部“离退休干部工作”微信公众号。春节期间慰问副市级实职以上离退休干部89人，发放慰问金18.7万元；中秋节、国庆节、重阳节走访慰问副市级实职以上离退休干部86人，发放慰问金8.6万元；慰问老干部困难户116人，发放慰问金5.8万元。联合市委组织部开展“七一”走访慰问活动，慰问市直离休干部和副厅级以上老干部641人，发放慰问金32.05万元。慰问易地安置和异地居住离休干部23人，发放慰问金4.6万元。新增1家离休干部定点医院，全市离休干部定点医院总数增至30家。3月，提高离休干部床位费标准，普通病房床位费由每天80元提高为150元，监护病房床位费由每天150元提高为200元。10月，组织205名市直机关及企事业离休干部在市中心医院健康体检。帮扶119名市直特困离退休干部及特困离休干部遗属，发放特困帮扶金30万元。调整离休干部无工资收入遗属生活费标准，由每人每月879.6元提高为924元，为138名离休干部遗属发放生活费69.65万元，为49名无工资收入离休干部遗属报销医保费1.41万元，为89名离休干部无工资收入遗属办理冬季免交取暖费手续。

【离退休干部正能量传播】 2021年，唐山市委老干部局把离退休干部党建工作与打造“枫红唐山”正能量品牌相结合，依托各级“老党员驿站”，开展“三个七”（老干部党组织、老干部活动中心、老年大学、老促会、老科协、老年书画研究会、关工委“七大平台”；政治引领、康乐引导、老区帮扶、科技帮带、文化传承、社会治理、关心教育下一代“七大领域”；党的建设、经济发展、扶贫攻坚、基层治理、乡村振兴、培育新人、老干部工作“七个助力”）聚焦聚力工程。组织动员更多老党员、老干部参与关心下一代工作，授予4家企业“特色关爱活动示范点”称号。依托35个法制教育报告团、18个法制教育咨询站，开展党史宣讲380场、文艺演出270场，举办书画展35场，组织演讲、故事会、读书征文活动810场（次），受教育青少年20万人次。组织实施老区帮扶项目311个，市、县两级投入财政资金2583万元，带动社会各界投入1.08亿元，帮扶项目全部验收合格，省老促会授予唐山19个老区村“革命老区振兴发展示范村”“革命老区红色旅游教育基地”称号。

【离退休干部学习阵地建设】 2021年，唐山市委老干部局在保证疫情防控达标前提下，市老干部活动中心分批开放活动场地。开展庆祝建党100周年系列活动，组织“俏夕阳”等7个老干部文体团队举办“戏曲进社区”“红心永向党”文艺演出、老干部征文座谈会、老干部文体友谊赛、老年书画展。市老年大学开设教学班195个，招收学员6500余人。开通网上报名系统，缓解老年学员排队报名现象。扩建和新增教室3间，扩大教学面积400平方米。探索新教学方式，举办公开课50场，新增设朗读、陶笛、手机摄影等课程。举办建校30周年成果展览，编印唐山市老年大学建校30周年纪念册《卅载育桃李 盛世谱新篇》。

【老干部局自身建设】 2021年，唐山市委老干部局制定《中共唐山市委老干部局2021年落实全面从严治党主体责任实施方案》《中共唐山市委老干部局关于开展党史学习教育的工作方案》，印发《中共唐山市委老干部局意识形态工作责任清单》。组织全局党员干部和职工在爱国主义教育基地参观学习，召开党史学习教育专题生活会。规范执行文件收发传阅、档案管理和保密工作制度，所有重大事项、各种费用支出一律经局务会研究决定执行。年内，1名干部职级晋升、7名科级干部转正，招录四级联考公务员3人，遴选公务员1人，安置退伍士兵1人，关工委整体划转机关3人。

（李大源 戴会利）

保　密

【保密概况】 2021年，唐山市委保密机要局在市委及市委保密委、市密码工作领导小组领导下，贯彻落实习近平关于保密机要工作指示精神及党中央和省委、市委决策部署，按照市委工作思路和党办系统要求，围绕中心、服务大局，完成全年各项保密工作任务，被省委保密机要局评为保密机要业务考核优秀单位。坚持“学习成长型、直面问题型、目标导向型、结果导向型、积极主动型”干部成长导向，年内完成2名县处级干部职级晋升，指导督促县区配齐配强县级保密机要局局长，有针对性地培养讲政治、懂法律、懂技术、善管理保密机要专业人才。

【保密教育培训】 2021年，唐山市委保密机要局按照市委要求，结合疫情防控实际召开市委保密委（扩大）会议、自查自评现场座谈会议，采取书面自学、上门讲座、现场“一对一”指导、视讯会议研讨等培训方式，组织开展定密责任人培训、涉密人员培训、县区保密机要局长培训和机关单位讲座培训，受训人员3000余人次。在“4·15”全民国家安全教育日和“12·4”国家宪法日开展《保密法》《密码法》宣传教育活动，发放宣传资料和宣传品2万余份，推动《保密法》《密码法》宣传进机关、进院校、进企业、进社区。组织开展庆祝中国共产党成立100周年保密宣传教育活动，征集各类作品111件，短视频《弘扬大钊精神 传承红色基因》受到省局表彰。

【保密监督检查】 2021年，唐山市委保密机要局把保密自查自评督查和专项保密检查作为重点任务，落实保密行政执法制度，实现以查促防、以查促管、以查促教、以查促改。开展保密检查和各类监督检查，结合新冠疫情防控期间保密管理要求，在全市机关、单位自查整改基础上，督查检查市直单位及县（市、区）直单位33家，发送保密检查整改督办告知单33份，及时消除失泄密隐患。开展专项保密检查，对高考、成人高考、自学考试、医师资格考试、护士资格考试等国家和省统一考试进行保密指导检查，实地查看试卷保密室安全防护措施，规范试卷保密室保密管理，现场查验组织实施过程，保障试卷安全。

【保密监管与服务】 2021年，唐山市委保密机要局加强日常保密监管，完成上年度全市定密事项、定密责任人员统计，规范定密责任人备案工作。组织并指导机关单位完成涉密岗位、涉密人员确定及等级划分，加强涉密人员上岗前审查、在岗在职及离岗离职全过程管理，协调相关县区承办国防、军工等单位转入涉密人员脱密期管理。加强网络保密监测监管，组织实施“056平台”升级改造，分析整理互联网终端敏感信息，制发核查处理通知5期，指导督促有关单位限期整改。强化保密服务保障，为市委、市政府重大会议活动提供保密防护保障服务23次，为全市党政机关销毁涉密纸介质100余吨、磁介质（硬盘、U盘）400余块、光盘1万余张。

（李文浩）

党史研究

【党史研究概况】 2021年，唐山市党史系统实施“红色引擎工程”，在党史征编、专题研究、宣传教育、资政引领和队伍建设方面取得成效。市委党史研究室带领全市党史系统完成出版和编写初稿41部；举办专题展览、知识竞赛10余场，受众15万人次；印发专刊千余册（期），刊发宣讲作品百余篇，制作视频近百部，开展宣传活动50余场，开设专栏10余个。组织开展党史学习教育专题宣讲，“红色向导”活动、深化李大钊研究合作和发挥“红色向导”作用助力党史学习教育工作，3次得到中央党史和文献研究院肯定并予以报道；拍摄《壮丽征程》——“唐山党史大讲堂”系列讲座影视资料被中央党史和文献研究院评为影视音像作品类三等奖；撰写《致敬邓培 致力兴唐》被中国历史唯物主义学会评为优秀理论成果一等奖，并入选国家级刊物《党的基层建设与思想政治工作成果汇编》。围绕庆祝建党百年组织撰写20余篇资政文章，在《河北日报》等报刊刊发，得到省委党史研究室肯定。在全省庆祝中国共产党成立100周年活动中，被省委党史研究室、河北省中共党史学会评为“优秀组织奖”；在全省党史系统网络信息报送工作中被评为“先进单位”；在“红色引擎工程”中，“红色向导”“红色使者”专题活动被省委宣传部评为“2020年度全省宣传思想文化工作创新案例”；《党史博采》宣传工作在全省位列第一，受到省委党史研究室通报表扬。市委领导和分管领导全年批示52次，相关市领导签批意见11次，对全市党史工作予以肯定。

【党史资料征编】 2021年，唐山市党史系统编写出版献礼专著10部，其中市委党史研究室编写出版《新时代唐山发展实录》《唐山革命人物》和《新编李大钊史事钩沉》3部，指导县级党史部门编写出版7部。编写出版常规著作31部，其中《中共唐山年鉴（2021年卷）》于年底出版；协助发行《冀东抗战史话》，为全市党员干部党史学习教育提供辅导教材；指导县级党史部门编写出版地方党史基本著作、中共地方年鉴、大事记、组织史等18部，编写完成初稿11部。完成省委党史研究室征编任务，按时报送《中共河北年鉴（2021年卷）》唐山市相关资料，按时报送省委党史研究室《脱贫攻坚口述史》丛书（河北卷）唐山部分资料（李占民个人事迹），征集、整理、报送河北省“庆祝建党100周年河北党史图片档案文献展”唐山参展照片，在省委党史研究室“复兴之路上的河北实践”征文活动中上报文章21篇。

【李大钊精神学习研究】 2021年，唐山市委党史研究室与中国李大钊研究会建立联系，深化李大钊研究合作，取得新成果。组织召开专题座谈会，起草并以市委名义印发《关于加强与中国李大钊研究会合作深入开展李大钊研究工作的方案》，与唐山师范学院、唐山学院和市委党校合作编写《李大钊的青少年时代》《李大钊与唐山地区党的建设和工农革命运动的兴起》和《李大钊与故乡》3部研究专著。6月21日，与中国李大钊研究会在唐山市乐亭县召开“学习李大钊精神”研讨座谈会，在乐亭县建立中国李大钊研究会唐山教研基地，签署基地共建协议，为研究学习李大钊精神、传承发扬红色文化搭建新平台，促进党史研究深度合作。

【资政专题研究】 2021年，唐山市委党史研究室围绕庆祝建党百年和党史学习教育开展资政研究，研究室班子成员带头撰写资政文章近20篇，其中《唐山党组织百年辉煌历程简述》《百年唐山党史 鉴今资政育人》等文章在《河北日报》《共产党员》《唐山劳动日报》刊发，得到省委党史研究室肯定。县级党史部门撰写刊发资政文章近30篇。开展李大钊精神专题研究，撰写《李大钊在唐山的建党实践及其意义》《弘扬李大钊精神 领航高质量发展》《李大钊对“初心”坚守的新时代价值》等10余篇专题研究文章，在李大钊专题研讨会上交流发言。指导各县（市、区）挖掘本地红色资源，结合实际深化“红色精神”资政研究。4月8日，在遵化召开“红色精神在唐山”现场会，部署“红色精神”品牌创建工作，发挥党史“红色向导”作用，形成“一县一品牌”局面。

【党史宣传教育】 2021年，唐山市委党史研究室与市档案馆联合举办党史档案文献暨唐山党史图片展，112家单位近6000人次参观。指导县级党史部门举办庆祝建党百年党史图片展5场，3万余人次观展。与融媒体合作录制党史访谈节目，与河北广播电视台合作录制献礼系列专题片《河北出了个李大钊》。在全市征集党史故事短视频，上报短视频8条，参与录制《红色征途》等系列电视片。指导县级党史部门协助拍摄专题片、短视频80余部（条），举办党史宣传展演50余场。开展“红色使者”志愿宣讲活动，联合相关部门组织“小手拉大手”“童心向党”宣讲作品征集，刊发作品100余篇。开展“学党史、知党情、跟党走”——唐山市庆祝建党100周年党史知识竞赛，9万余人参与答题。指导4个县级党史部门举办知识竞赛，近万人参与答题。与市电台合作开办“红色使者讲故事”专栏，在公交车上发布“唐山党史”微信公众号二维码，在唐山党史网和“唐山党史”微信公众号开设专栏，以“庆祝中国共产党成立100周年”等为主题编辑出版《唐山党史》专刊4期，《党史博采》宣传征订工作居全省第一。县级党史部门开设“党史之窗”“红色记忆”等宣传专栏9个，编辑出版专刊1745期（篇）。

【党史研究著作编写】 2021年，唐山市各级党史部门把党史研究作为第一要务，党史基本著作编写出版工作位居全省前列。市委党史研究室推进市级党史三卷本初稿编写工作，查阅补充资料，加大督导力度，及时了解困难，研究解决方案。县级党史三卷本编写，滦州市年内完成出版，古冶区完成部分初稿，迁安市、遵化市、丰润区、曹妃甸区启动搜集资料，其他8个县（市、区）开展启动前工作。12个县（市、区）（古冶、遵化、滦州、丰南、迁西、乐亭、迁安、曹妃甸、路北、滦南、丰润、玉田）完成县级党史二卷本编写出版，对未完成出版任务2个区加大督导力度。重修县级党史一卷本，7个县（市、区）（遵化、滦州、滦南、古冶、迁安、乐亭、曹妃甸）完成修订任务，丰南区进入出版程序，丰润、玉田、路北处于初稿阶段，其他有重修任务县区启动谋划。

【党史学习教育】 2021年，唐山市各级党史部门组织党史学习教育集中宣讲，市委党史研究室制发全市党史专题宣讲总体安排，组建专家宣讲团，印发宣讲提纲，建立配套制度，深入基层指导，确保落实见效。整理编发《党史学习教育参考资料》，为相关单位提供《中国共产党唐山历史》第一卷、第二卷等数百部参考书籍，提供《中国共产党唐山历史概述》等多篇服务宣讲理

唐山市各级各单位以多种形式组织开展党史学习教育。图为海港经济开发区“红色电波大篷车”宣讲员在“移动课堂”传播党史知识。 杨世尧 摄

论文章，获得市委领导肯定性批示。研究室领导班子成员应相关单位邀请，多次深入机关、企业、社区等基层单位实地宣讲，弘扬唐山革命精神。组织开展全市党史学习教育专题宣讲3.2万场，受众391万人次。各县级党史部门参与本地宣讲，为全市党史学习教育发挥基层作用。

【党史研究队伍建设】 2021年，唐山市委党史研究室树立政治机关意识，学习贯彻党中央和省委、市委决策部署，把讲政治贯穿党史工作全过程、各环节，管控和防范意识形态风险，加强模范机关建设。把学习贯彻习近平新时代中国特色社会主义思想作为首要政治任务，市委党史研究室全年组织集中学习22次，开展专题研讨7次，组织集中宣讲4次。开展基层党组织达标创先活动，严肃党内组织生活，落实“三会一课”制度和班子成员双重组织生活制度，开展党员进社区“双报到”活动，组织讲党课活动5次、主题党日活动和重温入党誓词活动3次，召开民主生活会、组织生活会5次。落实全面从严治党主体责任、室主任第一责任人责任和班子成员“一岗双责”责任，全年4次专题研究全面从严治党暨党风廉政建设工作，在全市党史系统开展“晒比促”活动，形成比学赶超、创先争优氛围。开展纠正“四风”和作风纪律整治，形成风清气正政治生态。

（袁卫东）

党　校

【党校概况】 2021年，唐山市委党校（唐山行政学院）以庆祝建党100周年为主线开展党史学习教育，学习贯彻习近平总书记“七一”讲话和中央十九届六中全会精神，以打造一流党校为目标，在教学、科研、咨询、队伍建设、行政后勤管理、党校迁建项目方面实现新突破。市委书记、市长等9位市委常委在春季主体班为学员授课，为市委党校历史上首次。落实省委党校要求，率先完成市县两级教学比赛任务，完成省委党校科研优秀课题数量在全省党校系统排名第一，入选省委组织部、省委党校“四个一”工程（开发一门精品课程、编写一个教学案例、推荐一名教学名师、建设一个现场教学点）优秀名师和优秀课程数量分别排在全省市级党校第一位和第二位。咨询报告得到市委书记张古江和市长田国良签批，受到市委组织部部长张旭肯定性批示。市委党校作为甲方自主跑办迁建项目，加快工程进展，市委书记张古江出席项目开工仪式。

【党校教育培训】 2021年，唐山市委党校把学习习近平新时代中国特色社会主义思想作为教学中心内容和首要任务，突出“主业主课”，提高办学质量。举办县级干部进修班和优秀青年干部培训班2次，培训学员196人。举办市社会主义学院民主党派新一届领导班子和基层组织负责人党史学习教育专题培训班1次，培训学员160人。配合市委组织部举办学习贯彻党的十九届五中全会精神专题研讨班和全市换届后市、县、乡领导班子成员培训班，选派26名带班人员参与管理，培训学员933人。承接市委组织部等单位各类培训班17班次，培训学员2100人。落实党政领导干部在党校讲课、作报告和与学员座谈制度，14位市领导为主体班学员讲课。推行名师名课进课堂，邀请全省党校系统精品课获得者、省委党校副校长李胜茹，省委党校政法教研部主任哈伯先，市县党校获得全省“四个一百”工程教学名师以及7位专家型领导为学员授课。深化教学改革，创新教学模式，推出《让“穷棒子精神”在乡村振兴中再放光芒》《英雄唐山的精神丰碑——鲁家峪抗日根据地》等5堂案例教学课和现场教学课。加强信息化建设，在疫情防控常态化形势下，建设视频会议系统，保障线上教学，丰富教学形式。按照省委组织部、省委党校（行政学院）《关于开展全省县级党校（行政学院）建设“四个一”工程的实施方案》要求，按时完成市县两级党校“四个一”工程申报、审核和汇总上报。

【党校教研成果】 2021年，唐山市委党校确立市级及以上课题44项、校级科研课题10项、咨询课题5项，完成课题结项29项，校级科研咨询课题结项8项。提高《唐山党政干部论坛》刊物质量，围绕习近平新时代中国特色社会主义思想、中国共产党建党100周年开设专栏，发表文章42篇。选派骨干教师24人次参加全市党史学习教育、习近平“七一”讲话精神和十九届六中全会精神宣讲，宣讲覆盖6个县（市、区）、2个开发区以及市直机关、高等院校和国有企业。发挥智库作用，服务党委、政府决策，市委党校多位教授受聘于市人大、市政协咨询委员会，参与人大监督、法律监督、政协参政议政、政府问政等工作，参与部门课题研究。组织专人围绕市十一次党代会报告撰写解读文章，在《唐山劳动日报》刊发解读文章11篇。在市委十一届三次全会后，组织专人在《唐山劳动日报》专栏刊发解读文章6篇。教研人员全年出版专著3部，发表论文95篇，其中核心期刊3篇、《经济日报》1篇、省级以上刊物58篇，其他媒体刊发22篇，4项校级科研咨询课题获得市领导批示。

【党校师资队伍建设】 2021年，唐山市委党校通过“线上+线下”方式组织教师参加各类师资培训，全年培训师资534人次，实现全员轮训、应训尽训。年内，调入“参公人员”和教师11人，其中参照管理人员交流3人，公务员招录4人，自主选聘教师2人，选调生调整交流2人。树立正确选人用人导向，注重选拔优秀年轻干部，改善中层干部队伍结构，4名45周岁以下干部提任科级领导，9名干部职级得到晋升，一批“80后”“90后”年轻干部得到任用。

【党校制度建设】 2021年，唐山市委党校加强财务内控管理，邀请第三方审计机构进行财务审计，全面审查和评价2019年至2021年5月财务状况及内部控制情况，审计结果符合财务管理规定。贯彻落实中央八项规定要求，规范公务用车、公务接待。落实疫情防控各项要求，严格执行门禁管理、人员外出审批以及消防设施定期检查更换等项制度，保障校园安全。完善科研管理制度，制定《中共唐山市委党校（唐山行政学院）关于加强新型智库建设推进科研咨询工作高质量发展的实施办法》，修订完善《中共唐山市委党校（唐山行政学院）科研咨政课题管理办法》，研究制定《中共唐山市委党校（唐山行政学院）2021年度科研咨政课题指南》。强化学员管理，将中组部《关于在干部教育培训中进一步加强学员管理的规定》和省、市关于学员管理规定作为学员入学教育重要内容，建立学员培训纪律承诺制度，签订《学员入学承诺书》《异地教学纪律承诺书》。采取上课限时签到制，学员手机在上课时间集中存放，禁止随意走动。加强网站运营管理，制定《党校网站管理办法》，聘请第三方公司进行网络风险检测评估。规范图书管理，完成3.34万册图书电子录入，实现电子查询借阅。

【党校机关党建和精神文明建设】 2021年，唐山市委党校加强党支部建设，对2个先进党支部、10名优秀共产党员、3名优秀党务工作者予以表彰，2名共产党员、1名党务工作者及1个党支部受到市直机关工委表彰。加强党支部书记考核，考核党支部书记履行党建工作第一责任人职责、推进“两学一做”学习教育情况。加强党员教育监督管理，贯彻落实《中国共产党党员教育管理工作条例》，召开专题组织生活会，开展“三会一课”、主题党日活动。深化机关精神文明建设，围绕年度精神文明创建目标和任务，利用校园宣传栏、广告牌等载体宣传文明新风，宣传道德模范。举办“节能宣传周和低碳环保日”“我们的节日”等主题活动，开展党员进社区“双报到”志愿服务活动以及文明交通、文明餐桌、网络文明传播活动，组织教职员工参与中央党校图书和文化馆“阅百年历程 传精神力量”“世界读书日”线上诵读活动。

【党校基础设施与后勤管理】 2021年，唐山市委党校开展校园环境整治，改造自行车棚，重铺地面和棚顶，增加电动车充电箱。组织专业绿化队伍修剪维护院内乔木，提升校园绿化形象。完成校园消防水管维修、综合楼玻璃幕墙防水、综合楼洗衣房热力站屋顶防水、食堂后厨安装视频监控等多项维修改造任务，保证基础设施正常运行。优化物业服务管理，加强日常检查和定期抽查。对物业公司重新招标，针对物业服务问题多次约谈物业公司负责人，在组织管理和服务质量方面提出要求。加强国有资产管理，对部分闲置房屋按规定完成租赁手续，增加租户2个，增加租金收入8.42万元。于11月底完成100余台电脑和外设终端更换工作。完成党校迁建项目设计施工EPC总承包、临时水电工程、清表土方工程、全过程造价咨询服务、工程监理、项目管理全过程咨询服务、工程检测、2021年物业外包共计8项政府采购备案。

【党校疫情防控】 2021年，唐山市委党校组织教职员工进行24轮核酸检测，检测人员3600人次，全校124人接种新冠疫苗。坚持重点部位人员体温检测，在校门口和综合楼加装人脸识别测温系统，密切监控人员密集场所。按照市防控办要求，定期对校园全面消杀，落实办班提前报备、每日体温登记、坚持“双码”联查和日常消杀等各项防控措施，组织人员不定时检查各租户班次防疫情况及消防安全情况，在管控期间严禁开办各类培训班。

【党校系统业务指导】 2021年，唐山市委党校制定《关于开展2021年部分县级党校（行政学校）办学质量评估的工作方案》，成立工作组实地评估迁安、遵化2所县级党校，形成评估意见。配合省委党校完成对市委党校办学质量预评估工作，建立整改台账，逐条明确责任领导和责任处室落实整改。按照省委考核办“将党校（行政学院）工作纳入绩效考核目标”要求，市委党校按季度开展考核评估，梳理评估结果，督促县级党校针对问题研究改进，推动落实绩效考核目标。落实省委党校《关于建立省市党校包联帮扶县级党校工作机制的通知》要求，成立工作组和教师指导组，配合省委党校对县级党校开展帮扶，各县（市、区）委党校独立完成2021年科研项目选题，20项课题得到省委党校立项。组织全市党校系统开展“学党史·开新局暨庆祝中国共产党成立100周年”征文活动，收到征文作品81篇，评出一等奖6篇、二等奖10篇、三等奖22篇，迁西县委党校等5所党校获得组织奖。按照《河北省市县党校（行政学院）基础设施建设3年规划（2020～2022年）》要求，市委党校对全市14个县（市、区）党校基础设施建设分类分期督导调度，截至年底，乐亭县委党校新校投入使用，迁安市委党校新建进度过半，玉田、曹妃甸、滦州3所党校年内开工，另有4所党校谋划选址，5区党校与市委党校联建。组织全市党校系统开展教学比赛，评出县（市、区）党校组一等奖1名、二等奖2名、三等奖3名、优秀奖8名，推荐第一名参加全省党校（行政学院）系统教学比赛。

【党校新址迁建】 2021年5月25日，唐山市委党校迁建项目正式开工。项目位于丰南区惠丰湖西南侧，占地面积9.91公顷，总建筑面积11.73万平方米，主要建设内容包括：教学楼、学员楼、教研楼、报告厅、

5月25日，唐山市委党校迁建项目开工仪式在丰南区举行。 刘洪超 摄

学员餐厅、文体馆、学员服务大厅、配套用房、地下车库、室外及配套工程等。截至年底，项目各单体建设进度为：1# 教学楼 1 层顶板钢筋绑扎完成；2# 教学楼 1 层混凝土浇筑完成；3# 教学楼东段 1 层顶板钢筋绑扎，西段 1 层顶板浇筑完成；4# 教学楼 1 层顶板钢筋绑扎；600 人报告厅 1 层顶板钢筋绑扎；教研楼 2 层混凝土浇筑完成，小报告厅 1 层顶板支模；学员餐厅西段首层混凝土浇筑完成，东段首层梁柱支模；文体馆 1-8 轴负 1 层混凝土浇筑完成，8-12 轴负 1 层顶板钢筋绑扎；1# 学员楼 4 层混凝土浇筑完成；4# 学员楼 6 层混凝土浇筑完成，主体结构封顶；5# 学员楼 5 层混凝土浇筑完成，主体结构封顶；6# 学员楼西段 6 层顶板支模，东段主体结构封顶；地下车库 31 个流水段，其中 29 个流水段垫层防水施工完成，29 个流水段筏板浇筑完成，24 个流水段顶板浇筑完成。

（唐雅静）

档案管理

【档案管理概况】 2021 年，唐山市档案馆被国家档案局评为“国家级数字档案馆”，成为省内首个市级“国家级数字档案馆”。市档案馆不再行使档案管理行政职能，改由市委办公室行使；撤销市档案馆业务指导法规处，在市委办公室设立档案事业处和执法监督处。全年接待查档利用人员 930 人次，调阅实体档案 1844 卷，接待电话咨询 625 人次，回复率和满意率均为 100%。“唐山与河北省各地级市档案馆开展跨馆联动”经验在全省各级国家综合档案馆馆长联席会上推广，与张家口等 5 市签约婚姻档案跨馆查询服务。市档案馆联合省内 174 个综合档案馆搭建异地跨馆查询利用平台，推动查档服务从市际异地查档升级为省际跨馆联动，与北京市海淀区和天津市河西区、宁河区档案馆签订婚姻档案异地跨馆利用协议。接收 76 家市直单位 2001 ～ 2009 年度档案 20.99 万件 2305 卷，接收照片和胶片档案 236 张、市疫情防控档案 7800 件、市脱贫攻坚文书档案 3466 件，征集唐山援鄂医护人员照片档案 944 张。整理更新馆藏报纸、杂志档案目录，整理馆藏干部档案 2842 卷，录入干部档案电子标签 2103 卷，更新馆藏档案资料目录 120 本，著录、粘贴珍品库及 7 号库房电子层架标签。开展市直机关、企事业单位“十四五”档案目标管理认定复查，检查验收 2020 年度档案立卷质量，指导机关、企事业单位档案业务，围绕脱贫攻坚和疫情防控举办档案业务培训班 4 次，接受培训 400 余人次。市纪委监委通过档案目标管理 AAAAA 级认定，成为档案机构改革和新办法修订后全市第一家 AAAAA 级认定单位。安可替代项目通过验收，系统具备运行功能。开展微信泄密专项整顿行动，贯彻落实省档案局《关于进一步加强当前全省档案安全工作的通知》要求，加强馆库设施设备安全管理，定期备份库房温湿度数据，不定期排查安全隐患，筑牢档案安全防线。

【档案信息化】 2021 年，全省各级国家综合档案馆馆长联席会议在唐山举办，为此种规格会议首次在地级市召开。唐山市档案馆在会上介绍创建“国家级数字档案馆”历程，唐山市数字档案馆项目以省内最高分 89.6 分通过验收，被国家档案局批准为“国家级数字档案馆”，成为河北省首个市级“国家级数字档案馆”。经过 5 年多时间创建，市档案馆建成以“两个平台、四张网络、五个资源库”（档案安全保护一体化平台、数字档案馆综合管理平台，局域网、互联网、政务网、管理网，接收库、管理库、保存库、利用库、采集库）为核心档案信息化工作体系。截至年底，累计完成纸质档案数字化 26.79 万卷，纸质档案数字化率 92%；录入目录 7.51 万条，目录数据实现 100% 著录；完成 87 盒录音带和 45 盒录像带数字化转换编辑工作，录音录像档案数字化率 100%；接收电子档案 8.84GB、数字档案 176.40GB。

【档案开发利用】 2021 年，唐山市档案馆编纂完成《唐山市政协历届委员会第一次会议资料汇编（1955 ～ 2021）》，并在内部出版。启动编写《唐山市大事记（2011 ～ 2015）》，全年摘录《唐山劳动日报》大事条目 1636 条 11.4 万字。在全省 2020 年度档案优秀服务成果奖评审活动中，唐山市档案馆获优秀组织奖。年内，获省学会档案优秀服务利用成果奖 52 项、学术研究成果奖 44 项，上报省 2021 年度经济科技档案资源开发利用案例 9 项，由省档案局向国家档案局推荐案例 2 项，1 项获得国家档案局优秀案例二等奖。

【档案社会宣传】 2021 年，唐山市档案馆利用“‘6·9’国际档案日”开展新版《档案法》宣传，组织全市档案系统参加国家档案局《档案法》答题活动。开展“档案话百年”征文活动，组织“第八届十佳家庭档案”评选表彰，优化“唐山档案”微信公众号，在全国档案微信公众号总榜排名第 38 位。配合中央广播电视总台第 9 频道在市档案馆取材拍摄纪录片《百年红档》，配合河北省档案馆制作系列党史教育视频公开课《誓言无声》，市档案馆参与拍摄第六集《堡垒》。

【档案馆队伍建设】 2021 年，唐山市档案馆被省委、省政府评为“2018 ～ 2020 年度省级文明单位”，被市委、市政府评为“2018 ～ 2020 年度市级文明单位”，被市直机关工委评为“2021 年度机关党建工作综合考评优秀单位”“2021 年度市直机关先进基层党组织”。年内，市档案馆多次召开全体干部职工大会和理论学习中心组（扩大）会议，学习贯彻习近平对档案工作批示精神，学习省市档案工作会议要求和十一届市委常委会第一次（扩大）会议精神，落实领导班子中心组理论学习和机关每周学习日制度。开展“我为群众办实事”实践活动和“达标创先”“双创一争”活动，制定领导班子“全面从严治党主体责任清单”，建设勤政廉政机关和文明机关。组织机关全体人员参加国家档案局《“十四五”全国档案事业发展规划》公益大讲堂线上讲座，组织新《档案法》闭卷考试。10 月中下旬，先后举办各县（市、区）档案人员岗位培训班、机关团体和企事业单位档案业务培训班，200 余名档案管理人员参加，培训内容包括新《档案法》解读、文书档案、会计档案、照片档案、光盘档案、纸质档案数字化及新《河北省机关档案工作目标管理认定办法》解读等课程。

【档案馆专题展览】 2021年6月28日，中共唐山市委在市档案馆举办“庆祝中国共产党成立100周年‘不忘初心、牢记使命’党史档案文献暨唐山党史图片展”，由市委办公室、市委党史研究室、市档案馆共同承办。市档案馆制作中央档案馆档案文献仿真复制件214张，建成党史学习和爱国主义教育活动平台。截至年底，展馆接待社会各界逾6000人次参观展览。

（张　扬）

2021年唐山市委重要文件

表4

文件号	标题
唐发〔2021〕9号	中共唐山市委、唐山市人民政府关于全面推进乡村振兴加快农业农村现代化的实施意见
唐发〔2021〕17号	中共唐山市委关于全面加强新时代少先队工作的实施意见
唐发〔2021〕20号	中共唐山市委关于印发《唐山市法治社会建设实施方案（2021～2025年）》的通知
唐发〔2021〕26号	中共唐山市委、唐山市人民政府关于深入实施新时代“凤凰英才”计划加快建设高质量人才强市的意见
唐发〔2021〕28号	中共唐山市委关于印发《唐山市“牢记嘱托当先锋　英雄城市党旗红”基层党建示范引领三年行动计划》的通知
唐发〔2021〕29号	中共唐山市委贯彻落实《中共河北省委贯彻落实〈中共中央关于党的百年奋斗重大成就和历史经验的决议〉的意见》的意见
唐发〔2021〕30号	中共唐山市委关于认真学习宣传贯彻省第十次党代会精神的通知
唐发〔2021〕33号	中共唐山市委、唐山市人民政府关于印发《唐山市综合立体交通网规划纲要》的通知
唐字〔2021〕3号	中共唐山市委、唐山市人民政府关于印发《唐山市2021年民心工程》的通知
唐字〔2021〕9号	中共唐山市委关于追授汤宝俊同志“唐山市优秀共产党员”称号的决定

2021年唐山市委办公室重要文件

表5

文件号	标题
唐办发〔2021〕7号	中共唐山市委办公室、唐山市人民政府办公室转发《市发展改革委关于全力做好下半年经济工作确保经济社会平稳健康发展的建议》的通知
唐办发〔2021〕9号	中共唐山市委办公室、唐山市人民政府办公室关于印发《唐山市深化应急管理综合行政执法改革实施方案》的通知
唐办字〔2021〕1号	中共唐山市委办公室、唐山市人民政府办公室印发《唐山市大气污染综合治理“4+9”工作方案》的通知
唐办字〔2021〕3号	中共唐山市委办公室、唐山市人民政府办公室关于印发《唐山市工业烂尾项目和长期停产企业闲置资产处置攻坚行动方案》《唐山市停减产企业纾难解困攻坚行动方案》的通知
唐办字〔2021〕4号	中共唐山市委办公室、唐山市人民政府办公室关于印发《唐山市2021年向海发展工作方案》等7个工作方案的通知
唐办字〔2021〕6号	中共唐山市委办公室、唐山市人民政府办公室关于印发《唐山市钢铁行业企业环境问题专项治理方案》的通知
唐办字〔2021〕7号	中共唐山市委办公室、唐山市人民政府办公室关于印发《唐山市2021年度政党协商计划》的通知
唐办字〔2021〕8号	中共唐山市委办公室、唐山市人民政府办公室关于印发《唐山市2021年重点地震断裂带周边农村及城镇房屋抗震改造工作实施方案》的通知
唐办字〔2021〕10号	中共唐山市委办公室、唐山市人民政府办公室关于印发《唐山市深化新时代教育督导体制机制改革实施方案》的通知
唐办字〔2021〕13号	中共唐山市委办公室、唐山市人民政府办公室关于印发《“十四五”唐山市档案事业发展规划》的通知

唐山市人民代表大会及常务委员会

TangShanShiRenMinDaiBiaoDaHuiJiChangWuWeiYuanHui

综　述

【人大职能履行概况】2021年，唐山市人大常委会在市委领导下，坚持以习近平新时代中国特色社会主义思想为指导，学习贯彻党的十九大、十九届历次全会以及中央和省委、市委人大工作会议精神，践行“唐山发展、人大尽责”理念，在服务中心大局中强担当，在增进民生福祉中践初心，在接续团结奋斗中开新局。全年组织召开市人民代表大会2次，1月31日至2月2日召开市十五届人大六次会议，8月23～26日召开市十六届人大一次会议。全年召开人大常委会会议10次、主任会议10次，听取审议“一府一委两院”工作报告19项，组织专项工作满意度测评、专题询问5次，开展执法检查、视察调研55次，作出专项决议、决定3项，任免国家机关工作人员221人次。全年制定地方法规1部、修改1部、废止1部（不包含跨年），人大工作取得新成绩。

【人大监督】2021年，唐山市人大常委会开展“4+1”（优化营商环境、农业结构调整、地下水超采治理、公共医疗卫生服务，大气污染治理）联动监督和“6+1”（违法违规圈占土地、违规违建项目、资源能源项目、房地产开发项目、矿山综合治理、地下水超采综合治理，公共卫生管理）联动监督“回头看”。全市三级人大组建186个代表监督小组，3784名五级人大代表参与，实地检查点位1934个，汇总转交政府办理问题线索281个，提出意见建议460条，获得省人大执法检查组肯定。

8月23～26日，唐山市第十六届人民代表大会第一次会议召开。刘洪超 摄

审查批准市“十四五”规划和年度计划预算报告，听取审议半年计划预算执行情况，审查决算报告和预算调整方案，听取审计查出问题整改、行政事业性国有资产管理等情况报告。开展种子“一法一条例”执法检查，维护农业安全；组织人大代表专题考察活动，提出意见建议118条；领导班子成员包联重点项目和企业，解决问题57个。听取市政府对社会养老服务工作审议意见落实情况报告，优化完善养老服务；听取学前教育专项报告，督促各级政府加强学前教育投入和管理。组织三级人大代表视察市政府20件民心工程落实情况，围绕打通城市“断头路”、立体停车场建设、新能源公交车应用开展调研。在全省率先实现街道居民议事制度全覆盖，听取市政府贯彻执行《城市民族工作条例》情况报告，受理群众信访487件次。依法监督人防系统腐败问题专项治理，首次听取市监察委员会专项报告。开展民事执行联动监督，督促市法院解决民事执行中问题。

【人大重大事项表决】2021年，唐山市人大常委会完善讨论决定重大事项年度清单制度，依法作出2个专项决定和1个专项决议，作出批准唐山市2021年市本级预算调整方案决定和关于政府工作报告等各项决议，监督对决定、决议贯彻实施情况。经市人大常委会第43次会议审议通过，《唐山市人大常委会关于加强地下水超采综合治理工作的决定》于2021年4月公布实施，为加强地下水超采综合治理提供法治支撑。市十六届人大常委会第2次会议审议通过《关于加强国有资产管理情况监督的决定》，为规范国有资产管理情况报告工作、增强人大监督实效、健全法律制度和监督机制提供保障。市十六届人大常委会第一次会议审议通过《关于开展第八个5年法治宣传教育的决议》,《决议》对法治宣传教育目标任务、普法责任、重点对象及组织实施提出要求，服务保障法治唐山建设。

【人大代表履职保障】 2021年，唐山市人大常委会首次借助“云端”平台举办全国、省、市三级人大代表培训班，提升代表履职能力。常委会组成人员与170名基层代表建立联系，邀请130余名代表列席市委、市政府会议和人大常委会会议，促进代表知情知政、履职行权。优化代表“掌上履职”平台，建立“代表之家”可视系统，增强代表履职实效。结合选区和代表职业特点，组建39个市人大代表小组，定期开展活动。邀请代表参与执法检查、视察调研，组织三级人大代表集中视察项目建设、乡村振兴等重点工作。发《倡议书》引导全市各级代表带头接种新冠疫苗。依托222个“代表之家”和507个代表联络站，组织代表听民声、汇民意，收集意见建议1.3万条。召开专门会议集中交办年内2次人大会议代表建议404件，并落实办理责任。确定“加快数字经济发展”“推动绿色转型迎接碳达峰”等24件建议，由各专门委员会重点督办，主任会议、常委会会议专题听取建议办理情况报告，所有建议年内全部按时办结，代表满意率、建议落实率实现“双提升”。

【人大常委会自身建设】 2021年，唐山市人大常委会党组落实党的领导各项制度，全年向市委报告重要会议、重要立法、重要活动37次，市委领导给予10次肯定性批示。市委召开人大工作会议，制发关于新时代坚持和完善人民代表大会制度、加强和改进人大工作实施意见，制发关于加强人大对政府债务审查监督实施意见等文件，全年12次研究部署人大工作。市人大常委会把党史学习教育贯穿全年，建立常态化学习机制，常委会领导班子带头宣讲专题党课，全年召开党组扩大会议、中心组学习会议15次，人大机关开展集中学习交流10余次，机关干部撰写学习体会文章300余篇。开展“大学习、大走访、大调研”活动,“人大讲堂”举办5期专题讲座，主任会议成员带队在县区人大、“代表之家”（联络站）调研指导，与“一府一委两院”及相关部门对接沟通，理清工作思路，凝聚发展共识。聘任79名专家组建咨询库，为常委会履职提供人才和智力支撑。

人大立法

【人大立法概况】 2021年，唐山市人大常委会坚持立、改、废并举开展地方立法。制定《唐山市集中式饮用水水源地保护管理条例》，自2021年9月1日起施行，与2020年制定实施《唐山市城市供水用水管理条例》共同构建从饮用水水源到用户“水龙头”完整法规保护链条。修订《唐山市养犬管理条例》，明确养犬实行狂犬病强制免疫制度以及重点管理区内实行养犬登记和年检制度，取消养犬管理服务费，实行“互联网+”平台登记管理，完善养犬管理多元化共治机制。废止《唐山市农作物种子管理办法》。编制5年立法规划和2022年立法计划，连续6轮开展征求意见活动，召开3次协调会议，坚持“开门立法”。《唐山市防灾减灾救灾条例》作为国内首部防灾减灾救灾综合性法规，入选2021年度河北省“十大法治成果”。唐山市在全省地方立法工作会议上作典型发言。听取审议市政府“七五”普法工作报告，落实“八五”普法任务。开展“国家宪法日”宣传活动，组织市十六届人大8个专门委员会组成人员向宪法集体宣誓。修订《唐山市人大常委会关于规范性文件备案审查的规定》，于4月29日经市十五届人大第42次常委会会议审议通过。听取审议备案审查工作报告，全年备案审查规范性文件35件。

【7部地方法规施行】 《唐山市工业遗产保护与利用条例》自2021年1月1日起施行，2020年7月3日市十五届人大常委会第34次会议通过，经2020年9月24日河北省十三届人大常委会第19次会议批准，于2020年9月28日公布，自2021年1月1日起施行。《唐山市防灾减灾救灾条例》自2021年7月1日起施行，2020年12月28日市十五届人大常委会第37次会议通过，经2021年3月31日河北省十三届人大常委会第22次会议批准，于2021年4月6日公布，自2021年7月1日起施行。《唐山市集中式饮用水水源地保护条例》自2021年9月1日起施行，2021年2月2日市第十五届人民代表大会第6次会议通过，经2021年5月28日河北省十三届人大常委会第23次会议批准，于2021年5月31日公布，自2021年9月1日起施行。2020年集中修正《唐山市房地产交易管理条例》《唐山市物业管理条例》《唐山市大气污染防治若干规定》《唐山市文明行为促进条例》4部法规，自2021年4月6日起施行。2020年11月3日市十五届人大常委会第36次会议通过《唐山市人大常委会关于修改〈唐山市房地产交易管理条例〉等4部地方性法规的决定》，经2021年3月31日河北省第十三届人大常委会第22次会议批准，于2021年4月6日公布施行。

【1部地方法规修订】 新修订《唐山市养犬管理条例》自2021年7月30日起施行。《条例》经2021年4月29日市十五届人大常委会第42次会议修订，2021年7月29日河北省十三届人大常委会第24次会议批准，于2021年7月30日公布施行。

【4部地方法规废止】 《唐山市矿产资源开采管理条例》和《唐山市粉煤灰综合利用管理条例》2部法规，于2021年4月6日废止。2020年11月3日唐山市第十五届人大常委会第36次会议通过《唐山市人民代表大会常务委员会关于废止〈唐山市矿产资源开采管理条例〉和〈唐山市粉煤灰综合利用管理条例〉的决定》，经2021年3月31日河北省第十三届人大常委会第22次会议批准，于2021年4月6日公布废止;《唐山市农作物种子管理办法》自2021年5月31日废止。2021年3月3日唐山市第十五届人大常委会第41次会议通过《唐山市人民代表大会常务委员会关于废止〈唐山市农作物种子管理办法〉的决定》，经2021年5月28日河北省第十三届人大常委会第23次会议批准，于2021年5月31日公布废止；《唐山市集中式饮用水水源地保护条例》自2021年

9月1日起施行，同时废止《唐山市陡河水库饮用水水源保护区污染防治管理条例》。

人大重要会议

【市十五届人大六次会议】 2021年1月31日至2月2日召开，应出席会议代表529名，实到代表474名。唐山市第十五届人民代表大会代表名额为540名，2020年7月2日第十五届人大常委会第34次会议代表资格审查时，实有市人大代表523名，后有13名市人大代表出缺，相关选举单位补选市十五届人大代表19名，经市人大常委会代表资格审查委员会审查，确认补选代表资格有效。截至十五届人大六次会议前，市第十五届人民代表大会实有代表529名。大会听取并审议《唐山市人民政府工作报告》《唐山市人大常委会工作报告》《唐山市中级人民法院工作报告》《唐山市人民检察院工作报告》，审议并表决通过《唐山市2020年生态环境状况和环境保护目标完成情况的报告》，审查和批准《唐山市国民经济和社会发展第十四个五年规划和二〇三五年远景目标纲要》《唐山市2020年国民经济和社会发展计划执行情况与2021年国民经济和社会发展计划（草案）的报告》《唐山市2020年市本级预算及市总预算执行情况和2021年市本级预算及市总预算（草案）的报告》，表决通过关于《唐山市人民政府工作报告》等报告的相关8项决议，审议通过《唐山市集中式饮用水水源地保护管理条例》，票决确定2021年市政府20项民心工程项目。会议选举高建民为唐山市人民政府市长，补选李东升为唐山市十五届人大常委会副主任，么树军、王义刚、王彩霞、李丽、徐福林、韩春云为市十五届人大常委会委员，并举行宪法宣誓仪式。会议期间，市人大代表提出议案以及建议、批评和意见193件，经分类整理交有关部门研究办理。

【市十六届人大一次会议】 2021年8月23～26日召开，应出席会议代表533名，实到代表516名。河北省人大常委会确定唐山市第十六届人民代表大会代表名额为540名，包括实际分配到县（市、区）和驻唐解放军武警部队15个选举单位代表名额为533名，预留机动名额7名。按照法律规定，2021年7月24～30日，14个县（市、区）人民代表大会会议和驻唐解放军武警部队军人代表大会会议，选举产生唐山市第十六届人民代表大会代表533名。会议听取和审议《唐山市人民政府工作报告》《唐山市人大常委会工作报告》《唐山市中级人民法院工作报告》《唐山市人民检察院工作报告》，表决通过关于唐山市人民政府工作报告等4个报告相关4项决议。会议选举产生市十六届人大常委会，选举杨洁为市十六届人大常委会主任，苏铁成、魏文忠、王福燕、李贵富、董立群、孙辉福为市十六届人大常委会副主任，郑胜宏为市十六届人大常委会秘书长，么树军等28人为市十六届人大常委会委员；选举产生新一届市政府领导班子，选举田国良为市人民政府市长，乔朝英、张月仙、赵晋进、张涛、李建忠、郝志军为副市长；选举郭永博为市监察委员会主任，牛向阳为市中级人民法院院长，贾志宏为市人民检察院检察长；表决通过市人大各专门委员会组成人员名单，并举行宪法宣誓仪式。会议期间，人大代表10人以上联名提出议案6件，经议案审查委员会审查、大会主席团同意，转为建议、批评和意见处理。大会期间收到代表提出建议、批评和意见211件，经分类整理交有关部门研究办理。

【市十五届人大常委会第38次会议】 2021年1月15日召开，会议经过无记名投票表决，决定任命高建民为唐山市人民政府副市长、代理市长，并举行向宪法宣誓仪式。会议补选赵士锋为省十三届人大代表；会议表决通过市人大常委会关于罢免王昌河北省第十三届人民代表大会代表职务决议，报河北省人大常委会备案、公告。

【市十五届人大常委会第39次会议】 2021年1月27日召开，会议审议市人大常委会关于提请唐山市第十五届人民代表大会第六次会议审议《唐山市集中式饮用水水源地保护管理条例（草案）》议案（草案）。会议表决通过市十五届人大六次会议主席团、秘书长建议名单（草案）、议案审查委员会组成人员建议名单（草案）、列席人员名单（草案），市人大常委会代表资格审查委员会关于个别代表代表资格审查报告，审议通过市人大常委会工作报告（讨论稿）。会议表决通过人事任免事项，颁发任命书并举行宪法宣誓仪式。任命孙昌彦为市人大常委会办公室主任，么树军为市人大常委会研究室主任，王保军为市人大常委会法制工作委员会主任，孙宪章为市人大常委会副秘书长，陈洪桥为市人大常委会副秘书长；决定任命崔敬学为唐山市退役军人事务局局长；任命白越冉为市中级人民法院副院长。

【市十五届人大常委会第40次会议】 2021年2月15日召开，会议审议并表决通过《唐山市人大常委会关于

8月26日，唐山市第十六届人民代表大会第一次会议闭幕。

刘洪超 摄

调整唐山市人民代表大会换届选举时间的决定》。会议决定：唐山市人民代表大会下一届换届选举时间调整为2021年8月，报请河北省人大常委会批准。

【市十五届人大常委会第41次会议】2021年3月3日召开，会议审议通过《唐山市人大常委会2021年工作要点》，表决通过关于废止《唐山市农作物种子管理办法》决定。会议表决通过人事任免事项并举行宪法宣誓仪式，决定任命邱舰为唐山市人民政府副市长（挂职）；任命李丽为唐山市人大常委会代表资格审查委员会副主任委员，兰丽萍为市人大常委会代表资格审查委员会委员。

【市十五届人大常委会第42次会议】2021年4月29日召开，会议审议通过《唐山市养犬管理条例（修订草案）》和《唐山市人民代表大会常务委员会关于规范性文件备案审查的规定（修订草案）》。会议表决通过人事任免事项并举行宪法宣誓仪式，决定任命刘铁民为唐山市人民政府秘书长。

【市十五届人大常委会第43次会议】2021年6月24～25日召开，会议听取和审议市政府《关于2020年度市本级预算执行及其他财政收支情况的审计工作报告》，审查和批准市政府《关于2020年市本级决算及市总决算的报告》，听取和审议市政府《关于市人大常委会对社会养老服务工作的审议意见落实情况专项工作报告》，并进行满意度测评。会议审议通过市人大常委会《关于加强地下水超采综合治理工作的决定》，审议通过市人大常委会执法检查组关于检查《大气污染防治法》和《关于加强巍山凤山区域环境综合整治的决定》实施情况报告并召开联组会议专题询问，审议通过市人大常委会开展《中华人民共和国种子法》和《河北省种子管理条例》执法检查报告，审议通过市人大常委会代表资格审查委员会关于个别代表代表资格审查报告。会议表决通过人事任免事项并举行宪法宣誓仪式，决定任命田国良为唐山市人民政府副市长、代理市长；决定接受高建民辞去唐山市人民政府市长职务请求，报唐山市人民代表大会备案。

【市十五届人大常委会第44次会议】2021年7月29日召开，会议专题学习习近平“七一”讲话精神及市委贯彻实施意见，听取和审议市政府关于市十五届人大六次会议代表建议、批评和意见办理情况报告。会议表决通过人事任免事项，颁发任命书并举行宪法宣誓仪式。决定接受穆伟利辞去唐山市监察委员会主任职务请求，报市人民代表大会备案；任命郭永博为唐山市监察委员会副主任，决定为代理主任。任命石海涛为市人大常委会办公室主任，孙昌彦为市人大常委会财政经济工作委员会主任，杨学山为市人大常委会农业和农村工作委员会主任，白丽杰为市人大常委会教育科学文化卫生工作委员会主任，张硕为市人大常委会民族宗教侨务外事工作委员会主任。决定任命赵晋进为唐山市公安局局长，史林友为唐山市教育局局长，刘宏杰为唐山市科学技术局局长，孟祥印为唐山市工业和信息化局局长，冯会章为唐山市民族宗教事务局局长，李建华为唐山市财政局局长，张福林为唐山市人力资源和社会保障局局长，冀桂梅为唐山市自然资源和规划局局长，王树林为唐山市城市管理综合行政执法局局长，张宝才为唐山市交通运输局局长，李鸿祥为唐山市水利局局长，马兰银为唐山市农业农村局局长，张桂芳为唐山市文化广电和旅游局局长，张进霜为唐山市卫生健康委员会主任，艾文志为唐山市审计局局长，蒋观勇为唐山市国有资产监督管理委员会主任，徐昌盛为唐山市市场监督管理局局长，李全民为唐山市体育局局长，江洁为唐山市机关事务管理局局长，闫世蕾为唐山市地方金融监督管理局局长，王小龙为唐山市行政审批局局长，李金生为唐山市医疗保障局局长，薛波为唐山市“一港双城”（城镇化）工作委员会办公室主任。

【市十五届人大常委会第45次会议】2021年8月12日召开，会议表决通过市人大常委会关于召开唐山市十六届人大第一次会议决定，决定市十六届人大第一次会议于2021年8月23日召开。会议表决通过唐山市十六届人大第一次会议建议议程和主席团、秘书长建议名单（草案），议案审查委员会组成人员建议名单（草案），列席人员名单（草案）；表决通过市人大常委会代表资格审查委员会关于唐山市第十六届人民代表大会代表代表资格审查报告；原则通过市人大常委会工作报告（讨论稿）。会议听取和审议市政府关于唐山市2021年上半年国民经济和社会发展计划执行、关于唐山市2021年上半年全市及市本级预算执行情况报告。会议表决通过人事任免事项，批准任命徐超为路南区人民检察院检察长，孙岩为路北区人民检察院检察长，张世新为开平区人民检察院检察长，郭程亮为古冶区人民检察院检察长，张玉峰为丰南区人民检察院检察长，单庆梅为丰润区人民检察院检察长，周立杰为曹妃甸区人民检察院检察长，李求军为遵化市人民检察院检察长，陈志刚为迁安市人民检察院检察长，梁胜伟为滦州市人民检察院检察长，杨志勇为玉田县人民检察院检察长，狄泽军为迁西县人民检察院检察长，高强为乐亭县人民检察院检察长，郭晓辉为滦南县人民检察院检察长。

【市十六届人大常委会第一次会议】2021年10月20～21日召开，会议表决通过人事任免事项，集中任命市政府组成人员，决定任命邱舰为唐山市人民政府副市长（挂职），刘铁民为唐山市人民政府秘书长，郎文昌为唐山市发展和改革委员会主任，史林友为市教育局局长，刘宏杰为市科学技术局局长，孟祥印为市工业和信息化局局长，冯会章为市民族宗教事务局局长，赵晋进为市公安局局长，王德满为市民政局局长，侯西岭为市司法局局长，李建华为市财政局局长，张福林为市人力资源和社会保障局局长，冀桂梅为市自然资源和规划局局长，王树林为市城市管理综合行政执法局局长，张宝才为市交通运输局局长，李鸿祥为市水利局局长，马兰银为市农业农村局局长，张雪梅为市商务局局长，张桂芳为市文化广电和旅游局局长，张进霜为市卫生健康委员会主任，崔敬学为市退役军人事务局局长，于兴维为市应急管理局局长，艾文志为市审计局局长，蒋观勇为市人民政府国有资产监督管理委员会主任，徐昌盛为市市场监督管理局局长，李全民为市体育局局长，吕志玉为市统计局局长，江洁为市机关事务管理局局长，王玉国为市人民防空办公室主任，闫世蕾为市地方金融监督管理局局长，王小龙为市行政审批局局长，李金生为市医疗保障局局长，薛波为市“一港双城”（城镇化）工作委员会办公室主任，赵立军为市海洋口岸和港航管理局局长，高庆利为市生态环境局局长；任命刘玉芳为市监察委员会副主任，李晓忠为市监察委员会副主任，毛莉莉为市监察委员会委员；任命李进勋为唐山市人民检察院副检察长、检察委员会委员、检察员。会上颁发任命书并举行宪法宣誓仪式。会议表决通过关于设立市十六届人大常委会代表资格审查委员会决定及组成人员名单，审议通过市人大常委会关于开展第八个5年法治宣传教育决议，审查和批准市政府关于2021年市本级预算调整方案及备案事项报告。听取和审议市政府关于“七五”普法工作报告和实施法治宣传教育第八个5年规划说明，听取和审议市政府关于2020年度全市及市本级行政事业性国有资产管理情况专项工作报告和关于学前教育工作情况专项工作报告，并进行满意度测评；听取和审议市中级人民法院关于民事执行工作情况专项工作报告、市人大常委会执法检查组关于检查优化营商环境、农业结构调整、地下水超采综合治理、公共医疗卫生服务情况4项报告；听取和审议市人大常委会执法检查组关于“6+1”联动监督“回头看”情况报告，听取市政府关于2020年度全市及市本级国有资产管理情况报告。

【市十六届人大常委会第二次会议】 2021年12月31日召开，会议审议通过市人大常委会关于召开唐山市第十六届人民代表大会第二次会议决定和会议建议议程草案，决定市第十六届人民代表大会第二次会议于2022年1月23日召开。会议审议通过《唐山市监察委员会关于人防系统腐败问题专项治理工作情况的报告》及市人大常委会审议意见，《唐山市人民代表大会常务委员会关于加强国有资产管理情况监督的决定》，市人大常委会代表资格审查委员会关于个别代表代表资格审查报告。审议通过市人大常委会法制工作委员会关于2021年备案审查工作情况的报告。会议听取和审议市政府关于《唐山市2020年度市本级预算执行及其他财政收支情况审计工作报告》中有关问题整改情况报告，进行满意度测评。会议表决通过人事任免事项，决定任命石小璞为唐山市人民政府副市长（挂职），并举行宪法宣誓仪式；任命李泽辉为市人大常委会副秘书长，黄正洪为唐山市第十六届人民代表大会社会建设委员会副主任委员；免去李丽市人大常委会选举任免代表工作委员会主任职务；任命王立国为市监察委员会委员。会议听取和审议市人大常委会主任会议关于提请接受陈学民等3人辞去河北省第十三届人大代表职务请求议案、关于提请补选王正谱等6人为河北省第十三届人大代表议案，决定接受陈学民、穆伟利、郭彦洪辞去河北省第十三届人民代表大会代表职务，补选王正谱、杨洁、田国良、郭永博、张旭、程俊峰为河北省第十三届人民代表大会代表。

人大重要活动

【人大党史学习教育】 2021年3～12月，唐山市人大常委会机关开展党史学习教育活动。市人大常委会党组3月1日召开扩大会议，传达中央和省、市党史学习教育动员大会精神，研究制定活动实施方案。3月8日，召开机关动员大会，动员和部署学习教育活动。4月，举办机关干部“学党史、强党性、促履职”培训班。党史学习教育活动中，人大常委会党组成员深入基层宣讲，机关党委多次组织专题宣讲、人大讲堂、专题培训、观看红色影片、学习交流会、党史知识测试、撰写学习笔记和心得体会等活动。机关各党支部通过党员集中学习和个人自学相结合、支部书记讲党课、主题党日活动、撰写体会文章、召开学习交流会和民主生活会等方式开展党史学习教育，激发党员责任感和使命感。

【人大代表专题考察】 2021年5月26～27日，唐山市人大常委会组织部分驻唐全国、省、市三级人大代表开展专题考察。考察期间，市人大常委会主任郭彦洪，党组副书记张艳春，副主任毕开艾、常庆久、郑汉军，党组成员曹金华，秘书长王宝兴，带领人大代表在曹妃甸区、迁安市部分企业和项目建设现场，实地了解习近平2016年视察唐山后全市经济社会发展各项事业新成就，提出意见和建议118条。12月15～17日，市人大常委会组织三级人大代表开展乡村振兴集中视察活动。召开动员培训会议，听取市政府关于唐山市乡村振兴整体工作情

唐山市人大常委会在省人大培训基地举办“学党史、强党性、促履职”专题培训班。 任达 摄

5月26～27日，唐山市人大常委会组织部分驻唐全国、省、市三级人大代表开展专题考察。 任 达 摄

况汇报。市人大常委会领导率视察组在遵化市、丰润区、滦南县部分乡村、文化产业园、农业开发有限公司了解乡村振兴工作。

【《唐山市人大志》出版】 2021年8月，《唐山市人大志（1949～2021）》出版。2020年10月16日，市十五届人大常委会党组（扩大）会议决定编纂《唐山市人大志》，全面反映唐山市人民代表大会建立发展历程和唐山民主政治建设历史。《唐山市人大志》于2021年8月面世，向中国共产党百年华诞献礼。志书分上、下2册，15编5个附录170万字，记述1949年9月唐山市召开第一届各界人民代表会议至市第十五届人民代表大会任期届满期间，各次市人代会、常委会、主任会等重要事件、人物和县区人代会内容，市人大常委会文件、决议、决定，代表建议办理情况，地方性法规制定、修改、废止情况。

【"国家宪法日"宣传活动】 2021年12月3日，唐山市人大常委会在唐山法治园宪法广场举行"'12·4'国家宪法日"宣传活动，并举行宪法宣誓仪式。市人大常委会主任杨洁出席活动并领誓，副主任苏铁成讲话，副主任魏文忠、王福燕、李贵富、孙辉福，秘书长郑胜宏出席活动。市人大常委会和路北区人大常委会机关全体干部参加宪法宣誓仪式，现场参观学习习近平法治思想宣传展板。

人大检查调研

【种子"一法一条例"执法检查】 2021年2～6月，唐山市人大常委会开展《中华人民共和国种子法》和《河北省种子管理条例》执法检查。成立由市人大常委会副主任为组长，部分市人大常委会委员、农委委员、市人大代表和专家学者为成员执法检查组，采取市县两级联动方式，对市政府贯彻实施"一法一条例"情况开展执法检查。组织召开动员培训会、新闻发布会，执法检查组在县区自查基础上，重点检查滦南县、乐亭县、玉田县和丰润区相关点位。执法检查报告经市十五届人大常委会第43次会议审议通过转发政府及相关部门研究办理，整改和提升全市种业发展扶持力度、种子监管服务能力和良种繁育基地建设。

【人大环境保护执法检查】 2021年3～6月，唐山市人大常委会组织开展《中华人民共和国大气污染防治法》《唐山市人大常委会关于加强巍山凤山区域环境综合整治的决定》执法检查和专题询问。成立由市人大常委会主任郭彦洪为组长，常委会党组成员为副组长，部分常委会委员和相关部门负责人为成员执法检查组。采取市县联动方式，县（市、区）自查自纠与市执法检查组暗访检查、集中检查相结合，检查重点区域大气污染防治和重点行业扬尘治理、机动车（船）和非道路移动机械污染防治、"两散一烧"管控及巍山凤山区域环境综合整治，县（市、区）五级人大代表1500余人参与明察暗访。4～6月，市人大常委会各执法检查组在18个县（市、区）实地查看点位280个，针对问题提出整治意见和建议。6月25日第43次常委会会议专题询问会上，11位市人大常委会委员专题询问市大气污染防治、矿山环境治理修复、钢铁行业减排、"碳达峰""碳中和"规划落实、农村生活垃圾处理等问题，市生态环境局、市自然资源和规划局、市发改委等有关负责人应答，副市长邱舰代表市政府表态发言。开展大气污染综合治理"退后十"监督检查，制发《唐山市人大常委会关于开展大气污染综合治理"退后十"监督检查实施方案》，9月成立市人大常委会监督检查领导小组及6个工作专班，对17个县（市、区）大气污染综合治理"退后十"工作监督检查，针对重点区域、重点行业、重点企业整改攻坚。

【"4+1"联动监督】 2021年5～10月，唐山市人大常委会根据省委在全省人大系统组织开展优化营商环境、农业结构调整、地下水超采治理、公共医疗卫生服务4项联动监督部署以及市委书记张古江对大气污染治理批示要求，制定"4+1"联动监督实施方案，成立领导小组和5个工作专班，5月上旬召开动员会。市县两级人大采取多种方式，利用一个月时间开展调研，摸清监督重点相关底数。各县（市、区）人大按照省、市确定目标任务和时间节点制定方案、组建专班，发现问题交办核查。各级人大代表1731人参与明察暗访，检查"4+1"领域重点工作开展情况，全市人大系统收集梳理问题237个，推动立行立改。

【"6+1"联动监督"回头看"】 2021年8月，唐山市人大常委会按照省人大常委会部署，开展"6+1"联动监督"回头看"，召开党组（扩大）会议研究贯彻落实措施。市十六届人大常委会主任杨洁担任执法检查组组长，组建工作专班。市长田国良多次做出批示，与各分管副市长直接指挥调度市政府开展联动监督重点领域工作。市人大常委会组成人员分别带领执法检查组深入县（市、区）督导检查，对重点地区、重点领域开展暗查暗访，对存在突出问题项目应查尽查，重点问题一查到底，配合省人大在唐执法检查和省人大各专班抽查检查。全市各级人大2053人参与活动，收集梳理问题168个，转交政府办理86个，提出意见建议163条。10月，市十六届人大常委会第一次会议听取并审议联动监督执法检查情况报告，会后转交市政府整改落实。各重点领域、各责任部门按照标准落实整改，并反馈办理结果。各级人大跟踪问效，巩固拓展联动监督成果，受到省人大执法检查组肯定。

【上级人大执法检查和调研】 2021年4月14日，省人大常委会党组书记、常务副主任范照兵在唐山调研法治建设情况，实地参观考察唐山法治园。5月11日，省人大常委会党组副书记、副主任，省总工会主席王晓东率省直有关部门负责人在唐调研，调研组在市总工会、工人文化宫、劳动公园、中滦科技职工创新成果孵化园了解职工创新工作开展情况。6月8日，省人大常委会党组书记、常务副主任范照兵在唐调研清东陵保护区文物保护工作，向文保专家了解文保修缮与安全管理情况。6月9～10日，省人大常委会副主任王会勇率调研组在唐调研控告申诉检察工作，在迁安市、迁西县和市检察院与有关部门负责人及人大代表、律师、部分群众座谈交流，现场观摩接访技能实训。6月23日，省人大常委会党组副书记、副主任王晓东率执法检查组在唐检查固体废物污染环境防治“一法两条例”（《中华人民共和国固体废物污染环境防治法》《河北省固体废物污染环境防治条例》《河北省城乡生活垃圾分类管理条例》）贯彻实施情况，实地检查市妇幼保健院、市规划展览馆、市交通运输局和社区医疗废物、医疗垃圾收集转运以及生活垃圾分类情况。9月13～14日，省人大常委会副主任聂瑞平率省人大常委会第五执法检查组在唐检查“6+1”联动监督“回头看”、4项联动监督及《河北省节约用水条例》宣传贯彻情况，实地检查玉田县、开平区、滦州市农业结构调整、公共卫生管理、违规违建项目清理规范情况，并查阅相关档案资料。12月10日，省人大常委会党组副书记、副主任王晓东率调研组在唐调研2021年计划和预算执行情况、2022年计划和预算草案初步审查工作。

（董玉洁）

2021年唐山市人大重要文件

表6

文件号	标　　题
唐人常字〔2021〕11号	唐山市人大常委会关于做好调整设区市人大换届选举时间工作情况的报告
唐人常字〔2021〕12号	唐山市人大常委会关于报请批准《唐山市防灾减灾救灾条例》的报告
唐人常字〔2021〕13号	唐山市人大常委会关于报请批准《唐山市集中式饮用水源地管理条例》的报告
唐人常字〔2021〕17号	唐山市人大常委会关于表彰2020年度优秀市人大代表建议和优秀承办单位的决定
唐人常字〔2021〕19号	唐山市人大常委会关于表彰2020年度“五星级”人大代表之家（联络站）的决定
唐人常字〔2021〕20号	唐山市人大常委会关于表彰依法履职尽责为民助力“舌尖上的安全”专题活动优秀代表的决定
唐人常字〔2021〕24号	唐山市人大常委会关于印发《唐山市人大常委会规范性文件备案审查的规定》的通知
唐人常字〔2021〕25号	唐山市人大常委会关于对市十五届人大优秀代表进行表扬的通报
唐人常字〔2021〕27号	关于报请批准《唐山市养犬管理条例（修订）》的报告
唐人常字〔2021〕35号	唐山市人大常委会关于批准唐山市2020年市本级决算的决议
唐人常字〔2021〕44号	市人大常委会关于唐山市第十六届人民代表大会第一次会议情况的报告
唐人常字〔2021〕47号	唐山市人大常委会关于批准唐山市2021年市本级预算调整方案的决定
唐人常字〔2021〕53号	唐山市人大常委会关于补选王正谱等6名同志为河北省第十三届人民代表大会代表的报告
唐人常字〔2021〕54号	唐山市人大常委会关于学习贯彻中央人大工作会议精神情况的报告

唐山市人民政府

TangShanShiRenMinZhengFu

综 述

【经济运行提速】 2021年，唐山市以经济提速促进发展量变，把完成任务作为硬道理，全市上下落实“33458”工作思路（加快“三个努力建成”步伐，推进“三个走在前列”，发挥港口、区位、资源、产业“四大优势”，抓好融入京津冀协同发展、产业结构调整、乡村全面振兴、“一港双城”建设、大气污染综合治理“五件大事”，推进向海发展、转型发展、协同发展、绿色发展、融合发展、统筹发展、共享发展、安全发展“八个发展”），统筹推进疫情防控和经济社会发展，全市经济实现增速进位、体量跃升，在“十四五”开局取得高质量发展新成效。全市完成地区生产总值8230.6亿元，比上年增长6.7%，增速比上年提高2.3个百分点。在全国城市GDP排名中居第27位，比上年上升1位，人均GDP10.7万元。全市一般公共预算收入552.7亿元，比上年增长9.0%，增速与上年持平，高于年度计划2.0个百分点。全市固定资产投资比上年增长7.0%，增速比上年提高2.3个百分点。规模以上工业增加值比上年增长4.9%，服务业增加值比上年增长10.2%，进出口总额比上年增长36.3%，实际利用外资比上年增长7.9%，全市主要经济指标在省内领先。

【重点项目建设】 2021年，唐山市以项目建设支撑转型质变，开展重点项目提质提效行动，围绕产业政策、投资强度、技术含量等多个方面严把重点项目准入门槛，改革项目准入机制，聚焦现代应急装备、节能环保、生命健康、数字产业等新兴产业，以新产业填空白、补链条，完善动态调整机制，形成“精准谋划一批、落地开工一批、投产达效一批、动态储备一批”滚动发展格局。推出优化营商环境若干措施等系列政策措施，为重点项目在用地、能耗、环保管控、融资渠道等方面提供要素保障。在预支使用用地指标、优先保障环境容量指标、优先保障能耗指标、开辟重点项目绿色通道实行容缺审批等方面实现政策突破，并制定《关于加快工业重点项目施工许可手续办理的意见》，缩短项目施工许可办理时间。开展招商引资百日攻坚，年内新签约超亿元项目560个。每季度组织开展项目集中签约、集中观摩、集中开工活动，全年组织实施省市重点项目460个，完成投资2020.9亿元，其中74个省重点项目完成投资814.6亿元，项目数量和投资总量均居全省首位，完成投资总量占全省四分之一。71个产业转型项目竣工投产，新建项目入统规模以上工业企业134家，在省内领先。

【产业结构调整】 2021年，唐山市以创新驱动加快结构调整，构建现代产业体系，发展12个重点产业，精品钢铁、现代商贸物流、高端装备制造、海洋和新能源新材料产业增加值占GDP比重均在5%以上，其中精品钢铁、现代商贸物流产业增加值超千亿元，战略性新兴产业投资增长16.9%，对全市投资增长贡献率94.9%。发挥京冀和津冀协同发展示范区平台作用，开展招商对接和“四个一百”（百家科研院所（大学）、百家央企京（津）企、百名高端人

4月13日，唐山高新技术产业开发区一家自动焊接装备企业工人在调试焊接机器人。 牟 宇 摄

才、百家优质民营企业）进唐山活动，全年引入科研院所338家，与央企京（津）企对接洽谈亿元以上项目163个，累计走访优质民企1890余家。培育“专精特新”中小企业，健全“遴选入库、推选省级、推介示范、选拔‘小巨人’”梯度培育工作体系，完善“企业+政府+服务机构+市场”联动培育机制，制定系列政策支持和奖励获得国家“小巨人”和省级“专精特新”称号企业，新增省“专精特新”和国家“小巨人”企业数量均居全省第一位，全社会研发投入总量全省第一。年内认定高新技术企业528家、省级科技型中小企业3637家，上市企业实现县域全覆盖。战略性新兴产业增加值增长15.9%，制造业高质量发展排名位居全省第一。

【沿海经济布局】 2021年，唐山市以向海发展加快构建沿海现代产业体系，沿海6县区地区经济总量占全市比重33.2%，比上年上涨2个百分点；对全市经济增长贡献率为56%，比上年上涨20.5个百分点；固定资产投资占比40%，比上年上涨11个百分点；规模以上工业增加值占比33.5%，比上年上涨4.5个百分点。唐山港成立国际集装箱公司，全年货物吞吐量完成7.22亿吨，比上年增长2.81%；集装箱吞吐量完成329.3万标箱，比上年增长5.7%，居世界沿海港口第二位。加快曹妃甸自贸片区建设，新增市场主体、新增实际利用外资、进出口总额3项指标居全省4个片区首位，“海域使用权五步极简审批新模式”等5项自贸区创新成果获国家认可，自贸片区20项自主创新案例在全省复制推广。跨境电商综试区市场主体发展为1000家，沿海6县区跨境电商交易额占全市47.8%，比上年增长16.4%，全省首票跨境电商B2B业务完成报关。综合保税区全国排名前进10位，在9月份公布2020年度全国综合保税区发展绩效评估结果中，曹妃甸综保区位列全省首位。省级以上开发区营业收入突破2万亿元。

【城市更新发展】 2021年，唐山市入选“国家级城市体检样本城市”和“全国首批城市更新试点城市”，成为全省唯一国家级城市体检、城市更新“双试点”城市。制定《唐山市城市更新实施办法（暂行）》，明确城市更新内容包括：完善城市空间结构，实施城市生态修复和功能完善工程，强化历史文化保护塑造城市风貌，加强完整居住社区建设，推进新型城市基础设施建设，加强城镇老旧街区改造，增强城市防洪排涝能力，实施传统商圈改造提升以及市政府认定其他城市更新情形。在全省首创“投资人+EPC”模式开发城市原点，开发建设大体量片区城市更新项目，唐山新城、花海等片区成为亮点。举办省第五届园林博览会，并发展“后园博时代”经济，依托园博会资源梳理既有项目，丰富业态形成完整文旅产业链条。实施270千米高速绕城环线和210千米国道绕城环线“双大外环”工程，破解“货车围城、重车穿城”问题，提升城市交通生态环境，改善空气质量。年内，唐山市入选“新能源汽车换电模式应用试点城市”“全国首批城市一刻钟便民生活圈试点地区”“全国首批系统化全域推进海绵城市建设示范城市”，全年空气质量改善率居全国168个重点城市第八位，优良天数256天，创有监测记录历史最好成绩。

【改革计划实施】 2021年，唐山市“十大改革创新经验”分别为：项目“拿地即开工”审批改革、“凤凰英才”计划升级带动“十大人才工程”、开平区花海生态修复模式、“分时分层实施学生弹性离校”人性化课后服务模式、遵化市山里各庄乡村振兴综合体项目、丰南区农村粪污全域一体化处理模式、滦州市乡村振兴新动能改革、“一把手”和领导班子监督机制改革、全要素交警综合监管改革、滦南县农村居家养老助餐小食堂服务模式。年内，全市161项重点改革任务落地见效，国企改革经验在全省推广。以“政府令”形式制发《唐山市优化营商环境若干规定》，将优化营商环境工作纳入法制化轨道。自11月印发《唐山市社会投资新建工业项目“拿地即开工”审批改革实施方案》至年底，全市有7个项目完成“拿地即开工”审批程序，49个项目进入审批程序。以升级版“凤凰英才”计划新政为抓手，实施“高精尖”人才招引、“凤还巢”人才回归等“十大工程”，实施“凭意愿、零门槛”落户制度，全年新登记市场主体11.9万户，新增外资企业124户，居全省榜首。

【民生福祉改善】 2021年，唐山市如期完成23项民心工程和10件民生实事，就业、医保、低保、社区工作者薪酬待遇等指标位居全省前列。在市第十一次党代会和市“两会”上，市委、市政府对打通“断头路”、拓宽“瓶颈路”、治理“烂尾楼”、改造棚户区、破解“停车难”、消除城市易涝点易险点等群众关切问题作出部署，提出要求，采取市级统筹主导、县级具体实施及“指挥部+

唐山市把破解城市停车难题作为民心工程之一，利用有限土地资源建设多座智能化立体停车楼。图为市民在市内一座立体停车楼前等待取车。 牟宇摄专班”模式，明确责任分工和完成时限。截至年底，全市改造老旧小区221个，启动实施棚户区（城中村）改造项目19个2.24万套，建成安置房项目19个2.03万套。为城镇既有住宅加装燃气安全保护装置，全年超额完成中心城区（路南区、路北区、高新区）20万户安装任务。建成750平方米以上街道居家养老服务中心54家，实现街道全覆盖；建成农村区域性居家养老服务中心94个，覆盖50%以上乡镇；建成社区日间照料服务站（点）772个，实现社区全覆盖。建设产值10亿元以上农产品加工集群9个，“美丽乡村”创建数量位居全省前列。全市PM2.5浓度降为43微克/立方米，优良天数比上年增加19天，创有监测记录历史最好成绩。全市疫情防控实现零输入、零输出、零反弹。

【政府作风建设】 2021年，唐山市对照“十型政府”（忠诚政府、有为政府、担当政府、创新政府、争先政府、务实政府、为民政府、法治政府、团结政府、廉洁政府）标准实施改革、转变作风、肃贪反腐，加强党风廉政建设和机关作风建设，开展党史学习教育和“四史”宣传教育。自觉接受人大法律监督、工作监督和政协民主监督，办理人大代表建议478件、政协委员提案471件，按时办复率100%。执行“中央八项规定”及其实施细则精神，纠治“四风”，全年“三公”经费下降10.9%。完成“七五”普法，法治政府建设实现新提升。组织“万名干部联企业”活动，市四大班子领导带头开展调研，帮助基层和企业协调解决问题，年内全市各级干部累计解决各类问题2322个。加强国防动员和双拥共建，优化退役军人服务管理。民族宗教、审计、统计、新闻出版广电、外事侨务、人防、海防、史志档案、消防救援、防灾减灾救灾、气象、援藏援疆等各项工作以及工会、妇女儿童、青少年、老龄、残疾人、红十字等各项事业取得新成效。

【唐山上榜全国百强城市】 2021年5月9日，2021中国品牌价值信息发布暨中国品牌建设高峰论坛发布“中国地级市品牌综合影响力指数前100名城市名单”，唐山位列榜单第33位。评价发布遵照“创新、协调、绿色、开放、共享”5个发展理念，采用“质量、服务、创新、有形资产、无形资产”5个一级指标和“城市综合信用指数、传播指数、国家级特色品牌数、优良天数、绿化覆盖率、外来常住人口比例、就业率、人均可支配收入、平均预期寿命”等37个二级指标，减少城市规模、GDP权重，增加绿色发展、共享发展权重，引导城市贯彻新发展理念，创建“以人民为中心”中国品牌城市。

【第四届市政府质量奖揭晓】 2021年10月13日，唐山市人民政府颁授第四届市政府质量奖。获得第四届市政府质量奖（组织奖）5家企业分别为：迁安正大通用钢管有限公司、唐山梦牌瓷业有限公司、唐山市丰南区鑫丰热力有限公司、河北瑞兆激光再制造技术股份有限公司、河北兴隆起重设备有限公司。获得第四届市政府质量奖（个人奖）4名个人分别为：唐山报春电子商务股份有限公司董事长晏希会、河北华通线缆集团股份有限公司总经理张书军、唐山金利海生物柴油股份有限公司总经理李艾军、遵化市阔旺木业有限公司总经理兼技术总监高超。

（石 峥）

综合协调（市政府办公室）

【综合协调概况】 2021年，唐山市政府办公室落实市委、市政府决策部署，坚持“打造政治机关”站位，把政治建设摆在首要位置，自觉用党中央精神分析形势、推动工作，在重大问题和关键环节上保持清醒、立场坚定。围绕“打造一流机关、提供一流服务”目标服务大局、融入全局，按照“33458”工作思路（加快“三个努力建成”步伐，推进“三个走在前列”，发挥港口、区位、资源、产业“四大优势”，抓好融入京津冀协同发展、产业结构调整、乡村全面振兴、“一港双城”建设、大气污染综合治理“五件大事”，推进向海发展、转型发展、协同发展、绿色发展、融合发展、统筹发展、共享发展、安全发展“八个发展”）发挥办公室综合协调、政务服务、参谋辅政、督办落实工作效能，提升统筹能力和服务水平，助力全市经济社会发展取得新成效。

【重大战略实施协调】 2021年，唐山市政府办公室把京津冀协同发展作为参谋服务重中之重，推动国家战略、国家大事在唐山落地见效，推动唐山在融入京津、对接京津、服务京津中谋求最大化发展，年内380个京冀、津冀战略合作项目落地唐山，完成投资765亿元，引进高端人才190人。协助市领导深化供给侧结构性改革，提升经济发展质量和效益，加快构建现代产业体系，加速钢企退城搬迁，完成钢铁去产能省达任务，促进新旧动能转换。坚持农业增效、农村增美、农民增收，推动唐山由农业大市向农业强

唐山汉沽管理区发挥区位、交通优势，承接京津产业转移。图为汉沽管理区一家具制造企业工人在生产车间工作。 朱旭东 摄

市转变。组织实施“双十双百”（发展10个优势特色产业，建立10个农产品加工集群，创建100个农业高质量发展示范基地，创建产值超100亿元乳品产业加工集群）工程，其中10个优势特色产业完成发展计划，100个农业高质量发展示范基地完成创建。组织有关部门起草《城市更新实施办法》，形成“1+N”政策体系，以片区开发带动产业振兴、人才振兴，以打通“断头路”“瓶颈路”畅通城市循环，以盘活“烂尾楼”消除城市“伤疤”，以改造棚户区、老旧小区提升城市品质，以打造绿环、绿廊、绿楔、绿道优化城市生态，唐山成为全省唯一国家级城市更新、城市体检“双试点”城市。

唐山高新技术产业开发区围绕机器人、仪器仪表、新材料、新能源等领域打造高新技术产业集群，助推区域经济高质量发展。图为高新区一家仪表企业工人在生产车间内工作。 牟 宇摄

【重点难点问题协调】 2021年，唐山市政府办公室会同市有关部门制定大气污染物超低排放标准，协调推进空气质量综合指数“退后十”，组织实施工业减排、“创B争A”、冬奥会空气质量保障等重点任务，打响蓝天、碧水、净土“三大保卫战”。全市空气质量综合指数5.00、较上年下降16.39%，PM2.5平均浓度43微克/立方米，较上年下降14.00%，均创有监测记录历史最好成绩。落实市委、市政府关于疫情防控决策部署，抽调市政府办10人充实防控办，实施常态化疫情防控30项具体措施和入境人员10条闭环管理措施，落实属地、部门、单位、个人4方责任，建立全社会共同防控体系，完成疫苗接种任务。协助市领导实施“6个清理规范”（清理规范违法违规圈占土地、违规违建项目、资源能源项目、房地产开发项目、矿山开发和地下水超采问题），组织有关部门排查金融、债务、房地产、安全生产、食品药品等领域风险隐患，协助研究调度重大金融风险、企业流动性风险处置工作，守住“不发生风险”底线。

【“六稳”“六保”服务保障】 2021年，唐山市政府办公室落实中央和省、市经济工作会议精神，协助市领导开展“六稳”“六保”（稳就业、稳金融、稳外贸、稳外资、稳投资、稳预期，保居民就业、保基本民生、保市场主体、保粮食能源安全、保产业链供应链稳定、保基层运转）工作，协调推动有关部门落实扩大内需若干措施，促进经济平稳健康发展。协助市领导现场办公，帮助企业达产达效、纾困发展。协助市领导研究制定加强重大项目谋划储备等促投资政策措施，124个项目纳入省重点前期项目盘子。督导各部门落实减费降税政策，全年减税降费26.7亿元。组织推动社保扩面提质，提高参保缴费率，实现参保人群全覆盖。统筹推进巩固脱贫攻坚成果与乡村振兴相衔接，组织建立防止返贫动态监测和帮扶机制。组织有关部门落实省20项民生工程、市10件民生实事和市23件民心工程，协调落实就业优先政策，强化创业服务，扩大就业职业培训规模，落实高校毕业生、下岗失业人员、农民工、退役军人等重点群体就业工作。

【项目建设协调】 2021年，唐山市政府办公室协助市领导按季度组织项目集中开工、集中观摩、集中签约，在全市形成“比学赶超”氛围。460个省、市重点项目完成投资2009.8亿元，项目数量和投资额均居全省第一位，提前超额完成全年目标任务。协助市领导落实领导包联重点项目制度，组织现场办公200余次，解决实际问题735个。组织推进“放管服”改革，以“政府令”形式印发《唐山市优化营商环境若干规定》，并制发首批12个配套政策。推行“拿地即开工”审批改革，加快重点项目手续办理，保障项目“拿地即开工”。结合唐山市12个重点产业发展需求，组织制发《唐山市基础研究实施方案》《关于加快科技创新平台的方案》等系列改革文件，以科技创新支撑经济社会转型发展，培育高新技术企业645家，认定备案省级科技型中小企业2436家，新增省“专精特新”中小企业、国家重点“小巨人”企业均居全省首位。推动粮食等重要农产品供给，全市粮食总产量29.45亿千克；培育壮大6个产值超20亿元产业集群，打造“山海境·唐山味”市级农产品区域公用品牌。制定《唐山市招商引资考评办法（试行）》《唐山市招商引资百日攻坚专项行动工作方案》，深化“百家民营企业进唐山”活动，开展“顶格”精准招商，全市新增签约亿元以上项目372个，招商引资规模、质量效益实现“双提升”。

【压煤村庄搬迁】 2021年，唐山市政府支援重点建设中心加快压煤村庄搬迁，推动路北区韩城镇东欢坨6个村、丰南区钱营镇岭上庄等6个村和古冶区东白道子村搬迁工作。其中，路北区韩城镇东欢坨6村中有5个村（东欢坨二村、东欢坨三村、东欢坨四村、何家庄、董家庄）

3265户实现整体搬迁，完成补偿协议签订3234户，签约率99%，安置楼房5992套，总面积56.34万平方米；为东欢坨一村村民解决急用房问题，利用剩余房源组织340户签订协议村民摇号选房，安置楼房439套3.64万平方米。年内，韩城镇6个村共计安置楼房6431套59.98万平方米，其中5个搬迁村老村址剩余98套房屋未拆除。在丰南区钱营镇岭上庄等6个压煤村庄搬迁工作中，市支重中心会同丰南区委、区政府及开滦集团协商地矿、对接高层、联合跑办，成立由丰南区委、区政府和开滦集团主要负责人任组长，21个区属部门及单位负责人为成员搬迁工作指挥部，确定“逐村搬迁、依次推进”思路，制定《钱营镇岭上庄搬迁补偿安置方案》《钱营镇城镇控制性详细规划（压煤村庄新址大配套）》等文件，完成6个搬迁村（增加北新庄）所需52.2公顷安置用地征地选址、组卷及设计单位招投标工作，年内搬迁进入实施阶段。古冶区东白道子村搬迁工作年内完成自建房征地、报卷，并取得用地批复，地企双方测算协商工程费用和村民地上物补偿标准，完成安置村民370户。

【重点工程服务保障】 2021年，唐山市政府支援重点建设中心采取落实补偿资金和推动土地复垦措施，协调解决中俄天然气管线工程建设项目遗留问题。召集地企双方召开6次专题会议，年内落实补偿资金1.45亿元，其中迁安市6000万元、滦州市5000万元、丰润区3000万元、开平区490万元，剩余部分督促项目方落实。中俄东线管道工程在唐山市境内管线设计长度84.07千米，部分开挖地段施工条件差，并叠加夏季降雨量大因素，导致工程沿线复垦进展缓慢。市支重中心3次召开专题会议，督导相关县区政府和项目方落实土地复垦工作，于年底前完成复垦。协调服务冀东油田开发建设，会同曹妃甸区政府和资规局等市直部门加强与冀东油田沟通，协调解决企业生产经营矛盾，增进企地交流融合，营造共建、共创、共享、共赢企地建设新格局，保障油区生产生活正常进行。加大突发事件协调处置力度，针对冀东油田油气集输公司和南堡作业区管辖输油管线穿孔漏油事件，市支重中心及时联系曹妃甸区政府及相关职能部门，争取漏油区域双龙河道承包户理解，保证抢险施工作业正常进行，避免次生事故发生。

【政务服务】 2021年，唐山市政府办公室起草、审核各类文字材料750余篇400余万字，贯彻执行《唐山市人民政府办公室公文处理工作规程》，全年办理上级和外埠来文来电3900余件，受理下级请示、报告5600余件，未发生压件、误办、漏报及失泄密现象。严把公文政策关、法律关、体例关、文字关、程序关，全年审核制发公文651件，其中市政府公文273件、市政府办公室公文209件、市长办公会议纪要69件、市政府专题会议纪要100件，较上年减少7.52%。压缩会议（活动）次数，简化会议规模，提高会议（活动）服务质量和水平，全年协调组织各项活动350余次，其中单独承办100余次，组织市政务常务会议22次，研究议题300余个，编制市领导《本周主要政务活动安排》50余期，完成政务接待100批次800余人次，接待费用较上年下降。全年向国办、省政府办上报信息1654条，被国办、省政府办采用227条，采用率居全省首位，获省市领导肯定性批示19次，在全省政务信息评比中以701分成绩位列第一。全年办理人民网网民留言565件，群众满意率97%，连续3年被人民网表彰为全国优秀办理单位。承办全国、省、市人大代表建议和政协委员提案955件并全部办复，代表、委员满意率99%。受理群众各类诉求66.62万件，即时答复48.04万件，立案交办18.58万件，其中结案11.75万件，较上年增长82.11%。坚持24小时应急值守，全年办理紧急公文223件，报送突发紧急事项140件，其中完成省报信息15件。

【政务信息化资源整合】 2021年，唐山市政府办公室贯彻市委、市政府对信息化工作决策部署，推动数据资源汇聚融合。打造综合视频调度平台，整合17个业务系统，融合2万余路视频监控资源，并将全部视频资源赋能各职能部门，打通全市72个市直单位、18个县（市、区）和239个乡镇（街道）“云上沟通”渠道。加强全市“政务云”资源分配管理，以集约建设为原则，引导各部门业务系统“迁移上云”，年内有32个单位57套系统实现“云上部署”和初步运行。汇集利用全市政务数据资源，梳理汇聚84家单位3041类数据资源，编制数据资源目录，建立数据交换共享机制，建成4个基础数据库和4个主题数据库。推动河北省新型智慧城市试点建设，建立对接联络机制，争取上级奖励资金800万元。

【政府办驻村帮扶】 2021年，唐山市政府办公室成立“乡村振兴工作队”，入驻丰润区刘辛庄村开展帮扶工作。机关党组定期听取工作队情况汇报，党组书记带头研究调度帮扶工作，各党组成员、县级干部按照帮扶计划入村指导，协调解决问题。驻村工作队配合村“两委”开展防汛、疫情防控工作，走访慰问困难群众19户，谋划坑塘治理生态环境项目，协助完成沣园农场“大中小学劳动教育基地”项目立项工作，驻村工作得到村委会和群众肯定。

【行政管理职能发挥】 2021年，唐山市政府办公室发挥行政管理各项职能，推动政府机关工作提质增效。市电子政务中心强化协调督导，确保政务系统、唐山门户网站、城乡一体化服务管理等应用系统安全稳定高效运行，获得“省优秀政府网站”提名奖。市方志办完成第二轮《唐山市志》编纂出版任务，《唐山年鉴》《路南年鉴》《路北年鉴》《丰润年鉴》入围参加全国年鉴评比，获评率全省最高。市政府驻京联络处发挥平台和纽带作用，组织北京多家行业协会和企业在唐实地考察，促成北京洲亿集团汽车生活广场项目落户迁西。市外事办加强涉外疫情防控，排查境外入唐人员9002人；推动与法国第戎、韩国河南市等友城交流发展。政务公开工作在全省考核评估中获得“优秀”。加强机关及直属单位财务管理和国有资产管理，协调保障机关疫苗接种、核酸检测等工作。落实离退休干部各项待遇，全年走访慰问老干部180余人次，受到老干部好评。

【政府机关党建】 2021年，唐山市政府办公室加强机关党组织建设，完善并落实常态化学习制度，坚持"第一时间"召开党组会议、理论中心组会议，以"第一议题"传达学习习近平最新讲话和指示批示精神，全年召开党组会议18次，组织机关党组理论中心组学习16次，开展党史学习教育集中宣讲15次，组织专题党课17次、专题研讨活动10场次。落实巡查整改工作，市委第二巡视组反馈3方面10个具体问题全部整改到位。制定年度党建工作要点，开展创建"红旗党支部"、党支部书记述职等活动，落实"三会一课"、民主生活会等制度，14个基层党支部完成换届。开展党风廉政建设，落实集体廉政谈话制度，对27名新任科级以上干部开展集体廉政谈话。支持驻政府办纪检监察组工作，把反腐败廉政警示教育与业务工作有机结合，筑牢拒腐防变防线。坚持为民办实事、解难题，在市委"我为群众办实事"活动评比中获一等奖。

【政府机关队伍建设】 2021年，唐山市政府机关党组严格执行"凡提四必"（对拟提拔或进一步使用人选，坚持干部档案必审，个人有关事项报告必核，纪检监察机关意见必听，线索具体信访举报必查）及干部选拔任用纪实制度，提拔任用科级领导干部均按要求履行民主推荐、组织考察、任职公示等规定程序，全面落实党风廉政建设和干部监督相关规定。办公室系统全年晋升四级调研员4名，提任正科级领导职务干部22名、副科级领导职务干部19名，晋升一至四级主任科员47名，科级干部试用期满正式任职16名，调入干部31名，调出免职7名，平职转岗20名，军转定岗任职2名，试用期满定岗任职1名。提拔任用科级领导干部均在编制、职数范围内，无破格提拔人员，在民主推荐和考察中均得到干部群众认可。市政府全年任免县级干部76批次130余人次，提交市人大任免议案12个。通过公开遴选和公务员四级联考录用年轻干部26名。完善科级干部考核制度，坚持平时考核与年度考核相结合，突出政治素质和工作实绩，为选人用人机制提供依据。

（石　峥）

电子政务

【电子政务概况】 2021年，唐山市电子政务中心围绕市委、市政府中心工作，发挥电子政务服务决策、服务群众作用，完成信创替代工程、政府门户网站宣传推介唐山、"12345"热线对接服务群众、电子政务网络支撑及安全等工作。年内，市县两级热线受理群众各类诉求62.05万件，编发热线专报41期、热线办理情况通报11期，制作媒体互动内容58期，微信公众平台发布便民信息38期，APP发布47期，共享至省级热线知识库530条，接收群众感谢电话和函件216件次、锦旗3面。电子政务中心党支部被市直机关工委授予"2021基层党支部示范单位"称号，并连续第3次获评"文明行政单位"。

【政府服务热线运转】 2021年，唐山市电子政务中心按照省、市相关热线整合要求，完成热线归并任务。定期梳理群众诉求重点、难点问题，调动诉求办理单位积极性，实施"接诉即办"机制，增强办理实效。对省级热线交办工单和省网诉求，安排专人负责与承办部门对接。截至年底，省级热线派件办理1814件，办结1811件，时限内办理3件；省网诉求13件，办结12件，时限内办理1件。建立诉求分级分类办理机制，简化工作流程，加快群众诉求响应速度，要求承办单位接诉2小时内反馈，及时回应群众关切，提升群众满意度。

【政府门户网站管理】 2021年，唐山市政府门户网站发布新闻动态、政务公开、便民服务等各类信息3.70万篇。完成"名片唐山"栏目改造，细化"荣誉称号""发展成就""重大活动"和"基层风采"4个子栏目，全年发布信息261篇。开设"习近平总书记报道""学习进行时""2021唐山'两会'"和"三重四创五优化"等专题，完善市政府信息公开平台，增添"政府规章""规划信息"等新栏目，加强疫情防控、食品药品监管、稳岗就业、义务教育等重点领域信息公开。完成政务服务板块与河北政务服务平台接口对接，实现所有政务服务事项数据同源。推动唐山市政府网站集约化建设，完成市财政局、市工信局、市生态环境局和玉田县、迁西县、乐亭县及唐山国际旅游岛等网站群子网站建设，完成市政府网站群和全市所有县（市、区）政府网站IPV6改造。

【电子政务建设项目评审】 2021年，唐山市电子政务中心按照《唐山市电子政务建设项目管理办法》相关规定，结合"智慧唐山"统一网络、数据共享、应用"政务云"等规划要求，审核市直部门电子政务建设项目方案，修改完善方案内容，组织专家技术评审。结合运用《唐山市电子政务建设项目管理办法》与《电子政务建设项目评审工作细则》，在项目申报、材料提交、初审标准、实施评审及结果运用等方面严格审核，全年接收申请评审建设方案20个，提出修改意见百余条，避免分散建设、重复建设、违规建设、资金浪费等问题，实现信息资源整合利用与共享服务，提升电子政务效能，促进财政资金合理分配和使用效益。

【政务中心数据平台】 2021年，唐山市电子政务中心数据交换共享平台为市社会信用平台、市金融服务平台及跨境电商平台提供数据支撑服务。完成与市资规局、市市监局、市公积金中心、市生态环境局、市人社局、"智慧唐山"指挥中心等十几个部门数据对接，实现数据流向正常交换和系统平台稳定运行。全年完成83张数据交换表2400余万条数据量交换。结合数据共享交换平台日常管理实际情况，编写完成《唐山市数据交换共享平台管理办法》，在提高管理水平、数据交换使用范围、数据共享要求、数据安全保障、数据取得方式、数据协议、数据接口等方面实施应用并优化完善。

【政务应用系统建设】 2021年，唐山市电子政务中心坚持全市电子政务网络统一规划、统一建设、统一出口、统一管理，遏制县区、部门分散建设和重复建设，节约网络建设和运维资金。截至年底，政府办公业务资源网运行平稳，72个市直部门和县（市、区）政府接入系统网络，保障政府办公OA系统、应急综合应用等6个业务系统网络及数据安全。电子政务外网建设向上接入国家和省级政务外网平台，向下与18个县（市、区）政府1232个县（区）直部门及乡镇（街道）互联互通，横向覆盖81个市直部门（单位），配发使用IP地址3.6万余个，承载30余个国家、省、市级业务应用系统及门户网站。根据政府公文运行流转新需求、新问题和突发情况，完成相关新增功能需求，及时解答和排除日常使用过程中各类问题，为保障市政府办公OA系统稳定运行提供技术支撑。年内，政府办公OA系统完成各类文件发放7万余件。

【政务网络安全保障】 2021年，唐山市电子政务中心加强电子政务网络及信息安全防御能力，保护业务应用系统信息安全，在关键网络节点安装专业安全产品，采用人防与技防相结合监管方式，防御和探测病毒、攻击、入侵等信息安全事件。调整安全策略，加大重点应用防护力度，协调通信运营商开启出口流量清洗，安全厂商在重要时间节点现场值守，保障网络及应用系统安全稳定运行。全年刊发《信息安全巡检专报》4期，阻断WEB应用攻击2766.3余万次、系统漏洞攻击1558.6余万次、“僵尸主机”危险请求2907.6余万次，拦截移动终端私接76次，封锁境内外黑客IP地址1359个。通过定期漏洞扫描，发现非常危险主机98台次、高风险漏洞482个。

（李赵奇）

外　事

【外事概况】 2021年，唐山市人民政府外事办公室（简称市外事办）坚持党对外事工作集中统一领导，在市委外事工作委员会和市政府办公室党组领导下，贯彻落实党中央和省委、市委对外工作决策部署，服务党和国家总体外交战略，自觉融入“一带一路”建设，把外事资源转化为服务唐山高质量发展资源。年初，市委外事工作委员会制定年度外事工作要点，为全市外事工作明确任务、提出要求、指明方向。

【外事宣传】 2021年，唐山市外事办分别推出以沙石峪为主和以李大钊纪念馆、李大钊故居为主2条红色教育线路，在各公众场所滚动宣传大屏和新闻媒体上宣传河北故事、唐山故事，传递党的声音和唐山人民国际爱心。制作15分钟、8分钟、3分钟、30秒等多个外文版唐山城市形象宣传片，向世界弘扬“铁肩担道义”“大钊精神”、开滦工人“特别能战斗”精神、西铺“穷棒子精神”、沙石峪“当代愚公精神”以及唐山人民抗震精神。接待省外办港澳调研组、对外经贸调研组、红色教育线路调研组等团组。派遣第20批援刚果（金）医疗队，向世界传递唐山爱心，展示唐山担当，得到受援国政府和世界人民赞扬。

【涉外管理】 2021年，唐山市外事办妥善处置外籍船员下船就医及换班、阿富汗唐山籍员工新冠肺炎呈阳性、安哥拉中国人员遭武装抢劫身亡和几内亚湾中国船员遭劫持等28件涉外案（事）件。对全市81家境外投资企业、325名驻境外唐山籍人员进行安全风险隐患排查，安全事故发生率为0。为13家企业28人次申办APEC商务旅行卡，为企业申报邀请外国企业高管和专家60批136人次，其中快捷通道报批1批1人次，首钢集团向市外办致感谢函并送锦旗。

【对外交流】 2021年，唐山市外事办与传统友城开展交流合作，参加河北省友协与美国艾奥瓦州友好委员会共同举办“河北省—艾奥瓦州友城线上交流会”，与美国友城锡达拉皮兹市就推动两市友城关系高质量发展达成共识。参加中国—中东欧国家友好城市对接会，宣介唐山市与塞尔维亚斯梅代雷沃市友好交往情况，提出全领域、全方位加强同塞尔维亚斯梅代雷沃市交流合作倡议，得到斯梅代雷沃市响应。扩大国际友好城市“朋友圈”，正式启动与乌拉圭蒙得维的亚市缔结国际友好城市报批程序，并于11月获得全国友协批准，唐山市国际友好城市增为7个。开辟新国际友好城市，与法国第戎外联部主任卡西纳进行线上视频通话，双方商定在条件成熟前提下推动两市缔结国际友好城市。与俄罗斯圣彼得堡市外事委员会商定，在疫情平息后重启文化、教育领域交流，推动两市在经贸领域和更多领域加强交流合作。韩国河南市政府致函表示希望与唐山市开展交流，并在条件成熟时建立友城关系。

【涉外防疫】 2021年，唐山市外事办落实党中央和省委、市委决策部署，建立涉外疫情防控机制，构筑涉外疫情防控防线，在境外询访、口岸对接、转运执行、落地管控等环节完善数据共享、信息通报和入境人员核查机制，执行“14+7+7”隔离观察措施，全面阻击涉外疫情，全年排查境外入唐返唐人员9002人（中国籍8809人、外国籍193人）。坚持港口“人物同防”，落实换班船员隔离管控及进口集装箱检测消毒等措施。

（安　琪）

方志编纂

【方志编纂概况】 2021年，唐山市地方志办公室贯彻落实市委、市政府工作部署，开展地方史志修编、年鉴编辑和地情资料编纂出版等工作，完成省、市下达各项目标任务。全办人员面对新形势、新要求、新挑战，加强对方志工作分析研究，围绕全市中心工作发挥方志部门服务经济和社会发展职能。加强理论学习，提高政治素质和业务能力，运用理论知识认识问题、分析问题、解决问题。加强全员业务培训和业务指导，在机关建设、人员素质提高、后备力量培养等方面取得成效。

【志书编纂】 2021年，唐山市地方志办公室完成第二轮《唐山市志》编纂出版任务，出版发行精装和普装2种版本。全志与首轮《唐山市志》衔接，上限1987年，下限2005年，系统记述唐山自然、政治、经济、文化、社会历史与现状，是继首轮《唐山市志》之后第二部唐山全域性志书，获得业内关注和专家肯定。市方志办加强督导协调各县（市、区）志书编纂工作，全市14个县（市、区）全部完成二轮志书编纂任务，完成率在全省最高，受到国家和省地方志系统内一致肯定。年内，滦州市出版发行全省首部县级通史《滦州通史》,《滦州通史》共18编59章274节1100余目,230万字,配有新旧图片、序言、凡例、附录、后记等。

【《唐山市志(1987～2005)》出版】 2021年,《唐山市志(1987～2005)》由新华出版社出版发行。这是继首轮《唐山市志》出版后第二部志书,与首轮衔接,分上中下三卷,印张134个,字数384.5万字,印数5200套。该书于2004年筹划编纂,2007年正式启动,分为动员准备、搜集整理资料、撰写审核志稿、总纂、评审印刷5个阶段。全体修志人员经过十余年磨砺,于2017年底完成志稿总纂,2018年通过专家评审和省级终审,2019年通过出版社审核准予出版,2020年全部完成编纂任务。《唐山市志(1987～2005)》运用述、记、志、传、图、表、录7种体裁,全面系统记述唐山自然、政治、经济、文化、社会历史与现状。全志为编章节目体,篇目突出地方特色和时代特点,依次设政区、自然环境、居民、城市基础设施、水利、电力、改革开放、经济总览、第二产业、第三产业、第一产业、经济管理、中国共产党、人民代表大会、人民政府、政治协商会议、民主党派 人民团体、政法、军事、精神文明建设、教育、科学技术、文化、卫生、体育、人物25编。志首设总述、大事记,志尾设附录、索引、编后记。全书有地图4幅、彩照159幅,正文插入黑白照片63幅。

【年鉴编纂】 2021年,唐山市地方志办公室完成《唐山年鉴(2021卷)》编纂出版任务,全书125万字,内设《唐山概况》《年度聚焦》《对接京津 协同发展》等44个栏目。本卷年鉴突出年度重点,通过调整彩页、篇目以及优化图片选用标准,增强年鉴可读性、实用性与资料丰富性。年内,《唐山年鉴》《路南年鉴》《路北年鉴》《丰润年鉴》入围全国年鉴评比,《唐山年鉴》获全国二等奖,获奖率在全省最高。市方志办指导各县(市、区)开展年鉴编纂工作,截至年底,各县(市、区)按照年初计划全部完成年鉴编纂任务。编辑出版一册《年鉴编纂基础知识》读本,发放市县两级年鉴编纂人员,提升年鉴编纂水平。严把年鉴政治关和保密关,所出年鉴均无政治敏感问题和涉密问题。

【地情书编纂】 2021年,唐山市地方志办公室发挥服务职能,聚焦地情资料研究,编纂出版《星曜长河——唐山英模事迹选辑》《乡愁与记忆——中国历史长河中的唐山印记》2部地情书,受到社会关注,彰显地方志资政育人作用。《星曜长河》为纪念中国共产党成立100周年书籍,分《战斗英雄篇》和《劳动模范篇》,记录30余名唐山籍英模事迹。《乡愁与记忆》分《古代历史浪花》《清末民初风云》《战争年代壮举》《雄厚经济底蕴》《唐山精神赞歌》《冀东文化集萃》6部分,全景式展示唐山历史。

《唐山市志(1987～2005)》于2021年出版发行。 王 雪 摄

【旧志整理】 2021年,唐山市地方志办公室系统谋划旧志整理工作,对古旧志书进行保护和传承。全市旧志整理涉及6个县(市、区)37部,按照分期实施、修旧如旧原则,主要采用影印方式,保持原稿体例、格式,不作点注,统一编序,统一版式,统一开本,统一装帧,形成一部完整《唐山历代志书集成》丛书。截至年底,《唐山历代志书集成·丰润卷》《唐山历代志书集成·玉田卷》整理完成并出版。其中《唐山历代志书集成·丰润卷》丛书于6月出版发行,由丰润区方志办提供电子版本和样书,包括《丰润县志》(明隆庆版)、《丰润县志》(清康熙版)、《丰润县志》(清乾隆版)、《丰润县志》(清光绪版)和《丰润县事情》(民国版)共5部。《唐山历代志书集成·玉田卷》丛书于10月出版发行,由玉田县方志办提供电子版本和样书,包括《玉田县志》(清康熙版)、《玉田县志》(清乾隆版)、《玉田县志》(清光绪版)和《玉田县地方辑要》共4部。

【方志服务作用发挥】 2021年,唐山市地方志办公室主动服务基层,帮助县区解决和改善地方志工作资金难题。由于各县(市、区)经济发展水平不一致,有些县区用于地方志工作经费紧张,出版年鉴、书籍出现资金困难。市方志办联系有关出版单位,采用丛书形式出版年鉴等书籍,解决资金难题,仅书号一项费用就节省3万元。为县区基层单位撰写村史、查阅资料等工作提供支持帮助。

【方志队伍建设】 2021年,唐山市地方志办公室以国务院颁布《地方志工作条例》为准绳,依法推进和落实全市地方志工作,并按照条例规定指导督导县(市、区)及部门修志单位和人员依法修志。开展业务培训,组织市县两级志鉴编纂人员通过网络收看学习中指组各类学术论坛内容,各县(市、区)结合实际组织学习交流活动,提高志鉴编纂业务水平。开展党史学习教育和纪律作风教育,提高全办人员政治素质和工作面貌,在疫情防控形势下主动克服困难,按时按计划、保质保量完成各项任务。

(齐红珊)

2021年唐山市政府重要文件

表7

文件号	标　　题
唐政字〔2021〕61号	关于印发《持续深化“四个农业”大力实施“三品建设”促进农业高质量发展行动方案（2021-2025年）》的通知
唐政字〔2021〕63号	唐山市加强地震灾害防范应对准备工作专项方案
唐政字〔2021〕68号	关于印发《唐山市国土空间规划委员会议事规则》的通知
唐政字〔2021〕70号	关于抓好唐山市“十四五”规划《纲要》落实的通知
唐政字〔2021〕81号	关于印发《唐山市地震灾害防治指南》的通知
唐政字〔2021〕91号	关于颁授第四届市政府质量奖的决定
唐政字〔2021〕93号	关于进一步规范钢铁、焦化等重点行业大气污染物排放管理要求的通知
唐政字〔2021〕104号	关于《河北省唐山市南湖国际会展中心项目实施方案》的批复
唐政字〔2021〕105号	关于印发《唐山市社会投资新建工业项目“拿地即开工”审批改革实施方案（试行）》的通知
唐政字〔2021〕107号	关于支持唐山高新技术产业开发区改革发展的意见
唐政字〔2021〕108号	关于支持上市挂牌公司高质量发展的实施意见
唐政字〔2021〕123号	印发《唐山市关于建立健全绿色低碳循环发展经济体系的实施意见》的通知
唐政字〔2021〕124号	关于印发《唐山市“十四五”残疾人保障和发展规划》的通知
唐政字〔2021〕125号	关于加快科技创新平台建设的实施方案
唐政发〔2021〕2号	印发《关于支持中国（河北）自由贸易试验区曹妃甸片区人才发展聚集的若干政策》的通知
唐政发〔2021〕4号	印发关于持续深化“证照分离”改革进一步激发市场主体发展活力实施方案的通知
唐政发〔2021〕9号	关于印发《唐山市城市更新实施办法（暂行）》的通知
唐政发〔2021〕10号	关于印发《唐山市重大行政决策程序实施意见》的通知

2021年唐山市政府办公室重要文件

表8

文件号	标　　题
唐政办字〔2021〕1号	印发《关于深入推进政务公开创新发展的措施》的通知
唐政办字〔2021〕3号	关于印发《唐山市生态示范区建设工作方案》的通知
唐政办字〔2021〕12号	关于印发《唐山市2021年民心工程任务分解表》的通知
唐政办字〔2021〕19号	关于印发《唐山市放宽市场主体住所（经营场所）登记条件的若干规定》的通知
唐政办字〔2021〕33号	唐山市人民政府办公室关于印发《关于进一步做好陆生野生动物保护工作的实施意见》的通知
唐政办字〔2021〕38号	关于印发《唐山市创建国家文化和旅游消费试点城市工作方案（2021-2022）》的通知
唐政办字〔2021〕39号	关于印发《唐山市2021年国土绿化和创建森林城市督导工作方案》的通知
唐政办字〔2021〕64号	关于印发《唐山市生态文明建设规划（2021-2025年）》的通知
唐政办字〔2021〕65号	关于印发《唐山市优化港口集疏运体系实施方案（2021-2025年）》的通知
唐政办字〔2021〕66号	关于印发《唐山市“双大外环”公路绕城项目推进工作实施方案》的通知
唐政办字〔2021〕69号	关于印发《唐山市2021年城市体检工作方案》的通知
唐政办字〔2021〕71号	关于印发《唐山市城区断头路瓶颈路（海绵化）建设提升实施方案》的通知
唐政办字〔2021〕74号	关于印发《唐山市交通运输发展“十四五”规划》的通知
唐政办字〔2021〕88号	关于印发《唐山市招商引资百日攻坚专项行动工作方案》的通知
唐政办字〔2021〕99号	印发《关于服务“六稳”“六保”进一步落实“放管服”改革有关工作实施方案》的通知
唐政办字〔2021〕102号	关于印发《唐山市电子商务高质量发展实施意见（2021-2023年）》的通知
唐政办字〔2021〕106号	关于印发《唐山市支持中小企业走“专精特新”之路实现高质量发展的若干措施》的通知
唐政办字〔2021〕116号	关于印发《唐山市加快推进服务业高质量发展实施方案（2021-2025年）》的通知
唐政办字〔2021〕131号	关于印发《唐山市城市更新试点工作实施方案》的通知
唐政办发〔2021〕5号	关于印发《唐山市促消费稳增长实施意见》的通知

中国人民政治协商会议唐山市委员会

ZhongGuoRenMinZhengZhiXieShangHuiYiTangShanShiWeiYuanHui

综　述

【政协概况】 2021年，唐山市政协及其常委会发挥专门协商机构作用，加强思想政治引领，突出团结和民主两大主题，履行政治协商、民主监督、参政议政职能，开展党史学习教育和“四史”宣传教育，开展庆祝中国共产党成立100周年系列活动，向市委请示报告29次，开展专题协商和视察监督活动33次，提出意见建议100余条，得到省、市领导批示52次。落实党组成员联系民主党派、工商联制度，畅通党派团体在政协履行职责渠道，发挥党外代表人士协商议政作用，各民主党派、市工商联代表年内作专题发言122次，反映社情民意信息480条。完善“上提中拓下沉”三维工作模式，全年上报全国政协社情民意信息228篇，得到省、市领导批示15次，在全国政协社情民意座谈会上作书面发言。制发《强化政协委员责任担当的若干措施》《广泛凝聚共识的若干措施》等制度文件，支持和保障委员依章依规履职尽责，为唐山经济社会发展作出新贡献。

【市政协十二届五次会议】 2021年1月30日至2月1日召开，大会应到委员514人，实到418人，符合规定人数。大会举行3次全体会议，省委常委、市委书记张古江等省、市领导出席开幕式、闭幕式，并听取各界别组委员意见建议，与委员们共商改革发展大计。张古江在大会开幕时讲话，并参加1月31日联组讨论。会议期间，委员们听取并讨论省委常委、市委书记张古江讲话，列席唐山市第十五届人民代表大会第六次会议，听取并讨论市政府工作报告及其他报告，听取并审议政协唐山市第十二届委员会常务委员会工作报告、政协唐山市第十二届委员会常务委员会提案工作报告，审议通过政协唐山市第十二届委员会第五次会议期间委员提案审查情况报告，审议通过政协唐山市第十二届委员会第五次会议有关决议，补选张芳、黄杰、阎磊、解桂林4人为常委。会上，委员们围绕扩大投资、促进消费，融入、对接、服务京津，创新驱动发展，农业农村优先发展等方面提出建设性意见和建议。联组讨论和大会书面发言21篇意见建议得到省、市领导肯定性批示。大会期间收到提案303件，审查立案300件，立案率99.01%。《人民政协报》、“学习强国”、长城新媒体等中央和省、市级媒体刊发稿件80余篇次。

【市政协十二届十六次常委会】 2021年1月29日召开，唐山市政协领导班子成员、秘书长及常委68人出席会议。会议听取市委、市政府关于市政协十二届四次会议以来提案办理情况通报，听取关于市政协十二届五次会议筹备情况汇报，审议通过政协唐山市第十二届委员会常务委员会工作报告，并推举报告人；审议通过政协唐山市第十二届委员会常务委员会关于十二届四次会议以来提案工作情况报告，并推举报告人。会议审议通过关于调整十二届市政协委员名单，表决通过人事事项，审议市政协十二届五次会议有关文件。

【市政协十二届十七次常委会】 2021年1月31日召开，唐山市委常委、组织部长、统战部长、市政协党组副书记陈学民出席并作有关人事事项说明。市政协领导班子成员、秘书长及常委68人出席会议，符合规定人数。各组召集人列席会议。会议审议通过选举办法（草案），审议通过总监票人、监票人名单（草案），听取关于补选市政协十二届委员会常委有关情况说明，审议通过补选市政协十二届委员会常委候选人建议名单（草案），审议通过市政协十二届五次会议政治决议（草案），审议通过市政协十二届五次会议关于常务委员会工作报告决议（草案）；审议通过市政协十二届五次会议期间关于委员提案审查情况报告（草案）。

【市政协十二届十八次常委会】 2021年2月25日召开，唐山市政协领导班子成员、秘书长及常委60人出席会议。市政协副秘书长、机关党委专职副书记列席会议。会议审议通过政协唐山市第十二届委员会关于调整换届时间安排，决定市级政协换届时间由2022年4月提前到2021年8月。

【市政协十二届十九次常委会】 2021年8月20日召开，唐山市政协领导班子成员、秘书长及常委66人出席会议。会议听取市委办公室和市政府办公室关于市政协十二届五次会议以来提案办理情况通报、关于市政协十三届一次会议筹备情况汇报，审议通过关于召开政协唐山市第十三届委员会第一次会议决定、议程（草案）、日程（草案），以及政协唐山市第十二届委员会常务委员会工作报告和提案工作报告，并分别推举通过报告人；听取关于政协唐山市第十三届委员会委员建议人选和政协唐山市第十三届委员会第一次会议主席团、主席团会议主持人、秘书长建议人选说明，并审议通过人选（草案）；审议通过政协唐山市第十三届委员会第一次会议常务副秘书长、副秘书长建议名单（草案），政协唐山市第十三届委员会提案审查委员会主任、副主任、委员名单（草案），政协唐山市第十三届委员会第一次会议委员编组办法、小组召集人名单和列席单位名单（草案），政协唐山市第十三届委员会第一次会议选举办法（草案），关于表扬市政协十二届五次会议以来优秀提案、优秀提案单位、提案承办先进单位和优秀提案工作者通报，关于授权十二届市政协主席会议审议市政协第十二届委员会常务委员会第十九次会议未尽事宜决定（草案）。

【市政协十三届一次会议】 2021年8月22～25日召开，大会听取并审议政协唐山市第十二届委员会常务委员会工作报告和提案工作报告。会议期间，委员们列席市十六届人大一次会议，听取并讨论市政府工作报告及检察院、法院工作报告。大会选举主席1人、副主席8人、秘书长1人，并选举产生71名常委。省委常委、市委书记张古江，市委副书记、市长田国良等省、市领导出席开幕式、闭幕式，并参加联组讨论、分组讨论，听取委员意见建议，共商唐山“十四五”发展大计。张古江代表市委在开幕会和联组会上讲话。

【市政协十三届一次常委会】 2021年8月25日召开，唐山市政协领导班子成员、秘书长及常委69人出席会议，符合规定人数。会议审议通过政协唐山市第十三届委员会常务委员会关于设置专门委员会决定和人事事项。

【市政协十三届二次常委会】 2021年9月24日召开，唐山市政府副市长张涛应邀出席会议并作题为《实施创新驱动发展战略，加快科技创新平台建设》工作报告。市政协领导班子成员、秘书长及常委74人出席会议。会议期间进行分组讨论，与会主席会议成员、市政协常委、委员、专家学者围绕“实施创新驱动发展战略，加快科技创新平台建设”交流发言，从不同角度提出意见建议。会议传达全国和全省政协系统党建工作经验交流会精神、省政协十二届二十二次常委会议精神。市直单位和市政协相关人员列席会议。

【市政协十三届三次常委会】 2021年12月9日召开，唐山市政府副市长郝志军应邀出席会议并作题为《做优做强钢铁服务业、推进钢铁产业转型发展》工作报告。市政协领导班子成员、秘书长及常委68人出席会议。会议期间进行分组讨论，与会主席会议成员、市政协常委、委员、专家学者围绕“做优做强钢铁服务业、推进钢铁产业转型发展”交流发言。会议传达中共十九届六中全会精神、中共河北省第十次代表大会精神，审议通过《中国人民政治协商会议河北省唐山市委员会协商工作规则》。各县（市、区）政协主席、部分议政咨询委员、市直单位和市政协机关人员列席会议。

8月22～25日，唐山市政协十三届一次会议在唐山大剧院召开。

新绍杰 摄

参政议政

【专题协商议政大会】 2021年10月12日，唐山市政协召开以“打造循环产业链体系，大力推进绿色发展”为主题协商议政大会。省委常委、市委书记张古江出席会议，听取委员发言，与委员互动交流。市委副书记、市长田国良讲话。市领导陈宇、侯旭、张涛、白春明、甄德恩、袁宁、全荣哲、董学忠出席。大会以产业领域为切入点，围绕“如何发展循环经济，助推唐山绿色高质量发展”讨论协商。白春明代表市政协作题为《打造循环经济产业链体系，大力推进绿色发展》汇报发言，张弛、刘宝珠、王春生、周永山、韩宏升、李富平、张克震等政协委员和企业家代表交流发言。部分政协委员和企业家代表作书面交流。各县（市、区）、市各派出机构、市直有关部门负责人参加会议。大会围绕规划落地、循环产业链条、技术创新应用、关键装备创新、“双碳”目标和制度政策保障6个方面，形成8篇口头发言材料及19篇书面交流材料，成为发展循环产业链体系资政建言成果。

【常委会协商】 2021年，唐山市政协以“实施创新驱动发展战略，加快科技创新平台建设”和“做优做强钢铁服务业，推进钢铁产业转型发展”为题召开常委会协商会议2次，提出意见建议30余条，为市委市政府决策提供参考，助力全市中心工作。

【专委会协商】 2021年，唐山市政协围绕提高提案办理质量、精神障碍患者救治救助、唐山南站保护与开发、临港产业绿化转型发展、城市垃圾分类、产教融合发展、公益保护协同监督、社区法制建设、发挥侨务资源优势、城乡融合发展等内容，分别开展以“强化承办单位提案办理责任，实现提案办理质量新突破”“加强严重精神障碍患者服务保障与管理，有效防范严重精神障碍患者肇事肇祸事件发生”“加强唐山老火车站区域的保护与开发，推动申报省级重点文物单位”“推动临港产业绿色化转型，助力新型工业化基地建设”“提升环保意识，推进城市生活垃圾分类”“关于深化产教融合，推进职业教育高质量发展”“加强公益保护协同监督”“进一步完善社区法制建设，加快推进法治唐山建设”“加强与归侨、侨眷和海外华侨（华人）联系联谊，助推唐山对外开放”“城乡公共服务均等化发展，加快城乡一体化建设”为议题专委会协商10次，一批意见建议纳入决策范畴，转化为政策举措。

【政协民主监督】 2021年，唐山市政协围绕农村居民冬季清洁取暖、加大物业机构监管力度、发展数字经济、助力实现“退后十”目标、完善市食品安全监督管理机制、社区居家养老服务中心建设运营、坚持宗教中国化方向等内容，开展协商式监督活动7次，助力市委、市政府决策部署落地落实。

【政协专题视察】 2021年，唐山市政协围绕“提案工作相关制度落实情况”“市常态化防控疫情工作”“探寻唐山城市‘源点’，统筹打造城市‘原点’与‘零公里’标志”“发展楼宇经济”“农村‘双代一清’和散煤治理”“城市生活垃圾分类情况”“加强基层卫生人才队伍建设”“市中小学校体育活动开展情况”“食品安全追溯体系建立和运行情况”“市社区居家养老服务中心建设运营情况”“市少数民族流动人口管理工作”“市乡村道路建设情况”等内容开展12次专题视察，引领政协委员领悟新思想、感受新变化。

【政协提案办理】 2021年，唐山市政协提前完成换届，完成十二届五次和十三届一次全会委员提案审查、立案、交办、办理、督办等工作。其中，十二届市政协五次会议收到提案342件，立案337件，立案率98.5%。立案提案中集体提案93件，个人提案244件。截至7月底，337件立案提案全部答复办结，提案者对提案办理满意度100%；十三届市政协一次会议收到提案136件，立案128件，立案率94.12%。立案提案中集体提案57件，个人提案71件。截至12月底，128件提案全部答复完毕，提案者对提案办理满意度100%。在重点提案遴选方面，市政协按照遴选程序和要求，在征求各方意见基础上，从十二届五次和十三届一次会议立案提案中分别遴选出11件提案，作为“1号提案”和重点提案，研究制定主席、副主席分包督办实施方案。在重点提案督办方面，组织召开协商督办座谈会和视察活动17次，参与活动近300人次。在提案宣传和表彰方面，利用各种学习、座谈、调研、督办活动进行提案宣传和人员培训，录制《政协委员关注》节目26期，政协常委、委员以及各承办单位参与录播人员150人次。对十二届五次会议35件优秀提案、7个优秀提案单位、16个提案承办先进单位、25名优秀提案工作者予以表彰。

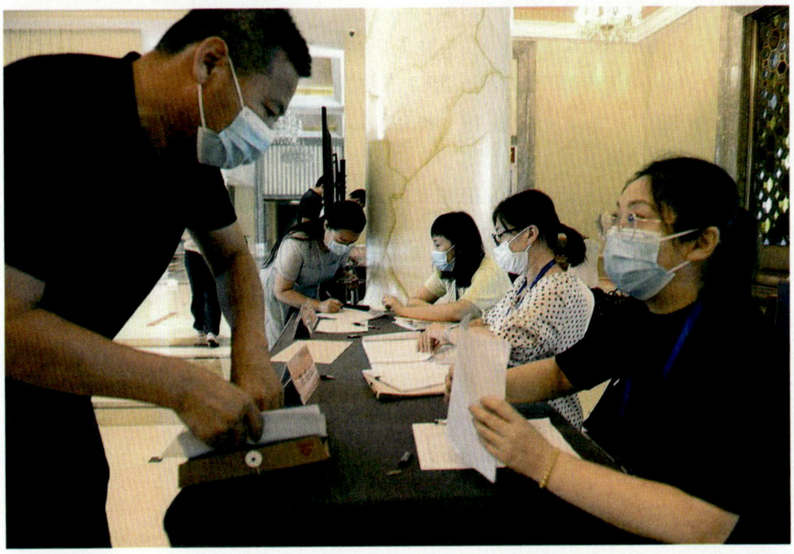

8月21日，参加市政协十三届一次会议政协委员向提案组递交提案。
吕光宇 摄

【政协文史宣传】 2021年，唐山市政协在编辑出版《唐山名胜名食》一书基础上，制作《唐山名胜名食》专题片。全年出版发行《唐山文史》期刊4期，编辑出版《唐山政协》6期，撰写新闻稿件120余篇，其中被《人民政协报》、人民政协网、《河北日报》等省级以上媒体刊发25篇次，在“唐山政协”微信公众号发布消息300余条。开展线上“党史学习教育答题竞赛活动”，3400多名委员、会员及机关人员参与答题，“唐山政协”微信公众号关注量年内增加1500余人。

政协重要活动

【政协党史学习教育】 2021年3月17日，唐山市政协召开学习全国“两会”精神暨党史学习教育动员部署会议，宣读《唐山市政协党史学习教育实施方案》。在党史学习教育系列活动中，市政协举办党史学习教育专题辅导报告会，邀请中央党校教授作专题辅导。分两批组织市政协常委、各县（市、区）政协主席及机关干部在江西革命老区爱国主义教育基地进行培训，学习人民政协理论及业务知识，聆听党史讲解，重温入党誓词。召开党组（扩大）会议传达学习《中国共产党组织工作条例》，开办党史学习教育专题读书班，组织“学党史促履职”读书交流研讨会，以党史学习教育促履职能力提升。

【省政协领导在唐调研】 2021年7月21～22日，河北省委宣讲团成员、省政协主席叶冬松在迁西县政协专题宣讲习近平“七一”讲话精神，调研开展党史学习教育情况，听取相关工作汇报。在唐期间，叶冬松在李大钊纪念馆、李大钊故居参观学习。4月13～14日，省政协副主席梁田庚率省直有关部门负

3月13日，唐山市政协党史学习教育促履职能力提升培训班在江西井冈山接受红色教育。 杨 群 摄

责人对唐山包联企业开展调研。5月19～20日，省政协副主席徐建培率调研组在唐调研支持跨境电商发展情况。10月12～13日，梁田庚再率省直有关部门负责人在唐调研。

【三级政协委员专题视察】 2021年6月1～2日，唐山市政协组织住唐全国、省、市政协委员开展专题视察。视察中，委员们在芦台、汉沽、丰南、路南、海港、乐亭部分企业和项目建设现场，通过听取汇报和实地查看，全面了解习近平总书记2016年视察唐山之后5年中，唐山经济社会发展新变化、新气象、新面貌、新成就。8位委员在座谈会上发言，畅谈视察感受和对唐山未来发展意见建议。

【市政协议政咨询委员获聘书】 2021年10月28日，十三届市政协议政咨询委员聘书发放仪式在市政协文史馆议政厅举行。市政协秘书长李长远宣布议政咨询委员名单，主席会议成员为受聘委员颁发聘书。十三届市政协此次聘用46位议政咨询委员均为全市各行业、各领域精英。3位议政咨询委员代表在聘书发放仪式上发言。仪式后，与会领导和委员共同参观市政协文史馆。

（陈利刚 李志平）

2021年唐山市政协重要文件

表9

文件号	标　　题
唐协办字〔2021〕1号	关于2020年度市政协委员（常委）履行职责考核情况的通报
唐协办字〔2021〕2号	关于2020年度优秀调研报告、优秀咨询议政成果、优秀信息评选结果的通报
唐协办字〔2021〕3号	关于调整十二届市政协委员的通知
唐协办字〔2021〕4号	关于印发《唐山市政协党史学习教育实施方案》的通知
唐协办字〔2021〕6号	关于印发《强化政协委员责任担当的若干措施》的通知
唐协办字〔2021〕7号	关于深入学习宣传贯彻市第十一次党代会和市“两会”精神的通知
唐协办字〔2021〕9号	关于深入学习宣传贯彻中共十九届六中全会精神的通知
唐协办字〔2021〕10号	关于印发《中国人民政治协商会议河北省唐山市委员会协商工作规则》的通知
唐协发〔2021〕1号	关于印发《加强和促进人民政协凝聚共识工作的若干措施》的通知
唐协党组呈〔2021〕1号	关于感受“十三五”成就、建言“十四五”发展视察活动的报告
唐协党组呈〔2021〕3号	关于召开市政协十二届五次会议的请示
唐协党组呈〔2021〕8号	关于举办“市政协常委履职能力提升”专题培训班的请示
唐协党组呈〔2021〕9号	关于召开市政协十二届十八次常委会议审议市级政协换届时间的报告
唐协党组呈〔2021〕11号	关于报送市政协党组2021年工作要点和五个计划的报告
唐协党组呈〔2021〕16号	关于市政协十三届一次会议的请示
唐协党组呈〔2021〕21号	关于深入学习宣传贯彻市第十一次党代会精神的报告
唐协党组呈〔2021〕23号	关于“实施创新驱动发展战略加快科技创新平台建设”的协商报告
唐协党组呈〔2021〕24号	关于“打造循环产业链体系，大力推进绿色发展”协商议政大会的情况报告
唐协党组呈〔2021〕25号	关于“加强公益保护协同监督”专题协商座谈会的情况报告
唐协党组呈〔2021〕27号	关于“做优做强钢铁服务业，推进钢铁产业转型发展”常委会协商情况报告
唐协党组呈〔2021〕28号	关于学习宣传贯彻省第十次党代会有关情况的报告
唐协党组呈〔2021〕29号	关于召开市政协十三届二次会议的请示
唐协党组呈〔2021〕30号	关于2021年开展大气污染防治专题民主监督协商的报告

中共唐山市纪律检查委员会

ZhongGongTangShanShiJiLvJianChaWeiYuanHui

综　述

【纪检监察概况】 2021年，唐山市纪检监察机关发挥监督保障执行、促进完善发展作用，运用监督执纪"四种形态"（党内关系要正常化，批评和自我批评要经常开展，让咬耳扯袖、红脸出汗成为常态；党纪轻处分和组织处理要成为大多数；对严重违纪重处分、作出重大职务调整应当是少数；严重违纪涉嫌违法立案审查只能是极少数）惩前毖后、治病救人，监督执纪向"管住大多数"拓展，使"四种形态"比例分别为63.5%、27.8%、2.7%和6%。推进全面从严治党、党风廉政建设和反腐败斗争，引导全市党员干部坚定理想信念、筑牢思想防线，将惩处、监督、教育贯通融合。市纪检监察机关全年立案1675件，党纪政务处分1967人，移送检察机关39人。其中，立案审查调查市管干部25人，查处乡科级及以上"一把手"80人。

【纪检监察体制改革】 2021年，唐山市纪委监委制定《向省纪委监委请示报告重大事项责任分工》，健全完善查办腐败案件以上级纪委领导为主工作机制。专项治理人防系统腐败问题，首次向市人大常委会报告专项工作，自觉接受人大监督。制定《市纪委监委派驻纪检监察组履职工作办法》以及市管企业、学校、医院纪检监察机构履职管理办法，以市委办名义印发《贯彻落实省委〈关于进一步深化全省纪检监察派驻机构改革的意见〉若干措施》，开展"室组"联动监督、"室组地"联合办案，带动发挥"派""驻"权威和优势。制定《关于落实办案安全工作十项措施》，防范化解风险隐患。建立《受理检举控告及问题线索管理办法》，提高工作规范化、法治化、正规化水平。

【纪检监察政治监督】 2021年，唐山市纪委监委贯彻落实党中央决策部署和省委、市委工作要求，严明政治纪律和政治规矩，建立完善监督台账，将政治监督具体化、常态化。围绕疫情防控和"六稳""六保"，纠治责任落实、政策执行问题7901个。围绕污染防治攻坚战，督促整改有关问题1417个。围绕粮食安全，整改违法占用耕地问题，督促拆除违规建筑147栋，没收违规建筑2栋，查纠国有粮食企业、国有粮库有关问题122个。围绕营商环境开展基础设施建设领域专项整治，督促解决有关问题2756个；监督全市574个重点项目手续办理情况，解决制约审批效率问题103个。围绕换届风气开展4轮次巡回督查，处置有关检举控告93件，市本级出具廉政意见回复2170人次，严把政治关、廉洁关。

【专责监督作用发挥】 2021年，唐山市纪委监委落实包联监督工作机制，综合运用线索处置、调研督导、参加民主生活会等多种方式，掌握政治生态，督促责任落实。学习贯彻《中共中央关于加强对"一把手"和领导班子监督的意见》，协助市委制定并落实实施方案。召开全市换届新任职领导干部集体谈话会议，向市领导发送履责提示函23份，抄送纪检监察建议书30份。在全省率先建立市管干部廉政档案建设标准和管理规范，为领导干部多角度"画像"。建立健全信息沟通、线索移交工作机制，统筹衔接纪律监督、监察监督、派驻监督与巡察监督，贯通协同党内监督与其他各类监督，配合全市人大系统开展"4+1"联动监督。精准规范运用问责手段，开展跟踪回访和思想政治工作，及时为受到诬陷干部澄清正名，激发党员干部干事创业内生动力。

【纪检巡视巡察】 2021年，唐山市纪委监委落实党中央和省委、市委关于巡视巡察工作部署，完成十届市委届内巡察全覆盖任务，启动十一届市委第一轮巡察。年内，对25家单位开展常规巡察，对5家检察院系统直属单位开展延伸巡察，对全市粮食购销系统开展专项巡察，发现问题522个、问题线索17件。成立督导专班，整改落实省委巡视"回头看"反馈意见，全部按时保质完成整改。制定《关于加强市县巡察上下联动的实施办法》，压实市县党委巡察工作主体责任。开展巡察工作规范化建设专项检查，对下提出整改建议62条。健全完善巡察制度，形成制度106项，构建涵盖巡察流程、支持配合、成果运用、队伍建设等多层面巡察制度体系。

【群众反映问题整治】 2021年，唐山市纪委监委开展"我为群众办实事"实践活动，办理中央纪委转办群众诉求类留言55条。聚焦黑臭水体治理、"停车难"治理、"办证难""入住难"治理、"三点半"课后难题治理4项民生实事，通过明察暗访发现并解决具体问题131个。聚焦教育、医疗、养老、社保、巩固脱贫攻坚成果等重点领域，开展基层"微腐败"专项整治，查纠解决问题9909

个，党纪政务处分145人。信访举报统计以被反映人为主要统计口径，定期筛选分析，精准研判办理，全市纪检监察机关年内受理信访举报5524件、检举控告3281件、初次检举控告1316件，较上年分别下降35.1%、32.1%、10.4%。

纪检监察队伍建设

【纪检监察队伍建设概况】 2021年，唐山市纪委常委会落实党建工作责任制，贯彻民主集中制，严肃党内政治生活，完成市、县、乡纪委换届工作。利用“小微学堂”“真知灼见课堂”开展纪法培训、技能培训、信息化培训，参加培训2000余人次，组织应知应会知识测试25轮次。完善干部考评机制，面向系统内外、系统上下选拔任用和交流干部，让有为者有位、为担当者担当。学习贯彻中央纪委国家监委《关于加强新时代纪检监察干部监督工作的意见》，制定唐山市实施办法，自觉接受约束和监督。在全市纪检监察系统开展“六个一”（一次集中学习、一次交流研讨、一次警示教育、一次廉政宣讲、一次演讲比赛、一次组织生活会）警示教育活动，教育引导纪检监察干部知敬畏、存戒惧、守底线。年内，市本级办结纪检监察干部问题线索86件，党纪政务处分4人，诫勉谈话4人。

【纪检人员思想建设】 2021年，唐山市纪委监委把学习贯彻习近平新时代中国特色社会主义思想作为首要政治任务，开展党史学习教育、“四史”宣传教育，常态化落实“日学一小时”制度，学习领会习近平关于中国共产党历史论述和“七一”讲话精神，教育引导纪检监察干部学史明理、学史增信、学史崇德、学史力行。宣讲党的十九届六中全会、省第十次党代会、市第十一次党代会精神，提高理论思维、战略谋划、精准落实能力。班子成员围绕贯彻落实党中央决策部署、推进党风廉政建设和反腐败斗争开展5轮调查研究，形成46份调研报告，理论联系实际水平得到提升。

【干部作风问题整治】 2021年，唐山市纪委监委严查贯彻执行党中央决策部署做选择、搞变通、打折扣，以及“包装式”落实、“洒水式”落实、“一刀切式”落实等行为，查处形式主义、官僚主义问题64件，组织处理32人，党纪政务处分63人。严查节假日违规收送礼品礼金、违规吃喝、违规发放津贴补贴等问题，查处享乐主义、奢靡之风问题62件，组织处理26人，党纪政务处分55人。开展公车使用管理专项整治、“吃公函”专项整治，发现纠治有关问题137个。研究分析问题症结，职能部门完善公务用车、办公用房等方面制度规定8项。全市纪检监察机关查处违反中央八项规定精神和“四风”问题较上年下降18.2%。

唐山市纪检监察系统开展“六个一”警示教育活动。

吉 轩 摄

【反腐败专项整治】 2021年，唐山市纪委监委开展追逃防逃追赃工作，张继平外逃5年被劝返回国投案自首，张庆生潜逃6年落网。配合开展政法队伍教育整顿，查结中央督导组交办督办遵化刘占武案、开平区人民法院腐败窝案、汉沽田氏家族案等10件问题线索，党纪政务处分94人，移送检察机关18人。聚焦矿山领域腐败和作风问题，党纪政务处分31人，移送检察机关2人。聚焦供销合作社系统腐败问题，党纪政务处分7人，移送检察机关2人。围绕监督检查、审查调查中发现共性问题和突出问题，制发纪检监察建议书472份，加强监督机制改革和制度建设。成立警示教育工作领导小组，打造“三个一”（一个警示教育展馆、一本基层党员违法案件警示录、一部综合警示教育片）廉政教育品牌，统筹用好“以案说廉”“廉政宣讲团下基层”等宣传教育载体，累计教育31万余人次。综合分析全市纪检监察机关2018～2021年查处案件，违纪行为发生在党的十九大之前占42.4%，十九大之后呈逐年下降趋势，分别占21.9%、16.3%、14.5%和4.9%。

纪检监察重要活动

【市纪委十届五次全会】 2021年2月2日，中共唐山市第十届纪律检查委员会第五次全体会议召开。省委常委、市委书记张古江出席会议并讲话，市委常委、市纪委书记、市监委主任穆伟利主持会议，并代表市纪委常委会作题为《推动新时代纪检监察工作高质量发展，为奋力开创“三个努力建成”崭新局面提供坚强保障》工作报告。会议审议通过《中共唐山市第十届纪律检查委员会第五次全体会议决议》。

【市纪委十届六次全会】 2021年8月10日，中国共产党唐山市第十届纪律检查委员会召开第六次全体会议。全会审议通过《中国共产党唐山市第十届纪律检查委员会向中国共产党唐山市第十一次代表大会的工作报告》，同意提请中国共产党唐山市第十届委员会第十四次全体会议审议；审议通过中国共产党唐山市纪律检查委员会关于贠卫东严重

唐山党员干部警示教育展馆建成开馆，成为全市党员干部开展政治性警示教育和锤炼党性新基地。　　吉　轩　摄

违纪问题审查报告，确认中国共产党唐山市纪律检查委员会常务委员会此前作出给予负卫东开除党籍处分决定。市委常委、市纪委书记、市监委代主任郭永博主持会议。

【市纪委十一届一次全会】 2021年8月18日，中国共产党唐山市第十一届纪律检查委员会第一次全体会议召开。会议选举并报市委十一届一次全会通过，产生新一届市纪委常委会，完成市纪委换届工作。会议审议通过市纪委十一届一次全会决议。新当选市委常委、市纪委书记郭永博代表新一届市纪委领导班子讲话。

【"日学一小时"活动】 2021年，唐山市纪委监委开展"日学一小时"活动，要求党员干部每天抽出一个小时学习政治理论和业务知识，并制订学习方案。在学习方式上采取"科室自学＋全体人员集中学"形式，以党支部、科室为单位，组织机关各内设机构、派驻机构、巡察机构党员干部在固定时间集中学、系统学；依托网络技术及时分享业务知识，利用"碎片化"时间随时学、补充学。在学习内容上突出政治理论和业务知识，政治理论重点围绕习近平新时代中国特色社会主义思想和党的基础理论，业务学习重点围绕中央纪委全会精神、纪检监察相关法律法规和制度规定。市纪委监委结合《2021年唐山市纪检监察干部素质提升工作大纲》教育培训课程安排，明确8类重点培训对象、10种培训形式和29项具体培训活动。在学习过程中，领导干部带头学习、解疑释惑，全体人员共同参与、交流心得，业务骨干深入研讨、把握精髓。市纪委监委在学习基础上组织闭卷考试，通过"靶向培训"、学考结合，提升学习质效，带动全市纪检监察干部以学提能、以学促行。

【市纪委监委机关妇联成立】 2021年3月8日，唐山市纪委监委召开第一次妇女大会，成立市直机关中首家妇女联合会。唐山市纪委监委领导班子及各内设机构、派驻机构和市委巡察机构62名妇女参加会议，选举产生第一届机关妇联执行委员会，设执委11名，其中主席1名、副主席4名。市委常委、市纪委书记、市监委主任穆伟利致贺信，并向全市纪检监察战线妇女致以节日问候。市妇联主席张进霜代表市妇联向市纪委监委机关妇联成立表示祝贺。新当选市纪委监委机关妇联主席江洁代表第一届执委会作表态发言。

【市纪委监委"十四五"规划专题培训】 2021年5月27日，唐山市纪委监委举办2021年第一期"真知灼见课堂"培训活动，邀请市发改委党组成员、副主任陈敬明为全市纪检监察干部作专题报告，解读《唐山市国民经济和社会发展第十四个五年规划和二〇三五年远景目标纲要》，系统介绍唐山市"十四五"规划重大意义、发展环境、发展思路和重点任务。"真知灼见课堂"是市纪委监委一项特色培训活动，主要邀请相关领域专家学者、行业带头人和业务能手，权威解读有关政策和法律法规，系统阐释经济社会发展相关领域热点，为全市纪检监察干部开阔眼界、拓展思维、提高综合素质和能力。此次活动主题思想在于，围绕全市经济社会高质量发展大局推动纪检监察工作，找准监督重点和着力点，为实现"十四五"规划和2035年远景目标保驾护航。活动以视频会议形式开展，市纪委监委机关、派驻（派出）机构全体干部，市属企业、医院、学校纪委书记，各县（市、区）纪委监委有关人员900多人参加。

【唐山党员干部警示教育馆开馆】 2021年11月19日，唐山市党员干部警示教育展馆开馆。市四大班子领导及市法检"两长"出席开馆活动并参观展览。市委常委、市纪委书记、市监委主任郭永博主持开馆活动。市党员干部警示教育展馆建筑面积600平方米，馆内展览以"全面从严治党永远在路上"为主题，分为"加强纪律性革命无不胜""正风肃纪反腐永远在路上""信仰给我们力量"3部分内容。其中，正面激励部分讲述党的纪律简史，阐释唐山精神所蕴含廉洁文化；反面警示部分剖析全市42起党员干部违纪违法典型案件，发挥查办案件治本功能。展览运用声、光、电科技手段，设计"贪之欲""铁窗内外""一封家书""纪法卡尺"等多个板块，展现违纪违法者蜕变过程和悔恨反思，起到"用身边事教育身边人"警示教育作用。

【市监委首次向市人大常委会专项报告】 2021年12月31日，唐山市十六届人大常委会第二次会议听取唐山市监察委员会关于人防系统腐败问题专项治理工作情况报告，这是唐山市人大常委会首次听取唐山市监委专项工作报告。市监委专项工作报告显示，市人防系统腐败问题专项治理领导小组发挥统筹协调作用，市监委依法履行监督调查处置职责，市人大及其常委会组织开展调研监督，推动专项治理取得成效。2018年11月至2021年底，累计监督发现人防领域具体问题643个，全部督促整改到位；查处问题线索43件101人，组织处理59人，给予党纪政务处分42人，移送检察机关2人。

（刘　帆）

民主党派·工商联

MinZhuDangPai GongShangLian

中国国民党革命委员会唐山市委员会

【民革概况】 2021年，中国国民党革命委员会唐山市委员会（简称民革唐山市委）有17个基层组织（2个工委、15个支部），民革党员425名，其中省人大代表3人、省政协委员4人、市人大代表5人（含市人大常委1人）、市政协委员23人（含市政协常委6人）。年内发展新党员21名，平均年龄37.5岁，其中具有硕士学位6名，具有中高级职称人员7名，具有民革特色人员7名。民革唐山市委被民革中央授予“助力脱贫攻坚工作先进集体”“民革全国机关工作先进集体”称号，在民革中央“百年中国梦 风雨同舟情”庆祝中国共产党成立100周年网络知识竞赛活动中获得“市级优秀组织奖”，是河北省唯一获此奖项单位；获评民革河北省委2021年度“作风建设年”工作、组织工作、宣传工作、社会服务工作、参政议政（提案）工作、参政议政（协商报告）工作、参政议政（反映社情民意信息）工作7项先进集体称号。

【民革市委换届】 2021年，民革唐山市第十一届委员会任期届满。按照民革中央、民革河北省委和中共唐山市委关于民主党派市级组织换届统一安排部署，市委会召开主委会议、全体委员会议，学习传达换届文件精神，研究制定换届工作实施方案。经过部署酝酿、民主推荐和组织考察，并报经民革河北省委批复同意，确定民革唐山市第十二届委员会委员人数继续保持17名，其中上一届市委委员继续提名14名，新提名市委委员2名，因工作需要空缺1名。4月2日，民革唐山市第十二次代表大会召开，选举产生民革唐山市第十二届委员会和第二届内部监督委员会，新当选市委委员16名，委员平均年龄45岁，大学本科及以上学历占93.7%。在民革唐山市第十二届委员会第一次全体会议上，选举领导班子成员5名，张月仙当选民革唐山市委会主委，米振煦当选专职副主委，王立功、李学静、贾秀敏当选兼职副主委，秘书长由专职副主委米振煦兼任。新当选班子成员平均年龄50.8岁，其中女性3人、男性2人，具有研究生学历3人、大学本科学历2人，从事行政工作3人、党务工作1人、法律工作1人。

【民革自身建设】 2021年，民革唐山市委会制定党史学习教育活动实施方案，购置《中国共产党简史》《民革与新中国的建立》等理论学习书籍310册（套）发放各支部。开展“学习中共党史 携手开创新局”主题教育活动，组织新党员在乐亭李大钊故居和纪念馆参观学习，组织新一届民革市委领导班子成员、市委委员和基层组织负责人，在石家庄平山县李家庄中共中央统战部旧址、革命圣地西柏坡和正定塔元庄开展“四史”学习教育。举办庆祝中国共产党成立100周年文艺汇演和书画笔会，4幅作品报送民革中央书画作品展，6幅作品入选参展“风雨同舟共创辉煌”网络书画摄影展。班子成员和党员撰写学“四史”、多党合作史和民革历史心得体会50余篇，编发学习专刊1期。组织机关工作人员和全体党员收听收看“七一”大会、辛亥革命110周年纪念大会实况直播，召开学习中共十九届六中全会精神专题会议、廉政警示教育会议，参加民革中央、民革河北省委、市政协各类线上答题活动，党员参与率95%以上。市委会以民革“党员之家”和示范性支部创建为抓手加强党派自身建设，年内有4

5月18日，民革唐山市委组织新一届市委委员、基层组织负责人及骨干党员在西柏坡学习。 吴 坚 摄

个支部建成民革“党员之家”，覆盖率增至93.33%。曹妃甸支部、市直二支部分别被民革中央授予“民革示范支部”“优秀民革党员之家”称号，喜峰口长城抗战遗址被民革中央命名为“民革党员教育基地”。12月7日，市委会在迁西喜峰口大刀园举行唐山民革党员教育基地揭牌仪式。年内出版《唐山民革》季刊4期、增刊1期，在《人民政协报》《团结报》《唐山劳动日报》刊登文章50余篇，在民革中央网、团结网、河北政协新闻网等各级网站发布信息180余条。

【民革参政议政】 2021年，民革唐山市委会围绕疫情防控和经济社会发展建言献策，形成调研报告、政协提案、社情民意信息193篇，其中1篇被中央统战部《零讯》采用，并得到国家领导人批示；4篇分别被全国政协、民革中央采用；1篇入选民革中央第四届莫干山会议征文；3篇得到省领导批示；24篇被省政协、省委统战部、民革河北省委采用；2篇调研报告通过《统战专报》上报市委、市政府，得到多位省、市领导批示；3篇在省政协会议上作口头或书面发言；1篇在民革河北省委“巩固拓展脱贫产业 促进农民增收”远程协商座谈会上作发言材料。市委会修改完善《参政议政工作制度》等17项规章制度，激励全体党员立足本职发挥优势，围绕中心工作和热点问题出谋划策。加强与政府对口单位共建日常联络沟通机制和联合调研长效机制，年内举办中青年骨干党员参政议政培训班，中青年骨干党员在聚焦全市经济发展、助力转型升级等诸多方面建言献策。

【民革党员获奖】 2021年，民革唐山市委6件提案被评为市政协优秀提案，党员张克震《大力推进钢铁贸易发展 尽快打造年交易额超万亿的贸易平台》在市政协十三届三次常委会上作口头发言，5件提案被市政协列为年度重点提案，民革唐山市委会被评为优秀提案单位、反映社情民意工作先进集体，市委会办公室胡浩被评为优秀提案工作者。党员米振煦、贾秀敏、巩雪桦、张克震、董力光、汪敏玲、张静、夏剑石8人被评为优秀政协委员，汝国林、李凯伦被评为民革河北省2021年度“作风建设年”工作先进个人，史国辉、李会菊被评为民革河北省2021年度组织工作先进个人，贾慧贤、裴莉珊被评为民革河北省2021年度宣传工作先进个人，米振煦、程志杰被评为参政议政（提案）工作先进个人，米振煦、程志杰、裴莉珊被评为参政议政（协商报告）工作先进个人，米振煦、姚强、程志杰被评为参政议政（反映社情民意信息）工作先进个人，米振煦被评为参政议政工作优秀组织者，李学静、胡浩被评为民革河北省2021年度社会服务工作先进个人，谷北北被评为民革河北省2021年度机关工作先进个人。

【民革社会服务】 2021年，民革唐山市委会围绕疫情防控、扶贫助学、义诊送药、法律咨询、文艺服务等领域开展社会服务活动110余场次，捐款捐物价值12万余元，惠及群众3万人次。在民革中央助力脱贫攻坚总结表彰会上，民革唐山市委被授予“助力脱贫攻坚工作先进集体”称号，党员巩雪桦被授予“助力脱贫攻坚先进个人”称号。在疫情防控中，全市民革党员累计捐款9万余元，8名医卫人员工作在抗疫一线，多名党员在高速口、发热门诊等关键卡点做志愿者。在“我为群众办实事”活动中，市委会主办、路北一支部和市直一支部承办“健康教育进校园”活动，搭建学校与医院合作平台，医务工作者面向师生及家长宣讲青少年健康知识；举办“健康中国唐山行——唐山市肿瘤防治百院联动”专家巡诊活动，惠及群众600余人；发动党员参与民革中央“我为帮扶下一单”活动，组织党员为河南、山西水灾地区捐款捐物；与市残联、市康复教育中心建立关爱自闭症儿童联动帮扶机制，开展全市自闭症儿童情况调研并撰写提案，呼吁全社会帮助自闭症弱势群体。市直二支部与地方政府及农科院合作，组织专家团队在田间地头开展技术指导，惠及百姓上千人；党员巩雪桦带领团队在滦州中赵庄开展碳基农业开发，助力“美丽乡村”建设；党员李承前与丰润科技局、唐山农科院合作，依托线上农业服务平台开设“益农荟农业技术讲堂”，全年发布130条短视频，播放量500多万次。各支部定点帮扶困难群众，捐资助学。法律界党员在机关、企事业单位和院校开展普法讲座及法律服务。党员张俊玲组织并参与公益演出15场，服务群众2000余人；党员吕佳伟个人捐助成立4个“城市书房”，受到群众欢迎。

【民革祖国统一活动举办】 2021年，民革唐山市委会组织党员学习习近平关于台湾问题和两岸关系讲话精神、中共中央对台工作会议精神，巩固“九二共识”政治基础，反对“台独”分裂势力。为全市台胞台属、台资企业提供支持帮扶。党员田志伟在大清河盐场野生动物救助站接待台湾观鸟团，增进两岸同胞相互交流，获选“中国网事·感动2021”网络感动人物。

（裴莉珊）

中国民主同盟唐山市委员会

【民盟概况】 2021年，中国民主同盟唐山市委员会（简称民盟唐山市委）有基层组织28个，盟员828人，其中85%以上具有中高级专业技术职称。年内发展新盟员25人，其中80%以上具有中高级专业技术职称。盟员中有全国政协委员1人、省人大代表2人、省政协委员5人、市人大代表3人、市政协委员26人。

【民盟调研课题成果】 2021年，民盟唐山市委承担省重点调研课题5项，年内全部完成，其中包括省委统战部重点调研课题1项。承担市委重点调研课题3项，《加快滨海核心区城市建设 加快打造高质量沿海经济带》《实施全链条监管 强化食品药品治理的建议》《系统布局新型基础设施 抓好工业互联网建设》均在年内完成并提交。民盟唐山市委课题组以“我市生态文明建设现状问题及建议”和“以创新机制为引擎破解教育‘内卷’困局”为课题在迁安市、滦州市、乐亭县、玉田县开展调研。全年被上级部门采用建议类信息21篇，其中《加强我省非物质文化遗产保护开发的建议》得到省政协副主席孙瑞彬批示，《推进我省韧性城市建设 全面提升河北应急能力》得到河北省常务副省长袁桐利批示。《推进乡村数字化发展面临的问题与建议》等7篇信息被民盟中央、省委统战部采用。

【民盟参政议政】 2021年，民盟唐山市委结合党史学习教育开展参政议政培训，按照发现、培养、使用、推荐思路加强梯队建设。在市十五届人大第六次会议和市政协十二届五次会议上，民盟界别代表、委员提交集体提案13件，副主委刘玉祥提交《建设唐山优质农产品大数据平台 打造国家农产品质量安全城市典范》在会上发言，张立忠、赵冬莲参加联组发言。民盟唐山市委获"优秀提案单位"称号，范永山等人提案获评"优秀提案"，王永斌获"优秀提案者"称号，4篇调研报告被评为优秀调研报告，4篇提案被评为优秀咨询议政成果，5篇信息被评为优秀社情民意信息，2篇稿件被评为优秀新闻稿件，马永宝等11名委员被评为优秀委员（常委）。市政协十三届一次会议前，民盟市委召开政协委员线上议政会议，民盟主委袁宁在会上讲话，方海涛等5名盟员当选市政协十三届委员会常委。

【民盟社会服务】 2021年，民盟唐山市委开展"温暖劳动者 关爱快递员"活动，春节期间组织慰问邮政快递企业基层职工和快递员。助力"乡村振兴"，民盟市委科研团队专家组在疫情期间开启网上24小时农技指导和实时咨询，线上解决农户技术难题，疫情缓解后深入基地对接春季管理，推广新型农业技术，制定实施各类农技方案。智力帮扶团队在省级现代农业园区玉田县玉泉山现代农业产业园指导帮扶，通过实地走访、交流座谈、专家论证，帮助产业园搭建企业销售APP并入驻"抖音"平台，拓宽销售通道。开展农村教育"烛光行动"，在玉田县大丁中心小学举办庆"六一"活动，邀请3位盟员艺术家献唱歌曲，盟员吉福强、郑雪艳现场为10名贫困儿童捐款5000元。为抗疫献爱心，盟员张秋梅为昌乐社区各卡口送"消杀地毯"，杨宁等多名盟员在社区、街道参加抗疫志愿服务。开展社会服务进社区活动，举办"同心颂党恩 文化暖人心"庆祝中国共产党成立100周年演出和"学党史 跟党走 为民服务办实事"送医送药活动。民盟中央课题组在唐开展"城市社区建设和管理服务的现状及所存在问题"专题调研，听取民盟唐山市委和盟员代表开展社会服务工作汇报，并与盟员专家交流探讨社会服务进社区活动方式、内容、范围、领域、载体及社区建设存在问题。

【民盟组织建设】 2021年，民盟唐山市委按照新时代组织发展思路和要求，实施"人才强盟"战略，把提高发展质量放在首位，巩固界别特色，发展各领域代表人士。年内，王海岩获民盟中央"组织发展工作先进个人"称号。履行参政党职能，带领全市盟员开展"学习中共党史 携手开创新局"主题活动。4月2日，民盟唐山市第十二次代表大会召开。会议审议通过《中国民主同盟唐山市第十一届委员会工作报告》和《中国民主同盟唐山市第十二次代表大会决议》，选举产生民盟唐山市第十二届委员会，袁宁当选新一届民盟市委主委，刘玉祥、方海涛、许莹、刘素芸、赵冬莲当选副主委，任命方海涛为秘书长。

（翟 宏）

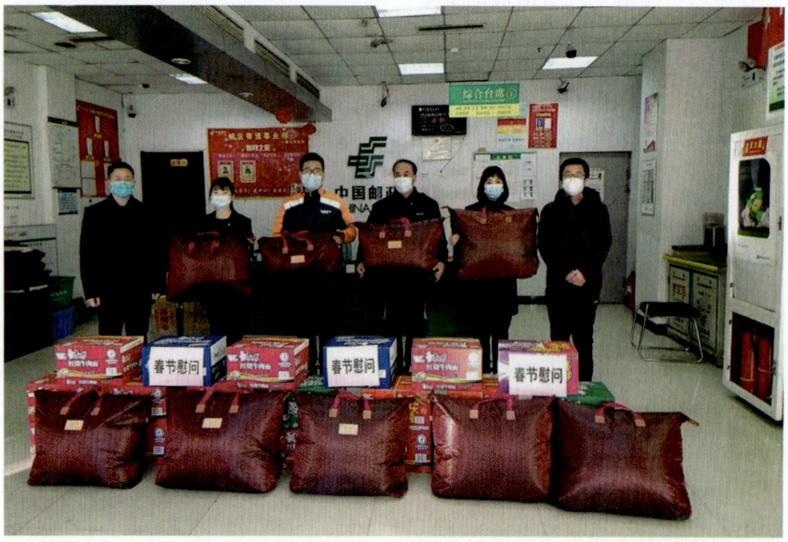

1月28日，民盟唐山市委组织开展"温暖劳动者 关爱快递员"慰问活动。 翟 宏 摄

中国民主建国会唐山市委员会

【民建概况】 2021年，中国民主建国会唐山市委员会（简称民建唐山市委）有会员1222人，设4个工委、6个总支、6个直属支部、46个支部。年内发展会员49名，平均年龄35.5岁。民建唐山市委被评为民建河北省委机关先进单位，以及组织管理信息、社会服务、宣传报道等项工作先进单位，获得民建河北省委参政议政、理论研究工作先进集体二等奖，反映社情民意信息工作先进集体一等奖。丰南区总支被民建河北省委评为先进基层组织，王秋生等12人获省级民建先进个人称号，鲍万同被评为民建中央脱贫攻坚先进个人。58名会员担任市人大代表、市政协委员，135名会员担任区级人大代表和政协委员。

【民建思想建设】 2021年，民建唐山市委开展"学习中共党史 携手开创新局"主题活动，通过召开主委会、常委会、委员会、机关专题学习会学习中共党史，主委会班子成员带头在基层宣讲，建立微信公众号，开辟专栏连载党史知识。青工委开展学习习近平"七一"讲话精神线上交流活动，民建市委和路南区、路北区工委举办庆祝中国共产党成立100周年系列活动，市委会组织会员参加中共党史及民建会史知识答题活动（共10期），获得全省先进组织奖。在市政协党史学习教育答题活动中获得优秀组织奖，8人获先进个人称号。在省民建征文

4月22日，民建唐山市委员会在西柏坡纪念馆学习。　杜恩宏 摄

活动中，李艳鹏、刘效来获得优秀奖；在省社院“统一战线与中国共产党百年辉煌”论文征集中，赵艳艳、郭红霞、王秋生论文被采用。市委会委员在西柏坡中共中央旧址、中央统战部旧址参观学习，法律援助中心、社会服务工作委员会在乐亭县李大钊纪念馆学习，妇委会和青工委在玉田县江浩故居、玉田粮库历史陈列馆开展学习教育活动。各基层单位组织参观爱国主义教育基地、举办红色诗词诵读品鉴大会、线上分享学习体会等多种形式学习活动。丰南区总支与秦皇岛海港区委、高新区支部与安徽阜阳市直一支部、路北区工委与承德双滦区支部分别共建友好组织。市委会全年上报宣传稿件270余篇，丰南总支“会员之家”建设经验被民建中央组织部选入《民建会员之家建设材料选编》。

【民建参政议政机制创新】 2021年，民建唐山市委以机制创新推动参政议政工作，提高建言质量。实行“1+N”（主课题+分课题）调研模式，组织相关人员在西安、宁波、石家庄、常州等地学习经验，主委胡世宁在古冶区重点科技型企业调研。由高云岭主笔《推动数字经济和实体经济深度融合　加速我市传统企业数字化转型》、晏希会和刘冬主笔《关于数字化赋能钢铁产业促进钢铁结构化转型升级的建议》被市《统战专报》采用；晏希会主笔《关于加强跨境电商大数据分析运用建议》得到省委书记、省人大常委会主任王东峰，省委副书记、省长许勤批示；晏希会主笔《关于推动我省钢铁行业实现“双碳”目标的对策建议》得到常务副省长袁桐利批示。开展“一工委（总支）一成果”“一支部一课题”活动，路南区工委联合北京、天津民建基层组织，建立京津唐民建基层组织参政议政联动机制，轮值主持召开路南区工委线上议政日活动。唐钢总支、金融总支结合专业撰写调研文章，开平区工委、开滦总支在唐山花海和国家矿山公园调研文旅产业。

【民建参政议政调研成果】 2021年，民建唐山市委建立参政议政课题人才库，扩大调研参与度，围绕课题调研、建言献策召开座谈会，邀请专家授课讲解议政稿件撰写方法，提高《零讯》和《统战专报》采登率。市民建全年上报建议类信息322篇，被中央和省、市采用48篇，其中张冬云撰写《关于加快推进河北省食品安全信用体系建设的建议》、王继东撰写《关于规范使用防疫抗疫词语的建议》、许瑞撰写《打破行业垄断　加快营造公平竞争的市场环境》、王蕊撰写《关于保障疫情慈善捐款去向透明化的建议》被全国政协立案、采用，张绍英撰写《关于提高新冠疫苗接种效率的建议》得到副省长严鹏程批示，张海花等6人撰写《发展供应链金融　助推唐山GDP快速突破万亿大关》入选《社情民意专报》，得到市长田国良批复。在市“两会”期间，市民建提交集体提案14件，其中《关于城市大数据给予智慧城市新动力的建议》等3个提案被市政协列入重点提案进行督办。民建唐山市委被市政协评为优秀提案单位，由范海志、李旭红、戴建明提交提案被评为优秀提案。在市政协常委会和专题协商会上，董印玲等10名会员调研成果作为市政协常委会典型发言或编入专题议政会书面发言汇编。

【民建社会服务】 2021年，民建唐山市委组织会员参加民建中央第22届中国风险投资论坛、2021年中国（天津）非公有制经济发展论坛、重点经济课题调研等经济交流活动。会员郑志、田胜民、韩易达、赵首贺、李春艳等人为本地区招商引资。企业委员会协办第五届京津冀民建企业委员会工作联席会，邀请律师会员开展企业法律讲座，在北汽新能源唐山嘉普店等会员企业开展调研。路北区工委二支部在唐山市“放心消费教育基地”河北香宇熟肉制品有限公司调研，并联合高新区总支二支部走访华润三九（唐山）药业有限公司，各基层组织累计走访企业20余次。市委会助推乡村振兴工作，主委会成员调研确定定点帮扶玉田县姚辛庄村，12月1日举行揭牌仪式，高新区总支会员捐款2万元用于村路灯建设，会内医务专家为近百名村民义诊。农业总支、路南工委、机关支部等基层单位围绕乡村振兴战略开展4次调研，举办送医、送农技下乡活动5次。河南省遭遇洪涝灾害，民建唐山市委支出5万元“爱心基金”支援河南，会员企业家鲍万同捐款5万元，会员企业燕南制锹有限公司总经理付长义捐助价值20万元赈灾钢锹，会员高林捐赠价值11万元爱心物资。路南工委会员连续3年开展“以购代捐”精准帮扶活动，会员刘雅芹利用金融行业优势携手5家企业对口帮扶340户建档立卡贫困户。市民建会员全年各类捐助价值120余万元。

【民建机关建设】 2021年，民建唐山市委以“六型”（学习型、团结型、服务型、创新型、效能型、纪律型）机关建设为抓手，以双周例会等形式加强理论学习。年内换届后召开12次主委会，民主讨论决策重要问题。召开民主生活会，发放征求意见函，查找问题，制定整改措施。首次对各基层单位班子进行履职考核，及时发现和解决基层会务工作中存在问题。严格程序，增补基层单位班子成员。

【民建市委十四次代表大会召开】 2021年4月1日，民建唐山市委召开第十四次代表大会。会议审议通过民建唐山市委十三届委员会工作报告和《中国民主建国会唐山市第十四届代表大会决议》，选举产生第十四届委员会和出席省民建第十次代表大会代表。在第十四届委员会第一次全体会议上，选举产生新一届委员会主任委员、副主任委员、常务委员和秘书长。胡世宁当选主任委员，刘宏伟、董印玲、张洋当选为副主任委员，任命高小亮为秘书长。

（信俊巧）

中国民主促进会唐山市委员会

【民进概况】 2021年，中国民主促进会唐山市委员会（简称民进唐山市委）发展会员22人，平均年龄37.8岁，其中博士1人、硕士5人，具有本科学历15人。截至年底会员总数529人，有基层组织34个，其中工委3个、支部30个、小组1个。年内，民进唐山市委会按照“有主题、有平台、有品牌”工作思路，以“学习中共党史 携手开创新局”主题活动为主线，开展“反映社情民意信息主题年”活动，围绕中心凝聚共识建言资政，市委会被评为民进全国反映社情民意信息工作先进集体，民进河北省委参政议政工作先进单位、社情民意信息工作先进单位、社会服务工作先进单位和综合信息平台工作先进单位，民进市委“家校共建、合力育人”工作团队获得“民进全国社会服务暨脱贫攻坚工作优秀成果”称号。

【民进参政议政】 2021年，民进唐山市委会成立反映社情民意信息工作领导小组，组建一支90人会员队伍，分别在秦皇岛和唐山迁安、曹妃甸举办3次社情民意信息培训班。市委会整理上报信息100余篇，其中被中央统战部《零讯》综合采用1篇，全国政协采用2篇，民进中央采用11篇，省委统战部采用1篇，省政协采用18篇（1篇被副省长袁桐利、高云霄批示），民进省委采用41篇。围绕“打造北方跨境电子商务总部基地”“双循环发展格局下唐山制造业与服务业融合发展”“完善全市职业教育产教融合发展机制”“加速产业数字化人才培养”等专题开展调研近10次。在市政协十二届五次会议上，市委会提交集体提案11份、个人提案36份。在联组讨论中，主委王福燕作题为《促进高端装备制造业转型发展》发言，得到市委领导批示。民进唐山市委被评为优秀提案单位，《关于引进优质教育资源，助推唐山高质量发展的建议》被评为优秀集体提案，《引进优质教育资源，加快教育事业发展》《把握“新基建”的新要求，提升站西片区智慧化水平》被评为优秀调研报告。崔发周《加快推进我市转型发展、深化产学研合作的建议》被评为优秀咨询议政成果，吴金星、杨冬梅、高杰、陈迟提案被评为优秀个人提案，王瑞敏、孙长余、李亚君、李富平、杨冬梅、吴金星、郭志义、董怀晶、蔡亚男被评为优秀政协委员，王丽娟被评为优秀提案工作者，郭志义、张伟、安旭飞、吴卫华、李亚君、孙会清、姚华先、孙长余、张亚艳、张冬梅所写信息被评为优秀信息，王丽娟、张亚艳所写新闻报道被评为优秀新闻稿件。在市人大十六届一次会议和市政协十三届一次会议上，民进界别4名人大代表、25名政协委员参加会议。在联组讨论中，吴金星作题为《完善我市职业教育产教融合发展机制的建议》发言，得到市委书记张古江、市长田国良批示。崔发周在市政协十三届二次常委会上作题为《建设高校创新平台，补齐唐山创新链条》发言，李富平在“打造循环产业链体系，大力推进绿色发展”协商议政大会上发言，吴金星在“加强公益保护协同监督”专题协商座谈会上发言。杨冬梅、王丽娟、李琴、李中一、蒋菁、崔发周、姚华先分别接受唐山电视台《政协委员关注》栏目采访。

【民进社会服务】 2021年，民进唐山市委会按照政治性、广泛性、公益性、界别性原则，开展“学党史，促知行”社会服务活动，倡导“服务就在身边，人人皆可参与”微公益理念，打造“彩虹行动”“家校共建、合力育人”社会服务品牌。6月，市委会与神墨集团联合开展图书捐赠活动暨开明书屋挂牌仪式，向鲁家峪九年一贯制学校捐赠价值4万元图书1348册。7月，贵州省金沙县名优农产品唐山市展示展销中心揭牌，该中心由金沙县人民政府与北方茶业实体合作开发建立，是民进“同心彩虹行动”定点帮扶成果，为当地名优农产品产销精准对接提供有效途径。

【民进组织建设】 2021年，民进唐山市委会以党史学习教育为引领，加强思想政治建设、组织制度建设、

6月19日，“在正道上行——民进唐山市委庆祝中国共产党成立100周年文艺演出”在唐山传媒大厦演播大厅举行。 杨丽华 摄

作风能力建设，提升履职能力。4月2日，民进唐山市第九次代表大会召开，100名代表出席会议。会议通过大会决议，选举产生新一届市委会和领导班子，选举产生出席民进河北省第十次代表大会代表。年内先后组织40多名骨干会员在五峰山参观李大钊革命活动旧址，与民进沧州市委联合开展党史学习培训，参观李大钊纪念馆、李大钊故居，在华北理工大学举办党史讲座。6月，举办庆祝中国共产党成立100周年文艺演出，在祥富里社区举办专题书画作品展。7月1日，组织全体会员收看庆祝中国共产党成立100周年大会实况。9月9日，举办庆祝教师节暨“诗文中的党史”书香民进读书会活动。10月，组织老会员在遵化山里各庄参观千亩稻田画。在庆祝中国共产党成立100周年征文活动中，原主委杨方撰写《凝聚在多党合作的广阔舞台》在民进中央微公号刊登，原副主委卢品贤撰写《拜谒长征出发地》《西柏坡——新中国从这里走来》在民进中央网站刊登，王丽娟撰写《筑巢引凤 破解发展会员难问题》在民进中央微公号和《民主》杂志刊登，王振良撰写《稻穗》《我爱》在民进中央网站刊登。

【民进会员岗位建功】 2021年，唐山民进会员获得国家和省、市级多项奖励，石若刚获评民进全国社会服务暨脱贫攻坚工作先进个人，张景义、郭志义获评民进全国反映社情民意信息工作先进个人。崔发周获得国家教材奖一等奖，李静获2020年度水运工程优秀咨询成果一等奖，石敏瑜入选第二批生态环境部国家环境监测“三五”人才称号，成为首批河北省生态环境监测系统技术专家库专家。李钧长获第十届全国规范汉字（毛笔字）书写大赛教师指导奖，康淑媛书法作品在全国总工会书画大赛中获得优秀奖。原主委杨方获评河北省优博指导教师和省民进优秀征文奖，副主委彭冲撰写《信息技术在小学高年级英语阅读教学的运用研究》获河北省教师教育协会结题证书。李琴1篇调研报告、2篇信息被民进中央采用，1篇信息获副省长批示。郭志义、安旭飞报送信息被评为省政协2020年度优秀社情民意信息，在省政协十二届四次会议上给予表彰。王瑞敏获评河北省优博指导教师，崔文权、崔广华入选“全球顶尖前10万科学家排名”榜单，崔文权被评为河北省优秀硕士论文指导教师、唐山市优秀专家，崔广华获河北省优秀毕业论文指导教师奖，孙会清获河北省高校图书馆服务创新案例一等奖，援藏支教教师史有利被评为西藏自治区骨干教师、阿里地区学科带头人。王树义主持河北省沙画技能技术大师工作室项目，王咏主编《学前儿童美术教育》（教材）被省教育厅评为教学成果奖三等奖。张钊被评为“唐山市师德标兵”，谢全安、刘强、张威、王莹、陶星、刘艳华、高福生、姚华先、苗润等会员年内分别获得各项奖励。

【民进唐山市第九次代表大会召开】 2021年4月2日，民进唐山市委召开第九次代表大会，选举产生新一届委员会。市政协副主席、民进市委主委、市科技局局长王福燕代表民进唐山市第八届委员会作工作报告。会议审议通过民进唐山市第八届委员会工作报告和《中国民主促进会唐山市第九次代表大会决议》，选举产生第九届委员会和出席省民进第十次代表大会代表。当天下午，民进唐山市第九届委员会举行第一次会议，选举产生新一届委员会主任委员、副主任委员，任命秘书长。王福燕当选主任委员，吴金星、李富平、杨冬梅、彭冲、高丽娟当选副主任委员，任命王丽娟为秘书长。

（王倩楠）

中国农工民主党唐山市委员会

【农工党概况】 2021年，中国农工民主党唐山市委员会（简称农工党唐山市委）以“学习中共党史 携手开创新局”主题教育活动为主线，带领全体党员围绕全市中心工作发挥优势、履行职能，各项工作取得新进展。获得农工党河北省委宣传工作优秀单位、参政议政工作先进集体、反映社情民意信息工作先进集体、理论研究工作先进集体等9项省级以上称号，被市政协评为“优秀提案单位”。在各级媒体刊发稿件488篇次，其中省级以上媒体采用299篇次。报送社情民意信息116件，被全国政协采用8件，省政协采用15件，市政协采用81件，获省领导批示5次，获市领导批示7次。年内，市委会完成换届，发展农工党新党员26名，其中具有博士（博士后）学位5名、硕士学位8名。截至年底，全市农工党党员618名，其中博士学位21名、硕士学位124名。

【农工党组织建设】 2021年，农工党唐山市委完成市级组织换届，强化市委会领导班子建设，密切市委会和基层组织联系，部分市委委员列席主委会，基层组织负责人列席全委会，提升班子建设整体水平。制发《关于开展基层组织“星级”创建活动实施方案》，以“组织创先进、党员争先锋、履职上水平”为目标，形成创先争优氛围和长效机制，把党派组织资源、组织优势、组织活力转化为发展资源、发展优势和发展活力。年内，依托综合二支委会建设集党员学习、活动、建言议政于一体“党员之家”。加强制度建设，修订完善《中国农工民主党唐山市委员会主任委员会议工作规则》《中国农工民主党唐山市委员会专门工作委员会工作规则》《中国农工民主党唐山市委员会委员履职规则》等11项规章制度，形成规范化制度体系。强化队伍建设，按照领域范围、地区范围、年净增率、组织发展程序等要求发展新党员，讲究骨干性、代表性特征，优化党员结构，提升队伍素质。

【农工党主题教育活动】 2021年，农工党唐山市委开展中共党史学习教育活动，市委会成立领导小组，制发《农工党唐山市委开展中共党史学习教育实施方案》，组织主委班子、市委委员集体学习并开展研讨。主委班子成员带头研读中共党史、新中国史、改革开放史、社会主义发展史、多党合作史，深入基层调研指导。构建“线下体验+线上互动”学习平台，在微信公众号开通中共党史学习专栏，组织骨干党员在石家庄平山县红色教育基地举办履职能力提升班。路南区、丰南区、开滦集团、华北理工大学等多个支委会（支部）组织党员参观李大钊纪念馆、周恩来邓颖超纪念馆，举办主题书画展。全市各级农工党组织通过专家辅导、专题培训、网络“云课堂”、主题读书活动等多种学习形式，将集体研讨与个人自学、全面学与专题学、线上学与线下学相结合，提升理论指导实践能力和水平。芦阅文撰写《肝胆相照 荣辱与共——农工党与中国共产党合作历程初探》、马群撰写《关于传承发扬优良传统为国建功的思考》、冯丽娜撰写《提升“政治三力”永葆民主党派成员政治本色》、王伟撰写《同心勠力携手前进 为中华民族伟大复兴不懈奋斗》分别获得农工党中央2021年度理论研究成果二、三等奖。多渠道宣传党派工作，市委会微信公众号全年编发信息126条，在国家和省、市级媒体发稿488篇次，其中《唐山劳动日报》刊发38篇。各基层组织举办书画摄影展、文艺汇演、公益讲座、微视频展播等活动庆祝中国共产党成立100周年，马群中国画作品《百年辉煌再出发》代表省委会入选农工党中央庆祝中国共产党成立100周年美术作品展。

【农工党参政议政】 2021年，农工党唐山市委会在市政协十三届一次会议上，围绕全市经济社会高质量发展和改善民生建言献策，农工党界别政协委员提交政协提案27件，其中集体提案16件、个人提案11件。市委会提交《关于加强农村燃气规范化管护 做到防患于“未燃”的建议》《关于尽快加强对电动车安全管理的建议》《关于优化政策供给体系 激发循环经济动能的建议》3件提案被评为重点提案，获评市政协“优秀提案单位”，郑黎明被评为“优秀提案工作者”。农工党界别政协委员围绕双循环、公益诉讼等方面在政协常委会和专题协商会议上2次发言，市委会关于《优化医疗卫生资源配置 提升沿海经济带健康服务能级》发言在市政协十三届一次会议联组讨论中得到市委书记张古江、市长田国良等5位市领导批示。

【农工党调研成果】 2021年，农工党唐山市委会组织党员围绕促进民族经济发展、提升市域社会治理水平、优化医疗资源配置、农村污水处理等课题，在市内遵化、玉田、古冶、开平等地调研8次，召开座谈会11场，形成多篇调研报告，其中《全面激发内生动力 推动民族乡村经济高质量发展》被《唐山统战专报》采用，获市委常委、组织部长、统战部长张旭批示。如期完成市委会承接中共唐山市委重点课题，《加快构建现代化治理体系 全面提升市域社会治理水平》《持续强化职业技能培训 着力培育高质量技能人才》《关于实施“五水”共抓 健全完善唐山农村污水治理工作体系的建议》3篇报告获得各级领导肯定。市委会代表省委会提交《关于进一步加强严重精神障碍患者服务管理工作的调研报告》在农工党中央优秀调研报告评选中获一等奖。多层次、多渠道推广社情民意信息，副主委李翔宇撰写《居民小区宜推广建立电动自行车便民充电站》获副省长丁绣峰批示，华北理工大学支委会刘晓玲撰写《关于做好疫情防控期间百姓物资供应及公众舆论正确引导的建议》获省长许勤和副省长袁桐利、夏延军3位省领导批示，丰润区支部田晓芳撰写《关于新一轮疫情重点防控、精准发力的建议》获副省长袁桐利批示。在省委会反映社情民意信息工作情况统计中，唐山市委会以总分52分成绩位居首位。5月28日，全国人大常委、农工党中央专职副主席杨震率调研组围绕“深入推进绿色转型、确保如期实现‘碳达峰’‘碳中和’”专题在唐调研。

【农工党社会服务】 2021年，农工党唐山市委会发挥界别优势，以“同心助医工程”作为社会服务工作抓手，全年组织社会服务活动95场次，400余人次参加，赠送药品及物品价值5万余元，受益群众2万余人次。市委会与路北区河北里社区、滦州榛子镇卫生院、开平夏庄村沟通联系，为建立“同心助医工程”基地示范试点做准备。采取线上、线下同步方式，组织“百名同心助医专家讲培团”开展专题培训7场次。“环境与健康宣传周”期间，市委会组织党内专家在遵化市马兰峪镇裕营房村、唐山火车站、凤凰山公园开展义诊活动10次，党员专家100余人次参加，发放宣传材料2000份，受益群众3000余人次。与唐山市健康管理师协会联合举办线上公益讲座，围绕中小学生用眼健康、心血管病防治、牙齿保健等内容直播8场次，受益群众数千人次。在“爱耳日”“睡眠日”“爱牙日”期间，市妇幼保健院、协和医院支委会分别开展义诊，工人医院支委会组织党员在曹妃甸区三农场南常坨村、团结楼社区养老院举办义诊和科普活动，人民医院支委会连续24年为康复村截瘫患者义诊，围绕“乳腺癌治疗与术后修复”专题举办

6月3日，农工党唐山市路南区支委会结合“学党史 办实事”及“环境与健康宣传周”活动，组织党员志愿者开展“垃圾分类进社区 绿色环保入人心”宣传活动。
杨小明 摄

健康讲座。路北区支委会在承德市西岔村慰问困难群众，为思达自闭症学校捐赠物品。路南区支委会开展“垃圾分类进社区 绿色环保入人心”宣传活动并慰问环卫工人，综二支委会在滦南县胡各庄镇康中河村调研农村养老典型试点“小食堂”并慰问贫困户，开滦集团支委会在遵化市兴旺寨乡卫生院开展义诊暨医疗技术培训，唐钢集团、第二医院支委会，丰润区、丰南区、开平区、曹妃甸区支部等基层组织均组织义诊、咨询及讲座活动。

【农工党集体个人获奖】 2021年，农工党唐山市委获得多项集体和个人表彰，李颖石连续6年扎根承德西岔村开展驻村工作，被省委组织部、省扶贫办评为“优秀驻村工作队员”。张艺馨发明国家级专利填补国内空白，李卓隽被共青团河北省委授予“冀青之星”称号，高峰被省委、省政府评为“脱贫攻坚先进个人”，杨焕友被评为“唐山市第八批市管专家”，张国海被市委、市政府授予“高质量发展示范区建设先进个人”称号，马建华、李翠花、高志明、何静、罗玉生、王雪松等党员均受到各级农工党表彰奖励。

【农工党唐山市第九次代表大会召开】 2021年4月1日，中国农工民主党唐山市第九次代表大会召开，选举产生新一届委员会。会议审议并通过《中国农工民主党唐山市第八届委员会工作报告》和《中国农工民主党唐山市第九次代表大会决议》，选举产生第九届委员会委员及出席农工党河北省第九次代表大会代表。中国农工民主党唐山市第九届委员会举行第一次全体会议，选举产生新一届委员会主任委员、副主任委员。李治欣（女）任主任委员，贾敬苹（女）、李翔宇、甘建辉、王志伟任副主任委员。

（于德胜）

九三学社唐山市委员会

【九三学社概况】 2021年，九三学社唐山市委员会发展新社员34人，全部具有本科以上学历，其中硕士17人、博士5人，具有高级职称25人，占比74%。主体界别新社员29人，占比85%。截至年底，社市委有基层组织32个，社员800人。年内，社市委召开第十二次代表大会，选举产生新一届领导集体，张桂芳当选九三学社唐山市第十二届委员会主任委员，徐卫国、张颖、张卉芳、郑玉军、庞崇当选九三学社唐山市第十二届委员会副主任委员，张颖兼任秘书长。社市委被九三学社中央评为“2018～2020年参政议政先进集体”“组织信息系统数据维护工作先进集体”，被九三学社河北省委评为“2020年度参政议政工作先进集体二等奖”“2020～2021年度宣传工作先进集体二等奖”。

【九三学社主题教育】 2021年，九三学社唐山市委开展“学习中共党史 携手开创新局”主题教育活动，成立由主委任组长、副主委任副组长，社市委组织部、宣传部全员参加领导小组。年内召开7次主委会、常委会和全委会安排部署教育活动，专题开展党史学习，组织社市委委员、基层组织负责人、青年社员专题培训和现场教学6次，培训骨干200余人次。机关隔周召开专题会议，学习习近平系列讲话精神和中央、省、市会议精神。举办庆祝中国共产党成立100周年座谈会、书画展和文艺展演，启新支社社员屈玉冬独舞《灯火里的中国》获社中央“庆祝建党100周年线上文艺展演”三等奖，在社中央微信公众号展播。组织社员收看庆祝中国共产党成立100周年大会直播，观看献礼影片《1921》，参加社中央和市政协举办中共党史知识竞赛，在微信公众号开辟专栏编发党史学习内容30余期。青工委联合老龄工作部开展“传承与发展”主题活动，并在大钊公园举办中共党史学习教育主题活动，集体诵读李大钊诗文《致青春》，活动视频入选社省委纪念“五四”青年节专辑。人民医院基层委员会、唐钢基层委员会、唐山学院支社、科技五支社、规划建筑设计院支社、开平区支社、丰南区支社、启新支社、医疗支社、华北理工大学理工支社、华北理工大学医学支社分别举办中共党史学习教育座谈会，丰南区支社、古冶区支社、地质支社组织社员参观党建长廊、红色教育基地，观看电影《长津湖》，把学习贯彻十九届六中全会精神、省市党代会及全会精神与中共党史学习教育结合起来。

【九三学社参政议政】 2021年，九三学社唐山市委有市级以上人大代表、政协委员38名。市“两会”期间，代表、委员发挥自身作用撰写提案建议，全国政协委员、社省委副主委胡万宁针对降低患者医药负担、补齐基层医疗短板以及保护湿地建言献策。6名省人大代表和政协委员参政建言，提交人大议案、政协提案和政协会议发言材料13篇，

6月24～26日，九三学社唐山市委在西柏坡红色教育基地举办骨干社员培训班。 薛歙摄

大会书面发言3篇。社市委提交集体提案19件、委员个人提案25件、人大代表议案8件，其中集体提案《关于加快乡村振兴建设的几点建议》被确定为2021年唐山市政协会议“一号提案”，联组发言《关于加快我市“十四五”时期科技成果转化的建议》受到市委书记张古江批示，《关于唐山市中心区供水问题亟待解决的建议》等6件提案被评为优秀提案，《关于提升我市科技创新政策效力的几点建议》等3篇调研报告被评为2020年度优秀调研报告，《做大做强龙头企业推进特色产业园区建设》等6篇调研报告被评为优秀咨政成果，《关于在疫情防控期间丰富市民文化活动的建议》等6篇社情民意信息被评为优秀社情民意信息，10名社员被评为“优秀政协委员”。政协唐山市第十三届一次会议期间，社市委提交集体提案14篇，联组发言《加速战略新兴产业扩量提质引领唐山高质量发展》建议受到市委书记张古江、市长田国良和市政协主席胡国辉批示，被确定为“重点提案”，集体提案《关于优化科技创新平台布局与服务的建议》被确定为政协会议“一号提案”，由胡国辉督办。年内，社市委围绕基层卫生防控体系建设、完善科技创新体制机制、海洋经济建设等重点课题开展专项调研4次，举办参政议政重点课题推进会和参政议政骨干社员培训班，完成调研报告67篇，报社中央集体提案6篇、社中央论坛材料2篇，报省政协集体提案5篇、省政协常委会调研材料3篇、省政协大会发言1篇，报市委统战部重点课题3篇。整理上报社情民意信息79篇，其中被社中央采用1篇、省政协采用5篇、市政协研究室采用15篇，获市委书记张古江、市长田国良批示3篇。社市委获九三学社中央2018～2020年参政议政先进集体，张颖、王元杭被社中央评为2018～2020年参政议政先进个人，范红辉等25名社员被社省委评为2020年度参政议政先进个人。

【九三学社社会服务】 2021年，九三学社唐山市委以“不忘初心学党史 为民服务办实事”为主线，开展医疗下乡、科技支农、心理咨询系列活动，举办科普讲座、科技服务、义诊活动近40场，参与专家124人次，捐款捐物价值近3万元，发放科普资料2400余册，受益群众1.1万人。年内，社市委及人民医院基层委员会、丰南区支社、二院基层委员会、妇幼医院支社、中医医院支社、眼科医院支社、丰润区支社组织义诊活动31场，参与专家100余人次，受益群众6000余人次，发放健康宣传资料2400余份，为路北区祥富里社区和玉田县孤树村捐赠价值8000多元常用医疗设备、药品及酒精、消毒液、口罩等防疫用品。社市委组织心理专家团队在唐山职业技术学院南湖校区、唐山市第四中学和第五医院心理病区为学生进行心理健康团体辅导，为青少年捐赠价值5000余元心理健康图书。职业技术学院支社社员许玉玲在南堡海防派出所、海港开发区王滩派出所为基层公安民警做心理团体辅导，人民医院基层委员会社员李秀玲为祥富里社区居民提供健康咨询服务与心理辅导，丰润区支社社员杨向东为丰润区王官营镇中学1500名师生作“预防校园欺凌”主题宣讲。科技二支社开展科技支农活动，社员、农技专家王永存多次在高新区和丰润区指导生姜种植技术，在辽宁省凌源市举办生姜高产高效栽培技术培训班。路南区工委、工人医院支社和开滦支社围绕新冠疫苗接种、运动训练防护与自我救治等内容组织科普宣传，解答群众问题。开平区支社联合区科技局等单位在社区开展科普活动，发放宣传资料1000余份，借阅图书100余册。社市委制作科普宣传展牌，向群众宣传疫情防控、新冠疫苗接种、心肺复苏等科普常识，在微信公众号开辟专栏定期编发社员科普文章。

【九三学社组织建设】 2021年，九三学社唐山市委完成换届，于4月2日召开第十二次代表大会，选举产生新一届领导集体，优化人员结构与年龄层次。加强基层组织建设，接待社中央秘书长兼组织部长刘晓梅一行在唐调研，通过交流座谈展示基层组织建设成果，得到社中央、社省委肯定。在社省委基层组织负责人线上培训会上，开滦支社以《政治引领 履职尽责 发挥优势 倾力推动支社工作不断开创新局面》为题，向全省基层组织负责人介绍经验。曹妃甸区支社、开平区支社、医疗支社、工人医院支社完成届中调整，新调整支社主委1名，增补支社副主委4名。加强宣传工作，全年在市级以上媒体刊发稿件556篇次，其中社中央网站刊发193篇，社市委公众号编发信息162条。煤研院基层委员会社员刘燕华、李小乐撰写《以中华优秀传统文化和革命文化融合的视角看中国共产党建党百年的伟大实践与辉煌成就》、人民医院基层委员会社员王建功撰写《习近平新时代统一战线重要思想的中华优秀传统文化基因研究》入选《统一战线与中国共产党百年辉煌论文集》，李小乐受邀参加省社院“统一战线与中国共产党百年辉煌”专题研究活动。完善制度建设，修改完善机关工作制度、先进基层组织、参政议政先进个人和“科教兴国奖”评选表彰办法等6项制度，制定基层组织量化考核标准，健全社员个人量化考核机制，围绕《九三学社发展社员工作规程》《九三学社社费收缴、使用和管理暂行办法》《九三学社纪律处分办法（试行）》开展专题培训。

【九三学社社员获奖】 2021年，九三学社唐山市委有近百名社员获得各类荣誉和奖励，唐钢基层委员会社员刘丽萍获河北省科技进步二等奖，科技二支社社员王永存在全国科技活动周及示范活动中受到科技部表彰，获得市委、市政府联合颁发“脱贫攻坚工作表现突出个人奖”，并获唐山市农业科学技术一等奖。科技五支社社员陈欣玲被评为“河北省国土绿化突出贡献人物”，地质支社社员焦宗豪、杜明龙分获河北省地矿局“2020年度高层次科技创新人才培养工程技术骨干人才”称号，唐钢基层委员会社员刘丽萍、王舒军及煤研院基层委员会社员石剑锋、孙旖获得国家发明专利，中医医院支社社员段红莉、丰南区支社社员郑桂玲获得国家中医药管理局“全国中医临床优秀人才”称号。

【九三学社市代会召开】 2021年4月2日，九三学社唐山市第十二次代表大会召开。九三学社河北省委专职副主委王建民，中共唐山市委常委、组织部长、统战部长陈学民和唐山市政协副主席李长春分别代表九三学社河北省委、中共唐山市委和唐山市政协向大会致贺辞。唐山市政协副主席、九三学社唐山市委主委胡万宁代表九三学社唐山市第十一届委员会作工作报告。97名社员代表参加大会。会议审议通过《九三学社唐山市第十一届委员会工作报告》《九三学社唐山市第十二次代表大会决议》，选举产生九三学社唐山市第十二届委员会和出席九三学社河北省第九次代表大会代表，以无记名形式选举张桂芳为九三学社唐山市第十二届委员会主任委员，选举徐卫国、张颖、张卉芳、郑玉军、庞崇为九三学社唐山市第十二届委员会副主任委员。

（焦禹博）

唐山市工商业联合会

【工商联概况】 2021年，唐山市工商业联合会（简称唐山市工商联，又称唐山市总商会）召开第十八次代表大会，选举产生第十八届委员会：设主席1名（由市政协副主席兼任），党组书记1名（由市委统战部副部长兼任，同时兼任常务副主席），驻会副主席2名，秘书长1名，不驻会民营经济代表人士副主席17名、副会长17名，执委会执行委员212名，常务委员85名。截至年底，市工商联下设14个县（市、区）工商联组织，有团体会员308个、企业会员1.00万个、个人会员1557个。年内，市工商联被省委、省政府授予“河北省脱贫攻坚先进集体”称号，被市委、市政府授予“唐山市高质量发展示范区建设先进集体”称号，被省工商联授予“河北省工商联系统庆祝中国共产党成立100周年视频文艺汇演优秀组织奖”。

【商会建设】 2021年，唐山市工商联通过专题党课、座谈会、培训班等形式，组织领导班子、机关干部、民营经济人士参加政治理论学习，以“学党史践初心 迎百年担使命”为主题举办5场党史学习教育活动，开展主题为“青春铸忠诚 铁肩担使命”新生代民营经济人士理想信念教育，在李大钊纪念馆举行“唐山市民营经济人士理想信念教育基地”授牌仪式，举办庆祝建党100周年文艺演出。引领民营企业家履行社会责任，启动“万企兴万村”行动，帮扶全市400个村集体经济收入在5万元以下薄弱村以及遵化市3个民族乡、51个民族村。创建“五好”（领导班子好、会员发展好、商会建设好、作用发挥好、工作保障好）县级工商联和“四好”（班子建设好、团结教育好、服务发展好、自律规范好）商会，9家县级工商联获得“全国‘五好’县级工商联”称号，8家所属商会获得“全国‘四好’商会”称号，全市成立乡镇、街道商会197家。与国家及省、市媒体建立合作关系，创新《唐山商会》会刊、“唐山民企之家”微信公众号等自办媒体，发布图文稿件和宣传视频215篇（条）。

【民营经济统战】 2021年，唐山市工商联加强民营经济统战工作，通过以老带新、师徒结对等方式，发挥民营经济人士主体作用和企业家副主席、副会长示范引领作用。建立轮值述职制度，发挥执委、常委主观能动作用，让民营经济人士担纲重任。构建“亲”“清”政商关系，建立政企沟通协商制度，畅通政企沟通渠道，主动协调市、县党政领导及相关部门，召开企业家座谈会、恳谈会4次，为企业发展营造健康环境。按照建设“民营企业之家”标准改进工商联运行模式，围绕中心工作开展“大走访基层调研”活动，拓展各方面社会资源，增强工商联桥梁纽带和助手作用。

【工商联综合服务】 2021年，唐山市工商联以创新服务增强发展动力，帮助民营企业适应经济发展新常态。在人才与政策服务方面，举办市工商联“五进直通车”民企专场招聘会，85家用人单位提供就业岗位2860个，328名求职者与用人单位达成就业意向。与市税务局联合开展“春雨润苗”专项行动，以创新服务举措和税费政策惠及小微企业，激发市场主体活力。在教育培训方面，坚持高端培训与日常创新相结合、自主组织和借力社会资源相结合、市本级与县级工商联（商会）相结合，为企业家和企业中高级管理人员开展定制化、系统化、专业化培训12场次。在服务经济方面，“第四届世界冀商大会”通过申请在唐山举办，市工商联与省工商联、市政府联系对接，完成会务筹备和招商邀商工作，为促进唐山经济加快转型、绿色发展、跨越提升做出工商联贡献。

【工商联改革创新】 2021年，唐山市工商联创新工作机制，在全省工商联系统首创“1+N”（工商联＋政府部门与有关机构）工作制度、统战工作联络员制度，实现统战工作向商会组织覆盖。改进调查研究方式，组织企业家参与重点课题调研、委员参政议政、网络问卷调查等社会事务工作，提交各类调研报告、政协提案20余篇，多次得到市党政主要领导批示。建立廉政风险防控机制，强化干部监督管理，采取轮岗交流、考察学习、联系执常委等多种方式，增强机关干部政治把握能力、调查研究能力、群众工作能力和落实推进能力。

【市民营经济人士理想信念教育基地揭牌】 2021年5月7日，“唐山市民营经济人士理想信念教育基地”在乐亭县李大钊纪念馆揭牌成立，各县（市、区）工商联宣教工作负责人，乐亭县委统战部、县工商联有关负责人以及全市50余名新生代民营经济代表人士参加揭牌仪式。市委统战部副部长、市工商联党组书记王彩霞对新生代民营经济人士提出希望和要求。中海东方建设有限公司董事长郑德成代表全市新生代民营经济人士发出倡议。揭牌仪式后，市工商联举行唐山市新生代民营经济人士理想信念教育座谈会和第二轮党史巡讲培训。

【市工商联十八次代表大会召开】 2021年6月17日，唐山市工商联（总商会）第十八次代表大会召开。会议审议通过《唐山市工商联（总商会）第十七届执行委员会工作报告》《关于更好发挥企业家副主席副会长和执常委作用的若干意见》《唐山市工商联（总商会）会费交纳、使用和管理办法》和《企业家副主席副会长轮值制度》。选举产生唐山市工商联（总商会）第十八届执行委员会委员，甄德恩当选唐山市工商联主席、唐山市总商会会长。

（史晓涵）

人民团体

RenMinTuanTi

唐山市总工会

【总工会概况】 2021年，唐山市总工会下辖县（市、区）工会14家、开发区（管理区）工会4家、直属基层工会58家，全市有基层工会1.40万家，涵盖法人单位2.19万个，工会会员196.94万人。召开市工会第二十三次代表大会，选举产生新一届领导班子。扩大基层工会组织覆盖面，开展“新就业形态劳动者入会集中行动”，新建基层工会组织213家，新增会员1.13万人。加强乡镇、街道、开发区、现代农业园区工会规范化建设，19家基层工会被省总工会评为“优秀”。建设网上工会，市总工会官网经过改版正式开通，推广使用省总工会“四大平台”（基层工会服务平台、工会宣传平台、职工服务平台、工作管理平台），截至年底，唐山市在省职工服务网阅读量11.7万人次，在基层工会服务平台综合影响力和活跃度均为全省第一。

【工会宣教作用发挥】 2021年，唐山市总工会联合唐山劳动日报社、唐山电视台、长城新媒体平台开展“百名劳模事迹宣讲”活动，每天组织2～3名劳模宣讲，受众10万人次，实现“报网端微屏”全覆盖。组织“超级工匠 唐山骄傲”系列宣传活动，65名典型人物事迹在“学习强国”、中工网等媒体刊载。丰富职工文化活动，建成市级劳动公园和工运史馆，市委书记张古江、副书记杨培苏给予肯定。截至年底，市总工会建成劳动公园15个，数量居全省首位，劳动公园、工运史馆接待职工群众28万人次，中工网、“学习强国”等新媒体平台予以报道。依托新市民俱乐部开展“新老市民一家亲”系列交流活动611场次，参与职工15万人次。春节期间组织开展“送温暖献爱心——我为职工写春联”活动，人民网、新浪网、《工人日报》等近40家媒体给予报道。3.5万名职工参加全国职工线上运动会，参与人数位列全省第一。组织职工参加“快乐春节·‘毽’康你我”河北省职工网上踢毽健身活动和“中国梦·劳动美——永远跟党走 奋进新征程”河北省职工网络摄影展，均获优秀组织奖。

【产业工人队伍建设】 2021年，唐山市总工会制发《关于加强新时期工会工作和产业工人队伍建设的实施意见》，建立考评、通报制度，省、市级试点单位增为23家，7个县区试点挂牌建立实训基地。成立“港口工匠创新联盟”，覆盖全国17个港口，“港口工匠创新联盟”2021年发展大会在唐山召开，全总发信息专刊介绍经验。开展劳动和技能竞赛，围绕清水润城、招商引资、京唐高铁等重点项目组织竞赛117个，中车唐车公司智能制造等4个竞赛项目被列为省级重点竞赛项目，在省非公有制企业劳动竞赛试点项目视频交流会上作经验介绍。举办唐山市第二十届职工职业技能大赛，指导县区、企业开展竞赛261场次，完成省达任务261%。参加河北省技能大赛，唐山是唯一参加全部11个工种竞赛设区市，获团体奖综合成绩第一名、个人状元奖总数第一名，市委书记张古江、市长田国良给予肯定性批示。新建市级创新工作室156家，总数增为633个，其中12家被评为省级创新工作室，总数增为99个，数量均为全省第一。

【工会民主管理】 2021年，唐山市总工会强化民主管理与集体协商，市县两级均召开工会与政府联席会议，解决重点、难点问题。全市80%国有企业职代会制度建设实现中级阶段标准，百人以上非公有制企业职代会建制率65%，其中15%为中级阶段标准，完成省总既定目标任务。开展“稳就业、促发展、构和谐”共同约定行动，全市集体合同动态建制率保持80%以上，在全省第二届集体协商竞赛中获第一名。发挥全市251家样本企业劳动关系监测作用，实时掌握劳动关系状况。

【职工权利维护】 2021年，唐山市总工会维护劳动领域政治安全，召开专题会议部署“重要时期、重要节点”职工队伍稳定风险排查化解工作，发挥“五方联动”（市总工会、市法院、市人社局、市司法局、市信访局5部门联动）职工维权维稳联合机制作用，办理职工信访事项682件，完成法律援助案件132件，为274名困难职工和农民工挽回经济损失832.35万元。开展“尊法守法·携手筑梦”服务农民工行动，组织网上答题活动，参与人数位列全省第一，被全总评为“服务农民工公益法律服务行动成绩突出集体”。开展“安康杯”安全生产竞赛，参赛单位4600家，参赛职工88万人，劳动安全卫生专项合同签订率保持85%。创建“安全生产创新工作室”30家，率先在全省开展“5•25”工会劳动保护宣传日活动，举办安全知识网上答题，参与职工1100万人次，市总工会被省总推荐为全国“安康杯”竞赛优秀组织单位。

【职工脱困与互助】 2021年，唐山市总工会在全省率先完成深度困难、相对困难、意外困难职工建档立卡，通过精准识别、精准管理、精准帮扶、精准退出，城市困难职工解困脱困实现动态清零和常态化帮扶，全市为377户困难职工发放专项资金434.6万元，市总工会被全国总工会授予“城市困难职工解困脱困工作中作出重要贡献集体”称号。投入4872.23万元开展“四送”（春送岗位、夏送清凉、秋送助学、冬送温暖）活动，慰问困难职工、困难劳模和一线职工70万人次，2822人实现再就业，557名困难职工子女得到入学帮扶。助力消费扶贫，全市工会系统购买扶贫产品525万元，完成市达任务175%。中秋节、国庆节期间，市委书记张古江、市长田国良带领市四大班子领导慰问困难劳模、困难职工和一线工人，市各级党政领导和各级工会组织共同开展慰问活动。开展职工重大疾病医疗互助活动，第十一期补救助7793人次，发放补救助金2709.21万元，投入391.31万元为55.9万名职工投保疾病住院津贴保险；第十二期有55.12万人参加，筹集互助金2204.55万元，职工参与率、补救助人数、救助金额均保持全省第一。

【工会普惠服务】 2021年，唐山市总工会开展普惠活动24次，惠及职工3万人；为全市93.6万名持卡会员投保家庭财产组合保险，1181名工会会员获保险赔付175.3万元；通过多种媒介公开征集合作商家，为持卡会员提供最惠待遇。全市建立户外劳动者驿站202个，服务环卫工人、交通警察、快递员、送餐员170万人次。投入资金39.1万元扶持创业就业项目16个，开展创业就业技能培训，1365人参加培训，项目完成数量及获证人数均居全省首位。服务疫情防控，投入72.4万元慰问援石医护人员和防疫一线人员。市委常委会专题听取市总工会关于外地务工人员在唐过年服务保障工作汇报，春节期间投入475.7万元，为9.60万名在唐过年外地务工人员发放“暖心水饺”14.36万千克，送春联2.4万幅。延长2021年到期60个创业项目还款期限，涉及资金515.61万元，缓解创业职工还款压力。

5月11日，唐山市工会第二十三次代表大会开幕。

刘洪超 摄

【市工会第二十三次代表大会召开】 2021年5月11～12日，唐山市工会第二十三次代表大会召开，全市417名工会代表到会。与会代表审议通过市总工会第二十二届委员会工作报告、财务工作报告和市总工会第二十二届经费审查委员会工作报告，选举产生市总工会第二十三届委员会和经费审查委员会，学习讨论省委常委、市委书记张古江在会上所作讲话。大会选举张国栋为市总工会主席。

【唐山工运史馆开馆】 2021年9月28日，唐山工运史馆面向社会开放。唐山工运史馆位于唐山职工服务中心大楼6～7层，建筑面积1336平方米，使用面积1131平方米。展出内容由“特别能战斗”“当好主人翁”“抗震挑大梁”“改革担重任”“创新主力军”“双战立新功”6个板块构成，以时间为轴，记录唐山百年工运史，展示唐山工人阶级和工会组织在中国共产党领导下奋斗历程，展现唐山工人阶级大钊精神、特别能战斗精神、当代愚公精神、穷棒子精神、抗震精神，激励职工群众牢记初心使命、传承红色基因、赓续精神血脉，作新时代建设主力军。

（刘　刚）

共青团唐山市委

【团市委概况】 2021年，唐山市有基层团委625个、团总支271个、团支部1.43万个，全市各级团组织有专兼职团干部2.84万人、共青团员31.79万人，入围国家级试点4个、省级试点2个，在全国和全省中长期青年发展规划实施试点“夺旗争星”量化考评中，唐山市国家级试点排名第二，2个省级试点分获第一和第三名。年内，共青团唐山市委完成冬奥志愿者队伍筹备和组织工作，召开市冬奥志愿者出征誓师大会，赴张家口慰问冬奥志愿者。开展爱老敬老常态化志愿服务，“寸草心爱老敬老行动”累计服务时长68.8万余小时，位列全省第一。推选青年创新项目，在全国“创青春”大赛中获得铜奖，为全省2个获奖项目之一。承办全省未成年人检察工作社会支持体系建设交流活动，作为全省唯一一个共青团组织作典型发言，获评“全国未成年人检察工作社会支持体系示范建设单位”。在全省县域共青团基层组织改革试点工作推进会上，作为唯一地市代表作典型发言。全年在各级新闻媒体发稿165篇，其中《中国青年报》头版1篇，《唐山劳动日报》头版11篇，发稿量位居全省前列。组织全市青年志愿者3000人次完成省第五届园博会志愿服务，受到与会领导、嘉宾和游客肯定。

【共青团政治建设】 2021年，共青团唐山市委通过专题学习会、报告宣讲会、组织生活会等多种形式，在全市团员青年中宣传贯彻党的十九届六中全会精神。落实理论中心组学习制度，召开团市委理论学习中心组（扩大）会议，开展集中学习21期，举办机关党员干部理论学习班3场，利用“学习强国”平台刊发信息21条。开展常态化双周政治学习，组织机关党员干部讲党课12场，其中班子成员带头讲党课4场。明确领导班子第一责任人、班子成员和部室负责人岗位责任，在机关内部逐级签订《全面从严治党责任清单》和《党风廉政建设责任书》。召开团市委2021年党的建设和党风廉政建设工作会议、全市共青团系统政治性警示教育大会，制定《共青团唐山市委员会书记会议工作规则》。召开机关党支部书记述职评议会议，完成机关党委、机关纪委及机关工会换届选举工作。年内获得市直机关建党100周年合唱比赛小合唱组第二名、市直机关党建课题论文二等奖、市直机关健步走比赛优胜奖。

【青少年思想政治引领】 2021年，共青团唐山市委围绕学习贯彻习近平“七一”讲话精神，组织青年讲师团在14个县（市、区）开展理论宣讲。联合市委宣传部印发《关于在全市青少年中开展党史学习教育的通知》，组织全市团员青年和少先队员分别开展“我带队员访党员”“朗读献词 向党表白”“学党史 强信念 跟党走”主题团日、“红领巾心向党”学习实践、“寻找身边五星红旗”青少年“四史”宣传教育等活动，组织开展“青春向党 奋斗强国”唐山市青少年线上学党史主题教育活动，56万人次参与活动。7月30日，《中国青年报》在头版专题报道唐山市共青团组织开展“我家有兵我光荣”爱党拥军教育实践活动。年内，团市委推荐1人获评全国“向上向善好青年”、550余人获评新时代“冀青之星”，推荐539名团员、122名团干部分获河北省“优秀共青团员”“优秀共青团干部”称号，推荐96个基层团委、137个基层团支部分获河北省“五四红旗团委”“五四红旗团支部”称号。在《唐山劳动日报》开辟《奋斗正青春》专栏，宣传先进基层团组织和优秀青年事迹，刊发专栏稿件12篇。

【青少年合法权益维护】 2021年，共青团唐山市委联合市检察院成立唐山市未成年人保护社会支持体系建设基地，成立县级未成年人司法社会保护中心7个，开展未成年人附条件不起诉帮教活动396场、社会调查210场，为受害人提供心理咨询服务54场，“合适成年人”到场51次。在线上与线下面向青少年开展法治、禁毒、自护、中考和高考减压等各类宣教活动130余场。举办“共青团与人大代表、政协委员面对面”集中倾听活动，组织全市571名青少年参加模拟政协提案活动，通过模拟提案作品推荐至全国评审，1件作品获评“全国青少年模拟政协提案优秀作品”，1个县区团委获评“全国青少年模拟政协提案优秀组织单位”。

【青少年助学帮扶】 2021年，共青团唐山市委开展“希望工程”助学行动，全年筹集款物价值124.85万元，帮扶困难青少年1137人次。联合唐山文旅集团打造文化旅游“惠青卡”项目，全年申领1100余张。加强“12355”青少年服务台建设，建立“12355”基层联系点28个，受理心理咨询、法律咨询、婚恋交友电话773人次，接受线下面询9人次。开展青少年心理健康普测工作，利用互联网数据分析处理技术提供完整测评报告，回收样本3.69万份，形成《唐山市青少年心理测评专项调查报告》，引导学生关注心理健康，为学校开展心理健康教育、开发学生心理潜能提供参考。依托“三生石婚恋交友”特色品牌，组织开展线下单身青年联谊交友活动22场次，解决青年交友、择偶等实际问题。

【共青团新媒体建设】 2021年，共青团唐山市委打造团属新媒体网络矩阵，发布“青春唐山”抖音短视频59个，发布“青春冬奥”“青春向党”“请党放心 强国有我”等微话题67条，“唐山青年”“唐山红领巾”2个微信公众号“粉丝”量超过97万。拍摄《有安全，才有爱和未来》《唐山市“12355”自护课堂——冬季取暖篇》2部关注青年安全生产宣传片，制作《党代会，青年说》《学习“两会”精神！看，唐山夜色中的10个青春身影》2部原创视频。

【青年发展规划实施】 2021年，共青团唐山市委加强中长期青年发展规划实施省级试点工作指导，在全省试点县（市、区）“夺旗争星”量化评比中，曹妃甸区排名第一。市县两级全部召开青年工作联席会第三次全体会议，推动全市14个县（市、区）将青年发展规划列入本地“十四五”规划并形成专章（专节），推动唐山市本级和滦州、迁安、曹妃甸、丰润4个县（市、区）将青年发展专项经费列入财政预算。编制《唐山市青年发展“十四五”规划》，召开专家论证会2次。编印《唐山市青年发展政策汇编》，收录各成员单位涉及青年发展51条政策文件。开展青年发展状况调查，形成调查报告9个。实施“青年发展规划送课下基层”项目，组织各类专题授课156场次。

【青年创新创业行动】 2021年，共青团唐山市委联合唐山市青年联合会举办“中俄青年创业孵化器”唐山—顿河畔罗斯托夫线上“云论坛”交流活动，唐山市和俄罗斯顿河畔罗斯托夫市近40名创业青年就创业组织发展与经验成果互访交流。助力青年创业小额担保贷款，帮助43名创业青年及3家小微企业申请贴息贷款1260万元。开展“千校万岗•就业有位来”青年就业服务活动，提供就业岗位1400余个。推荐2个集体获评“全国青年文明号”，5个班组获评“省青年安全生产示范岗”，23个集体获评“省青年文明号”。全市90个项目在全国“创青春”大赛中获奖，55个项目在省青年产业转型升级成果展上获奖。推荐青年创新项目“基于双目视觉高铁巡检机器人系统项目”参加全国“创青春”大赛并获铜奖。联合唐山银行举办第二届“青春‘益’起来”唐山市公益项目暨志愿服务项目大赛，为13个获奖项目给予资金支持。

【共青团抗疫防汛行动】 2021年，共青团唐山市委组建330余支青年突击队参加疫情防控，为城乡社区

唐山团市委慰问团在张家口为每名唐山高校冬奥志愿者赠送"暖心礼包"。

刘 伟摄

防控提供服务保障。动员8000余名返乡大学生团员向所在社区（村）报到，号召社会各界捐助价值22.25万元防疫款物和5万千克"爱心蔬菜"。组织青年志愿者用英、日、韩、德4种语言翻译并宣传市防控办"出行防疫提示"。联合市青年志愿者协会发动全市青年志愿者和青年社会组织助力防汛救援行动，6支青年志愿服务队为排险救援、紧急疏散、交通清障、群众安置、物资运送提供志愿服务，唐山市青联委员为防汛捐款捐物价值17.4万元。团市委在"唐山青年"微信公众号发布青年志愿者《招募令》，号召青年志愿者参与新冠疫苗接种服务；及时发布密接者行动轨迹和各地防疫政策，配合与响应全市疫情防控工作。

【共青团助力乡村振兴】 2021年，共青团唐山市委招募46名本地网络主播组建"乡村振兴•电商助农"新青年志愿服务队，对接22个乡村振兴产业项目，发挥电商从业青年作用，依托互联网领域资源优势服务农业、农民，助力乡村振兴。组织3700余名返乡大学生开展"返家乡"社会实践活动，在政务实践、企业实践、公益服务、社区服务、兼职锻炼、文化宣传等不同岗位开展志愿服务。在"保护母亲河"行动中，团市委开展"种出你的春天""绿动青春"线上分享活动，全市青少年6.2万余人次参与活动；推动迁西"青年林"项目完工验收，带领团员青年担当生态文明建设、绿色低碳发展宣传者和践行者。

【唐山青年志愿者行动】 2021年，共青团唐山市委成立市县两级青年志愿者协会15个，开展"寸草心爱老敬老行动"730余场次，志愿者参与敬老行动3万余人次。联合工商银行唐山分行建设101家"小青星驿站"，常态化开展便民志愿服务，免费为群众提供取暖纳凉、无线网络、手机充电、失物招领等服务项目以及饮用水、应急药品、打气筒、雨伞、针线包等便民物品。制定冬奥会志愿者招募选拔、培训管理、激励保障等一系列工作方案，组织开展冬奥志愿服务工作调研、志愿者培训及慰问等活动，赴张家口为每名唐山高校冬奥志愿者赠送价值2000余元"暖心礼包"，被《中国青年报》客户端、"学习强国"省平台、《中国共青团》杂志等中央级和省级媒体报道。召开唐山市防灾减灾救灾青年志愿服务工作座谈会，围绕"弘扬志愿精神 助力防灾减灾救灾"主题，交流探讨青年志愿者和青年志愿服务组织参与抢险救灾、提高专业技能等方面问题。建立健全青年志愿者登记注册、专业培训、分级分类、日常联络、舆论监管等项制度。通过动员发布、海选报名、初步筛选、现场面试，从唐山师范学院、唐山学院和唐山职业技术学院3所高校上千名报名者中选出300名青年志愿者，另组建120人志愿者预备队，助力河北省（唐山）第五届园博会志愿服务。

【青年社会组织培育】 2021年，共青团唐山市委推荐2个"为了明天"社会组织公益项目被团省委评为重点项目。联合市民政局开展青年社会组织团建工作专题调研，召开青年社会组织团建工作座谈会、团属青年社会组织建设工作部署会，推动县区成立社会组织团工委4个，注册县团属青年社会组织9个。按照《唐山市关于做好快递员群体合法权益保障工作的若干措施》相关要求，联合市邮政管理局开展关爱快递从业青年"暖蜂行动"，为顺丰速运新天地营业部快递从业青年送慰问品，围绕"快递小哥"家庭生活、婚恋交友、就业发展、权益保护等方面进行交流。

【基层团组织建设】 2021年，共青团唐山市委申报丰南区、乐亭县、滦州市为全国县域共青团基层组织改革试点，召开试点工作例会，开展试点工作专题调研，指导14个县（市、区）全部建立团代表联络站和教育团工委。以视频会议形式召开全市乡镇（街道）团组织建设工作部署会，传达团省委组织部《关于加强乡镇（街道）团组织建设工作的通知》精神，安排部署乡镇（街道）团组织换届选举，完善班子配备，举办专项培训，建立乡镇（街道）青年工作委员会，依托"云平台"加强"青年中心"建设，截至年底，建成"青年中心"89个。联合市委组织部印发通知，指导全市4786个村（社区）团组织完成集中换届选举。成立市非公有制经济组织团工委，全年新建非公有制经济领域团组织307家，完成率102.33%。完成"智慧团建"系统摸底排查和信息录入，集中清查整改团支部待转接情况。根据共青团团费收缴、使用和管理规定以及上年度全市团员数量与结构测算，及时、足额上缴团费。核查违规使用团、队标识现象，及时整改不合规现象，提高规范化水平。

【共青团队伍建设】2021年，共青团唐山市委加强团员教育与团前教育，常态化开展入团线上测试，年内参与测试27.2万余人次。规范团干部协管工作，对22名县级团委领导班子成员任免提出协管意见。举办“青马工程”（青年马克思主义者培养工程）少先队辅导员骨干班、团干部骨干班、青年社会组织骨干班和新任职团干部培训班，专业培训各县（市、区）团委负责人、部分县级团属青年社会组织负责人。举办市县两级团组织“机关开放日”活动17场，邀请各行业青年代表走进机关，倾听不同领域青年心声，390余人次参加活动。

【团校建设】2021年，共青团唐山市委加强中学团校建设，在340所中学、中职院校成立中学团校，覆盖率100%。制发市级《关于全面加强少先队工作的实施意见》，将少先队辅导员列为市级骨干教师培养对象，为全省首例。指导11个县（市、区）制发本级少先队工作实施意见。联合市教育局印发《关于落实加强少先队工作实施意见的通知》，在学校系统专项部署14方面51条团教协作内容。召开全市加强少先队工作专题会议，市委组织部等28家单位参会。举办全市少先队辅导员岗位技能大赛，团路北区委获团体第一名，参赛辅导员中3人获一等奖，6人获二等奖，9人获三等奖，13人获优秀奖。开展“红领巾奖章”争章活动，评出个人“三星章”607个、集体“三星章”227个，推荐获评河北省“红领巾奖章”个人“四星章”60个、集体“四星章”30个。

【公益项目大赛】2021年11月27日，由唐山团市委联合唐山银行共同举办第二届“青春‘益’起来”唐山市公益项目暨志愿服务项目大赛进入决赛阶段，全市各类青年社会组织、大学生社团13个项目参加决赛。经过角逐，“同心协‘栗’”项目获一等奖，“信桥”等4个项目获二等奖，“唐山市困境儿童关爱保护”等8个项目获三等奖。本次大赛旨在促进公益项目孵化培育，引导青年社会组织参与社会治理，推动全市青少年服务工作项目化运作、社会化动员、制度化发展。大赛自7月份启动，参赛项目涵盖助力青少年成长发展、慈善救助、志愿服务、社会服务等多个领域。经过资格审查、项目初评、公益沙龙、路演终评等环节，所获奖项均给予相应资金支持。

【团市委全委会召开】2021年4月26日，共青团唐山市十八届五次全委（扩大）会议召开，团市委十八届委员会委员、候补委员，各县（市、区）团委、市相关直属团委负责人参加会议。会议传达习近平在清华大学考察时讲话精神、廉毅敏在共青团河北省十五届五次全会上讲话精神、团省委十五届五次全会精神、《中共中央关于全面加强新时代少先队工作的意见》及市委常委会有关精神，审阅《共青团唐山市十八届委员会2020年度工作报告》，审议通过《共青团唐山市十八届五次全会关于团市委委员、候补委员卸职递补确认案》，获评2020年度河北省共青团工作先进集体代表汇报。

（曹　颖）

唐山市妇女联合会

【妇联概况】唐山市妇女联合会（简称唐山市妇联）最高权力机构是唐山市妇女代表大会，工作机构是执委会。2021年，全市有各级妇联组织9632个，其中县（市、区）妇联19个，乡镇（街）妇联230个，村、居妇联6061个，市、县直及事业单位妇联（妇委会）754个，专兼职妇联干部5.1万人。年内，市妇联被评为“全国巾帼文明岗”“全国维护妇女儿童权益先进集体”，被市委政法委推荐参评“河北省平安建设先进集体”（2022年1月获评），蝉联省级文明单位，获得市级以上表彰奖励7项，8次在省、市相关会议上作典型发言，美丽庭院创建、巾帼家政、妇女维权、家庭教育等多项工作在全省妇联系统保持领先水平。市委书记张古江、市长田国良对巾帼家政、妇女儿童活动中心建设、妇女儿童发展规划编制作出批示，妇联工作4次得到市领导肯定性批示，全年在《人民日报》、新华社、《中国妇女报》等省级以上媒体刊发稿件644篇次。

【妇联党史学习教育】2021年3月，唐山市妇联召开党史学习教育动员大会，以“万名妇联干部上讲台”和“百千万巾帼大宣讲”活动为抓手，开展“讲党史、颂党恩、办实事”活动。在“唐山女性之声”微信公众平台推出6期“喜迎建党百年巾帼故事会”，与市直机关工委联合开展“巾帼心向党·建功新征程”女干部职工微视频诵读比赛，122个参赛作品获投票33万张，线上访问量117万人次。组织开展传承红色家风“最美家庭”故事讲述活动112场次，举办“学习党史颂党恩·同悦书香照红心”亲子朗读竞赛，32个家庭参加市级比赛，19个家庭在全省决赛中获奖。组队参加市直机关庆祝建党100周年歌咏比赛，在14个合唱队中以总分第一名成绩获一等奖。组织党史教育专题学习研讨会和主题党日活动，市妇联党组书记为机关党员干部讲党课，通过“脑力”知识竞答、“智力”建言献策竞述、“能力”提升竞讲，锻炼妇联干部“学、思、干、讲”能力。党组书记在丰南区、迁安市和市女企业家协会调研，与基层妇联干部、妇女群众和女企业家代表座谈，宣讲习近平“七一”讲话精神。

【巾帼家政品牌创建】2021年，唐山市妇联围绕民生实事发展巾帼家政事业，塑造“唐山福嫂”品牌。组织开展巾帼家政宣讲活动150场、巾帼家政培训260场、家政服务技能竞赛10场，参与妇女群众2.58万人次，带动4406名妇女在家政领域就业。培树巾帼家政示范基地12个，省、市级优秀“福嫂”115名，被市政府列为全市“我为群众办实事”实践活动“10件民生实事”之一，获得市直机关实践案例一等奖。市委副书记杨培苏对市妇联《关于打造“巾帼家政唐山福嫂”工作品牌　扎实推进“我为群众办实事”实践活动的报告》作出批示。参加省妇联“河北福嫂·燕赵家政”观摩会，市妇联以《多管齐下　精准发力　巾帼家政助推“我为群众办实事”实践活动走深走实》为题在会上作经验介绍，唐山宏强爱心家政服务有限公司作为全省巾帼家政实训基地代表作题为《履职尽责　精准服务　勇当“河北福嫂·燕赵家政”工作排头兵》经验介绍。

6~7月，唐山市妇联会同滦南县妇联分期举办巾帼创业创新能力提升培训班。图为学员完成全部课程获得结业证书。 孙静敏 摄

【妇联“双创双服”活动】 2021年，唐山市妇联开展“妇女创业就业技能培训助力乡村振兴”系列活动，承办省妇联巾帼创业创新培训班，对50名参训妇女提供为期5天集中培训和创业跟踪服务。举办巾帼发展能力提升班16场次，500名妇女参加培训。联合唐山银行举办巾帼创业创新项目展示推介大赛，44个项目参赛，24个项目进入半决赛，12个项目晋级决赛，市委副书记杨培苏出席决赛颁奖仪式，决赛现场通过“抖音”同步直播，赛后在“唐山女性之声”微信平台展播，引起社会反响。联合市女企业家协会举办女企业家招商引才政策宣讲会，邀请市委组织部、市商务局领导解读全市人才工作会议精神和“凤凰英才”计划，介绍“十四五”时期全市招商引资重点产业、项目承载平台及相关政策，动员女企业家为唐山高质量发展招商引资、聚贤纳才。搭建女性创业创新融资平台，年内帮助331名妇女申请妇女创业小额担保贷款7274.7万元，是全省此项工作中唯一地市级妇联组织。全市获评全国巾帼建功先进集体7个、巾帼建功标兵2人，创建市级巾帼创业发展示范基地23个。

【妇联参与社会治理】 2021年，唐山市妇联联合市公安局、市法院、市检察院、市民政局等6部门，在全省率先推行《加强家庭暴力案件处置工作联动机制》，形成集预防、制止、打击为一体家暴综合干预机制，公安机关出具“家暴告诫书”88份，是省婚调考核指标10倍，数量居全省第一。关注重点人群，落实预防性侵未成年人“五项机制”（关爱服务和侵害预防机制、风险摸排和发现报告机制、联动办案和帮扶救助机制、舆情监测和应对处置机制、侵权案件推进工作督查制度）和“八字工作法”（看、听、问、帮、报、想、讲、记），对1203名未成年女孩实施重点关爱。关注涉及就业平等、欺凌未成年人问题，处置、化解妇女权益舆情6起。联合市委政法委、市司法局等7部门组织全市“小调解促大平安”调解员故事讲述大赛，通过预赛、晋级赛、决赛，从61名参赛者中选拔金牌调解员10名、优秀调解员10名，示范带动基层干部参与化解婚姻家庭矛盾纠纷，为“平安唐山”建设贡献巾帼力量。培养维权骨干，邀请省内妇女工作专家为基层开展维权培训，培训基层妇联干部、公安干警、志愿者等维权骨干570人，2名基层妇联维权干部被全国妇联、省委政法委推荐参评全国“平安之星”，分别获得5月、7月全国月度“平安之星”称号。

【妇女儿童发展规划】 2021年，唐山市妇联制定《唐山市妇女发展规划（2011～2020年）》和《唐山市儿童发展规划（2011～2020年）》（简称“两规”）终期评估方案，协调推动39个市直成员单位和14个县（市、区）开展10年工作评估。联合市统计局指导14个县（市、区）建立健全区域妇女儿童监测数据库。启动唐山市妇女儿童发展规划（2021～2030年）编制工作，召开座谈会，邀请专家学者与市发改委、市委组织部、市教育局等10余个成员单位围绕河北省新“两规”征求意见稿开展研讨。面向社会开展“为唐山妇女儿童发展规划建言”网上征集活动，动员社会各界建言献策，促进全市妇女儿童事业与经济社会同步协调发展。

【困境妇女儿童帮扶】 2021年，唐山市妇联发动志愿者参与“家教服务进家、讲好故事传家、法治安全送家、走访慰问暖家”“四送”活动，结对帮扶孤儿、留守儿童和困境儿童403人，受益家长和儿童56万人次。整合社会爱心资源，捐建“快乐童年爱心书屋”8个，为1257名困境儿童发放救助款107.33万元。联合中国人寿唐山分公司召开“关爱女性健康 助力乡村振兴巾帼行动”推进会，为2034名低收入妇女捐赠每人保额1万元“两癌”健康保险。争取中国妇女发展基金会、中国儿童少年基金会项目资金，为158名困境“两癌”妇女、16名白血病患儿发放救助金每人1万元。走访老区“革命母亲”、困境妇女儿童277人，发放慰问款18.85万元。开展“学党史办实事 巾帼暑期送爱心”活动，发动市女企业家协会出资5万元，为10名困难家庭女大学生捐助救助金每人5000元。

【家庭文明建设】 2021年，唐山市妇联联合市教育局推广“唐山网上家长学堂”公益平台，举行21场家庭教育直播课，组织讲师在县区开展“家庭教育流动课堂”44场次，服务家长300多万人次。召开全市社区（村）“家长学校·儿童之家”拉练观摩会，组织18个县（市、区）妇联、重点乡镇（街）、社区（村）妇联干部拉练观摩和学习交流。围绕家风家教建设和创建绿色家庭行动开展调研，起草《2021年开展寻找最美家庭·创建绿色家庭的实施方案》。制发《2021年唐山市美丽庭院示范创建实施方案》，指导全市创建美丽庭院并巩固创建成果。投入

71 万元用于创建市级精品示范村，制发宣传品 3000 余份。年内，全市创建美丽庭院 17.6 万个、精品庭院 4.7 万个，选树“美丽河北 · 十佳美丽庭院”“百优美丽庭院”11 户、市级示范庭院 200 户。承办省妇联家庭文明建设调研座谈会，组织市教育局、市文明办等部门和基层干部群众代表，与省妇联领导、专家进行线上交流讨论。开展“寻找最美家庭、征集好家风家训故事”活动，向省妇联推荐“河北省最美绿色家庭”9 户。

【妇联组织改革】 2021 年，唐山市妇联实施“县级妇联改革破难争星行动”，开展争创“五星县级妇联”活动，提升县级妇联运转效能，带动基层妇联组织建设。制定《唐山市乡镇（街道）妇联换届实施方案》，230 个乡镇（街道）妇联组织完成换届选举。开展全市“巾帼心向党·奋斗新征程”妇联干部大讲堂暨基层妇联组织区域化建设典型展示活动，举办网上擂台赛，妇联干部、基层妇联组织典型分享经验成果，择优向省妇联推荐省级乡镇（街）妇联组织区域化建设先进典型 5 个。完成女性进“两委”任务，与组织部门、民政部门沟通协调，制发《在全市村（社区）“两委”换届中做好妇女参选参政和村（社区）妇联换届工作的实施方案》。全市 6061 个村（社区）完成“两委”换届并实现“3 个百分百”目标，即 100% 村（社区）“两委”中有女性成员，100% 村（社区）妇联完成换届，100% 妇联主席进入村（社区）“两委”。选举产生村（社区）妇联执委 4.37 万人，建立“网格型 + 功能型”妇女小组 2.6 万个。制发《唐山市妇联团体会员管理办法（试行）》，将唐山市女企业家协会、唐山市家庭教育研究会等服务妇女儿童社会组织依规吸纳为市妇联团体会员。延伸妇联工作“触角”，加强妇女工作宣传，制定《唐山市妇联系统外宣信息工作考评办法》，扩大宣传广度和深度，改版升级“唐山女性之声”微信公众平台，开通“唐山女性之声”视频号和抖音号，增强新媒体宣传吸引力，提升妇联工作社会影响力。

【市妇联十五届四次执委会召开】 2021 年 7 月 20 日，唐山市妇联召开十五届四次执委（扩大）会议。会议增替补 7 名市妇联十五届执委，并根据《中华全国妇女联合会章程》和《唐山市妇联第十五届四次执委会议选举办法》，通过替补魏明为市妇联十五届执委，采取等额无记名投票方式选举主席。魏明全票当选为唐山市妇联十五届执行委员会主席。

（周骏波）

唐山市科学技术协会

【科协概况】 2021 年，唐山市科学技术协会（简称唐山市科协）有市级自然科学学会（协会、研究会）33 个，指导管理 14 个县（市、区）科协、15 个企业与院校科协。年内，市科协以科学普及、学会建设为工作重点，争取中国科协、省科协专项资金 978.9 万元，其中科技馆免费开放资金 734 万元，资金总额保持全省第一，得到省委常委、市委书记张古江肯定性批示。中国科协副主席、书记处书记孟庆海在唐山参加“第二届全国防震减灾科普大会”，对唐山科协工作给予肯定。市科协获得 2021 年全国科普日活动优秀组织奖，获评全国青少年科学调查体验活动优秀组织单位、全国 2021 年“科普中国”信息员队伍建设优秀组织单位。

【科协党史学习教育】 2021 年，唐山市科协结合《论中国共产党历史》《中国共产党简史》等必读篇目开展 6 次专题学习，召开 12 次中心组学习会，举办党史学习教育专题培训班 2 期，组织全体党员干部在迁西县喜峰口爱国主义教育基地开展“弘扬长城抗战精神 传承红色基因”主题党日暨党史学习教育培训活动。开展“庆祝建党 100 周年 提升科学素养 100 讲”活动，邀请河北医科大学第二医院大内科主任袁雅冬、中国科学院文献情报中心三级职员何林分别以《弘扬科学家精神 勇做时代的担当者》《学习“两弹一星”精神 深刻领会习近平科技创新思想》为题，在唐山学院作专题报告，市科协党员干部及在校大学生 200 余人参加报告会。邀请唐山新冠肺炎医疗救治专家组组长、华北理工大学附属医院呼吸与危重症医学科主任喻昌利作题为《新冠肺炎疫情防控及疫苗接种》专题讲座，市直机关党务干部、各单位接种新冠肺炎疫苗负责人、部分科技社团负责人和社区群众代表 300 人聆听讲座。开展“我为群众办实事”实践活动，完成百场科普报告宣讲、科普大篷车进基层、“流动科技馆”巡展等 10 件实事。

【科协成绩排名】 2021 年，唐山市科协多项工作位居全省前列：全市居民具备基层科学素养比例为 12.1%，高于全国、全省平均水平，居全省第二位；唐山科普信息宣传员注册量、传播量均居全省第一位，居全国地级市前列；唐山市有 6 所学校获得“全国青少年人工智能活动特色单位”称号，居全省第一位；市科协被评为全省青少年科学调查体验活动优秀组织单位，全省 2 家单位获此奖项；在河北省青少年中心“庆祝中国共产党成立 100 周年——我身边的优秀科技工作者”短视频征集展播中，唐山市上报 54 件作品，占全省征集数量一半以上，全省获评 10 名“最受关注的科技教育工作者”中，唐山市占 7 名。

【科协科学普及】 2021 年，唐山市科协根据常态化疫情防控形势，在市科技馆推行“互联网 + 科普”“线上 + 线下”模式，线上研发录制网上系列展览 72 期，开设“24 小时网上科技馆”，确保科普“全天不掉线”；线下严格执行体温检测、网上预约、限流参观预防措施，实现参观有序、运营平稳，全年接待参观群众 8.1 万人次，自开馆累计接待量超过 50 万人次。以“庆建党百年 观科技变迁”为主题设计创办科普教育主题临展，设置农业轻工科技、医疗科技等 7 个主题 500 多块展板（牌）、439 个展品，包含 VR 体验等 8 个体验区 13 个体验项目，接待观众 3.5 万人次。针对中小学生开办“流动科技馆”，将“中国流动科技馆”科普资源搬到唐山孩子“家门口”，在丰南、古冶等 4 个县（市、区）巡展，观展人数 10 万人次。投资 76 万元购置科普大篷车，开展科普大篷车进农村、进老区活动，打通科普“最后一公里”，以展示、讲解、体验、互动等多种科普方式，在 9 个县（市、区）14 所中小学、幼儿园和社区完成巡展，观展人数 2.4 万人次。

【科普设施建设】 2021 年，唐山市科协投资 300 万元在科技馆负一层建设 3000 平方米临时展厅，常设展厅和临时展厅总面积 2 万多平方米。新建 3 家市级“科技工作者之家”，全市总计 30 家，建“家”总面积 3500 平方米，发展科协个人会员 5000 人。争取中央和省资金 199 万元，实施 22 个国家级和省级“基层科普行动计划”项目，重点支持党群服务中心和新时代文明实践中心、乡村振兴示范区、农技协科技小院、全域科普试点建设，助力脱贫攻坚和乡村振兴。经基层推荐和专家评审，确定唐山花海、公共安全实训基地等 26 家单位为唐山市第五批科普教育基地。多渠道争取和筹集资金，完善科技馆消防设施、常闭防火门和空调等设施，增加迎宾机器人、电磁大舞台、人体八大系统等展品展项，建设 130 米科普长廊；改造科技干部进修学院热力管道，实施楼面外墙防水工程；完成机关事业单位计算机安可替代工程，完成党员活动阵地信息网络及软硬件购置更新，改善机关和 3 个事业单位软硬件环境。

【科协服务科技工作者】 2021 年，唐山市科协围绕抗击新冠肺炎疫情、促进科技成果转化应用、科技服务民生等方面，与市委宣传部、市科技局和市发改委联合选树王志伟等 10 人为“唐山市 2021 年度最美科技工作者”，其中王志伟、李景武、赵衍平 3 人获“河北省最受关注科技创新人物”称号。组织开展自然科学论文评选，评选优秀论文 154 篇，为市委、市政府科学决策提供参考依据。组织优秀“科普中国”APP 宣传员评选活动，表彰“科普中国”宣传推广中 5 个优秀组织单位、100 名优秀科普信息员。截至年底，全市科普宣传员注册数量 1.9 万人，传播量突破 48 万次，注册量、传播量均居全省第一、全国地级市前列。华北理工大学、冀唐学院院长苑杰被中国科协聘为“科普中国”专家，是河北省唯一入选专家。以“我身边优秀科技教师”为题，采用视频展播形式引领青少年参与科技创新、科学实践活动，在唐山科协门户网站、“唐山微科普”微信公众号播出，杨小平等 69 人被市科协、市教育局评为“庆祝建党 100 周年 我身边优秀科技教师”。

4月25日，唐山科普大篷车巡展活动在玉田县育才小学启动。

卜建设 摄

【科普活动与科技竞赛】 2021 年，唐山市科协联合有关部门开展“科技、文化、卫生‘三下乡’”“第二届全国防震减灾科普大会”、全国农民科学素质网络知识竞赛、新冠肺炎疫情防控科普知识竞赛、“全国科技活动周”“你是我的眼带你去旅行”盲人节公益活动等多项科普活动。组织开展“全国科普日”活动，全市各成员单位举办系列科普活动 73 项。市属科技社团组织科普讲座培训 170 余场、各类学术交流活动 187 场，参与人数 12.25 万人次。开展青少年科技创新大赛和机器人竞赛活动，在 13 届河北省青少年机器人竞赛中获得一等奖 15 个、二等奖 17 个、三等奖 23 个，唐山二中、唐山龙泉中学代表河北省参加全国展示交流。唐山市第 36 届、37 届青少年科技创新大赛收到作品均在 1600 件以上，参与人数均超过 3 万人次。

【“全国科普日”唐山主场活动】 2021 年 9 月 14 日，唐山市科协联合市委宣传部等 9 家单位举办“全国科普日”唐山市主场“云启动”活动，活动在唐山科技馆门前广场举行，主题为“百年再出发 迈向高水平科技自立自强”。市人大常委会副主任王福燕，市政府副市长张涛，市政协副主席董学忠等参加启动仪式，并为 2021 年市“最美科技工作者”颁发证书，为“庆祝建党百年 我身边的优秀科技教师”获奖教师颁发证书，为推广普及“科普中国”APP 优秀信息员颁奖，为 2021 年度唐山市科普教育基地颁发牌匾。“科普日”活动采取“‘云启动’+网络活动+联合行动”方式，结合“我为群众办实事”开展系列科普活动。

【唐山科普大篷车巡展】 2021 年 4 月 25 日，唐山市科协在玉田县育才小学举行庆祝建党 100 周年暨唐山市科普大篷车巡展活动启动仪式，2000 余名师生参加活动。科普大篷车巡展分为展品互动区、科学秀场表演区、机器人科普展示区以及创客体验课堂 4 个展区，包括 25 件展示、操作和讲解车载展品，内容有科普剧、疯狂实验秀、研学互动实验、机器人互动与演示、机甲大师竞技和创客体验等，通过巡展为青少年提供互动体验式科普。

（肖 婷）

唐山市社会科学界联合会

【社科联概况】 2021 年，唐山市社会科学界联合会（简称唐山市社科联）有所属学会、协会、研究会 10 个。年内，市社科联调动社科资源，凝聚社科力量，建设理论高地、学术高地、科普阵地、人才阵地。全市社会科学发展研究申报立项课题511项，通过专家评审小组匿名初评、复评、评议3个环节，共确定立项课题241项，研究成果质量和数量实现“双提升”。

【市社科联换届】 2021年4月19日，唐山市社科联第五次代表大会在南湖国际会展中心举行，省社会科学院党组成员、副院长，省社科联专职副主席肖立峰出席开幕式并致辞，市委常委、宣传部长杨洁出席开幕式并讲话。开幕式上，市文联负责人代表市人民团体致贺辞，市社科联负责人宣读兄弟市社科联贺信，并代表第四届委员会向大会作工作报告。大会选举产生唐山市社科联新一届领导机构，回顾和总结第四届委员会工作，明确提出新一届指导思想和工作思路。

【社科普及月活动】 2021年5月24日～6月28日，唐山市社科联在全市范围内开展以“奋斗百年路 启航新征程”为主题社会科学普及月活动。6月4日，由唐山市社科联、曹妃甸区委宣传部主办，曹妃甸区社科联承办“唐山市暨曹妃甸区2021年社会科学普及月启动仪式”在曹妃甸区创业广场举行。启动仪式现场设置展板24块，发放各类科普书籍1000余册、宣传资料7000余份，发放各类药品30余种，接受群众咨询800余人次，现场惠及上千人。本次社科普及月活动分为5个板块，分别为习近平新时代中国特色社会主义思想宣传活动、“庆祝中国共产党成立100周年”专题宣教活动、“立足新发展阶段、贯彻新发展理念、构建新发展格局”专题宣传活动、“三重四创五优化”专题宣传活动、法律法规宣传活动。社科联所属各学会、协会、研究会和市大专院校开展社科普及月系列活动，其中唐山市图书馆学会举办“辉煌百年史 开启新征程”党史知识竞赛和“追寻先辈足迹·传承红色文化”唐山红色、工业旅游景区图片展及“红色土地·英雄河北”革命史联展；唐山市书画家协会举办“奋斗百年路·启航新征程”书画展；唐山市金融学会开展金融普惠知识宣传活动；唐山市创新教育研究会组织“中华优秀传统文化传承发展”宣传普及活动，发放中华优秀传统文化图书，举办读书会；唐山师范学院举办法律知识普及专题讲座。市社科联组织全市干部群众参加河北省社科院“奋斗百年路 启航新征程”微视频评选活动，获一等奖1名、二等奖1名、三等奖2名、优秀奖3名，成绩在全省名列前茅。

6月4日，唐山市“科普月”启动仪式在曹妃甸区创业广场举行。

彭 枭摄

【市委讲师团活动】 2021年是中共唐山市委讲师团牌子调至市社科联第一年，社科联发挥讲师团理论宣讲和理论研究职能，组织开展“百年恰是风华正茂——庆祝中国共产党成立100周年”系列宣讲活动，各县（市、区）开展宣讲活动400余场，受众人数1.5万人。组织全市基层宣讲人员参加省委讲师团“讲党史、颂党恩、跟党走”理论宣讲大赛，唐山市代表队获一等奖。组织全市社科界专家学者参加全省党委讲师团系统2021年度优秀宣讲报告和马克思主义大众化理论研究文章征集评选活动，其中6篇宣讲报告被评为“优秀”。多次组织全市省级理论宣讲工作站及新时代文明实践中心相关人员参加基层宣讲骨干培训。

【社科理论研究】 2021年，唐山市社科联发挥理论智库优势，组织市大专院校部分社科专家和市社科联所属学会、协会、研究会代表学习党的十九届六中全会精神，在《唐山劳动日报》开辟理论专版，刊发专题文章。组织专家学者开展专项课题研究，《竞争中立规制下国有上市公司竞争优势的提升策略研究——基于内部控制视角》《冬奥会情境下河北形象公益广告传播力提升策略研究》2项课题被省哲学社会科学规划办评为立项课题。

【社科界专题座谈】 2021年5月26日，唐山市社科联组织召开加强意识形态工作暨党史学习教育交流会，与各学会、协会、研究会签订《2021年落实市社科联学会管理办法加强意识形态责任书》；6月16日，在唐山师范学院举办唐山市庆祝建党100周年社科理论界专家座谈会；8月5日，举办全市社科界学习贯彻习近平总书记“七一”讲话精神座谈会暨党史学习教育专题读书班；12月15日，组织召开唐山市社科界学习贯彻党的十九届六中全会精神专题座谈会，引导全市社科界专家学者围绕中心发挥职能作用、建言献策。

（毕心妍）

唐山市文学艺术界联合会

【文联概况】 2021年，唐山市文学艺术界联合会（简称唐山市文联）以“举旗帜、聚民心、育新人、兴文化、展形象”为使命任务，发挥自身优势，加强思想引领，围绕庆祝建党百年和全市中心工作开展主题文艺活动，持续开展“我们的中国梦”——文化进万家特色文艺品牌活动。加强阵地建设、人才队伍建设和机制建设，通过多种形式为文艺工作者及其文艺作品搭建平台，在“出精品、出人才”工作中实现新突破。

【主题文艺活动】2021年，唐山市文联以“用好红色资源 赓续红色精神”为主题召开庆祝中国共产党成立100周年主题文学创作暨文学评论研讨座谈会。组织词曲作家创作和梳理唐山代表性曲目34首，在市音协公众号集中展播，组织拍摄红色主题音乐《心中的歌儿献给党》“快闪”活动及原创歌曲《亲妈妈》。创排并首演舞台剧《节振国》和“评书+乐亭大鼓”《视死如归》。组织开展“永远跟党走——庆祝中国共产党成立100周年”美术、书法、摄影系列主题展览。《唐山文学》出版庆祝中国共产党成立100周年专号。

【文艺交流】2021年，唐山市文联组织美术工作者“绘长城·画乡村”践行“四力”（脚力、眼力、脑力、笔力）采风创作，组织机关全体人员以“打造长城文化•助力乡村振兴”为主题开展践行“四力”基层调研。市文联把文艺采风创作和党史学习教育有机融合，组织“传承红色基因·书写唐山精神”第十三期文艺采风创作营，并在遵化沙石峪举办文艺惠民演出。举办“文艺+裕农通（中国建设银行面向农村农业人员普惠金融业务）”联合助力“乡村振兴”战略合作协议签约仪式。唐山皮影、迁安剪纸和迁安手工桑皮纸亮相河北省文联“我们的小康生活——主题特色工艺品线上展”。

【文艺志愿服务】2021年，唐山市文联开展“我们的中国梦”——文化进万家活动，组织全市文艺工作者创作书画、剪纸、戏剧、音乐、摄影、影视、曲艺等门类文艺作品，通过网络、新媒体平台等载体开展线上展览展播，举办《戏剧名家课堂》网络培训、评剧《从春唱到秋》、“辛丑春晓大美唐山”美术作品展等线上文化活动56场次。主办“送万福·进万家”新年走基层书法创作活动，组织艺术家在迁安市金岭开展“颂歌献给党”党史学习教育主题文艺演出，举办《中华好家风•线上过大年》优秀文艺作品展演，开展“翰墨璧池”书法进校园活动。市戏剧家协会被省戏剧家协会授予“省戏剧小梅花传承基地”称号，并举行揭牌仪式和汇报演出。

【文学艺术研究】2021年，唐山市文联完成河北省第五届园博会吉祥物与会歌征集、评审和专刊辑印工作，邀请当代书法家为园区题写匾额、楹联，提高园区文化含量，深化“英雄城市·花舞唐山”主题。开展“深入生活、扎根人民”主题实践活动，完成“乡村振兴”主题音乐作品《山脚下的小村庄》。组织作家、文学评论家梳理和评论唐山红色经典文学作品，《李大钊的山水情结》在《光明日报》刊登。年内，市文联获得第十一届河北省文艺评论奖组织工作奖。

【文艺精品生产】2021年，唐山市文联制发《关于加强和完善出精品、出人才工作的意见》和相关文件，创作一大批思想精深、艺术精湛、制作精良文艺作品。书法家杜占存与作家刘敬君联合创作抗日英雄节振国《抽刀怒砍鬼子兵》入选“庆祝中国共产党成立100周年书法大展”，庞晓勇摄影作品《网红人家》入选第28届全国摄影艺术展览艺术类单幅作品，孙晓明《温暖的母爱》（单幅）入选中国第18届国际摄影艺术展览纪实类单元，孟东红《和我学》（单幅）入选该展览“我和你”主题单元。评剧戏歌《七律·人民解放军占领南京》获得第25届中国少儿戏曲小梅花荟萃“小梅花集体节目”称号，《刘伶醉酒》选段《来了刘伶好酒的男》获得第25届中国少儿戏曲“小梅花金奖”。刘荣书长篇小说《信使》入选河北省作家协会重点创作选题（2021～2022年），小说《党小组》被改编为电视连续剧《前行者》，年内在北京卫视、爱奇艺、腾讯视频同步播出。美术作品《都市蜜蜂》《我的歌声里》获评2021年度国家艺术基金项目，并作为全国优秀美术作品进京展出，邓天平、王馨竹、周丽云美术作品入选“为奥运喝彩•一起向未来”——河北省主题文艺创作美术作品展。

唐山市文联组织“传承红色基因·书写唐山精神”文艺采风创作营。

刘云桥 摄

【文联自身建设】2021年，唐山市文联在机制建设方面，制定和完善《中共唐山市文联党组关于文艺家协会年度考核办法》《中共唐山市文联党组关于文艺家协会领导班子的考察办法》和《中共唐山市文联党组关于文艺家协会换届的工作方案》，制发《关于对所属团体协会进行治理规范的通知》《进一步加强对所属事业单位和文艺家协会规范化管理的通知》。在职能建设方面，按照市有关部门要求规范市文联机关及所属事业单位职能，清理整顿非管理半径文艺家协会，加强管控所属协会活动组织、机构建设和新媒体平台。在人才队伍建设方面，加强青年人才引导培训，评选表彰第二批全市文艺界拔尖人才。4月16日，唐山市文联第九次代表大会召开，选举产生市文联第九届领导班子。

（张 蕊）

唐山市归国华侨联合会

【侨联概况】2021年，唐山市归国华侨联合会（简称侨联）有归侨212人、侨联委员83人、海外委员4人、基层侨联组织19个。年内，市侨联召开第七次归侨侨眷代表大会，完成市侨联换届。确立党组书记抓理论学习领导负责制，落实党组理论学习中心组和机关干部理论学习制度，解决侨联干部理论学习、创新意识、群众观念、工作能力不强等问题。召开机关干部警示教育会议，定期召开党内民主生活会和组织生活会，开展批评与自我批评，规范党内政治生活，提高遵纪守法意识。加强基层侨联建设，打造路南区学院南路街道新谊社区、路北区机场路街道祥富里社区和滦州市滦河街道自强里社区“侨胞之家”，发挥“侨胞之家”优势，开展党史学习教育和为侨界群众办实事等主题活动，增强侨界群众认同感和归属感。在高新区东方企业集团建立全市首家“新侨工作站”，指导路北区和唐山市工业职业技术学院申报筹建“新侨工作站”。

【侨联党史学习教育活动】 2021年，唐山市侨联围绕建党100周年主题开展党史学习教育，采取集中学习和自主学习相结合方式，常态化开展读书学史活动，每周四下午集中学习《习近平谈治国理政》第三卷、《中国共产党简史》、习近平关于侨务工作论述，组织“学党史、办实事、开新局”党史学习教育网络答题活动。市侨联党组书记、主席韩春云3次为机关干部讲党课，邀请李大钊纪念馆负责人作《不忘先驱者初心 牢记新时代使命》专题讲座。组织新一届侨联委员和机关党员干部70余人在李大钊纪念馆和李大钊故居开展“传承大钊精神·赓续红色血脉”党史学习教育活动。协助中国侨联、省侨联在李大钊纪念馆拍摄制作《唱响〈国际歌〉》视频宣传片，与唐山东方教育集团联合制作《世纪风采——献给中国共产党百年华诞》视频宣传片，编辑整理影像资料，以配乐诗朗诵形式讴歌建党百年成就。协助省侨联组织“百年征程忆初心·侨青向党展作为”庆祝建党100周年主题征文活动，选送作品13篇，其中11篇分获三等奖和优秀奖，市侨联获优秀组织奖。

【海内外联谊】 2021年，唐山市侨联在“三八”国际妇女节举办“巾帼心向党·花开别样红”花艺沙龙活动，在“五四”青年节组织“侨青心向党·起航新征程”主题沙龙活动，侨界青年交流学习党史心得体会，开展联谊活动。出席加拿大河北协会20周年网络庆典活动，发信函和视频予以祝贺，加强与河北籍加拿大华侨华人联系，拓展侨务资源。在承德参加“创业中华 创新河北”——第二届助推河北高质量发展大会和“侨心向党”主题实践活动。在北京拜访中国侨商联合会常务副会长、北京唐山企业商会会长董配永，就发挥侨联和侨商会职能作用、加强合作进行交流，商定在北京唐山企业商会所在地设立唐山市侨联侨商会驻京办事处，承接北京与唐山两地资源对接合作事宜。与乌干达河北商会会长张志刚达成合作意向，依托乌干达姆巴莱工业园，将唐山行业资源和技术优势与乌干达产业发展和市场衔接。与浙江大学滨海产业技术研究院沟通协调，对接市科技局等部门，引进科技研发和产业创新资源，带动相关产业转型发展。

【侨联社会服务】 2021年，唐山市侨联加强与中国侨联、省侨联沟通，组织交流考察活动，推介唐山投资环境、招商政策以及配套服务措施。组织商会会员企业“走出去”，在保定市参加全省经济科技工作交流会和项目推介会并作典型发言，参观当地高新企业，促成润泽众信工程项目管理有限公司与保定企业达成合作意向。走访调研侨企，了解企业发展现状和面临困难，征求优化营商环境意见建议。向省侨联推荐唐山工业职业技术学院刘兆琪、唐山学院常智勇当选省侨联青年专家委员。开展疫情防控宣传和志愿服务，选派机关人员在共建单位——偏联社区开展“双报到”活动，赠送防疫物资，协助社区疫情防控。

【侨联文化宣传】 2021年，唐山市侨联加强华侨文化交流基地建设，截至年底，中国侨联和省侨联在唐设立“中国华侨国际文化交流基地”5个、“河北省华侨文化交流基地”2个，另有10个单位年内申报。文化交流基地建设体现唐山文化特色和人文精神，扩大唐山在海外影响力，成为讲唐山故事、促文化交流窗口。在中国侨联中国华侨国际文化交流基地经验交流视频会议上，李大钊纪念馆作为全省侨联系统唯一代表介绍经验，受到中国侨联主席肯定。与市教育局联合组织第二十一届世界华人学生作文大赛，选送稿件2464篇，其中23篇作品获一等奖，90篇获二等奖，150篇获三等奖，市侨联蝉联“优秀组织奖”。

【为侨服务】 2021年，唐山市侨联落实对归侨侨眷“三必访”（生病住院必访、家有丧事必访、家有突发事必访）和对老归侨“六送”（送祝福、送健康、送欢乐、送关爱、送亲情、送温暖）惠侨举措，对归侨侨眷精神上和生活上给予关心照顾。在元旦、春节、“七一”、中秋节、国庆节开展走访慰问活动，发放慰问品和慰问金合计价值15万余元，筹措资金支持基层侨联工作。通过市侨联法律顾问委员会为侨企提供政策解读和法律援助，征求优化营商环境意见建议。指导建设滦州市自强里“侨胞之家”涉侨法律调解室，设立涉侨纠纷调解员。

【侨联参政议政】 2021年，唐山市侨联组织侨界人大代表和政协委员参政议政、履职尽责，反映社情民意，为全市经济社会发展献计出力。参加市政协港澳委考察活动，在浙江省温州、丽水、金华、绍兴4市考察学习利用侨务资源服务地方经济发展经验。发挥“‘察侨情、汇侨智、发侨声、献侨策’信息直通车”作用，联系海外侨胞和本地侨界专家，撰写上报《侨情专报》稿件11篇，全部被省侨联采用，此项工作在全省侨联系统排名第一。市侨联政协提案《关于我市职业教育发展的建议》获市委、市政府“优秀提案奖”，在河北省“十四五”规划建言献策活动中获“优秀建言奖”。

【唐山第七次侨代会召开】 2021年4月14日，唐山市第七次归侨侨眷代表大会召开。中国侨联兼职副主席、省侨联党组书记、主席包东，市委副书记田国良出席会议并讲话。市人大常委会副主任李东升，市政府副市长邱舰，市政协副主席李长春出席会议。会上，市侨联主席韩春云代表第六届委员会向大会作工作报告，市总工会代表人民团体致贺词。市直有关部门和人民团体代表、市侨联代表参加会议。会议选举产生唐山市侨联第七届委员会委员和新一届领导班子，聘请唐山市侨联第七届委员会顾问和海外委员。

（武海涛）

唐山市残疾人联合会

【残联概况】 2021年，唐山市残疾人联合会（简称唐山市残联）有各级组织234个，其中市级1个、县（市、区）级14个、乡镇（街道）级219个，另有村（社区）残协5773个。市、县、乡残联工作人员614人，乡镇（街道）、村（社区）选聘残疾人专职委员4664名。建立各类残疾人专门协会75个，其中市级5个、县级70个。全市有持证残疾人20.4万人。年内，市残联落实国家、省、市扶残助残政策，全面发展残疾人事业，建立督导调度机制，每月调度市残联各部室、各中心重点工作，每季度调度各县级残联重点工作，保障全市残疾人社会保障、康复救助、就业创业、教育文化、基层残协组织、资金拨付使用等工作按计划、按规范运行。

【残疾人基本服务保障】 2021年，唐山市将残疾人服务工程纳入全市“民心工程”，市残联制定《助残服务工程实施方案》《助残服务工程督导方案》，为1.18万名残疾人提供基本康复服务，为8148名残疾人适配辅助器具，为3103名残疾人提供就业培训，为1172名残疾人提供托养服务，为155户残疾人家庭进行无障碍改造，新增城乡残疾人就业1681人，帮助102名贫困残疾学生及贫困残疾人家庭子女上大学。在全市残联系统开展“千名干部进万家办实事”和节日走访慰问活动，组织基层宣讲、调研，为1955户贫困户发放慰问金180.7万元，为残疾人解决实际困难和问题1066个，形成全社会扶残助残氛围。

【残疾人康教服务】 2021年，唐山市残联加大残疾儿童康复救助力度，700名残障儿童享有康复训练、康复医疗、辅助器具等服务。开展残疾人精准康复服务，3.82万名残疾人得到康复医疗、康复训练、辅助器具适配、家庭医生签约等康复服务。建设省级残疾人社区康复示范机构，3家机构通过复审验收，成为首批省级示范机构。实施辅助器具适配助学行动、重度肢体残疾人防压疮床垫适配行动及“百人站起”工程，解决残疾人辅具需求。完善残疾人教学资助政策，保障残疾儿童接受普惠性学前教育，考入高等院校残疾学生及残疾人家庭实现资助全覆盖。发展残疾人职业教育，依托唐山劳动技师学院阳光分校，打造残疾人职业教育新模式，招生人数较上年增长40%。

【残疾人就业创业】 2021年，唐山市残联按比例安排残疾人就业年审，促进残疾人按比例就业。截至年底，审核用人单位1186家，涉及残疾人及伤残军人按比例就业5000余人。举办“2021年就业援助月”、全国助残日等专场招聘会6场，150家用人单位提供600多个岗位，656名残疾人与用人单位达成用工意向。在第二届全国残疾人岗位精英职业技能竞赛中，唐山参赛者贾甜获得第一名。

【残疾人民生保障】 2021年，唐山市残联在全市残联系统开展联系一名残疾儿童、包联一个残疾特困家庭、联系一个残疾人开办企业、包联一个村（社区）、包联一个残疾人服务机构“五个一”活动，构建残疾人民生保障安全网，营造扶残助残惠残社会氛围。落实残疾人证办理、机动轮椅车燃油补贴、免费乘坐市内公交车、发放基本电视收视维护费补助、下肢残疾人车辆免限行等优惠政策，换发和新办理残疾证1.27万个，其中入户为行动不便残疾群众办证700个。为545名残疾人发放机动轮椅车燃油补贴14.17万元，为526名残疾人申请2022年机动轮椅车燃油补贴13.67万元，为残疾人办理免费乘坐市内公交车“爱心公交卡”800张，为108户符合条件残疾家庭发放电视收视维护费补助金2万余元，为30名下肢残疾人车辆提供免限行审核服务，提供驾车出行便利。

【残疾人文体活动】 2021年，唐山市残联组织残疾人参加“庆祝建党百年”书法、美术、摄影作品征集活动，参加全市“关爱残障”主题公益摄影展、“共享芬芳 放飞梦想”朗诵大赛等系列活动，其中获得一等奖2人次、二等奖6人次、三等奖12人次，多名残疾人获得优秀奖，市残联获得优秀组织奖。组织开展微党课、红色文化进社区、参观爱国主义教育基地等活动40场。承接省残疾人羽毛球、象棋、围棋、轮椅篮球、坐式排球、飞镖等项目队员选拔、集训和参赛工作，在全国残运会摘得15.5枚金牌、3枚银牌、3枚铜牌；在F38级铅球、铁饼项目中超世界纪录，并打破全国纪录；在第16届夏季残疾人奥林匹克运动会上，唐山运动员齐勇凯、刘

8月27日，唐山市残疾人运动员齐勇凯在东京残奥会男子举重项目中获得金牌。图为齐勇凯获胜后与教练庆祝。 熊 琦 摄

利夺得3枚金牌，并打破2项世界纪录，实现唐山市在残奥会上金牌“零”的突破。召开唐山市第四届冰雪运动会，1000余人参与。

【**市残联改革**】2021年，唐山市残联深化基层残协组织改革，在全省率先推出“以党建带残建”经验模式，全省基层残协组织建设现场会在唐山召开，形成“组织网络+制度规范+机制激励”基层残协工作新格局，建立残协基层组织5773个，基层残协覆盖率100%，年内全部完成换届和人员配备，残协专职委员6574人。深化“放管服”改革，建立特困残疾人家庭访视制度，访视走访2075户，解答政策咨询2056人次，为1493名特殊困难残疾人建立家庭清单。

【**市残联脱贫攻坚**】2021年，唐山市残联对纳入易致贫、返贫监测范围残疾人实施动态管理，实现残疾人托养、就业培训、辅具适配、康复、家庭无障碍改造、残疾人证办理6项服务全覆盖。建立防贫监测制度，将全市2205户脱贫残疾人、128名边缘易致贫残疾人和1名脱贫不稳定残疾人纳入防贫动态监测范围。落实兜底保障政策，全市有3.18万名残疾人纳入最低生活保障范围，7616名残疾人纳入特困供养人员救助范围，残疾人城乡居民养老和基本医疗保险参保率分别为96.24%和98.56%，2项补贴惠及全市困难残疾人3.18万人、重度残疾人6.78万人。建设残疾人农村扶贫助残基地，改善低收入残疾人家庭生活水平。

【**市残联队伍建设**】2021年，唐山市残联利用“学习强国”“河北网络干部学院”2个平台加强政治理论学习，开展党史学习教育，定期组织交流研讨，讲授业务知识，提升残联系统党员干部政治素养、党性修养和能力水平。建立每周五学习制度，单周学政治，双周学业务，将念文件、做笔记学习方式改变为请人讲、会上议、大家谈方式，提高残联干部写、说、做能力，提高政治水平和业务素质。落实民主集中制、“四不一末”（“一把手”不得直接分管人事、财务、工程建设和物质采购，集体决策时末位表态）制度，加强和规范党内政治生活，履行党风廉政建设主体责任，开展常态化政治性警示教育和廉政警示教育，筑牢政治立场和拒腐防变思想防线。

【**市残联风险防范化解**】2021年，唐山市残联将防范化解相关领域风险作为政治任务，明确工作职责，压实防控责任，健全长效机制。落实意识形态工作责任制，印发《党组意识形态工作责任清单》，修订完善规章制度，定期分析研判、防范化解意识形态领域风险，维护意识形态领域安全。加强疫情防控、资金使用、信访、突发事件及公共安全管控，定期听取疫情防控工作汇报，完善市残联疫情防控措施，加强对重点领域、重点人群、重要环节疫情防控，落实疫情接种和每周核酸检测制度。加强对县级残联和残疾人服务机构疫情防控指导调度，确保防控不留死角。维护残疾人合法权益，在各重要节点开展重点人群信访化解工作，帮助解决实际困难，答复残疾人来电来访3700件，残疾人满意度90%以上。接办省残联“12385”热线、市民公共服务热线交办信访处理事项，按时反馈率及残疾人满意率均为100%。

（董小逸）

唐山市慈善总会

【**慈善总会概况**】2021年，唐山市慈善总会以扶助贫困弱势群体为中心，统筹救助资源，提升服务能力，健全体制机制，强化政策落实，全年募集款物总值576.78万元，救助支出571.85万元。市慈善总会依托各方平台，借助多种载体宣传《慈善法》，弘扬爱心善举正面典型，依法引导和规范慈善服务，引导社会公众关心慈善、支持慈善、参与慈善，构建全民向善、人人行善社会氛围。

【**慈善募捐**】2021年，唐山市慈善总会搭建社会各界参与慈善、奉献爱心平台，依法有序接收各界捐赠款物。年内，为支援河南抗洪救灾接收专项捐款15.02万元；接收中华慈善总会捐赠“格列卫”“达希纳”药品688盒，价值549.81万元；接收日常募捐善款4.93万元，其中河北省慈善总会定向捐赠贫困先心病儿童救助款2000元，爱心人士捐款4.73万元。

【**慈善救助**】2021年，唐山市慈善总会将15.02万元赈灾款汇往河南省慈善总会，用于帮助灾区人民灾后重建；与中国移动公司、河北省慈善总会、天津泰达国际心血管病医院合作实施中国移动爱“心”行动公益项目，为1名符合医治条件患儿免费实施手术，拨付患者食宿补助2000元；与唐山市儿童福利院、唐山业之峰装饰有限公司共同开展“倾情奉献、关爱孤残儿童”捐赠活动，为市儿童福利院孤残儿童捐款1万元；与河北洲林生物科技有限公司联合开展“妙翔”洗手液捐赠活动，向7个县（市、区）行政村捐赠洗手液5688瓶，价值6.82万元；向全市防疫一线工作人员、市儿童福利院孤残儿童、养老公寓在养老人及各类贫困弱势群体发放防疫口罩14.25万只；按照中华慈善总会要求实施助医赠药项目，发放价值549.81万元“格列卫”“达希纳”救助药品，救助432人次。

【**阳光慈善**】2021年，唐山市慈善总会邀请唐山市天华会计师事务所有限公司全面审核上年度财务运行情况，审计结果表明符合相关法律规定，审计结果在《唐山慈善》杂志和“唐山慈善网”公示。市慈善总会在日常工作中严守各项规章制度，接受社会各界和审计部门监督，保证募集资金全部用于慈善事业，发挥最大社会效益，提高慈善组织社会公信度，确保全市慈善事业健康、可持续发展。

（高靖）

唐山市红十字会

【**红十字会概况**】2021年，唐山市红十字会所属县级红十字会14个，基层红十字组织516个，会员3.8万人，注册红十字志愿者4771名。全市红十字系统以“融入大局有力度、扶危济困有温度、应急救援有速度、敬佑生命有厚度”为宗旨，在红十字事业各项工作中取得成绩。市红十字宁养（临终关怀）志愿服务队获首批“全国红十字模范单位”称号，滦南县养老志愿服务模式在全国推广，唐山红十字岭俊救援队执行河南“7·20”特大暴雨救援任务，获中国红十字会总会和河北省红十字会通报表扬。

【红十字募捐】 2021年，唐山市红十字系统累计接受防疫募捐款物价值633.74万元，其中爱心款420.84万元，物资价值212.9万元。5～8月，开展“博爱一日捐”募捐活动，累计募集捐款243.9万元，其中市本级53.8万元，活动以“自愿参加、量力而行、不下指标、不设标准、重在参与”为原则，所筹善款用于开展助医、助残、助困、助老等人道救助项目，用于帮助受新冠疫情影响困难家庭，用于开展“红十字博爱送万家”活动以及突发灾害事故应急救助和紧急救助。全市各级红十字会落实“专人负责、专款专户、专款专用”制度，公开透明运作，按照“谁接收、谁公开”原则，通过红十字会网站、年度工作“白皮书”和新闻媒体向社会公开募捐款物接收情况，主动接受监督。

【红十字救助】 2021年，唐山市红十字会开展“圆梦助学”“红十字博爱送万家”“博爱唐山”“博爱暖冬”等系列便民救助活动，全年发放救助款383.92万元，受益群众1.41万人。年内，唐山红十字岭俊救援队支援石家庄新乐市执行防疫消杀面积280多万平方米；执行河南“7·20”特大暴雨灾害救援任务，转移疏散被困群众1200多名，执行防疫消杀800余万平方米，受到中国红十字会总会和河北省红十字会通报表扬。截至年底，全市有红十字救援队6支，涵盖医疗救援、心理援助、防疫消杀、物资运输等领域。

【红十字救护培训】 2021年，唐山市红十字会组织开展群众性应急救护培训进机关、进企业、进学校、进社区、进农村“五进”活动，提升公众自救互救技能，举办救护员培训24期，培养红十字应急救护员1198名，普及培训3.2万人，传播应急救护知识和技术。强化救护培训师资队伍管理，提升志愿者讲师授课水平，通过线上与线下相结合方式开展应急救护师资培训，培训红十字志愿讲师和高校教师70余人次，系统讲解红十字运动基本知识、心肺复苏、创伤救护、常见急症、意外伤害、突发事件处置要领及心理援助等课程。强化大学生应急救护培训，新增师资56名、救护员48名，培训新生2万余名。

【红十字志愿服务】 2021年，唐山市新建卫生健康、养老、救护师资、唐山师范学院4支红十字志愿服务队，全市红十字志愿服务队增至62支，注册志愿者4771名，服务涵盖医疗、养老、应急救护、心理等多个领域。创新志愿服务模式，在路南区、路北区、滦南县、乐亭县建立7个志愿服务基地，推行“1+1+1”(1个红十字养老志愿服务基地、1支专业化红十字养老志愿服务队伍、1个需要帮助老年群体）养老志愿服务模式。7月16日，举办志愿服务基地授牌暨养老志愿者培训班，54名学员经过系统培训和考核取得“唐山红十字志愿服务培训结业证书”。年内，唐山市“护航青春伴成长”“健康成长·救灾身边”等12个志愿服务项目获河北省红十字会项目支持，于素静等24名红十字志愿者以及唐山师范学院等4支红十字志愿服务队在河北省红十字会“博爱燕赵 火热青春”评选活动中受到表彰，市红十字宁养（临终关怀）志愿服务队获首批“全国红十字模范单位”称号，市红十字慈铭志愿服务队创立“善行星期四”志愿服务品牌，队长韩亚文获“全国优秀红十字志愿者”称号。全市年内新增捐献造血干细胞志愿者500名，成功实施捐献6例。截至年底，全市累计有412名志愿者申请遗体（器官）捐献，成功实施遗体捐献95例、器官捐献6例。

【红十字宣传】 2021年，唐山市红十字会滦南曜阳养老志愿服务队以居家养老助餐为特色，创建养老服务新模式，被中国红十字会总会在全国推广。5月8日，中国红十字事业发展中心、河北省红十字会主办“永远跟党走·曜阳中国行——纪念第74个世界红十字日”系列活动在唐山滦南县举办。11月1日，由唐山劳动日报社、市慈善总会、市红十字会、市见义勇为促进会主办“2021唐山市十大公益企业”“十大公益人物”“十大公益行动”推选活动启动，经过社会各界推荐、网络推选、专家投票等环节，“6市民捐献造血干细胞”入选“唐山市年度十大公益行动”。

【市红十字会员代表大会】 2021年4月21日，唐山市红十字会第五次会员代表大会召开。市委副书记田国良，省红十字会党组书记、常务副会长宋振江出席开幕式并讲话，市人大常委会副主任魏文忠，副市长曹全民，市政协副主席胡万宁出席会议。大会选举产生市红十字会第五届理事会和第一届监事会，选举曹全民为唐山市红十字会会长。大会总结市红十字会第四届理事会工作，部署2021～2025年市红十字事业发展目标。

（李怡然）

5月8日，“永远跟党走·曜阳中国行——纪念第74个世界红十字日”系列活动在滦南县举行。图为曜阳养老服务队志愿者在活动现场宣誓。 洪 慧 摄

法治

FaZhi

综　述

【唐山全市安全稳定】 2021年，唐山市政法系统在市委、市政府和省委政法委领导下，以党史学习教育和政法队伍教育整顿为统领，以庆祝建党100周年维稳安保任务为主线，防风险、保安全、护稳定、促发展，完成建党百年庆祝活动、全国“两会”、暑期等重大安保任务，维护国家政治安全和社会大局稳定，完善重点领域风险隐患排查化解机制，坚持每月会商研判，健全社会稳定风险评估“三评”制度（征求群众意见民主评、职能部门综合评、专业机构（第三方）科学评）和社会稳定指数评价深度整合应用，多方联动形成合力，预防和减少社会稳定风险。通过开展集中治理重复信访、领导干部包联化解信访问题、涉诉涉执信访专项整治，完成中央、省交办信访案件化解攻坚任务，实现重要节点和重大节日安全稳定。统筹交通管控和社会维稳2条线，核查检验交通站点，开展涉疫矛盾风险排查整治，加强重点区域视频巡查和安全防范，启动“战时巡”模式，确保社会秩序和防疫秩序稳定。

【司法服务保障】 2021年，唐山市委政法委结合“三重四创五优化”（重大国家战略，重大项目建设，重大民生工程；创新，创业，创全国文明城市、国家卫生城市、国家森林城市，创平安河北、法治河北；优化政治生态，优化经济结构，优化自然生态，优化营商环境，优化基层治理）活动，聚焦经济金融、房地产、生态环境、项目建设等重点领域，开展行业治理、诉讼监督、法律服务、涉民商事案件执行等专项行动。制定政法机关支持保障政策措施，实行领导干部分包联系重点企业、重点项目制度，为经济发展清障铺路。推行交管、户籍、证照办理、出入境等12项保障政策，妥善处置涉企涉产权等重大纠纷案件，建立完善自贸区、综保区、跨境电商综试区、开发区案件绿色通道，提升案件审理质效。落实冬奥安保职责，组织安保队伍教育培训，开展安全保密管理工作。启动未成年人检察社会支持体系全国试点，在市青少年宫设立未检保护社会支持体系建设基地，司法办案社会力量参与率全省第一。开展“利剑斩污”、生态资源领域公益诉讼监督、违法违规矿山采砂治理等专项行动，营造良好生态环境。

【社会治理现代化建设】 2021年，唐山市委政法委健全平安建设（社会治理）领导体系和工作协调机制，编制社会治理现代化“十四五”规划和任务分工意见，开展“三基”（基层组织、基础工作、基本能力）建设年活动和基层社会治理工作。创建第一批全国市域社会治理试点合格城市，调整完善工作指引和项目清单，总结市妇联建立上千个妇女社团及丰南区社会治理综合服务中心、迁安市上射雁庄镇“信访＋心理咨询”矛盾纠纷化解、乐亭县“五治”融合治理模式、迁西县太平镇法庭调处涉农纠纷等经验做法，打造一批市域社会治理新亮点。全市18名个人、3个群体被表彰为全国、全省见义勇为道德模范，7人被授予全国“平安之星”称号，15个村（社区）获评“全国民主法治示范村”，路南福乐园社区派出所获评“全国枫桥式公安派出所”。召开全市试点工作视频会，完善机制措施，开展项目攻坚，为首批达标验收奠定基础。制定诉源治理实施方案，建立23类矛盾纠纷动态摸排台账，全市矛盾纠纷化解率98.7%。12个县区完成社会治理综合服务中心建设任务，238个乡级中心全部挂牌运转。在完成1.08万个网格划分基础上，细化专属网格6206个，组织8350名专兼职网格员集中参加全市培训，参与全市疫情防控、节期安保工作。建立“五个一”（一村一警、一村一法律顾问、一乡一法庭、一乡一法律服务站、一乡一心理咨询室）工作体系，建成智慧安防小区1955个，实现“雪亮工程”城乡、村（居）全覆盖。开展“燕赵－砺剑铸盾2021”“破小案、保民生”“命案积案攻坚”专项行动，打击各类突出违法犯罪，命案积案全部破获，“拔钉追逃”行动战果连续2年全省领先。

【法治唐山建设】 2021年，唐山市委政法委制定“十四五”时期法治唐山建设规划和法治社会建设实施方案，完善一批重点领域政府规章制度，建立健全行政执法部门权责清单。建立完善执法司法权制约监督机制，健全警务、检务、审务督察工作机制，强化院（庭）长审判监督管理权，完善刑罚变更执行同步监督机制。围绕知识产权案件和涉案财物管理等重点课题开展专题调研，开展刑事诉讼涉案财物处置工作“回头看”，提升执法司法质效。制发《关于加强未成年人保护工作的实施意见》，组织开展“减假暂”（监

唐山市委政法委会同市法院、市检察院、市公安局、市司法局在全省首推政法系统反腐警示教育巡回展览。　郑　法　摄

狱服刑犯人减刑、假释、暂予监外执行）专项执法检查和重点案件抽查评查，开展集中清理犯罪嫌疑人、被告人未依法收押和判处实刑罪犯未依法交付执行刑罚专项活动，对符合救助条件案件被害人实施国家司法救助，配合村“两委”换届开展剥夺政治权利执行专项监督，提升执法司法公信力。深化执法办案机制建设，健全正负面权力清单和履职指引制度，加强办案团队建设，完善案件分配、院（庭）长办案以及检察长出庭支持公诉和带头公开听证等制度，构建权责统一新型司法权运行体系。完善管理服务机制，推动诉讼服务中心、“12309”检察服务中心转型升级，深化“互联网+公证”服务，落实申请法律援助“最多跑一趟”便民举措，建立“一司法鉴定机构一法律顾问”制度，提升为群众办实事服务水平。

【政法队伍建设】 2021年，唐山市委政法委开展党史学习教育和“四史”宣传教育，组织53名新任职政法领导干部在乐亭党校开展为期一周集中培训。完成政法队伍教育整顿“规定动作”和第一批“回头看”，衔接第二批教育整改，把学习教育、查纠整改贯穿全过程，整改顽瘴痼疾问题，处理处分违纪违法干警，中央督导组、省指导组交办重点案件线索全部办结，开平区法院“套路租赁”系列案件整改被省确定为“后进变先进”工作典型。制定实施省委巡视和市委巡察反馈意见整改落实方案，由二级巡视员带队，组成5个督察组，对市法院执行局、市公安局交警支队、遵化市、迁西县、开平区开展第二轮政治督察活动。在全省首推政法系统反腐警示教育巡回展览，组织旁听原政法系统领导干部负卫东、许少安涉嫌违法案件庭审直播，加强与纪委监委、法院刑庭、法院执行、公安交警联系，健全完善对涉及政法干警违纪违法、刑事速裁、执行失信、酒驾处理等信息共享机制，实行政法干警违纪违法情况月统计、季分析、年总结制度，保持严查严管高压态势。开展“我为群众办实事”“我为群众解难题”活动，创建唐山政法“云地图”，创新实施“两所一庭”（派出所、司法所、法庭）考核“晾晒”、第三方调查评价等机制措施，推行便民利民惠民措施1200余项，为群众办实事3.1万余件，解决人民群众“急难愁盼”问题。

（李泽君）

公　安

【公安概况】 2021年，唐山市公安系统各类刑事案件立案2.08万起，破案1.04万起，抓获各类刑事案件作案成员1.07万人，查获犯罪集团202个；受理治安案件4.68万起，查处案件4.53万起，查处违法人员1.56万人。年内，受到省、市和公安部、省公安厅领导肯定性批示81次，在公安部、省公安厅专项会议上作经验介绍和典型发言18次，“燕赵一砺剑铸盾2021”专项行动成果位居全省前列；公安民警记个人一等功3名、二等功14名、三等功165名，受嘉奖526名，记集体二等功8个、三等功10个，受集体嘉奖1个；芦台分局被评为“全省优秀公安局”，路南分局女织寨派出所等10个集体被评为“全省优秀基层单位”，汤宝俊被追授为“全国公安系统二级英模”，并获“全国道德模范”提名奖和“河北省优秀共产党员”称号，代小山等10名警察获“全省优秀人民警察”称号。

【国家安全和社会稳定维护】 2021年，唐山市公安局依托“情指勤舆”（情报、指挥、勤务、舆情）一体化运行机制，围绕重大安保行动和重要节点，搜集、研判重点人员及利益群体动向并发出预警，强化情报线索核查处置，统筹网上网下战场，提升预测、预警、预防能力，防范、打击敌对势力捣乱破坏等违法犯罪，维护全市政治大局稳定。强化情报预警、专案侦查、基础建设，在丰

1月10日，唐山市公安局举行庆祝首个“中国人民警察节”升警旗仪式。　蒋立伟　摄

南区局成立全省唯一“全国公安反邪教工作示范点”。常态化开展扫黑除恶斗争，打掉涉恶团伙10个，抓获犯罪嫌疑人45人，破获各类违法犯罪案件66起，打击涉恶战果数量位居全省前列。深化重点行业领域涉黑涉恶问题综合整治，破获重点行业领域案件32起，抓获犯罪嫌疑人41人，整治治安乱点18个。组织开展“燕赵－砺剑铸盾2021”专项行动，打击“黄赌毒”“食药环”、盗抢及电信网络诈骗等群众反映强烈违法犯罪活动。

【公安打击违法犯罪战果】 2021年，唐山市公安系统打击各类违法犯罪战果位居全省前列，全市刑事、治安案件发案数量较上年分别下降3.8%和7.2%，“八类主要案件”发案数量较上年下降9.7%，侵财案件发案数量较上年下降8.1%。打掉5个跨省市盗窃大货车燃油团伙；侦破10年以上命案积案15起，现行命案破案率100%；打击电诈案件破案数、抓获人数和立案数3项指标实现“两升一降”，立案数量较上年下降4.55%，破案数量较上年上升76.74%，抓获犯罪嫌疑人数量较上年上升213.27%，25起涉案金额百万元以上部督案件全部侦破，被骗资金返还额度全省第一；侦办跨境赌博案4起，打处金主股东7个、支付平台洗钱团伙13个、代理人员36人；侦办涉黄、赌案件1150起，抓获犯罪嫌疑人3734人，打掉5人以上犯罪团伙28个；抓获各类网上逃犯2553名，抓获6名“钉子”逃犯，总成绩连续2年全省领先，在全国地市级城市中位居首位；在“猎狐行动”中抓获7名境外逃犯，整体战果全省第一；侦破17起部督、省督食药案件，2次在全省会议上作典型发言；环安支队被评为全国打击危险废物违法犯罪先进集体，“打击干扰在线监测数据造假污染环境”经验做法被公安部推广。

【动态治安管控】 2021年，唐山市公安机关提高动态环境下社会防控能力，在市域社会治理现代化试点城市创建中，依托公共安全视频图像等平台和全市城区警务站，完善巡逻、巡防协作机制，启动“加强巡”“战时巡”，构建立体化、全天候巡控体系，落实“1、3、5分钟”快速反应机制（1分钟快速反应，重点区域3分钟赶到现场，人员密集场所5分钟赶到），提升街面见警率、管事率。年内，出动巡逻警力92.02万人次、巡逻车辆21.65万辆次，盘查可疑人员86.19万人次，检查可疑车辆58.53万辆次，打击现行犯罪案件283起，抓获现行犯罪嫌疑人344人、网上逃犯16名。强化重要基础设施安全防范，清查整治娱乐场所、寄递物流、出租房屋、校园等重点领域，排查化解矛盾纠纷1.11万起；清查企业、建筑工地、出租房屋等重点部位2.06万处，清查流动人口6.29万人；排查整改校园及周边治安隐患175处，指导重点单位新增专兼职保卫人员121名、保安员418名，新增物防、技防设施1333套。

【治安信息化建设】 2021年，唐山市公安系统开展治安信息化建设，将传统工作方式向信息化方式转变，依托省公安厅治安综合业务应用系统、唐山智慧内保管控系统、唐山智慧平安社区管控系统、娱乐业与特种行业管控系统，采集录入全市1955个智慧平安社区、3034家教育机构、460家医疗机构、1132家金融网点、1157家加油站、6935家行业场所基础信息，社区民警实行动态化管理。在智慧平安社区建设中，全市1955个小区实现前端建成率和数据常态化上传率“双100%”。开展“一标三实”（标准地址和实有人口、实有房屋、实有单位）基础信息采集，建成市级地址服务管理平台，实有人口、实有房屋、实有单位录入率均为99%，更新率25%，采集录入信息2068万条，更新维护信息415万条，公安界标绘率和行政界标绘率、派出所位置标注率和警务区民警分配率均为100%。

【交通安全管控】 2021年，唐山市公安机关落实交通事故预防“减量控大”（削减交通事故总量，控制特大交通事故发生），排查整治酒驾醉驾、“三超一疲劳”（超速、超员、超载和疲劳驾驶）、农村“两违”（面包车超员、农用车违法载人）等违法行为，严管“两客一危一货一校”（长途客运车、旅游客运车、危化品运输车、货运车辆、校车）和农村面包车等重点车辆，全市事故“四项指数”（交通事故发生起数、死亡人数、受伤人数、直接财产损失）分别较上年下降9.35%、16.07%、8.98%和18.1%。排查整治安全隐患167处，查处国省道各类违法2.51万起、货车超载8923起、货车不按规定车道行驶14.88万起、县乡道路“双违”1.88万起、“黑校车”违法17起、“两客一危一面”违法7941起、酒驾8561起、醉驾1920起，全市建设道路中央隔离护栏823.5千米，推行“货车右行管控”道路总里程1166千米，设置限速标志2200块，建成测速点位489处。

【公共安全管控】 2021年，唐山市公安机关开展“平安医院”“平安校园”创建活动，推动中小学、幼儿园安全防范达标建设，全市二级以上医疗机构安全监控中心联网率、一键报警装置联网率、警务室建设率均为100%。加强重点部位枪爆物品监管，侦办涉枪涉爆案件15起，刑事拘留17人，起诉48起65人，查处非法制贩枪支、爆炸物品窝点2个；侦办网售仿真枪违法犯罪行政案件107起，行政处罚110人；集中清查民爆物品，整改枪爆安全隐患950处，使用民爆安全监管平台处置预警信息23条；打击烟花爆竹违法犯罪，办理烟花爆竹治安案件714起，治安拘留403人，行政处罚353人，收缴组合烟花1210箱、爆竹1736箱。强化涉疫大数据推送、核查和反馈工作，累计接收并核查反馈省厅警综平台推送数据24.82万条，查处涉疫违法犯罪案件40起，打处67人；排查化解由疫情引发矛盾纠纷79起，查处“三非”（非法入境、非法居留、非法就业）外国人案件237起271人，查处妨害国（边）境案件83起，侦破全国首例省督玉田“283号”组织他人偷越国（边）境办理大货驾照案、滦南县“294号”省督案件和遵化市“116号”部督案件，及时消除境外疫情输入隐患；加强监所疫情防控，全市公安监管场所人员全部完成疫苗接种，羁押人员均无异常。

【公安服务民生】 2021年，唐山市公安局开展“我为群众办实事”实践活动，推行“证照分离”改革，在特种行业许可、安全审核、证明事项等领域实行告知承诺。研发“唐山公安网上预约”平台微信小程序，方便群众线上预约和咨询，获“5星”好评率100%。将驾驶人窗口服务事项增为8项，公安服务区业务增为37项，解决群众办证“多头跑”问题。实施公安窗口双休日“不打烊”惠企利民举措，增加机动车登记服务站12家，投放“警医通”驾驶人体检自助机57台，新施划停车泊位2.73万个，通过车辆档案远程审核系统办理业务8012笔。开展“五进五民”（进农村、进社区、进企业、进学校、进家庭，听民声、访民意、察民情、排民忧、解民难）实践活动，组织开门纳谏座谈会272场次，网络问政168人次，走访企业1356家，征求各类意见建议386条并逐项整改。梳理群众反映“急难愁盼”问题清单，市县两级公安机关推出160项便民利民举措，制发《唐山市户籍制度改革意见》《唐山市养犬管理条例》，创新开展“互联网+”“微流管”业务。

【公安优化营商环境行动】 2021年，唐山市公安局围绕深化“放管服”改革、优化营商环境开展系列专项行动，服务唐山高质量发展。开展农资打假、农村假冒伪劣食品整治、“昆仑-砺剑2021”、打击制售来源不明进口冷链食品违法犯罪等专项行动，守护食药领域安全，破获食品药品、农资及知识产权刑事案件208起，抓获犯罪嫌疑人329人；破获3起生产销售假农药案，抓获犯罪嫌疑人11人，捣毁“黑工厂”“黑窝点”6个，总案值7000万元，收到公安部贺电。坚持“刑责治污”，打击环境污染犯罪，守护环境领域安全，侦办各类环境污染刑事案件256起、行政案件2269起，打击处理各类违法犯罪人员3708名，破获全省首例涉危险废物违法犯罪案件。开展“云端”打击、打击非法集资犯罪、“猎狐2021”专项行动，守护金融领域安全，破获各类经济案件173起，抓获犯罪嫌疑人303人；化解非法集资积案83起，化解率95.4%，位列全省第一。

【公安队伍建设】 2021年，唐山市公安局搭建线上线下学习平台，线上开通党史学习教育专栏，利用手机互联网搭建“智慧党建”平台，共享学习篇目；线下设置党史宣传橱窗，利用办公楼LED屏和楼宇电视植入学习内容，在红色教育基地开展主题党日活动，发挥多功能智慧党建服务站作用，建成全省首家廉政教育基地，通报典型案例15例。全市公安机关在队伍教育整顿中查处1065人，核定整改各类问题1611个，制定规章制度55项，推出便民利民举措16项，为群众办实事1572件。以领导干部为重点，分批次、分阶段举办9期全市公安机关班子成员、所队长政治轮训班，累计培训608人；组织开展冬奥安保培训、“凤警大讲堂”、百日练兵等全警实战大练兵活动。在全省率先搭建集学习、训练、测试、管理于一体“唐山公安远程教育平台”，推出576部在线课程。会同市委组织部完成市县两级公安局领导班子成员及重点执法岗位、人财物重点岗位干部和派出机构正职成员岗位交流。落实“一村(社区)一警”机制，18个县(市、区）696名社区民辅警、3585名驻村民辅警成为村居“两委”班子成员，警务工作向基层延伸。全市所有城区派出所和79%农村派出所完成“一室两队”(综合指挥室和社区警务队、执法办案队）改革，形成“条块集成、内部联动”战斗新编组，“一室两队”警务模式改革走在全省前列。制发《唐山市公安机关警务辅助人员层级化管理实施细则》《唐山市公安机关警务辅助人员考核管理实施细则》，强化辅警规范化管理，提升辅警职业自豪感和警队归属感。

【公安新媒体宣传】 2021年，唐山市公安局与《河北日报》和中央人民广播电台合作，在市中心区基层派出所、警务站和交警车管窗口等区域设立45块多媒体阅报栏、26块警媒宣传栏，宣传唐山公安机关动态要闻、便民举措、预警提示等警务信息，增添户外视频宣传阵地。实体化运行全省首家“公安融媒体中心”，开设“凡警凡事•最美藏蓝”板块，打造“凤警小徐”唐山公安宣传品牌，结合关键时间节点和阶段性工作重点加强宣传策划，形成矩阵式宣传格局。年内，全市公安新媒体策划主题宣传15次，制作新媒体宣传作品24部，发布信息1.2万余篇(条)，总阅读量超过3.6亿次，点赞量超过2000万次。

【唐山“110”在线直播】 2021年1月9日，唐山市公安局以“一心为民‘110’砥砺奋进新征程”为主题在“110”指挥中心开展在线宣传直播活动。唐山公安“110”宣传活动由线下引入线上，首次依托“快手”“抖音”两大平台，通过“唐山交警”“唐山+”同步直播。直播时长1小时，介绍“110”发展历程、常见警情处置流程、网络报警APP主要功能，提示群众对于各类侵财性违法犯罪防范常识，宣传反电诈和禁毒知识，展示特种警用枪支使用技能，倾听在线网友对公安工作意见建议，为网友答疑解惑。直播过程中，119.4万名网友参与互动，点赞110.7万次，留言8万余条。

【唐山公安首个“警察节”活动】 2021年1月10日，唐山市公安局举行庆祝首个“中国人民警察节”升警旗仪式。仪式于上午8时30分开始，3名护旗手送警旗入场，现场全体民警列队向警旗行注目礼，齐唱《中国人民警察警歌》。在领誓员带领下，全体民警重温入警誓词。副市长、市公安局党委书记、局长闫泽利率局领导及立功受奖代表、局直单位青年党员民警70人参加宣誓仪式。

【汤宝俊执行抓捕逃犯任务牺牲】 2021年3月24日，在执行抓捕网上逃犯任务中，唐山曹妃甸区公安局民警汤宝俊与犯罪分子英勇搏斗不幸牺牲，年仅40岁。5月，被中共河北省委追授“河北省优秀共产党员”称号;12月，被公安部追授为“全国公安系统二级英模”“全国公安楷模”。汤宝俊先进事迹在《人民公安报》《河北法制报》《唐山劳动日报》等媒体刊载，并在《人民日报》官方微博、中央政法委官方微博“中国长安网”等新媒体上发布。汤宝俊是中共党员，唐山市丰润区人，1981年11月出生。2005年4月参加公安工作，生前系唐山市曹妃甸区公安局垦区治安分局刑警大队四级警长。从警16年始终在派出所刑

唐山市公安局刑警支队组织开展反电信网络诈骗集中宣传活动。图为公安民警向市民宣传反诈知识。 刘 烨 摄

侦一线工作，先后破获各类刑事案件400起，抓获犯罪嫌疑人300人，被称为“破案能手”“追逃先锋”“反诈专家”。生前获公安三等功1次、公安嘉奖2次，受政府嘉奖1次，2019年被曹妃甸区公安局评为公安工作优秀民警。

【唐山公安防范“电诈”宣传活动】 2021年5月30日，唐山市公安局在市抗震纪念碑广场举行“唐山市防范电信网络诈骗犯罪专项宣传活动”启动仪式。全市23家打击治理电信网络新型违法犯罪工作联席会议成员单位及“美团”“饿了么”“顺丰”等多家互联网企业参加启动仪式。全市各联席会议成员单位出动反诈宣传员3000余名，其中公安民警2000名，在市区2个公园、8个医院、10家商场、百个社区、千辆公交车等人流密集场所开展防范电信网络诈骗犯罪集中宣传活动，为现场群众发放宣传材料、讲解反诈知识、指导安装国家反诈中心APP。在全市1500辆公交车车载多媒体、城区繁荣商圈广告大屏、主要干道交通诱导屏循环播放反诈宣传视频。各县（市、区）公安机关联合联席会议成员单位在各自领域内同步开展反诈宣传活动，增强人民群众知诈、防诈和反诈意识，形成“全民反诈”声势与共识，最大限度预防和减少群众经济损失。

【唐山公安便民举措发布】 2021年7月30日，唐山市公安局召开新闻发布会，向社会公布“我为群众办实事”16项便民利企新举措，其中包括：提供公安窗口双休日、法定节假日业务办理服务，提供老年人优先办理服务，完善服务群众满意度评价系统，调整下放户口迁移审批权限，全面放开人才落户限制，实行居民身份证加急办理常态化，开辟居住证办理“绿色通道”，实行旅馆业特种行业审批告知承诺，增设机动车登记服务站，推行驾驶人体检自助服务，增加车驾管业务网上办理渠道，推行车驾管业务“一站式”办结，便利货车在市中心区道路通行，最大限度缓解老旧小区周边停车难问题，缩短互联网上网服务营业场所备案办理时限，建立警企常态化沟通机制。中新社、《河北日报》《河北法制报》《唐山劳动日报》等15家新闻媒体参加发布会。市公安局相关负责人现场讲解新举措制定背景和实施内容，并回答记者提问。

【唐山公安网上预约】 2021年9月30日，唐山市公安局研发“唐山公安网上预约”平台，在“唐山公安”微信公众号上试运行。网上预约平台为双休日和法定节假日有办事需求群众提供预约服务，集预约办理、群众咨询、业务量统计、“好差评”数据分析等功能为一体，为群众提供户口、身份证、居住证、暂住人口登记、车驾管、出入境等88项高频政务服务事项预约和咨询服务。年内，网上预约平台访问浏览量3.33万次，访问人数9290人，实名注册1829人，预约办理各类事项246件，“5星”好评率100%。

【智慧平安社区建设】 2021年11月30日，唐山市公安局召开智慧平安社区建设成果展示新闻发布会。年内，全市建设完成达标型以上智慧平安社区1955个，建设安装前端感知设备1.91万路（其中人脸识别设备1.22万路、车辆卡口5521路、门禁设备1341路），以“三网三平台”（互联网和互联网社会面汇聚平台、视频网和视频网汇聚平台、公安网和公安网智慧平安社区管控系统平台）为“大脑”，汇聚设备状态、小区、楼栋、单元、房屋、小区人员、小区实有单位、人脸抓拍、门禁出入、机动车通行、访客登记等10余种类型数据5亿条，完成数据转化1.59万条，实现对社区人、地、事、物、组织等要素集成化、可视化和智能化分析掌控，支撑基层基础建设。市公安局将智慧安防元素融入疫情防控工作，在公安网智慧平安社区管控系统中开发疫情防控模块，整合全市社区、农村、景区、商超、宾馆、饭店、机场、车站、码头、党政军机关等重点场所1.41万台测温设备，日均接入60万条疫情感知数据，通过打通与视频专网系统通道实现互联互通，确保发热人员信息及时上报、核查、反馈，并及时采取防控措施。

（赵 红）

检 察

【检察概况】 2021年，唐山市检察机关依法履行检察职责，全年办理各类案件2.56万件，其中办理审查逮捕案件2907件，办理审查起诉案件6523件，办理公益诉讼案件1167件，办理诉讼活动违法监督案件870件。21项业务指标位居全省第一，市检察院获评“全国维护妇女儿童权益先进集体”“全国检察宣传先进单位”“全省扫黑除恶先进单位”“2018～2020年度市级文明单位”等称号，检察院总体工作受到省院嘉奖。全市检察系统涌现出全国扫黑除恶专项斗争突出个人、全国实施妇女儿童发展纲要先进个人、全省最美政法干警等一批先进典型，11个集体、25名个人获省级以上表彰奖励，34起案件被最高检、省院评为精品案件和典型案例。“唐山检察”微信公众号获得“全国优秀检察新媒体”称号，连续5年保持上榜“全国检察机关20强”，“唐山检察”微博获评“全省政法影响力十佳账号”。

【检察服务大局】 2021年，唐山市检察机关开展“一院一品护发展”活动，在首钢京唐钢铁联合有限责任公司、迁安市九江线材有限责任公司等30多家企业开展调研，研究企业法律需求，服务保障京津冀协同发展和民营企业健康发展。市检察院设立知识产权检察办公室，路北区检察院与市知识产权促进和保护中心成立全省首家打击知识产权犯罪联合办公室。营造法治化营商环境，平等保护各类市场主体，落实服务民营经济16条措施，在全省率先搭建检企合规共建平台，155家企业进驻，获批市委自主创新改革立项。依法办理企业家、经营者涉嫌犯罪案件，依法适用认罪认罚从宽制度124人，不捕30人，不诉22人，建议变更为取保候审13人，建议判处缓刑24人。在涉案民营企业现场公开听证，依法对企业负责人作出相对不起诉决定，并向有关部门送达加强企业监管检查建议，此做法为全省首创。防范化解重大风险，起诉涉案50亿余元“购车无忧”等非法集资案件80件142人。惩治非法买卖电话卡、银行卡等电信网络犯罪，提前介入63件，批捕378人，起诉408人。起诉洗钱犯罪10件，与中信银行唐山分行建立网格化防控金融风险机制，在高校开展反电诈宣传巡讲，编播“检察官揭秘金融骗术”系列宣传视频。起诉破坏生态环境资源犯罪300人，建议判处实刑142人。开展打击排放危险废物和重点排污单位自动监测数据作假专项行动，批捕48人，起诉47人。提出公益诉讼诉前检察建议635件，起诉45件。深挖1起非法采矿刑事案件线索，对3名被告人提起附带民事公益诉讼，依法要求赔偿生态环境修复费用1亿余元。

【检察维护社会稳定】 2021年，唐山市检察机关贯彻总体国家安全观，把维护国家安全、社会安定、人民安宁作为首要政治责任，依法惩治各类刑事犯罪，全年批捕2723人，起诉5977人。打击危害国家安全犯罪、邪教组织犯罪、杀人等严重暴力犯罪以及妨害疫情防控、袭警犯罪，批捕227人，起诉302人；起诉黄赌毒、盗抢骗、暴力伤医等犯罪1734人；起诉破坏金融管理秩序、侵犯知识产权犯罪209人；起诉制售有毒有害食品、假药劣药等犯罪194人，侵犯公民个人信息等“侵权”犯罪778人。加强与纪委监委协作配合，制定《职务犯罪案件会商工作办法》，起诉上海市原副市长、公安局长龚道安受贿案等职务犯罪案件40件42人。加大司法工作人员相关职务犯罪查处力度，立查11人。办理中央第二督导组交办案件，以涉嫌徇私舞弊假释罪立案1人，移送市纪委监委线索2件，监督法院依法撤销对1名罪犯暂予监外执行决定和假释裁定。落实维稳责任，检察长带头化解信访积案193件，保持涉检赴省进京非法上访零纪录。发挥在刑事诉讼中主导作用，应用尽用认罪认罚从宽制度，减少社会对抗，促进案结事了。向市委报告疫情防控常态化背景下野生动物资源保护工作，提出23条建议，推动27个部门建章立制。针对办案中发现鉴定意见共性问题，建议堵塞司法鉴定行业漏洞。

【扫黑除恶常态化】 2021年，唐山市检察机关开展扫黑除恶斗争，落实市院领导包院、检察长带头办案、全面提前介入、上提审核把关等16项常态化扫黑除恶机制，批捕、起诉涉黑恶犯罪89人。迁安市院办理肖振国等32人涉黑犯罪讯问合法性核查案被最高检评为精品案例。对10个领域提出行业整治检察建议，与11个政府部门建立常态化扫黑除恶工作协作机制，与市公安局、市自然资源和规划局、市住房和城乡建设局、市交通运输局、市农业农村局会商实施4大行业领域专项整治工作，批捕452人，起诉592人，制发检察建议171件，提起公益诉讼40件。针对办案中发现社会治理漏洞发出检察建议259件，全部得到落实回复。

【刑事诉讼监督】 2021年，唐山市检察机关以新时代检察机关法律监督推动法治建设，落实党中央法律监督新部署，贯彻《中共中央关于加强新时代检察机关法律监督工作的意见》和省委实施意见、市委60条贯彻措施。市人大常委会将民事执行检察工作作为联动监督内容，市政协与市检察院联合建立公益保护协同监督机制。完善监督协作配合机制，落实最高检、公安部文件要求，各县（市、区）全覆盖成立监督协作办公室。与市公安局、海关缉私分局、海警局建立刑事案件信息互通机制，共享信息2212条，提前介入侦查1442件。强化刑事立案、侦查监督，监督立案108件，撤案125件，追捕60人，追诉270人，对不构成犯罪或证据不足不捕678人、不诉203人。强化刑事审判监督，检察长列席法院审判委员会82次，提出抗诉58件。强化刑事执行监督，深化监狱巡回检察，监督清理未依法收押收监人员297人，开展减刑、假释、暂予监外执行专项监督，监督纠正1起判处无期徒刑罪犯24年未交付执行案件，落实精准监督，严防“纸面服刑”。

【民事诉讼监督】 2021年，唐山市检察机关对确有错误民事裁判提出再审检察建议40件，提出抗诉9件，均获法院支持。强化民事审判程序和审判人员违法监督，对民事执行活动中违法情形提出检察建议158件。对民事审判中违法送达、违法采取保全措施、适用程序错误等提出检察建议130件。加强专项监督，针对模板租赁、民间借贷等虚假诉讼“高发区”摸排线索52件，建议再审3件，提请抗诉1件。

【行政检察监督】 2021年，唐山市检察机关在行政诉讼监督中，对行政裁判提请省院抗诉2件，均获支持。对行政审判中违法送达、违反法定审理期限等提出检察建议54件，对行政执行活动中违法情形提出检察建议180件。化解行政争议，实质性化解104件，其中10年以上9件，实现案结事了、政通人和。吴某某与遵化市农业农村局、遵化市行政审批局行政许可检察监督案被最高检评为优秀案件。以专项活动为载体，与市人社局联合开展根治农民工欠薪工作。在行政非诉执行监督中，发现土地执法领域线索84件，发出检察建议63件。

【公益检察建议】 2021年，唐山市检察机关秉持“双赢多赢共赢”理念，构建公益保护大格局。聚焦生态环境保护、食品药品安全、国有土地出让、国有财产保护和未成年人保护等重点领域，立案1167件，发出诉前检察建议999件，起诉105件，较上年增长6.5倍，挽回损失1400余万元。通过卫星遥感监测数据开展长城保护，《法治日报》等多家媒体给予报道。整治消防安全隐患行政公益诉讼案被最高检评为典型案例，央视《今日说法》给予报道。

【检察队伍建设】 2021年，唐山市检察机关开展党史学习教育，市县两级院检察长带头宣讲82场，在市县两级党校专题授课17次。坚持党对检察工作绝对领导，主动向市委、市委政法委请示报告68次。落实司法责任制，入额院领导办案4143件，提高司法办案质效。强化检察官业绩考评，完善检察官员额进退机制，奖勤罚懒，优胜劣汰。市院聘请行政机关、事业单位25名特邀检察官助理，借助“外脑”提升司法办案水平。强化纪律作风，开展警示教育，落实与驻院纪检监察组党风廉政会商制度，监督制约检察权运行，落实上级院对下级院、检察长对检察官等上下级之间领导和监督管理，防控司法办案风险。开展政法队伍教育整顿，办结中央、省委交办案件209件，评查“五类案件”4982件，134名干警主动向组织说明问题，问责处理81人，建章立制123项。建立市院领导包联制度，政策向基层倾斜，激发基层院自身活力、创造力。协助党委开展换届工作，提拔任用基层院检察长9人，两级院领导干部交流任职28人。借助智慧检务系统实现远程提讯、远程开庭、远程接访，对全市看守所和监狱实施全方位、实时、动态监督。

【检察公信力提升】 2021年，唐山市检察机关注重提升人民群众司法体验和司法评价，“案－件比”降为1:1.09。落实“少捕慎诉慎押”刑事司法政策，依法监督公安机关对搅进境外电信诈骗团伙李某等11名大学生终止立案侦查。关注特殊群体维权，起诉侵害妇女儿童、老年人、残疾人犯罪520人，支持民事起诉99件。守护人民群众“头顶上”“脚底下”“舌尖上”安全，针对高空抛物、坠物安全隐患，遵化市检察院推动住建部门完善措施，排查23个建筑工地，此做法得到最高检肯定。依法办理梁某某等8人走私国家禁止进出口货物案，督促海关缉私部门销毁2000余吨疫区冷冻肉产品。开展“我为群众办实事”活动，办理来信来访5074件，兑现“件件有回复”承诺。开展司法救助，发放救助金226.75万元，惠及群众230人。加大检务公开力度，定期发布典型案例，公开案件程序性信息1.08万条、法律文书4287份。推行互联网直播听证、同类案件集中听证，组织公开听证1363次，以公开促公正赢公信。深化检律定期会商协作，完善律师异地阅卷、远程会见等保障机制，提供履职便利。针对非法集资、校园欺凌、套路贷、醉酒驾驶等群众关心问题，在社区、农村、企业、校园开展法治宣讲200余场。

【未成年人保护】 2021年，唐山市检察机关落实未成年人特殊保护政策，不捕103人，不诉43人，附条件不诉99人，89名被帮教未成年人回归社会、重返校园或考上大学。依法起诉性侵、虐待未成年人和拐卖儿童等犯罪102人。携手团市委等单位建设未成年人检察工作社会支持体系全国试点。成立“护未天使”法宣团，市委政法委依托法宣团整合全市专业力量开展法治联讲。联合市场监管和烟草专卖部门治理向中小学生销售电子烟问题，此做法被《法治日报》报道。路北区检察院办理非婚生子女落户及受教育权保护行政争议化解案，被写入最高检未成年人保护工作白皮书，获评全国检察机关维护妇女儿童权益典型案例。

【检察服务民营经济】 2021年，唐山市检察院创新服务举措，服务民企发展，发挥“四大检察”（刑事检察、民事检察、行政检察、公益诉讼检察）职能作用，为民营经济健康发展提供司法保障。市检察院以“检察履职构建企业诚信机制研究”为题，向市委申报自主创新改革项目获得立项，将服务民企工作纳入检察服务民营经济工程体系建设。市检察院从全市民营企业经营实际和法律需求出发，组建交流联络群，搭起“检企守法诚信共建平台”，并与市工商联、公安、海关以及自然环境、市场监督、税务、农业农村局等10多家行政监管部门结成“企业守法诚信行刑协作督联小组”。

【特邀检察官助理受聘】 2021年9月9日，唐山市检察院召开首届特邀检察官助理聘任会议，全市各领域25位专业人员受聘为特邀检察官助理，协助检察官办理相关专业领域案件，主要参与办理涉及生态环境、资源保护、食品药品安全、知识产权、信息技术、卫生健康、金融、证券、税务等相关领域专业性强、需要运用专业知识刑事、民事、行政、公益诉讼案件。市检察院为特邀检察官助理开展工作提供服务保障，借助“外脑”提升办案能力，强化民主监督，促进全市检察工作转变提升。

【检律定期会商机制建立】 2021年

3月24日，唐山市检察院、市司法局和市律师协会建立检律定期会商机制并共同签署实施意见。 是简 摄

3月24日，唐山市检察院、市司法局和市律师协会联合召开检律定期会商机制座谈会，共同签署《关于建立检律定期会商机制的实施意见》。三方就相关协作问题达成共识：构建良性检律关系，健全完善制度措施，尊重和保障律师执业权利，强化法律监督，解决律师会见难、阅卷难、调查取证难、交流意见难等问题，消除律师依法履职过程中障碍；依法发挥律师在司法办案中作用，在办理疑难复杂、重大影响、典型案件以及认罪认罚案件时，提高律师参与广度和深度。建立检律定期会商机制，建设法律职业共同体，提升司法办案质效和人民群众满意度。

【未成年人保护社会支持体系建设基地启用】 2021年4月14日，唐山市检察院、团市委在市青少年宫启用全市首个未成年人保护社会支持体系建设基地。基地占地120平方米，分为心理疏导、心理沙盘、时光邮局、心理健康、办公5个功能区域，可开展未成年人综合帮教工作，以及心理测评、心理疏导、心理抚慰和心理健康咨询等。市检察院、团市委自2019年4月被确定为全国首批"未检工作社会支持体系建设"试点单位后，贯彻最高检、团中央关于未成年人全面综合保护总体思路，打造"未检"工作社会支持体系建设创新、实用、可复制工作属性，凝聚各方力量，扩大社会支持体系建设规模，完善社会支持体系建设专业化、服务标准化和流程规范化。

（贺永宏）

审 判

【审判概况】 2021年，唐山市两级法院贯彻落实省委、市委部署，发挥审判职能作用，以"努力让人民群众在每一个司法案件中感受到公平正义"为目标，坚持服务大局、司法为民、公正司法，注重系统观念、法治思维、强基导向，为全市"十四五"开局贡献法院力量。全年受理各类案件14.59万件，审执结13.54万件，分别比上年增长38.37%和33.45%，其中市本级法院受理各类案件4.93万件，审执结4.63万件，比上年增长7.55%和5.81%，简易程序适用率、撤诉率等质效指标位居全省法院前列。年内，全市法院系统收到群众锦旗、表扬信106件次，市中院连续第三次获评"全国文明单位"称号，全市9个集体、14名个人受到省级以上表彰，法警支队被评为"全国法院先进集体"，涌现出全国"扫黑除恶"专项斗争先进工作者王振峰，全国法院党建工作先进个人王晓宁，全省法院英模张庆伟、周爱静等一批先进典型。

【平安唐山建设】 2021年，唐山市两级法院全面贯彻总体国家安全观，严惩各类刑事犯罪，审结一审刑事案件4774件，判处罪犯6736人。审结杀人、爆炸、抢劫、强奸、绑架等严重危害人民群众生命财产安全犯罪案件187件222人，审结集资诈骗、网络电信诈骗、非法吸收公众存款等破坏经济秩序犯罪案件103件145人，审结涉疫情犯罪案件9件10人，担负起防风险、保安全、护稳定政治责任。保持反腐肃贪高压态势，审结职务犯罪案件38件46人，依法审理上海市政府原副市长、市公安局原局长龚道安涉嫌受贿案，龚道安当庭认罪、悔罪，案件办理受到最高院肯定。巩固扫黑除恶专项斗争成果，一审审结涉黑恶案件19件113人，二审审结13件178人，肖振国、杨庆义等一批黑恶势力被依法严惩。创新"黑财清底"工作机制，铲除黑恶犯罪经济基础，追缴"黑财"23.81亿元，结案率和处置到位率均100%，成效在全省领先。聚焦行业清源，发挥"三书一函"（监察建议书、司法建议书、检察建议书和公安机关提示（建议）函）作用，针对重点领域突出问题发出司法建议，堵塞监管漏洞。

【依法保障战略实施】 2021年，唐山市两级法院服务重大发展战略，制定服务保障京津冀协同发展实施方案，拓展司法协同广度深度，佳华公司重整案被最高院评为服务保障京津冀协同发展典型案例。探索服务自贸区高质量发展新机制，牵头起草并会同石家庄、廊坊、雄安新区法院签署《中国（河北）自由贸易试验区法院司法协作框架协议》，成立曹妃甸自贸区巡回法庭和诉讼服务中心，受到省法院和市委领导肯定。依法处理房地产遗留问题项目16个，协助9000余户群众解决"办证难""回迁难"问题，重整停滞10余年禾木花苑项目，解决长期困扰地方发展与稳定"顽疾"和群众忧心难题。优化法治化营商环境，建立执行合同案件办理"绿色通道"，开展涉民营企业积案集中攻坚行动，保护民营企业和企业家合法权益，全年审结各类合同纠纷案件4.88万件。建立知识产权审判"三合一"工作机制，审结知识产权纠纷案件263件。健全和规范破产案件审理体系化制度机制，处置"僵尸企业"，审结破产重整、强制清算案件126件，唐山远大、路桥建设、柒麟正东等一批企业进入重整计划执行阶段，实现破茧重生，办理破产指标在全省营商环境评价中被列为标杆，经验做法在全省推广。服务生态唐山建设，审结涉野生动物、污染环境、滥伐林木等破坏环境资源刑事案件157件，发布典型案例5件，强化刑责治污震慑作用。市中院被评为国家级"节约型公共机构示范单位"。

【审执质效提升】 2021年，唐山市两级法院提升审判案件质效，召开业务条线会议，规范类案法律适用，统一裁判尺度。压实院庭长监管责任，纳入监管案件3540件。强化审判流程管理，全市法院平均审理时长53.8天，比全省均值少6.02天。制定《长期未结案件管理办法（试行）》，将1年以上未结案件变更主办人为庭长、主管院长直至"一把手"，年内清理长期未结案件431件，开平区法院、滦南县法院实现动态清零。试行应用案件评查系统，常态化评查案件1.26万件，经验做法受到最高院肯定。优化执行机制，开展执行攻坚，执结各类案件3.16万件，执行到位金额48.81亿元。坚持执行公开，推行不见面执行模式，快执案件执行到位金额1.3亿元，平均结案用时28天。与中国邮政开展法律文书直接送达业务合作，推广滦南县"审执配合、院队联动"执行模式，以"能动司法"解决案多人少、保障不足难题。加强失信惩戒力度，全年纳入失信被执行人1.15万人，限制高消费1.90万人次，移送"拒执罪"14人。开展"集中执行百日攻坚""执行案款集中发放""根治拖欠农民工工资"专项行动，兑现胜诉权益，得到市委、市政府领导肯定性批示。

【司法为民】 2021年，唐山市两级法院审结一审民事案件7.98万件，审结医疗纠纷、人身伤害、产品责任等民生案件8871件，其中高新区法院针对“退费难”“退费慢”问题，化解教育培训系列纠纷631件。保障劳动者权益，维护企业用工利益，审结劳动争议案件4183件。推行家事审判改革，审理婚姻家庭纠纷9216件，依法发放司法救助金711.9万元。开展人身损害赔偿标准城乡统一试点工作，简化索赔过程，实现“同案同命”“同城同价”。执行认罪认罚从宽制度，一审刑事案件认罪认罚适用率87.78%。落实刑事案件律师辩护全覆盖规定，指定辩护律师1040人次，法律援助辩护1370件次。坚持“教育、感化、挽救”方针，对45%以上未成年罪犯适用非监禁刑，依法裁定减刑、假释案件1416件。建设“一站式”多元解纷和诉讼服务体系，公开23项业务“一次办好”清单，兑现“最多跑一次”承诺。配置跨域立案智能终端，实现全国范围“网上立、就近立”。建立联系法官制度，在诉讼服务中心设置群众满意度评价一体机，随机抽取案件当事人进行电话、短信回访。强化速裁快审团队建设，简易案件平均审理周期降至16天。开展“我为群众办实事”实践活动，送法“进企业、进社区、进学校”196场，推出便民利民举措105项，解决一批群众急难愁盼问题。

【诉讼制度改革】 2021年，唐山市两级法院深化以审判为中心刑事诉讼制度改革，加强与公安、检察等部门协调联动，落实14个配套文件，提升改革实效。建立健全“类案检索过滤、专业法官会议研究、审判委员会讨论”案件办理机制，规范法官自由裁量权。修订综合考评办法，将纪检、督察、信访、舆情、案件质效、群众满意度等方面评价纳入考评体系，形成负面清单，提升综合考评全面性、科学性。服务保障“放管服”改革，审结行政案件2998件，化解行政争议256件。“告官能见官”“出庭又出声”成为常态，行政机关负责人出庭应诉率较上年提高14.7%。搭建“国家赔偿合议庭”，审结国家赔偿案件200件，向行政机关发出司法建议18份。召开人民法庭现场工作会，优化法庭布局，强化人才保障，打造人民法庭建设“唐山品牌”。参与基层社会治理，发挥104个人民法庭、87个法官工作站基层解纷“前沿阵地”作用，化解矛盾纠纷3.45万件。加强“智慧法院”建设，发挥“云诉讼”优势，实现网上立案5.57万件、网上开庭1.76万件、网上调解2.50万件，完成庭审直播2.85万场，公开裁判文书4.93万件。加强网络安全与信息化建设，完成“唐山智慧法院”4.0版，提升数字化法庭效能。

4月28日，唐山中院举办“公众开放日”活动，邀请亚特重工集团职工代表走进法院参观。 施中原 摄

【法院队伍建设】 2021年，唐山市两级法院开展“四项教育”（政治教育、党史教育、警示教育、英模教育）1438次，院党组理论学习中心组集体学习党史、党规党纪53次。坚持无禁区、全覆盖、零容忍清除“害群之马”，公开“信、网、电”联系方式，主动接受群众监督举报。围绕人民群众反映突出问题开展“大起底”行动，摸排整改有案不立、压案不查、违法“超审限”等“六大顽瘴痼疾”，整治虚假诉讼、套路租赁，整改问题案件642件次，健全涉“三个规定”、审判执行、信访维稳、安全应急4类22项制度15项机制。开展“学典型找差距、对标先进增动力”实践活动，召开先进典型报告会，观看英模事迹影片，形成学习英模、崇尚英模、争当英模风尚。市中院主动向市人大及其常委会报告工作，畅通与民主党派、人民团体、工商联和无党派人士沟通渠道，办理人大代表建议42件、政协委员提案14件。开展市中院领导集体大走访和“一对一”结对联络活动，举办法院“公众开放日”活动51场次，邀请人大代表、政协委员、媒体记者和社会公众实地视察法院、旁听庭审、见证执行、座谈研讨1406人次，保障代表、委员知情权和监督权。自觉接受监察、检察和监督，配合纪检监察部门履行监督责任，邀请检察长列席审委会，办理抗诉案件和检察建议，共同维护司法公正。

（刘 洁 张 伟）

司法行政

【司法行政概况】 2021年，唐山市各级司法行政机关落实中央和省、市决策部署，立足“一个统筹、四大职能”（统筹协调全面依法治市，承担行政立法、行政执法、刑事执行和公共法律服务职能）聚焦主责主业，完成科学立法、严格执法、公正司法、全民普法各项工作。年内，全市首个国家统一法律职业资格考试基地在唐山师范学院揭牌，完成2021年度国家统一法律职业资格考试组织工作。在全市实施“证明事项告知承诺制”，35件事项不再让老百姓东奔西跑开证明。启动行政复议体制改革，明确24项改革任务，实现集中统一行使行政复议职责。

【全面依法治市】 2021年，唐山

市司法局筹办召开市委全面依法治市委员会第四次、第五次会议，审议通过《法治唐山建设规划（2021～2025年）》《唐山市法治社会建设实施方案（2021～2025年）》《党政主要负责人履行法治建设第一责任人职责清单》，为全市“十四五”时期全面依法治市作出顶层设计和全新部署，工作成效得到市委书记张古江肯定性批示。

【法治政府建设】 2021年，唐山市司法局印发《唐山市2021年法治政府建设工作要点》，部署全市“十四五”开局之年法治政府建设重点任务。落实政府常务会学法制度，提请市政府常务会集中学习习近平法治思想及《行政处罚法》《河北省节水用水条例》等法律法规。开展合法性审查和行政复议、应诉工作，审查市政府规范性文件260件、重大合同文本80部，提出审查意见1100余条，受理行政复议申请148件，结案125件，代理市政府行政应诉案件209件。年内，迁安市和遵化市苏家洼镇、滦州市茨榆坨镇获评“第一批全省法治政府建设示范地区”和“示范乡镇”。

【政府立法】 2021年，唐山市司法局起草、修订、审核《唐山市农作物种子管理办法废止案》《唐山市养犬管理条例修正案》《唐山市人民政府关于废止〈唐山市土地管理办法〉的决定》《唐山市人民政府关于修改〈唐山市住宅专项维修资金管理办法〉的决定》《唐山市优化营商环境若干规定》，并在全市公布施行，《唐山市防灾减灾救灾条例》获得2021年度全省十大法治成果奖。清理全市规范性文件，保留有效市政府规章34件、行政规范性文件383件，保障实施“放管服”改革，优化法治化营商环境。

【行政执法监督】 2021年，唐山市司法局印发《关于开展提高执法能力规范行政执法专项整改实施方案》，修订完善执法指导手册，开展全市行政执法3项制度监督检查暨行政处罚案卷评查，促进全市规范、公正、文明执法。清理2021年度行政执法证件及执法监督证件，换发新版行政执法证件，完成全市行政执法人员培训考试报名工作，注销232个相关证件，1.8万余名行政执法人员配发新版执法证，6373名行政执法人员参加培训考试。

【普法与依法治理】 2021年，唐山市司法局等4个单位被推荐为“全国普法工作先进单位”，迁西县法宣办、唐山市供电公司被推荐为“全国依法治理创建活动先进单位”，乐亭县李大钊纪念馆馆长李敏等4人被推荐为“全国普法工作先进个人”。在全省地市级中第一个制发《唐山市法治宣传教育工作领导小组关于在全市开展法治宣传教育的第八个五年规划（2021～2025年）》，系统部署全市“八五”普法工作。学习宣传《宪法》与《民法典》，开展“万场电影惠民法治同行·《宪法》《民法典》进基层”活动，组织全市270支流动电影放映队在农村、社区、学校、部队、广场等地巡回放映《民法典》宣传片，120多万人次观看。开展“‘12·4’宪法宣传周”活动，指导督促各级各部门落实普法责任制，央视《新闻联播》、新华社、人民网、长城融媒体均予以报道，构建尊法、学法、守法、用法氛围。

【基层人民调解】 2021年，唐山市司法局立足司法所规范化建设和人民调解工作职能，开展庆祝建党100周年“双百创优”（创建100个优秀司法所和100个优秀品牌调解室）活动，通过互评互学、互查互促，全市234个司法所达到省司法厅规范化标准，创建品牌调解室562家，调解纠纷2.3万余件，“双百创优”活动成效得到市委常委、政法委书记来广普批示肯定。

【“特殊人群”管控】 2021年，唐山市司法局规范社区矫正执法，严格执行各项监管制度，加强社区矫正和安置帮教人员安全管控，未发生脱管、漏管现象及重新违法犯罪情况。开展刑满释放人员安置帮教工作，与市公安局联合印发《唐山市刑满释放人员衔接管理办法》，加大排查走访力度，落实刑满释放人员衔接、教育、管理工作措施。落实全国统一司法行政戒毒工作基本模式，强制隔离戒毒人员实现分区流转。创新智慧戒毒体系，唐山市强制隔离戒毒所申报“智慧运动戒毒与康复训练管理平台”项目获全国2021政法智能化建设“智慧司法创新案例奖”，戒毒医疗、教育矫正、心理矫治、康复训练、诊断评估机制实体运行，戒毒场所安全稳定。

【公共法律服务】 2021年，唐山市律师、公证、法律援助等公共法律服务行业围绕全市重大项目、重点领域和重点工作发挥服务保障作用。律师参与化解和代理涉法涉诉信访案件，在市群众工作中心法律服务站安排值班律师257人，接待群众来访1395批次1494人次。拓展公证服务领域，开通线上办证业务，办理各类公证服务事项5.67万件、公益公证事项351件，公证数量和质量均有提升。全市法律援助机构办理各类法律援助案件5170件，接待来电来访咨询2.5万人次，维护困难群众合法权益。升级“12348”公共法律服务热线，开启“7×24”小时全天候免费法律咨询服务模式。在全市开展“乡村振兴·法治同行”行动，举办“法援惠民生·助力农民工”活动30余次，办理请求支付劳动报酬、农村土地承包经营纠纷等各类涉农案件903件。加强司法鉴定机构鉴定能力建设，全市11家鉴定机构25个项目通过司法部2021年度司法鉴定能力验证。

【司法系统党史教育】 2021年，唐山市司法局开展党史学习教育，采取领导带头学、支部交流学、开办网课学、红色基地实地教学、考试检测等多种方式，组织开展“心得体会大家谈”“支部书记授党课”“政法英模作报告”“建党百年晒党龄·向党说句心里话”等活动，落实“四史”宣传教育、政治理论教育、警示教育和英模教育。聚焦群众“急难愁盼”，开展“我为群众办实事”活动，推出司法行政系统25项爱民服务清单，提供上门公证服务1397件，减免公证费用36.98万元，律师为企业免费“法治体检”200余次，“12348”法律服务热线解答法律咨询1.88万人次，帮助100余名新领证考生在律所实习。在全市“我为群众办实事”优秀案例评选中，市司法局获二等奖。

【司法队伍建设】 2021年，唐山市司法局开展第一批政法队伍教育整顿，组织全市司法行政系统聚焦学习教育、查纠整改、总结提升3个环节，明确筑牢政治忠诚、清除害群之马、整治顽瘴痼疾、弘扬英模精神4项任务，专项治理律师、公证、司法鉴定、社区矫正等行业突出问题，健全规章制度，整顿干部队伍。贯彻新时代组织路线和干部选拔任用标准，全年调整干部10批次102人，其中提拔使用9人，职级晋升42人，平职调整46人，免职5人。加强党风廉政建设，局班子成员带头落实“一岗双责”，开展领导干部“四述”和基层党建述职评议，规范党组理论中心组学习、“三会一课”、组织生活会、民主评议党员等党内生活，纠正、查处全局干部职工纪律作风问题，督促局机关和直属单位落实党风廉政各项规定，优化风清气正政治生态。

【行政复议体制改革】 2021年，唐山市启动行政复议体制改革，深化法治政府建设。市委全面依法治市委员会制发《唐山市行政复议体制改革实施方案》，方案分为总体要求、改革措施、工作要求3个部分，其中改革措施明确列出“有效整合行政复议资源、加强队伍建设强化工作保障、健全配套工作机制提高复议质效、强化监督职能推进法治政府建设”4方面24个要点任务。通过改革实现行政复议职责集中统一行使，即“除实行垂直领导的行政机关、税务和国家安全机关外，县级以上人民政府只保留一个行政复议机关，由本级人民政府统一行使复议职责”，进一步优化全市行政复议资源配置，实现行政复议案件统一受理、统一审理、统一决定，保障和规范行政权力运行，促进行政机关依法行政，提高政府公信力。

【电子公证书启用】 2021年2月25日，唐山市首份电子公证书由市华忆公证处出具并正式启用。电子公证书效力等同于纸质公证书，在流通性、真实性、有效性、完整性、易查验、防篡改等方面具备优势。通过颁发人脸比对、活体检测、视频认证方式，核验签署主体身份真实性，确认签署主体真实签署意愿。每本公证书都会生成专属二维码，

10月16日，2021年国家统一法律职业资格考试唐山考区开考。图为考场中央监控室。 吕 钊摄

用证单位可在线提交电子格式文档校验电子公证书真伪。启用电子公证书可提升工作效率，方便群众办证，满足身在异地当事人办证需求，解决当事人急需公证书、疫情期间不能邮寄等难题。

【唐山“法考”基地揭牌】 2021年10月16日，唐山市司法局与唐山师范学院“国家统一法律职业资格考试合作基地”挂牌。自2018年“法考”改革为计算机化考试，唐山师范学院作为唐山考区主要考点，其考场、网络、计算机及其他设施设备均符合司法部“法考”技术标准。为贯彻落实党中央关于完善国家统一法律职业资格考试制度，经报请省司法厅批准，同意在唐山师范学院设立国家统一法律职业资格考试合作基地，作为国家统一法律职业资格考试考点学校，予以挂牌管理。这是唐山市首个国家统一法律职业资格考试基地。

（聂建宾）

仲 裁

【仲裁概况】 2021年，唐山仲裁委员会受理案件318件，受案数量创历年新高，标的总额26.19亿元，较上年增长13.85亿元，比上年增长1.4倍。受案类型增至27种，呈多样化、细分化趋势，金融借款合同、建设工程合同、买卖合同纠纷等传统类型合计占比60%，为争议涉及主要类型。4月28日和9月27日，唐山仲裁委员会先后设立“知识产权仲裁中心”和“曹妃甸自贸区仲裁中心”，为疫情后复工复产发挥仲裁专业化优势，承担仲裁社会责任。

【仲裁管理】 2021年，唐山仲裁委员会加强仲裁质效管理，规范仲裁程序，简化仲裁流程，强化程序监督。创新和发展“秘书说案”“庭前座谈”“文书核阅”等项制度，规范制作仲裁文书。制发《关于实现均衡结案的若干规定（试行）》和《关于仲裁费收费办法的补充规定》，缩短立案周期、缴费周期、鉴定周期、审理周期和裁判周期，规范、合理收费，提升仲裁服务质效。

【仲裁宣传】 2021年，唐山仲裁委员会加强网站、微信公众号、微信群和“抖音”平台等新媒体窗口建设，开设仲裁知识宣传专栏，刊登仲裁新闻动态，在线解答仲裁法律问题。建立互联、互访机制，开展“点对点、面对面”宣传，先后走访唐山市工商联、贸促会、律师协会、拍卖行业协会、典当行业协会以及市内各金融机构、大型厂企，了解各行业协会及大型厂企法律需求。采取业务培训、座谈研讨、答疑互动等多种形式提供仲裁服务，协助指导企业和金融机构建立风险防范体系，建立良好营商环境。

【仲裁制度建设】 2021年3～6月，唐山仲裁委员会按照省司法厅要求开展制度建设“回头看”活动，全面自查自身制度建设执行情况。规范和完善曹妃甸自贸区仲裁中心、

知识产权仲裁中心建设、财务管理、薪酬管理、立案登记、仲裁收费管理6个方面制度，征集百余条优秀仲裁规则修改意见，完善仲裁制度，填补管理空白。

【仲裁队伍建设】 唐山仲裁委员会将2021年作为“仲裁队伍建设年”，全面开展仲裁队伍教育整顿。完成仲裁员年检，严格年检程序，增加考试环节，年检通过率超94%。拓宽仲裁员选聘渠道，选聘博士生导师、最高法原任法官、资深仲裁工作者、行业精英等105名尖端人才，优化仲裁队伍结构。系统性实施年度培训计划，开展党史党建、仲裁业务、职业道德和廉政建设教育培训，通过多种途径提高仲裁员和仲裁秘书专业化、职业化、规范化水平。

【仲裁服务】 2021年，唐山仲裁委员会开展“我为群众办实事”实践活动，执行“立案登记”“一次性告知”和“容缺受理”等制度。严格服务标准，提高服务质量，立案环节采用先行介入引导，与调解服务部门配合缓和当事人情绪，在立案阶段促进当事人调解，形成立案引导、庭前调解加仲裁确认新模式。为仲裁庭加装信息设备，实现庭审全程录音、录像，庭审笔录同步显示，为当事人核对笔录、查阅证据提供便利，提升庭审质量、记录效率和程序透明度。

【知识产权仲裁中心成立】 2021年4月28日，“唐山仲裁委员会知识产权仲裁中心”揭牌成立。唐山仲裁委员会知识产权仲裁中心专门受理知识产权类案件纠纷，专案专办，为知识产权权利人提供高效便捷仲裁服务，在全市构建知识产权保护全链条，加大仲裁对企业知识产权和商业秘密保护力度，实现知识产权纠纷处理多元化、职业化和国际化，助力唐山市营商环境持续优化发展。

【曹妃甸自贸区仲裁中心成立】 2021年9月27日，“唐山仲裁委员会曹妃甸自贸区仲裁中心”揭牌成立，其全称为“唐山仲裁委员会中国（河北）自由贸易试验区曹妃甸片区仲裁中心”，主要职能是为曹妃甸自贸区内各类市场主体提供咨询、立案、开庭审理等各项仲裁服务。同日，曹妃甸自贸区仲裁中心《仲裁规则》《调解规则》《工作制度》及相关管理制度正式生效实施。

（郁红祥 郭晨光）

4月28日，唐山仲裁委员会知识产权仲裁中心揭牌成立。　董　歌　摄

监狱管理

【监狱管理概况】 2021年，河北省监狱管理局冀东分局（简称冀东监狱）以政治建设为统领，以建党100周年安保为主线，落实队伍教育整治和疫情防控措施，坚持监狱执法提水平、教育改造提质量、布局调整提速度、队伍建设提素质，整体工作取得成效，监管安全工作连续7年实现“四无”目标（无逃脱、无重大狱内案件、无重大安全生产事故、无重大疫情），安全生产连续17年实现“13100”目标（不发生1人死亡、3人重伤和直接经济损失100万元以上事故），监狱执法办案保持高效率、零差错水平，各项罪犯改造指标全部达到部颁标准。

【监狱安保任务完成】 2021年，冀东监狱以建党100周年安保工作为主线，采取一系列措施，实现防疫安全、监管安全、安全生产和信访稳定。在防疫工作中坚持“全链条、无缝隙”原则，累计投入保障资金360余万元，日均动态排查4700余人，开展核酸检测20余万人次，“目标群体”疫苗接种率100%，疫情防控保持零感染、零输入。在监管工作中盯重点、强机制、抓演练，排查掌控重点罪犯540余名，开展违禁物品清缴260场次，安装手机信号干扰屏蔽器103台，成立狱外快速反应小组6个，各监狱开展应急演练12场次，狱内监管秩序保持稳定。在生产管理中重新辨识各级风险源129个，消除有限空间作业活动4项，整改问题隐患191项，实现“双控”机制（风险分级管控、隐患排查治理双重预防性工作机制）信息化在线运行。在信访工作中压责任、细调处，全年未发生进京集体上访事件、极端恶性事件以及负面舆情事件。

【监狱政法队伍整顿】 2021年，冀东监狱围绕政法队伍教育整顿组织开展各类政治教育1300场次、党史教育180余次、警示教育80场次，宣传梁小辉式先进典型216人次，开展征文等9类特色活动，为群众办实事122件，党员干警参与率100%。倒查“减假暂”（监狱服刑犯人减刑、假释、暂予监外执行）案件5.11万件，认定执法瑕疵全部整改。落实综合整治部署，按照中央第二督导组反馈“五个方面问题”“六条整改意见”进行专项整改，制定并落实分局《第二批队伍教育整顿“回头看”工作方案》，完成“构建‘廉洁冀东、正气南盐’大格局”等“自选动作”15项，建立完善规章制度83项，选树先进个人典型25人次、先进集体11个，增强整治实效性、长效性。

【执法信息化建设】 2021年，冀东监狱实施执法信息化建设，在实现网上办理减刑案件基础上，11月1日，暂予监外执行案件平台正式上线运行，实行“监区——监狱——

2月19日，省监狱管理局冀东分局启动新录干警岗前培训。图为新录干警进行警体训练科目演练。 季东健 摄

分局”三级专职办案干警视频会审，提升办案质效，全年为1175人办理减刑，办理暂予监外执行案件3件，实现办案零违规、零瑕疵。创新释放审核模式，结合“放管服”改革，从2021年1月份起，服刑人员释放由监狱自行审核、自行签发释放证明，按月向分局报备，实现释放无差错。规范公职律师办公室工作，发挥公职律师作用，健全合同报备、审核、纠错机制，全年办理国家赔偿案、责任纠纷案、劳动争议纠纷案15起，为基层提供法律咨询服务400余件次，提高分局管理法治化水平。

【监狱服刑改造】 2021年，冀东监狱开展服刑人员“政治教育大讲堂”280场次、“庆祝建党100周年”活动40场次、帮教活动130余场次。监区组织征文比赛、“读书月”活动2场次，排演监狱心理情景剧20部，优秀干警制作宣讲课件10个，开展“心理健康课堂”教学133场。拓展心理矫治思路，将积极心理学引入监狱，为服刑人员提供个案咨询510人次、团体心理辅导43场次，预防自杀事件1起、暴力行凶事件2起，邪教类罪犯刑满释放转化率100%。

【监狱布局调整】 2021年，冀东监狱调整关押布局，投资400余万元，于7月启动第七监狱恢复收押工作，11月1日正式接收和关押女犯，提高冀东片区女犯收押能力。调整功能布局，协调地方政府启动危房改造，危房改造用地通过省机关事务管理局审核，年内进入省政府审批阶段。与地方政府签订协议，剥离“三供一业”（供水、供电、供热和物业管理）等监狱办社会职能。

【监狱从严治警】 2021年，冀东监狱两级党委开展“讲政治”专题学习研讨120余次，召开净化政治生态民主生活会9次，党组织书记上专题党课115场次，发放《习近平总书记“七一”讲话》单行本1620册，制作“支部书记微党课”视频93个。党管干部工作推行“向一线倾斜”用人导向，选拔任用正科级干部29名、副科级干部83名，全部在一线任职。优化干部队伍结构，交流正科级干部49名，任职回避交流干部12名。强化政治纪律、组织纪律、群众纪律、工作和生活纪律，两级警务督导组开展督察651次，发现和整治各类问题204件次，年内全部整改到位。细化8大项72小项知识培训和技能训练内容，训练干警3000余人次，提高干警业务技能和履职能力。

【监狱惩防体系建设】 2021年，冀东监狱强化廉政主体责任，组织党员干部签订党风廉政责任状和承诺书，健全各级干部廉政档案，对基层党委提醒谈话2次，通报批评监区1次。强化纪检监察责任，完善7个方面24项监督清单，开展政治建设监督、疫情防控监督、教育整顿督导和专责监督，提高监督检查工作效能。做实查办案件“后半篇文章”，更新警示教育基地展板50余个，开展警示教育48场次，约谈重要部门领导干部31人次，通过梳理举报信息立案审查8件，出具人事工作党风廉政意见50份，下达线索处置意见和整改函15件，全部整改到位。

（祝延中）

武警唐山支队

【唐山支队概况】 中国人民武装警察部队河北省总队唐山支队（简称唐山支队），编制等级为团级，2018年1月1日由武警原唐山市支队（旅级）改编而来。部队主要担负河北省监狱管理局冀东分局第一、第二、第四、第五、第七、第八监狱和唐山监狱7个目标看押任务，丰南、曹妃甸、滦南、乐亭、滦州、迁西、迁安、遵化、玉田、丰润和唐山市第一看守所11个目标看守任务，以及“处突”、反恐、维稳、城市武装巡逻和北戴河暑期安保任务。2021年，支队执勤一大队被河北总队表彰为“‘四铁’先进大队”和“‘六无’先进大队”。

【唐山支队思想政治教育】 2021年，唐山支队在思想政治教育工作中推行“专题化学习、课题式调研、对策性研讨”，运用“体系化”教育模式（紧扣1个主题，扭住每周二、周四上午2个时段，抓实备课试讲、推门听课、评教评学3个环节，坚持重大教育领导讲、基础教育基层讲、业务教育行家讲、经常性教育大家讲4种形式，活用群众大谈心、思想大调查、心理大测查、困难大排解、信息大融合5大载体，上好每月形势政策、理想信念、使命任务、内部关系、道德法纪、心理健康6堂课），每月审定教育计划，研究措施办法，以实际成效检验思想政治教育效果，支队1人在总队政治教员比武中取得第四名成绩。投入210余万元升级改造教育环境，开展“书香进军营”“每周一理”和“基层官兵特长小讲堂”活动，弘扬“新时代南盐精神”。构建重点人员“三级预防”（支队级红色、大队级黄色、中队级绿色）体系，梳理“18类重点人员”55人，转化重点关注对象34人。发挥意识形态主阵地作用，全年在中国军网、《解放军报》和《人民武警报》等媒体刊发稿件17篇。

【唐山支队练兵备战】 2021年，唐

1月4日，唐山支队组织2021年开训动员会。　刘宝宇 摄

山支队落实《大抓实战化军事训练措施》，坚持每日网上检查、每周技能辅导、每月全覆盖月考和特战排实弹射击，“一条线九步法”（一条线是以《军事训练大纲》为主线，九步为制定训练指示和计划、明确教学分工、组织备课试教、组织教学与训练、训练检查、训练考核与评定、训练登记统计、训练报告、党委（支部）议训）训管流程被河北总队推广。投入900余万元升级改造训练场地，配发训练器材800余件（套），年内30名训练尖子获立功嘉奖。汲取长沙、吉林监狱押犯脱逃教训，3次联合检查调研，纠治执勤隐患25处，优化监墙哨位9处、AB门执勤方式15处，新（翻）建3处目标设施。阶段性担负15处巡逻勤务，处置“10·24”火灾，完成北戴河暑期安保任务。新兵岗前培训、“魔鬼周”极限训练、侦察情报工作经验被河北总队转发。

【唐山支队基层建设】 2021年，唐山支队制定《按纲服务指导基层计划》和《一队一策帮建措施》，常委每周不少于2天蹲点，全年安排工作组蹲点帮建5次、蹲连住班76天。巩固河北总队《纲要》培训成果，每季定期组织集训，组织2批次军政主官集训，在秦皇岛支队实地观摩，增强建队本领。开展“两大一送”（大谈心、大排查、送温暖）活动，投入7.4万元慰问困难党员及官兵家属，开通“为兵服务”“心理服务”热线，建立“军嫂服务”微信群，解决9名官兵子女入学、入托和4名干部住房问题，“十件实事”年内全部按计划落实。执勤一大队被河北总队表彰为“四铁”先进大队，机动中队、执勤二中队、执勤八中队、玉田中队、迁安中队、丰南中队被支队表彰为“四铁”先进单位。

【唐山支队安全保障】 2021年，唐山支队开展酒驾醉驾、保密“三清”（清理保密设施，查保密漏洞；清理财务资产，查内控漏洞；清理管理制度，查制度漏洞）、枪弹安全、安防设施、车辆交通等专项整治行动，开展3次安全大检查，安装“天幕”系统，投入7万余元购买手机检测仪，整改安防设施隐患35处，封堵营区后门10个，排查整治涉网赌、网贷、不良消费隐患79个，发现“一人多机、一机多卡”情况280人次，处理7名违规使用手机战士。依法依规处理违纪问题7起，党纪处分7人，军纪处分7人，诫勉谈话2人。执勤一大队被河北总队表彰为“六无”先进大队，机动中队、执勤八中队、玉田中队被支队表彰为“六无”先进中队。

【唐山支队后勤保障】 2021年，唐山支队开展后勤全要素训练演练，修订完善13份应急保障方案，组织3批次“一长五员”（司务长，炊事员、给养员、军械员、卫生员、驾驶员）培训。投入227万元改善官兵工作和生活环境，加强伙食管理，全时全域落实“热食、热饭、热水”保障，投入15.8万元配发炊事用具，为18名官兵办理公积金贷款900万元。每月组织医疗巡诊，组织全员健康体检，为13名伤残官兵完善相关手续，提供生活帮助。召开资产清查动员部署会，开展3次盘点清查，清查资产价值总额3.6亿元，防止资产闲置、浪费和流失，受到武警部队检查组肯定。加强常态化疫情防控，投入34.9万元购置防疫物资，全员完成疫苗接种，实现“零感染、零输入”目标。

【唐山支队党建】 2021年，唐山支队修订完善《党委常委会议事决策办法》，召开专题组织生活会和民主生活会。落实“三类人员”移交，2019～2021年共计移交24人，移交工作经验被河北总队转发。开展评残工作清查，88名评残对象复核结果准确无误。组织2次党组织书记培训，并对党组织工作考评鉴定。29名风气监督员正式履职，畅通支队纪委“直通群”、大队党委“码上办”、基层中队“定期谈”民主渠道。全年调整使用干部66名，交流干部1名，选晋警士172名，发展党员68名，推荐提升团级正职1人、副职1人。

【“凤城卫士-2021”练兵比武】 2021年11月29日至12月2日，唐山支队组织开展“凤城卫士-2021”群众性练兵比武竞赛，百余名官兵参加，竞赛课目数十个，设有“军人五项”基础体能课目和手枪精度射击、手榴弹投远、400米障碍、识图用图等作战任务课目，通过比能力、比技术、比专业，全面考核官兵体能、技能、智能极限，检视支队军事训练中“短板弱项”，提升支队训练水平和官兵综合素质。

（李召永）

唐山海防支队

【唐山海防支队概况】 2021年，河北省公安厅海防管理总队唐山支队（简称唐山海防支队）面对改革划转、沿海安全维稳双重考验，服务经济社会发展大局，开展“燕赵—砺剑铸盾2021”“亮剑2021——海洋伏季休渔”“净海2021”等专项行动，查破各类案件1422起，打击处理违法犯罪嫌疑人888人，抓获网上逃犯38人，其中侦破非法捕捞案件38起，查处涉船行政案件64起，打击处理违法犯罪嫌疑人206人，在全省公安海防系统战绩第一，支队2个单位、32名个人受到表彰。农业农村部通报表扬唐山支队为“中国渔政亮剑2021”系列专项执法行动成绩突出集体。省公安厅对唐山支队连续查破2起重大非法捕捞水产品案件予以祝贺，并向省海防总队致贺电。

【海防基础数据采集】2021年，唐山海防支队加强基础数据实战应用体系建设，核实、完善渔船民及行业场所6类22项治安要素1万余条数据信息，建立警务实战数据库。8月，利用开海前半个月时间开展沿海渔船民基础信息采集会战，摸清全市沿海辖区出海船舶、渔船民、码头等治安管控基础信息，采集更新持证船舶信息1250条，纳入管理“三无”船舶（无船名船号、无船舶证书、无船籍港船舶）信息351条，渔船民信息4000余条，码头、停泊点信息21条，为服务实战提供数据支撑。

【渔业船舶管理】2021年，唐山海防支队强化沿海船舶管控力度，加强渔船民安全生产宣传。9月，渤海伏季休渔期结束，支队结合“我为群众办实事”实践活动，开展“登渔船、提服务、保开海”专项活动，通过张贴横幅、发放宣传单、登船走访、召开警民座谈会等多种形式，向渔船民讲解海上生产作业相关法律知识和安全作业常识，增强渔船民遵纪守法和安全生产意识，净化沿海治安环境，确保渔业生产安全。各海防派出所上门服务，采用现场走访报备、微信群网络报备、船长自主报备等多种方式掌握出海船舶和人员进出港情况，提升管理服务水平。活动期间张贴宣传条幅100余条，设置安全指示牌30处，发放宣传单2000余张，微信群发布信息50余条，更新完善渔船民基础数据183项，为渔船民开海保驾护航。

【涉海联合执法】2021年，唐山海防支队加强沿海地区及近海治安动态监控，常态化开展港船清查，强化反走私工作线索收集和宣传教育，与边检、海警、海事、渔政、海关等涉海部门建立联勤协作机制，与威海市公安局海岸警察支队、威海渔业监督监察支队、唐山渔业综合行政执法支队召开联席会议，研究交流异地休渔和渔船民管控工作。在丰南大队设立丰南区渔政、海警丰南工作站等涉海部门联合执勤室，增强部门之间资源共享和协作配合。多次与市海警、渔政部门开展海上联合执法行动，查处各类涉海违法违规行为，维护渔业生产秩序，保障渔民生命财产安全。8月，支队连续查破2起重大非法捕捞水产品案件，缴获渔获物3.18万千克，创唐山沿海地区此类个案战果之最，为支队全链条打击涉渔犯罪提供经验，受到省公安厅贺电表彰，得到市委政法委、市公安局领导肯定性批示。

【海防执法规范化】2021年，唐山海防支队开展执法战线“师徒结对”活动，制订《办理未结未破案件证据收集指引》《及时规范办理治安案件的规定》等7项规章，依托“学在警大”线上平台常态组训，开设“严格规范公正文明执法”专栏，建立重点案件交叉评查机制和案件问题台账销号制度，常态化开展积案攻坚。全年评查案件758起，补强证据案件216起，查处行政积案41起，移送起诉刑事积案19起，指导22名见习民警取得执法资格，支队执法规范化整体水平提升。

【海防综合保障】2021年，唐山海防支队投入397万元采购配发移动警务终端等警用装备和办公设备，投入107万元改善基层办公生活环境、配发应急防疫物资，投入113万元用于民警体检、日常医疗和购买意外伤害商业保险，实现经费保障科学化、日常管理精细化、服务保障人性化警务保障目标。

【强对流天气“守护渔船”行动】2021年7月11～13日，唐山沿海地区连续出现短时大风、强降水等强对流天气，截至7月13日16时，唐山市入汛平均降水量为427.6毫米，比常年同期多1.7倍。唐山海防支队全警行动排查隐患、维护秩序、疏散人员、转移物资，各海防派出所开展“守护渔船”行动，组织民警不间断在渔港码头巡逻检查，帮助渔民加固缆绳、增加靠垫，严防船舶脱锚、倾覆。受上游水库泄洪影响，滦河水面上涨，唐山海防支队配合地方党委政府转移人员和物资，减少群众财产损失。支队各级单位采取登船宣传、广播预报、微信提醒等形式发布强对流天气预警信息1000余条。在沿海景区、河口和盐场、滩涂养殖作业单位开展防灾隐患排查，消除辖区各类隐患50余处，帮助群众加固船舶500余艘，转移疏散群众2000余人次，抢救财产50余万元。

【“蓝盾”集中清查行动】2021年7月25日，唐山海防支队开展“蓝盾”集中清查行动，重点打击涉海违法犯罪活动。清查行动采取日常巡查和突击检查相结合方式，拉网式排查辖区各类港口码头、出租房屋、旅馆、网吧等部位。各级各单位检查港口码头80余处次、船舶300余艘次、出海人员1000余人次，查处非客运船舶载客出海、无证驾驶机动船舶等行政案件38起，打击处理违法人员35人，处理船舶3艘，罚款1.82万元，查获非法捕捞水产品案件4起；检查旅馆、厂企单位、出租房屋等公共复杂场所98处次，抓获网上逃犯1名，收缴烟花爆竹2箱，清除各类治安隐患，净化唐山沿海社会治安环境。

（徐 茹）

7月13日，唐山海防支队北港派出所民警和渔民一起加固缆绳，全力应对强对流天气。

张立伟 摄

军事
JunShi

唐山军分区

【唐山军分区概况】 2021年，唐山军分区以习近平强军思想为指导，贯彻新时代军事战略方针，全面落实军委国防动员部和省军区党委工作部署，突出政治引领、练兵备战，在组织思想建设、军事战备建设、国防动员能力、基层基础建设、后装保障效能和党建工作方面均取得新进展、实现新突破，为打造一流军分区坚定自信、积累经验、集聚势能。

【军分区组织思想建设】 2021年，唐山军分区落实党委理论学习中心组学习计划，以党委（支部）、党小组会议形式区分专题学习研讨。汇编《党史故事100讲》《党史上的今天》《党史知识100题》，打造"忆传统、话传承、明职责、履使命"大钊精神学习品牌，邀请军内外专家授课，师团两级党委正副书记讲党课30堂，党史学习教育活动被中央电视台军事频道、《中国国防报》《中国民兵》等媒体报道。建设唐山市革命军事馆，军地领导、专武干部和民兵600余人次参观学习。关注热点敏感问题，加强舆论引导，贯彻军委主席负责制，增强政治自觉和行动自觉。

【军分区战备建设】 2021年，唐山军分区贯彻军委主席训令和新时代军事战略方针，一切工作向应对强敌聚焦，修订标准化方案预案，形成上下联动、研验修一体应急应战方案计划体系。提升首长机关训练质效，常态落实周二训练日、体能训练、情况报告、考勤登统等项制度。深化民兵调整改革，组织民兵教练员集训考核和市、县、乡三级工作人员业务培训，召开各县（市、区）人武部、直属武装部专题任务对接会，吸收高科技企业充实民兵新质力量，形成应急力量"政府企业+"、新质力量"科技企业+"、应急指挥"智慧城市+"创新模式。发挥党管武装优势，协调部署驻军部队防汛工作，建立军地汛期信息共享机制。全年完成民兵训练任务，提升应急应战水平。

9月15日，唐山市开平区预定新兵参观唐山革命军事馆。　　屈任武 摄

【军分区国防动员】 2021年，唐山军分区健全完善国防动员体系，提升国防动员服务备战质量。规范动员指挥、工作运行"两项机制"，理清任务、责任"两个清单"，细化、量化国防动员委员会各成员单位职责任务和工作指标。强化过程管控，将国防动员"两项机制"纳入《唐山市深入学习宣传贯彻习近平总书记重要讲话和全国"两会"精神任务》《2021年唐山市"八个发展"工作体系》，联合市委市政府督查室每月督导工作落实情况，提升国防动员能力。修订国防动员预案，考察审核省级国民经济动员中心申报、武器装备动员中心候选企业资质。为部队输送高素质兵员，建立"抓书记、书记抓""一汇报、两分解""日排名、周讲评"征兵责任分解推进机制，提升兵员征集数量和质量。加大政策优抚力度，联合市委、市政府印发《关于进一步做好新形势下大学生征兵工作的若干措施》，激发大学生参军报国热情，完成男兵、女兵、直招士官征集任务，大学毕业生和本科毕业生征集比例均排名全省前列，创历史新高。

【军分区基层建设】 2021年，唐山军分区落实《军队基层建设纲要》和军委国防动员部、省军区基层建设会议精神，明确基层建设目标，在团级单位和基层武装部开展帮析建设形势、帮查短板弱项、帮理工作思路、帮研对策措施、帮解现实困难活动。召开基层建设会议，制定一部（所）一案“帮建计划”，按照“实用、管用、好用”原则，采取硬件、软件同步展开和机关、基层同步行动方式，完善师团两级库室硬件建设，升级改造保密档案室、文印室、军综网学习室等场所，规范网络信息管理、在外人员联系、训练文书档案等制度。检查督导军分区本级和各团级单位规范化建设和安全工作，查找、整改缺项漏项，研究制定《人武部、干休所、基层武装部年度考核考评办法》，按照定量分析与定性分析相结合方式，组织开展年度考核，提升基层建设水平。

【军分区后装保障】2021年，唐山军分区开展资产清查，盘点核查设备器材、装备资产。将民兵装备器材保障工作纳入地方应急保障整体规划，协调市应急管理局采购配备民兵应急装备器材。组织清查全区武器弹药，受到军委国防动员部检查组和省军区业务部门肯定。创新民兵武器装备仓库警勤保障模式，在全省率先实现仓库警卫勤务劳务外包。建立军地疫情信息互通联动机制，协调军地医疗机构为全区人员、驻军官兵开展核酸检测。

【军分区党建】2021年，唐山军分区贯彻《军队党的建设条例》《军队党委（支部）工作规定》和军委党建会议精神，接受军委常规巡视、军委国防动员部党委巡察、“四个秩序”（战备秩序、训练秩序、工作秩序、生活秩序）规范化建设和安全大检查、省军区民兵交叉互检，针对个性问题逐条逐项制定、落实整改措施。召开师团两级民主生活会，增强各级党委班子凝聚力、战斗力。开展党委（支部）书记、党小组长培训，为省委议军会议在唐召开提供保障，召开市委议军会议暨述职评议会，解决制约部队建设发展难题。组织全区新入职文职人员集中培训，围绕“领导管理”“突出贡献”“爱岗敬业”3个类别评选“每月之星”，建立健全军分区职工管理和绩效考核机制，增强各级各类人员工作积极性。

（褚　祺）

河北陆军预备役炮兵师

【预备役师概况】2021年，河北陆军预备役炮兵第XXX师（简称预备役师）党委贯彻陆军和战区陆军党委决策指示，以迎接预备役部队调整整编为主线，结合部队建设特点，在全师官兵中叫响“一个口号”（履使命、正秩序、抓稳定、迎改革），落实“三项整顿”（整风、整组、整改），高举“四块牌子”（忠诚牌、胜战牌、荣誉牌、作风牌），建设“六个阵地”（主战阵地、文化阵地、法治阵地、人才阵地、暖心阵地、安全阵地），实现“四个起来”（理念新起来、作风实起来、纪律严起来、备战强起来），完成部队调整整编和人员分流任务，实现问题归零、安全无事故。

【预备役师思想政治建设】2021年，预备役师围绕部队改革加强官兵教育引导，举办“适应新环境、转变新观念、迎接新挑战”“如何不懈怠 打好‘四张牌’”“改革大考写忠诚 令行禁止见行动”“纯正风气树形象 清清爽爽迎改革”等专题“大讲堂”活动，师团官兵人人登台发言，互动交流形成共识。开展“大谈心、大交心”活动，通过逐人谈、反复谈，实现对官兵态度、意向、期盼、困难“四个熟知”，防止引发思想波动和心理疾患。制定《师“送温暖”实施方案》，推行惠及军属、慰问官兵、救济贫困多项举措。针对官兵就地过年，举办迎新春晚会，组织军地游园会，拍摄拜年小视频，经验做法被战区陆军微信公众号刊载。开展党史军史教育，挖掘部队传统资源、驻地红色资源，利用灯箱、橱窗宣传“十大战役”“十大英模”，依托师史馆、战史馆、文化长廊、“励志林”“荣誉墙”开展基本常识“学、讲、议、记、用”活动。组织新党员入党宣誓、老党员重温入党誓词，全体官兵参观李大钊纪念馆，开展“学英模、固信念、见行动”活动，重点学习新时代卫国戍边5位英雄事迹，组织官兵围绕“英雄事迹怎么看、立足岗位怎么干、调整改革怎么办”主题撰写心得体会。开展形势政策教育、防间保密教育、安全常识教育和警示性法纪教育，邀请驻地交警支队和消防支队领导辅导授课，将“六个必须”（每日点名法规纪律必讲、每周交班隐患苗头问题必纠、每月典型案例和法规法纪必学、每季遵规守纪情况必查、每半年警示教育室必看、每年先进单位和优秀个人必评）常态化、制度化。

【预备役师战备训练】2021年，预备役师利用值勤系统抽查、检查各点位值勤情况，规范值勤秩序。修订完善4类17个方案和45个配套保障计划，组织3轮师团指挥训练演练，完成86期军情动态研究，强化官兵备战意识。投资138万元改建新建作战值勤室、战备库室和联合作战指挥中心、应急联动指挥中心、模拟训练中心、新质专业教学中心“两室四中心”以及室内射击馆，为部队遂行任务提供保障。结合部队调整和新装备列装实际，探索新质作战力量编成与使用，拓展预备役部队编组新模式，建立空中应急、地面应急、水域应急、电子对抗、应急支援、勤务保障“六支队伍”，以疫情防控和抗洪抢险为背景开展训练演练，提升立体侦搜、信息通联、空中救援、水上运输、抗洪作业、医疗救护“六种能力”，“人民陆军”公众号、战区陆军《要讯》和“忠诚号”多次报道。按照不同人员、专业、职级和时间阶段，开展军事训练“大考核、大排名、大表彰”活动，激发官兵练兵热情，全师训练达标考核优良率100%、优秀率90.1%，练兵备战奖励指标占70%以上，表彰奖励训练骨干和比武尖子。

【预备役师安全管理】2021年，预备役师构建安全管理系统，制定完善安全管控规范，开展安全管理配套活动，打造安全管理阵地。围绕部队改革期间人员管理、制度落实、行为规范等问题，制定《日常管理行为规范》《在外人员管理规定》等8项规范，建立“安全管理量化评价标准体系”。利用师团“大交班”分析部队安全管理形势，讲评安全检查情况，形成“人人讲规范、人人守纪律、人人保安全”氛围。开展作风纪律教育整顿、“安全警示月”“百日安全”评比、安全大清查等活动，确保部队全年安全无事故。落实“四不”（无请假不外出、有问题不过夜、干工作不拖沓、守底线不违纪）要求，强化检查督导，投入60余万元建立智能门禁系统、营区监控系统、智能存储系统、值班值勤抽查系统，构建安全网络管控体系。采取电话抽查、实地检查等手段，对关键部位进行拉网式排查，确保部队安全稳定。

【预备役师基层建设】 2021年，预备役师依托8个停偿回收项目，建立集战备、训练、工作功能于一体6个阵地，包含作战指挥中心、预任军官之家、战史馆等23个场所。协调驻地政府投入近300万元整治家属院老旧小区，提升官兵居住环境品质。各团结合各自实际改造升级基础设施，提升基层建设质量。开展教育帮扶、医疗帮扶、生活帮扶、基础设施帮建等扶贫活动，投入90余万元为扶贫村整修道路、安装路灯、挖深水井、开展巡诊、购买教材，《人民陆军报》、战区陆军“忠诚号”等媒体多次予以报道。解决官兵实际困难，协调解决12名随军家属就业、10名官兵子女入学问题，为现役干部分配公寓住房19套，为11名官兵发放慰问救济金5万余元。在热点敏感问题上坚持公开透明，师团领导带头作表率，营造风清气正部队环境。

【预备役师综合保障】 2021年，预备役师在审计工作中实行“自觉式整改、提醒式整改、强制式整改”3个步骤，围绕“四个过一遍”要求（资金支出逐票过一遍、资金管理逐项过一遍、资金流向逐人过一遍、资金回流逐事过一遍），累计核查发票2.5万余张，外调审查40余次，召回退役人员110余人，整改问题83个，实现问题归零。开展资产大清查，召开2次专题会议，成立5个清查小组，建立6项工作机制（分工负责机制、情况报告机制、网上办公机制、定期讲评机制、问题处理机制、执纪监督机制），开展3轮网上集中办公。针对部队资产体量大、历史久、查寻难，且清查时间短、人员少、工作矛盾突出等问题，采取集中培训、科室分工、逐项核对、统一标准等办法，摸清全师资产底数，确保资产账目完整全面和准确规范。开展部队防疫工作，针对部队部署面广、家属院规模大、人员成分复杂等现实问题，组织人员挨家挨户走访，研究推广网格化管理模式，建立6个纵向网格和19个横向网格，遇有情况随时报告、迅即处理，实现疫情防控物资齐全、机制运行顺畅。

【预备役师政治生态建设】 2021年，预备役师学习贯彻强军思想，部署调整整编任务，召开动员部署会进行全员发动，围绕“调整整编怎么看、异地交流怎么办、落编定岗怎么想、本职工作怎么干”“顾大局、听招呼、守纪律、讲奉献”等专题召开组织生活会，人人写出《决心书》。加强调整整编工作组织领导，调整补充党委支部成员，充实师团纪委和政法委成员，召开党委会专题研究划定责任分工，重要事项一律集中研究、集体决策。建立调整整编专项值班和工作动态报告制度，按照转隶交接标准，采取逐个单位过、逐个库室查、逐个账单对方式，对所有内容立档建册、见底清零，按照“不落一个人员、不漏一个点位、不缺一个要素”要求填制各类交接文书，确保全员额参与、全系统联动、全领域覆盖。

【预备役师专题教育】 2021年，预备役师组织开展“学习光辉历史 永葆革命本色”专题教育，将30多个励志故事制成宣传展牌设置在师“励志林”路边，将13首强军主题歌曲编印成册传唱，组织官兵参观师史馆、战史馆，引导官兵心有目标、行有标准、学有榜样。坚持每周党团活动前1小时学习党规党纪，学习13期《廉政风险预警提醒》，观看《铁纪强军》《法纪镜鉴》等警示教育片，围绕“以铁的纪律助推调整改革顺利落地”专题集中上党课，强化官兵纪律意识和党性观念。开展基层风气“八项清理”“严明纪律规矩 正规部队秩序”专项教育整顿活动，加强对零星工程、物资采购、车辆维修等重点行业领域监督监管。针对部队调整整编期间官兵思想、安全隐患、管理压力方面实际问题，提出“严十防”（防妄评妄议改革，防思想麻痹松懈，防人员失管失控，防网上违规违纪，防枪弹管控不严，防涉军敏感问题，防干部失职渎职，防工作作风漂浮，防自杀等极端问题，防纪律规矩松弛）“无六乱”（无乱交往、乱借贷、乱告状、乱上访、乱议论、乱收受行为）安全管理目标，开展“百日安全”活动，每周有检查、交班有讲评、问题有清单、整改有期限、安全有保障。

【预备役师调整整编】 2021年，预备役师落实改革任务，实施调整整编人员分流，采取查阅档案、谈心、考核等方式逐人分析情况，掌握人员数量、现实状态、专业特长和个人意愿，综合考虑专业素养、能力素质、任职经历等因素，制定人员分流方案。按照任免权限和程序清查预任官兵情况，收拢物资器材，下达出队命令，函告驻地政府和预编单位，讲清预备役部队调整整编规定，确保预任人员思想稳定，完成预编官兵出队工作。完成武器弹药交接，抽调专业骨干力量，协调地方押运公司，将师团轻武器和弹药全部移交至指定综合仓库。截至10月15日，全师完成调整整编分流任务，审计问题整改、行业问题整治、“房清”等重点难点工作均实现问题归零。师团全体官兵均按分流通知分批在各个新单位履职，物资器材交接完毕，安全无事故。

（张 坤）

双拥共建

【双拥共建概况】 2021年，唐山市加强双拥共建组织领导，落实政策法规，支持多元参与，强化服务保障，将拥军优属、拥政爱民贯穿于经济社会发展全过程，将双拥工作纳入市委重点创建工作考评体系，并写入市政府工作报告，将双拥经费列入财政预算。制定省级双拥模范城（县）创建责任分解方案，市政府常务会议、市委常委会2次专题研究双拥共建工作，省政协副主席、市委书记张古江3次作出批示，市县两级调整双拥工作领导小组，市领导小组2次召开专题会议推动双拥各项工作。年内，在新一届省级双拥模范城（县）创建中实施“全域创建、全面达标”工程，参与申报市本级、迁安市、遵化市、滦州市、乐亭县、滦南县、玉田县全部通过省级验收，被省委、省政府、省军区命名为“河北省双拥模范城（县）”，第八次蝉联此称号。

【双拥服务保障】 2021年，唐山市双拥工作领导小组办公室以唐山市政府、唐山军分区名义制发《唐山市军人随军家属就业安置实施细则》，并于10月1日起施行。联合市教育局制定并落实《唐山市〈军人子女教育优待办法〉实施方案》，全年落实军人子女教育优待131人。办结军地互办实事“双清单”事项52项，解决军人“后路、后院、后代”问题。加强烈士纪念设施日常管理，实施冀东烈士陵园维修改造提升工程，开展清明节祭英烈、“9·30”烈士纪念日等活动。挖掘整理全市红色资源，开展“红色故事映初心”“追寻先烈足迹”宣讲报告会410场。落实悬挂光荣牌、设置优先服务通道等优待举措，送立功受奖喜报2118份，发放奖金374.35万元，增强军人、军属获得感和荣誉感。

【社会拥军】 2021年，唐山市实施“政府+社会”“双轮驱动”拥军优属新模式，鼓励引导企业、社会组织、个人等社会力量参与拥军优属，发展壮大社会拥军组织，截至年底，全市爱国拥军促进会（联合会）新增会员单位2788家。开展“百城万店拥军行”“关爱基层部队官兵万里行”“关爱边海防官兵·送政策、送健康进军营”等拥军活动，受益军人、军属近万人。在“关爱边海防官兵·送政策、送健康进军营”活动中，市退役军人事务局围绕移交安置、优待抚恤、就业创业、权益保障、随军家属就业等部队官兵关注问题提供政策解答，向官兵赠送政策资料汇编。市爱国拥军促进会组织医疗专家为部队官兵进行健康知识讲座，现场演示野外急救方法，赠送急救医药用品，活动期间在驻唐部队开展健康知识讲座4场，赠送政策汇编2000册，发放宣传册2万册，赠送医药用品价值1万元。制定《唐山市“五个一批”双拥品牌创建参考标准》，规范双拥示范社区、少年军校、拥军示范商业街、拥军模范企业、拥军模范医院“五个一批”创建标准，指导14个县（市、区）创建“五个一批”示范型标杆单位，

10月12日，唐山市“关爱边海防官兵·送政策、送健康进军营”活动启动仪式在火箭军某部举行。图为医疗专家现场讲解野外急救知识。 龚 建摄

提升“五个一批”示范型标杆点位137个，唐山市第十二中学少年军校建设获得退役军人事务部部长孙绍骋肯定。

【拥军慰问活动】 2021年，唐山市双拥慰问工作坚持“普遍走访、重点慰问”，在春节、“七一”“八一”期间，市各级党政主要领导带头走访慰问驻唐部队、退役军人及优抚对象，全年走访慰问部队160支次、退役军人及优抚对象61.35万人次，赠送慰问品（金）价值1630.74万元。开展“爱我家乡爱我舰”活动，市委副书记杨培苏率队慰问唐山舰官兵，签署《唐山市与海军唐山舰双拥共建协议书》。12月28日，唐山市“情系边海防官兵”春节慰问品启运仪式在唐山邮政分公司举行，慰问对口部队为新疆边防部队，慰问品为唐山特产核桃、板栗、花生以及巧克力等。双拥办以市委、市政府名义制发慰问信，设计制作新春贺卡和《军人地位和权益保障法》宣传挂历、台历，组合成春节慰问礼包，代表唐山人民向边防官兵传递新春祝福。

【双拥共建宣传】 2021年，唐山市双拥办组织开展《军人地位和权益保障法》《退役军人保障法》宣传活动，利用“报、网、微、端、屏”开展普法宣传，组织线上线下知识答题竞赛，印制宣传挂历、台历各1万册，发放宣传资料5万余份、法律知识宣传品2万个，悬挂条幅300余条，制作宣传展架400余个。推荐河北瑞兆激光再制造技术股份有限公司韩宏升为“全国最美双拥人物”提名人选并获提名奖，为丰润区获得一等功现役军人宋志国家属送立功喜报。拓展双拥宣传载体，市区87块交通信息电子屏、唐港和唐曹高速17个桁架及38块电子屏、全市14家汽车客运站电子屏、市区3506辆出租车车顶LED屏滚动播放双拥宣传标语，机场连接线设置道旗160面，打造公交站亭宣传点位103个，5辆公交车车体喷绘双拥宣传标语，114条公交线路586辆公交车车载电视循环播放双拥宣传短片及标语。在《唐山劳动日报》刊发军民共创双拥模范城《倡议书》，连续6期刊登双拥主题公益广告，在唐山电视台和唐山广播电台播放双拥宣传口号。建设唐山双拥公园，开展“老兵永远跟党走”作品征集、双拥主题文艺作品征集活动，滦州市选送作品《鱼水相依》获全国双拥主题文艺作品征集活动歌曲类三等奖。

【省双拥模范城（县）创建】 2021年3月15日，唐山市双拥工作领导小组会议暨省级双拥模范城创建推进会议召开，安排部署全市双拥工作和新一届省级双拥模范城（县）创建工作，印发《唐山市创建省级双拥模范城（县）工作方案》《唐山市创建省级双拥模范城（县）宣传工作方案》。4月27日，市政府新闻办举行“创建省级双拥模范城”新

闻发布会。5月19日，省第一考评组听取唐山市双拥共建工作汇报。5月20～22日，省考评组在滦南县、乐亭县、滦州市、迁安市、遵化市、玉田县实地考评，听取相关县（市）汇报，实地检查双拥示范商业街、双拥公园、少年军校、退役军人创业孵化基地、乡镇（街道）退役军人服务站建设及工作开展情况，查阅档案资料，并与驻唐部队官兵、优抚对象、干部群众代表进行座谈和满意度测评。12月30日，省委、省政府、省军区召开河北省双拥模范城（县）命名暨双拥模范单位和先进个人表彰大会，唐山市及遵化市、迁安市、滦州市、玉田县、滦南县、乐亭县被命名为"河北省双拥模范城（县）"，唐山市9家单位被评为河北省双拥模范单位，13人被评为河北省双拥先进个人，双拥模范城(县)创建数量为历届之最，唐山市作为全省双拥模范单位唯一代表在表彰会上发言。

（郝秀丽）

7月7日，唐山市举行"7·7"警报试鸣暨人防综合演练活动。 任 芳 摄

人民防空

【人民防空概况】 2021年，唐山市人民防空办公室在省人防办、市委、市政府和唐山军分区领导下，加强战备型、效益型和服务型人防建设，完成市委、市政府和省人防办下达各项目标任务，整体考核在全省获得"优秀"等次，省人防办致函市委、市政府肯定唐山市2021年度人防工作。完成专项治理整改任务，截至6月30日，全市自查自纠发现"结建"违规项目全部完成整改，追缴易地建设费金额和补建人防工程面积均居全省各地市首位，后续整改工作3次受到市委主要领导批示表扬，市人防办5次在全省人防系统会议上作典型发言，整改工作在全省发挥示范引领作用。

【人防工程建设】 2021年，唐山市新增人防工程利用面积，增加地下人防停车位，改造提升市内2处人防工程，对外招租某地下人防工程，投放地下停车位和商业经营场所，解决学校教职工和周边群众停车难、行车难和购物难问题。年内投资建设市内某人防工程项目，项目投入使用后做停车位使用，具有战备效益、经济效益和社会效益。11月10日，市人大检查和司法委员会调研组在市人防办开展调研，对人防规范化社区建设给予肯定。

【人防工程维护管理】 2021年，唐山市人民防空办公室组织全市人防领域开展"防风险、除隐患、保安全"大排查大整治行动，强化人防部门行政监管责任，按照《唐山市防空地下室维护与使用管理办法》发放使用证，签订责任书，落实《人防工程使用证》登记年检制度，在承接原有规章基础上改革创新，健全完善人防工程维护管理、平战转换和综合开发利用长效管理机制。印发《唐山市人防工程标示指示牌制作标准》，新申请验收防空地下室均按要求悬挂人防工程标识标牌，施划人防工程标识线，标注人防工程各功能区域，完成小区地下人防工程挂牌工作，实现人防工程长期、有效、专业化管理。勘察全市早期人防工程，为实施科学分类治理提供依据。

【人防指挥通信】 2021年，唐山市人民防空办公室完成人防战备资源普查，编写《唐山人防指挥信息保障通信训练教材》，对常备人防专业队和新型人防专业队进行整组，为战斗力生成、巩固和提高打牢基础。采取市县两级同步联动指挥方式，开展具有战术背景"7·7"警报试鸣和城市居民疏散掩蔽行动，检验行动方案可行性、设施设备完好性以及警报布点科学性。承办全省人防"铸盾—2021"人民防空综合演练观摩活动，积累大型演练活动组织实施经验。

【人防宣传教育】 2021年，唐山市人民防空办公室建成集人防建设发展成果和"十四五"规划展示、业务交流、人员培训等功能为一体人防宣传教育展厅，提升人防对外宣传能力。印发《关于进一步加强全市人民防空宣传教育工作的意见》《关于扎实推进人防宣传教育进社区的意见》和《唐山市人防宣传教育"规范化社区"建设标准》，打造2个人防宣传教育规范化社区。以人防应急救援和人防工程服务社会民生为主题召开2次新闻发布会，回应社会关切。组织"7·7"警报试鸣暨综合演练，通过网络全程直播，在线观看人数超过11万人次。组建大学生人防志愿者队伍，并组织授旗仪式和集中培训，营造知人防、懂人防、支持和参与建设人防社会氛围。

【人防系统营商环境优化】 2021年，唐山市人民防空办公室制定《2021年全市人防系统优化营商环境工作方案》，认领1项行政许可事项和1项公共服务事项，组织全市人防工程监理工程师进行从业能力学习培训和评估考试，为人防企业发展提供人才支撑。开展“访企业送政策”专项活动，走访房地产、设计和施工企业984家，组织服务市场主体座谈会24次，宣讲政策法规，发放调查问卷743份，收集意见建议46条并全面完成整改。7月28日，省人防办党组书记、主任郭建英走访唐山市重点企业，参观生产车间和施工现场，召开“访企业送政策”座谈会，听取企业意见建议，解答企业疑问。开展人防工程质量监督服务，践行“网上报监”“一次告之”“一日办结”“延时服务”等服务承诺。年内，市本级接收人防报监项目全部通过网上审核，资料齐全无误，1日内全部完成报监手续，实现“网上审批、不见面审批”率100%，人防工程质量监督“三心”（让企业“省心”，让参建单位“踏心”，让服务对象“暖心”）服务品牌受到企业称赞。

5月26日，唐山市人防办举行首次人防宣传教育“进小学”活动。

任 芳 摄

【“准军事化”机关建设】 2021年，唐山市人民防空办公室开展“准军事化”机关建设3年提升行动，围绕作风提振、素质提升、工作提速、服务提质和管理提效5项目标，实施“内强素质、外树形象”工程，明确6个方面18项任务，加强机关规范化管理。制定《关于开展“对标学习 争创一流”活动的实施方案》，对标学习全国同类城市人防先进经验，激发干事创业正能量。开展调查研究，组织市人防办中层以上干部和各县（市、区）人防办主要负责人撰写调研文章，邀请军内外人防领域专家对34份调研成果进行评审。提升全员素质，把唐山人防办打造成为“准军事化”机关。

【人防宣传“进小学”活动】 2021年5月26日，唐山市人防办举行首次人防宣传教育“进小学”活动，市人防办干部职工及市博杰小学师生近200人参加。活动中，市人防办向博杰小学师生赠送《防空防灾应急知识读本》200多本，为师生学习防空防灾知识提供教材；围绕“人防标志解读”“什么是人民防空”“防空警报介绍”“防护常识”4个方面，为师生讲授防空防灾教育课；为师生展示无人机、卫星通信系统、超短波对讲机等人防指挥通信设备，强化对人防通信手段、通信设备认知；建立人防与小学校园长效合作机制，商讨“人防宣传教育示范学校”挂牌、防空警报器安装、人防宣传展板设立、防空防灾课程设置、建立人防宣传教育“进小学”交流机制等事宜。通过“赠、授、观、续”活动内容，增强小学生国防观念和人防意识，激发爱国热情，提高在灾害条件下自我保护能力。

【“7·7”防空警报试鸣】 2021年7月7日，唐山市人防办联合遵化市人防办组织开展防空警报试鸣暨小区居民疏散掩蔽演练活动，活动分别在遵化市2个现场进行，300余人参加。按照河北省统一安排，上午10时，全市防空警报全部鸣响。演练以预先警报、空袭警报、解除警报为背景，采取现场演练、机动指挥所发布命令、唐山市人防办领导观摩方式进行。通过演练增强市民国防意识和人防意识，掌握居民紧急疏散运行机制和行动方法，提高战时人防指挥和保障能力；检验防空警报设施战备要素和完好程度，提升防空防灾能力。此次活动实现“低空预警、空情融合、信息研判、警报报知、命令发布、人员疏散”多体系化训练演练效果，提升人防“应战能力强、服务能力强、支援能力强”遂行多样化任务水平。活动全程采用网络直播形式现场直播，在线观看人数超过11万人次。经唐山市人防办党组研究决定，从2021年起，每年选择1个县（市、区）组织开展全市“7·7”警报试鸣训练演练活动，检验县级防空方案相关行动，发现问题及时修改完善，提高方案实案化水平，提升县级人民防空指挥部成员组织指挥能力，完善指挥部日常运行机制，为战时防空做准备。

【“铸盾－2021”综合演练】 2021年7月20日，全省“铸盾－2021”人民防空综合演练暨人防工作调度会议在唐山召开。河北省人防办党组书记、主任郭建英出席并讲话，唐山市委常委、常务副市长乔朝英观摩演练并致辞。综合演练观摩活动由市人防办承办，省和各设区市人防指挥信息保障中心参加观摩演练。在人防装备展示环节，省市人防部门展示二代人防机动指挥车，唐山市人防办展示低空雷达车和小型人防指挥车。在综合演练环节，市本级多个单位出动信息化装备和车辆、搜救船只，重点演练复杂条件下信息联通、防汛抢险、水上救生、人员搜救、侦察灭火、市民紧急疏散掩蔽、伤员救护、心理疏导、抢运物资、应急抢险抢修和消除灾害后果4个课目11项内容，锤炼人防队伍战时防空、平时服务、应急支援能力，提升社区群众防空应急避难水平，为大型演练活动组织实施积累经验。

（潘志勇）

城乡建设

ChengXiangJianShe

“一港双城”（城镇化）建设

【“一港双城”（城镇化）建设概况】 2021年，唐山市“一港双城”办坚持市委“33458”工作思路，以实干诠释担当，用汗水浇灌收获，唐山新城开发、城市项目建设、沿海经济带高质量发展等各项重点任务取得成效，为加快建设繁荣舒适美丽现代化沿海强市作出应有贡献。全年组织召开26次党组（扩大）会议和16次党组理论中心组学习会议，学习习近平讲话精神，贯彻落实党的十九届五中、六中全会和省第十次党代会、市第十一次党代会精神。党组书记深入基层开展集中宣讲，带动干部群众与党和政府保持同心同德、同向同行。将党史学习教育贯穿全年工作，推动全办党员干部学史明理、学史增信、学史崇德、学史力行。举办4期党史学习教育专题读书班，在全办掀起学习党史热潮。开展“我为群众办实事”实践活动，深入项目现场开展调查研究，帮助企业协调解决实际问题，做到学党史、悟思想、办实事、开新局。不折不扣落实市委、市政府各项决策部署，下半年相继承担唐山新城开发建设指挥部、沿海经济带高质量发展工作领导小组办公室职能，全办上下真抓实干、拼搏竞进，高质量完成唐山新城体制机制优化、招商引资、项目建设等重点任务。

【唐山新城开发建设】 2021年，唐山新城开发建设指挥部办公室成立后，贯彻落实市委、市政府决策部署，建立指挥部协调机制，按照“1办5专班”（办公室和招商、规划、征拆、项目审批、项目建设工作专班）组织架构，明确职责分工、工作规则和议事决策规则。市长田国良靠前指挥，多次现场调研指导新城建设，市“一港双城”办与路北区和市资规局、商务局、财政局、行政审批局等单位协调联动、密切配合，开展各项工作，扁平化、高效率指挥机制初步建立。一线办公，现场服务项目建设。8月，市“一港双城”办整体搬入唐山新城投大厦6层集中办公，提高整体工作效率。唐山新城正式命名确定。通过网络、报纸等渠道，面向社会广泛征求命名意见，征集活动超过5万人次参与，扩大唐山新城知名度。招商政策体系建立。制发《唐山中央商务区招商引资支持政策》，围绕总部经济、现代金融等6类产业强化支持，提出商业、住宅用地搭配出让政策，增强招商吸引力。《关于财政支持唐山新城建设发展的意见》年内印发实施，《唐山新城招商引资支持政策》具备提交市指挥部审议条件，新城招商引资“洼地效应”显现。同时，制定《唐山新城招商手册》《唐山新城可出让地块清单》《唐山新城招商项目审核工作机制》《唐山新城招商项目审核工作流程图》，形成信息共享、力量集聚、机制规范招商工作局面。新城规划体系完善。借鉴雄安新区、北京副中心低碳城市先进规划理念，与资规部门和规划设计单位紧密对接，纵向衔接国土空间总体规划，横向统筹控规、城市设计、专项规划编制，完善规划体系。创智城城市设计形成初步成果，82.45平方千米范围内控规、城市设计、建筑风貌和4个专项规划（地下空间、综合管线、防洪排涝、道路交通）均形成中期成果。

【新城建设招商引资】 2021年，唐山市“一港双城”办推进与中国金茂战略合作，5月，唐山市与中国金茂签订唐山新城中央商务区和创智城开发建设框架合作协议，双方围绕合作开发开展一系列工作，中央商务区首批项目完成土地转用征收手续和项目设计方案，具备供地条件和拿地即开工条件。唐山银行总部大厦项目，8月份以后，会同路北区和市财政、资规等部门，聚焦企业需求，解决项目选址、支持政策等问题。二十二冶总部大厦项目。会同市资规、住建等部门，支持项目采用搭配供地方式，以助于企业住宅用地开发盈利部分弥补总部大厦项目建设资金，中冶集团同意二十二冶在唐山新城建设总部大厦，取得商业地块预红线。市工人医院新建项目。成立市工人医院新建工程指挥部，工人医院新建项目正式落户唐山新城。项目取得用地预审与选址意见书等前期手续，完成政府专项债入库，纳入市发改重大项目库，项目地块征地拆迁、组卷报审年内同步推进。在建项目服务。加强与中医医院、紫荆教育等在建项目企业沟通联系，全方位全过程做好对接服务，克服环保停工、疫情防控等影响，加快项目建设。市中医医院迁建项目地下室基础施工完成57%，香港紫荆教育项目基础施工完成43%。

【港产城人融合发展】 2021年，唐山市“一港双城”办统筹推动城市规划建设管理各项工作，让城市更有颜值、更有内涵、更有格调。年内，唐山市入选全省唯一、全国首批系统化全域推进海绵城市建设示范城市、一刻钟便民生活圈试点地区、城市体检和城市更新“双试点”，省第五届园林博览会暨第四届河北国际城市规划设计大赛成功举办。725个融合发展项目计划开工717项，实际开工717项，累计开工率100%；计划完工580项，实际完工596项，完工率102.8%，完成年度目标任务。城市空间优化，建立“四级三类”国土空间规划体系，30项规划编制任务全部完成，在全省首创“投资人+EPC”模式开发城市原点。唐山花海建设完成“一台三馆五院九桥十八展园”及配套设施，省第五届园博会精彩举办，累计接待游客50万人次。老交大老火车站片区交大学府、交大研究生院、交大学校项目在建。南湖片区南湖旅游景区游客中心项目完工运营，《相期吾少年》沉浸式实景体验剧项目正式公演，“五大功能分区”形成。城市品质提升。8个棚户区、31个城中村改造项目全部开工，221个老旧小区改造项目、8.95千米市政管网改造项目和87千米雨污分流改造项目全部完工，74个新建公共停车场全部完工，新增停车位1.62万个，占省达任务115.6%。城市活力增强。举办第五届唐山市旅游产业发展大会，线上签约文化旅游项目6个，总投资78.85亿元；组织惠民演出2289场、“唐山大舞台”37场、“唐图讲堂”31期；举办2021中国•唐山国际应急产业大会等各类展会67个，拉动经济增长57亿元。唐山文化传媒交流中心、新会展中心、市中心血站（迁建）、市委党校（迁建）、唐山市外国专家公寓等一批项目全部完成年度既定目标。县城建设提质提效。统筹新城建设与旧城改造，61个基础设施项目全部完工，改善县城道路交通环境，拓展公园绿地空间，实现市政公用设施提档升级。古冶区林西第二小学、丰润区博物馆等一批公共服务设施项目全部完工。深化改革出成效。制发《工业烂尾和长期停产企业闲置资产处置的指导意见》等4个政策文件，打通制约城市高质量发展痛点堵点。推进工程建设项目审批制度改革，工程建设项目取得施工许可时限压缩至20个工作日以内，申报材料精简40%以上，唐山市项目策划生成典型经验在全省推广。

【沿海经济带发展潜力释放】 2021年，唐山市“一港双城”办承担向海发展领导小组办公室职能后，发挥统筹协调作用，推动沿海6县区和各专项工作组落实市委、市政府决策部署，各项工作取得成效。建立“1+2”（领导小组全体会、领导小组联席会、领导小组办公室联席会）会议制度，健全“1+8+N”（领导小组办公室、8个专项工作组、40个成员单位）组织架构，坚持“一协同、六统筹”工作思路（体制机制协同，统筹空间、港口、交通、产业、生态、水资源要素），编制《唐山沿海经济带高质量发展“十四五”规划》《唐山南部沿海国土空间规划统筹研究》等一系列规划，实施151个沿海地区省市重点项目。综合实力实现新突破。沿海6县区地区生产总值完成2735.1亿元，占全市比重33.2%，达到了全市三分之一，增长11.9%，高于全市平均水平5.2个百分点；一般公共预算收入完成205亿元，增长8.7%，高于各县（市、区）平均水平1.6个百分点；固定资产投资增长7.3%，高于全市平均水平0.3个百分点；规模以上工业增加值增长16.3%，高于全市平均水平11.4个百分点，主要经济指标均高于全市平均水平。港口建设实现新突破。全港集装箱完成329.3万标准箱，吞吐量7.22亿吨，分别比上年增长5.7%、2.81%，吞吐量稳居世界沿海港口第二位。新开通内陆港6个，内陆港总数达到45个；开通内外贸集装箱班轮航线46条，实现日韩10个基本港和日本26个偏港全覆盖。临港产业实现新突破。沿海经济带实施省、市重点项目151个，总投资4068.2亿元，完成投资961.92亿元，分别占全市重点项目32.8%、50.6%和47.6%。滨海城镇建设实现新突破。曹妃甸滨海新城实施总投资591亿元56个产城融合项目，沿海县区完成雨污分流改造77.6千米、老旧小区改造29个，5个市级乡村振兴示范区和94个示范村整体工程全部完工。科技创新实现新突破。沿海县区新培育高新技术企业209家，占全市41%；科技型中小企业398家，占全市35.1%；新增省“专精特新”中小企业35家，新增国家专精特新“小巨人”企业3家；47家企业通过河北省工业企业研发机构认定，占全市38.5%；完成技术合同成交额59.8亿元，占全市60%。对外开放实现新突破。曹妃甸自贸片区新增市场主体、累计新增实际利用外资、进出口总额3项指标稳居全省4个片区首位。沿海6县区跨境电商交易额204.61亿元。综保区经营总收入完成138.6亿元，比上年增长22.6%，在全国综合保税区发展绩效评估结果中进步10个位次。生态环境实现新突破。沿海地区PM2.5平均浓度每立方米35微克，比上年下降18.6%；平均优良天数286天，比全市多30天；沿海6县区排名均在全省后30名之外；入海河流入海口水质均值全部达标。

【“一港双城”办队伍建设】 2021年，唐山市“一港双城”办坚持正确选人用人导向，全办干部平均年龄36岁，大学以上学历比例达到100%。强化干部教育培训，将干部教育管理作为干部队伍建设先导性和基础性工程，推动干部队伍学习教育常态化、制度化。党组书记带头开展《如何当好一名处长》《如何编好城市规划》《如何抓好项目选址》等内容专题培训，多次带领机关干部赴项目现场开展实践锻炼。利用河北干部网络学院等平台开展日常性学习教育，组织新任职干部完成任职培训，增强干部队伍综合能力，盖青松、桑晓鹏、李海涛、高英楠、张明阳5人被评为全市高质量发展示范区建设先进个人。

（李海涛 闫国栋）

老旧小区改造

【老旧小区改造概况】 2021年，唐山市委、市政府继续推进老旧小区改造。全年总投资9.67亿元，完成老旧小区改造221个，总建筑面积447.08万平方米，涉及1540栋住宅楼5.76万户，其中省达任务184个小区，面积391.43万平方米，涉及1276栋住宅楼5.02万户，投资7.99亿元。获各类奖补资金2.38亿元。市住建局印发《老旧小区改造工作要点》，召开全市改造工作动员会，对标最新改造政策，专项培训，指导各县（市、区）申请国家和省级补助资金。制定《唐山市老旧小区改造工作通报排名办法》，进度缓慢

唐山市培仁里小区获省人居环境范例奖。 董海荣 摄

县（市、区）随机督导核查，对工程质量、进度、安全、档案管理和长效管理机制等方面实行日常考核和年终考核。项目完工后，集中开展改造工作“回头看”专项排查整治行动，建立问题台账和整治台账，一案一策制定整治方案，年内发现问题均整改到位。

【老旧小区示范区打造】 2021 年，唐山市住建局按照国家和省最新改造内容和标准，完善小区功能配套，编制以单个社区为基本单位完整社区规划，补齐老旧小区配套公共服务设施短板，倡导增设电动汽车、电动自行车混合式充电桩，规范设置停车位，强、弱电线路入地或整理。新建养老、托幼、医疗、社区市场等功能性服务设施，改善群众居住环境。2021 年，迁安市永安小区改造设计方案被评为省级优秀设计方案，市直管培仁里小区获省人居环境范例奖，市直管幸福花园小区、丰南区电业公寓被评为省老旧小区改造优秀示范项目。

【老旧小区改造宣传】 2021 年，唐山市住建局组织“民心工程”新闻发布会和“问政唐山”在线访谈节目，就老旧小区改造政策、意义和群众关心问题，向新闻媒体记者和现场群众答疑。路北区、路南区、丰南区、迁安市、遵化市、滦州市 6 地参加唐山市党史学习教育“我为群众办实事”实践活动主题宣传活动“擂台赛”，将老旧小区改造先进经验向全市宣讲。《中国建设报》《河北日报》《燕赵都市报》《唐山劳动日报》《唐山晚报》以及长城网、河北新闻网、环渤海新闻网等多家新闻媒体宣传唐山市老旧小区改造成效和典型案例。

（董海荣）

建　筑

【建筑概况】 2021 年，唐山市建筑业企业 1750 家，其中特级企业 2 家，一级企业 59 家，二级企业 309 家，三级企业 846 家，建筑行业结构优化。全年全社会建筑业增加值 416.9 亿元，比上年增长 12%，支柱产业地位巩固。

【建筑企业管理】 2021 年，唐山市坚持“管服”并举，服务建筑业企业发展，优化建筑市场环境，完善事中、事后监管机制，核查 246 家建筑业企业 324 项资质，指导企业资质延续。年内，推荐 7 家企业参与全省龙头和优势施工企业认定，建筑业转型升级工作全省排名第三。开展年度建筑市场秩序专项整治，检查全市在建工程项目，排查项目 637 个，发现问题 61 个，督促企业整改 59 个，2 个涉嫌违法违规问题立案移交处罚完毕。落实建筑工人实名制管理、农民工工资保证金和专用账户管理等制度，全市在建工程项目建筑工人实名制覆盖率 100%，更新率在全省名列前茅。全市收缴农民工工资保证金 3.2 亿元，农民工工资预储金和劳务费 63.63 亿元，新开工项目基本实现无拖欠目标，15 个未按时缴存劳务费项目催缴 6016.71 万元，13 个未按时缴存农民工工资保证金项目催缴 1184.94 万元。化解“根治拖欠农民工工资工作领导小组办公室”转办案件 7 件，涉及农民工 127 人，金额 596.4 万元。

【工程质量安全】 2021 年，唐山市有建筑工地 1145 项，复工复产 1018 项。市住建局加大工程质量管理力度，监督市中心区房屋建筑单位工程（含结转工程）2208 项，报监工程监督覆盖率 100%。监督竣工验收房屋建筑工程 105 项，涉及 359 个单位工程，竣工验收面积 746.04 万平方米，全部出具工程质量监督报告，质量责任永久性标牌设置率 100%。开展建设工程质量巡查暗访，查处工程违法违规行为，检查 178 个工程，下发《停工通知书》4 份、《整改通知书》83 份，立案查处 14 起。开展结构优质工程创建活动，申报市结构优质工程 80 项，其中 46 项申报省级优质工程。加大建筑施工安全监管力度，全年累计出动安全检查组 1532 组次，下发限期整改通知书 76 份、停工整改通知书 45 份、监督记录 2071 份，全市建筑施工安全生产行政处罚 31 起，罚款金额 47.8 万元，确保全市建筑施工安全生产形势持续平稳，唐山市住房和城乡建设领域安全生产工作全省排名第一。

【建筑施工扬尘治理】 2021 年，唐山市住建局正式成立建筑施工扬尘污染治理机构——唐山市建筑施工工地扬尘治理中心，配齐配强监督力量，治理建筑工地扬尘。制发《唐山市空气质量综合指数“退后十”房屋建筑施工扬尘治理专项攻坚方案》《唐山市房屋建筑施工工地环保主任制度（试行）》《唐山市房屋建筑施工工地扬尘污染十三条精细化管控措施》等文件。省环保督察发现古冶、丰南、开平和滦州处罚不到位问题，市住建局处罚 309 个问题，罚金 326.26 万元，追责住建系统 22

人，将4家企业列入“黑名单”。全年督导检查9003次，检查建筑工地1.4万项次，下发限期整改通知单418份、停工整改通知单79份，立案处罚288项工程，罚金797.6万元，所有问题均按要求整改到位。实行扬尘治理工作社会公示制度、施工扬尘管控自查制度和扬尘管控责任包干制度，落实省级安全文明工地标准，提升建筑施工扬尘治理成效。

【招标投标管理】 2021年，唐山市作为河北省招投标改革试点，深化招投标领域“放管服”改革，优化营商环境，规范市场秩序，为招标投标市场各方主体提供全方位、方便、快捷、实时服务，实现招标、投标、开标、评标、中标及标后书面报告备案全过程无纸化。年内全市房屋建筑和市政基础设施项目招投标793个标段，中标金额376.17亿元。170个标段采用EPC工程总承包方式发包，中标金额132.99亿元，90个标段采用“评定分离”方式。研发建设全市电子招投标监督平台，提升电子化监管水平，平台进入测试阶段。提升招投标活动质量，强化招投标监管，打击治理围标串标，开展行业整治和招投标监督检查，下发整改通知8份，约谈招标代理机构9次。

【建筑科技】 2021年，唐山市住建局谋划科技课题项目和示范工程，申报17个建设科技示范项目、12个新技术应用示范工程。委托住建部科技与产业化发展中心编制《唐山市建筑领域碳达峰行动方案》初稿。落实《河北省促进绿色建筑发展条例》，年内竣工节能建筑面积874.54万平方米，其中绿色建筑面积864.73万平方米，占比98.88%，超额完成省达90%任务目标。召开“唐山市被动式超低能耗建筑节能建筑政策与技术交流会”，参加“河北被动房发展高峰论坛”，全市新开工建设超低能耗建筑示范项目29个，面积21.48万平方米，完成省达新开工建设20万平方米任务目标。修订《唐山市推进装配式建筑发展的若干政策措施》，将装配式建筑配建规模要求从6万平方米调整为2万平方米，年内新开工装配式建筑380.9万平方米，占城镇新建建筑比例27.71%，超过省达25%任务目标。协助唐山昱邦新型建材有限公司成功申报河北省装配式建筑产业基地，截至年底，全市有国家级装配式产业基地4个，省级基地4个，处于全省领先地位。预制混凝土构件龙头企业13家，年产量281万立方米。钢构件生产龙头企业20家，年产量136万吨。木结构生产厂家1家，年产木结构1万立方米。

津西东湖湾钢结构住宅施工现场。 董海荣 摄

【建筑领域培训】 2021年，唐山市住建局组织建筑施工特种作业人员培训3918人次，安全管理人员培训1.03万人次，建筑工人培训1455人次，现场专业人员培训9178人次，提高住建领域从业人员安全意识和技能水平。加强建筑领域培训机构动态监管，规范企业培训行为，确保培训质量，年内新增行业培训机构4家。

【城市体检】 2021年4月，唐山市入选全国城市体检样本城市和河北省城市体检试点城市。围绕建设“宜居城市、绿色城市、韧性城市、智慧城市、人文城市”总体目标，对照“生态宜居、健康舒适、安全韧性、交通便捷、风貌特色、整洁有序、多元包容、创新活力”8个方面，建立“一年一体检，五年一评估”城市体检机制，制定城市级108项、区级36项、街道级25项三级城市体检指标体系，开展居民满意度调查（排名全省第一、全国第九），城市体检和城市更新信息平台建成。配合住建部、省住建厅完成第三方体检规定动作，形成《唐山市城市自体检报告》，上报住建部和省住建厅。《自体检报告》找出城市规划建设管理中弱项短板，针对存在“城市病”提出“诊疗”方案，通过城市更新提质升级，提升城市人居环境质量、人民生活质量和城市竞争力，推动城市高质量发展。

【城市更新】 2021年11月，唐山市入选全国第一批城市更新试点城市，成为河北省首批国家级城市体检和城市更新双试点，成立城市更新工作领导小组，领导小组办公室设在市住建局。建立“先体检后更新、无体检不更新”机制，完善城市更新项目规划、土地、审批、产权、资金等相关标准规范，《唐山市城市更新实施办法（暂行）》《城市更新财政资金管理办法》《融资实施方案》《单元实施方案编制办法（暂行）》《模拟征收协议搬迁暂行办法》《关于简化城市更新项目审批手续的若干措施（试行）》《城市更新中规划管理、土地利用和不动产登记工作若干配套措施》印发实施，初步建立城市更新“1+N”配套政策体系，制发《唐山市城市更新试点工作实施方案》，提出“1个总体城市更新规划+8大重点领域+29个行动计划+N个示范项目”专项行动计划，以市中心区路南、路北、高新、开平、丰南5区加曹妃甸、丰润、古冶为试点，开展城市更新综合试点工作。组织多轮城市更新政策培训会，重点讲解城市更新单元划定、单元项目包装、融资政策、方案编制等。《中心城区城市更新"十四五"专项规划》完成中期成果。

【第四届河北国际城市规划设计大赛举办】 2021年4月14日，"为美丽河北而规划设计——第四届河北国际城市规划设计大赛"在唐山市举办。省住房和城乡建设厅副厅长、一级巡视员李贤明，市委常委、常务副市长付振波，中国工程院院士、深圳市建筑设计研究总院有限公司总建筑师孟建民等出席会议并讲话。各参赛大师及团队代表等出席，共商唐山城市更新发展新方案。本届大赛包含唐山城市更新设计大师邀请赛、Q-City品质城市国际青年设计师竞赛、唐山城市地标大师邀请赛、唐山桥集群设计、唐山城市发展专题研讨会、国际研学营6部分。大赛由省住房和城乡建设厅、省自然资源厅主办，唐山市人民政府承办，市自然资源和规划局组织，毕玺（北京）文化传媒有限公司策划执行。

【全省被动房发展高峰论坛召开】 2021年4月22～23日，河北被动房发展高峰论坛在唐山市召开。来自各地知名房企、优质建材供应商和专业服务商、房地产规划设计、技术创新和配套服务等170多家单位参会。省住建厅二级巡视员翟佳麟致辞。市政协副主席、市工商联主席甄德恩出席论坛。论坛由河北省住宅与房地产协会主办，唐山市工商联协办。论坛主办方从保障土地供应、加大推广力度、完善产业链条等方面解读全省被动房（被动式超低能耗建筑简称"被动房"）政策，有关专家阐述被动房发展现状以及设计、施工、节能优势等建造技术要点，为参会单位提供新思路和解决方案。与会人员在曹妃甸参观首堂·创业家被动式超低能耗建筑示范项目。

【既有建筑改造利用消防设计审查验收】 2021年6月，唐山市入选全国既有建筑改造利用消防设计审查验收试点城市，制定《唐山市既有建筑改造利用消防设计审查验收试点工作实施方案》，分别从提升安全性能、统一优化验收、局部性能补偿等方面精准施策，解决30多项既有建筑改造利用工程消防审验问题。全年全市办结消防设计审查248项，验收410项。13项涉嫌未经消防设计审查擅自施工工程被立案查处。

（王文礼 董海荣）

房地产

【房地产概况】 2021年，唐山市有房地产开发企业788家，房地产项目新开工1254.7万平方米。全市销售成交商品房面积711.6万平方米，比上年下降28%。其中，商品住房成交面积639.5万平方米，比上年下降30.3%；销售均价每平方米8122元，比上年下降4.7%。全市核发商品房预售许可证437个，预售面积803.8万平方米。新建商品房销售网上签约6.23万件，存量房买卖网上签约4.96万件。

【住房保障】 2021年，省达唐山市棚户区改造任务为新开工安置住房1.21万套，基本建成2万余套，截至年底，全市开工1.21万套，基本建成2.01万套，超额完成省达年度任务目标。全市城市建成区内53个城中村全部启动改造。筹集公租房350套，发放公租房租赁补贴529户，旭安园、骏安园2个公租房智能化管理小区建设完成。以市政府办公室名义印发《关于加快发展保障性租赁住房的实施意见》，明确住房保障体系以公租房、保障性租赁住房和共有产权住房为主，成立以市政府主要领导为组长保障性租赁住房工作领导小组，制定《保障性租赁住房工作领导小组联席会议制度》，明晰各相关部门职责，建立职能明确、责权统一工作协调联动机制。住建局会同市统计局、教育局、卫健委及各区开展保障性租赁住房摸底调查，明确全市"十四五"期间及2022年保障性租赁住房筹集目标分别为1万套和2000套。

【房地产市场管理】 2021年，全国房地产市场下行，唐山市采取措施强化房地产市场监管，规范市场秩序，维护购房群众合法权益。印发《唐山市商品房预售资金监管办法》，加强商品房预售资金监管，确保预售资金全部进入监管账户，并用于本项目工程建设，防止烂尾楼出现，维护购房者、建筑企业和农民工合法权益。开展房地产开发企业、中介机构市场经营行为专项整治，按照住建部、省住建厅要求，市住建局与市公安局、市自然资源和规划局等9个部门联合印发《关于持续整治规范房地产市场秩序行动方案》，促进房地产市场健康有序发展；与市行政审批局等6个部门联合印发《关于进一步规范住房租赁市场秩序的通知》，促进住房租赁市场健康有序发展。加强房地产估价机构管理，建立日常抽查制度，纠正房地产估价过程中违法违规行为。规范房地产中介机构从业行为，加强房地产经纪机构备案，为符合条件备案房地产中介机构开通存量房交易网签系统，提供房源核验及网上签约服务。截至年底，全市有房地产估价机构34家，备案房地产经纪机构427家，其中市中心城区151家。

【物业管理】 2021年，唐山市物业服务项目1977个，682家物业服务企业参与服务，其中住宅项目1740个，住宅物业覆盖率83%。全面建设物业服务行业信用体系，306家企业通过信用等级评定。《唐山市物业管理条例》修订立法调研完成，条例修订列入市人大2022～2026年立法项目。起草《唐山市物业服务行业考核管理办法》，完善行业法制建设和制度建设，加强物业服务行业管控。开展"加大物业服务收费信息公开力度，让群众明明白白消费"专项行动。排查全市城市危险房屋，排查建筑5.82万栋，建筑面积2.02亿平方米，排查出C级危房5户，并妥善安置涉及群众。举办全市城市房屋使用安全管理工作培训班，就房屋使用安全管理实务和相关法律法规对从业人员专题培训。专门开辟住宅专项维修资金应急使用绿色通道，确保群众房屋问题得到及时维修解决。4月，唐山市开出河北省内第一张维修资金电子专用票据。

【唐山市入选全国试点】 2021年7

路北区龙华东道年内建成通车。 吕 捷 摄

月，住建部下发《关于开展既有建筑改造利用消防设计审查验收试点的通知》，确定31个全国既有建筑改造利用消防设计审查验收试点市县，唐山市为河北省唯一地级城市入选。试点内容以改造城镇老旧小区、旧商业区、旧厂区，活化利用历史文化街区和历史建筑为重点，在技术标准、审验程序、技术服务等方面，完善既有建筑改造利用消防设计审查验收技术依据、优化消防设计审查验收管理、试行消防验收备案告知承诺，探索消防设计审查验收新模式、新方法。

（王文礼 翟仕巍）

城市管理

【城管执法】 2021年，唐山市城市管理局开展占道经营、乱倒垃圾、乱停乱放、违法小广告综合整治行动，运用执法、管理、服务手段，查办典型案件，破解执法难题，回应群众呼声，累计实施处罚4153起，罚款120余万元。结合主城区环境现状，启动实施城乡结合部环境整治，清除城乡交接区域1600处市容环境难题，根治城乡边界脏、乱、差问题。渣土运输监管体系健全，建成投用唐山市渣土运输信息监管平台，全市备案在册83家渣土运输企业、941辆渣土运输车辆全部联网，实现“全时段、全信息、全过程”监管，遏制违规渣土运输行为发生，全年累计查处渣土运输车辆违法案件171起，罚款57.9万元。创新执法方式，引入“智慧执法”系统，探索“无接触”“非现场”“零冲突”“云执行”执法服务模式，推动城管执法向源头化解、前端管理和事前防范转变，提高群众满意度。

【地下管网建设】 2021年，唐山市87.1千米雨污水管网改造完成，市政主管网雨污各行其道，提升生活污水收集效能，改善城市人居环境。开越路雨水管线、建华道污水管线全线贯通并投入使用。建设路排水管网、龙富南道雨水管网改造完成。大洪桥水厂输水管线、丰南区输配水连接线工程完工。

【城市路网建设】 2021年，唐山市龙华东道、龙华西道、文化南路等21条城市道路建成通车，高新市政基础设施项目竣工，银河路、城市出入口、外环立交桥等一批维护工程投入使用，提高城市路网连通性和可达性。总投资11.1亿元唐丰路改造工程主路施工过半。

【市容环境管理】 2021年，唐山市城管局开展“洗城行动”，保持城市道路高标、高频、高效清扫，城市主次干道“以克论净”考核达标率90%。巩固“公厕革命”成果，全年新建城市公厕24座，改造97座。3个建筑垃圾处置项目建成投用，生活垃圾、餐厨垃圾无害化处置率保持100%。垃圾分类深化，累计建成垃圾分类集中投放点790个，创建示范街道14个，451辆垃圾转运车辆统一编号，喷涂标识，规范收运管理，有害垃圾处置在全省先行先试，14个县（区）有害垃圾贮存点建成试运行。全市8个垃圾焚烧项目建成投产，古冶区生活垃圾焚烧发电项目开工建设，垃圾焚烧处理能力每日6650吨，城区原生垃圾“零填埋”，实现城乡垃圾统筹焚烧处理能力全覆盖。

【城市景观亮化】 2021年，唐山市城管局实施公园绿地增建提质行动，全市新建改造公园绿地122个，新增绿地面积505.74公顷，创建省级园林式单位、小区、街道12个，指导迁安市入围省级生态园林城市行列。人民公园、劳动公园、双拥公园和一批“口袋公园”落成，抬头

人民公园建成对市民开放。 吕 捷 摄

见绿、出门进园，可健身、能休闲、近自然，构建15分钟生态休闲圈，为市民营造便捷、舒适、优美公共绿色活动空间。纪念碑广场及大钊公园改造竣工，凤凰亭保护性修复完成。增设建设路、新华道景观灯饰275套，366基中华灯开启智慧节能模式，提升城市夜景轴线景观效果。2800根路灯杆、1.1万盏球灯粉刷清洗一新，更换箱变16座、照明灯具518套、线缆17.6万米，新建路灯88基，主干道亮灯率保持99%以上，功能照明水平提升。5个城市出入口、9条城市主干道布设灯箱道旗公益广告宣传，设置绿雕、花球、花带81组，桥梁、灯杆挂花2650个点位。

【法治城管建设】 2021年，唐山市城管局党组中心组集体学习14次，举办专题理论宣讲3次、基层宣讲30余场次，开展集体学法6次，将《民法典》《行政处罚法》等近20部法律法规列入学法内容。年内提拔使用正科级干部3名，转任交流正科级干部5名，晋升局机关职级公务员4名，晋升执法支队职级人员57名。修订《唐山市户外广告设置管理办法》等4部政府规章草案，配合省住建厅完成12部省级地方法规、政府规章专项清理。自觉接受市人大及其常委会法律监督、工作监督和市政协民主监督，办理市人大代表议案建议45件、市政协委员提案31件，办结率和满意率均100%。

【市人民公园项目（一期）建成开放】 2021年5月1日，市人民公园（一期）正式建成向市民开放。市人民公园总投资2.75亿元，总面积40.36万平方米，西近龙源路，北邻长宁道，东至友谊路，南至长虹道，呈西北到东南排布，包括康体休闲、活力体验、文化纪念3个板块分区。文化纪念区利用旧机场肌理，打造并传承“抗震救灾，英雄机场”主题文化轴线，传承场地文脉。以特色线性铺装、主题雕塑、现状杨树林，打造文化广场、纪念跑道、法制科普花园等景观节点，强化机场抗震记忆。活力体验区通过景观草坪、下凹绿地、雨水花园以及观景平台，形成山林—草地—湖体视觉轴线，打造城市公共艺术、文创艺术“文化市集”。康体休闲区利用与飘桥及入口形成半围合式“市民舞台”展演空间，为市民提供集中活动场所。公园整体采用海绵城市建设方案，园路采用透水铺装，路边设置生态植草沟，汇集园区雨水，进行雨水收集再利用。公园建设引入智慧安防、智慧广播、智慧灯光、智慧跑道、智慧交互、智慧停车等智慧科技设施，为市民游客提供互动性游玩体验。园林绿化栽植乔木1.2万株、花灌木2600株、地被色块27万平方米，其中乡土树种占80%以上。

【唐山劳动公园开园】 2021年9月28日，唐山市劳动公园正式开园暨全市劳动公园建设现场推进会召开，作为全市民心工程之一的唐山劳动公园正式开园迎接游客。公园位于市中心区，毗邻凤凰山公园、大城山公园，占地2.36公顷，当年谋划、当年设计、当年施工，年内正式对外开放。公园分为一湖四区5个板块：一湖为劳动湖，利用西北井沉降地改造；四区分别为劳动最光荣、劳动最崇高、劳动最伟大、劳动最美丽，展示唐山工人阶级百年光辉历程，展示唐山百年沧桑巨变，铭记劳动人民在平凡岗位上创造非凡成就。截至年底，全市建成劳动公园5个，在建13个，1个完成规划选址。全市19个劳动公园总面积163.38公顷，计划总投资3879.11万元。

【智慧城管升级】 2021年，唐山市城管局构建城市运行管理服务平台，与国家住建部实现联网，为环卫、水务、照明、公交、执法、防汛、桥梁7个智慧场景应用提供基础支撑，城市运行“一网统管”、民生服务“一站直通”模式成熟。智慧城管系统覆盖主城区219条道路、151个网格，全年累计发现处置城市管理事件、部件问题64.9万件，受理办结“12319”“12345”热线问题6945件，提升城市精细化治理能力。

数字城管大厅办公现场。 吕 捷摄

【全市建成区市政主管网实现雨污分流】 2021年11月，唐山市2021年“民心工程”重点项目之一雨污分流改造任务全部完成，全市（含各县市区）建成区市政主管网全部实现雨污分流。雨污分流是完善城市基础建设、解决城市防洪内涝、消除黑臭水体治本之策。全市从2018年开始进行雨污分流改造，到2021年底污水管网基本实现全覆盖，生活污水基本实现全收集、全处理。年内雨污分流改造任务87.1千米，主要涉及遵化市、曹妃甸区，其中遵化市10千米，曹妃甸区77.1千米。

（吕 婕）

公用事业

·城乡供电·

【城乡供电概况】 2021年，唐山地区并网运行6000千瓦及以上电厂65家，装机容量1.24万兆瓦，其中火电装机1.04万兆瓦、水电装机475.9兆瓦、风电装机478兆瓦、太阳能装机1034.1兆瓦。自备电厂装机1950.5兆瓦。唐山电网110千伏及以上变电站362座，其中北京超高压公司500千伏变电站9座。国网唐山供电公司所属变电站387座，电网变电总容量4561.55万千伏安，输电线路833条段1.04万千米。全年供电量811.5亿千瓦小时，比上年增长5.9%。售电量774.2亿千瓦

唐山供电公司“数据赋能”让输电线路运检更“智慧”。 周宇翔 摄

小时，比上年增长6.1%。10个县级公司售电量264.9亿千瓦小时，比上年增长5.3%。综合线损率4.6%，比上年减少0.1个百分点。公司党委获评国家电网公司红旗党委，公司获评全国模范职工之家、全国依法治理创建活动先进单位、全国电力行业党建品牌影响力企业、国家电网公司先进集体和管理提升标杆企业。

【国网电网建设】 2021年，国网唐山供电公司调整“十四五”电网规划，2021～2035年137个110千伏及以上项目完成选址选线，小集220千伏开关站等12项工程完成可研评审，金山等9项工程取得项目核准，青年路等2项工程完成可研设计。服务全市“退城搬迁”“向海发展”战略，主动对接地区重点项目，9项110千伏及以上大用户接入方案取得批复。芦沟堡等26项工程建成投产，玉田热电联产、中海油岸电等多项民生工程、客户工程竣工，庞各庄220千伏变电站获国家电网公司优质工程银奖。投资4960.82万元，66条老旧线路完成改造。投运就地型馈线自动化线路6条，开展配网不停电作业783次，故障抢修时间平均缩短0.87小时。

【国网安全生产】 2021年，国网唐山供电公司组建市、县、省管产业专职安全督查队伍和12家安全管控中心，实现“现场+远程”稽查全覆盖。领导干部和管理人员到岗到位6658人次，飞检现场2256次。落实落细疫情防控措施，疫苗应接尽接率100%。安全生产专项整治问题隐患313项，风险隐患排查整治督查重点任务83项，设备检修预试8120台次，治理设备隐患2390项。开展“抵御雨雪冰冻灾害、确保群众温暖度冬”专项行动，“拉网式”排查供电线路359条、变电站120座，治理缺陷隐患187项。补充修订应急预案30项、现场处置方案647项，开展反事故演习67次。成立供电保障中心，完成165项保电任务。

【国网改革创新】 2021年，国网唐山供电公司实施8类30项国企改革措施，创新成果获评全国电力企业管理创新论文大赛一等奖。启动生产运营中心建设，完成方案编制。推进施工企业能力建设，获评国家电网公司“能力标准化单位”。对接新能源汽车销售、租赁及运维服务，拓展德宁公司业务范围。落实电价市场化改革政策，代理购电工作平稳实施。7家单位创新实施“增人不增资、减人不减资”。数字化赋能班组建设，启动50个百强班组选树、培育。强化资金支撑，推动“揭榜挂帅”项目培育孵化和转化应用，《智慧防汛哨兵——基于AI技术的变电站智能防汛监控系统》获国家电网公司第六届青创赛二等奖。打造曹妃甸无人机网格化自主巡检示范区，变电站激光自动驱鸟装置完成第三方技术许可合同签订。李征创新工作室获评国家级技能大师工作室。1家单位入选国家电网公司数字化样板间，1个集体获评“全国优秀质量管理小组”，1项成果获评中电联管理创新二等奖，7项成果获评省级管理创新奖项。2项成果获省部级科技进步奖，2项QC成果获国优成果奖，22项QC成果获上级表彰。

【国网经营管理】 2021年，国网唐山供电公司实现电能替代23.71亿千瓦小时，完成率124.7%。深化线损管理，175个存量重损台区全部消除。创新案件化解新模式，迁西2起压覆矿案件结案。梳理50项创新引领发展重点，明确实施战略引领工程，提升经营管理水平。开展合规管理专项行动，排查问题135项，清欠民营企业往来账款4.06亿元。

【国网精准服务】 2021年，国网唐山供电公司实施“唐山4县光电采暖50天大会战”，按期完成120项“分布式光伏+电取暖”及“煤改电”配套电网改造任务，惠及8个县区5.32万户居民，减排二氧化碳15万吨。制定服务唐山经济社会高质量发展6方面17项重点任务。成立新型电力系统研究中心，与清华大学电机系签署合作意向书，共建“曹妃甸海洋风光氢储新型电力系统示范区”，推进整县屋顶光伏试点建设，调研成果《关于重工业城市“双碳”转型中努力构建新型电力系统的思考与探索》，先后被国网动态、国资动态、国办信息专报刊出。组织162人支援河南抗洪抢险，为新乡、卫辉市24个小区恢复正常供电。规范执行有序用电22天4.15万户次。派出78名专业骨干坚守冬奥保电一线，临电工程高压设备建成投运，完成测试赛保电和“赛时一天”综合演练任务。完成国家能源局“获得电力”服务水平综合监管现场检查。推行“阳光业扩”，高、低压办电环节压减至3个和2个。对接用电需求，为1702户小微企业提供服务，节省客户投资1362万元。构建“一口对外、协同高效”业扩报装长效机制和“拿地即开工、开工即通电”服务新模式，办电效率提高；在冀北电力公司首家实现“房产+用电”联合过户，获评2021年河北省优化营商环境推动高质量发展先进集体。对接“春雨金服”平台，

南新道东延供热管网工程。　　董海荣 摄

助力91家小微企业融资贷款45.45亿元。33个供电所、69个营业厅实现“零投诉”,创建3个营商环境“获得电力”指数综合示范区、3个客户服务满意度示范区和1152个台区线损标杆示范区。

【国网党建】 2021年，国网唐山供电公司组织“第一议题”学习440次、中心组专题研讨150次。开展党史学习教育系列行动900余场，举办庆祝建党100周年系列活动,落实“我为群众办实事”，解决各类问题779项。召开第二届党代会，完成党委和纪委换届。推进“基层党建创新拓展年”，遴选“一支部一项目”164个。2篇党建创新论文分获中国电力政研会一等奖和优胜奖。“钢铁之魂”共产党员服务队获评国网公司优秀共产党员服务队，青年突击队获评全国青年文明号。在国家、行业等主流媒体刊发新闻稿件1626篇。2人分获“电力工匠”“国网工匠”称号。45项供电服务建设问题见底清零，137项省管产业专项整治问题以及28项原总经理任期经济责任审计问题完成整改，5家县公司提级巡察问题按期整改完成率100%。

（高子静）

·城市供热·

【城市供热概况】 2021年，唐山市住建局制发市供热“十四五”规划，从基础现状、总体要求、发展态势、负荷发展、规划路线、重点任务、规划预期、规划投资、保障措施9个方面明确“十四五”期间目标任务。年内新建管网28.38千米，改造老旧管网4千米，实现老旧供热管网动态“清零”。年内，10家工业余热热源替代、10项地热井关停热源替代和6台35蒸吨以上燃煤锅炉清洁能源改造完成。完善供热信息化建设，将新增57万平方米用户数据及时纳入供热信息平台，存在安全运行隐患19座换热站、1462个室温监测点维护升级。全市维修保养1732座热力站、3382台配电柜、3.99万个井室、17.12万个阀门等设施，改造2020～2021采暖季供热效果不理想、存在供热隐患小区110个。应对雨雪降温天气，延长供热时间30天。截至年底，全市供热企业39家，供热在网面积1.93亿平方米，实际供热面积1.41亿平方米，供热管网6643千米。其中，市区（路南、路北、开平、高新）集中供热面积7205万平方米，比上年新增335万平方米。

【全国首个供热服务领域试点在丰南启动】 2021年10月，唐山市丰南区启动“全国供热服务标准化试点”，由鑫丰热力有限公司承担，是全国首个供热服务领域国家级标准化试点项目。鑫丰热力有限公司是丰南区唯一集中供热企业，承担丰南城区集中供热任务，试点建设期2年。通过全面引入标准化理念，建立完善供热服务综合标准体系，实施各项标准，推动供热管理和服务智能化、标准化、品牌化进程，更好服务民生。

·城市供气·

【城市供气概况】 2021年，唐山市住建局制发燃气“十四五”规划，从规划基础、发展形势、指导思想及基本原则、市场发展与平衡、重点任务、环境影响分析、保障措施7个方面阐述，明确“十四五”期间全市燃气行业发展目标任务。为48.5万户既有城镇住宅燃气用户加装自闭阀，更换不锈钢波纹软管。改造4.95千米燃气老旧管网。建成并投运水容积1万立方米南堡LNG储罐及配套气化设施，储气能力600万立方米，最大气化能力每日200

市燃气集团职工为民用户加装燃气安全保护装置。　　董海荣 摄

供水设备系统正常运转，保障城市用水。　　吕　捷　摄

万立方米，全市燃气应急储气能力1540万立方米，可满足全市3天应急用气总量需求。截至年底，全市建成燃气管网长度2.71万千米，其中运营城镇燃气管网8039.31千米，包括天然气管网7659.91千米，市中心区（路南、路北、高新）2056千米，增加7千米。22.25万户农村“双代”改造任务完成，制发《关于2021年今冬明春取暖季双代用气用电财政补贴的意见》，加大补贴力度，确保按月发到群众手中。

（王文礼　孟春立）

·城市供水·

【城市供水概况】 2021年，唐山市城管局强化原水、过程水、出厂水、管网水全过程监测管理，全年安全供水9500万立方米。用户服务办结率、用户安装及时率及管网抢修及时率均99%以上。开辟一站式、全链条用水报装绿色通道，1次申请、1次踏勘，4个工作日通水，用户红线外接水费用全部免除，“114”报装服务模式对标全国行业“第一方阵”。庆南水厂扩建项目主体竣工，南湖水厂正式启动运行，两厂之间17.2千米长距离输水管线投入使用，保障丰南城区地下水源平稳置换，15万丰南居民与市区用水同城同网同质。全市公共供水单位开展水质督察，市级供水水质综合合格率99.5%以上，各县（市、区）供水水质综合合格率99%以上。截至年底，全市涉及37座自来水厂配套供水管网3681千米，其中输水351千米、给水3329千米，其中市自来水公司运营路南、路北、高新、开平、丰润各区供水管网1498千米，其中输水116千米、给水1382千米，原水泵站1座。

【自来水公司打造30分钟服务圈】 2021年4月27日8时15分，接“2057900”热线派单，唐山市自来水公司管网抢修五队人员赶到军鑫里小区处理跑水，距接到热线派单仅18分钟。管网抢修是供水服务企业一项重要服务内容，市自来水公司承诺市区范围内主干管网出漏30分钟到达现场，并且“小漏不过天，大漏不过夜”，24小时内恢复供水。结合多年抢修数据及市区管网改造情况，重新规划各抢修队服务范围，完善日常管网抢修和突发情况应急调配预案。5支抢修队伍利用智慧水务平台和GIS信息系统，分工协作、统一调配，既有日常服务区划，又有突发情况协作，高效服务于市区1498千米供水管线抢修工作，保障市区范围内履约践诺。

【丰南区输水连接线工程通水】 2021年10月15日，唐山市城市供水保障民心工程项目之一丰南区输水连接线工程通水，实现唐山市地表水源由市区向丰南区转输供水，开启全市城乡供水一体化建设先河。丰南区鎏金花园、嘉诚学庭、百合苑、锦绣天成等居民小区及周边企事业单位首批实现水源置换，经过多天运行监测及入户走访，供水水量、水压、水质一切正常。

【地下水置换地表水合作签约】 2021年11月14日，唐山市地下水超采综合治理项目——市自来水公司地表水置换丰南区地下水供水合作正式签约。该供水项目是2021年唐山市城市供水保障民心工程和落实省、市地下水超采综合治理项目之一。项目水源取自陡河水库地表水，由市自来水公司原水厂取水，经18千米原水管线输送至庆南地表水厂加工处理后，再经13千米输水管线送至南湖水厂，由南湖水厂加压后经丰南区新建输水连接线转输至丰南区，服务人口15万人。项目主体工程包括丰南区输水连接线和市自来水公司南湖水厂、庆南水厂改扩建、庆南水厂至南湖水厂输水管线、北安道输水管线等。

·城市排水·

【城市排水概况】 2021年，唐山市中心区污水处理量1.08亿吨，累计处置污泥23.5万吨。污水处理能力每日129.8万吨，污水管网总长度1712.2千米，市级污水厂污水处理率99%以上，各县（市、区）污水处理率均95%以上，在用17座生活污水处理厂污泥实现无害化处置，平均日产干化污泥226.36吨，污泥无害化处置率100%。推动再生水利用，全年实现再生水供应2590万吨，路北区道路喷洒再生水应用覆盖范围超60%。省园林博览会期间，向园区输送景观湖蓄水30余万吨，保障每天1.7万吨花木绿化养护用水。以智能新引擎推动排水跨越发展，研发清淤机器人、龙吸水设备、智慧井盖，污水处理厂、雨污水泵站运行实现远程控制和无人值守运行。疏浚雨水管网1100千米，整治城市易涝点55处，防范“烟花”台风，应对32次强降雨、强对流天气，及时处置文化路、长虹道区域地面坍塌，维护人民群众生命财产安全。“11·7”除雪防灾保畅期间，城市环卫24小时昼夜奋战，清理破冰、外运积雪6800余吨，经受住唐山20年最强降雪考验。

·城市公交·

【城市公交概况】 2021年，唐山市城管局调整优化公交线网，满足市

唐山市公共交通总公司智能调度中心。　　吕 婕 摄

民出行需求，新开线路3条，调整优化公交线路25条，增加线网长度205.7千米，其中城际191千米，个性化定制公交线路45条，实现5分钟换乘、500米乘车，公交站点500米覆盖率100%，位居全省第一。建设公交基础设施，公交花海首末站投入运行，凤凰新城停车场主体完工，11个公交充电站建成，182个电桩保障公交运行能源补给。推行多样化公交出行便民措施，京津冀公共交通"一卡通"与全国300多个城市公交乘车互联互通，老年卡在线年检完成测试，全面支持支付宝扫码乘车，用户普及率超过190万人次。

【2条城际公交线路开通】 2021年11月30日，由唐山市公交总公司实施从市区至曹妃甸工业区和大学城城际1路和城际2路2条公交线路试运行，新能源公交车在试运行中同步投入使用，是全市首次开通城际公交线路，线路开通服务"一港双城"建设，使曹妃甸滨海新城与主城区连接，实现城市融合发展和品质内涵"双提升"。首开城际公交线路用车设有50个座位，每个座椅均配有安全带，一人一座；车辆配置设有人脸识别测温一体机、液体安检仪、空气净化器、USB充电插座、电子后视镜及360度环绕系统、防碰撞预警装置和驾驶员行为识别系统等。

（吕 婕）

住房公积金管理

【住房公积金管理概况】 2021年，唐山市住房公积金管理中心履行编制、执行住房公积金归集、使用计划，负责记载职工住房公积金缴存、提取、使用等情况，负责公积金核算，审批住房公积金提取、使用，负责公积金保值和归还，编制住房公积金使用计划执行情况报告，承办住房公积金管理委员会决定其他事宜。中心下设直属管理部、贷款中心、路南管理部、路北管理部、丰润分中心、丰南分中心、开平分中心、古冶分中心、迁安分中心、滦州分中心、滦南分中心、乐亭分中心、曹妃甸分中心、玉田分中心、遵化分中心、迁西分中心、海港分中心17个分中心、管理部和1个运营服务中心。机关设有机关党委（机关纪委）、办公室、人事培训处、政策法规处、归集提取管理处、住房贷款管理处、资金管理处、会计核算处、审计处、科技信息处10个处室。中心与下设分支机构实行"统一决策、统一管理、统一制度、统一核算"管理模式。2021年，住房公积金归集100.33亿元，提取64.15亿元，发放个人住房贷款46.61亿元，实现增值收益6.46亿元。累计归集总额895.94亿元，归集余额412.60亿元。累计发放个人住房贷款603.32亿元，个贷余额341.72亿元。提取住房公积金483.35亿元，支持22万户家庭改善住房条件。在全省11个设区市中，唐山中心累计贷款总额、贷款余额均位居全省第一位。按国家规定，中心在增值收益中累计上缴财政42.19亿元，专项用于市县两级廉租住房建设补充资金。

【公积金服务提升】 2021年，唐山市住房公积金管理中心开展内部环境、功能设置、服务形象、服务行为、业务规范、业务办理第三方监督评价，按月、按年通报相关检查活动，提升服务质效。落实"12329"客服与"12345"并网要求，实行客服模式改革，打造专家座席和双号并行服务新模式。与"我为群众办实事"实践活动有机融合，推出提高贷款额度核定标准、支持高端人才引进等公积金惠民政策，化解未按规定基数缴存公积金等问题，办理"跨省通办"业务等，解决群众办事难点、痛点、堵点问题。

【公积金管理运营体系建设】 2021年，唐山市住房公积金管理中心推

住房公积金迁安分中心服务大厅办事人员为群众办理公积金业务。
张金元 摄

动分中心管理部自主推动、同级互动、双方管理评价、条块及扁平化管理“四个转变”。分中心、管理部获属地领导批示67次，与16个属地派出所建立联防联控机制。分中心、管理部13人作为政协委员、1人作为人大代表参政议政。通过解决信息数据管理部门“标准不对接、接口不统一、信息不对称”等问题，与房产、公安、民政、银行等部门逐步拓展信息共享机制，精简要件，优化流程。年内，全款购房提取信息查验28.89万笔，法人信息核查4031笔，核实97万个存量账户身份信息。评估存储银行安全、利率报价、委托贷款发放额、协助扩面建制情况、对中心管理响应程度5个维度，按综合权重计算刚性存款需求和最佳存储配比，科学合理安排存储资金，确保资金安全保障收益。全年，为全市7395家单位94.69万缴存职工结息5.55亿元，比上年增长11.22%，人均结息586.03元。

【公积金主业】 2021年，唐山市住房公积金管理中心以归集、提取和贷款3项为主业。年内，新增建制职工8.3万人，完成全年任务166.06%。谋划启动住房公积金缴存基数规范调整工作，将各类改革性津贴补贴（目标绩效考核奖、取暖补贴、交通补贴等）全部纳入缴存基数。此次调整首先从市直机关事业单位实施，市本级涉及2.3万余人，财政年补助资金1.03亿元。制发《关于唐山市城镇老旧小区既有住宅加装电梯提取住房公积金的通知》，支持老旧住房改造建设。开通大病提取业务，让缴存职工感受更多温暖。从提高效率、压缩要件、简化手续入手，实现网上办、即时办，线上提取13.11万笔，总额26.92亿元，分别占全部提取笔数、金额61.88%和41.88%。落实差别化贷款政策，以中低收入家庭和新市民、自由职业者等群体住房需求为重点，研判唐山房地产变化，调整贷款额度核定方式，从余额10倍提升至15倍。公积金人均贷款额从调整前42.52万元增长到45.20万元，累计发放公积金贷款603.32亿元，个贷使用率82.82%。

【公积金政策强化】 2021年，唐山市住房公积金管理中心强化安全、政策、科技、人才、设施5个支撑。通过日常审计、专项审计与专案审计相结合，形成现场、线上、调卷等多维并举审计模式。建立健全风险隐患台账，制定《住房公积金运行风险评估实施方案》，排查整改缴存、提取、贷款等关键环节风险隐患。采取“疑点数据零容忍、安全隐患零盲区、责任落实零缝隙”态度，推进电子稽核机制。截至年底，全市公积金电子稽查疑点率0.8%，位列河北省第一位，全国前列，相关经验在全省推广。制发《唐山市住房公积金管理办法（试行）》《唐山市住房公积金管理中心资金管理办法》等8个文件，健全政策制度。制发《唐山市住房公积金管理中心关于支持河北省自由贸易试验区曹妃甸片区发展有关政策》，对自贸区内企业实行北京、天津、唐山3地菜单式缴存服务，提高缴存比例增加职工福利，降低缴存比例支持企业减负。以“固定+移动”终端为载体，建设集网上业务大厅、微信公众号、支付宝城市服务、冀时办APP、银行手机APP等多个服务渠道于一体综合服务平台，覆盖51项具体业务。全年缴存单位办理线上缴存业务6.72万笔，缴存额64.68亿元，分别占全部缴存业务笔数、缴存额74.96%和64.47%，实现7项“跨省通办”事项全程网办，“购房提取住房公积金”实现网上受理审核。健全信息安全管理体系，完善规章制度和操作流程，根据业务发展及群众需要建设市直属管理部，各县（市、区）分中心扩容，设置新业务网点3个，完善基础设施。

【全国住房公积金综合发展前八强】 2021年8月，燕山大学（中国）住房公积金研究中心与公积金信息化（西安）研究中心联合发布《全国住房公积金发展评价报告》，依据重要性、可比性、可计量、可得性等原则，从作用发挥、管理水平和风险控制3方面入手，按照提取使用率、个人住房贷款率、市场占有率、备付金率、缴存增长率、增值收益率、费用比率、风险准备金率9个相对指标综合衡量，唐山市住房公积金管理中心在全国333个住房公积金管理中心（含直辖市、副省级城市、计划单列市和地区州盟）中排名第八位，位列河北省第一位，连续2年位列全国前八强。

（张金元）

城镇化建设

【城镇化建设概况】 2021年，唐山市发改委制定《唐山市加快推进新型城镇化和城乡融合发展工作实施方案》《关于加快推进新型城镇化建设切实提高城镇化率的意见》《唐山市推进新型城镇化和城乡融合发展2021年工作方案》《关于完成2021年常住人口城镇化率目标任务工作方案》等文件，对2021年城镇化工作和未来5年新型城镇化和城乡融

开平区四街棚户区（城中村）改造项目现场。 董海荣 摄

合发展重点任务、重大举措等安排部署，将相关目标任务分解落实到各县区、市直有关部门，并定期进行调度督导。全年全市常住人口城镇化率65.52%以上，比上年增加1.2个百分点。

【特色小镇规划建设】 2021年，唐山市发改委制定《唐山市特色小镇高质量发展规划》和《关于加快推进特色小镇高质量发展2021年工作方案》，明确特色小镇发展重点方向和重点任务。落实国家发展改革委等10部委联合印发《全国特色小镇规范健康发展导则》（发改规划〔2021〕1383号）要求，开展特色小镇规范纠偏行动和现场查验，推动特色小镇规范健康发展。全市5个特色小镇列入省级创建类名单，17个特色小镇列入省级培育类名单进行动态管理，数量均居全省首位。

【县城城镇化建设】 2021年，唐山市发改委落实国家发展改革委及有关银行《关于信贷支持县城城镇化补短板强弱项的通知》（发改规划〔2020〕1278号），组织谋划县城城镇化补短板项目30个上报省发改委，申请贷款金额75.27亿元。

【县（市）和重点镇建设】 2021年，唐山市印发《唐山市2021年县城建设工作方案》和《唐山市县城建设提质升级三年行动实施方案（2021～2023年）》。实施9个专项行动，细化分解230项重点项目，计划完成投资85亿元，年内完成投资85.5亿元，占比100.5%。推进村镇建设，组织遵化马兰峪镇、迁安沙河驿镇等10个特色小城镇围绕镇区道路、供水、供暖、房地产等方面建设项目15个，项目总投资4.68亿元，计划完成投资1.5亿元，截至年底，累计完成投资3.9亿元。重点推进3个建制镇污水处理设施建设，截至年底，丰润白官屯镇污水处理设施主体完工，遵化建明镇、迁西新集镇施工单位进场。

【农房抗震改造】 2021年，唐山市坚持“探路子、创经验、树样板”工作思路，因地制宜、因势利导打造抗震房屋改造示范样板，制发改造工作实施方案和《唐山地区既有农房抗震鉴定及加固技术导则》，探索拓宽农房建设新路径，与乡村振兴、装配式建筑、节能改造等项目相结合，提高农村房屋抗震设防水平和居住品质。全市打造200多个装配式轻钢结构抗震农房样板，建设119个EPS模块+轻钢结构新型节能抗震农房样板。完成2020年1.65万户省达目标任务，实际完成21991户，惠及群众7万多人，群众满意率100%。

【农村住房建设品质提升】 2021年，唐山市住建局制发《唐山市农村住房建设品质提升工作方案》。依据《河北省农村住房建筑导则》《河北省村庄房屋改造建筑导则》等技术导则，结合各县（市、区）地貌特色、传统建筑等特点，聘请甲级设计单位编制《2022年唐山市农村住房建设图集指南》。迁安市、丰南区、路南区3个地入选省级试点，其他县（市、区）各明确5个村开展试点工作。

【农村房屋安全隐患排查整治】 2021年，唐山市排查录入农村房屋179.4万户，其中用作经营农村自建房5.1万户，未用作经营农村自建房173.3万户，非自建房1万户。初判存在风险8240户，其中鉴定为C、D级3271户，年内全部完成整治，全省排名并列第一。

【农村生活垃圾清理】 2021年，唐山市制发《唐山市2021年农村生活垃圾收运提升攻坚行动实施方案》，下发《关于加快清理京哈铁路、津秦客专铁路沿线农村生活垃圾的紧急通知》《关于组织开展农村生活垃圾集中清理专项行动的通知》《关于进一步加强农村生活垃圾治理切实做好禁止露天焚烧专项整治行动的通知》。截至年底，全市18个县（市、区）、196个乡镇、5412个村庄有垃圾收集点6340个，乡镇转运站18个，收集车辆1.33万辆，转运车辆490辆。按照每一百户配备一名保洁员标准，全市配备保洁人员1.66万人，占比127.6%。年内下发督办单548份，全部整改完成。2021年省住建厅上报省人居办排名中，全省3个优秀城市，唐山位列第一。

【滦州市生活垃圾综合处置工程运营投产】 2021年1月21日，唐山滦州市生活垃圾综合处置工程投产运营，是唐山市首家正式运营此类项目。项目投资5.54亿元，日处理生活垃圾500吨，年焚烧发电7.2万兆瓦时。工程参照欧盟技术标准设计，主要有收集垃圾、循环发酵，投料燃烧、蒸汽发电，炉渣制砖、污水处理、废料填埋等流程，生产过程中产生渗滤液经处理后作为冷却水回用，炉渣为建材企业提供原料，实现节能降耗和绿色发展。1月17日，工程开始72小时连续性能测试，之后转为商业运行，正常投产，平均1小时产电9000千瓦时，其中15%自用，剩余85%输送国家电网。

【8万座农村厕所建成】 2021年，唐山市在“厕所革命”中新建农村户厕8万座，完成民心工程任务目标，全市累计建成11万座。提升农村公厕配套建设水平，全市聚焦城乡接合部、公路沿线乡村、旅游乡村及人口规模较大中心村等重点地域和乡镇机关、村委会等重点单位，规划建设公厕2660座，到年底累计建成2683座，超额完成既定任务目标。建立健全农村厕所长效管护机制，破解户厕维修、抽粪车使用、粪污处理站运营、粪污无害化处理和资源化利用存在问题，累计购置抽粪车855辆，建成粪污处理站345个，建成维修站313个，打造出粪污无害化处理和资源化利用模式，实现长效管护机制全覆盖。

【历史文化名镇名村和历史建筑保护】 2021年，唐山市新增中国铁路源头博物馆、唐山市截瘫疗养院综合楼等挂牌保护历史建筑13处，新增遵化马兰峪镇马兰关一村、新店子镇沙石峪村、建明镇西铺村3个省级历史文化名镇名村。截至年底，全市历史建筑28处，历史文化名镇名村6个，国家级传统村落2个，均保护完好。其中，市中心区启新水泥工业博物馆区域、唐百集团条式楼等6处历史建筑完成保护图则编制并公布实施。启新水泥工业博物馆区域、开滦矿山公园区域等5个区域申报省级历史文化街区工作完成组卷，经市政府同意后上报省政府。

（李元昊 王文礼 董海荣）

综合管理

ZongHeGuanLi

经济管理

【**经济管理概况**】2021年，唐山市发改委统筹支撑GDP44项指标，分析调度主要经济指标，向市委、市政府汇报经济运行情况10余次，撰写季度宏观形势分析3期，为市领导决策提供参考和依据。年内，唐山市地区生产总值8230.6亿元，增长6.7%，总量居全省第一，全国排名第27位。其中，服务业增加值完成3077.3亿元，比上年增长10.2%，增速全省第1位。统筹协调煤、电、油、气、运等生产生活要素，累计协调电煤资源和铁路运力50家次。加强天然气应急调度，落实7×24小时应急调度工作机制，截至年底，全市天然气累计供应量23.99亿立方米，比上年增长23%。年内执行37次有序用电，累计错避峰电量2.3亿千瓦时。落实价格调控机制，维护市场价格总体稳定，全年城市居民消费价格指数（CPI）100.9。全市存储地方政策性粮食42.52万吨。印发《唐山市优化营商环境若干规定》，在全省率先将优化营商环境工作纳入法制化轨道。

【**宏观政策研究**】2021年，唐山市发改委牵头编制《唐山市国民经济和社会发展第十四个五年规划和二〇三五年远景目标纲要》，获市第十五届人大第六次会议全票通过。制发《关于抓好唐山市“十四五”规划〈纲要〉落实的通知》，将《纲要》确定23项主要指标、12个方面任务举措、105项重大工程分解落实到市各有关部门。制定《唐山市“十四五”市级专项规划编制目录清单》，形成“1+82+N”规划体系（1即“十四五”规划《纲要》，82即“十四五”市级专项规划，N即重点产业发展规划）。落实国家和省宏观经济政策，起草《关于深入贯彻新发展理念进一步全面提升高质量发展水平的实施意见》等80余个政策文件，推动全市经济社会健康发展。

【**沿海经济带发展**】2021年，唐山市发改委成立唐山沿海经济带高质量发展工作领导小组，印发《中共唐山市委唐山市人民政府关于发展海洋经济推进建设海洋强市的具体措施》《唐山沿海经济带高质量发展实施意见（2021～2025年）》等10个政策文件，为沿海经济带发展提供制度保障。起草《唐山市发展海洋经济推进建设海洋强市的调研报告》，为市委市政府决策提供重要参考。承办“7·28”全省深化改革开放暨沿海经济带建设工作会议和全省沿海经济带发展重要事项巡回调度会议，促请省政府协调解决制约全市发展重大问题。

【**产业结构调整**】2021年，唐山市发改委编制《唐山市数字经济发展“十四五”规划》等16个专项规划和《唐山市精品钢铁产业发展规划》等7个重点产业规划，制发唐山市《关于优化经济结构的实施方案》。10月14日，国家发展改革委联合科技部、工信部、自然资源部等部门通报表扬唐山市实施钢铁产业延链、补链、强链、育链行动典型经验做法。钢铁产业布局优化，唐钢搬迁项目建成投产，华西搬迁项目试生产，天柱一期建成，天柱二期、国堂（国义）、唐银钢铁搬迁项目在建。钢铁装备升级，全年关停1000立方米以下高炉27座、100吨以下转炉12座、180平方米以下烧结机50台，与关停装备对应7家钢铁企业8个装备升级项目年内开工1个，具备开工条件1个，备案2个，产能置换公告1个。古玉、汇丰、永顺、国义、荣义5家焦化企业重组暨焦化厂搬迁改造项目年内在建。

【**新兴产业发展**】2021年，唐山市发改委推进百个攻坚项目建设，全年累计投资153.2亿元，完成年度计划120.6%。高新技术产业增加值增长7.4%，占规模以上工业比重15.3%。规模以上战略性新兴产业增加值增长15.9%，占规模以上工业比重12.3%。唐山高新技术产业开发区、唐山轨道交通产业创新中心项目获国家发改委通报表扬。入围省专项资金支持序列项目15个，全省第一，入围省级企业技术中心序列13家，全省第一。

【**京津冀协同发展**】2021年，唐山市发改委制发《唐山市承接北京非首都功能疏解实施方案》《央企京（津）企进唐山活动方案》，全年累计对接60余家央企和京津国有企业，涉及项目185个，签署各类协议148个，协议金额3189亿元。实施亿元以上京津合作项目399项，投资819.95亿元。与雄安新区对接合作，共建雄曹产业园，雄安郊野公园建设评比综合类奖项全省第一。

【**绿色唐山建设**】2021年，唐山市发改委成立唐山市碳达峰碳中和工作领导小组，制定《唐山市近期推动落实碳达峰碳中和工作方案》，构建碳达峰碳中和“1+1+N”政策体系。制定《关于坚决遏制“两高”项目盲目发展的若干具体措施》，有针对性提出高于或严于国家、省“两高”项目管控标准。全年全市单位GDP能耗每万元1.4吨标准煤，比上年下降13.9%，超省达目标10.4个百分点。丰南区、玉田县、曹妃甸区、迁西县和乐亭县入选全国整县（市、区）屋顶分布式光伏开发试点，项目投资5.07亿元。“两高”（高能耗、高排放项目）项目实行清单化管理、分类处置、动态监控。全市列入国家“十四五”拟投产达产“两高”项目38个，对清单外项目不予实施。

【新能源重卡应用】 2021年，唐山市入选“京津冀燃料电池汽车示范城市群”“河北省燃料电池汽车示范城市群”和电动汽车换电模式应用试点城市，2条氢能运输专线和1条换电重卡线路开通，30辆氢燃料电池重卡投入使用。市政府与东方电气等企业签订框架协议并确定项目选址，项目建成后形成年产6000套生产能力，满足京津冀领域氢燃料电池汽车使用。北汽福田曹妃甸电力重卡厂区开工建设，上海玖行能源确定在全市投资3亿元建设换电站装备制造厂，三一集团、开沃汽车与市政府签订合作框架协议。

【公转铁建设】 2021年，唐山市内水曹铁路与迁曹铁路曹南线接轨，通过工程线接入既有卑水铁路实现全线联通，具备全线开通运营条件。10家钢铁企业新建7条铁路专用线项目主体工程完工，开通或具备开通条件，“公转铁”建设任务全面完成。

【社会事业发展】 2021年，唐山市发改委制定《唐山市2021年省达20项民生工程专项工作方案》，提前完成省达民生工程和13个农宅空置率30%～50%“空心村”治理任务。市卫生健康、养老托育、教育强国推进工程等领域6个项目通过国家发改委审核，获批中央预算内投资2.4亿元。入选国家产教融合试点城市，唐山职业技术学院南湖校区产教融合实训楼项目获批中央预算内投资8000万元。

(李元昊)

重点项目管理

【重点项目管理概况】 2021年，唐山市组织实施460项省市重点项目，投资2020.9亿元（占年度计划112.3%），其中省重点建设项目74个，投资814.6亿元（占年度计划165.8%）。181个计划开工项目全部开工，155个计划复工项目全部复工，河钢乐亭基地等62个项目完工或部分投产。重点项目投资体量和完成投资量在全省持续保持第一。通过项目建设新增规模以上工业企业123家，占全省（277家）44.4%，新增服务业企业12家，占全省（26家）46.2%，均居全省第一位。全年固定资产投资增长7%，居全省第一，39个项目获得6.47亿元中央资金支持，缓解地方财政支出压力、扩大有效供给、拉动固定资产投资。

【重点项目服务帮扶】 2021年，唐山市发改委开展“万名干部联企业”活动，市、县两级领导干部分包960个重点项目，帮助项目单位协调解决疫苗接种、原料紧张、用地需求、人才用工、行政审批、融资困难等各类问题735个。申报中央预算内资金，39个项目获6.47亿元中央资金支持。会同财政部门分4批次联合筛选申报2021年政府专项债券项目269个，债券资金需求456亿元。全年累计报批建设用地2606.67公顷，涉及项目208个，其中省重点项目13个、市重点项目48个，省市重点项目当期用地供应率100%。75个省重点项目全部完成环评审批，34家重点工程项目和53家重点民生工程项目纳入省生态环境监管正面清单，精准实施差异化环保管控，在启动重污染天气预警期间不限产、不停产、少检查、少打扰。发行地方政府债券227.1亿元，组织全市重点项目推进会、知识产权质押等银企对接活动6次，为百余家企业解决融资需求超50亿元，保障唐秦高速公路、第二医院骨科大楼、中医院迁建等全市重点项目资金需求。

【“三集中”活动】 2021年，唐山市发改委多次开展“三集中”（集中签约、集中开工、集中观摩）活动。分别于3月、6月、9月、12月举办集中签约活动4次，涉及373个项目，总投资4413亿元；分别于3月、5月、9月、12月举办集中开工活动4次，涉及652个项目，总投资3195.67亿元；分别于3月、8月、11月举办项目集中观摩活动3次，涉及112个项目，总投资1611.8亿元。

（焦志伟）

政务服务管理

【政务服务管理概况】 2021年，唐山市民服务中心办理各类事项80余万件，其中唐山市行政审批局办理各类政务服务事项5.6万件，按时办结率100%，好评率99.9%。全市新登记市场主体10.39万户。全市完成公共资源交易项目5961宗，成交金额828.8亿元。市本级完成交易项目1917个，成交金额396.7亿元。7月16日，全省村（社区）综合服务站提升工程现场观摩会在唐

迁安行政审批局全员学习政策法规。　田艳林 刘 新 摄

山市召开，总结推广唐山市行政审批局先进经验做法。9月17日，党史学习教育中央第一指导组在市局指导调研，对局党史学习教育开展情况给予肯定。国务院政府职能转变和“放管服”改革简报（2021年第107期）刊发唐山市工程建设项目审批改革经验。农业农村部《地方农业农村部门深化“放管服”改革典型经验汇编》刊发《河北省唐山市行政审批局优化审批服务 为百姓装填满意“筐”》。新华网、《中国改革报》等媒体宣传报道唐山100余次。行政审批局年内获唐山市2020年度重点建设项目先进单位称号，唐山市公共资源交易中心获评2021年度全国公共资源交易创新创优服务先进单位，唐山市行政审批局社会事务二处获2019～2020年度河北省青年文明号集体暨“双创双服”优秀青年集体称号，唐山市行政审批局“放管服”改革协调处获唐山市“我为群众办实事”先进集体。

【工程建设项目审批】 2021年，唐山市行政审批局实现工程建设项目取得施工许可社会投资“一次办”、政府投资“两次办”，年内6个社会投资项目通过“一次办”流程取得施工许可，6个政府投资项目通过“两次办”流程取得施工许可。以市政府名义印发《唐山市社会投资新建工业项目“拿地即开工”审批改革实施方案（试行）》，“签订土地出让合同”与“完成各类审批许可”同步落实，实现“拿地即开工”，首个“拿地即开工”项目于12月10日在拿到土地使用证当日一次性取得立项备案、用地规划许可证、工程规划许可证、施工许可证等全套开工审批手续。工程投资额100万元以下（含100万元）或者建筑面积500平方米以下（含500平方米）项目可不办理施工许可证，实现施工许可豁免全省最宽泛。

【社会信用体系建设】 2021年，唐山市行政审批局改造完善信用信息归集系统和“双公示”报送系统，实现与省数据对接共享，归集量10.8亿余条。开展失信约束措施清理规范等专项治理，完成年度任务。在全省率先实现市本地金融平台与国家“信易贷”基础平台对接，建立月度向国家推荐白名单机制，组织全市入驻国家“信易贷”示范平台金融机构36家、企业11万余家，市金服平台入驻机构62家、企业1.46万家，融资金额736亿元。开展信用修复培训40场，帮助企业完成信用修复3251条。建立上线统一市场主体信用报告，为市场主体提供免费查询服务。创新丰富“信易+”系列场景，探索实施“信易批”等204个信用场景应用，开展信用乡村建设，统筹加强城市和县域信用体系建设，推动“诚信唐山”建设。构建新型信用监管机制，组织梳理信用承诺事项目录，开展信用承诺，累计上传承诺书130余万条。依托省企业信用风险分级分类管理系统，开展企业信用分级分类监管，督促并协同全市各级各有关部门建立分级分类监管制度220个，基本实现全覆盖。开发建设全市联合奖惩系统，累计产生联合奖惩案例7720余例。申报国家信用示范城市，印发《关于开展对标国家信用示范城市“百日攻坚”专项行动方案》《关于进一步提升全市信用状况的攻坚行动方案》，对标对表先进地市，争创国家信用示范城市。

【商事制度改革】 2021年，唐山市行政审批局设立企业开办“一窗通”平台，实现全流程一体化在线办理，一个工作日内办结。市本级企业设立环节压减至2小时，较省规定4小时缩短50%。全年新登记市场主体10.39万户，其中新登记企业2.51万户，其中通过“一窗通”平台网上办理2.32万户，网上办理率92%。加入由“9省17地”结成“云上办”政务服务“跨省通办”战略合作联盟，与天津市宝坻区签订政务服务“跨省通办”合作协议，组织市、县两级设立“跨省通办”服务专窗，推动企业等各类市场主体登记注册事项“跨省通办”。优化企业开办标准化窗口服务，规范工作流程，提升审批效率，为企业提供免费公章刻制服务，为注册资本在2000万以上100户企业节省费用3.9万元。扩大简易注销适用范围，简化注销材料，压缩办理时间，企业简易注销公告时间由45个自然日压缩为20个自然日，压缩办理时限55%，截至年底，市本级注销企业191户，其中简易注销33户。

【互联网＋政务服务】 2021年，唐山市42个市直部门、19个县（市、区）、228个乡镇（街道）入驻全市一体化在线政务服务平台，971个市级事项、1.38万个县级事项实现网上可查、可办，市、县政务服务事项网上可办率100%。印发《唐山市推进政务服务全流程网办实施方案》，推行政务服务事项网上受理、审批、反馈全流程网办。依托省一体化政务服务平台，启动全市电子证照系统建设。全市完成139个电子证照目录制作、取消纸质发放证照35种，签发电子证照14万件。与省级一体化平台电子印章系统对接完成，制作、备案政务服务领域电子印章4210个，电子化率100%。

【“一窗受理”和“百事通”改革】 2021年，唐山市行政审批局梳理出76个市本级“不见面受理”事项清单并向社会公布，发挥微信、快递、电子邮件等受理渠道功能，实现“不见面受理”和受理、审批（服务）结果“不见面送达”，让办事企业群众“零跑腿”。按照省政务办关于“百事通”工作部署要求，配合省里改革“百事通”审批服务，实现硬件设施、人员培训、联调测试“三个到位”，上线38个套餐，全市使用“百事通”平台受理申请1082个，办结809个。

【公共资源交易改革】 2021年，唐山市行政审批局市本级采用“开标音视频直播”方式，县级和各代理机构采用远程解密、文字互动等方式实现“不见面”开标。采用“政银合作”模式，在工程建设、政府采购等领域建设电子保函平台，市本级和13个县级中心均实现电子保函在线申请、递交、验证“一网”通办服务。政府采购、工程建设、排污权交易、土地交易、产权交易实现全流程电子化，全市公共资源交易全流程电子化率93.5%。与省远程异地评标协调系统对接，市本级与13个县级交易中心均具备远程异地评标承接能力，投标人信用信息与公共资源交易活动联动，实现交易信用核查、投标人与失信被执行人信息自动比对、惩戒措施自动匹配、惩戒结果自动反馈、数据模型自动分析，并将交易信用行为实时记录。代理机构场内行为规范管理、评审专家评价赋分等信用因素，同步纳入信用数据分析系统。联合唐山市住房和城乡建设局等部门印发《唐山市关于贯彻实施提升招标投标活动质量若干措施的落实方案》，规范全市工程建设项目招标投标活动，召开各行政监督部门联席会议，建立定期协商机制，提升招标投标活动质量。组织市、县两级行政审批局开展公共资源交易领域违法违规问题排查整治，发现问题19个，均建立动态登统台账，第一时间督促指导问题单位落实整改。

【"放管服"改革】 2021年，唐山市行政审批局报请市政府于9月28日印发通知，向县区下放市级行政许可事项18项，向自贸区曹妃甸片区下放市级行政许可事项20项，实现160项服务事项入乡、34项服务事项入村。全市范围内开展"证照分离"改革，以市政府名义印发《关于持续深化"证照分离"改革进一步激发市场主体发展活力的实施方案》，对528项涉企经营许可事项按照4种方式分类推进审批制度改革，全市"证照分离"业务发生量1.33万件，惠及市场主体1.10万户。围绕省赋予48项行政许可事项试点任务，组织5个市直部门、2个试点县，规范和管控清单中核心要素，探索标准统一极简、极速、极效"三极"审批服务新模式。指导丰南区、玉田县2个行政备案规范管理改革试点单位分别印发改革试点方案，成立工作专班，建立试点工作联络机制，梳理上报行政备案事项。动态调整行政许可事项目录、公共服务事项目录、政务服务事项（除行政许可、公共服务事项）目录、行政许可中介服务事项清单，公开303项市本级行政许可事项、57项市本级行政许可中介服务事项和36项市本级纳入政府部门审批程序技术性服务事项。按照《河北省2021年20项民生工程专项工作方案》和《唐山市2021年20项民心工程》要求，开展村（社区）综合服务站提升工程和政务服务便民化工程。打造22个乡级、118个村级示范性典型，全市建成228个行政综合服务中心和6096个村（社区）综合服务站，打通服务群众"最后一百米"。

【政务服务"好差评"制度】 2021年，唐山市行政审批局依托省政务服务好差评系统，设置实体大厅评价器、"冀时办"APP及小程序等7种评价渠道，鼓励引导企业和群众主动、真实评价。发挥效能监督平台监督作用，倒逼政务服务水平提升，截至年底，全市"好差评"评价数量1053.19万余条，好评率99.9%。重视"国家政务服务投诉与建议"小程序问题投诉和河北省政务服务"好差评"差评处理工作，安排专人负责统计、归纳、分析和答复，定期汇报督办结果，169条问题线索全部按时限答复，回访满意度100%，市局政务服务"好差评"处理情况获省政务办认可。

（薛岳楠）

统计管理

【统计管理概况】 2021年，唐山市统计局撰写统计分析报告、呈阅件等统计资料115篇，61篇被市领导批示，其中省委常委、市委书记张古江批示38篇。制发《唐山市统计局关于开展12个重点产业分类统计工作方案》。开展碳排放试算、高质量发展指标绩效考核数据测算、自然资源资产负债表核算等统计。加强能源、数字经济、钢铁企业主辅分离调研，撰写调研报告。创新统计产品，编辑《唐山统计提要》。开发《唐山市主要经济指标完成情况一览表（专报市领导）》，每个月及时向市委、市政府主要领导提供先行指标、主要经济指标等内容。推出新型年度统计产品《领导干部统计数据活页笔记本》，改版《统计月报》。

【统计数据质量提升】 2021年，唐山市统计局与指标责任部门联合建立企业和项目单位储备库，及时查漏纠偏。配合市发改委将支撑GDP增长44项指标分解到各相关责任部门，与发改、工信、科技、商务、住建等部门建立沟通协调机制，实现数据共享。规范过程管控，完善基层企业和项目单位台账，制定村级《唐山市农作物生产统计台账》，细化数据收集、加工操作流程，做到"数据采集精准化、采集依据凭证化、凭证准备提前化"，提高源头数据准确性。严格在线审核，做到即报即审，对于异常数据及时查询核实。各专业完善数据评估办法，科学评估数据，确保数据真实体现经济发展实际情况。

【统计基础建设】 2021年，唐山市统计局组织相关专业处室130余次深入基层调研。12月24日，与市委编办联合印发《关于进一步加强基层统计工作力量的通知》，推动乡镇街道加强统计基层基础建设。完善基层统计制度，先后制发7项统计工作制度模板，填补县、乡两级统计机构制度领域空白。完善基层统计台账，将末梢延伸至村级，收录251个乡级单位和6280个村级单位统计机构和统计人员基本信息。加强统计业务知识培训，解决"最后一公里"问题，全年培训1000余人次。年内，邀请河北省统计局专家在唐授课，专题培训全市19个县（市、区）、管委会常务副县（市、区）长、副主任，各县（市、区）发改局、工信局、商务局、统计局主要负责人和市发改委、工信局、商务局、统计局主要或主管负责人，120余人参加。结合县区换届，在迁西县、乐亭县、丰润区，为主管经济领导和统计系统中层以上干部开展下沉式"一对一"培训。

【统计普查调查】 2021年，唐山市统计局履行第七次全国人口普查领导小组办公室职责，动员4.5万名普查员完成第七次全国人口普查，普查数据质量获省人普办肯定，先后6次在省局会上介绍经验，被全国人口普查领导小组评为"第七次全国人口普查先进集体"。6月1日，发布全市第七次全国人口普查主要数据公报，呈报分析报告5篇。国民经济各行业和社会发展各领域常规统计调查完成，开展发展知晓度调查、基本公共服务满意度调查等专项调查。

【统计改革创新】 2021年，唐山市统计局制发《唐山市市级部门统计调查项目管理办法》《防范和惩治统计造假弄虚作假约谈办法》《法律事务告知制度》和《进一步加强和改进统计执法检查工作的若干措施》，完成国家统计局完善名录库动态维护更新机制改革试点工作，丰润区、乐亭县作为试点单位，协同税务部门核实5832家选定单位企业经营情况。完善县（市、区）《能源消费总量与单位GDP能耗核算方案》，实现市、县数据衔接。首次开展省级以上经开区和高开区高新技术产业增加值相关考核数据测算，市测算方案发挥作用完善省局测算结果，获省局认可。开展企业填报资格实地核实和研发数据质量现场核查，设计企业研发统计数据核查台账，省局采用并推广。

【统计法制建设】 2021年，唐山市统计局推动市、县两级党委、政府和相关部门，起草及整理督察佐证材料23类161项。梳理市委、市政府2017年以后印发文件1.3万余份，清理和纠正违反统计法精神文件34个，其中清理12个、纠正22个。对照国家统计督察内容，对14个县（市、区）开展督导检查，解决历史遗留问题。建立统计法治"必修课"制度，逢会必讲统计法，将统计普法作为业务培训、专业年报必讲内容，提升统计队伍依法统计、依法治统意识和水平。全年全市持有国家统计局执法证件人数49人，居全省前列。《统计法》《统计法实施条例》进党校，纳入县级、科级干部进修班课程，连续3年在市委党校县级、科级干部主体培训班上专题辅导讲授统计法律法规。实行关口前移，开展跨部门联合"双随机"抽查1次，部门内部"双随机"执法检查2次，"代填代报"专项执法检查3次，配合省局执法检查1次，承办上级交办案件1件，对11家规模以上工业企业立案调查，共罚款47.1万元。开展统计造假自查自纠和专项整治"回头看"活动2次，召开统计造假专项整治"回头看"座谈会1次。

（张建忠）

审计管理

【审计管理概况】 2021年，唐山市审计系统完成审计项目395个，查出问题金额414.49亿元，其中市本级完成审计项目190个，延伸审计单位940个，查出问题金额257.94亿元。通过审计促进财政增收节支9.05亿元，提出审计建议355条，全部被各级各部门采纳，移送处理事项6件。市局连续三届获"全国文明单位"称号，获"2021年度全省审计系统十佳人民满意的公务员集体"称号，被评为全市依法行政先进单位。《中国审计报》3次、省厅《审计工作通讯》5次专版刊发唐山审计工作经验做法。市局审计信息宣传和"科技强审"改革工作被省厅评为优秀等次。修订《唐山市审计局机关工作制度》和《唐山市审计局八项业务制度》等制度规定，确保各项工作有章可循、有法可依。

【市委审计委员会会议召开】 2021年，唐山市审计局承办市委审计委员会第五、六、七次会议，印发《关于加强市、县两级党委审计委员会工作的若干措施》《加强审计监督推进治理体系和治理能力现代化的若干措施》《"十四五"唐山市审计工作发展规划》等指导性文件，协助市委审计委发挥把方向、谋大局、定政策、促改革作用。市委审计委、审计办尽责担当、依法履职做法得到省纪委监委督导检查组肯定，工作经验在省厅《工作通讯》专版刊发。

【政府投资审计】 2021年，唐山市审计局审计全市重点投资项目97个，节约财政建设资金7.74亿元，规范建设单位行为。跟踪审计雄安郊野公园唐山园项目，审减投资1.57亿元，平均审减率30.69%。省委常委、市委书记张古江批示"服务全省'三件大事'是重大政治责任。充分肯定市审计局工作，要善作善成，把后续工作做扎实、做到位。"市委副书记、市长田国良批示"审计局跟进审计及时，工作力度很大，效果很好。"省审计厅长赵文海批示指出："唐山市审计局此项目审计组织有力，方法创新，效果突出，充分发挥了投资审计的作用，树立了审计权威。请投资处研究推广，加大宣传力度。"

【经济责任和自然资源资产审计】 2021年，唐山市审计局集中利用3个月时间审计14个县（市、区）26名党政主要领导和7名市直单位及国有企业领导干部经济责任，采取同步实施方式审计14个县（市、区）24名党政主要领导干部自然资源和节能减排责任，推动领导干部依法用权、履职尽责，助推唐山绿色发展。年内完成省厅对全市党政主要领导"两项审计"配合保障工作。

【预算执行审计】 2021年，唐山市审计局完成市本级财政预算执行审计，67家一级预算单位财务数据实施审计全覆盖，共发现31项具体问题，查出问题资金18.76亿元，追缴入库财政收入1.32亿元，审计工作报告和整改报告获市人大和市政府肯定，报告测评满意率100%，提高财政资金使用绩效。

【审计质量提升】 2021年，唐山市审计局召开5次集体审理会议，集体审理大型审计项目60个，提出修改完善意见92条。坚持对出具每份审计业务文书进行质量审核把关，审理审计业务案卷176卷，全年未发生一起行政复议和诉讼案件。

【审计问题整改】 2021年，唐山市审计局将审计发现6类961个问题整改作为重要政治任务完成，得到省厅认定。推动市、县两级审计发现问题整改"回头看"，截至年底，审计发现问题基本完成整改。审计整改期间，整改问题金额70亿余元，促进被审计单位制定完善相关规章制度20余项，推动破解制约唐山发展堵点难点问题。唐山审计整改工作经验在全省审计工作会议上，作为省5个亮点工作之一作典型交流，《中国审计报》和省厅《工作通讯》专版刊发。

【内部审计作风转变】 2021年，唐山市审计局跟踪督导市直178家单位及14个县（市、区）内审机构设置情况，召开2021年全市内部审计业务研讨会，印发《内部审计工作考核办法》，开展内部审计"双优双先"评选，推动全市内审工作规范化、标准化。《中国审计报》作专题报道。在全市审计系统连续6年组织开展"三个争创"（争创优秀审计项目、争创优秀审计能手、争创优秀审计团队）活动，通过推荐评比、优中选优，综合评出2021年度优秀审计项目20个、优秀审计能手29名、优秀审计团队14个，提升审计人员业务能力，培育审计团队精神，打造审计项目精品，在全市审计机关营造进取向上、实干奉献氛围。

【审计队伍建设】 2021年，唐山市审计局健全完善党组书记、分管领导、机关党委书记、党支部书记、临时党组织书记“五位一体”党建责任机制，先后召开巡察整改和党史学习教育专题民主生活会，开展党内政治生活，严格党支部和党员日常管理，打造“审计先锋”品牌。市局被市直机关工委评为机关党建工作优秀单位，机关党委被评为全市先进基层党组织。制定《2021年度全面从严治党主体责任清单》，召开全市审计系统党风廉政建设工作推进会议。落实审前承诺、审中监督、审后保证制度，现场检查督导审计人员遵守审计纪律、执行审计程序、落实业务规范。开展纠正“四风”和作风纪律专项整治，紧盯中秋、春节等重要节点，为党员干部廉洁过节配送廉政“套餐”。主动接受驻局纪检监察组监督，改进机关和干部队伍作风。

（梁　原）

市场监督管理

【市场监督管理概况】 2021年，唐山市市场监督管理局被国家人力资源和社会保障部、国家知识产权局评为“国家知识产权系统先进集体”，市场监管综合执法局被国家市场监督管理总局评为“全国市场监管卫士”。知识产权行政保护工作受到国家知识产权局通报表扬，获省委书记王东峰肯定批示。国家食品安全示范城市复审程序通过，“食品生产企业电子追溯建设运行实践”获中国食品安全大会“推进食品安全社会共治优秀案例”。质量强市和食品药品安全2项省对市考核工作均保持A类等次。百城千业万企对标达标提升专项行动对标结果数量在全国排名第二、全省排名第一。质量强省、知识产权保护、食品抽检、专利质押、外资登记、基层能力提升、标准领跑等20多项工作位于全省第一或前列。

【市场监管服务发展】 2021年，唐山市市场监督管理局实施质量强市、标准化和知识产权“三大战略”。获省政府质量奖组织奖2项、个人奖2项，获省政府质量奖提名奖3项，5个组织和4名个人获第四届市政府质量奖。全市三体系（ISO9000质量管理体系、ISO14000环境管理体系、OHSAS18000职业安全健康管理体系）认证企业数量较2020年增加777家，增幅18.2%，获高新技术认定检测机构增加4家。省质量提升现场会在迁安召开，唐山在大会做典型发言。企业主持参与制修订国际标准1项，国家标准、行业标准87项，地方标准27项，制定发布团体标准32项。新建、提升、改造社会公用计量标准4项。“气象服务”等3项国家级标准化试点获批，全省最多。滦州“国家农村综合改革标准化试点”、曹妃甸“国家新型城镇化标准化试点”、滦南“国家循环经济标准化试点”通过考核评估，3个省级标准化试点通过考核评估，惠达卫浴、唐山松下、玉鑫瑞源、唐山银行等6项企业标准获国家“企业标准领跑者”称号，国芯晶源电子、三友硅业、君业科技、华发教育、鑫丰热力5项标准获河北省“企业标准领跑者”称号，数量位居全省首位。全市知识产权行政保护绩效考核受国家知识产权局通报表扬，唐山商标受理窗口被国家知识产权局授予全国先进商标受理窗口称号。成立全省首家市级知识产权促进和保护中心、全省首家打击知识产权犯罪联合办公室和京津冀地区第一家知识产权仲裁中心。截至12月底，全市万人口发明专利拥有量7.34件。全市专利权质押贷款9.93亿元，全省第一。“贯头山酒”获批国家地理标志保护产品，总数7件。新增乐亭韭菜、乐亭草莓、乐亭大樱桃、滦南黄坨甘薯、滦南黄坨甘薯片5件地理标志证明商标，总数38件。查处商标侵权假冒案件84起，罚没款124万元，查处专利侵权案件143起，较2020年增加2倍，数量全省第二。

【“四个安全”保障】 2021年，唐山市市场监督管理局加强食品、药品、特种设备、工业品4个领域安全建设，维护人民群众生命健康。年内，94家单位获评市级以上“放心肉菜示范超市”。向全市餐饮业商家投放165万个“食安封签”，降低配送过程中发生污染可能性。食品安全抽检总批次每千人5.8份，全省最高，问题发现率2.15%，核查处置率100%。抽检药品、药包材、医疗器械、化妆品734批次，不良反应报告数量2.86万份。开展特种设备大排查大整治专项行动，在册设备定期检验有效率稳定保持在99.8%以上。开展疫情防护物资专项检查，重点监管口罩、防护服、红外体温计（额温枪）、新型冠状病毒检测试剂等防疫物资，查处医用口罩质量不合格、假冒医用防护服等涉及防疫用品案件10起，罚没款286万元，筑牢疫情防控防线。

【市场执法办案】 2021年，市场监督管理局制发《唐山市市场监管综合执法局行政执法办案管理暂行规定》等11项工作制度，在全省率先编印《执法工作实用手册》。制发《疫情防控期间市场监管领域举报奖励暂行办法》《经营民用劣质散煤行为举报奖励暂行办法》《12315效能评估评价考核办法（试行）》等文件，强化效能评估考核。结合民生领域案件查办“铁拳”行动，开展重点领域重点产品专项整治，包括散热器、防水建材、药械妆等，开展节期食品、农村假冒伪劣食品、集中用餐单位、进口冷链食品等食品安全专项执法行动，专项治理违法广告、散煤、校外培训机构、房地产市场等，专项检查盐业生产和流通领域，拓宽执法领域，查处一批有影响案件。全市系统查处案件3194件，罚没款3155.8万元，向省局报送典型案例50件，3件食品类案件在市局官网曝光。为在职在岗一线执法人员购买人身意外伤害保险，为执法人员在安全执法检查过程中提供人身意外保障。

【消费权益保护】 2021年度，唐山市新建市、县级放心消费创建示范单位367家，施尔得肉制品有限公司等4家企业被确定为全市第二批消费教育示范基地。发布各种消费警示、提示73期次，督促全市大中型商超年底前实现线下无理由退货承诺。开展“我为群众办实事”活动，设置集贸市场公平秤69台。组织“3·15”系列宣传活动，发挥消

市场监督管理局执法人员助农维权保春耕。　　商立超 贾玉光 摄

费者协会作用，受理消费投诉1169起，调解率100%，为消费者挽回直接经济损失71.85万元。组织粮食经营市场、加油机、数字指示秤等12项计量监督检查，检查各类单位2000多家，补检26台超期未检设备。全市367家加油站作出诚信计量公开承诺。培育创建166家诚信计量承诺单位，累计622家。整治虚假违法广告，针对违法违规商业营销、房地产、校外培训、金融投资理财等事关人民群众生命健康和财产安全领域广告专项整治，查处各类虚假违法广告案件125起，罚没款111.86万元。

【市场环境净化】 2021年，唐山市市场监督管理局开展反不正当竞争执法，办理案件7件，罚没金额133.2万元。打击违法传销，配合总局和省局开展反垄断案件核查，“双随机”（监管过程中随机抽取检查对象，随机选派执法检查人员）抽查1281次，抽查市场主体2.75万户。全市市场主体年报公示率90.29%，比上年提高1.37%。落实经营异常名录管理，提升企业信用监管效能。加强价格、收费、广告、合同等领域监管，规范市场秩序。查处转供电违规加价案件，清退多收电费170多万元，降低企业负担。制定《唐山市公平竞争审查举报处理办法》《会审办法》《抽查办法》，健全公平竞争审查机制。建设“唐山智网监测平台”，实现线上线下市场监管全覆盖，网络市场主体增量3.2万家。规范管理全市65家网络平台，贴标亮照率100%。社会协同治理和电商信用体系完善，制定网络市场监管局际联席会议信息共享制度，培育“诚信电商”62家，填补全省移动电商流媒体入库监管空白，监测非法链接线索，指导屏蔽或删除非法信息7600多条，移交有关执法部门案源线索186条。指导查办网络案件49起，协助执法办案电子取证，出具《网络监测报告》11件。

【营商环境优化】 2021年，唐山市市场监督管理局实现全市外资企业注册时间全部压缩至4个小时内。全市新登记市场主体11.89万户，实有市场主体75.74万户，完成新增目标任务118.95%，其中新登记企业2.80万户，新登记个体工商户9.01万户，新登记农民专业合作社806户。新增外资企业151户，位居全省第一，注册资本新增18.4亿美元。开展“问情服务”活动，走访个体工商户1.10万户、私营企业2663户，收集意见建议336条次，帮助协调解决纳税、经营场所租赁事项774次，开展法律维权服务23次，为服务对象挽回经济损失653万元。

【市场监管疫情防控】 2021年，唐山市市场监督管理局按要求在全市范围内暂停采购进口冷链食品，利用“河北食品追溯平台”实现动态监管，排查冷链食品相关企业13.67万户、冷链食品及相关产品物品16.9万吨，发现并消除各类隐患3446个。谋划建立市级集中监管仓和县级重点冷库，为有序恢复进口冷链食品采购做好准备。开展涉阳食品物品排查，处置涉阳案件20起，无害化处理涉阳物品16.4吨。发挥基层零售药店“哨点”作用，严格“四类药品”（退热药、止咳药、抗生素和抗病毒药品）管理，利用流通监管追溯系统和“药安食美”手机APP实现对“四类药品”销售信息全程追溯。全市系统检查各类药品零售企业、疫苗接种单位和医疗器械生产经营企业1.9万家次，检查新冠肺炎疫苗1633.14万剂，保证药品及疫苗安全。

【市场监管局获全国优秀案例奖】 2021年12月26日，第十九届中国食品安全大会在北京召开。会议公布2021年度“推进食品安全社会共治优秀案例”评选结果，全国共30个案例入选，其中，“唐山市食品生产企业电子追溯建设运行的实践”获优秀案例奖，向全国提供食品安全“唐山经验”。市场监管局“唐山市食品生产企业电子追溯建设运行的实践”是近年来全市实施食品安全战略，打造国内一流、省内领先、市民满意国家食品安全示范城市创建成果之一。全市严守食品安全底线，全面执行最严谨标准，坚持食品安全是前提、食品营养是本质、食品安全标准必须执行、产品标准不可或缺食品安全监管理念，得到大会评委会认可。唐山市食品生产企业全部实施电子追溯系统。

（何　刚）

附：2021年度消费维权十大典型案例

样品瑕疵 售后收费　消协调解获补偿　2021年7月19日，顾女士在滦南县某家具店购买书桌、三门柜1套，价值2299元，属于清仓商品，回家安装书桌后出现开胶、气泡等现象，严重影响使用，要求商家退货或维修，商家以出售样品不享有“三包”为由，由消费者自付维修费用900元。7月22日投诉到滦南县消费者协会。经调解，经营者同意承但大部分维修费用，其余小部分费用由消费者承担。

收费与标价不符　擅自提价不合法　2021年9月，王先生在唐山市某汽车销售维修有限公司检测汽车储气压力罐压力，发现检测费用由过去350元每次抬高到400元每次，王先生对此提出异议，到路南区消协投诉。路南消协调查发现店内收费处有价格公示牌，是以前350元价格，新调整价格没有公示。协会协同执法大队人员依法责令被投诉方停止乱收费违法行为，经调解，经营者同意给王先生按照标示收费标准价格收取费用，并按照规定明码标价。

商家服务过失拒绝担责　消协介入终获赔偿　2021年7月11日，遵化市消费者孙女士在某母婴专卖店消费1080元购买3盒乳化剂，服用一段时间后孩子出现严重腹泻，孙女士带孩子去医院检查，《遵化市人民医院检验报告》显示：潜血阳性（+）及人A群轮状病毒阴性（-），需住院治疗，住3天医院花费医疗费用750元。消费者找商家赔偿未果，投诉到遵化市消费者协会。遵化市消费者协会与该母婴店负责人沟通联系，组织人员现场调查，发现婴儿出现症状与过量服用乳化剂有关，认定该母婴店销售服务上存在过失，孙女士要求该店赔偿经济损失属于正当维权。经调解，双方达成一致意见，由经营者赔偿消费者医疗费、护理费、交通费等合理费用2000元整。

皮床扯皮不送货　退款迟退惹人烦　2021年6月6日，消费者李先生在唐山某家博会订购1张皮床，当场付清全款3000元，与卖家签订合同，约定6月底上门送货安装。8月，李先生仍未收到商品，联系家博会询问情况，家博会称因厂家原因无法送货，同意为消费者垫付退款，但未落实，消费者投诉至唐山消协。经了解，由于皮床厂家出现问题，皮床无货，家博会按照承诺同意为消费者先行垫付退款，由于退款手续烦琐且需要其上级天津公司审核，所以退款未到位，经过消协工作人员沟通催办，李先生收到全额退款。

农用车质量惹纠纷　2020年12月30日，消费者王先生在唐山某专卖店购买1辆农用三轮车，发现里程表不走字，次日找到专卖店维修，修理人员更换里程表。又过几天消费者发现发动机、水温和平常不一样，多次找专卖店检查维修但问题依旧，温度总升高，怠速也高，总是修不好，直到专卖店负责人带消费者去另一家修理厂才找到原因，更换问题部件才修好。王先生认为新车就修理多次，车上发电机、发动机、电瓶等零部件肯定都有受损，要求延长保修期，负责人回复说只能负责维修，王先生投诉至唐山市消费者协会。市消协受理后调解，经营者同意为消费者农用三轮车延长保修期半年，并在票据上注明相关内容。

经营者未按约定给付大棚膜　消费者获赔偿　2021年10月14日，消费者赵先生反映在乐亭县某农膜商店花费4000元，预定购买欧利得牌农田使用大棚膜。塑料棚制作完成后，消费者发现大棚膜是欧瑞得品牌，要求退货并赔偿经济损失。商家称该品牌膜和欧利得出自一个厂家，质量也一样，不影响使用，不予赔偿，赵先生投诉到乐亭消协。经调查，欧利得与欧瑞得为同一厂家不同品牌，出售价格不同，经调解，双方达成一致，商家赔偿消费者人民币6000元，双方无异议。

购买钻戒引纠纷　消协调解退货款　2021年5月24日，路北区消费者协会接到消费者郭女士投诉称，其在某珠宝店预定价值2.05万元钻戒1枚，购买时商家承诺钻石成色为71分H色、SI、3EX无荧光钻石，约定35个工作日交货，郭女士交付全款，双方签订购买合同。交货时却发现并非预定参数钻戒，郭女士拒绝收货，多次协商，商家都未能按照预定标准交货，郭女士向商家提出退款要求，但被拒绝。经路北区消费者协会调解，经营者同意退还消费者全部货款2.05万元。

退伍老兵冲动购物结“心病”　消协出手化解获“感激”　2021年3月11日，二级军残退伍老兵杨先生到迁安市某店购买至宝多肽地龙蛋白纳豆粉116盒，共计2.6万元。之后冷静下来想退款，但商家以已发货为由不予退款，多次协商未果，到迁安市场局永顺分局消协投诉。经查，被诉方为辖区个体工商户，证、照齐全。所销售至宝多肽地龙蛋白纳豆粉为预包装食品，进货渠道清晰，能够提供进货查验记录及该食品质量检验合格证明，生产厂家生产许可资质健全，每盒标价398元。投诉人在购买商品时没有完全了解所购商品性能就购买，自我保护意识差，存在一定过失，但消费者判断力和决策力受年龄和智力以及经营者诱导性介绍影响，出现偏差亦属正常，对消费者主张应予支持。经过调解，经营者为消费者退还全部货款。

预付消费退款难　依法调解终维权　2021年3月，任某在丰润区某百货商场4楼某街舞工作室为孩子报名学习街舞花费8000余元，共计80课时，上5节课后，因该课程培训班停课，申请退款，该机构只答应退还一半费用4000元，任某不认可。丰润区消费者协会经沟通和宣讲相关法律知识，最终经营者同意在原有退费基础上再退还任某2000元，合计退费6000元。

装修瓷砖引矛盾　消协维权化纠纷　2020年12月，消费者李某在丰南区某商场某品牌瓷砖专柜购买瓷砖，购买型号为XXX62651型号，但实际收到瓷砖与订购瓷砖型号不符，286块瓷砖中有250块瓷砖不是此型号。瓷砖发到消费者家里后，消费者、商家均未验货，所以造成贴错瓷砖后果。消费者向商家提出两点要求：第一，不接受上墙瓷砖，要求全部清除，损失由商家承担；第二，接受上墙瓷砖，但是商家须做出赔偿。消费者与专柜协商无果，投诉至丰南区消费者协会。经调解，最终双方达成和解，由商家先行将2000元补偿给消费者，后续瓷砖正常质保。

（何　刚）

应急与安全管理

【应急与安全管理概况】 2021年，唐山市未发生较大及以上生产安全事故，未发生森林火灾事故，平稳度过主汛期。发生各类生产安全事故93起，死亡84人，分别比上年减少13起、3人，分别下降12.3%、3.4%。年内，印发《唐山市“防风险、除隐患、保安全”安全生产大排查大整治行动总体方案》《唐山市安全生产隐患排查整治和执法检查专项行动方案》等文件，全面排查整治安全隐患，全年累计出动检查组1.1万个，检查企事业单位4.9万家，排查整治一般问题隐患12.1万项，排查整改重大隐患23项，停产整顿企业139家，实施行政处罚4200余万元。制发《唐山市防灾减灾救灾条例》，填补全国市级层面防灾减灾救灾综合立法空白。第二届全国防震减灾科普大会在唐山举办，获国家地震局表扬。在全省率先创新开展安全生产专项整治三年行动评估活动，经验做法得到国务院安委办肯定。建立健全"总体+专项+部门"应急预案体系，组织编印52件市级专项应急预案汇编、63件市级部门应急预案汇编。

【应急救援实战化演练】 2021年，唐山市应急管理局以"安全生产月"为载体，在全市组织"应急演练周"活动，开展各类应急演练2360场，参演人员6.49万人次，出动应急救援装备8.97万台（套），投入应急演练经费1050万元，提升全市综合应急救援能力。

【森林防灭火应急救援能力建设】 2021年，唐山市应急管理局御高险、防大灾、打硬仗，统筹力量部署，强化专业队伍建设，印发《唐山市森林草原消防专业队伍建设方案》，为市森林消防支队补充147万元扑火机具装备。开展2021年森林消防救援综合应急实战演练和10次全市性森林防灭火业务技能培训，参演参训人员2300余人次。

【灾害天气应对】 2021年，唐山市受6号台风"烟花"和8次强降雨天气过程影响，启动2次防汛Ⅳ级响应，1次防台风Ⅳ级响应。市、县两级防汛抢险救援队伍163支1.46万人，总价值2975.1万元防汛物资、627万元救灾物资储备到位，2687艘渔船回港避风，841个规模池塘养殖场、125个规模化养殖场提前防范。应急响应期间，海上作业人员、港口作业人员、项目施工人员全部上岸，危旧房屋内和户外施工人员全部撤离，全市所有景区临时关闭，安全转移群众2187人，强降雨过程中无人员伤亡。

【"12350安全伴你行"志愿服务活动】 2021年，唐山市应急管理局为加大安全生产宣传力度，普及安全知识，营造安全氛围，开展"12350安全伴你行"主题志愿服务活动。深入企业、农村、社区等重点场所，公布举报电话、举报方式和奖励办法，通过开展法律法规咨询、悬挂"12350"有奖举报宣传牌、组织事故警示宣讲、播放公益广告等方式，动员社会力量参与和监督安全生产工作，防范和遏制事故发生。全市开展"12350安全伴你行"等各类安全生产志愿服务活动1373场次，出动安全生产志愿者4.60万人次。

【安全生产责任保险投保】 2021年，唐山市应急管理局建立高危企业安责险投保制度，全市投保企业（项目）4454家次，累计投保金额9073万元，开展事故预防技术服务1932次，帮助企业查找隐患4653项。

【清明期间森林防灭火行动】 2021年3月22日，唐山市召开清明节期间防灭火工作部署视频会议，印发工作方案，启动清明期间森林防灭火"双周"决战行动。坚持"党政同责、一岗双责、齐抓共管、失职追责"原则，把责任和措施分解落实到县、到乡、到村、到人、到山头、到坟头、到地块，实现责任全覆盖，无死角。行动期间加强巡逻密度，延长巡护时间，严禁一切野外用火。发挥631个视频监控点先进技术作用，完善立体化监测体系，做到火情早发现、火灾早处置。市、县两级森防办督导检查，提出整改落实意见，跟踪督办，确保全市清明期间森林防灭火安全。

【《唐山市防灾减灾救灾条例》施行】 2021年3月31日，《唐山市防灾减灾救灾条例》经省人大常委会批准，自7月1日起正式施行。《条例》是应急管理体制改革后，唐山综合防灾减灾救灾工作一次创新，入选河北省2021年度"十大法治成果"。作为全国首部防灾减灾救灾综合性法规，条例出台填补国家防灾减灾救灾综合立法空白，发挥立法"试验田"作用。《条例》共7章51条，以保障人民群众生命和财产安全为总目标，突出问题导向，探索创新，为促进全市综合防灾减灾救灾能力提升提供法治保障。主要内容包括总则、预防与应急准备、监测与预警、应急响应与处置、灾后救助与恢复重建、法律责任、附则。

【安全生产应急救援技能、体能比武竞赛】 2021年6月9日，唐山市2021年安全生产应急救援技能、体能比武竞赛在国家矿山救援开滦队训练基地举行。全市18个县（市、区）、重点市属以上企业择优选拔50支应急救援队伍参赛，500余名队员分别进行综合救援（冶金、危化）、综合救援（非高危）、综合体能、快速逃生、双人综合技能、呼吸器佩戴、安全生产应急救援知识考试7个项目比赛。

【安全生产宣传教育培训】 2021年，唐山市应急管理局开展安全宣传教育培训活动，组织全市1.9万名志愿者开展宣传教育活动，发放各类宣传资料145万余份，受教育人数200万人。采取线上线下相结合培训方式，累计培训各类从业人员83.9万人次，提升全社会安全意识和技能。

【"安全同行"大型公益宣传活动】 2021年8月16日，唐山市应急管理局开展"安全同行"大型公益宣传活动。市应急管理局、市交通运输局、市公安局在唐山南湖高速口等地开展"安全同行"集中宣传，出动宣传人员100余人，设立宣传咨询台5个，摆放宣传展牌35块，悬挂宣传条幅10条。利用各类媒体平台、政务网站和移动客户端，借助12家媒体力量宣传"安全同行"理念。通过唐山地震纪念馆、地震遗址公园等防灾减灾宣传阵地，设立专门区域，组织专题宣讲，多形式开展防灾减灾体验和科普展览等宣教活动，在全市营造关注安全、关爱生命氛围。

（李　洋）

国有资产管理

【国有资产管理概况】 2021年，唐山市国资委11户监管企业资产总额1661.23亿元，比上年增长2.92%；所有者权益770.23亿元，比上年增长4.35%；归属于母公司所有者权益616.09亿元，比上年增长4.14%；资产负债率53.64%，比上年减少

0.63个百分点。全年实现营业收入196.50亿元，实现利润总额18.43亿元，实现净利润13.84亿元，上缴税费12.00亿元。2021年收缴上年度国有资本收益3亿元，其中唐山港口实业集团有限公司上交1.60亿元，唐山市新城市建设投资集团有限公司上交0.97亿元，唐山市文化旅游投资集团有限公司上交0.41亿元，唐山达峰盐业有限责任公司上交120万元，唐山国有资本运营有限公司上交85万元。

【国资监管改革】 2021年，唐山市国资委实施每日碰头、会商攻坚，制定《关于进一步深化市级经营性国有资产集中统一监管改革实施方案》，8月19日经市政府常务会议审议通过，9月2日经市委常委会审议通过，同日以市委办、市政府办名义印发实施，为全市集中统一监管提供操作指引。创新提出"四个一批"（脱钩划转一批、规范提升一批、清理退出一批、改革过渡一批）改革举措，聚焦"首批划转"，一企一策制定《企业国有产权无偿划转移交协议》；联合有关部门强化专项审计，开辟绿色通道，推进集中统一监管。9月29日，全市举行市级经营性国有资产集中统一监管划转签约仪式，集中统一监管工作完成，国资监管比例97.07%，超额完成省达任务，经验做法在全省得到推广。组建唐山交通发展集团，创造性提出"更名＋划转"组建方式，灵活推行"补贴转注资"支持政策，推动新集团发挥市场主体作用，实现"1+1＞2"重组效果。

【国有资产公司制改革】 2021年，唐山市国资委按照"全面调研、政策支持、分步实施、整体推进"思路，梳理17户企业基本情况，同步谋划《关于推进市属国有企业公司制改革的实施意见》，创新优化"三个阶段、八个环节"（第一阶段：起草公司制改制方案、职工安置方案、公司章程；审计（评估）；履行企业内部决策程序。第二阶段：报市政府或主管部门批复；公司章程备案；人事任免；办理金融债务证明函。第三阶段：办理行政审批相关手续）改革流程，运用科学改制、整合重组、清理注销等多元化手段，推动公司制改革提质提效。截至10月份，全市17家企业公司制改革全部完成，改革速度走在全省前列。

【国企改革深化】 2021年，唐山市国资委制定《唐山市国企改革三年行动实施方案2020～2022》。聚焦8个方面48项改革任务，坚持专班推动，优化"三个一"（一个方案、一本台账、一套工作）推进流程，强化横向协调、纵向调度，落实"周调度、月通报、逐户督导"机制。混合所有制改革、外部董事建设等各项改革完成总任务量88.12%，超额完成3年攻坚阶段性任务，改革速度、质量、效果在省内名列前茅，经验做法被刊登在《河北省国企改革三年行动简报》。

游客在文旅集团唐山南湖皮影乐园拍照留念。 吕光宇 摄

【国资监管机构职能转变】 2021年，唐山市国资委强调监管法治化，制定《国资监管责任约谈工作规则》，印发《做好2021违规经营投资责任追究工作的通知》，制发《唐山市国资委项目预算及支出管理办法》等文件，国资监管制度体系构建初见成效。强调监管专业化，执行《投资监督管理办法》，优化监管企业投资统计与管理。发挥国有资本投资公司、运营公司功能，激发企业活力。加强国有资本运作动态监管，强化国有产权流转、股权划转等环节监管。实施专项审计，完善考核制度、薪酬办法，发挥考核"指挥棒""风向标"作用。强调监管体系化，健全监管监督机制，建立市属国有企业责任约谈制度，构建国有企业责任追究体系。

【国资国企系统风险防控】 2021年，唐山市国资委制定《加强国有企业债务风险管控工作实施意见》，建立"监测预警、源头防控、分类处置、督导推进"全链条闭环式债务风险防控机制，强化风险监测预警。维护信访稳定，治理59件重复访事项，水机劳服、启新医院人员移交等多年积案及历史遗留问题化解。开展安全生产大排查大整治行动、"双控"机制建设及信息化建设、"安全生产月"活动、外委施工等专项安全生产工作，全年未发生重大安全生产事故。疫情防控常态化，坚持"外防输出、内防输入、阻断疫情传播链"，重点防控港口、景区、公交站点等场所疫情，推动机关及监管企业全体干部职工接种疫苗，机关疫苗接种率100%，监管企业平均接种率96%。

【国资委党建】 2021年，唐山市国资委开展党史学习教育，通过组织专题党日党课活动、举办党史主题读书班、召开专题培训等形式开展集中学习，利用红色教育基地开展现场教学，利用特色活动寓教于乐，利用企业资源打造红色亮点。开展"我为群众办实事"实践活动，年内，系统企业发展党员4261名，获省、市两级"两优一先"（优秀共产党员、优秀党务工作者、先进基层党组织）称号35人（个）。年内提拔使用7名科级干部，监管企业领导班子调整23人次，调整监管企业董事会，免去内部董事16名，聘任外部董事11名。实施企业领导人员经济责任审计，健全纪检监察监督、社会监督统筹衔接。落实“提示函”制度，告诫谈话企业有关人员，提出监管意见建议和整改要求，实现责任约谈与责任追究联通衔接。开展“提能力、强素质、转作风、创新绩”主题实践活动，开通“唐山国资在线”线上培训，依托清华融商学院、国资国企线上课堂等平台，举办“疫情下的企业经营与应对之策”“领导力提升”等课程，组织专题讲座，培训企业领导人员、优秀年轻干部600多人次。

（杨　月）

自然资源与规划

【自然资源与规划概况】 2021年，唐山自然资源和规划局（简称资规局）国土空间规划编制28项专题研究全部完成。3月29日，市级国土空间总体规划经省规划委员会审议，并通过省自然资源厅组织4轮技术审查。指导各县（市、区）国土空间总体规划工作，19个县（市、区）全部完成阶段性成果。结合唐山市国土空间总体规划初步成果，完善唐山市总体城市设计，研究唐山市中心城区建筑风貌。开展唐山新城、唐钢南区、人民公园区域、唐山市核心区等重点区域城市设计及风貌设计，为重点片区开发建设提供技术指引。举办第四届河北国际城市规划设计大赛（唐山），邀请国内顶尖规划设计大师和评委专家参与，获取先进城市规划设计理念和优秀作品。结合国土空间总体规划，组织开展公共服务设施、基础设施等专项规划，统筹安排城市基础设施、公共服务设施布局，形成城市轨道交通线网专项规划成果及城市综合交通体系规划、中心城区停车设施专项规划、中心城区地下空间开发利用专项规划中期成果。

【项目用地保障】 2021年，唐山自然资源和规划局保障省市重点和民生基础设施用地、用海、用矿需求。项目用地报批中坚持一线办公，市、县两级同步推进，相关处室并联审核，开辟重点项目绿色审批通道，将省确定审核时限由9个工作日压缩至5个工作日，省市重点项目事不过夜，随报随审。全市上报用地总面积3035.8公顷，使用国家指标1390.53公顷，使用省计划指标1215公顷，征收集体建设用地110.42公顷，中心城区实施批次319.89公顷，获批1833.80公顷，保障遵秦高速（唐山段）、省道S323改建等省市重点项目用地需求。

【耕地资源保护】 2021年，唐山自然资源和规划局落实耕地保护制度，层层签订耕地保护目标责任书，自查“十三五”时期耕地保护责任目标履行情况。全市实有耕地面积50.65万公顷，永久基本农田划定面积44.89万公顷。执行耕地占补平衡制度，发挥市级占补平衡指标调剂平台作用，落实耕地占补平衡指标746.67公顷。

【国土调查】 2021年，唐山自然资源和规划局先后3次召开全市县级调查成果整改工作会议，对市、县两级成果多轮次审核把关，11月省三调办验收唐山市县级三调成果和市级汇总成果，唐山在全省率先完成资料修改和成果归档备案，验收一次性通过，获省三调办肯定和好评。

【土地市场建设】 2021年，唐山自然资源和规划局科学分析土地市场形势，结合实际制定2021年度市中心区国有土地《收购储备计划》和《供应计划》，合理确定建设用地收储规模和供应结构、数量，打造公开、公平、公正土地市场环境。市中心区全年完成招拍挂出让16宗，出让面积45.65公顷；划拨21宗，面积40.9公顷。召开美丽唐山•2021年度土地招商推介会，吸引80余家房地产企业200余人参会。

【用海服务保障】 2021年，唐山市用海报批全省第一，重点用海项目手续办理取得进展。唐山LNG接收站及外输管线项目于10月25日获自然资源部用海批复。自然资源部受理首钢京唐钢铁厂用海申请，上报国务院审批。全市海岸线修测于11月1日经省政府批准。开展全市养殖用海调查，调查图斑1871个，总面积5.52万公顷，调查成果上报省厅审核。

【矿山综合治理】 2021年，唐山自然资源和规划局坚持矿山减量化管理，关闭矿山8家，实施矿山整合69家，通过提标整改倒逼取缔矿山42家，实现露天转地下开采9家，查处非法勘查开采18处，规范矿山开发利用秩序。省达矿山迹地修复治理任务按期完成，改善矿山生态环境。

【国土绿化造林】 2021年，唐山市保持“国家森林城市”称号，6个县

国家重点保护鸟类在大清河放归大自然。　闫　军摄

区创成省级森林城市，创成省级森林乡村30个，数量均为全省第一。唐山自然资源和规划局实施8个造林绿化工程，营造林5.39万公顷，超额完成省达任务。雄安郊野公园唐山园建成，举办“英雄城市 绿色唐山”专题周系列活动，展示唐山历史文化和生态建设成就。实行林长制改革，市、县、乡、村四级联动，构建“组织在市、责任在县、运行在乡、管理在村”林业资源管理体系，玉田县在全省基层林长制推进会上发言。打造“一园（园博园）、两山（荒山、矿山）、三沿（沿路、沿河、沿海）、百企、千村”绿化布局，实施10项重点造林绿化工程，累计完成营造林3.43万公顷，占省达全年任务123%。新建名优干果基地2000公顷，发展林下经济6066.67公顷，新育苗5333.33公顷，林业扶贫助推163户397人脱贫。雄安新区绿博园唐山园区建设标准和建设速度全省第一。

【野生动物和湿地保护】 2021年，唐山自然资源和规划局落实野生动物保护10项长效机制，开展保护地优化整合，开滦国家矿山公园、南湖风景名胜区等6家省级风景名胜区总体规划编制完成，滦南南堡省级湿地公园、乐亭滦河口省级湿地公园先后获批，为黄渤海候鸟栖息地申报世界遗产奠定基础。

【灾害预防】 2021年，唐山自然资源和规划局落实安全生产“一岗双责”，主动发挥“人防、物防、技防”作用，开展森林防火、地质灾害防治、海洋灾害预警、森林病虫害防治、机关内保等，自然资源领域安全生产保持平稳态势，灾害事故实现“零发生”。

【自然资源整治】 2021年，唐山自然资源和规划局开展自然资源督察整改、卫片执法检查、农村乱占耕地建房整治、耕地“非农化”排查整治、海洋督察整改等专项行动，在自然资源领域扫黑除恶，打击涉地、涉矿、涉海、涉林以及规划领域违法违规行为，土地卫片新增违法面积比上年下降73.8%，2016年～2020年督察发现问题全部整改到位，全省排名第一，被评为全市依法行政优秀单位。

【营商环境优化】 2021年，唐山自然资源和规划局开展“我为群众办实事”活动，围绕“拿地即开工”和城市更新，研究创新规划、用地审批务实举措，优化流程，压缩时限，提升服务效能。推行不动产登记“一窗受理”“网上办理”，与12家银行合作开展“不动产登记+金融”服务，设立便民服务点，实现“不见面”办理不动产抵押。成立学雷锋志愿者服务队，推行“上门服务”“午间服务”“节假日不打烊”服务，为群众办事提供便利。化解路南、路北“办证难”问题，项目分户登记9.95万件，破解开滦一中教师楼、天一广场、老年公寓、开平宅基地继承过户等历史遗留办证问题。巩固脱贫成果，组织林业专家入户开展林果技术服务，选派优秀党员干部驻村精准帮扶，助力乡村振兴和美丽乡村建设。开展电视网络问政，解答群众关注关切问题750多件，提升群众满意度。

【资规局队伍建设】 2021年，唐山自然资源和规划局召开党组（扩大）会议44次，召集理论中心组集中学习12次。开展庆祝建党100周年系列活动，为14名老党员集中颁发“光荣在党50年”纪念章。开展学习研讨3次，机关各党支部组织集中学习10次。线上培训485人次，班子成员赴基层集中宣讲30余次。在公众号开设《党史百年话今天》《党史故事100讲》专栏，3次组织党员参观庆祝建党100周年党史档案图片展。年内，晋升三级调研员7名、四级调研员19名，提拔调整科级干部17名。开展政治性警示教育2次、作风纪律专项整治4次。

（高　宇）

水利管理

【水利管理概况】 2021年，唐山水利工程以“全域治水清水润城”工程为主，市委、市政府主要领导、分管领导先后5次在现场实地调研，主持召开专题调度会议6次，推动项目实施。市治水办逐项目调度40余次，推动工程建设提速提质。落实“周督导、半月调度、月排名”制度，年内印发周报31期、月报10期，通报至市、县两级党委、政府主要领导。专项督查与重点巡查相结合，现场检查312次、专项督查3次。组建工作专班和专家咨询团队，针对性解决“穿越铁路”、土地审批、工程技术等难题139个，保障工程实施。全年6类117个“全域治水清水润城”工程完工104个，实物量投入77%，年度建设任务完成。

【地下水超采综合治理】 2021年，唐山市水利局实施农业节水项目24个，钢铁产业转型、去产能、异地搬迁等项目6个，再生水置换、地表水置换项目39个。创建迁西县县域节水型社会、71家节水型机关（单位）和34家节水型企业。治理滦河骨干河道和长河、沙河、魏进河等6条中小河流，治理河道长度116.93

世界水日，志愿者在还乡河举行爱水护河活动。　齐　磊摄

千米，实现以河代库储水。全年向19条河道生态补水7亿立方米。下达全市计划用水指标24.83亿立方米，完成省厅委托办理取水许可技术审查和延续评估2574件，为用水大户安装在线监控计量设施2229个，依法关停机井819眼。全年形成地下水压采能力1.68亿立方米，完成省达指导性指标。

【河湖长制】 2021年，唐山市4985名河长使用“河长云”APP累计巡河47.5万次，县级总河湖长牵头解决问题114个，乡、村级河湖长处理问题562个。全市河湖从“集中治理”步入“规范管理”阶段，河湖水生态环境持续改善，北河滦南侉城段、滦河滦州古城段入选河北省“秀美河湖”。

【水旱灾害防御】 2021年，唐山市水务局落实防汛备战各级各类责任人717人，修订完善各类方案预案459个，开展水工程隐患排查7轮次378人次、防汛避险应急演练405场次。科学调度水利设施，下发大中型水库调令26份，预泄腾库水量1.1亿立方米，大中型水库削峰率62.2%～97%，有效拦蓄洪水1.52亿立方米。发布山洪灾害预警121次，发布预警短信9000万余条，转移受洪水或山洪威胁群众528人，战胜14次强降雨。抓好抗旱调水，滦南等4个县区应急抗旱项目完成，引滦调水6亿立方米，做到抗旱无减产。

【水利基础设施建设】 2021年，唐山市水利局突出科学谋划，筹措建设资金，推进重点水利工程项目建设，实施省级以上财政投资3.03亿元中小河流治理、大中型灌区续建配套与节水改造、山洪灾害防治、小型水库工程设施维修养护等8类45个重点项目，全部按时完成省达建设任务。

（王金坤）

无线电管理

【无线电管理概况】 2021年，唐山无线电监督执法局先后完成各重大活动期间无线电安全保障工作，监测保护调频广播频率122个、电视频率39个、航空频率8个，排查处理民航GPS定位业务、公众移动通信业务等各类无线电干扰7次。清理唐山北站、滦河高铁站、唐山三女河机场等区域电磁环境，排查270座高铁GSM-R基站、49座铁路400M基站、2座航路导航台，实现重要无线电业务“零干扰”。

唐山无线电管理局与唐山海事局联合执法。　王　琳　摄

【无线电服务冬奥会】 2021年2月，“相约北京”系列冬季体育赛事活动中，唐山无线电管理局2名技术人员组成机动应急小队，在现场执行赛事保障任务，检测设备900余部次，拦截8部未贴标无线电设备，累计监测81小时，分析信号91个，排查不明信号15个。3～11月份，唐山局冬奥保障人员采取远程遥控监测方式，开展赛区电磁环境摸底测试以及冬奥许可用频保护性监测，累计监测3072小时，存储监测数据308G。11月举办单板和自由式滑雪世界杯活动中，2名保障人员参与无线电技术演练2次，完成8场正式比赛保障任务，排查定位赛区内不明信号7个，在安检口阻拦6台未贴标对讲机入场。12月初，1名技术人员作为外围保障组对京张高速、高铁站和重点单位开展保护性监测，累计行程520千米，分析信号143个，制作原始数据表格60张，存储典型频谱图72张。

【电磁环境清理整治】 2021年4～7月，唐山无线电管理局在全市范围内开展电磁环境清理整治专项行动。启用辖区19座固定站，出动人员289人次、车辆78辆次，累计监测4.93万小时，其中车载站监测时长928小时，固定站监测时长4.83万小时，累计分析信号465个，排查不明信号129个，查处3起违规使用GPS干扰器案件，打掉“黑广播”窝点17个，检查销售无线电设备商家32家、发射设备数量85部，改善全市电磁环境。

【无线电频率资源需求保障】 2021年，唐山无线电管理局在首钢京唐扩建、唐钢退城搬迁、河钢乐亭钢铁有限公司通信网建设以及河北纵横钢铁规划数字集群通信网等重点项目建设中提供技术咨询服务，优先保障用频需求，推动企业信息化建设转型升级。重点保障京津冀协同发展和全市重大项目频率需求，开展航空、铁路、水上、轨道交通等重点频段核查专项行动，核查24个单位164部台站，测试3家电信运营企业7个2G基站、21个发射机闭路，110个5G基站开路测试。

【无线电服务5G建设】 2021年，唐山无线电管理局压减5G基站审批时限，开展“一对一”精准服务，累计审批5G基站3276座。推广5G业务应用，召集全市煤炭、钢铁、港口、化工、电力等行业22家重点设台单位38名代表召开5G业务技术专题培训和座谈会，推动北京理工大学与冀北电力公司5G电力系统研究应用合作，推动首钢京唐“5G智慧钢铁”以及唐山港集团、中煤同煤京唐港口有限公司“5G+智慧港口”等项目落地。首钢京唐公司成为全国首个“5G智慧钢铁实训基地”，唐山港被中国移动通信集团授予“5G智慧港口示范基地”称号，成为全国第四个、全省第一个开展集装箱自动化码头建设港口。

【无线电台站规范管理】 2021年，唐山无线电管理局落实“放管服”要求，推行精简审批、全网流转、集成服务、审管衔接等举措，对照省级《清单》，细化行政许可事项子项目录10项。累计办理行政许可202件，审批新设台站4068部，换发台站执照2.47万部，收缴频率占用费138.55万元，增收3.23万元。

【无线电发射设备管理】 2021年，唐山无线电管理局加强对无线电发射设备生产、销售监督检查，备案审核无线电发射设备销售，专项执法，及时纠正处理违规销售行为。年内全市备案商户314家，无线电发射设备备案种类56种，型号数量2.9万部，备案数量全省第一。

【应急通信保障】 2021年，唐山无线电管理局落实国家、省防汛抗旱、森林防火、防灾减灾等部署，先后6次与应急管理、自然资源和规划、水利、气象等部门对接，应急频率储备充足。参加“唐山市2021年森林消防救援综合应急演练”活动，提升森林草原防灭火工作部门间协作能力。联合市通信发展管理办公室组织开展应急通信综合演练活动，全要素拉动应急装备、人员组织、指挥调度等，提升极端情况下应急通信快速反应能力。

【水上无线电秩序管理】 2021年，唐山无线电管理局与唐山海事、曹妃甸海事部门建立维护水上无线电通信秩序合作机制，分别于4月、10月开展联合两地海事部门开展海上联合巡航行动，完善多部门常态化合作管理机制，提升查处水上无线电违法行为能力。

（王 琳）

消防管理

【消防管理概况】 2021年，唐山市各县（市、区）消防救援大队累计检查单位2万余家，发现督促整改火灾隐患2.53万处，下发行政处罚决定书362份，临时查封单位118家，责令“三停”（停产、停业、停止施工）单位40家，罚款505.78万元，行政拘留21人，净化全市消防安全环境。唐山市消防救援支队连续8年未发生较大以上火灾事故。在2021年唐山《政府工作报告》中，4次提到消防救援，点赞慰问全市消防救援人员，肯定消防救援事业实现新进步。

【消防安全防控体系建设】 2021年，唐山市消防救援支队汲取沧州南大港“5·31”重油储罐火灾事故教训，在全市开展“专家式”“会诊式”典型风险点排查，责成569家易燃易爆、石油化工、高层建筑、地下空间等不放心单位逐一签订《消防安全承诺书》。针对全市8家重大火灾隐患单位下发《督办通知单》，落实属地政府和行业部门“每日见面”制度，采取管控措施确保安全。汲取湖北十堰“6·13”燃气爆炸事故教训，联合燃气、供电部门深入重点单位和群众家庭，面对面传授消防知识，手把手排查火灾隐患。联合公安派出所组织辖区物业管理单位、村居“两委”、生产经营业主召开消防安全防范会议，普及消防常识，督促做好群防群治，加大防火巡查频次，做到防患于未然。举办唐山市“农村消防四个一工程”现场观摩会，将消防安全管理模式由“城市”向“农村”延伸推广，破解农村消防问题，创建具有“唐山特色”农村消防安全管理新模式。

【消防战训能力提升】 2021年，唐山市消防救援支队制定《练兵工作奖惩规定》，强化“达标是底线、优秀是目标、挑战无极限”训练理念，把议训、抓训情况列入考核评比刚性指标。紧贴“全灾种、大应急”任务需要，承办全省地震救援关键技术培训班，提升队伍应对处置地震灾害事故实战能力。开展水域救援、绳索技术、紧急救助、无人机飞手等培训14批次，74人次取得相应专业资质。其中，选派18名救援人员在广西龙胜参加舟艇救援技术培训，全部取得“国际搜救指导员联盟认证”舟艇安全救援技师二级证书。

【消防后勤保障】 2021年，唐山市消防救援支队压缩一般性支出93.3万元，压减率15%。投入420余万元完成消防站厨房设施改造、宿舍铁床更换，为机关新建洗车场、体能训练室，为全市消防救援人员接种新冠疫苗，保障队站食宿生活条件、队员身体健康。落实装备购置经费8834万元、基础设施建设经费716万元，新建消防站3个。完成支队级单位特别重大灾害事故应急战勤保障编组车辆装备和物资配备，以及充气室、维修中心等功能性设施建设。与铁路唐山站、三女河机场、市人民医院以及3家应急装备物资生产企业签订联勤保障协议，定期开展多元化社会应急力量联勤保障实战演练，形成“平战结合、响应迅速、协同高效”新型战勤保障体系。

（于景华）

小学生学习消防器材使用。　　张 丹摄

生态环境

Shengtaihuanjing

综　述

【生态环境改善】 2021年，唐山市空气质量综合指数5.00，比上年下降14.8%；PM2.5浓度每立方米43微克，比上年下降12.2%；PM10浓度每立方米79微克，比上年下降10.2%；二氧化硫浓度每立方米10微克，比上年下降44.4%；二氧化氮浓度每立方米39微克，比上年下降15.2%；一氧化碳浓度每立方米1.9毫克，比上年下降24%；臭氧浓度每立方米161微克，比上年下降11.5%。优良天数256天，比上年增加7天，优良天数比率70.1%。国、省考核8条河流11个断面达标，其中2个断面实现水质类别提升，8个断面达到地表水Ⅲ类及以上水质标准，优良比例72.73%。25个县级以上集中式饮用水水源地水质达标。省考核地下水监测点位水质达到三类考核标准。近岸海域17个监测站位水质优良率100%。全市再开发利用污染地块得到安全利用，受污染耕地安全利用率100%。

【美丽河北·最美蓝天卫士评选】 2021年，唐山市大气办开展“美丽河北·最美蓝天卫士”推选活动，评选在全市大气污染防治攻坚战中先进典型，王冰、张雪松（已故）被授予“美丽河北·最美蓝天卫士”称号，邓薇、尹光辉、葛晓雷3人被授予“美丽河北·优秀蓝天卫士”称号。活动激发社会公众参与大气污染防治热情，传播生态环境保护理念，为建设美丽唐山做出新贡献。

【“六五环境日”活动】 2021年6月5日，唐山市举办纪念2021年“六五环境日”活动暨2020年度唐山松下环境保护奖励基金颁奖仪式，播放《为了唐山天更蓝水更清——小记唐山松下环保奖励基金》宣传片，表彰24名个人、4家单位，获奖者包括工人、农民、教师、记者、环保科技领头人以及绿色学校和公众开放单位，涵盖各个层面和群体，全市生态环境系统人员走上街头、走进社区、走进企业，开设咨询台，发放环境宣传手册挂图，开设法律讲堂，向社会宣传环保知识，推动形成“绿水青山就是金山银山”社会共识。

蓝天白云下的唐山市区。　　吕光宇 摄

【《唐山市集中式饮用水水源地保护管理条例》颁发】 2021年2月2日，《唐山市集中式饮用水水源地保护管理条例》于唐山市第十五届人民代表大会常务委员会第六次会议通过，经河北省第十三届人民代表大会常务委员会第二十三次会议批准，自2021年9月1日起施行，《唐山市陡河水库饮用水水源保护区污染防治管理条例》同时废止。《唐山市集中式饮用水水源地保护管理条例》共37条，内容涵盖总则、饮用水水源保护区的划定与调整、饮用水水源保护、饮用水水源监督管理、法律责任和附则，细化《中华人民共和国水法》《中华人民共和国水污染防治法》《河北省水污染防治条例》等上位法规定，为唐山打赢净水保卫战提供法律支撑。

环境综合整治

【区域环境治理】 2021年，唐山市关停新宝泰、华西、金马等钢铁企业，建成天柱、国义、唐银、华西等退城搬迁项目。制发《关于执行重点行业大气污染物排放特别要求的通知》，从严超低排放限值，钢铁、焦化等12个行业企业实施月度总量减排，累计减少颗粒物4.4万吨、氮氧化物2.67万吨、二氧化硫1.87万吨、一氧化碳96.13万吨。钢铁行业企业提标改造治理354项，

18家焦化企业取缔粗苯管式炉；水泥、独立轧钢、铸造、陶瓷等行业整治提升847家企业，632家未通过验收企业依法停产整治。1173家涉VOCs（挥发性有机物）企业制定“一厂一策”，260家重点涉VOCs企业提标改造，141家企业完成低VOCs原料替代。“双代”（气代煤、电代煤）工程改造19.4万户，取缔燃生物质锅炉880台，清洁治理燃醇基、燃气锅炉265台；关停整合热电联产机组供热半径30千米范围内燃煤锅炉，供暖面积低于50万平方米企业热源替代完成。7条新改建“公转铁”铁路专线，2条建成投运，3条具备通车条件，2条主体完工。省达3.73万辆柴油货车淘汰任务完成，更换新能源公服车562辆、电力重卡1189辆、氢能重卡35辆。开展道路、建筑工地、黄土裸露、物料堆场、矿山、港口“六尘共治”行动和“清洁唐山”专项行动，城市出入口及城市周边干线公路机械化清扫率100%。保持全域禁燃禁烧，露天焚烧问题比上年减少745起，下降率70%。

【水环境综合治理】 2021年，唐山市全域治水清水润城工程建设项目104个，布设智能视频监控系统点位862个，生态补水7亿立方米，建立遵化—蓟州等跨区域联动机制，河湖从“集中治理”步入“规范管理”新阶段。17座县级以上生活污水处理厂出水水质达到一级A及以上排放标准，治理101个村庄生活污水，建设1036个村庄生活污水无害化处理工程，整治69条农村黑臭水体。投资44亿元，实施地下水压采项目69个，可形成地下水压采能力1.68亿立方米。推进集中式饮用水水源地规范化建设，设立乡镇及“千吨万人”集中式饮用水水源保护区标识标牌，25个县级以上集中式饮用水水源地水质达标率100%。印发《唐山市入海排污口“一口一策”整治任务清单》，整治入海排污口1171个，完成总任务数50%以上。

【土壤污染风险防控】 2021年，唐山市录入“全国污染地块土壤环境管理系统”地块348块，其中非污染地块280块、污染地块11块、在查57块。农用地超标点位周边排查涉重金属企业35家，排查全口径清单涉重金属企业56家。排查所有涉危险废物单位，累计出动执法人员8259人次，检查企业2753家次、非企业类场所（地段）47个，发现问题企业117家、问题117个，全市未发生土壤污染风险问题。建立污染地块清单和优先管控名录，关闭搬迁18家污染土壤焦化企业，排查农用地超标点位周边涉重金属企业35家，全口径清单涉重金属企业56家，213家重点监管单位实现自行监测。危险废物排查整治和执法监察“回头看”专项行动，检查企业、场所2800家次，建成全省第一家危险废物智能监管平台，214家年产危险废物3吨以上企业联网。建成2个机动车维修拆解危险废物收集和1家小微企业危险废物收集试点。争取各级财政资金支持1400万元，用于全市土壤及农产品协同监测及土壤修复治理。全市受污染耕地管控措施覆盖率100%，8个任务区耕地污染治理效果评价结果均为优秀。户厕改造11.46万座，2019家畜禽规模化养殖场粪污处理设施配套建设比例100%，秸秆综合利用率97.8%，农药化肥使用量均实现负增长。

【大气污染防治】 2021年，唐山市关停1000立方米以下高炉27座、100吨以下转炉12座、180平方米以下烧结机26台、4.3米焦炉5座、25万千瓦火电机组1座，取缔二环线以内独立石灰窑企业19家。压减粗钢产量1237万吨。取缔880台蒸吨燃生物质锅炉，清洁治理265台蒸吨燃醇基、燃气锅炉，实施热电联产机组供热半径30千米范围内燃煤锅炉、未完成超低排放改造自备燃煤电厂等燃煤设施关停整合，完成供暖面积低于50万平方米钢铁、焦化、水泥企业热源替代，其他供热企业严格以热定产。提前完成省达37298辆柴油货车淘汰任务，更换新能源公服车562辆、电力重卡1189辆、氢能重卡35辆。19家钢铁企业实施不低于30%总量减排，焦化、水泥、玻璃等11个行业企业根据绩效评级实施月度总量减排。

【生态保护与修复】 2021年，唐山市投入生态环境领域资金24.83亿元，采取政府和社会资本合作模式，实施全域治水清水润城工程，撬动社会资本115.72亿元。初步建立市、县、乡、村四级林长制组织体系，全年营造林5.33万公顷，超额完成省达营造林任务。关闭、整合、取缔矿山119家，141处责任主体灭失矿山迹地治理，举办省第五届园林博览会。深挖1起非法采矿刑事案件线索，依法要求赔偿生态环境修复费用1亿元。创建生态文明建设示范市，3项申报条件、6项否决条件符合要求。9家企业、2个绿色设计产品、1家绿色供应链管理示范企业入围工信部绿色制造名单认定公示，钢铁、焦化、平板玻璃、水泥等15个行业94家企业通过强制性清洁生产审核。举办全国第23届二氧化硫、氮氧化物和颗粒物污染防治技术研讨会，连续24年开展唐山松下环境保护奖励基金表彰活动，累计创建绿色学校521所。

环境监管

【环境监管概况】 2021年，唐山市成立应对气候变化及节能减排工作领导小组，市级河湖长由7名增加至11名，实施“一把手”工程，党政主要负责人层层签订承诺书。坚持市委书记一季一调度、市长一月一调度、分管副市长一周一调度和早晚会商制度，建立“日常调度、预警应急、问题督办、整改督查”闭环管理机制，提升全过程、全领域、全时段治理能力和效果。

【环保执法监管】 2021年，唐山市生态环境局成立科技执法处和钢铁焦化执法处，提高精细化管控水平。组建钢铁焦化特别执法大队开展专项检查，组建重污染天气应急响应驻企监督员人才库，健全重污染天气驻厂监督体系。统筹市、县两级执法力量，集中开展解剖执法、交叉执法、驻点执法，依法依规严惩非法排污行为，全年立案4312件，罚款3.02亿元。公安机关侦办污染环境案件230起，打击处理289人。打击排放危险废物和自动监测数据造假专项行动，逮捕48人，判刑47人，整改生态环境部检查发现钢铁行业企业48个问题。启动生态环境损害赔偿案件17件，其中办结16件，案件办理数量及办结率均居全省

5月28日，首批30辆电动重卡在唐山港京唐港区投用，助力临港物流绿色发展。 杨世尧 摄

前列。市中心区25千米范围内重点污染源117套动态管控系统和133套网格化微型站实现联网，建立大数据监控管理平台，6个行业74家企业生产和环保设施5772个DCS参数实现集成联网，在主要生产环节安装1157个高清视频监控设施，在厂区主要产尘点周边和运输道路两侧安装1243个空气质量监测微站，25家钢铁企业门禁视频监控实现联网全覆盖。

【创B争A促引领行动】 2021年，唐山市生态环境局两次召开钢铁企业“创B争A”现场观摩会，成立专门帮扶领导小组，引进生态环境部评估中心等专家团队，帮扶20家钢铁企业制定“一企一策”创A方案。纵横钢铁、津西钢铁、河钢乐钢3家企业完成超低排放评估监测公示，1月6日晋升A级，全市钢铁行业A级企业5家，位居全省首位，全市A级企业累计32家，2家企业提升为绩效引领性企业，13家钢铁企业实现绩效等级提升。

环保机制建设

【环保机制建设概况】 2021年，唐山市生态环境局通过门户网站等平台向社会公开大气和水环境质量、环境保护措施、行政审批相关事项、工作动态等信息1600条，收到信息公开申请72件，在规定时限内予以答复，累计在《唐山劳动日报》《燕赵都市报》等媒体刊发报道338篇（次），在微信公众号“生态唐山微发布”、官方微博等平台发布信息3213条。完善《唐山市环境空气质量考核及奖惩问责办法（试行）》《唐山市“两散一烧”量化问责办法》《唐山市扬尘污染治理考核奖惩及问责办法》等考核奖惩制度，综合运用通报排名、经济奖惩、公开约谈、组织处理等措施，督促大气污染防治责任落实，全年累计扣罚资金1亿元，问责1170人。细化唐山市主要河流跨界断面补偿考核方案，扣缴县（市、区）生态补偿金1.09亿元。

【环境服务能力提升】 2021年，唐山市生态环境局成立“三监联动”试点工作领导小组，探索建立以排污许可制为核心监管制度体系，实现固定污染源全过程监督管理。73个省重点项目办理环保手续，开展“钢铁行业碳排放环境影响评价试点和规划环评落实年行动”，完成1064家企业排污许可质量审核、376家企业执行报告内容规范性审核，提交2020年度执行报告2402家，提交率100%。污染物排放总量政策审核和方案调剂，审核140个建设项目，调剂化学需氧量710.74吨、氨氮62.92吨、二氧化硫3234.45吨、氮氧化物5442.21吨。

【生态环境宣传】 2021年，唐山市生态环境局举办“大街小巷说环保”活动，推动生态环境宣传走进社区、走进街道、走进学校，把广场、公园作为群众宣传阵地，设置流动宣讲台，通过环保法律法规解读、环保知识科普、拍照打卡、宣传片播映、有奖问答和文艺表演等形式，提高公众生态环境保护意识，让保护生态环境成为市民自觉行动。“童心绘万物”主题绘画作品征集活动，收到主题绘画作品1498份，围绕生物多样性保护主题，展现出少年儿童心中生物多样性世界，以及对生态环境保护思考和行动，120件优秀作品、55名优秀指导教师和3个优秀组织单位受到通报表彰。

（马建朝）

10月4日，唐山南湖湖中湿地里，几只羽毛浅灰、头部带有黑色带斑的斑头雁与数百只雁鸭、鸬鹚、黑水鸡和白鹭等野生鸟类在草地上休憩。斑头雁分布于中亚、克什米尔及蒙古国，越冬在印度、巴基斯坦和中国云南等地，在唐山这样低海拔地区却不常见。 闫军 摄

农业

NongYe

综 述

【农业项目建设】 2021年，唐山市争取上级涉农资金21.58亿元，涉及农业生产发展、农业资源及生态保护等10类80个项目，唐山国家级沿海渔港经济区项目通过农业农村部项目答辩，争取到第一阶段资金6000万元。全市签约农业项目金额150亿元，超额完成年初确定105亿元目标任务。深化京津院企对接合作，市政府先后与中国农科院、中国融通农业发展集团、中国中化控股有限责任公司、北京首农集团、天津食品集团等京津院企达成合作意向，签订战略合作协议，重大项目相继落户唐山。

【农业综合执法】 2021年，唐山市本级和12个县（市、区）建立农业综合行政执法体系，其中路南、路北、高新统一由市农业综合行政执法支队行使执法权，海港、芦台、汉沽、唐山国际旅游岛农业综合行政执法工作委托当地实施属地执法。印发《唐山市人民政府办公室关于印发〈唐山市进一步规范农业综合行政执法工作实施方案〉的通知》，健全执法体系、规范执法事项、健全执法机制、提升执法能力，推动乡镇和街道综合执法改革；制发《唐山市进一步完善农业综合行政执法体系建设实施方案的通知》；加强执法监管，执法信息公开，规范执法行为。重点开展农资打假、畜禽屠宰专项整治等行动，市本级立案24起，结案24起，移送公安机关案件1起，确保农资市场安全稳定；强化渔业安全生产执法管理，改善海上渔业生产秩序，市本级立案13起，结案12起。

【土地流转】 2021年，唐山市土地流转面积13.42万公顷，土地流转率29.8%，全市3.33公顷以上规模流转面积6.71万公顷，占流转总面积50%。签订土地流转合同42.89万份，涉及流转面积12.36万公顷，签订流转合同涉及面积占流转总面积比重（土地流转规范率）92%。录入省级土地流转信息平台流转合同6.11万份，涉及耕地面积3.05万公顷，占规模流转面积（50亩以上）45.4%。联合市场监管局印发《关于推广使用农村土地经营权流转合同（示范文本）通知》，推广使用新版流转合同。开展土地经营权抵押贷款相关业务指导，帮助新型农业经营主体解决资金困难。指导各地培育土地流转先进主体，印发通知，明确培育条件、制定培育标准，打造12个土地流转先进主体，为先进主体发放牌匾，总结典型做法编印成册宣传推广。印发《关于加强土地流转监管和风险防范的紧急通知》《关于当前加强农村土地经营权流转监督管理工作的通知》，各地开展土地流转专项检查，防止耕地“非粮化”。编印《土地流转政策问答》《土地流转先进主体推介汇编》等资料，免费发放，加大宣传力度。唐山市土地流转信息平台发布土地流转动态、典型经验、政策法规等信息，总访问量93.7万人次。举办全市土地流转工作培训班，邀请国家、省专家领导授课，提高土地流转工作人员政策及业务水平。

玉田县彩亭桥镇吴土桥村高标准农田项目建设现场。 轩 永 摄

【农村人居环境整治】 2021年，唐山市农业农村局持续推行全域市场化保洁模式，配备保洁人员1.67万人，占比111.4%。农村污水治理项目完工120个，全市累计完成农村生活污水治理村庄1815个，有效管控3606个村庄。全市户厕改造11.46万座，新建农村公厕2685座。摸排2013年以后各级财政奖补支持改造户用厕所77.64万座，发现问题厕所11.27万座，立行立改8.87

万座，列入“十四五”整改1.89万座。新建粪污处理及转运站421座，购置抽粪车855辆，其中丰南区农村粪污无害资源化处理模式被《人民日报》《经济日报》新闻客户端报道。开展暑期道路沿线村庄环境整治行动，208个村全部整治完成。

【农村重点领域改革】 2021年，唐山市农业农村局起草《深化全市农村土地制度改革提升农村承包地管理水平的实施方案》，推动农村承包地确权登记颁证难点村扫尾，巩固农村集体产权制度改革成果，全市成立股份合作社5388个，占比98.9%，基本完成股份合作社转化。制定《加强农村宅基地工作整改实现全省争先进位工作方案》，综合实施调度、培训、督导、通报等措施，上半年全省考核排名第一。发展壮大农村新型集体经济，确定并推进145个全省财政扶持发展集体经济项目村建设，全市集体经济年收入5万元村占比77%。建设乡村治理示范村镇，迁安市五重安镇与曹妃甸北常坨村、滦南县西胡各庄村、迁西县东城峪村、丰南区崔庄户村获评第二批全国乡村治理示范镇村。加强政银合作，建行“裕农通”品牌累计服务唐山农户122.24万户，覆盖全市60%农户及24%农村人口，累计投放涉农贷款310亿元，新增91亿元。

【“双十双百”工程】 2021年，唐山市农业农村局围绕建设“三地”（京津优质安全农产品供应基地、环京津生产加工物流基地、京津冀休闲农业和乡村旅游目的地）目标，实施“双十双百”工程（发展10个优势特色产业、建立10个农产品加工集群，创建100个农业高质量发展示范基地、创建3个产值超100亿元全产业链加工集群），重点培育6个产值超20亿元农产品加工集群，包括遵化市食品加工产业集群、玉田县农产品加工产业集群、迁西板栗加工产业集群、滦州市乳品加工产业集群、唐山市丰润区乳品加工产业集群、乐亭县果蔬加工产业集群。建成国家级海洋牧场示范区5个，玉田县获批创建第一批农业现代化示范区，乐亭县丰汇海水养殖有限公司获批首批国家级水产健康养殖和生态养殖示范区，唐山栗圆实业有限公司联合体被农业农村部认定为全国首批农业国际贸易高质量发展基地，北京首农集团落地滦南，唐山市锦程牧业有限公司获批农业农村部畜禽养殖标准化示范场。

【助贫脱贫多渠道】 2021年，唐山市实现3882户8515名脱贫人口“零返贫”，246户654名防贫监测对象“零致贫”。市、县两级投入防贫资金3043.94万元，向防贫对象支出防贫保险金651.18万元，唐山连续3年在全省乡村振兴实际考核中被评为优秀单位。落实中央财政衔接推进乡村振兴补助资金817万元、省级推进乡村振兴补助资金5624万元，市级投入资金3540万元，比上年增长6.1%；县级投入资金1.87亿元，比上年增长2.5%，确保投入资金与巩固拓展脱贫攻坚成果需求相适应。教育帮扶，为5.4万名家庭经济困难学生（幼儿）发放资助资金5317.32万元，适龄儿童、少年无一失学辍学。医疗帮扶，落实“先诊疗后付费”“一站式结算”“基本医保+大病保险+医疗救助”三重保障政策，报销比例不低于90%，在全省率先将住院“先诊疗后付费”制度由县域内扩至市级定点医疗机构，累计为建档立卡脱贫人口报销医疗费用5498.96万元。住房安全保障，建立农村低收入群体住房安全情况排查月报制度，完成省达农房抗震改造1.65万套任务，其中涉及农村低收入群体改造153套。成立县级农村饮水专业管护机构，健全完善定期维修维护长效机制，保障饮水安全。产业扶贫，全年安排“大产业”帮扶资金1.26亿元，入库产业项目25个，落实帮扶企业27家，实现建档立卡脱贫户产业项目全覆盖，建档立卡脱贫户累计收益646.45万元，总投资180.96万元发展“小产业”项目197个。就业帮扶分类施策，送岗位进村入户，有劳动能力且能出村务工村民，推荐到规模以上企业和中小企业就业；弱劳动力和半劳动力，在村内安排保洁员、护水员、护林员等公益岗位，全市有就业意愿且有劳动能力3295名脱贫人口全部实现动态就业创业，公益岗位安置脱贫人口1804人。科技帮扶，发挥23个省级创新驿站作用，全年累计试验示范推广农业新品种、新技术、新模式200余项（个），推行科技特派员制度，全市备案省级农业科技特派员60名，农业科技服务推动板栗、中药材、花生等特色产业发展。消费帮扶，鼓励脱贫地区农特产品进机关、企业、学校、医院、军营，全市通过“832平台”直接购买扶贫产品价值2371万元，规范认定供应商72家、扶贫产品195种，其中45家供应商、173种产品进入全国扶贫产品名录，累计实现线下销售10.73亿元、线上销售262.67万元，全市建成2个专馆、93个专区、201个专柜销售扶贫产品。金融帮扶，累计发放脱贫人口小额信贷贷款50.9万元、“政银企户保”贷款250万元，建立财政贴息和风险补偿机制，设立脱贫人口小额信贷风险补偿金231.4万元，累计贴息6.14万元。连续5年提高农村低保标准，达到6312元，5015名建档立卡脱贫群众纳入低保，969人纳入特困供养；农村集中供养特困人员基本生活标准由9180元提高到1.01万元，分散特供人员由8040元提高到8844元。残疾人补贴做到应补尽补，发放困难残疾人生活补贴95.78万元、重度残疾人护理补贴50.31万元，临时救助建档立卡脱贫人口139人次，发放救助金14.27万元。

【扶贫助贫常态化】 2021年，唐山市建立防贫机构，市级成立防贫中心，所有乡镇均设立防贫工作站，每村明确1名预警联络员，实行网格化管理，责任到户到人。健全预警机制，将防贫监测对象认定标准由6312元提高到6943元。运用市级精准防贫信息系统平台，实行农户申报、基层排查和部门预警3种监测方式，持续跟踪群众收支、生活保障和饮水安全状况，确保符合条件群众应纳尽纳。完善“产业带、就业帮、金融保、政策兜、急难救、智志扶”帮扶体系，市、县两级投入防贫资金3226.41万元，向746名防贫对象支出防贫保险金559.36万元，在全省率先实现社会救助基金会全覆盖，累计筹集资金8180万元，向211名困难群众发放救助金102.09万元。开展“百企帮千户”行动，1920家企业结对帮扶全市建档立卡脱贫户和边缘易致贫户，累计带动社会各界捐款3445万元。

市本级及7个县（市、区）持续对承德市开展对口帮扶，拨付帮扶资金1.4亿元，实施帮扶项目38个，覆盖脱贫村715个，惠及脱贫人口39.2万人。李占民获全国脱贫攻坚模范，9名先进个人、9个先进集体获评全省脱贫攻坚先进集体和先进个人，以市委市政府名义通报表扬526名先进个人、274个先进集体。

【4个农业建设】 2021年，唐山市农业农村局发展科技农业、绿色农业、品牌农业和质量农业“4个农业”。科技农业，发挥23个省级创新驿站作用，试验示范推广农业新品种、新技术、新模式200余项（个），其中8个春小麦新品种通过省级认定；重点培育1个种植业、2个渔业育繁推一体化种业骨干企业，新建国家级水产原良种场1家、省级水产原良种场4家，“鲷优1号”新品种通过全国水产原种和良种审定委员会审定；丰南区、乐亭县被农业农村部列入全国现代农业科技现代化先行县共建名单，曹妃甸区农业技术推广站入选全国星级基层农技推广机构，玉田县集强农民专业合作社入选全国星级农业科技社会化服务组织。绿色农业，实现化肥、农药“两个零增长”，畜禽粪便、农膜、秸秆基本资源化利用，全市秸秆综合利用率97.8%，农膜回收率92.4%，均超额完成省达目标任务；洁净煤宣传推广，全市收取26.55万户农户自筹款，分别完成洁净煤需求指导性目标任务106%和112%，配备一氧化碳报警器54.5万台套；综合实施冬小麦节水品种应用、水肥一体化建设等项目，全市压减地下水用量2405万立方米，超额完成年度目标任务。品牌农业，组织涉农企业参加“2021品味河北·我们在行动”暨河北品牌农产品进京对接推介会等活动，提升唐山特色农产品知名度和美誉度，“山海境·唐山味”正式确定为唐山市级农产品区域公用品牌；迁西板栗公用品牌价值突破30.25亿元，获中国果品流通协会评选消费者最喜爱果品品牌，丰南西红柿、滦南甘薯获批国家地理标志。质量农业，推进农业标准化，分别申报2021年省、市两级地方标准制修订项目17项和43项，制发市级农业地方标准6项；8家企业、16项农产品获绿色食品证书，15家企业、23项产品进入农业农村部绿色发展中心审核阶段；全市农业标准化覆盖率72.43%，农产品质量安全总体监测合格率99.2%。

（董泽辰）

种 植

【种植概况】 2021年，唐山市粮食播种面积48.96万公顷，总产量293.81万吨；全市油料播种面积7.6万公顷，总产量31.88万吨；全市瓜菜面积12.96万公顷，总产量993.89万吨；全市累计建设高标准农田40.32万公顷。推进耕地土壤环境质量类别划分和受污染耕地安全利用，采集化验土壤样品960个，在滦南示范推广退化耕地治理技术1333.33公顷，构建数量、质量、生态“三位一体”耕地保护格局。年内创建5个粮食作物标准化生产示范园，全市种植强筋春麦1.26万公顷、特色鲜食玉米4566.67公顷、优质绿色水稻2.5万公顷、特色杂粮杂豆4266.67公顷，实现粮食生产提质增效。

【果蔬特色产业】 2021年，唐山市发展特色果蔬产业，蔬菜播种面积12.15万公顷，总产量947.6万吨，总产值290.2亿元，比上年分别增长0.5%、0.6%和6.7%。全市水果播种面积3.99万公顷，总产量128.94万吨，产值50.32亿元，与上年基本持平。2021年争取中央和省级产业集群项目资金1600万元，遵化市、迁西县为中央越夏食用菌特色产业集群续建项目实施县，迁安市为特色产业绿色高质高效行动建设项目实施县，遵化市和玉田县为河北省精品蔬菜产业集群项目实施县，滦州市为河北省山地苹果产业集群项目实施县，1600万元项目资金带动社会资本投资1422.25万元，建设高标准温室、工厂化育秧大棚、食用菌初级加工车间、精深加工生产线、研发实验室等基础设施，引进新品种，调优生产结构，完善生产设施，推广新技术，延伸产业链条，带动果蔬产业升级。

【植物保护检疫】 2021年，唐山市发挥草地贪夜蛾“长城防线”和“百点”县作用，利用22台病虫智能监测设备、31台高空灯、34台虫情测报灯、92台杀虫灯、1万余套性（食）诱设备，监测防控草地贪夜蛾等重大病虫害，全市发放病虫情报230期。在玉田、乐亭、遵化、迁安等县（市、区）布设苹果蠹蛾监测点46个，安装诱捕器1600多套，阻截苹果蠹蛾传入。全市158家专业化统防统治服务组织有大中型植保机械3000多台，其中无人机475架，日作业能力在2万公顷以上，全年实施作业面积732.45万亩次，唐山在第二届河北省农业行业职业技能大赛（植保员）中获团体优秀奖和个人三等奖。在玉田、乐亭等7个

丰南区农业技术人员指导农民浇灌小麦返青水。 高国昌 董苗苗 摄

县（市、区）新建绿色防控示范区14个，示范面积1633.33公顷，推广农药减量控害试验示范技术20多项，组织技术培训115场次，悬挂条幅837个，发放技术资料6.5万份，接受宣传1.2万人次，唐山市获省级“绿色防控工作先进单位”称号。主要农作物绿色防控覆盖率47.4%，统防统治覆盖率47.2%，农药使用量降低3.7%，保障粮食丰收和农业生产安全。

【科教兴农】 2021年，唐山市农业农村局实施农技推广补助项目，遴选30个科技示范主体重点培育，建设9个县级农业科技试验示范基地，重点建设1个国家现代农业科技示范展示基地。实施高素质农民培育项目，全市认定15个培训基地、25个实习实训基地；建立农民教育培训师资库，遴选582名专兼职教师；分层分类精准培训农民1250名。提升科技创新能力，发挥6个国家级、11个省级现代农业产业技术体系综合试验站科技资源和人才优势，开展科技攻关、示范推广和指导服务，加快农业科技成果转化应用。丰南区、乐亭县被农业农村部列入全国现代农业科技现代化先行县，探索科技支撑乡村全面振兴和农业农村现代化新机制新模式。通过现场培训、实地指导、座谈交流、科技咨询等方式，利用中国农技推广APP、云上智农APP等网络平台，开展农村实用技术培训32万人次，提升农民技术水平。

【新型农业经营主体培育】 2021年，唐山市有家庭农场4922个，其中省级示范家庭农场130个，市级示范家庭农场338个。滦南县被省厅确定为首批15个省级家庭农场示范县之一，玉田县大安镇佳华家庭农场成为农业农村部向全国推介典型案例，是全省2个入选案例之一。争取财政奖补资金等扶持政策，2021年市级财政安排家庭农场专项补助资金100万元，落实省级以上财政奖补资金1200万元。在“唐山三农”微信公众号、《唐山劳动日报》发布全市培育家庭农场典型做法和玉田佳华农场典型案例。编印《家庭农场政策与典型案例宣传册》《家庭农场典型案例汇编》，宣传推广家庭农场经验。举办全市家庭农场现场观摩培训班，邀请国家、市专家领导授课，提高家庭农场水平。提升农民合作社规范发展质量，全市国家级、省级、市级示范社分别为26个、83个、260个，迁安市被确定为国家整县推进试点县，玉田县集强农民专业合作社被评为2021年度河北省“十佳”农民合作社。

（董泽辰）

畜　牧

【畜牧概况】 2021年，唐山市生猪存栏285.6万头，生猪出栏530.25万头；牛存栏53.68万头，奶牛存栏26.71万头，牛出栏46.12万头；羊存栏72.63万只，羊出栏111.3万只；家禽存栏3146.1万羽，蛋鸡1742万羽，家禽出栏7129.19万羽，其中活鸡6324.64万羽。猪牛羊禽肉产量60.05万吨，其中猪肉39.8万吨，牛肉7.95万吨，羊肉1.57万吨。禽蛋产量26.39万吨，其中鸡蛋21.81万吨。生牛奶产量110.51万吨。奶牛规模化养殖场213家，奶牛规模化养殖比例100%，牧场智能化覆盖率80%以上。全市奶牛良种覆盖率100%，成年母牛平均单产9吨以上。全市奶牛存栏26.71万头，居全省首位。全市有乳品加工企业6家，日处理鲜奶3000吨以上，居全省前列。

【畜禽粪污资源化利用】 2021年，唐山市2052家规模养殖场粪污处理配套建设任务全部完工，畜禽规模养殖场粪污处理设施配套建设比例100%，全市畜禽养殖废弃物资源化利用率91%以上，遵化、玉田、丰润、滦州、滦南5个畜牧大县（市）畜禽规模化养殖场处理设施配建比率保持100%。

【动物疫病防控】 2021年，唐山市防治重大动物疫病指挥部办公室制发《全市春季和秋季重大动物疫病防控工作实施方案》《唐山市主要动物疫病免疫方案》《唐山市动物疫病监测和流行病学调查方案》《2021年唐山市动物强制免疫“先打后补”实施方案》等文件，建立和完善工作情况通报、定点包联督导、防控目标责任制和检查验收4项制度，强化动物防疫网格化建设，实施动物疫病防控“三四五”工程（政府确保密度、财政确保经费、部门确保质量3个确保，免疫密度、免疫耳标佩戴、免疫出证、免疫档案登记4个百分百，县不漏乡、乡不漏村、村不漏户、户不漏畜、畜不漏针5个不漏）。逐级开展防控成效评价，确保“应免尽免、不留空档”。11月，唐山市代表河北省完成农业农村部秋季重大动物疫病防控工作调研。每季度中间月为全市集中消毒月，规模养殖场、散养户、定点屠宰厂（点）、畜禽及产品交易市场开展大消毒活动，消毒面积2.24亿平方米，消毒药品2477吨。从12月10日开始，全市范围开展“冬季重大动物疫病防控安全月”活动，加强畜禽补免，强化免疫抗体监测和全面消毒，确保春节期间畜禽产品保供和质量安全。

【野鸟高致病禽流感疫情应对】 2021年11月下旬，唐山市境内曹妃甸湿地和鸟类省级自然保护区发现异常死亡野生翘鼻麻鸭，市、县两级农业农村部门组织技术人员采样、检测并向省疫控中心送样，下发紧急通知，在野鸟栖息地周边家禽养殖场户开展高致病性禽流感疫情排查、检测、免疫和消毒。截至12月19日，全市累计排查家禽场户52.76万个次，检查家禽3亿羽次；检测家禽病原学样品7968份，禽流感抗体检测1.6万份；紧急消毒家禽养殖场户和家禽屠宰场等场所8650个，消毒面积2876.75万平方米。

【人畜共患病防控】 2021年，唐山市加强人畜共患病和动物常见病防控，与卫健部门协商建立信息互联互通协调机制，制发《唐山市奶牛布病防治三年行动计划（2021～2023）》，调查摸清防疫标准底数和全市易感动物存栏基本信息。实行集中免疫和落地免疫制度，所有牛、羊统一进行布病、结核病免疫，新购进异地育肥羊实行“落地免疫制度”，减少对人感染机会，实现全市无一起疫情蔓延、无一人感染“双零”目标。全市1家奶牛企业通过省动物疫病（结核病）净化创建场评估验收，6家省级创建场通过省分级评估验收。防控炭疽病，排查辖区内牛、羊为主所有牲畜养殖场（户）、屠宰场、交易市场、交易屠宰集散地，强化全市7个炭疽老疫点乡镇牲畜强制免疫，严防疫情扩散和蔓延。防控狂犬病，制发《唐山市犬只狂犬病免疫管理实施方案》，确定139个狂犬病免疫点，印制犬只免疫证6万余本。

【病死畜禽无害化处理】 2021年，唐山市加强动物卫生监管，完善病死畜禽无害化处理机制，建立病死畜禽收集、鉴定、理赔、暂存、运输、集中无害化处理全链条长效监管机制；强化动物检疫机构（动物卫生监督机构）与保险机构在承保、查勘、理赔、无害化处理和监管等环节联动，提高养殖场（户）保险覆盖面和病死畜禽无害化处理率。印发《唐山市检疫监督能力提升行动实施方案》，集中查找和整改动物卫生监督中问题，推行“三表一书”［检疫包场登记表、申报检疫登记表、问题线索通报表，养殖场防疫责任书］管理模式，印发《关于开展全市动物诊疗行业专项整治行动的通知》，重点对动物诊疗机构、执业兽医和乡镇兽医从业准入检查，规范动物诊疗活动，落实生物安全措施，促进全市诊疗行业健康有序发展。

（董泽辰）

水 产

【水产概况】 2021年，唐山市水产品产量55.5万吨，产值174.7亿元，比上年分别增长4.14%、34.38%。制发《唐山市国家级沿海渔港经济区3年期实施方案》和《唐山市渔港经济区建设规划2021～2030年》，提高全市渔业综合效益和竞争力、增加渔民收入、助力乡村振兴。

【渔业发展】 2021年，唐山市农业农村局推进海洋牧场建设，打造现代化海洋牧场产业带，发布《唐山现代化海洋牧场建设规划（2021～2025年）》，规划现代化海洋牧场建设方向和目标任务。年内建成国家级海洋牧场示范区5个，东之荣国家级海洋牧场示范区人工鱼礁建设项目实施方案获省厅批复。印发《关于开展2021年市级休闲渔业示范基地创建工作的通知》，创建市级休闲渔业示范基地9家。2021年全市休闲渔业产值3.02亿元，比上年增长75.01%。

【水产健康养殖】 2021年，唐山市新创建市级水产健康养殖示范场9家，创建省级水产健康养殖场8家，推荐申报国家级水产健康养殖和生态养殖示范区1家。监测水产养殖公用水源地水质，采集公共水源地和养殖尾水水质水样218个，检测数据2193项。唐山市水产技术推广站水生动物疫病防控实验室升级改造，通过12项水生动物防疫系统实验室检测能力验证。设置水产养殖动植物病情测报监测点52个，监测品种17个，监测面积7593.33公顷。

【水域修复】 2021年，唐山市涉海工程生态补偿增殖放流项目全部完成，在近海、重点河库放流各类苗种42.92亿单位，其中海水苗种32.56亿单位，淡水苗种10.36亿单位。执行海洋伏季休渔制度，休渔期间，全市组织10次海陆执法检查行动，配合参加3次全省海陆联合执法行动。针对群众举报夜间偷捕作业较多情况，组织市、县渔政执法人员在全市重点渔港码头、海域开展联合执法检查。联合公安、市场监管部门突击检查水产品批发市场，与市海警局签订《海上渔业执法协作配合办法》，各县区会同海警、边防部门开展14次海上联合执法行动。伏休期间，全市出动执法船艇280余航次，陆上巡查6000千米，海上巡航4000海里，检查渔港码头、渔船停靠点480座次，检查渔船900余艘次，出动执法人员4580余人次，查获并移交违法捕捞案件28起，罚没渔获物2000千克。清理整治违规渔具，打击各类使用违规渔具违法捕捞行为，沿海地区重点查处拖曳泵吸耙刺（吸蛤泵）、拖网以及网目尺寸严重偏离规定密眼网；内陆地区重点查处拦截插网陷阱和毒、电、炸等违法捕捞行为。全年清理地笼网3000米、刺网3500米、导向插网陷阱网囊1000米，强制拆卸小型吸蛤泵14台、泵耙子5套、拖网分水板20副、拖网20条。

6月，丰南区涧河河口1030万只蟹苗投放渤海。 吴 琼 高学安 摄

【海洋渔业资源养护补贴】 2021年，唐山市农业农村局审核、发放海洋渔业资源养护补贴资金，落实海洋渔业资源养护补贴等惠渔政策。年内建设休闲渔业示范基地3个、曹妃甸沿海休闲渔业美丽渔村精品典型3个，实施养殖尾水综合治理试点项目1个、养殖基础设施升级改造项目3个，实施国家级海洋牧场示范区人工鱼礁项目1个、海洋牧场海上多功能平台项目3个。开展国家级沿海渔港经济区申报，唐山市国家级沿海渔港经济区通过部、省专家组评审，下发首批渔港经济区补助资金6000万元。总投资额15亿元曹妃甸中心渔港一期工程在建，投资5680万元涧河二级渔港升级改造项目、投资2970万元丰南区黑沿子中心渔港整治维护项目竣工，投资450万元渔港视频监控建设项目、投资350万元渔港环境及污染综合治理项目完成。渔船渔港信息化建设投入资金255万元，配备船用北斗导航终端，确保大中型渔船高科技安全装备全覆盖，提高渔船海上突发事件自救互救能力。投入1200万元用于曹妃甸中心渔港等4座重点渔港可视化视频监控系统建设和岸基雷达系统建设。建设唐山市渔政指挥中心平台，投入400万元整

合渔港视频监控、沿海岸基雷达及渔船AIS、北斗等终端数据，实现全市渔船、渔港和海上突发事件应急统一指挥调度，本年度唐山地区享受互助补贴渔民总人数3800人。投入市级预算资金100余万元，加大渔业互助保险奖补补助，全市渔船事故人身险人均保额从20万元提高到50万元以上，降低渔民生产经营成本，建立渔业安全生产风险保障体系。

（董泽辰）

休旅农业

【休旅农业概况】 2021年，唐山市有休闲观光农业企业704家，年均接待游客766余万人次，产业收入5.76亿元以上。全市评为省级以上星级企业100家，国家休闲农业与乡村旅游示范县3家、示范点5家，评为国家休闲农业五星级企业7家，培育省级休闲农业星级企业12家，确定全市休闲农业精品线路5条。按照《唐山市休闲农业与乡村旅游发展规划》要求，北部山区、中部平原和南部沿海等地发展休闲农业精品产品，推出休闲农业精品线路。与传统农耕文化、科普教育、养生养老、信息技术、节庆活动等融合，打造休闲观光农业品牌，增强休闲线路吸引力，延长农业产业链，增加产品附加值，提升休闲观光农业发展动力。

【精品休旅企业及线路】 2021年，唐山市重点培育休闲农业星级企业与休闲农业精品线路。年内评定省级以上星级休闲农业企业12个，分别为丰南鑫湖、嘉谊、南湖现代、陶梓、雪丰、凡华，路南石头糖、梓博，丰润燕沣，路北大秋，滦州鸡冠山、卧龙谷等；评出省级休闲农业精品线路5条，为唐山栗乡花海休闲农业线路、遵化采摘体验线路、迁安夏季长城绿道休闲线路、迁西夏季戏水休闲线路、丰润夏季避暑纳凉休闲线路；建设迁西花乡果巷，遵化亚太、尚禾源，滦州鸡冠山，玉田农福缘，丰南现代园区，迁安亚滦湾，丰润山缘、燕沣园，曹妃甸多玛乐园10个市级生态休闲农业示范基地。在河北省休闲农业精品线路推介会上，唐山市获河北省休闲农业摄影大赛一等奖1个、二等奖1个、三等奖2个。4～6月，举办全市休闲观光农业培训会2次，培训全市休闲农业管理、技术和从业人员210余人次。

【休闲农业多业态发展】 2021年，唐山市农业农村局培育多类型休闲农业企业，增加产品附加值，提升休闲观光农业发展动力。休闲观光渔业生态园，特点是水上娱乐、各式垂钓和节庆活动等，有迁西渔夫水寨休闲农业观光园、曹妃甸三农场兴海休闲渔业园等。休闲观光农业采摘园，特点是采摘、餐饮、节庆和农事等活动，有丰南鑫湖生态园、丰南爱丽缘家庭农场、唐山玉田农福缘、滦州鸡冠山生态农业产业园、丰润田美现代农业园区、唐山弘亚有机农业园、滦南县现代万亩林果产业园区。休闲农业综合观光园，特点是农耕文化展示、文化科普宣传、低碳生活体验和工艺品制作等，有迁西京东板栗大观园、唐山遵化亚太农业园、乐丫生态文化产业园、乐亭丞起颐天园现代农业园、唐山迁西花乡果巷现代农业园。休闲农业旅游观光园，特点是观光游览、养生度假和宗教文化体验等，有迁安白羊峪休闲农业与乡村旅游园区、唐山尚禾源农业开发有限公司、迁安亚滦湾农业公园。

（董泽辰）

市民在迁安市小杨官营村绿谷采摘园采摘大棚仙桃。　齐福臣 陈 儒 摄

农业机械

【农业机械概况】 2021年，唐山市农机总动力813万千瓦，有拖拉机15.6万台，拖拉机配套机具14.8万台（套），耕整地与种植施肥机械8万余台（套），机动植保机械3.9万台，植保无人机450架，联合收获机械7800台，畜牧养殖机械1.8万台（套），渔业机械4.5万台（套）。深松机、秸秆还田机、北斗导航智能终端、粮食烘干机等绿色环保智能机具以及设施农业、畜牧养殖业、农产品初加工业相关机械数量增长，农机装备结构优化，农业机械对现代农业发展支撑作用增强。截至2021年底，全市主要农作物耕种收综合机械化作业水平88%。

【农机作业面拓展】 2021年，唐山市畜牧水产养殖、设施农业、农产品初加工等机械化率水平较上年增加1～2个百分点，农机作业由耕种收环节为主向产前、产中、产后全过程拓展，全市累计完成农机深松耕作业面积28万公顷，创建玉田、滦州、滦南、遵化国家级主要农作物全程机械化示范县4个。小麦、水稻两大粮食作物实现全程机械化，玉米、花生耕种收综合机械化率分别为88%、91%。新型农机服务组织作业能力增强，服务范围拓展，全市有规模以上农机服务组织110家，其中国家级示范社4家、省级示范社17家、市级示范社39家，打造“全程作业、农资统购、培训咨询，产销对接等‘一站式’全程机械化+综合农事”服务中心25家，滦州市百信农机服务专业合作社入选第一批全国“全程机械化+综合农事”

玉田县农民在农机销售公司选购春耕农机。 李 洋 摄

服务中心典型案例。

【农机管理】 2021年，唐山市有农机大户1400户，农机服务组织完成作业面积38.67万公顷，占总作业面积50%以上。全市拖拉机和联合收割机注册登记3241台，拖拉机和联合收割机年度检验1903台，拖拉机和联合收割机驾驶证核发1018本。全市发放跨区作业证1339张，其中联合收割机1181张、插秧机158张。全市范围内开展安全生产隐患排查活动，累计督导检查593次，排查事故隐患569项，检查各类农业机械3751台套，2021年全市统计上报农机事故0起，未发生一般性农机事故和道路外农机死亡事故。

（董泽辰）

农业科研

【农业科研概况】 2021年，唐山农科院组织申报各级各类科研项目28项，其中省创新团队和研发项目8项，市科技研发项目6项，市科技成果推广项目7项，省市地方标准制修订项目7项。实际承担各类项目44项，其中农业部6项，省重点研发项目3项，省现代农业科技创新团队2个，省现代农业产业技术体系创新团队2个，省地方标准制订项目1个，市重点研发、平台建设等项目18项，市农业科技成果推广项目4项，横向协作课题3项，自立课题1项。省市人才培养资助项目4项。完成科技成果评价3项，成果水平均为国内领先。组织田间检测7次，完成项目验收11项。组织申报各级成果奖励5项，获奖励4项，其中市科技成果推广一等奖2项、二等奖1项、三等奖1项。组织申报并获授权国家专利6件，其中发明专利4件、实用新型2件。

【农科平台建设】 2021年，唐山国家蔬菜育种创新基地项目竣工验收，并在国家农业建设项目管理平台填报完成情况。市级重点实验室“唐山市食用菌重点实验室”完成建设期任务指标，通过形式审查、答辩、现场考察，公示等，纳入市级科技研发平台管理序列。

【农科院对外合作与交流】 2021年，唐山农科院依托唐山市政府与中国农科院签订《唐山市人民政府与中国农业科学院全面战略合作协议》，组织谋划15个与中国农科院合作科技项目，基本达成合作意向，其中“抗寒、优质、高产冬小麦品种选育与种质资源创新利用”“蔬菜优质生产配套技术体系”“蔬菜新种质引进创制及育种新技术的研究与应用”“设施蔬菜温室群智能管理系统”4个项目进入实质性合作阶段。

【农科科技服务】 2021年，唐山农科院申报成立省科技特派员工作室，在第一批、第二批30名科技特派员延续任务基础上，组织新申报第三批科技特派员12人，签订2022年服务协议科技特派员42人，通过审核41人。制定科技特派员工作室职责和科技特派员管理考核办法，并按照省厅要求实行制度上墙。建立科技特派员工作微信群、工作档案、工作台账。编印成果汇编5000册。引进农产品示范新品种62个、农业新技术25项，现场技术指导482场次，指导农民、技术人员1305人次，新品种、新技术示范面积156.27公顷，完成水样检测36个。与对接企业合作申报研究项目1项。打造“益农荟”农业科技讲堂，发布388条短视频，抖音平台总播放量251.6万人次，“粉丝”数2.1万人，单条最高播放量13.7万人次。快手平台总播放量391万人次，“粉丝”数3.9万人，单条最高播放量101.8万人次。

（刘鹏靖）

农技特派员在滦州市油榨镇指导农民管理大棚黄瓜。 刘海燕 摄

工业

GongYe

综　述

【工业经济运行稳定】 2021年，唐山市规模以上工业增加值增长4.9%，达到全省平均水平，拉动全省工业增长1.8个百分点，总量占全省36.8%，居全省第一位。在统37个行业大类中有28个比上年实现正增长，增长面75.7%。全市新增规模以上工业企业308家，其中新建项目入统企业134家，数量居全省第一位。工业投资和技改投资比上年分别增长7.8%和0.9%，总量分别占全省30.8%和36.6%，较2020年同期分别提高2.1%和1.2%，居全省第一位。规模以上工业企业年营业收入达到1.5万亿元，超亿元企业达到866家，比上年增加89家。工业企业上缴税收426.5亿元，比上年增长24.3%，以50.3%的GDP占比，上缴55.4%的税收，对全市税收增长贡献率达到94.2%。

【工业转型发展】 2021年，唐山市通过实施工业强基项目、技改项目、产能置换项目、淘汰落后装备等，优化产业结构，推进转型升级。建立强基项目库，入库项目25项，产品17项，医疗病床生产线技改扩建、东日新能源等项目均获省工业转型升级产业基础再造工程专项支持；紫光国芯“时钟发生器项目”接到国家级产业基础再造专项中标通知，获支持2000万元以上。争取政策、资金支持，全年帮助企业争取国家、省、市专项资金2.25亿元。其中，17个项目获省工业转型升级（技改）“百项示范”工程专项资金3251万元；君乐宝2.2万吨婴幼儿配方奶粉项目列入省乳制品加工能力建设项目，项目全省唯一，争取省资金支持4000万元；16家国家专精特新重点“小巨人”企业获得国家财政奖补3300万元。累计实施港陆钢铁整合新宝泰钢铁、九江线材整合德龙钢铁和兴隆钢铁短流程改造3个钢铁产能置换项目，以及金剑水泥、亨泰新材料、琦泷实业、港陆新材料、冀东三友5个水泥产能减量置换项目。

【绿色工业发展】 2021年，唐山市注重绿色制造体系建设，2个绿色设计产品、8家绿色工厂、1家绿色供应链管理企业获评工信部绿色制造名单，首钢京唐含锌固废处置等3个项目列入省绿色制造升级项目，新获评12家省级绿色工厂，均在全省保持领先数量。创建省级节水型企业13家、省级节水标杆企业1家。在钢铁、化工、建材等高耗能产业推广应用先进适用节能技术、工艺、装备，东海钢铁、三友化工2家企业入围工信部重点用能行业能效“领跑者”企业。2021年10月，唐山被工业和信息化部认定为“全国新能源汽车换电模式应用试点城市”，作为重卡特色类试点城市，成为全省唯一入选城市。

【数字经济发展】 2021年，唐山市持续推动数字经济发展，全年新增上云企业285家，唐山钢铁产业数字化平台正式上线运营，打造“5G+智慧钢铁”等多个示范应用项目，首钢京唐“基于5G无人化智能物流工业互联网平台”等4个项目评为工信部2021年新一代信息技术与制造业融合发展试点示范项目；3个项目列入工信部2021年工业互联网平台创新领航应用案例；5个项目被评为2021年河北省工业互联网创新发展试点示范项目，累计达到35个；2个项目被评为国家新型信息消费示范项目；1个项目被评为国家大数据

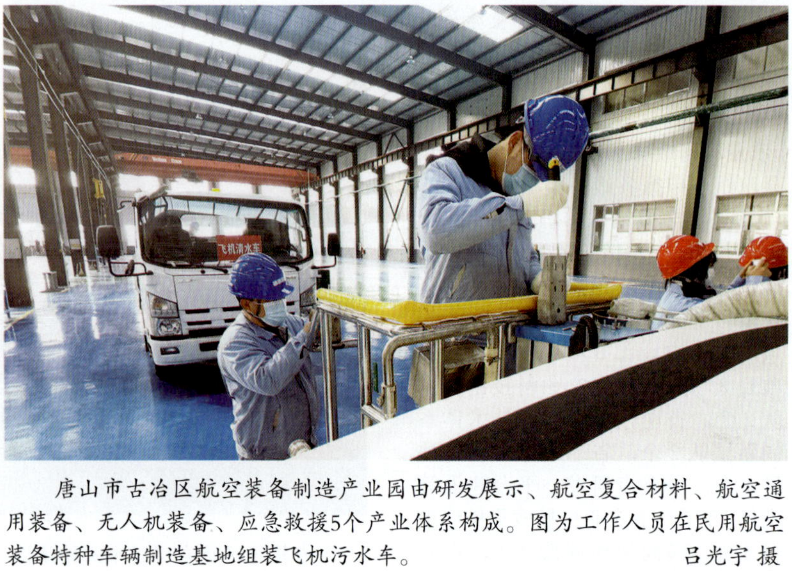

唐山市古冶区航空装备制造产业园由研发展示、航空复合材料、航空通用装备、无人机装备、应急救援5个产业体系构成。图为工作人员在民用航空装备特种车辆制造基地组装飞机污水车。　吕光宇　摄

产业发展试点示范项目；3个项目被评为省级第四批信息消费体验中心；4家企业通过DCMM认证，以上7项均居全省第一。唐钢公司、唐山国轩2家企业入选国家智能制造优秀场景。京津冀城市群中，唐山市1588家企业完成“两化”（工业化、信息化）融合评估工作，“两化”融合发展水平处于京津冀城市群第一梯队。12月8日，全省工业互联网创新发展现场推进会议在唐山召开，副省长胡启生出席会议并讲话，唐山市作为典型发言。

【民营经济与中小企业活力】2021年，唐山市民营经济完成增加值5175.9亿元，比上年增长6.7%，占GDP比重62.9%；上缴税金535.73亿元，占全部税收67.48%；连续7年被省评为“民营经济发展先进市”。制发《关于进一步促进民营经济加快发展的若干措施》，持续落实《推进环渤海地区新型工业化基地建设40条支持政策》，累计兑现政策奖励5.5亿余元，惠及企业（个人）2000余家次。全年新增16家国家专精特新重点“小巨人”企业、4家服务重点专精特新“小巨人”企业公共服务示范平台，新增省专精特新中小企业89家，新增国家级小微企业创业创新示范基地1家、省级3家，新增省技术创新示范企业5家，以上指标均居全省第一；新增18家国家专精特新“小巨人”企业、7家省骨干中小企业专精特新发展项目，2项入选数量均居全省第二。

【高质量发展成果】2021年，首钢智新、金石钻探入围国家级单项冠军，填补唐山市国家级单项冠军“空白”，34家企业（产品）列入2021年度省级制造业单项冠军，累计达到77个；新增22个产品列入省重点领域首台套重大技术装备产品目录，累计达到82个；新增国家级服务型示范企业1家，新增服务型制造示范项目1个；以上5项新增数量均居全省第一。20家企业新认定为工业“三品”（增品种、提品质、创品牌）示范企业，累计达81家，促进消费品工业迈向中高端，在河北省制造业强省建设领导小组印发2021年全省制造业高质量发展通报中，唐山市综合排名第一。新增18家市级工业设计中心，超省达指标12个；累计创建市级工业设计中心89个；争创国家级工业设计中心3个、省级工业设计中心17个，以上数量均居全省第一。中车唐车“新型无接触网供电城轨列车”获得金芦苇工业设计奖大赛绿色设计金奖，唐山创意猫工业设计有限公司“基于未来城市——智能化货运高铁”获概念组最高奖项——“未来之星”奖。惠达卫浴“两仪一体柜盆”等多项产品获得德国红点、iF等国内外知名奖项。

【政府支持服务企业】2021年，唐山市组织开展“百场万家”公益服务活动10场，服务企业1300多家，服务企业高级管理人员1600多人次。首次成功申报中德中小企业经营管理人员培训，培训通过线上理论、线上参访德国企业开展互动交流；累计组织141人次参加中小企业经营管理领军人才和“清华大学（河北）企业家工商管理高级研修班”培训。全市县级以上领导调研走访企业2596家次，收集企业问题困难728个，全部予以解决，其中解决用工需求1464人，解决用地需求82公顷，解决资金需求59.8亿元，帮助46家企业实现年底闲置资产基本盘活预期目标。在2021年领导包联工作计分排名中，唐山市位居全省第一。

【第四届唐山工匠职业技能大赛】2021年6月15～22日，第四届唐山工匠职业技能大赛举办。本届大赛衔接省第一届职业技能大赛，设置智能制造应用、加工中心操作、汽车维修、陶瓷拉坯成型、导游服务等20个竞赛项目，全市2774名选手报名参赛，通过理论考试、实操比赛分别决出每个项目前7名。其中，对第一名授予“唐山工匠”称号，颁发奖杯和证书，奖励3万元；第二、三名授予“唐山技术能手”称号，颁发奖牌和证书，分别奖励2万元、1万元；第四至七名颁发“优胜选手”证书；“优胜选手”及以上获奖选手参照省赛奖励政策，直接晋升相应职业资格或职业技能等级。

【12家企业入选首批“小巨人”企业】2021年，唐山市12家企业入选工信部首批专精特新重点“小巨人”企业，占河北省入选企业总数41.38%。从所属行业看，除唐山北极熊建材有限公司、唐山启奥科技股份有限公司分属建材新材料和软件信息服务业外，其他10家均属于装备制造业。从行业地位和市场占有率看，所有企业均处于领先地位，如金石钻探（唐山）股份有限公司产品品质及市场占有率均为国内同行业第一，国内市场占有率40%以上；唐山贺祥智能科技股份有限公司“贺祥牌”高压成型机产品市场占有率位居“全国第一、全球前三”；唐山陆凯科技有限公司产品技术应用于国内矿山，在细粒筛分设备市场占有率超过75%，排名第一。从营收收入看，2018～2020年这些企业平均营收分别为2.57亿元、2.79亿元、3.28亿元，营收平均增速13.1%。从研发投入看，2019、2020年研发投入均在4%以上，12家企业2020年平均研发支出2001万元，研发支出占全部营收平均为6.1%。截至2021年底，唐山市共有省级“专精特新”中小企业339家、国家专精特新“小巨人”企业38家。

【4企业上榜中国500强】2021年7月20日，财富中文网发布2021年度《财富》中国500强企业排行榜，河北省17家企业上榜，其中唐山4家企业上榜，分别是唐山冀东水泥股份有限公司、庞大汽贸集团股份有限公司、开滦能源化工股份有限公司、唐山三友化工股份有限公司。《财富》中国500强企业排行榜，覆盖范围包括在中国境内外上市所有中国公司，所依据数据为上市公司在各证券交易所正式披露信息，是衡量中国上市企业实力与业绩权威榜单。

（王　雷）

“两化”融合

【“两化”融合概况】2021年，唐山市“两化”（信息化、工业化）融合工作以市委工作思路为指导，推动新一代信息技术与制造业深度融合，加快工业互联网创新发展，推动传统产业数字化、网络化、智能化转型，强化政策引领，加强项目建设，推进工业互联网平台建设。根据省有关文件精神，结合唐山市实际先后制定《2021年唐山市“两化”融合工作要点》《关于深化新一代信息技术与制造业融合发展的实施方案》《唐山市关于大力发展工业互联网平台加快推进工业化和信息化深度融合的工作方案》，通过政策引导，为务实推进“两化”融合工作提供项目指导和政策支撑。

【国家级项目申报】 2021年，唐山市组织企业申报国家级“两化”融合项目，唐山冀东水泥股份有限公司基于云平台供应链管控能力、唐山市德龙钢铁有限公司供应链管控能力、首钢京唐钢铁联合有限责任公司智能物流工业互联网平台5G技术典型应用解决方案、唐山港集团股份有限公司港口码头设施智能化升级安全防护系统建设4个项目被评选为工信部2021年新一代信息技术与制造业融合发展试点示范项目。唐山曹妃甸煤炭港务有限公司干散货港口智能化堆场作业系统创新应用、首钢京唐钢铁联合有限责任公司基于工业互联网热轧智慧管控平台创新应用、中车唐山机车车辆有限公司基于全生命周期轨道车辆产品服务化模式创新应用3个项目被评为工信部2021年工业互联网平台创新领航应用案例。

【省级项目推荐申报】 2021年，唐山市申报省级“两化”项目中，金隅冀东水泥（唐山）有限责任公司基于工业互联网+大数据分析精益能源管理平台、惠达卫浴股份有限公司基于集团全业务数字化管理产品智能化制造解决方案、遵化市阔旺木业有限公司ERP（阔旺）资源管理平台、唐山市冀滦纸业有限公司绿色造纸全生命周期一体化管控平台、河北鑫达钢铁集团有限公司设备管理系统5个项目被评为2021年河北省工业互联网创新发展试点示范项目。阔旺木业被评为2021年河北省工业控制系统信息安全试点企业。

【市级试点项目培育】 2021年，唐山市结合各县（市、区）实际情况，建立重点项目库，全年谋划实施“两化”融合项目117项，完成投资12.05亿元，年内完工项目45个。培育市级“两化”融合项目32个、上云企业37家。

【数字化平台建设】 2021年，唐山市建设唐山钢铁产业数字化平台，协调河钢数字和唐山文旅集团组建新公司河北钢铁产业数字技术有限公司，具体负责平台建设工作，年内完成平台系统开发和测试，正式上线运营。推进“5G+工业互联网”场景应用，立足本地特色产业推动5G赋能工业发展，在港口、钢铁等领域先后打造唐山港“5G+智慧港口”、河钢唐钢新区“5G+智慧钢铁”、首钢京唐“5G+智能制造”、首钢马兰庄铁矿“5G+智慧矿山”等多个示范应用项目。推进企业上云，协调沟通联通、移动、电信、数字家居（唐山）电子商务、成联电子商务等企业上云服务商，不断丰富上云产品种类，满足全市钢铁、装备、建材、化工等主导产业需求，2021年新增上云企业302家。

【“冀优千品”活动开展】 2021年，唐山市响应省工信厅“冀优千品”河北制造网上行活动，推荐成联、钢谷物联等企业申报“冀优千品”河北制造网上行支撑单位，为河北工业企业开展相关销售和宣传服务；组织全市“专精特新”和单项冠军企业参加活动，督导各县区加大活动宣贯力度并开展申报工作，共组织95家企业报名参加此次活动；组织县区和部分企业代表100余人在市移动公司参加“冀优千品”河北制造网上行活动启动仪式视频会议。

【工控安全指导】 2021年，唐山市组织企业开展工业企业OA系统自查，按照省工信厅《关于我国部分工业企业OA系统存在文件上传高危漏洞情况通报的函》通知要求，督促各县区指导各企业落实网络安全责任分工，开展OA系统和工业控制系统信息安全自查自纠。开展全国“两会”及国家重大活动期间工业企业工控系统信息安全指导工作，要求各县（市、区）加大对《防护指南》宣传力度，提高各类工业企业工控安全意识，营造良好工控安全氛围，并指导本地工业企业按照《防护指南》要求开展工控安全督导工作。

【互联网企业交流合作】 2021年，唐山市组织京津冀工业互联网协同发展企业深度行（河北站）活动，按照省工信厅安排，7月22日，京津冀工业互联网协同发展企业深度行（河北站）活动在曹妃甸区举行，河北省工业和信息化厅、北京市经济和信息化局、天津市工业和信息化局负责人，以及京津冀三地产业联盟负责人和相关企业代表等60人参与此次活动。组织全省工业互联网创新发展工作现场推进会。按照省政府安排，12月8日，全省工业互联网创新发展工作现场推进会在唐山海港区举行，全省各市主管副市长和“两化”融合重点企业负责人现场观摩工业互联网应用在港口、钢铁及新材料企业应用情况。

（张占峰）

电子信息产业

【电子信息产业概况】 2021年，唐山市通过加强行业运行监测，强化项目管理和服务，全市电子信息产业呈现快速增长态势，全年全行业完成营业收入190.96亿元，比上年增长51.09%。其中电子信息制造业完成营业收入172.58亿元，比上年增长55.02%；软件和信息技术服务业完成营业收入18.38亿元，比上年增长22.08%；超额完成年营业收入增长15%目标，为唐山高质量发展注入新活力。

【重点行业运行】 2021年，唐山市光伏产业实现营业收入60.65亿元，比上年增长60.67%。累计生产电子元件69.39亿只，比上年增长30%；生产仪器仪表与控制系统2.26万台（套），比上年增长24%；生产锂离子电池1.55万只，比上年增长57.8%。

【电子信息项目建设】 2021年，唐山市启奥科技“全国血液行业智能化医疗及应急服务系统的大数据应用与示范”被评为国家大数据产业化项目，全省共2家企业获评，居全省第一位。达意科技不动产大数据平台项目和唐山金匙集团基于区块链智能合约农副直销电商平台项目，被评为2021年国家新型信息消费示范项目，占全省总数40%，居全省第一位。遵化市博客旅游集散中心有限公司遵化旅游集散中心项目、唐山永进科技有限公司成品油市场在线监测体验中心项目、河北赛维莱特科技有限公司赛孚城（遵化）应急安全体验馆项目被评为省级信息消费体验中心，数量居全省第一。

（王学飞）

煤炭（开滦）

【开滦概况】 2021年，开滦集团商品煤量完成2170万吨，比上年增加136万吨；精煤产量完成626万吨，比上年减少35万吨；焦炭产量完成487万吨，比上年减少180万吨；化产品总量完成92.41万吨，比上年减少1.47万吨。剔除唐山矿生产调整和区域环保限产因素，精煤、焦炭、化产品同口径比上年分别增加1万吨、16万吨、2.16万吨。营业收入完成960亿元，比上年增加90亿元；利润总额账面14.3亿元，在解决历史遗留问题和增强企业发展后劲基础上，创历史最好成绩。

【开滦生产运营】 2021年，开滦集团发挥主导产业、主力矿厂支撑保障作用，以“高效率、高负荷”支撑高位运行，集团商品煤产量全年总体呈上升趋势，股份公司煤、焦、化产量按可比口径均完成业绩最好年目标，内蒙古公司实现利润和基建收支差14亿元，成为集团公司重要经济增长极。钱家营矿、范各庄矿、吕家坨矿等骨干矿井保持高位运行，盈利水平提高。中润、中化、中滦3个焦化企业适应环保限产形势，释放产能潜力，提升盈利水平。中浩公司聚甲醛、己二酸长周期高负荷稳定运行，实现产量、质量、销售三突破，聚甲醛成功进入国际市场。投入6.6亿元完成节能环保工程64项，环保设备设施稳定运行，主要污染物达标排放。开滦集团原煤生产综合能耗、炼焦工序单位能耗等指标均满足限额要求。

【煤炭销售】 2021年，开滦集团强化产销协同，科学调整营销策略，发挥品牌、渠道、区位优势，把市场利好转化为经济效益。建立唐山区域精煤价格指数，依托“开滦云商”公开招标，科学调整产品价格。全年煤炭综合售价每吨830元，比上年上涨58%。优化调整市场和产品结构，开发华东、华南市场，高灰精煤销售再创新高，全年销量280万吨，增效3.6亿元。发挥销贸运一体化优势，开展外采统销，培育“开滦1号主焦”“古冶肥煤”2个品牌，创利3000万元。采取长协全覆盖、应急储备、定向增量等措施，履行电煤保供责任，获得省发改委和电煤用户好评。

【亏损治理】 2021年，开滦集团启动亏损源整治专项行动，以零容忍态度开展扭亏增盈活动，全年减亏额度5.56亿元。蔚州公司挖掘资源潜力，盘活闲置资产，比上年减亏2.3亿元；医疗健康集团走出疫情影响，扩大增收创效渠道，全年减亏9557万元；矿业工程公司开发优质项目，实施极限成本管理，全年减亏2516万元。减亏幅度较大三级单位有单侯矿、林西矿和中浩公司。

【开滦改革创新】 2021年，开滦集团撤销和调整集团公司17个管理机构，下放7项管理职权；撤并二三级管理机构61个，减少机关人员186人；国和公司组建3个事业部，将机关职能部门由13个调减为9个；27家全资及控股子企业实现董事会应建尽建，涉及11万退休人员社会化管理基本移交到位。按期完成97家子企业338人次经理层成员任期制和契约化管理，探索实施职业经理人制度，市场化选聘私募基金公司经理。推进减人提效，全年岗位减员近4000人。2家企业完成混改，集团整体混改比例72.73%，达到国企改革3年行动任务要求；3家企业完成公司制改革，集团控股企业全面建立现代企业制度。3家企业清理退出，累计清退18家，收回投资2.88亿元；蔚州公司医院和人员整体移交地方，北阳庄矿房产土地出租盘活，新疆伊犁察县梧桐沟探矿权转让完成，库车煤炭资源开发引入合作伙伴，明确配套转化项目，列入自治区“十四五”规划。加强创新平台建设，开滦博士后工作站在国家综合考核中取得“良好”等次，建成煤基精细化工技术创新中心，在建干热岩开发技术创新中心、矿产资源绿色开发创新中心、智能化开采技术重点实验室。聚焦煤矿智能化建设、煤化工高端化延伸、矿井重大灾害防治等重点领域，实施259个科技创新项目，乐亭马头营干热岩开发项目实现国内首次试验性发电。全年研发投入6.5亿元，投入强度1.8%。获省部级以上科技成果奖12项，专利授权58项。

【煤炭产业转型升级】 2021年，开滦集团在唐山老区以智能化建设提升安全高效绿色开采水平，投资4.8亿元实施78个项目，建成钱家营矿国家级、东欢坨矿省级智能化示范矿井，累计在6个矿井建成11个智能化自动化工作面。内蒙古区域红树梁矿建成投产，提前64天竣工验收，创出自治区煤矿竣工验收最快纪录；获批调增产能到1000万吨，开滦蒙西千万吨级煤炭生产基地崛起。科右中电厂主体工程收尾，蒙东煤电一体化产业基地取得实质性进展。新疆区域金川集团2矿达产达效，分别达到国家一级、二级标准化水平，树立起开滦管理技术品牌。

【煤化工产业发展】 2021年，开滦集团二氧五环项目投产，达到设计负荷，实现稳定运行。沥青提质技改完成总工程量80%。聚甲醛纤维项目完成中试，处于应用开发阶段。聚甲醛和己二酸二期、萘法苯酐、可降解塑料、尼龙66等项目前期工作取得进展。安排资金4.4亿元，集中实施环保提级项目46项，年内完成33项，提升绿色低碳循环发展水平。

【开滦现代服务业】 2021年，开滦集团物流板块防风险、稳规模、调结构、促改革，优化提升商贸、汽车、新兴产业三大业务，曹妃甸储配基地、鹿泉商务中心重启建设，脱虚向实取得进展。矿业工程服务板块中标华润电力800万吨西一矿矿建及整体托管、双利矿业铁矿改扩建等大项目，全年新中标金额24.8亿元，进入能级更大、质量更优全新发展阶段。金融服务板块以融促产、融融协同，全年为集团提供资金支持139亿元，降低融资成本9492万元，为保障集团资金安全、服务集团主业发展贡献金融力量。

【开滦新兴产业】 2021年，开滦集团电子信息板块在助力集团公司智能化、信息化建设中发展壮大，营收、利润比上年分别增长123%和53%，完成产品升级和新品研发8项，获实用新型专利13项、计算机软件著作权3项。新能源新材料板块聚甲醛、己二酸产品结构优化升级，质量国内领先，形成双产品出口格局。乙醇汽油实现中海油唐山地区加油站全覆盖。清洁能源产业布局，集团公司首个光伏发电项目承德100兆瓦“光储+矿山生态修复”项目获省发改委批复，处于公司组建阶段；蔚州区域风电一体化、唐山区域分布式光伏项目进入前期工作阶段。

【开滦内部管控】 2021年，开滦集团成立经济运行分析考核小组，追踪22项重点指标和重点工作，逐月分析和调控，形成事前有计划、事中有调控、事后有考核闭合管理体系。落实薪酬与业绩挂钩考核，业绩下降则工资同步下降，工资增长与业绩增长不匹配者约谈整改，实现奖罚分明。分阶段、有步骤开展“首季开门红”“双过半”“争创业绩最好年”等活动，促进重点指标和重点工作落实。以能力提升为重点，制定对标管理实施方案、工作清单和指标体系，3次赴兖矿集团、陕煤集团对标学习，找差距、补短板，加强成果转化。集团公司33项对标提升举措完成80%，达到省国资委任务要求。防范资金风险，在连续15个月未能发债、期间刚性兑付到期债务121亿元形势下，通过银行贷款、融资租赁等多种形式拓宽融资渠道，保障资金链安全，中长期融资占比提高到54%，债券融资占比降低到27%，优化债务结构。开展应收款清收专项行动，收回资金2.79亿元，其中涉诉陈欠款8449万元。落实审计问题整改“回头看”工作，169个问题事项见底清零。开展股权管理专项整治行动，重点解决管理机构不健全、制度体系不完备等7类576个问题。企业重要决策、规章制度、合同法律审核率3个100%规范落实，案件胜诉避免经济损失4.5亿元。

【开滦安全生产】 2021年，开滦集团贯彻落实新安全生产法，修订全员安全生产责任制，完善安全生产考核奖惩、责任追究处罚、有限空间作业安全管理等制度，形成严细安全生产责任体系，对154名领导人员进行安全生产主体责任专题培训，强化“知责、履责、尽责”思想。以安全生产专项整治3年行动和大排查大整治行动为主线，健全安全风险分级管控和隐患排查治理体系，围绕煤矿瓦斯、水害、火灾、顶板、冲击地压、机电运输，以及危化品、消防等重点领域，加大安全检查频率和力度，防范重大事故。加强安全生产标准化建设，所属各煤矿均达到国家煤矿标准化二级及以上水平，其中钱家营矿、吕家坨矿、东欢坨矿达到一级，云飞矿通过一级标准初审。推广智能化、自动化先进技术装备，“双控”信息化平台全面投运，提高安全保障能力。

【开滦民生工程】 2021年，开滦集团投入资金1146万元，开展“两节”慰问、金秋助学、重大疾病医疗互助、困难员工帮扶等活动，全年在岗员工平均工资突破10万元，比上年增长13%。投资1964万元保证棚改竣工项目质量。逐级压实防控责任，落实常态化防控措施，有序开展疫苗接种，维护员工身体健康和正常生产经营秩序。落实各级领导信访主体责任，开展源头防控、问题化解和重复信访治理等工作，实现各重要敏感期形势平稳。

（沈振庭）

开滦东欢坨矿业公司把经营管控贯穿于生产全过程，实现物资全价值利用，降低材料消耗。图为物资库房员工清点核对物资库存情况。 刘立波 摄

冶金

【冶金概况】 2021年，唐山市钢铁行业有规模以上工业企业126家，直接间接从业人员约60万人。完成增加值比上年增长5.4%，占规模以上工业比重57.7%；实现营业收入8971.8亿元，比上年增长26.7%，占全省行业比重50.8%；年营业收入超亿元企业有106家；生铁、粗钢、钢材产量分别为1.14亿吨、1.31亿吨、1.55亿吨，比上年分别下降14.4%、9%和1.8%，分别占全省56.4%、58.3%和52.4%，占全国13.1%、12.7%和11.6%；上缴税金198亿元，比上年增长34%，对全市税收增长贡献率达到54.8%。钢铁工业作为唐山第一支柱产业，秉承资源、港口、技术和人才等诸多比较优势，曾先后诞生全国第一座碱性侧吹转炉，第一座450m³、580m³和5500m³标准规格高炉炉型，第一条半无头轧制热连轧带钢生产线，第一条完全国产化热连轧和冷连轧带钢生产线，第一家实现在线质量自动判定企业等国内多个“第一”，成为国内最大型钢、棒线材、板带材、焊管等产品生产和集散基地，形成主辅行业门类齐全、上下游产业链完整现代化钢铁工业体系。2021年，唐山市钢铁行业贯彻国家、省、市产业发展政策，以装备大型化、生产绿色化、管理智能化、产品高端化为主攻方向，推进钢铁产业结构调整和转型升级，提升产业核心竞争力和可持续发展能力，把钢铁产业打造成为环渤海地区新型工业化基地战略支撑产业，实现钢铁大市向钢铁强市跨越。

【钢铁产品结构优化】 2021年，唐山市鼓励支持钢铁企业加大科技创

新和研发投入力度，适应高端市场需求，加快产品升级换代，提高单位产品价值率，满足建筑、机械、造船等下游产业对钢材品种品质需求。重点鼓励发展高铁用钢、汽车用钢、造船用钢、建筑用钢、模具钢、高速工具钢、电工钢、高级管线钢等高端材料，提升优质、特殊品种钢材比重，力争区域性产品结构差异化，打造高、中、普“金字塔”型产品结构。扩大“拳头”产品优势，津西钢铁成为全国最大专业化、系列化型钢生产基地和全国首家“型钢标准研发基地”，钢板桩市场占有率超50%，型钢市场占有率20%以上。首钢京唐车轮钢市场占有率40%，行业排名第一；家电板市场占有率12%，行业排名第二。首唐宝生切割工具类特种钢产品市场占有率30%。唐山钢铁企业生产高强汽车板、高级别管线钢、耐指纹家电板、钢板桩、高强抗震钢筋、高品质齿轮钢等多类型优质产品，广泛用于汽车、家电、船舶、铁路、电力、机械制造、建筑等多个行业和领域，畅销全国各地并远销美国、日本、德国等多个国家和地区。

【冶金行业管理】 2021年，唐山市23家获工信部规范管理公告钢铁企业严格落实《钢铁行业规范条件（2015年修订）》和《钢铁行业规范企业管理办法》，开展规范管理自查工作，12家企业无变更事项并报送自查报告，11家企业因冶炼设备变化等原因同时报送变更申请报告。华西特钢、唐钢新区、纵横钢铁、首钢京唐4家企业申请新增规范管理公告企业，年内通过省文审专家组现场核查。

【冶金装备大型化】 2021年，唐山市一批重点产能置换项目相继完工，瑞丰钢铁2100立方米高炉、170吨转炉，东华钢铁2300立方米高炉，华西特钢2300立方米高炉、170吨转炉，燕山钢铁1250立方米高炉、100吨电弧炉等大型化生产装备先后投产。与此相对应，全市有8家钢铁企业21座高炉、14座转炉作为退出装备完成拆除并通过省工业和信息化厅验收。鑫达钢铁、荣信钢铁、经安钢铁等产能置换项目年内办理前期手续，港陆钢铁整合重组新宝泰钢铁、九江线材整合重组唐山德龙钢铁、兴隆钢铁短流程改造等产能置换方案获省工信厅公示公告，东华钢铁整合春兴特钢产能置换方案经市政府同意呈报至省工信厅。

（范伯超）

·河钢集团唐钢公司·

【河钢唐钢概况】 河钢集团唐钢公司（简称河钢唐钢）是全国特大型钢铁企业，河钢集团骨干企业，始建于1943年，系中国碱性侧吹转炉发祥地。2021年是河钢唐钢迈入向海图强新征程、推动转型升级和高质量发展取得重要成果一年，聚焦钢铁主业和资本运营“两条主线”，统筹开展新区达产达效、“两个结构（产品结构、客户结构）”再优化、环保创A级、存量资产效能释放等核心工作，抢抓机遇、应对挑战，生产经营和改革发展取得新突破，在区位调整、疫情防控、环保限制等多重因素影响下，全年产铁1075万吨，产钢1175万吨，产材1058万吨；实现营业收入827亿元，实现利润9.43亿元，比上年提高131%。

【河钢唐钢“两个结构”再优化】 2021年，河钢唐钢坚持推进“两个结构”再优化，产品结构向中高端晋档升级，培育“国内首发”“单打冠军”等彰显企业实力和行业高度产品，全年累计开发新品种40余个，板材产品双高比例41%，比上年增加7个百分点。冷轧汽车用钢供货量124万吨，比上年增长14%；家电用钢供货量47万吨，比上年增长7%；高强钢供货量18.4万吨。锌铝镁产品稳定供货光伏、家电以及汽车企业，实现在汽车零部件应用领域突破，全年销量超过22万吨，比上年提升58%。镀铝硅产品实现所有规格批量稳定供货，全年销量超过13万吨，比上年增长1.2倍，跃居国内市场占有率第一位。客户结构及服务体系优化，以股份公司营销体系变革为契机，优化客户需求识别，细化客户服务流程，提升服务能力，全年新开发A级、B级客户21家，累计供货超17万吨，向股份公司划转客户420余家，大客户满意度97.6%，比上年增加0.2个百分点，质量异议处理及时率100%，质量异议平均处理时间缩短1天，战略客户合同兑现率98.8%。注重维护与老客户关系，全年保持与93家大客户合作，巩固品牌竞争力。

【河钢唐钢支撑体系建设】 2021年，河钢唐钢强化支撑体系建设，科技创新中，开展焦化制造智能化、连铸浇铸无人化、热轧板形控制等技术攻关，为生产经营提供保障。全年完成专利申请285项，软件著作权申报70项，获中钢协冶金奖1项、省冶金奖15项、省科学技术奖2项、集团科学技术奖15项，其中3项成果达到国际先进水平。质量管理中，强化全流程质量一贯制管理，推动质量管理体系快速落地。全年热轧产线一检合格率93.45%，供宝马高端汽车用钢合格率提升；长材各产线成材率逐步提高，优质钢筋累计向雄安新区交付1.7万吨，均符合工程建设高标准要求。多角度、多领域、多工序实施智能产线建设，组建生产数据环网，实现分散控制和集中管理；自主研发数据分析平台，实现高炉生产数据集中采集监控，关键指标覆盖率100%；利用机器视觉技术研发高强汽车板全自动贴标签机器人，实现贴标工作无人化作业。构建设备功能精度数据库，保证产品质量达标，加快实施在线监诊，全年完成3000余个测点数据采集，实现关键设备运行状态全面受控，为设备长周期稳定运行提供数据保障。

【河钢唐钢改革创新】 2021年，河钢唐钢坚持“完善法人治理结构和市场化机制改革”主线，重点开展混合所有制改革、经理层任期制和契约化管理、职业经理人制度、外部董事占多数等专项改革，释放企业经营管理活力。全年完成20项专项改革任务，为激发企业内生动力和发展活力提供动能。机构调整及专业管理，重点对本部和新区实行一体化管理，以提高管理效率和经营效益为核心，调整优化全公司组织架构、职责分工、管理脉络及经营体系，推动管理体系更加顺畅，改善主要经营指标，实现理顺关系、整合力量、快速响应、提高效率目标。深化绩效考核管理，聚焦制约产线效率效益提升瓶颈问题，制定实施增产创效、提质增效等专项激励政策，促进各产线产量、成本等指标实现新突破，发挥绩效管理正向激励导向作用。以“高目标、高效率、高效益”为目标，按照一企一策原则制定差异化奖励办法，试点推行独立市场单元市场化考核分配机制，对美锦公司、高强汽车板公司等试点单位重点奖励，激发关键人员积极性和创造性。

暑期，河钢唐钢物流分公司工会为职工购买风油精、清凉油、藿香正气水等防暑药品，发放清凉饮品。 刘立强 摄

【非钢产业发展】 2021年，河钢唐钢非钢板块实现营业收入83.5亿元，外部市场创收44.8亿元，约占非钢产业总收入54%。发展战略性新兴产业，实施信息技术、固废处置、节能环保和现代物流等新项目，提升非钢板块创效能力，在做好钢铁主业介质、物料和服务保产保供基础上，鼓励非钢系统增盈创效。自动化公司推广智能天车系统24部，研发“安全双控信息平台”推广至4家用户，并首次应用于医疗领域。惠唐物联“设备全生命周期项目”品牌价值提升，获得唐山市战略性新兴产业专项资金支持。钢源炉料固废资源化项目完成公司注册、总体规划等，全年产值1.37亿元；钢源炉料斯梅代雷沃公司点火试生产，走出借助钢铁主业开拓国际市场新路径。华奥公司再度成为集团内唯一获评“工信部节能诊断服务机构”企业，新区大发电项目并网发电后，回收利用各类煤气超过40亿立方米，创效5.88亿元。物流分公司推动现代物流园建设，引入大唐电厂相关服务项目正式立项；坚持降费攻关，全年增效2870余万元。能源科技分公司处置和利用老区设备资产合计增效3.15亿元。青龙炉料公司球团外销占比42%，全年创效6000万元。

【河钢唐钢安全与环保】 2021年，河钢唐钢提升安全管理水平，提高全员特别是管理者安全意识和安全防范能力，为公司可持续发展提供保障，实现安全生产成型事故全年为零目标，获“河北省安全生产先进单位”称号。坚持“安全生产人人都是主角，没有旁观者”理念，重点抓好产线安全管理，围绕重大隐患、习惯性违章等突出问题，开展新调整岗位人员操作技能培训，保障新区等新产线投产达产期间安全生产。落实危险作业安全确认制度，完善细化安全预案，强化落实安全措施，保障常态化限电、环保停限产、极端天气等异常状况下安全生产。提升环保管理水平，加强污染物排放监督管理，全面督导整改环保问题，聚焦创A目标，围绕清洁运输、监测监控、有组织排放、无组织排放等方面推进环保创A，当年新区实现全工序超低排放。12月30日，完成超低排放改造和评估监测进展情况公示，环保创A工作取得标志性成果，为企业绿色发展提供保障。

【河钢唐钢国际化合作】 2021年，河钢唐钢加强塞尔维亚钢铁厂运营管理，克服欧洲疫情肆虐、欧盟出口钢材配额制等诸多不利影响，发扬时代楷模精神，在维持企业正常生产经营秩序基础上，统筹抓运营管理、技改项目、成本控制、产品及客户结构优化等工作，打造“一带一路”标杆企业典范。全年产钢133万吨，销售收入比上年提高87%，全年增加现金流超2亿美元。加强国际交流与合作，围绕打造“引进来”国际合作样板工程，推进河钢浦项合资项目建设，加快跨国管理团队组建及融合，强化与政府协调沟通，为项目如期开工奠定基础。把握国家“一带一路”总体布局，开展与印尼富海集团接洽和沟通，为公司退城资产处置开辟新路径。

【河钢唐钢党群系统】 2021年，河钢唐钢加强企业党的建设，召开公司第十一次党代会，统筹抓党的政治建设、思想建设、组织建设、党风廉政建设以及疫情防控、信访稳定等工作，党建与生产经营深度融合，为公司转型升级和高质量发展提供保障。加强职工民主管理，改进工会建设和职代会工作，推动工会和职代会换届，发挥工会组织和职代会在企业民主管理中作用；加强职工服务保障，开展“送温暖”“暑期服务”活动，投入资金210余万元，改善一线职工生产和生活条件。加大困难职工帮扶力度，全年为千余名患大病及困难职工发放补助救助资金160万元，为601名职工发放唐山市重大疾病医疗互助补助金187万元，为58名困难职工子女发放“金秋助学”款12万元。

【河钢唐钢绿色低碳运输】 2021年，河钢唐钢改变传统运输模式，构建清洁运输新局面。5月，率先在唐山地区大批量使用220辆电动重卡替代燃油重卡，清洁能源运输比例达到85%，优于国家环保A级绩效对清洁能源运输比例80%标准要求。7月5日，国内首发“氢能重卡项目”在河钢唐钢新区正式投运，相继投用30辆49吨氢能重卡，为京津冀氢能应用协同示范树立标杆，同时为唐山市培育壮大氢能产业、加快减污降碳注入新动能。

【河钢唐钢5G技术应用】 2021年，全国首个5G+智能抓斗天车、5G+

汽车衡计量系统、5G+智能库区、智能天车检测技术等一系列新科技成果在河钢唐钢应用，在降低生产成本同时提高生产效率，全年汽车大梁钢成分内控率达到100%，宝马钢、吉利面板产品合格率创历史最好成绩。

【河钢唐钢获国家科学技术进步奖】 2021年11月3日，在国家科学技术奖励大会上，河钢唐钢参与完成“连铸凝固末端重压下技术开发与应用”项目获2020年度国家科学技术进步奖二等奖，这是国务院设立国家科学技术奖5个奖项之一。该项目解决高端大规格钢材产品高效、低成本、稳定生产技术难题，研究成果在国内外多家钢铁企业推广。

【石晓伟获世界模拟炼钢挑战赛总冠军】 2021年4月13日，世界钢铁协会公布第15届世界模拟炼钢挑战赛总决赛结果，河钢唐钢选手石晓伟战胜欧洲、美洲等赛区选手，成为世界总冠军。世界模拟炼钢挑战赛是钢铁冶金行业唯一世界性模拟生产技能竞赛，由世界钢铁协会举办，每年一届。受全球疫情影响，本届比赛采取远程在线形式进行，有27个国家和地区1200名选手参赛。在角逐世界总决赛名额地区锦标赛中，河钢唐钢选手包揽北亚地区职业组前9名，其中第一名河钢唐钢技术中心石晓伟获得“全球行业最有前途的冶金新一代”称号。

【世界先进高端汽车面板项目落户】 2021年6月25日，河钢集团与韩国浦项钢铁POSCO汽车板合资项目签约仪式在河钢集团总部以视频会议形式举行。总投资41.25亿元、年产135万吨世界先进高端汽车面板项目正式落户唐山，为中国单体规模最大高端汽车面板供应商之一。该合资项目是POSCO在中国单笔投资额最大生产制造项目，也是近年河北省和中国钢铁行业单体投资最大外商合资项目。河钢、POSCO各持有合资公司50%股权，合资公司产品以高档次汽车面板为主、兼顾高等级高强钢和家电板，定位于为高端品牌汽车、新能源汽车提供以低碳、高强、轻量化为主要特点绿色用钢材料解决方案。

【氢能重卡投运全国首发式举行】 2021年7月5日，河钢集团氢能重卡投运全国首发式在唐山临港工业区河钢唐钢新区举行。省委常委、市委书记张古江，中国工程院院士、中国金属学会理事长干勇，世界钢铁协会主席、河钢集团党委书记、董事长于勇，市委副书记、代市长田国良，市委常委、市政府党组副书记乔朝英，市委秘书长陈宇等出席首发式。氢能卡车是实现零排放运输重要实践，此次全国首发式，首批次30辆49吨氢能重卡到位并正式投入运营，为氢能车辆市场化运营推广奠定基础，也为国内氢能产业发展开辟重卡运输示范道路。

（徐 帅）

· 首钢京唐钢铁公司 ·

【首钢京唐概况】 2021年，首钢京唐钢铁联合有限责任公司（以下简称“首钢京唐”）贯彻落实河北省、唐山市各项要求，把握市场机遇，发挥装备优势，提升生产效率，二期新产线全面实现达产达效，经营结果创出投产以后最好成绩，实现“十四五”良好开局。全年固定资产投资30.1亿元；工业总产值815.8亿元，比上年增加304.3亿元；资产负债率首次降至60%以下。自主研发国内首条复合卷撕分抛光线于2月18日上线。MCCR工程年内被评为“国家优质工程”，二期炼铁焦化工程获得“鲁班奖”。通过参与国家级科研计划课题、“蓝精灵”项目、创新工作室攻关，培养出王保勇、任新意等一批技术研发领军人才。年内，闫洪伟、董相娟获“首都市民学习之星”称号，肖华生“板坯高效连铸技术开发与应用”项目获中国机械冶金建材职工创新评比特等奖，杨明、李清获第四届京津冀模拟炼钢轧钢竞赛一等奖，王刚、毕宝刚分获北京市经济和信息化职业技能竞赛电气设备点检员、天车工竞赛冠军，多人获评唐山技术能手、首钢工匠、首钢技术能手以及京唐工匠、“十大杰出青年”等称号。年内，首钢京唐通过全国文明单位复审，获“北京市第十五届思想政治工作优秀单位”“首都文明单位标兵”“全国政研会工作优秀单位”“全国群众性体育先进单位”等称号。首钢京唐工会获评“全国模范职工之家”。

【高效生产格局构建】 2021年，首钢京唐依托装备优势，挖掘系统潜力，全年各产线刷新月产纪录75次。铁前系统实行一体化管理，“产供研”协同联动，高效应对澳洲煤断供、秘铁资源紧张、国内煤告急、环保限产等系列考验，模块化精准高效储供料，多轮次优化配煤保质量，探索高炉高效冶炼、长寿运行技术，开展降有害攻关活动，降低入炉锌负荷、碱负荷，1号高炉利用系数和焦比达到国内同立级高炉第一。钢后系统构建市场主导下协同大生产组织模式，综合考虑环保政策、疫情防控、重大活动等外部因素，超前谋划应对，深化产线联动，打出高效协同“组合拳”，一期炼钢、热轧双双突破年产千万吨大关，轧材资源有序互供，优化产线分工，拓展接单能力。

【二期新产线达产达效】 2021年，首钢京唐制定专项方案和爬坡计划，挂图作战，二期新产线5月份提前实现全面达产，创效能力逐步显现，制造体系更加完备。MCCR产线通钢量达到国际领先水平，连浇炉数最长到24炉，单辊期轧制千米数最高突破190千米，1.5毫米及以下薄规格比例55.4%，为第三代薄板连铸连轧技术进步作出贡献。高强酸洗线实现980兆帕超高强钢稳定生产，机组作业率比上年增加6个百分点。高强镀锌线通过一汽大众产线审核并获得A级评价，超高强钢月产突破万吨，实现DP980产品批量生产。热基镀锌线克服对新产品认识不足、实验数据支撑不够等困难，内抓制造能力和产品质量提升，外抓渠道拓展和结构优化，实现品种规格全覆盖。十八辊单机架实现一期超高强钢全部转移、1180兆帕级别批量稳定轧制，形成以超高强钢、精冲钢为拳头新产品集群。

【首钢京唐新产品开发】 2021年，首钢京唐发挥产品多元化优势，瞄准高附加值产品开发和高效益产品增量拓展渠道，全年产品开发128项，产品认证171项。汽车板四大用户订单比上年增长78%，锌铝镁外板、铝硅2000兆帕级热成型钢实现批量供货，超高强钢在日系用户认证取得突破。镀锡板深冲拉拔罐DI材正式批量供货，填补DI罐应用空白，开发0.19毫米减薄红牛铁，5G基站用钢最薄到0.08毫米。家电板十大用户订单比上年增长10%，冷系精冲钢新增8类产品应用，比上年增长205%。热基锌铝镁快速实现品种规格全覆盖，最厚到6毫米，强度突破800兆帕，形成超厚规格高强锌铝镁独家供货优势。酸洗板汽车用高强钢比例比上年翻番，批量供货强度扩展至800兆帕。热轧耐候钢集装箱订单量比上年增长60%，回火高强钢实现龙头企业批量供货。中厚板最高强度突破1100兆帕，保探伤特厚板商业供货最厚180毫米，低屈强比桥梁钢产品应用于常泰长江大桥。建立催货合同保障流程及应答系统，满足个性化交货要求，年内完成雄安白沟河特大桥中板用钢、冬奥会和服贸会用钢紧急保供任务，全年完成紧急供货订单1.4万余条，总计63万吨。

【首钢京唐新技术应用】 2021年，首钢京唐把握行业发展趋势，完善信息化、智能化管理体系，发挥“网信委”协同优势，实施无人仓储及智能物流管控，实现厂区车辆全量、全时段智能管控。应用RPA机器人，23个业务流程提效80%以上。完成归档平台建设，系统运行提效15%。聚焦业务痛点，智能制造研究所自主实施项目13项，热轧智能排程等技术取得突破。依托首钢集团“一院多中心”研发体系，做深“蓝精灵”项目，做优专家工作站，做实对外合作平台，开展“高炉顺稳长寿技术”等9个成套技术攻关。聚焦碳达峰、碳中和，实现二氧化碳回收制备，成为国内首家二氧化碳应用于转炉顶底复吹系统示范钢铁企业，“二氧化碳绿色洁净炼钢技术及应用”“低碳清洁高效炼铁工艺和技术集成”项目分获冶金行业科学技术特等奖和一等奖。转化科研成果，全年申请专利432项，授权专利266项。参加第二十五届全国发明展，创新项目获得13金21银26铜。

【首钢京唐管理提升】 2021年，首钢京唐开展“对标世界一流管理提升”专项行动，挖掘管理薄弱点，开展对标缩差，全年指标进步率89.23%，达标率81.84%，超越率50.36%，61项指标191次突破历史最高水平。其中，1号高炉焦炭负荷最高到6.06，富氧率最高到8%；炼钢4号铸机连浇568炉，产量17万吨，创国内单连铸机连浇吨数最高纪录；4300中厚板综合成材率、低温烧钢率等指标创出新高，2230酸轧产能发挥水平国内排名第一。

【QTI管理】 2021年，首钢京唐以现场标准化管理、全员快速改善为主线，以精益人才培养、快速评价激励为支撑，使QTI（全员快速改善）管理逐步发展成为对内助推生产、对外彰显品牌特色精益管理体系。全年打造现场标准化管理提升区域107个，完善通用可视化标准44项，建立区域专用可视化标准手册107份；开展改善骨干培训班3期，培养改善骨干140名，培养六西格玛绿带157人、黑带36人；输出改善亮点1.76万项、改善提案4.26万项，人均改善积分为852分。

【首钢京唐绿色低碳发展】 2021年，首钢京唐创新开发利用节能减碳新技术，构建全球首例“燃—热—电—水—盐”五效一体高效循环利用系统，开创低品质能源高效利用新格局，研究成果整体达到国际先进水平，获节能减排科技进步奖一等奖，在河北省推广，被国家工信部列为国家鼓励推广应用类工业节水工艺。响应唐山市集疏港运输“公转铁”政策，全年完成铁路钢材集港154万吨，比上年增长24.2%，首钢自有码头成为曹妃甸港区钢材下水量最大单体码头。在前期环保投入基础上再增加投入7亿元，巩固环保绩效A级企业成果。全年完成绿色行动计划23项、环境改善项目247项，投运充电桩35个、电动重卡120辆，完成国家及省市县区四级迎检工作183次。响应国家“双碳”战略，推进全流程用能优化，吨钢综合能耗、吨钢碳排放强度均创历史最好成绩。全固废胶凝材料实现批量生产，解决钢渣再利用行业难题，达到行业领先水平。年内，获得“绿色低碳优秀品牌企业”“绿色制造标准化支持单位”“钢铁行业绿色发展标杆企业”等多个称号。

【首钢京唐安全管理】 2021年，首钢京唐源头治理隐患52项，延长隐患形成周期79项，打造本质化安全管理推进区域94个，实施攻关项目130项。构建安全管理信息化智能平台，助推安全生产主体责任落实，推动安全管理逐步向科学管理、自主管理转变。推进安全日管控落地，对高风险作业项目实施分级管控，保持高压态势。加强相关方安全管理，督促完善安全管理体系，不断筑牢安全生产防线。开展火灾风险因素辨识，建立动火作业风险管控清单，完善消防管理体系。

（张丙龙 唐宗和）

·中国二十二冶集团·

【中国二十二冶集团概况】 2021年，中国二十二冶集团有限公司（简称中国二十二冶集团）从业人员4935人，其中各类中高级专业技术人员2207人，技能人才782人。年内获鲁班奖、国家优质工程奖、中国安装之星、中国钢结构金奖、河北省建设工程安济杯奖等省部级以上质量奖42项。获得中国土木工程詹天佑奖、河北省建设行业科技进步奖、中国钢结构协会科学技术奖等各类科技成果和科技奖129项。首获中国钢结构金奖杰出工程大奖，首次代表中国五矿参加第四届中央企业QC小组成果大赛并获一等奖。公司2021年实现新签合同额801.25亿元，营业收入247.11亿元，利润总额2.42亿元，经营净现金流9.32亿元，“两金”（存货、应收账款）完成157.55亿元，带息负债完成59.97亿元。

【二十二冶集团资质】 中国二十二冶集团是世界企业500强中国五矿集团重要骨干子企业，是以工程总承包、房地产开发、技术装备制造、多元化产业为主营业务的综合性大型企业集团。拥有建筑工程和冶金工程施工总承包特级资质，矿山工程、石油化工工程、市政公用工程、机电工程施工总承包壹级资质，钢结构工程、地基基础工程、公路工程专业承包壹级资质，房地产开发壹级资质，电子与智能化工程、港航设备安装及水上交管工程、建筑装修装饰工程、输变电工程专业承包贰级资质，铁路工程施工总承包叁级资质，环保工程专业承包叁级资质，工程设计建筑行业、冶金行业甲级资质，工程设计市政行业道路工程丙级资质，拥有独立对外经营权。下设与主营业务相匹配专业公司，有适应工程建设需要勘察、设计、科研机构和各类施工机械。有年产能力70万吨以生产工业与民用建筑钢结构产品为主3座较大规模现代化大型工业园，是中国钢结构协会授予国家钢结构制造特级企业。二十二冶先后承建和参建大批国家或地方及国外建设项目，百余项工程分别获得国家建筑业鲁班奖、詹天佑奖、国家优质工程奖、全国用户满意工程、省部级工程奖等，部分工程创全国同类工程最短工期施工记录。是国家钢结构工程技术研究中心和制作技术研究分中心、国家装配式建筑产业基地、河北省企业技术中心、北京市企业技术中心、河北省重型装备预应力制造工程技术创新中心、河北省新型建筑工业化技术创新中心、中冶重工（唐山）有限公司研发中心、河北省院士合作重点单位，拥有中国中冶装配式建筑（河北）技术研究院、中冶精密锻造工程技术中心、国家技术标准创新基地（冶金工程国际标准化）装备制造（唐山）分基地；有省、市、公司级各类创新工作室15个，有国家级工法6项、省部级工法153项，获得授权专利1664件，其中发明专利200件；获得软件著作权登记21件。主编、参编几十项国家、行业、地方、协会标准。在全国同行业中率先通过质量、环境和职业安全健康管理体系认证。为全国“重合同、守信用”企业、国家AAA级信用等级企业、全国建筑工程名牌企业、全国优秀施工企业、全国质量管理先进企业、国家级高新技术企业。曾获得全国文明单位、全国五一劳动奖状、中央企业先进集体、国务院国资委先进基层党组织、中国企业文化建设先进单位等称号，获得过国家科学技术进步二等奖、国家重大技术装备成果奖、国家技能人才培育突出贡献奖。

【钢结构金奖、詹天佑奖获得】 2021年，二十二冶集团有限公司承建腾讯北京总部大楼获第十二届中国建筑金属结构协会“钢结构金奖”，并获“第十九届中国土木工程詹天佑奖”。腾讯北京总部大楼位于北京中关村软件园二期西北旺路东南交界处，工程总建筑面积30.86万平方米，建设内容包括行政办公区、网络媒体演播区、运动区、员工餐厅和标准办公区。

【首钢炼铁、焦化工程获鲁班奖】 2021年，二十二冶集团承建首钢京唐钢铁联合有限责任公司二期一步工程——炼铁、焦化工程获年度中国建设工程鲁班奖。该工程位于唐山市曹妃甸工业区京唐钢铁厂，总占地面积19.6万平方米，年产焦炭155万吨。由炼铁系统、焦化系统、上料喷煤系统3部分组成，包括高炉、热风炉、焦炉，原料、上料、喷煤系统，综合管网、电气设备、配套设施等，技术先进、绿色节能，是国际一流生态型现代化超大型炼铁厂。

【马来西亚工程获鲁班奖】 2021年，二十二冶集团承建马来西亚马中关丹产业园焦化工程获2020年度中国建设工程鲁班奖（境外工程）。该工程位于马来西亚彭亨州关丹市马中关丹产业园，项目占地19万平方米，年产110万吨焦炭。工程包括备煤、煤焦处理、炼焦、干熄焦、煤气净化等设施。该项目是在中马两国元首推动和两国政府合作下建设的首个入园项目，在推动中马双边经济贸易、落实“一带一路”建设中具有显著示范效应。

【3项工程获国家优质工程奖】 2021年，二十二冶集团承建石家庄中冶城市商业广场C区商业办公3号楼工程获2020～2021年度国家优质工程奖，工程位于石家庄市裕华区，建筑面积为11.19万平方米，是集超甲级写字楼、大型超市、休闲餐饮、国际影院、室内步行街等多种业态于一体商业综合体，结构形式为框架-核心筒结构和框架结构，以“绿色、科技、创新”为设计理念，创造全新商务办公体验。承建首钢京唐钢铁联合有限责任公司二期一步工程——多模式全连续铸轧生产线工程获2020～2021年度第二批国家优质工程奖，工程位于唐山市曹妃甸工业区，设计年产合格成品钢卷210万吨。承建青海西部水电45万吨铝基合金大板锭项目二期工程获2020～2021年度国家优质工程奖、中国有色金属工业优质工程奖，工程位于青海省民和县下川口工业园区，总建筑面积24.33万平方米，是实现中国铝工业自东向西产业转移重点工程。

【中国安装工程优质奖获得】 2021年，二十二冶集团承建曹妃甸国际矿石交易中心（一期）工程——精混成品堆场大棚（网架）获2021～2022年度中国安装工程优质奖（中国安装之星）。该工程位于唐山市曹妃甸港区甸头矿石码头三期堆场北侧，占地面积34.73公顷，主要建设一座绿色、智能、环保矿石交易中心。精混成品堆场大棚网架是曹妃甸地区首个大容量环保式封闭储矿料棚。

【2项工程获中国钢结构金奖】 2021年5月，二十二冶集团承建北京至雄安新区城际铁路雄安站站房及相关工程主体结构制作获第十四届中国钢结构金奖杰出工程大奖，工程位于雄县城区东北部，距雄安新区起步区20千米，京港台高铁、京雄城际、津雄城际3条线路汇聚于此，房建总规模45.29万平方米，雨棚10.97万平方米。承建吴忠至中卫铁路中卫南站工程获2021年度中国钢结构金奖，工程位于中卫市黄河南岸常乐镇东侧马路滩村附近黄河滩地，项目建筑总面积3.32万平方米。

【阿尔及利亚工程获奖】 2021年，二十二冶集团承建阿尔及利亚奥兰4万座体育场钢结构工程获2021年度优秀焊接工程一等奖。该工程总建筑面积5.93万平方米，钢结构屋盖沿田径场四周看台布置，结构布置采用立面交错编织，顶面汇交为独立“棕榈叶”空间管桁架结构体系，屋盖总共用72榀桁架，工程总量5440吨。

【4项工程获河北省安济杯奖】 2021年，二十二冶集团承建工程4项获河北省安济杯奖。河北建投丰宁关道梁风电场项目位于平均海拔3000米承德市丰宁满族自治县，工程年均发电量1000万千瓦时，相当于降低1.32万吨二氧化碳排量。容西混凝土搅拌站位于雄安新区容城县

城区西北侧S333省道和津保铁路以北，占地面积14.01万平方米，总建筑面积5.18万平方米，该项目同时获2020年全国绿色建造三星评价、2021年全国001号绿色产品认证、首届建设工程雄安质量杯奖。唐山市丰润区浭阳新城新建市政道路工程包括道路工程、排水工程、人行道工程、附属工程、照明工程、交安工程。正定博物馆项目位于正定县中山东路与旺泉大街交叉口东北角，建筑面积1.55万平方米。

【3项工程获全国冶金行业工程质量优秀成果奖】 2021年，二十二冶集团承建工程获3个2021年度全国冶金行业工程质量优秀成果奖。建龙北满特殊钢有限责任公司工艺产品升级项目265平方米烧结机升级改造工程，位于齐齐哈尔市富拉尔基区建龙北满特殊钢有限责任公司厂区内，年产量272万吨，施工内容包括土建和配套设备安装工程。南昌经开区双港大街、黄家湖东路景观提升改造工程，位于南昌市经开区，施工内容包括道路、排水、通信、照明、交通及安全设施等。国道111线哈根庙至白音胡硕段一级公路二期工程路线全长106.52千米，路基宽度26米，为一级公路，施工内容包括路基、路面、桥涵工程，以及防护、排水、机电、房建、绿化、交通及安全设施等。

【唐山市第二季度重点项目集中开工活动举办】 2021年5月25日，唐山市在二十二冶集团唐山市委党校迁建项目现场举行第二季度重点项目集中开工活动。全市154个项目集中开工，总投资573.9亿元，其中省市重点项目37个，总投资245.6亿元。河北省委常委、唐山市委书记张古江出席仪式并宣布项目开工，河北省委党校常务副校长魏四海致辞，唐山市委常委、组织部长、统战部长、市委党校校长陈学民介绍唐山市委党校迁建项目情况，中国二十二冶集团总经理、党委副书记朱晓飞作为施工建设方代表表态发言。唐山市委常委、常务副市长付振波主持。

【第二十届唐山市职工职业技能大赛焊工比赛】 2021年7月5～7日，第二十届唐山市职工职业技能大赛焊工比赛在二十二冶集团焊接培训中心举行。比赛由唐山市总工会主办，中国二十二冶集团承办，来自23家单位98名选手参赛。二十二冶集团曾先后5次承办唐山市职工职业技能大赛，具有丰富办赛经验。本次比赛成绩排名第一选手被授予唐山市技术状元称号，第二至第九名选手被授予唐山市优秀技术能手称号，并选拔5名优秀选手代表唐山市参加省级职工职业技能大赛。

（马　健）

装备制造

【装备制造概况】 截至2021年底，唐山市入统规模以上装备制造企业694家，比上年新增24家；实现营业收入1943.2亿元，比上年增长17.4%；利润总额33.8亿元，比上年下降5.2%，规模以上装备制造业完成增加值575.1亿元，比上年下降1%，占GDP比重达到7%。新兴产业中，智能轨道交通装备产业增加值比上年增长13.9%，机器人产业增加值比上年增长85.1%，电子及智能仪表产业增加值比上年增长28.4%，动力电池产业增加值比上年增长55.5%。工业投资增速比上年下降4.7%，占全市工业投资比重为22.2%；装备制造业技改投资增速比上年下降15.1%，占全市技改投资比重为20.7%。

【装备制造重点产品】 2021年，唐山市规模以上装备制造企业生产铁路客车377辆，比上年增长518%；环境污染防治专用设备3891台(套)，比上年增长106.4%；锂离子电池1577.9万只，比上年增长57.8%；印刷专用设备6158吨，比上年增长55.9%；试验机1131台，比上年增长48%；水泥专用设备3.91万吨，比上年增长45.4%；工业机器人4592套，比上年增长34.2%；输送机械6.47万吨，比上年增长29.7%；减速机4614台，比上年增长29.2%；矿山专用设备17.2万吨，比上年增长28.4%；电焊机22.25万台，比上年增长15.1%；建筑工程用机械2165台，比上年下降7.1%；包装专用设备1054台，比上年下降7.5%；电力电缆34.1万千米，比上年下降8.6%；金属冶炼设备1.77万吨，比上年下降12%；专用汽车1.03万辆，比上年下降29.4%；动车组152辆，比上年下降62.4%。

【骨干企业和重点项目】 2021年，唐山市在装备制造行业培育龙头骨干企业和“专精特新”企业，培育单项冠军企业（产品）24个，占全市总数55.8%；培育“专精特新”企业174家、国家专精特新“小巨人”企业27家，分别占全市51.3%和71%；华通线缆被认定为国家技术创新示范企业，油泵线缆市场份额全国第一、世界第三；开元焊接机器人国内市场占有率30%，国内行业第一。2021年，实施福伊特轨道车辆链接系统设备设施等装备制造业项目176项，完工31项，项目总投资790亿元，累计完成投资218亿元。实施金石钻探全液压岩心钻机等新

唐山市第二季度重点项目集中开工活动在中国二十二冶集团唐山市委党校迁建项目现场举办。
柳雨梦 摄

唐山市玉田县规模以上装备制造企业25家，图为唐山晶玉科技股份有限公司工人在组装高精密多线切割机。 牟 宇摄

产品新技术开发项目91项，累计完成投资1.5亿元，完工项目52项。九天微星、天一合农业机器人等项目落地，引领装备制造业向高端化转型；巴威锅炉、东方诚国际钢结构等项目助推京津唐重点领域合作；华北康港、华北易安德等一批用钢项目加速钢材就地转化，优化产业链条。

【智能轨道交通装备制造】 2021年，唐山市在全国率先建设轨道交通创新发展中心，在京津冀地区率先建设轨道交通装备产业园，在行业内率先组建唐山智能轨道交通产业联盟。以中车唐山公司为龙头，华达、威奥、百川智能、宏正机械等90家配套企业协同发展产业体系日益完善，本地企业配套率达到15%，从整车研发、试验、制造、检修和综合服务，到车体结构系统、通信线缆系统、车轮及制动系统等轨道车辆部件，构筑起“技术研发——装备制造——高端服务”全产业链，具备年生产高速动车组960辆、城轨车1000辆、碳钢车1000辆以及年检修动车组1824辆、客车1000辆整车制造和检修能力，具备年生产转向架1800辆、轨道交通检修成套设备2000套等配套能力。中车唐山公司自主创新研制成功全球最高速度等级新一代中低速磁浮列车，成为国内中低速磁浮交通产业引领者。世界首列货运高速动车组在中车唐山公司正式下线，在全球首次实现时速350千米高铁货物快运，提升中国轨道交通装备自主创新水平。

【机器人产业】 2021年，唐山市以开诚、开元两大领军企业为核心，百川、英莱、新禾、拓又达等企业为关联，拥有机器人制造及相关企业50余家，主要产品涵盖特种机器人、工业机器人、服务机器人，以及人工视觉系统、传感器等关键零部件。中信重工开诚智能在国内特种机器人市场占有率稳居第一，自主研发核心零部件，融合大数据、5G等信息技术，拓展产品智能化水平，研发出应急救援消防机器人、通信保障侦查机器人、文物巡检消防机器人、消防投弹机器人、冶炼巡检机器人等，形成应急救援、特种作业两大系列130余款特种机器人产品及多行业智能化解决方案，其中20余款产品为国内首创。河北任氏粉体包装设备集团有限公司自主研发全自动插袋包装机和智能无人装车机器人等7类15种型号产品全国销量第一，国内市场占有率35%以上，科技研发能力保持全国领先水平。

【汽车及零部件】 2021年，唐山市汽车及配套产业链条完整，整车与零部件协同发展，向高端化、轻量化、平台化、绿色化发展，先后引进上汽客车、北京环卫、城建重工等整车企业，以及国轩高科、航天万源等电池生产企业。全市有规模以上汽车及零部件企业36家，其中汽车生产企业8家，汽车零部件生产企业28家，代表企业有唐山亚特、唐鸿重工、众兴专用车、鼎安专用车、北京环卫乐亭公司、爱信齿轮、爱信汽车零部件、兴民钢圈等。主要产品包括混凝土搅拌车、散灰物料运输车、自卸车、半挂车、公路桥梁测试车、环卫车、旅居车、救护车、客车等车型，以及变速器、发动机壳体、钢制车轮、制动器总成、悬挂装置、转向机构、动力电池等零部件。唐山市具备年产4万辆汽车生产能力，其中混凝土搅拌车2万辆、半挂车1万辆、环卫车5000辆、纯电动客车3000辆，并具备年产42亿瓦时动力储能电池生产能力。唐山亚特成为华北地区较大专用汽车生产企业，混凝土搅拌运输车产销量位居行业前三；华信唐山石油装备有限公司主要生产采油专用连续油管作业装备车等采油装备，是国内仅有4家具备连续油管作业装备生产能力企业之一。

【装备制造科技进步】 2021年，唐山市构建以龙头企业为主体、产学研用结合产业创新体系，推动创新研发平台建设和研发设计成果转化，拥有高新技术企业526家、省级及以上企业技术中心52家、企业研发机构410家，分别占全市41%、45.2%和45%。唐山松下、华电曹重、中车唐山公司、华通线缆被认定为河北首批科技领军企业。华电曹重大型装船机、卸船机填补河北省空白，华信连续油管作业装备车等49项产品获评河北省首台（套）重大技术装备产品，数量居全省第一。围绕关键工序智能化改造、关键岗位机器人替代、生产过程优化等关键环节，推动智能技术装备集成应用。中车唐山公司被列入国家智能制造试点示范项目，航天国轩被认定为省级智能制造标杆企业，省级数字化车间达到19个，占全市总数33%。

【国内首条环保高性能焊丝生产线投产】 2021年5月18日，全国环保高性能焊丝首条生产线——唐山神钢SE焊丝项目正式投产。SE焊丝是无镀铜环保高性能焊丝，与传统镀铜焊丝相比，具有停机频率低、导电嘴磨损少、防锈性能好、烟尘发生量少、生产成本低、焊接效率高等优势，主要应用于汽车、机车车辆、船舶制造、钢结构等结构件对接、角接及搭接焊，可进行全位置焊接。该项目总投资8000万元，规划建设8条生产线，年产SE焊丝1.2万吨。

（马爱军）

·中车唐山机车车辆有限公司·

【唐车概况】 2021年是中车唐山机车车辆有限公司建厂140周年及“十四五”开局之年。公司全体员工以市场、战略、改革、稳定为主题，凝心聚力、创新协作、深化改革，为公司“十四五”战略谋篇布局奠定基础。截至年末，公司在册员工9949人，其中高级专业技术职称891人，中级职称人员1503人，博士研究生8人，硕士研究生1065人。公司下设20个职能部室、5个技术中心、11个事业部、13个子公司，占地面积218.79万平方米，建筑面积98.55万平方米。公司资产总额264亿元，固定资产总数2.65万项，年度新增固定资产1619项，价值3.12亿元，其中，流动资产167亿元，固定资产51亿元。设备总台数9019台（套），进口设备1026台（套），新增设备1580台（套）、房产4953平方米；新增费用化工装336项，价值0.33亿元。全年实现销售收入120亿元，考核利润2.72亿元。年内成立战略发展部作为公司战略主管部门，与公司董事会办公室合署办公。发布公司“十四五”战略规划纲要和11个专项规划，编制“十四五战略地图”实施整体管控，涵盖6个板块、29个条款、194项任务、69项指标、186项分目标或重点事项，与年度经营、党建重点工作融合，打造战略落地保障体系。公司申报“以战略为牵引的经营管理体系构建与实施”获第十八届全国企业管理现代化创新成果一等奖。

【唐车生产情况】 2021年，唐车公司动车组首次实现高寒动车组生产交付，全年新造时速350千米动车组11标准列，新造时速250千米动车组1标准列，完成动车组检修57标准列。碳钢线完成新造碳钢车327辆，完成检修客车752辆；首次实现时速160千米动力集中动车组（鼓形车体）批量生产交付。唐山、天津、泉州3地各工序协作，实现多个城轨车项目接续交付；全年新造城轨车42列，检修城轨车9列；福州地铁1号线客车架修项目和天津地铁3号线客车大修项目交付。美国和加拿大项目完成4辆车交付，实现公司进入北美高端不锈钢客车市场目标。

【唐车产品销售】 2021年，唐车公司签订9列CR400BF-G（8编组）动车组销售合同，签订58列动车组高级修销售合同。动车组合作修及加装改造等服务类项目签约额12.59亿元。签订330辆新造碳钢客车销售合同，其中，时速160千米动力集中动车组（鼓形车体）304辆，时速160千米动力集中动车组教学车2辆，普通碳钢客车24辆。签订628辆检修普通客车销售合同。国内城轨车产品签订天津地铁3号线客车大修项目，签约额3.9亿元，签订5项配件、备件和转向架销售合同，签约额234.2万元。签订3项污水处理设备销售合同，签约额850.5万元。海外市场签订孟加拉帕德玛大桥铁路连接线客车项目销售合同，签约额8165.5万美元；签订巴基斯坦客车项目销售合同，签约额1.49亿美元。

【市场开拓】 2021年度，唐车公司实现在国内高寒动车组市场首单突破。牵头研制时速160千米动力集中动车组（鼓形车体）完成批量交付，首次配属呼和浩特、西安、济南等铁路局。取得CRH3A型动车组四级修检修资质和CR400BF型动车组三级修检修资质。自主开发动车组油压减振器检修技术，向中国铁路上海局集团有限公司输出，实现动车组自主部件检修成果首单输出。牵头完成国铁集团旅游车改造项目方案设计和样车试制。国内城轨车市场全年参与投标项目12个，中标天津地铁3号线客车大修项目。拓展欧洲高端市场，完成乌克兰基辅地铁第一阶段投标、乌克兰铁路客车投标。加强对“一带一路”沿线市场开拓力度，完成埃及200辆客车项目投标工作，设立葡萄牙公司，为植根欧洲市场奠定基础。

【产品研发平台建设】 2021年，唐车公司技术研究中心向中国合格评定国家认可委员会（CNAS）申请99项试验能力资质复审，同时扩项40项。首次牵头制定氢能源国际标准通过国际标委会批准；建设河北省绿色智能交通产业技术研究院在省级产业技术研究院绩效评估中获评优秀，在25家省级产业技术研究院中位居第二名，获得河北省科技厅补助经费奖励100万元。完成燃料电池8电堆4串-2并能量控制程序开发，氢能源实验室完成自主开发能量控制程序系统验证，建立无损检测专业技术研究室，VOC检测实验室实现非金属材料苯系物及醛酮物质自主检测，油脂实验室可完成25个检测项目及23种检测方法自主检测。首次按照美标体系开展整车级型式试验，完成加拿大司机室车及拖车18项国内型式试验，测试内容、测试方法、测试流程、测试标准均高于以往欧标、国标试验要求。完成第二代微轨交通系统研制及试验验证，面向客户和市场需要完成第二代产品优化升级和样机试制。

【制造技术平台建设】 2021年，唐车公司推进制造数字化转型与产线升级，打造全面数字化、局部智能化智能制造模式，实现焊接自动化、工艺装备柔性化、检测数字化、智能成果固化，形成“多品种、小批量、快交付”车体数字化制造能力。推广自动化喷涂技术，拓展水性涂料整车应用，整车水性化完成50%以上。突破核心部件电气原理、关键逻辑、验证及检修技术，实现各型产品自主化调试，确保产品零缺陷交付和稳定运营。突破超厚板搅拌摩擦焊技术，实现订单产品批量应用推广。建立数字化焊接体系，实现“一个标准、一个数据源”焊接全流程精细化管理。支撑制造板块改革，以时速160千米动力集中动车组项目为推演，以工艺更改、红笔更改、临时通知、生产异常为交接判断依据，实现工位交接后责任与成本转移，降低制造成本。

【新产品研发】 2021年，唐车公司高速动车组研制以时速350千米高寒动车组为主，共9列。依托CR400BF型动车组技术平台，针对负40℃～40℃环境气候特点，考虑国内高寒运用条件，在防寒保暖、材料低温适应性、密封防雪结构等方面进行优化提升。国际市场产品研制重点是葡萄牙区域通勤动车组，采用3辆铰接式编组，具备适应900毫米、760毫米及685毫米3种站台能力，主要设备采用顶置安装形式。普通铁路客车产品研制以时速160千米动力集中电动车组（鼓形车体）

为主，定员720人，动拖车采用鼓形断面，增加车内空间，提升乘坐舒适度。城轨车辆研制重点是时速200千米新型都市快轨列车，考虑市域铁路公交化运营等需求，融合科技、人文、绿色、智能发展理念，满足1小时都市圈快速通达出行需求，9月，在中国轨道交通工业140年峰会上作为新产品成功发布。另有福州地铁4号线列车项目和天津地铁11号线一期工程项目。2021年，公司申报国内专利330项，其中发明专利237项，通过专利合作条约（PCT）途径申请专利40项，进入国家阶段外国专利10项；获得国内授权专利224项，其中发明专利121项；获得中国专利优秀奖2项。

【唐车质量管理】 2021年，唐车公司通过ISO/TS22163：2017标准监督审核，持续保持银级评价；强化质量风险管控能力，编制并完善《质量风险库》，推行质量风险清单化管理。搭建质量标准地图，从质量体系、质量策划等6个维度构建质量标准体系，编制《数字化质量管控操作手册》，明确数字化质量管理要求；规范供方资源配备、工艺能力，细化供应商工艺资质分类和管理颗粒度，提升海外供应商准入管控能力。启动数字化质量运营平台建设，搭建质量数据治理、业务数据挖掘等功能模块。开展“质量月”活动，举办以“质量文化建设”“质量管理研讨”等为主题系列质量论坛。“降低制动漏风问题率”等2项成果攻关团队获全国优秀QC小组称号，12项成果攻关团队获省、市级优秀QC小组称号；公司客车检修事业部电器车间电源班等2个班组获全国质量信得过班组称号，3个班组获河北省质量信得过班组称号。

【唐车机构变动】 2021年，唐车公司调整国铁事业部、城市基础设施事业部、海外事业部、服务事业部、天津公司、泉州公司、北京公司组织机构和职责分工，设立区域营销组织。成立战略发展部和运营管控中心，健全战略管理组织，强化新产业孵化功能，提升运营管控能力。撤销铝合金厂、钢结构厂、涂装厂、总装配一厂、总装配二厂、调试厂、内饰件厂、转向架厂，成立车体事业部、组装事业部、转向架事业部，将生产制造部和物流管理部整合为计划物控部，将资源管理部与能源管理部、动能厂整合为资源保障事业部。成立城轨服务事业部，将服务事业部更名为国铁服务事业部，针对天津公司、泉州公司增加城轨产品售后服务、机电系统集成、机电系统维护及机电总包等业务，激发服务板块创新活力。

【唐车基础管理】 2021年，唐车公司一体化高质量经营指标体系搭建完成，公司级、事业部级、产线级经营管理数据驾驶舱投入使用，实现经营管理数据自动采集、自动汇总。年内先后获评国家级第三批服务型制造示范企业、河北省现代服务业和先进制造业融合发展试点企业。“基于资源共享的动车组配件服务电子商务平台”项目获河北省工业互联网创新示范应用。“基于产品全生命周期的轨道车辆产品服务化模式及打造”项目获评2021年工业互联网平台创新领航应用案例。加强能源管控并通过第三方能源体系再认证，运用能源监控系统和设备管控平台，纠正不合理用能现象，全年节约标煤1093吨。

【唐车人才队伍建设】 2021年，唐车公司搭建复合型引才体系，全年引进技管人才107人。搭建项目经理职业发展通道，项目经理选拔方式由传统组织任命模式转变为揭榜挂帅选拔模式。加强国际化人才培养，组织12人参加集团公司国际化人才专题研修班培训，3人参加集团公司国际化人才能力提升项目培训。组织参加各级各类职业竞赛，获得国家一类竞赛第五名，新增全国技术能手1名；获得省部级竞赛第一名1个、第二名1个、第三名1个；获得市级竞赛第一名3个、第二名2个、第三名2个。向国家、省市和集团公司推荐优秀人才，公司员工王永刚、曹永胜获得国务院政府津贴，杨博获得詹天佑科技奖，选拔推荐茅以升铁道工程师奖1人、院士后备人才中长期培养人选1人。

【唐车售后服务】 2021年，唐车公司动车组安全稳定运营里程3.66亿千米，动车组百万千米故障率0.33件，比2020年降低17.5%，售后服务过程关键部件自主服务能力掌握完成率17%，超过预期200%。公司城轨（国内）售后服务业务实行区域化管控模式，建立标准化售后服务技术管理体系。通过运维数据平台进行数据采集和分析。公司城轨车辆故障率0.013件/月列，海外售后团队完成土耳其伊兹密尔项目和尼日利亚客车项目售后服务，处理车辆故障88起，技术更改8项，保证海外产品稳定运行。

【企业文化建设】 2021年，唐车公司围绕“行道百卌 思源致远”主题，承办中国轨道交通工业140年峰会系列活动。通过启动仪式暨火炬接力活动、文创集市、扶贫地区产品义卖、文艺晚会、峰会、论坛、健康跑等系列活动，展现公司作为中国轨道交通工业摇篮文化底蕴和中国中车龙头企业使命担当。选取景观石镌刻《中车赋》全文，在中国轨道交通工业140年峰会现场，组织140名员工合诵《中车赋》。在公司文化展示中心开辟新展区，建成“唐山工人运动领袖邓培烈士事迹展”，对内成为基层党组织和党员开展学习宣传工作阵地，对外成为传播中车红色文化窗口。在2021年中车企业文化和品牌建设评价中，公司获得“企业文化和品牌建设特别贡献奖”。

【百辆宽轨铁路客车出口孟加拉】 2021年5月23日，孟加拉国帕德玛大桥铁路连接线100辆宽轨客车项目签约仪式在孟加拉国达卡市和中国唐山市通过视频连线方式举行。中车唐山公司2年内为孟加拉国帕德玛大桥铁路连接线设计制造100辆宽轨客车，分为5种车型，包含15辆空调卧铺车（WJC）、35辆空调座车(WJCC)、25辆无空调座车(WEC)、15辆无空调带客室餐车（WECDR）和10辆无空调带客室发电车（WEPC）。孟加拉国帕德玛大桥铁路连接线项目是中孟两国政府间“一带一路”框架下合作项目，是孟加拉国重点基础设施建设项目，同时也是目前在建由中国政府提供融资最大“两优”项目。

【巴基斯坦宽轨客车中标】 2021年，

中车唐山公司收到巴基斯坦铁路局书面中标通知，中标巴基斯坦230辆宽轨客车采购项目。该项目共计5种车型，包括80辆经济车、80辆空调标准车、30辆公务车、20辆行李车和20辆守车。这是中国时速160千米客车制造技术首次“走出去”进行技术转让，也是中国中车响应“一带一路”倡议，技术转让和生产线输出所取得最新成果。230辆宽轨客车采购项目由巴基斯坦铁路局以CBU和CKD两种模式实施，前46辆车采用CBU模式在中车唐山公司制造并整车运输到当地，后184辆车采用CKD模式在当地组装生产。通过项目实施，在缓解巴基斯坦国内铁路运力不足问题同时，实现时速160千米客车本地化制造。

【“未来系列”新型都市快轨列车下线】 2021年9月27日，由中车唐山公司研制具有完全自主知识产权“未来系列”新型都市快轨列车下线，列车融合虚拟编组、自我感知、绿色制造、主动安全等关键技术，满足人们对未来出行期待。在中国轨道交通工业140周年峰会现场，新型都市快轨列车首次亮相。列车采用全自动无人驾驶技术，通过5G技术应用，建立车与车之间实时通信，实现列车间虚拟编组、灵活混跑，满足不同客流情况下灵活编组需求；新型都市快轨列车拥有多功能旅客界面、智能感应光源、无线充电装置、区域风量调节系统等，设置高端移动办公区，并首次应用可调光侧窗，智能护航，实现人与列车全方位友好互动。新型都市快轨列车将低碳、绿色理念贯穿于车辆全生命周期，全列车材料可回收再利用率96%。

（刘振宇）

建　材

【建材概况】 唐山市是中国老工业城市之一，被誉为中国近代工业摇篮，建材行业在唐山有悠久历史，是重要传统支柱产业，创造国内建材工业发展史上多项第一，到2021年底，形成以水泥及水泥制品、卫生陶瓷为主导，耐火材料、防水材料、平板玻璃制造为支撑较为完备建材产业体系，是国内3个卫生陶瓷基地之一，也是京津两市主要水泥供应地。唐山市作为首批国家级装配式建筑示范城市，装配式建筑部品行业发展迅速，装配式超低能耗产业基地建设初具规模，形成较为完备装配式建筑预制构件生产体系，产品涵盖砼结构构件、钢结构构件、木结构构件和配套功能性建筑部品等多个领域。区域内有金隅冀东、泓泰水泥、惠达卫浴、梦牌瓷业、杭萧钢构、东方雨虹、远大洪雨、蓝欣玻璃、北极熊建材、国亮新材料等一批行业龙头企业。2021年，实现营业收入853.6亿元，比上年增长11.8%，占全市营业收入比重为5.7%；工业投资增速25.2%，高于全市工业投资增速17.4个百分点，占全市工业投资比重为11.2%；技改投资增速44.8%，高于全市技改投资增速43.9个百分点，占全市技改投资比重为8.8%。

【建材产品结构优化】 2021年，唐山市统筹资源禀赋、环境容量、交通物流、市场需求等因素，因地制宜培育区域特色建材产业，形成一批特色鲜明、产业集聚生产基地。推进蓝欣玻璃生产线技术改造、杭萧钢构装配式钢结构绿色建筑产业基地等14个重点技改项目建设，磐石水泥、冀东三友等7个水泥产能置换项目在建。依托2017年唐山市入选首批国家级装配式建筑示范城市契机，发挥二十二冶集团、冀东发展集成房屋公司等6个省级以上装配式建筑基地示范引领作用，形成京津冀地区装配式建筑预制构件产品供应基地，辐射京、津及雄安等地区。瞄准装配式超低能耗建筑产业示范基地发展定位，推动全市被动式超低能耗建筑产业发展，培育新经济增长点，东方雨虹二期、凯伦新材料原生产卷材车间引进国际先进设备升级技改等4个项目获得2021年河北省被动式超低能耗建筑产业发展项目支持资金。

【绿色智能发展】 2021年，唐山市推动全市建材行业打造绿色矿山、绿色工厂、绿色园区、绿色产品，形成绿色供应体系，全行业拥有国家级绿色工厂5家、省级绿色工厂18家，分别占全市22.73%、33.96%。以装配式建筑、被动式超低能耗建筑等试点示范工程为切入点，开展绿色建材评价标识管理和推广应用工作。2021年，全市新建装配式建筑352.18万平方米，占本年度城镇新建建筑比例为33.67%，完成河北省装配式建筑占城镇新建建筑比率25%目标。推动智能制造，深化互联网、物联网、云计算、大数据等应用，加快“两化”融合管理体系标准普及推广，共培育凯伦新材料沥青卷材数字化车间、遵化市阔旺木业有限公司钢质门数字化车间等8个省级数字化车间项目。

【建材产品品牌建设】 2021年，唐山市推进水泥及水泥制品、卫生陶瓷、墙体材料、保温防水材料等重点领域工艺优化，以龙头骨干企业为重点，提振老品牌、培育新品牌，促进资源要素向优势企业汇聚。金隅冀东水泥成为国内前三、世界第五大水泥企业和全国最大综合型建材企业之一，惠达、梦牌、中陶等一批陶瓷行业领军企业影响力不断提升，东方雨虹成为辐射华北市场最重要研发生产基地、中国防水行业龙头企业，杭萧钢构发展成为中国北方地区最大钢结构生产加工基地和出口商之一，成为世界一流钢结构企业；唐山北极熊建材有限公司为全国生产特种建筑功能材料及硫铝酸盐系列水泥骨干企业之一；唐山市国亮特殊耐火材料有限公司在钢铁、有色冶金、建材和石化等窑炉耐火材料领域拥有较高知名度；在钢铁、水泥、陶瓷等传统产业支撑下，涌现出以二十二冶集团、河北杭萧、冀东发展集成房屋、大树木业为代表一批装配式建筑部品企业。

（王　奎）

电　力

【电力概况】 2021年，唐山地区并网运行6000千瓦及以上电厂65家，装机容量12355.4兆瓦，其中火电装机10367.4兆瓦、水电装机475.9兆瓦、风电装机478兆瓦、太阳能装机1034.1兆瓦。自备电厂装机1950.5兆瓦。唐山地区110千伏及以上变电站362座，其中冀北超高压分公司500千伏变电站9座。唐山供电公司所属35千伏及以上变电站387座，变电总容量4561.55万千伏安，输电线路833条段10377.50千米。全年供电量811.5亿千瓦时，比上年增长5.9%。售电量774.2亿千瓦时，比上年增长6.1%。10个县级公司售电量264.9亿千瓦时，比上年增长5.3%。综合线损率4.6%，比上年减少0.1个百分点。

【社会用电量增长】 2021年，唐山地区全社会用电量累计912.1亿千瓦时，比上年增长5.0%。其中，第一产业用电15.7亿千瓦时，比上年增长5.7%；第二产业用电755.1亿千瓦时，比上年增长3.9%；第三产业用电82.9亿千瓦时，比上年增长14.0%。第二产业用电占全社会用电量82.8%。按行业类别分：农、林、牧、渔业用电17.6亿千瓦时，比上年增长4.3%。工业用电747.4亿千瓦时，比上年增长3.8%。建筑业用电7.9亿千瓦时，比上年增长17.2%。交通运输、仓储、邮政业用电27.9亿千瓦时，比上年增长9.7%。信息传输、计算机服务和软件业用电3.6亿千瓦时，比上年增长7.1%。批发和零售业用电16.8亿千瓦时，比上年增长25.0%。住宿和餐饮业用电4.5亿千瓦时，比上年增长20.2%。金融业用电0.8亿千瓦时，比上年增长6.3%。房地产业用电3.6亿千瓦时，比上年增长16.8%。租赁和商务服务业用电2.0亿千瓦时，比上年增长10.5%。公共服务及管理组织用电21.6亿千瓦时，比上年增长14.65%。城乡居民生活用电58.4亿千瓦时，比上年增长7.7%。其中，乡村居民生活用电31.7亿千瓦时，比上年增长10.3%；城镇居民生活用电26.7亿千瓦时，比上年增长4.8%。

【地区发电量增长】 2021年，唐山地区累计发电量470.1亿千瓦时，比上年增长0.17%。按隶属关系分：省统调及以上发电企业发电375.5亿千瓦时，比上年增长0.6%；非统调电厂发电94.6亿千瓦时，比上年降低1.4%。按电厂性质分：公用电厂发电390.9亿千瓦时，比上年增长0.4%；企业自备电厂发电79.2亿千瓦时，比上年降低1.1%。按发电类型分：火电厂发电440.8亿千瓦时，比上年降低2.0%；水电厂发电8.6亿千瓦时，比上年增长64.5%；风电厂发电11.8亿千瓦时，比上年增长61.5%；太阳能发电8.9亿千瓦时，比上年增长30.3%。

【"碳达峰、碳中和"项目实施】 2021年，唐山市实施"唐山4县光电采暖50天大会战"，120项"分布式光伏+电取暖"及"煤改电"配套工程按期完成，惠及居民5.32万户，减排二氧化碳15万吨，得到省市主要领导批示肯定。成立"双碳"研究中心和新型电力系统研究中心，提出"一平台一示范"目标，加快建设曹妃甸海洋风光氢储新型电力系统示范区，搭建"双碳"数智平台，完成1300余家钢铁、化工等典型企业3年用电数据梳理，总体框架年内形成，调研成果《关于重工业城市"双碳"转型中努力构建新型电力系统的思考与探索》先后在国资动态、国务院办公厅信息专报等媒体刊出。挖掘工农业生产、交通运输等重点领域电能替代潜力，实施全电景区、电动汽车等6类替代项目，完成渤海油田群岸电改造，实现陆地清洁电能替代海上燃油机组，2021年实现替代电量23.7亿千瓦时，节约标准煤94.84万吨，减排二氧化碳236.3万吨。

【电网建设】 2021年，唐山市加强各级电网建设，滚动调整"十四五"电网规划，完成2021～2035年137个110千伏及以上项目国土空间规划选址选线，完成小集站等12项工程可研评审，金山等9项工程取得核准，青年路等2项工程完成可研设计。临港、芦沟堡等26项重点工程年内投产，累计投运变电容量68万千伏安，线路长度79.9千米。中海油间隔扩建、曹妃甸生物质清洁供电送出等工程投产，为唐山市新能源发展和"一港双城"建设提供充足电力保障。庞各庄220千伏变电工程获国网公司优质工程银奖，站前路220千伏变电工程打造绿色工地成效显著，获得常务副市长乔朝英肯定。109项配网基建工程推进，配电网标准化建设水平提升。1项工程进入国网公司配网工程质量评价前一百，4项工程获评冀北公司优质工程。

【电力保供】 2021年，唐山供电公司保障京津唐电力供需平衡和供热平衡，将保民生、保供电、保安全、优服务作为第一责任，确保大电网安全。汲取河南暴雨汛情启示，开展防汛安全专项整治，发现低洼变电站排水、地下配电设施防汛标准不高等问题隐患704项，呈报政府《关于提升城市供电设施防洪涝灾害能力的报告》，对设施实施升级改造，提升城市防汛水平。第三季度全国电力供需形势紧张，华北地区出现较大电力缺口，唐山供电公司配合政府科学制定有序用电方案，精准实施有序用电22天4.15万户次，确保居民生活、关键公共设施、农业生产和重要客户正常用电，保障经济社会正常运转。抵御雨雪自然灾害，"拉网式"排查供电线路359条、变电站120座，治理缺陷隐患187项，保证群众温暖度冬。

【差别电价政策落实】 2021年，唐山地区按照《国务院办公厅转发发展改革委关于完善差别电价政策意见的通知》精神，对高耗能企业淘汰类和限制类生产设备生产用电以及未按期完成环境污染治理任务部分企业执行差别电价政策，全年共计执行差别电价电量2.34亿千瓦时，收取差别电价电费2340万元。全市1700家企业参与电力市场交易，全年完成交易电量243.26亿千瓦时。

【玉田3万千瓦光伏电站项目并网发电】 2021年，唐山市玉田县海泰新能蝴蝶山3万千瓦光伏电站正式并入国家电网发电，项目位于玉田县唐自头镇，总规模3万千瓦，投资1.2亿元，占地60公顷，项目年发电量4200万千瓦时。唐自头镇地域广阔，太阳能资源丰富，唐山海泰新能科技股份有限公司依托该镇山多坡广、日照时间长特点，投资建设光伏发电项目。玉田县以促进能源转型，助推低碳绿色发展为目标，探索出一条"企业+电站+农户"光伏发电生产应用发展模式，全县有并网发电35千伏光伏电站3座，总装机容量6.1万千瓦，年均发电8400万千瓦时。

（李　岳）

·河北大唐国际唐山热电有限责任公司·

【唐山热电公司概况】 2021年，适逢河北大唐国际唐山热电有限责任公司（简称唐山热电公司）成立80周年。80年中，作为冀东悠久历史电力“摇篮”，唐山热电公司不仅为社会经济建设作出贡献，也为华北地区乃至全国电力事业培养和输送大量管理人才、技术人才。在新时代征程中，唐山热电公司抢机遇，谋发展，践行初心使命，履行社会责任，勇于担当奉献。内强综合实力，外创经济效益，提高各项管理水平，提升凝聚力、发展力，增强稳定性、可靠性，成为首都政治用电和唐山市稳定供热主力保障单位。2021年电量形式发生“过山车”式变化。上半年，抢发电量“度电必争”，利用小时完成2174小时，高于电网煤机平均137小时，高于同类平均5小时；下半年，通过与电网沟通停机，降低机组负荷率等措施，控制无效益电量，少发1.2亿千瓦时，减少边际亏损443万元。计划电抢发取得新突破，在足额取得电量加分项基础上，增加深度减排奖励50小时，完成电力许可证增容变更，取得机组增容调增电量计划1.6亿千瓦时。

【唐山热电二次创业】 2021年，唐山热电公司掀起“十四五”规划开局之年二次创业高潮。公司总经理谢生源带队到国能南京煤炭质量监督检验公司调研煤炭采制化验检测工作，9月30日，唐山热电获取检验检测机构资质认定证书（CMA认证），获得涉及煤炭水分、灰分、挥发分等11个项目参数检验检测资质，成为中国大唐集团公司第一家取得CMA资质认证单位。开辟风电、光伏、氢能新能源发展道路，承揽新能源项目；陆续取得起重、电梯安装和消防维保许可，其中消防维保资质是中国大唐集团内首家拥有此项资质企业。检修总公司在唐山市电力培训中心建设300千瓦光伏发电实训系统项目，于11月12日开工，占地2000多平方米，设计安装光伏组件560块，总容量300装机容量，同时建设一个小型光伏实训室，是中国大唐集团公司系统内第一个光伏实训系统。11月6日，唐山热电公司2号机组灵活性改造项目竣工，成为大唐国际在唐企业中首家完成汽轮机切缸改造机组。

【发电优化占市场】 2021年，唐山热电公司加强市场电抢发，针对2021年交易规则、结算规则变化及国家发改委要求，核算电价成本抢占市场，不放过每一度有效益市场电量。全年完成结算市场电量10.9亿千瓦时，增加利用小时1975小时，增加边际效益3449万元。应对电力市场现货交易，针对煤价高启价格倒挂问题，多次与省电力办、交易中心等部门反映发电企业亏损困境，同时耐心与用户沟通宣讲相关政策，完成10～12月份市场交易合同改签电量2.56亿千瓦时，增加电费收入384万元。落实电价上浮20%政策，11～12月落实交易电量2.09亿千瓦时，实现电费增收1554万元。

【唐山热电碳排放核查】 2021年7月24日，按照生态环境部办公厅《关于加强企业温室气体排放报告管理相关工作的通知》（环办气候〔2021〕9号）文件要求，河北省生态环境厅对唐山热电公司开展2020年度碳排放核查工作，总工程师徐涛组织迎检，环保监察中心召集发电部、计划营销部、财务部、燃料部、设备部相关人员参加碳核查启动会，按照核查资料清单要求，向核查组提供营业执照、排污许可证、2020年度生产月报及入炉煤台账等生产数据，随后核查组到发电部入炉煤化验班对实验室人员资质和化验设备等信息进行拍照核对。本次核查有序进行，得到核查组肯定。

【唐山热电科技成果】 2021年，唐山热电公司发挥“创新工作室”作用，鼓励职工依靠科技创新解决生产难题，以“小投入”博取“大效益”。全年完成创新项目46个，获得国家知识产权局颁发实用新型授权专利证书16项，年创经济效益1590.3万余元。其中，除灰渣水系统优化、脱硫提效改造、1号2号汽轮机阀门全行程活动实验改造等攻关创新项目成效明显，解决一系列生产问题，提高系统设备健康水平。

【唐山热电疫情防控管控】 2021年，唐山热电公司修订疫情防控应急预案》及《疫情防控整体工作方案》，新增制定《疫情期间保安全生产稳定预案》，协调市区两级卫健委、各医院及钓鱼台办事处，为职工“上门服务”接种疫苗，截至12月底，全公司新冠肺炎疫苗加强针到期接种540人，接种率90.3%，公司未出现确诊及疑似病例，确保安全生产和职工队伍持续稳定。

【唐山热电环保风险防范】 2021年，唐山热电公司与路北环保、发改、市监部门沟通，完成煤质备案，未发生煤质抽检不合格问题；开展水平衡试验，梳理外排水来源，通过回用除盐废水至中和池、增加脱硫循环水补水量等方式，年减少外排水量15万吨；配合环保部门建设危废视频监控系统，成为唐山市首家完成建立该系统企业，得到市生态环境局认可；成立环保指标优化控制攻关小组，开展环保小指标竞赛，确保3项污染物稳定达标排放。

【80周年厂庆职工文艺演出】 2021年12月16日，唐山热电公司举办“80年如歌岁月”庆祝建厂80周年职工文艺演出。演出分为“薪火相传、记忆永恒”“绿色发展、责任在肩”“二次创业、做强做优”“党建引领、和谐发展”4个篇章。本次演出旨在通过回忆唐山热电80年岁月，鼓舞和激励全体干部职工传承发扬老一辈唐热人精神，助力公司高质量发展，公司还在多个媒体平台开设《忆厂史》专栏，通过邀请老党员讲述历史等形式，营造干事创业氛围。

【“为职工办实事”取得实效】 2021年，唐山热电公司加大食堂补贴力度，提升食堂饭菜质量，满足职工就餐需求；为职工配备折叠床，解决职工午休难问题；解决办公区域暖气温度较低、职工停车难问题；为迁安项目部职工更换新班车，并改善职工就餐环境；全年共解决职工实际问题88项。开展大小修、冬奥会保电、大干50天保电慰问活动等，提升职工幸福感、安全感、获得感。10月12日，公司开展重阳敬老志愿服务活动，组织志愿者们在安华老年公寓进行大扫除，开展慰问活动。

【唐山热电档案管理】 2021年，唐山热电公司档案室申报《利用档案显成效，脱硫提效促发展》《利用档案显成效，服务企业保供热——热网加热器水侧反冲洗》获2020年度河北省开发利用档案优秀服务成果三等奖。公司档案各项管理工作在2009年8月通过中国大唐集团公司“档案工作目标管理企业一级”认定，2011年获得大唐国际档案管理先进单位，2012年档案工作目标管理通过一级企业复查，2012年12月成为河北省档案工作目标管理“五星级”企业，2017年10月通过河北省档案工作目标管理“5星级”企业复查，连续多年获得唐山市档案管理工作先进单位。

（张 娇）

化 工

【化工概况】 2021年，化工产业仍是唐山市传统优势产业，规模总量大，产业关联度高，在工业体系中占有重要地位，全市形成以煤化工为主，盐化、煤化、石化“三化一体”发展现代化工产业体系，拥有煤焦、氯碱、有机硅、粘胶短纤维等优势产品，三友集团、开滦集团、西山焦化等行业领军企业成长壮大，曹妃甸国家级石化产业基地布局日趋优化。2021年，唐山市拥有规模以上化工企业192家，新增化工企业19家，现代化工行业实现营业收入1143.5亿元，比上年增长30.2%；利润95.15亿元，比上年增长35.81%；税收63.95亿元，占全部税收8.31%。

【化工行业运行】 2021年，唐山化工行业规模以上工业增加值增速负0.8%，低于全市规模以上工业增速5.7个百分点；占全市规模以上工业比重为6.6%，较2020年减少0.1个百分点；对全市工业增长贡献率为负1.1%，拉动全市增长负0.1个百分点。重点产品中，焦炭产量1850万吨，比上年下降7.6%；烧碱产量47.2万吨，比上年下降8.2%；纯碱产量218.1万吨，比上年下降0.2%；初级形态塑料产量36万吨，比上年下降11.3%；化学纤维产量69.6万吨，比上年下降8.9%。2021年唐山钢企准一级冶金焦采购含税价格平均值为2961元一吨，较2020年价格增长22.3%；粘胶短纤维产量53.81万吨，比上年下降9.27%，平均价格为1.14万元一吨，比上年增长37.28%。2021年，石化工业投资增速44.9%，占全市工业投资比重为11.3%；石化工业技改投资增速24.2%，占全市技改投资比重为8.4%。

【化工产业聚集】 2021年，唐山市围绕将化工产业打造成为全市重要主导产业，加快曹妃甸国家级石化产业基地建设，重点推进石化下游项目3个，石化基地进入产业加速聚集新阶段。旭阳30万吨尼龙66及配套工程项目，投资136亿元，占地80公顷，年内尼龙66项目取得备案、环评、能评及用海预审批复，完成项目场地初步岩土勘察、地基预处理试验、现场临时围挡围护、部分场地清表等工作。富海唐山石化有限公司40万吨已二腈项目，投资58亿元，占地33公顷，项目年内取得省安委办安全联审意见、省发改委备案等手续，列入国家“两高”项目清单，通过交易取得项目能源消耗指标，项目海域使用论证、环评、安评等专题报告进入编制阶段。中宫睿宸高分子材料项目，投资15亿元，占地13公顷，年内项目完成备案，取得环评、安评、抗震设防及建设用地规划许可、建设工程规划许可等批复，节能报告上报至省发改委等待批复，年内办理施工许可证。

【盐化工项目】 “十四五”期间，唐山市南堡经济开发区以“打造千亿产值开发区”为目标，围绕海洋化工、硅材料、助剂类精细化工三大产业构建国内最大海洋化工循环产业基地，全国独一无二具备有机硅、无机硅全产业链硅材料产业基地，中国北方重要助剂类产业基地。重点项目有4个。年产10万吨碳酸锂/氢氧化锂项目。由唐山燕山钢铁有限公司全资子公司河北吉诚新材料公司投资建设，总投资50亿元，分三期建设，一期年产1万吨电池级氢氧化锂联产1万吨电池级碳酸锂生产线于2021年5月联动试车，二期年产1万吨电池级氢氧化锂联产1万吨电池级碳酸锂项目2021年10月进场施工，年内基础施工收尾，设备招标完毕并陆续进场。年产100万吨氯化法钛白粉项目。由唐山燕山钢铁有限公司全资子公司河北吉诚新材料公司投资建设，总投资160亿元，分三期建设，项目一期建设2条年产8万吨生产线，同时配套2条单线年产10万吨钛渣装置和1条年产16万吨人造金红石装置，投资37.85亿元。有机硅三期扩建工程项目。由唐山三友硅业有限责任公司投资建设，总投资10亿元，新增20万吨甲基氯硅烷混合单体生产规模，项目土地、备案、节能审查、环评、安评等手续年内完成，进入设备招标阶段，施工图设计全面展开。年产12.2万吨硅烷偶联剂项目。化工新材料产业园区重要支撑项目，由沪市A股上市企业唐山三孚硅业股份有限公司子公司唐山三孚新材料有限公司投资建设，总投资10亿元，占地28公顷，其中，一期投资3.1亿元，主要建设年产1.5万吨硅烷偶联剂中间体生产线，10月份试生产；二期投资3.27亿元，主要建设年产7.3万吨硅烷偶联剂系列产品生产线，2020年9月开工建设；三期投资3.63亿元，主要建设年产3.4万吨硅烷偶联剂等。

【绿色安全发展】 2021年，唐山市有8家焦化企业环保评级由D级晋升为C级。开展省级化工园区认定，指导园区完善相关资料，经过努力全市有7个园区入围省级园区认定名单，数量居全省首位。落实《河北省化工重点监控点认定办法》，制发《唐山市化工重点监控点认定及管理实施办法》，到2021年底，认定化工重点监控点企业10家，为全市园区外化工企业开拓转型发展空间。

（孙海鹏）

石油（冀东油田）

【冀东油田概况】 中国石油天然气股份有限公司冀东油田分公司（简称冀东油田）成立于1988年4月。截至2021年底，冀东油田拥有油气矿业权11个，总面积1.06万平方千米。其中，探矿权3个，面积9801.55平方千米；采矿权8个，面积768.59平方千米。位于唐山市东南部（包括渤海湾海域部分）以及秦皇岛东南部渤海海域矿权9个，其中探矿权1个，面积4903.178平方千米；投入开发高尚堡、柳赞、老爷庙、唐海、南堡、蛤坨等8个油田，采矿权8个，面积768.59平方千米。位于陕西省榆林市神木县探矿权1个，面积3232.475平方千米；位于陕西省榆林市佳县探矿权1个，面积1665.897平方千米。冀东油田主营业务包括石油、天然气、地热勘探、开发、生产、销售、科研，以及油田工程技术、机械制造、电力通信、油田化学、海上应急救援等业务。2021年，冀东油田抓住国际油价回升、西部勘探开发、储气库建设、新能源开发等有利条件，统筹推进党的建设、生产经营、改革创新、安全环保等各项工作，战略转型获得突破，生产经营业绩好于预期，实现"十四五"良好开局。生产原油120.55万吨、天然气2.05亿立方米，油气当量136.88万吨。

冀东油田陆上作业区各采油区克服冬季生产不利因素，排查重点井、高产井、新投产井、低产低效井，加强日常跟踪分析，确保完成全年生产任务目标。
刘满仓 摄

【**冀东油田党建**】 2021年，冀东油田建立实施第一议题制度（把传达学习贯彻习近平讲话、指示批示精神作为党委会议、党委理论学习中心组第一议题），用马克思主义中国化最新成果指导发展实践。完善落实全面从严治党主体责任清单，发挥党委对管党治党各项工作领导作用。强化思想建设，凝聚队伍共识。组织"我为员工群众办实事"实践活动249次，解决员工群众"急难愁盼"事项1053项。开展"青年先行""文化育人"等群众性精神文明创建活动，重建南27发现井教育基地，冀东油田被评为"十三五"中国企业文化建设优秀单位，再次获河北省文明单位称号。年内召开第三次党代会，17个二级党组织按期换届。二级党组织书记现场述职评议实现第二轮3年全覆盖。1个基层党支部获中国石油天然气集团有限公司（简称集团公司）基层党建"百面红旗"。正风肃纪，加强警示教育，落实"五责联动"（党委主体责任、纪委监督责任、党委书记第一责任、班子成员"一岗双责"、基层党组织和各部门落实责任），压紧压实全面从严治党责任。紧盯重要节点，明察暗访、突击检查，严防公款吃喝、公车私用、"微腐败"等问题。

【**油气勘探**】 2021年，冀东油田辽中凹陷秦探1井岩性油藏风险勘探和南堡凹陷2号构造带火山碎屑岩勘探2项成果分获集团公司油气勘探重大发现二、三等奖，是2008年以后获勘探发现奖最多一年。秦探1井岩性地层油藏风险勘探获得突破，井东三段试油获日产61.5立方米工业油流，首次发现辽中凹陷北斜坡东三段岩性地层油气藏。南堡凹陷火山碎屑岩油气藏勘探取得重要发现，中部低隆带预探井南堡2-49井获日产143.9立方米高产油气流，发现东三上亚段火山碎屑岩含油新层系。南堡203-50老井试油获日产216立方米高产油气流，投产后平均日产油气当量稳定在百吨以上。油藏精细评价取得成果，南堡4号构造中浅层富油区带再评价落实探明石油地质储量330万吨，南堡5号构造南堡5-81井东二段试油获日产28立方米油流，南堡203X31井试油获日产45.7立方米油流。通过研究带动老井试油，落实单层探明石油地质储量101万吨。西部探区天然气勘探获得进展，实施探井3口，其中，佳2H井压裂测试10毫米油嘴放喷稳定日产4.95万立方米，无阻流量51.25万立方米/日；佳5H井压裂测试8毫米油嘴放喷稳定日产2.53万立方米，无阻流量16.43万立方米；通过实施3口新井，结合老井和气藏再认识，在千5段新增天然气预测地质储量289亿立方米。

【**油气开发**】 2021年，冀东油田强化产运销储协调联动，新增油气证实开发储量（PD）200万吨。实施效益建产工程，动用石油地质储量434.7万吨，当年新建原油生产能力19.7万吨，产能建设完成率109%。新井产量13.6万吨，产能建设贡献率69%。新钻井单井平均日产4.7吨，比2020年提高17.5%。强化源头控制，优化产能建设方案，百万吨产能建设投资降至61.03亿元，比2020年减幅27.2%。实施老油田稳产工程，深化精细油气藏描述、油藏分类治理、注水专项治理、长停井治理、二氧化碳吞吐等基础工作，自然递减率、综合递减率分别降至18.4%、9.6%，分别比2020年减少0.2个百分点和0.6个百分点；水驱储量控制程度、动用程度分别达到73.4%、58.1%，分别比2020年增加1.8个百分点和1.9个百分点；地层压力保持水平达到82.5%，比2020年增加0.5个百分点；含水上升率0.8%，比2020年减少2.2个百分点。实施提高采收率工程，在柳赞北区、柳赞中区、高66X1、蚕2X1断块4个目标区开展气驱提高采收率技术攻关与方案研究，覆盖石油地质储量1413万吨，预期提高采收率22.1个百分点。加强采油工程管理，机采系统效率23.82%，比2020年增加1.37个百分点。检泵周期延长20天到821天。强化井筒质量管理，治理套损井77口，恢复产量1.3万吨，注水7.43万立方米。实施风险合作压裂井7口，增油3326吨。推进注水管柱优化简化，减少工作量307井次，节约资金6391万元。加强地面工程管理，油气集输密闭率94%，比2020年增加2.3个百分点；管道失效率0.025次/千米·年，低于控制指标40%。

【油田科技创新】 2021年，冀东油田组织集团公司、冀东油田级科技项目110项，获省部级科技进步奖8项、授权发明专利8件、计算机软件著作权5件，在核心期刊发表论文43篇。承担国家标准项目2项、行业标准项目1项，完成集团公司企业标准项目1项、冀东油田标准项目33项。推广新技术新产品6项，实现产值1.2亿元。申请并获批“集团公司地热能技术研发中心”“京津冀地热供暖示范基地”，钻采工艺研究院获批建设集团公司纳米化学重点实验室深层低渗透油藏纳米技术应用研究室。机械公司建成集团公司地面工程试验基地燃烧设备分基地，并牵头建设集团公司油气集输加热炉技术研发中心。瑞丰化工公司、勘察设计与信息化研究院等单位新建职工创新工作室8个，新晋省级1个、市级2个。油气勘探方面，火山碎屑岩油气藏“成岩、成储、成藏”认识深化，通过开展关键控藏要素再认识、断裂与圈闭精准再落实，支撑潜力评价及目标优选。油气开发方面，高尚堡深层高66X1断块碳驱油碳埋存先导试验方案获专业公司批复，增加采收率30个百分点；研究攻关复杂断块油藏改建储气库库址筛选标准、圈闭密封性评价、建库与协同提高采收率增效扩容等技术方法，支撑储气库项目规划落地。地热资源评价方面，首次建立中深层水热型地热资源评价体系。针对地热开发项目选区、立项准备、建设投运、生产开发4个阶段不同需求，对应研究建立涵盖区域评价、重点评价、精细评价、动态评价方法体系，并申请中国石油企业标准《中深层水热型地热资源评价规范》，通过勘探与生产专业标准委员会立项审查。信息化建设方面，实施信息化建设项目36个，覆盖基础设施、油气生产物联网、核心业务数字化和网络安全等方面，为生产组织方式变革和效率提升提供支撑。

【油田安全环保】 2021年，冀东油田未发生工业生产安全事故、环境事故、质量事故及其他具有较大负面影响事件，获“集团公司质量健康安全环保节能先进企业”。贯彻“四全”（全员、全面、全过程、全天候）“四查”（查生产现场，查责任落实，查检查排查情况，查整改落实情况）管理要求，压实安全环保管理责任，考核质量健康安全环境（QHSE）绩效，实施管理失职和违章作业行为记分管理，年内记分241人次。深化“双控”（风险分级管控和隐患排查治理）机制建设，推进安全生产专项整治3年行动和重点领域安全专项整治，整改各类隐患问题5651项。组织20次专项督查，消除问题隐患816个，黄牌警告和停工整治承包商32家。加强生态环境保护管理，创建绿色矿山，4个矿权进入唐山市绿色矿山名录。加大含油污泥合规处理力度，提前完成11.4万吨历史遗留含油污泥“清零”任务。低氮改造34台加热炉，确保氮氧化物达标排放。治理环保隐患，完成南堡联合站等5个场站挥发性有机化合物（VOCs）泄漏检测与修复。常态化抓新冠肺炎疫情防控和职业健康工作，南34食堂被授予“国家级慢性病综合防控示范区健康食堂”称号，瑞丰化工公司被评为河北省职业健康企业。强化产品质量管理，实施油气水井质量3年集中整治，实现节能4700吨标准煤、节水2300立方米，节约成本2130万元。安全环保基础管理中整改问题732项。创建A级基层站队，A1级达标基层站队29个，A2级达标基层站队11个。开展反违章专项整治活动，查处违章行为1757次，处理420人次。

【油田企业改革】 2021年，冀东油田实施“大部门制”改革和机构整合，优化整合8个二级机构，压减直属部门3个，理顺新能源、信息化、标准化等业务管理职责。建设新型采油管理区，压减三级机构23个。业务归核化发展，成立西部勘探开发项目部，加大新区开发力度。组建储气库建设项目部，加快开展天然气业务。成立新能源公司，拓展光伏发电、地热供暖等新能源业务，培育新经济增长极。用工方式转型。制定《用工方式转型实施方案》，直接用工向“管理+技术+核心技能岗位”转型，配套建立《冀东油田公司业务承包管理办法》等制度，规范第三方用工。完善薪酬分配体系，修订《冀东油田公司绩效考核管理办法》等制度，完善“基础+浮动”奖金考核体系，建立领导人员薪酬与绩效挂钩机制，各类人员收入差距合理拉开。实施月度示警、季度预考核和年度总考核“三位一体”考核机制，发挥激励约束作用。开展第79次岗位责任制大检查，管理体系融合，完善内控体系建设，强化合规管理及风险管控，提升企业管理水平。

【冀东油田队伍建设】 2021年，冀东油田优化管理人才队伍结构，执行选拔标准和程序，组织14次155人参加公开招聘，建立优秀年轻干部人才库和二级正副职后备干部库。加强干部监督考核，完善《冀东油田公司领导班子和领导人员综合考核评价管理办法》等7项制度，推行任期制和契约化管理。实施专业技术岗位改革，选聘1名一级工程师和31名管道站场完整性管理技术二、三级专家。职称评审政策向一线倾斜，调动基层技术人员积极性。加强技能操作人才能力培养，选派技工参加全国油气开发专业电工职业技能竞赛，获金牌1枚、铜牌1枚，并获团队赛二等奖，金牌选手获“全国技术能手”称号，3个项目获集团公司创新成果奖。

【和谐企业创建】 2021年，冀东油田建设和谐矿区，完善社区管理，配套服务设施，改善民生，增强员工家属获得感、幸福感、安全感。实施矿建工程3项，投用大修基金解决500余户房屋漏雨或公共区域设施受损问题。对325人次实施精准帮扶，组织员工参加唐山市职工重大疾病医疗互助活动，107人获助。关注员工身心健康，组织8860名员工、家属参加健康体检，聘请知名专家在油区坐诊96人次，组织患病员工在大医院就诊603人次，加强驻岛员工医疗服务，在人员聚集场所配备除颤仪28台。保障退休人员生活、政治待遇，退休人员社会化管理平稳有序。落实维稳安保措施，畅通信访渠道，妥善处理不同群体合理诉求，杜绝非正常上访和各种极端事件。

【国内首个海上储气库在冀东油田开建】 2021年 5月2日，位于冀东油田南堡2号人工岛1-29储气库开钻，中国首个海上储气库开建。南堡1-29QKP1井是冀东油田储气库建设第一口新井，作为先导试验井，承担着海上储气库建设低压易漏失地层储层保护、水平井完井优选等工程试验任务，为“少井高效”建库、可研方案编制提供可靠依据。近年来，天然气产业在国家能源体系中重要性不断提高，安全平稳供气、调峰保供面临压力、储备能力不足等问题，成为制约天然气行业发展短板。冀东油田地处京津冀一体化协同发展经济圈，距北京、天津等天然气消费主力市场较近。同时，南堡油田多为挥发性油藏，具有改建储气库天然优势、利用优越区域条件和有利地质条件。

（韩　晶）

黄金（金厂峪）

【金厂峪概况】 河北金厂峪矿业有限责任公司（简称金厂峪）前身为河北金厂峪金矿，隶属于中国黄金集团有限公司7个板块之一中金黄金股份有限公司，为中金黄金股份有限公司全资子公司，资产总额8.94亿元，注册资本人民币1.50亿元。公司经营范围包括金矿采选、金冶炼、铁矿石采选、矿山机械修理、矿山救护服务等行业。2021年，完成黄金产量950.51千克。截至2021年12月末，公司在册职工632人，其中领导班子4人，中层管理人员55人，工程技术人员91人。在60余年发展历程中，金厂峪累计生产黄金46.78吨，为中国黄金生产和地方经济发展做出贡献。

【金厂峪探矿增储】 2021年，金厂峪按照“就矿找矿保生产，攻深找盲（平）保接续”工作思路，围绕空白区、深部及两翼采用坑钻结合探矿手段开展探矿，加大平行矿脉和盲矿体探矿力度，提高钻探工程投入，进度比上年增加3387米，增幅107.54%，在探矿靶区取得较好探矿成效。全年完成坑探工程3862米、钻探工程6548米，投入资金总额819.36万元，探获矿石总量59.72万吨、金属量1408.73千克，平均品位每吨2.36克。

【金厂峪安全环保】 2021年，金厂峪找准安全管理弱点和短板，开展防触电、防机械伤害、防车辆伤害和防冒顶片帮等专项检查。制定实施《专职安全员考核管理办法》，每月培训考核，季度末位淘汰，全年累计2次排名倒数第一调离工作岗位。修订安全生产规章制度及各类汇编300项，建立责任制210条，制定50个主要岗位安全责任清单，修订岗位安全操作规程89项。制定实施《关于加强现场作业职责安全管理办法》，落实现场安全负责人职责和安全确认制度，开展各项、各层次安全检查和管理。组织新入职员工、公司内部转岗人员、专职安全管理人员、涉爆人员、值班区长以上安全管理人员开展各类培训845人次，逢培必考，不合格必罚。完善信息化平台建设，划分5个评估主单元、42个分单元、91个子单元，从“人、物、环、管”4个要素辨识风险2142个，建立风险管控和隐患排查清单。投入800多万元购置阻燃电缆、扒渣机、电机车、耙矿绞车、提升机钢丝绳自动监测装置，开展井下安全隐患整改，完善尾矿库安全设施和在线监测系统。通过“机械化换人、自动化减人”，减少现场作业人员，降低安全风险。加强环保工作日常管理和权证办理，注意苫盖及洒水降尘，完成采选扩能改造桑家峪采区项目竣工环保验收、桑家峪采区采暖锅炉环保手续和采矿许可证延续。整改中央环保督察问题，召开多次党委会、总经理办公会、周例会，制定整改方案，明确责任人、负责人和完成时限，日督导、日汇报，截至2021年底，完成9个问题中5个，其他4个问题制定解决方案并实施。

【金厂峪生产组织】 2021年，金厂峪加强生产计划管理，结合实际召开生产分析会，及时调整年计划动用矿块利用进度，突出重点矿块工程，进行技术交底，合理调整生产计划摆布，扭转采掘失衡不利局面。制定完善残采开发工作方案，确保残矿恢复施工进度，精细管理，合理调配出矿点，确保矿量供应，减少选厂故障停车时间。加强损失贫化管理，实施“验孔”制度，合理调整确定爆破区域及参数，降低一次损失贫化率。通过加强品位管理、现场出矿管理、矿石装运管理等技术管理措施，提品位保供矿。组织开展“大干4个月，决胜全年度”劳动竞赛，激发员工工作热情，完成年度生产目标。

【金厂峪降本增效】 2021年，金厂峪加强全过程成本管控，实施各主要成本大户日报制度，优化调整各单位成本考核方案，全员纳入考核，建立“人人头上有指标”考核体系。抓各单位成本二级核算，加强库存管理，强化物资采购价格和质量监督，做到物资采购询价比价制度全覆盖。加强用电管理，重新梳理主要作业项目大功率用电设备状况，合理安排供风、排水、碎矿、压滤作业时间，躲峰填谷，降低电量消耗，全年全公司降本增效885.66万元。

【金厂峪企业管理】 2021年，金厂峪制定实施《关于劳动纪律管理的有关规定》，推行钉钉考勤制度，增加对各岗位巡查频次，规范员工行为。全员使用钉钉办公系统，邮箱、公告、云盘、OA审批、视频会议、钉钉直播、智能工资条等功能得到应用。培养年轻干部，5名中层助理人员经过考核，被聘为中层副职。实施劳务派遣制度，录用50名劳务派遣工，缓解生产岗位缺员问题。加强内部制度建设，修订完善《规章制度汇编》，优化考核办法和指标，完善内部管理考核体系。优化责任制，将环境保护工作纳入责任制考核范围。加强标准化管理，复查跟进以往检查出问题重点区域，扩大检查范围，以点带面提高整体标准化水平。制定采购和招投标管理办法实施细则，规范外委工程日常管理，降低运营风险。

【金厂峪科技创新】 2021年，金厂峪投入994.2万元，开展振动筛改造、提高粉矿仓容积有效利用率可行性研究、水隔离泵给矿排矿系统改造、钢丝绳自动化监测系统应用研究等12个项目，完成高新技术企业复审工作。自2018年被认定为高新技术企业后，公司按科技创新各项要求开展组织工作，通过高新技术企业复审获得公示，并进入备案环节。自主知识产权申报中，全年申获实用新型专利6项，申报受理3项。

截至年底，公司拥有自主知识产权24项，其中发明专利1项、实用新型专利18项、软件著作权5项。

【金厂峪设备物资管理】 2021年，金厂峪加大设备投入力度，更新金厂峪矿更衣室固体电蓄热蒸汽锅炉，淘汰老式油浸式变压器，整合更换新型号矿安型干式变压器，新增耙渣机等，提高装矿机械化水平。加强设备维护保养，每月组织设备标准化检查，全方位检查相关单位主要设备运行、管理、记录填写、规程悬挂等情况，提出整改意见并督促完成。加强物资管理，根据生产需求编制月度材料计划，严格控制补充计划上报，杜绝盲目采购、无计划采购，避免物资超储积压，储备资金占有额较年初降低34.78万元。加强物资采购过程管理，及时搜集市场信息，开展市场调研，大宗物资招标采购，常用物资比价采购。加强物资发放使用管理，物资采购入库后，用料单位及时领取，减少库存积压。强化废旧物资管理，按照规定处置废旧物资，盘活资金10余万元。

【金厂峪生产生活保障】 2021年，金厂峪更新金厂峪矿电锅炉，维持锅炉系统正常运行，保障生产生活、办公区域正常供暖需要。以生产经营为中心，协调解决生产生活中出现停产、截道等突发事件，维护正常生产生活秩序。坚持月度伙食管理委员会例会制度，加强职工餐厅考核，督促职工餐厅落实例会意见建议，提升就餐人员满意度。疫情防控常态化管理，严格跟踪管理食材进货渠道、工作人员健康和疫苗接种情况、就餐人员秩序和口罩佩戴情况、外来就餐人员基本情况，确保饭菜质量和就餐环境安全。开展重大疾病医疗互助、困难劳模关注救助、“金秋助学”、困难职工解困脱困工作，申请发放各项补助、救助70万元，为员工健康生活提供保障。

（刘贵杰）

陶 瓷

【陶瓷概况】 2021年，唐山市陶瓷行业规模以上工业增加值增速9.7%，高于全市规模以上工业增速4.8个百分点。实现营业收入64.6亿元，比上年增长2%。实现利润5.9亿元，比上年下降30.7%。营业收入利润率为9.16%，高于全市利润率6.39个百分点。完成出口交货值30.9亿元，比上年增长13.4%。其中，卫生陶瓷完成30亿元，比上年增长13.5%；日用陶瓷完成0.57亿元，比上年增长22.1%。重点产品中，卫生陶瓷产量3093.5万件，比上年增长3.2%。

【陶瓷工业投资情况】 2021年，唐山市陶瓷行业工业投资增速比上年增长187.7%，技改投资增速比上年增长142.8%，技改占工业投资比重53.5%，比上年减少9.9个百分点。

【陶瓷产业转型升级】 2021年，唐山市按照《加快推进陶瓷产业转型升级高质量发展的实施意见》（唐政办字〔2020〕109号）要求，路北、路南、开平、高新4个区组织开展退城搬迁、就地改造、转型发展、关停淘汰“四个一批”企业认定及公示工作，共公示“四个一批”企业194家，其中关停淘汰企业31家、转型发展企业23家、搬迁入园企业7家、改造提升企业133家。截至2021年底，7家搬迁入园企业中，开平区华丽、阳光2家整合搬迁到迁安，办公楼、厂房完工，隧道窑及其他生产设备进入安装阶段。迁入丰南示范园区4个项目中，开平区唐博项目占地6公顷，设计产能750万件，计划总投资1.7亿元，项目分两期建成，一期厂房完工，磨机、窑炉等主要设备安装。亚洲时代项目占地2公顷，设计产能120万件，计划总投资2000万元，年内试生产。开平区隆昌、奇隆2个项目完成地块确认，隆昌瓷业占地面积12公顷，奇隆洁具占地面积10公顷。路北区拟搬迁企业海格瑞原址由路北区政府拆除设备并封存。133家改造提升企业中125家完工，8家未完工或自愿退出企业由属地政府关停。

【丰南沿海陶瓷产业创新示范园区建设】 2021年，唐山市丰南区为承接市中心区转移陶瓷企业，以打造国内一流卫生陶瓷产业聚集区为目标，高标准建设丰南沿海陶瓷产业创新示范园区，规划总占地125公顷，基础设施建设采取PPP项目方式，引进葛洲坝公司进行园区施工建设，截至2021年底，累计投入资金9.2亿元，建成8.4千米“三横四纵”路网体系，配套供水、供电、燃气、通信等基础设施，建成5.5万平方米标准厂房1座，可满足入园企业建设及生产需求。

（郑美芳）

地质勘探

·河北省地勘局第二地质大队·

【地质二队概况】 2021年，河北省地矿局第二地质大队（简称地质二队）有在职职工432人，各类技术人员257名，其中中高级专业技术人员190名，硕士以上学历人员50人，各类国家注册工程师73名，享受政府特殊津贴专家2名。大队共设置13个职能科室、13个业务部门。年内经勘查，新提交中型铁矿矿产地1处，新增推断资源量6372.3万吨，为河北省铁矿资源增储及缓解国家战略资源紧缺贡献力量。截至2021年底，累计探明提交铁、金、锰、铜等70余处矿产地，潜在经济价值超过1万亿元，探明铁矿资源储量超过37亿吨，占到河北省已探明铁矿储量40%。其中滦州司家营铁矿累计提交资源储量36.5亿吨，为开发利用亚洲第一大露天铁矿。地质二队始建于1958年，为主要从事矿产勘查、水工环地质、城市地质、地热资源勘查、矿山环境治理、地质灾害评估防治、地理信息、水土污染调查治理等地质技术服务工作综合性地勘单位，是隶属于河北省地矿局省直公益一类事业单位。连续3届获得“河北省文明单位”称号。

【地质二队资质】 截至2021年底，地质二队拥有甲级、壹级资质18项，主要包括固体矿产勘查，液体矿产勘查，水文地质、工程地质、环境地质调查，地质钻（坑）探，地质灾害危险性评估，地质灾害治理工程勘查、设计、施工、监理，地理信息系统工程，工程测量，不动产测绘，隧道工程专业承包，地基与基础工程专业承包，水利钻井，岩土工程勘察，地基基础检测等。拥有38项乙级、丙级资质，主要包括区域地质调查，地球物理勘查，地球化学勘查，遥感地质调查，地质实验测试（岩矿鉴定、岩矿测试、岩矿试验），土地规划资质，地质钻（坑）探，大地测量，测绘航空摄影，摄影测量与遥感，不动产测绘，海洋测绘，地图编制，工程勘察专业类水文地质勘察、工程测量，工程勘察劳务类岩土工程治理、工程钻探、凿井等。共有地勘、工勘、地灾、测量、化验等各类专业设备1000多台（套）。

【勘探成果及荣誉】 地质二队为GB/T13728-92《铁矿地质勘探规范》国家标准和《掘进材料工》国家职业标准起草编制单位，2021年，获自然资源部"找矿突破战略行动优秀找矿成果""国土资源科学技术二等奖"。曾先后获全国五一劳动奖状、全国首届百强地质队、中华全国总工会"工人先锋号"、全国地质勘查行业先进集体、河北省地质找矿成果特别突出单位、河北省文明单位等各类荣誉170余项，位列首届"中国百强地质队"矿产勘查类排序第22位。

【地质找矿立新功】 2021年，地质二队实施唐山市及下辖5个县（市、区）国土空间规划矿产专题编制，实施68个矿区矿产资源国情调查。"河北司家营铁矿矿集区矿产地质调查（司家营北部地区）""河北省迁安市水厂铁矿床外围及深部普查"两个项目以"优秀"等级通过专家验收，"河北省滦县司家营铁矿深部普查项目"被自然资源部授予"找矿突破战略行动优秀找矿成果"奖。

【首个唐山城市地质项目实施】 2021年，地质二队落实省局与唐山市政府战略协议精神，高精度、多要素实施唐山首个城市地质项目——唐山城市建设规划区地下空间利用综合地质调查。该项目突出摸清地质条件和服务城市规划建设这"两大政府需求"，精准"预判"城市化进程与城镇化发展导致问题，使城市地质工作方案与管理部门需求深度融合，实现地质之供和政府之需有机统一。项目实施过程中，高度对标对表雄安城市地质经验，有针对性从空间、资源、环境、灾害等方面设置10个专题，进行全面系统综合评估，为城市高质量发展、安全发展提供便捷、直观地质数据和决策依据。

地质二队向唐山市人民政府推送《唐山市自然资源环境图集》

李玉昆 摄

【矿山生态修复治理】 2021年，地质二队"陡河流域沿线矿山生态修复研学科普基地"经省科技厅审核通过，挂牌成立"河北省矿山环境修复治理技术中心"，发挥品牌优势，在唐山市开平区、迁安市、玉田县、滦州市，以及承德市兴隆县、保定市阜平县、张家口市阳原县、邯郸市武安市等多地开展矿山恢复治理相关工作，"区域性矿山生态修复新技术新方法新模式的研究与实践"项目获得"国土资源科学技术二等奖"。开展区域性植物多样性及旅游产业植入的矿山生态修复研究和"高陡边坡孔植绿化技术研究及应用"课题研究，完成玉田县7处乡镇17处旅游资源所在地调查，并对11处乡镇48处旅游资源开展旅游资源特征调查。总结完善推广实施"矿山环境+土地整治+残留资源(土石料)利用的开发式综合治理模式"，探索实施矿山环境综合治理模式与产业融合模式。

【地质灾害巡查】 2021年，地质二队3个财政资金地质灾害勘查项目通过专家组验收，完成开平、丰南、丰润3个片区登记在册48处规定地质灾害点巡查排查142点次，完成15次矿山生态环境综合治理项目施工现场地灾隐患巡查排查。实施唐山市地质灾害防治（十四五）规划编制工作，参与河北省1:5万地质灾害风险调查评价项目，筑牢地质灾害巡查"铜墙铁壁"。

【浅层地温能开发】 2021年，地质二队在渤海湾滦河口一带沿海滩涂开展沿海设施化渔业养殖接替能源调查项目，因地制宜，有针对性开展"利用地下咸水给养殖供热的可行性研究"，高产耐盐水稻试种和功能型富硒农作物种植试验取得初步成果，滦河口地下低温咸水替代深层地热试验工作取得阶段性成果。

【卫片执法精准服务】 2021年，地质二队完成测绘项目130个，航测面积650平方千米。在延续市级卫片执法核查工作基础上，开拓玉田县卫片执法外业核查新市场。承担丰润区、滦州市、迁安市、开平区、滦南县、曹妃甸区6县（市、区）4500个历史遗留矿山图斑核查工作。获第七届河北省测绘地理信息行业职业技能竞赛团体二等奖。

【主责主业服务地方】 2021年，地质二队实施唐山市及所辖县（市、区）矿产资源总体规划(2021～2025年)项目，为唐山各级自然资源矿山管理部门管理辖区内矿业活动提供可靠技术支持。向唐山市人民政府及各县区推送《唐山市自然资源环境图集》，为唐山市经济社会高质量发展提供科学依据，体现公益事业单位责任与担当。在滦州市服务港北村修缮红色教育基地，并对港北村饮水安全、耕地质量进行调查。在乐亭县开展滦河口地区"利用地下咸水给养殖供热的可行性研究"试验，保护地方特色经济产业健康可持续发展。在玉田县运用专业地学知识、工程技术设备，结合青石塘村环境特点，修建景观大道，为青石塘村美丽乡村建设提供地矿力量。

【地质二队实力增强】 2021年，地质二队增进组织凝聚力，引导干部职工把“实干”导向、“实绩”标杆亮出来、立起来。组织志愿服务活动累计13次，参与志愿者人数上百人，志愿者累计服务时长800余小时；参加2021年度首届地质矿产勘查大会和天津矿业大会，以参展单位身份制作并发放宣传册，介绍二队在地质找矿、矿山生态修复等方面成果和经验；开展技术培训、人才培养、奖项推荐等工作，提高全队技术水平。

（佟兆安）

·河北省地勘局第五地质大队·

【河北地质五队概况】 河北省地质矿产勘查开发局第五地质大队（河北省海洋地质环境调查中心）（以下简称河北地质五队）隶属于河北省地质矿产勘查开发局，始建于1955年，是集地质勘查、生态修复、工程施工于一体综合性地勘队伍，隶属于河北省地矿局省直公益一类事业单位。建队后常年在冀东地区开展地质找矿勘查工作，累计发现评价矿产地350余处，探明矿产种类30余种，提交地质报告400余份，勘查和评价大型矿床16个，中型矿床18个。先后获“全国五一劳动奖状”“全国地质勘查行业先进集体”“河北省文明单位”“振兴唐山先进单位”等称号。至2021年底，全队有在职职工557人，退休人员415人，各类技术人员410名，其中中高级专业技术人员259名。拥有矿山工程施工总承包壹级，市政公用工程施工总承包壹级，地基基础工程专业承包壹级，地质灾害防治勘查、设计、施工、危险性评估、监理甲级，岩土工程勘察甲级，测绘（地籍测绘、工程测量）甲级，港口与海岸工程专业承包贰级等多项资质，是河北省首批通过三大管理体系认证地勘单位。全队下设11个职能科室，主要涵盖地质勘查、生态环境、工勘施工等领域。2021年，河北地质五队进行事企分体运行改革发展，新成立海洋地质环境调查中心，进一步优化产业结构，围绕服务生态文明建设，紧跟国家重大战略，调结构、转思路，整合资源、优化配置，初步形成保障国家能源资源安全、服务生态文明建设、服务重大工程建设产业布局。通过参与唐山市海岸湿地修复治理、矿山生态环境恢复治理、重点行业企业用地土壤污染状况调查、国土空间规划、地质灾害勘查等项目，发挥地质先行性、基础性、战略性作用，为建设美丽唐山、生态唐山提供全方位地质技术支撑。

【地质五队社会责任履行】 2021年，河北地质五队开展“我为群众办实事”活动，先后在地质灾害防治、脱贫攻坚与乡村振兴、服务职工解难题等方面，为群众办实事53项，开展重要节日节点慰问走访活动，累计访问110人。在社区持续开展“寸草心爱老敬老”等志愿服务行动，关爱特殊教育学校孩子，帮扶自闭症儿童开展爱心义卖活动，向蓝凤凰心智障碍者中心募捐，向青少年赠送系列科普读物。年内38名帮扶责任人主动与帮扶户沟通慰问走访，抓实助学、助教、文明户和集体经济“双培育”工作，培育文明户15户，培育集体经济1项，共同开展党史学习教育，与村“两委”开展建党100周年系列活动，提升凝聚力、战斗力，为乡村振兴贡献地矿力量。利用无人机航测、三维激光扫描等先进测绘手段为红色文化资源永久性存储、日后修复与再现等提供技术支撑，制作并向李大钊纪念馆捐赠“李大钊故居”三维实景模型，真实还原故居原貌，助力守护红色资源和红色文化传播。

【成矿规律研究】 2021年，河北地质五队围绕全省钢铁资源工业实际需求，开展冀东地区铁矿、金矿成矿规律研究，并进行科研立项。年内实施滦南县长凝铁（金）矿普查（续作）项目和迁安市曹庄子一带航磁异常查证（续作）项目，见矿效果良好，尤其是曹庄子一带航磁异常查证项目打破以往就矿找矿模式，开辟新找矿思路，为开展冀东地区同类型航磁异常查证提供借鉴。

【服务地方经济建设】 2021年，河北地质五队承揽并实施崇礼区矿山生态环境综合治理项目（第一标段），完成冬奥会4号路山体开挖及修复项目岩土工程勘察，助力冬奥会、冬残奥会筹办建设。通过前期资料收集和野外调查，选定迁安市建昌营镇清泉村、兴隆县庆丰村溶洞群作为地质文化村备选点，予以初步论证，为政府规划建设地质文化村贡献地质智慧。开展迁安地质文化村地质灾害调查工作，为迁安塔寺峪、山叶口两个景区评估玻璃栈道地质灾害危险性，结合帮扶村乡村振兴，获取帮扶村及周边区域土壤、水质、农作物、旅游地质等基础数据，为下一步地质技术支撑中心村乡村振兴提供方向和依据。

【矿山生态修复】 2021年，河北地质五队编制方案的压库山集中连片

经过地质五队连续2年生态修复，丰润区压库山集中连片区矿山由光秃秃石矿成为绿色宝库。

孙 立摄

区矿山修复治理项目竣工，经过2年生态修复，新增建设用地76.53公顷、耕地45.85公顷。年内推动青海木里矿区生态环境综合治理见成效，治理结果通过青海省专家组验收。实施富阳区长南石矿废弃矿山综合治理工程项目获杭州富阳集团建设项目比武大赛一等奖。完成京秦高速以东郭家屯东大泉村第二采石厂等8处矿山、京秦高速以西石岭口村北800米采石厂等8处矿山总承包项目，完成平泉市、滦州市、古冶区等区域矿山地质环境综合治理工程并通过专家验收。承揽山东省荣成市伯家岛一期和招远市宅科片区一期废弃矿山生态修复治理项目监理业务。

【水土污染防治】 2021年，河北地质五队完成唐山市及周边地区土壤及地下水污染调查项目数十项，开展河北省地市级地下水型集中式生活饮用水水源地地下水环境状况调查评估项目、河北省非重点行业企业用地土壤污染状况调查实施方案技术协作项目、唐山市地下水脆弱性评估参数及地下水脆弱性指数调查项目，承揽青海五彩碱业有限公司3号蒸氨废液池地块环境现状调查及风险评估项目。

【防灾减灾】 2021年，河北地质五队实施迁西县长河流域渔户寨至上营段特大型地质灾害勘查工程，完成孤树村北1500米处口子山东坡地质灾害隐患点实施工程并组织竣工验收，与省地质环境监测院共同完成唐山市多个县区地质灾害点汛前、震后排查，完成红色教育基地地质灾害专项排查等，并派出精干技术人员驻地质灾害防治一线，协助地方开展地质灾害防治，通过项目实施助力地质灾害防抗救工作，避免和减少地质灾害给人民生命和财产造成损失，维护社会稳定，保障生态环境，促进国民经济和社会可持续发展。

【国外业务开展】 2021年，河北地质五队承揽印度尼西亚北马鲁古省东哈马黑拉县Wasile镇—Maba镇一带红土型镍矿勘查，以技术输出带动属地就业，在实现“一带一路”走出去、沿线国家中大型矿产资源勘查方面取得突破。

【河北省海洋地质环境调查中心成立】 2021年9月2日，河北地质五队举行“河北省海洋地质环境调查中心”揭牌仪式，开启陆海统筹、向海发展新征程。年内为唐山市国际旅游岛管委会编制《唐山湾国际旅游岛祥云岛南岸东段岸滩修复项目实施方案》，与市海洋局协作筹建唐山市海洋智慧管理平台，承担唐山市警戒潮位标志物维护项目，为唐山沿海防灾减灾提供技术支撑。由河北地质五队申请立项“河北省风暴潮在线预警监测点建设”“河北省海洋生态保护修复项目监管技术服务”“河北省滦南滨海湿地健康评价模型及诊断”3个项目成功申请省自然资源厅及地矿局资金支持，为海洋事业发展奠定前期基础，“唐山市沿海地区海水入侵现状调查”“典型耐盐植物对滨海湿地盐渍土脱盐效果研究”两个项目进入实质性开展阶段。

【科普基地建设】 2021年，河北地质五队依托地质标本室，面向社会公众尤其是青少年群体开放，通过线上线下联动，开展独具地学特色科普活动，助力青少年健康成长，制作《石话石说》系列矿物科普视频得到社会公众尤其是青少年家长好评，被“学习强国”平台推广，开办“蓓蕾课堂”并成为暑期青少年社会实践热门打卡课程。2021年，河北地质五队“河北省青少年教育基地”和“河北省科普示范基地”获得授牌。

（王　蕊　李宗敏）

纺　织

【纺织概况】 2021年，唐山市在统规模以上纺织企业（含纺织、纺织服装、化学纤维）35家，其中纺织业企业26家、纺织服装业企业4家、化学纤维业企业5家，全年工业增加值增速为-2.0%，实现营业收入102.1亿元，比上年增长15.6%，利润3.67亿元。实现出口交货值13.6亿元，与上年持平；实现产销率97.1%，比上年减少3.5个百分点。26家纺织业企业实现营业收入11.6亿元，比上年增长3%，利润1204万元，比上年增长45.4%。4家服装服饰业企业实现营业收入2.1亿元，比上年增长46.6%，利润453万元。5家化学纤维制造企业实现营业收入88.3亿元，比上年增长16.9%，利润3.5亿元。

【纺织产品产量】 2021年，唐山市纺织行业纱产量5.8万吨，比上年减少1.7%；服装产量164万件，比上年减少34.3%；化学纤维产量69.6万吨，比上年减少8.9%。全年规模以上企业累计生产口罩44.3万只，比上年减少98.6%。

【纺织工业投资】 2021年，唐山市纺织业工业投资增速比上年下降23.8%，技改投资增速比上年下降35.9%，技改占工业投资比重77.1%，比上年减少14.5个百分点；服装服饰业工业投资增速比上年下降0.2%，技改投资增速比上年下降18.1%，技改占工业投资比重78.6%，比上年减少17.1个百分点；化学纤维制造业工业投资增速比上年增长1.9%，技改投资增速比上年下降90%，技改占工业投资比重9.9%，比上年减少90.1个百分点。

（郑美芳）

食　品

【食品概况】 2021年，唐山市食品行业规模以上工业增加值增速8.4%，高于全市规模以上工业增加值增速3.5个百分点，占全市规模以上工业比重为1.3%，较2020年减少0.6个百分点；对全市工业增长贡献率为2.9%，拉动全市增长0.2个百分点。重点产品中，乳制品产量107.9万吨，比上年增长17%；鲜、冷藏肉产量18.7万吨，比上年增长5.6%；大米产量50.4万吨，比上年增长53.2%；小麦粉产量25.4万吨，比上年增长17.1%。全年，食品行业实现营业收入348.7亿元，比上年增长16.4%，低于全市营业收入增速8.2个百分点，占全市营业收入比重为2.3%，较2020年少0.2个百分点。其中，农副食品加工业实现营业收入219亿元，比上年增长13.4%；食品制造业实现营业收入112亿元，比上年增长24.2%；酒、饮料制造业实现营业收入17.6亿元，比上年增长 9.1%。实现利润 12.2 亿元，比上年下降 0.6%，低于全市利润增速 14.9 个百分点，占全市规模以上工业利润比重为 2.2%，较 2020 年少 0.2 个百分点。其中，农副食品加工业实现利润 3.5 亿元，比上年下降 41%；食品制造业实现利润 7.8 亿元，比上年增长 35.5%；酒、饮料制造业实现利润 0.9 亿元，比上年增长 58%。营业收入利润率为 3.5%，比上年减少 0.6 个百分点，低于全市利润率 0.27 个百分点。利润下降主要因素是原材料、人工等成本增加，2021 年比上年成本增加 17.1%。

唐山市玉田县引进中华老字号企业投资项目十余个，图为北京二商王致和食品生产料酒产品包装线。 牟 宇 摄

【食品工业投资技改】 2021 年，唐山市食品行业工业投资增速 3%，低于全市工业投资增速 4.8 个百分点，占全市工业投资比重为 3.5%。2021 年，食品行业技改投资增速 -20%，低于全市技改投资增速 20.9 个百分点。

【食品外贸出口交货值】 2021 年，唐山市食品行业完成出口交货值 8.3 亿元，比上年下降 2.5%。其中，农副产品加工业完成出口交货值 7.2 亿元，比上年下降 5.6%；食品制造业完成出口交货值 1.1 亿元，比上年增长 24.5%。

【重点食品企业运行情况】 2021 年，唐山市蒙牛乳业（唐山）有限责任公司（丰润）实现营业收入 29.7 亿元，比上年增长 19.6%；利润 2.3 亿元，比上年增长 36.3%；乳制品产量 43.65 万吨，比上年增长 12.4%。滦州伊利乳业有限责任公司实现营业收入 31.1 亿元，比上年增长 39.5%；利润 2.3 亿元，比上年增长 31.5%；乳制品产量 33.49 万吨，比上年增长 14.5%。唐山双汇食品有限责任公司实现营业收入 18.2 亿元，比上年下降 23.2%；利润 0.7 亿元，比上年下降 50%；冷鲜肉产量 9.3 万吨，比上年增长 37.8%。营业收入和利润下降，主要受产品价格影响，2021 年冷鲜肉产品价格比上年下降 46.4%。

【食品行业健康发展】 2021 年，唐山市立足推动食品产业高质量发展，按照《唐山市健康食品产业发展规划（2021～2025 年）》等文件，纳入市委、市政府办公室《十二个重点产业发展规划、工作方案和支持政策》（唐办〔2020〕18 号），开展特色品牌、领军品牌、龙头企业培育工作，累计创建中国驰名商标 10 件、“中华老字号”5 个、地理标志证明商标 37 件、地理标志保护产品 8 件、通过“三品一标”认证品 379 个，帮扶君乐宝乳业集团君昌有限公司取得婴幼儿配方奶粉注册证书，获得省婴幼儿配方奶粉建工能力建设项目资金 4000 万元。

【食品强县建设】 2021 年，唐山市以推动食品产业强县建设为抓手，以点带面、示范推广，引导产业集群化、规模化、高端化发展。玉田县、遵化市入围省创建型食品产业强县（市），丰润区被评为省培育型食品产业强区。遵化市食品产业集群拥有规模以上食品企业 21 家，年收入超亿元企业 11 家，农业产业化龙头企业 57 家，其中国家级 3 家、省级 8 家，成为河北省龙头企业群体最大县（市）之一，年内，遵化市获得省食品强县项目建设资金 500 万元。

【示范食品企业培育】 2021 年，唐山市按照《唐山市工业“三品”示范企业认定管理办法（试行）》和奖补细则，经企业上报、各县（市、区）初审推荐、有关部门审核、专家评审、现场审查、网站公示，8 家食品企业被评为 2021 年“三品”（增品种、提品质、创品牌）示范企业，占比超过三分之一。组织蓝贝酒业参加工信部组织 2021 食品工业“三品”专项行动典型成果展，并代表河北省参加在湖北武汉举办第 30 届中国食品博览会线下、线上展览。

【食品企业诚信体系建设培训会】 2021 年 12 月 14 日，唐山市工信局举行食品企业诚信体系建设培训会，邀请唐山市食品药品综合检验检测中心高级工程师授课，为企业人员讲解食品诚信体系建设必要性与基本要件，同时现场解答各类食品出厂检验需要注意检验方法、原始记录填写要点、检验设备合理布局等相关问题，全市 18 个县（市、区）工信管理部门负责人及企业负责人 91 人参加本次培训。

【贯头山酒获批地理标志保护产品】 2021 年 4 月 12 日，国家知识产权局公布《关于批准贯头山酒等 2 个产品实施地理标志产品保护的公告（第 414 号）》，根据《地理标志产品保护规定》，经专家审查委员会技术审查，唐山市贯头山酒被批准为国家地理标志保护产品，自即日起实施保护。贯头山位于唐山迁安市大五里乡，贯头山酒是中华酒文化源头之一，先后被评为“中华文化名酒”“中华老字号”“中国十大最具历史文化价值品牌”，曾获“2020 年万国博览会荣誉奖”等百余项奖项。迁安市有贯头山酒生产企业 2 家，年酿造原酒 1600 吨，年销售收入 1.6 亿元。截至 2021 年，唐山市地理标志保护产品共 8 件，分别为：唐山骨质瓷、玉田白菜（玉田包尖白菜）、京东板栗、滦县花生

（东路花生）、乐亭甜瓜、迁安桑皮纸、柏各庄大米、贯头山酒。

（石味诗）

医 药

【医药概况】 2021年，唐山市医药行业规模以上工业企业12家，完成工业增加值比上年下降0.2%。实现营业收入15.3亿元，比上年下降26.5%，占全市营业收入比重为0.1%。实现利润1.09亿元，比上年下降72.8%。

【医药项目建设】 2021年，唐山市按照《唐山市现代医药产业发展规划（2021～2025年）》《唐山市现代医药产业发展工作方案(2020～2022年)》《唐山市现代医药产业发展支持政策》谋划医药项目建设，以迁安市高新区、滦南县经济开发区等区域为重点，推动唐山中诚嘉鑫中药饮片、北京航洋健康科技滦南保健品生产等项目建设。组织优势企业申报河北省医药产业发展项目、河北省康复辅助器具产业发展项目，北京京东科技（乐亭）有限公司自主研发紧急抢救病人护理推车、多功能电动床等新产品年内上市，医疗病床生产线技改扩建项目获得省级资金支持66.62万元。

【战略新兴产业项目】 2021年，唐山市实施医药类战略新兴产业项目7项，包括华润三九医药股份有限公司特殊胶囊剂、葡萄糖酸钙锌口服液生产项目，河北诺瑞康医药科技有限公司药用乙醇（无水乙醇）、药用辅料、75%医用消毒液、免洗洗手消毒凝胶和医药化工储存分装项目，英诺特（唐山）生物技术有限公司新型冠状病毒检测试剂产业化项目等，计划总投资11.5万元，项目投产后年增销售收入6.9亿元，每年新增利税1.4亿元。

【河北百善药业有限公司】 以研发、生产、销售老年专用药品、保健食品为主制药企业，是河北省企业技术中心、河北省科技型中小企业、河北省科技小巨人企业、河北省高新技术企业、河北省专精特新中小企业。生产片剂、胶囊剂、颗粒剂、茶剂产品，有全自动湿法制粒机、沸腾干燥机、全自动胶囊灌装机、高速压片机等国内先进设备，年生产能力20亿粒片。公司有“阳光老人”“百善为民”“花来安”“小时候”4个系列产品，2021年企业实现营业收入1.36亿元，比上年增长11.6%，利润238万元。

【葵花药业集团（唐山）生物制药有限公司】 国内知名制药企业——葵花药业集团控股子公司，2021年有资产3.3亿元，员工300人，占地12公顷，是一家集中药、化药、生物药及保健食品生产、研发于一体高新技术企业，拥有复合凝乳酶车间、中药提取车间、综合制剂车间和保健食品生产车间，具备年产片剂10亿片、胶囊剂10亿粒、颗粒剂9亿袋、口服液5000万支生产能力。2021年实现营业收入1.58亿元，比上年增长34%，利润3686万元，比上年增长51%。

【河北圣雪大成唐山制药有限责任公司】 以生产、销售医药原料药及制剂、饲料添加剂为主国有现代化企业，是中国核工业集团控股（51%）和浙江升华拜克生物股份有限公司参股（49%）现代化制药企业，为硫酸粘菌素产品世界最大供应商，其中一半以上产品出口（出口地以欧洲、南美洲和亚洲东南亚地区为主），生产技术水平居于世界前列。公司新增硫酸新霉素产品和兽用预混剂例土霉素钙等产品，形成原粉与预混剂并重，多品种生产格局。2021年实现营业收入3.55亿元，比上年增长14.2%，利润3078万元，比上年增长0.8%。

【北京同仁堂科技发展（唐山）有限公司】 主要承接同仁堂科技集团提取部分产能及口服液、糖浆剂、软胶囊剂型产品生产，主要产品有口服液生脉饮、生脉饮（党参方）、安神健脑液、小儿感冒口服液、川贝枇杷糖浆、麻仁润肠软胶囊等品种。2021年新增4个抑菌类品种（2款免洗手凝胶、2款泡沫洗手液）9个品规，其中凝胶、泡沫洗手液完成公司立项，并有成品入库。2021年，实现营业收入1.2亿元，比上年下降5.4%；亏损0.3亿元。

（石味诗）

盐 业

【盐业概况】 2021年，唐山市有制盐企业14家，其中原盐生产企业10家，食盐定点生产企业6家。盐田总面积361平方千米，分布在曹妃甸区、海港区、滦南县3个沿海县（区），其中南堡盐场原盐生产面积214平方千米，是亚洲最大海盐生产场。全市有食盐定点批发企业13家。全行业从业人员6972人。产品主要涵盖食盐、工业盐、畜牧饲料用盐、盐化工产品、海产品5个系列近百个品种。其中食盐主要有普通食用盐、特殊工艺食用盐、风味食用盐、低钠食用盐等，工业盐主要有两碱工业盐、融雪盐和其他工业盐等，盐化工产品主要为溴素、氯化钾、氯化镁等，海产品主要有虾类、鱼类、贝类等品种及鱼虾生物饵料。2021年，唐山市盐行业资产总额28.76亿元，与上年同期持平；工业总产值8.94亿元，比上年增长24.16%；营业收入22.30亿元，比上年增长50.27%；盐主业利润总额1.53亿元，比上年增长213%。

【原盐、溴素受气候影响减产】 2021年，唐山三友盐化有限公司盐田区域累计蒸发量1541.2毫米，比上年减少7.9%；降水量914.5毫米，比上年增加76.5%。河北南堡盐场有限公司盐田区域累计蒸发量1797.6毫米，比上年减少7.7%；降水量902.5毫米，比上年增加70.6%。6～7月份，全市盐区强降水过程频繁，大到暴雨过程偏多，降水量较常年同期（233.3毫米）偏多近2倍，较上年同期（41.4毫米）偏多超10倍；全年降水天数较多，有效降水天数75天，较上年多19天。全年全市原盐生产能力216.20万吨、溴素生产能力8000吨，受气候影响，实际生产原盐214.88万吨、溴素4649吨，比上年分别下降19.32%、41.16%。

【盐产品价格上涨】 2021年，唐山市原盐生产受北方海盐减产、煤炭价格上涨波及井矿盐生产等因素影响，下半年出厂价持续攀升，由上年平均300元每吨上涨至2021年末平均450元每吨。食盐方面，受生产原辅料、人工、包装价格上涨影响，年末小包装食盐出厂价较上年同期上涨 300～500 元每吨，涨幅 30%。

【盐业企业效益提升】 2021 年，唐山市 14 家制盐企业中 1 家亏损，较上年减少 1 家。全市销售原盐 362.21 万吨，比上年增长 29.28%，原盐企业效益普遍提升。全市食盐生产能力 61.5 万吨，实际生产 15.90 万吨，比上年增加 18.74%；销售食盐 16.04 万吨，比上年减少 1.77%，食盐企业盈利情况稳定。

【食盐社会责任储备】 2021 年 12 月，唐山市工信局会同相关部门制定印发《唐山市食盐供应应急预案（试行）》，督导食盐生产批发企业按要求完成社会责任储备任务，完善全市食盐供应应急体系。协同相关部门开展食盐供应安全专项整治工作，维护食盐供应秩序。全市 19 家食盐定点生产、定点批发企业社会责任储备食盐 1.86 万吨，可保障全市居民 8 个月消费量。

【盐业工业和技改项目】 2021 年，唐山海港旭宁化工有限公司研发中心重点项目竣工投入使用，投资额 450 万元。三友盐化海盐结晶池自动化改造和海盐蒸发自动化改造 2 个项目在建，计划总投资 9200 万元，截至年末完成投资 3150 万元。河北永大食盐有限公司食盐提质改造工程项目完成项目前期审批，计划总投资 6000 万元。唐山市银海食盐有限公司智能化工厂改造项目在建，计划总投资 2730 万元，截至年末完成投资 1730 万元。

【盐行业管理与服务】 2021 年 3 月 8 日，唐山市召开年度盐业管理工作部署会，安排部署市、县两级盐业监管体制改革自查工作及 2021 年度盐业管理重点工作。4 月，举办年度盐行业管理培训会，邀请盐业工程技术等领域专家培训全市盐行业管理人员和制盐企业法人。12 月，组织全市工信系统盐业管理人员在唐山市分会场参加省食盐专营管理培训会。督导全市 6 家食盐定点生产企业完成食盐安全电子追溯体系建设运行，落实生产销售全过程记录制度，保证食盐质量安全可追溯。加强对食盐定点生产、批发企业资质管理，按照管理质量等级及技术划分要求开展监督检查，配合省工信厅开展食盐定点生产、批发证书换发和现场验收。规范盐行业统计运行，完成省盐业经济运行平台培训、组织填报工作，加强统计数据分析运用。5 月 15 日至 6 月底，组织开展市县两级工信部门“防治碘缺乏病日”和盐业政策法规宣传活动，组织工作人员进校园、进社区、进商圈、进乡村、进企业，增强全社会对盐法盐规和科学用盐认知。活动期间累计张贴宣传海报 1500 余份，发放宣传单页 2000 余份。

【盐业安全生产指导】 2021 年，唐山市工信局开展盐业安全生产培训，指导企业加强生产现场管理，排查安全隐患，全年对制盐企业开展两轮全覆盖指导，每季度指导企业数在 60% 以上。明确盐业安全指导工作重点，会同市应急局制定《盐业企业安全生产基础资料指导清单》《盐业企业安全生产现场管理指导清单》。在汛期等安全生产关键节点发布重点工作提示，制发相关文件 9 件。根据海盐生产特点和极端天气频发气候特征，与市气象局沟通协调，通过市气象信息平台为全市海水制盐企业负责人及相关县区工信部门盐业管理工作人员发送日气象信息，提醒企业及时防范，减轻气候因素对原盐生产影响。2021 年，全市盐行业实现安全生产零事故。

（刘 瑶）

暖阳映照结晶满 工人盐田收获忙

2021年春夏之交，唐山市持续晴好天气，曹妃甸区南堡盐场工人操作设备在盐场忙碌，收获春盐。

杨世尧 摄

①6月5日，南堡盐场工人在收获春盐。

②盐场工人使用机械设备收获春盐。

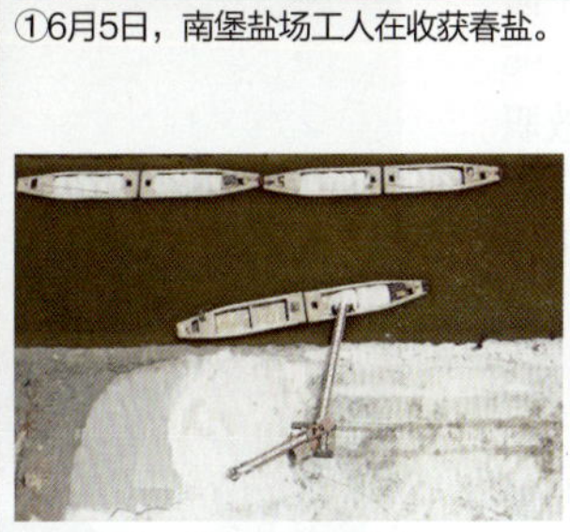

③盐场工人将收获的春盐装船。

④南堡盐场盐田一角。

民营经济

MinYingJingJi

综 述

【民营经济指标】 2021年，唐山市民营工业企业1.63万户，实现营业收入12285.25亿元，比上年增长11.78%，占全市民营经济营业收入49.83%，利润总额680.25亿元，上缴税金364.36亿元。规模以上民营工业企业1874家，占全市规模以上工业企业96.1%，实现营业收入1.34万亿元，比上年增长24.18%，实现利润522.64亿元。民营经济实现增加值5175.9亿元，比上年增长6.7%，占GDP比重62.9%，上缴税金535.73亿元，占全部税收67.48%。全市19家企业上榜河北省民企百强，20家企业上榜省制造业百强，17家企业上榜服务业百强，2014～2021年，唐山市连续获评河北省“民营经济发展先进市”。

【民营教育】 2021年，唐山市有民办学校936所，其中幼儿园885所(含附设幼儿班2个)、小学13所、中学37所（含九年一贯制教育学校7所），特殊教育学校1所。全日制在校生17.68万人，其中幼儿园在园幼儿10.37万人、小学在校生1.96万人、中学在校生5.35万人。教职工2.33万人，其中专职教师1.41万人。校舍占地面积385.39万平方米，建筑面积204.99万平方米，固定资产总值28.56亿元。贯彻省、市规范民办义务教育总体部署，制发《唐山市规范民办义务教育发展专项工作方案》，落实国家、省关于“到2022年底民办义务教育在校生规模占比控制在5%以内”刚性要求，成立工作专班，实行“一校一案”，对全市32所民办义务教育学校逐一核实，压减招生规模。开展民办学校依法办学提升质量专项行动，通过3次排查摸底，清理“公参民”学校13所。坚持“以县为主”“公民同招”原则，全面推行电脑随机派位招生，在全市民办义务教育学校开展办学条件、招生入学、教育教学、财务收费、党的建设5个专项治理行动，校外培训机构得到治理。实行常态化排查监管，全面建立校外培训机构“黑白名单”(即平台管理机制，提供学分课程须在教育移动互联网应用程序管理平台备案，通过审核进入“白名单”，课程质量低劣、管理服务落后列入“黑名单”）制度和工作日报告、周调度、月评价机制，组织联合执法120次，终止培训机构67所，取缔95所，限期整改128所。组织明察暗访300次，查处问题300个，清理不规范广告313处，563家义务教育阶段学科类校外培训机构通过转型或注销全部清零。

【民营医疗】 2021年，唐山民营医疗卫生机构4895个，其中医院199个、基层医疗卫生机构4691个、专业公共卫生机构2个、其他卫生机构3个。医院中，三级医院2个、二级医院36个、一级医院110个、未定级医院51个。基层医疗卫生机构中，社区卫生服务中心（站）87所，诊所、医务室2221个，村卫生室2324个，门诊部59个。专业公共卫生机构中，专科疾病防治院（所、站）2个。全市民营医疗卫生机构年门（急）诊量1058.03万人次。按照《唐山市“民营医院管理年”活动实施方案》整体部署，市卫生健康委组织全市呼吸科、神经内科、消化内科、心内科、普外科、神经外科、骨科、泌外、妇产、儿科10个专业40名专家，对全市15家民营医院300份病历开展合理诊疗与病历书写质量评价，规范民营医院诊疗行为，控制医药费用不合理增长，提高医疗质量，保障医疗安全。

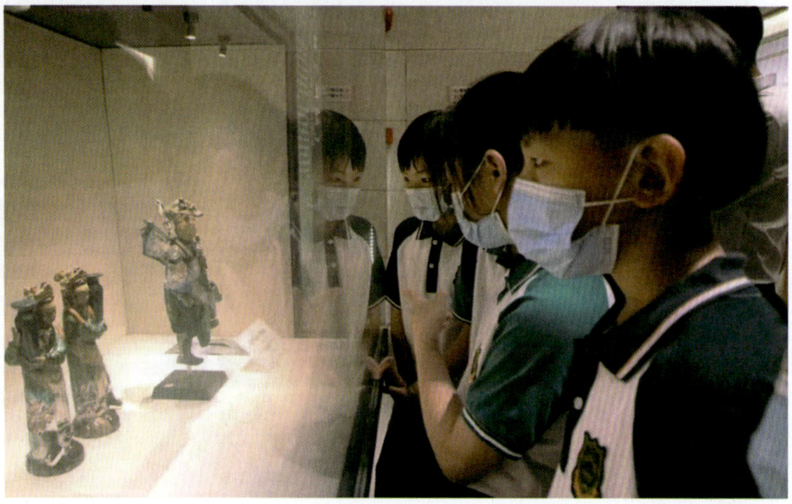

唐山东方国际学校开展研学活动，组织学生参观非遗展览。 赵 珺 摄

【“专精特新”企业培育】 2021年，唐山市建立“遴选入库、推选省级、推介示范、选拔‘小巨人’”梯度培育体系，市、县两级分别制定培育“专精特新”企业方案，分行业、地域、类别建立企业培育库，兑现支持政策。新增省“专精特新”中小企业89家，累计339家，获评国家“专精特新”“小巨人”企业18家，累计38家，入围中央财政支持第一批重点“小巨人”企业12家，占全省入选企业42%，获国家财政奖补资金2480万元，占全省奖补资金41.47%。

【科技型企业培育】 2021年，唐山市实施高新技术企业和科技型中小企业“双提升”计划，按照后备入库培育、随时受理申报、常态化培训、及时指导服务培育发展模式，新增科技型中小企业1134家、高新技术企业510家。开展“百家科研院所（机构）进唐山”活动，引进科研院所（机构）149个、科技成果（项目）106个，新增省级各类科技研发平台31个、工业企业研发机构79个。对接央企（京企津企）项目62个，签署各类协议31个，协议金额1351亿元。对接优质民营企业960家次，达成合作意向142项，签约项目128个，协议投资额545.86亿元。

【信贷扶持政策落实】 2021年，唐山市引导银行、金融机构通过稳贷续贷、展期延期举措，帮助民营企业解决融资问题。小微企业贷款金额2457.46亿元，普惠型小微企业贷款金额466.83亿元。深圳前海微众银行入驻唐山，为中小微企业量身定制小微企业贷款产品，全市累计授信企业2128户，授信额度20.52亿元，为1366家中小微企业发放贷款17.84亿元。

【民营企业专场招聘会举行】 2021年5月28日，唐山市丰南区民营企业线上线下专场招聘会在通达韩国城（唐山通达集团和韩国德林纽尊株式会社合作项目）举行，吸引5300人点击观看，470人通过平台咨询就业岗位信息。招聘会为求职者提供行政管理类、财务管理类、化工类、教育培训类、机械自动化类及电工、车工、焊工等管理和技术岗位1400个，入场求职者420人，达成就业意向153人。

丰南区唐山正元管业有限公司车间工人对管材产品保护处理。

牟宇 摄

【19企入选民营企业百强榜】 2021年8月10日，河北省工商联公布《2021年度河北省民营企业100强、制造业民营企业100强、服务业民营企业100强榜单》，唐山河北津西钢铁集团股份有限公司等19家企业入围民营企业100强榜单，唐山河北天柱钢铁集团股份有限公司等20家企业入围制造业民营企业100强榜单，唐山市东坤商贸有限公司等16家企业入围服务业民营企业100强榜单。

【12企入围“专精特新”重点“小巨人”】 2021年8月30日，唐山北极熊建材有限公司等12家企业入选工信部首批“专精特新”重点“小巨人”企业，占全省入选企业总数41.38%。此次入选企业除唐山北极熊建材有限公司、唐山启奥科技股份有限公司分属建材新材料和软件信息服务业外，其他10家属于装备制造业，行业地位和市场占有率处于国内领先地位，其中金石钻探（唐山）股份有限公司产品品质及市场占有率均为国内同行业第一位，国内市场占有率40%以上；唐山贺祥智能科技股份有限公司“贺祥牌”高压成型机产品市场占有率位居“全国第一位、全球前三位”；唐山陆凯科技有限公司产品技术应用于国内矿山，在细粒筛分设备市场占有率75%，同行业排名第一位。

【5企业上榜民营企业500强】 2021年9月25日，中国民营企业500强峰会发布“2021年度中国民营企业500强榜单”，唐山市河北津西钢铁集团股份有限公司、唐山港陆钢铁有限公司、迁安市九江线材有限责任公司、河北天柱钢铁集团有限公司、河北鑫达钢铁集团有限公司5家企业榜上有名。2021年，中国民营企业500强入围门槛235.01亿元，比上年度增加32.97亿元。

【津西集团上榜中国企业500强】 2021年9月30日，津西集团以年销售收入1303亿元居2021中国企业500强第176位，连续19年上榜中国企业500强。津西集团有3家上市公司、4家国家高新技术企业、近百家境内外控股公司，年销售收入超1000亿元。集团以型钢、钢板桩等高端建材产品为龙头，打造全球最大型钢生产应用基地，非钢产业向新基建装配式钢结构建筑、特高压电力铁塔、核电阀门精密制造、钢板桩绿色桩基工程、电子束芯片检测5大产业延伸，钢铁主业与非钢产业销售收入各占50%。

管理与服务

【管理与服务概况】 2021年，唐山市制发《推进民营经济发展工作方案》，两次完成全国个体私营协会随机确定212户个体工商户经营状况跟踪调查，调查率97.16%，完成375户全国市场主体活跃度抽样调查，调查率99.73%。开展问情服务、跟踪调查、政策推送、法律维权、品牌服务等五大系列活动，把服务个体私营经济发展落到实处。“问情服务”活动中，实地走访个体工商户1.10万户、私营企业2663家，收集意见建议336条次，线上推送政策12次，宣讲惠企政策22场次，协调解决纳税、经营场所租赁事项774个次，开展法律维权服务23次，为服务对象挽回经济损失653万元。开展品牌提升服务，推荐3家企业、1名个人争创中国质量奖，7家企业、8名个人争创河北省政府质量奖。开展商标战略推进服务，帮助5家个体私营企业争创驰名著名商标。

【“百场万家”公益服务】 2021年，唐山市按照省《关于开展2021年中小企业“百场万家”公益服务和培训活动通知》要求，完善中小企业公共服务体系，组织10场中小企业“百场万家”公益服务活动，服务中小企业1300家，帮助企业把脉问诊、解决问题，为企业转型升级、高质量发展赋能助力。

【民营企业包联帮扶】 2021年，唐山市实施“万名干部下基层，万名干部联企业”活动，规模以上工业企业全部纳入包联范围，线上线下同步帮扶，指导民营企业利用“省政企服务直通信息化平台”解决问题，发挥平台“网上帮”“网上办”服务效能。举办“工业设计·企业源动力”“专精特新”企业“数字化赋能”等7场公益服务活动，帮助民营企业提升企业政策理解、品牌建设、精益管理能力，服务民营企业800家。年内走访民营企业2298家次，帮助民营企业协调解决问题585个。

【企业市场拓展】 2021年，唐山市组织104家企业参加“中国（广州）进出口商品交易会”“‘5·18’廊坊洽谈展览会”，5668件优质展品参加线上展馆，成交额490.38万美元。组织21家企业参加“2021年中国国际数字经济博览会”，发布项目34个，签约项目14个。组织惠达卫浴等95家企业参加“冀优千品”河北制造网上行活动，增加企业知名度。

【民营经济政策支持】 2021年，唐山市制发《关于进一步促进民营经济加快发展若干措施》，从保护和激发市场主体活力、破解融资难融资贵、生态环保实施精准管控、维护合法权益等7个方面支持民营企业发展。落实《推进环渤海地区新型工业化基地建设40条支持政策》，累计兑现政策奖励5.5亿元，惠及企业（个人）2000家。

【民营企业土地支持】 2021年，唐山市落实土地利用总体规划和国家产业政策，对民营企业投资非营利性教育、医疗卫生等工程用地，按照国土资源部《划拨用地目录》规定划拨，对民营企业实施战略新兴产业、先进制造业等省级确定优先发展产业用地项目，遵照《全国工业用地出让最低标准》执行。年内安排省、市重点项目新增用地指标66.6公顷。

唐山盾石建筑工程有限责任公司修复中心车间立磨减速机、辊压机组装现场。 季东摄

【民营企业人才支持】 2021年，唐山市制发《关于实施新时代“凤凰英才”计划，加快建设高质量人才强市意见》，举办“第十一届高层次紧缺人才招聘月”“中关村高层次人才智力引进洽谈会”“校园招聘唐山招聘专场”活动，为汇中仪表、东海特钢等1727家用人企业（单位）提供引进人才服务，全职引进研究生1023人，其中博士87人、海外高层次人才72人。开展“百名高端人才进唐山”活动25场次，引进京津专家174人，签署86项合作协议。年内举办线下线上招聘会475场次，提供就业岗位20.3万个，4万人达成就业意向。

【民营企业准入便利】 2021年，唐山市政府网开设企业服务专区，实现申请人一次提交申请材料，相关部门同步办理、限时办理。线上开通“一窗通”平台，实现全流程一体化在线办理，一个工作日内办结。市本级企业设立环节压缩至2小时，比省规定4小时缩短50%，市、县两级政务服务事项网上可办率分别为100%和99.96%。

【民营企业数字化赋能】 2021年，唐山市实施民营企业数字化赋能行动（利用数字化知识使企业摆脱单一供给，并深度挖掘用户需求，探索多元业务），举办“专精特新”企业“数字化赋能”专场，邀请志晟科技、华为、阿里云和海康威视等顶级数字化赋能服务机构授课，100家企业160人参加培训，企业生产、经营、销售及人事管理、流程审批效率得到提升。年内实施信用信息平台升级，与省信用信息平台系统数据对接，开通归集权限954个，归集数据9300万条，总数8.3亿条，实现中小微企业等各类信用信息归集常态化、规范化报送。

【工业设计能力提升】 2021年，唐山市发展工业设计产业，举办“工业设计——企业源动力”主题专场活动，邀请北京理工大学设计与艺术学院专家教授讲课，全市110家企业180人参加培训。“工业设计——企业源动力”主题专场旨在培养职业素质高、创新能力强、实践经验丰富工业设计人才及团队，帮助企业拓展思路、转变认识，提高企业工业设计能力和水平。

丰润区美枫陶瓷有限公司生产车间工人加工外贸订单。　齐　磊摄

【电子商务实体经济融合发展】
2021年，唐山市推进电子商务与实体经济融合发展，举办以“直播电商创新发展”“市场营销”“战略设计与新媒体营销”主题培训3场次，400家企业500人参加培训。企业开展直播营销，实现需求、库存和物流信息共享，构建直播电商新型供应链，壮大唐山直播电商产业集群。

重点民营单位

【河北东海特钢集团有限公司】
2021年，河北东海特钢集团有限公司营业收入481.68亿元、利润23.61亿元、上缴税金15.16亿元，获评“全国产品和服务质量诚信示范企业”。东海特钢成立于2009年，位于唐山市滦州市茨榆坨工业园区，占地269.29公顷，注册资本21.05亿元，资产137.42亿元，员工1.02万人。公司业务涉及焦化、烧结、炼铁、炼钢、轧钢，主要产品为热轧带肋钢筋、盘螺、中宽带钢、热轧卷板等，主要销往华北、华中、华东、华南、东北地区，产品曾获国家“金杯奖”“河北省名牌产品”“河北省优质产品”称号。公司技术中心为省级研发机构，建有品牌培育管理体系和质量控制体系，2014～2015年，钢筋混凝土用热轧带肋钢筋分获省优质产品、名牌产品，2016年，热轧钢带获省优质产品，2017～2018年，HRB400（E）、HRB500（E）热轧带肋钢筋和Q235B热轧中厚宽钢带产品分别被授予冶金产品实物质量“金杯奖”，2019年，产品获“全国建筑材料AAAAA级产品”奖项，获“全国建筑材料行业百强企业”称号，位列2020中国制造业企业500强第276名。

【唐山东方雨虹防水技术有限责任公司】
2021年，唐山东方雨虹防水技术有限责任公司实现营业收入22.8亿元，经营利润2.16亿元，上缴税金8274万元。获评河北省制造业单项冠军产品、河北省“专精特新”示范企业、河北省制造业民营100强企业、河北省战略性新兴产业领军百强企业、“河北省功能防水材料技术创新中心”。公司成立于2013年，注册资本3亿元，位于唐山市丰南沿海工业区，占地38.56公顷，是北京东方雨虹防水技术股份有限公司全资子公司、华北市场研发生产基地、中国防水行业龙头企业。公司建有年产8080万㎡防水卷材生产线、年产4万吨防水涂料和20万吨砂浆、年产2万吨沥青涂料生产线、年产10万吨聚氨酯防水涂料生产线，主导产品有防水卷材（含SBS/APP改性沥青卷材、自粘改性沥青卷材、高分子防水卷材和特种工程专用卷材）、聚氨酯、丙烯酯以及聚合物水泥涂料等，应用于房屋建筑、高速公路、城市道桥、地铁及城市轨道、高速铁路、机场、水利设施等领域。公司职工340人，其中科技研发人员61人，科技研发人员中行业专家2人、博士6人、中高级工程师16人，大专以上学历人员占比44%。2016年，被唐山市科技局认定“唐山市防水保温材料工程技术研究中心”，2017年，被唐山市发改委认定“唐山市企业技术中心”，同年3月，通过中国建筑防水协会、建筑防水材料产品质量监督测试中心现场审核，获“标准化实验室”资质，2018年，被河北省发改委认定“河北省企业技术中心”。公司曾获工信部授予“第一批绿色工厂”“融合贯标试点企业”称号，获评“河北省工业企业质量标杆企业”“河北省科技‘小巨人企业’”“河北省‘专精特新’中小企业”。“东方雨虹”商标为中国防水行业首个中国驰名商标。

【英诺特（唐山）生物技术有限公司】
2021年，英诺特（唐山）生物技术有限公司营业收入1.34亿元，净利润1341.39万元，上缴税金1070万元。公司成立于2011年，是集研发、生产、销售于一体体外诊断试剂高新技术企业。建有5000平方米净化车间，有酶联免疫、化学发光、胶体金、PCR、免疫荧光等多条诊断试剂生产线，年产各种诊断试剂4000万人份，取得28个试剂产品注册证（含3个诊断仪器），接受委托生产产品30个。公司专注于体外诊断试剂POCT研发和生产，有抗原抗体制备、病毒培养、胶体金、酶联免疫、荧光免疫、PCR6个技术平台，有国家发明专利5项，全部产品为自主研发、自主知识产权。公司本着研发一代、生产一代、储备一代原则，每年投入大量资金用于新产品研发，开发出优生优育、呼吸道、消化道、性病、传染病等5个系列产品，其中呼吸道九联卡、五联卡、流感三联卡均为国内独家产品。公司产品销往全国各地，并出口俄罗斯、捷克及中国香港等70个国家和地区。

（许光明）

商贸服务

ShangMaoFuWu

市场流通

【**市场流通概况**】 2021年，唐山市消费品市场稳步回暖，全市实现社会消费品零售总额2143.2亿元，比上年增长5.7%，增速居于全省第五位。其中，城镇完成社会消费品零售额1767.1亿元，增长5.8%；乡村完成社会消费品零售额376.1亿元，增长5.1%。按行业看，批发业完成385.9亿元，下降9.0%，零售业完成1586.9亿元，增长8.9%，住宿业完成10.8亿元，增长9.4%，餐饮业完成139.9亿元，增长16.8%。限额以上单位零售额380.5亿元，比上年增长7.7%。在限额以上单位消费品零售额中，粮油食品类增长1.9%，服装鞋帽纺织品类增长22.7%，日用品类增长7.4%，家用电器和音像器材类增长6.5%，家具类增长32.4%，通信器材类增长10.1%，金银珠宝类增长87.9%，汽车类增长3.7%，中西药类增长6.6%，石油及制品类增长4.6%，通过公共网络实现商品销售下降7.3%。

【**多项措施繁荣商贸**】 2021年，唐山市开展省级试点路——路南新街步行街改造提升工程，改造升级街区外观及遮阳膜、无障碍设施等，提升聚客、吸客能力。同时，鼓励各县区分别打造1～2条市级特色商业街区，提升街区品质化和数字化管理服务水平，玉田鸦鸿桥、滦州古城等商业街区有序发展，为全市人民提供更加丰富消费体验。组织大型商场超市、商业综合体开展商务部绿色商场创建活动，唐百大楼集团条式楼、万达广场、远洋城、勒泰、振华诚成、爱琴海、迁安东安悦购、迁安金融街购物广场8家商场获得“商务部绿色商场创建单位”称号，唐山市绿色商场创建数量占全省四分之一。围绕“一刻钟”便民商圈建设提高生活性服务业品质，重点支持“36524”、唐百便利店、罗森等品牌连锁便利店企业新建改造便利店门店231个，为省达任务1.8倍。建设改造升级迁安君和小镇街区便民服务中心等4个城乡便民消费服务中心，为居民提供生活用品、生鲜蔬菜、大众餐饮、家政、理发和维修等基本服务，同时提供洗衣、代收代缴、补衣缝纫、康体健身、美容美甲和文娱活动场所等选择性服务，满足城乡居民多样化、便捷化生活消费需要。年内完成8个便民市场建设改造任务，包括新建生鲜超市5个，新建改造农贸市场、菜市场3个。

唐山市在做好疫情防控同时加强市场运行监测，组织各超市、商店做好生活物资供应，满足群众生活日用品需求。图为市民在超市内选购蔬菜。 张 旭摄

【**唐山首届夏日消费季**】 2021年，唐山市为激发市场活力、释放消费潜力，5月至10月在市中心区开展首届夏日消费季活动。本次夏日消费季活动以“约‘惠’一夏，点亮凤城”为主题，聚焦市中心区夜经济街区、零售餐饮、电商、汽车、成品油等重点领域，有100多家商品服务优、信誉口碑好、活跃用户多、吸聚效应强、促销经验足商贸企业参加，通过线上线下联动推进，开展形式多样促消费活动。市政府专门为活动设立专项资金予以支持，参与企业累计让利15亿元。

【**“幸福河北欢乐购”消费促进活动**】 2021年9月17日，河北第十八届“幸福河北欢乐购”消费促进活动在唐山百货大楼集团友谊购物广场启动，到10月16日结束，以购物（网购）、餐饮、加油、夜经济、旅游等活动为重点，开展各具特色系列板块消

第十八届“幸福河北欢乐购”消费促进活动在唐山市启动。 赵泽良 摄

费促进活动，并推出一系列优惠政策。“轻松惠购”活动举办汽车家电进口和外贸出口转内销等消费促进活动。“便民网购”活动组织电商企业开展专场促销、特色品牌展等促销活动，让消费者体验网上购物便捷、实惠和高效。“两节”惠吃活动组织餐饮企业推出以团聚为主题“团圆宴”“亲情宴”，营造节日氛围。“加油惠行”活动组织中石化、中石油、中海油所属加油站和社会上其他大型加油站，开展“点对点”营销，优惠让利“一站一策”，发挥便利店非油品促销作用。“冀夜璀璨”活动注重夜经济主题消费，围绕“食、购、游、美、娱、练、展”提升夜经济影响力。“开心惠游”活动主推“京畿福地 乐享河北”主题文化旅游特惠，发布“夜游河北”十大人气目的地、2020年“河北旅游百大人气目的地”等景区景点，实施门票减免等旅游惠民措施，开展各具特色旅游促销活动，以文旅消费带动文旅企业振兴。

【“唐车欢乐购”汽车惠民补贴活动】 2021年，为提升唐山市汽车消费市场活力，激发市民购车热情，挖掘汽车消费潜力，市政府于12月25日起举办“唐车欢乐购”汽车惠民补贴活动，发放770万元现金补贴，叠加车企油企让利，让市民购车享受最大优惠。购车补贴券与成品油优惠政策包括：购买汽车销售价格10万元（含10万元）以下消费者，可申领2000元资格券；购买汽车销售价格10万元～20万元（含20万元）消费者，可申领3000元资格券；购买汽车销售价格20万元以上消费者，可申领4000元资格券。领取以上个人补贴消费者，可以凭补贴凭证享受中石油、中石化、中海油专属优惠政策。

【唐山入选全国首批便民生活圈试点城市】 2021年10月，根据《商务部办公厅等11部门关于公布全国首批城市一刻钟便民生活圈试点名单的通知》，唐山市位列其中，成为河北省唯一入选城市。一刻钟便民生活圈，是以社区居民为服务对象，服务半径为步行15分钟左右范围内，以满足居民日常生活基本消费和品质消费等为目标，以多业态集聚形成社区商圈。唐山市制定《唐山市一刻钟便民生活圈建设试点方案》，针对商业网点不均问题，提出科学优化布局，根据社区商业网点底数以及社区人口数量、收入水平、消费习惯、消费需求等，制定便民生活圈建设专项规划和实施方案，并与国土空间规划、城市中心商圈建设、老旧小区改造计划、城市更新规划等相衔接，合理优化商业网点，打造商居和谐消费环境，做到商业环境与居住环境相协调，业态发展与居民需求相匹配。

【汛期生活必需品应急保障】 2021年，唐山市入汛后局部时段出现强降雨极端天气，市商务局进入战时状态，筑牢汛期生活必需品应急保障“防护堤”，制定印发《唐山市汛期生活必需品供应应急保障方案》，确定唐百集团、华盛超市等7家市级重点保供企业，并组织及时调运、储备足量主要生活必需品。全市重点商贸流通企业共储备米面5841吨、油467吨、肉5510吨、奶448吨、方便面41万袋、火腿肠91万根、瓶装水39万瓶，可满足突发情况时主要生活必需品供应。启动重点保供企业米面油肉等重点生活必需品特殊时段日监测和汛期周监测制度，建立重点企业生活必需品储备台账，掌握市场运行及重点企业生活必需品储备情况。开展全方位、全时段拉网式大检查行动，针对全市商贸流通企业特别是重点保供企业防汛设施、管理制度、生活必需品储备等开展风险隐患排查，建立隐患台账，逐项排查整改，全面压实企业主体责任，做到防汛保供万无一失。

【河北自贸区大宗商品交易中心运行】 2021年8月4日，河北自贸区大宗商品交易中心开业。市委副书记、代市长田国良宣布交易中心开业，中国农业发展银行河北省分行党委书记、行长李文武，省供销合作总社党组书记、理事会主任丁荣进及省商务厅、中农集团控股股份有限公司等有关单位负责人出席开业仪式，副市长曹全民致辞。大宗商品交易中心由河北省供销合作总社出资成立，注册资金1亿元，开展以矿产品、农副产品、中药材以及电子产品等为主大宗商品现货电子交易，并提供网上销售、现货交易服务及现货交收、仓储物流、资金结算、业务咨询及信息发布、供应链金融等服务，集信息平台、商品检验、仓储物流、资金融通、电子商务为一体。曹妃甸区政府、曹妃甸综保区管委会、河北自贸区大宗商品交易中心三方负责人当日就加快平台建设签约。

【中商名仕商娱综合体项目签约】 2021年11月13日，中商盛世建设产业发展有限公司与名仕国际集团签约，共同打造城市商娱综合体项目。该项目占地27公顷，总投资50

亿元。中商盛世建设产业发展有限公司是国有独资中央企业，秉承专业化发展经营理念，以城镇一体化建设为主要战略导向，全面涉及城镇规划建设、国内外大宗物资贸易等多个业务板块。名仕国际集团是位于唐山市开平区大型现代化集团企业，主要从事房地产开发、物业管理、商业运营、文旅产业发展及运营、新能源、油化品经营、国际贸易、物联网物流、矿产资源开发等。

【放心肉菜示范超市94家】 2021年，唐山市加强食用农产品质量安全监管，根据省政府食安办《关于继续深入开展"放心肉菜示范超市"创建工作的通知》和市政府食安办《关于印发＜唐山市2021年度"放心肉菜示范超市"创建活动实施方案＞的通知》要求，自3月份开始组织创建2021年度"放心肉菜示范超市"活动。在各县区推荐基础上，市政府食安办、市市场监督管理局组织对全市98家示范创建超市考核验收，唐山宽广超市有限公司世博广场分公司等19家超市通过2021年度市级"放心肉菜示范超市"验收，唐山百货大楼集团八方购物广场有限责任公司南湖金地购物分公司等75家超市通过2021年度市级"放心肉菜示范超市"复核。12月17～24日，对上述94家超市名单公示，接受社会各界对创建超市监督，公示期间未发现异议。

（王　晔 陈君君）

电子商务

【电子商务概况】 2021年，唐山市实现商务口径网络零售额238.6亿元，农村网络零售额71.5亿元。跨境电商主体达到967家，各项指标稳居全省第一位。跨境电商进出口商品种类日益丰富，进口商品涵盖母婴、美妆、食品、保健品、3C品、服装、防疫物资等7类63项；出口商品涵盖陶瓷、饰品、园艺工具、钢材、宠物用品、食品等24大类414项。成联电商、物流宝兑通、报春电商等多个领域平台销售实现突破，交易额破百亿元。玉田县成为继迁安市、乐亭县、迁西县之后第四家国家电子商务进农村示范县；培育省级电子商务示范企业15家、省级电子商务示范园区4家，同时首次开展市级电子商务示范企业、基地评审工作，评选出市级电子商务示范企业40家、市级电子商务示范基地8家，扩大示范带动效应。围绕提升产业核心竞争力、培育网络经济增长点、提升电商生态竞争力等方面，制定《唐山市电子商务高质量发展实施意见》，编制《唐山市电子商务"十四五"发展规划》，分析全市电子商务发展现状，为提升电子商务企业核心竞争力，赋能经济社会数字化转型奠定基础。

【数字商务主体培育】 2021年，唐山市重视唐山本地平台培育工作，为企业争取项目建设资金，先后培育"成就幸福""荷花坑智慧农贸""e+高速服务区配套体系智能化""智慧旅游＋生鲜电商"等平台，其中"成就幸福"平台年内筹备港股上市融资，具备2022年上市条件。全市出现年网络零售额500万元电子商务企业36家，在各县（市、区）商务和统计部门就网络零售额入统新规开展系统培训，年内新增限额以上入统电商企业7家。

【电商平台项目招商】 2021年，唐山市贯彻落实市委、市政府关于发展数字经济战略部署，对接上海、杭州、北京等地国内一线电子商务平台企业寻求合作，先后与瓜子二手车、毛豆新车网、上海壹佰米等近10家企业对接交流，促成顺丰、叮咚买菜等知名电商企业与唐山市政府签署战略合作协议，推动与京东集团达成合作意向。同时，引导各县（市、区）储备一批在谈项目、完成签约一批项目、落地见效一批项目，全年各县（市、区）储备在谈项目9个，签约关联项目12个。

【线上线下经济融合】 2021年，唐山市开展线上线下经济融合活动，组织多项电商活动，包括河北网购狂欢节、首届唐山线上购物节、河北省第三届"双品网购节"唐山站启动暨2020年河北电商大赛唐山赛区获奖企业颁奖典礼燕赵行电商直播启动大会、"凝聚爱心、直播助农"遵化娘娘庙乡贡杏采摘直播节、唐山直播电商季、叮咚买菜农产品平台供销对接会、唐山市名优特产品生产企业与品牌供应链直播基地资源对接会等，带动线上线下经济融合。适应直播电商发展趋势，引导星河集势、滦南金奥、唐百大集团电商公司等企业建设直播基地，截至年底，全市有2000平方米以上直播电商基地10个，开展"唐山主播播唐山"系列活动4场，直播销售应用场景实现"入企下村"，销售苹果30万公斤、香白杏10万公斤、板栗5万公斤。

【数字贸易中心建设】 2021年，唐山市商务局秉承数字经济发展理念，聚焦数字产业化和产业数字化，盘活楼宇资源，高标准建设唐山市数字贸易综合服务中心。数字贸易中心分别设置跨境电商大楼、网红直播大楼、全市电子商务大数据系统、唐山骨质瓷订货平台及直播中心、物流中心、东北亚产品及唐山本地特色产品展示中心，提供跨境平台服务、企业注册备案、自建站搭建、人员培训培养、网红直播孵化、财务、商标、法律、金融、保税、代理记账、报关、专利申报、餐饮等16项"一条龙"配套服务，打造数字贸易产业"样板工程"，推动唐山市数字产业高质量发展。

【"河北电商大赛"唐山赛区颁奖】 2021年4月29日，河北省2021年（第三届）"双品网购节"唐山市启动仪式在唐山市新华联铂尔曼大酒店举行，同时举办2020"河北电商大赛"唐山赛区颁奖典礼。遵化市商务和投资促进局、玉田县商务和投资促进局、唐山市路北区陶瓷文化创意产业园区管委会、遵化市电子商务协会、玉田鸦鸿桥电商产业园获得2020年"河北电商大赛"唐山赛区最佳组织奖，耿江平（大赛品牌组组长）、李鹏飞（大赛网红组组长）获得2020年"河北电商大赛"唐山赛区优秀导师奖，耿江平、程俊、唐国伟、王淑清、张久勇、牛继然、江宝磊、张振江、张建利、张翕焜、郭彦斌、侯宇、李鹏飞、杜哥、张晨娜、丁庆宇、孟笑、常晶晶18位大赛评委获得2020年"河北电商大赛"唐山赛区优秀评委奖，唐山红玫瑰陶瓷制品有限公司销售分公司、唐山创携商贸有限公司、农语食品（唐山）有限公司、遵化市广野食品科技开发有限公司、遵化市兴达宠物用品有限公司、遵化市蟠龙金属工艺品有限责任公司6家企业分别获得2020年“河北电商品牌大赛”唐山赛区所在产业集群一等奖。唐山凝境陶瓷科技有限公司、唐山玉春天目陶瓷研究所、唐山林芃家庭用品有限公司、唐山市凤凰人家食品有限公司等12家企业分别获得2020年“河北电商品牌大赛”唐山赛区所在产业集群二等奖。唐山李竹青艺术瓷有限公司、唐山唯花轩陶瓷工作室、唐山君豪电子商务有限公司、乐亭县英芳商贸有限公司等18家企业分别获得2020年“河北电商品牌大赛”唐山赛区所在产业集群三等奖。唐山市大唐冠亿瓷业、唐山市恒瑞瓷业有限公司、唐山梵臻陶瓷有限责任公司、唐山陶瓷博物馆等20家企业分别获得2020年“河北电商品牌大赛”唐山赛区所在产业集群优秀奖。王大伟、闫彩靖、墨白3位选手获得2020“河北电商大赛”带货直播网红大赛唐山赛区一等奖。

【河北跨境电商B2B出口业务在唐山首开】 2021年7月1日，河北省首票跨境电商企业对企业出口报关单在唐山曹妃甸诞生。其中，唐山光领国际贸易有限公司向德国出口价值3.6万美元女士服装产品、唐山讯邦电子商务有限公司向美国出口价值19.9万美元家居饰品通过唐山跨境电商综服平台实现本异地通关申报成功，曹妃甸乃至整个河北跨境电商正式迈入出口业务全模式、简化申报秒通关新发展时代。根据海关总署6月22日公告，7月1日起在全国复制推广跨境电商企业对企业（B2B）监管试点，涉及9710和9810两类监管代码，唐山市商务局超前谋划，协调海关等部门引导企业主动参与，先后召开跨境电商B2B培训交流会、跨境电商B2B协调推进会，制定专项工作方案，推进企业备案、订单上传、数据对碰等通关事宜，实现河北省首票9710出口报关单在唐山诞生。

（李　鑫 陈君君）

粮食流通

【粮食流通概况】 2021年，唐山市粮食系统职工贯彻习近平关于粮食安全指示精神和省委、市委决策部署，落实总体国家安全观和国家粮食安全战略，扛稳“保粮食安全”政治责任，落实国家粮食安全战略，提升市场保供稳价能力，保障区域粮食安全，粮食流通改革发展取得明显成效。落实党政同责要求，将粮食安全责任制考核常态化作为重点，发挥粮食安全责任制考核“指挥棒”作用，提升粮食安全保障能力。按照省考核工作要求抓落实，强化粮食安全意识，压实考核责任，完善考核制度，明确考核评分标准和实施细则，完善考核内容和方式，实现考核网络化。细化考核任务，组织农业农村局、财政局、自然资源局等14个考核成员单位协调联动，明确责任，严格程序，考评全市粮食可持续生产能力、保护种粮积极性、增强地方粮食储备能力、保障粮食市场供应、确保粮食质量安全和落实保障措施6个方面14项重点事项，组织好检查指导和综合评价，突出重点和难点工作考核，按要求将52项考核指标材料通过考核系统上报省考核办，2020年考核位于全省优秀行列。严格对各县（市、区）考核，在各县（市、区）政府考核自评基础上，结合部门日常考核和抽查情况，对各县（市、区）粮食安全责任制落实情况逐项评审打分，并考核抽查滦州市和丰南区粮食安全责任制落实情况，确保将粮食安全主体责任落地落实落细。

唐山各县（市、区）农民通过电商直播平台进行销售，开创农业增收新模式。　齐　磊摄

【粮食收储效能提升】 2021年，唐山市完善粮食收储制度，参照省级管理办法，重新修订《唐山市市级储备粮管理办法》，对市级储备粮计划、储存、轮换、动用、监督检查等方面做出更加明确规定，加强对市级储备粮管理，保证市级储备粮数量真实、质量良好和储存安全，发挥市级储备粮在宏观调控中作用。各县（市、区）年内陆续制定出台县级储备粮管理办法。增强政策性粮食储备能力。落实省下达市、县两级储备计划，规范开展地方储备粮轮换。全市原存储地方储备粮食25.42万吨、油脂2850吨，其中省级储备粮10.35万吨，市级储备粮6.29万吨，市级储备豆油2630吨，县级储备粮8.78万吨，县级储备豆油220吨。2021年第一批省下达唐山地方储备粮增储规模14.8万吨（省级储备粮增储5.8万吨，市县储备粮增储9万吨），年底超额完成增储任务，提高粮食安全保障能力。建立社会责任储备。按照《河北省粮食企业社会责任储备库存管理办法（暂行）》，核定全市粮食企业最低库存量，落实全市粮食社会责任储备25万吨、食用油社会责任储备1000吨，政府储备、企业社会责任储备，加上批发、零售环节成

品粮库存，初步形成功能互补、协同运转多元储备体系。

【粮食应急保障能力建设】2021年，唐山市1～12月全社会累计收购粮食（生产者购进和企业购进）332.91万吨，比上年增加14.17万吨，增幅4.45%；累计销售粮食269.66万吨，比上年增加30.39万吨，增幅12.7%。粮食市场供应充足、流通有序，保证人民生活需求。政策性收购方面，按照《河北省2021年小麦最低收购价收购工作方案》要求，落实国家惠农政策，年产新小麦收购价格区间在每500克1.25元～1.36元，始终高于最低收购价，未启动小麦最低价收购，守住不发生“卖粮难”底线。粮食应急体系完善。按照《唐山市粮食应急预案》，市县两级复核调整全市应急网点，粮食应急供应网点调至267家，粮食应急加工企业调至20家，保留3个粮食配送中心，粮食应急储运企业调至11家，并与各应急保障网点重新签订承诺书，发放市级统一定制应急网点牌匾，每季度进行一次检查，确保各应急保障网点运转正常，管理规范。提高粮食流通统计质量，全年累计报送各类报表超过100期，完成粮油购销存月报、产业经济季报、统计年报和粮油供需平衡调查、农户专项存粮调查等工作，发挥粮食统计服务基本职能。组织召开全市粮食流通统计和应急培训会议，提升全系统业务水平。

【粮食监督执法】2021年，唐山市粮食系统推进粮食执法督查创新，探索信用分类分级监管机制，抓粮食流通日常执法实践，全市累计出动检查41次，出动检查人员107人次，检查收购主体44个，进一步规范全市粮食收购行为。加强执法热线“12325”管理，规范高效受理和查办案件，防范粮食流通安全问题隐患。开展“亮剑2021”专项执法行动，结合地方储备粮承储企业管理和政策落实情况考核，开展夏秋粮收购监督执法，重点在仓储管理、轮换计划执行、安全生产、质量管理等方面依法依规加强监管，提升粮食安全保障能力。以“依法监管、公正高效、公开透明、统筹协调”为原则，建立粮食监督检查“双随机一公开”制度，明确随机抽查事项范围及要求，梳理制定随机抽查事项清单，建立和公开全市粮食流通监督检查对象名录库和粮食流通监督检查人员名录库，提高监管效能，规范事中事后监管。

【粮食升级改造项目】2021年，唐山市“优质粮食工程”前期项目建设初见成效。曹妃甸区“中国好粮油”示范项目通过验收，累计投资3802万元，依托河北良牛农业科技有限公司实施，从粮食“优产、优购、优储、优加、优销”入手，建成7公顷新优品种示范种植基地、1.4万平方米晾晒场、1720平方米原粮仓和日处理500吨粮食烘干设施，实现优质粮食储存2万吨，完成优质粮食订单收购1.96万吨、市场收购3.3万吨。3个维修改造项目建设如期完工，包括唐山北环国家粮食储备有限公司、滦南省级粮食储备库和乐亭县发改局直属库汀流河分库，累计投资75.75万元，获得省级补助资金60万元。“十四五”优质粮食工程建设项目完成申报。按照国家和省局明确绿色仓储、品种品牌品质、质量追溯、机械设备、应急保障能力，以及节约减损健康消费等6个提升行动建设内容，会同各区县和市农业农村、市场监管等部门，梳理全市涉粮企业名单，摸排潜在项目，年内上报6类项目53个，总投资7.47亿元。

【军粮供应保障任务】2021年，唐山市粮食系统加强军粮供应和管理，坚持军粮定点采购，杜绝企业私采问题；坚持季度质量检查，建立质量档案，实行质量追溯制度；各军供站点在军粮入库、保管、出库、运输等环节上把关，落实“一批一检一报告”制度，确保军粮品质和安全。军供政策执行率和部队满意率100%。及时了解部队官兵后勤保障需求，开展“八一”慰问部队活动，搞好部队节日调供、品种兑换业务，满足部队节日生活需求。推进军民融合深度发展。7月份，参与武警河北总队唐山片区部队副食品供应招标会，在32家专业配送企业中获得第九名，锻炼竞标队伍业务能力，积累招标竞标经验。同时，要求有条件站点利用走访慰问时机，与部队后勤部门沟通，在高质量货源、稳定供货渠道保障下，满足驻地部队其他副食产品需求，提高全市后勤服务和物资配送能力。开展军粮市场化销售，各军供站点探索开发适合本地发展营销模式，拓展军粮销售渠道。市军粮供应站转换组织经营模式，推动军粮进机关、进食堂、进社区，4月份起利用微信平台，把单兵自加热食品、压缩饼干、军供牛奶推向市场。年内，军粮市场销售额350万元，提升“河北军粮”社会知名度和品牌影响力。

【安全生产和储粮安全】2021年，唐山市粮食系统落实安全生产责任制，按照“安全第一、预防为主、综合治理”总要求，组织委属4家粮油企业签订《安全生产责任状》《消防安全责任书》，落实企业主体责任，组织粮食企业开展安全生产法律法规培训和消防演练，提高安全生产管理水平。按照省、市统一部署，开展安全生产专项整治3年行动、大排查大整治和隐患排查、有限空间作业安全隐患排查等工作，确保粮食行业安全生产形势稳定，滦州市国家粮食储备有限公司等3家企业入选第三批省级粮食安全宣传教育基地。健全粮食质量安全监管体系，制发《唐山市超标粮食收购处置管理暂行办法》，规范超标粮食处置工作。组织5个县级质检站参加省局和市质检中心专业技术培训，下压夏秋粮收购、库存粮检验检测任务，提升基层质检机构检测水平。年内按照国家、省明确扦样比例，完成148份储备粮库存样本、72份夏粮样本、36份军供粮样本质量安全监测任务，合格率100%，粮食库存抽查检测率50%；完成省级粮食监测送检样品30个，秋季新收获粮、社会粮库存320份样本入检，“燕赵好粮油”16个样品年内抽样监测。

（石 倩）

供销合作

【供销合作概况】2021年，唐山市供销社贯彻习近平总书记对供销合作社工作指示精神，落实市委、市政府和上级社决策部署，统筹疫情防控和系统改革发展，聚焦为农服务主责主业，深化综合改革，为服

唐山市供销社基层代销店功能齐全。　　龚　笑摄

务乡村振兴贡献供销力量，打造为农服务综合平台。年内受到市委、市政府领导1次批示肯定，中华全国供销合作总社、中国供销集团领导2次批示肯定，全国总社党组书记韩立平一行在唐山专题调研并给予肯定。全年全市供销社系统实现商品购进比上年增长29.45%；商品销售比上年增长30.64%；利润比上年增长28.48%。再次获全省供销社系统综合业绩考核一等奖，排名第一位，省供销社给唐山市委、市政府发来贺信。

【中国供销集团合作项目服务】 2021年9月13日，唐山市政府与中国供销集团、河北省供销社签署战略合作框架协议，市供销社按照合作协议内容主动对接服务，多次协调中国供销集团和相关属地政府实地调研，推进项目落地。全市供销社系统提高思想认识，站在讲政治、讲大局高度，对合作项目研究、评估、分析，探索依托中国供销集团实力完善农业社会化服务体系，健全农产品流通网络，促进农民富裕富足、农业高质高效、乡村宜居宜业。协调相关县（市、区），把落实合作项目作为推动全市乡村振兴抓手，快速启动，不等不靠，确保尽早落地见效。年内，部分合作项目取得实质性进展。发挥承上启下、服务对接作用，各项合作顺畅对接、快速推进。配合、协调项目所在地县（市、区）发挥属地作用，建立相应工作机制，推动项目落实落地见效。

【供销合作基层组织建设】 2021年，唐山市供销社提升基层组织发展质量，推动基层社扩面、提质、增效。多种形式分类改造和恢复重建基层社，因地制宜建设275个乡镇级、村级基层供销社，其中乡镇级基层社覆盖率达到100%，发展基层社社员7.61万人。培育8个全国供销合作社系统百强县级社和26个基层社标杆社，数量居全省之首。提高基层社发展质量，通过劳动合作、资本合作、土地合作等途径改造提升基层社，增强基层供销社经济实力，提升基层供销社服务功能，改造完成32家薄弱基层社。领办创办农民合作社，发展农民专业合作社4167个，培育总社农民专业合作社示范社8个、省社示范社18个。

【农业社会化服务改革】 2021年，唐山市供销社加强市、县、乡供销合作社联动和资源统筹，推进农业社会化服务体系建设。实施农业社会化服务惠农工程，制发《为农服务综合平台建设工作方案》和《关于加强农业科技社会化服务体系建设工作方案》，打造生产、服务、公益为一体为农服务体系，发展农村综合服务社6165个。开展总社农村综合服务社星级社创建活动，培育161个星级农村综合服务社。融入省社农村（社区）综合服务中心体系建设，以滦州、迁安为试点建设农村社区综合服务中心，到年底正式运营县级信息大厅2个、村级服务站135个，新签约玉田、迁西、曹妃甸、古冶，与遵化、丰润筹备签约。提高农村产权流转交易水平，发挥上下体系优势，深耕细作业务交易品种，提升服务质量和水平。全市建立标准化乡镇服务站163个，完成率92%，建村级服务站点4701个，完成率87%，完成省达目标。创新农业生产服务方式，推进生产、供销、信用“三位一体”综合合作，构建覆盖全程、综合配套、便捷高效农业社会化服务体系，为农民生产生活提供产前、产中、产后全程规模化服务。全系统土地托管半托管面积449万亩，统防统治、配方施肥、农机服务面积712万亩。

【为农服务功能完善】 2021年，唐山市供销社坚持为农服务根本宗旨，在土地托管、农村电商、产权流转、金融服务等领域开展为农服务活动。线上线下融合发展，制发《关于加强农产品电商销售的实施意见》，在疫情防控常态化前提下，加快发展农村电子商务。建设农产品集散地批发市场，遵化市与中国供销集团合作建设中国供销·京东（遵化）农产品智慧物流园，占地10公顷，总投资10亿元，项目公司年内注册，通过招拍挂取得用地手续，12月进场施工。发展冷链物流，制发《关于加强农村现代流通网络体系建设的实施意见》和《关于推进供销系统物流体系建设实施意见》，以市农产品销售公司为龙头，依托207公顷生产基地、4500立方米冷链仓储设施，建设50家供销社区生鲜店，满足9万户居民生活需求。

【供销企业管理】 2021年，唐山市供销社守牢“稳行”底线，推动社有企业稳健发展。拓宽企业经营业态，稳定农资、棉麻、盐业、土产、再生资源等传统业务经营，组织集团各单位考察本地及周边市场，结合各单位实际，借鉴外部经验，利用自身优势，谋划主营业务经营。加强企业管控，加强党对社有企业领导，完善法人治理结构，完善资产管理体制，市供销社和12个县级社全部成立社资委，制定完善23项规章制度。排查化解风险，坚持底线思维，防控金融、经营、法律、安全生产等方面风险，全面从严治党、从严治社，成立5个重点工作专班，防止风险发生。

【中华全国供销合作总社领导调研】 2021年5月8日，中华全国供销合作总社党组书记、理事会副主任韩立平就供销合作深化综合改革、建设为农服务体系、服务乡村振兴等工作在唐山市调研。中华全国供销合作总社党组成员、理事会副主任、中国供销集团有限公司董事长侯顺利一同调研。省委常委、市委书记张古江，省供销合作社党组书记、理事会主任丁荣进，副市长张月仙等陪同调研。韩立平一行在恒丰大厦唐山供销史料馆了解唐山市供销合作社发展历史，实地考察唐山市农村产权交易中心、唐山市副食品交易市场、玉田县陈家铺镇供销合作社、唐山中再生资源开发有限公司，听取相关情况介绍，并进行座谈交流。

【陈家铺镇供销合作社入选全国服务创新案例】 2021年，中华全国供销合作总社、中华合作时报社向全国供销社系统征集农业社会化服务创新案例，25个典型案例入选，玉田县陈家铺镇供销合作社为河北省唯一入选社。陈家铺镇供销合作社由玉田县供销社和集强农民专业合作社联合组建，下辖4家农民专业合作社、2家农资企业、120个农资连锁经营网点、45个村级综合服务社，入社社员1985户，流转经营土地1.5万亩。该社探索实践覆盖农业生产、经营、销售全过程社会化服务新路径，实施“科研+生产+服务+互联网”土地托管新模式，带动农户1.8万户，助农增收1600多万元，先后被评为全国供销合作总社基层社标杆社、全市供销合作总社系统先进单位。

（齐春怡）

烟草专卖

【烟草专卖概况】 2021年，唐山市烟草专卖局（公司）下辖丰润、丰南、滦州、滦南、迁安、迁西、遵化、玉田、乐亭、曹妃甸、古冶、开平、路南、路北14个县级局（营销部、分公司），1个卷烟物流配送中心，15个机关职能科室；全系统有从业员工831人，全市卷烟零售客户2.90万户。注重党组织标准化规范化建设，加强党务干部学习培训，建设党员活动室，与唐山移动搭建“党建和创”活动平台，市局机关党委被唐山市委评为先进基层党组织，3家直属单位党支部被当地党委评为先进基层党组织。全市行业各级党组开展党组理论学习中心组学习225次，组织党的十九届六中全会精神宣讲16场次，举办读书班79期、“三级书记讲党课”活动59场次。在党史学习教育中开展“我为群众办实事”实践活动，提升职工获得感与提升客户盈利水平、与履行社会责任融合，开展知识竞赛、演讲比赛、征文、红歌会、摄影展等庆祝建党100周年系列活动，在市财贸金融系统“跟党走、唱红歌、展风采”职工合唱比赛中获二等奖。创新开展“学党史、强终端、送温暖”活动，与邮政公司、爱国拥军促进会签订合作协议，为零售终端客户引进邮政快递包裹业务，联合开展“二分收益·一份公益”活动。组织开展拥军慰问活动，全市行业开展活动230余场次。

【烟草市场监管】 2021年，唐山市烟草专卖局（公司）发挥联合打假打私机制作用，打击海上走私，召开全市打击走私卷烟专项行动工作会议，与市公安局、唐山海警局、唐山海关缉私分局等16个相关职能部门签订联合机制，构建“海上查、路上堵”防控格局。联合破获河北唐山“9·26”特大海上走私案件，查扣运输船只2艘，查获卷烟3580万支，案值3000万余元。加强与工商、邮管等部门联合，开展物流寄递环节、烟叶烟丝治理等专项行动，组织“守护成长”活动，整治向未成年人销售电子烟现象，提升市场监管实效，净化辖区卷烟市场。

【烟草专卖行政许可】 2021年，唐山市烟草专卖局（公司）组织全市各县局开展《烟草制品零售点合理布局规划》修订工作，组织召开听证会议，8月1日起，全市实施新合理布局规定。深化“放管服”改革，优化营商环境，实行烟草专卖许可证“网上服务”，全年新办证5644户，网上申办事项3181项。

【卷烟经营】 2021年，唐山市烟草专卖局（公司）坚持稳中求进工作总基调，加强卷烟科学调控、精准调控，优化品牌布局，合理引退置换，提高品牌集中度，营造稍紧平衡市场状态。建设营销网络，优化终端建设布局，打造“唐燕兴”商业流通品牌，提升为客户服务水平，增强客户黏性。改善文明吸烟环境，全市累计建成吸烟室21个、吸烟区（亭）79个、吸烟点（柱）2159个。

（孟　丽）

石油产品经销

·中国石化唐山分公司·

【中石化唐山分公司概况】 中国石

2021年7月，唐山市打掉一个跨境运输、销售假烟团伙。图为查获大量假南京炫赫门牌香烟。

魏　警摄

化销售股份有限公司河北唐山石油分公司（简称中石化唐山分公司）是唐山地区最大成品油销售企业，建立起布局合理、设施完善、遍布城乡销售网络和服务体系公司，机关位于唐山市路北区学院路18号。2021年，公司下辖12个县（市、区）公司，1个易捷配送中心，任各庄、坨子头2座油库，总库容13.5万立方米，在营加油站229座，员工1500多名，经营范围包括汽油、柴油及非油品业务。全年油品销售量62.72万吨，非油品营业额1.62亿元。实现疫情防控“零感染”，全年安全生产和环保工作未发生上报等级事故及备案事故。

【中石化党建】 2021年，中国石化唐山分公司全面落实“第一议题”制度，开展党史学习教育活动，多次开展员工思想动态调研和形势任务教育，组织实施员工卓越计划和最美星级员工评选活动，提高各级员工责任意识、争先意识和卓越意识。聚焦先进人、亮点事，加强宣传舆论引导，传播企业发展正能量。加强支部建设，配备14名专职党支部书记，增设14名党建综合管理员，创建特色支部，打造15个党员活动室。党委牵头组织客户开拓活动，与15家单位开展党建共建。开展“走访察解”“我为群众办实事”实践活动，打造“爱心驿站”17座。

【中石化改革】 2021年，中国石化唐山分公司通过机构改革提效率，先后成立8个专业项目部和专项工作组，业务涵盖LNG、机构客户开发、柴油客户开发、汽服开发、公共关系协调、经济业务稽核、门店陈列、加油站运维等，选派骨干从事专项工作。通过轮岗交流增活力，落实干部轮岗交流制度，公开选聘示范站经理，组织一线员工跨区域流动。实施业务稽核制度，在全省率先完成经济业务综合稽核体系创建，显现风险防控效果。

【中石化转型促发展】 2021年，中国石化唐山分公司聚焦客户规模开拓市场，选派优秀岗位人员扩大客户经理队伍；实施“红娘”和油站引流计划，有效开发2194户机构客户、314家重卡客户；实施客户开发目标责任制，通过目标引领和竞赛激励强化责任。聚焦客户体验打造友好服务现场，翻新维护60座加油站，开展物资清理，强化日常环境卫生管理；开展“卓越服务·达标创星”活动，实施鞠躬迎客、免费洗车、节日营销等聚客留客增值服务营销措施；明确专人负责基层运维工作，保障加油站硬件设施正常运转。聚焦客户价值实现客户营销向会员套餐转型，营销模式套餐化，从等客户转变为跑客户，通过各渠道引流，积累会员100万户；营销活动品牌化，“油滴红包雨”“嗨翻星期五”营销逐渐形成唐山公司独特营销品牌；汽油实现站级营销向户级套餐营销转型，提升“聚客、留客”能力。非油营销会员化，考虑客户行为习惯和消费心理，丰富套餐油非权益，带动门店销售。

中石化唐山分公司加油站翻新后整洁高效。 钟诗画 摄

【中石化网络建设】 2021年，中国石化唐山分公司实施“五个一”提升工程，推进项目管理标准化、系统化、专业化，实现投资发展工作新气象、新突破。建成投营自助洗车场20座，建成唐山公司第一座LNG加气站，建成投营2座加油站，完成7座库站光伏项目。完成多座加油加气站建设前期筹备工作，为网络发展奠定基础。

【中石化风险防控】 2021年，中国石化唐山分公司抓风险防控保平安，强化大监督体系运行，开展“百日安全生产无事故”专项行动、疫情防控等巡查工作，并对监督问题实行闭环管理。抓油库运行管理，组织开展油库百日攻坚提升活动，重新梳理制度、作业流程，建立设备全生命周期档案，强化设备设施保养，编制应急反应场景，确保业务高效安全运行。在国家大型油气储存基地（油库）安全风险评估检查中，任各庄油库排全国第二名。

【加油站打造“爱心驿站”】 2021年，中石化唐山分公司结合“我为群众办实事”实践活动，在加油站打造“爱心驿站”，为户外劳动者提供“温暖的家”。在选址上考虑地理位置、人流车流量等因素，最大限度提升辐射面和受众人群。“爱心驿站”向户外劳动者免费开放，房间干净、整洁，配备空调、冰箱、桌椅、沙发、微波炉、饮水机、豆浆机、雨伞、充电设备、应急药箱、简易工具箱等设备设施，为环卫工人、交警、外卖骑手、快递小哥等户外劳动者提供“冷可取暖、热可纳凉、渴可喝水、累可歇脚”等爱心服务。为推动城市文明创建工作，关心关爱户外劳动者，中石化唐山分公司在11个区域经营部选择17座加油站打造17个“爱心驿站”。

（费凌燕）

·中石油唐山销售分公司·

【中石油唐山分公司概况】 中国石油天然气股份有限公司河北唐山销售分公司（简称中石油唐山分公司）主要承担中国石油在唐山地区加油站经营与管理、加油加气站网络投资开发建设、品牌树立与维护等任务。机关总部设在唐山市西山道119号，设有4个机关部门、8个片区，运营站点111座，2021年销售成品油30万吨。公司秉承“奉献能源，创造和谐”企业宗旨，发扬“爱国、创业、求实、奉献”企业精神，提质增效，创新发展，统筹疫情防控与生产经营，迎难而上，在释放品牌效能中扩大直批销售，在创新发展中激发零售优势，在多元创效中拓宽非油业务，在精细化管理中打造“四精”成效，在党建引领中凝聚发展合力，为履行政治、经济、社会三大责任，服务地方经济社会发展聚力赋能。

【营销模式创新】 2021年，中石油唐山分公司创新营销模式，组织实施多元化营销活动，开展“666”储值、“幸运大转盘”抽奖、“10惠”等活动，释放品牌效应。开展跨界合作，优化品牌升级，与中国移动共同开展石油移动“联名会员日”活动，联合交警支队开展“零违法、油奖励”活动，发放“冬奥卡”“驾校卡”“电子卡”。主动协调、科学调配，上下联动，按照“一协议、一专人、一项目、一清单”要求服务终端客户，有效应对资源紧张局面，释放品牌影响力。建立加油站现场管理分类考核方案，弹性管控视频巡查及现场检查，提升现场管理及服务水平，营造良好消费环境。

【销售理念创新】 2021年，中石油唐山分公司实施“点线面”营销模式，开展扶贫商品采购，增加销售服务项目，结合各类节日，开展“你出游，我出油”“年货大街”等促销活动，和谐店内营销氛围。友谊路肯德基店创造“加油吃鸡”新营销模式增加销售额。店内销售优化商品结构，激发“一站两店”营销活力，实现微信群秒杀、直播带货常态化，以加油站为原点，开展“配送到家”业务，服务周边单位、社区。探索多元化销售，整车销售实现新突破。拓展合作半径，将昆仑润滑油送入维保网点，打通车润终端销售“最后一公里”。

【资产运营创新】 2021年，中石油唐山分公司紧盯“施工进度”，倒排工期，南湖肯德基店年内开业，实现区位互补、优势互促，转型发展。科学论证决策、分批推进实施，提升网络存量创效能力，抢滩布点，发展LNG新能源项目，开平东环路、芦台新大、唐海冀石等店自建LNG项目取得突破，京唐港加油加气站如期开业，为LNG销售增添动力。

【风险管控创新】 2021年，中石油唐山分公司统筹疫情防控与安全生产，落实精准防控总体要求，坚守公司疫情防控“零感染”底线。压实安全管理责任，深化“管工作管安全、管业务管安全”安全环保理念，逐级签订《质量安全环保责任书》，一体推进安全生产大检查、质量计量大检查、体系审核大检查，建设QHSE体系，设备设施管理规范，提升基层应急处置能力。紧盯损耗管理，落实全过程管控，严把油品质量关，全年油品抽检质量合格率100%。严把资金安全，紧盯风险环节，强化预算管理，组织财务基础管理、综合管理平台应用、对标分析专题培训、资金及发票专项自查，规范财务运行。

【中石油党建】 2021年，中石油唐山分公司召开公司第二次党员大会，完成“两委”换届选举。统筹开展党史学习教育与庆祝建党100周年系列活动，通过专题学习、参观实践，引导全员学史明理、学史增信、学史崇德、学史力行；完成8个片区党支部阵地建设，党组织基层覆盖率100%。互联共建融合发展，与中国移动唐山公司、中国联通唐山公司、平安保险唐山公司等多家单位签订互联共建协议，联合开展参观学习、文体活动、业务交流活动。

（王　良）

现代物流

【现代物流概况】 2021年，唐山市现代物流业成为全市国民经济重要组成部分和助推高质量发展重要支撑。总量规模不断扩大，全市实现物流业增加值1000.7亿元，比上年增长5.4%，是2016年1.24倍；完成社会物流总额18428亿元，比上年增长5.7%，是2016年1.39倍；物流总费用1298亿元，较2016年减少0.41个百分点。以推进城乡高效配送专项行动试点城市为契机，构建培育商贸物流骨干企业，支撑农村电商、跨境电商等特色产业发展，促进电商与物流配送等现代服务业融合发展。

【物流资源要素整合】 2021年，唐山市省级物流产业聚集区完成主营业务收入2212亿元，比上年增长10.05%。迁安北方钢铁物流产业聚集区、海港物流产业聚集区被评为国家级示范物流园区和全国优秀物流园区。截至12月底，唐山港口型（生产服务型）国家物流枢纽共完成货物吞吐量1.97亿吨，比上年增长15.02%，物流业务收入36.17亿元，比上年增长13.03%，港口铁路装卸车辆2.20万列，比上年增长16.20%，库房平均利用率85%，初步实现“物流要素、商贸要素、信息

河钢唐钢物流分公司实行“私人订制”物流模式，图为高强汽车板库区职工在为重点客户组织产品发货。　刘正宣 摄

要素、金融要素”集聚发展。

【内生动力增强】2021年，唐山市规模以上物流企业发展到494家，新增AAAA级物流企业2家、AAA级物流企业1家、AA级物流企业1家。中国保利集团、天津物产集团、普洛斯物流、广东物资集团、北京中铁集团等500强企业和知名物流企业落户唐山投资。全行业发展后劲足，重点谋划实施曹妃甸综合保税区保温冷藏仓储物流项目（三期）、河北金达顺国际物流园区工程项目（一期）、京粮物流曹妃甸综保区进出口冷链物流项目（一期）等一批重点物流项目，为全市现代物流业提档升级注入新的活力。

【城乡高效配送龙头企业发展】2021年，唐山市引导有实力第三方物流企业整合中小微城市配送企业和个体经营者，整合商业、仓储、邮政、快递、社区服务等各类设施和资源，建立上下游企业协同联动合作机制。重点支持唐百大集团银河物流、北方物流、公路港物流等25家综合物流配送中心（园区）和汇旺行工贸、叁陆伍连锁商业、农合联、君江商贸、千润农产品、鼎诚医药、邮政速递物流等40家城乡高效配送骨干企业加强城乡配送网络衔接，建设标准化商贸物流园，升级改造城市共同配送中心，完善上接县区、下联乡镇村配送服务网点体系，推动工业品“下行”与农产品“上行”配送网络双向畅通。年内25家综合物流配送中心（园区）和40家城乡高效配送骨干企业实现营业收入53亿元，比上年增长12.8%。

【农村电商与物流配送体系协同】2021年，唐山市依托邮政EMS、顺丰、京东、中通、圆通、申通、韵达、百世等主要品牌快递服务全覆盖农村物流服务体系，在全市16个县（市、区）63个乡镇、4988个行政村布局工业品和农产品双向流通，打通线上线下结合农产品销售和物流配送网络，实现全市农村电子商务服务全覆盖。引导电商产业集群聚合发展，在迁安、玉田、遵化3个县（市、区）培育5个淘宝镇，在丰润、开平、玉田、遵化4个县（市、区）培育9个淘宝村，使更多农民走上电商致富之路。遵化东新庄镇是北方最大宠物用品生产基地，宠物用品加工及附属企业47家，有国内外电商店铺近200家，年产各类宠物笼具800万套（件），5000余人从事宠物用品及附属产业，2021年宠物制品电商销售额20亿元。

（李洋 高彬 宋鹏）

会展

【会展概况】2021年，唐山市中心区有展馆3个（南湖会展中心、唐山国际会展中心、中国陶瓷博览中心），展览及配套面积近20万平方米。唐山市会展行业管理部门为唐山市贸促会（会展办），负责组织以陶博会为核心的各项会展筹备和赴国内外知名展会参展活动，指导、监督、协调全市各项会展工作，通过多条途径承接外来展会，改善展览环境，培养各类展览人才。2021年克服疫情影响，全市举办各类展会活动91个，比上年增长200%，会展业产值近3000万元，比上年增长100%。在展会举办数量和经济带动上，唐山市位于全省前三位，居国内同等城市中上水平。

【会展相关行业发展】2021年，在唐山会展业吸引作用下，以唐山南湖国际会展中心、唐山国际会展中心2个核心区域酒店业发展壮大，初步形成唐山新中央商务区，同时带动民航、铁路、出租车等城市交通基础设施发展。通过会展业，国际贸易、物流、金融等产业构成主导唐山市服务业产业链条，会展活动带来人流、物流、信息流推动城市第三产业发展，城市交通在每次大型会展活动举办时出现高峰，增收效果明显。展品覆盖陶瓷、钢铁、房产、建材、家居、机械、服装、食品、旅游、动漫等产业同步提升。报刊、网站、广播电视等媒体为各类展会提供服务，逐步建立并完善唐山会展综合性宣传平台。

【唐山陶瓷博览会】2021年，由于新冠肺炎疫情形势严峻，经中国贸促会、中国轻工业联合会、河北省人民政府等主办单位一致同意，第二十四届唐山中国陶瓷博览会延期至2022年举办。

【唐山第四届南湖国际车展】2021年4月30日至5月4日，由唐山市文化旅游投资有限公司主办，唐山市升辉科技有限公司承办，唐山银行、易车网、唐山猎鹰枪会协办，2021唐山第四届南湖国际车展在南湖国际会展中心举办。本次车展规模超过2.5万平方米，在为期5天展会期间举办多项活动。据不完全统计，展会共接待观众3万人，唐山电视台、唐山广播电台、《唐山劳动日报》《唐山晚报》《唐山广播电视报》等媒体予以报道。

【第十七届中国唐山国际汽车博览会】2021年4月30日至5月5日，由中国汽车工业国际合作总公司主

4月23日，“第三届河北国际奶业博览会”在唐山举办。省委常委、唐山市委书记张古江等在展馆参观考察。
张北男 摄

办，唐山东方国际会展中心有限公司承办，第十七届中国唐山国际汽车博览会在东方国际会展中心举行，展会总规模2万平方米，展出国内外汽车品牌80多个，热门车型近千款。

【第三届河北国际奶业博览会】 2021第三届河北国际奶业博览会于4月23～25日在唐山南湖国际会展中心举行。本次博览会与中国奶业协会举办中国奶业高质量发展推进会同期进行，展会规模1万平方米，参展商160余家，较之上届规模增大，展会规格及影响力提高，现场成交量增加。省委常委、市委书记张古江在开幕式上致辞，农业农村部总畜牧师马有祥，中国奶业协会会长、中国工程院院士李德发，中国奶业协会名誉会长、农业农村部原副部长高鸿宾，国家食物与营养咨询委员会主任、中国农科院原党组书记陈萌山等出席开幕式。

【第三届中国国际冶金炉料交易博览会】 2021年10月12日至14日，第三届中国国际冶金炉料交易博览会在唐山南湖国际会展中心举办。该博览会由中国耐火材料行业协会指导，河北省耐火材料行业协会、唐山银耐联电子商务有限公司主办，是大型国家级品牌展会，也是全国唯一为钢铁冶金行业上游耐火材料、冶金炉料行业企业提供洽谈和博览服务大型国家级专业展会。本届博览会围绕科技赋能行业创新主题，设有耐火材料、冶金炉料、装备环保、信息技术、跨境电商5个专业展区，汇集国内外200多家行业企业参展，面积1万余平方米，为供需双方提供产品展示、新品发布、业务对接等服务。全国20多个省(市、自治区)冶金炉料行业协会、冶金炉料产业链上下游企业共6000余人参展参会。

【第十六届唐山收藏艺术及全国特色商品博览会】 2021年9月29日至10月8日，第15届唐山收藏艺术及全国特色商品博览会在唐山国际会展中心举办，由唐山东方国际会展中心有限公司承办。本届收藏艺术展汇集全国30多个省市近300家参展商，展会规模1.2万多平方米，全国各地观众20万人次，销售额超过3000万元。

【京津冀（唐山）国际汽车展】 2021第二届京津冀（唐山）国际汽车展于9月30日至10月4日在唐山南湖国际会展中心举办。京津冀（唐山）国际汽车展由机械工业经济管理研究院发起，中国国际贸易促进委员会汽车行业分会和中国国际展览中心集团公司特别支持，是贯彻落实国家京津冀协同发展战略，促进京津冀地区产业结构和消费升级实践展会。本届展会展览规模1.1万平方米，众多国内外知名汽车品牌携旗下多款畅销车型和新款车型参展。

【唐山钢铁冶金工业博览会】 2021年10月22日，2021唐山钢铁冶金工业博览会暨“低碳绿色业态、云享智造未来”高峰论坛在唐山南湖国际会展中心召开。本展会由唐山市人民政府主办，唐山市贸促委、唐山市路南区人民政府、唐山市钢铁工业协会和唐山报春电子商务有限公司联合承办，秉承“创新、协调、绿色、开放、共享”新发展理念，以“低碳绿色业态，云享智造未来”为主题，探讨钢铁产业低碳绿色、智能环保发展路径，提升唐山钢铁产业竞争力，对外树立唐山钢铁行业高质量发展形象。展会共吸引国内外与钢铁产业相关近千家企业参会、参展，范围覆盖精品钢铁、冶金装备、节能环保、智能自动化、产业数字化等领域，呈现出展览规模大、专业化程度高、企业数量多、产品质量优、新产品新技术多、展览展示水平高、线上线下融合展示等特点，博览会得到首钢股份、河钢唐钢、福田智蓝、徐工集团等产业链上下游内知名企业支持。

（赵智鹏）

餐　饮

【餐饮概况】 2021年，唐山市饭店与餐饮行业协会、唐山市烹饪协会在全市倡议开展“文明消费 节约用餐”活动，全市数百家餐饮企业参加。唐山部分菜品入选北京冬奥会“崇礼菜单”后，相关餐饮企业在市内建立10家“冀菜·崇礼菜单”宣传推广示范店，拉近唐山市民与北京冬奥会之间关系。年内唐山市餐饮界2部宴席、14道菜品、2款小吃入选中餐特色美食名录，3家餐饮企业获得国家钻级酒店、国家绿色饭店（餐饮企业）称号。

【“文明消费 节约用餐”活动】 2021年，唐山市贯彻落实习近平关于厉行节约、制止餐饮浪费指示精神，市饭店与餐饮行业协会、市烹饪协会结合唐山市餐饮行业实际，发表《唐山市餐饮行业“文明消费 节约用餐”倡议书》，制定《唐山市餐饮行业节约粮食反对浪费的专业规范》，免费为餐饮企业制作发放“公勺公筷、文明餐桌”桌牌2300个，倡导健康、卫生、文明用餐方式，杜绝餐饮浪费行为。

【“冀菜·崇礼菜单”推广示范店】 2021年，唐山市助力冬奥会，按照省商务厅《关于印发〈2021年全省服务贸易和商务服务业重点工作〉的通知》，认定唐山鸿宴饭庄南湖店、建国路店、白孔雀店，唐山大唐凤凰园餐饮娱乐有限公司新华道烤鸭店、铂悦山店、贵宾楼、唐丰路烤鸭店，唐山市厨兴源大酒店有限公司大里路总店、厨兴源大酒店学院路店、早船海鲜饭店10家门店为“冀菜·崇礼菜单”宣传推广示范店。作为崇礼菜单示范店，不仅展示唐山入选冬奥会食谱菜品，拉近市民与冬奥会距离，同时持续开展厉行节约、反对餐饮浪费示范活动，营造“绿色生活、绿色发展”氛围。

【唐山菜品入选中餐特色美食名录】 2021年7月26～27日，第30届中国厨师节中餐特色美食名录评选在北京举行，唐山市鸿宴饭庄、唐山凤凰园餐饮娱乐有限责任公司、唐山厨兴源大酒店2部宴席、14道菜品、2款小吃入选。2部宴席是：唐山鸿宴饭庄凤凰迎宾宴、福如东海·寿宴2部宴席；14道菜品是：唐山鸿宴饭庄鸿宴肘子、兰花虾片、官烧目鱼、白玉鸡脯、锅塌西红柿、熘腰花、素焖饼、家常菜盒子、三鲜锅贴，唐山市厨兴源大酒店有限公司传承人红烧肉、虎爪虾饼、生炒栗子鸡，唐山大唐凤凰园餐饮娱乐有限公司烹虾段、蒜烧鲽鱼；2道特色小吃是：唐山市厨兴源大酒店有限公司蔬汁花球，唐山大唐凤凰园餐饮娱乐有限公司冰花煎饺。

【3家餐饮企业获评国家级酒店称号】 2021年，唐山百顺德烤鸭店、唐山鑫长江美食城、唐山和畅园海鲜饭店3家餐饮企业分别被全国酒家酒店等级评定委员会、全国绿色饭店工作委员会确定为国家钻级酒店、国家绿色饭店（餐饮企业）。

（宋 鹏）

家 政

【家政概况】 2021年，唐山市各级妇联组织以巾帼家政纳入“我为群众办实事”实践活动10件民生实事为契机，主动发力，谋划推出6项为群众办实事务实举措。全市选树市级以上巾帼家政基地11个，培树“唐山福嫂”先进典型111名，引领带动妇女参与集中培训1.06万人次，带动4178名妇女在家政服务领域实现就业，向京津2市输送从业人员220人次。全市开展巾帼家政大宣讲130场，受益妇女群众10万多人次，主要做法在“学习强国”平台、《中国妇女报》等媒体多次宣传推广。以“一心只为万家幸福”为理念，推行高标准、规范化管理服务，率先在60多家市家协会员单位完善管理制度和岗位服务标准，实行“岗前有培训、岗上有监督、售后有跟踪”闭环管理，维护家政服务员、雇主、企业三方权益，守护“巾帼家政”金字招牌，助力唐山巾帼家政提质扩容。

【家政顶层设计优化】 2021年，唐山市妇联争得上级妇联和市委、市政府关注支持，全面对标对表省市相关部署要求，提高政治站位，将家政作为市县两级妇联“一把手工程”，成立以主要负责人为班长工作专班，通过走访调研，制定下发《唐山市关于大力发展“唐山福嫂·巾帼家政”工作方案》，得到各相关部门支持，市发改、人社、商务等部门细化服务举措，为巾帼家政发展提供政策保障。同时，会同市发改委制定工作任务清单，量化分解到县（市、区）和市直相关部门，实行台账管理，进行周督导、月调度。在全市妇联系统搭建县区之间工作交流微信平台，创造便利工作条件。

【妇女家政就业热情激发】 2021年，唐山市各级妇联招募“燕赵家政·河北福嫂”省、市、县三级巾帼家政宣讲团成员80名，开展家政宣讲活动，参与妇女1.18万人次，现场发放宣传品5.61万份，受益妇女10万多人次。市县两级妇联主席、家政专班人员带头开展大宣讲，采取巡回宣讲、座谈走访、志愿服务、成果展示等群众喜闻乐见形式，开展“妇联约你学家政”系列专题宣讲活动，引领妇女树立“家政就业光荣”观念，激发家政就业热情。6月29日，组织召开唐山市巾帼家政创业创新成果报告会，通报表扬优秀巾帼家政企业和家政服务员，请优秀“唐山福嫂”宣讲巾帼家政创业创新成果，将唐山巾帼家政工作推向高潮。

【妇女家政创业就业能力提高】 2021年，唐山市各级妇联组织主动为家政培训机构招生、培训提供全方位服务，无偿将村、社区妇女讲习所和妇女创业就业服务站作为家政培训教室、实操间，安排专兼职妇联干部当班级管理员，有条件村为学员提供饮用水和午休场所，累计开办家政技能提升培训班244场次，有4178名学员培训后通过技能考核鉴定在家政行业上岗就业。发动巾帼家政优秀企业组织小批次岗位技能提升“回炉”培训，开展家政技能线上培训，助力巾帼家政人员提素质。在市家政指导服务中心专门开辟家政培训阵地，组建师资队伍，争取人社等职能部门项目支持，开办家政技能培训班19期，惠及参训妇女1000多人。6月8日召开“我为群众办实事”巾帼家政工作推进会，对照任务清单督导调度进展情况，组织现场观摩促进互学交流。

【巾帼家政新天地开辟】 2021年，唐山市各级妇联主动融入京津冀协同发展国家战略，巩固京津冀家庭服务业企业诚信联盟，联系走访京津冀各地巾帼家政企业41家，在风险防控、标准互认、社区养老等方面开展务实合作，向京津输送家政人员220人次。指导丰南区在全市首家探索成立县级家政企业诚信联盟，首批吸纳40多家企业加入，在师资、实训阵地、服务项目等方面资源共享，促进家政企业提质扩容。

【家政比武平台搭建】 2021年，唐山市妇联依托市家政协会，引领带动玉田、古冶、迁安等县区妇联组织开展“线上＋线下”家政服务技能竞赛10场，3700多名妇女参与，实现选手提素质、企业提质量。在秦（皇岛）唐（山）承（德）家政服务线上大赛中，唐山市选手获大奖。选树巾帼家政示范基地11个、优秀“唐山福嫂”111名，4人被评为2021年度“河北福嫂”。联合主流媒体拍摄《暖心小家政·民生大实事》电视专题片，同时利用自媒体宣传巾帼家政好故事，凝聚和传播巾帼家政正能量，提升巾帼家政美誉度。

（鞠绍强）

唐山市开平区马家沟街道每月不定期开展烘焙培训、心理健康讲座、养老陪护培训等活动，使辖区妇女掌握更多技术知识，扩大就业面。图为培训老师讲解婴儿护理知识。 宋小婕 谭家琳 摄

开放与合作

KaiFangYuHeZuo

对外贸易

3月30日，唐山港至韩国平泽港国际集装箱班轮航线开通，华达号集装箱轮船驶离唐山港京唐港区。 杨世尧 摄

【对外贸易概况】 2021年，唐山市商务局围绕市委、市政府工作主线，依托“帮企业办实事”活动，实施“六项行动”（外贸主体提质增量行动、抢抓机遇拓市场行动、政策护航稳外贸行动、联系服务进千企行动、平台升级筑支撑行动、抢先释放试点红利行动），用真情、出真招、见真效，推动各项惠企政策落细落实落地，助力外贸企业保订单、拓市场、稳发展，全市外贸保持进出口快速增长。据海关统计，全市年进出口总额1420.9亿元，比上年增长36.3%，增速比全省增速多14.8个百分点。其中，出口总额416.6亿元，比上年增长19%，增速少于全省1.2个百分点；进口1004.2亿元，比上年增长45.1%，增速多于全省21.9个百分点。提前2个月超额完成全年目标任务，其中进口总量在全省排第一位。

【外贸主体提质增量】 2021年，唐山市发挥“自贸区+综保区+综试区”政策优势，加大外向型企业培育、招商力度。全年全市新增对外贸易经营者登记备案企业351家。国控物产、中冶瑞木等一批企业相继开展进出口业务，全市外贸进出口实绩企业1033家。

【外贸市场拓展行动】 2021年，唐山市借助各大展会为外贸企业搭建发展平台，先后组织唐山市外贸企业参加第129届广交会、“5·18”廊洽会、东亚食品展、德国ISH展、河北出口商品香港线上展等大型展会，培育扶持乐亭金田果菜、煜焜商贸“马系列”套装瓷器等出口热销品，提升唐山市优质产品及品牌国际影响力。

【政策护航稳外贸】 2021年，唐山市科学制定《关于推进对外贸易创新发展的若干措施》，研究提出符合唐山市外贸发展8方面30项具体措施，为全市外贸高质量发展、创新发展提供遵循依据。聚焦企业发展面临资金瓶颈问题，联络各大银行拓宽企业融资途径。联合建行唐山分行开展2021年“金融护航稳外贸”专项行动，科学设置流程，为大中型、优质小微外贸企业和出口信用保险投保企业提供优惠利率及适用产品支持；举办“唐山市外贸企业银企对接会”，5家企业现场达成融资意向1000余万元；向河北进出口银行推荐唐山市优质外贸企业，先后帮助唐山21家企业获得外贸产业贷款83.35亿元。同时，发挥信保支持作用，扩大信用保险覆盖面，扩大保单融资规模，为企业出口提供安全保障。全年全市外贸企业承保出口金额14.54亿美元，保单融资规模5.95亿元。

【“联系服务进千企”行动】 2021年，唐山市以“为企业办实事”活动及全省商务系统援企助企行动为契机，结合全市外贸发展实际开展“联系服务进千企”行动，成立外贸企业纾难解困工作专班，对全市停减产外贸企业实施清单管理，“一企一策”跟进指导、强化帮扶，为北方瓷都等68家企业协调解决企业融资、用工短缺、仓储运输等101项实际问题。在省商务厅支持下，完成唐山市英诺特防疫物资出口产品白名单逾期申报工作，帮助企业稳市场、稳订单、稳出口。强化国内外形势研判分析，利用外贸企业微信群等便捷渠道及时推送外贸政策、风险预警信息200余条，帮助企业提前预判出口风险，提升风险防范化解能力。

【外贸转型升级基地建设】 2021年，唐山市重视外贸转型升级基地创建工作，6月，卫生陶瓷、遵化板栗外贸转型升级基地正式通过商务部考核认定，保留国家外贸转型升级基地称号；丰南区线缆及机械专用设备、乐亭县果蔬产品、迁西县板栗产品、玉田县电子元器件及印刷机械、汉沽家具制品晋升省级外贸转型示范基地，在全市范围内形成以4家国家外贸转型升级基地、6家省级外贸转型示范基地为框架外贸发展平台体系。主动作为，科学谋划，发挥外贸转型升级基地培育优势外贸企业作用，实现规模集聚发展。组织召开卫生陶瓷基地建设座谈会，引导基地企业融入全国水暖卫浴行业联盟，打通唐山市卫生陶瓷产业上下链条。

【RCEP河北合作与发展论坛在唐举办】 2021年7月22日，唐山市承办2021年RCEP（区域全面经济伙伴关系）河北合作与发展论坛闭幕。此次论坛采取“线下会场+ZOOM会议室”形式举办，省开放工作领导小组各成员单位，全省各市商务、贸促主管部门，全市各县（市、区）商务主管部门，86家境外商协会、企业代表，316家省内企业代表等600余人通过线上、线下形式参加论坛。中国—东盟商务理事会理事长、RCEP产业合作委员会主席许宁宁，商务部亚洲司原司长、中国驻日本大使馆前经济商务公使吕克俭，中国驻韩国、泰国前大使宁赋魁，中国驻柬埔寨前大使张金凤于现场作主旨演讲；泰国驻华大使阿塔育·习萨目、马来西亚驻华公使衔参赞许达维通过线上作主旨演讲；唐山市商务局于论坛现场推介唐山市投资环境。活动中，河北省贸易发展中心与RCEP产业合作委员会签订战略合作协议，唐山市现场签约4个项目，分别是：韩国DID与冀北万科投资1亿元合作建设除醛壁纸研发及生产项目、耘轩生物科技有限公司投资8.35亿元韩国ENG株式会社生物菌有机肥项目、北京直真科技股份有限公司与金匙集团投资2亿元合作建设东北亚跨境电商平台项目、蜂狂购集团与金典商业连锁合作日韩跨境商品进出口贸易项目。

【唐山优品汇——五金建材云展】 2021年7月22日，唐山市商务局举办“唐山优品汇——五金建材云展”，通过线下推介、线上办展，“云展示”“云对接”“云洽谈”等多样化营销活动，为唐山市五金建材企业搭建与RCEP国家采购商对接洽谈平台，帮助其开拓RCEP部分成员国家市场，对冲疫情不利影响。会上，唐山市卫浴陶瓷代表惠达卫浴、梦牌陶瓷、中陶实业等8家企业，滦南钢锹基地舒适五金等5家企业做现场推介、线上展示。展会后，为50余家唐山市外贸企业优质商品免费线上展示一年。

【2021中国国际板栗大会】 2021年9月15日，由中国食品土畜进出口商会主办，唐山市商务局、遵化市人民政府、中国食品土畜进出口商会板栗分会共同承办“2021中国国际板栗大会”在遵化市举办。此次活动以“创新发展、共享未来”为主题，依托遵化板栗国家外贸转型升级基地平台，全方位宣传推介唐山市在板栗种植、加工、研发、创新等方面既有优势，为打造唐山板栗国际知名品牌，提升产品国际竞争力奠定基础。活动中，先后有6个项目上会签约，包括中国食品土畜进出口商会板栗分会与中和宝顺能源投资有限公司签订板栗产业供应链金融服务协议、中国食品土畜进出口商会板栗分会与山东汇得利食品有限公司签订战略合作框架协议、三只松鼠股份有限公司与河北栗源食品有限公司签订栗产品合作框架协议等。

【广交会上展示唐山外贸企业】 2021年10月15日，以“广交世界、互利天下”为主题第130届广交会开幕。唐山市商务局筛选适配企业参展，组织全市78家外贸企业线上参展，其中18家企业线上线下融合参展。指导企业优质布展，组织企业参加会前培训，逐企指导上传展品，全市4662件（项）产品或服务“云端”展示，涉及大型机械及设备、五金、工具、建筑及装饰材料、卫浴设备、化工产品、餐厨用具、日用陶瓷、家居用品、体育及旅游休闲用品、食品、特殊展区（海运企业）等行业，线上直播，在线洽谈。广交会期间，唐山市参展企业在众多领域、诸多方向取得预期收获，惠达卫浴“艺术碗Ⅴ”“艺术碗Ⅵ”及展新贸易“金字塔餐具”获得中国进出口商品设计项铜奖。78家线上展企业直播300场次，观看人数3万余人次，18家线上线下融合参展企业现场接待境外境内采购商代表4万余人次；舒适五金、尚泽陶瓷等65家企业达成意向订单8114.3万美元，正式签约订单1453.8万美元。新兴业态走出唐山，唐山港合德海运集团作为唐山市海运服务行业代表首次参加广交会，就唐山港口岸服务、集装箱运输、供应链服务、日韩航线特色等专业内容为菲律宾、美国、新加坡等多国采购商推介企业服务方向、内容，开拓国际市场，迈出唐山海运“走出去”第一步。开馆首日，河北省副省长夏延军在副市长张月仙陪同下，巡展唐山市惠达卫浴、中陶实业展区。

【唐山企业组团参加深圳高交会】 2021年12月27～29日，第二十三届中国国际高新技术成果交易会在深圳会展中心和深圳国际会展中心举办，唐山市轨道交通装备国家外贸转型升级基地参展，全市16家企事业单位参会。大会以“推动高质量发展，构建新发展格局”为主题，通过线上线下展览及论坛活动开拓唐山市企业家视野，展示唐山市企业风采。河北主导光电技术有限公司复合式内窥视觉系统、唐山海泰新能科技股份有限公司海泰泰极210系列单面单晶高效光伏组件、唐山顺浩环保科技有限公司建筑超细陶瓷棉保温板获得高交会优秀产品奖，顺浩环保总经理王宝祥接受中央电视台《大国精品》栏目专访。

【全省首辆二手车实现出口】 2021年6月11日，唐山市泰飞贸易有限公司2辆货值约30万元人民币半挂车牵引车头在曹妃甸港装船起航发往尼日利亚，唐山市首批出口二手车同时是河北省首辆二手车。唐山

6月11日，唐山市首批出口二手车装船起运。 赵亚楠 摄

获批开展二手车出口业务后，制发《唐山市二手车出口业务管理暂行办法》，稳妥开展二手车出口业务。经过公开申报、现场答辩、专家评审、社会公示等环节，唐山曹妃甸区泰飞贸易有限公司、唐山英坤供应链管理有限公司、永道国际贸易（唐山）有限公司、唐山市曹妃甸区海兴投资有限公司、恒业国际物流有限公司5家企业获批开展二手车出口业务资质，并经商务部备案。全年二手车出口共计146辆，金额共计1384万元，出口国家主要为尼日利亚、蒙古、乌克兰、约旦等。

（赵亚楠 陈君君）

经济合作

【经济合作概况】 2021年，唐山市备案（核准）非金融类对外投资企业26家，比上年增长52.9%，居全省首位；中方协议投资额2.8亿美元，比上年下降86.5%。对外承包工程新签合同额5.9亿美元，比上年增长41.4%；完成营业额6.3亿美元，比上年增长32.8%。

【"一带一路"国家投资】 2021年，唐山市在"一带一路"沿线8个国家备案（核准）非金融类对外投资企业11家，占全市总量42.3%；对外投资总额1亿美元，占全市总量28.6%；中方协议投资额0.95亿美元，占全市总量34.3%。对外承包工程方面，对沿线7个国家承包工程新签合同额0.4亿美元，完成营业额1.3亿美元，占全市比重分别为6.9%和20.9%。

【国际产能合作重点项目】 2021年，唐山市完善国际产能合作重点项目库，实施动态跟踪、分类指导，优先作为各部门资金及相关政策支持项目。中非冀东建材投资曼巴水泥项目，2021年实现收入14.05亿兰特（南非货币，1兰特相等于0.42人民币），实现利润总额2.15亿兰特。曼巴水泥在南非全国市场份额为8.2%。文丰实业集团参与国际矿产资源开发，在智利投资黑熊铁矿生产稳定，累计回运铁精粉31.5万吨，补齐唐山市产业发展短板。

【境外园区建设】 2021年，唐山市天达（物流）中乌姆巴莱工业园项目基础设施建设和项目招商同步开展，年内吸引20家企业入驻，涵盖建材、日化品、服装纺织、电力电子和汽车组装等产业，被乌干达政府称为全国发展最快和潜力最大工业园。

【境外投资风险防范】 2021年，唐山市重视境外企业人员"双稳"工作，严控境内人员派出，加强对外投资真实性合规性审查，指导企业开展海外项目可行性研究，制定风险防控预案，督促企业落实驻外使领馆报到制度。组织企业参加"2021中国企业走出去风险发布会""把握当前全球经济形势，防范应对海外安全风险"等线上培训活动，提高对海外风险认知与防控能力，助力唐山市企业后疫情时代海外投资经营平稳发展。

【项目对接平台搭建】 2021年，唐山市加强对RCEP国别研判，为企业提供国别市场、投资环境、法律法规等公共信息30余条。组织参加"中巴经济走廊产业合作，企业对企业B2B会议"、第18届中国—东盟博览

2021年，唐山梦牌瓷业泰国卫生陶瓷制品项目建设启动。

李松龄 摄

会、第二届中国—非洲经贸博览会等10余场线上线下经贸交流活动，帮助企业捕捉国际商机。加大企业海外投资项目引导，向企业推送蒙古、奥地利等国400多个重点产业和招商项目信息。

（李松玲 陈君君）

【对内经济合作签约项目】 2021年，唐山市组织参加省级多项经贸洽谈活动，包括5月份冀陕合作交流会、“5·18”廊坊国际经洽会等。先后组织3次全市项目集中签约活动，共签项目272个，总投资数额2813.1亿元，其中10亿元以上项目48个，100亿元以上项目4个，为完成全年目标任务注入新动能、增添新活力。3月23日，全市第一季度项目集中签约活动签约项目92个，总投资1057.6亿元；6月3日，全市第二季度项目集中签约活动签约项目83个，总投资635.9亿元；9月16日，全市第三季度项目集中签约活动签约项目97个，总投资1119.6亿元。

【签约项目类型广】 2021年，唐山市集中签约项目中，既有锻长板、强链条产业类项目，又有补短板、惠民生基础设施项目，涉及转型升级、向海发展、城市更新、乡村振兴、公共服务等多个领域。其中签订战略性新兴产业项目82个，总投资515.4亿元；传统产业转型升级项目94个，总投资670.1亿元；现代服务业项目70个，总投资575.6亿元。

【签约项目带动能力强】 2021年，通过集中签约活动在唐山市投资企业，不仅有北京和天津骨干企业，还有来自上海、广东（含深圳）、山西、陕西、辽宁、江苏、湖北等地外省市企业，其中中国华能、中交建、亿华通、开沃新能源等为国内国际名企。这些企业投资不仅增加活动影响力，更为唐山市创新发展、绿色发展、高质量发展注入新动力。

【省校合作】 2021年，唐山市开展省级省校科技合作开发资金项目申报工作，皓庭（唐山）环境科技有限公司对流式空气杀菌消毒新风系统项目通过省评审，获得2021年资金支持47万元。10月25日，省发改委下发《关于组织申报2022年省级省校科技合作开发资金项目的通知》，市发改委及时向各县（市、区）及开发区（管理区）发改局转发省发改委通知，要求对辖区内企业认真选拔申报，确保省级省校科技合作开发资金发挥帮扶作用。经审核，河北华通线缆集团股份有限公司一种含氮化硅高导热基片的探测线缆研发及产业化项目、欣诺冷弯型钢产业研究院（曹妃甸）有限公司冷热复合成型工艺技术研究与尖角方矩管示范生产线开发项目符合申报要求。最终，河北华通线缆集团股份有限公司项目通过评审，获得省级奖补资金90万元。

（李巧玲）

招商引资

【招商引资概况】 2021年，唐山市实际利用外资21亿美元，总量再次稳居全省第一位，完成省达全年目标任务105%，比上年增长7.9%，居全省第四位，较去年前进3个位次，多于全省增速（5.3%）2.6个百分点。其中，外商直接投资20.2亿美元，增长4.1%；对外借款7657万美元，比上年实现大幅增长。立足招商主责，夯基础、搭平台、强推动，招商引资工作取得成效，全年全市累计签约亿元以上（含3000万元以上战新产业）项目762个，协议投资额4929.7亿元。在2021年度全省精准招商目标考核中，唐山市以98.9分位列全省第一。自9月15日起，唐山市商务局启动招商引资百日攻坚专项行动，在市委、市政府领导推动下，在市直各部门及各县区合力攻坚下，专项行动取得积极进展、显著成效。全市新增签约亿元以上（包含3000万元以上战新产业项目）项目372个，完成攻坚任务（200个）186%，协议投资额1609.26亿元，其中签约外资项目8个，完成任务（25个）32%，协议投资额2.82亿美元。新增落地项目180个，完成攻坚任务（50个）360%，总投资797.79亿元。

【全市全员招商氛围浓厚】 2021年，唐山市委、市政府重视招商引资工作，主要及分管领导专题开会部署工作，多次调度招商引资进度，为工作全面开展、高效推进指明方向。市直各部门围绕全市统一部署，结合自身职责领域组织对接，形成共同参与、齐抓共管大招商工作格局。各县区发挥招商引资主力军主动性和战斗力，主动出击。构建市县两级联动招商推进机制，市商务局发挥精准招商领导小组办公室职责，按照市委、市政府招商引资工作安排部署，通过招商培训、业务指导、活动引领等举措，激发县区招商引资潜力。结合县区实际建立完善“每周跟进、每月调度、专刊通报、红黑激励”制度，收集汇总招商动态，全面掌握通报进度，印发百日攻坚

为应对冬季寒潮和雨雪天气，中俄东线天然气管道工程唐山联络压气站组织技术人员巡检维护天然气管网线路，消除安全隐患，确保冬季管网设施安全运行和天然气平稳供应。 齐 磊 摄

专刊58期，印发百日攻坚通报4期。在百日攻坚中签约50亿元以上项目3个，投资225.7亿元。落地50亿元以上项目3个，投资225.7亿元。面对疫情影响，各县区采用线上、线下联动方式，开展云推介、云签约，保证安全前提下项目对接不停步、签约落地不断档。

【招商基础扎实】 2021年，唐山市商务局研究起草《招商引资工作调研报告》，制发《唐山市2021年招商引资工作推进方案》《关于推动招商引资工作高质量发展的若干措施》《唐山市招商引资百日攻坚专项行动工作方案》《唐山市招商引资考评办法（试行）》等相关文件，明确招商重点产业和企业，确定全年目标任务，并提出具体推进举措，为全市招商引资工作推进明确方向。重新设计制作《唐山等你来》投资推介宣传片等宣传资料，为开展招商对接和宣传推介打好基础。动态更新全市招商项目库，每月从多个维度进行项目分析并形成分析报告。梳理12个重点产业既有企业情况及延链强链招商方向，为精准招商对接夯实基础。

【招商平台搭建】 2021年，唐山市商务局组织企业参加河北省经洽会、第五届丝博会等活动，展示重点企业产品，开展针对性宣传推介，并借助活动平台发布113个重点招商项目；举办2021中国·唐山国际应急产业大会招商洽谈会、唐山市跨境电商产业招商推介会、唐山市承接京津产业转移招商推介会暨重点项目签约仪式等多场专题招商推介活动，扩大唐山市在京津地区及“长三角”“珠三角”等重点区域知名度，增加唐山在应急产业、高端装备制造、跨境电商等领域影响力，推动64个优质项目上会签约，协议总投资651.16亿元。先后举办2场应急产业对接沙龙，吸引数十家应急产业企业参加，为唐山市重点应急产业园区与应急行业企业面对面对接提供平台；组织召开规模以上工业企业、本土房地产企业企业家座谈会，动员本土企业家二次投资；协助唐山新城、旅游岛等重点区域制定推介活动预案，起草专题推介稿，筛选签约项目和邀请企业，为重点片区开发建设贡献商务力量。

【主导项目招商】 2021年，唐山市商务局围绕全市12大重点产业，在京津及“长三角”“珠三角”等发达区域开展小团组精准招商。先后拜访对接华侨城集团、康佳集团、中国电子产业开发有限公司等大型央企，国内500强企业或大型知名民企，以及北京林业大学、成都高新减灾研究所等知名高校和科研机构，拓展客商资源，提升对接客商层次。经过多次拜访、实地考察和持续跟进，推动北京林业大学微藻产业化基地等12个项目落户，总投资36.4亿元；主导推动新加坡丰树唐山现代供应链产业园等37个内外资项目签约，协议投资额235.68亿元。

【中国·唐山国际应急产业大会招商洽谈会】 2021年7月28日，2021中国·唐山国际应急产业大会招商洽谈会在唐山市南湖国际会展酒店举行，全国各地220位客商参加，副市长曹全民出席签约仪式，市政府党组成员张涛致辞。本次会议有11个项目签约，总投资36.76亿元。其中，市级签约项目2个，分别是市政府与成都高新减灾研究所签署战略合作协议，市政府与中国地震局工程力学研究所签署唐山市防震减灾示范城市建设合作框架协议。其余9个签约项目有：咸亨国际赛孚（杭州）实业有限公司和河北金卓颐高电子商务产业园有限公司共同投资17亿元，在遵化现代物流园区建设应急安全产业基地项目；上海宏信设备工程有限公司投资6.6亿元，在乐亭县建设年产45.4万吨建筑支护装备项目；河北鸿卓生物科技有限公司投资4亿元，在滦州市建设PVC手套生产线项目；山东尤佳卫生用品有限公司、徽消安全设备（河北）有限公司、北京金精伟业集成房屋有限公司、西安五和土木工程新材料有限公司、雄县好时代胶业有限公司、河北佳明消防工程有限公司等分别投资消防设备、应急卫生用品生产项目。

【“长三角”区域招商推介会】 2021年11月9日，唐山市在上海举行“唐山市·‘长三角’地区招商推介会暨重点项目签约仪式”，副市长张月仙代表唐山市出席会议并致辞，表达唐山打造“安商、重商、亲商”优质营商环境决心、信心，重点介绍唐山市区位、产业、政策等比较优势，鼓励企业家在唐山放心投资、安心创业、舒心发展。市商务局介绍全市12个重点产业，并就未来产业布局、发展方向等精准推介。滦州、玉田、高新、滦南、开平、路北、遵化7家县（市、区）依次推介各自投资环境和县域特色。上海、苏州、杭州等城市重点企业代表40余人参会，均和大宗商品供应链管理平台项目、天楹股份医疗固废处理项目、易高研发中心项目、上海电气浓海水综合利用等15个项目现场签约，总投资182亿元。

【承接京津产业转移招商推介会】 2021年12月15日，唐山市在北京

唐山市承接京津产业转移招商推进会暨项目签约仪式。 高 琪 摄

举办唐山市承接京津产业转移招商推介会暨重点项目签约仪式。中关村双融信息技术科技成果转化研究院、中国能源建设集团有限公司路桥公司、中国建筑集团二局华北分局等京津地区40余家知名企业负责人参会。河北省工商联副主席张京红，唐山市政府副市长张月仙，唐山市政协副主席、市工商联主席甄德恩等出席会议；曹妃甸区、丰南区、路北区、开平区等16个县（市、区）有关负责人参加活动。张月仙在致辞中介绍唐山市港口、区位、资源、产业“四大优势”，强调唐山市重点打造12个产业集群，并对参会企业家发出考察邀请。此次推介会有28个项目实现现场签约，协议总投资361.4亿元，签约项目数量、协议投资额均刷新历年来市级活动纪录。签约涉及高端装备制造、现代化工、文化旅游、新材料、航空航天等多个领域。

（高琪郝慧）

对口帮扶支援

【产业援藏】 2021年，唐山市将山羊绒产业纳入河北“十四五”对口支援规划，“白绒山羊”项目在产业援藏中取得新成果，3月，获得国家知识产权局批准注册“日土白绒山羊绒”地理标志证明商标，增强“日土白绒山羊绒”品牌核心竞争力。7月，成功举办日土县“第二届白绒山羊绒毛品鉴暨产品竞拍活动”，创造每500克165元国际市场高单品价格，单价比2020年增长36%，惠及牧民户均增收2000元以上，日土羊绒议价能力、价格水平稳步提升。日土县与北方羊绒产业发展之都邢台市清河县政府签署“羊绒产业战略合作协议”，根据协议，4月在清河设立“日土羊绒人才培育中心”，有4名日土籍应届或往届大学毕业生在清河羊绒企业就业。

【产业援疆】 2021年，唐山市促成在新疆昆仑工业园区中设立唐山科技产业园，一期规划占地50公顷，建设34座标准化厂房，总投资2.7亿元，年内唐山科技产业园项目开工建设。围绕且末县“有机绿洲”发展战略，借助唐山市供销社、商务系统以及民营批发市场、大型商超销售网络，采取“线上”与“线下”相结合模式，在唐山市销售新疆且末有机红枣、有机羊肉、高原香蒜等农牧产品850吨。探索园区合作建设模式，扩大唐山港在新疆内陆地区辐射范围，4月，组织市港航局考察在喀什、库尔勒建设内陆港工作，并开展对接交流。

【专业人才援藏】 2021年，唐山市根据西藏日土县医疗发展需要，以短期技术援藏人才形式定向选派医疗专业人才3名；与唐山工职院达成协议，开设日土县村医培训班；构建远程会诊平台，可在线连接唐山市属10余家知名医院。加强基础设施建设，改善学校软硬件水平，定向选派中小学教研员4名开展统编教材教研，整体提高日土县教师队伍素质和教学水平；开展交往交流培训，开通支持日土县中小学远程教育平台“空中课堂”，全县中小学教育成绩及中考升学率得到提高。社会保障及相关事业人才支援，选派供暖、供水专技人员，牵头设计实施县城供水、供暖管网等改造维护工程，助力日土县实现县城全城并网不间断供水和按期正常供热。

【医疗教育援疆】 2021年，唐山市12名援疆医生在新疆且末县累计接诊3200余人次，入村义诊巡诊6次，培训当地医护人员700余人次，完成手术300余台，培训心肺复苏人员1000余人。其中，再次复位内固定加支骨术、无痛分娩、中心静脉穿刺置管等10余项技术实施，在且末历史上尚属首次。7名援疆教师累计授课970节，结对帮带当地教师7名，牵头教研活动9次，开展青年教师业务培训70余人次，课余辅导学生150余人次。唐山瑞跑体育、河北乐动体育为且末捐资助教20万元。

【援藏工作考察团实地考察】 2021年9月21～25日，唐山市由市政府副秘书长薛波为组长组成援藏工作考察团，成员包括市委组织部、市发改委、市卫健委、市教育局、市财政局及曹妃甸区等5个县（市、区）主管领导，市援藏工作考察团在西藏阿里日土县实地考察援藏工作开展情况，看望慰问援藏干部，实地参观完成二级乙等医院创建工作的日土县人民医院，现场了解对口支援为西藏阿里日土县人民生活带来变化。考察团与日土县委、县政府召开对口支援工作座谈会，曹妃甸区、丰南区、丰润区、路北区、迁安市政府分别与对口帮扶单位沟通交流，现场落实并捐赠“一对一”对口帮扶资金100万元。

【产业援疆塑料管材项目投产】 2021年10月10日，唐山产业援疆首个项目——唐山泽田节水科技有限公司年产1万吨塑料管材项目在生产建设兵团第二师三十七团投产运行。项目占地2公顷，总投资3900万元，其中固定资产投资3000万元，项目投产后年产值1亿元，年纳税约200万元。为推动该项目实现早签约、早开工、早投产、早达效，新疆兵团第二师三十七团组成由唐山援疆干部牵头工作专班，为项目建设提供“保姆式”服务。从前期洽谈、项目选址、厂房设计、企业用工、食堂用餐等环节逐项列出服务清单，协调解决困难，全程领办代办帮办，优化营商环境，项目从签约到投产仅用50天时间。新疆兵团第二师三十七团地处世界第二大流动沙漠——塔克拉玛干沙漠南缘，是二师最偏远团场。在塑料管材项目落地之前，当地职工群众承包土地所需滴灌塑料管材，产地均为库尔勒、乌鲁木齐、兰州等地，运输成本较高。

【南堡二幼捐助大凉山贫困儿童】 2021年10月，曹妃甸区南堡经济开发区第二幼儿园负责人得知四川大凉山布拖县、美姑县等学校学生及附近村孩子们，因为海拔高、早晚温差大，急需过冬衣物后，党支部发动全体教师及家长们参与捐赠，并将捐赠衣服、鞋帽等进行分拣、整理、消毒，确保每一包衣服都是干干净净、整整齐齐地送达孩子们手中。该幼儿园在全体教师及儿童家长中弘扬与传递“爱心、责任、奉献”精神，连续6年为大凉山贫困儿童输送生活物资，共捐赠幼儿图书 200余册，衣物、鞋子、香皂等用品3000余件。

（李巧玲）

口岸

KouAn

海关

·唐山海关·

【唐山海关概况】 2021年，唐山海关弘扬“马上就办、真抓实干”务实作风，各项工作保持良好态势。优化口岸营商环境，提升贸易便利化水平，压缩整体通关时间，全年审核报关单568票。推广“两步申报”（适应国际贸易特点和安全便利需要，企业无须一次性提交全部申报信息及单证，第一步在满足法律、监管手续需要前提下凭提单概要申报即可提货，第二步在规定时间内完成完整申报）改革，1～12月申报比83.56%。深化综合治税，扩大属地纳税人底账适用范围，开展重点税源企业摸底调研，税收入库2亿元。企业注册备案及资质清理，完成企业备案289家。学习新《安全生产法》，更新完善“两个清单”（安全生产工作主体责任清单、安全生产专项整治问题隐患清单），组织开展自查，专项排查监管作业场所（场地）安全生产隐患，摸排进口冷链食品。推进政治建关，筑牢党建工作基础。党委理论学习中心组组织集中学习36次，接收在疫情防控和平时工作中表现突出5名年轻关员为预备党员，开展2021年度专项督察项目自查自纠，重点围绕严防重大动植物疫情疫病传入传出落实情况等开展自查，组建新冠肺炎疫情防控专兼职安全防护监督员队伍，开展安全生产、财务等领域监督检查。

【国门把关】 2021年，唐山海关在危化品监管中，加强“事前”资质核查和“事中”严格查验，开展外来有害生物及重大动植物疫情疫病监测，完成全年监测任务，未发现重大疫情风险。开展打击跨境电商进口走私“断链刨根”行动、出口贴片电阻专项稽查等活动，优化核查工作机制，核查完成数量全关区第一。开展进出口食品化妆品监督监测、供港蔬菜安全检测工作，配合地方开展“食药安全 诚信河北”行动。加强重点领域风险防控，抓“洋垃圾”、濒危物种等重点领域风险防控，防控非洲猪瘟、禽流感等疫情叠加输入，保持打私高压态势。

唐山海关关员在丰南区冬季蔬菜大棚基地检测诱捕外来有害生物。

孟东英 摄

【海关主动服务地方】 2021年，唐山海关开展“我为群众办实事”走访活动，共征求意见建议37条，制定工作措施45项，梳理形成10项重点民生项目清单，所有任务均在年内完成。精准帮扶，海关技术贸易措施应对工作组按照专家轮值牵头模式，帮助地方企业制定应对国际贸易技术措施，协助辖区2家出口水产企业通过韩国官方检查，为12家企业出具15份无违规证明，指导2家企业申报知识产权海关保护备案，培塑优势企业1家，指导企业申请减免税款1797.4万元，帮助企业利用RCEP原产地规则及关税减让成果，签发产地证3995份，审核通过191家企业备案（变更），为94家企业预审141个产品。

【海关科技兴关】 2021年，唐山海关加强网络安全管理，开展网络攻防演练，确保建党100周年、十九届六中全会等重要敏感时期网络安全运行。梳理汇总技术设备固定资产，有计划进行报废，以达到配置标准要求。强化海关业务数据安全管理，定期查杀病毒，确保业务网计算机操作系统安全，强化移动单兵卡配备管理，改造装修机房。保障实验室安全有效运行，开展实验室安全检查及整改，完成实验室质量控制、期间核查、人员监督等计划，提升实验室能力。动植食实验室参加14项能力验证及测量审核，均获得满意结果，工业品实验室参加能力验证测量审核26个，51个参数获得满意结果。

【海关从严治关】 2021年，唐山海关在新冠肺炎防疫中落实专题培训要求，组织一线执法人员疫情防控培训，开展内部工作人员感染新冠肺炎应急处置相关演练，选派业务骨干多次支援口岸疫情防控，开展全员核酸检测和新冠疫苗接种工作，除去禁忌症人员，做到"应接尽接"，实施全关人员身体健康监测"日报告、零报告"制度，疫情防控数据及出差出行人员情况及时统计报送。强化纪律作风整治，以"周提醒、月教育、季分析"方式组织廉政警示教育。抓酒驾醉驾行为，强化"8小时以外"管理，在"内务规范强化月"活动中，开展现场突击检查和视频监控检查。

【"现场监管与外勤执法权力寻租"专项整治】 2021年，唐山海关畅通举报渠道，将外勤执法权力寻租整治重点通知到361家监管企业，完善风险清单，对21家辖区企业开展实地调研。开展纪法学习和警示教育，实行违规事项个人申报，落实专项整治实地检查整改要求，年内全部整改完成。强化因私出国（境）管理，备案率100%。关心关爱职工，组织体检，慰问生病住院职工，开展重阳节敬老活动。选派青年骨干支援北京冬奥会，开展海关监管服务保障工作。加强精神文明建设，探望唐山市截瘫疗养院结对帮扶老人，选派"第一书记"到张家口驻村帮扶。开展青年"学习汇"活动，组织"青年讲坛"。年内通过唐山市市级文明单位复审复核。

【非法出版物查获】 2021年11月，唐山海关缉私分局查获一批淫秽色情和非法进口漫画书，并在涉案人家中查出同类型图书合计本1247本。经查，涉案人通过淘宝、微店、魔法集市APP等渠道购买淫秽色情、非法进口漫画书用于收藏，并通过邮递方式分发其他拼团买家，只收取相应快递费用。鉴于涉案人未经营牟利，社会危害较小，唐山海关依法作出没收全部淫秽色情、非法进口出版物的处罚决定。

（樊姣艳）

· 曹妃甸海关 ·

【曹妃甸海关概况】 2021年，曹妃甸海关税收入库242.52亿元。监管货运量1.5亿吨，入出境船舶3005艘次。全关开展"我为群众办实事"实践活动，承办秦唐片区海关"三个走进"专题调研座谈会，建立"三个走进"工作台账，梳理形成《重点民生项目清单》14项并全部完成，为民办实事、解难题工程取得实效。年内助力中粮糖业（唐山）仓储物流有限公司公用型保税仓库通过验收，完成环渤海地区最大接卸能力新天液化LNG进口设备减免项目备案工作，协助办理LNG进口增值税返还5.59亿元。8月12日，根据《中共石家庄海关委员会关于唐树峰等9名同志任免职的通知》（石关党委〔2021〕26号），经石家庄海关党委研究决定，魏群标任曹妃甸海关党委委员。

【海关政治建关】 2021年，曹妃甸海关以党委理论学习中心组为龙头，抓实两级党组织理论学习，依托专题学习班、"三会一课"、主题党日等有效载体开展书记宣讲、"周读原文"等研学活动，引导全员提高政治判断力、政治领悟力和政治执行力。推进青年理论提升工程，以"青年干部上讲台""微党团课"等形式，为青年干部成长"搭台唱戏"。建成5个标准化基层党员活动室，线下专题培训100人次。破解党建业务"两张皮"问题，启动8个书记项目，新增、优化3个党建新品牌。组织召开党支部书记抓党建述职评议会，建立党建常态化检查机制，将党建置于群众监督之下，树立支部工作重在平时、查在日常导向。开设"党旗在基层一线高高飘扬"教育专栏和网站专题板块，营造全员颂党史、讲党课氛围。组织在李大钊纪念馆等地进行主题党日活动，开展"百名党员话百年""学史·铸魂""建党100周年作品创作"等系列活动，部分关员作品入选海关总署"e课堂"《金钥匙》和省直工委"精彩微讲堂"。

【海关疫情防控】 2021年，曹妃甸海关完善风险预警动态评估机制，强化预靠船舶风险研判和在港船舶管理，落实各项防控措施，年内发布预警评估月报12期、动态专项预警评估报告4期。坚持"多病共防""人物同防"，有效防范埃博拉、黄热病、鼠疫等重大传染病传入，严防疫情叠加输入。投入使用6个口岸移动式检疫方舱。落实入境人员卫生检疫岗位管理模式要求，打破部门界限重新编排人员，形成"3+1"工作机制，即分为3个外勤组和1个内勤组，设置外勤组、隔离组、调休组3类"明白卡"，将主体责任落在实处。优化人文关怀，关注掌握封闭管理人员心理状况和困难需求，提供"专属化"解决方案。以实操培训、应急演练、桌面推演为抓手，提升个人防护能力和应急处置水平，全年组织各类培训35次，350余人次参加，组织笔试及实操考核4次，100余人次参加，开展突发公共卫生事件、职业暴露等演练11次，封闭管理人员每轮上岗前集中培训学习总署总关最新操作指引。落实"岗前检查、工作巡查、全程督查""双人作业、互相监督"等监督制度，发挥安全防护监督专班、"挑毛病"专家组和4个监督检查小组作用，提升"人防""物防"规范性，年内开展检查192次。

【进口货物正面监管】 2021年，曹妃甸海关强化风险管控，加强对再生铜原料、再生钢铁等新业务研究分析，加大对非主流矿关注力度，严控安全准入风险。持续高压管控洋垃圾走私，在"固废清零"新形势下，落实100%固废初筛要求，因地制宜完善监管工作模式，跟踪把握调整口岸查验重点，在应用好"影子商品库"同时推广应用矿产品现场固废排查仪，形成对固废洋垃圾走私震慑效果。加强大宗商品检验监管，查管进出口危险货物及其包装，对海关监管作业场所（场地）全方位、立体式管理，推进进口铁

曹妃甸海关关员查验进境木材。　　高铭远 摄

矿依申请检验、原油“先放后检”等改革措施，各项监管工作有序开展。依法退运氟含量不合格俄罗斯进口煤炭23.12万吨，销毁负面清单、核辐射污染、过期商品等6批次，截获检疫性害虫60种次，检出牛副结核病1例。

【海关安全与税收征管】 2021年，曹妃甸海关与地方安全管理部门建立协作机制，制定并动态更新问题隐患和制度措施“两个清单”，“清单制+责任制”对标对表抓实安全生产。同步启动“安全生产万里行”和“安全生产月”活动，深入开展“学宣查改”系列活动，全面推进进出口危险货物及其包装安全、实验室安全、场所（场地）安全、办公场所安全、口岸卫生检疫安全等9个领域安全生产和自查整改，实现安全生产“零事故”。综合治税，开展税收形势研判和进度分析，加强调研与服务，通过推广多元税收担保方式、推动征管方式改革、实施“两步申报”“两段准入”改革举措，强化海关监管优势，促进企业纳税便利，实现依法征管、应收尽收。以风险管理为导向，加强对重点敏感商品和主要税源商品审价、归类、原产地管理，建立石家庄海关首个特殊关系台账。年内完成对首钢回运矿、文丰回运矿等补税工作。

【海关服务地方发展】 2021年，曹妃甸海关跟进自贸区建设，实施经验复制推广和制度创新，提出“跨境电商担保事务履约保证保险”和“智慧口岸物流平台”2项创新举措并备案。对接企业需求，加大对辖区“铁矿石保税筛矿”业务摸底调研和指导扶持力度，完成“雄鹰”轮3.4万吨铁矿石保税筛分作业审批和监管。服务综保区发展，释放“自由贸易区+跨境电商综试区+综合保税区”叠加政策红利，推动国内电动叉车保税维修业务、保税研发业务、钢坯原木外发加工业务发展，推行二手车出口许可证管理“一批一证”模式，设立石家庄关区首个研发账册，全年监管出口二手汽车4辆、进口整车129辆、进口摩托车456辆，外发加工钢坯8.69万吨，原木2038立方米。

【特色商品进出口】 2021年，曹妃甸海关加强木材、种牛等特色商品监管，保障快速便捷通关，监管进境种牛4406头、原木117.63万方，监管出口干坚果及罐头类739.9吨、活河鲀37.3吨、其他水产品896.51吨。发挥指定口岸优势，保障肉类、水果、粮食等民生物资及时投放国内市场，指导5家进口粮食指定加工厂通过验收，监管进口粮食8批次6345.89吨。支持河北钢铁全产业链构建和绿色发展，宣贯落实钢材进口退税新政，制定“个性化”监管方案，监管进口再生钢铁原料7.78万吨、再生铜原料227吨。

【口岸营商环境优化】 2021年，曹妃甸海关持续深化“单一窗口”建设，落实精简进出口环节监管证件和随附单证、减税降费等各项政策。巩固压缩整体通关时效，动态把控重点商品、重点企业通关时间变化，开展通关时间超长报关单摸底和原因分析；建立异常结果后续处置“进系统”和“可追溯”标准化工作机制，落实“先放后检”“两步申报”等业务改革，实行“预约通关”“预约查验”等制度，通过强化流程、时限控制，实现通关效率最大化，完成年度压通任务。

（张琳娜）

·京唐港海关·

【京唐港海关概况】 2021年，京唐港海关弘扬“马上就办、真抓实干”工作作风，围绕各项工作任务目标优化海关监管和服务，主动服务地方经济建设，统筹推进全面从严治党、常态化疫情防控、优化营商环境、促进外贸稳增长等各项工作协调稳健发展。全年受理报关1.11万票，其中进口1551票，出口9558票；签发检验检疫证单3507份，签发原产地证书818份；征收税款95.12亿元，审计补税3.76亿元。监管大宗资源型货物9375万吨、种牛入境2.13万头，监管进口大豆69.29万吨，监管集装箱4.88万标箱，监管跨境电商包裹出区1.93万单，监管保税钢材出口58.14万吨，监管保税混矿160万吨。对955船次进出境船舶开展重量鉴定，查发不同程度短缺550起。截获检疫性有害生物86批次、一般有害生物547种次，监测病媒生物4种22种次。办理行政案件8起，涉及案值8686.88万元。

【京唐港海关党史学习教育】 2021年，京唐港海关在党史学习教育中开展“我为群众办实事”实践活动，制作建党百年主题MV《少年》，用多种形式庆祝中国共产党成立100周年。打造学习、宣传阵地，搭建“学党史、颂党恩、跟党走”文化长廊，组织开展党史百年天天读、参观李大钊纪念馆、唱红歌等一系列活动，班子成员带头学习、发言、研讨，示范带动全关16个党支部党史学习教育活动。与此同时，在提高综合治税能力、优化营商环境、筑牢安全屏障等方面发力。对照《京唐港海关“我为群众办实事”任务清单》，在辖区企业和联络单位实地走访，宣讲便利化政策，听取群众对优化营商环境、压缩通关时间等方面意见建议，强化干部职工为民服务意识，确保让数据“多跑路”、群众“少跑腿”。落实企业注销便利化、报关企业注册改备案等惠民利企政策，简化注册、变更、注销手续，围绕“政策答疑解民惑”“科普宣传增民智”“专业服务贴民生”“关爱企业聚民心”等方面开展志愿服务，推进党史学习教育走深走实。

【口岸疫情防控】 2021年，京唐港海关更新完善12部疫情防控方案预案。强化卫生检疫，落实各项防疫措施，加强与边检、海事、港务、疾控等部门沟通配合，细化入境船舶检疫、更换船员等工作流程，确保无缝衔接，闭环管理。同时关注埃博拉等其他传染病，防范疫情叠加。全年组织培训43次，开展疫情防控应急演练2次。成立工作专班，执行“岗前检查、工作巡查、全程督查”“双人作业、互相监督”制度，确保防护到位。全年检疫监管进出境船舶1915艘次，核验健康申明卡3.69万人次，帮助1367人次船员换班，发现有症状船员7人，核酸检测均为阴性。在做好外防输入同时注重“内防反弹”，细化应急处置预案，开展内部疫情防控应急演练3次。强化人员管理，定期组织全员核酸检测，严格外出审批，建立出差出行台账，严格疫苗接种，总体疫苗接种比例98.1%，加强针接种比例85.7%，一线卫生检疫登临人员加强针接种比例100%。

【国门安全防线筑牢】 2021年，京唐港海关开展“国门利剑2021”“蓝天2021”专项行动，综合运用H986系统，加强“影子商品”监管，防范濒危物种及其制品走私，全年共查发不合格商品5批次，对一票进口高风险非冷链集装箱货物——数字积木实施新冠病毒风险监测及消毒。严格监管进口煤炭，按要求实施批批放射性检测、外来杂物检验和8个质量环保项目检测管控，完成2020年检出2船氟超标煤炭退运工作。利用矿产品现场固废排查仪，提升进口铁矿产品固体废物初筛排查效能，防止洋垃圾入境。全年共进行固体废物属性鉴别1090批次，均未发现异常。10月22日，京唐港海关承办石家庄海关核辐射突发事件应急处置演练，模拟一进境集装箱内发现非法夹带放射性物质，经辐射仪检测超标，立即启动核生化突发事件应急处置预案。《关于规范再生钢铁原料进口管理有关事项的公告》实施后，国家放开再生钢铁原料进口，京唐港海关及时成立进口再生钢铁原料查验监管协调小组，学习标准规范，研究政策，对进口再生钢铁原料实施有效监管，确保高质量货物入境。3月18日，完成河北省首票再生钢铁原料验放，共计3096吨。

【海关促外贸稳增长】 2021年，京唐港海关贯彻落实党中央、国务院统筹推进新冠肺炎疫情防控和经济社会发展工作部署，简化企业注册登记或备案手续，及时帮助企业特别是中小微企业解决进出口中遇到问题。支持速冻菜、笤帚等特色农产品出口，主动联系对接出口企业，通过电话、网络等形式推送业务办理指南、便利政策及通关服务信息，开辟绿色通道，开展“一对一”服务，确保有效监管前提下让企业“零等待”。发挥技术性贸易措施研究优势，多渠道收集国外对中国农产品出口所采取技术性贸易措施，及时向企业推送国外预警信息，帮助企业降低疫情影响。2021年，全关监管完成出口速冻蔬菜、笤帚、木柄锹等农产品723票，共计9825.90吨，分别比上年增长14.04%和7.78%。

【海关营商环境优化】 2021年，京唐港海关结合唐山市向海经济发展特点，优化营商环境，强化监管服务。发挥“互联网+海关”作用，全面落实“两步申报”“两段准入”等便利化措施，深化“单一窗口”建设，压缩整体通关时间，提高通关效率。在压缩通关时长前提下，主动联系协调口岸海关，拓展中欧班列业务。协助地方促成“京唐港—俄罗斯沃尔西诺”中欧班列开通，指导企业采取在京唐港海关申报，在二连浩特出境一体化申报方式出口，全年监管中欧班列16列，完成申报出口报关单926票，主要涉及液晶显示屏、人造草坪、线路板等。

【通关环境优化】 2021年，京唐港海关营造“可预见、低成本、高效便利”通关环境，协助地方政府打造集港口物流、保税仓储、商贸交易及配套服务于一体公共平台，实现港口、保税物流中心及区域产业联动，发挥政策组合优势，助力唐山外贸高质量发展。利用无人机等智能模式推行无接触式水尺计重模式，在减少人员染疫风险前提下保障数据可追溯，降低人力、物力资源消耗。自9月份运行后，对158艘船舶进行无接触式水尺计重，节约工作时长300小时，节约经费30万元。开展“抵港直装”“船边直提”新业务模式，结合“单一窗口”申报模式，提升通关便利化水平，12

京唐港海关关员现场查验跨境电商商品。 陈 玉 摄

月26日完成首票集装箱“抵港直装”货物监管。支持跨境电商、“保税+转口”贸易等新兴业态发展，推动保税物流中心内“直购进口、保税出口和一般出口”等多种模式落地。2月20日，助力保税物流中心首票件杂货物（铬合金盘条）通关，重量1.6万吨，货值960万美元。监管保税物流中心进出区货物58.14万吨，比上年增长461倍；货值4.95亿美元，比上年增长349倍。

【京唐港海关创优成果】 2021年，京唐港海关开展群众性文明创建活动，形成凝心聚力、开拓创新氛围，获“唐山市2018～2020年度市级文明单位”称号。京唐港海关工会委员会树立“建家就是建工会”理念，以职工为中心，协调软硬件建设，筹建关馨书屋，提升职工获得感和幸福感，获“省直新时代职工之家建设表现突出单位”称号。在报关大厅现场悬挂“争创文明号”匾牌，制作摆放“青年文明号服务监督卡”和“文明承诺卡”，设立青年文明号咨询台，发挥“青年文明号”作用宣传海关正能量。开展“青年文明号开放日”活动。“京唐港海关报关大厅”获“2019～2020年度河北省青年文明号集体暨‘双创双服’优秀青年集体”称号。

（王晓辉）

边　检

·唐山出入境边防检查站·

【唐山边检站概况】 2021年，唐山出入境边防检查站（简称唐山边检站）守初心、担使命、找差距、补短板，在推进唐山沿海高质量发展进程中贡献边检智慧和边检力量。强化政治建设统领地位，坚持党对边检工作绝对领导、全面领导，发挥“头雁效应”提升班子建设水平，党委理论中心组集中研讨12次，学习研究《习近平谈治国理政》等书目。健全完善基层考核评价机制，将考评结果与评优评先挂钩，举办党支部书记暨党务工作培训班，定期调阅支部会议记录，提高把方向、管大局、抓落实能力水平。开展党史学习教育，依托李大钊故居、纪念馆和五峰山革命活动旧址组织政治轮训班，邀请李大钊孙辈亲属和抗美援朝老战士宣讲授课，开展留营夜读党史、微党课评比、党史故事分享、红色影片展播、党史知识测试、革命歌曲传唱等配套活动，研定为基层办11件实事并全部落实。与联检单位、港航企业签订政企党建共建协议，建立紧密型警务协作机制，构建“共建共治共享”港航经济发展新格局。推进党风廉政建设，选配精干力量组建工作专班，建立层级担责、清单明责、常态督责和分级问责“四项机制”，落实排查防控、记录记载、通报曝光“三项措施”，构建“横向到边、纵向到底”内部监督体系，开展全覆盖、无死角、拉网式教育整顿，保持对违法违纪问题查纠惩治高压态势，营造风清气正内部环境。

【国门口岸“第一防线”】 2021年，唐山边检站树立总体国家安全观，保障国门口岸安全无虞。强化大数据核查分析，建设情指勤舆中心。坚持“科技赋能智慧边检、数据驱动智能管控”，做强联勤联指中心“大脑”，做精一线勤务值班室“中枢”，做实综合执勤队“手脚”，建设一体化实战型指挥体系，实现“情报收集、数据研判、勤务指挥、舆情监控”一体作战。创新综合执勤队模式，优化执勤作战单元。警力前置，投入68万元装修改造集装箱联检楼，围绕勤务指挥、数据赋能、应急“处突”、队伍管理、文化建设打造海港边检样板标间，实体化运行“一队一区”勤务模式，执勤队同时承担出入境手续办理、巡查监护、执法办案、情报调研等任务。召开诚信企业管理工作座谈会，对专职协管员全员培训、全程监管，健全巩固诚信企业管理长效机制。强化多警种协同作战，建设高效联动查缉体系。应用信息化手段构建“智能化”口岸监管格局。自主研发勤务动态显示系统，实现对重点区域、重点船舶实时动态管控。建成封闭冷通道新型模块化机房，实时掌握各项技术参数和环境报警信息，提升信息系统安全稳定、规范运行水平，满足未来5～10年业务发展需求。锻造“专业化”骨干人才队伍提升执法效能。部署4类12项工作要点，配备4名专兼职法制员，投入资金30万元改造执法办案区，引入案件分流、音视频自动刻录、生命体征监测等最新硬件设备，与海防总队唐山支队签订执法培训协议，选派4批8人次在派出所跟班学习。

【边检现代化建设】 2021年，唐山边检站调动各种资源破解困难阻力，“干在实处、走在前列、勇立潮头”。经过充分调研论证和3次设计方案大规模修订，于11月30日正式开工建造100吨级边检执勤艇，提升口岸立体化管控水平。解决历史遗留问题，5次赴江苏对接退役军人事务部门，秉持“关心关爱、特事特办、

唐山出入境边防检查站开展春季大练兵行动。　张赫摄

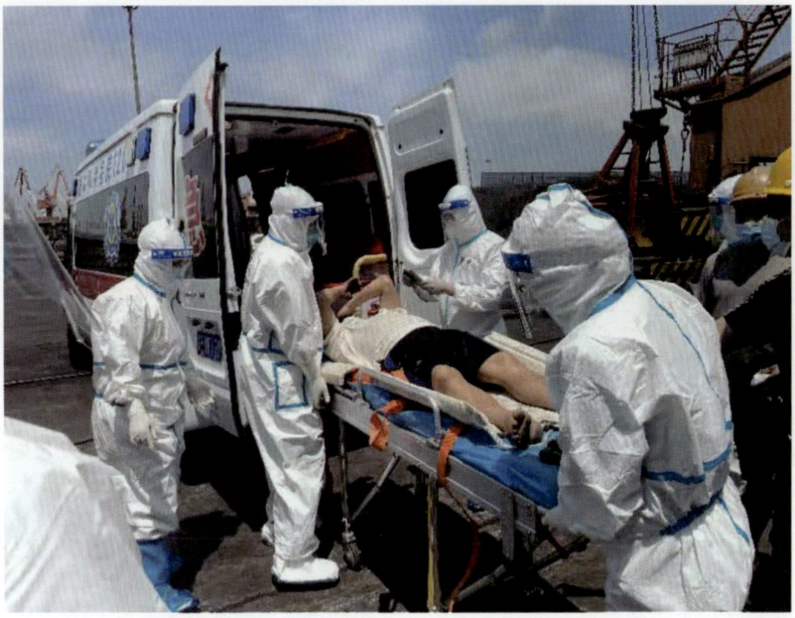

7月5日，唐山出入境边防检查站开通“紧急通道”，救助突发疾病外籍船员。 毛佳浩 摄

政策托底、坚守底线”原则，妥善解决滞留人员医疗、住房、生活等现实诉求，历史难题取得突破性进展。案件侦办质量提升。针对疫情背景下锚地管控难度大、案情发现不及时现实问题，依托情报引领作用，拓展案件线索来源，并借助大数据排查、甄别比对，成功办理7起行政案件，行政相对人无行政复议和行政诉讼，震慑口岸违法犯罪活动。

【民警职工权益维护】 2021年，唐山边检站打造高度思想认同和共同价值追求的职业文化，营造“快乐工作，幸福生活”和谐氛围。科学合理编报年度经费预算，精确调整经费投向投量，体现站党委保主业、暖警心导向。投入19.04万元改造财务融创中心，建成票据账簿档案室，自主研发“国有资产管理可视化系统”，提升后勤管理规范化、精细化水平。落实内部防控措施，打赢疫情防控持久战，开展核酸检测97批次7900余人次，实现检测覆盖率、人员参检率和结果安全率3个100%。本着“应接尽接”原则，组织民警职工、外聘职员完成2针疫苗接种。投入12万元修建灯光篮球场，购置跑步机、动感单车等文体器材，重新分配公寓房，采购冰箱、净水器、抽油烟机、沐浴花洒等生活设施；与华北理工大学签署合作协议，达成新警成人高考辅导和学历提升合作意向；开展队伍思想状况调查和全员谈心谈话，排摸民警职工及家庭实际困难，为民警职工缴纳重大疾病医疗互助金；争取海港开发区管委会支持，协调教育局和中小学，保证适龄民警子女全部按时入学入托；联合唐山港集团和海港中学举办青年交友活动，开展健步走、歌咏比赛、运动会、主题观影等文化活动，提升民警获得感和幸福感。

【受伤外籍船员获救助】 2021年3月15日，唐山出入境边防检查站接到船舶代理报警求助，停靠于京唐港锚地中国香港籍“祥通”轮一名缅甸籍船员在作业过程中耳部严重受伤，出现严重耳部疼痛、耳鸣等症状，身体极度虚弱，急需下船就医。得知此情况后，唐山出入境边防检查站立即启动应急预案，通过综合研判，判定疫情输入风险。边检民警第一时间赶赴现场办理相关手续，在严把疫情防控关基础上，协调驻地联防联控部门及医院对受伤船员进行救治，开通生命救助绿色通道，并全力确保转运途中闭环运输。

（王东宇）

·曹妃甸出入境边防检查站·

【曹妃甸边检站概况】 2021年，面对移民管理事业发展形势、口岸管控和疫情防控双重考验和“四化”队伍建设更高要求，曹妃甸边检站（简称曹检站）锚定“破局突围谋发展，奋起直追求赶超”思路定位，围绕大事要事持续发力，直面困难挑战加压奋进，确保年初各项既定目标落实，党委自身建设和履职能力、“业务大站”向“业务强站”发展、队伍建设水平和整体形象、综合服务保障能力4个方面取得“新突破”。截至12月底，全年检查出入境（港）船舶2848艘次，检查出入境（港）人员5.98万人次，开展码头巡查856次、锚地巡查27次，出动警力3462人次、车辆355台次，清查船舶492艘次，办理行政案件5起，有效打击各类口岸违法行为。年内妥善处置一艘“三无”小型船舶非法搭靠倾覆案件，接连处置滞留锚地澳煤船舶“禄通”轮、“女王”轮和“项链”轮船员不能登陆换班事件，协助相关部门妥善处置“海军精神”轮船长和“海洋女神”轮水手失踪事件。

【曹检站党委班子建设】 2021年，曹妃甸边检站班子建设中强化“五种能力”，即精诚团结向心能力、把关定向领航能力、迎难而上担当能力、自我革新斗争能力、警钟长鸣自律能力。全年召开高质量党委会27次、民主生活会3次，组织党委中心组集体学习13次，专题研讨交流12次，开展“第一议题”学习27次。保质保量完成建党100周年安保、净海行动2021、全警实战大练兵等年度大项任务。党委成员下基层调研指导15批次，参与一线执勤30余人次，完成执勤一队过渡性搬迁，明确民警备勤调休制度，在第一批队伍教育整顿中，解决制约队伍发展问题20余个。研究制定《落实全面从严治党主体责任清单》，先后研究分析党风廉政建设形势4次，听取纪委工作报告2次，在重要敏感节点进行廉政提醒7次，组织各类警示教育、廉政专题授课15场次，在干部调整、警衔晋升时主动征求纪委意见。

【边检执法管理服务水平提升】 2021年，曹妃甸边检站把牢情报搜集研判、口岸查控查缉、实战应急

疫情期间，曹妃甸出入境边防检查站移民管理警察在口岸限定区域进行实地踏查。 王唯一 摄

“处突”等各个关口，织牢织密口岸安全防线。细化疫情期间各项勤务流程，完善各类突发涉疫事件处置预案，构建数据分析推送、活动轨迹筛查、风险评估预警等工作机制，落实疫情期间海港口岸非必要不登陆、不登轮、不搭靠政策，支持配合属地防控部门实施涉疫船员闭环管理。组建法制工作专班，结合法律法规修订、上级重大部署、基层执法需要等定期研议执法，党委全年研究法制议题7个，中心组学习法治内容11篇，梳理排查案卷5本，排查行政审批事项604个，倒查视音频资料5例，巡查办案场所4次，案件回访10人。贯彻落实国家移民管理局《关于促进服务航运企业发展十六项新举措》要求，服务口岸经济发展新格局，边检手续网上办理、无纸化申报、24小时随到随办等便利措施落地见效。开展“我为群众办实事”实践活动，开通绿色通道紧急救助患病船员16起20人次，办理中国籍船员换班2951人次，赴辖区各涉外企业和联检单位开展走访座谈并征求意见建议20余条。靠前服务曹妃甸自贸片区建设，通过优化边检政务服务模式、优化勤务监管、优化船员轮换救援“三优化”措施，提升曹妃甸港区国际大宗商品贸易通关便利化水平，相关做法被区自贸办采用并推广。

【曹检站政治建警】 2021年，曹妃甸边检站突出党建引领。对标新时代党的建设总要求，在支部、党员、典型上逐级做到“三个加强”，支部堡垒作用突出，落实双重组织生活等制度，全年站领导列席指导基层支部会议6次，组织调阅支部会议记录4次，并下发问题清单，督促抓好整改，有效提高基层党支部标准化建设水平。年内1个支部获唐山市“先进基层党组织”称号，2个基层单位被市文明办授予2021年度“文明行政流动红旗”。党员示范效能鲜明，教育引导党员民警以实际行动践行初心使命，全年建立“党员示范岗”17个、党员先锋队2个，在“双报到”社区开展“我为群众办实事”实践活动30余次，2人被市直机关工委表彰为优秀共产党员，1人被表彰为优秀党务工作者，3人当选为市直机关党代表，1人当选市政协委员。典型引领成效明显，加强与驻地工青妇等部门沟通联系，通过内部报道、警地联动方式挖掘和培树先进典型。站获评唐山市直机关文明单位，2人分别被移民局表彰为庆祝建党100周年安保维稳成绩突出个人和百名建功岗位新警标兵，1人立移民局个人二等功，1人被共青团河北省委表彰为2021年度“优秀共青团员”，1人被表彰为“三八红旗手”。

【曹检站铸魂育警】 2021年，曹妃甸边检站注重民警日常教育，通过“三个坚持”铸魂育人。坚持思想引领，做到真信笃行。分析民警思想规律，正视新矛盾、新问题，区分不同群体明确常态化思想工作要求，健全民警思想档案，定期与在外民警沟通联络，及时摸清思想脉络，掌握动态倾向。开展各类学习教育活动，压实工作责任，将党史学习教育予以常态化和制度化，组织民警在市委党校开展政治轮训，相继邀请党校教授、资深律师等进站开展专题宣讲。坚持着眼形势，做好宣传激励。注重文化建设，升级改造警史馆、足球场、篮球场，组织参加市“奋进新征程，健康伴我行”健步走和庆祝建党100周年歌咏比赛，与区图书馆签订“图书驿站”共建计划，开展“画展进警营”“警

4月15日，曹妃甸出入境边防检查站开通“绿色通道”，紧急救助2名中国籍患病船员。 王琛摄

民一家亲”文艺联欢会和秋季警营运动会，丰富民警文化生活。开通微信公众号和视频号，发掘新闻热点，集中力量跟踪报道，形成高密度、多层次、立体化宣传态势。全年在各级媒体刊发稿件1662篇，比上年增长22.5%，其中中央级媒体205篇、省级媒体675篇、局新媒体43篇、其他各类媒体730篇。

【曹检站固本塑警】 2021年，曹妃甸边检站锻造过硬队伍，淬炼提升队伍执行力、战斗力，将基础体能、警务技能、应急“处突”等科目作为必训内容，科学制定训练计划，抽调12名骨干组成教官团，巡回组织警务技能训练。搭建内外交流、轮勤轮训、跟班学习等平台，组织54名新警去边远艰苦地区实践锻炼，安排30余名民警在站机关、总站和驻地公安部门跟班学习。抽调19名民警组建集训队，在总站比武竞赛中获政工和警务实战2个团体第二、3个单项第一。

【曹检站硬件设施建设】 2021年，曹妃甸边检站改善民警生活办公环境，按照“先过渡搬迁、后规划建设”两步走思路，于9月份完成执勤一队过渡性搬迁并配备全新办公生活家具，将该队从污染严重、条件艰苦十八加搬至交通便利、设施齐全三加金岛大厦。相继完成机关主楼亮化、电梯更换、营区绿化、管道改建、电动车棚和充电桩建造等多个项目，为公寓房安装更换防盗门、净水器、天然气灶、窗帘、卫浴等各类生活设施，实现基础配套设施全面升级。协调施工单位升级改造十八加老营区报检室，在综合保税区金贸广场争取建筑面积1500平方米边检业务用房和报检室、民警宿舍等配套设施，为后续派驻执勤队合理优化调整辖区布局奠定基础。

（王唯一）

海　事

·唐山海事局·

【唐山海事局概况】 2021年，唐山海事贯彻落实唐山整体发展战略，紧扣“高质量发展特色创建年”主题，谋发展、保安全、优服务、夯基础、强党建，确保辖区水上交通安全形势持续稳定，完成全年工作任务，全年累计监管船舶13.5万艘次，其中商船1.49万艘次；货物运输吞吐量2.77亿吨，比上年减少7.7%；集装箱货物吞吐量232万标箱，比上年增加0.4%；监管旅游船艇8899艘次，保障游客安全出行24.7万人次。

【水上安全源头管控】 2021年，唐山海事局深化风险预防预控，以“水上安全专项整治三年行动”为主线，集中执法力量开展水上无线电秩序整治、内河船非法涉海运输、旅游船艇专项检查等行动，开展隐患排查、隐患清零攻坚行动，两项共计列入问题隐患10项，整改问题隐患10项，整改率100%。承办河北省“商渔共治2021及船长面对面”活动，强化与海警局、农业农村局协作，多途径宣讲，有效遏制商渔船碰撞事故多发态势。推动建立危险品码头（货主）高质量选船机制，从源头减少水路运输风险。实现辖区港作拖轮生活污水管网排岸，从源头减少船舶水污染。

【水上安全共治】 2021年，唐山海事局完成“春运期间”“旅游旺季”等重点时段、重大活动期间水上交通安全保障工作。与北疆海事局、秦皇岛海事局签订环渤海首个内支线集装箱船舶海事一体化监管框架协议，促进津冀两地海事协同管理。加速海事航保一体化融合发展，与秦皇岛航标处开展专用航标联合监管，开展试点建设，完成河北局交办任务35项。与海警、质量监督等机构签订合作协议，健全相关工作机制，推进联合执法。开展“靶向自查”“360体检”等属地船舶行动，进一步强化辖区船舶安全管理。

【应急能力提升】 2021年，唐山海事局探索开展“陆海空天”水上交通安全保障体系和全要素水上“大交管”建设，修改发布《唐山港京唐港区船舶交通管理系统安全监督管理细则》，推动出台《唐山市关于加强水上搜救工作的实施方案》，全年开展搜救行动16次，救助遇险船舶11艘，救助遇险人员167人，人命救助成功率96.5%。助推唐山国际旅游岛建立河北沿海首个“地方政府主导、海事部门指导、社会力量参与”县区级海上溢油应急能力体系，受到河北省委、唐山市委主要领导批示表扬。

【世界一流贸易大港建设】 2021年，唐山海事局与唐山港集团签订战略合作协议，深化与港方在智慧港口、绿色港口、平安港口建设方面全方位合作，建立四方联合调度机制，协调安全、建设、生产、施工之间矛盾和问题，保障25万吨级主航道疏浚及中海油岸电改造等重点工程实施，促成一港池吞吐潜力充分释放。牵头建成海事、港口、引航等单位为基础“3+X”合作共享平台，推动船舶进出港周转效率提升，每艘次船舶平均节省时间2.5小时。

【助力区域经济社会发展】 2021年，唐山海事局服务海上国家战略能源安全，先行先试探索建立海上油田水污染转运接收监管服务机制，协调解决“秦皇岛32-6油田”提油作业时无法布设围油栏难题。服务唐山国际旅游岛国家级景区建设，试点实施“等效替代”现场监管新模式，解决困扰企业多年配员问题。常态化开展境外疫情海上船舶、船员输入性风险防范工作，协调推进船员换班工作，保障安全换班274艘次，换班船员3194人次。

【航运营商环境优化】 2021年，唐山海事局推进“放管服”改革，巩固提升“单一窗口”业务应用率，建立“一次性申报、审批、办结”快速通关模式。落实惠民政策，完成港建费停征相关工作。创新政务服务方式，走进企业、码头、船头，多形式、全方位开展新修订《海安法》宣传贯彻。编制形成《国内航行海船常见滞留缺陷汇编》并印发。推出“小陈帮办”“刘老轨畅京唐”服务品牌，累计受理船员、船舶代理来电咨询3000余次，拓展船舶船员获取水上交通管理法规及咨询海事业务渠道。

【环渤海首个海事一体化监管框架协议签署】 2021年4月29日，唐山海事局、北疆海事局、秦皇岛海事局在唐山京唐港共同签署环渤海首个内支线集装箱船舶海事一体化监管框架协议。津冀海事机构在加强

8月初，唐山市海上搜救中心接到锚地“中茂98”轮求救电话，立即启动应急预案，将一名突发昏迷船员救助上岸。 刘嘉梅 摄

区域合作，推动津冀世界级港口群建设，服务京津冀协同发展战略方面迈出实质性一步。三方海事机构以优势互补、资源共享、共同提升、科学发展为宗旨，立足于服务港口高质量发展、提高船舶运输便利化水平，在协同执法、信息交流、资源共享、战略研究等方面深化合作交流。框架协议签署当天，三方海事机构联合印发《2021年船员履职能力专项检查工作方案》，并在京唐港集装箱码头首次联合登轮，开展环渤海内支线集装箱船舶船员履职能力专项检查。

【全国首个海事人工智能系统运行】 2021年7月，河北省劳模创新工作室——唐山海事局新立工作室将人工智能技术应用于海事领域并转化为实际生产力，成功研发出全国首个海事AI（人工智能）语音助理“小海”，并应用于京唐港海域水上安全管理中。VTS中心（船舶交通管理中心）近年逐步从传统水上交通管理中心转变为海事信息交互中心，传统监管手段与业务系统无法满足现代化VTS智能、高效需求，中心面临业务面广、业务流程复杂、搜救应急处置时限要求高、信息化系统多等难题。“小海”成功应用，提高VTS中心在船舶航海保障、险情支持、搜救应急等方面的精准性、时效性和实效性，VTS中心值班人员通过与“小海”对话，即可实现恶劣气象预警、交通管制、靠离泊计划审核、险情应急支持、中英文实时翻译、重点船舶检索等业务自动办理。

（丁瑞凯）

·曹妃甸海事局·

【曹妃甸海事局概况】 2021年，曹妃甸海事局安全监管进出港商船5.09万艘次，比上年增长20.3%；保障4.74亿吨货物安全运输，比上年增长11.2%。组织搜救行动28次，成功救助人员199人，搜救成功率95.21%。水上安全事故各项指标持续保持低位，安全形势持续稳定。

【能源运输畅通保障】 2021年，曹妃甸海事局保障28艘次LNG船舶安全靠泊，接卸天然气248万吨。针对2021至2022年冬季天然气保供工作，成立由海事主导11方合作机制，发布实施《“四优一降三提升”LNG能源运输服务保障措施》。牵头开展LNG船舶夜间应急通航安全保障研究与低能见度条件下LNG船舶进出港图像增强技术及安全保障措施研究。打造电煤运输船舶绿色通道，实施“体检套餐”。全年监管电煤运输船舶6000艘次，保障煤炭吞吐量突破2.4亿吨，为能源保障和社会经济稳定提供海上安全保障。

【服务自贸片区发展】 2021年，曹妃甸海事局发布《服务中国（河北）自由贸易试验区曹妃甸片区建设工作方案》，总结提炼实施21条服务自贸区建设创新举措。国际航行船舶“模块化”检查机制获国务院自由贸易区工作部际联席会议简报推介，入选河北省自贸区第三批制度创新案例。发布《船舶落户曹妃甸自贸区业务指导手册》，建立国际航行船舶落户曹妃甸协作机制、船舶协同办证服务机制。牵头建立自贸片区涉海单位联席会议机制、自贸片区港航企业安全生产联防联建机制。

【综合贸易大港共建】 2021年，曹妃甸海事局成功保障3艘40万吨级矿石船完成重载直靠曹妃甸港实测，完成新天LNG、中区一港池20万吨级航道工程等在建涉水工程帮扶和监管保障工作，新增大型危险品船舶锚地、小型危险品船舶锚地、龙岛南锚地，开展通航饱和度研究、黑沿子水域渔商共用航道通航安全研究、三港池航道通航环境清理整治，完成唐山市船舶污染防治相关任务，立足法定职责，助力绿色港口建设。

【国家海上搜救无脚本实战演练协办】 2021年9月13日，由中国海上搜救中心主办，河北省海上搜救中心承办，唐山市人民政府协办“2021年国家海上搜救无脚本实战演练”在唐山曹妃甸海域举行。演练以“强化科学搜救 保障人命安全”为主题，完成“报警信息核实、落水人员海上漂流预测、搜救方案制定、搜救力量协调调派、海空联合搜救、无人机空中搜寻、专家咨询、搜救行动中（终）止评估”8项演练科目，河北海事局、北海救助局、河北海警局、北海航海保障中心、唐山市近海救援志愿者协会等40余家搜救中心成员单位和社会力量400余人、19艘船艇、1架直升机、2架固定翼无人机参加演练，新华社、《人民日报》《光明日报》《中国交通报》《中国水运报》及省、市新闻媒体予以宣传报道，中央电视台《新闻联播》播出演练实况。

（张荣辉）

财税·金融

CaiShui · JinRong

财　政

【财政概况】 2021年，唐山市完成一般公共预算收入552.7亿元，比上年增长9%，总量居全省第二位，增速居全省第三位。全市一般公共预算支出完成917.3亿元，比上年下降1%，确保全市财政经济平稳运行。市财政局31项工作、37人次获市以上表彰奖励，继续保持全国文明单位称号。强化税源管理，加强收入调度，全市19个县（市、区）一般公共预算收入全部实现正增长，曹妃甸区、迁安市、路北区收入总量超50亿元。全年累计获上级转移支付197.1亿元，比上年增长2.3%。争取到全国系统化全域推进海绵城市建设示范城市中央补助9亿元、海洋生态保护修复项目中央补助3亿元，助推全市生态修复和环境改善。发行地方政府债券227.1亿元，保障全市重点项目资金需求。全市累计进入财政部综合信息平台管理库项目58个，总投资1229亿元，其中落地项目47个，投资额1017亿元，全市入库项目和落地项目均居全省第一。

【财政支持城乡建设】 2021年，唐山市财政局筹集资金24.2亿元，扶持145个村集体经济项目，建设15个农村综合改革示范村，落实耕地地力保护、农机购置、农业保险保费等强农惠农补贴政策，促进乡村产业发展、农民增收。落实中央、省“关于调整完善土地出让收入使用范围优先支持乡村振兴”政策精神，将土地出让收益33%用于农业农村。推进“一港双城”建设，筹集资金40.8亿元，保障唐秦高速唐山段建设，打通23条城区断头路，唐丰路、朝阳道等市内道路新建翻修，市中心区老旧供水管网改造和市政排水工程完成，开展城市公园新建和改造提升工程，支持举办省第五届园博会。运用土地出让金封闭运行等财政政策助推唐山原点及东部片区改造启动。落实曹妃甸高质量发展政策，返还资金15.5亿元，打造全市经济增长极。

【财政助力产业转型升级】 2021年，唐山市财政局筹集2.2亿元奖补扶持创新主体，包括新认定高新技术企业538家、科技型中小企业229家、科技创新平台37个等。支持先进装备制造等战略性新兴产业，落实“专精特新”中小企业高质量发展奖补政策，提高科技进步对经济增长贡献率。筹集1.2亿元助力对外经济和人才发展，举办“京津冀专家唐山行”“海内外高层次人才唐山行”等会议，兑现创新团队和创业人才奖励补助政策，推动全市引才引智。支持跨境电商商务氛围和市场主体培育，推动外资外经外贸发展，促进对外交流合作。筹集资金6.2亿元支持市场主体发展壮大，建立河北产业引导基金，兑现唐山唐钢气体有限公司等9家企业上市奖励。落实减税降费各项政策，全年新增减税降费29亿元。

【财政改善民生】 2021年，唐山市财政局累计投入12.5亿元，用于全民免费接种新冠病毒疫苗、核酸检测及购买防控物资设备，为全市疫情防控提供保障。筹集资金10.9亿元，落实各项教育补助政策，改善幼儿园、中小学办学条件。支持党校迁建、唐山职业技术学院与华北理工大学冀唐学院合并、唐山工业职业技术学院建设双高校。推动北京交通大学、北京理工大学唐山研究院改造提升，为唐山深度融入京津冀协同发展提供更多机遇。筹集

唐山市财政局组队参加市直机关庆祝中国共产党成立100周年歌咏大会。
石　磊　摄

资金47.8亿元，落实就业优先政策，推进基层医疗机构能力提升和标准化建设，完善城乡养老服务体系，支持中医医院迁建、第二医院骨科大楼新建，提高基本公共卫生、城乡居民医疗保险、城乡低保和长期护理保险保障标准。筹集资金23.7亿元，“双代”改造（气代煤、电代煤）27.56万户，购置国控点示范区精细化治理装备，推进高铁、高速生态廊道和荒山绿化建设，实施大气、水、土壤污染综合治理。筹集资金27.3亿元，用于应急物资储备基地建设、食品药品综合检验检测配套设施建设。制发“文化惠民卡”，举办特色体育赛事活动，繁荣文化事业。改善低收入人群住房条件，营造良好人居环境。助力扫黑除恶，建设智慧平安社区。

【财政制度完善】 2021年，唐山市财政局制定国防、自然资源、文化、生态环境等领域市与区财政事权和支出责任改革方案，规范上下级政府间财政关系。制发《关于进一步深化预算管理制度改革的实施意见》《市级预备费管理办法》《市直单位申请追加预算工作规范》，改进预算管理，规范支出行为，建立健全预算管理长效机制。强化直达资金动态监控，督促县（市、区）规范高效使用直达资金，下达市以上直达资金106.2亿元，落实项目4952个，保障基层财政运行，补齐短板弱项，兜牢民生底线。加强事中绩效运行管理，绩效目标实现程度和预算执行实行双监控，调减预算项目资金5.9亿元，统筹用于民生事业。强化采购人内控制度建设，优化政府采购营商环境，制定《唐山市市级政府采购绩效管理办法（试行）》，全市完成政府采购额158.4亿元，节支率5.2%。全年完成财政投资评审项目424项，审减金额8.3亿元，审减率12.7%。厉行节约，全市和市本级“三公”经费比上年分别下降10.9%和16.5%。

【财政风险防控】 2021年，唐山市财政局印发《唐山市防范化解财政金融领域风险实施方案》，加强财政金融风险防控。争取再融资债券278.3亿元，缓解全市偿债压力。完善还本付息管理，督导县（市、区）将偿债本息足额列入预算，全市按时足额偿还到期债券本息384亿元。市中心城区环线及北环连接线（二环路）PPP项目落地，降低全市和市本级政府债务率。压实各级“三保”（保工资、保运转、保民生）责任，在争取上级财力性补助资金同时，对困难县区加大倾斜力度，确保基层财政平稳运行。

【财政队伍建设】 2021年，唐山市财政局提拔正科级干部1名，公务员晋升职级8名。制定2021年度干部培训计划，采取财政大讲堂、专题网班等形式，加强干部政治理论和业务培训，提高干部综合素质。强化多岗位实践锻炼，先后选派36名干部在省委巡视组、市委巡察办、市纪委等综合部门学习锻炼，选派3名干部组建驻村工作队参与乡村振兴，助力干部在实践中增强本领，激发干事创业热情。

（赵希源）

税　务

【税务概况】 2021年，唐山市地区生产总值8230.6亿元，比上年增长6.7%。第一产业增加值606.5亿元，增长6.6%；第二产业增加值4546.8亿元，增长4.1%；第三产业增加值3077.3亿元，增长10.2%。三次产业结构由2020年8.2∶53.2∶38.6调整为7.4∶55.2∶37.4。全市规模以上工业增加值比上年增长4.9%。财政总收入975亿元，增长13.4%。税收收入347.1亿元，增长6.7%。全年累计完成各项税收收入1122.1亿元（含海关代征增值税、消费税，未扣减出口退税），增长20.8%。其中，税务部门组织收入793.9亿元，增加88.6亿元，增长12.6%；海关代征328.2亿元，增加104.6亿元，增长46.8%；办理出口退税24.8亿元，减少4.64亿元，增长23.01%。唐山市税务局被省税务局评为“2021年度绩效管理先进单位”。2021年社保费完成357.29亿元，非税收入完成293.26亿元。全系统年内累计获得县级以上荣誉103个。唐山市委、市政府对唐山市税务局肯定批示11次。

【法治税务建设】 2021年，唐山市税务局立足法治税务建设，落实全面依法行政各项举措。按照行政执法“三项制度”要求，公示30.8万余条执法信息，采集上传1291条执法音像记录信息，组织全市2次修订权责清单。落实国家税务总局“首违不罚”清单和京津冀税务行政处罚裁量基准。按程序开展重大税务案件审理和税务行政复议，应诉税务行政诉讼案件，化解税务行政争议。对照权责清单、征管规范和纳服规范，梳理全部执法事项“四个网上”具体可行性和实施路径。

【税费政策落实】 2021年，唐山市小规模纳税人降低征收率减征增值税4亿元，提高起征点后免征增值税11.49亿元，办理增值税留抵退税36.80亿元。全市享受研发费用加计扣除纳税人1284户，比上年增长50.89%；研发费用加计扣除金额28.8亿元，比上年增长25.57%。个人所得税经营所得和综合所得汇算清缴完成，总体进度全省第三，退税及补税办结率居全省并列第一，相关做法在省税务局个税改革简报全文刊载。全市66.29万户纳税人受益财行各税优惠政策，减免税48.9亿元。

【税收经济分析】 2021年，唐山市税务局向市委、市政府报送月度组织收入分析11篇，4篇受到市主要领导批示。协助省税务局撰写钢铁行业等专题税收分析7篇，3篇受到省委、省政府领导批示。撰写钢焦限产、房地产行业、吨钢税等分析报告，5篇获市领导肯定。协调相关单位制定采购预算及采购计划，全市系统在扶贫平台完成采购256.97万元，超过采购贫困地区农副产品预留份额13.87%。

【税种管理】 2021年，唐山市税务局强化各税种信息核查，提取小规模纳税人地方税减半征收、环保税减免、契税申报等疑点数据，下发排查各税种疑点数据1.7万条，涉及应享未享退抵税款1.5万元，补缴税款386万元。开展水资源税申报信息监控，累计核查调整取水量504万吨，补缴税款235.28万元。协调市生态环境局按季传递处罚和排污许可信息，同步下发核查比对，将420户未申报纳税人全部纳入管理。

【国际税收管理】 2021年，唐山市累计入库非居民企业税收9364.73万元，其中企业所得税实际入库5825.15万元，增值税实际入库3360.07万元，其他税种实际入库179.51万元。落实再投资递延纳税政策，为2户外资股东办理递延纳税业务，实现递延纳税1832.59万元。落实非居民企业享受协定待遇资料备案改备查办法，办理享受税收协定待遇事项42笔，减免非居民企业所得税2235.55万元。对2家企业股权转让行为进行监控管理，企业自行调整，补缴企业所得税税款及利息57.59万元。挖掘对外发送情报案源，向英属维尔京群岛及英国等地发送4份情报，取得英属维尔京群岛情报回函1份。

【办税缴费服务】 2021年，唐山市税务局搭建113个网格化服务小组，配备1751名网格服务员，及时服务率100%。召开"深化税收改革 办好惠民实事"新闻发布会，建设"1+1+N"智慧办税服务网络，路南区局率先建成智慧型办税服务样板厅，丰南区局、高新区局建成远程帮办中心，17个县（市、区）局建成24小时自助办税服务厅，10个县（市、区）局建成36个基层办税服务室，5个县（市、区）局建成12个智能微厅。为1.2万户纳税人提供102.7亿元纳税信用贷款。在省税务局首次全省范围纳税人满意度调查中，唐山市税务局位列第五名。

【征收管理】 2021年，唐山市税务局市、县两级均组建《关于进一步深化税收征管改革的意见》落实领导小组，下设领导小组办公室和8个工作组，并建立6项工作制度，细化76项具体改革目标，提出102条落实举措，建立《督导工作任务清单》，明确12个监督事项、81个督导关注点。从户籍管理入手，落实新办市场主体"一网通办"工作，每月申报率均位于全省前三位。落实金税三期和相关系统运维保障措施，受理系统运维问题4650个，运维平台处理问题2449个，处理率100%。修订现行《金税三期核心征管系统操作手册》中申报类业务28个模块，采取前台修改和后台运维相结合方式，开展数据筛查，修改1.6万项错误数据。

【税务稽查】 2021年，唐山市税务局累计立案检查企业900户，查结854户，查补入库税款、滞纳金、罚款合计5.54亿元，清理积案485户，清理率93%。联合公安、海关、人行组建唐山市打击涉税违法犯罪数据化合成作战中心，对涉税违法犯罪保持高压态势。《由点到面 一条个人信息虚假冒用牵出20万元补缴税款》被推送至国家税务总局参加全国优秀稽查案例评比，《一案双查追税款 稽查双剑破谜团》被省税务局评选为经典案例。

【税务监管】 2021年，唐山市税务局累计下发疑点清册4批次257条数据，均完成核实反馈。加大数据监管力度和数据质量管理，创新编写指标监控脚本，定时对考核指标实时监控。累计修改问题数据38类1.6万余条，修改率100%。发挥5C监控评价作用，从税务人和纳税人两个维度，对各级税务机关税收征管质量开展监控评价，编写《税收征管质量监控指标工作指引》，相关经验做法在全省5C征管质量评价（北片）会议上做典型发言。

唐山市丰南区税务局线上办税支持中心指导纳税人办理业务。吕俊彪 摄

【大数据和风险管理】 2021年，唐山市税务局设计涉地税收、成品油零售、大宗商品交易等风险监管模型，识别出4类23个税收风险点，涉及增值税、房产税、土地增值税等7个税种，发布核查任务1290户次。向政务信息平台接入共享资源目录，获取到公安、医疗、水利、环保等多项涉税数据信息586万余条，对面向社会经济活动服务平台提供涉税数据2.3万余条。与市智慧办联合搭建本地涉税数据库，实现外部数据直接传输，截至年底，数据库中存储数据552万余条。推进"一主三辅"数据采集体系，全年采集涉税数据5万余条，形成涉及土地产权、医保划卡、钢铁生产、宾馆住宿、驾校培训、环保处罚、水利信息等领域7类数据资产。依托省税务局大数据平台，风险监管模型平台灌装，上线唐山市"一户式"全税种分析模块。

【电子税务】 2021年，唐山市税务局开展电子专票试点推广、同步核定、网格化管理、提升电子专票开具比例等工作，确定电子专票试点纳税人9673户，开具电子专票11.69万份，税额15.28亿元，同步核定率99.41%。将"智慧税务"纳入"智慧唐山"整体框架内，打造唐山政务信息共享协同机制和数据获取长期合作关系，争取地方无偿技术支持，实现外采数据导入内网数据库，获取地方涉税数据信息586.1万条。

【税收政务管理】 2021年，唐山市税务局处理各类公文6187余件，在外网公开政府信息102条（次），受理依申请公开4件，均按规定时限反馈。本级机关及全市税务系统政府信息公开年度报告编制完成。全年办理群众来信来访82件次，涉及来访人员230人次，赴总局值守10人次。市税务局机关开展保密自查4轮次，督导县（市、区）局检查2轮次。

承办省税务局转办“互联网+督查”2件，承接市委市政府督查室下发督办单20件，均按时反馈。办理人大建议政协提案8件、市长热线418件次、问政唐山平台1309件次。

【税务系统财务管理】 2021年，中央财政公用经费市税务局机关下降8.5%，县区局平均下降1.97%。组织全系统预算单位编制2020年度部门决算，清查财务事项，重点对税务系统单位之间涉及债权债务和收入费用科目经济事项清理、对账，确保财务会计核算数据账实相符。督促基建项目建设单位召开信息维护及日常审核检查，督促项目建设单位根据项目实际进展情况，将项目设计、相关审批手续办理和工程形象进度等情况在项目库数据系统及时更新，保证项目实施进度数据准确完整。

【税务督察内审】 2021年，唐山市税务局依托内控监督平台，加强执法过程监控，及时预警执法风险，防范执法过错。按照纪律作风整顿督导调研方案开展调研。完成内部层级督审和经济责任审计任务，配合上级税务局和审计署开展审计。与省税务局督察内审处共同分析增值税发票内控工作存在问题和不足，撰写《增值税发票风险智能预警内控机制设计与重构》论文，在省税务局统一发表。

【税务队伍建设】 2021年，唐山市税务局制定唐山市税务局党委2个责任清单。坚持年初定责、年中督责、年底述责，整改省税务局党委巡察问题，开展对12个县（市、区）局党委常规巡察和问题“回头看”。调整8个县（市、区）局主要负责人，评选6个县（市、区）局班子、50名班子成员、市税务局机关及派出机构中17名正副职为优秀等次。召开3次青年干部座谈会，组织青年才俊推进会、青年干部演讲会、青年干部向市税务局建言献策等活动。注重老干部管理服务，全市系统“金税桑榆”推广应用面98%，经验做法被总局平台刊发推广。在市税务局机关率先开展武练兵，分岗位组织120名45岁以下市税务局机关税务干部、125名稽查人员参加业务考试。利用省税务局“网络教育平台”组织3次不同业务网络测试，累计8497人次参加。通过练兵比武选拔57名岗位能手、37名高端人才，在全省税务系统“岗位大练兵、业务大比武”活动中获优胜单位二等奖。3支代表队在网络安全技能竞赛唐山地区总决赛中包揽前3名。编印《唐山税务•党史学习教育专刊》，展现系统内党建经验成果。路南区税务局“共产党员服务队”被省税务局党委列为典型，纳入向省委党史学习教育专题汇报中，高新区税务局“党建红+税务蓝”党建品牌得到省税务局党委认可。利用冀东烈士陵园、大钊纪念馆等红色资源，开展党日活动。参加全省税务系统党史知识竞赛，获团体第一名，在省税务局学习教育推进会上作典型发言。“传承大钊精神 锻造税务铁军”案例入选省税务局党史学习教育典型案例，理论研究成果《中国共产党治税思想在税收征管制度改革中的意义、作用与影响》在省税务局内网展示。

（史逸夫）

银行监管与服务

·人民银行唐山中心支行·

【人行唐山支行概况】 2021年，唐山市金融机构本外币各项贷款余额7764.76亿元，比上年增加11.52%，较上年同期减少2.6个百分点，其中住户贷款余额1850.53亿元，比上年增加14.46%，非金融企业及机关团体贷款余额5890.35亿元，比上年增长10.67%。新增贷款投放行业集中在批发零售业、交通运输仓储和邮政业、租赁和商务服务业，分别增长196.74亿元、78.00亿元和68.18亿元。12月，全市银行机构投放行业贷款（不含票据贴现）余额7348.91亿元，比年初增加768.01亿元，比上年少增96.97亿元。唐山市金融机构本外币各项存款余额1.19万亿元，比上年增长6.18%，较上年同期减少4.22个百分点。其中，住户存款余额8210.66亿元，比上年增长9.76%；非金融企业存款余额2325.56亿元，比上年下降2.52%。机关团体余额1241.51亿元，比上年增加8.82%。财政性存款余额107.05亿元，比上年下降44.61%。唐山市金融机构人民币各项贷款余额7748.10亿元，比上年增长11.70%。人民币各项存款余额1.19万亿元，比上年增长6.27%。全市银行业金融机构本外币总利润129.68亿元，比上年多盈利7.72亿元。

【金融支持实体经济】 2021年，唐山市累计发放再贷款资金37.13亿元，比上年增加19.1亿元，增幅105.9%。累计发放再贴现资金98.74亿元，比上年增加16.65亿元，增幅20.28%。提前完成3000亿元支小再贷款投放计划指标和8个亿推进计划，全市新增贷款802亿元，增速10.33%，信贷增速与唐山市经济需求基本匹配。督导法人金融机构扩大信贷投放，缓解实体经济融资难题，全市法人金融机构新增贷款444亿元，比上年多增91亿元，占全市新增贷款55%，企业综合融资成本下降。全市法人银行对744户普惠小微企业给予延期还款安排27.2亿元，发放小微企业信用贷款11.84亿元。推动政银企对接全覆盖，对接7.64万家，已授信1.25万家，满足率99.72%，新获授信1763.19亿元。开展“贷动小生意 服务大民生”专项行动，唐山市个体工商户经营性贷款人民币余额144.15亿元，比年初上升21%。发展绿色金融，围绕低碳经济、绿色转型等热点开展调查研究，完成河北省重点研究课题2项、河北省青年重点课题3项，参与省行课题组成果获总行青年课题组活动一等奖，1项研究成果获2020年河北省重点研究课题一等奖。

【金融风险防控】 2021年，人行唐山支行督促金融机构完善制度建设，组织金融机构结合自身实际制定风险排查方案，完善防范挤兑风险专项方案以及负面舆情处置预案。辖区18家法人银行业金融机构压力测试和应急演练完成，整改测试和演练中发现问题，提升辖区法人机构应急处置能力。存款保险宣传，全年督促、指导辖区银行业金融机构开展存款保险宣传活动1700余次，其中“进村、进镇”850余次，受众约30万人，实现存款保险宣传全市全覆盖。建立防范金融风险巡查督导制度，现场巡查及督导12家中小银行业金融机构金融风险防范化解情况。研判辖区中小银行业金融机构风险状况，督促金融机构开展金融风险排查，推动金融风险防范常态化。

【金融服务企业】 2021年，人行唐山支行支持外贸新业态和自贸区发展，配合市政府制发《关于强化金融创新 支持中国（河北）贸易试验区曹妃甸片区高质量发展的若干措施》，释放唐山市自贸区、跨境电商综试区、综合保税区3区叠加政策红利。自贸区成立后，曹妃甸片区新增外商投资企业17家，实际利用外资7727.79万美元，占河北省内90%。曹妃甸片区实现涉外收支总额56.67亿美元，占全市29.91%，在全省4个片区排名第一。争取外汇创新试点政策，促进贸易收支便利化试点落地。

【外汇管理服务】 2021年，人行唐山支行指导辖区银行办理货物贸易特殊外汇业务处置14笔，累计金额902.89万美元。办理个人经常项下特殊外汇业务处置198笔，累计金额75.02万美元。引导企业树立汇率风险中性理念，召开“我为群众办实事 惠企政策进万家”宣传活动启动仪式暨汇率风险中性理念现场宣导会议，搭建唐山市政银企汇率避险业务合作交流平台。召开“河北自贸区曹妃甸片区企业汇率风险中性管理及风险防范研讨会”，邀请国内著名经济金融专家作汇率风险防范及汇率走势专题讲座，提高企业汇率风险中性意识和管理水平。

【金融科技管理创新】 2021年，人行唐山支行促进辖区内金融标准落地实施，唐山银行系统升级改造68个基层网点、18家地方法人手机银行APP，分别通过国家权威部门标准认证和系统备案。唐山银行渔业企业融资服务纳入河北省金融科技创新监管工具第三批创新项目。金融科技赋能乡村振兴工作在全省推进会上做典型经验介绍。协调联动，应对1起银行机构核心系统存储故障，化解潜在风险，做法获石家庄中心支行肯定。

【国库服务职能优化】 2021年，人行唐山支行推进村镇银行加入TIPS工作，指导省内9个地市25家村镇银行与唐山银行签订业务协议，其中19家村镇银行29个网点接入TIPS。针对企业“急难愁盼”问题，开通资金拨付“绿色通道”，相关做法被推荐上报总行国库局。

【金融服务社会】 2021年，人行唐山支行做好合同审核，处理信访、举报、投诉、应诉事项，防范法律风险。执法检查2项，全年未发生行政复议、行政诉讼案件。撰写法治调研报告14篇，其中5篇被省级以上期刊刊发，1篇被总行《金融法治优秀调研报告汇编》收录出版，为法治央行建设提供基层经验。与监管部门联合制定唐山市地方金融组织统计工作实施方案，建立与辖区内地方金融组织统计工作联系和报表数据报送机制。制定《反洗钱交互平台操作指引》《数字证书管理细则》，强化规范管理。与唐山市公安局等18家单位协作，联合制发《唐山市反洗钱反恐怖融资工作联席会议制度（试行）》，提升反洗钱合力作用。助推司法机关洗钱案件侦办，终审判决3起洗钱案，实现唐山辖区洗钱罪入罪零突破。警银协作，打击电信网络违法犯罪，遏制涉案账户高发态势。督导各银行减费让利、适老化改造等，提升支付服务水平。创新内控模式，加强会计核算管理，业务办理成功率排在全省前列。征信便民为民水平提升，新增商业银行代理查询网点10个，增量居全省之首，实现市、县两级自助查询服务全覆盖，自助查询占比99.47%，满足人民群众对信用报告方便查、就近查需求。应收账款平台新增用户103个，融资80.8亿元。曹妃甸支行利用关键时间节点，走进河北科技学院开展金融教育进校园宣传活动，受众1.2万人，相关做法被总行《中国金融消费权益保护》刊发推介。

（朝鲁孟）

·金融监管局·

【金融监管概况】 2021年，唐山市金融业增加值实现230亿元，占GDP比重2.8%，增速4.6%，较上年增加0.5个百分点。截至12月末，全市贷款余额7764.76亿元，存贷比65.01%，比上年增加3.11个百分点，较近10年最低点2018年58.94%增加6.07个百分点。金融营商环境“获得信贷”指标位列全省第一，“深化改革经验”入选《河北省改革典型经验选编》，金融领域扫黑除恶工作获评省级先进唐山市金融管理局编制《唐山市金融业发展“十四五”规划》，制发《关于金融支持曹妃甸自贸区与站西片区建设发展的若干措施》，引导金融资源向曹妃甸自贸区、唐山新城等重点区域倾斜聚集。发展供应链金融，开展全市企业贷款情况普查，参与探索EOD融资模式，为降低企业融资成本、拓宽全市融资渠道提供参考。开展惠企助企提速工程，线上金服平台市场化，提升平台功能性、实用性和辐射性，入驻企业累计超过1.5万家，融资金额737亿元；线下深化政银企对接，为近百家企业解决融资需求超50亿元。开展企业贷款普查，推动城市更新融资，为降低企业融资成本、拓宽全市融资渠道提供重要参考。累计组织综合性银企对接3场、区域性对接28场、行业专场6场，融资超100亿元。截至年底，社会融资成本5.5%，低于全省平均水平0.66个百分点。

【区域资本市场建设】 2021年，唐山市金融管理局起草《唐山市关于发展多层次资本市场服务区域经济质效提升若干措施》《唐山市关于支持上市挂牌公司高质量发展的实施意见》，为资本市场发展提供政策指引。年内，滦南县中红医疗、丰南区华通线缆、玉田县润农节水分别在深交所创业板、上交所主板、北交所上市发行，滦州市瑞达股份、曹妃甸区聿舍酒店、古冶区音明股份（迁入）成为市新增新三板挂牌企业，完成河北股权交易所“新增10家上市挂牌企业”年度任务。全市存量上市挂牌公司126家（新三板及以上44家），新增股权融资24.74亿元，资本市场“唐山板块”日趋完善。坚持日问询、周对接、月调度、季督办机制，督导开平区打好清零攻坚战，10月21日，图灵科技在河北股权交易所挂牌，实现上市挂牌企业县域全覆盖。制定《依法从严打击证券违法活动的实施意见》《唐山市私募投资基金风险处置工作方案》，开展专项整治，构建长效工作机制，维护资本市场运行秩序。

【地方金融机构】2021年，唐山市金融管理局指导曹妃甸区新设金易小贷公司，成为近3年全市唯一新设地方金融组织，全市地方金融组织总量100家，其中小额贷款公司39家，贷款余额15.15亿元；典当行43家，典当总额22.57亿元；融资担保公司15家，新增担保额8.98亿元；融资租赁公司2家，资产管理公司1家。规范开展地方金融组织现场检查和年度审计，组织线上线下培训63次，引导地方金融组织合规经营、规范发展。完善服务体系，制定《唐山市政府性融资担保体系建设实施方案》，实现政府性融资担保机构县域全覆盖，机构数量位居全省首位。推进银担合作，开展资产专项检查，支持服务小微企业和“三农”发展。

【金融风险防范】2021年，唐山市地方金融监督管理局制发《防范化解政府隐性债务风险的意见》，强化对金融风险防范处置统筹。建立金融风险防控体系，主动研判分析政府性融资平台、企业债券、唐山银行发展等金融及经济衍生领域风险隐患，坚持旬例会、月调度，制定“唐山银行风险防范化解及创新发展专项方案”，实现高质量发展。推动玉田县合进商贸风险点彻底销号。河北融投在保余额年压降3亿元，位列全省第一。落实《防范和处置非法集资条例》，2021年非法集资新发案件89起，案件数量、参与人数、涉案金额较上年分别下降25.8%、52.13%和12.1%。成立工作专班，定期排查调度，及时分析研判，督导限期化解，确保全市集资融资类信访整体稳定。

【金融生态环境优化】2021年，唐山市金融管理局制定“人才贷”专项金融服务政策，起草《唐山市“人才贷”金融服务实施细则》，实现人才链、产业链、创新链、金融链融合，发挥金融精准支持和服务保障作用。配合市委组织部总结评估第一期金融挂职工作，完成第二批金融挂职干部推荐，金融支持县域发展能力增强。支持唐山银行申报设立博士后创新实践基地，9月份获批，成为全省19个新设博士后创新实践基地之一，为唐山银行转型发展提供智力支持。深化国家、省营商环境评价成果，全市银行系统开展“优化营商环境 金融建言纳策”活动，与《河北日报》合作开展金融集中宣传，截至年底，不良贷款率1.89%，比上年减少0.02个百分点。支持曹妃甸自贸区建设，协助跑办河北自贸区大宗商品交易中心4月27日进入现货交易试运行。广发银行、唐山央金综合金融服务平台园区、天津中冀普银基金3个项目落地，其中广发银行10月下旬正式开业。与沪深两市交易所建立联系，为资本市场建设奠定基础。

（唐 伟）

·唐山银保监分局·

【重点领域金融投放】2021年，唐山银保监分局指导唐山市银行机构支持京津冀协同发展贷款余额822.38亿元，在全省率先印发《简化自贸区金融机构和高管准入方式实施细则》，指导区内8家银行实现合资企业利润汇出境外业务、电子仓单质押新型供应链金融等10项制度创新落地。制定《推动绿色金融发展工作意见》，从5类15点指导机构深化绿色金融服务，强化绿色金融业绩评价考核力度，2021年实现绿色金融融资余额416.16亿元。

【民生领域金融服务】2021年，唐山银保监分局梳理97项政策措施，专项督查18家机构，对2020年金融支持复工复产专项督查工作开展“回头看”。督导各银行业机构开展小微企业金融服务，截至年底，全市银行机构小微企业贷款余额2521.66亿元，比上年增长15.43%，贷款余额户数8.09万户，较年初增加1.89万户。扶贫小额信贷现场督导3次，辖内扶贫小额信贷累计发放281户，金额711万元。青年干部全员接访活动，全年受理信访举报投诉956件，接听来访电话、接待来访群众2800余次。

【银保监风险防范】2021年，唐山银保监分局督促辖内银行机构做实资产分类，加大拨备计提力度，提高拨备利用效率，全年全辖银行业处置不良贷款143.29亿元，12月末不良率较年初减少0.02个百分点。开展案件防控提升年活动，辖内银行保险机构排查上报各类案件22件，全面清理陈案，化解潜在风险。整治保险市场乱象，指导行业打击“代理退保黑产”。车险保单特别约定专项治理，叫停侵犯消费者合法权益行为。清理整顿财险公司保险专业代理网点，强化公司对专业代理渠道主体责任。

（张 一）

银行机构

·农业发展银行·

【农发行概况】2021年，农业发展银行唐山分行（简称农发行）各项贷款余额253.6亿元，较年初增长48.4亿元，累放各类贷款85.75亿元，其中中长期项目贷款65.84亿元，短期流动资金贷款19.91亿元。各项存款余额58.98亿元，存款日均余额85.81亿元。实现拨备前FTP利润3.54亿元，比上年增加0.3亿元，实现FTP利润2.82亿元。

【农发行信贷业务】2021年，农发行唐山分行围绕防止原有贫困人口返贫，谋划脱贫攻坚与乡村振兴有效衔接项目贷款，发放有效衔接贷款9.32亿元。保障中央、省、市、县四级储备粮油增储、轮换信贷资金供应，累计发放粮油贷款19.61亿元。聚焦城乡一体化建设、农田水利、基础设施、公共服务等重点领域重点工程，累计发放贷款47.98亿元，支持重点项目19个。强化“大市场、大粮食、大流通、大产业”理念，支持特色农业和一二三产业融合发展，累计发放农村流通体系等农业现代化贷款15.17亿元。围绕生态修复、土地整治等重点领域和薄弱环节，累计发放贷款23.91亿元。

【农发行存款营销】2021年，农发行唐山分行树立“以客户为中心”服务理念，发挥财税库银横向联网系统、网银系统功能作用，分析客户需求，提升服务客户手段，增强存款营销竞争力。通过办理收单、银行承兑汇票、国内保函、保理、信用证等业务，提升综合金融服务能力，拓展增存渠道。发挥银企直联系统资金归集功能，对接大型央企或省属企业集团资金结算业务合作需求，为各类客户提供金融服务。

农发行唐山分行与迁西县政府签订战略合作协议。　　张理晨 摄

【农发行内部管理】 2021年，农发行唐山分行落实“合规农发行”3年行动计划，实施“理念宣贯、‘合规+’深度融合、标杆激励、警钟长鸣、人才建设”等5项重点建设工程，形成合规文化建设长效机制。创新贷后管理例会模式，改进贷后管理例会形式，在常规分析基础上确定主题，实现形式、内容、点评“三创新”。实施“日反馈、月通报、季考核”集授、后督和财管3个运营系统考核模式，开展“拉网式”风险排查及检查辅导，出现重大差错采取通报、罚款等形式形成高压势态，持续降低差错率，提升运维管理水平。

【农发行队伍建设】 2021年，农发行唐山分行开展“我为群众办实事”活动，累计立项81项全部办结。加强党支部标准化规范化建设，推行一项任务、一个党组织、一名领导、一套方案、一个专班、一抓到底“六个一”支部工作法，开展“两优一先”评选、选树“我身边的共产党员”、慰问表彰“光荣在党50年”等活动，引导党员干部立足本职岗位，发挥先锋模范作用。印发青年人才培养实施方案，构建和完善制度体系和文化氛围，培养专业化员工队伍。县级支行开展常规巡察、专项巡察和政治生态分析评价，通过召开警示教育动员大会，学习典型案例，观看《警鉴2020》《直击基层微腐败》《正风反腐就在身边》警示教育片，参观运河警示教育基地，纪委书记讲廉政党课、讲典型案例，纪检干部讲典型案例等多种形式，深化警示教育效果。建立典型案例学习库，创建“每周一例 警钟长鸣”警示教育典型案例专栏，筑牢干部员工“不想腐”思想堤坝。

（张文婧）

·工商银行·

【工行概况】 2021年，工商银行唐山分行（简称工行）下辖一级支行19家，包括14家县域支行、5家城区支行，营业网点101家，员工2200余人。拨备前利润19.97亿元，净利润10.7亿元，全部存款余额1111.41亿元，各项贷款余额672.65亿元，贷款不良率0.33%。累计发放个人住房贷款49.13亿元。突出客户拓展和价值创造，实现票据贴现连续15年同业首位。被唐山市政府评为“‘春雨金服再深化 服务质量稳提升 助企惠企促发展’劳动竞赛先进集体”“唐山市消费扶贫突出贡献单位”“2018～2020年度市级文明单位”。

【工行党建】 2021年，工行唐山分行举办党史学习教育专题读书班，在大钊故里开启“第一课”，开展党的十九届五中、六中全会和习近平“七一”讲话精神学习宣讲，特色做法被总省行党史学习教育简报和党史学习教育官网转发推广，“建党百年”电视片入选中国银行业微视频作品展。全年调整干部179人次，提拔科级年轻干部23人。坚持以人为本，提升员工收入和基础性保障水平，人均工资连续4年增长，累计增幅28.65%，非工资性费用增长15%，其中劳动保护费、企业年金等费用投入增长超过40%。组织政治执行力监督检查，开展“作风效能提升年”活动，对照目标深查问题严肃整改。

【工行服务经济】 2021年，工行唐山分行与市政府签订全面战略合作协议，安排总量1000亿元金融支持唐山经济转型和高质量发展，全年累计投放贷款560亿元。公共基础设施投放贷款14.39亿元，交通领域投放贷款4.01亿元，为交通和公共基础设施建设提供全方位综合性金融服务。实施“制造业金融服务深化年”专项行动，综合运用“贷+债+股+代+租+顾”多元化融资工具，为制造业企业搭建立体化金融服务体系，投放制造业贷款63.47亿元。落实普惠金融，完善工作机制，发挥科技优势，搭建“工银小微金融服务平台”，开展“百行进万企”“工银普惠行”“千名专家进小微”等活动，依托3个普惠产品体系，满足小微客户及涉农领域企业多、频、急融资需求，累计为3700户普惠金融客户投放融资85亿元，涉农贷款增量占各项贷款增量占比24.57%。支持民营企业发展，为近400家民营企业投放贷款41亿元。

【工行服务建设】 2021年，工行唐山分行开展县域支行网点竞争力提升项目，组建培训团队到县域支行驻点辅导，提升服务能力和服务水平。全年实施网点优化调整3家，装修改造网点8家。优化低效自助银行，撤销低效自助银行27个，集中报废低效设备76台，调整低效设备120台。开展“温暖同行 智慧共赢”专题行动，以客户体验为落脚点，开展5项提升行动，将服务重点工作纳入网点负责人绩效合约，激励网点提升服务质效。开展服务效率专项治理，开展超时压降工作，全年超时等候客户占比3.07%，客户满意度99.68%，创建总行五星级网点1家，推选省行服务明星1人、市行“服务达人”10人，累计收到各形式客户表扬近200次。推行“线上订单、后台处理、物流配送”新模式，先后投产借记卡换卡不换号、个人资信证明开立、个人历史明细打印、个贷历史明细打印、个贷结清证明

12月10日，工商银行与唐山市人民政府签订全面战略合作协议。

龙云飞 摄

开立、吞卡领取、对公凭证和增值税专票预约配送、电子询证函、企业账户便捷开户等24类个人和对公业务，为客户提供全方位金融服务。选取多家优质连锁商户，开展消费满减、随机立减绑卡支付优惠，促进线下消费。开展“1分钱乘公交”活动，推广微信首绑工行卡赠送微信立减金和“工享消费季”客户登录工行手机银行领微信消费券等优惠活动，为市民送福利。

【工行服务社会】 2021年，工行唐山分行参与扶贫帮困、捐资助学、金融宣传、绿色环保、疫情防控、助力高考等志愿服务活动，向行内外传递工行温度。开展专题志愿活动项目7个，参与志愿者活动600人次，帮扶群众2000余人次。组建爱心小分队，连续6年走进开平聋哑儿童康复中心，为孩子们送上学习和生活必需品。开展“寸草心爱老敬老行动”，走进建华雅居小区、常记养老院、“益年”老年公寓，为老年群体检测血压、眼睛，讲解日常养生保健知识以及金融常识，献上自编自演文艺作品。常态化开展防范电信网络诈骗宣传，推广“国家反诈中心”APP，现场宣讲受众超8万人次，制作《被冒名办卡贷款形成不良信用记录案》视频作品获首届“唐山市金融消费者权益保护典型案例大赛”一等奖，11月承办由共青团唐山市委主办“青春守护计划”唐山“12355”金融防诈骗线上专场直播课堂，近4万人次观看。全辖101家网点建立“工行驿站”，打造公共服务区域，提供微波炉、打气筒等便民设施，让户外劳动者“渴了能喝水、饿了能吃饭、热了能乘凉、冷了能取暖”。

【工行风险防控】 2021年，工行唐山分行强化全面风险管理理念，抓实潜在风险管理和大户风险监控，抓个人不良贷款常态化逾期催收，个贷资产质量创历史最优，全部资产质量保持同业较好水平。开展“强风控 保双无”专项行动，做好案件风险和员工行为排查，保持案防高压态势。统筹推进政治监督、同级监督、重点领域监督、日常监督和作风监督。连续4年实现无案件、无重大风险事件，连续23年无重大安全责任事故。

（龙云飞）

·农业银行·

【农行概况】 2021年，农业银行唐山分行（简称农行）各项存款余额1788.45亿元，较年初增长152.79亿元，各项存款增量、对公存款增量以及各项存款、对公存款、个人存款日均增量均居唐山“四行”首位。各项贷款余额764.11亿元，较年初增长47.71亿元，其中个人贷款增量“四行”第一，增量份额51%。不良贷款比年初下降4.43亿元，不良贷款率下降0.69%。实现营业收入37.45亿元，拨备后利润31.76亿元，比上年增盈16.34亿元。不良贷款及不良率实现“双降”，信贷结构持续优化，全年未发生案件和责任事故，实现安全稳健经营。开展“我为群众办实事”实践活动，制定活动清单，覆盖5个方面24项工作内容，年内9项完成，2项取得突破性成果，13项成为长期措施。

【农行服务地方实体经济】 2021年，农行唐山分行围绕国家战略和核心客户投资兴建省市重点项目，向优势行业、重点客户新增法人信贷投放21.87亿元。与唐山市“企业金融服务平台”合作，宣传产品政策，拓宽企业融资渠道。截至年底，通过农行唐山分行注册平台企业977家，平台企业发布需求798条，对接率100%，落实信贷投放69.13亿元。全年未发生风险管控范围外大额风险。

【农行助力乡村振兴】 2021年，农行唐山分行围绕“一产业一方案”，精选辖内县域产业集群，制定差异化信贷支持政策和授信营销方案，加大精准支持力度。截至年底，县域各项贷款余额402.25亿元，比年初增长29.88亿元，增速8.02%，高于全行各项贷款增速1.36个百分点，

农行唐山分行向抗疫一线医护人员赠送保险。 赵般腾 摄

达到监管要求。全省首个“三资平台”（资金、资产、资源）银村直联整体对接完成，完成首笔本行对公对私支付及跨行对公对私支付，同行、跨行批量平台结果查询等业务测试，“三资平台”正式全面加载支付结算功能。建立督导制度，全年开立农村集体经济组织账户4494个，开户完成率82.49%，居全省系统内第一。

【农行风险防控】 2021年，农行唐山分行制定《案件防控“双线管理”考核评价方案》，压紧压实各支行、各业务条线案防责任，开展“全面从严治党治行”以及“十二条禁令”宣传教育。定期开展运营案防重点工作任务专项检查，加强内控、信息科技、安全保卫、舆情、信访等管理，在全市金融机构安全评估中获第一名。2021年对公涉案账户涉及2户，较上年减少212户。加强外汇业务合规管理，在人民银行外汇业务考核中保持A类行。运用大数据、内外部检查提高科技案防水平，系统内首家上线互联网+不动产登记办理系统，累计办理相关业务105笔，为全省推广提供经验。落实责任追究442人次，纪律处分33人次，其中记大过1人次，记过10人次，记过并免职1人次，警告21人次，其他处理125人次，积分处理284人次。

（赵般腾）

·中国银行·

【中国银行概况】 中国银行股份有限公司唐山分行（以下简称中行）成立于1982年，注册地址为唐山市路北区新华西道67号，全市下设一级支行21家、二级支行49家。2021年，中行累计投放对公、对私各类贷款274.1亿元，较上年增长60.5亿元，增长率28.32%。其中，支持民营企业438户贷款投放69.1亿元，支持外贸企业33户贷款投放超102亿元。贷存比71.07%，年内获中行系统内服务实体突出贡献奖。

【中行减费让利】 2021年，中行发挥外贸专业银行优势，累计为30余家外贸企业提供结算手续费及汇率优惠，优惠幅度均在50%以上。为483家进出口企业提供跨境结算服务支持，引导企业树立汇率风险中性管理意识。服务外贸企业数量及新增贷款投放量均列中行系统内全省第一位。全年累计为392户企业投放“优惠利率”贷款，金额合计14.96亿元。累计为186户中小企业减免抵押、评估、保险等各类费用。

【普惠金融业务】 2021年，中行累计为450余家中小企业及2600余户个体商户投放普惠金融贷款27.52亿元。普惠金融贷款增速超全部贷款增速51.05个百分点。围绕核心客户开展“1+N”供应链融资，为22家上下游企业发放贷款超1.3亿元，被省中行作为优秀案例报送总行向全国推广。中行获系统内“普惠金融先进单位”、唐山市“春雨金融再深化、服务质量稳提升、助企惠企促发展”劳动竞赛先进集体等称号。

（匡宇轩）

·建设银行·

【建行概况】 2021年，中国建设银行唐山分行（简称建行）在职员工2359人，下辖机构网点113个，其中分行营业部1个，综合型和单点型支行27个，网点85个，遍布唐山各县、市、区。全行一般性存款时点余额1476.24亿元，各项贷款余额917.32亿元，存贷比62.13%。落实唐山市人民政府与河北建行签订《金融支持“抗疫情 稳增长 惠民生”战略合作协议》及《助力唐山实施乡村振兴战略合作协议》，加大信贷资金投入，服务国计民生，在“春雨金服再深化 服务质量稳提升 助企惠企促发展”劳动竞赛活动中获先进集体称号。解决基层“急难愁盼”问题，“我为群众办实事”取得实效，44条实事清单完成。

【建行服务实体经济】 2021年，建行唐山分行支持实体经济发展，累计投放652.55亿元。联合子公司为全市优质企业提供表外融资17.06亿元。组建内外部银团为全市重点企业授信融资1049亿元。推进高端化、绿色化、智能化、融合化产业转型发展，为中长期制造业发放贷款10.54亿元，为民营企业发放贷款22.92亿元，为战略新兴产业发放贷款21.16亿元，为绿色信贷发放贷款23.32亿元。全年普惠金融贷款投放177.64亿元，加大对抗疫企业支持力度，助力石家庄疫情防控集中隔离点建设，为芦台区3家集成房屋生产企业开通绿色通道，投放贷款1300万元。

【建行服务场景搭建】 2021年，建行唐山分行打造智慧网点，建设劳动者港湾，构建“1+6”网点场景生态经营新模式，整合企业注册、执照打印、印章刻制、不动产登记、车辆登记、企业缴税、发票发售、征信查询等多项服务进网点，升级优化客群金融体验，实现让“数据多跑路，群众少跑腿”。推广“冀时办2.0”，平台涵盖办理类595项、查询类1603项、缴费类1936项政务服务内容，全市注册用户163.7万人，累计提供政务服务超9万人次。将“冀时办”服务嵌入网点柜面、STM智慧柜员机以及延伸柜台，依托全行113个服务网点以及6000个“裕农通”服务点为全市百姓提供便民服务，实现全辖16个县域机构以及13个城区营业网点营业执照打印等功能“一网通办”。年初，为某外贸企业办理全省首笔“关银一KEY通”代理口岸卡业务，实现电子口岸业务与银行金融业务“一盾”

中国银行唐山分行柜员为客户提供专业金融服务。　　朱 红 摄

融合，年内建设代办网点3个，累计办理海关电子口岸业务208笔。宣传推广建行生活APP，促进本地消费，线上引进本地商家，助力群众享受美好生活，累计注册用户32.9万户，上架商户507户，商户订单金额701.53万元。

【建行助力乡村振兴】 2021年，建行唐山分行打造集“存、贷、汇、缴、投”功能于一体“裕农通”服务点，建设服务点5728个，覆盖全市5164个行政村，服务农民129万人，覆盖全市25%农村人口。与市行政审批局联合打造“综合服务站+裕农通”服务站2446个，通过复用场所、人员、平台、场景，为农村百姓提供各类政务、便民以及金融服务。省政务办与省建行在迁安联合召开“全省村（社区）综合服务站提升工程现场观摩会”。联合打造“裕农通（河北）”乡村振兴综合服务平台，累计上线650余项高频政务服务，部署4类15种线上信用贷款产品，为村民提供综合金融服务。在全省率先与市农业农村局签订《智慧村务综合服务平台合作协议》，为村委会提供村务公开、村民管理、基层党建等乡村综合治理服务，覆盖唐山市2615个行政村，覆盖率48.5%。推广“智慧旅游”平台，提供线上购票、景区宣传、人脸识别等综合金融服务，辖内迁安金岭矿山、塔寺峪以及迁西青山关等知名景区签约入驻。依托“裕农通”平台等线上渠道，组织限时抢、消费满减活动，吸引27户商家入驻平台，超4万农户参与购买，带动线上消费1717.35万元。创新推广“裕农快贷”等特色信贷产品，集中梳理迁西板栗、丰润生姜等105个特色产业，量身打造“栗乡云贷”“生姜贷”等31个特色贷种，累计授信5亿元。全省试点落地“牧场奶牛贷”，集中解决奶牛活体抵押和押品保险、监管等问题，实现授信1500万元，助力奶业振兴。

【建行住房租赁业务】 2021年，建行唐山分行与市住建局签署《进一步规范和发展唐山市住房租赁市场合作协议》，支持全市加快培育和发展住房租赁市场，提供更多住房租赁金融服务和解决方案。与市住建局深化住房保障领域合作，在全省创新试点“保租通”业务，盘活市房投公司名下旭安园闲置商业楼国有资产，为全市保障性租赁住房筹集提供全新路径。在曹妃甸自贸区试点工业园区模式存房业务，提升蓝领公寓、人才公寓供给，落地6个项目1181套房源，促进工业园区职住平衡。应用公租房管理系统，13个区县实现公租房业务全流程线上办理7161笔，市中心区公租房租赁补贴100%系统代发。

建行唐山分行请职教中心老师走进“裕农学堂”为绣娘讲授编织工艺。

赵明月 摄

【建行风险管控】 2021年，建行唐山分行成立金融风险防控工作领导小组和工作专班，制发《唐山分行全面落实党委风险管理职责实施意见》。年内处置2户大额不良贷款，制定单户转让保全处置方案，利用“数+保全”手段，创造经济增加值。推进风险管理由“人控”向“机控+智控”转变，从贷前到贷后提升风险管控能力。完善内控案防体系，做实内控案防建设。提升客户信息质量，客户信息完整率居系统第一，加大反洗钱宣传力度，提升反洗钱履职能力，消除洗钱风险隐患。

（赵明月）

·交通银行·

【交行概况】 2021年，交通银行唐山分行（简称交行）人民币各项存款时点余额313.54亿元，较年初增长14.88亿元，增幅4.98%。各项贷款时点余额285.1亿元，较年初增长8.54亿元，增幅3.09%。实现经营利润7.24亿元，比上年增长8145万元。不良率0.1%，资产质量总体稳定。标准化、规范化建设基层党支部，2个党支部获评省交行优秀基层党组织，分行营业部获交总行“优秀示范标杆党支部”称号，朝阳道支行党支部书记获评交总行优秀党务工作者。

【交行服务实体经济】 2021年，交行唐山分行对公实质性贷款余额较年初新投放22.86亿元，其中京津冀协同项目贷款余额增加9.62亿元，战略新兴产业、民营企业、绿色金融贷款合计净增25.56亿元，制造业贷款实现正增长，普惠涉农贷款增加6285万元，任务完成率202.73%。交行系统内首款数字化农业品牌贷“蒜黄贷”落地，累计为农户发放贷款2930万元；全年普惠“两增”贷款余额净增3.23亿元，任务完成率124.36%。解决企业融资难、融资贵问题，票据贴现发生额比上年增长30.51 亿元，新发放贷款利率比上年下降10个基点。住房按揭类贷款发放11.38亿元，发放量创历史新高。

【交行客户拓展】 2021年，交行唐山分行对公达标客户净增1575户，任务完成率106.42%。代发个人客户净增6404户，任务完成率160.12%。累计开通市级零余额账户19户、区级零余额账户34户。为17户企业上线CIPS标准收发器，排名全省交行第一位。私银客户净增93户，任务完成率138.8%，排名全省交行第一位。沃德客户净增1036户，比上年多增390户。有效活跃客户净增1.66万户，任务完成率107.6%。信用卡新增活户1.03万户，任务完成率109.2%。首批9家网点社保卡一站式服务资格获批，电子社保卡新增9332户。

【交行风险管控】 2021年，交行唐山分行开展“内控合规建设年”活动，开展全员警示教育大会、全员讲合规、警示教育月、安全月活动，开展各类风险排查，强化防早防小，加强应急管理，开展信息、消防、舆情、营运应急保障等演练，加强客户信息、保密、微信群管理，全年未发生重大风险事件。不良贷款余额较年初减少5740万元，不良率较年初减少0.21个百分点，资产质量保持稳定。外汇管理连续7年被市外汇局考核评估为A类银行。

【交行消保服务】 2021年，交行唐山分行优化消费者权益保护制度体系，原创情景剧《防范金融风险，守护幸福晚年》获人行唐山市中心支行首届《金融消费权益保护典型案例大赛》二等奖，交行曹妃甸自贸区分行帮助客户识别一起冒充公安局视频电信网络诈骗事件。开展消保服务检查、提质提效、文明服务活动，推进适老服务，管理各类投诉，人民银行金融管理政策评估得分名列前茅，在金融消费者权益保护评估工作中获A+。

（郭耀国）

·唐山银行·

【唐山银行概况】 唐山银行股份有限公司成立于1998年6月，在唐山市原有27家城市信用社基础上组建而成，是具有独立法人资格国有控股地方性城市商业银行，下辖68家支行，在职正式员工1448名。截至2021年底，唐山银行资产总额2165.93亿元，较年初增加153.24亿元。授信资产余额1242.09亿元，较年初增加56.94亿元。各项贷款存量、增量均居全市40家银行首位，存量市场份额15.7%，增量市场份额32%。各项存款余额155.74亿元，较年初增加69.56亿元，其中个人存款余额1243.32亿元，较年初增加124.93亿元；对公存款余额316.4亿元，较年初减少55.37亿元。全行存贷比79.63%。累计实现营业收入38.73亿元，比上年增加3.73亿元；实现拨备前利润26.99亿元，净利润15.63亿元，增幅15%，在全省城商行排名第二位，人均利润是全省平均值2.3倍。累计缴纳各项税费5.11亿元，比上年增加0.17亿元。不良资产率0.88%，不良贷款率1.03%，保持全省城商行最低。年内先后获“2020年度企业标准‘领跑者’”“河北省脱贫攻坚先进集体”“最具社会责任中小银行”“2021年度责任企业”“卓越竞争力金融科技银行”“2020～2021年全国金融系统思想政治工作优秀单位”等称号。

【唐山银行支持实体经济】 2021年，唐山银行支持省、市重点项目53个，授信223亿元。对公贷款净增236.52亿元，占全市总增量41%，发挥城商行在服务地方经济中先锋队和主力军作用。普惠型小微企业贷款“增量、扩面、提质、降本”，完成“两增两控”（两增即单户授信总额1000万元以下（含）小微企业贷款同比增速不低于各项贷款同比增速，贷款户数不低于上年同期水平。两控即合理控制小微企业贷款资产质量水平和贷款综合成本）目标，普惠型小微企业贷款超13亿元，增速70%，总户数超2.38万户，年内新增1.2万户，占全市总增量76.6%。支持乡村振兴，成立乡村振兴部，创新“兴农贷”等系列专项信贷产品。新增县域贷款106亿元，余额超230亿元。“迁西县特色旅游扶持项目”获评全市金融机构第一名。《人民日报》先后于1月4日、12月13日发文，报道唐山银行推动普惠金融事业发展方面所作探索和取得成绩。

【唐山银行金融创新】 2021年，唐山银行投资近3亿元信息系统项目集群上线，项目涉及核心系统、信贷系统等122个系统新建、重建、重大改造和适配改造，提升系统安全性、可靠性、稳定性，为中间业务开展、数字化转型奠定基础。新数据中心在建；研发上线“房惠贷”“商户e贷”等线上融资产品，互联网信贷创新；完善互联网信贷管理，“网贷新规”提前落地；社保卡、公务卡、便民缴费等重点项目推进，丰富产品体系；“兴农贷”等金融产品研发推出，支撑普惠金融任务达成；手机银行迭代推新，客户体验提升；供应链金融有序推进，实施特色发展。

【唐山银行风险防控】 2021年，唐山银行制定、修订制度223项，开展全流程控制，构建覆盖主要风险以及风险管理全流程制度体系。加强不良资产清收处置力度，不良资产处置率超额完成全年目标计划。加强操作风险管理，优化结算、核算业务流程，建设支行会计主管队伍，规范网点服务标准，开展专项检查，检查中发现问题及时整改。强化案防管理，开展现场、非现场审计、内控评价及条线尽职监督管理，完善“三道”防线建设（业务管理部门和业务经营机构是内控管理“第一道防线”，内控合规管理部门、风险管理职能部门是内控管理“第二道防线”，审计稽核部门是内控管理“第三道防线”）。启动智能档案库房建设，智能化金库进入试

12月2日，唐山银行举办“筑爱成光 温暖未来”国际残疾人日助残活动。

邱晓明 摄

运行阶段，获批成立唐山银行“代理发行库”。

【**唐山银行社会履责**】 2021年，唐山银行践行社会责任，依托“百瑞仁爱·盛唐慈善信托”累计开展捐赠17次，捐赠金额235.7万元，惠及全市5000余人。其中，向市儿童福利院、特教学校、市截瘫疗养院捐赠30余万元；向滦南伍庄完全小学等4所小学捐赠体育器材、校服等共计8.6万元；与玉田县、乐亭县、遵化市、芦台区相关部门开展筑梦远航助学活动，向284名家庭困难学生捐赠助学金25万元；向全市334户困难残疾人家庭、残奥冠军捐赠24.9万元；向丰南蛮子坨村、遵化汤泉满族乡、迁西三屯营镇开展慈善捐赠，助力乡村振兴，累计捐赠73.6万元。围绕服务社会、服务客户、服务基层、服务特殊群体等内容，组织全行38个党支部制定“我为群众办实事”重点项目清单，涉及服务项目96个，开展志愿服务活动36场，累计帮扶群众5000余人，把“我为群众办实事”落实到具体行动上。

【**唐山银行队伍建设**】 2021年，唐山银行累计开展3次大规模招聘，吸纳各类人才266人。截至年末，全行有博士研究生7人、硕士研究生207人、本科毕业生 923人，本科及以上学历员工占比接近八成。优化总行部门职责和岗位设置，建立总行机关编制管理体系和管控机制，上线人力资源管理系统，推动人力资源管理向信息化、专业化转型。探索高质量人才队伍建设，采取线上线下相结合方式，全年开展各类培训287场，累计培训3.72万人次。完善培训形式，精准施策，建立起具有唐山银行特色的培训课程体系，实现业务领域和人员层次全覆盖，建立内部育才机制。2021年“联盟杯”中小银行内训师大赛上，唐山银行3名内训师分别取得网络评比“一等奖”“二等奖”“三等奖”及教案设计大赛“最佳教案设计金匠奖”“最佳教案设计银匠奖”。获批博士后创新实践基地，成为省内唯一一家获批金融机构，为增强自主创新能力奠定基础。

（陈盟盟）

·唐山农信(省联社唐山审计中心)·

【**唐山农信概况**】 2021年，省联社唐山审计中心（简称唐山农信）辖8家县级行社，包括滦州、滦南、迁安、玉田、曹妃甸5家县级农商银行和乐亭、迁西、遵化3家县级联社。在职员工3305人。截至年底，唐山农信资产总额1859.17亿元，负债总额1751.9亿元，所有者权益107.27亿元。各项存款1633.77亿元，较年初纯增119.40亿元，存款规模居全市第二位；各项贷款1081.96亿元，较年初纯增119.40亿元，贷款规模居全市第二位。存贷比66.22%。

【**唐山农信支农支小**】 2021年，唐山农信线上开展“春雨金服”行动，线下银企对接，安排专人“7×24”小时对接贷户融资需求，根据新贷、续贷、展期、延期等情况，按规定快速满足商户融资需求，确保对接成功率100%，融资成功率70%以上。截至年末，全辖共向金融服务平台推荐各类企业555户，满足411家企业信贷需求，发放贷款金额69.28亿元。营销“首贷企业”300户，贷款42.7亿元。支持农业龙头企业30户，贷款8.04亿元。唐山审计中心组建专班，成立普惠金融工作办公室，周统计、旬通报、月调度，定向督导8家县级行社。年末，全辖“双基”（基层建设和基础建设）共建用信比例39.41%，“双基”共建客户新增贷款28.62亿元。指导各县级行社强化政治站位和责任担当，落实脱贫人口小额信贷政策。通过适当延期还本付息等方式，帮助受疫情影响贫困户渡过难关，将优惠政策真正落到实处。唐山农信存量扶贫小额信贷46户、金额169.6万元，存量延期还本付息贷款金额167.94亿元。

【**唐山农信助力乡村振兴**】 2021年，唐山农信借助7月20日省联社与唐山市人民政府签订《金融助力乡村振兴战略合作协议》之机，与8个县（市、区）政府签约，打造特色项目，推动产业振兴。迁安农商银行探索“农商行＋合作社＋养殖户”新型支农支小模式，支持正农鹅养殖专业合作社发展，累计为产业链中15家养殖户提供300万元信贷资金支持，帮助农业合作社和养殖户扩大生产规模，取得良好经济效益。迁西联社累计投入信贷资金9000万元，助力五海农业猕猴桃高效种植基地改扩建，项目吸收当地280名农民就业，辐射带动当地花乡果巷小镇（迁西县东莲花院乡）周边1000余农户增收。

【**唐山农信风险防控**】 2021年，唐山农信加大信用风险化解，提升资产质量，成立市、县两级不良贷款清收处置“短击长打”攻坚战活动领导小组，制定方案，强化督导，简报分享，激发全辖干劲。全辖当年累计处置不良贷款61.44亿元，占新形成不良贷款比例83.92%，核销呆账贷款12.10亿元。开展审计业务专题培训，提高工作质效，截至12月末，累计检查各类业务2.84万笔1874.32亿元。开展“案防合规建设深化年”活动，专项排查案件风险和员工异常行为，开展合规知识培训和合规主题演讲，培树全员合规意识，在全省农信系统“强内控、促合规，争做新时代农信人”主题演讲比赛中，辖内选手获一等奖。分级签订责任状，开展安全生

唐山农信“光伏贷”助力当地百姓脱贫致富。　马立顺 摄

产演练、培训、大检查和风险隐患整治排查、重要节点明察暗访等，对84名责任人减发绩效工资4.54万元，投入580多万元升级改造网点安保设施，优化物防、技防水平。

【**唐山农信服务提升**】 2021年，唐山农信调优资产结构，全辖大额贷款占比较年初减少9.99个百分点。发展绿色金融，指导各县级行社制定《绿色信贷战略纲要》，加强支持传统产业转型升级、绿色农业产业新型绿色环保产业等，推出"光伏贷""种养快贷"等新信贷产品，开展绿色金融服务，全辖绿色金融贷款余额较年初增长17.39亿元。优化非信贷资金业务，通过科学严谨预判、合规稳健操作，实现自身收入多元化，投资收入23.32亿元，比上年增加5.1亿元，提升经营发展潜力。

【**唐山农信改革创新**】 2021年，唐山农信指导乐亭等3家未改制联社找关键、攻难点，优化、提升主要监管指标。推行信贷产品创新，针对本区域特色产业，开展"百行进万企""春雨金服"等活动，加强对接、深入走访、择优支持。宣传推广"惠农贷""助农贷""丰收贷"等特色信贷产品，滦南农商银行创新推出"船抵贷"，玉田和乐亭两家行社推出"光伏贷"，滦州农商银行推出"消费速贷"等。年末，全辖累计发放各类新品贷款682笔9300余万元。打造综合型服务平台，拓展社区物业费、城乡居民医保费等线上业务，建设乡村振兴综合体60个，通过"农信e缴费"平台经办税费44.32万笔，金额83.15亿元。

（马立顺）

·农商银行·

【**农商行概况**】 2021年，唐山农商银行下辖9家一级支行、84家二级支行、74家分理处和1家储蓄所，共168家分支机构，从业人员1714人。截至年末，全行下辖资产总额884.89亿元，比开业之初增加502.81亿元，其中，各项贷款余额568.64亿元，负债总额825.46亿元，各项存款余额713.44亿元，所有者权益59.42亿元。在2021中国农村金融峰会被评为助力乡村振兴优秀案例，获"唐山市'春雨金服'劳动竞赛先进单位"等称号。

唐山农商行与政府签订金融助力乡村振兴战略合作协议。 凌振东 摄

【**农商行改革创新**】 2021年，唐山农商银行建立总行直达营业网点扁平化网络管理架构，总行管理、协调、服务与营销职能强化，放开二级支行信贷业务权限，优化调整低效网点5家。实施人才培养与素质提升，开展基层支行和条线轮训，7名内训师参加全国农信系统和全国农商银行优秀讲师大赛。按照星级网点建设标准创建旗舰店1家、五星级网点5家、四星级网点6家、三星级网点16家，全行三星级以上网点占比89.94%，获"金融文化品牌建设奖"。推进"五小标杆"（小食堂、小图书室、小菜园、小浴室、小活动室）建设，总行机关和古冶支行分别被河北农信联社评为2021年"新五小建设"先进单位。

【**农商行支持区域经济**】 2021年，唐山农商银行累计创建信用乡镇8个、信用村405个，建档评级农户超过3.6万户，授信农户1.64万户，授信总额139.99亿元。实施"助农取款+"服务升级，助农网点发展至292家，启动首批5家"乡村振兴金融服务综合体"建设，对涉农"首贷户"推出"兴农通"等信贷产品，投放涉农贷款16.83亿元，年末涉农贷款余额46.52亿元。持续服务中小微企业，利用"农信e生活"等服务平台，搭建3家大型综合收单场景，新型收单活跃商户存量3.82万户。发挥融资性担保、政银保、银税等服务平台作用，统一全行贷款利率定价，推进"十百千"（五区一级支行每家年内新增十户小微企业信用贷款、百户小微企业担保贷款、千户农户和个体工商户贷款）工程，对实体企业项目实施白名单对接营销，累计投放小微企业贷款168.37亿元，年末小微企业贷款余额298.21亿元。

（凌振东）

·唐山邮储银行·

【**邮储银行概况**】 中国邮政储蓄银行股份有限公司唐山市分行（简称邮储银行）下辖机构网点33个，其中市区营业网点7个。2021年，资产总额483亿元，负债总额480亿元。各项贷款结余205亿元，各项存款结余435亿元，资产质量优良，不良率处于系统内全省最优、同业全市前列。实现连续14年安全生产零案件。

【**邮储银行社会履责**】 2021年，邮储银行唐山分行涉农贷款净增6.75亿元，结余47.74亿元，普惠型涉农贷款净增1.66亿元，结余13.94亿元。支持特色行业，推出创业担保贷款、"冀农担"、专属渔船抵押贷款等，向香菇种植、板栗、奶业、水产养殖业等领域投放贷款。推进农村信用体系建设，评定信用村2058个、信用户3.18万户，累计放款5.39亿元。推进产品创新，支持中小微企业发展，普惠小微结余28.33亿元，净增3.48亿元。与政府平台对接，开展精准营销，累计实现银税互动放款508笔2.11亿元。开展小微企业"大走访"活动，为津京外迁企业提供1.3亿元资金支持。落实“让利减费”要求，办理业务不收取任何手续费用，普惠型小微企业贷款平均利率比年初降低39BP。推进绿色银行建设，加大对清水润城、光伏、风电、垃圾发电等重点项目融资支持，绿色信贷结余5.87亿元。对涉及落后产能且尚未完成淘汰企业持续保持信贷零投放。

【邮储银行业务转型】 2021年，邮储银行唐山分行零售业务特色鲜明，从做产品向做客户转变，个金业务利用CRM系统，分类管理客群，合理配置资产。信用卡构建悦享家庭权益平台，获客渠道多样化。年发卡2.75万张，新客占比85%，激活首刷率56%，比上年提升20%。消贷业务“中车贷”成为全省特色业务，净增占全行消费贷款整体净增30.28%。房贷业务向一手优质房转型，一手房放款占比97.74%。公积金、大城建、非税、信贷、数字人民币、地方债、教培等项业务在全省或同业领先，交易银行电子保理、中企云链、融资租赁、保函、信用证等业务实现全省新突破，为全市重点企业提供融资支持。

【邮储银行精细化管理】 2021年，邮储银行唐山分行优化人力资源配置，市区7个网点均打造为全功能网点，压缩中后台人员至前台，提高网点资源利用率和整体竞争力。坚持科技赋能，完成热力和自来水代收费功能、公积金缴存情况查询功能对接，实现多平台系统搭建。坚持网点标准化规范化管理，实现客户体验提升。强化员工日常学习培训，实现专业技能提升。

（吴学健）

保 险

【保险概况】 截至2021年底，唐山市共有保险公司62家，其中财产保险公司28家，人身保险公司34家，共有县级及以下分支机构606家。唐山市保险业全年实现原保险保费收入271.72亿元，比上年增长4.19%。其中，财产险业务保费收入72.48亿元，比上年下降6.46%；人身险业务保费收入199.24亿元，比上年增长8.7%。保险业赔款与给付支出120.37亿元。

【保险扶贫助残】 2021年，唐山市城乡居民大病保险保费收入3.06亿元，承保人数564.55万人，累计赔付1.21亿元，受益8.1万人次。城镇职工大额补充医疗保险为市本级336.32万名职工提供大额医疗保障，年内累计赔付1.35亿元，受益1.57万人次。唐山作为河北省试点城市，在全市承担长期护理保险保障业务，累计为1959.01万人承保，受益人群基本为重度失能人员。截至12月31日，全市累计申请长期护理保险8.2万人，评估5.53万人，出具评估结论5.45万人，其中重度失能2.95万人，非重度失能2.50万人。符合重度失能人数2.95万人，享受长护险待遇2.21万人。

【保险助农发展】 2021年，唐山保险业承担农业保险风险保障金额177.61亿元，承保水稻、小麦、玉米、棉花、林木等34.06万公顷，承保能繁母猪、奶牛等牲畜2743.48万头。累计赔款支出3.66亿元，减少农业生产意外损失。保险业在全市农村开展农房保险，为147.75万农户提供1078.59亿元风险保障，累计支付赔款395.74万元。助力春耕备耕，每年春季承保农机具保险。实施养殖业、种植业保险以及大棚种植保险等。助力乡村振兴，部分公司投入资金用于为农村修缮公路以及村社建设。

【保险服务实体经济】 2021年，国寿财险唐山中心支公司支持地方经济发展，引入广发银行投资资金80余亿元向企业提供授信贷款，分别是河钢集团唐山子公司30亿元、曹妃甸国控集体30亿元、开滦集团10亿元、其他10亿元。部分保险公司开办小额贷款资金，为客户提供资金支持27.46亿元。全市保险公司缴纳及代收代缴税费8.99亿元，其中保险公司代收代缴车船税5.97亿元。吸纳大学毕业生、社会失业人员、农村富余劳动力在保险业就业，带动汽车修理、楼宇经济等关联产业发展，为社会提供就业机会。

【保险服务社会】 2021年，唐山市保险业为医疗机构投保医疗责任保险5.83亿元，缓和医患矛盾，维护社会稳定。唐山市自2012年起开展治安保险，截至2021年底累计为239.25万户居民提供528.01亿元风险保障。唐山市自2015年启动环境污染责任保险，截至2021年底提供风险保障12.66亿元，强化环境风险管理、减少污染事故纠纷，保护生态安全。食品安全责任保险在唐山市部分县区教育机构和医疗机构实现统保，共计为市区及14个县(市、区）学校（托幼机构)、医疗机构食堂和食品企业等提供36.26亿元食品安全责任险保障。

【自然灾害赔款发放】 2021年7月和11月，唐山市因暴雨和暴雪引发自然灾害导致农田被淹、机动车水淹、农村大棚被压塌甚至部分厂房被压塌，给百姓生产生活带来损失，灾害发生后，各家保险公司立即组织无人机、测亩仪等设备查勘灾情，启动应急预案，对自然灾害带来损失科学查勘、绿色理赔，各项理赔款第一时间打到客户卡中，为保险消费者减少损失，两次自然灾害唐山保险业累计赔款4789.97万元。

（裴纵宇）

保险公司出险人员暴雨中在地道桥处理险情。 张 鑫 摄

交通
JiaoTong

铁 路

·唐山站·

【唐山站概况】 2021年，北京铁路局唐山站行政机构设：行政办公室（党委办公室）、党群工作科（融媒体工作室）、劳动人事科（党委组织科）、财务收入科、安全科（武装保卫科）、技术科、客运业务科、货运业务科、设备科、职工培训科10个科室。设生产指挥中心、运转车间、客运车间（含滦河站）、信息化车间、设备检修车间、唐曹车间、唐山南站、唐山东站、曹妃甸南站、汉沽站、芦台站、胥各庄站、贾庵子站、经营开发部14个生产机构。现管辖30个车站和4个线路所。年末职工总数1779人，其中干部177人，职工1602人（含劳务工），女职工254人，具有高、中、初级专业职务人员分别为8人、82人、117人，工人高级技师1人，技师52人，高、中、初级技术工分别为200人、368人、15人。年内，唐山站运输总收入16.99亿元，其中客运收入7.09亿元、货运收入9.9亿元，发送旅客590.87万人，发送货物2608万吨，日均装车1085.5车、卸车1871.8车，中时4.5小时，停时19小时。截至12月31日，实现连续安全生产3057天。

【唐山站设备管辖及担当任务】 唐山站管辖线路分布在唐山及天津部分地区，与太原局大秦车务段及局管内唐山车务段、塘沽站、承德车务段线路相接。管内共计15条铁路线，其中高速铁路线1条，为津秦高铁；普速铁路线8条，为津山线、七滦线、唐遵线、唐呼线、迁曹线、南堡线（含南堡疏解线）、唐曹线、曹妃甸港线；联络线6条，为贾联线、崔联线、银联线、丰胥联络线、唐山北联络线、京哈唐呼联络线。管辖正线里程共594.04千米，其中津秦高铁107.84千米、津山线93.95千米；七滦线35.9千米、唐遵线5.07千米、唐呼线148.89千米、迁曹线25.09千米、南堡线33.68千米、南堡疏解线15.26千米、唐曹线68.89千米、曹妃甸港线24.02千米；贾联线2.98千米、崔联线4.6千米、银联线4.25千米、丰胥联络线4.18千米、唐山北联络线13.12千米、京哈唐呼联6.33千米。办理客运业务车站8个，包括唐山站、滦河站、南堡北站、唐海南站、曹妃甸东站、曹妃甸港站、芦台站、唐山南站。其中办理高铁业务有唐山站、滦河站；办理动车组业务有唐山站、滦河站、南堡北站、唐海南站、曹妃甸东站、曹妃甸港站；唐山南站、芦台站仅办理普速客运业务。办理货运业务车站14个，包括唐山南站、曹妃甸南站、汉沽站、芦台站、胥各庄站、贾庵子站、杨家口站、开平站、洼里站、崔马庄站、唐山西站、团瓢庄站、曹妃甸站、白庄站、付庄站、南堡站。

（张晨阳）

夜幕中的唐山站“倒影”。 刘 洋 摄

·唐山车务段·

【唐山车务段概况】 2021年，唐山车务段发吨2529.9万吨，完成年计划111.7%，日均装车1137.3车，完成年计划108.3%，日均卸车1763.5车，完成年计划92.8%，停时27小时，中时5.1小时，部现车日均4585.9车，旅客发送221.4万人，完成年计划72.6%，运输收入13.90亿元，完成年计划111.5%，集经公司完成产值2917.33万元，利润17.23万元。截至12月31日，实现连续安全生产4336天。行政机构设办公室、劳动人事科、计划财务科、职工教育科、安全科、技术科、运输和统计科、综治内保科，生产经营机构为经营开发部、安全生产调度指挥中心，党群组织设党委办公室、工会、团委，非运输部门为集经公司。职工总数1986人，其中干部295人，女职工156人，高、中、初级专业技术人员分别为10人、46人、124人，工人技师96人，高、中级技工分别为327人、247人。

【设备管辖及担当任务】 唐山车务段管辖中间站33个，分布在京哈、津山2条干线，七滦、卑水、唐遵3条支线，其中一等站1个、二等站4个、三等站6个、四等站22个，京哈线站有燕郊、大厂县、三平、三河县、段甲岭、蓟州、别山、螺山、玉田县、富庄子、唐山北、银城铺、狼窝铺、石郎庄、福山寺、马柳、杨各庄、滦县、滦县东，津山线站有沙子河、马铺营，七滦线站有古冶、卑家店、雷庄，卑水线站有永兴庄、沙河驿镇，唐遵线站有丰润南、豆各庄、洪家屯、党峪、遵化南、遵化、石人沟，线路所为郝庄线路所，管辖信息化车间、唐山客运乘务车间。管辖京哈线27千米200米至214千米877米、津山线285千米575米至321千米428米；七滦线37千米575米至62千米655米、唐遵线9千米280米至71千米982米、卑水线0至15千米648米，运输营业里程371.382千米。配属专调机8台，其中DF7型5台，DF8B型2台，HXN5B型1台。唐山客运乘务车间担负K7651-K7660次（唐山南－古冶）1对列车乘务工作。

【唐山车务段机构编制调整】 2021年9月18日，经唐山车务段党政联席会议决定，唐山客运乘务车间与唐山北运转乘务车间合并，保留唐山客运乘务车间名称。11月24日，撤销唐山北运转乘务车间党支部建制，同时撤销唐山北运转乘务车间党群定员编制1名。

（王云霞）

·唐山北站·

【唐山北站概况】 唐山北站（原名丰润站）位于河北省唐山市丰润区城区，建于1975年，2006年12月20日起更名为唐山北站，地处京哈干线，距北京站151千米，距哈尔滨站1098千米，隶属北京局集团有限公司唐山车务段管辖，为二等客、货运站。有干部职工249人，其中干部16人，全站有党员97人。车站下设运转、客运、货检3个车间，年内运输收入4000万元，旅客发送量79万人。截至年底，连续安全生产4213天，实现第11个安全年。

【唐山北站设备管辖及担当任务】 唐山北站总面积9991平方米，车站正线4条（京哈上下行、唐包上下行），编发线5条，编组线2条，到发线7条，客停线1条，联络线1条（唐遵线丰润南），段管线3条（机务段、工务段、供电段），专用线2条（国储库、大唐电厂）。办理旅客列车53列，其中北京方向31列，东北方向22列。

【唐山北站服务】 唐山北站候车室温度适宜、空气清新、卫生无死角，防疫工作落实到位。2021年，车站创建"浭阳新风服务组"优质服务品牌，为旅客提供便捷优质服务。候车大厅设立浭阳新风服务台和学雷锋志愿服务岗，照顾老、幼、病、残、孕等重点旅客。同时设立24小时服务热线，接听诉求电话、协调解决处理、跟踪回访旅客满意度，取得公众认可。

（郑永杰）

·唐港铁路·

【唐港铁路概况】 2021年，唐港铁路有限责任公司（简称唐港铁路）完成运量3.83亿吨，较考核目标多完成6805万吨，完成考核目标122%，较奋斗目标多完成5805万吨，完成奋斗目标118%。唐港铁路于2005年8月19日正式挂牌成立，注册资本23.42亿元，主要负责新建迁曹铁路及原滦港铁路扩能改造工程建设和建成后运营管理。公司由原唐山滦港铁路有限责任公司通过"增资扩股、变更登记"方式，由原铁道部（出资代表为北京局，2006年12月变更为太原局集团公司，2019年2月变更为大秦铁路股份有限公司）、唐山港集团股份有限公司、国投交通控股有限公司、唐山曹妃甸实业港务有限公司、大唐国际发电股份有限公司、河北建投交通投资有限责任公司、华润电力（唐山曹妃甸）有限公司7家企业共同出资组建。

【唐港铁路安全管理】 2021年，唐港铁路开展《公司法》《民法典》《安全生产法》《保险法》等集中学习，提高法治意识和依法治企能力。完善公司制度体系，安全管理、财务与经费管理、法律事务与合同管理、资源交易管理、劳动用工管理等35项制度年内制定或完善。落实全面预算管理，应用财务共享系统，推行业财融合理念，提高预算执行性，杜绝预算外支出。运用合同管理系统审签合同185份，履行中422项合同"回头看"，排查潜在风险24项，逐项制定整改措施，杜绝倒签、补签合同和开口合同、漏洞合同。

【迁曹铁路】 2021年，迁曹铁路续建，包括迁曹线、滦菱线、东港线、京唐港线4部分，北起大秦铁路迁安北站、京秦线滦县站，南部与京

迁曹铁路东港线45千米处铁路工人实施换轨作业。 史学军 摄

唐港区、曹妃甸工业区连通，途经迁安市、滦州市、滦南县、曹妃甸区、乐亭县、海港经济开发区。唐呼线与唐曹线是其他公司与唐港铁路接轨线路，其中唐呼线在曹妃甸北站接入，唐曹线在曹南线曹妃甸港站接入，线路为国家一级双线电气化铁路，双线自动闭塞（聂庄—京唐港为单线自动站间闭塞），线路可运行2万吨重载列车，主要车站到发线长度为2800米。经过聂庄—东港扩能及曹妃甸地区铁路扩能改造，东港线通过能力1.8亿吨。迁曹铁路曹西段通过能力2.4亿吨，曹南段通过能力1.4亿吨。

【铁路建设】 2021年，唐港铁路履行代建职责，协调推进聂庄到东港增二线项目企业和地方投资部分续建工程，协调解决工程建设中各类制约性问题，保证工程进度。截至年底，第一阶段开通部分完成进度96%，第二阶段开通部分完成进度49.5%。

【唐港铁路队伍建设】 2021年4月28日，公司股东会、董事会和监事会会议召开。大秦铁路股份有限公司、唐山港集团股份有限公司、国投交通控股有限公司、唐山曹妃甸实业港务有限公司、大唐国际发电股份有限公司、河北建投交通投资有限责任公司、华润电力（唐山曹妃甸）有限公司股东代表及公司全体董事、监事和部分高管人员出席会议。会议通过《2020年度公司工作报告》《2020年度公司财务工作报告及2021年度预算》《关于2020年度利润分配的议案》等7项议案。4月29日，京唐港站举办“践行五爱，岗位创优”职工岗位技能竞赛，5个生产岗位30余名职工参加活动。7月，公司东港党支部被中共唐山市委授予“唐山市先进基层党组织”称号。

（徐嘉慧）

·地方铁路·

【地方铁路概况】 2021年，唐山市持续组织实施10家钢铁企业新建7条铁路专用线，设计正线长度合计48千米，铺轨总里程188.8千米，以地方政府和企业筹资为主投资104.5亿元，设计新增铁路运力1.4亿吨，7条专用线年内分别建成投运或完成主体工程建设。按照国家、省《推进运输结构调整实施方案》以及《唐山市推进港口和铁路集疏运体系建设实施方案》，谋划和建设铁路集疏运体系重点建设项目。水曹铁路新建线建成具备开通条件，遵小铁路（唐山段）恢复运营工程完工，唐曹铁路东延至京唐港区工程、张唐铁路团瓢庄站至唐遵铁路遵化南站联络线工程启动开工建设。京唐港区矿石装车系统一期工程建成投运，年新增矿石装车能力2000万吨，曹妃甸港区实业港务公司二期装车系统建成投运，年新增矿石装车能力1500万吨。

【大宗物料运输“公转铁”】 2021年，唐山市继续贯彻落实国家运输结构调整方案和京津冀及周边地区大气污染防治工作部署，有铁路专用线钢铁企业利用铁路运输疏港矿石，对尚未直通铁路专用线钢铁企业，协调采用铁路运输至企业就近铁路货场，再采用汽运短倒进厂方式运输疏港矿石。全年全市铁路货运量完成4.93亿吨，比2020年增长7.9%，比2017年启动“公转铁”时增长58%。铁路运输唐山港疏港铁矿石累计完成运量3061万吨，比2020年增长3.6%，为2017年3倍。

【京唐铁路建设】 2021年，京唐铁路（唐山段）工程续建，全年完成投资22.1亿元，累计完成投资73.9亿元，完成总设计量74.5%。

【京唐曹列车运行】 2021年，京唐曹动车组列车开行257天，共计1006列，发运旅客83032人次，平均上座率12.6%。7月11日更换“绿巨人”后，京唐曹动车组列车唐山站—曹妃甸港站间共发运旅客3.25万人次，日均493人次，平均上座率为21.8%。京唐曹客运动车组于2019年8月21日正式开通运行，动车组为8节单组，定员586人，其中一等座112个，二等座474个。

（王 飞）

公 路

【公路概况】 截至2021年底，唐山市公路通车里程1.99万千米，密度每百平方千米148.1千米，其中高速公路12条段（京秦高速、京哈高速、秦滨高速、长深高速、唐廊高速、唐港高速、唐曹高速、唐迁高速、唐山绕城高速、京秦高速迁安支线、迁曹高速、京秦高速公路清东陵支线），初步形成“三纵五横”网络布局，总里程754千米，密度达到每百平方千米5.60千米，达到国际领先水平，在全省率先实现县县通高速目标。秦唐高速唐山段、遵秦高速唐山段2条段高速公路项目在建。全市一般干线公路通车里程1456千米，包括5条国道和25条省道（含省道连接线），所有县（市、区）均有二级或以上公路连接。全市农村公路通车总里程1.77万千米，在全省率先实现村村通油路、村村通客

县乡道路工程建设工地现场。 刘敬宁 摄

车目标。迁安市、迁西县获评全国“四好农村路”示范县，迁西县、乐亭县等8个县区获评省级示范县。

【公路综合规划】 2021年，唐山市交通局编制《唐山市综合交通运输发展“十四五”规划》《唐山市综合立体交通网规划纲要》，综合立体交通体系完善。赤曹高速、秦唐高速等重点项目纳入全省“十四五”规划，公路绕城等重点项目列入省交通“十四五”规划。“双大外环”公路绕城项目获省政府批复按照经营性公路建设管理，唐秦高速二期路线规划完成，引领公路路网未来发展格局。

清扫车在国省干道清扫冲洗，确保道路清洁无积尘。 刘敬宁 摄

【公路项目建设】 2021年，唐山市交通局公路项目投资118亿元，超额完成年度目标。全年争取上级资金支持4.9亿元，支撑重点项目建设。唐秦高速项目土地组卷上报自然资源部，驻地建设等准备工作就绪。省管高速迁曹高速项目主线通车，遵秦高速在建。G205古冶段绕城工程完工，G508赤曹公路等项目在建，G509独幽城收费站改造工程完工，实现公路形象、通行环境双提升。全年养护大中修工程9项，桥梁维护加固工程9项，安防工程6项，排水整治工程2项，指导各县（市、区）管养单位完成普通干线公路路面挖补12.41万平方米，灌缝10.16万延米，绿化管护1527.275千米，整修边坡986.16千米，疏通排水沟368.742千米，维修“三桩”1834根，清理桥梁伸缩缝1.09万米，新建、维修标志16块，新建、维修护栏247.2米，更换护栏扶手131米，维修边沟、隔离墙144处。农村公路改造746千米，占年计划118.03%；累计完成投资13.1亿元，占年计划163.8%。迁西县获评全国示范县、曹妃甸区获评省级示范县，凤凰山旅游路获评“全国美丽乡村路”。

【通行费征收】 2021年，唐山市运营收费公路13条，总里程855.878千米，设收费站38个。其中高速公路5条，设收费站28个；普通收费公路8条，设收费站10个。2021年合计征收通行费17.46亿元，占年计划106.03%。减免“绿色通道”车辆通行费0.61亿元。重大节假日期间减免7座及以下小型客车通行费0.84亿元。高速公路养护质量指数MQI值保持90以上，一般收费公路养护质量指数MQI值保持85以上。

【公路生态治理】 2021年，唐山市中心周边140千米重点干线路段“非硬即绿”，机械化清扫率保持100%。全市普通干线公路配备清扫洒水设备249辆，完成配备目标123%，超额完成配备目标，机械化清扫率92%。全市政府公示源头企业663家，发现超限超载车辆1850辆次，处罚源头企业案件920起，卸载违法装载货物2.68万吨。按照《唐山市新能源出租汽车推广使用行动方案》（唐政办字〔2020〕93号），开展新能源出租车推广使用，加大对出租司机宣传力度，协调相关部门开设绿色通道，跟踪新能源车辆运营效果，强化车辆安全监管，提高经营者服务质量，提高出租司机更新新能源出租车积极性和主动性，保障全市新能源出租汽车推广。截至年底，全市新能源出租车更新1160辆，新能源车辆推广使用工作全省领先。全市762家涉VOCs维修企业，373家更换低挥发性水性漆，140家封停，剩余249家按照时间节点推进。

【道路运输】 2021年，唐山市从事道路货物运输企业1574家，货物运输营运车辆20.54万辆，其中普通货物运输企业1479家，车辆20.08万辆。危险品运输企业95家，危货车辆4615辆。全市有客运企业49家，二级以上客运站14个，客运车辆2942部，其中班线客车1104部、旅游包车741部、县内公交车1097部。全市有出租车公司43家、出租汽车7451辆，市中心区14家3506辆，其他县（市、区）29家3945辆。2021年，全市公路货物运输量4.79亿吨，比上年增长113.13%；货物运输周转量1479.17亿吨千米，比上年增长114.70%。完成客运周转量5.85亿人千米。唐山胡子物流有限公司、滦县盛达物流有限公司等17家企业通过线上服务能力认定。

【城乡客运一体化】 2021年，唐山市完成县城30千米农村客运班线公交化改造190条，县城30千米范围内农村客运班线公交化运行率95.47%，农村客运公交化改造乡镇97.9%，全市城乡道路客运一体化AAA级县区100%。

【运输行业管理】 2021年，唐山市交通局强化企业监督，打击非法从事经营活动各类车辆，净化市场环境，出动执法人员2594人次，检查出租车2901辆次，现场纠错整改549辆次，查扣“黑车”24辆次。出动执法人员2893人次检查“两客一危”（从事旅游的包车、三类以上班线客车和运输危险化学品、烟花爆竹、民用爆炸物品的道路专用车辆）企业347家次，发现并整改隐患309个。检查道路客运车辆4131辆次，发现安全隐患车辆189辆，现场整改189辆。全年出动各类督导检查组1965个，检查企业场所

市交通局依法打击"黑出租车""黑网约车"，净化道路客运市场环境。
刘敬宁 摄

4441 家，排查整改问题隐患 4654 项，未发生安全生产责任事故，连续 11 年获评全市"安全生产目标管理优秀单位"。

【京津冀公共交通"一卡通"】 2021 年，唐山市 13 个县（市、区）全部实现县级交通一卡通互联互通，比省、市要求提前两个半月时间，乘客可持京津冀互联互通卡、银联卡或使用京津冀互联互通虚拟卡、云闪付 APP 等方式，在全市各县（市、区）公交车辆以及全国 300 余个城市公交、31 个城市地铁和其他地市实现县级公交一卡通县区刷卡乘车。

【路产路权保护】 2021 年，唐山市交通局出动执法人员 8600 人次，查处公路路损案件 335 起，检查涉路施工现场 928 次，排查治理风险隐患 170 起，治理侵占路产设施违法行为 238 起，清理通行障碍物 1330 余起，维护公路通行秩序 20 余起。

（刘敬宁）

水 运

【水运概况】 2021 年，唐山市海航局编制《唐山港转型升级发展规划（2021 ～ 2035 年）》《唐山港转型升级实施方案》和《唐山沿海经济带高质量发展港口转型升级组 2021 年工作方案》，推动港口发展。整合唐山港集装箱资源，唐山港口国际集装箱发展有限公司于 8 月 28 日挂牌成立。谋划邮轮母港建设发展，编制《唐山港曹妃甸港区邮轮码头发展研究》，编制《唐山港"十四五"规划》，与国土空间、产业发展规划有机衔接。全年完成项目投资 31.07 亿元，比上年增长 32.6%。曹妃甸港区华能煤码头 6 号泊位、东区 5 万吨级航道等 3 个工程取得初步设计文件批复。曹妃甸港区中区一港池 20 万吨级航道工程、曹妃甸新天液化天然气项目第一阶段配套码头等 3 个工程开工建设，第四港池 25 万吨级航道工程等 4 个项目续建。曹妃甸港区中物通用码头、华能曹妃甸煤码头等 3 个工程竣工验收，河北省首条 25 万吨级航道——京唐港区 25 万吨级航道项目交工验收，全省首个"水水转运"码头丰南港区通用码头试通航，唐山港集团 23# ～ 25# 多用途泊位工程获评全国"平安工程"。2021 年，完成货物吞吐量 7.22 亿吨，比上年增长 2.81%，居世界沿海港口第二位。集装箱吞吐量完成 329.34 万标箱，比上年增长 5.7%，居全省首位。水路货运周转量完成 423 亿吨千米，比上年增长 10.2%，位居全省第一。

【海洋产业格局】 2021 年，唐山市港口贸易额完成 3346.5 亿元，比上年增长 9.72%。口岸资质优质运行，进口粮食 66.7 万吨、木材 104.2 万立方米，进口活牛 2.13 万头，进口汽车、摩托车 560 辆。海水淡化产业规模、产量均居于全国前列，全年完成海水淡化量 3800 万吨，建成海水淡化工程 5 个，在建项目 1 个。海洋渔业方面，全市有各型渔港码头 16 座、捕捞渔船 1615 艘，海洋捕捞产量 8.28 万吨。国家级海洋牧场示范区 5 个，海水养殖水域 6.8 万公顷，海水养殖产量 22.69 万吨。以南堡盐场和三友集团为龙头海洋化工业，新建 4 条主导产品链，构筑海洋化工循环产业体系，河北吉诚新材料有限公司年产 16 万吨氯化法钛白粉项目主工艺装置主体施工和设备安装完成，唐山三孚新材料有限公司年产 1.5 万吨硅烷偶联剂中间体项目具备试生产条件。海洋科技服务方面，唐山曹妃甸蓝色海洋科技有限公司通过省市场监督管理局组织实验室 CMA 海水扩项现场评审，海水检测项目由 43 项增加至 75 项。

【海陆双向发展版图】 2021 年，唐山市开通唐山港—韩国平泽集装箱航线、唐山港—印尼巴哈多比航线，开通曹妃甸港区至广西钦州港集装箱航线，"唐山港至东盟"物流运输通道建设取得突破。有内外贸集装箱班轮航线 46 条，实现日韩 10 个基本港和日本 26 个偏港全覆盖。通过与天津港、上海港、广州港资源共享合作，实现唐山港通达世界各港口。3 月，唐山港至乌兰巴托实现回程班列零突破。7 月，新开"唐—蒙—俄"国际班列线路，累计有国际班列 6 条，全年发运 26 列，货物 2650 标箱。编制《唐山港内陆港高质量发展实施方案》，新开通 6 个内陆港，全市内陆港总数 45 个。全年内陆港集疏港运量 32.5 万车，运量 2359.14 万吨。

【智慧港口建设】 2021 年，唐山市海航局印发《唐山市 2021 年智慧港口建设工作要点》，推动京唐港区智能操作平台、集装箱智慧码头等 21 个智慧港口项目建设，全年智慧化项目完成投资 1.36 亿元。9 月 26 日，曹妃甸数字港航平台正式上线，为国内首个专注大宗散货数字港航平台，运用 5G、物联网、大数据分析、云计算等先进技术，集合线下人工协调与线上实时管控，实行数字代理服务模式，实现海域交通管制、靠离泊计划审核、船舶检索等业务

市海航局现场审查津唐国际集装箱码头项目建设情况。　　李雨津 摄

自动办理。

【港口绿色平安发展】 2021年，唐山市海航局实施曹妃甸、京唐港两港区智能化堆场作业系统改造，专业化煤炭码头、矿石码头堆取料实现设备自动化作业，提升堆场扬尘治理水平。推进港口错峰运输和岸电建设，曹妃甸港区8个泊位岸电建成投入使用，全港总数56个。对企业安全生产主体责任落实情况、码头及储存设施、应急储备等进行专家巡诊并提出优化整改建议。全年完成危险货物港口建设项目审批3项，审批危险货物作业船舶406艘次，作业量1903万吨，开展港口、水路运输、内河水上交通安全检查159次，发现各类隐患246项，立案调查1件。

【口岸营商环境优化】 2021年，唐山市海航局探索“降成本、减单证、提速度、优服务”模式，推广国际贸易单一窗口和无纸化办公。放宽港口经营限制，取消港口拖轮经营条件限制，简化港口经营延续申请材料，压缩审批时限。按照“提前介入，全程跟踪，精准服务”方法，对涉及许可事项项目制定“一对一”服务方案。曹妃甸港集团股份有限公司取得危货集装箱作业资质，填补唐山港第一类危险货物集装箱装卸运输空白。梳理码头竣工验收确定泊位性质和功能接靠船舶等内容，统一规范22家码头经营单位“港口经营许可证”所涉经营范围、经营区域填写内容，列明所核准港口经营许可事项。港口、航运、船舶检验等各种业务按期办结率100%，满意率100%。引航国内外各类船舶5875艘次。完成全市海洋捕捞渔船和渔业辅助船各种检验701艘次。

【水运疫情防控】 2021年，唐山市海航局贯彻落实水运口岸疫情防控方针政策，定期开展港口一线疫情防控督导检查。唐山港口岸累计查验国际航行船舶3600余艘次，国际航行船员6.9万余人次，接收换班下船船员3498人，推进水运口岸疫情防控常态化管理，行业疫情防控实现“零输入、零扩散、零感染”。

【反走私综合治理】 2021年，唐山市海航局坚持“打防结合、陆海联动”思路，构建“海上抓、岸边堵、口岸查、陆上截、市场管”反走私综合治理体系。加强“三无”（无船名船号、无船舶证书、无船籍港）船舶整治，开展海事巡查检查20余次，查处治理“三无”船舶12艘。打击治理冻品走私活动，累计拆除非法码头19处，破获重大海上走私卷烟案件，全市反走私综合治理形势平稳可控。

【海航队伍建设】 2021年，唐山市海航局印发《市海航局党史学习教育实施方案》《党史学习教育学习活动安排》《“我为群众办实事”实践活动实施方案》《党史学习教育简报工作方案》，明确学习教育形式、内容和“为群众办实事”各项活动目标要求和时间节点。制定《2021年落实全面从严治党主体责任工作要点》和《党组落实全面从严治党主体责任清单》等3个清单，从根本上明确党组、党组书记、班子成员责任。制定80项整改措施，找准症结，靶向治疗，建立台账、销号管理。

（马玉芳）

·唐山港集团·

【唐山港集团概况】 2021年，唐山港集团股份有限公司实现利润总额25.93亿元，比上年增长9.02%；实现净利润20.86亿元，比上年增长13.36%，在全国19家A股上市港口企业中排名第五位；净资产收益率11.13%，排名第三位；资产负债率16.58%，排名第一位。唐山港京唐港区完成吞吐量2.77亿吨，其中煤炭1.25亿吨、矿石9187万吨、钢材1377万吨，集装箱232万标箱，占河北港口集装箱总量近一半。唐山港集团是主导唐山港京唐港区建设发展国有大型上市港口企业，2010年7月在上海主板上市。1989年8月开工建设，1992年7月国内通航，1993年7月国际通航，是唐山市最早开发建设国家一类对外开放口岸，集绿色港口、智慧港口、多式联运港口3个交通运输部示范工程于一身。京唐港区规划码头岸线49.04千米，利用长度13.15千米，占可利用码头岸线26.8%，建成1.5万～25万吨级生产性泊位45座，设计能力1.77亿吨216万标箱，各类货物堆场1000多万平方米，河北省首条25万吨级航道交工验收，具备接卸30万吨级减载船舶能力。运输货物包括煤炭、矿石、钢铁、水泥、粮食、机械设备、集装箱、液化产品等10类100多个品种。腹地范围覆盖华北、西北地区，水路通达70多个国家（地区）150多个港口，是河北“三港四区”中综合实力、发展活力最强港口。获“全国文明单位”、全国五一劳动奖状、“全国交通百强企业”“全国最具成长性企业”“全国文明诚信示范单位”“全国模范劳动关系和谐企业”“全国模范职工之家”“全国青年文明号”“全国绿色港口示范企业”“全国实施卓越绩效模式先进企业”、国家科技进步二等奖、河北省政府质量奖、“河北省文明单位”“振兴唐山先进单位”、唐山市市长特别奖等奖项和称号。

【陆港合作】 2021年6月8日，唐山港集团与山西省交通运输厅、中国铁路太原局集团有限公司、华远国际陆港集团有限公司签订战略合作协议，在园区建设、海铁联运、果蔬酒类及冷链物流、特货运输、保税物流、跨境贸易、绿色智慧交通等一批战略性、先导性产业领域开启合作。此举是河北、山西两地贯彻落实《国家综合立体交通网规划纲要》举措，为京津冀和西北地区运输结构调整、物流降本增效、产业转型升级注入动能，打造陆海联动、协同开放、融合发展新典范。

【海铁联运】 2021年，唐山港集团依托全国首批多式联运示范工程，构建覆盖“三北”、联通蒙俄、贯通欧亚海铁联运体系。7月20日，开通“唐山港—俄罗斯莫斯科”唐山首条中俄直达班列，为唐山对接“一带一路”和中蒙俄经济走廊建设开辟国际物流大通道。8月5日，开通“内蒙古红进塔—唐山港”海铁联运班列。10月底，先后设立山西王家会、山西瑞恒金沙滩、万创实业红进塔3座内陆港，唐山港内陆港总数45座，其中由唐山港集团主导建设内陆港27座。

【唐山港至韩国平泽港集装箱班轮航线】 2021年3月30日，唐山港—韩国平泽港国际集装箱班轮航线正式开通，为唐山建设东北亚地区经济合作窗口城市、对接RCEP市场开辟海上物流大通道。截至2021年底，京唐港区开通内外贸集装箱航线46条，通达全国沿海沿江各主要港口，实现对日韩10个基本港及26个偏港全覆盖，是环渤海内贸枢纽港、近洋航线基本港。经天津、上海中转，京唐港区集装箱物流可通达东南亚和欧美地区主要港口，形成内外贸并举、干支线联动集装箱航线网络体系。

【全国首条“双循环”南北航线开通】 2021年4月25日，唐山港集团与上海国际港务（集团）股份有限公司、广州港集团有限公司签署《双循环航线合作协议》，开通“唐山—上海—广州”南北航线，三方发挥各自区位优势和资源优势，加强南北港航物流大联动，开创以国内沿海港口集团为主导，联通京津冀、长三角、粤港澳大湾区3个核心区域先河。

【唐山港国际集装箱公司成立】 2021年8月28日，唐山港开航30周年之际，唐山港港口转型升级座谈会暨唐山港口集团国际集装箱发展有限公司揭牌仪式在唐山港召开，市四大班子及市直有关部门、沿海县区主要领导参加。成立唐山港口集团国际集装箱发展有限公司，是市委、市政府建设世界一流综合贸易大港，推进唐山港两港区集装箱资源整合举措。公司由唐山港口实业集团有限公司控股，完成对京唐港区和曹妃甸综保区集装箱资源整合。9月15日，开通曹妃甸—印尼巴哈多比港外贸散船班轮航线，开通东南亚海上通道。9月17日，开通京唐—曹妃甸综保码头外贸内支线，拓展曹妃甸港区外贸集装箱物流通道。12月11日，开通曹妃甸—京唐—钦州航线，提升京唐港区集装箱中转港地位，实现两港区集装箱一体化运营、集约化发展。

8月28日，唐山港口集团国际集装箱发展有限公司揭牌成立。

孟祥宁 摄

【河北省首条25万吨级主航道工程】 2021年9月23日，唐山港京唐港区25万吨级主航道工程通过交工验收。工程是《京津冀协同发展交通一体化规划（2019～2035年）》，交通运输部《水运“十四五”发展规划》《河北省综合立体交通网规划纲要》重点工程，是河北省首条25万吨级航道，也是国内首条在粉沙质海岸建成25万吨级航道，其中粉沙质海岸泥沙运动规律研究及工程应用、深水板桩码头新结构关键技术研究与应用2项技术成果获得国家科技进步二等奖，实现全国建港技术领域重大突破。

【京唐港区矿石铁路疏港配套装车系统】 2021年11月，唐山港京唐港区矿石铁路疏港配套装车系统通过交工验收，为国内电气化、自动化、专业化程度最高矿石铁路疏港配套装车系统。工程是唐山港集团落实国家《推进运输结构调整三年行动计划（2018～2020）》项目，列入《唐山市2021年绿色发展工作方案》和《唐山港综合贸易大港建设发展三年行动计划（2020～2022）》，于2020年5月开工，历时1年6个月建成，设计年矿石铁路疏港能力2000万吨，为唐山推进运输结构“公转铁”、打赢蓝天保卫战提供运力支撑。

（孟祥宁）

空　运

【空运概况】 2021年，唐山三女河机场全年旅客吞吐量39.43万人次，飞机起降4610架次，货邮行吞吐量2078.27吨。通航城市有上海、广州、厦门、深圳、海口、哈尔滨、石家庄、西安、成都、昆明、桂林等29座国内重点城市，实现东北、华北、华中、西北、西南、华南、华东地区全面覆盖。机场位于高新技术开发区境内，是军民合用机场，距唐山市中心区20千米。2009年2月26日开工建设，2010年7月13日通航。航站楼面积6187平方米，跑道长2700米、宽50米。飞行区等级4C，消防救援等级6级，停机坪面积3.2万平方米，设6C2B共8个停机位，可适航A321同类及以下机型。运营后未发生机场责任原因事故及事故征候，被评定为华北地区最安全支线机场，连续多年获民航华北地区“先进单位”“安全工作达标单位”“年度民航网络与信息安全工作先进单位”“年度安全活动生产月活动先进单位”等称号，也是华北地区唯一连续6年获全国民航“安康杯”竞赛优胜班组奖项先进单位。

【机场航线建设】 2021年，唐山机场航线实现全国7个行政区全覆盖，打造京津冀东北部航空货运中心，分别与海航、东航合作，开展以西安为中心辐射西北、以大连为中心辐射东北、以上海为中心辐射华东的货物固定中转模式，实现机场货运通达全国各主要城市，推动货运业务增长，货邮行吞吐能力突破4000吨。

【机场安全管理】 2021年，唐山机场根据《运输机场安全管理体系（SMS）建设指南》要求，建立与现阶段规模和运行复杂程度相匹配安全管理体系，实现安全管理体系各项功能，巩固“五位一体”（安全信息、安全风险、安全绩效、安全监察、隐患治理）安全发展理念，落实“预防为主，关口前移”。12月，机场委托中国民航科学技术研究院从民航专业管理视角出发，审核机场安全管理体系建设及运行情况，作为民航华北地区首批接受外审试点单位，也为区域内其他中小机场安全管理体系外审提供标杆参照。

【机场疫情防控】 2021年，唐山机场遵循确保内部员工零感染，外部旅客零输入原则，落实各项防控措施，成立以公司第一负责人为组长疫情防控领导小组，与机场公安、驻场单位联动，按照民航局《运输航空公司、机场疫情防控技术指南》及省、市政府相关疫情防控要求，制发《疫情应急防控工作手册》《唐山机场新型冠状病毒感染的肺炎疫情应急防控工作方案》《唐山机场德尔塔变异株防控管理措施》等文件，细化各部门职责并规范发热人员、货物处置等程序。模拟进、出港旅客体温和“两码”异常、员工核酸检测阳性等情况应急演练6次。成立涉疫航班专班保障小组，巩固基础管理，排查管控到位。落实消毒制度，候机楼定时消杀。机场所有进出港旅客开展扫码测温。加强有境外旅居史人员管控，登记后转交机场公安信息核对，确认其是否在第一入境点按照要求隔离和健康监测，联系属地防控办对人员“点对点”转运。在场区专门设置涉疫垃圾存放点，委托第三方专业机构按照标准流程处理垃圾。坚持岗前测温制度，体温异常立即就医排查，落实每周2次全员核酸检测制度。

【候机楼改造】 2021年7月，唐山机场候机楼改造工程开工，升级改造安全保卫设施，工程总投资2190万元。该工程2019年启动，当年9月取得河北省发展和改革委员会立项批复，12月取得民航华北地区管理局立项批复，2020年11月取得民航华北地区管理局初设及概算批复。

唐山三女河机场，飞机等待起飞。 郑思博 摄

【机场设备升级】 2021年，唐山机场搭建安保控制平台和4个通用平台，实现全区域、前后端数字化改造，建设模块化安防专用数据机房、大容量安防云存储，改造485个点位高清视频，实现全机场视频90天存储及智能化应用。部署智能安防管控系统，建设航站区、飞行区、公共区和货运区4个二级平台，形成统一监管、分级监控整体安全管控体系。通过视频智能分析平台，实现安全隐患主动预测。控制区道口新增液压翻板路障机、空勤登机证辅助查验设备、金属探测门、车底检查设备及车辆管理系统等安检专用设备。增设门禁系统、通行证信息管理系统、视频监控系统、隐蔽报警系统等弱电系统。更换5900米钢筋网围界刺笼，翻建950米砖墙围界，新增围界警告标识牌53套。

【智能安防管控系统】 2021年，唐山机场按照“1+4”两级架构设计，一级系统设在建立安保控制中心（SOC），二级系统分别设在航站区、飞行区、公共区、货运区。整合机场各区域视频监控、门禁、通行证信息管理、隐蔽报警等子系统，基于“一张网”呈现机场各区域报警事件及全局安防态势，综合运用智能视频分析平台提供视频分析服务，实现安防业务统一监管，报警事件秒级联动，使用安全管理从被动追溯转变为主动预防智能化安防。

【机场党建】 2021年，唐山机场党支部有党员46人，下设4个党小组。为庆祝建党100周年，在机场门口、候机楼、贵宾室布置建党100周年标识，摆放建党100周年桌牌，利用路灯灯箱和广告屏幕进行党史宣传。结合《唐山机场党支部“重温百年党史，弘扬红色精神”学习活动方案》和《唐山机场党支部庆祝建党100周年系列活动方案》，组织党员干部前往狼牙山、冉庄地道战纪念馆、冀东烈士陵园和李大钊纪念馆开展“缅怀革命先烈，传承红色精神”党史教育活动，开展主题观影、专题党课、党史学习心得分享、党史故事会、党史类书籍学习、知识竞赛等活动。

（郑思博）

邮政·通信

YouZheng · TongXin

邮　政

·唐山邮政管理局·

【邮政管理局概况】 2021年，唐山市邮政快递行业业务总量31.24亿元，增幅17.12%。邮政快递业务收入30.05亿元，增幅16.52%。其中，快递业务量1.36亿件，增幅31.74%；快递业务收入21.24亿元，增幅24.39%。支撑全市网上零售额200亿元。

【邮政服务乡村建设】 2021年，邮政管理局聚焦民生实事，推进“快递进村”，提升末端投递服务水平，行业发展成果更多、更公平惠及全市人民。全年建设末端快递服务网点1984个，建设村级服务点1668个，8个主要品牌快递企业行政村快递服务通达率99.98%。10月，唐山市政府办公室印发《关于加快农村寄递物流体系建设的实施方案》，建成开放惠民、集约共享、安全高效、绿色低碳、双向畅通的农村寄递物流体系，实现乡乡有网点、村村有服务，农村寄递物流供给能力和服务质量提高，便民惠民寄递服务全面覆盖。打通“工业品下乡、农产品进城”快递服务双向流通渠道，全年培育迁西板栗、遵化核桃、乐亭甜瓜、玉田金丝小枣、迁安红梨、渤海海鲜等“快递＋特色农产品”项目11个，培育遵化宠物笼、玉田塑料制品、玉田铁锅、滦南铁锹、唐山陶瓷等“快递＋制造业”项目7个，其中快递业务量超百万项目4个，业务量超十万件项目12个。

【邮政疫情防控】 2021年，邮政管理局做好常态化疫情防控，1月，全市邮政快递企业先后多批次将防控物资和援冀医疗专家爱心包裹寄往石家庄、邢台等地，支援疫情防控。市防控办印发《唐山市邮政快递业疫情应对处置规范化工作方案》，坚持“人”“物”“环境”同防，实现全行业网络不断、服务不停，全行业未发生病毒感染。

【邮政快递市场整治】 2021年，邮政管理局开展机要通信两轮全覆盖督导检查。印发《唐山市邮政快递业“扫黄打非”工作指南》。保障建党100周年庆祝活动、“双11”业务旺季寄递渠道安全服务。监督检查邮政普遍服务乡镇局所，提高乡镇局所标准化、规范化水平，确保乡镇局所各项业务规范合标。党报党刊投递专项整治，优化农村党报党刊投递线路，规范报刊接收登记，杜绝缺报少刊、投递不规范行为。提高邮件全程时限标准和跟踪查询水平，降低邮件丢失损毁率，持续提升用户体验和服务满意度。

【邮政安全中心设立】 2021年，邮政管理局加强全市邮政快递行业安全监管力量，维护寄递渠道安全畅通，2月7日，市委机构编制委员会印发《关于成立唐山市邮政快递业安全中心的通知》，正式批复成立唐山市邮政快递业安全中心，全面推动邮政快递业安全监管和应急管理。

【绿色邮政】 2021年，邮政管理局贯彻固体废弃物污染环境防治“一法两条例”，印发《2021年唐山市塑料污染治理联合专项行动方案》，开展“邮来已久，绿动未来”主题宣传活动，组织重金属和特定物质残留超标包装袋专项治理，推广使用电子运单和环保包装，行业电子运单使用率99%，采购使用符合标准包装材料应用率99.78%，按照规范封装操作率98.38%，电商快件不再二次包装率96.89%。推广新能源汽车，唐山市中心城区邮政投递车辆新能源使用率100%。

【邮政行业优化】 2021年，唐山市快递行业协会、快递行业工会联合会创新建立快递行业集体协商机制，全市快递企业与职工代表开展集体协商，签订“1+3”快递行业集体合同（《职工劳动安全卫生协议书》《集体合同》《工资专项集体合同》《职工技能培训专项集体合同》），明确邮政快递从业人员工资增幅下限、不同岗位最低工资标准及生育期女职工工资、福利、保险等。经市邮政管理局选拔，唐山顺丰公司李建超在2021年全国行业职业技能竞赛中获全国个人竞赛一等奖，授予“全国技术能手”称号。唐山市邮政分公司获“全国邮政用户满意企业”，唐山顺丰公司郭旭获全国五一劳动奖章。市邮政管理局、市人社局等9部门联合印发《关于做好快递员群体合法权益保障工作的实施意见》。市邮政管理局联合市总工会开展“工会进万家·新就业形态劳动者温暖行动”，为行业一线员工送思想文化、送身心健康、送平安保障、送温暖关爱、送工作岗位、送技能提升。

【邮政队伍建设】 2021年，邮政管理局开展党史学习教育，坚持“三会一课”、组织生活会、民主评议党员等制度，每季度召开支部全体党员大会。开展庆祝中国共产党成立100周年“七一”主题党日活动。重温入党誓词，牢记共产党员政治责任和神圣使命。召开专题会议、观看警示教育片、发送廉政短信，做好中秋、元旦、春节等节日期间廉政教育，克服麻痹松懈思想和厌战情绪，关注、防范和查处“四风”隐形变异问题。

（程 倩）

·唐山邮政分公司·

【唐山邮政分公司概况】 2021年，唐山市邮政分公司累计实现业务收入9.98亿元，全省排名第三位，比上年增长5.61%。各项通信质量指标全部达标，未发生资金案件和重大安全责任事故。机要通信实现45年质量全红。建设全市邮政县、乡、村三级快递物流体系，到年底建成11个县级中心、103个乡镇邮政中心、3103个三级快递物流体系节点，其中乡镇网点100%完成共享寄递叠加。一村一站建设，与唐山烟草公司站点合作建成邮政驿站919个。农村共同配送体系建设，全市3103个邮政驿站全部对社会快递公司开放，全市累计代投社会快递公司邮件43.14万件，邮快合作覆盖全市14个县(市、区)、188个乡镇、3103个行政村。

【邮政服务地方经济】 2021年，唐山邮政分公司制发《普遍服务网点达标整治方案》并成立领导小组，累计召开会议29次，约谈6个问题较多、进度缓慢单位。投资240万元改造提升空白乡镇网点，91个代办（补白）网点达标改造，改造达标率和提升达标率均100%。累计投资56.26万元，按照《河北省邮政普服网点标准化建设规范1.0版本》制定“一点一策”改造方案，年内改造11个自营单点。普通服务4项业务开办率、建制村投递频次达标率、《人民日报》当日见报率、条码平信信息断点率、给据邮件信息断点率等20项普服指标达标，获省分公司“普服管理达标优胜奖”，普遍服务未出现触碰红线问题，未发生监管部门处罚案件。投入189万元购置ITM机、二口清分机、投递用电动三轮车、揽收用手提秤等，投入122万元购置网运笼车、顶面扫描设备、跨带式智能安检机等，支撑生产作业。

6月26日，邮政分公司员工在遵化沙石峪开展党史学习教育活动。

刘思摄

【邮政业务拓展】 2021年，唐山邮政分公司寄递业务提速发展，走访政务、商企等市场，拓展医药寄递、法院集约送达、政府二维码等项目合作，扩大市场规模。服务“三农”，累计销售滞销农品3.3万千克。落实绿色包装、绿色运输、绿色金融工程，涉及考核指标全部达标，全年未发生资金案件和重大安全责任事故。全市建设邮乐购店3382个，“年货节”营销活动获省分公司“优秀组织奖”“自营批销奖”“核心商品贡献奖”“农产品最佳推广奖”。拓展增值业务，洽谈加载车证照、检车、车辆维修、保养等基础增值服务，成为全省首家推广并使用“中邮车务”平台招商引流地市分公司。营业执照增项，增加烟草销售业务。

【邮政公司规范管理】 2021年，唐山邮政分公司实行领导人员任期制和契约化管理，68名四级领导人员签订聘任协议书和经营业绩责任书。制定《挂职人员管理办法（试行）》，选拔聘用11人至各县（市、区）分公司挂职锻炼培养。创新用工总量调控机制，调整81人岗位，人均日处理量由743件提高到907件。优化金融网点人员配置，累计减少金融从业务用工49人，压减转岗柜内人员61人。组织合规检查人员、金融网点支局长、中邮保险专岗等重点岗位专业知识培训，1890余人参加。合理编制预算，加大对高效业务、重点项目、邮政普遍服务和特殊服务支撑力度。加强资金管理，解决经营资金在企业账外滞留情况，做到应缴尽缴，降低企业资金风险。加强欠费管理，制定欠费清理责任追究制度，加大欠费考核力度，落实欠费日常管理，定期通报和督导。年内，在全市范围分别组织8类安全生产责任状签订，组织综合性安全生产检查，落实合规管理职责，风险隐患问题全部落实整改。

【邮政公司党建】 2021年，唐山邮政分公司执行《关于新形势下党内政治生活若干准则》，逐级签订《落实全面从严治党要求2021年主体责任书》，层层落实责任。开展党委理论中心组学习12次，线上理论知识答题12次，“中邮先锋”录入党员大会178次，讲党课104次，开展主题党日活动298次。印发《党史学习教育实施方案》，开展庆祝建党100周年诵读比赛、“学党史听党话跟党走”邮政员工党史知识竞赛等活动。党委开展读书会活动23场，113人次参加，全市27个党支部开展读书会活动684场，9746人次参加。制定2021年巡视巡察整改计划，下发《巡视整改专项重点整改任务分解表》《持续推进常态化全面整改工作清单》，针对12项专项重点整改任务和21项常态化整改任务细化出172项具体工作措施，每月召开例会，强化监督检查和跟踪问效。

（李 莉）

中国移动

【唐山移动概况】 2021年，中国移动通信集团河北有限公司唐山分公司（简称唐山移动）累计建设开通4G基站935个、5G基站1769个，建设开通基站累计超过2万个，其中5G信号实现市区、县城核心城区连续覆盖以及发达乡镇、农村热点地区覆盖，5G基站累计超过3200个。改善近百个区域信号，整治居民区低流量室分818个，4G流量比上年增加201.73%。2G、4G小区退服时长比上年压降46%。全年累计建设家庭宽带用户61.64万户，宽带总用户数超过100万户，千兆宽带用户超过11万户。全年拓展信息化项目60余个，打造5G示范应用15个。

【唐山移动助力城市转型】 2021年，唐山移动聚焦城市建设与民生工程，为政府、医疗、工业能源等行业客户提供综合信息化解决方案，助力“数字唐山”建设，推动社会治理效率和效能提升。拓展“智慧社区”“秸秆焚烧监测”“智慧公厕”等60余个信息化项目，惠及8个行业，河钢乐钢“5G+智慧钢铁”获全国“绽放杯”智慧能源赛道二等奖，唐山港“5G+智慧港口”获智慧交通赛道三等奖，迁安马兰庄“5G+智慧矿山”获智慧矿山赛道优秀奖。

【唐山移动品质优化】 2021年，唐山移动聚焦业务与服务品质提升，开展“优+服务”体验季系列活动，通过走进“智慧移动”、走进“科技移动”等多种体验项目，让大众零距离感受5G。实施千兆领航行动，构建“全千兆+云生活”家庭服务体系，深化“宽带+内容+应用”融合发展，开设全屋智慧体验馆，提供家庭信息服务解决方案，加快由规模领先向价值领先转型升级，唐山移动成为区域内第一宽带运营商。

【唐山移动推动民生改善】 2021年，唐山移动开展文明优质服务评比活动，向移动用户发送创城公益短信150余万条，组织志愿者参与各类志愿服务系列活动800余人次，制作无障碍停车位16个，通过唐山移动微信公众号、河北移动APP等多种手机端业务办理渠道丰富残障人士业务办理途径。助力乡村振兴，采购黑龙江桦南县、秦皇岛青龙县扶贫产品，购买扶贫产品45.86万元，以实际行动支持消费扶贫。

（刘 畅）

中国联通

【联通概况】 2008年根据国家电信业重组要求，原网通和原联通合并成立新联通，中国联合网络通信有限公司唐山市分公司（简称唐山联通）是中国联通在唐山市设立的分支机构。2021年，唐山联通共有14个县级经营单位，从业人员3068人。全年建设无线网络基站5000个，为个人及家庭客户、集团客户提供全面服务，实现主要市区和县城、乡镇5G信号连续覆盖，宽带网络方面具备千兆光纤服务能力，满足用户通信服务需求。

联通公司装维人员登高检修线路故障。 靳博文 摄

【联通疫情防控】 2021年，唐山联通应对新冠疫情工作领导小组办公室增设4个专项工作组，明确分工、责任到人，确立零感染，无差错总体防控目标。年内组织4次全体员工核酸检测，重点人员每周1次核酸检测，第一、二针疫苗接种率100%。加强应急预案演练，承担社会责任，提供通信保障服务。全年组织保障抗击疫情相关会议百余次，在石家庄出现疫情时，利用半天时间为第七医院布放5套远程会诊系统，保障重保单位通信网络和信息沟通正常进行。配合市卫健委每天2次发送疫情防控公益短信，向市民发布疫情动态和防控措施。

【联通网络覆盖】 2021年，唐山联通站址5000个，实现市区、县城、2B热点企业、AAA级以上景区以及丰润、玉田、开平农村全覆盖。无线网络人口覆盖100%，城区覆盖率100%，乡镇覆盖率100%，行政村覆盖率99.5%。其中，5G站点4000站，初步实现主要市区和县城、乡镇5G信号连续覆盖，2B企业热点覆盖，实现大型商业购物区、政企单位、三甲医院、交通枢纽等热点覆盖。唐山联通对唐山火车站、三女河机场、汽车站等交通枢纽，京唐港、工业园区、曹妃甸自贸区等标志性场景实现5G网络互联，重要商场、医院、重点景区（南湖、清东陵、抗震纪念碑、景忠山、潘家口水库）、重点企业等实现室外5G连续覆盖。千兆宽带网络完成392个小区（村）厚覆盖，2979个小区（村）薄覆盖，千兆业务保障率大于99%。

【联通服务客户】 2021年，唐山联通聚焦解决人民“急难愁盼”问题，提供“高效、敏捷、透明、创新、智慧”服务体验，获得客户认可。开展投诉压降行动和客户满意度提升工作，聚焦入网、交付、计费、使用、离网5个环节，开展全流程体验行动。加强宽带用户维系，提升使用感知，宽带用户全量回访，监控低评价客户，快速解决根源问题，建立7×24本地“3650000”宽带业务专家座席服务平台，凸显本地服务特色。2021年唐山联通客户感知提升明显，工信部申诉压降效果显著，服务质量在本地行业排名第一。

（靳博文）

中国电信

【电信概况】 中国电信唐山分公司（简称唐山电信）是中国电信在唐山市设立分支机构，成立于2003年，主要经营固定电话、移动通信、卫星通信、互联网接入及应用、智慧信息服务等业务，是唐山地区最具影响力三大运营商之一。2021年，5G宏站投资2.6亿元，建设宏站1672个，其中NR3.5G基站625

电信唐山分公司与国堂钢铁签订合作协议，为其提供通信保障。

宋锦雯 摄

个，NR2.1G 基站 1047 个。截至年底，5G 宏站累计开通 3082 个，市区及县城重点乡镇实现 5G 覆盖。全市城区范围内千兆小区升级 1104 个，全市千兆宽带用户超过 4 万户。

【电信赋能智慧城市发展】 2021 年，唐山电信开发信息技术产品及应用，与各级政府、企事业单位合作，参与“智慧唐山”“智慧高新”“智慧医疗”等项目，在唐山市域内投资千万元布局天翼云“一城一池”计算存储集群，建设规模 50 万核云电脑资源池、唐山属地云主机资源池，配备信创资源，推进城市全方位数字化转型实施，助推城市数字经济发展。

【电信打击网络诈骗】 2021 年，唐山电信成立反诈专班组，开展专项攻坚行动，全年主动关停涉嫌、涉案号码 1742 个，确定身份证加黑名单 514 个，通过反诈中心，现场协助核查涉案号码业务千余条，辅助案件侦破。

（宋锦雯）

中国铁塔

【唐山铁塔概况】 中国铁塔股份有限公司唐山市分公司（简称唐山铁塔）是国有大型通信基础设施综合服务企业，主要从事通信铁塔等基站配套设施、高铁地铁公网覆盖，以及大型室内分布系统建设、维护和运营。截至 2021 年底，唐山铁塔有员工 72 人，组织架构扁平精简，设置 7 个部门、6 个大区、14 个区域办事处。唐山铁塔成立以来，累计建铁塔 3700 余座，通信塔共享率 45.04%，通过资源整合减少铁塔 5000 余座，节约土地 13.33 公顷。借助全信息采集动力及环境监测系统大数据平台实时分析，保障全市 1.2 万余座通信基站及 3000 余套跨行业设备平稳运行。

【唐山铁塔助力 5G 通信建设】 2021 年，唐山铁塔全量承接 5G 基站建设需求，推行共建共享，建设环境融合型、绿色环保型、安全运维新型基站，提升网络运行能力和资源利用效率。完成 5G 通信基站建设 3000 余座，全年承接 5G 室分需求 1821 万平方米，比上年增长 61%，实现市区、县城、重点区域、重点乡镇农村、重点道路连续覆盖。依托社会杆塔资源站址库和室内分布楼宇信息库，推进“通信塔”和“社会塔”相互转换，建设“一塔多用”智慧塔，整合路灯杆、监控杆等社会杆塔资源，变成“多杆合一”智慧杆，支撑 5G 网络快速低成本规模商用。围绕全市传统产业数字化改造，为港口、钢铁等相关企业定制网络解决方案，助力传统产业数字化转型，实现行业增效、社会降本、民生受益。

【唐山铁塔拓展业务】 2021 年，唐山铁塔开展基础设施、维护服务、电力服务等站址资源服务，通过装载各行业专业设备，强化系统支撑、资源集约整合，建立起扁平、高效、透明、共享社会网络信息平台，覆盖生态环保、国土农林、安全、应急、交通等 10 个重点领域，实现高效运营和精细化管理。拓展业务累计租户 2800 余户，在物联网领域快速布局，形成“有高点监控需求找铁塔”品牌效应。利用 5G、物联网、AI 智能等新技术和新手段，在全市 5G+、疫情防控、灯联网、动环监控、智慧消防、智慧社区等信息化领域寻求深度合作，助力“智慧城市”建设。

【唐山铁塔能源业务】 2021 年，唐山铁塔依托公司电力保障运营经验、专业化维护能力和可视、可管、可控智能监控系统，聚焦新兴领域，强化产品创新，向社会提供多元化能源服务，主要包括备电、发电、换电、充电。与各金融网点、交通部门、学校，医疗机构、疫苗冷链等多个行业开展项目合作，解决各行业客户电力保障缺乏专业维护、无监控、配置专人成本高问题。换电业务针对快递物流、餐饮外卖行业开展低速电动车共享电池服务，全年累计付费骑手用户 3000 余户。

（李昕格）

唐山铁塔公司办公大楼。 李昕格 摄

旅游

LvYou

综 述

【旅游概况】 2021年，唐山市有旅行社181家，星级饭店33家，A级景区53家。年内68个重点文旅项目完成投资184亿元。旅游系统落实国家和省、市常态化疫情防控部署，制发发多个指导性文件，围绕“限量、预约、错峰、一米线、体温检测”等开展全方位巡查、暗访、指导督查，全年全市文化广电和旅游系统没有发生确诊病例，没有发生通过文旅场所、活动传播疫情案例。

【河北省第五届（唐山）园林博览会举办】 2021年6月26日～10月18日，河北省第五届（唐山）园林博览会在唐山市举办。本届园林博览会以“英雄城市·花舞唐山”为主题，以唐山花海生态修复为基底，融入现代建筑风格和中国传统园林文化元素，打造“一台、三馆、五院、九桥、十八展园”建筑格局（畅观台，园林艺术馆、公共安全实训馆、智慧生活馆，5座古建筑院落，9座古典园林桥，省内13个地市展园和5个专类展园）。省园博会共间，举办7类22项活动，包括学术交流、园事花事、技能竞赛、文化艺术展示展演等。

【长城国家文化公园建设】 2021年，唐山市实施长城国家文化公园（唐山段）建设，制定《长城国家文化公园（唐山段）建设保护规划》，按照规划内容实施保护传承、研究发掘、环境配套、文旅融合和数字再现5大工程建设。推进重点段落、片区建设，建立32个重点项目市级长城国家文化公园项目库，总投资39.29亿元，完成投资15.47亿元，26个开工建设项目中7个年内完工。

【第五届旅游产业发展大会】 2021年9月15～17日，唐山市第五届旅游产业发展大会在遵化市举办。大会围绕“全域新风景，产业新动能”主题，以长城文化、皇家文化和温泉资源为依托，旨在把遵化市整合打造成唐山市高端文旅发展聚集区。创新“网上办会”模式，采用“线上线下相结合”方式，增加线上“云参会、云签约”和“云观摩、云展播”等活动，6个重点项目采取线上方式签约，内容涉及康养度假、特色小镇、文旅综合体等旅游业态，总投资78.85亿元。本届旅发大会推出“一条旅游风景道、一条旅游精品线”。遵化旅游风景道由东汤路、长城旅游公路西线、159路串联，全长23.2千米，总投资4.3亿元。旅游风景道串联起清东陵、金融街古泉小镇、汤泉宫、长城驿站、山里各庄、恋乡小镇等旅游景点。

6月26日～10月18日，河北省第五届（唐山）园林博览会在唐山市举办。省委常委、市委书记张古江宣布园林博览会开幕。 刘洪超 摄

【河北省第七届旅发大会筹备】 2021年，唐山市筹备承办2022年河北省第七届旅游产业发展大会，落实《第七届河北省旅游产业发展大会总体方案》，高起点谋划、高标准筹备、高水平举办。围绕“工业城市文旅蝶变——走进唐山”主题，挖掘优秀旅游资源，形成《2022年河北省第七届旅游产业发展大会规划》《唐山市2022年河北省第七届旅游产业发展大会实施方案》评审稿，旨在实现优化布局、整合资源、文旅融合、升级产品、创新业态、提升服务、激活消费，全面提升产业水平，彰显工业旅游价值、展现城市转型魅力，打造中国工业旅游名城。

【北京冬奥会签约饭店帮扶】 2021

年，唐山市制定《张家口赛区签约饭店帮扶工作方案》《一店一策帮扶方案》《赛时保障帮扶工作方案》，组织市工商联、市文旅集团、唐山银行等单位先后6次与签约饭店对接，委托唐山朗宁人力资源服务有限公司分别为签约饭店培训39课时，培训1816人次，为唐山市帮扶队伍培训34课时，培训1685人次，指导市文旅集团组建赛时应急服务保障团队。

【迁安市长城国家文化公园管理中心成立】 2021年2月28日，迁安市长城国家文化公园管理中心成立，并加挂迁安市国家地质公园管理中心、迁安市文化旅游发展中心牌子，成为全国首家县（市）级长城国家文化公园建设保护机构。迁安境内长城东起杨各庄镇徐流口，西至五重安镇红峪口，主要为明代修建，总长45.3千米，沿线建有敌台157座、烽火台24座、暗门6个、马面89个、关堡12个及相关遗存12处。自西向东分布有红峪口、白羊峪口、冷口、河流口、徐流口和新开岭、白道子、大龙王庙通城便门，沿线涉及五重安、大崔庄、建昌营、杨各庄4个镇26个村。迁安段长城空间分布广、类型构成多样，有大理石长城、错城、谎城、套城、双道水关长城等。

【人民公园开园】 2021年5月1日，位于凤凰新城人民公园（一期）建成向市民开放。人民公园总投资2.75亿元，总面积40.36公顷，西近龙源路，北邻长宁道，东至友谊路，南至长虹道，呈西北到东南排布，包括康体休闲、活力体验、文化纪念3大板块，是集观赏、科普、娱乐、健身、休闲、应急避险等功能于一体生态型、开放式综合性公园。

【滦河口省级湿地公园获批】 2021年6月11日，河北省林业和草原局发文，批准建立滦河口省级湿地公园。滦河口省级湿地公园位于乐亭县东部，总面积873.50公顷，湿地面积871.64公顷，湿地率99.79%。滦河口是渤海湾内主要河流入海口，是鸟类南北迁徙必经之地。独特地理位置和生态环境，使该区域汇聚陆生、海洋多种动植物种类，湿地公园及周边地区有高等植物57科、130属、175种，有陆生脊椎动物28目、65科、279种，是东方白鹳、黑嘴鸥等诸多珍稀鸟类迁徙中转站、栖息地。

【培仁历史文化街开街运营】 2021年6月30日，唐山市培仁历史文化街开街运营。培仁历史文化街位于唐山城区工业历史文化带核心位置，占地1.72万平方米，建筑面积1.6万平方米，是唐山文旅集团全新打造建筑仿古、文化怀旧、业态时尚城市历史文化生活街区。

【鑫达钢铁工业园揭牌】 2021年9月18日，唐山市鑫达钢铁工业园国家AAA级旅游景区揭牌。鑫达钢铁工业园投资1.8亿元，集智能制造、绿色生产、科普教育、文化体验、趣味游览为一体，园区主题为钢铁工业，包括鑫达印象综合服务区、生态动能主题娱乐区、绿色钢铁生态游览区和火树银花夜景观赏区等5个系列16个景点，园区种植50万株乔灌木、12万平方米森林绿地，植入企业文化钢铁雕塑100余座。

【唐山劳动公园开园】 2021年9月28日，唐山劳动公园向市民开放。唐山劳动公园位于市中心区，毗邻凤凰山公园、大城山公园，占地2.36公顷。公园分为劳动湖和劳动最光荣、劳动最崇高、劳动最伟大、劳动最美丽4个区域，展示唐山工人阶级百年光辉历程。

行业管理与服务

【行业管理与服务概况】 2021年，唐山市制发《2021年全市文化和旅游市场集中整治行动实施方案》《关于开展未经许可经营旅行社业务专项整治行动实施方案》，规范全市文化和旅游市场秩序，开展“双随机”督导检查等，组织巡查旅游市场不合理低价游、无证照经营、以组织旅游名义售保健品等现象，全市旅游市场秩序稳定。

【旅游安全生产整治】 2021年，唐山市制发《唐山市旅游行业安全生产专项整治三年行动实施方案》，召开工作推进会6次，在全行业安排部署安全生产专项整治工作。唐山文化广电和旅游局联合市场监管、住建等部门制发《唐山市玻璃栈道类旅游项目专项治理工作方案》，强化旅游景区玻璃栈道等高风险旅游项目安全管理。协同交通部门开展全市旅游包车客运市场专项整治工作，保障旅游客运道路交通安全。开展大排查大整治活动，集中开展安全生产整治百日行动，随机开展60次“防风险、除隐患、保安全”专项行动。建立安全生产包联制度，检查文化和旅游企业200家，整改安全隐患180处。年内全市文化和旅游市场未发生重特大安全生产责任事故。

唐山市迁西县雨花谷景区芝樱花姹紫嫣红。 闫军摄

【旅游营商管理规范】2021年，唐山市废止2个不适应新要求规范性文件及1个有效期届满文件，对统一市场、公平竞争、规范措施进行复核，17个行政许可事项实施“一网通办”，且压缩审批时限。编制《行政许可标准化清单》，列明申请材料、办理流程等，建立权责清单动态管理机制。

【文旅信用体系建立】2021年，唐山市修订《唐山市文化和旅游行业诚信体系建设方案（试行）》，建立文化和旅游企业和从业人员诚信记录，制定涉及文化和旅游企业信用分级标准，实施文化和旅游行业信用等级发布制度，对信用良好文化和旅游企业予以重点扶持，对信用缺失、存在突出问题单位或从业人员实施联合惩戒。

旅游推广

【旅游推广概况】2021年，唐山市采取广告投放、宣传推介、活动营销等举措，培育唐山旅游目的地市场，在《人民日报》客户端旅游频道、《中国旅游报》《河北日报》《河北经济日报》《唐山劳动日报》《唐山晚报》、唐山电视台、唐山公交车载电视、《自游天下》杂志及文化广电和旅游局官方微信公众号、抖音号、头条号、微视号开展旅游产品宣传，“唐山文化旅游”微信公众号获评河北省网信办2021新媒体影响力——“文化旅游·十佳账号”。

【“唐山周末”品牌宣传】2021年，“唐山周末”全年在中央电视台《朝闻天下》栏目投放旅游形象宣传广告，在《唐山劳动日报》《唐山晚报》、唐山广播电视台等媒体开展宣传推介。在北京至唐山高铁列车G8918/19头枕帖上刊登“唐山周末”品牌广告，在座椅靠背资料袋中摆放唐山文化旅游宣传品，在列车车厢电视上播出30秒唐山文旅形象广告。与北京铁路局合作，在京—唐—曹动车组D6611/4列车及北京站、北京南站摆放唐山文化旅游宣传资料。在北京四惠交通枢纽、北京西站LED大屏、北京南站LED大屏、地铁候车区电视、地铁车内电视、地铁口灯箱、公交车内电视、北京社区智能屏、天津西站信息屏投放“唐山周末”品牌广告。

【旅游宣传推介】2021年，唐山市组织全市重点文旅企业参加中国国际服务贸易交易会（北京）、2021中国—东盟旅游博览会（桂林）、海南休闲博览会（海口）等展会，累计发放唐山文化旅游宣传资料万余份。在北京市、石家庄市、廊坊市、太原市、郑州市设立5家唐山旅游推广中心，扩大唐山文化旅游产品在中远程市场影响力，通过推广中心累计向唐山输送游客1万人次。组织全市重点旅游企业分别在北京市、天津市、邯郸市、石家庄市举办唐山文化旅游暨河北省第五届园林博览会推介会，会上唐山旅游企业与多家旅行社达成合作意向。年内第五届园博会累计接待游客25万人。

【文旅融合营销】2021年，唐山市与作家网、《中国文艺家》杂志社共同举办“诗意·文旅——唐山行”采风活动，河北省作家协会主席关仁山等17名作家、记者参加本次活动，作家网集中刊发72篇“唐山行”采风作品。“唐山文旅元气春游季”“唐山周末·清爽一夏”全媒体采风宣传、“畅游唐山 乐享生活”主题游等活动累计制作推文、游记攻略、短视频近百个，阅读量总计超过1.5亿次。更新《唐山市智慧旅游手绘地图》《2021“唐山周末”自驾游手册》《畅游唐山旅游指南》，制作新版唐山文化旅游手提袋等宣传品，向全市重点景区、酒店免费发放。

特色旅游

【特色旅游概况】2021年，唐山市实施旅游业态创新工程，在强链、补链、延链上谋划引进一批有影响力和发展潜力项目，加快产业集聚，推动提质增效，培育推进文旅产业发展，指导房车、演艺、动漫、中医药、冰雪等项目建设，鼓励房车、游艇旅游项目开发，实现提档升级。年内制发《唐山市冰雪旅游发展实施方案》《关于进一步深化“互联网+旅游”推动全市旅游业高质量发展实施意见》，推进旅游领域数字化、网络化、智能化转型升级，培育冰雪旅游新业态、新模式。

【旅游消费试点城市创建】2021年，唐山市召开国家文化和旅游消费试点城市创建推进会议，制发《唐山市推动文化旅游产业发展支持政策》《唐山市文化和旅游消费试点城市创建工作方案》，组织开展文旅消费集聚区、文化产业示范基地评选推介活动，围绕重要时间节点举办文化和旅游消费月、消费季，组织文化演艺单位开展文旅惠民演出。发行“文旅惠民一卡通”“文化旅游惠民卡”“文化旅游惠民券”，打造一批融合消费服务、图书阅读、艺术展览、研学体验、美食餐饮等新型业态。推进曹妃甸珠江电竞项目建设，引入“世界力王（中国）争霸赛”“武林风”等竞技活动，丰富文旅消费业态。

【文旅商品设计大赛获奖】2021年，唐山市举办全市文创和旅游商品创

唐山迁安市境内大理石长城。　　金皓原 摄

意设计大赛，征集作品910件，参赛作品数量高于上年。参加第三届河北省文创和旅游商品创意设计大赛，并获金奖1个、铜奖3个、“最佳网络人气”奖1个、优秀奖7个。推出具有唐山特色、唐山符号文创和旅游商品，全市17家AAAA级以上景区实现文创购物店全覆盖。年内培育3家文旅商品研发设计企业。

【乡村旅游】 2021年，唐山市完成全市乡村旅游经营主体和经营状况普查，开展乡村旅游点和星级农家乡村旅游酒店复核工作，建立乡村旅游资源库。遵化市沙石峪村、丰润区西那母庄三村、迁安市徐流口村、丰南区崔庄户村4个村入选第三批省级乡村旅游重点村，2人入选全国乡村文化和旅游能人，云天漫步小镇等精品民宿在建。年内全市共有国家级乡村旅游重点村3个，省级乡村旅游重点村16个。

【红色旅游】 2021年，唐山市在建党100周年之际，完成“百年辉煌红动河北”等系列红色景点评选活动，文化和旅游局及其他参加单位和个人分别获最佳组织奖、专业组人气奖、十佳小小讲解员等奖项。组织开展红色旅游景区过度商业化、过度娱乐化、庸俗化、奢侈化排查整治，通过排查整治净化红色旅游市场环境。

【玉田第九届“红叶节”举办】 2021年10月16日，玉田县第九届红叶节在唐自头镇“燕山叠翠”红叶谷景区举办。红叶谷景区依托唐自头镇明代八景之一“燕山叠翠”打造秋季周末乡村游品牌，每年10月初至11月中旬，景区环山公路两侧火炬树连片、如霞似锦，“层峦叠翠”“惊险天路”“彩虹天梯”等景点与百亩猕猴桃园、千亩樱桃园、万亩核桃园集采摘与赏叶于一体。本届红叶节包括广场舞展演、历史文化寻觅、摄影作品展及特色农产品展等活动。

【中国美丽休闲乡村获推介】 2021年12月6日，农业农村部发布《2021年中国美丽休闲乡村名单和2010～2017年中国美丽休闲乡村监测合格名单》，推介254个乡村为2021年中国美丽休闲乡村，其中河北省有8个村入选，迁安市大五里乡山叶口村成为唐山市唯一入选村。山叶口村位于迁安市西部大五里乡境内，全村总面积14平方千米，有国家地质公园、国家AAAA级旅游景区——山叶口景区。

景区景点

【景区景点概况】 2021年，唐山国际旅游岛打造国际知名海岛旅游目的地、国家级旅游度假区，投资2400万元完善华清月府、金沙滩温泉酒店等基础设施。南湖·开滦旅游景区完成AAAAA级景区创建任务，等待文旅部验收。曹妃甸多玛乐园、遵化尚禾源旅游景区、迁西龙井关长城漂流旅游景区完成升级改造，正式申报AAAA级景区。完成全市24家国家AAA级以上旅游景区复核工作。南湖景区入选首批国家夜间文旅消费集聚区，培仁历史文化街、启新1889、迁安天元谷轩辕里民俗体验街区、丰南运河唐人街获评河北省旅游休闲街区。轩辕里民俗体验街区、唐山吾悦广场“忒儿街”获评河北省旅游休闲购物街区，唐山南湖·开滦旅游景区旅客中心获评河北省旅游特色商品购物店。

【旅游项目建设】 2021年，唐山市加大旅游项目建设力度，全市68个重点文旅项目完成投资184.1亿元。加快长城国家文化公园（唐山段）建设，喜峰口长城保护利用、长城文化廊道32个重点工程有26个开工建设（其中7个完工），累计完成投资18.2亿元。

【旅游市场招商引资】 2021年，唐山市围绕“挖存量、抓增量、提质量”目标，收集整理旅游招商项目，全年有12个文旅项目签约，规模总投资126.85亿元。编印2021文旅项目招商册，组织文旅企业参加廊坊“5·18”经贸洽谈会、深圳文博会、北京文博会等省级、国家级展会，迁安白羊峪建设运营合作协议在“5·18”廊坊经贸洽谈会上签约，金额1亿元。遵化市山里各庄乡村振兴文旅综合体项目在省旅发大会签约，总投资20亿元。“春风十里”新田园康养综合体等6个重点项目在市旅发大会上云签约，总投资78.85亿元。芳香谷农旅康养等4个项目在“唐山市文化和旅游产业专题招商推介会”上签约，总投资27亿元。

【旅游景区智慧化建设】 2021年，唐山市制发《关于全面推进旅游景区智慧化建设实施意见》，明确全市景区智慧化建设近期及远景目标，指导唐山市文旅集团完成《唐山市智慧旅游建设项目可行性研究报告》编制工作，唐山南湖·开滦旅游景区、迁安市天元谷旅游度假区、唐山国际旅游岛、曹妃甸区多玛乐园4家景区创建第二批省级智慧景区示范点申报成功。全市39家AAA级以上景区安装视频监控设备并纳入“河北旅游云”产业监测与省应急指挥平台，51家A级以上景区纳入“河

唐山市古滦河生态公园一角。　颜利军 摄

北省文旅分时预约管理服务平台”，全部景区实现分时预约和入园、出园核销功能。

【旅游基础设施建设】 2021年，唐山市新改扩建旅游厕所22座，新建旅游集散中心1座，市旅发大会和长城沿线重点区域新建房车营地（含重点景区停车场营地化改造）1座，旅游风景道建设36.14千米，按照《旅游交通引导标识设置规范》新建、更换85块旅游交通标识牌，开通市区—丰润区西那母农业观光产业园和唐山南湖景区—开滦（国家）矿山公园景区2条旅游交通专线。

（侯贤明）

清东陵保护区

【清东陵保护区概况】 清东陵景区位于遵化市西北部燕山南麓长城脚下，地处京津冀交界处，是世界文化遗产、国家AAAAA级景区。保护区管委会下辖清东陵文物管理处，内设综合办公室、财政局、规划建设局、招商与旅游开发局、综合执法局、综合执法大队等机构，负责保护区范围内文物保护、项目规划、开发建设等工作。2021年，清东陵保护区贯彻“保护为主、抢救第一、合理利用、加强管理”方针，推进文物保护利用、旅游产业发展、干部队伍建设、从严治党等各项工作。全年清东陵累计接待游客36.1万人次，比上年增长29.8%。清东陵景区编制《清东陵文物保护规划》，并通过国家文物局审批。

【清东陵旅游开发】 2021年，清东陵景区与美团公司就合作建设景区智慧化售检票系统事宜签订合作协议，售检票系统年内投入使用，补齐清东陵在国家AAAAA级景区复审验收和智慧景区建设方面短板。与唐山传百文化发展有限公司就开发景区文创产品事宜达成合作协议，年内设计研发出10个系列150件文创产品，填补清东陵景区无自有文创产品空白。面对新冠肺炎疫情等不利因素影响，与快手、抖音等新媒体合作，推出“十大网红播东陵”活动。在原有“福地踏青节”“祈福盛典”等活动基础上，谋划“皇家金秋文化节”，丰富旅游产品，“十一”期间游客人数比上年增长26%。完成清东陵《AAAAA级景区绩效考核办法》《AAAAA级景区管理标准及处罚办法》修订工作，增补内容131条，为景区管理科学化、精细化提供依据。9月份，唐山旅发大会在遵化召开，保护区完成上级下达5大项、22小项任务。

【清东陵文物保护】 2021年，清东陵景区投资1300万元，组织实施定陵及定妃园寝、定东陵2项安防系统数字化升级改造工程和景陵系列安防工程，年内全部完工并投入运行。清东陵景区安全消防指挥调度中心用房项目于10月底竣工，消防工程覆盖10座陵寝，其余5座陵寝消防工程获省文物局批复立项，进入编制设计方案阶段。定东陵、惠陵、裕妃园寝、定陵、孝陵修缮工程按计划实施。制定《保护区打击防范文物违法犯罪工作联席会议制度》，建立各成员单位之间沟通机制，形成打击防范文物违法犯罪网络。

【清东陵福地踏青徒步大会】 2021年4月11日，唐山市文化广电和旅游局、中共遵化市委、遵化市人民政府、清东陵保护区管委会主办，遵化市文化广电和旅游局、唐山清东陵旅游实业开发有限公司、河北狼群体育文化有限公司承办清东陵福地踏青徒步大会举办。本届大会有来自京、津、冀、辽、鲁、晋近万名徒步爱好者参加。

（李姗姗）

唐山国际旅游岛

【唐山国际旅游岛概况】 唐山国际旅游岛位于唐山市东南部渤海湾，包括菩提岛、月岛、祥云岛及北侧陆域，规划面积125.64平方千米（陆域面积85.88平方千米、岛屿面积39.76平方千米），海域面积1013.41平方千米，陆域海岸线45.6千米，为国家级海岛开发利用示范基地、河北省旅游综合改革试验区、唐山市重点打造生态功能区。2021年，在唐山市市委、市政府领导下，以习近平新时代中国特色社会主义思想为指导，以“三个努力建成”为引领，落实唐山市委各项工作思路，以“五个一”机制推进各项重点工作。全年完成地区生产总值18.08亿元，比上年增长7%，固定资产投资27.8亿元，比上年增长7%，一般公共预算收入17.19亿元，比上年增长7.8%。

【旅游岛规划设计】 2021年，唐山国际旅游岛对《国土空间分区规划（2020～2035年）》《旅游发展规划》《控制性详细规划》《建筑风貌规划》等进行完善提升，规划成果呈报河北省省委、省政府审查。开展《海域开发利用专项规划》《市政公用设施专项规划》《菩提岛风景名胜区总体规划》等编制工作，年内完成初步规划方案。

【旅游岛景区面貌提升】 2021年，唐山国际旅游岛以创建国家级旅游

4月11日，第三届清东陵福地踏青节徒步大会开幕。 邹红颖 摄

5月14日，唐山国际旅游岛首届“康达新材杯”马术精英邀请赛在祥云岛金沙滩跃马开赛，图为比赛场面。 闫 军 摄

度假区为契机，制定具体实施方案工程进度表，完善景区配套设施，提升接待服务水平。加强硬件设施建设，推进月岛华清月府、金沙滩温泉酒店、闻涛阁等酒店改造提升，完成月岛新景观桥、海上浮桥、海上平台及菩提岛木屋别墅维修工程，建立度假区集成化管理信息系统，实现通信网络全覆盖。围绕打造文创产品体系，新增欧陆风情商业街、海上音乐轰趴广场、海上动漫欢乐谷、水上运动基地、越野沙滩车、球幕影院、无人机表演等旅游业态，丰富旅游产品。

【旅游岛文旅融合发展】 2021年，唐山国际旅游岛坚持文旅融合发展，提升知名度和美誉度。组织特色节庆活动，开展月岛海洋音乐节、菩提国际网红节、菩提摄影文化节等大型主题活动，举办首届“康达新材杯”马术精英邀请赛。创建国家级天然氧吧，做大水上运动产业，借助爱琴海海上娱乐发展公司成立“唐山市海钓运动协会”之际，与百伦斯码头管理公司协同成立“唐山帆船帆板运动协会”，推动水上运动产业发展。开展宣传推介，通过广告投放、活动营销等多种途径拓展市场，组织辖区企业赴北京、天津、邯郸、石家庄等城市参加唐山文化旅游暨河北省第五届园林博览会推介会，与多家旅行社达成合作意向。

【祥云湾海洋牧场再获国家级荣誉】
2021年10月14日，农业农村部组织“2020年度国家级海洋牧场示范区年度评价”，祥云湾国家级海洋牧场示范区获得“好”评，全国64个国家级海洋牧场示范区中获得“好”评仅有13个。祥云湾海域国家级海洋牧场示范区是农业农村部2015年公布第一批国家级海洋牧场示范区，在2019年和2020年度全国评价中成为全国仅4家、河北省唯一两次评价结论为“好”评示范区。该示范区与中国科学院海洋研究所、烟台海岸带研究所、中国海洋大学生命学院、自然资源部第一海洋研究所、中国地质调查局天津中心、中国水产科学院东海水产研究所、河北农业大学海洋学院等专业院所长期开展合作，打造近海生态修复技术创新中心、中国科学院海洋研究所唐山蓝色粮仓研究中心等10余个科研平台，拥有发明专利3项、实用新型专利22项，参与编纂科学专著3部，发表论文10篇。参与国家重点研发计划“蓝色粮仓”2019～2022年课题研究，其中近海生态修复技术创新中心是国内同学科首个省级科研平台，自主研发“祥云湾海洋牧场贝藻礁生态系统重构工程技术与应用”技术成果达到国际先进水平。

【海上溢油应急能力体系建成】
2021年3月11日，唐山国际旅游岛管委会与唐山海事局、唐山市近海搜救志愿者协会共同签署《唐山国际旅游岛海上船舶溢油应急能力合作协议》，明确旅游岛海域溢油应急器材设备库建设、应急队伍建设和日常应急值守工作内容，建成河北海域首个“地方政府主导、海事部门指导、社会力量参与”县区级海上溢油应急能力体系。

【旅游岛入选省级智慧景区示范点】
2021年，唐山国际旅游岛智慧旅游平台项目以“智慧管理、智慧运营、智慧服务”为宗旨，依托5G、人工智能、云计算、物联网、大数据分析等高科技技术，通过智慧设施建设和服务系统匹配开发，实现景区管理全过程可视化、信息实时化，向游客提供一站式旅游综合服务，为创建国家级旅游度假区和国家AAAAA级景区提供智慧支撑。

【唐山市海钓运动协会成立】 2021年12月4日，唐山市海钓运动协会在国际旅游岛成立，这是唐山市首个在县区成立市级协会。协会成立不仅为海钓爱好者提供安全、便捷垂钓配套服务和交友、磋技交流场所，也为唐山国际旅游岛休闲旅游业增添一项新游玩项目。年内旅游岛辖区共有垂钓俱乐部5家、海洋牧场5个，其中3个为国家级海洋

唐山国际旅游岛菩提岛观鸟台。 徐小跃 摄

牧场。

（刘曼杰）

唐山文旅集团

【唐山文旅集团概况】 2021年，唐山市文化旅游投资集团有限公司（简称唐山文旅集团）获“全省文化文物旅游系统先进单位”“全国文化和旅游系统先进集体”“第一批国家级夜间文化和旅游消费集聚区”，南湖·开滦旅游景区智慧旅游探索项目入选国家文化和旅游部开发司“2021年智慧旅游典型案例”。唐山文旅集团前身为南湖投资集团，2018年3月组建为市属国有重点企业，业务涵盖文化旅游、区域开发、数字科技、商贸服务四大板块，总资产272亿元，设有全资子公司13家、控股子公司11家，员工2200人。曾获全国文明单位、全国文化和旅游系统先进集体、省文化企业30强等称号，获唐山市第三届市长特别奖。唐山文旅集团因南湖而兴，先后实施重点项目180多个，举办2016世界园艺博览会，入选国家“生态产品价值实现典型案例”和首批国家级夜间文旅消费集聚区。与大唐集团、上海均和、河南卫视、河钢集团开展战略合作，开发碳中和、数字钢铁、智慧旅游、大数据等新兴产业项目。

【文旅集团文化旅游】 2021年，唐山文旅集团以“唐山周末”品牌为引领，整合文化资源，打造工业旅游、生态旅游、文化旅游景点100个，博物馆和记忆馆将娱乐、餐饮、休闲、售卖等融为一体，举办节庆、演艺、体育等活动300余场，文农旅、文体旅、文教旅、文商旅、文交旅、文科旅协调发展，使唐山成为京津冀旅游休闲目的地。

【文旅集团区域开发】 2021年，唐山文旅集团发挥市属“投资商、建设商、运营商”功能，打造南湖片区、新城片区、弯道山片区及丰润区还乡河片区、古冶区金山片区等，贯通北部山区、南部海洋，形成融湖、连山、向海全域旅游发展格局。

【文旅集团数字科技】 2021年，唐山文旅集团担当智慧唐山总投资商、总建设商，参与“城市大脑”建设，依托数字经济，建成钢铁数字、大数据、金融服务等产业平台，开拓政务云、IDC托管等新兴业务，打造南湖智慧景区，入选国家案例，开发城市智慧旅游平台，推进与头部数字企业合作，探索数据变现，在产业和城市数字化转型中实现新突破。

唐山市南湖公园。　　牟宇摄

【文旅集团商贸服务】 2021年，唐山文旅集团依托专业化、精细化、标准化服务，以政府机关团餐、物业业务为切入点，占领企事业单位、学校、医院、社区等相关业务市场，拥有服务点位近40个，服务对象3万余人，服务面积180万平方米，树立文旅服务品牌，助力唐山“幸福之城”建设。与上海均和、深圳怡亚通等知名企业合作，开展供应链、贸易等业务；打造以迁西板栗等为代表快销品产业链，联动上下游产品，突出地域特色，培塑发展引擎，引领消费升级。

【国家级夜间文化和旅游消费区】 2021年10月19日，文化和旅游部发布《关于第一批国家级夜间文化和旅游消费集聚区名单公示》，唐山南湖旅游景区名列其中，成为第一批国家级夜间文化和旅游消费集聚区。唐山南湖旅游景区夜间营业文化、娱乐设施项目占比90%以上，全面构建涵盖文化、餐饮、购物、休闲、亲子、住宿等夜间经济消费链条。

【文化旅游“惠青卡”启动】 2021年5月3日，“五四”青年节到来之际，共青团唐山市委和唐山文旅集团共同举行文化旅游“惠青卡”启动仪式，全市18～35岁青年通过“唐山青年”微信公众号即可网上申领电子“惠青卡”，享受唐山皮影主题乐园等热门景点低价购票、体育赛事青年专属票优惠。

【长城国家文化公园合作协议签订】 2021年7月8日，唐山市迁西县政府与唐山文旅集团签署长城国家文化公园战略合作框架协议。迁西县地处燕山南麓、滦水之滨、长城脚下，素有“燕山绿色明珠、京津冀后花园”之称，境内有105千米古长城旅游资源，其中喜峰口长城是全市唯一纳入国家首批长城文化公园保护规划建设项目。根据协议，双方立足各自优势，提升合作水平，再现古堡青山、秘境长城古韵风情，颂扬铁血长城、护国巨刃抗战史诗。

【南湖景区进入品牌影响力百强】 2021年9月26日，迈点研究院（迈点研究院是国内商业空间资产战略研究咨询机构）发布“2021年8月AAAA级景区品牌影响力500强榜单”，唐山南湖旅游景区榜上有名，列第93位，同日发布各省8月AAAA级景区品牌榜单，唐山南湖旅游景区列河北省第4位。“2021年8月AAAA级景区品牌影响力500强榜单”数据来源于迈点品牌指数MBI，根据8月迈点品牌指数MBI2848个AAAA级景区数据汇总而成。该数据由迈点研究院独家发布，主要从搜索指数、点评指数、运营指数、媒体指数4个维度，分析品牌在互联网和移动互联网影响力。

（胡冉）

科学技术

KeXueJiShu

综　述

【科技概况】 2021年，唐山市制发《关于加快科技强市行动实施意见》，提出“加强科技创新顶层设计”“打造科技创新共享平台”“健全财政科技投入稳定增长机制”要求。全市认定高新技术企业527家，总数1458家，认定备案科技型中小企业3637家，总数1.01万家。新增市级科技企业孵化器和众创空间6家，新增省级科技企业孵化器1家、众创空间2家。培育省级科技研发平台19家、市级科技研发平台31家，签约（落地）科技成果110项。年内向21家有发明专利中小型高新技术企业发放贴息贷款96.32万元。

【科技体制改革】 2021年，唐山市科学技术局制发《唐山市2021年全面深化改革工作推进方案》，成立科技改革领导小组，完善顶层设计，优化科技资源配置，健全以企业为主体、市场为导向、产学研融合科技创新体系。优化科技服务，推行基层科技特派员制度，搭建科技平台，促进科技成果对接转化，提升引智服务水平。

【科技创新主体培育】 2021年，唐山市向21家有发明专利中小型高新技术企业发放贴息贷款96.32万元。河北国亮新材料股份有限公司和唐山开元自动焊接装备有限公司2家高新技术企业被认定为河北省科技领军企业，全市有科技领军企业7家，占全省15.9%。42家企业入围河北省科技创新研发投入百佳企业，36家企业入围河北省科技创新发明专利民营企业百佳企业。唐山百川工业服务有限公司、唐山博玉科技企业孵化器列入2021年度省级科技服务业名单。

【科技招商】 2021年，唐山市开展“百家科研院所进唐山”活动，举办技术对接集中签约活动210场次，包括河北科技成果直通车石家庄专场、农业领域专场及京津冀轻量化研究院专场等，引入中国科学院自动化研究所等162家科研院所驻唐签约，提升装备制造、现代农业、新材料等20个行业科技创新水平。年内建设省级以上农业科技园区9个，获批省级“一县一业一基地一团队”科技示范工程基地6个，备案省级星创天地8个，省级星创天地达到33个。

【县域科技创新能力提升】 2021年，唐山市县（市、区）域科技创新能力均衡发展，A、B、C三类县（市、区）分布得到优化，（县域科技创新能力评价标准：80分以上为A类、60（含）～80分为B类、60分以下为C类），全市A类县（市、区）4个、B类（市、区）县8个、C类县（市、区）2个。全市省级以上农业科技园区9个。

【省科技领军企业入围】 2021年，河北省认定科技领军企业10家，唐山市河北国亮新材料股份有限公司、唐山开元自动焊接装备有限公司2家企业入围，全市科技领军企业7家，占全省总数15.9%。河北国亮新材料股份有限公司是河北省耐火材料行业龙头企业，自主研发、立项40多个，曾获自主知识产权证书22个，发表论文54篇，获河北省科学技术奖3项、唐山市科学技术奖4项，参与制定产品标准10项。唐山开元自动焊接装备有限公司是国内成立较早自动焊接装备制造企业，以焊接技术为核心，融汇机械、电气、自动化控制技术，公司累计申请专利200个，其中授权发明专利37个，授权

唐山高新技术产业开发区自动焊接装备有限公司工人调试焊接机器人。
牟　宇摄

实用新型专利102个，获软件著作权134项，发表论文30余篇。

【数控系统研究中心成立】 2021年6月5日，国家数控系统工程技术研究中心唐山分中心在工业职业技术学院成立。国家数控系统工程技术研究中心是国内高档数控技术基础理论研究、应用基础研究、高档数控系统研发、国际学术交流与合作核心机构。唐山工业职业技术学院是中国特色高水平专业群建设单位、河北省“双高”建设单位。国家数控系统工程技术研究中心唐山分中心成立后，利用双方优势，提升唐山制造装备和产品智能化水平，培养智能制造业高技能人才。

【机器人大赛获奖】 2021年8月1日，“2021年机器人大赛内蒙古公开赛”在锡林浩特市举办，国内120余支队伍300人参加大赛。唐山市谨序机器人代表队派出17支队伍30人参加，其中包含幼儿、小学、初中及高中团队，获金牌2块、银牌2块、铜牌5块，并获“世界机器人大赛（北京）”参赛资格。

唐山爱信汽车零部件公司自动化生产线。 鲍 文 摄

科技管理

【科技管理概况】 2021年，唐山市制发《关于进一步引导全社会研发投入若干措施》《唐山市基础研究行动实施方案》《关于加快科技创新平台建设实施方案》，坚持企业为主体、市场为导向、产学研融合，集聚创新要素，优化资源配置，构筑和完善科技研发平台、产业化平台及科技服务平台体系。健全研发投入考核机制，引导全社会加大研发投入。完成钢铁冶金、高端装备制造、数字技术、新能源等重点产业及前沿交叉领域基础研究项目37个，落实科研经费260万元，年内获批省自然科学基金项目8个。

【科技创新平台建设】 2021年，唐山市实施科技创新平台建设及提升工程，创建“河北省建筑结构绿色建造技术创新中心”“河北省光伏组件应用技术创新中心”等高水平研发平台，初步形成点面结合、布局合理、技术先进、开放高效科技研发平台体系。新增市级孵化器和众创空间6家、省级科技企业孵化器1家、众创空间2家。

【科技创新人才培养】 2021年，唐山市制发《关于深入实施新时代“凤凰英才”计划，加快建设高质量人才强市意见》，围绕重点产业领域和优势学科，培育省级高水平人才创新团队1个、市级基础创新团队12个，认定市级科技创业创新领军人才7人、省级科技型中小企业创新英才23人。中国二十二冶集团、河北华通线缆等5家单位获评河北省院士合作重点单位，获省科技厅专项资金150万元。

【科技特派员制度建立】 2021年，唐山市实施基层科技特派员制度。全市备案省级科技特派员790人，建立省级特派员工作站62家、工作室4家，完成基层科技特派员派驻312人，科技特派员在全市乡镇（街道）及中小企业开展科学技术培训和指导。

【科技成果】 2021年，唐山市25项科技成果获省科学技术奖，其中技术发明奖2项、科技进步奖23项，“新型表观遗传因子在恶性肿瘤早期诊断和判定中价值”“单线15万吨/年再生纤维技术装备集成研发及产业化”等9个项目获二等奖，“复兴号时速160千米动力集中电动车组研制及应用”“高效光催化体系构建性能提升及应用技术”等16个项目获三等奖。年内，唐山市畜牧水产品质量监测中心参与完成“奶及奶制品安全控制与质量提升关键技术”项目、唐山钢铁集团有限责任公司参与完成“连铸凝固末端重压下技术开发与应用”项目分获国家科技进步奖二等奖。

唐山市2021年度获河北省科学技术奖项目汇总

表10

序号	项目名称	完成单位	获奖等级
1	新型表观遗传因子在恶性肿瘤早期诊断和预后中判定中价值	唐山市人民医院、华北理工大学、遵化市人民医院、河北医科大学	二等
2	单线15万吨/年再生纤维素纤维技术装备集成开发及产业化	唐山三友集团兴达化纤有限公司、唐山三友远达纤维有限公司	二等
3	基于煤焦质量评价新方法高炉冶炼关键技术开发与应用	华北理工大学、辽宁科技大学、唐山钢铁集团有限责任公司	二等

续表10-1

序号	项目名称	完成单位	获奖等级
4	滨海盐碱区土壤生态化改良及高效利用技术研究与应用	河北省农林科学院滨海农业研究所、中国科学院南京土壤研究所、唐山曹妃甸区滨海园林绿化工程有限公司	二等
5	高耐热耐蚀铝合金镀层钢板关键技术开发与应用	唐山钢铁集团有限责任公司、唐山钢铁集团高强汽车板有限公司、河钢股份有限公司、河钢股份有限公司唐山分公司	二等
6	苯部分加氢制己二酸新型系列催化剂研发及应用	开滦（集团）有限责任公司、燕山大学、开滦能源化工股份有限公司、唐山开滦化工科技有限公司	二等
7	近距离煤层群协调开采与岩层控制技术研究	开滦（集团）有限责任公司、中国矿业大学（北京）	二等
8	高拉速薄板坯连铸生产高品质钢关键技术	唐山钢铁集团有限责任公司、华北理工大学、河钢股份有限公司唐山分公司	二等
9	卫浴噪声多元评价及精准测试关键技术研究与应用	唐山海关综合技术服务中心、台州市产品质量安全检测研究院、咸阳陶瓷研究设计院有限公司、惠达卫浴股份有限公司	二等
10	复兴号时速160公里动力集中电动车组研制及应用	中车唐山机车车辆有限公司	三等
11	基于高速动车组全寿命周期检修技术体系构建及应用	中车唐山机车车辆有限公司	三等
12	内燃全永磁电传动系统开发	中车唐山机车车辆有限公司	三等
13	乘用车用高品质热轧酸洗高强度钢开发与关键制造技术	首钢股份公司迁安钢铁公司、首钢集团有限公司、北京首钢股份有限公司	三等
14	基于低碳节能技术板带材边部质量控制与关键装备一体化研发应用	首钢股份公司迁安钢铁公司、首钢集团有限公司、北京首钢股份有限公司、首钢智新迁安电磁材料有限公司	三等
15	无人机用超薄规格无取向电工钢开发及应用	首钢智新迁安电磁材料有限公司、北京科技大学	三等
16	国内单体最大低温多效海水淡化装置技术集成与优化	首钢京唐钢铁联合有限责任公司、北京首钢国际工程技术有限公司	三等
17	液压元件/系统有源测试技术及应用	唐山工业职业技术学院、燕山大学、河北港口集团港口机械有限公司、唐山市宏远专用汽车有限公司	三等
18	危险环境巡检机器人	中信重工开诚智能装备有限公司	三等
19	智慧灌区全域治水综合管控系统	唐山现代工控技术有限公司、华北理工大学	三等
20	烟气磁化熔融炉处理钢铁尘泥及有价元素回收技术装备	唐山鹤兴废料综合利用科技有限公司、卢龙宏赫废料综合利用有限公司	三等
21	南堡凹陷天然气勘探技术攻关与规模增储	中国石油天然气股份有限公司冀东油田分公司	三等
22	复杂断块高含水稠油油藏二氧化碳吞吐提高采收率技术及工业化应用	中国石油天然气股份有限公司冀东油田分公司	三等
23	深层裂缝性油气藏钻井关键技术及工业化应用	中国石油天然气股份有限公司冀东油田分公司、西南石油大学	三等
24	高效光催化体系构建、性能提升及应用技术	沈毅（华北理工大学）、左桂福（华北理工大学）、孟宪光（华北理工大学）、伦慧东（唐山佐仑环保科技有限公司）、左桂双（唐山佐仑环保科技有限公司）	三等
25	铝合金车体制造组装技术	张雪松（中车唐山机车车辆有限公司）、张占峰（中车唐山机车车辆有限公司）、田新莉（中车唐山机车车辆有限公司）、孙克安（中车唐山机车车辆有限公司）、翟烜（中车唐山机车车辆有限公司）、曹永胜（中车唐山机车车辆有限公司）	三等

科技活动

【科技交流】 2021年4月，唐山市组织相关企业通过线上线下形式参加“第八届中国（上海）国际技术进出口交易会”；5月，采取线上线下交互形式，组织企业参加“河北国际技术直通车——中日科技创新合作暨新技术项目发布会”；9月，组织相关企业通过线上线下形式参加“中国国际数字经济博览会”；11月，组织相关企业参加“科创中国”国际技术路演——河北生物医药线上专场活动。

【科技合作】 2021年，唐山中陶卫浴制造有限公司等4家企业通过河北省国际科技合作基地评审。组织全市14家国际科技合作基地与20多个国家和地区建立科技合作关系，其中华北理工大学国际科技合作基地、华北理工大学老年医学会国际

丰南区实施智能化农田管理。　李福政 摄

科技合作基地与匈牙利佩奇大学、瑞士中医药协会、比利时自由大学等学术科研机构开展交流与合作。

【"科技活动周"启动】 2021年5月22～28日，唐山市"2021年科技活动周"启动。"科技活动周"期间，在全市范围内开展科技推动发展、科技服务民生、科技知识普及、科技人员下乡、科技资源开放等35场系列活动，普及推广科学技术新成果、新技术、新产品。本次活动由市科技局、市委宣传部、市科协、市卫健委联合主办。

【"全国科普日"活动举行】 2021年9月14～17日，唐山市举行"全国科普日"活动。"全国科普日"活动期间，采取"云启动"+网络活动+联合行动方式，开展系列科普活动，集中组织全市科技人员在农村、社区、企业、学校，开展碳达峰碳中和科普联合行动。 本次活动由市科技局、市委宣传部、市教育局、市科协等部门联合主办。

【科技引智】 2021年，唐山市组织"河北·大洋洲先进装备智能制造高峰论坛"活动，邀请以色列、俄罗斯、新加坡等国家7位院士、14位教授和企业高管人员进行创新发展云授课5场次，参加活动2200人次。唐山市人民医院、唐山市工人医院等5家医院被认定为河北省"外国专家就医定点医院"，唐山市第一中学、河北唐山外国语学校等4家教育机构被认定为河北省"外国专家子女定点教育机构"。年内获批省、市引才引智项目7个。

【高科技项目签约】 2021年7月29日，唐山市人社局联合北京理工大学唐山研究院举办"才聚河北·筑梦唐山"专场活动，北京理工大学教授高学山、北京交通大学唐山研究院节能减排中心主任王海东等10位专家、教授发布"新型同步开关磁阻电机""智能导航与通信技术在无人驾驶中的应用""机器人技术研究及成果"等7个科研技术项目，与曹妃甸港港铁物流有限公司、河北建研筑城建设有限公司、惠达卫浴股份有限公司等30多家企业对接洽谈，5位专家、教授与5家企业签订合作协议，其中北京理工大学教授高洪民与曹妃甸港港铁物流有限公司就"智能导航与通信技术在无人驾驶中的应用"项目签约，北京理工大学教授张海洋与惠达卫浴股份有限公司就"冰雪运动智能化解决方案"项目签约，北京理工大学教授高学山与曹妃甸综合保税区有限公司就"机器人技术研究及成果"项目签约，北京理工大学教授田新春与河北建研筑城建设有限公司就"表面防护涂层技术"项目签约，北京理工大学教授冬雷与唐山冀东石油机械有限责任公司就"新型同步开关磁阻电机"项目签约。

（史国东）

知识产权

【知识产权概况】 2021年，唐山市专利申请1.5万个，比上年增长27.64%，其中专利授权1.14万个，比上年增长59.84%，有效发明专利4850件。全市42家地理标志保护产品企业换标，换标率100%，130家地理标志商标使用企业在国家知识产权局备案。累计提交商标国际注册申请89件。完善知识产权侵权纠纷处理快速反应机制，开展商标专利、奥林匹克标志、地理标志保护专项执法检查。健全知识产权诉前调解机制，对恶意侵权行为实施惩罚性赔偿。落实省、市商标专利资助、贷款贴息和保险费补贴1427万元。实施专利战略推进项目10个，扶持资金100万元。引导企业加大自主知识产权开发力度，华达总公司高速动车组配件制造及检修等26个项目完工，唐鸿重工等14家企业入围省级企业技术中心序列。年内"贯头山酒"获批国家地理标志保护产品，新增"乐亭韭菜""乐亭草莓""乐亭大樱桃""滦南黄坨甘薯""滦南黄坨甘薯片"5件地理标志商标。

【知识产权保护机构】 2021年，唐山市成立知识产权促进和保护中心、打击知识产权犯罪联合办公室、知识产权仲裁中心，负责全市知识产权保护工作。全市万人口发明专利拥有量7.34件，专利权质押贷款9.93亿元。查处商标侵权假冒案件84起，罚没款124万元，查处专利侵权案件143起。年内唐山商标受理窗口被国家知识产权局授予全国先进商标受理窗口称号。

【"地理标志巡回宣讲"活动举行】 2021年7月26～27日，唐山市市场监管局（市知识产权局）会同省局知识产权部门开展"地理标志巡回宣讲唐山行"活动，邀请国家知识产权局专家授课，重点培训地理标志保护产品、地理标志集体证明商标（即，具有明确地域范围，特定质量、信誉或其他特征，且与当地自然因素相吻合）基础知识及申报。各县（市、区）市场监督管理局、地理标志协会、拟用标企业及拟申请注册地理标志单位150人参加培训。年内全市有地理标志商标36件，全省排名第二位，地理标志保护产品7件，全省排名第五位。

【知识产权线上讲堂举办】 2021年11月30日，唐山市举办"知识产权信息公共服务机构在行动"线上培训，全市200家企业相关负责人参加培训。培训聘请相关领域专家以“专利申请文件撰写实务”为授课主题，从专利概述、专利说明书、专利权利要求书、专利撰写案例4个方面讲解专利申请基础知识、权利说明书文件撰写、常见错误以及如何规避不符合专利法规定问题，解答企业在实际工作中遇到专利申请等方面问题，受到参训企业欢迎。

【“专利成果直播间”开播】 2021年12月1日，唐山市市场监督管理局（知识产权局）联合高端装备制造业知识产权运营服务平台，开展“专利成果直播间”直播活动，推介成果涵盖“产品研制全流程制造技术数字化管控系统技术应用”。中车唐山机车车辆有限公司项目主研人作企业智能制造经验分享，40家企业在线上进行交流，3家企业达成合作意向。

（何　刚）

防震减灾

【防震减灾概况】 2021年，唐山市综合开展地震基本业务、地震灾害防治、地震科技创新、防震减灾社会治理体系建设，全市14个县（市、区）安装31套预警终端，地震预警系统全面进入示范运行阶段。落实河北省地震局部署，完成14个县（市、区）、38个乡镇地震灾害损失预评估（根据空间、人口分布情况，设定虚拟地震震中位置进行模拟计算，评估人员伤亡、经济损失、紧急安置和救援物资等）。首次开展房屋设施抗震设防信息采集，住建、交通、水利、应急等行政管理单位（部门）填报相关信息807条，年内颁布《唐山市防灾减灾救灾条例》。

【地震群测群防体系建设】 2021年，唐山市应急管理局与14个县（市、区）地震主管部门、21个重点地震宏观观测点（哨）签署“2021年地震宏观点（哨）工作协议”，明确唐山市应急管理局与各县（市、区）地震主管部门、各地震宏观观测点（哨）权利和义务，为三方分工协作、履职尽责、互动服务，保证地震宏观观测稳定运行提供法律保障。

【防震减灾科普宣传】 2021年，唐山市联合中国交通网络应急广播电台举办“防灾减灾线上知识问答”活动，整理100个防灾、减灾常识与听众互动。在全市180块户外广告大屏，8000辆出租车、公交车、长途客车车载视频字幕显示系统，100个电梯（楼宇）多媒体电视循环播放视频公益广告片83万次，播放防灾、减灾提示信息70万条次。抗震纪念馆作品——“唐山全景数字纪念馆”获应急管理部颁发“应急科普优秀作品”奖。

【防震减灾科普大会召开】 2021年7月28日，应急管理部（中国地震局）、科技部、中国科协、河北省人民政府以“防震减灾　科普助力”为主题，在唐山市联合召开“第二届全国防震减灾科普大会”。期间，协同社会各界举办“中国地震预警网示范运行新闻发布会”和防灾、减灾、救灾应用技术成果展，与会专家、学者围绕“地震科技创新成果向科普有效转化”“防震减灾科学传播方式与创新”“防震减灾科普社会责任与实践”等主题进行交流研讨。全国地震系统有关单位、部分省级科技系统单位300人参加会议。

【综合减灾示范社区创建】 2021年，唐山市根据《国家减灾委员会关于加强城乡社区综合减灾工作指导意见》《全国综合减灾示范社区创建管理办法》，普及灾害预防、救护知识，开展风险评估、防灾减灾演练。按照社区自评申报，县（市、区）应急管理部门考察推荐、市应急管理部门审核确定程序，对2021年拟创建申报全国综合减灾示范社区进行层层筛选，最终评选出路南区梁家屯街道尚义社区等4个综合减灾示范社区。

【防灾减灾救灾成果展举办】 2021年7月27～29日，唐山市在南湖国际会展中心举办“防灾减灾救灾应用技术成果暨新唐山建设45周年成就展”。应急管理部党委委员、中国地震局党组书记、局长闵宜仁出席展览开幕式，唐山市委副书记、市长田国良，中国地震局党组成员、副局长倪岳伟在开幕式上致辞。本次展览展区面积1万平方米，75家企业以及16家地震系统单位参展。展览内容包括习近平总书记视察唐山、唐山大地震抗震救灾和新唐山建设成就、防震减灾服务经济社会发展成果、防震减灾科普互动体验、防震减灾成果实物案例、防灾减灾救灾新技术新装备6大板块，展览以实物、案例为主，全方位展现防震减灾服务经济社会发展成果和新唐山建设成就，聚焦防灾减灾救灾新技术成果和应用实例，以及灾害监测预警、风险防治、应急服务等领域最新技术及应用产品。

【地震应急避难场所建成】 2021年，唐山建成符合国家标准地震应急避难场所70处，建设面积711.9万平方米，可安置144.1万人紧急避险。全市建有专业应急救援队伍100支，专兼职应急救援人员5118人。在全市范围内开展各类应急演练2286次，其中市级演练4次、县级部门演练60次，企业演练2222次。

（李　洋）

气　象

【气象概况】 2021年，唐山市“智慧气象保障工程”被列入《唐山市国民经济和社会发展第十四个五年规划和2035年远景目标纲要》《唐山市推进人工影响天气工作高质量发展实施方案》。“气象+”精细化公共服务大数据应用场景被市政府确定为全市12个大数据共享典型应用场景之一。全市气象灾害防御体制机制健全，气象防灾减灾政府绩效管理工作在全省考核成绩排名第一。市气象局与市减灾委联合建设基层灾害信息员队伍，实现多员合一共享共用；与市自然资源和规划局合作建立防灾减灾联动机制；与市政法委合作，以丰润区为试点推动全市网格员与信息员融入式建设，推行“网格+气象”基层防灾减灾工作模式，获评省气象部门创新工作单位。年内，全系统4人取得副高级工程师任职资格，3人取得工程师任职资格，1人获评“全国气象部门优秀县气象局局长”，1人获评“河北省青年气象英才”，2人获评“河北省气象局基层优秀人才”。4人在河北省和气象部门科普讲解大赛均获二等奖。《“怪云”之谜》获省科技厅科普微视频大赛一等奖，《风华》

获第三届全国气象短视频创作大赛十佳作品奖。2021年，市气象局在全省第四届装备保障技能竞赛中获团体第二，2人分获个人全能第一和第六，在全省预报竞赛中获团体第七，1人获个人全能三等奖、2个单项奖。全市办理气象行政许可证74件。

【气象科研成果】 2021年，唐山市气象局新立省科技局科研项目3项、市科技局科研项目1项，新立局内科研项目10项，发表科技论文22篇，其中核心期刊6篇，取得软件著作权3项、科技成果4项。新立市级地方标准3项，立项环渤海区域科技协同创新基金项目1项。组织各类培训班20次，收听收看省气象局高工大讲堂12期。组建灾害预报、环境气象2个创新团队，开展燕山山地降水、中小尺度天气发生机理研究，强化对双偏振雷达等探测资料应用，开展智能网格本地化应用和雨滴谱仪资料应用研究。环境气象预报与评估业务平台实现本地化应用。制定《唐山市气象局研究型业务考核办法》，组织市级4个创新团队开展中期成果汇报交流和年度考评。

【气象服务与防灾减灾】 2021年，唐山地区沙尘暴、大暴雨、大暴雪、强寒潮等极端天气频发，汛期出现27次暴雨，"烟花"台风暴雨降水量、"11·7"大暴雪降雪量、汛期降水量、年降水总量均突破历史记录。发布气象通知及快报87期、手机短信预警信息3023.1万条次。春运及第五届河北省园博会、建党100周年系列庆典活动期间气象保障周到及时，制作各类气象专业材料1.8万份，发送气象短信44.27万条次，"行业气象服务群"点对点服务9.8万人次，服务气象短信人群71.5万人次。气象预警信息实现"上车入户"，汛期在市区3506辆出租车车顶显示屏、260辆公交车车内显示屏上滚动播发暴雨大风预警信息，社区、村"两委"用微信群将气象预警信息发送进村入户到人，实现预报预警信息全覆盖。年内开展精细化交通天气预报、高速公路封闭气象风险预测、雷电灾害防御全链条专业服务。

【气象生态环境保障】 2021年，唐山市气象局制作环境气象服务材料386期，为提升唐山地区空气质量、大气污染防治提供气象支撑，环境气象服务获市政府领导肯定批示5次。农村气象灾害监测预报和预警信息发布等3项重点工作列入唐山市2021年度乡村振兴实施方案。市气象局与市供销社、市农科院联合成立4个气象服务团队，开展丰润生姜、滦州花生等特色农业气象服务。依托迁西"花乡果巷"国家级田园综合体，开展乡村旅游气象服务。与人保公司合作，开展板栗、对虾养殖等气象指数保险工作。建设滨海农业气象分中心，开展国家级水稻观测项目。建立人工影响天气协调会议制度，冀东飞机增雨保障基地完成业务系统建设并投入使用，全年飞机增雨作业92.5小时，发射火箭弹986枚、炮弹843枚，增加降水3亿立方米，为全市森林防火、抗旱保墒、补充地下水等提供气象保障。

【空地一体化人工降水】 2021年2月28日，唐山市开展大规模空地一体化人工增雨（雪）作业，全地区出现大范围雨雪天气，白天为小雨，夜间中到大雪，其中乐亭暴雪。此前唐山地区旱情持续，森林火险居高不下。此次人工增雨（雪）作业累计出动地面作业人员52人，增雨作业车辆12辆，飞机增雨作业3架次，累计飞行6小时，播撒碘化银烟条56根，地面火箭作业22点次，发射火箭弹110枚。此次降水过程，全市平均降水量10.2毫米，最大降水量为丰南和丰润12.7毫米，最大积雪深度为滦州和曹妃甸7厘米。

【国家级标准化试点项目获批】 2021年3月，国家标准化管理委员会发布《关于下达第七批社会管理和公共服务综合标准化试点项目通知》，唐山市曹妃甸区气象局承担气象服务标准化试点项目获批建设。曹妃甸气象服务标准化试点项目为全省首个气象类国家级标准化项目，在农业和大中型企业实施标准化气象服务，针对不同用户对气象服务不同需求，科学、合理制定气象服务体系。

【校园气象科技节活动举办】 2021年9月2日，唐山市气象局与路北区曹家口小学联合举办"校园气象科技节"活动。期间展出气象科普展牌、观云测天挂图，气象局工程师将气象科普讲座送到课堂，举办气象知识手抄报展示、气象知识竞答等活动，提高青少年气象科学认知能力。

【全市入冬首场强降雪】 2021年11月7日，唐山市出现入冬首场降雪天气。本次降水天气从11月6日下午降雨，夜间转为降雪，11月7日15时，出现小到中雨转暴雪到大暴雪天气，全市平均降水量32.1毫米（雨雪总量），最大降水量为丰南39.4毫米，最大积雪深度为唐山市区25厘米。本次降雪天气强度大、持续时间长，对净化空气、降低森林火险、增加土壤墒情起到有利作用。

（何　丽）

立冬时节一场降雪，吸引市民纷纷走到户外赏景、拍照。　杜雯拓 摄

教育

JiaoYu

综　述

【教育概况】2021年，唐山市有各级各类学校（幼儿园）2942所，在校生144.26万人，教职员工12.07万人，其中专任教师9.66万人。唐山市教育局连续14年获评唐山市安全生产工作优秀单位、2020年度唐山市直单位全面深化改革工作优秀单位。实现幼儿园城乡“全覆盖”，义务教育学校生公用经费支出比上年增长35.21%，“双减”工作取得成效，路北区、迁安市获评2021年基础教育全国优秀案例，迁安市政府履行教育职责评价工作获省政府通报表扬和奖励。唐山市入选“国家产教融合试点城市”，唐山工职院申办本科纳入教育部“十四五”高校设置规划。

唐山市第27中英模班150名学生在大钊公园开办党史教育第一课。
葛昌秋 摄

【党史教育活动开展】2021年，唐山市制发《党史学习教育实施方案》，召开教育系统党史学习教育动员大会，开展党史学习教育活动。市直各院校组织理论中心组学习208次、党史主题读书班173场，开展线下培训334次、线上培训1565课时，参与师生9.32万人次。将党史学习教育作为年度教育培训重点任务，覆盖干部、教师、学生3个群体。组织市直院校购买党史学习教育“四本书”14.3万册。在全市教育系统开展“红色思政课”大讲堂、“三进”大讲堂、“传承红色基因”大讲堂、“赓续精神血脉”大讲堂活动。市直各院校组建由党组织书记挂帅宣讲团，在系部师生中宣讲188场，在基层宣讲762场，参加师生11.3万人次。

【教育系统党组织建设】2021年，唐山市教育系统全面落实基层党建主体责任，带头研究谋划党建工作，落实党委书记、党支部书记、党员领导干部责任清单，坚持三级书记抓基层党建、述职评议和党员领导干部联系学校、联系基层制度，实施基层党支部建设质量提升工程，民办学校实现党组织全覆盖。以迎接建党100周年为契机，组织开展一次党史知识竞赛、集中评选一批党史精品课、征集评选一批基层党建精品案例、集中开展一次“不忘入党初心、重温入党誓词”主题党日活动。按照分级管理原则，指导各院校开展基层党组织书记和党员干部轮训，党员轮训覆盖率99%。

【从严治党活动开展】2021年，唐山市制定市直教育系统《2021年度全面从严治党工作要点》和《全面从严治党工作责任清单》。召开全市教育系统全面从严治党工作会议，“一把手”讲廉政党课，签订《全面从严治党责任书》。制定《中共唐山市教育局党组关于严格落实加强对“一把手”和领导班子监督实施方案》，推出4项30条监督措施。规范机关权力运行廉政风险防控，持续开展警示教育，引导干部职工增强纪律意识、规矩意识、责任意识，筑牢思想防线。微腐败专项治理中，受理“问政唐山”问题360件、基层微腐败举报98件，回复率100%。落实半年一汇报和专项检查制度，全面排查党员干部教师个人社交软件使用情况，对1382个教师个人微信公众号、抖音号及微博账号逐一登记报备。

【教育评价改革实施】2021年，唐山市制发《深化新时代教育评价改革实施方案》，列出39项具体工作清单，提请市深化改革委员会会议审议，遴选基础好、改革意识强县（市、区）和学校开展试点。制发《深化新时代教育督导体制机制改革实施方案》，建立"全领域、全口径、全支撑、全保障"督导新体系，对迁西、迁安、滦南、乐亭4个县（市）政府履行教育职责进行评价，获省政府认定达标，其中迁安市获省政府奖励。

【德育教育一体化建设】2021年，唐山市全面开展德育共建工作，共建学校40所。开展中小学德育创新案例授课，参与京津冀中小学班主任工作创新案例及思政课授课比赛。组织5万名师生参观李大钊纪念馆、聆听大钊革命故事、诵读大钊经典著作。在全市教育系统开展"学党史、知党情、跟党走"党史知识竞赛和观红色影片、访红色基地等系列活动，增强德育教育感染力。推进家校合作，落实学生家长主体责任，形成家庭教育社会支持网络，完善学校、家庭、社会"三位一体"育人机制。

【体育美育一体化建设】2021年，唐山市全面落实国家、省关于学校体育美育工作要求，制发《关于全面加强和改进新时代学校体育工作措施》《关于全面加强和改进新时代学校美育工作措施》。按照国家体育、音乐、美术课程标准，上好音、体、美课程。组织唐山市中学生田径运动会、唐山市小学生篮球训练营比赛、唐山市高中学生篮球比赛。组队参加"2021年河北省小学生校园足球联赛""河北省小学生校园足球夏令营"活动。开展全市中学音乐、美术学科优质课评比活动，组织第七届唐山市中小学生艺术展演活动。

【教育系统精神文明建设】2021年，唐山市教育局联合市文明办制发《唐山市文明校园创建管理办法（试行）》，明确高校、中小学文明校园测评细则，组织全市各级各类学校开展文明校园创建活动，组织开展"小手拉大手"红色使者志愿宣讲作品征集和红色家风故事征集活动，丰富文明校园活动。

【劳动实践教育】2021年，唐山市建设中小学劳动实践场所，开平区成人教育中心、龙浩旅游开发有限公司、鑫湖农业开发有限公司、景兴农业科技有限公司、迁安市弘毅学校被命名为河北省首批劳动实践教育基地，全市中小学劳动实践场所普及率86%。探索创新劳动教育模式，依托路北区龙湾子小学等10所河北省劳动教育试点学校，在劳动教育内容、形式、方法与学科教学融合及劳动素养评价等方面进行探索和创新。

【"办好人民满意教育"大会召开】2021年9月28日，唐山市召开"办好人民满意教育"大会，市委书记张古江出席会议并讲话，市长田国良就全市教育工作进行安排部署。会议全面分析全市教育工作面临新形势、新任务，提出一系列新论述、新战略、新要求，对当前和今后一个时期全市教育改革发展方向、目标、重点任务和重大战略进行全面部署。制发《唐山市推进教育高质量发展实施方案》《唐山市推动普通高中教育高质量发展实施方案》《唐山市关于进一步减轻义务教育阶段学生作业负担和校外培训负担实施方案》《唐山市规范民办义务教育发展专项工作方案》等系列文件。

【教育数学创新实验学校揭牌】2021年4月13日，"张景中院士教育数学思想教学实验及推广研究"项目启动暨首次线下培训活动在开滦第十中学举行，中科院院士张景中通过视频参与揭牌仪式。北京航空航天大学教授李尚志、四川省邛崃市教研培训中心名师赖虎强现场讲述"教育数学"理念及相关知识。唐山市开滦第十中学、唐山市第三十五中学、唐山市税东中学成为全市首批教育数学创新实验学校。

【营养与健康示范学校称号获得】2021年5月21日，中国学生营养与健康促进会举行"2021年全民营养周暨'5·20'中国学生营养日主题宣传启动仪式"，公布全国92所学校获"营养与健康示范学校"称号，迁安市第八实验小学和丰南区第四中学榜上有名。迁安市第八实验小学、丰南区第四中学落实"健康中国"发展战略，以关注儿童青少年营养与健康为核心，开展营养与健康教育，规范校园物质环境建设，预防常见病及公共卫生事件发生，保障学生健康成长。

【市级绿色学校评选】2021年6月，唐山市生态环境局、唐山市教育局开展第十批市级绿色学校评选活动，全市28所学校获评"唐山市绿色学校"，同时复查第一至第九批市级绿色学校。根据《唐山市绿色学校创建活动表彰及管理办法》《唐山市绿色学校创建活动评估标准》，经对31

唐山市丰润区刘家营乡明德小学成立机器人社团，每周开展机器人组装课程。图为小学生们和智能机器人对话。 朱大勇 摄

所学校申报材料进行综合评审和现场评估，确认路北区韩城镇龙湾子小学、路北区鹭港小学、路北区吴家庄小学、唐山市友谊中学、开平区第二实验小学、唐山市税东中学等28所学校达到市级绿色学校评估标准，命名为“唐山市绿色学校”。

【国学双语课程高峰论坛举行】 2021年5月30日，唐山市教育局与国际学校在线联合主办，唐山东方国际教育集团协办，唐山东方国际学校承办“国韵东方·经典传承”国学双语课程发展高峰论坛在唐山举行，中国民办教育协会、中国教育发展战略学会、长春师范大学、上海大学外国语学院等单位20多位教育专家，200多名中小学校长围绕国学双语课程创新和未来发展交流经验。

【4人获省“新时代好少年”称号】 2021年12月31日，2020～2021年度河北省“新时代好少年”评选结果揭晓，唐山市第二十六中学艾宇暄，遵化市小厂乡松棚营中学赵汉文、赵志远，丰润车轴山中学李将获评河北省“新时代好少年”称号，唐山市获奖人数全省排名第一位。

【足球特色幼儿园榜上有名】 2021年，唐山市9所幼儿园上榜2021年度全国足球特色幼儿园拟认定名单。9所幼儿园分别为：丰南区第三幼儿园南园、丰南区第一幼儿园、路北区第十二幼儿园、路北区第十一幼儿园、路北区第九幼儿园、路北区韩城镇中心幼儿园第一分园、路北区第七幼儿园、路北区第三幼儿园、路南区理工大学幼儿园。

基础教育

【基础教育概况】 2021年，唐山市有小学1139所，在校生55.37万人，教职工12.07万人；普通中学346所，在校生39.19万人，教职工4.27万人；独立幼儿园1382所，在园（班）幼儿23.84万人，教职工2.38万人。全市小学入学率100%，初中入学率100%，九年义务教育巩固率98.1%；学前3年入园率96%。年内全市“双减”工作、学前教育、义务教育和普通高中教育持续推进，特殊教育质量和教学教研水平均有提升。

【城乡学前教育全覆盖】 2021年，唐山市实施“农村学前教育全覆盖”工程，改扩建幼儿园和设立学前教育服务点49个，覆盖76个行政村。增设幼儿园1所，覆盖3个行政村，开设校车线路20条，覆盖38个行政村。全市117个地理位置偏远、适龄幼儿较少行政村实现学前教育全覆盖，提前完成年度目标任务，惠及幼儿1458人。新建、改扩建30所公办幼儿园，建设面积2.58万平方米，增加幼儿学位2205个，其中29所投入使用。打造规范化、标准化农村幼儿园1004所，均配建活动室、寝室、盥洗室、功能室。536所农村幼儿园实现一日整托，“吃饭难、午休难、盥洗难”等问题得到解决。全市共有省级示范性幼儿园68所，位居全省首位，率先实现“每个县（市、区）两所省示范园”发展目标。全年认定普惠性民办园55所，提供普惠性幼儿学位6866个，超额完成省厅下达10所年度任务，全市累计认定普惠性民办园414所，创建省级示范园8所，累计76所。

【学生“双减”政策落实】 2021年，唐山市制发《关于进一步减轻义务教育阶段学生作业负担和校外培训负担实施方案》，层层建立起“双减”工作机制，推进“双减”政策落实。建立优化中小学作业设计、规范作业布置和批改、作业公示等制度，实现小学生不带书面作业回家，初中生能够在校完成大部分作业，实施每周一天“无作业日”。推动“5+2”课后服务城乡全覆盖，破解家长急难愁盼“三点半”难题，全市57.6万名有需求初中、小学学生免费享受课后服务，占义务教育阶段学生总数80.37%，在全省率先实现城乡学校覆盖率和有需求学生覆盖率100%。推进校外培训机构治理，完成压减义务教育阶段学科类培训机构215所，占培训机构总量38.95%，营利性改为非营利性培训机构122所。建立多部门联合执法工作机制，开展执法活动90余次，取缔无证培训机构95所，限期整改128所。

【学生健康管理】 2021年，唐山市完善中小学寄宿制学校建设，8个县（市、区）19所学校新增床位1.1万个。明确学生作业总量，规范作业布置和批改，扭转作业量过多、质量不高等问题。加强学生睡眠管理，保证小学生每天睡眠10小时，初中学生每天睡眠9小时，高中学生每天睡眠8小时。加强手机管理，禁止学生将手机带入课堂。落实控辍保学机制，1733名义务教育阶段学生纳入控辍保学台账化管理和动态监测机制，178名有学习能力适龄残疾学生接受教育。实施教育专项救助，春季学期累计资助义务教育阶段学生1.54万人，发放困难家庭学

唐山市丰润区新城道幼儿园开展“书香浸童心”主题教育活动。
齐 磊 郑 洁 摄

生生活补贴 718.04 万元，做到家庭经济困难学生“应免尽免、应补尽补、应助尽助”。

【普通高中教育】 2021 年，唐山市制发《推动普通高中教育高质量发展实施方案》，市教育局主要负责人进校听课、评课，参与教师教研活动。实施县域高中提升计划，按照“多样化、集团化、特色化”总体思路，改变县域高中“各自为政、缺乏横向比较”现状，组建“十县区一中教育联盟”，推进全市一中序列学校发展，召开全市各县（市、区）一中校长座谈会，推进校际合作，实现资源共享和高质量发展。通过“名校＋名校”“名校＋新建校”“名校＋弱校”“名校＋民办校”等形式，组建高中教育集团 14 个。恢复中断多年全市联考和统一阅卷，组织教研员在各县（市、区）一中听课调研，对日常教学问诊把脉，提高课堂质效。

【特殊教育】 2021 年，唐山市有特殊教育学校 14 所，残疾儿童少年入学率 98% 以上，在校生 2570 人，其中特教就读 1499 人，普校就读 1071 人，教职工 426 人，专任教师 363 人。按照“一人一案”原则安置 343 名适龄残疾儿童在义务教育学校入学。唐山市残联免费为 58 名视、听障学生适配辅助器具，“全国助残日”期间，组织市区特殊教育学校师生在唐山陶瓷文化创新中心参加“牵着蜗牛去散步”红色之旅大型公益活动，唤起全社会对残疾儿童关爱。开展全市特殊教育教师优质课评选活动，组织 30 名特教教师在国际特殊奥林匹克东亚区参加培训，实施全员特殊教育教材国家级示范培训，全面提升特殊教育教师业务水平和教学能力。

【国家安全教育实验学校挂牌】 2021 年 4 月 15 日，唐山市路北区世嘉实验小学挂牌，成为市级“国家安全教育”实验学校。该校重视安全教育，将安全教育作为传统教育补充部分开展多项相关活动，利用红领巾广播、升旗仪式、主题教育日、班队课、宣传栏、黑板报、LED 显示屏等对学生进行安全知识教育。学校先后获河北省文明校园、河北省依法治校先进校、唐山市防震减灾科普示范校、唐山市心理健康示范校、唐山市先进国防教育基地等称号。

唐山市第十一中学师生庆祝建校100周年。 闫 军 摄

【宋庆龄少年儿童发明奖获得】 2021 年 8 月 24 日，中国宋庆龄基金会公示第十六届宋庆龄少年儿童发明奖获奖名单，唐山市开平区大丰谷庄小学学生于子萱作品《免接触手部消毒机器人》获小学组发明作品奖铜奖。宋庆龄少年儿童发明奖是教育部面向全国中小学生竞赛活动，本届发明奖有 36 支代表队参赛，包括港澳台地区代表队和马来西亚代表队，终评采用线上形式开展，经各地组织单位遴选、网上申报和线上初评，有 270 组发明作品、100 组人工智能（编程）作品入围，500 名选手进入终评比赛。

【玉田兰坡小学获评全国文明校园】 2021 年 3 月 2 日，唐山市玉田县兰坡小学获评第二届“全国文明校园”。兰坡小学秉承勤学善究精神，把立德树人放在首位，把践行社会主义核心价值观作为主导，围绕“研”文化打造文明校园。全国文明校园每 3 年评选一次，首届评选是 2017 年。

高等教育

【高等教育概况】 2021 年，唐山市有普通高校 12 所、1 个本科校区（河北科技学院曹妃甸校区），在校生 19.70 万人，教职工 1.20 万人，招生 6.32 万人，毕业 4.22 万人。落实“四个一百进唐山”要求，引进 53 所国内外大学与各县（市、区）、相关企业签署合作协议，开展产学研合作、成果转化、共建科技研发平台等。建设与发展北交大唐山研究院、北理工唐山研究院、西南交大唐山研究院，唐山幼儿师范高等专科学校整体搬迁工程完成选址，华北理工大学冀唐学院转设工作有序进行，市政府与河北大学签署战略合作协议。经过申报、答辩等环节，唐山工业职业技术学院升本建设列入河北省高校设置“十四五”规划序列。

【校企合作】 2021 年，北交大唐山研究院与唐山银行股份有限公司、中车唐山公司——北京唐车经贸有限公司、唐山市钢铁工业协会、唐山市报春电子商务股份有限公司、唐山启奥科技股份有限公司等 10 家企业签署合作协议。北交大 8 个团队 60 人入驻唐山研究院开展教育教学和科学研究，其中常驻硕士、博士研究生 222 人。北交大唐山研究院与俄罗斯伊尔库茨克国立理工大学联合培训项目有学员 203 人（在唐接受培训一年），其他长期培训项目有学员 160 人。3 月份，北京理工大学唐山研究院与河北广电信息网络集团股份有限公司举行战略合作及 5G 人才项目中心签约仪式。5 月份，北京理工大学唐山研究院与唐山市规划建筑设计院举行战略合作签约暨校企合作创新平台揭牌仪式。年内北京理工大学唐山研究院在校研究生 250 人。

【西南交大唐山研究生院首届学生毕业】 2021 年 6 月 25 日，西南交通大学唐山研究生院 2021 届研究生毕业典礼暨学位授予仪式举行。1971 年唐山交通大学西迁入四川，更名为西南交通大学。2017 年，西南交通大学与唐山市共建西南交大唐山研究生院。年内在校研究生 300 人，涵盖土木工程、机械工程、电气工程、计算机技术、交通运输工程、物流工程 6 个专业，首届毕业研究生就业率 100%。

【校地战略合作协议签署】 2021 年 6 月 3 日，唐山市人民政府与河北大学举行战略合作协议签约仪式暨“东北亚经济研究中心”揭牌仪式，省委常委、市委书记张古江，河北大学党委书记郭健出席活动并为双方合作创建“东北亚经济研究中心”揭牌。校地双方签署《战略合作协议》，河北大学与唐山市人民政府合作创建东北亚经济研究中心，旨在推动支柱产业转型升级，实施“文化+”“旅游+”行动，在生态治理修复、法治唐山建设等方面合作。

【唐山开放大学揭牌】 2021 年 12 月 14 日，唐山开放大学举行揭牌仪式。唐山开放大学由唐山广播电视大学更名，唐山开放大学按照《国家开放大学综合改革方案》提出新定位、新目标、新要求，办有特色、高水平、新型开放大学。

职业教育

【职业教育概况】 2021 年，唐山市有中等职业学校 32 所（含独立设置技校 6 所），在校生 7.9 万人，教职工 4720 人。7 月份，国家发改委、教育部联合制发《关于产教融合型企业和产教融合试点城市名单通知》，唐山入选国家产教融合试点城市名单（全省唯一）。落实全国职业教育大会精神，编制《唐山市职业教育发展“十四五”规划》，起草《唐山市关于推动现代职业教育高质量发展，加快建设技能强市实施意见》，推进中职教育标准化建设工程，指导 14 所中职院校质量提升工程，争取省级项目资金 4200 万元，拉动政府和学校资金投入 7.2 亿元。实施职业院校专业设置调整工程，31 所职业院校新增新能源汽车、无人机、智能设备运行与维护等 26 个专业，调整 5 个专业培养方向。启动提质培优工程，25 所职业院校申报教育部职业院校提质培优工程 441 个子项目。

【职业教育活动周启动】 2021 年 5 月 22 日，唐山市职业教育活动周在乐亭职校启动。本次活动是新《职业教育法》颁布实施后第一个职业教育活动周，全市各县（市、区）、各职业院校围绕“技能，让生活更美好！”活动主题，在唐山职业教育网直播平台，设置“VR 校园”“3D 展厅”“院校特色展台”“职教之星展播”“招生就业直播间”和“新《职业教育法》”6 个栏目，通过技能表演、实物展览、线上直播、互动视频、成果展示等，宣传职业院校办学特色和办学成果。活动周重点展现唐山职教“三美”（校园之美、办学之美、技能之美），全市职业院校开展质量提升工程、人才培养模式改革、学生创新创业、职业技能大赛、数字信息化建设等线下活动。活动设立迁安职教中心、玉田职教中心、河北机车技师学院、唐山市第一职业中等专业学校、丰润区综合职业技术中心 5 个分会场。

【职业技能选拔赛举办】 2021 年 6 月 19 日，唐山市人力资源和社会保障局、唐山市教育局联合举办河北省第一届职业技能大赛世赛项目（唐山赛区）选拔赛，弘扬工匠精神，提高技能人才培养质量，促进职业教育健康发展。选拔赛设置汽车技术、数控车、3D 数字游戏艺术、CAD 机械设计、机器人系统集成、工业 4.0、云计算等 51 个竞赛项目，分别由唐山职业技术学院、丰南职教中心、唐山劳动技师学院、河北省唐山市技师学院承办，全市有 1578 人报名参赛，663 人进入市级决赛。

【职校口腔技能大赛举行】 2021 年 7 月 24 日，京津冀“第三届职业学校口腔技能大赛”在唐山职业技术学院举行。此次大赛是京津冀口腔职业教育合作共同体首次举办，参赛队伍覆盖 19 所职业院校，分为牙体预备、雕牙和排牙、CAD 修复体设计 3 个项目。

教师队伍建设

【教师队伍建设概况】 2021 年，唐山市有幼儿园专任教师 1.54 万人，小学专任教师 3.50 万人，初中专任教师 2.14 人，高中专任教师 1.34 万人，高等学校专任教师 8440 人，中等职业学校专任教师 3945 人；45 周岁（不含）以下专任教师，幼儿园占比 89.9%，小学占比 73.1%，初中占比 59.1%，高中占比 66.8%；高

唐山市丰南区职业技术教育中心学生参加专业类技能大赛。

张 丹 摄

校专任教师中，本科（不含）以上学历占比65.5%。坚持“面向社会、公开招聘”宗旨，年内招聘教师3272人，全部安排到基层任教。加强城乡教师交流，提升农村教育质量，组织2100名城镇教师到农村学校支教交流。提高全体教师专业水平，每名教师每年接受不少于72学时继续教育。借助京津及全国基础教育发达地区优质教育资源，推荐4名教师参加省级骨干教师在京跟岗培训。

【师德师风建设】 2021年，唐山市师德师风建设制度化、常态化，制发《关于建立健全新时代中小学幼儿园师德师风建设长效机制实施方案》《关于加强和改进新时代师德风建设实施意见》，组织市直教育系统6.7万人参加师德专题培训，召开警示教育大会4568场，印发师德专题教育读本上万册。开展以“学规范、强师德”为主题“承诺、亮诺、践诺”活动。开展师德师风专项整治，处理有偿补课案件线索30起，查处22人。组建“唐山市优秀教师师德报告团”，在各县（市、区）和市直学校做巡回报告，设24个主会场750个分会场，收听收看教师5万人。查处在职教师有偿补课行为21起，给予党政纪处分9人，辞退教师5人。

【教师梯队建设】 2021年，唐山市加强骨干教师梯队建设，评选新任名师25人，评选第八批市级骨干教师982人，遴选第九批市級骨干教师培养对象1189人。组织完成“名师讲学团”送教下乡前期工作，全市在职在聘中小学幼儿园名师申报示范课187节、专题报告187场，“点餐式”名师示范课116节、专题报告116场。唐山市“名师工程”10年系列成果《名师之课》《名师之悟》《名师之路》《老师好》相继出版。推荐省级乡村优秀青年教师培养人选2人，并获省级乡村优秀青年教师称号，遴选国家级名师1人。组织完成“国培计划”2021中小学法制教育培训项目和2021“国培”示范项目参训人员遴选。

【教师资格认定】 2021年，唐山市根据教育部《关于做好2021年教师资格制度实施工作通知》要求，提前谋划、安排考务工作，全年完成1.15万人教师资格认定，组织完成1.73万人教师资格面试。年内在河北省教师资格面试经验交流会上获评优秀考点。

【2人入选国家培养计划】 2021年，教育部、中国教师发展基金会发布关于2021年乡村优秀青年教师培养奖励计划人选公示，经省级教育行政部门推荐、专家审核和遴选等环节，最终确定2021年乡村优秀青年教师培养奖励计划入选教师300人，其中唐山市乐亭县新寨镇新寨中心小学教师赵璐、唐山市迁安市大五里镇初级中学教师刘影名列其中。

教育保障

【教育系统疫情防控】 2021年，唐山市制发《关于切实做好当前全市教育系统新冠肺炎疫情防控工作紧急通知》等系列文件，组建11个督导组，分别包联各县（市、区）和市直院校（幼儿园）。利用唐山市师生健康大数据系统，实行师生健康信息日报告、零报告和晨午检制度，每日监测全市中小学师生、员工130万人身体状况。完成驻唐高校18周岁以上学生和各类学校教职工疫苗接种工作，其中学生接种12.9万人，教职工接种11.万人，接种率均100%。

【教育投入】 2021年，唐山市制发《关于加大财政教育投入提高义务教育学校生平均公用经费水平工作方案》，提出“2021年底所有县（市、区）义务教育生平均公用经费达到省平均水平，2022年底全部达到国家平均水平”总目标，市委、市政府将该项工作纳入市级领导分包督导事项，建立县（市、区）经费投入和支出通报制度，年内各县（市、区）义务教育学校生平均公用经费支出全部达省平均水平，支出比上年增长35.21%。路北、路南、丰南、迁安、遵化、玉田等县（市、区）实施一批县级义务教育建设项目，总投资22.98亿元，为历年之最。推进农村小学生营养改善计划，协调财政下达农村小学生营养改善计划省级资金6991万元，督促各试点县按照省与县5:5分担比例，足额落实本级配套资金。整治教育乱收费，组织全市中小学(幼儿园)收费自查自纠，查处部分学校违规收费问题47个，退费1148.96万元。

【校园安全管理】 2021年，唐山市加强校园安全管理，实施安全防范达标建设3年行动、学校安全生产专项整治3年行动和全市中小学幼儿园3年达标建设，提前完成学校专职保安配备、物防设施配置、技防设施建设、“护学岗”常态化设置等。提升“双控”机制实效，全市中小学、幼儿园划分网格10.1万个，平均每个学校有网格37个。提升师生安全意识和自我防护能力，全市各级各类学校、幼儿园应急演练活动开展率100%。持续开展安全隐患排查整治，

唐山市丰南区教育局、交警大队、应急管理局组成联合检查组，对辖区校车进行安全“体检”。 李秀清 李冰杰 摄

年内全市各级各类学校、幼儿园、教育培训机构排查整改各类隐患问题3483处，排查整改率100%。

【**教育信息化建设**】2021年，唐山市提升教育信息化水平，优化网络运行环境，所有中小学（包括教学点）均纳入互联网，带宽均达到100M以上，有759所学校达到1000M。98.8%教学班配备多媒体设备，交互式多媒体2.23万套，比上年增加1433套；录播教室973套，比上年增加133套，数字校园率78.4%；按照新型智慧城市试点标准，城区学校网络纳入率（100M以上）100%、班班通率100%、校园无线网络覆盖率90%、规模学校数字校园率100%；联校网教共同体123个，开设“专递课堂”“同步课堂”3879节，建成机器人创客教室学校545所，开展创客教育学校312所，比上年增加86所。优化数字资源供给，组织名优骨干教师按学段、分学科录制教学视频，录制6767节视频课程，全市数字资源总量290TB，免费向全市师生开放。中小学实验室和现代教育技术装备水平提高，全市中小学教学装备配备新标准达标率41.7%。新增云桌面计算机2000台，云桌面计算机总数1.7万台，云计算机教室350个。

【**“防学生溺水宣传教育季”启动**】2021年，唐山市开展“防学生溺水宣传教育季”行动。市教育局联合市水利部门摸排全市水库、河渠溺水危险水域280处，并将摸排位置制成《唐山市防学生溺水危险水域点位图》通过媒体向社会发布，提示管理责任单位和周边学校、村（社区）学生家庭共同加强安全防范管理。唐山师范学院附属小学全体师生向全市各级各类学校及学生、家长发出倡议，倡导全市大中小学生牢固树立安全意识，加强自我保护、做好安全防范。市教育局发布《关于暑假防溺水致全市学生一封信》《关于防学生溺水致全市学生家长一封信》，做到防学生溺水安全教育全覆盖。

【**省级劳动实践教育基地获批**】2021年7月，唐山市开平区成人教育中心、唐山市龙浩旅游开发有限公司、唐山鑫湖农业开发有限公司、唐山景兴农业科技有限公司和迁安市弘毅学校获批第一批“河北省劳动实践教育基地”，有效期3年。为推动全省大中小学生劳动教育，促进学生德智体美劳全面发展，省教育厅开展第一批省级劳动实践教育基地遴选工作，以公益性、教育性、安全性为原则，申报范围包括厂矿、企业、农场以及现有综合实践基地等。唐山市入选5家单位配备稳定劳动实践教育师资，具备一套管理规范、责任清晰、保障安全劳动实践教育工作机制。

【**省级校园食品安全标准食堂确定**】2021年，唐山市按照《河北省校园食品质量安全水平提升三年行动计划》工作目标和任务要求，采用典型引领、动态管理、市级评定原则，由市场监督管理局对各县（市、区）、开发区（管理区）2021年度省级校园食品安全标准食堂参创单位进行验收评定，经省局审定，确定玉田县鸦鸿桥中学食堂等38家省级校园食品安全标准食堂。

（韩正涛　骆礼鹏）

重点院校

·华北理工大学·

【**华北理工大学概况**】华北理工大学（简称华北理工）是一所以工、医为主，理、经、管、文、法、艺、教等多学科协调发展，具有博士硕士研究生教育、本科教育及留学生教育等省属重点大学、省重点支持国家一流大学建设高校，学校为河北省人民政府与原国家安全生产监督管理总局、河北省人民政府与国家国防科技工业局共建高校。在河北省高校排名第二位。学校前身河北联合大学于2010年5月经教育部批准，由原河北理工大学和华北煤炭医学院联合组建而成，2015年2月经教育部批准更名为华北理工大学。2021年，全日制在校生4.71万人，其中本科生3.54万人、博士和硕士研究生4862人、专科生6464人、留学生353人、预科生60人。学校设有19个管理机构、30个教学机构、6个教辅机构和9个直属机构。学校规划占地300公顷，总建筑面积103.56万平方米。国内一流智慧校园启用，建有现代化语音教室、多媒体教室、电子阅览室、CAD中心、计算中心、电教中心和网络中心。图书馆有纸质藏书283万册，中外文数据库65个，数据存储量96.5TB。通过按学科组团进行资源布局，实现“一站式”学科服务。学校主办自然科学、医学、社会科学等5种公开发行学术期刊，有隶属附属医院和非隶属附属医院25家。学校设有99个本科专业、1个博士后科研流动站、3个博士学位授权一级学科、28个硕士学位授权一级学科、21个硕士专业学位授权类别，冶金工程、公共卫生与预防医学获批河北省第二轮“双一流”建设项目，临床医学、生物与生物化学、化学、工程学4个学科进入ESI全球排名前百名行列，设有18个国家部委和省确定重点学科、17个国家部委和省级科技创新平台、1个河北省技术转移示范机构、1个国家级协同创新中心、3个省级协同创新中心、42个市厅级科技创新平台、1个河北省技术合同认定登记机构、1个河北省工业诊所、10个省级科技创新券创新服务提供机构，11个唐山市企业诊所、13个市级科技创新券科技服务机构、1个唐山市众创空间，建有国家级专业技术人员继续教育基地、国家安全生产监督管理总局矿山医疗救护中心培训基地、河北省知识产权培训基地、河北省干部教育培训基地、河北省创伤研究所、教育部批准“匈牙利研究中心”、河北省城乡统筹及一体化发展研究基地、中国知识产权远程教育河北平台华北理工大学分站，中科院唐山科学发展研究院、唐山市院士工作站等机构依托学校建设。系统推进学科群建设，重点建设冶金与材料、矿业与安全、职业卫生与安全3个特色学科群，建立化工与环境、建筑与土木工程、先进制造与装备、基础医学与临床医学4个重点优势学科群，适度拓展经济与管理、人文法学与艺术、信息与计算3个基础文理学科群，扶持生命科学、海洋科学、脑认知科学3个新兴交叉学科群。有10个国家级一流专业、17个省级一流专业，有5门国家级一流课程、38门省级一流课程，有12个国家和省级实验教学示范中心、1个国家级虚拟仿真实验教学中心、

4个国家和省级大学生校外教育实践基地。

【华北理工人才队伍建设】 2021年，华北理工大学有教职工3452人，其中专任教师2332人，具有博士学位教师667人，具有教授、副教授等高级职称教师1266人。有双聘院士、国家杰出青年科学基金获得者、"新世纪百千万人才工程"国家级人选、国务院特殊津贴专家、河北省高端人才、燕赵学者、省管专家等优秀人才100余人。有国家"万人计划"教学名师1人、全国优秀教师1人、河北省教学名师15人。有12个国家和省级教学团队。学校组织3次人才招聘活动，93名博士通过面试考核，52人办理报到手续，柔性引进高层次人才1人；激励45岁以下硕士学位人员攻读博士学位，全年教职工中83人申报，录取44人，全校有在读博士155人。招聘辅导员59人、专职思政课教师15人，专职思政课教师按照师生1∶350全部配齐，辅导员队伍按照师生1∶200全部配齐。开展职称评审工作，评出教学为主型教授1人、社会服务型教授1人、科研为主型教授1人、教学科研并重型教授27人，评审教学科研并重型副教授43人。

【华北理工招生就业】 2021年，华北理工大学招收博士研究生44人、硕士研究生1777人、本专科生1.10万人。拓展11个优秀生源基地，新增西藏地区招生，招生省份31个，实现除港澳台地区外全覆盖。落实毕业生就业"一把手工程"，完善体制机制，线上线下结合，开拓就业渠道，2021届毕业生9972人，就业人数8745人，年内，毕业生去向落实率89.51%，在13所省属重点骨干大学中排名前列。学校获批2021年河北省创业大学，获得奖补资金100万元。

【华北理工学生管理】 2021年，华北理工大学完善奖助政策体系，发放各类奖助学金2157万元。设立勤工助学岗位800个，发放勤工助学等各类补助款近百万元。开展文明宿舍创建活动，建立宿舍长制度，围绕安全、卫生、学风、文化4项加强宿舍管理。选优配齐辅导员队伍，辅导员晋升副高职称2人，提拔副处级辅导员2人；提升辅导员业务素质，组织辅导员参加辅导员网络培训、思政工作培训等4场。举办青年马克思主义者培训班，培训学员700余人。在第七届河北省"互联网+"大学生创新创业大赛中获金奖1项、银奖2项、铜奖22项。获批大创项目127项，其中国家级大创项目40项、省级大创项目87项，获国家级、省级学科竞赛奖350项。在河北省第二十一届大运会中，获男排冠军、女排亚军、女篮第五名，获河北省大学生轮滑比赛甲组女子团体总分第一名。年内为部队输送兵源57人。

【华北理工科研成果】 2021年，华北理工大学获批国家级新工科项目1项、省级新工科项目3项、省级教改项目27项、中国煤炭行业教学成果奖5项。3人获省级教学名师称号，3个教学团队获批省级立项。新申报人工智能和集成电路设计与集成系统2个专业。工程科学学科新晋ESI全球排名前百名行列，有4个进入ESI全球排名前百名学科，学科数量位居全省第一。有7位专家入选全球学者库网站发布全球10万顶尖前科学家行列。教授张福成获第十三届光华工程科技奖，其主持完成"铁路轨道用高锰钢抗超高应力疲劳和磨损技术及应用"项目获国家技术发明奖二等奖。在读研究生获省级以上科技奖励15项，博士毕业生获省优秀博士论文。获批"河北省矿山绿色智能开采技术创新中心""河北省建筑结构绿色建造技术创新中心""河北省医工融合精准医疗重点实验室""河北省工业智能感知重点实验室"4个省级平台，获批平台数量居全省高校首位，获770万元平台建设经费。获批省部级以上项目102项，到校纵向科研经费总额3518万元，比上年增加200万元。

【华北理工校企融合】 2021年，华北理工大学服务企业150家，签署技术开发、技术服务、技术咨询、技术转让等项目199项，合同额4658万元，合同额比上年提升1500余万元。与国内大中型企业签署"产学研"合作协议27个，实现"产学研"合作及科研成果转化落地。与河钢集团携手成立"河钢集团—华北理工大学冶金流程工程技术研究院"。开展校城融合，年内与唐山市14个县（市、区）签署合作框架协议，达成206项合作意向，签订150余项横向科研项目，合同总额4000万元。撰写《京津冀产业协同发展问题及对策》《关于在雄安新区发展数字化智能化高端安全应急产业建议》《学习江苏经验推动我省安全应急产业高质量发展几点建议》《学习长三角一体化先进经验推动我省深度融入京津冀协调创新建议》等研究报告，得到省领导肯定性批示。提案《关于做好疫情防控期间百姓物资供应及公众舆论正确引导建议》得到省领导肯定性批示，《建议实现病毒核酸精准检测，防范疫情"漏检"隐患》被民进中央采纳，并获民进中央参政议政三等奖。《关于尽快加强七种氟烷类药品综合管制建议》被全国政协采纳，《错位京津，打造具有河北特色自贸区》由民盟省委作为集体提案报送至省政协，被省政协十二届四次会议采纳。

【华北理工国际交流与合作】 2021年，华北理工大学与匈牙利佩奇大学合作建立佩奇大学中医孔子学院，共同举办"中—匈医学论坛"；与匈牙利针灸康复学会、赛格德大学、德布勒森大学共同承担中—匈政府间科技合作项目6个。获省部级国际科技合作专项8个，建立国际科研合作基地3个；获教育部批准与德国海德堡应用技术大学合作举办电气工程及其自动化、机械制造及其自动化专业本科项目，与俄罗斯托木斯克国立大学合作举办化学专业本科项目，与加拿大英属哥伦比亚大学、美国佐治亚瑞金斯大学等10多个国家50多所大学建立实质性合作关系。超额完成留学生招生任务，在校留学生762人，比上年增加100人。获批国际中文教师奖学金接收院校，制定《国际学生博士奖学金管理办法（暂行）》，吸引和鼓励外国优秀学生和学者在校深造。在河北省教育厅主办首届"冀之光"高校对外汉语教师教学技能大赛决赛中获特等奖1项、二等奖1项。

【华北理工教学建设】 2021年，华北理工大学投入教育教学改革经费

4.8亿元，比上年增长10.5%。获批省级教改项目35项，获批数量位列省内高校前五。创新学生学习模式，制作1万个教学视频，开出通识课程674门，选课数超过10万人次。依托综合在线教学平台，建设课程9730门次。建立名著之美、专业之美、公共艺术通识课“111”美育教育课程群，开设“一专一课”劳动技能课。创新开展研究生学位论文在线答辩，获省教育主管部门肯定。获批国家级一流专业8个、省级一流专业10个。临床医学专业完成认证专家进校回访，采矿工程、口腔医学、护理学3个专业完成专家进校考察。申报第二批国家一流课程5类22门。获省级教学名师12人、省级教学团队23个，获批教育部产学合作协同育人项目85项，新增省级教学团队12个、校级教学团队35个，3700余门课程成立课程教学团队，实现教师、课程全覆盖。推荐申报中国煤炭协会名师2人、教学团队1个。改革研究生导师遴选制度，强化导师第一责任人考核，新增博士生、硕士生导师432人，新增省级研究生创新示范基地1个。生物与生化、化学2个学科进入ESI全球排名前百名行列，生物学进入2020软科世界一流学科排行榜世界前400位，位列国内第12位，冶金工程、矿业工程进入GDI大学一流学科排行榜前25位。

【华北理工疫情防控】 2021年，华北理工大学按照上级防控要求召开疫情防控专题会、协调会16次，修订各项工作方案和应急预案，精准施策建立学校疫情防控网络。组织全校师生每周开展常态化核酸检测，累计检测47万人次。疫苗接种实现应接尽接，名列全省骨干大学前列。选派师生100人组建流调队赴石家庄、辛集等地支援疫情防控工作，受到河北省应对新冠肺炎疫情总指挥部办公室和当地政府表扬。

【学生社会实践活动】 2021年7月8～9日，华北理工大学暑期社会实践团在承德市隆化县旧屯乡大地村开展义诊、服务活动。7月8日，团队成员将募集物品捐赠给旧屯乡中心小学，华北理工大学附属医院2位专家在旧屯乡大地村进行义诊，实践团义诊小组同学利用医学专业知识，为村民们测量血压、血糖和心电图，为村民们普及如何预防疾病知识，并给村民发放板蓝根、创可贴等。

【北京冬奥志愿服务】 2021年，华北理工大学选派冬奥会志愿者81人，成立冬奥会志愿者临时党团支部，为学校冬奥会志愿者工作提供组织保障，其中18人在张家口云顶滑雪公园参加测试赛志愿服务工作。

（徐　彬 陈威莉）

·唐山工业职业技术学院·

【唐工院概况】 唐山工业职业技术学院（简称唐工院）位于京津冀协同发展示范区、国家经济技术开发区——唐山市曹妃甸区，是唐山市政府投资22亿元建设“生态型、数字化、开放型、国际化”新校园。2021年，学院占地面积109.6公顷，建筑面积52万平方米，是国家“双高计划”建设单位、国家优秀骨干校、国家优质高职院校、国家高技能人才培养基地、国家创新创业教育改革示范院校、全国数字校园实验校和全国国防教育特色院校，建有1个国家发改委公共实训中心、5个国家职业教育实训基地和6个国家行业企业培训中心，建有河北省高职唯一示范院士工作站，建有2个国家应用技术协同创新中心、3个省级应用技术研发中心和1个国家技能大师工作室，建有2个国家职业教育教学创新团队。有海外留学高层次人才70人，有享受国务院及省政府特殊津贴专家、省管专家、省市教学名师、省二三层次人才和市“十佳教师”60人。学院牵头组建河北省曹妃甸工业职教集团，是国家示范性职业教育集团及首批国家现代学徒制试点单位，在陶瓷设计与工艺、工业机器人、汽车检测与维修技术3个专业开展现代学徒制试点。学院设有自动化工程、机械工程、管理工程、汽车工程、建筑化工、艺术设计、信息工程和学前教育8个系46个专业，其中11个国家重点专业。学院与德国、美国、俄罗斯等21个国家和台湾地区院校开展交流与合作，与爱尔兰、美国、瑞士等院校共建机电一体化技术、建筑工程技术、陶瓷设计与工艺专业，有泰国、孟加拉、巴基斯坦、蒙古等国留学生54人，在校生1.6万人。年内学院被评为全国黄炎培职业教育优秀学校、河北省先进集体、河北省文明单位、全省高等学校党建工作先进集体，获国家技能人才培育突出贡献单位、全国工人先锋号、全国职业院校数字校园样板校、国家级职业教育教师教学创新团队、河北省首批劳动教育试点学校、全省高校征兵工作先进单位称号。

【唐工院招生就业】 2021年，唐工院招生4990人，其中单招录取3016人，2个大类分数线全省排名第一位，6个大类全省排名第二位，综合排名全省第三位。学生就业率持续稳定，年内毕业生5385人，实际就业5130人，就业率95.19%，远超全省平均水平。

【唐工院师资队伍建设】 2021年，唐工院坚持师资队伍“质”“量”共建，组织教师参加各类专项培训2974人次。完善激励机制，优化师资队伍学历结构。制发《关于柔性引进高层次人才实施办法（试行）》，引进高层次人才45人，新增省级师德标兵1人、市级优秀教师3人。建成国家级职业教育教学创新团队1个、省级团队3个，教师李兴海、刘博获“全国技术能手”称号。

【唐工院学生管理】 2021年，唐工院改革创新创业教育模式，引入大赛项目工作室、项目训练营、“双创”实践课程。组织学生参加各类职业技能大赛144项，获国家级二等奖4个、三等奖1个，获省级一等奖26个、组织奖2个。投资220万元建成“青春广场”和“知行广场”，师生认同度100%。完成图书馆影视空间改造、文化展示空间等项目建设，通过多媒体影音空间，朗读者、公开课等多样活动，打造师生满意图书馆体验学习环境。帮助学生制定专接本学习计划，应届毕业生专接本619人，比上年增长一倍。

【唐工院“双高”建设】 2021年，唐工学院“双高”（高水平高职学校和高水平专业群）建设纳入唐山市2021年发展任务清单，推进提质培优、创新发展建设，对新一轮高水平实训基地、升级“双师型”（教师+中级以上技术职务）教师培养培训基地，项目建设拓宽思路、充实内涵、丰富成果，高质量完成64个提质培优项目方案编制。

【唐工院国际交流】 2021年，唐工院拓展国际交流领域，持续与爱尔兰都柏林理工大学合作办学，建设中马国际教育学院、国际教育融媒体中心、留学生综合实训室项目。完成24个课程标准编程、5部校本教材和教学课件等多语种教学资源开发，在“一带一路”沿线国家推广、打造“留学唐工院”品牌，扩大招生规模，全日制留学生人数54人。

【唐工院校企合作】 2021年，唐工院全面完成唐山市（曹妃甸区）公共实训基地项目建设，承接“双师型”教师国家级培训、职业技能大赛市级集训，2740人次参加。与华中科技大学合作设立“国家数控系统工程技术研究中心分中心”，与武汉华中数控有限公司合作共建“华中数控智能制造产教协同创新中心”，与中车唐山公司、三友集团等11家企业签订《产教融合战略协议》，助力企业入选省级产教融合型企业。年内学院入选河北省首批鲲鹏产业学院共建院校。

【唐工院继续教育】 2021年，唐工院为首钢京唐、津西钢铁、三友集团等多家企业进行员工技术技能培训和新型学徒制培训2.6万人次。落实1+X证书制度试点，学院成为23个职业技能等级证书试点单位，组织开展建筑信息模型、建筑工程识图、轨道交通电气设备等18个试点考核。与枫叶园、世纪龙庭社区共建教育服务基地，开展《中国书画》《健康养生》《金融知识与网络防骗》等学习讲座，服务群众6000人次，构建‘和·悦’社区教育共同体，助建学习型社会项目获河北省“终身学习品牌项目”称号。

【唐工院科研服务】 2021年，唐工院强化科研管理，推进研发平台建设，组织科研成果申报、评选和转化。立项省部级课题3个、厅级课题40个，立项省级技术转移平台项目1个、大学生科技创新能力培育项目8个。纵向科研经费到款69万元，首次立项教育部思政教师专项课题1个。杨成刚教授团队获河北省科技进步奖，学院教师团队获河北省教学成果特等奖1个、一等奖1个、二等奖4个，获国家教材奖1个，申报专利20个。

【数控系统工程技术研究中心挂牌】 2021年6月5日，国家数控系统工程技术研究中心唐山分中心在唐工院挂牌成立。国家数控系统工程技术研究中心是国内高档数控技术基础理论研究、应用基础研究、高档数控系统研发、国际学术交流与合作核心机构，是国内高档数控技术创新源头，国家数控系统工程技术研究中心唐山分中心在该学院设立，旨在利用双方优势，为加快唐山智能转型、提升制造装备和产品智能化水平、培养智能制造业高技能人才提供支撑与服务。

（魏　静）

·唐山学院·

【唐山学院概况】 2021年，唐山学院3个校区（大学西道校区、华岩北路校区、龙泽路校区）占地69.93公顷，教学仪器设备总值2亿元，藏书150万册。学校教职工总数1406人，其中专任教师999人，专任教师中具有硕士及以上学位教师比例为81.98%，具有博士学位教师160人，具有高级专业技术职务教师比例为42.54%。学校设有19个教学单位、14个党政管理机构和7个教辅单位，开设50个本科专业和相关专科专业，普通全日制在校生2万人，成人教育学生6916人。

【唐山学院专业课程建设】 2021年，唐山学院实施《唐山学院本科教育整体提升实施方案》，建立持续改进教学质量保障机制，打造“金课”，淘汰“水课”。贯彻落实体育、美育和劳动教育新要求，获批河北省第一批省级劳动教育试点学校。学院设有省级一流专业建设点13个、品牌专业3个、特色专业12个，50个本科专业有45个获学士学位授予权。省级精品在线开放课程建设成果在全国推广和应用，国内100多所高校2000名师生选用并在线学习本学院省级精品课程。开展党史学习教育和“四史”宣传教育，探索思想政治工作改革创新，《理论与影像融合——思想政治理论课主题创造实践活动》获第十九届河北省高校思想政治创新案例二等奖。

【唐山学院招生就业与学生管理】 2021年，唐山学院录取新生5519人，其中本科3945人（省内录取3695人，省外录取250人），专接本1574人。2021届毕业生4392人，毕业去向落实3772人，毕业去向落实率85.88%。学院举办线下大型校园双选会3场，中小型线下双选会15场。举办线上大型双选会7场，4271家用人单位入驻学院“云就业”平台，发布岗位7万个。在河北省第六届大学生创新创业年会中，4个项目获三等奖、2个项目获优秀奖，获批2021年河北省教育厅大学生创新创业训练计划项目93项；获“学创杯”省级一等奖2项、二等奖4项；获批省级大学生科技创新能力培育计划项目7项。召开共青团唐山学院第一次代表大会、唐山学院2021年学生代表大会，30人获评市级优秀共青团员，5人获评省级优秀团员，2个团支部获评省级优秀团支部。第二课堂“到梦空间”数据12次上榜全国学校共青团研究中心高校第二课堂大数据周报，学院最好成绩排名全国第12名。组织开展志愿服务活动164项，14人参加北京冬奥会志愿服务工作，学院青年志愿者协会获2020年度唐山市先进志愿服务组织称号，学院团委获评2020年度省级“优秀高校团委”。年内有127人入伍，11人成为服务西部计划志愿者。

【唐山学院教师队伍建设】 2021年，唐山学院将师德师风摆在首要位置，把政治思想和师德表现作为绩效考核、职称评定等首要内容，将师德教育纳入教师继续教育培训计划和新教师入职培训计划。办理入编博士报到17人，在职攻读博士研究生教师32人，选聘硕士研究生21人。在第二十五届全国教育教学信息化大奖赛河北赛区选拔赛中，学院获一等奖2个、二等奖5个、三等奖16个。年内1人获评省级师德标兵，4人获评市级师德标兵；1人获评省级优秀团干部，5人获评市级优秀团干部。

【唐山学院科学研究与社会服务】 2021年，唐山学院获批科研立项98个，其中省部级17个、市级81个。引进科研经费1519万元，科技成果转化金额31.18万元。全院教师发表学术论文74篇，其中三大检索论文收录34篇，CSSCI、CSCD收录论文7篇，发表核心期刊论文33篇。学院与首都经济贸易大学签订全面战略合作协议，为提高学校电子商务学院办学水平、提高服务地方经济社会发展能力、推进高质量内涵式发展创造有利条件。与唐山市冶金锯片有限公司联合成立“唐山学院冶金锯片研究院”，与唐鸿重工专用汽车有限公司联合申报并获批“河北省专用汽车设计制造技术创新中心”，为学院服务地方经济发展及科研成果转化搭建平台。

【唐山学院疫情防控】 2021年，唐山学院贯彻落实中央、省、市疫情防控工作要求，组织召开35次疫情防控工作会议，研究推进常态化疫情防控。落实上级关于校园封闭管理要求，坚持“日报告”“零报告”，重点监控学生信息。开展线上教学，利用微信公众号、班级群、校内LED屏等平台宣传疫情防控知识，完成疫情防控物资储备、临时隔离点建设和应急处理准备。整治校园环境和重点部位，开展常态化爱国卫生运动。按照“应接尽接、能早尽早”原则开展全院疫苗接种，筑牢师生免疫防线。年内累计完成疫苗接种2.12万人，完成加强免疫接种2189人。

【唐山学院开放办学】 2021年，唐山学院规范中外合作办学项目管理，制定《唐山学院中外合作办学管理办法》。继续加强与国（境）外高校交流与合作，与意大利马切拉塔美术学院合作开办环境设计专业本科教育项目，首个中外合作办学项目——唐山学院与莫斯科动力学院合作举办机械设计制造及自动化专业本科教育项目招生91人。年内9人自费出国(境)留学攻读硕士学位。

【京唐两校合作协议签订】 2021年4月16日，首都经济贸易大学工商管理学院与唐山学院电子商务学院签订战略合作框架协议。2019年，唐山学院曾与首都经济贸易大学签署共建唐山学院电子商务学院协议，首都经济贸易大学专家指导电子商务学院在“唐山市助企业育才活动平台”举办6场直播，撰写《关于以跨境电商助推唐山市高质量发展调查与建议》，对“如何推动地方产业与高校跨境人才培养联动发展，实现产教融合服务地方经济”提出对策和建议。两校本次战略合作框架协议签订，旨在人才培养、学科建设、科学研究、学术交流、服务地方、国际交流等领域进行全方位合作。

(甘丽娅)

·唐山师范学院·

【唐师院概况】 2021年，唐山师范学院（简称唐师院）分为大学道校区、学院路校区和建设路校区，总占地79.34万平方米，总建筑面积47.75万平方米。教学科研仪器设备总值2.52亿元，图书馆纸质藏书148.5万册，电子资源折合508万册，各类数据库45个，订阅中外文纸质期刊990种。学院有各类实验场所264个、校外学生实习实训基地166个。全日制本、专科学生1.86万人，设有16个教学单位、58个本科专业，涵盖文学、理学、法学、经济学、历史学、教育学、管理学、农学、艺术学、工学10个学科。教职工1100余人，其中具有副高级以上职称591人、硕士学位以上929人，享受国务院特殊津贴专家2人，享受省政府特殊津贴专家1人、河北省“三三三”人才一二三层次人选41人，河北省优秀教师、河北省师德标兵、河北省教学名师、河北省杰出专业技术人才8人。学院设有教师教育国家精品资源共享课1门、省级精品课8门、省级精品在线开放课程3门，在建省级精品在线开放课程1门、省级一流课程5门、省级课程思政示范课程3门。设有省级一流本科专业建设点13个、省品牌特色专业2个。曾获省级教学成果一等奖1个，二等奖1个。建有“河北省植物生物技术研究与应用重点实验室”1个、市级重点实验室12个、市级基础创新团队7个。建有教育部“中华优秀文化传承基地（评剧）”、省中国特色社会主义理论体系研究中心、省哲学社会科学研究基地、省本科教育创新高地、省高校人文社科重点研究培育基地、省初中教师教育研究中心、省高等学校应用技术研发中心。

【唐师院招生就业】 2021年，唐师院录取新生4997人，招录公费师范生248人，普通本科录取4501人、专接本录取496人。年内学院毕业生4464人，就业率93.84%。构建“线上+线下”就业模式，组织毕业生参加20余场大型线上线下双选会，1000多家用人单位参与招聘活动，累计提供就业岗位2.7万个。31人录用到西部计划，1人录用西藏自治区阿里地区人力资源和社会保障局，46人应征入伍。

【唐师院师资队伍建设】 2021年，唐师院制发《二级单位目标管理与绩效考核办法实施细则》，全面整合原有考核体系，在严格控制总编制和编制向教学、科研一线倾斜原则下实施定岗定编。引进博士21人，公开选聘硕士研究生22人，外聘教师151人。加强教师长短期培训，新增访问学者5人，攻读博士学历7人，博士后进修1人，短期培训4人。制发《唐山师范学院因公出国（境）进修管理暂行规定》，选派5人到韩国全州大学攻读博士学位。

【唐师院学生管理】 2021年，唐师院建立健全日常管理顶层设计，制发《关于进一步从严治校提高学生管理水平实施意见》，成立学校学生工作委员会，明确学生管理工作目标，整合全校学生管理工作资源。启动大学道北校区生活区建设，总建筑面积4.09万平方米、总投资1.95亿元，一期工程建设包括两栋宿舍楼、食堂及浴池。鼓励、支持学生创新创业，组织申报“互联网+”创新创业项目大赛532个，申报大学生创新创业训练计划项目240个，其中获国家级立项1个，获省级立项28个。承办“学创杯”全国大学生综合模拟大赛河北省总决赛，6支参赛代表队均获一等奖。年内获全国大学生挑战杯竞赛三等奖2个，获省级大赛奖项55个。

【唐师院科研成果】 2021年，唐师院制发《关于加强科学研究、提升学科建设水平工作方案》，遴选校级一流学科3个、学科带头人3人、学术带头人11人。制发《唐山师范学院硕士学位授予单位建设工作方案》，明确相关建设任务33项。成立唐山师范学院经济文化研究院，组建产教城融合发展研究团队（新型智库）6个，建立致力于产教城融合发展科技人员基本信息库。制定"博士下基层"活动方案，鼓励博士生在基层调研。年内发表论文228篇，其中SCI论文25篇，出版学术著作12部，授权专利93项，实现成果转化7项，撰写研究报告11篇。申报各类科研课题364项，立项113个，其中省部级以上科研课题1个。年内获纵向科研经费246.2万元、横向科研经费31.6万元。

【唐师院教学改革】 2021年，唐师院规范教师教学质量考核办法，获批教育部"产学研"合作项目3个、省级教改课题15个，获批省一流本科专业建设点6个、省级课程思政建设项目3个，获评省级教学名师1人、省级教学团队1个，出版教材10部。制发《唐山师范学院一流本科课程建设实施办法》《唐山师范学院关于加强"课程思政"建设实施办法》，遴选校级一流本科专业建设点5个、校级一流本科课程15门、校级教改项目26个。开展师范类专业认证工作，年内完成汉语言文学、历史学、生物科学3个专业二级认证，完成11个专业二级认证校内遴选、4个专业省级遴选，2个专业通过二级认证省教育厅遴选。打造公费师范生品牌，制定《提高公费师范生培养质量办法》，与13个县（市、区）教育局签订教育协同育人协议。

【唐师院国内外交流与合作】 2021年，唐师院与曹妃甸区、玉田县人民政府签署20个校政合作项目，与三友集团共建海洋学院。与东北师范大学共建"冀东数学教育研究中心"，与中国海洋大学、青岛科技大学合作，组建向海发展研究团队。实现与美、英、新西兰、匈牙利等39所国际一流院校学分互认、课程接轨，与匈牙利、韩国等知名大学联合开发科研项目，与英国高校共同承办国际学术会议，助力曹妃甸区基础教育国际化进程。

【教育实践基地落户十中】 2021年4月8日，唐山师范学院美术学院与唐山十中举行教育实践基地签约授牌仪式。唐山师范学院美术学院办学特色鲜明，师资力量雄厚，艺术人才齐全，教学成果显著。唐山十中为河北省6所省级艺术高中之一，倡导艺术教育理念，坚持特色育人办学，走艺术兴校之路，形成本校特色学科，为全国高校输送大批优秀艺术人才。唐山师范学院美术学院教育实践基地落户唐山十中，为学院师生提供优质写生教学与学术创新创作平台，打造现代美育新模式。

【滦州评剧实践基地挂牌】 2021年9月18日，唐山师范学院滦州评剧实践基地签约暨挂牌仪式在滦州市文化馆举行，唐山师范学院评剧文化研究中心与滦州市文化广电和旅游局签订合作意向书，成立唐山师范学院滦州评剧实践基地。唐山师范学院于2018年被教育部批准为"首批中华优秀传统文化评剧传承基地"，2020年成立评剧文化研究中心。

（孙　溢）

·唐山职业技术学院·

【唐山职院概况】 唐山职业技术学院（简称唐山职院）是河北省专业门类齐全综合性高等职业院校，具有70年办学历史。2021年，学院有3个校区，占地面积44.17平方千米，全日制在校生1.3万人，其中教职工790人，硕士及以上学位教师占74%，具有高级职称教师占专任教师49.6%，专任教师中"双师型"教师占73.89%。学院设有口腔系、护理系、临床医学系、财经系、管理系、信息工程系、机电工程系、农林工程系8个教学系，设有基础部、基础医学部、马克思主义学院（社会科学部）、公共外语部（国际交流中心）、体育部5个教学部。建有河北省高技能人才培训基地、护理省级技能大赛培训基地、养老服务业公共实训基地、河北省口腔义齿加工虚拟仿真中心、京津冀协同发展燕山果业应用技术协同创新中心、河北省电气自动化应用技术协同创新中心等多家省级实训基地和创新中心。年内通过河北省第二批高校思想政治理论课质量评估，学院党委领导班子连续8年获省、市综合考评优秀，连续5届获评唐山市"文明单位"。

【唐山职院教育教学】 2021年，唐山职院重点打造口腔医学、医疗康养、大数据与会计、智能制造、新一代信息技术、智慧农业6个专业群。口腔医学专业群是河北省立项建设高水平专业群，园林技术、会计、护理、计算机网络技术4个专业被教育部认定为"高等职业教育创新发展行动计划"骨干专业，国家级精品在线开放课程1门、省级精品在线开放课程6门，创编活页式和手册式教材16部。年内在校学生获全国职业院校技能大赛二等奖1个、省级职业院校技能大赛奖20个。获批数字影像处理、个税计算2项"1+X"职业技能等级证书制度试点工作牵头院校，新增老年照护职业技能等级证书（初级）、建筑信息模型职业技能等级证书（中级）等5个，职业技能等级证书试点21个，其中获批"1+X"证书制度试点11个。失智老年人照护（初级）、工业机器人、建筑信息模型等5个证书考试通过率80.5%。

【唐山职院师资建设】 2021年，唐山职院承办全国卫生行指委口腔医学技术分委会"双师型教师教学能力提升"培训会，举办"河北省职业院校教师素质提高计划省级培训项目——卫生类技能大赛指导教师培训班"，在线学习超过2.8万人，覆盖学校15所，学员满意度98.2%。大数据与会计、口腔医学、思想政治课3个教师团队获评第二批省职业教育教师教学创新团队。学院获河北省教学成果奖5个，在各级技能大赛和教学能力大赛中获省级以上奖励24个，获省信息化大赛奖22个。1名教师获省级师德标兵称号，3名教师获市级师德标兵称号。年内引进39名硕士及以上学历教师，其中具有企业经历17人、海外留学回国人员4人、博士2人。

【唐山职院学生管理】 2021年，唐山职院评选省级三好学生20人、省级优秀学生干部6人、省级优秀毕业生123人、省级优秀班集体3个。为4576名家庭经济困难学生发放补助，提供勤工助学岗位。获国家奖学金15人、国家励志奖学金459人、国家助学金3316人，发放金额1335.78万元。办理学生助学贷款

602人，贷款金额332.54万元。实施“名班主任工作室创建计划”，建设2个省级名班主任工作室、6个院级名班主任工作室。投资215万元建成马克思主义学院虚拟仿真教学基地，构建校内思政课实践教学网络。组织学生志愿者参与河北省第五届园林博览会、“迎冬奥”志愿服务系列活动，4000余人次参加“寸草心”爱老敬老志愿服务活动。在河北省第六届辅导员职业技能大赛中获团体一等奖。

【唐山职院招生就业】 2021年，唐山职院新增公共卫生事业管理、医学营养、人工智能技术3个专业，撤销畜牧兽医、风景园林设计等5个专业。高招录取3587人，录取率99.64%，第一志愿录取分数线最高461分，理科最高437分。邀请200余家国企、上市公司等单位组织线上线下双选会98场，提供就业岗位1.2万个；举办校园招聘、参军入伍、“西部计划”等就业活动156次。实施“千校万岗”学生就业精准帮扶行动，为家庭困难、残疾毕业生等特殊群体提供就业机会，为351名毕业生发放就业补贴70.2万元。毕业去向落实率97.2%。年内毕业生4389人，其中173名应届毕业生参军入伍，352人考取专接本。

【唐山职院创新创业】 2021年，唐山职院师生在各类创新创业大赛中，获国家级铜奖、省级特等奖等以上奖项39个，其中中国国际“互联网+”大学生创新创业大赛总决赛获国家级铜奖1个、第十七届“挑战杯”全国大学生课外学术科技作品竞赛“黑科技”（黑科技是指超越现今人类科技或知识所及范畴）专项赛“行星级”作品奖1个、省赛特等奖1个，3名教师获大赛优秀指导教师奖，并获“乡村振兴”单项奖，学院获省、市级优秀组织奖。培育孵化校内团队企业3家，入驻项目30个，带动50名毕业生就业。

【唐山职院交流合作】 2021年，唐山职院中外合作办学专业招生124人。中德农业职业教育合作项目引入德国先进职业课程标准，本土化工作取得成效。疫情期间，中泰和养学院采取网上授课方式，与海外分校联合开展教育教学活动，打造职业教育国际信息化平台。参与“中非合作办学联盟”并成为常务理事单位，参与“东南亚境外办学联盟”并成为副理事长单位。扩大引智交流范围，申报省级科研引智项目1项。参加河北省科技厅“科技卓越人才国际交流计划”培训项目3项。与唐山南湖医院、丰南区医院建立教学医院关系，与滦州市政府、中国移动唐山分公司、唐山瑞丰钢铁（集团）有限公司签署战略合作协议。校企共建省级高水平专业化产教融合实训基地3个，与企业共同完成教科研课题12项，其中4项结题8项在研。

【唐山职院科研与社会服务】 2021年，唐山职院获批各级、各类科研立项92个、专利授权45个，发表论文215篇，其中获奖及结题科研项目40个，技术服务产生经济效益1854.8万元。启动10个院级协同创新团队建设，与唐山玉泉山生态产业园等企业联合开展科技攻关和教育教学改革项目20个，申请专利10个。举办全省职业院校教师省级培训项目，承接2021年职业院校教师素质提高计划国家级培训三教改革研修、名师名校长培训项目，培训2.79万人次。成立“科技助农”工作队在玉田、迁西、滦州等县（市）精准服务，开展农民培训服务17项，服务农民近3000人次。与首佳康养中心、用友新道等企业共建职工培训基地，面向下岗失业人员、农民工等社会重点群体开展职业技能培训。与河北工业大学联合开展MBA研究生教育培养，建立西北工业大学网络教育学院唐山职业技术学院校外学习中心。

【唐山职院党史学习教育】 2021年，唐山职院开展党史学习教育，市委副书记、市长田国良在学院为师生做党史学习教育专题宣讲报告。成立党史学习教育宣讲团，学院官微开设《党史上的今天》专栏，发布相关推文180余篇。开展庆祝中国共产党成立100周年系列活动，举办“两优一先”表彰大会，学院党委被市直教育工委授予“先进基层党组织”称号，7人分别被省委、市委授予“优秀基层党组织书记”“优秀党务工作者”“优秀共产党员”称号。举办党史学习教育读书班、红歌比赛等活动，组织党员干部在西柏坡现场体验学习。开展“贫困生帮扶、改善学生学习实训环境”等10项“我为群众办实事”实践活动。视频作品《以青春之我，创建青春之国家》获教育部职业院校第二届红色故事大赛二等奖。

【唐山职院校园建设】 2021年，唐山职院谋划南湖校区产教融合实训楼和配套建设项目，配套建设项目投资3.69亿元，建设总建筑面积6.12万平方米，该项目被列入唐山市2021年重点建设项目和政府债券支持计划，其中南湖校区产教融合实训楼项目投资1.79亿元，建筑面积3.21万平方米，项目申报职业教育产教融合中央预算内投资补助，被列入2021年中央预算内投资计划，获中央奖补资金8000万元。

【唐山职院疫情防控】 2021年，唐山职院实施校园封闭管理，开展疫情防控常态化下教育教学等各项工作。组织1.4万名师生员工接种新冠疫苗，定期组织核酸检测。多次召开专门会议研究部署疫情防控工作，制定错峰返校、开学、教学方案等。通过学院微信公众号等平台开展主题宣传教育，发出疫情防控常态化倡议书，600余名师生参加疫情防控志愿服务。

【唐山职院国家级标志性成果】 2021年，唐山职院牵头组建河北省现代农业职教集团入选全国示范性职教集团培育单位，义齿加工虚拟仿真实训基地获评国家级职业教育示范性虚拟仿真实训基地培育项目。学院获全国职业院校高职组财会职业能力大赛十强、全国高职高专人力资源管理技能大赛（总决赛）一等奖、全国职业院校技能大赛二等奖、中国国际“互联网+”大学生创新创业大赛总决赛铜奖、第十七届“挑战杯”全国大学生课外学术科技作品竞赛“黑科技”专项赛“行星级”奖项。牵头编制教育部《高等职业学校口腔医学技术专业教学标准》《高等职业学校口腔医学技术专业实践教学条件建设标准》。

（任 君 马 硕）

文化

WenHua

综 述

【公共文化服务体系示范区创建】 2021年7月，唐山市被文化和旅游部命名为国家公共文化服务体系示范区。9月，文化和旅游部《关于开展国家公共文化服务体系示范区创新发展复核工作通知》提出，在2022年对唐山市进行复核，且每两年复核一次。根据《国家公共文化服务体系示范区创新发展管理办法》《国家公共文化服务体系示范区公共文化服务体系绩效评价指标》和《国家公共文化服务体系示范区创新发展过程管理评价指标》要求，唐山市起草《国家公共文化服务体系示范区创新发展规划（2021～2025年）》《关于创新推动公共文化服务高质量发展实施方案》。

【公共文化设施达标提质】 2021年，唐山市对全市公共图书馆、文化馆（群艺馆）、乡街综合文化站、村（社区）综合性文化服务中心达标情况进行普查。6～9月，集中开展基层综合性文化服务中心质量提升行动。年内全市共有市、县级公共图书馆、文化馆各15个，乡镇（街道）综合文化站234个，村（社区）综合性文化服务中心6024个，城市书房13个，基层综合性文化服务中心基本达标。11月18日，文化和旅游部公示第五次全国文化馆评估定级拟命名一、二、三级文化馆名单，唐山市1个市级馆和14个县（市、区）文化馆参评，获评11个一级馆和4个二级馆。

【文化志愿者服务】 2021年，唐山市有文化志愿者1.34万人、文化志愿服务团队218个、志愿服务组织14支。在市文明办组织2020年度唐山市学雷锋志愿服务先进典型宣传推选活动中，2名优秀文化志愿者、1个文化志愿服务示范站点、1个先进文化志愿服务组织入选典型名单。开展2021年文化志愿服务扶持项目申报工作，评选出“志愿同航”阅读推广人培育计划等7个扶持项目，拨付补贴资金10万元。

唐山市路北区举办庆祝建党100周年文艺演出。 张 伟 张梦楠 摄

【公共文化数字化建设】 2021年，唐山市开展2020年中央补助地方公共数字文化建设专项资金项目“回头看”，拨付资金40万元，资金支付率100%。市图书馆开展智慧图书馆试点建设，完成标引2.5万条。依托唐山公共文旅服务平台，整合发布各级各类信息5130条，总浏览量超过55万人次。微信公众号每日发布信息不少于5条。对“唐山地方特色资源库”资源进行更新，补充2020～2021年各主题相关内容近2万条。完成与国家公共文化云对接和省市政务平台备案工作，启动服务器迁移“智慧唐山”项目。按照网络安全和保密工作要求，完善制度，强化内容审核，定期进行安全检查和应急演练。

【京津冀文化交流】 2021年，唐山市邀请文化和旅游部公共服务专家委员会有关专家、“京津冀公共文化服务示范走廊”发展联盟成员单位，共同举办“京津冀公共文化服务创新发展研讨活动”，河北省文化和旅游厅、发展联盟成员单位、秦皇岛市和唐山市各县（市、区）文化旅游部门160人参加本次活动。5月21日，京津冀三地文化馆协同发展共建共享签约仪式暨赵红岩书法作品京津冀交流展在市群艺馆举行，北京市东城区、天津市滨海新区及唐山市3地文旅局、文联负责人，以及艺术家、媒体记者等共计百余人出席。7月份，举办2021年京津冀“携手联动、共建共享”馆际交流——唐山市第四届女子书法展暨唐山市群众艺术馆馆藏作品展。市图书馆先后组织业务骨干在天津中新友好图书馆学习智慧化图书馆建设，参加“2021年京津冀公共图书馆高质量、智慧化发展研讨会”，联合北京市西城区图书馆、天津市河东区图书馆开展“初心如磐，砥砺未来”庆祝建党100周年“诗书画印”京津冀巡展活动。

【乡村文旅中心试点星级评定】 2021年，唐山市制发《关于开展第二批乡村文化旅游服务中心试点验收和第一、二批乡村文化旅游服务中心星级评定工作通知》，组成专家组，对第二批10个试点单位开展实地验收工作，经评审、公示，确定曹妃甸区李家房子村等6个试点单位通过验收。

【红色文化研究会成立】 2021年9月12日，唐山市红色文化研究会成立暨第一届第一次会员大会在市委党校举行。大会选举产生唐山市红色文化研究会第一届理事会，市委党校副校长、市社科联副主席张朝民当选首届会长，中国红色文化研究会会长刘润为出席会议并讲话。唐山市红色文化研究会主要任务，挖掘全市红色文化资源，传承红色文化基因，加强红色文化研究，讲好红色故事，促进红色文化与经济社会建设融合发展。

文化市场管理

【文化市场秩序整治】 2021年，唐山市制发《文化广电和旅游局2021年全市文化和旅游市场集中整治行动实施方案》《关于开展文娱领域、“饭圈”乱象综合治理工作方案》等文件，规范全市文化和旅游市场秩序。年内组织2次全市文化市场内部联合随机抽查，委托第三方开展全市文化和旅游市场“体检式”暗访，开展市场主体诚信经营监管，对重点监管对象、监管领域实施分级分类监管，抽查暗访13个县（市、区）46家经营单位，列出问题清单并责令整改。

【规范公正文明执法】 2021年，唐山市制发《进一步规范文化市场综合行政执法工作实施方案》，完善市场综合行政执法事项，健全文化市场综合行政执法机制，提升文化市场综合行政执法能力，部署11项具体任务。参照文化和旅游部《文化市场综合行政执法事项指导目录（2021年版）》，编制《唐山市文化市场综合行政执法事项指导清单（2021年版）》，梳理执法事项191项。依据法律法规和《河北省文化市场行政处罚自由裁量基准》，修订《唐山市文化市场行政处罚自由裁量基准》。年内开展执法检查86次，出动执法人员1600人次，累计检查文化、旅游企业520家次，处理各类投诉举报101件，处罚企业6家。

【非法出版物大案查获】 2021年，唐山市在“扫黄打非”和打击侵权盗版专项行动中，查获一批大案要案，其中涉及非法出版物大案3件。年初，群众举报某数码印刷企业非法印制教材，市扫黄办和文化市场执法局前去稽查，现场查获其为北京某大学非法印刷英文版教材和教辅类图书共1500余册。8月，唐山市公安局芦台经济开发区分局在一隐蔽车间抓获嫌疑人，查获《淘气包马小跳》《新科技驾到》《婴幼儿保健》等系列疑似盗版书籍合计9万余册，涉案价值200余万元。11月，唐山海关缉私分局查获一批淫秽色情和非法进口漫画书，并在涉案人家中查出同类型图书合计1247本。

【扫黄打非行动】 2021年，唐山市开展“扫黄打非”专项行动，制发《2021年唐山市文化旅游行业“扫黄打非”工作方案》，加强“扫黄打非”工作安排部署，围绕“净网”“护苗”“秋风”“清源”“固边”，开展出版物市场“扫黄打非”专项整治、网络文化市场集中执法检查、校园周边文化市场集中整治、涉及宗教类出版物传播活动整治等行动，扫除淫秽、色情、低俗、暴力、恐怖、迷信等出版物，打击非法出版物和侵权盗版行为，整治传播淫秽色情等低俗网络文化和网络视听节目，清理夹杂“黄赌毒”、宣扬邪教迷信内容少儿出版物，营造平稳有序、健康向上文化市场环境。

【广播电视节目规范播出】 2021年，唐山市开展2021年度广播电视节目播出专项检查。针对个别广播电台擅自调整广播节目呼号和不播报节目呼号问题，对全市有广播节目播出机构和频率单位进行全面排查，规范各频率呼号播报时间和次数。落实“三级审查”“重播重审”等管理制度，按照广电总局要求各级播出机构每天早上7点在主频率、主频道整点播放国歌，并按规定做好特殊情况顺延。督导广播电视各播出机构，全面排查、清理违法失德、丑闻劣迹艺人信息及音视频节目。

【广播电视安全保障】 2021年，唐山市围绕庆祝建党100周年活动主线，督导全市广播电视播出机构有步骤、有重点开展系列宣传活动，

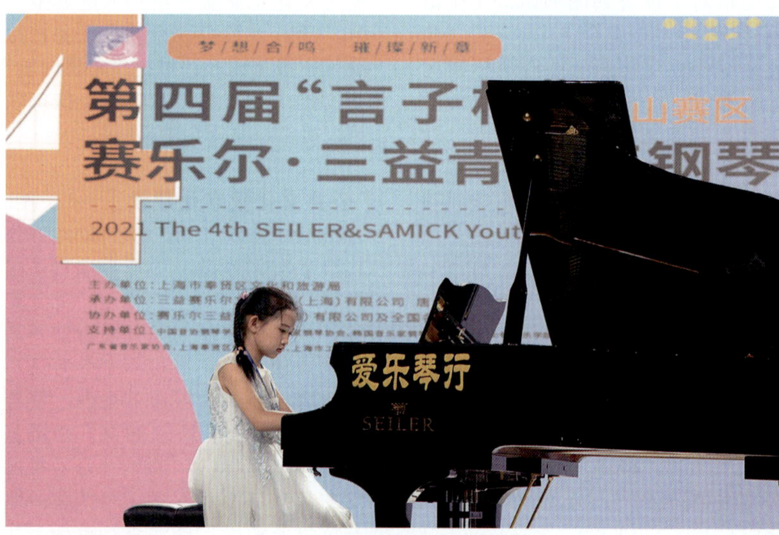

第四届“言子杯”赛乐尔·三益青少年钢琴大赛（唐山赛区）选拔赛举行。图为儿童B组选手正在进行钢琴演奏。 吕光宇 摄

持续加强对安全播出责任单位检查督导，发布安全播出预警信息12条，完成各重要节庆和敏感时期安全播出保障工作，全市未发生安全播出事故。

演艺·影视

【演艺事业概况】 2021年，唐山演艺集团在北京市、天津市等地开展文艺演出112场。唐山大剧院组织各类演出活动219场，唐山演艺集团实景剧《那年芳华》演出407场，首部红色主题沉浸式实景体验剧《相期吾少年》演出368场。全市5个文艺节目参加河北省第五届少数民族文艺调演，分获二、三等奖。发售“文化旅游惠民卡”和“文化旅游惠民一卡通”30.5万张，完成省达任务154.6%。组织惠民演出2592场、“唐山大舞台”演出45场、“唐图讲堂”35期、“文化沙龙”10期。

【建党100周年剧目展演】 2021年，唐山市遴选10部文艺作品参加“百年风华·红色旋律”河北省庆祝中国共产党成立100周年优秀剧目展演活动。其中评剧《相期吾少年》6月4～5日在石家庄市展演，评腔单元剧《更待丁香开·少年李大钊》5月24日和6月1日在唐山南湖剧院展演，评剧《从春唱到秋》《乐亭县令》《喊一声妈妈》《百姓医生》《小英雄雨来》《爱洒夕阳》《爱心小院》及唐剧《人影》在线上展演。6月9～17日，唐山市庆祝中国共产党成立100周年优秀剧目展演在唐山南湖剧院举办，本次展演全市优秀作品11部，包括评剧《相期吾少年》《百姓医生》《滨海兰香》、唐剧《人影》《卖妙郎》《江姐》、皮影戏《红云岗》《双山情》、评腔单元剧《更待丁香开·少年李大钊》及《综合歌舞晚会》等。

【影视·微电影】 2021年，唐山市以庆祝建党100周年为主线，全年累计放映电影6.78万场次，累计观影人数490万人次。5月1日，启动“永远跟党走”庆祝中国共产党成立100周年优秀影片展映活动，展映优秀国产电影近百部，累计放映6万场次。举办“永远跟党走”重点党史题材影片走进爱国主义教育基地展映活动，选购《驻村第一书记》《扶贫主任》《玉米双株栽培技术》等一批反映脱贫攻坚、农业科普主题优秀影片，为乡村振兴建设凝聚精神力量。利用电影放映车、小喇叭、放映宣传片等多种方式，为人民群众普及防疫知识。开展系列公益电影放映活动，形成独具特色惠民放映品牌。唐山市文化和旅游局与市司法局联合开展《民法典》宣传，通过映前广告时段放映普法宣传片、普法短剧等，与市应急管理局联合开展“落实安全责任推动安全发展”主题放映，将新影片与防震减灾、安全科普知识送到施工工地，实现文化惠民与科普宣传有机结合。文化和旅游局与10多家企事业单位合作，放红色经典影片，让党员干部在观看电影中上党课。组织公益电影进军营活动，丰富官兵军营文化生活。

【影视艺术实践基地挂牌】 2021年4月14日，唐山影视艺术实践基地在丰南区河北欢乐小鸟影视传媒有限公司挂牌成立。河北欢乐小鸟影视传媒有限公司在影视制作、版权经营、拍摄录制、宣发推广等方面不断创新，先后摄制完成40多部影视作品，其中影视作品《公证人之太子剑》《公证人之真假遗嘱》获第十三届河北省精神文明建设“五个一工程”奖。为满足本市人民群众日益增长精神文化需求，唐山市电影电视艺术家协会经多方调研，将该公司确定为唐山市第一家影视艺术实践基地。

【优秀国产电影主题展映】 2021年6月16日，唐山市举办“永远跟党走·优秀国产电影主题展映活动”。此次展映影片有《金刚川》《血战湘江》《中国机长》《古田会议》《你好，李焕英》《百团大战》《我和我的祖国》等多部反映党史、新中国史、改革开放史、社会主义发展史以及新时代人民幸福生活优秀国产影片。

文学艺术创作

【文学艺术创作概况】 2021年，唐山市邀请文艺专家对大型现代评剧《相期吾少年》评审和再创作，该剧参加武汉第十七届中国戏剧节获优秀剧目奖。《相期吾少年》《更待丁香开·少年李大钊》等10部作品参加“百年风华，红色旋律”河北省庆祝中国共产党成立100周年优秀剧目展演活动。围绕脱贫攻坚、乡村振兴创作拍摄《美丽山乡我的家》《长城脚下红石口》等4部电视剧，并入选“十四五”全省电视剧重点引导与扶持项目库。推荐60件作品申报第十三届“燕赵群星奖”，其中市群艺馆创作《年夜饭》《捻船号子》《小手拉大手》等作品得到省、市专家好评。举办“欢乐的新春·百姓的舞台”群众原创文艺作品系列展演活动6场，并现场同步线上直播。年内乐亭县姜各庄镇

全国工业题材美术作品邀请展在唐山市美术馆开展。　闫 军 摄

（乐亭大鼓）入选 2021 ～ 2023 年度“中国民间文化艺术之乡”，滦南县人民政府（评剧）等 10 个单位入选 2021 ～ 2023 年度“河北省民间文化艺术之乡”。

【专题文艺作品参演】 2021 年，唐山市组织 5 个文艺节目参加河北省第五届少数民族文艺调演，5 个节目分别是唐山演艺集团创排评剧小戏《燕山爸爸》、唐山市艺术学校创排舞蹈《欢庆》、丰南百花艺术团创排舞蹈《萎子秧歌》、乐亭县文化遗产传承中心创排乐亭大鼓《榜样》、曹妃甸文化馆创排唢呐花吹《乡情乡韵》，其中评剧小戏《燕山爸爸》、舞蹈《欢庆》、乐亭大鼓《榜样》获二等奖，舞蹈《萎子秧歌》、唢呐花吹《乡情乡韵》获三等奖。

【防疫宣传作品创作】 2021 年，唐山市下发《关于报送优秀抗疫、防疫作品通知》，唐山演艺集团创排作品 9 个，包括皮影戏《新冠疫情防控小常识》，集皮影、评剧、乐亭大鼓 3 种艺术形式于一体疫情防控作品《一封家书》，歌曲《抗疫》，戏曲《全面抗疫做宣传》，评剧唱段《防控警钟要长鸣》，评剧《刘巧儿·宣传防疫常识》，交响乐《一座城一个家》等。唐山市艺校创排作品 2 个，分别是快板《防疫知识记心间》、乐亭大鼓《防疫知识记心间》。

【刘云芳新书入选《悄吟文丛》】 2021 年 2 月 20 日，集合国内 10 位散文女作家作品《悄吟文丛》第二辑由中国言实出版社出版，唐山市女作家刘云芳散文集《给树把脉的人》入选。入选《悄吟文丛》均是近年耕耘在文坛一线女散文作家，并分获民族文学奖、十月文学奖、老舍散文奖、冰心散文奖、孙犁散文奖、林语堂散文奖、赵树理文学奖，该文丛第一辑于 2017 年出版。

【《浭水长流》出版发行】 2021 年 1 月 10 日，唐山市郭松长篇小说《浭水长流》一书出版发行。郭松出生唐山市古冶区，1981 年从部队转业后被分配到华新纺织厂。小说《浭水长流》描写还乡河畔芦花村故事，这个村干部、群众响应党中央号召，自力更生，艰苦创业，在改革开放大潮中依靠勤劳双手和战天斗地革命精神走出贫困，过上丰衣足食日子。故事塑造以卢清明、铁梅、金生、韩秀文等为代表新农民形象，通过革新派和保守派观念上矛盾冲突及爱恨情仇，展现还乡河畔村民风土人情，书写当代新农村社会风貌和新农民奋斗历程。

群众文化

【群众文艺作品创作】 2021 年，唐山市群艺馆创作音乐类作品《捻船号子》、舞蹈类作品《小手拉大手》《窗里窗外》，戏剧类作品《年夜饭》《火种》等 5 部文艺作品。举办 2021 年唐山市群众原创文艺作品（音乐、戏剧）征集、展演活动，征集音乐类作品 39 件、戏剧类作品 12 件。开展建党 100 周年主题创作，征集各类作品 100 件，经组织专家评审，评出音乐类优秀作品 9 件、戏剧类优秀作品 6 件、庆祝建党 100 周年优秀作品 34 件，组织全市原创作品展演 7 场，同步开展线上直播。

【群众文化活动】 2021 年元旦、春节期间，唐山全市各级公共文化机构线下聚集性文化活动全部暂停，创新开展文艺演出、艺术培训、读书打卡、文化讲座、数字展览等丰富多彩线上“文化进万家”活动。按照省文旅厅《奋斗百年路·启航新征程，永远跟党走全省重点群众文化活动方案》部署，组织优秀作品报送，6 月底完成唐山专场演出，同步在国家公共云直播。年内开展基层文艺演出活动 2289 场。

【公共文化服务培训】 2021 年，唐山市组织各县（市、区）文图两馆骨干人员 100 人参加“2021 年唐山市公共文化服务数字化建设培训”活动，旨在提高全市公共文化数字化服务水平。组织全市文化馆（站）人员网络培训，培训时长超过 15 个小时，有 600 余人参加培训。

【全民艺术普及活动】 2021 年，唐山市扩大群众文化艺术培训范围，由 10 个门类扩大到 20 个门类，涵盖声乐、器乐、舞蹈、美术、摄影、音乐理论等多个门类，在线举办语言、剪纸、古筝、国画等 6 个门类课程培训，惠及群众 4400 人。线下举办基层舞蹈、口琴、广场舞等培训班 20 期，1300 人次参加。组织业务骨干在辅导基地开展公益性培训，共 9 期 240 人次参加。

【“七进”文艺演出活动】 2021 年，唐山市开展庆祝建党 100 周年群众文艺演出活动，组织各类文艺演出 52 场，其中组织文化志愿者进社区、企业、校园、部队、敬老院、民族村、纪念馆等“七进”演出 32 场，参加演出人数 2000 人，观众人数 1.2 万人，在实体馆艺术中心剧场举办各类文艺演出 20 场，惠及群众 8000 人次。

唐山市路北区举办“学党史、耀党辉、庆华诞”书画摄影展。
刘洪超 于建雷 摄

【数字文化馆建设】2021年，唐山市在馆内微信订阅号和服务号客户端发布各类文化活动、培训辅导、演出预告等咨询信息157篇（条），点击量2.92万人次。馆内网站发布各类文化活动（含各县、市区）信息631篇（条），完成线上全民艺术普及培训课程6部，线上慕课（即大规模开放在线课程）资源34部，完成全民艺术普及和群众文艺展演直、录播13场。完成馆内网站与国家公共文化云、省公共文化云及县（市、区）级网站平台对接，实现资源共享。

【美术作品创作】2021年，唐山市画家创作出21幅讴歌时代、展现时代风貌作品，其中9次入选国家级展览，7次入选省级展览，5次入选市级展览。刘亚安作品《甘南纪事》入选第七届全国画院作品展，作品《彝乡路遇》《盛典广场之一》《盛典广场之二》入选“大路西行——第二届中国油画作品展”，作品《晨曦》入选“英雄河北·红色基因”庆祝中国共产党成立100周年全国美术作品展。邓天平作品《我的歌声里》入选第七届全国画院作品展获评优秀作品，作品《看藏戏》入选中国国家画院庆祝中国共产党成立100周年“国泰民安”全国人物画名家邀请展。秦文志作品《一川云海阔》入选第二届全国工艺美术作品展。王馨竹作品《静港》入选第七届全国画院作品展。

【画家采风写生活动】2021年，唐山市组织本市画家“山海同辉”采风写生活动2次，5位专业创作人员在遵化市、迁安市、迁西县等地采风写生，收集创作题材，创作20余幅反映新时代、新气象作品。其中美术馆刘亚安、邓天平参加庆祝中国共产党成立100周年“英雄河北·红色基因”全国美术作品展采风写生活动，创作美术作品4幅。

【美术展览】2021年，唐山美术馆举办5次美术作品展览，展出美术作品700余幅（件）。为庆祝中国共产党成立100周年，举办《咱们工人有力量全国工业题材美术作品邀请展》，展出工业题材美术作品134件；承接河北省美术馆庆祝中国共产党成立100周年《2020年河北美术家大运河采风写生创作展——唐山站巡展》，展出美术作品162件；承接河北省美术馆庆祝中国共产党成立100周年“走进太行”系列——《全国青年美术家“行走长城”写生采风创作展·唐山站》，展出美术作品157件；承接《丁仲修黄河万里长卷国画作品展》，展出美术作品160余件；邀请《黄今工笔画马作品展》，展出美术作品80余件。

【传统文化进校园进社区】2021年，唐山博物馆组织“传统文化进校园”活动11次、进社区活动3次。主要有唐山市特殊教育学校、唐山市金色未来幼儿园、唐城壹零壹实验幼儿园、开平区大丰谷小学、女织寨小学、开平区唐马路小学（屈庄校区）、开平区第一实验小学、路南区实验小学、唐山博杰小学、汉沽管理区第一小学、新华社区等，让更多学生市民在活动中“爱上博物馆，爱上传统文化”。

【5位摄影家获奖】2021年9月24日，第四届大中华金华表和金相机奖颁奖大会暨作品展在青海举行，唐山市5位摄影家分获金华表奖和金相机奖。其中成贵民《同心抗疫筑长城》获金华表奖和金相机终身成就奖，刘连存《寻觅》获金华表奖和金相机自然组影艺硕学会士奖，孙沛文《晨光》获金华表奖和金相机彩色组博学会士奖，檀淑贵《唐山皮影》获金华表奖和金相机彩色组影艺卓越会士奖，温宝玉《拥抱朝阳》获金华表奖和彩色组影艺卓越会士奖。获奖作品从不同侧面反映唐山人民同心抗疫筑长城及非物质文化遗产——唐山皮影和自然风光。

【3名摄影家作品入选建党百年画册】2021年10月20日，中国日报社、中国画报出版社联合制作《百名摄影师聚焦新时代——庆祝中国共产党成立100周年》画册在北京出版发行。唐山市摄影家成贵民作品《共产主义大院老兵高唱“没有共产党就没有新中国”》、薛志军作品《唐山市图书馆：众人认真学习武装头脑》、檀淑贵作品《李大钊故乡孩子们铭记党恩聆听党史》入选该画册。

图书·展览

【图书馆馆藏借阅】2021年，唐山市图书馆服务读者167.59万人次，借还图书132.2万册次，新办借阅卡9742张。全市有城市书房13座，全年图书借还总量24.4万册次，服务读者45万人次。开展线上线下读书活动303场，活动信息被“学习强国”各级平台刊发15篇，其中3篇被国家总平台选用、8篇被省平台选用。

【唐图讲堂】2021年，唐山市围绕建党主题举办50余场阅读活动，举办7场《党的百年成功之道》《西柏坡时期的光辉时间与当代价值》等线上、线下党史主题讲座。在借阅区设置“党史图书专架”，有1500册党史主题图书供读者借阅。举办党史知识竞赛，让市民以趣味答题方式牢记党史，知史爱党、知史爱国。图书馆微信公众平台开辟“读书•读史•读百年”“红色故事绘”“建党百年·红歌欣赏”3个特色栏目，为读者推送主题文章、红色连环画、红色歌曲，共推送图文50余篇。年内市图书馆举办“非遗系列知识讲座”“读唐诗品大唐”“让孩子爱上阅读”等31场线上线下讲座，吸引1.5万余人次参与其中。

【图书借阅“智慧”服务】2021年1月，唐山市向读者开通身份证、社保卡、电子借书证借阅功能，实现社保用户数据与图书馆业务系统数据无缝对接、互联互通，同时调整借阅权限，实现成人、儿童图书通借管理。读者可凭借阅证、身份证、社保卡、电子借阅证中任意一个就能在市馆、城市书房通借通还。

【主题阅读活动】2021年，唐山市开展经典阅读、专业阅读、特色阅读活动，并通过电视台、网络直播等形式扩大受众面。举办“作者领读•文献推介”地方文献荐读活动，邀请唐山本土知名学者、作家与读者分享写作背后故事，其中1个视频被“学习强国”河北省平台采用推送。举办“世界读书日暨唐山市第十五届读书节”，图书馆服务宣传周期间开展线上、线下系列活动40项。

唐山迁安市赵店子镇马古寺村开设“非遗”小课堂，邀请皮影传承人陈海云（中）为孩子们讲解皮影人制作方法，让孩子们感受“非遗”文化魅力。

梁玉水 摄

【儿童阅读推广】 2021年，唐山市开展“小手拉大手·居家防疫情”读书活动，向全市未成年人及家长推荐百部优质电子图书。举办“悦读·成长”主题征文活动，吸引全市14个县（市、区）万余名中小学生参与。举办30余场“唐图少儿科技创新系列活动”，将科技元素引入儿童阅读视野，培养他们勇于创新、善于想象、乐于探索科学意识。举办“悦享好书·走向我们小康生活”第十七届“燕赵少年”读书系列活动，收到全市报送优秀作品1400个。举办“小扇引微凉·悠悠夏日长”等主题创意活动，将文化讲解与创意手工融为一体，让孩子寓学于乐。

【特殊读者群体服务】 2021年，唐山市为视障读者提供免费邮寄图书、听书机等常态化服务，开展残障读者红色经典诵读、盲人节才艺展演等活动，丰富残障读者精神文化生活。举办“书画颂春·笔墨贺岁”——老年书画作品征集、“传唱红色经典·献礼百年华诞”老年读者红歌演唱会活动，为老年读者搭建交流、展示平台。举办文化志愿服务走进民族村小学活动，通过推荐图书、开展阅读激发少数民族儿童阅读兴趣。举办“关爱农民工·温暖过大年”活动，为在唐山过年新市民朋友送去“文化大礼包”。

【线上服务新模式】 2021年，唐山市在微信公众平台上开展扫码读书、扫码听书、“有声绘本”“汉字娃娃”“萌宝学诗”等多项线上阅读活动，以有声阅读、视频荐读形式引导读者，将实体活动转化成原创微信推文，以每周3～4次频率推送。将部分实体活动通过移动图书馆直播间、抖音、钉钉平台直播，开辟阅读推广活动线上通道。年内唐山市图书馆共拍摄视频和发布抖音95条，点击量62.97万人次，位于全国78个开通抖音账号地级市图书馆前10位。

【图书流动服务】 2021年，唐山市设立“流动书房”图书馆流动服务车，为8个社区、2个新市民俱乐部、1个公园定时、定点巡回式服务，每周开展流动服务6场，服务市民15万人次，读者在家门口即可享受到办证、图书借还、电子图书扫码阅读、看电影等服务。

【首座馆校合作图书分馆开馆】 2021年4月23日，“世界读书日”到来之际，唐山市图书馆首个与学校合作、配备万余册图书和自助借还设备，并且与市图书馆、城市书房通借通还图书分馆——南厂小学分馆正式开馆。唐山市图书馆为南厂小学全体师生办理免押金诚信读者证686张，满足师生和学生家长借阅需求。师生们通过唐山市图书馆网站和手机移动图书馆，免费使用海量电子资源，感受全新阅读。

【小星星城市书房开放】 2021年4月24日，唐山市小星星城市书房正式向读者开放。小星星城市书房位于路北区兴源道天元底商，总建筑面积200平方米，内设幼儿、少儿、成人阅览区，纸质图书4100册，并与唐山市图书馆实现通借通还，为读者提供全新阅读空间。

【《唐山知青历史图片集锦》画册出版】 2021年9月25日，《唐山知青历史图片集锦》画册出版发行，画册收录2000余幅唐山知青历史图片，历时20多年征稿，经2年多时间编辑完成。画册立意主题鲜明，史料内容翔实，信息传递量大，反映出唐山知青群体风采，以老照片为主，图文并茂展示当年青年学生响应党的号召，在农村、边疆锻炼时期珍贵史料，具有历史立体感及厚重感。成书过程中累计出过18版样书，主编郑文忠等全体编辑人员克服困难，自筹资金，确保画册如期出版。《唐山知青历史图片集锦》发行后，社会反响强烈。编辑部将编辑过程资料编辑成《唐山知青历史图片集锦纪实册》，记录成书及发行全过程，与《唐山知青历史图片集锦》相辅相成，共同发行。《唐山知青历史图片集锦》年内被唐山市政协文史委、唐山市档案馆、唐山市图书馆、唐山地方志办公室、唐山博物馆及部分院校收藏。

【《黄金寨村史》出版发行】 2021年3月6日，一部反映社会主义新农村建设风貌、弘扬优秀传统文化村史书籍《黄金寨村史》由中国民族文化出版社出版发行。黄金寨村隶属迁安市五重安乡，2011年3月，该村成立编委会启动村史编撰，历时10年。《黄金寨村史》上起明初建村，下至2019年止，内容涵盖大事记、建置沿革、自然环境与区划、街道民居交通、组织建设、经济发展、文教卫生、村风民俗、历史典故、文物古迹、英烈人物等，全书共12章。

【《这方水土》出版发行】 2021年6月15日，中共玉田县委宣传部主编《这方水土》一书由中国商业出版社出版发行。《这方水土》用全景视角，展示玉田县历史文化、红色基因、发展成就、人文环境等，唱响贯彻新理念、开启新征程、奋斗新时代

第26个世界读书日，唐山图书馆成为许多市民热门打卡地。

杜雯拓 摄

主旋律。全书包括县情概览、史海钩沉、革命烽火、浴火重生、改革探索、砥砺奋进等内容。

【《滦州通史》出版发行】 2021年7月20日，由滦州市人民政府主修、河北省首部县级通史《滦州通史》一书由新华出版社出版发行。全书共18编、59章、274节、1100目，配有新旧图片、序言、凡例、附录、后记等，共230余万字。内容包括农业、工业、商贸、教育、军事、官箴、宗教信仰、方言、建筑、民俗、饮食、手艺、山水旅游、文苑、艺苑、夷齐精神、论辩、古今人物等。《滦州通史》从初稿完成到发行历时13年，原清华大学历史系教授李学勤誉其为"修史之经典，纂志之精华"。

【博物馆展览】 2021年，唐山市举办《红色精神·时代华章》庆祝中国共产党建党100周年特展，承办《翰墨传承唐山情——"太行之子"吕云所·吕大江· 周安礼中国画师生作品展》《庆祝中国共产党建党100周年》《刘士裕·刘敢生收藏书画作品捐献展》《奥运题材摄影展》。引进邯郸、峰峰磁州窑博物馆《鱼纹化吉·元代磁州彭城窑鱼藻纹标本专题展》、湖北随州博物馆《红色金融·中国革命根据地货币专题展》、内蒙古敖汉博物馆《探寻红山——敖汉红山文化文物精品展》。

【博物馆社教活动】 2021年，唐山博物馆举办社教活动100场次，文化沙龙讲座10场，进校园、进社区14次，"我们的节日"社教活动10场次，红色研学活动3场次，党史小课堂40次，线上微课20次，其他讲座10场。唐山博物馆《影动唐博·唐山皮影沉浸式社教活动》从全国5000多座博物馆数百件社教案例中脱颖而出，获2021年度"全国十佳文博社教案例"，《红色精神·唐山华章——庆祝中国共产党成立100周年特展》获河北省十佳红色题材精品展。

【博物馆馆际交流】 2021年，唐山市"文化沙龙"邀请京津冀三地博物馆馆长、专家讲述镇馆之宝，促进京津冀三地馆际文化交流。唐山博物馆与天津山海文化有限公司就产品IP确权事项签订合作意向，并就文创产品开发和提升达成共识。年内《唐山皮影》展览在云南保山博物馆、云南丽江博物院、江苏常州博物馆巡展。

文物与文化遗产

【革命文物保护】 2021年，唐山市开展不可移动革命文物普查登记，有不可移动革命文物101处、参照革命文物管理不可移动文物18处。结合本市革命文物研究情况，向省文物局推荐3名不可移动革命文物专家及2名革命文物鉴定专家。制发《关于进一步加强革命文物保护利用工作意见》，开展全市红色资源普查，共梳理出革命文物之外红色资源77项，并制定分类保护措施。李大钊纪念馆馆藏文物预防性保护等5个可移动文物保护项目获省文物局批复。

【不可移动文物保护】 2021年，唐山市公布官房围墙等6处不可移动文物为第四批市级文物保护单位，推动文物保护工作规范化。制发《关于唐山大地震遗存主要建筑物保护利用的意见》，争取上级重点文物保护专项资金1502.03万元，启动清东陵定陵、惠陵、孝陵、昭西陵维修及净觉寺安防，王氏宗祠消防等安全防护工程。申报国家、省级文物保护工程，迁西带川门保护工程设计方案获省文物局批复同意；清东陵裕陵地宫等4项本体修缮工程、清东陵定东陵消防系统升级改造工程等4项"三防"工程获国家文物局批准立项；天宫寺塔、大岭寨长城砖窑群2项安防工程获省文物局批准立项。

【长城保护】 2021年，唐山市青山关段、喜峰口段长城申报为第一批国家级长城重要点段。完成长城险情排查，将存在险情墙体11段、关城4座、敌台26座、烽火台3座等均纳入省级抢险加固项目库。遵化大石峪长城和迁安徐流口4号、21号敌台抢险加固保护工程相继完工。争取国家资金2656万元，实施迁西潘家口、青山关、榆木岭长城修缮工程。迁西汉儿庄带川门抢险加固工程方案获批复，迁安白羊峪长城现状整修工程获批复立项。

【考古调查】 2021年，唐山市继续对滦州市孙薛营东牙城遗址进行勘探，发现疑似墙体4道。对迁安商周时期古遗址进行考古调查，踏查遗址64处，绘制图纸80张，航拍照片300张，采集标本1000件，发现夯土遗迹1处。在张唐铁路、赤曹公路等重点工程发现大型遗址7处、古墓葬6座、出土文物37件。

【文物征集】 2021年，唐山市征集藏品200件套，包括缸窑清石赑屃残件、清道光十九年"重修碑记"碑身、民国四川皮影带头影人20

件、民国四川皮影动物13件、丁卯年（1927）庄子明涣阳士作釉下人物300件大瓶一对、乙丑年（1925）于明浦于庆作釉下人物150件大瓶以及刘士裕、刘敢生捐赠所藏书画作品。

【文物安全】 2021年，唐山市落实《文物消防安全整治三年行动实施方案》，对李大钊故居等重点革命文物建筑进行隐患排查工作。贯彻落实河北省文物局规范与清理文物场所宗教活动专项行动方案，开展不可移动革命文物安全隐患排查。年内共出动文物安全检查50次，重点检查清东陵、净觉寺、白羊峪长城、多宝佛塔以及部分革命文物安全保护情况。

【非物质文化遗产传承】 2021年，唐山市开展第六批省级非物质文化遗产代表性传承人申报推荐工作，经申报、评审，共推荐19名市级传承人，其中13人入选。全市公布市级非遗代表性项目143个，其中进入国家级名录项目9个，进入省级名录项目45个。命名市级非遗项目代表性传承人211人（健在199人），其中14人入选国家级非遗项目代表性传承人（健在8人），51人入选省级非遗项目代表性传承人（健在44人）。组织“文化和自然遗产日”非遗宣传展示活动，通过非遗传承人现场技艺展示、非遗项目及传承人宣传图片展等，展示唐山市非遗保护成果。完善“唐山非遗”数据库，选调18个项目参加2021年“河北省非遗购物节”，遴选6个皮影戏作品参加2021“一带一路·长城国际民间文化艺术节”。

【《非遗法》贯彻情况调研】 2021年，唐山市根据省文旅厅《关于开展〈中华人民共和国非物质文化遗产法〉贯彻落实情况调研工作通知》要求，组织全市开展《非遗法》实施10周年工作调研。针对《非遗法》宣传、非遗资源调查建档、保护经费使用、保护机构设立以及非遗名录建设等进行系统登记造册。

【非遗传承人传承活动评估】 2021年，唐山市根据河北省文旅厅《关于开展河北省国家级非物质文化遗产代表性传承人传承活动评估工作通知》要求，组织乐亭县、滦南县和市群艺馆对本市国家级传承人2019年以来传承活动开展自查，召开全市国家级传承人座谈会，与传承人签定传承协议。全市有国家级传承人8名健在，其中皮影戏3人、评剧2人、乐亭大鼓2人、乐亭皮影戏1人，年内将评估结果上报省文旅厅。

【非遗宣传展示活动】 2021年6月12日，唐山市举办“文化和自然遗产日”非遗宣传展示活动。内容包括非遗专场演出、非遗手工艺品展览、非遗传承人现场技艺展示、非遗项目及传承人宣传图片展、非遗法律法规现场宣传发放等，150多名演职人员参与现场表演，惠及观众3000人次。选调18个项目参加“河北省非遗购物节”，6月5～17日，线下销售额47.71万元，线上销售额6.0万元，开展44次直播宣传，点击量9.05万人次。年内选调6个展品和28个项目参加“2021一带一路·长城国际民间文化艺术节”。

【乡村非遗资源普查】 2021年，唐山市有县级以上非遗项目459个，其中分布在乡村262个，涉及213个行政村，包括评剧、乐亭大鼓、地秧歌、玉田泥塑4个国家级项目，以及25个省级项目、54个市级项目。年内各县（市、区）对市级以上非遗代表性项目和代表性传承人档案资料进行系统梳理和更新完善，形成《唐山市非物质文化遗产图典》，完善“唐山非遗”数据库。

【书画装裱修复交流会举行】 2021年10月26日，南北书画装裱修复、非遗项目交流会在唐山市举行。此次活动由唐山老画坊古书画装裱修复工作室主办，来自北京、江苏、浙江、辽宁、广东等地书画装裱非遗传承人到场切磋、交流书画装裱修复技艺。唐山老画坊古书画装裱修复工作室成立于1998年，创始人于广利装裱过本市博物馆近百幅馆藏名画。

【工业遗产保护条例施行】 2021年1月1日，《唐山市工业遗产保护与利用条例》施行。该《条例》是一部关于促进工业遗产保护与利用地方性法规，共6章36条，包括总则、调查与认定、保护管理、利用发展、法律责任和附则，内容涵盖工业遗产概念、保护与利用原则、管理体制、认定标准和认定程序、工业遗产利用等。唐山市有煤矿、水泥、铁路和其他各大门类工业遗产27处，《条例》明确规定，推动工业遗产保护与利用、文化保护传承、产业创新发展，支持利用工业遗产资源，打造具有地域和行业特色工业旅游线路，鼓励利用工业遗产资源，建设工业文化产业园区、特色小镇（街区）、创新创业基地。

（侯贤明）

唐山老画坊古书画装裱修复工作室于广利（左二）与上海博物馆装裱大师窦治荣孙女窦旭红（左三）交流技艺。 张北男 冯国顺 摄

新闻事业
XinWenShiYe

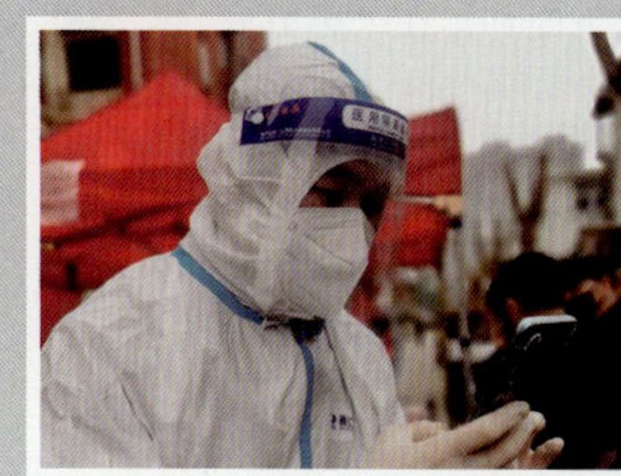

唐山劳动日报社

【唐山劳动日报社概况】 2021年，唐山劳动日报社下辖《唐山劳动日报》《唐山晚报》“唐山+”移动新闻客户端、环渤海新闻网以及日报微信公众号、晚报微信公众号、环网微信公众号、“唐山+”抖音号、快手号等媒体平台，并承办“学习强国”唐山学习平台、“问政唐山”网络问政平台两大平台，媒体形态丰富，报道手段多样，传播平台多元，构建纸媒、云媒有机融合传播机构。员工总数445人，分为在编人员、代理制人员和合同制人员3种。全体人员履行新闻舆论工作者职责，宣传党理论、路线、方针和政策，宣传中央和省、市委决策部署，把握舆论导向，发挥权威新闻媒体引导作用。全年出版发行《唐山劳动日报》316期、《唐山晚报》291期，年内获河北省新闻奖3个。

【报社主题报道】 2021年，《唐山劳动日报》开设《奋斗百年路，启航新征程》《红色足迹》《记者长城行》专栏、推出“八个发展系列谈”“五年奋进写华章”“开局之年气象新”“辉煌之路——习近平总书记视察唐山五周年特别报道”四大系列报道，撰写评论《在新赶考之路上书写“三个努力建成”优异答卷》《构建高质量发展“四梁八柱”——我市加快构建现代产业体系述评》，采写通讯《牢记嘱托，再创辉煌——写在习近平总书记2016年视察唐山五周年之际》，用20个版面刊发《携手京津：协同发展花正艳》《海纳八方：构建开放新格局》《八个发展：锚定目标勇攀峰》《加速转型：工业名城气象新》《“一港双城”：承载城市新梦想》《向海图强：沿海崛起经济带》等重点稿件，全面展现唐山市创新发展、绿色发展、高质量发展成就。《唐山晚报》、全媒体中心均开展“重访习近平总书记5年前唐山足迹”“践行嘱托5年间——再访总书记视察唐山走过地方”系列报道。

【报社对外宣传】 2021年，唐山劳动日报社建立外宣新闻线索通报制度，保持与中央媒体联系，做到及时沟通，即时发稿。外宣部策划、采写多篇有分量稿件，其中《唐山加快构建现代产业体系》刊发7月27日《人民日报》头版，《国庆假期火了周边游》刊发10月9日《经济日报》。策划、采写内参稿件，其中《河北唐山推动经济社会发展全面绿色转型》被《人民日报》采用，《地震断裂带农房宜建长效机制加快抗震改造》被新华社采用。提前两个月完成全年3400分外宣任务。

【报社新媒体融合发展】 2021年，唐山劳动日报社推进媒体融合，构建全媒体传播机制，打造一体化智能“中央厨房”。相继完成核心网络切换、硬件设备安装与网络设施搭建、环渤海新闻网和“唐山+”移动新闻客户端全新上线、全媒体采编系统上线，实现传统媒体和新兴媒体优势互补。坚持移动优先、视频优先，综合运用全媒体制作新闻产品，《再访习近平总书记视察唐山走过地方》视频全网点击量超700万人次，首部微电影《遇见》累计点击量470万人次。以就地过年为主题，推出《谢谢留下的你》视频，累计点击量450万人次，聚焦群众关心关注问题，推出“动镜”视频专栏，累计点击量520万人次。

唐山劳动日报社“全媒体品牌传播工程”启动暨公益微电影《遇见》上线仪式。

刘洪超 摄

【微电影上线播出】2021年2月5日，唐山劳动日报社自主摄制，以“留唐过年暖在身边”为主题微电影《谢谢留下的你》在“唐山+”客户端、环渤海新闻网和《唐山劳动日报》《唐山晚报》及环渤海新闻网微信公众号上线播出。《谢谢留下的你》主要演员均为外地在唐务工人员，有电力职工、餐饮服务员、公司职员和快递小哥，他们用亲身经历讲述对家人思念和就地过年故事。

【路北区融媒体中心报社落户】2021年3月24日，唐山市路北区融媒体中心高标准完成软硬件建设和试运行各项任务，落户唐山劳动日报社。2019年，路北区与唐山劳动日报社达成联合建设路北区融媒体中心合作协议，双方对照中央、省、市关于县级融媒体中心建设标准完成软硬件建设，组建近百人采编及通讯员队伍，完善全媒体各项规章制度，购置全媒体采编设备。唐山劳动日报社在媒体融合重点项目——一体化智能“中央厨房”建设中，重点建设县级融媒体中心系统，实现对信息内容、平台终端、技术应用、管理手段共融互通。

【报社主题党日活动】2021年6月18日，唐山劳动日报社采编部门全体党员走进革命老区——遵化鲁家峪，开展“行程万里，不忘初心”主题党日活动。鲁家峪是革命老区，抗战时期被称为“冀东小延安”，1940年1月1日，《唐山劳动日报》前身《救国报》在这里诞生。党员们参观《救国报》旧址，感受老一辈新闻工作者一手拿枪、一手执笔宣传党的纲领，为鼓舞军心民心而不惧艰难险阻、不怕流血牺牲崇高精神，表示牢记初心使命，做到学史明理、学史增信、学史崇德、学史力行。

【报社全媒体报道园博会】2021年6月26日，河北省第五届（唐山）园林博览会暨第四届河北国际城市规划设计大赛开幕。唐山劳动日报社发挥全媒体优势，通过报纸、网站、移动新闻客户端、微信号、抖音号、快手号等媒体全方位多平台对园博会开幕盛况进行报道，一体化智能“中央厨房”采编系统第一时间在报社承办园博会官方网站、“唐山+”客户端、环渤海新闻网发布。园博会官方网站、“唐山+”客户端、环渤海新闻网播放《河北省第五届（唐山）园林博览会开幕》《一台、三馆、五院、九桥、十八展园，重磅视频带你看园博》《英雄城市·花舞唐山》《游客盛赞园博会》等视频，“唐山+”抖音号、快手号和“唐山+”客户端、环渤海新闻网同步进行《主播带您逛园博》视频直播，园博会视频点击量75万人次。

【百姓故事汇活动启动】2021年11月15日，唐山市“我为群众办实事”365百姓故事汇启动仪式暨首场网络宣讲活动在唐山劳动日报社举行，“唐山+”新闻客户端、环渤海新闻网同步直播。此次活动由市委党史学习教育领导小组办公室主办，市委党史学习教育领导小组实践活动组承办，唐山劳动日报社协办。活动旨在贯彻落实党中央和省委、市委“我为群众办实事”实践活动部署要求，进一步深化党史学习教育成果，宣传各地各单位“我为群众办实事”实践活动典型经验，推进实践活动走深走实。“我为群众办实事”365百姓故事汇首场网络宣讲活动现场直播点击率17.2万人次。

【报社采编人员获赠书】2021年12月29日，安利唐山分公司与唐山劳动日报社在唐山传媒大厦向采编人员赠送《新华通讯社90年90篇精品选》100套，《新华通讯社90年90篇精品选》汇集新华社建社90年90篇精品佳作，是新闻工作者学习党史、学习新闻业务实用教材。此次赠书活动，旨在重温新中国新闻史，激励报社新闻工作者提高政治站位、提升业务能力，采写更多弘扬主旋律、传播正能量新闻作品。

【环渤海新闻网】2021年，环渤海新闻网围绕中心、服务大局，探索“新闻+政务服务”模式，“问政唐山”平台上线一年，妥善回复群众网上问政7.1万件，收到感谢信、留言673件，群众满意度87.89%，问政稿件浏览量1亿人次。实施“端、网、微、报”协调联动：端，实现网友全天候实时问政；网，实现问政资讯同步转发；微，择优推送受众关注问政内容；报，每周在报纸上刊发《问政唐山》专版。年内“问政唐山”网络问政平台获评“2021年河北省践行网上群众路线典型案例”优秀平台称号。

（刘鸣烈）

广播电视

【广播电视概况】唐山广播电视台于2010年4月由唐山人民广播电台、唐山电视台整合成立。2021年，台领导班子设置1正5副，职工总人数905人。媒体平台11个，分别是综合广播、经济广播、交通文艺广播、音乐广播、曹妃甸之声广播5个广播频率和新闻综合频道、生活服务频道、影视频道、公共频道4个电视频道及广电网、唐山头条客户端和统一管理微信矩阵公众号。全台自办节目75个，广播各频率每天24小时播出，电视各频道每天播出18小时。电视主要新闻节目有《唐山新闻》《直播50分》。年内《唐山大地震》《辛亥滦州起义》《唐山的交大记忆》《唐山记忆》等纪录片相继获得国家、省“五个一工程奖”。

【广播电视主题宣传】2021年，唐山广播电视台把宣传贯彻习近平新时代中国特色社会主义思想作为新闻宣传首要政治任务，围绕庆祝建党100周年宣传主线，组织“践行习近平总书记视察唐山重要指示五周年系列活动”宣传报道，开设《牢记总书记嘱托·矢志奋斗开新局》专栏，组织《县区委书记访谈录》《五年新变化·幸福新唐山》等专题报道，报道全市加快“三个努力建成”速度和发展成就，激发全市建设新唐山精神动力。推出《奋斗百年路·启航新征程》《在习近平重要思想指引下学党史、悟思想、办实事、开新局》专栏，累计播发稿件900多篇。拍摄制作大型纪录片《赵纫兰》和专题片《以信仰之光引领前行之路——唐山市党史学习教育纪实》《把为民初心写在唐山大地》等。

【广播电视疫情防控报道】2021年，唐山广播电视台建立抗“疫”宣传常态化机制，成立台疫情宣传工作领导小组，统一指挥、统一把关、统一调配。开设《坚决打赢疫情防控阻击战》《众志成城坚决打赢防疫阻击战》《连线一线》《防疫常识》等栏目，高峰时期日播发稿件最多50条，日均播发稿件30条。

【广播电视专题报道】 2021年，唐山广播电视台开设《精神文明创建进行时》《培育和践行社会主义核心价值观》《诚信唐山建设》《我们的节日》《关爱保护未成年人健康成长》等专栏，全年播发稿件1000余篇。助力文明城创建，拍摄制作文明城创建公益广告《关爱未成年人·你好唐山》《同创文明城市·共享美丽家园》等，5个频率、4个频道滚动播出，全年累计播出7万多条（次）。围绕乡村振兴战略宣传，全面改版《乡村振兴1+1》栏目，宣传全市实施乡村振兴战略典型事迹和成功经验。

【广播电视对外宣传】 2021年，唐山广播电视台加强对外宣传报道，在央视《新闻联播》《焦点访谈》、央广《新闻和报纸摘要》《全国新闻联播》播发稿件131篇，其中央视发稿73篇、央广发稿58篇，在中央电视总台重要栏目发稿量为近5年最高。

【广播电视大型活动】 2021年，唐山广播电视台策划、承办"我为群众办实事经验交流会""唐山市百名劳模颁奖仪式"等多场大型活动，高质量完成唐山市委、市政府临时交办《用铁的纪律守护绿水青山》《以信仰之光引领前行之路——唐山市党史学习教育纪实》《践行生态文明理念·创建海绵示范城市》等十几部专题片和纪录片拍摄制作任务。

【广播电视媒体融合】 2021年，唐山广播电视台——"唐山头条"客户端正式上线运营，《今日河北·唐山篇》《河北省第五届园博会》开幕式实现融媒体现场直播。唐山市"两会"报道采用融媒体构架播报，记者与代表委员视频连线，梳理解读"两会"亮点，增强时政报道感染力。参与庆祝中国共产党成立100周年活动转播和央视《今日中国》等数场线上直播，与河北移动唐山分公司签署"5G+数字媒体"战略合作协议，5G融媒体产品和平台创新取得成功。

【广播电视技术创新】 2021年，唐山广播电视台完成广播电视制播技术系统由原址向新址迁移，各个技术环节实现零秒停播、错播，在全省率先实现全面高清数字化播出，制播水平领先全省各地市台。开发广播融媒直播功能，广播节目实现可视化，交通文艺广播等多频率利用融媒体平台在抖音、快手实现多场次音视频直播。

唐山广播电视台举办庆祝第二十二个中国记者节"广电记者讲好一线故事"主题演讲暨台企全面战略合作启动仪式。 唐光泰 摄

【广告经营策略调整】 2021年，唐山广播电视台开发政务资源市场，实现县（市、区）政务资源全覆盖，年均政务合作创收保持在1000万元左右。优化广告结构，绿色品牌广告比例逐年提升，全年完成广告创收3000万元，其中绿色品牌广告创收1165万元。

【广播电视安全播出】 2021年，唐山广播电视台继续落实安全生产、安全播出"一岗双责"制度，明确主要领导负总责，分管副职牵头抓，各个处室具体抓责任机制。落实三级审查、重播重审制度，重大新闻、重要报道实行党委书记终审制。开展"安全播出大检查"活动，对机房、传输线路等重点部位进行地毯式隐患排查，定期开展拉网式检修，全年安全播出实现零差错。

（葛绍鹏）

河北广电网络集团唐山有限公司

【省广电唐山公司概况】 河北广电网络集团唐山有限公司（简称省广电唐山公司）承担唐山区域有线电视网络工程设计、建设施工及运营管理、广播电视节目传输、接入服务及网络扩展等业务，实施网格化管理，网络光缆干线覆盖市中心区，连通各县（市、区），形成集数据、语音、图像传输为一体宽带多媒体综合信息网，具备宽带高速、安全可靠综合业务承载能力。在市本级公司完成承包制基础上完善小网格承包。2021年，区域内13家公司（芦台经济开发区、汉沽管理区除外）全部完成网格承包。年内开展"五一劳动节·有礼最开心""中秋国庆喜相逢·广电送您实惠礼""双十一广电有礼""有缴有赠"等惠民服务活动。

【省广电节目传送】 2021年，省广电唐山公司共传输数字电视标清节目及数字电视高清节目189套，内容包括文化、教育、生活、娱乐、音乐、体育、旅游、休闲等各个方面，满足不同用户个性化收视需求。

【网络铺设与维护】 2021年，省广电唐山公司环网干线总长1000千米，呈南北双环结构，唐山市区网干线总长88千米，呈网状结构，整体网络覆盖唐山全境，连通7个区、3个市、4个县，上与省级网络接轨，下与各县（市、区）级有线网贯通。年内提升市县环网抢修效率，对外招标维护单位，专业公司完成巡线和维护，服务效率提高，抢修时限降低。

【本地化服务平台建设】 2021年，省广电唐山公司发挥网络覆盖和多媒体传播能力优势，搭建智慧广电公共服务平台，根据政府机关、企事业单位和家庭用户需求，定制电视分级业务界面、组合业务功能模块、区域视频监控服务，并注入本地化内容，得到用户认可。推介农村文化新生活，助力美丽乡村建设。智慧广电公共服务平台内容丰富，信息量大，用户足不出户（地）可获取各类信息资源和应用服务。

【网络项目承接】 2021年，省广电唐山公司依托网络、数据平台，承接唐山市委应急值守系统、北京理工大学唐山研究生院二期弱电、西南交通大学唐山研究生院弱电智能化、路南区新校园建设弱电、中铁三局创新基地等项目，并提供科学、优质服务。

【视频会议保障】 2021年，省广电唐山公司明确骨干技术人员负责视频系统调试和管护，指定骨干技术人员全程保障省、市、县三级视频会议272场，其中省级会议87场、市级会议70场、政法系统会议77场、集团公司会议21场、应急系统会议17次。

【核心机房整体搬迁工程完成】 2021年，按照唐山市委、市政府关于省广电唐山公司核心机房整体搬迁要求，按照省广电集团"搬得动、停得下、稳得住"具体部署，省广电唐山公司成立机房搬迁项目工作组，制定具体实施方案，抽调工程、技术、传输、营维等部门业务骨干人员，分阶段搬迁平台、播控、数据等189台设备，搬迁过程实现零事故、零网络故障。

（贺丽霞）

《开滦日报》记者在新冠疫情防控中参加志愿行动。 国 双 摄

开滦日报

【《开滦日报》概况】《开滦日报》是中共开滦（集团）有限责任公司委员会机关报，承担开滦集团新闻宣传职能。2021年，开滦日报社编制为"四部二室"，即矿区新闻部、时政新闻部、文化生活部、广告发行部、总编室、审读室。《开滦日报》围绕开滦集团党政工作中心，落实开滦集团党委要求，开展新闻宣传。把握宣传重点，创新报道方式，发挥舆论主阵地作用。《开滦日报》为周三刊，全年出版报纸146期，6篇新闻作品在中国煤炭系统新闻工作者协会评奖中获奖，其中一等奖2篇、二等奖2篇、三等奖2篇，2人获评河北省企业报协会优秀编辑、优秀记者。

【《开滦日报》重点报道】 2021年，《开滦日报》加强新闻宣传策划，创新宣传形式，组织系列报道，开辟专版专栏，运用大版面、多视角、配发评论、图表分析解读等形式宣传报道集团党委全委（扩大）会议和经济工作会议精神、集团重点工作、重点工程、重大项目建设，设置专栏25个，累计刊发稿件2100篇，其中记者自采稿件886篇。

【《开滦日报》专题报道】 2021年，《开滦日报》开设《学党史、悟思想、办实事、开新局——集团公司各单位开展党史学习教育》《知史明责勇担当，转型升级创佳绩》《建党百年、开滦先锋》3个专栏，发稿140篇。刊发"'我为群众办实事'圆梦'微心愿'"4组系列报道，"集团公司扎实推进党史学习教育"2组系列报道。开设《深入践行新发展理念，实现'十四五'良好开局》专栏，刊发重点稿件40篇，刊发《元月高起步》《攻坚克难实现首季开门红》《决战四季度确保完成全年任务指标》等5组专题报道，刊发《建设集团制冷工程处转型发展驶入快车道》《开滦人在陕西》《集团公司推进高质量发展实现'五个转变'》稿子，刊发《百年开滦迈进"智能时代"——集团公司加快智能化矿山建设纪实》《安全高效：谱写高质量发展新篇章——集团公司全力推进安全高效矿井建设纪实》《百年开滦挺进新能源——集团公司首个光伏发电项目获批》《推进为民服务，助力乡村振兴——集团公司在党史学习教育中汲取强大动力》《脱贫中彰显开滦担当——集团公司扎实推进精准扶贫工作综述》等稿件。

【《开滦日报》队伍建设】 2021年，《开滦日报》组织编采人员系统学习《中国共产党简史》《习近平论中国共产党历史》。每周一总编辑召集采编科长会议，提出新闻宣传重点内容及具体要求。各采编科室每周一次编研会，总结情况，汇报思路，确定新闻线索，布置具体任务。健全完善新闻监管机制，落实报纸“九必审”制度，逐级把关，杜绝责任事故发生，提升新闻产品质量。

【“东街8号”读书会】 2021年，《开滦日报》依托“东街8号”读书会，开展“书香党建、书香团队、书香媒体目标建设”活动，每月21天线上读书打卡，月底线下分享讲评，年底评选“十佳读书人”。利用“东街8号”读书会平台，开展“迎新春·爱阅读”员工诵读比赛、建党100周年共读“红色经典”心得评比、“美文美声”读书音频评比、书画作品展、读书心得PPT课件设计展，全年组织员工撰写读书心得132篇。年内购置书籍4669册、各类电子音像制品100余种，订阅报刊7份、杂志5种。

（郑国双）

其他媒体

·《燕赵都市报（冀东版）》·

【冀东版概况】《燕赵都市报（冀东版）》（简称冀东版）是《河北日报》报业集团主办、《燕赵都市报》主管社会生活类报纸，在唐（山）秦（皇岛）两地传播发行。2021年，《燕赵都市报（冀东版）》坚持正确舆论导向，把正确政治方向放在第一位，坚持党性原则不动摇、正面宣传为主不动摇，实现传统报纸与新媒体有机融合。全年发行《燕赵都市报（冀东版）》215期。

【冀东版重点报道】 2021年，《燕赵都市报（冀东版）》完成唐（市）秦（皇岛）两地建党100周年大型系列报道，刊发《城市原点回归•商通四海重现》《深度还原韩兴博跳海救人事件背后故事》及乐亭县乡村振兴系列稿件，引起广大读者关注。

【冀东版融媒体报道】 2021年，《燕赵都市报（冀东版）》把传统媒体、新媒体“相加”“相融”，逐步实现全媒体传播。年内在新媒体平台宣传报道唐（山）秦（皇岛）两地政府发展经济思路、振兴经济政策、具体举措及成功经验，发布万科地产、龙湖地产、恒荣地产、新东方等多家上市公司相关信息。

【冀东版活动报道】 2021年，《燕赵都市报（冀东版）》关注唐（山）秦（皇岛）两地城市建设、城市发展及社会活动报道，其中与唐山市教育局、唐山市文明办联合举办“读红色经典·写励志心得”征文活动收到征文2万篇。刊发《2021唐山主流地产总评榜》《唐山“城南经济开发区人居发展高峰论坛”》等稿件，引起社会广泛关注。

【公益活动策划】 2021年，《燕赵都市报（冀东版）》刊发唐（山）秦（皇岛）两地社会公益事业、公益活动报道数十篇，策划并刊发公益广告22个整版。开辟《旅游研学项目》专栏，吸引千名中小学生参与。开展“社会各界献爱心”专题报道，其中《一张致歉纸条温暖一座城》等稿件，传播唐山市、秦皇岛市两地社会正能量。

【“感动唐山”年度人物颁奖典礼举行】 2021年3月20日，《燕赵都市报（冀东版）》主办“经洪集团杯2020年度‘感动唐山’人物颁奖典礼”举行。唐山市全体抗疫医护人员获2020“感动唐山”年度特别荣誉奖，唐山好媳妇孙玉春、唐山站“高铁凤凰”服务组、滦河岸边“愚公”四代植树人等获2020“感动唐山”年度人物奖。2020年12月4日起，“感动唐山”年度人物评选面向社会征集候选人物事迹，各县（市、区）文明办及社会各界推荐，15位“感动唐山”候选人物入围，经公众和评委投票，最终从15位候选人（组）中，评选出2020“感动唐山”年度人物。

（文向辉）

·《唐山人才就业周刊》·

【《唐山人才就业周刊》概况】 2021年，《唐山人才就业周刊》（简称《周刊》）坚持“关注民生、聚焦就业、服务人才”办报宗旨，全方位报道人社动态、解读人社政策、讲述人社故事、发布人才供求信息、提供就业创业指导。全年刊发50期，采编人社信息稿件535篇，刊登招聘信息4267条，公布招聘岗位7.2万个，发布个人求职信息2953条，推送211期《周刊》微信订阅号信息，微信公众号关注用户1.3万人。《唐山人才就业周刊》于2011年1月创刊，由唐山市人力资源和社会保障局主办，是全省首家关注民生、聚焦就业、服务人才平面媒体，涵盖新闻资讯、招聘求职信息发布、人社政策解读等多项内容。《周刊》每周五出版发行，每期四开十六版、发行3万份，发行覆盖全市各县（市、区）企事业单位及大中专院校。

【《周刊》大事要事】 2021年，《唐山人才就业周刊》策划刊发《全国两会——人社特刊》，对全国两会“关于人力资源和社会保障事项”做专题报道，编辑出版《河北省第十一届沿海经济带高层次人才交流大会暨唐山市高质量发展招才引智大会》特刊，刊发《唐山“凤凰英才”计划新政3.0》专版，详细解读人才新政，重点报道唐山实施“凤凰英才”计划，引进培育高层次人才，跟踪2021年“百名高端人才进唐山”活动，为应对疫情影响，率先在唐山人才网推出《唐山人才就业周刊数字报》。

（王　浩）

·唐山人才网·

【唐山人才网概况】 2021年，唐山人才网网站首页最高日访问量2.5万人次，总访问量6500万人次，累计单位会员1.09万家，储备个人简历60.4万份。唐山人才网于2001年6月上线运营，是河北省首家专业化人才网站，历经2008年和2020年两次升级改版，成为中国北方地区知名专业人才服务网站。

【人才网便民服务】 2021年，唐山人才网建立27个就业服务微信群，及时听取群众对网站服务意见、建议、要求，解答群众关注热点问题，每周线上平均流量3万人次，唐山人才市场微信公众号关注人数15万人次。

【人才网网络招聘活动】 2021年，唐山人才网在全省率先启动“抖音、快手直播带岗”招聘新模式，每周一至周五9:00～17:00、周六9:00～12：00准时上线，每场在线人数稳定在5000人，最高3万人。年内开展直播带岗活动275场次，为4616家企业发布招聘岗位9万个，促成1.7万人就业。

（王　浩）

卫生

WeiSheng

综　述

【医疗卫生基本情况】 2021年，唐山市医疗卫生机构总数9065个，比上年减少188个。全市有医院262个、基层医疗卫生机构8742个、专业公共卫生机构55个、其他卫生机构6个。全市医院中，市公立医院63个，民营医院199个，其中三级医院14个、二级医院74个、一级医院119个、未定级医院55个。全市社区卫生服务中心（站）187所、乡镇卫生院190所，诊所、医务室2291个，村卫生室6011个，门诊部63个。全市疾病预防控制中心17个（市级10个、县区级4个、其他3个）。妇幼保健机构16个（市级12个、县区级4个），卫生监督机构14个（市级8个、县区级4个、其他2个），计划生育服务机构2个。全市年门诊量3689.43万人次，年住院136.95万人次。年内核准招聘岗位271个，实际招聘208人，其中博士1人、硕士83人、本科生111人、全日制专科生13人。

【京津冀医疗卫生协同发展】 2021年，唐山市39家二级以上医疗机构与京津优质医疗资源签订协议84个，京津医疗机构共派驻唐专家1044人次，诊疗2434人次，指导手术1254台，开展业务培训90余次。年内唐山二级以上医疗机构到京津合作机构进修132人次，与京津合作医院开展远程会诊101例。

【分级诊疗制度建设】 2021年，唐山市建成4大城市医疗集团、25个专科联盟、7个紧密型县域医共体、29个功能完善医联体，织密市、县（区）、乡村互联互通健康服务网络，滦州市、滦南县、迁安市、遵化市、玉田县、迁西县、乐亭县7个县（市、区）完成县域医共体建设。2021年，唐山市医联体考核排名全省第二位，市工人医院医疗集团等6个典型案例在全省推广。全年投入4769.89万元开展基层机构标准化建设，全市90%基层医疗卫生机构完成标准化建设，5335个村卫生室、5302名乡村医生全部实施“十统一”管理（人员、工资、财务、药械、业务、绩效、奖惩、准入退出、培训教育、奖惩）。年内全市8家基层医疗机构在“国家优质服务基层行”活动中获评“表现突出、服务优质机构”。

【现代医院管理制度建设】 2021年，唐山市制发《推动公立医院高质量发展实施方案》，明确目标任务、具体措施、责任部门及完成时限，建立台账督导机制，推动各项改革任务开展。落实党委领导下院长负责制，三级医院全部配备总会计师。整建制推进城市公立医院编制备案制改革，实现同工、同酬、同待遇。实施薪酬制度改革，全市公立医院在岗职工年平均工资性收入为10.86万元，市属医院及50%以上县级公立医院落实院长年薪制，人均年收入30万元以上。

【“四医联动”改革】 2021年，唐山市实施“四医联动”改革（医疗、医药、医保、医价联动），遵循国家、省药品耗材集中采购中选结果，全年减轻群众就医费用负担6.89亿元，节省医保基金3.01亿元。被确定为全国深化医疗服务价格改革试点城市后，制定《唐山市深化医疗服务价格改革全国试点实施方案》，建立调整总量内价格分类形成机制、价格监测评估机制和医疗机构价格执行等级机制。每年开展医疗服务价格监测评估，按照管理权限调整13个医疗服务项目价格，同步跟进医保支付政策。制定区域点数法总额预算和按病种分值付费（DIP）系列文件，完成14项国家医保信息业务编码贯标，建立病种分值目录库。年内完成实际付费和按病种付费医保基金占符合条件住院医保基金支出比例为33.64%，被省医保局确定为省级DIP示范点城市。

【乡村医师分会成立】 2021年5月8日，唐山市医师协会乡村医师分会成立大会在唐山市人民医院召开，大会选举产生唐山市医师协会乡村医师分会第一届委员会，唐山市人民医院副院长刘永亮当选主任委员。该分会为河北省第一个乡村医师分会，旨在加强基层乡村医师队伍建设，提高乡村医师诊疗技术水平，助力分级诊疗制度建设，促进国家分级诊疗服务落地。

【中医药学会骨伤专业委员会成立】 2021年5月18日，唐山市中医药学会骨伤专业委员会成立，唐山市中医医院骨伤科主任许志宇当选为委员会主任委员。骨伤专业委员会旨在提升骨科疾病中西医诊疗服务水平，惠及百姓健康搭建新平台。同日，中国中医药研究促进会骨伤科分会微创专业委员会第四届年会举行，全国50多名中医骨科专家围绕骨伤微创、中西医治疗骨科疾病新技术等进行交流与探讨。

疾病预防控制

【传染病防控】 2021年，唐山市强化疫情信息报告管理，坚持每日浏览疫情动态，开展日分析、周研判、月总结，全市共上报法定传染病20种1.98万例，报告发病率247.6/10万。强化重点传染病防控，指导县（市、区）开展手足口病监测，全市共报告手足口病3642例，报告发病率为45.7/10万。开展流感监测，全市共报告流感病例378例，报告发病率为4.7/10万，低于上年同期水平。开展肾综合征出血热防治，分别在春秋两季开展鼠密度、鼠类种群及鼠带毒率监测，累计报告肾综合征出血热36例，报告发病率为0.5/10万，低于上年同期水平。

唐山市市、县两级卫生、医疗人员下乡为农民开展义诊活动。

孙 愫 摄

【慢病防治】 2021年，唐山市推进慢病示范区创建，曹妃甸区、迁安市两个国家级示范区通过5年复审，路北区通过省级评估验收，被命名为省级慢病综合防控示范区。开展农村癌症筛查，超额完成年度下达全市上消化道癌机会性筛查2500人任务目标，使更多辖区内居民从癌症早诊、早治中受益。对脑卒中人群进行风险评估，对高危人群开展颈动脉超声检查，制定个性化干预措施，累计完成院外筛查1960人次，院内筛查2175人次。强化城市癌症早诊早治，针对高发5大类癌症（肺癌、大肠癌、上消化道癌、乳腺癌、肝癌）开展危险因素调查和高危人群评估、随访，帮助患者及时发现癌变苗头，把好预防关。推进儿童口腔疾病综合干预，对6～9岁在校小学生及幼儿园3～6岁适龄儿童开展窝沟封闭、局部用氟，超额完成省定目标任务，辖区儿童口腔疾病持续减少。

【免疫规划】 2021年，唐山市贯彻实施《疫苗管理法》，在完成新冠病毒疫苗接种前提下，规范落实免疫规划任务，提高基础免疫接种率和接种质量，消除免疫空白。建立和完善预防接种及疫苗使用追溯系统，疫苗储运、使用全程可追溯管理，提升全市预防接种信息化、规范化、标准化水平，提高预防接种服务质量，保障预防接种安全。做好免疫规划门诊管理，强化接种门诊提档升级管理，全面推进智慧化门诊建设，提升疫苗接种效率和接种服务水平。增加疫苗存储和运输能力，依托中央转移支付公共卫生体系建设补助资金，扩容、改造市疾控中心原有冷库，总容积由原来85立方米扩容至235立方米。新购置冷藏车2辆，总容积26立方米，单次疫苗最大运转能力30万支，满足全市疫苗储运需求。

【地方病防治】 2021年，唐山市开展碘缺乏病病情监测，在全市14个县（市、区）开展8～10岁儿童甲状腺调查800人，尿碘水平检测2820份，开展孕妇尿碘检测1401份。儿童甲肿率0.38%，低于5%，儿童尿碘中位数为183.2μg/L，孕妇尿碘中位数为163.7μg/L，碘营养水平处于适宜状态。开展户盐和场盐监测，对全市4221户居民家庭食用盐监测，合格碘盐食用率90.62%，盐碘中位数23.4mg/kg。开展水碘及氟病监测，调查水碘5893个村，水碘中位数大于40μg/L村占比99.73%，全市处于水源性低碘区。监测氟病村395个，水氟含量低于1.5mg/L村占比98.99%。开展儿童氟斑牙病情监测，共检查8～12岁儿童1.15万人，检出氟斑牙患者1774例，氟斑牙检出率15.46%。

卫生执法监管

【医疗卫生行业专项执法】 2021年，唐山市对非法医疗美容、非法应用人类辅助生殖技术、违规出具健康证明、近视矫正市场乱象等开展专项整治行动，打击医疗领域违法、违规行为。全市累计出动监督检查人员1015人次，排查各类医疗机构513家，责令改正58家。累计立案23件，罚没8.65万元。建立唐山市卫生健康领域“信用+综合监管”失信行为及红黑名单、信用信息修复等多项创新性制度，在医疗（含母婴保健）、传染病防治、职业卫生等专业监督执法领域先行先试，开展事前、事中、事后信用监管措施探索，国家、省、市多家媒体对此进行专题报道。

【疫情防控监督执法】 2021年，唐山市开展疫情防控专项监督执法检查，累计出动执法人员2.26万人次，检查市、县（市、区）两级发热门诊105家次，集中隔离医学观察点69家。督导检查医疗机构（门诊、个体诊所）2964家、公共场所1084家、消毒产品企业12家、经营消毒产品商场32家、药店180家次及其他类机构918家。

【卫生健康系统法治建设】 2021年，唐山市把法治建设融入卫生健康单

唐山市食品药品综合检验检测中心，对全市食品添加剂、农兽药残留、重金属超标等开展专项抽检。 吕光宇 摄

位管理运行全过程，制定卫生健康权力清单、责任清单、负面清单制度并实行动态管理。加强卫生健康领域普法，宣传《基本医疗卫生与健康促进法》《中华人民共和国医师法》《职业病防治法》《传染病防治法》，开展多项法制主题宣传活动，围绕突发事件应对、疫情防控、扫黑除恶、行政处罚等领域开展专题普法。年内市卫健委代表唐山市参加河北省2021年法治建设依法行政考核取得好成绩。

【法治医院建设】 2021年，唐山市推进二级以上公立医院“法治医院”建设，组织“法治医院”示范单位创建活动，全市“法治医院”示范单位46个。将“法治医院”建设与信用评级挂钩，提升医疗机构依法治理能力和水平。卫生健康系统全面推行行政执法“三项制度”（重大行政执法决定法制审核制度、行政执法信息公示制度、执法记录仪管理制度），梳理确认44项政务服务事项（行政许可外），做到执法清单统一、执法职责明晰。健全市级卫生行政复议机构，完善行政复议、行政诉讼与信访衔接机制，年内处理行政诉讼案件6件、民事诉讼案件1件、行政复议案件21件、行政处罚听证4起，审查相关合同合法性77件。

【健康执法检查结果公开】 2021年，唐山市完成“2021年度‘双随机’国检”任务。监督抽查目标任务2716家，其中公共场所1041家、生活饮用水单位37家、职业卫生和放射卫生机构94家、学校卫生机构357家、医疗卫生机构516家、传染病防治机构538家、计生机构118家、消毒产品生产机构11家、餐饮具机构3家、采供血机构1家，抽查结果全部向社会公布。

基层卫生与妇幼保健

【基层卫生服务体系建设】 2021年，唐山市推进基层医疗卫生机构标准化建设，全市181个乡镇卫生院、47个社区卫生服务中心、5275个村卫生室、142个社区卫生服站达到基本标准，标准化率分别为94.27%、97.91%、98.87%和100%，超额完成90%基层医疗卫生机构达到标准化建设目标任务。开展乡镇卫生院和社区医院推荐标准建设，完成11家乡镇卫生院、4家社区医院推荐标准创建，超额完成年度工程建设目标。加强基层卫生机构特色专科建设，创建古冶区王辇庄乡卫生院妇科、开平区越河镇卫生院小儿推拿科等23个特色专科，超额完成18家创建任务。巩固乡镇卫生院与村卫生室一体化管理成果，在192家乡镇卫生院、5335个村卫生室实施一体化管理基础上，强化村卫生室规范管理。丰南区、滦州市、路南区等地开展卫生室升级改造，招录、选聘173名村医，保证一村一室一医，全部实施人员、财务、药械、业务、准入退出、绩效考核、工资、管理、培训教育、奖惩“十统一”管理。推动优质医疗资源下沉基层，全市派驻中级及以上医师乡镇卫生院和社区卫生服务中心总数为237个，实现基层医疗卫生机构城市医生派驻100%全覆盖，市精神病医院对口帮扶无精神卫生机构县（市、区），填补基层医疗机构精神病诊断空白。

【基本公共卫生服务】 2021年，唐山市推行医疗服务支付方式改革，按照“钱随事走”原则，落实基本公共卫生资金使用效率，在全市推广滦州市医疗服务支付方式改革经验。各县（市、区）每年侧重抓1～2个医疗服务支付方式改革项目，通过资金倾斜，促进项目执行，逐年推进。加强业务培训，举办全市基本公共卫生服务项目暨家庭医生签约服务培训班，对12项基本公共卫生服务项目和签约服务开展培训，各县（市、区）主管科长、业务骨干和市级专家200人参训。

【家庭医生签约服务】 2021年，唐山市推进“优质服务基层行”活动，完善基层医疗卫生机构硬件设施，提升基层医务人员医疗服务能力和基层医疗卫生机构软件水平。开展家庭医生签约服务宣传，扩大群众对家庭医生签约服务内容、政策、待遇知晓度。对高血压、糖尿病、结核病、严重精神障碍等10类重点人群开展预约挂号、诊断随访、健康宣教、解答咨询等服务，提升重点人群满意度、获得感。逐步推行个性化服务，以群众就医需求为导向，借鉴国内家签先进地区典型经验，借力特色专科卫生院建设行动，提供“点餐式1对1”家签服务。年内重点人群签约率60%以上。

【母婴安全保障】 2021年，唐山市妇女儿童健康指标比上年均有改善，其中，孕产妇死亡率下降至5.33/10万，5岁以下儿童死亡率下降0.42‰，婴儿死亡率下降0.38‰。制发《关于进一步加强母婴安全管理工作通知》，明确各级卫生健康行政部门、

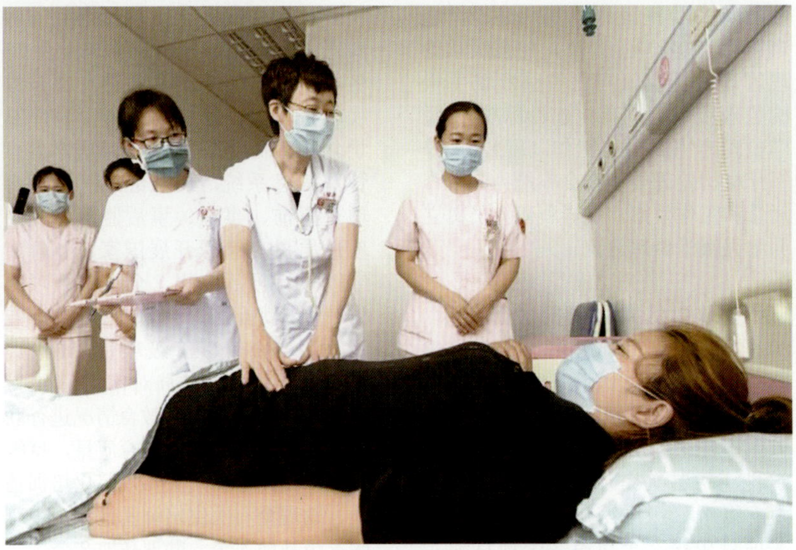

唐山市实现乡镇卫生院和社区卫生服务中心全覆盖。 闫 军摄

各医疗机构职责。

举办危重孕产妇救治技能竞赛，组织全市高危孕产妇救治理论知识培训班，解决助产机构医务人员经验和技术不足问题。对市、县（市、区）两级申报危重孕产妇、危重新生儿救治中心进行新一轮综合评估，全市确定危重孕产妇救治中心17所、危重新生儿救治中心13所，迁安市妇幼保健院获批第三批全国母婴安全示范单位。

【出生缺陷综合防治】 2021年，唐山市加强新生儿出生缺陷防控，提高出生人口素质。全市婚检率79.2%，为4.81万名准备怀孕夫妇进行孕前优生健康检查。孕妇无创产前基因筛查3.48万例，耳聋基因筛查3.41万例，2个项目合计筛查率为90%。全市苯丙酮尿症和甲状腺功能减低症筛查4.72万人，筛查率98.59%。新生儿听力筛查人数3.38万人，筛查率94.51%。

卫生应急

【突发事件应对机制建立】 2021年，唐山市制发和修订《唐山市应对新型冠状病毒肺炎大流行应急预案》《唐山市应对秋冬季新冠肺炎疫情应急预案》《唐山市突发事件心理援助应急预案》《唐山市自然灾害卫生应急预案》《唐山市卫生健康委防汛抗洪抗旱防高温卫生应急预案》《唐山市血液保障应急预案》《唐山市防控新冠肺炎疫情应急预案》，制发《关于进一步加强公共卫生体系建设实施意见》，明确构建党委统一领导、政府指挥调度、部门分工负责、上下协同联动扁平化应急指挥体系。

【卫生应急分级演练】 2021年10月，唐山市在全市范围分级开展新冠肺炎聚集性疫情处置应急演练，市、县两级共组织大规模聚集性演练18次。10月27日，市新冠肺炎疫情防控领导小组办公室、市卫生健康委、路北区人民政府主办，市防控领导小组承办"唐山市新冠肺炎聚集性疫情应急处置实战演练"在路北区韩城镇大张刘村举行，唐山市及各县（市、区）疫情防控工作组60人参加演练，各县（市、区）防控办和卫生健康局负责人共200人参加现场观摩。

【突发公共事件处置】 2021年，唐山市卫生健康系统加强与水利、气象、应急、民政等部门沟通，旨在相互掌握、通报安全防汛信息。市卫健委与市公安局共同对医疗机构反恐防范重要部位进行督导检查，对人员不足、设备陈旧、缺乏培训等情况进行整改。妥善处置路南区理工家属院燃气爆炸事故、路北区光明路一小区燃气爆炸事故、唐山师范学院学生坠楼事故和文化路中医医院站点塌方事故等多起突发事件。

医政管理与医教科研

【医联体建设】 2021年，唐山市制发《关于开展"打造六个典型推动三个一批"医联体优秀案例遴选活动实施方案》，在全市开展医联体优秀案例遴选活动。9月15日，召开医联体优秀案例遴选活动推进会议，部署全市遴选活动。经单位申报、部门复核，推荐全市医联体典型案例分别为：典型城市医疗集团（唐山市工人医院医疗集团）、典型县域医供体（滦州市人民医院医供体）、典型社区服务中心（路北区光明办事处社区卫生服务中心）、典型乡镇卫生院（迁安市建昌营镇中心卫生院）、典型下沉团队（迁安市中医医院）、典型专科品牌（丰南区东兴社区卫生服务站中医康复科）。

唐山市开平区开展洁城行动，专项整治车辆扬尘及工地扬尘，改善人居环境。 李志全 何 川摄

【社会办医机构整治】2021年，唐山市加强民营医疗机构监管，将社会办医统一纳入医疗质量管理体系。开展民营医疗机构专项整治，借助医疗机构校验手段，规范民营医疗机构执业行为。关停民营医疗机构2所（唐山中山医院、唐山首大医院），责令停业整改医疗机构8家（唐山康城医院、唐山华佗医院、玉田德铭医院、玉田康泰医院、玉田九龙医院、玉田华康医院、玉田青全医院、玉田理想口腔诊所），降级1所（唐山和平医院由二级医院降为一级），整改遵化协和医院、乐亭同济医院等11家名称不规范医疗机构。

【医养结合】2021年，唐山市有医养结合机构61家，床位1.12万张（医疗床位3291张，养老床位7939张）。全市养老机构与医疗机构签约服务339所，签约覆盖率95%。4家医养结合机构获评省级医养结合优质服务单位，全市7家二级医院和21所基层卫生机构增加养老服务功能，为老年人提供医疗、康复、养老等一体化服务。

【医学科技创新体系建设】2021年，唐山市完善科技创新服务机制，加强医学科研课题申报、结题、奖励推荐管理，提高办理质量和办事效率。组织医学科研课题申报和科学技术奖励推荐，获批省卫生健康委科研立项190个、市科技局科研立项21个。组织2021年度河北省医学科技奖参评单位完成网络答辩，全市申报81个项目，获一等奖19个、二等奖33个、三等奖22个，获奖率91.3%。推荐参评河北省科学技术进步奖3项，其中由市人民医院、华北理工大学和唐山师范学院共同完成“乳腺癌精准诊治关键技术创新及临床应用”项目获“河北科学技术进步奖二等奖”，华北理工大学与市工人医院共同完成“社区老年慢病管理及失能老人照护技术开发与应用”项目获“河北省科学技术进步奖”三等奖。建立健全科技创新激励机制，制定《医学科研和成果转化奖励办法》，多渠道筹措资金，鼓励和支持卫生技术人员开展临床研究、科技创新。全市各三级医院整合技术资源，配备设备设施，加快重点实验室等科研基地建设，全市有重点实验室13个。加强医学伦理管理，落实《河北省医疗卫生机构伦理委员会规范化建设标准》《医学伦理专家委员会工作制度》，提升医疗机构伦理委员会会审能力、审查质量和工作效率，引导科研人员树立并增强医学伦理意识。

【医疗卫生机构科研能力建设】2021年，唐山市推进院士工作站建设，巩固市第二医院、市妇幼保健院2所省级院士工作站成果，打造卫生健康领域院士工作站品牌，多学科、高层次提升全市医疗服务能力。组织三级医院进行医疗适宜技术项目申报，全市有3个项目纳入省项目库。组织医学适宜技术跟踪项目申报和实施，全市有8个项目获批，相关学科填补省、市技术空白，达到国内领先水平。推进京津冀同质化进程，选派医学重点（发展）学科优秀中青年学科骨干和后备带头人在北大医学部进修，培养全市高层次医学科技创新人才。

【医学人才培养和队伍建设】2021年，唐山市强化全科医生培养，按照每万人拥有全科医生2.8人指标要求，申请市本级资金265.5万元开展市级全科医生转岗培训，培训学员177人，年内全市有全科医生2772人，每万人拥有全科医生3.6名。实施农村定向免费医学生培养项目，组织曹妃甸区、芦台区卫健局与本年度5名定向生签订就业协议。农村定向医学生就业得到妥善安置，全市培养定向医学毕业生55名，全部落实编制和待遇。提升继续教育水平，落实河北省“京津冀学分互认制度”，升级继续医学教育管理信息系统，加强继续医学教育项目事前、事中、事后监管，提高项目质量。组织开展国家、省、市继续教育项目申报，全市申报项目802个，获批国家级项目26个、省级项目238个、市级项目246个。市卫健委联合人社局对市直1.42万名专业技术人员继续教育情况进行联审联验。巩固毕业后教育质量，持续优化调整国家住院医师规范化培训基地、助理全科医生培训基地，全市有国家级基地4个、助理基地2个。

【实验室生物安全监督管理】2021年，唐山市组织各级实验室管理人员、专业技术人员参加河北省生物安全员培训，采取线上培训方式培训2000人次。发挥生物安全协调机制牵头部门作用，农业农村、科技、发改委等19部门联合制定《关于进一步完善国家生物安全风险防控和治理体系工作措施》，明确工作内容、部门职责和任务分工。开展实验室生物安全评估，结合全市实际下发《关于进一步加强病原微生物实验室备案管理通知》，明确政策依据、备案主体和备案要求，安排专家对实验室建设标准进行培训解读，并适时召开推进会议。组织经验丰富专家对实验室进行备案，做到建成一个备案一个，保证实验室及时投入

丰润区中医医院医护人员向迎宾路小学学生传授心肺复苏、骨折固定、应急包扎等急救技能。 齐磊摄

使用。加强实验室生物安全督导检查，先后抽调专家40人次，开展生物安全督导检查2次，对全市所有核酸实验室全面检查，对其他一、二级实验室抽查，对发现问题限期整改。

中医药管理

【中医药服务体系建设】 2021年，唐山市完成二级中医医院等级评审，丰润区中医院等8家二级中医医院继续保持二级甲等。建设标准化县级中医医院和标准化康复科，年内新增标准化县级中医医院建设单位1家、标准化康复科建设单位2家，获省级财政补助资金190万元，全市标准化县级中医医院累计6家、标准化康复科累计5个。加强中医重点学科、专科建设，新增中医重点学科建设单位2家，确定市级中医重点专科建设单位25家。年内玉田县中医医院脑病科、心病科被艾力彼医院管理研究中心评为“2021届中国中医医院优秀区县临床专科”。

【基层中医药服务能力提升】 2021年，唐山市有“国医堂”建设单位30个，争取中央转移支付资金450万元，市卫健委联合市财政局制定《国医堂建设实施方案》，国医堂（馆）总数218家，覆盖全市94.7%乡镇卫生院和82.6%社区卫生服务中心。可提供中医药服务社区卫生服务中心100%，可提供中医药服务乡镇卫生院80.95%，可提供中医药服务社区卫生服务站100%，可提供中医药服务村卫生室82.42%。唐山市古冶区中医医院、唐山首佳安宁疗护中心被省卫健厅确定第二批中医药健康养老基地，北京同仁堂河北中药材科技开发有限公司、河北旭宇金坤药业有限公司被确定为2021年河北省“定制药园”。

【中医药人才培养】 2021年，唐山市实施国家和省中医药人才培养项目，全市获批人才培养和涉及人才培养5类8项，获国家和省补助资金264万元。全市第四批全国中医临床优秀人才研修学员3人，第六批全国老中医药专家学术经验继承人8人，经国家中医药管理局组织考核全部结业。丰润区崔金海、丰南区刘化峰和迁安市李淑琴传承工作室通过省级验收，年内3个传承工作室共计培养继承人39人，开展学术交流15场次，参会人员700人次，巡诊带教32次90人次。开展西医学习中医培训，发挥市中医院“西学中”指导培训基地和市人民医院、迁安中医院、玉田中医院3个“西学中”备案基地作用，全市1307名非中医类执业医师成为“西学中”学员。加强继续教育、科研创新及适宜技术培训，获批省级继续教育项目38个、市级继续教育项目66个。组织申报中医类科研项目，经专家评审，全市共有46项课题列入2022年度省级中医药科研计划项目。

爱国卫生

【周末爱国卫生运动】 2021年，唐山市市委办公室、唐山市人民政府办公室制发《关于集中组织开展爱国卫生“周五行动”通知》。2月5日，全市“深入开展爱国卫生运动，助力疫情防控”活动周启动仪式在抗震纪念碑广场举行。活动采取网格化管理、包片包干、分区域分时段推进等方式进行。活动期间重点开展健康知识宣传普及、薄弱地带环境整治、全市病媒生物防制、重点公共场所环境治理、机关企事业单位环境整治、社区（村庄）环境以及家庭卫生大扫除等活动，贯彻落实《国务院关于深入开展爱国卫生运动意见》，推进全市国家卫生城市创建。3月19日，全市集中组织开展爱国卫生“周五行动”，重点对城乡社区（乡村）、单位、市场、沿街门店、建筑工地、背街小巷、铁路沿线、县乡道路、河道沟渠等进行集中大清扫大整治，确保无盲区、无死角、全覆盖。活动当天，全市各级党政机关和企事业单位、窗口服务单位，以办公区内外环境卫生大扫除为重点，落实周末卫生日制度，对电梯、食堂等本单位公共场所重点部位进行清洁消毒。此次爱国卫生“周五行动”累计5.7万人参加，出动清运垃圾车辆5048台，清理各种垃圾1.41万吨，清除小广告34.76万张，清理乱堆乱放2010处。

【健康知识宣传】 2021年，唐山市开展疫情防控常识、健康知识宣传，倡导文明健康、绿色环保生活方式，营造整洁、文明环境。在全市范围征集100部卫生健康宣传片，分获国家和省级一、二、三等奖及优秀奖。其中原创作品《全身总动员》被群众和专业团体以广场舞形式进行展演，《中国人口报》对其进行报道，合唱《健康中国》被健康河北官微采用推广。年内建成健康村（居）、健康企业等6542个。

【卫生城(县、镇、村)创建】 2021年，唐山市制发《唐山市创建国家卫生城工作方案》，成立以市委、市政府主要领导任组长创卫领导小组，从城管、住建、市场监管等相关部门抽调人员组建市创卫办，并实施集中办公。按照“全域创建、全面申报”宗旨，向河北省爱卫办提交创建国家卫

路北区实验小学五年级一班师生，利用课余时间擦拭学校门前过街天桥护栏。　郑　勇摄

生城市、县城申请，并筹备实施。年内全市创省级卫生乡镇18个、省级卫生村614个，迁安市被全国爱卫办命名为全省唯一健康城市样板市。

【无烟环境营造】2021年，唐山市卫生健康委（市爱卫办）联合市委宣传部等部门以“承诺戒烟，共享无烟环境”为主题，在唐山抗震纪念碑广场举办“第34个世界无烟日”控烟宣传活动，为2020年度“无烟党政机关”单位授予“无烟单位”牌匾。控烟志愿者和市人民医院、开滦总医院医务人员为现场群众提供戒烟知识咨询和戒烟服务。年内全市80%党政机关创建为“无烟单位”。为加大控烟力度，将控烟作为卫生城创建、健康唐山行动考核指标，并在《唐山市防止二手烟草烟雾危害管理办法》基础上，开展高层研讨会、征求部门意见，拟定《唐山市控制吸烟管理条例》。

人口健康

【3岁以下婴幼儿照护服务】2021年，唐山市优化托育机构登记备案程序，制发《关于优化全市托育机构注册登记和备案程序通知》，协调审批、市场监管、教育等部门，帮助各类托育机构完善资料，办理相关手续，解决托育机构登记备案难点问题。9月初，唐山市人民政府网站和环渤海新闻网公布已备案婴幼儿照护服务机构和托育机构备案咨询电话，市卫健委联合市场监管、消防等相关部门对婴幼儿照护服务机构规范化运营情况和食品安全、消防安全、疫情防控开展检查，保障入托婴幼儿健康安全。年内全市完成备案托育机构146家，排列全省第二位。制发《3岁以下婴幼儿照护服务试点工作方案》，明确试点建设目标、工作步骤、责任分工和重点措施，推动品牌连锁、社区公办民营或民办公助、幼儿园托班、单位福利性4种不同类型婴幼儿照护服务试点建设，全市建成市级以上婴幼儿照护服务试点机构52个，其中品牌连锁托育机构8个、社区民办公助托育机构16个、单位福利性托育机构8个、幼儿园托班20个，试点县（市、区）覆盖率100%，有省级婴幼儿照护服务试点机构20家，居全省首位。加强普惠性托育服务项目建设，完成申报立项普惠托育机构中央预算内投资项目13个，申请项目资金2180万元，全市15家托育机构（含2020年2家）新建和改扩建后，新增托位2000个。促进卫生健康系统单位福利性托育服务机构建设，成立市级婴幼儿照护服务指导中心，负责制定全市婴幼儿照护服务标准，规范、指导全市婴幼儿早期发展、开展从业人员培训、督导检查等。推动医院建设单位福利性托育机构，制发《关于在卫生健康系统开展单位福利性托育服务机构建设工作通知》，滦州市人民医院、丰南区妇幼保健院、丰润区第二医院、古冶区医院、开平区医院5家单位建成单位福利性托育机构，数量排列全省第二位。

【计划生育家庭权益保障】2021年，唐山市落实帮扶保障政策储备要求，探索建立“助、养、医、慰、葬”全方位扶助保障制度，对全市计划生育特殊家庭基本情况和帮扶保障工作调研，制发《关于进一步加强计划生育特殊家庭帮扶保障工作通知》，完善计划生育特殊家庭帮扶保障体系，对计划生育特殊家庭养老扶助、困难救助、生活服务等方面救助工作进行规范和细化。开通计生特殊家庭就医绿色通道，使各定点医疗机构之间“120”院前服务费用（出诊费、出车费等费用）互通报销简便通畅。完成计生特殊家庭特扶金及时足额发放，全市特扶人员1.31万人（其中独生子女死亡8354人，独生子女伤残4736人），市级财政配套资金2698万元，连同上级补助资金，全额拨付至各县（市、区），确保及时足额发放到位。年内政府出资194万元，为全市45周岁以上独生子女死亡父母购买住院护工补贴保险和意外伤害保险，受益人数8716人次。

（李国满）

重点医疗机构

·唐山市工人医院·

【工人医院概况】2021年，唐山市工人医院占地面积7.5万平方米，建筑面积11.5万平方米，实际开放床位2084张。年门诊量91万人次，年急诊量10.3万人次，年住院病人6.6万人次，年手术量1.64万例，医院本部全年收入20.43亿元。医院职工3627人，其中具有教授、副教授以上职称710人，是集医疗、教学、科研、预防、保健与健康管理为一体综合性三级甲等医院。医院建立高标准临床教学基地、临床技能中心，是河北医科大学附属医院，华北理工大学、承德医学院教学医院。2005年，经唐山市政府批准组建覆盖城乡和社区分级诊疗三级医疗网络，2017年，建立唐山市工人医院集团（医联体）。是国家卫健委冠脉介入培训基地、国家卫健委脑卒中筛查与防治基地、国家住院医师规范化培训基地、全国心内介入培训基地、国家药物临床试验机构、河北省烧伤研究所和河北省颅脑损伤研究所、河北省引智示范基地、中国抗癌协会肿瘤人工智能技术培训基地、美国心脏学院ACC教育基地。2019年，为河北省院士工作站建设单位，2020年，为“国家老年疾病临床医学研究中心河北分中心”，2021年，为省级健康促进医院优秀单位。

【工人医院科技成果】2021年，唐山市工人医院获批各级各类科研项目52个，其中中央引导资金项目1个、省自然基金项目2个，省重点医学研究课题33个、省中医药管理局项目3个、省卫健委医学适用技术跟踪项目5个、省药学会项目1个、吴阶平医学基金会项目2个、唐山市社科联课题4个。获批唐山市引才引智项目1个，3个市级重点实验室纳入培养计划。年内获省、市各级各类科技进步奖21个，中文核心期刊发表论文145篇，SCI收录39篇。

【首例唤醒减压术实施】2021年，唐山市工人医院神经外科主任张宏义、博士王耀伍完成省内首例唤醒状态下三叉神经显微血管减压手术，将压迫神经血管移位，在血管与三叉神经之间放一个垫片，解除对三叉神经压迫。手术存在较大难度和风险，术中容易出现压迫三叉神经血管辨认不清、垫片位置和厚薄不适，导致减压不充分手术失败。

【首例左后分支室速射频消融术实

施】2021年，唐山市工人医院心内四科副主任穆怀彬医师团队完成一例左后分支室速射频消融术，为唐山地区首次独立实施治疗复杂心律失常手术。患者为58岁男性，发病频繁，每次持续数小时，无法正常生活。穆怀彬医师根据发病时心电图数据分析，决定采用心脏射频消融手术为患者解除病痛。手术历时1.5小时完成，患者术后无并发症发生。

【"高级卒中中心"称号获授】 2021年，唐山市工人医院获得国家卫生健康委脑卒中防治委员会授予"高级卒中中心"单位称号。获此称号，标志工人医院为急性脑卒中患者开通急诊绿色通道、建立脑卒中单元和多学科规范诊疗达到国家级标准。

【工人医院"纵横联播"站启动】 2021年4月12日，唐山工人医院为期5天"纵横联播"手术交流直播项目启动。期间，唐山市工人医院、唐山市人民医院、东南大学附属中大医院、广东医科大学附属医院、九江市第一人民医院通过网络直播，就专业领域技术和前沿医疗管理经验进行交流。唐山市工人医院神经外科、胸外科、泌尿外科、胃肠外科、骨科和肛肠科专家先后进行线上手术直播。

（邱　晨）

·唐山市人民医院·

【人民医院概况】 唐山市人民医院始建于1943年，以肿瘤治疗为主，集医疗、教学、科研、预防、保健、社区卫生服务于一体大型三级甲等综合医院，华北理工大学附属人民医院及李嘉诚基金会唐山市人民医院宁养院。2021年，医院占地面积4.51万平方米，建筑面积7.10万平方米。编制床位1040张，开放床位1196张，年门急诊量76.95万人次，年出院5.90万人次，年手术量2.45万台次。医院有中高级专业技术职称人员1312人，其中博士硕士生427人、硕士研究生导师35人。设有临床科室58个、医技科室17个。设有医学中心11个、省级重点学科1个、省级重点培育专科2个、省级重点实验室1个、市级重点学科12个、市级肿瘤研究所1个，承担多项国家自然基金项目及省级重点课题。建成国内领先、省内最大医疗联合体云平台，涵盖234家医疗单位。年内，在全国医联体建设实践案例征集活动中获"远程医疗协作典范单位"。

【人民医院科技成果】 2021年，唐山市人民医院获批各级各类科研课题28项，其中省自然基金精准医学项目1个、省科技计划项目1个、省引智项目1个、医学适用技术跟踪项目1个、河北医学科学研究课题计划项目21个、省中医药项目2个、市级引智项目1个。承担省级引智项目和省计划项目为唐山市医疗机构唯一项目。年内获科研奖励22个，其中省科技进步奖二等奖1个，省中医药学会科技一等奖1个，河北医学科技奖一等奖4个、二等奖7个、三等奖9个，获实用新型专利证书1个。在核心期刊发表论文88篇，在SCI发表论文15篇。年内25名医学高精尖人才获科技卓越人才培训证书。

【人民医院医联体建设】 2021年，唐山市人民医院先后与234家各级各类医疗机构签订医联体合作协议，其中互联网+医疗远程平台上线医院215家。医联体内完成平台线上会诊22.52万例，其中影像会诊CT4.78万例、CR5181例、DR3.15万例、MRI.9万例；静态心电会诊7.86万例、动态心电会诊1001例；临床预约会诊88例、急会诊165例；病理普通会诊6741例、快速会诊91例、便携式血压会诊38例。帮扶滦州市、玉田县、迁西县、曹妃甸区建设二级县域平台，完成4.48万例远程会诊。搭建"互联网+高血压"慢病管理平台，增加远程血压模块，实现高血压患者全生命周期血压管理。与路南区稻地中心卫生院、路南区妇幼保健院、路南区万达社区卫生服务中心、路南区惠民道社区卫生服务中心、市博仁医院实施远程模块对接。

【人民医院"三甲"复审通过】 2021年，唐山市人民医院依据"三甲"标准，全面梳理"三甲复审"存在问题，制定问题整改台账，确定分管院长、责任科室和整改时限，督促问题限时整改到位，并将整改情况汇总形成整改报告上报省医评中心。11月，省等级医院复审专家组进行为期一周现场评审，经公示评审结果后通过"三甲"复审。

【人民医院疫情防控网格化管理】 2021年，唐山市人民医院将院感管理和疫情防控相结合，确立院领导包区域、科主任包病区、院感督导员抓具体网格化管理新模式，形成三级管理组织架构，发挥各科室院感防控小组及院感防控督导员职能，定期对各项防控措施落实情况进行督导检查，做到有检查有记录，有问题有整改，形成闭环管理，实现院内感染事件"零发生"。

【人民医院互联网建设】 2021年，唐山市人民医院全面推进互联网医院建设，完成互联网医院系统功能测试，年内通过省卫健委专家组对本院互联网医院验收。互联网医院建设实现患者在线咨询、智能问诊、电子处方等功能，患者足不出户就能享受"三甲"医院诊疗服务。

【基因检测中心成立】 2021年，唐山市人民医院与第三方合作并签署协议，成立基因检测中心（唐山市医学分子精准检测中心），可打造集肿瘤基因检测、个体化用药指导和基因健康体检为一体"精准"检测服务平台，实现肿瘤患者早期、有效、精准治疗。在基因检测中心建设基础上，医院利用曹妃甸自贸区相关政策引进干细胞治疗技术，与国内高科技公司合作共建"干细胞技术孵化基地"，填补唐山市干细胞治疗技术空白。年内精准医学检测重点实验室纳入唐山市科技研发平台培养建设计划。

【人民医院国际合作与学术交流】 2021年，唐山市人民医院依托引才引智项目，组织"中欧国际乳腺癌高峰论坛""科技卓越人才国际交流计划""中美加肿瘤与腔镜应用进展"国际研讨会（唐山分会场），举办"溯本求新——2021乳腺癌精准诊疗高峰论坛""凤城乳腺癌高峰论坛"等5场国际线下（线上）学术会议，年内医疗技术人员与加拿大、美国、日本及国内医疗专家开展线上、线下学术交流500人次。

【疫情防控对外援助】 2021年，唐山市人民医院累计派出43名医护人员支持石家庄新冠疫情医疗救治、哈尔滨市全员核酸检测、辛集疫情病人转运、张家口冬奥会保作，同时派出2辆救护车和方舱设备，完成唐山市下达援外任务。

【帮扶医院首例手术实施】 2021年，唐山市人民医院在对口支援尚义县医院，为48岁男性患者实施腹腔镜超低位直肠癌切除术。该患者癌肿距肛缘5cm，保肛难度大，手术历时2小时，在确保左半结肠血供不受影响情况下，完成直肠全系膜切除，且吻合口无张力，未行预防性双腔造口。该手术是尚义县医院首例超低位直肠癌保肛手术，填补尚义县医院这项技术空白。

【首例口腔高难度手术实施】 2021年11月8日，唐山市人民医院口腔科成功完成首例口腔颊部巨大恶性肿瘤切除及前臂桡动脉游离皮瓣转移修复术，这名患者因颊部巨大恶性肿瘤致张口困难，手术实施后提高患者术后生活质量。此手术填补医院口腔颌面部组织缺损前臂游离皮瓣转移修复技术空白。

【新冠疫苗接种任务完成】 2021年，唐山市人民医院按照上级行政主管部门要求，承担社会人员新冠疫苗接种任务。为确保疫苗接种，医院成立专门领导小组，制定《唐山市人民医院新冠病毒疫苗紧急接种实施方案》《新冠病毒疫苗接种紧急处置流程》，对参与新冠疫苗接种人员进行专题培训和医疗应急处置演练。年内医院院内和院外接种点共计完成2.72万剂次，无一例出现严重不良反应，实现新冠疫苗安全接种，完成上级部署任务。

【核酸采集任务完成】 2021年，唐山市人民医院根据上级核酸采集部署，成立核酸检测办公室，组建24个采集团队，每周对唐山市市直机关、市公安系统及路南区各级机关人员进行核酸采集，年内核酸采集量81.92万人次。

（王春静）

·唐山市妇幼保健院·

【妇幼保健院概况】 2021年，唐山市妇幼保健院为联合国儿童基金会资助三级甲等妇幼保健院，华北理工大学、唐山市职业技术学院非隶属附属医院。全院占地8.8万平方米，总建筑面积18.8万平方米，有建设路、南湖和计生中心3个院区。医院有职工2075人，享受国务院政府特殊津贴专家2人，具有中高级职称1006人，其中硕博研究生366人、硕博导师53人。医院设置床位1000张，有国内先进全自动生化免疫流水线、1.5T磁共振成像系统、美国GE彩色超声诊断仪等70余台医疗设备。国家级爱婴医院、国家儿童早期发展示范基地、国家级住院医师规范化培训基地、国家级生殖健康诊疗服务能力(唐山)地区指导中心、河北省产前诊断中心，河北省孕产期保健、更年期保健、新生儿保健、中医保健特色专科，河北省新生儿疾病筛查中心，河北省农村儿童先天性心脏病救治定点医院，唐山市危重孕产妇、新生儿救治中心，唐山市唯一具有人类辅助生殖技术资质单位，全国地市级妇幼保健院综合实力排名前30强，全国妇产医院50强中排名第36位。

【妇幼保健院人才培养】 2021年，唐山市妇幼保健院采用线上＋线下相结合方式，完成国家级、省市级继教项目61个，继续教育覆盖率100%，学分达标率100%。引进学科带头人1人，硕士研究生专技13人，本科学历紧缺型专技2人。招收住培学员9人（妇产科7人、儿科2人），接收华北理工大学研究生26人，其中专硕研究生14人、学硕研究生12人。年内选派6名优秀中青年骨干参与二级医院挂职锻炼，在培研究生55名。

【妇幼保健院科研成果】 2021年，唐山市妇幼保健院对29个业务科室49项新技术、新项目进行论证审核，其中“胚胎植入前遗传学检测技术”“静脉输液港植入术”等34项新技术、新项目通过专家论证。发表学术论文21篇、专业文章64篇，科研立项14个，完成12个，获奖5个。与北大第一医院、中国研究型医学学会合作科研项目2个，与北京协和医院合作科研课题3项。

【妇幼保健院疫情防控】 2021年，唐山市妇幼保健院建立疫情防控日巡查制度，行政领导人员每日带队对全院疫情防控进行检查，确保疫情各项防控措施落实到位。开展“病区发现核酸检测可疑阳性病例”“危重孕产妇无核酸检测结果救治”应急演练。完成政府指令性核酸检测4.32万人次，开展社会核酸检测23.85万人次，为18所中小学、幼儿园提供疫苗接种2947人次，为全市居民接种新冠疫苗3.46万人次。支援北京冬奥会3人，援助石家庄市疫情防控2人。

【妇幼保健院医疗服务能力提升】 2021年，唐山市妇幼保健院修订《2021年全面质量管理及持续改进方案》，开展关键指标日监测，医疗质量月考核，质量与安全管理季督导，对医、护、技、行政后勤等科室进行全面质量考核。开展临床路径、单病种质控、急救设备操作等培训，完成“三基”（基本理论、基础知识、基本技能）考试800人次。组建妇科恶性肿瘤、产科高危孕产妇和胎儿医学MDT专业小组，为高危孕产妇提供一站式专家团队服务。组织胎儿医学MDT讨论713次，妇科恶性肿瘤MDT讨论49次，产科危重症MDT讨论23次。对MDT讨论意见及执行情况进行追踪管理，提升专科疾病诊疗及救治水平。加强智慧护理服务，实施“互联网＋护理服务”模式，将PDA运用于临床，输液、注射、采血全过程。年内门诊患者平均满意度98.81%，住院患者平均满意度98.91%。

【妇幼保健院“两癌”检查】 2021年，唐山市妇幼保健院组织“全省‘两癌’（乳腺癌、宫颈癌）检查项目管理培训班”，主要内容为“两癌”检查方案、资金管理、质量控制、绩效管理等。全年进行宫颈癌检查7.18万人，完成率95.44%；乳腺癌检查6.85万人，完成率94.83%。

【妇幼保健院出生缺陷综合防治】 2021年，唐山市妇幼保健院将出生缺陷分为一级防控、二级防控和三级防控。一级防控为增补叶酸预防神经管畸形项目，全年增补叶酸4.59万人次，完成率107.91%。二级防控为孕妇无创产前基因及孕妇耳聋基因筛查项目，完成唐氏综合征筛查39人、无创产前基因筛查3.23万人、高风险孕妇筛查68例，产前诊断率86.76%、确诊率69.49%。三级防控为新生儿疾病检验、诊断、治疗。年内“两病”（先天性甲状腺功能低下和先天性苯丙酮尿症）筛查3.53万例，筛查率98.4%；听力筛查3.38万人，筛查率94.51%；新生儿先天性心脏病筛查3.32万人，筛查率90.62%。

【孕产妇儿童健康管理】 2021年，唐山市妇幼保健院筛查高危孕妇1482例，高危孕妇发生率22.9%。开设孕产妇糖尿病半日门诊，统一使用《母子健康手册》，规范产前检查。开办孕校云平台进行线上授课，为居家孕产妇提供孕期、分娩、产后及新生儿护理等保健知识，年内孕校云平台线上直播606节知识讲座，听课8.18万人次，完成产后母乳喂养咨询3796人次，完成促进自然分娩调查问卷5946份，促进自然分娩知晓率93.2%。制定《唐山地区婴幼儿照护服务标准规范》，指导各辖区相关机构进行儿童脊柱侧弯矫正治疗，对11所小学1.17万人进行脊柱侧弯筛查。完成孤独症筛查4900例，对68名孤独症儿童进行康复训练，联系市红十字会对33名孤独症儿童进行救助，救助金额3万余元。

【妇幼保健院对口支援和健康帮扶】 2021年，唐山市妇幼保健院与10家县（市、区）级残疾联合会签订“残疾儿童康复救助服务项目协议”，先后救助缺陷儿童32人，发放补助金15.34万元。派出6名医务人员对口支援滦南县卫生院，派出5名医务人员在承德市5所乡镇卫生院开展健康帮扶。

（郭 蕊）

·唐山市第二医院·

【第二医院概况】 唐山市第二医院始建于1957年12月，是一所集“医、教、研、康复”于一体大型三级医院。2021年，医院占地5.2万平方米，总建筑面积5.7万平方米，开放床位1300张。设有创伤外科7个、手术外科5个、脊柱外科3个、关节病科3个、足踝外科2个、小儿骨科2个及老年骨科等36个临床科室和一所分院。医院有员工1399人，其中专业技术人员1287人，具有高级职称314人，硕士研究生导师37人，博士、硕士研究生246人，享受国务院政府特殊津贴专家3人，省管专家2人，享受省政府特殊津贴4人。医院18个手术间均为层流净化洁净手术间。有美国GE光纤核磁，日本东芝螺旋CT，德国西门子三维骨科C型臂ARCADIS Orbic术中CT，西门子Artis zee ceiling悬吊式平板血管造影系统等大型先进医疗设备。是中国创伤救治联盟创伤救治中心建设单位、中国创伤救治联盟、中国医患体验数据中心成员单位、中国医师协会显微外科技能培训中心、中国修复重建外科临床解剖继续教育培训基地、中国修复重建外科显微外科培训继续教育基地、中国康复医学会修复重建外科专业委员会继续教育基地、国家骨科与运动康复临床医学研究中心技能培训基地、中国心肺复苏培训基地、全国严重创伤规范化救治基地、河北省创伤骨科中心、唐山市交通伤救治中心。

【第二医院行风建设】 2021年，唐山市第二医院制定《纠正医药购销领域和医疗服务中不正之风工作要点》，为医药购销和医疗服务划清行为红线。开展“微腐败”专项整治，全面实施自查自纠。完善岗位责任制、内部监督等内控机制，形成联动管控合力。年内通过电话回访住院患者满意度99%以上。

【第二医院学术交流】 2021年，唐山市第二医院主导成立河北省急救医学会骨科急救专业委员会、创伤急救专业委员会。年内邀请京津冀优势医疗机构专家在本院出诊50余次、会诊手术300人次，开展学术交流10余次。多名医疗人员在美国、澳大利亚、意大利、新加坡等国家访学。

【第二医院医疗服务能力提升】 2021年，唐山市第二医院全面落实责任制护理模式，为患者提供连续性、无缝隙护理。设立“健康教育专业小组”，每周三为“健康教育日”，按照科室诊治范围将健康教育融入病人就医全过程。打造“智慧医院”，推进医疗服务从“院内”延伸到“线上”，为患者带来“一网通”便捷服务，通过网络视频、互联网医疗等形式远程指导术后患者近万人次。

【第二医院科研成果】 2021年，唐山市第二医首次承担河北省自然科学基金项目，获批各级各类科研项目19个，获科技奖励项目6个，其中3项科研成果申报省级医学科技奖。与清华同方集团合作开展国家卫健委、工信部指导项目——“5G远程综合机器人手术系统”研发，与清华大学航空航天学院和清华大学长庚医院专家团队进行骨科机器人研发。

【第二医院公益活动开展】 2021年，唐山市第二医组织15位专家参加唐山电视台《名医直播间》《健康全关注》栏目录制，节目播出43期，医院被省卫生健康委授予“健康促进医院优秀单位”称号。选派8名医务人员分别在滦州市人民医院、兴隆县5个乡镇卫生院开展对口帮扶，解决基层就医难题。依托“中国心肺复苏培训中心”平台开展急救知识普及活动34场次，受益群众20万人。年内为137所中小学9.7万名学生进行脊柱侧弯免费筛查，微信公众号每周更新原创健康科普短片——“壹周医话”，采用一问一答形式开展宣讲健康，受益群众7万人次。

（马奕暄）

·唐山市中医医院·

【唐山市中医医院概况】 唐山市中医医院始建于1972年，是集医疗、教学、科研、预防、保健和康复为一体，中西医结合三级甲等中医医院、全国示范中医医院，为华北理工大学非隶属附属医院、北京中医药大学东方学院、河北中医学院教学医院，国家级中医住院医师规范化培训基地（中医）、国家级医师资格（中医类别）实践技能考试基地、华北理工大学硕士研究生创新基地。2021年，医院编制床位900张，有东、西两个院区，职工1209人，其中具有正高职称人员107人、副高职称人员185人、博士学位8人、硕士学位155人。医院设置28个诊疗科目、36个临床专业、53个临床科室、15个医技科室。设有临床一级学科20个、专科病区34个、社区服务站4个；有全国中医肛肠学科名专家1人、河北省名中医5人、唐山市名老中医2人、唐山市名中医6人、唐山市名医8人、唐山市名护5人；有国家级名老中医传承工作室4个、河北省名中医传承工作室4个；有全国老中医药专家学术经验传承工作指导老师4人、全国老中医药专家学术继承工作继承人14人、河北省老中医药专家学术经验传承工作指导老师7人、河北省第四批老中医药专家学术继承人16人，全国优秀中医临床人才6人、河北省优秀中医临床人才19人、河北省优秀中医临床人才中药专业 3人。全年总收入4.69亿元，比上年增加2300万元。年门（急）诊病人36.08万人次，完成各类手术5023例，社会综合满意度99%。医院曾获全国卫生系统先进集体、全国百姓放心示范医院、中国医院百强院、国家优秀中医临床人才研修项目先进管理单位，河北省医药卫生系统先进集体、河北省示范中医院、河北省抗击新冠肺炎疫情先进集体（内科系统）、河北省护理工作先进集体。

【中医医院疫情防控】 2021年，唐山市中医医院组建疫情防控领导小组，制定疫情防控实施方案和医疗救治应急方案，建立健全扫码测温、发热门诊、预检分诊机制，落实一米线、一人一诊一室、病房封闭管理、院感规范管理和重点人群核酸检测制度。统筹分配全院人力资源，组织医护人员疫情防控知识培训和疫情救治演练，疫情防控物资储备充足，应急救治保障充分。选派23名医护人员在哈尔滨市及石家庄市藁城区、辛集市、深泽县等地援助核酸检测，选派2名防控人员参与北京冬奥会张家口赛区医疗防疫保障。全年完成唐山市人大、政协会议和市党代会卫生保障任务54次，派出医护人员238人次，值守284班次。执行外派核酸采集任务95次，派出医护人员544人次，采样2.15万份；执行外派疫苗接种任务16次，派出医护人员44人次。

【中医药传承】 2021年，唐山市中医医院实施人才兴院工程，培养中医理论深厚、中医药技术精湛、医德高尚中医药继承创新型人才。落实“优秀中医临床人才培养项目”“老中医药专家学术经验继承项目”，段宏莉获“第四批全国中医临床优秀人才”称号，李凤娥、王雅娟、冯伟、董印宏、王慧敏、许治国成为第六批全国老中医药继承人。年内公开招聘引进医护人员18人，其中研究生学历10人、本科学历8人，实现人才不断档，中医药事业后继有人。

【中医医院科研成果】 2021年，唐山市中医医院申报各类科研项目9个，申报河北省中医药学会科学技术提名奖4个，其中一等奖1个、二等奖3个，获河北省中医药学会表彰奖励5个。全院技术人员发表核心期刊论文23篇、sci论文1篇、国家期刊论文5篇，完成专利申报3个。年内开展中医特色护理项目32个，实施中医技术诊疗2667万人次。

【中医医院对口帮扶】 2021年，唐山市中医医院派出13名医生在衡水市武邑县中医医院、承德市银窝沟乡中心卫生院等7所基层医院实施对口支援帮扶，驻派医生接诊4000人次，业务培训500人次，会诊100人次，所在辖村入户签约、巡诊500次，受益群众3000人。年内收治建档立卡脱贫患者185人次，其中门诊176人次、住院9人次。

【名中医工作室落户中医医院】 2021年11月19日，中国中医科学院广安门医院主办、唐山市中医医院承办“2021京津冀中医药协同发展肿瘤重点专科联盟学术研讨会暨花宝金名中医传承工作室揭牌仪式”在唐山宾馆举行。花宝金名中医传承工作室落户唐山市中医医院，旨在发挥中医医疗技术在肿瘤治疗与预防、康复作用。揭牌仪式后，天津中医药大学第一附属医院肿瘤科主任、教授李小江，华北理工大学冀唐学院院长、医学博士苑杰及唐山市中医医院肿瘤科副主任王清贤分别做学术讲座，花宝金名中医工作室专家团队做远程会诊及教学查房。

【中医药协同发展专科联盟加入】 2021年1月2日，唐山市中医医院与京津冀中医药协同发展肿瘤重点专科联盟牵头单位——中国中医科学院广安门医院举行签约仪式，正式加入京津冀中医药协同发展肿瘤重点专科联盟。双方在中医肿瘤临床重点专科建设、人才培养、科研指导、双向转诊等多方面开展交流与合作，推进京津冀中医药事业协同发展。唐山市中医医院肿瘤科于2015年4月1日成立，长期与北京市、天津市知名医院专家团队合作交流。

【中医医院专家沙石峪义诊】 2021年5月8日，唐山市中医医院组织“我为群众办实事，专家义诊送健康”活动，派出治未病科、老年病科、肺病科、肾病科、急诊科等科室多名专家在红色教育基地遵化沙石峪村进行义诊。专家对村民患者询问病史，切脉问诊，测量血压，提出诊疗建议，为现场村民讲授农村常见病、多发病防治方法及用药常识，此次义诊活动接待问诊和咨询村民

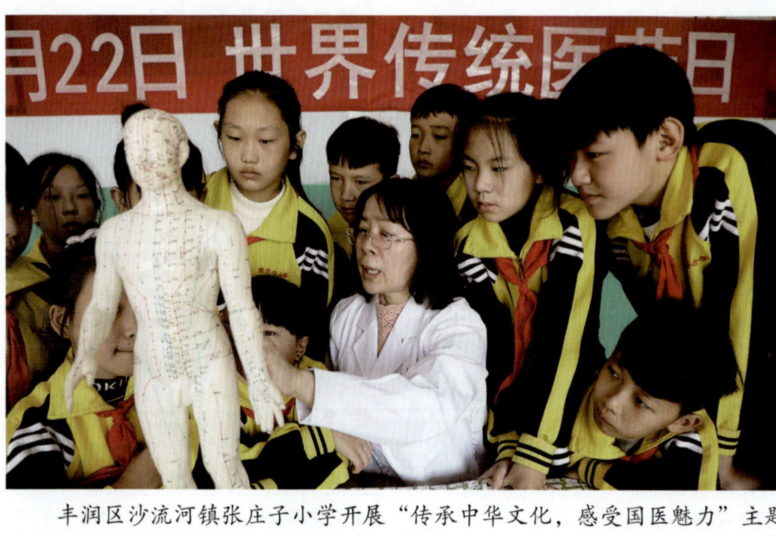

丰润区沙流河镇张庄子小学开展“传承中华文化，感受国医魅力”主题活动。图为中医师给孩子们介绍人体穴位知识。 朱大勇 王永会 摄

100余人。

（史爱华）

·开滦总医院·

【开滦总医院概况】 开滦总医院建于1892年，隶属于开滦医疗健康集团，是集医疗、教学、科研、预防、康复为一体三级甲等综合性医院。1993年，首批通过全国三级甲等医院评审，2011年、2017年两次通过省级复审，为唐山市职工医保（居民医保、农村合作医疗）定点医院、天津及唐山铁路职工医保定点医院、河北省工伤医疗保险定点医院。国家矿山医疗救护开滦分中心、中国医学科学院医学与健康科技创新工程分中心、中华医学会临床药师培训中心、河北省中西医结合肝胆病研究所、河北省神经生物机能重点实验室及唐山市病案、医院感染、神经内科等专业质量管理与控制中心均设在该院。医院占地4.33万平方米，开放床位1000余张，年门诊量50万人次，年住院4万人次，年手术量近万台。曾获全国首批百姓放心示范医院、全国首批“优质护理服务示范工程”试点医院、河北省抗震救灾模范集体、河北省文明单位、河北省创建“诚信医院”先进单位等称号。心血管内科、神经内科、呼吸内科、医学检验科、风湿免疫科、重症医学科为河北省医学重点学科、临床重点专科，中西医结合肝胆科为河北省重点中医重点专科，肝胆外科、重症医学科、神经外科、内分泌科、医学影像科为唐山市医学重点学科，普外科、急诊科、妇产科、肿瘤科为唐山市医学重点发展学科。心血管内科、神经内科、肝胆外科、风湿免疫科、重症医学科、呼吸内科、神经外科、妇产科、内分泌科、肿瘤科、医学影像科为唐山市医学名科。先后通过国家高级卒中中心、中国房颤中心、中国心衰中心、中国食管胃底曲张规范治疗基地认证。医院开展新技术新业务116项，承担国家、省市科研项目139项，举办国家级、省级学术会议144场次，获得省部级科技进步奖13项、市级和省卫健委科技进步奖52项，在《Hypertension》《Diabetes Care》等学术期刊上发表SCI论文160篇。医院为国家级住院医师规范化培训基地，中华医学会临床药师培训中心、河北省临床输血专业技术人员培训基地，为河北医科大学附属医院、华北理工大学附属医院、河北北方学院教学医院，在读硕士研究生40人，在读本科生360人，住院医师规培学员200人。

【开滦总医院科技成果】 2021年，开滦总医院开展贝利木单抗在系统性红斑狼疮、颈部及颅内支架植入术、无创冠脉血流储备分数测定在冠心病患者中应用、DPMAS人工肝治疗急性肝衰竭等新技术新业务70项，获批省卫健委立项16个，完成省卫健委验收项目14个，发表SCI论文60篇，核心期刊论文100篇，对标省卫健委重点学科、重点发展学科周期验收评估要求，通过省卫健委验收。

【医院技能竞赛获奖】 2021年，开滦总医院外科团队获“第五届中国护理质量大会‘护理质量提灯奖’推荐奖”，心内科在“首届京津冀护理个案报告比赛”中获二等奖，手术室护士和妇产科护士分别在“唐山市手术室护理理论知识竞赛”中获二等奖，在“河北省第二届妇产科护理专业个案比赛”中获优秀奖。2名护理人员被河北省护理学会评选为最美抗疫护士，8名护理人员获唐山市“名护”称号，20名护理人员获唐山市“优秀护士”称号。

【开滦总医院人才培养】 2021年，开滦总医院引进高校毕业生125人，组织肿瘤加速器精准放疗、ECT应用等跨学科讲座2场，开展护理专项培训8场，组织科室小讲堂404次。选送专业人才13人到上级医院进修，选派18人参加各类学术会议和技术培训。年内318人实现专业技术职务任职资格晋升，其中80人取得副高级以上专业技术职务任职资格。

【开滦总医院疫情防控】 2021年，开滦总医院落实常态化疫情防控措施，强化预检分诊、发热门诊、核酸检测、疫苗接种和病房管理，完善应急处置流程，院内实现零感染。抽调资金328万元用于发热门诊改造，投入1558万元用于疫情防控。成立核酸采集、疫苗注射专班，采集、检测核酸331.42万例次，接种疫苗37.25万剂次，发热门诊接诊3710人次，过渡病房接诊860人次，累计派出2700人次支援市内外疫情防控。

【开滦总医院精准扶贫】 2021年，开滦总医院落实建档立卡患者“脱贫不脱政策”，大病范围由9种扩展至33种，年内救治31例建档立卡患者，其中9人次为大病救助范围，贫困患者在本院进行治疗均享受国家优惠福利政策，帮扶贫困患者18人。年内按照省、市卫计委及集团公司要求，向？海字村中小学学生赠送书包及文具260人份，价值5.98万元。

【基层医院建设】 2021年，林西医院通过二甲复审、助理全科医生培训基地和国家初级卒中防治中心验收，依托总院开展肝胆外科、心内科、妇产科诊疗282例次，实施妇科恶性肿瘤分期切除术、射频消融术和临时起搏术，内外科系统完成手术2468台次，成功实施全胃切除、乳腺癌保乳手术等高难度手术。开滦精神卫生中心制定《三级甲等精神病院创建评审工作方案》，聘请院外专家组织4次模拟评审，聘请院校知名教授为特聘专家，提高科研教学水平。赵各庄医院发挥内镜中心技术优势，内镜中心检查、手术麻醉人次均比上年增加85%和615%。

【腹腔镜下直肠癌根治术完成】 2021年2月22日，开滦总医院普外科成功为一例低位直肠癌患者实施经腹经肛联合腹腔镜下ta－TME直肠癌根治术，在完成肿瘤标准根治性切除时成功保住肛门，提高患者术后生存质量。该患者为男性，63岁，入住开滦总医院普外科后，普外科副主任、肿瘤学博士后、主任医师张青松带领治疗团队对其进行多学科会诊（MDT），研究治疗方案，在与患者家属反复沟通后，决定对该患者实施腹腔镜辅助ta－TME直肠癌根治术。手术首先经腹部在腹腔镜下游离直肠及其系膜至最低位置，再经肛门通过特制操作平台，在直肠肿瘤下缘2cm精准标记“下切缘”，自下而上分离，完成整个直肠及其系膜游离、切除，并完成保肛吻合。手术历时3小时20分顺利完成。

（洪　宇）

体育

TiYu

群众体育

滦南县北河公园惠民广场，俪人舞蹈队在跳健身舞。　张永新 摄

【群众体育概况】 2021年，唐山市落实全民健身国家战略，累计投资1580万元开设健身场地，安装健身设施1249处，超额完成省下达任务。建设组织网络、设施网络、服务网络，组织网络人群（行业）体育协会、单项体育协会、体育协管员队伍建设，形成政府主导、部门协同、全民参与、社会运作群众体育发展格局。围绕服务北京冬奥会，开展群众性冰雪运动，举办第三届市县两级冰雪运动会，打造冰雪示范点30个，带动370万人参与冰雪运动。全市有省级健身与健康融合中心4个，实现县级体育总会、老年人体协、社会体育指导员协会以及国民体质监测站"全覆盖"。全市注册社会体育指导员1.5万人，居全省第一位。

【体育场地人均面积2.27平方米】 2021年，唐山市有体育场地1.67万个，体育场地面积1752.88万平方米，全市人均体育场地面积2.27平方米。田径场地1179个，面积684.77万平方米；体育场14个，田径跑道1个；游泳场地78个，面积61.87万平方米，其中室外游泳池11个，室内游泳馆62个，天然游泳场3个，跳水馆2个。球类运动场地7224个，其中足球、篮球、排球"三大球"场地4648个，乒乓球、羽毛球场地2298个，其他球类运动场地278个。冰雪场地37个，面积93.95万平方米，其中滑冰场地30个，滑雪场地7个。全民健身路径7599个，面积32.23万平方米。健身房302个，面积21.46万平方米。健身步道151个，长度687.13千米，面积240.96万平方米。

【中国迁安长城越野马拉松赛】 2021年4月24日，"第五届中国迁安越野马拉松赛"在迁安市长城国家文化公园白羊峪长城旅游区开赛，来自全国各地3000名越野马拉松选手参赛。经过相互角逐，广西覃桂都、天津张青分别获42.195全程（祝福组）男女冠军，15千米健康跑组男女组冠军分别由北京马占川、河北潘丽红获得。

【"全民健身日"线上活动】 2021年8月8日，唐山市"全民健身月"线上活动在市体育馆启动，参与群众录制体育健身视频上传到指定平台，通过网上投票，公开、公平、公正选出优秀作品。活动期间，累计收到市民健身视频1013个，包括轮滑、跆拳道、广场舞、乒乓球等多个项目，其中630个作品经审核、评选，分获一、二、三等奖，活动总投票数41万票，点击率160万人次。

【"健康乐跑"活动举办】 2021年4月25日，唐山市第33个爱国卫生月"健康乐跑"活动在大城山公园举办，市老年体协、户外运动俱乐部、马拉松运动协会以及健康跑爱好者350人参加活动。本次活动旨在引导群众形成文明健康、绿色环保生活方式，在全市形成人人支持、人人参与、人人践行爱国卫生运动氛围，促进全民健身与全民健康深度融合。活动现场有健康知识问答、文体表演等。启动仪式结束后，来自市老年体协、户外运动俱乐部、马拉松运动协会以及健康跑爱好者参加2千米"健康乐跑"。

【社区冰雪运动会举办】 2021年，唐山市举办"冰雪大篷车"装备捐赠暨社区、乡村冰雪运动推广普及

唐山市中小学生开展冰雪运动。　　闫　军摄

活动，14 条冰壶赛道、14 台滑雪体验器、19 台桌上冰球、110 台桌上冰壶捐赠各县（市、区），助力社区开展冰雪运动。全市 50 辆“冰雪大篷车”在 230 个乡镇（街道）、688 个社区、2558 个行政村供群众体验陆地冰壶、桌上冰球、桌上冰壶、滑雪训练器等冰雪运动。

【社区冰雪乐园落成】 2021 年 12 月 15 日，唐山市社区冰雪乐园“热雪创造营”在万科公园大道落成。“热雪创造营”由万科公司打造，1000 平方米社区冰雪场有冰雪滑梯、雪地摩托、超长雪道等设施，让社区居民享受冰雪运动乐趣。万科公司曾在吉林、长春、北京、上海等地开展200次“冰雪进校园”主题活动。

竞技体育

【竞技体育概况】 2021 年，唐山市落实体教、市县和体社“三个融合”，构建以市体校为龙头，县（市、区）业余体校为支撑，体育传统校、特色校和社会力量为基础后备人才培养体系，推进唐山市竞技体育高质量发展。年内全市举办各级各类体育赛事 1500 场次，3 万人参与。在河北省青少年各项锦标赛上，获 62 枚金牌、81 枚银牌和 117 枚铜牌。年内审核田径、足球等 21 个比赛项目一级运动员 79 人，审批二级运动员 421 人，注册运动员 5059 人，210 名教练员参加国家体育总局和省体育局举办线上线下培训班，358 名裁判员参加市级比赛执裁，54 名裁判员在国内各项比赛执裁。

【齐洪瑾、张若娇青少年网球赛获金牌】 2021 年，唐山市网球少年齐洪瑾、张若娇在“北京 2021‘RTG 杯’青少年网球挑战赛”中，经过小组赛和淘汰赛 6 轮比赛，双双获 13 岁组男女单打金牌。张若娇曾多次代表唐山市参加省青少年网球比赛，在全国青少年网球赛 14 岁以下女子组排名第 56 位。齐洪瑾在 2020 年全国青少年网球积分系列赛 12 岁男子组排名第 86 位，曾获 2020 ～ 2021 年度纳达尔青少年网球巡回赛深圳站 10 岁组冠军。

【齐勇凯东京残奥会夺金】 2021 年 8 月 27 日，唐山市残联培养并推荐到省残联集训队运动员齐勇凯在东京残奥会男子举重59公斤级决赛中，以 187 千克总成绩夺得金牌，这是唐山籍选手首次在残奥会上获得金牌，也是本届残奥会河北代表团获得第二枚金牌、中国代表团获得第九枚金牌。

【刘利东京残奥会破世界纪录】 2021 年 8 月 28 日，唐山市残疾人运动员刘利在东京残奥会 F32 级投掷棒比赛中获金牌，并打破该项目世界纪录，成为本市在残奥会上打破世界纪录第一人。1986 年，刘利出生于丰南区，先天脑瘫。2018 年，刘利在唐山市残联阳光分校学习按摩，被市残联体管中心教练发现并推荐到省残疾人运动队。2018 年 10 月，在河北省第九届残疾人运动会暨第五届奥林匹克特殊运动会上，刘利获男子 F33 级铅球、标枪、铁饼 3 块金牌。2019 年 5 月，刘利在世界残奥田径大奖赛北京站，获男子 F32 级别铅球金牌、投掷棒金牌、铁饼银牌，同年，在迪拜举办世界残疾人田径锦标赛中获 F32 级别铅球金牌，在天津举办第十届全国残疾人运动会中获 F32 级别铅球金牌、F32 级别投掷棒银牌。

【唐山特教残运会夺冠】 2021 年，唐山市特殊教育学校李乐、吴登月、李沐新、代惠紫、刘梓仪 5 名运动员代表河北参加听力组在浙江杭州举办“全国第十一届残疾人运动会暨第八届特殊奥林匹克运动会”旱地冰壶比赛中获冠军。唐山市特殊教育学校冰壶队于 2019 年成立，曾获 2019 年第一届河北省特教学校旱地冰壶比赛听力组第四名、2020 年第二届河北省特教学校旱地冰壶比赛听力组第一名、2020 年第三届全国基层残疾人机构旱地冰壶比赛总决赛听力组亚军。

【第六届“市长杯”小学生足球赛】 2021 年 9 月 17 ～ 19 日，唐山市第六届“市长杯”小学生足球比赛在南湖城市足球广场开赛。比赛为 5 人制，来自全市 50 所足球学校代表队（男、女各 25 支代表队）500 多名运动员参赛。经过 3 天相互角逐，路南区侯边庄小学、老谢庄小学及乐亭县第一实验小学分获女子组前三名；海港区第一实验小学、路北区机场路小学及光明实验小学分获男子组前三名。本次比赛男子组冠、亚军和女子组冠军，被推荐参加 2021 河北省“冀萌杯”青少年足球比赛。

【韩崴全运会获银牌】 2021 年 9 月 19 日，唐山市运动员韩崴在第十四届全运会男子赛艇单人双桨项目比赛中获银牌。韩崴 2000 年出生，籍贯曹妃甸区八场，2015 年跟随唐山市体校赛艇教练员刘存成练习赛艇运动，2018 年进入省水上中心赛艇队训练。

【刘浩潼全运会获铜牌】 2021年9月16日，唐山市运动员刘浩潼在第十四届全运会自行车男子凯林赛中获铜牌、在自行车男子争先赛中获第六名。刘浩潼2000年出生，2015年开始在唐山体校自行车队跟随教练郜广军练习自行车项目，2018年10月在省队集训，2020年为省队待调运动员。

【市网球公开赛举行】 2021年10月26日，唐山市举行为期两天"梦之蓝M6+杯"网球公开赛，全市100名网球运动员参赛。此项赛事旨在普及网球运动，宣传网球文化，推动网球运动发展。经过小组赛和淘汰赛，杜伟伦和张朝阳、郭志友和赵陆分获男子双打项目冠、亚军，杜伟伦和张素芹、郭志友和袁小云分获混双项目冠、亚军。

【省青少年速度滑冰锦标赛获奖牌】 2021年，唐山市选手在河北省第三届冰雪运动会暨2021～2022年赛季河北省青少年速度滑冰锦标赛上，获2块金牌和2块铜牌。本次比赛在承德塞罕坝国家冰上训练中心举行，唐山市体校11名运动员参加比赛。

【省青少年击剑冠军赛获奖牌】 2021年12月14日，唐山市选手在为期5天河北省青少年击剑冠军赛暨锦标赛中，获金牌7块、银牌7块、铜牌9块。比赛进行花剑、重剑、佩剑男女各3个剑种、甲乙两个组别12个项目争夺。唐山傲国击剑俱乐部16名击剑队员参赛。在青少年击剑冠军赛中，获金牌3块、银牌4块、铜牌5块，并获河北省团体女子组第一名、男子组第二名；在青少年击剑锦标赛中，获金牌4块、银牌3块、铜牌4块，并获河北省团体女子组第一名、男子组第三名成绩。

【省青少年网球锦标赛获奖牌】 2021年，唐山市运动员张若娇在河北省青少年网球锦标赛夺得女子乙组单打冠军，张若娇、王艺潼、安家欣、秦雨晗4人组成代表队获女子乙组团体铜牌，孟繁政昊、李昕阳、杨东晨3人组成代表队获男子乙组团体铜牌。在男子甲组比赛中，唐山外国语学校张朝阳和唐山英华高级中学崔朔嘉2人组合获男子双打第五名，玉田一中刘潇阳和马滢滢2人组合获混合双打第五名。

【陆地冰壶赛获银牌】 2021年12月6～9日，为期3天河北省第三届冰雪运动会陆地冰壶比赛在保定涞源开赛，唐山市乐亭县姜各庄镇中学3人组成代表队获总决赛亚军。此次比赛，全省82支代表队500名运动员参加，乐亭县姜各庄镇中学派出社会组3名运动员代表唐山市参赛，这是该校冰壶队第三次代表唐山市参加省级比赛，并第六次在省级比赛中获得亚军。

【省青少年室内射箭锦标赛获奖牌】 2021年12月13～16日，为期3天省青少年室内射箭锦标赛在石家庄市开赛，唐山市代表队获5块金牌、11块银牌和11块铜牌。比赛有9个市代表队、2个协会代表队200名运动员参加，比赛项目为男子和女子甲组、乙组，以及丙组反曲弓项目、男子和女子复合弓项目、团体和混合团体赛，共计30个小项。唐山市射箭队组建于2018年，有注册队员50人，后备队员300人，教练员团队均具备教练员等级证书和全国、省级比赛带队和执裁经验，有8名队员获射箭项目国家一级运动员等级证书。

移动靶射击世锦赛冠军赵丽丽在路南区实验小学给小学生讲解射击要领。

赵一凡 摄

【城市云端电竞联赛获冠军】 2021年12月22日，由河北省体育局社会体育中心主办"2021河北省城市云端电竞联赛"闭幕。比赛历时4天，经过小组双循环赛，保定、邢台、唐山、邯郸4个代表队晋级四强，最终唐山代表队3比0战胜保定代表队获冠军。本次赛事是河北省体育局社体中心首次举办全省范围线上电竞联赛，省内10个地市代表队参赛。比赛采用实时线上反作弊机制，各代表队参赛期间始终开启摄像器材进行视频验证。比赛分为小组赛、冒泡赛、半决赛和总决赛，共进行52场角逐。

【贾卫担任全运会网球比赛预赛仲裁】 2021年，唐山市体育局、网球国际级裁判贾卫，被国家体育总局网球运动管理中心和中国网球协会选派担任第十四届全国运动会网球比赛仲裁，这是贾卫第五次在全国运动会中执裁。贾卫曾在第三届全运会网球比赛担任主裁判，在上届全运会担任副裁判长。

体育产业

【体育产业概况】 2021年，唐山市有体育产业法人企业1629家、体育用品个体经营户1681家，从业人员1.9万人，体育产业总规模297.9亿元。基本形成体育竞赛表演、健身休闲、场馆服务、中介服务、体育培训与教育、体育产品销售、体育用品制造、体育场地设施建设为主要业态体育产业发展格局，体育产业被列入全市"十二个重点产业"之一。

【体育消费季活动启动】 2021年，唐山市体育消费季活动发放免费体验券2.13万张、折扣券1.43万张。期间举办登山徒步大赛、体育旅游休闲、国际旅游岛海上体育嘉年华等活动。体育消费季活动开展，支持和推动体育企业开展促销活动，带动体育运动消费400万元。

【唐山市体育消费调查活动】 2021年，唐山市开展居民体育消费调查活动，全市居民体育消费总规模163.09亿元，人均体育消费2113.1元，占居民消费支出9.88%。全年开展“双随机一公开”检查3次，抽查高危体育项目经营企业6家，确保经营性高危险体育项目健康有序发展。

社会办体育

【社会办体育概况】 2021年，唐山市探索社会办体育新路子，发挥单项体育协会桥梁纽带作用，继续实施“345”社会办体育模式（“3”指群众体育、竞技体育、体育产业三项体育工作，“4”是通过吸纳“有钱人、有权人、热心人、明白人”四种人完善、健全或组建各类体育协会领导机构，“5”是明确各体育协会工作职责为：抓活动、抓普及、抓提高、抓后备、抓效益），年内全市有市级体育社团组织69个，社会民间体育俱乐部、体育社团500个，县级单项体育协会252个。

【马拉松运动协会换届】 2021年7月18日，唐山市马拉松协会举行换届选举，张龙当选新一届协会主席。唐山市马拉松运动协会于2016年7月成立，曾举办唐山“7·28”半程马拉松等赛事，唐山国际马拉松培育成为中田协“金牌赛事”，协会曾被省体育局评为“省级体育产业示范单位”，被市民政局评为“唐山市品牌社会组织”。

【羽毛球运动协会换届】 2021年7月20日，唐山市羽毛球协会举行换届选举，张俊岭当选新一届协会主席。唐山市羽毛球协会于2011年12月成立，羽协会员2500人，曾举办唐山市首届“羽协杯”业余羽毛球俱乐部混合团体赛、唐山首届羽毛球女神邀请赛、唐山市羽毛球友谊赛等，带动经常参加羽毛球活动爱好者8万人。

开平区税务庄街道唐钱楼社区居民在“健身驿站”健身。

李志全　何　川　摄

【跆拳道协会换届】 2021年9月24日，唐山市跆拳道协会举行换届选举，甄唯利当选新一届协会主席。唐山市跆拳道协会于2008年4月成立，累计吸纳会员单位50家，曾举办唐山市跆拳道市级赛、唐山市“跆协杯”跆拳道锦标赛等。带动全市跆拳道运动爱好者10万人，促进跆拳道运动在本市普及发展。

【社会体育指导员协会成立】 2021年9月29日，唐山市社会体育指导员协会成立，李遥当选协会主席。社会体育指导员协会对全市1.5万名持证社会体育指导员日常管理，提升社会体育指导员专业素质，引导社会体育指导员发挥专业优势，服务人民群众强身健体。

【唐山市海钓运动协会成立】 2021年12月4日，唐山市海钓运动协会成立暨第一次会员大会在唐山国际旅游岛召开，刘健雄当选协会主席。该协会成立，旨在普及和发展海钓运动，吸引更多垂钓爱好者参与海钓运动。

【唐山市马术运动协会换届】 2021年12月29日，唐山市马术协会举行换届选举，姜永刚当选新一届协会主席。唐山市马术运动协会于2008年4月成立，曾举办唐山国际旅游岛马术精英邀请赛等赛事，开平花海马文化产业园等多个马术产业项目相继落户。

【全民健身大讲堂活动开展】 2021年，唐山市实施全民健身科学大讲堂及二级社会体育指导员培训活动，其中全民健身科学大讲堂覆盖5个县（市、区），二级社会体育指导员培训覆盖19个县（市、区）。全民健身科学大讲堂活动开展，旨在引导民众参与体育健身热情，提高身体素质。二级社会体育指导员培训，旨在提高社会体育指导员专业技术素质和水平。

【社会体育指导员培训班举办】 2021年12月14日，唐山市体育局主办，唐山市社会体育指导员协会承办“2021年唐山市二级社会体育指导员培训”在乐亭县举行。此次培训旨在进一步提高参训学员专业技能水平，为群众提供专业化、科学化健身指导服务。培训采用理论培训和技能培训相结合方式，全市健身舞工委15个站（队）、2个艺术团和1个社会团体近百人参训。理论培训以《社会体育指导员技术等级培训教材》为主要内容，技能培训以教学健美操和第九套广播体操为主要内容。培训结束后，参训学员均通过培训考核。

（朱志成）

社会·民生

SheHui · MinSheng

居民收入与消费水平

【居民收入】 据国家统计局唐山调查队抽样调查结果显示，2021年，唐山市全体居民人均可支配收入3.77万元，比上年增加2790元，增长8.0%。按常住地分，城镇居民人均可支配收入4.73万元，比上年增加2926元，增长6.6%；农村居民人均可支配收入2.28万元，比上年增加2152元，增长10.4%。

【城镇就业人员平均工资】 2021年，唐山市城镇非私营单位就业人员年平均工资8.59万元，比上年增加6480元，扣除价格因素，全市城镇非私营单位就业人员年平均工资实际增长7.2%。全市城镇私营单位就业人员年平均工资5.17万元，比上年增加3015元，扣除价格因素，全市城镇私营单位就业人员年平均工资实际增长5.2%。全市规模以上企业就业人员年平均工资7.70万元，比上年增加6868元，扣除价格因素，全市规模以上企业就业人员年平均工资实际增长8.8%。

【居民人均可支配收入排名】 2021年，唐山市全体居民人均可支配收入（3.77万元）比全国平均水平高2533元，比全省平均水平高8278元，居全省11个设区市首位。其中农村居民人均可支配收入（2.28万元）比全国平均水平高3908元，比全省平均水平高4660元，居全省设区市首位；城镇居民人均可支配收入（4.73万元）比全国平均水平低148元，比全省平均水平高7473元，居全省11个设区市第二位。

【居民人均可支配收入增速】 2021年，唐山市全体居民人均可支配收入增速8.0%，低于全国平均水平1.1%，低于全省平均水平0.3%。其中城镇居民人均可支配收入比上年增长6.6%，低于全国平均水平1.6%，低于全省平均水平0.1%；农村居民人均可支配收入比上年增长10.4%，低于全国平均水平0.1%，与全省平均水平持平。

【城乡居民人均消费水平】 2021年，唐山市居民人均消费支出2.42万元，比上年增长13%。按常住地分，城镇居民人均消费2.88万元，比上年增长10.5%；农村居民人均消费1.71万元，比上年增长18.4%。城市居民消费价格比上年上涨0.9%，分类别看，食品烟酒价格上涨1.9%，衣着价格上涨0.5%，居住价格下降2.0%，生活用品及服务价格上涨0.4%，教育文化和娱乐价格上涨0.5%，医疗保健价格与上年持平，交通和通信价格上涨5.6%，其他用品和服务价格下降2.0%。

（孙 婧）

唐山市市民物质生活富足，精神生活丰富。　　闫 军 郭向东 摄

劳动就业与人事管理

【劳动就业与人事管理概况】 2021年，唐山市城镇新增就业12.99万人，完成全年任务（11.7万人）111.03%。全年提供创业服务18.5万人次，完成年度任务（11万人）168.18%。优化升级创业就业孵化基地24家，完成年度任务（24）家100%。华北理工大学、玉田益电2家创业孵化基地通过省级创业认定。开展各类培训21.6万人次，完成年度任务（7.5万人次）288%。城镇登记失业率3.21%，低于省控1.29个百分点。企业职工养老保险覆盖223.12万人，新增参保14.44万人，实现征缴收入152.49亿元，比上年多征13.27亿元。工伤保险覆盖135.86万人，新增参保17.06万

人，实现征缴收入11.07亿元，比上年多征0.88亿元。失业保险覆盖117.72万人，新增参保16.03万人。

【补助资金争取到位】 2021年，唐山市争取上级各类补助资金10.77亿元，其中就业补助资金3.24亿元，机关事业单位养老保险制度改革补助资金7.04亿元，创业担保贷款贴息资金3027.83万元，现代职业教育质量提升计划中央补助资金950万元，高技能人才培训基地和技能大师工作室建设补助资金540万元，县级公共服务平台信息化建设补助资金100万元，乡街公共服务平台标准化建设质量提升工程274万元。

【重点群体就业服务】 2021年，唐山市对高校毕业生开展实名制服务，促进供需对接。2021届高校毕业生报到3.54万人，实现就业3.38万人，就业率95.41%。新建充分就业社区国家级2家、省级12家，对就业困难人员、退役军人等实施公益性岗位兜底安置1.15万人。新建、改建创业孵化基地80家，其中国家级1家、省级29家，入驻项目9573个，带动就业3.7万人。为1120名创业者和76家小微企业发放贷款3.19亿元，带动2559人就业。面向企业职工和高校毕业生、农村转移就业劳动者等重点群体，开展各类补贴性培训21.6万人次、社会性培训6.95万人次。

【人才支撑能力提升】 2021年，唐山市制发《唐山市青年人才奖补实施办法》，编制《2021年唐山市紧缺人才需求目录》，推出新时代“凤凰英才”计划3.0升级版等7个配套细则，举办“高层次紧缺人才招聘服务月”“京津冀专家唐山行”“第十一届河北省沿海经济带高层次人才交流大会暨唐山市高质量发展招才引智大会”等活动62场次，全年引进研究生1338人（含博士生89人）、海外高层次人才82人、京津人才218人，签订人才智力技术项目102个。新建“院士联络处”2家、特邀院士工作站（院士联络处）29家。新建高技能人才培训基地4个（累计建成30个，其中国家级6个、省级12个、市级12个）、技能大师工作室7个（累计建成45个，其中国家级13个、省级7个、市级25个），规模数量居全省前列。举办第四届“唐山工匠”职业技能大赛，选拔“唐山工匠”20人。新建博士后科研工作站1家（唐山新禾智能科技有限公司）、博士后科研创新实践基地2家（唐山市食品药品综合检验检测中心、唐山银行股份有限公司）。获批享受省政府特殊津贴专家5人、优秀专家出国培训3人、省“三三三人才工程”项目资助13人。推广“新型学徒制”，全市3860名企业职工参加新型学徒制培养，举办“5G战略及产业发展应用高级研修班”等活动22场，培训企业经营管理人才3750人。

【劳动关系平等和谐】 2021年，唐山市实施劳动用工在线动态监测，全市备案单位8.9万家，签订有效劳动合同85.3万份。开展劳动关系“和谐同行”能力提升三年行动，培育市级和谐企业3个，其中唐山海螺型材有限责任公司被推荐为国家级培育典型。贯彻《保障农民工工资支付条例》，一案一策分类解决，全年受理投诉欠薪案件1.6万件，其中劳动保障监察立案128件，累计为1288名农民工解决拖欠工资1189.8万元。调解仲裁效能提升，全年受理案件6124件，其中立案4243件，涉案金额2.34亿元，按期结案率100%，调解率86.06%。

【营商服务优化】 2021年，唐山市实施综合柜员制经办服务模式（社保经办机构在一个业务经办窗口，为参保人办理多项社保业务），整合两个社保中心线下服务窗口，企业和群众实现进一门能办社保所有事。完成市县（市、区）视频会议联网和监控指挥中心建设，打包办服务系统建设与省厅同步，100个高频服务事项提速50%，158个服务事项编发本地化办事指南。社会保障卡持卡767.1万人，持卡率99.4%，累计签发电子社保卡366.89万张。137个乡镇、街道服务所升级更新信息设备，每个支持2万元，完成400个村级服务站建设（累计建成890个村、704个社区平台），每个支持5000元。

（史俊儒）

社会保障

【社会保障概况】 2021年，唐山市构建多层次社会保障体系，对纳税未参保单位和选择性参保单位实施分类指导，提高参保缴费率。全市基本养老保险覆盖589.3万人，其中企业223.12万人、机关33.88万人、居民332.3万人。工伤保险覆盖135.86万人，失业保险覆盖117.72万人。

【稳岗返还政策实施】 2021年，唐山市实施普惠性失业保险“稳岗返还”政策（稳岗返还，是失业保险预防失业重要举措，是对企业承担稳定就业岗位社会责任），推行“免申即享”（惠企惠民政策无须申请便直接享受），累计向1.27万家参保单位拨付“稳岗返还”资金9262万元，惠及60万人。为唐钢、唐银两家退城搬迁企业争取到职工安置特定补助政策，给予稳岗补贴3.07亿元。举办“春风”“春雨”等线上线下招聘活动543场次，提供岗位22.1万个，帮助企业解决急需用工2.6万人。开展“迎新春送温暖、稳岗留工”活动，为8.32万名留唐过年农民工每人发放500元政府“暖心红包”。

【养老保险试点启动】 2021年，唐山市制发《关于解决参加市本级机关事业养老保险试点制度编外流动人员养老保险待遇计发问题通知》，实现编外人员退休与编内人员同等对待。机关事业单位退休“中人”养老待遇发放率92.43%，居全省前列。完善工伤预防机制，被人社部列为“工伤预防先行城市”。

【失业补助金发放到位】 2021年，唐山市累计为4.68万人发放失业补助金1.74亿元。开展社保基金风险防控提质年活动，基金安全平稳运行。提高养老金待遇标准，企业和机关事业退休人员基本养老金比上年增长4.5%，人均/月分别达到3040元和4935元。1～4级工伤职工伤残津贴和供养亲属抚恤金分别月增长245元和100元以上。

（母　慧）

社会救助

【社会救助概况】 2021年，唐山市开展巩固兜底脱贫成果“回头看”，排查边缘易致贫重点人群，将建档立卡脱贫户4924人纳入低保，957人纳入特困供养。建设低收入人口数据库，采集录入11.8万条数据。对2068户脱贫人口和低收入家庭进行入户核查，纳入低保或特困供养94户147人。走访慰问重病、重残人员以及生活困难退役军人、老党员、烈士遗属95万人次，支出资金217.6万元。落实《进一步加强和改进临时救助工作实施意见》，推动乡镇(街道)建立临时救助备用金制度，做到凡困必帮、有难必救，缓解困难群众突发性、临时性、紧迫性基本生活困难，全年临时救助9812人次，发放1015万元。完善助孤、助残政策，将符合条件人员全部纳入救助范围，及时足额发放补助资金。排查孤残困难群体1.6万人，新纳入社会救助范围5302人。

路南区妇联与永红桥街道办事处为失能老人家庭提供全面护理服务。
魏苗苗 孔繁漪 摄

【社会救助制度体系完善】 2021年，唐山市制发《低保边缘家庭认定办法》《低保家庭经济状况核查认定办法》等文件，完善社会救助体系。召开市级社会救助联席会议，发挥联席会议综合协调作用。核对申请救助人员1.2万人次，复核10.6万名低保、特困供养对象等家庭经济状况信息，确保应保尽保、应退尽退。

【低保生活标准上调】 2021年，唐山市将全市农村低保标准由2020年每人每年5736元提高到6312元，比上年增长10%；城市低保标准提高到每人每月770元，比上年增长5%，提标后唐山市城乡低保标准位居全省前列。年内全市保障城乡低保对象7.4万人，全年发放城乡低保金4.26亿元。

【特困人员供养标准上调】 2021年，唐山市将农村集中、分散特困供养标准和城市特困供养标准分别提高至每人每年1万元、8844元和1.4万元，与低保标准保持同步增长。加强分散特困供养人员服务监管，保障特困供养人员基本生活。完善特困人员认定办法，落实特困人员救助供养政策，全市城乡特困人员3.2万人，发放供养资金3.15亿元。年内全市筹集社会捐赠资金555.5万元，救助困难群众231人，发放114.15万元。

【流浪乞讨人员救助】 2021年，唐山市围绕“文明城市创建”“救助机构开放日”“夏季送清凉”及“冬季送温暖”等行动，发布“头条寻人”“缘梦寻人”等信息19条，8人寻亲成功并全部护送返乡。公安机关对长期滞留人员进行人像识别72人次，成功识别12人，DNA检测62人次，成功识别5人，逐步实现“低滞留、高送返”目标。为49名检测不出户籍信息、长期滞留人员办理户口登记并安置集中供养。制定《特邀监督员管理暂行办法》，邀请人大代表、政协委员、社会工作者为特邀监督员。

（母 慧）

社会福利事业

【儿童福利保障】 2021年，唐山市按照机构孤儿每人每月1450元、散居孤儿和事实无人抚养儿童每人每月1000元标准，发放基本生活补助金59.43万元。开展“明天计划”行动，救治孤儿120人，开展“福彩圆梦·孤儿助学”活动，资助成年在校孤儿77人。开展孤儿收养评估，规范收养登记档案，应用全国收养信息平台办理收养登记35例，解除收养登记2例，合格率100%。开展孤弃儿童集中代养，实行儿童福利机构“养治教康＋社工”一体化。年内唐山市儿童福利院获评全国民政系统抗疫工作先进集体。

【未成年人保护】 2021年，唐山市建立市、县两级未成年人保护领导协调机制，市本级和14个县（市、区）、5个开发区（管理区）在6月1日前全部建立未成年人保护领导协调机制，市、县两级未成年人救助保护机构建设实现全覆盖。建成1家市级、13家县级未成年人保护中心，开展未成年人保护站（点）建设政策研究和试点，通过政府购买服务，路南区、路北区、丰南区建立6个试点，开展社区志愿服务活动42场次，链接公益慈善机构捐赠物资折合3万元，招募教育专业志愿者提供“送教上门”服务，受益1850人次。召开现场会观摩会，在全市推广试点经验，建立未成年人保护站65个、未成年人保护点976个，覆盖率分别为28%和16%。提升留守儿童、困境儿童关爱保护水平，精准摸排、分类建档、分类保护152名农村留守儿童、1.16万名困境儿童，落实农村留守儿童监护主体责任。推动政策宣讲进村（居），组织《中华人民共和国未成年人保护法》专题培训，6000人参加培训。将未成年人保护热线并入“12345”政府热线，未成年人合法权益得到保障。开展全国未成年人保护站（点）示范创建申报，重点扶持路北区创建全国未成年人保护站(点)示范单位，发挥社会救助资源优势，探索未成年人保护工作体系，推动未成年人保护事业发展。年内被民政部表彰为“全国农村留守儿童关爱保护和困境儿童保障工作先进集体”。

【残疾人两项补贴发放】 2021年，唐山市按照《全面建立困难残疾人生活补贴和重度残疾人护理补贴制度实施方案》要求，受理残疾人两项补贴申请，全市享受困难残疾人生活补贴3.19万人，累计发放金额2510万元；享受重度残疾人护理补贴6.85万人，累计发放金额4803万元。

【爱心助学活动举办】 2021年，唐山市举办第20届“福彩献真情·爱心助学子”活动，对参加2021年全国统一高考并考取本科以上院校孤儿、城乡低保户、建档立卡脱贫户、防止返贫监测对象家庭学生给予资助。为47名符合资助条件贫困家庭学生每人发放5000元助学金，发放资助款23.5万元。唐山市“福彩献真情·爱心助学子”活动连续开展20年，累计投入福彩公益金497万元，资助贫困大学生1280人。

【社会工作和志愿服务】 2021年，唐山市启动第一批示范性社工服务站建设，推动各县（市、区）社工服务项目试点，建成市级社工孵化基地、社工站建设指导中心，建成乡镇（街道）社工服务站16家。落实《河北省促进社会工作发展三年行动计划》，连续3年组织全国社工师考前公益培训，全市社工专业人员1.1万人，占全市总人口1.4‰，持证社工1919人，占全市总人口0.25‰。全市社工机构47家，实名注册志愿者147.45万人，占全市总人口19.1%。注册志愿服务团体5478个，其中法人组织434个。慈善组织捐款设立医疗救助基金，对特殊原因导致困境家庭或个人给予慈善救助，年内全市发放救助款364.5万元，救助1534人。

（母　慧）

社会行政事务管理

【社会行政事务管理概况】 2021年，唐山市完善重大行政决策、依法科学民主决策制度，落实公众参与、专家论证、风险评估、合法性审查、集体讨论决定等程序，建立权力清单制度，修订完善权责清单16项、执法事项清单48项、罚没事项清单33项。加大民政执法力度，依法依规处罚21个存在违法行为社会组织，行政处罚及强制事项系统录入率100%。推进“放管服”改革，健全复议应诉制度。强化法治意识，将领导干部学法纳入党组会议程，全年开展领导干部学法4次，组织法律知识讲座1次。落实“谁执法，谁普法”责任，开展普法宣传，营造法治氛围，法制宣传进社区，普法教育常态化。

迁安市老旧小区改造后，成为社区普法宣传新阵地。　孙　愫　摄

【“六位一体”体系构建】 2021年，唐山市制发《关于进一步深化党建引领“六位一体”社区治理体系建设通知》，提出“六位一体”（社区党组织、居民委员会、业主委员会、物业企业、楼门长、综合服务站）社区治理体系建设要求。召开全市“六位一体”社区治理体系建设调度会，推动“六位一体”工作巩固拓展，提质增效。年内全市54个街道、711个社区“六位一体”社区治理体系构建率100%。针对不同类型社区研究不同治理模式，打造各具特色精品示范社区261个。

【村（居）两委换届选举】 2021年，唐山市按照河北省统一部署，落实“五选”（政治素质过硬、发展本领过硬、协调能力过硬、服务水平过硬、作风品行过硬人员）“十不选”（被判处刑罚、现实表现不好，欺压群众、横行霸道、涉及宗族黑恶势力，参加邪教组织、组织封建迷信活动，受到党政纪处分尚未超过限制期限、涉嫌严重违法违纪正在接受立案调查，参与或指使他人以暴力、威胁、欺骗、贿赂等违法手段参选，长期无理上访或组织、蛊惑群众上访、影响社会稳定，有恶意失信行为被法院纳入失信被执行人名单，道德品行低劣、在群众中影响较坏，原村（社区）干部近3年内被责令辞职和民主评议连续两次不称职，患有严重疾病、不能正常工作等其他不宜提名人员）要求，全市5480个村、644个社区如期换届选举，实现“两委”干部“三降三升”目标（年龄降、信访数量降、舆情数量降；学历升、年轻干部比例升、四类人员即本村致富能手、外出务工或经商返乡人员、本乡（村）大学毕业生以及退役军人占比升）。村（居）委会换届选民参选率80%，一次性选举成功率分别为93.4%和100%。

【社会组织管理】 2021年，唐山市社会组织456个（社会团体285个、民办非企171个），社区备案社会组织2.6万个。按照全国统一部署，整治、清理涉嫌非法社会组织、“僵尸型”社会组织310家，依法取缔29家，劝散72家，自行解散83家，引导登记126家。制发《中共唐山市社会组织委员会印发〈关于开展助力“乡村振兴”帮扶活动方案〉通知》，引导社会组织参与“乡村振兴”帮扶活动，年内38家社会组织捐资24.06万元。

【婚姻殡葬管理】 2021年，唐山市

办理结婚登记3.19万对、离婚登记1.09万对。婚姻登记系统并入全国婚姻登记网络平台，18个婚姻登记机关全部加装身份识别设备。推行网络预约服务，市民通过网络预约，提高婚姻登记效率。2021年3月1日起，全面推行基本殡葬服务惠民政策，对6类对象（具有本市户籍城乡居民、出生后尚未登记户口婴儿、社会福利机构抚养孤弃儿童、在唐大中专院校全日制在校学生、驻唐部队现役军人、县以上公安机关开具允许火化证明无名遗体）减免5项基本服务费用（遗体接运、普通火化炉火化、3天以内遗体冷藏、3年骨灰寄存、1个普通骨灰盒）。年内全市火化遗体4.64万具，免除基本殡葬服务费2864万元。

（母 慧）

老龄社会管理

【老龄社会管理概况】 2021年，唐山市制发《2021年社区和居家养老工程实施方案》《2021年养老服务提质增能工程实施方案》《深入开展“我为群众办实事”实践活动，聚焦办好健全完善养老服务体系民生实事工作方案》，各县（市、区）建设以失能、部分失能特困人员专业照护为主县级敬老院1所，全市养老机构新增床位1236张，改造完成康复护理型床位1527张。制发《关于开展县乡村三级养老服务网络建设试点通知》，在全省率先完成县乡村三级养老服务网络试点建设。制发《关于做好2021年养老机构等级评定和抽检工作通知》，组织有参评意愿养老机构和拟培育星级示范养老机构学习《养老机构评定管理办法》，70家养老机构通过评估，其中AAAA星级2家、AAA星级6家、AA星级18家、A星级44家。各县（市、区）民政部门和养老机构自主开展业务培训，全市累计培训护理员5200人次。

【农村留守老人关爱】 2021年，唐山市推进农村留守老年人关心、关爱工程，落实农村留守老年人巡防探视制度，开展关爱老年人志愿服务，全市389名农村留守老年人建立信息台账，实现农村留守老年人动态管理。举办全国养老护理职业技能大赛唐山市选拔赛，62名护理人员参赛，30人获个人奖。开展“我为群众办实事”主题擂台赛，丰南区、古冶区、滦南县、乐亭县、迁安市、遵化市群众参与投票28.06万人次。

【高龄老人生活补贴发放】 2021年，唐山市建立高龄老人生活补贴制度，各县（市、区）开通高龄老人生活补贴亲友代办通道，高龄老人生活补贴申领便利。年内全市19.39万名高龄老人申领高龄津贴，累计发放1.2亿元。全市享受经济困难高龄、失能老年人服务补贴、护理补贴4171人，其中经济困难高龄老人1291人、失能（重度、中度）老人2880人。

【养老志愿者服务队获捐助】 2021年5月9日，“永远跟党走·曜阳中国行”暨“纪念第74个世界红十字日”系列活动在滦南县举行。期间中国红十字会总会事业发展中心向滦南县20支志愿者团队授予“曜阳养老志愿者服务队”旗号，并捐赠价值180万元物资、价值100万元远程网络教育课程。

【养老护理技能大赛举行】 2021年7月23日，唐山市民政局、市人力资源社会保障局联合主办，曹妃甸职业技术学院承办“全国养老护理职业技能大赛唐山市选拔赛”。经过理论考试和技能比拼，最终决出一等奖2人、二等奖4人、三等奖6人、优胜奖18人，优秀教练奖2人，优秀组织单位奖5个，曹妃甸职业技术学院获“全国养老护理职业技能大赛唐山市选拔赛”突出贡献奖。同年6月，滦南县代表唐山市参加“河北省健全完善养老服务体系主题擂台赛”，获评为最佳代表队。

（母 慧）

关爱下一代

【关爱下一代概况】 2021年，唐山市推进“三项工程”（传承红色基因工程、“五老”关爱工程、家庭建设工程），新建30个“五老工作站”（老干部、老战士、老专家、老教师、老模范），全市有标准化“五老工作站”165个。发挥“五老”作用，开展多项主题教育活动，年内组织宣讲党史380场（次）、文艺演出270场（次），组织书画展35场（次），开展演讲、故事会、读书征文活动等810场（次），受教育青少年20万人次。

【青少年爱国主义教育】 2021年，唐山市加强青少年爱国主义教育，组织观看专题片，学习优秀党员先进事迹。滦州市关工委“老爷爷宣讲团”将党史宣讲材料送进学校课堂。迁安市关工委“五老工作站”站长、退休劳动模范张海亭先后10次进入校园为青少年进行“我是谁，为了谁，依靠谁”主题宣讲。丰润

唐山市交警五大队交警指导“小交警”。 卢 山 张海健 摄

区关工委组织中小学生暑期走进潘家峪惨案纪念馆担任小讲解员。全市各县（市、区）关工委组织中小学校举办“学党史、感党恩、薪火相传守初心”庆祝建党100周年党史知识竞赛，开展“初心讲堂”活动，从“讲初心”到“传初心”，让“红色基因”在青工和青少年中永续传承。

【文明交通主题活动】 2021年，唐山市继续开展“我是小交警”文明交通主题实践活动，发动全市青少年参与“我是小交警”各项活动。曹妃甸区关工委成立首支“小交警分队”，路北区、丰润区新成立4支“小交警分队”。年内全市有“小交警分队”28支。

【科普示范校创建】 2021年，唐山市关工委、市科协联合开展以“爱党爱国爱科学，立志成才做栋梁”“争当热爱科学优秀学生，创建科普育人示范学校”活动。按照科普示范学校标准，对上报科普育人示范校进行考察评审，最终确定科普育人示范学校10所，评选热爱科学优秀学生116人。

【青少年法治教育】 2021年，唐山市在全市中小学校开展《中华人民共和国宪法》《中华人民共和国未成年人保护法》《中华人民共和国民法典》学习教育活动，结合《中华人民共和国刑法》《中华人民共和国预防青少年犯罪法》《中华人民共和国家庭教育促进法》《中华人民共和国道路交通法》《中华人民共和国食品安全法》等与青少年成长密切相关法律法规学习活动，帮助青少年树立法治观念，开展学法用法宣讲、报告会95场次，受教育人数15.3万人次。

【关工委自身建设】 2021年，唐山市14个县（市、区）完成关工委组织机构调整，全市有县级以上关工委组织33个（含大厂矿、企、事业），基层关工委组织3605个。离退休党支部建立关工委组织，全市“五老”骨干3.23万人，“五老”队伍得到加强。年内慰问省级优秀“五老”人员21人、市级优秀“五老”人员14人。

（陈　楠）

民族宗教

【民族宗教概况】 2021年，唐山市有少数民族成份51个，少数民族户籍人口36.98万人，占全市总人口4.92%，居全省第三位。少数民族人口中，满族29.57万人，占全市总人口79.9%；回族3.29万人，占全市总人口8.9%；蒙古族1.49万人，占全市总人口4%。少数民族人口超过万人县（市、区）：遵化市11.55万人，玉田县4.94万人，丰润区3.24万人，路北区2.34万人，丰南区2.31万人，迁安市3.11万人，滦南县1.99万人，迁西县1.58万人，滦州市1.42万人，开平区1.01万人。全市有3个民族乡均在遵化市：东陵满族乡、汤泉满族乡、西下营满族乡。全市有228个民族村，其中满族村199个、回族村28个、满回联合村1个。唐山市有天主教、基督教、伊斯兰教、佛教、道教5种宗教，信教群众9.9万人，占全市总人口1.27%，其中天主教2.2万人、基督教2.4万人、伊斯兰教1.6万人、佛教3.3万人、道教0.4万人。市级爱国宗教团体7个，分别为唐山市佛教协会、唐山市道教协会、唐山市伊斯兰教协会、唐山市天主教爱国会、唐山市天主教教务委员会、唐山市基督教爱国运动委员会、唐山市基督教协会。宗教活动场所165处，其中佛教41处、道教9处、伊斯兰教清真寺22处、天主教41处、基督教52处。全市有宗教教职人员364人。

【民族团结进步创建活动】 2021年，唐山市对城乡民族工作重点单位社区展室、宣传栏内容进行调整和充实，将单一民族知识、政策，调整为习近平对民族工作重要论述、各民族团结一家亲等内容。全市驻军开展民族团结、进步、创建活动，在全市遴选7所学校，开展民族共同体意识教育“进教材、进课堂、进头脑”试点。为14个重点和窗口单位制作“中华民族一家亲，同心共筑中国梦”大型标牌，开展全市第26个民族团结月活动、“石榴花开•永远跟党走”宣传教育系列活动，各民委成员单位开展民族团结进步宣传活动、庆祝建党100周年民族团结书法绘画线上展示活动，征集书法绘画作品400幅、短视频16个，活动覆盖机关、学校、社区、企业、农村、宗教活动场所，直接受教育人数百万人次。

【民族乡现场办公】 2021年，唐山市制发《2021年市民委工作要点》《2021年唐山市政府组织在遵化汤泉满族乡现场办公活动实施方案》《关于做好唐山市政府在汤泉满族乡现场办公帮扶项目对接工作通知》，成立工作专班，定期调度研究、统筹推进工作开展。市民宗局会同遵化市筹划基础设施提升改造、壮大村集体经济、文旅融合发展等52个项目，项目资金15.46亿元。5月26日，市政府组织32个市民委委员单位和市直有关部门在遵化市汤泉满族乡现场办公，32个市直相关部门筹集帮扶资金6486万元，遵化市落实县级支持资金1660万元。

【民族乡村经济建设】 2021年，唐山市制发《唐山市在民族村开展“百企帮百村”三年行动方案》，推动落后民族村加快发展，实现共同富裕。指导县（市、区）制定工作方案，对农村居民人均可支配收入低于全市水平10个县（市、区）134个民族村开展结对帮扶。市民宗局、市工商联联合下发《关于在民族村开展“百企帮百村”行动通知》，组织全市民营企业、工商联各直属商（协）会、直属会员开展结对帮扶活动。

【少数民族流动人口管理】 2021年，唐山市辑印《少数民族流动人口服务管理工作手册》，完善少数民族流动人口服务管理模式。市民族工作协调委员会成立少数民族流动人口服务管理专班，协调处理少数民族流动人口各类问题。各县（市、区）公安局、直属分局汇总上报少数民族流动人口服务管理台账及统计分析表，及时获取少数民族流动人口信息。扩大流出地和流入地协作范围，加强与周边地区协调与沟通，实现共商共联共做。开通服务热线、建立司法援助站，建立少数民族群众利益诉求渠道。

【宗教事务依法管理】 2021年，唐山市按照“信众需求、布局合理”原则，基督教增设2处以堂带点和3个临时活动地点，基督教教职人员定编定岗，依法规范管理。7 处未登记天主教活动场所，按照河北省《关于做好基督教私设聚会点和各类非法宗教活动集中治理阶段相关工作通知》要求，全部依法补办天主教固定处所登记，成立民主管理组织，纳入规范管理。为 165 个宗教活动场所和 48 个基督教临时活动点购置《中华人民共和国宪法》《中华人民共和国国旗法》《社会主义核心价值观通俗读本》《中华优秀传统文化》《革命者》等红色经典书籍 1 万册，购置 746 面国旗下发到各场所和临时活动点。完成 2021 年度宗教团体述职考评和宗教教职人员述职考评，市基督教两会（三自爱国运动委员会、基督教协会）被评为“2021 年度优秀宗教团体”，杨咏梅等 56 人获评“2021 年度优秀宗教教职人员”。

（郑翠玉）

唐山市实施老震区地震断裂带周边房屋改造提升工程，图为改造后抗震房。
赵 亮 摄

老区建设

【老区建设概况】 2021 年，唐山市有老区村 3003 个，其中纳入财政资金重点帮扶村 302 个，市县两级财政为老区重点帮扶村投入专项资金 2583 万元，带动社会各界投入 1.09 亿元。311 个改善老区生产生活条件和促进农民增收致富基础设施建设项目全部按期完工。年内市老促会组织调研 2 次，确定重点帮扶村和帮扶项目 90 个。

【老区民生改善】 2021 年，唐山市重点帮扶老区村硬化道路 264.2 千米，治理河道、干渠 30.4 千米，新打、修复机井 115 眼，铺设输水管道 72.5 千米，新增、更换变压器 19 台（套），改造高低压输电线路 80.3 千米。玉田县投资 180 万元，为虹桥镇修建 2.1 千米老区连接路，解决 5 个老区村群众日常出行问题。丰南区组织农业技术人员在老区村开展科技下乡活动 35 次，培训农民 1200 人次，推广辣椒、棉花、水稻、甘薯、花生新品种种植 633.33 公顷，每公顷平均增收 600 元。丰润区协调财政、水利、电力、林业、交通、移民迁建等部门，在资金、物资、技术等多方面向老区村倾斜，增加各类果树种植面积 4000 公顷。滦州市为九百户镇团山子村投入帮扶资金 100 多万元，依托青龙山 AAAA 级风景区、鸡冠山生态农业产业园和交通优势，打造集传承红色基因、观光旅游和吃农家饭为一体旅游产业，开发荒山 6.67 公顷，栽植果树 4000 多棵，修建观光水泥路 500 米。滦南县为革命老区东清水村投资 252 万元，修建村庄道路 3.42 万米，对返乡人员、有意愿外出务工脱贫劳动力和边缘易贫人员因户因人精准施策，国扶系统内有劳动能力就业意愿 3275 人，100% 实现动态就业。遵化市投入资金 447 万元，支持南城子、兴旺寨、洪山口等 6 个老区村建设高标准农田 288.47 公顷，投入资金 300 万元，为郝各庄打深水机井 1 眼，配置机房、泵房等设施，实现自来水入户，解决 801 户 3000 人口饮水问题。

【老区专题调研】 2021 年，唐山市老促会围绕巩固、拓展脱贫攻坚成果，与乡村振兴衔接开展专题调研，分析制约老区村发展突出问题，研究制定促进老区加快发展具体意见。撰写《多措并举，着力破解老区发展瓶颈》调研报告，参加河北省老促会组织革命老区振兴发展调研成果交流会。

【老区宣传】 2021 年，唐山市向省老促会申报老区建设典型和红色教育基地材料。遵化市鲁家峪等 12 个村被省老促会命名为全省首批老区振兴发展示范村，乐亭县大黑坨村李大钊故居等 7 处红色遗址和纪念场馆被命名为全省首批红色教育基地。乐亭县老促会组织“夕阳红”艺术团在部分老区村进行“发展老区，建设老区，宣传老区”慰问演出 9 场，激发老区群众实现小康积极性。

（朱 平）

退役军人管理

【退役军人管理概况】 2021 年，唐山市制发《退役军人事业发展“十四五”规划》《关于宣传贯彻〈中华人民共和国退役军人保障法〉通知》《退役军人工作政策制度改革具体措施》等文件，把退役军人管理纳入各级党政领导班子综合考核评价内容，市纪委、市委市政府督查室、市退役军人事务局就省级双拥模范城（县）创建、退役军人信访维稳开展专项督查，调整原市中心 7 个区符合安置条件退役士兵安置方式，由属地政府负责安置。全市接收、安置军转干部 54 人，岗位配置率 1:2.2，行政岗位和政法岗位实现 100% 提供。接收符合安置条件退役士兵 355 人，岗位配置率 1:2，事业岗位占比 88.6%。

【退役军人就业创业】 2021 年，唐山市制发《关于进一步促进全市退役军人就业创业工作实施意见》，市人力资源和社会保障局、退役军人事务局、市场监督管理局、税务局、农业农村局落实退役军人创业培训指导和优惠政策，免费提供培训，提供创业平台，实现退役军人能就业、会就业、稳就业。年内全市跟踪退役军人就业10.5万人，开展适应性培训、职业技能培训和学历教育2757人次，市、县（市、区）举办退役军人专场招聘会37场，提供就业岗位2万个，1400人达成就业意向。

【离退休军人安置】 2021年，唐山市落实移交地方安置离退休军人政策，开展军休人员志愿服务活动，推动军休人员“老有所乐、老有所为”。市住建局、退役军人事务局等部门对军休人员居住老旧小区实施改造工程。全面落实优抚政策，完成优抚补助金调标，及时足额发放各类抚恤补助金。审核伤残退役军人卷宗，换发伤残证件，开展伤残退役军人康复服务，伤残退役军人满意率100%。

【退役军人志愿服务队建立】 2021年，唐山市制发《加强退役军人党员教育管理服务实施意见》，组织退役军人党员开展多样化政治学习，发挥退役军人在乡村振兴、基层治理中骨干作用。村（社区）“两委”换届，972名退役军人当选“兵支书”，占比22.5%。组建退役军人志愿服务队2563支，吸收志愿者2万人。编发“我是老兵——唐山市退役军人风采海报”71期，以身边事影响身边人，宣传“时代楷模”张连印，“全国最美退役军人”赵凤全，“全国道德模范”赵庆祥、张志旺等退役军人先进事迹，101人参加全省千名优秀退役军人展示风采活动。

【退役军人服务中心（站）创建】 2021年，唐山市完成全国示范型退役军人服务中心（站）三批次创建任务，全市创建247个县、乡退役军人服务中心（站），创建率100%，申报179个村级退役军人服务站，全部通过验收。创建“红色精品退役军人之家”14个，全部列入省级名录。完成退役军人信息采集，与全国退役军人帮扶援助服务系统联网。关爱退役军人基金会救助困难退役军人487人，发放关爱基金156.8万元。

【首家关爱退役军人基金会成立】 2021年2月20日，迁安市关爱退役军人基金会与各镇、街道退役军人服务站联合开展退役军人困难帮扶活动，发放救助金18万元，对72名符合条件困难退役军人和“三属”（烈士遗属、因公牺牲军人遗属、病故军人遗属）帮扶救助。2019年8月，迁安市投入资金500万元、社会筹集资金96.8万元，成立唐山市首家关爱退役军人基金会，累计帮扶符合条件退役军人和“三属”77人，发放救助款19.85万元。

迁安市百岁“老兵”阚春向青年志愿者讲述自己当年战斗故事。

齐福臣 摄

【退役军人医院揭牌】 2021年5月10日，滦州市退役军人医院揭牌仪式在唐山康诚医院举行。退役军人医院依托唐山康诚医院资源，为该市退役军人、现役军人开设就医绿色通道，设立拥军优属专属门诊、住院病房及康养房间，发放就诊专用“荣军卡”，实现“优先就诊、优先取药、优先检查、优先住院”。

【全国示范型退役军人服务站创健】 2021年3月12日，唐山迁安市通过全国示范型退役军人服务站创建考核验收，成为本市全域100%创建并通过验收县（市、区）。自2020年起，迁安市开展全国示范型退役军人服务中心（站）创建，退役军人事务工作体系完善。

【退役军人专场招聘会举办】 2021年5月22日，唐山市退役军人春季专场招聘会在市民服务中心举行。专场招聘会由市退役军人事务局和市人社局联合举办，采用线下招聘+线上直播带岗方式进行，北京兵兵乐业科技有限公司、天津正大集团等京津及本市146家重点企业提供区域经理、安全专员、市场营销、工程监理等岗位4560个，1800名退役军人和军属参会洽谈，518人达成就业意向。

【首届退役军人创业创新大赛举行】 2021年6月6日～8月6日，唐山市首届“建行杯”退役军人创业创新大赛在唐山南湖国际会展中心举行。本次大赛以“戎归燕赵再起航，创业创新建新功”为主题，进一步激发退役军人创业激情和创新活力。大赛历时两个月，设置37个创业项目，涵盖教育、现代农业、新能源等多个行业，15个项目进入决赛。本届大赛行业赛、专项赛分别决出一等奖1名、二等奖2名、三等奖3名，优秀奖3名。

【首支退役军人志愿者助援队成立】 2021年9月10日，唐山市古冶区首支由70名退役军人志愿者组成雷霆助援队成立，雷霆助援队旨在力所能及协助配合政府相关部门开展自然灾害初级救援、社会治安辅助治理，协助社会及个人开展各种帮扶和应急处置。

（唐　军）

开发区建设

KaiFaQuJianShe

海港经济开发区

【海港区概况】 唐山海港经济开发区（简称海港区）环抱京唐港，依港而建、依港而兴，1993年6月经省政府批准设立，规划面积45.27平方千米，实际管辖面积918.33平方千米，其中陆域面积315.08平方千米，海域面积603.25平方千米。辖1个镇，57个行政村、79个自然村、3个社区，常住人口11.67万人。2021年，海港区地区生产总值完成231.4亿元，比上年增长6.6%；规模以上工业增加值完成78.1亿元，增长12%；服务业增加值完成125.3亿元，增长2.4%；高新技术产业增加值增长19.4%；战略性新兴产业增加值增长9.2%；一般公共预算收入完成16.4亿元，增长7.3%；实际利用外资增长27.7%；固定资产投资完成176.5亿元，增长7.5%；社会消费品零售总额完成17.1亿元，增长4%；进出口总额完成63.2亿元，增长122.3%，其中出口总额完成42.6亿元，增长512.5%。新增规模以上工业企业8家、服务业企业10家、高新技术企业7家。三次产业比重为3.3:42.5:54.2。

【海港区主导产业】 2021年，海港区港口物流产业有限上物流企业80家，建成14.68平方千米物流产业聚集区，年内入选国家发改委和自然资源部联合评选“第三批示范物流园区”，全省仅2家入选。以唐山港集团为代表港口物流产业集群覆盖煤炭、矿石、钢铁、集装箱、液化产品运输5个板块。12月8日，全省工业互联网创新发展工作现场推进会在海港区召开，学习推广京唐港区智慧码头建设经验。全年京唐港区完成货物吞吐量2.77亿吨，在全国146个港口（港区）排名第18位；集装箱运量232万标箱，占河北港口集装箱总量近一半，居河北“三港四区”首位。精品钢铁产业承接总投资220亿元城市钢铁焦化退城搬迁项目（天柱、华西、天顺），正式投产后钢产能460万吨、铁产能480万吨，总产值270亿元。发展以耗钢产业为主装备制造业，形成以中材装备制造、首钢建设钢结构为龙头加工制造产业。精细化工产业建成10.59平方千米化工园区，被省工信厅认定为全省第一批化工集中区，开滦、唐钢等9家规模以上化工企业入驻，形成煤气、焦油、粗苯精加工3条完整产业链条，以聚苯醚及改性聚苯醚、中浩尼龙66为龙头新材料基地在建。战略新兴产业以北京林业大学微藻产业化基地为依托，利用大唐电厂冷却用温海水，支持每日10万吨海水淡化项目，利用海水淡化产生浓盐水和大唐电厂收集二氧化碳养殖螺旋藻，打造循环经济产业链。以中科东创利用电厂蒸汽和秸秆加工年产20万吨高品质蛋白饲料项目为依托，打造生物与健康产业链。加快实施佳华煤化工制氢、氢气净化、氢能重卡等氢能源项目，发展从制氢、储氢到用氢氢能源产业，打造氢能源全产业链集群。

【海港区招商引资】 2021年，海港区开展招商引资行动，引进“含金量”“含新量”“含绿量”等项目。全年洽谈项目108个，涉及总投资500亿元以上，其中北京九为控股有限公司100万吨镀锌产业园、唐山港国际智慧物流园、中储粮公司二期仓储物流、第三批中储粮唐山直属库仓储物流、香港快乐购公司进出口贸易及跨境电子商务、北斗智诚交通应用技术研究（北京）有限公司北斗产业创新基地等32个项目成功签约，涉及总投资超100亿元。

【海港区项目建设】 2021年，海港区实施重点项目84个，涉及总投资596.5亿元，其中续建项目24个，新开工项目60个。申港海水淡化、鑫宝年产4万吨聚苯醚、唐山北创北大创业科技园等15个项目入选省重点项目，21个项目入选市重点项目，数量和质量均为历史之最，获评全市项目建设先进单位。省、市重点项目投资率分别完成145%、164%，均超额完成全年目标任务。按照全市统一部署，按季度组织项目集中开工、集中观摩活动，30个亿元以上产业项目参加全市集中开工，在第一季度、第三季度全市重点项目观摩活动中，海港区均位列B类第二名。

【海港区协同创新】 2021年，海港区携手中科院等单位合作成立“京唐海港国际科技成果转化”“国科创新智库（唐山）创新产业赋能”“北京现代产业规划研究院（唐山）创新产业赋能”3个平台，打造科技成果转化和战新产业发展加速器。以北理工（唐山）研究中心为依托，发展新能源、新材料产业，其科研成果打破美日垄断原电池法超高纯氧化镁技术，正式步入产业化阶段。以中科东创20万吨高品质蛋白项目为依托，建设年产1万吨饲料蛋白项目，打造新型秸秆蛋白中试生产平台。建设一期日制水量10万立方

4月14日，唐山海港经济开发区投放首批氢能重卡，用于港口物流和大宗物资短途运输。 杨世尧 摄

米海水淡化项目，利用其副产品淡盐水养殖微藻，进入试验阶段，促进海洋资源利用和转化。年内新增高新技术企业8家，超额完成市达目标任务。新增河北省科技型中小企业65家，有2家企业被省工信厅认定为2021年"专精特新"中小企业。

【绿色港城建设】 2021年，海港区聚焦大气污染防治等重点领域，排查梳理辖区内不稳定环境因素，促进问题整改。聚焦区内重点污染行业企业，推进中润煤化工、大唐电厂、中陶卫浴等企业超低排放改造，督导唐山港落实市达各项管控措施，建设港口高标准洗车台、挡风抑尘墙等重点工程。车辆超载超限治理，重点打击车辆超载超限、扬尘飘散、尾气超标和非法拼装点等污染环境行为。空气质量综合指数4.29，较上年下降20.11%。PM2.5浓度为每立方米27微克，较上年下降37.21%。建立区、镇、村三级农村散煤复燃监督检查网格，运用无人机等设备开展常态化巡查，严防散煤复燃。落实河长制和最严格水资源管理制度，实施"全域治水、清水润城"工程，治理工业污水和生活污水，强化入海河流和入海排污口整治，确保考核河流断面和近岸海域水质稳定达标，5条河流水质监测月均值全部达市级考核标准。举行首批氢能重卡投放启动仪式，在唐山市首批商业化运营氢能重卡。

【海港区民生保障】 2021年，海港区开展集贸市场、背街小巷等重点部位脏乱差问题专项整治，实施国土绿色攻坚，全年栽植乔灌木2.14万株，新增园林绿地面积14.91公顷，新增公园绿地面积6000平方米。优先发展教育事业，加快建设海港第三幼儿园、第七中学，组织区直学校72名教学骨干在薄弱学校和农村学校交流任教，促进教育均等化水平提高。落实港口、边检、海关、海事、区防控办五位一体防疫机制，常态化防控疫情，坚持"人""物""环境"同防，实打实开展核酸检测，强化京唐港口岸作业管控、集中隔离点管控、重点场所防控和院感防控，平稳有序推进疫苗接种，阻断疫情传播链条，保持"零输入""零感染"，守住唐山疫情防控海上防线。强化就业保障，全年新增城镇就业3021人，提供就业服务1498人次。低保、特困待遇落实，城镇和农村居民最低生活保障标准分别较上年度增长5%、10%，高于省定标准。推行异地就医网上即时办理，异地就医网上备案率100%，是全市唯一100%完成任务县区。

【海港区乡村振兴】 2021年，海港区发展现代农业，启动实施666.67公顷高标准农田建设，稳定粮食生产。建设万亩绿色水稻、万亩葡萄、万亩渔盐生态养殖3个万亩示范园区，优质高产水稻种植面积4333.33公顷，葡萄种植面积733.33公顷，盐田水产养殖面积3133.33公顷。加快发展农产品加工业，中储粮油脂（唐山）有限公司获批省级农业产业化龙头企业。搭建科技发展平台，发挥科技助农作用，省级农业科技园区通过验收。加强畜牧业和海洋渔业安全监管，未发生重大安全事故，被农业农村部评为2020年度"全国平安渔业示范县"。打造"滨海田园小镇"示范区，持续改善农村人居环境，实行"户收集、村集中、镇转运、区处理"管理模式，实现"农村生活垃圾日产日销"。

【和谐海港建设】 2021年，海港区防范化解重大风险，完成重点时段维稳安保任务。落实各级领导干部包联化解信访事项制度，治理重复信访、化解信访积案，政法队伍教育整顿及"回头看"，加强平安法治海港建设，开展全民反诈宣传活动，推进常态化扫黑除恶斗争，提升群众安全感、满意度。围绕14个重点行业领域，开展安全生产大排查大整治行动，坚守食品药品安全底线，维护安全稳定社会环境。

【海港区党史学习教育】 2021年，海港区印发《在全区开展党史学习教育的通知》等系列文件，全区10个党委第一时间全部启动学习教育，向基层支部延伸，全区162个党支部、5000多名党员全部参与其中。召开党工委理论学习中心组党史学习教育学习交流会13次，组织市委党校教授专题辅导3次，各级党组织开展党史学习班51次，主题党日162场，专题培训25班次，基层宣讲617场次，受众3万余人次。组建5个专业宣讲团"走基层"，特色宣讲246场次，受众2.46万人次。在海港电视台、唐山海港发布、先锋海港公众号等官方媒体刊发党史学习教育相关稿件340余篇。在全区开展党史知识竞赛答题、红色经典诵读比赛、百场经典红色电影展演等活动，受众5000余人次。

【海港物流产业聚集区获评"全国示范物流园区"】 2021年8月，根据国家发展改革委办公厅、自然资源部办公厅《关于开展第三批物流园区示范工作的通知》（发改办经贸〔2020〕526号）要求，国家发展改革委、自然资源部委托中国物流与采购联合会组织专家评审出24家全国示范物流园区。河北省仅2家入选，唐山海港物流产业聚集区位列其中。

【海港区获评农村改革重点工作先进

外出、健身等活动。在疫情防控中发挥智慧社区平台公共安全视频监控、高空对地观测等技术设备作用，全面、及时、精准掌控全社区楼栋、重点场所、疫情防控服务点等部位防疫态势，做到监控“无盲区”，防疫“无死角”。智慧环保实现一网智理全区，通过对监测点位数据分析、科学研判，将餐饮油烟作为整治重点，在全市率先建设餐饮油烟智能管控平台，对辖区内152家营业性餐饮单位油烟浓度、颗粒物浓度、非甲烷总烃浓度和风机状态、净化器状态实时监控，同时将监测点周边小区16个公共烟道接入平台，拓展生态环保监管网格化智能管控范围，为环保决策科学化、监管精准化提供支撑。以詹官屯村为试点打造智慧农村，将数字化技术手段与社会管理、村民实际需求相结合，构建集村民管理、工作管理、环境管理、治安管理“四项管理”，跑办服务、生活生产服务、特殊人群服务、公共服务、自助服务“五项服务”等功能为一体乡村数字化治理平台，一键即可开启村庄三维实景图，实时了解村内每幢房屋、人员信息、防疫情况、卫生环境、秸秆焚烧火点监测等情况。智能化粪污处理站实现一体处理再利用，按照零渗漏、零污染、零异味、零残渣、零噪音“五零”技术标准建成粪污处理站，建立智能化信息监管平台，实现对处理系统及液位监测、GPS粪污收集车辆定位、视频监控管理及农户App线上下单服务，粪污处理后出水液用于农田、花卉、有机蔬菜种植和城市绿化灌溉，达到水肥一体效果，解决辖区所有行政村及境内16所农村学校、农村厕所粪污处置难、利用难问题，在全省率先创建农村厕所粪污处理及资源化利用新模式。

【高新区获国家四部委通报表扬】 2021年，国家发展改革委、科技部、工信部、自然资源部4部委联合印发《关于产业转型升级示范区建设2020年度评估结果及下一步重点工作的通知》，唐山高新区获真抓实干成效明显产业转型升级示范园区称号，为全省唯一，全国仅有6个园区入选。

【2021中国高新区创新能力百强】 2021年，唐山高新区入选“2021中国高新区创新能力百强”，位列榜单第42位。“2021中国高新区创新能力百强”榜单评价指标体系围绕政治执行力、创新资源集聚、创新创业环境美誉度、创新活动绩效、创新的国际化、创新驱动发展6个方面、30多个二级指标构成。此次评选是对国家高新区创新能力建设和创新发展绩效检验，也是对国家高新区整体和各省市国家高新区群体创新发展现状动态监测。

（韩昀桐）

汉沽管理区

【汉沽管理区概况】 2021年，汉沽管理区地区生产总值完成35.9亿元，比上年增长6.1%；规模以上工业增加值比上年增长16.3%；社会消费品零售总额完成7.63亿元，比上年增长4.9%；一般公共预算收入完成3.19亿元，比上年增长8.9%；固定资产投资完成46.14亿元，比上年增长7.3%；实际利用外资完成200万美元，比上年增长126%；进出口总额完成2.4亿元，比上年增长110.77%；新增城镇就业2060人。全区总面积150平方千米，耕地6666.67公顷（其中国有土地3333.33公顷）、人口5万人，下辖汉丰镇及18个行政村、农业总公司及7个生产队、振兴街道办事处及7个社区居委会，各类工商业户1900多家，较大型工商企业250多家。汉沽管理区前身河北省汉沽农场始建于1951年，2003年3月经省委、省政府批准，由省农垦局移交唐山市管辖，成立唐山市汉沽管理区，2014年11月，获批成立河北唐山汉沽经济开发区。汉沽管理区地处渤海之滨，距天津、唐山各40千米，辐射华北、东北乃至全国各重要集散地，是连通京津冀协同发展核心腹地。境内京山铁路、津秦客运专线、唐津高速、沿海高速、滨保高速、112国道纵横交织。周边10千米范围内有芦台站（客运/货运）、汉沽站（客运/货运）、滨海北站（高铁客运）及滨海城铁站（规划中）4个火车站点，1小时之内可达天津和唐山港口、机场，1个半小时可达北京、雄安新区，是连接京津唐及东北地区往来重要纽带。汉沽由农垦企业转制而来，区内3333.33公顷国有土地方正平坦，利于成片开发。地处“三河交汇”之地，水资源丰富，沟渠环绕，阡陌纵横，绿树成荫，鱼蟹成群，瓜果飘香，全年优良天数260天以上，PM2.5浓度常年保持54微克以下，空气清新，舒适宜居，自然环境优良。区内地热资源丰富，燃气、供电具备天津和唐山双向来源，生产生活条件便利。面积11平方千米临津产业园地处天津滨海新区环抱之中，是河北省嵌入天津滨海新区唯一一块飞地。北陈区域毗邻宁河区政府所在地，200公顷建设用地适宜整体开发。基础设施与之相融共用，工业、商业、房地产土地成本不足滨海新区汉沽区域和宁河区75%、30%、45%。

【汉沽区疫情防控】 2021年，汉沽管理区落实区镇村组四级领导包联责任制，全面压实四方责任，组建15支95人流调队伍，第一时间落实排查要求。全年全区中高风险地区

汉沽兴业奶牛养殖公司挤奶车间。　　闫军摄

返回39人，境外返回33人，排查密接、次密接37人，全部按要求管控。各行业部门发挥主体责任，人员密集重点场所均落实常态化防控要求，推进“三码联查”，坚持常态化疫情防控措施，定期环境消杀，严控人员聚集。推进新冠疫苗接种，全区12岁以上人口接种疫苗，加强针应接种人群截至12月7日全部完成。

【汉沽区项目建设】 2021年，汉沽管理区制发《唐山市汉沽管理区优化营商环境实施细则》《唐山市汉沽管理区优化营商环境任务分解方案》，成立汉沽管理区优化营商环境领导小组。11月份，与全市统一步调，在行政审批办理过程中推出“拿地即开工”方案，一次性收取审批材料由32项缩减为22项，建设单位签订土地出让合同后，当天即可取得项目立项、规划、施工许可等全部手续，并可以开工建设，提高项目审批速度。18个省市重点项目完成投资27.9亿元。新增规模以上工业企业4家，新增高新技术企业3家，新增“专精特新”中小企业4家，伦登风机获评市级工业设计中心。对接项目50余项，接待客商来访90余次，全区签约项目17个，其中5000万元以上项目13个，亿元以上项目11个，利用外资项目1个，协议总投资27.61亿元。在谈京东物流投资京东信诚供应链物流中心项目、太平洋建设集团投资韵禾原乡小镇田园综合体项目等23个项目，意向总投资80.04亿元。年内实施亿元以上京津项目27个，完成投资18.8亿元，完工项目11个，新开工项目7个，完成投资23.04亿元。

【汉沽区生态文明建设】 2021年，汉沽管理区坚持统筹协调温暖过冬与清洁取暖，完成“气代煤”二期和“电代煤”工程建设以及散煤治理任务，实现农村“双代”全覆盖。推进“散乱污”企业整治、涉VOCs行业深度治理、全域治超、餐饮油烟整治、全面禁止秸秆焚烧等专项行动，重点企业超低改造、涉挥发性有机企业整治等各项工作，空气质量整体改善。实施煤河水质达标治理工程，煤河水质监测平均值达标。实施农村饮水安全巩固提升工程，保护饮用水水源地。

【汉沽区城镇化建设】 2021年，汉沽管理区改造棚户区，完成老旧小区改造，按规定时间节点完成“双代”（气代煤、电代煤）任务。临津产业园排水泵站2号工程投入使用，百祥支路完成局部地下管网施工。增设公共停车位128个，超额完成市达任务。落实环卫保洁要求，城区机扫率95%以上。全区25个公共机构实现垃圾分类全覆盖，完成市达任务。种植补栽白蜡、杨树等2.1万株，义务植树4500株，提升整体绿化水平。加强城区市容环境管理，累计治理店外经营680处、乱堆乱放750处，清除店主玻璃橱窗乱贴乱画800余处，规范主次干道（路）广告牌匾50块，治理振兴路集市占道摊贩340余处，治理车辆飘洒、监管督导苫盖60辆次，清除小区及主次干路绿化用地毁绿破绿行为20余处，维护维修各类市政设施50处。

【汉沽区乡村建设】 2021年，汉沽管理区以12个示范村和2个提升村为重点，对干渠路沿线市级示范区提质扩面。实施道路硬化、村庄亮化等8项工程，总投资1.34亿元。启动实施皂甸村欢乐汇休闲娱乐旅游和南塘农业科技园2个农业产业化项目，总投资8000万元。财政项目申报高产优质苜蓿基地建设和粮改饲试点项目，争取省级以上财政资金303.4万元。第一产业增加值完成4.15亿元，比上年增长5%，比上年增长4%；一产固定资产投资2099万元，比上年减少21.6%。开展三轮以“五清”为主要内容村庄环境整治观摩拉练行动，问题厕所摸排7230座，整改336座。全区建档立卡脱贫户26户46人，年内全部实现高质量脱贫。救助非贫困低收入户11户，合计发放防贫保险救助金12.08万元。

【汉沽区社会民生】 2021年，汉沽管理区强化为民理念，完成年初制定10项惠民实事。义务教育阶段入学率和巩固率均100%，落实“双减”政策，全面开展课后服务。探索高中特色发展路径，鸿鹄岭特色高中在普通高中学业水平考试中总过关率97.7%。扩大基本公共卫生服务覆盖范围，提升管区医疗卫生水平。通过强化职业能力培训、入企帮扶走访、举办招聘会、组织参加人才交流活动等措施，巩固和提高劳动就业率，城镇新增就业2411人，城镇失业人员再就业751人，帮扶就业困难人员再就业238人，审核创业担保贷款320万元，申请就业补助资金支出706.44万元。落实困难群体帮扶救助措施，确保应救必救、救助及时，全年为215户城乡困难群众发放救助款26万元。

【平安汉沽建设】 2021年，汉沽管理区推广应用“互联网+安全生产”综合监管信息平台系统，建设安全生产风险管控和隐患排查治理“双控”机制，提升安全生产信息化应用水平。开展安全生产专项整治三年行动，开展全区“防风险、除隐患、保安全”安全生产大排查、大整治及“回头看”等系列活动，检查企业157家，排查整改隐患411条。加强国家安全人民防线建设，提高防范抵御国家安全风险能力。开展矛盾隐患排查，做到早发现、早报告、早控制、早解决，把各类矛盾纠纷及不稳定隐患解决在基层，排查化解各类矛盾纠纷120起，维护正常信访秩序，信访事件化解率80%以上。

（刘世佳）

芦台经济开发区

【芦台区概况】 2021年，芦台经济开发区（简称芦台区）辖区总面积134.34平方千米，耕地8000公顷，常住人口6.5万人，辖1个建制镇、1个街道办事处。全年全区实现地区生产总值83.3亿元，比上年增长10.1%；公共财政预算收入2.59亿元，比上年增长8%；固定资产投资32.9亿元，比上年增长7.6%；高新技术产业增加值24.1亿元，比上年增长25.5%。芦台区成立于2003年，为省级经济开发区，是河北省唯一一块全域在天津市境内“飞地”。

【芦台区协同发展】 2021年，芦台开发区发挥京津产业转移承接平台优势，加速协同发展“微中心”建设，与北京通州区、中关村和天津滨海新区、武清区等地合作对接，区内聚集京津项目138个，其中北京项目81个、天津项目57个。党政主要领导和职能部门与天津宁河区常态化对接互访30余次，巩固路网互联互通、生态联防联控、应急联防联勤等领域常态化机制，巩固扩大同天津市宁河区疫情联防联控成果，协同机制增至12项，两次支援宁河全员核酸检测。污水处理、供热设施共享合作达成共识，交通一体化特别是公交线路衔接换乘、交通安全管理水平提升，新华社以《河北芦台:借风“京津冀”“飞地”变“高地”》等新闻予以报道。

【芦台区政治建设】 2021年，芦台开发区推进“三基”建设年活动、农村“五位一体”和社区“六位一体”建设，基层治理体系完善，基层党组织战斗堡垒和党员先锋模范作用增强。举行“光荣在党50年”纪念章颁发仪式暨“两优一先”表彰大会，走访慰问生活困难党员和新中国成立前老党员。开展“我为群众办实事”实践活动，制定活动方案，多次开展志愿服务活动，累计服务群众24万余人次。完成海北镇和村居“两委”换届，村居书记、主任“一人兼”比例100%。

【芦台区经济建设】 2021年，芦台开发区坚持“项目为王”，世界500强企业中国华能集团光伏发电等21个优质项目签约落地，总投资42.16亿元。18个省、市重点项目完成投资20亿元，完成年度计划103%。长鹰信质电机定子生产基地等12个项目开工建设，中南高科京津创智产业园等33个项目续建。新增规模以上工业企业13家，年新增规模以上工业企业连续4年10家以上，规模以上工业增加值增长16%。新增省级“专精特新”企业6家、高新技术企业4家、科技型中小企业43家；亚联机械、远大洪雨2家企业获省重大科技成果转化项目资金支持，占全市6家企业三分之一。科技创新主体规模扩大，百万级纳税企业50家，其中千万元以上企业从零增长至6家，3000万元以上企业1家，实现历史性突破。

【芦台区社会建设】 2021年，汉沽管理区规划体系进一步健全，《国土空间总体规划》编制取得阶段性成果，《村庄布局专项规划》完成编制，各村庄规划在编。实施总投资3.2亿元30余项重点城建项目，蓟海路等4条道路提升改造，中水回用全域覆盖。水、电、路、气、讯、热等基础设施改善，城镇和园区管理水平提升。引进共享单车，群众出行更加便捷，提升城镇活跃度。人居环境改善，清理违建3万平方米，新增硬化绿化12万平方米，由生态修复体验园、颐河带状健身公园和15个文化公园构建起“城园相融、生态涵养”格局，提升城镇洁净度、靓丽度、宜居度。中心城区和海北镇2所幼儿园投入使用。医院综合救治能力提升工程完工。老旧小区改造和棚户区改造二期工程完成。便民停车场投入使用，新增车位400余个、新能源汽车充电桩20个。全年进京赴省访量为全市18个县区最低，成为下半年唯一未发生进京访县区，社会稳定评价指数在全市开发区中位列第一。

【芦台区生态文明建设】 2021年，芦台开发区完成年初与市委、市政府签订《大气污染防治目标责任状》各项任务。“散乱污”企业分类整治到位，涉VOCs企业治理完成率100%。“气代煤”改造完成，全域实现清洁取暖，生物质热电联产投入运行，分布式光伏发电布局，空气质量综合指数4.71，比上年下降12.62%，优良天数274天，比上年增加6天。农村生活污水无害化处理全覆盖，全部20个村完成公厕改造，东董村等3个村生活污水实现集中处理，全域22条河道水体质量改善。

芦台经济开发区农民在稻田码放育苗盘。 董军摄

【芦台区乡村建设】 2021年，芦台开发区贫困户26户53人稳定脱贫，农民收入稳定增加，人均年收入比上年增长40.42%。粮食种植面积7300公顷，超额完成市达任务。种植业综合机械化水平97%，水稻机播、机收率100%。20个村集体经济组织股份制改造和组织机构换届完成，保障农民权益。推进“十百千”工程和环境整治，改造户厕2200多个，硬化村庄道路25条13千米，植树造林48公顷，韩双路、于辛路等道路年内贯通。

【3000套集成房屋驰援石家庄】 2021年1月，为支援石家庄抗疫，芦台开发区依托区内装配式建筑产业集群优势，安排河北浩石集成房屋有限公司、诚栋集成房屋河北有限公司、河北雅居集成房屋有限公司3家企业紧急生产调配3000套专用模块化集成房屋，用于石家庄市集中隔离点建设。为确保隔离点早日投入使用，芦台开发区重点项目办工作人员连续3天往返于芦台与石家庄之间，开展各项工作，为石家庄抗疫跑出“芦台速度”,贡献“芦台力量”。3家企业都曾在2020年年初为武汉火神山、雷神山医院，北京小汤山医院等医疗机构提供集成房屋，这种房屋采用轻钢结构，具有运输效率高、安装快捷、可回收利用等特点。

【负压救护车转运队支援辛集抗疫】 2021年11月，芦台开发区派出区医院公共卫生科科长马葆宇、海北镇卫生院医生李如泳驾驶负压救护车辆支援辛集市抗疫，24天时间里，2人分秒必争，连续奋战，完成29人次人员隔离、转移工作，运送核酸采集样本3000余份，辛集市疫情防控指挥部向芦台开发区援辛负压救护车转运队颁发“大义逆行抗击疫情，幸得有你不忘初心”锦旗。

（张利国）

县（市、区）

Xian(Shi Qu)

迁安市

【迁安市概况】 唐山市迁安市境纵跨直线距离45千米，横跨直线距离39千米。东隔青龙河与秦皇岛市卢龙县相望，南与滦州市相邻，西接迁西县，北以长城为界与秦皇岛市青龙满族自治县毗邻。2021年，全市总面积1227平方千米，辖17个镇、4个街道。年末总户数23.11万户，户籍总人口数77.58万人，其中城镇人口31.94万人，乡村人口45.64万人；年内出生5391人，出生率7.18‰；年内死亡4806人，死亡率6.41‰；人口自然增长率0.78‰。全市地区生产总值1160.3亿元，比上年增长6.7%，经济总量继续领跑全省。其中，第一产业增加值32.9亿元，比上年增长6.2%；第二产业增加值779.1亿元，比上年增长5.1%；第三产业增加值348.3亿元，比上年增长10.1%。三次产业结构调整到2.8∶67.2∶30.0。实现农林牧渔业总产值55.5亿元，比上年增长4.5%。其中，农业产值24亿元，增长5.7%；林业产值1.3亿元，下降12.1%；牧业产值26.9亿元，增长4.1%；农林牧渔业服务业产值3.2亿元，比上年增长7.8%。全部财政收入141.4亿元，比上年增长11.4%；一般公共预算收入66.0亿元，比上年增长7.9%。固定资产投资比上年增长7%。实际利用外资1.56亿美元，比上年增长19.2%。进出口总值完成286.28亿元，比上年增长11.01%，出口总值完成14.05亿元，比上年下降18.17%。社会消费品零售总额完成266.7亿元，比上年增长5.7%。城镇居民人均可支配收入4.84万元，比上年增长6.5%，农村居民人均可支配收入3万元，比上年增长10.3%。金融机构各项存款余额1192.4亿元，较年初增加99.5亿元；金融机构各项贷款余额636.9亿元，较年初增加86.1亿元。年内获各类荣誉127项，11项创全省第一，8项创全省唯一，在全国中小城市综合实力百强评比中升至第16位。

【迁安市政治建设】 2021年，迁安市弘扬建党精神，严守政治纪律和政治规矩，增强“四个意识”、坚定“四个自信”、做到“两个维护”，确保中央和省市各项决策部署在迁安落到实处、见到实效。开展“牢记嘱托当先锋、英雄城市党旗红”基层党建示范引领3年行动，统筹推进农村、社区、机关、学校、企业、医院、“两新”组织等各领域党建工作，打造红色阵地、民心阵地、先锋阵地，擦亮基层党建品牌。发挥巡察“利剑”作用，加强对“一把手”和关键岗位领导干部监督，推动各类监督贯通协同。

【迁安市经济建设】 2021年，迁安市实施重点项目216个，107个项目竣工投产，新增规模以上工业企业20家、服务业企业15家。新签约项目107个，17个京津项目落户，与北京科技大学、首钢股份签订共创政产学研用示范基地战略合作协议。助企融资总额177亿元，新增减税降费3.15亿元，全市市场主体突破7.6万家，九江、鑫达入选“中国民企500强”。制发《关于支持上市挂牌公司高质量发展的实施意见》，3家企业挂牌。首钢智新获评省政府质量奖，正大制管获评唐山市政府质量奖，“贯头山酒”获批国家地理标志保护产品，2家企业成为河北省标准领跑者，承办河北省重点区域质量提升现场会。园区主营业务收入突破3000亿元，经开区蝉联省级提升综合示范开发区，高新区跻身省创新型园区建设试点，化工集中区南部片区通过省级认定。木厂口镇跻身全国百强镇。

【迁安市文化建设】 2021年，迁安市通过全国文明城市复审，获评省级城市体检试点市、省级生态园林城市。冰雪运动、群众性文体活动开展，新时代文明实践志愿服务活动覆盖城乡，举办国际山地越野马拉松赛，获评中国文化建设百佳县市。山叶口入选中国美丽休闲乡村，获评全国村庄清洁行动先进县。中唐天元谷获评省级旅游度假区，鑫达钢铁工业园、京东管业工业园获评AAA级景区，金岭矿山公园成为热门“打卡地”，文旅产业综合收入突破90亿元。

【迁安市生态文明建设】 2021年，迁安市开展钢铁、焦化等重点行业专项治理，精准修订“一厂一策”，实施工程减排197项，新增国家级绿色工厂2家、省级绿色工厂4家。在唐山市省考核14县（市、区）中率先达到国家二级空气质量标准，4次获上级生态奖励资金。全域治水，整治河湖“四乱”，开展青龙河、西沙河综合治理等项目，地表水厂开工建设，新配套污水管网18.5千米。编制全域矿山生态治理规划，24处责任主体灭失矿山迹地治理任务完工，完成修复228.93公顷，新增耕地128公顷。实施国土空间绿化和土壤污染防治，市镇村三级林长体

迁安市黄台湖水利风景区滨湖植被缓冲带。　　牟　宇　摄

系确立，新增营造林6586.67公顷。

【迁安市社会建设】2021年，迁安市为民实事如期完成，民生投入占一般公共预算支出82.8%。制定教育布局专项规划，教育园区主体完工，实施校舍改造提升项目30个，填补农村教学空白点13处，民办普惠幼儿园57所，义务教育“双减”政策落实，高考本科上线率提高16.7%，通过省政府对履行教育职责评价。深化医药卫生体制改革，两个医疗集团服务体系覆盖全域，健康管理中心、新口腔医院建成运行，协和源颐养中心主体完工，药品集中带量采购惠民利民，通过国家卫生城市复审，获评全省唯一健康城市建设样板市。安全生产、食品药品安全态势稳定，开展第一次全国自然灾害综合风险普查，提升防灾减灾救灾能力。扫黑除恶专项斗争常态化开展，重点案件发案率下降30%，“砺剑铸盾”专项行动位列唐山优胜行列，省级双拥模范城实现“六连冠”，获评平安河北建设示范市。

【全国健康城市建设样板市】2021年12月31日，全国爱卫办发布《关于2020年度全国健康城市建设评价结果的通报》，迁安市获“全国2020年度各省份健康城市建设样板市”称号，成为全省唯一获此称号城市。2016年，迁安市被评选为首批全国健康城市试点市，成为河北省唯一入选城市；2021年被评为全国康养百佳县市，保障群众健康。

【迁安市农业农村局获全国先进】2021年12月31日，农业农村部印发《关于对“中国渔政亮剑2021”系列专项执法行动成绩突出的集体和个人给予表扬的通报》，通报表扬“中国渔政亮剑2021”系列专项执法行动中成绩突出140个集体和230名个人。迁安市农业农村局获评“中国渔政亮剑2021”系列专项执法行动成绩突出集体，是迁安市农业农村局继获评第一批全国农业综合行政执法示范单位后，获得又一国字号荣誉。

（肖牧亨）

遵化市

【遵化市概况】2021年，唐山市遵化市总面积1521平方千米。辖17个镇、8个乡、2个街道办事处，648个行政村。年末全市常住人口70.24万人，比上年减少0.47万人。全年地区生产总值完成507.2亿元，比上年增长7.5%。其中第一产业增加值完成56.2亿元，比上年增长7.9%；第二产业增加值完成228.4亿元，比上年增长5.6%；第三产业增加值完成222.7亿元，比上年增长9.2%。三次产业比重11.1∶45.0∶43.9。规模以上工业企业增加值比上年增长13.5%。全年粮食总产量23.59万吨，比上年增长0.2%；油料总产量4.29万吨，比上年下降0.5%；蔬菜总产量51.1万吨，比上年增长1.4%；干鲜果品总产量17.9万吨，比上年增长2.3%。全年财政收入31.34亿元，比上年增长16.4%，其中一般公共预算收入18.48亿元，比上年增长7.5%。全年社会消费品零售总额167.10亿元，比上年增长6.2%。金融机构各项存款余额686.9亿元，比上年增长8.9%。各项贷款余额342.7亿元，比上年增长17.1%。城镇居民人均可支配收入4.61万元，比上年增长6.4%；农村居民人均可支配收入2.2万元，比上年增长11.0%。

【遵化市政治建设】2021年，遵化市完成市乡村换届工作。开展“三基”建设年活动，制定《关于进一步加强基层党组织规范化建设的实施意见》，建强基层战斗堡垒。坚持公心用心、公平公正用干部，全年调整科级干部14批次587人，其中提拔90人，进一步使用54人。在《人民日报》、新华社、中央电视台等主流媒体刊发报道2200篇次，红色老典型、工业余热供暖等主题报道12次登陆央视《朝闻天下》等栏目。开展“扬正气、树新风，鼓干劲、促发展”活动，查摆整改各类问题382个。支持纪委、监委监督执纪，全年查处违纪违法案件235件，党纪政务处分284人。深化“放管服”改革，创新政务服务和审批新模式，实现依法行政优服务、照章办事提效能、公正处事树形象，获评“全国投资竞争力百强县”。执行市人大及其常委会决议决定，自觉接受各方监督，129件人大代表建议和95件政协委员提案全部按时办复。

【遵化市项目建设】2021年，遵化市制定招商引资和项目建设“22条精准举措”、产业招商优惠政策等6项制度性政策措施，科学优化层级调度和考评奖惩机制，常态化开展项目建设大比武擂台赛。精准招商，新增北京快鹿织造、好想你健康食品等32个成熟在谈项目，山工重机数控设备等38个项目签约落地。中农批·京东（遵化）农产品智慧物流园等96个新项目开工，宝武钢铁集团金属包装北方生产基地等98个项目投产。全年新增规模以上工业企业18家、规模以上服务业企业7家。扩大开放，全年实际利用外资1.36亿美元，增长30.8%，进出口总额完成27.3亿元，增长50.4%。

【遵化市转型升级】2021年，遵化市港陆公司减量置换实现装备大型化，总投资60.5亿元焦电一体化、烧结机综合升级改造、铁路专用线项目完工，总投资23亿元产能减量置换项目开建，总投资98亿元整合重组减量置换项目获省工信厅核准，200万吨冷轧二期等项目在建。科技提升实现环保智能化，投资2亿元建成环保管、控、治一体化智慧平台，创建环保绩效A级企业进入公示阶段，解决港陆公司发展问题，精品钢铁产业园区在建。建龙公司“双1000”计划起步，国际一流矿山综合运维服务平台一期耐磨球项目投产，工业机器人项目在建。原厂址城市更新项目完成初步规划，实现由“退城”到“回归”转变。坚持科技赋能，实施同海净化设备等4个战略性新兴产业项目，新培育高新技术企业10家、科技型中小企业100家，战略性新兴产业增加值增长27.8%，高于规模以上工业增加值14.3个百分点。

【遵化市全域旅游】2021年，遵化市全长26.5千米、投资4.7亿元“旅游风景道”通车，打通旅游交通体系，实现旅游景点闭环连接。金融街“古泉小镇”初具雏形，五星级皇冠假日酒店、室内滑冰场、主题运动公园完工，基础设施日臻完善，完成年度投资8.5亿元。碧桂园恋乡小镇水街二期项目运营，尚禾源景区通过国家AAAA级旅游景区初步验收，唐山文旅集团山里各庄乡村振兴综合体106.67公顷稻梦庄园在国庆期间开放，成为京津网红“打卡地”。鲁家峪村获评“革命老区红色旅游教育基地”。承办第五届唐山市旅发大会，展示遵化“以文兴旅、文旅融合”魅力，获评“最美中国文化旅游城市”“美丽中国·文旅融合创新发展示范城市”。

【遵化市城建】2021年，遵化市打通“断头路”，建明西街西通、东二环路改造等6条道路通车。改造棚户区，乔家洼村、流水沟村、北邢庄子村棚改项目分房，705户村民实现“安居梦”。宏伟帝景二期项目启动，化解“回迁难”问题。23个老旧小区改造和1600户抗震房改造任务完成。22项道路及节点绿化工程实施，新增绿化面积2万平方米。泰达垃圾焚烧发电、建华街市场等17项便民工程建成投用。在年度全国文明城复检中位居全省第一名。

【遵化市乡村振兴】2021年，遵化市打造乡村振兴“遵化样板”，广野公司晋升为国家级农业产业化企业，美客多公司成为唐山市首家进入20亿元级别单体农业产业化企业，新增省级农业产业化企业6家，农产品加工业产值65亿元，农业产业化经营率74%，位居全省前列，入选“全国农业全产业链典型县(肉鸡)”。“一村一品”示范村占比51.2%，“遵化香菇”获评中国特色农产品优势区，山里各庄村、朱山庄村分别入选全国“一村一品”示范村名单、全国乡村特色产业亿元村名单。承办“2021年中国国际板栗大会”，举办“第五届果王大赛”，打响特色农产品品牌，河北省农村产业融合发展现场会在遵化市召开。清华大学唐山•遵化乡村振兴工作站启动建设。建设省级古泉小镇乡村振兴示范区、唐山市级民族团结进步乡村振兴示范区，54个项目全部开工，47个项目竣工。改建乡村道路230.4千米，新增“户户通”村51个。投资2137万元，新建农村污水处理站1座，实现9个村生活污水“分户收集、集中处理”。

【遵化市生态文明建设】2021年，遵化市完成16项重点企业减排工程，4427处重点区域扬尘源问题整治到位，“双代”（气代煤、电代煤）改造1.99万户，累计查处破坏生态环境案件652起，保障空气质量持续改善。全年空气质量综合指数4.88，比上年下降19.6%，综合指数在全省167个县（市、区）中排名较上年前进34位，优良天数比上年增加29天。将全市79个采矿权、2个探矿权划定为20个整合区，18处责任主体灭失矿山基地完成修复治理，创建国家级绿色矿山1处、省级绿色矿山2处，获评“全国绿色矿山突出贡献单位”。水岸共治，落实“河长制”，主要河湖水质实现稳定达标，被评为“全国第二批小型水库管理体制改革样板县”。

【遵化市社会建设】2021年，遵化市10件民生实事项目、“我为群众办实事”工程以及承担30项省、唐山民生实事工程完成。第五实验小学、第六实验小学2个教育集团组建，新建改建农村中小学校11所，义务教育阶段小学和初中生均公用经费分别增长101.8%、65.3%。“双减”落地落实，“三点半”等教育焦点问题破解。常态化疫情防控，全民疫苗接种率94%以上。基本医疗保险参保率99.1%，较上年增加2.1个百分点。加入以市人民医院、市中医医院为龙头紧密型医共体建设，畅通与京津知名医院就医绿色通道，群众就医更便捷、更安心，获评“河北省健康促进县”。总投资2000多万元30千米范围内城乡客运公交一体化项目改造完成，首期4条路线

遵化市团瓢庄乡山里各庄村1600亩稻田画。　孙博摄

投入运营。27个乡镇（街道）新时代文明实践所站建成，位居全省前列。全市648个村和42个社区行政综合服务站完善软硬件设施，打通便民服务“最后一千米”。加强法治遵化建设，苏家洼镇获评第一批“全省法治政府建设示范乡镇”，山里各庄村获评“全国民主法治示范村”。省级双拥模范城实现“五连冠”。打造“平安遵化”，乡、村两级社会治理综合服务中心建成投用，192个智慧平安社区达标建成。

【中国国际板栗大会举办】 2021年9月15～16日，中国国际板栗大会及板栗嘉年华活动在遵化市举办，来自世界各地100余名专家学者、板栗加工企业及相关行业代表在现场或以“云视频”形式参加活动。大会以“创新发展·共享未来”为主题，由中国食品土畜进出口商会主办，中国食品土畜进出口商会板栗分会、唐山市商务局、遵化市人民政府共同承办。作为中国首个以推动板栗贸易为主题国际专业活动，会议采取“多会场+云视频”模式，除遵化主会场外，辽宁丹东、山东泰安等2个板栗主产区设立分会场，主会场和分会场、国外企业之间通过网络会议系统互动，日本、韩国、希腊等国家板栗经销商通过“云视频”向大会召开表示祝贺。北京、河北、山东、广东等地11家商会和企业签约板栗产业供应链金融服务、板栗产品合作、鲜板栗销售仓储等6个合作项目。会议期间，举行板栗前沿科研、科学种植及最新成果发布、板栗营销新业态论坛、板栗产业现状与趋势论坛、知名企业论坛、板栗诚信平台发布仪式及基本操作演示、遵化产业招商推介等多项活动。

【第五届果王大赛举办】 2021年9月16日，遵化第五届果王大赛暨农民丰收节庆祝大会在遵化市兴旺寨乡恋乡小镇举办。大赛评委由唐山市农业农村局研究员、唐山职业技术学院教授等多位专家组成，在专业技术人员对参赛样品单果重量、果形指数、硬度、糖度等指标进行初检基础上，再根据色泽、果型、口感风味等专业指标综合打分，按平均分依次评选出“果王”“菜王”、香菇王以及金奖、银奖。大赛共评出果蔬王12个，分别为东陵乡苹果、铁厂镇洋白梨、兴旺寨乡桃、新店子镇玫瑰香葡萄、西下营乡板栗、东旧寨镇核桃、地北头镇山楂、东新庄镇南瓜、党峪镇李子、团瓢庄乡黄瓜、西留村乡蒜黄、平安城镇香菇。另评出金奖26个、银奖39个。

【畜牧业生产监测获全国先进】 2021年11月26日，农业农村部畜牧兽医局发布关于表扬2020～2021年度畜牧业统计监测工作综合评估优秀省县通报，遵化市被综合评定为优秀生产监测县和优秀市场监测县，其中优秀市场监测县全国排名第一。遵化市制定《遵化市畜牧统计监测工作实施方案》，由遵化市农业农村局牵头，支持统计监测，采取定期培训和即时培训相结合办法，提高监测统计人员业务水平，做到及时准确上报采集数据。蛋鸡生产监测实行月报，监测5个村蛋鸡生产情况，涉及60多个蛋鸡养殖场户，每月1次数据采集上报；市场监测为周报，每周周三采集生猪、猪肉、鸡蛋、牛奶、玉米、豆粕等20项价格指标上报，为上级预判畜牧业发展形势和制定畜牧业扶持政策提供依据。

（李占云 鞠 枫）

滦州市

【滦州市概况】 2021年，唐山市滦州市地区生产总值473.78亿元，比上年增长5.9%，其中第一产业完成50.33亿元，增长7.5%；第二产业完成286.37亿元，增长2.6%；第三产业完成137.08亿元，增长11.9%。固定资产投资、规模以上工业增加值分别增长7%和6.1%；公共财政预算收入完成25.47亿元，比上年增长8%，增幅居唐山市第四位，财税结构优化，非税占比17.3%，居唐山市第2位；社会消费品零售总额97.66亿元，比上年增长6.5%；城镇居民人均可支配收入4.86万元，农村居民人居可支配收入2.27万元，比上年分别增长7%和10.7%。主要经济指标增速高于唐山市平均水平。滦州市获中国最具发展潜力百佳县（市）称号，上榜全国县域经济与县域综合发展100强。经济开发区主营业务收入1028亿元，跨入全省20家“千亿级”开发区行列。全年累计到位上级奖补资金、抗疫特别国债和政府专项债等各类资金17.64亿元，比上年增长45.8%。

【滦州市经济建设】 2021年，滦州市10个重点项目完成投资163.3亿元，其中24个省、市重点项目完成年度投资计划127%。传统产业存量升级，金马钢铁公司提前3个月全线关停，实施伊利乳业工艺设备升级改造等工业技改项目95个，东海特钢500万吨冷轧一期建成投产，总投资110亿元司家营田兴铁矿项目开工建设。新兴产业增量放大，战新产业攻坚项目完成投资20.8亿元，与央企北新建材合作建设易新科技装配式住宅项目投入运行，冀

滦州市发展生态养牛，促农增收。 杨世尧 摄

滦纸业绿色一体化管控平台被评为河北省工业互联网创新发展试点，北极熊建材获国家“专精特新”重点小巨人称号，战新产业增加值增长7.5%。现代农业提质增效，实施农业重点项目10个，培育省级农业科技园区1家，新增市级以上农业龙头企业7家，创建市级以上农业高质量发展示范基地9个。制止耕地“非农化”，防止耕地“非粮化”，新建高标准农田1113.33公顷，粮食总产量26.26万吨。滦州市获评河北省农业产业化先进县（市）称号。现代服务业提速升级，启动实施总投资100亿元滦河文化产业带项目。东海钢铁公转铁专用线开通运营，连创制钢等7家企业入驻唐山市跨境电商综合服务平台。

【滦州市城乡建设】 2021年，滦州市编制国土空间规划，投资1.14亿元创建“三城”（文明城、卫生城、园林城），年内获全国文明城市提名推荐资格。开展“交通建设年”活动，实施总投资47.8亿元25个重点交通工程，迁曹高速（滦州段）及连接线建成通车，赤曹国道（滦州段）主体完工，何茨线和杨柏线大修、钢联路改建完成，唐秦高速（滦州段）、东外环建设在建，实施胜利道等7条城区道路新改建项目，城乡一体化交通体系形成。城市功能品位提升，体育场改造后开放，市民服务中心投入使用，公共文化服务中心完成外装修。北双山、友谊里等6个棚改项目完成年度任务，投资5630万元改造晨光里、朝阳里等19个老旧小区，群众居住条件改善。城市精细管理加强，新建公共停车位2060个，城区主次干道机扫率100%，新增园林绿地面积40公顷、绿廊绿道3000米。投资1.2亿元新建农村公路134.8千米，硬化村庄道路1348万平方米，改厕2261座。投资1600万元实行农村生活垃圾市场化保洁清运。创建省市级乡村振兴示范区2个、省级美丽乡村55个，榛子镇获评省级“四好农村路”示范镇，滦州市获河北省村庄清洁行动先进县（市）称号。

【滦州市改革开放】 2021年，滦州市前置审批事项由200多项缩减至35项，减税降费2.1亿元，新增市场主体6355户，规模以上工业、服务业企业分别新增14家和9家，滦州市获河北省优化营商环境推动高质量发展先进县（市）称号，在全国县级综合信用指数排名中位列第40位。经济开发区化工园区通过省级认定。农村综合改革通过国家级标准化试点考核评估，全国仅6家。茨榆坨镇名列全国千强镇前列。年内，签约香港易高秸秆制氢等亿元以上项目52个，合同引资424亿元，实际利用外资7421万美元，比上年增长32.5%。东唐电气、北极熊建材入选全省科技创新发明专利“百佳企业”，宝乐科技入选全省研发投入“百佳科技单位”，新增高新技术企业13家、科技型中小企业149家。

【滦州市生态文明建设】 2021年，滦州市建成“智慧滦州·全域可视一张网”，国道205、省道平青大“三位一体”综合服务站投入使用，4名市级领导牵头组建工作专班，开展道路交通及沿线综合治理、钢企绩效“创B争A”、机制砂石行业整治提升等专项行动，突出科学治污、依法治污，推进蓝天保卫战，全市空气质量综合指数5.29，比上年下降12.85%；PM2.5浓度每立方米42微克，比上年下降14.29%；空气优良天数272天，比上年增加30天，唐山市排名第三。实施“双代”（气代煤、电代煤）改造1.91万户，压采地下水3671万立方米，全域治水·清水润城工程开工，重点流域断面水质达标。矿山迹地修复24处，绿化造林4366.67公顷，年内成功创建河北省森林城市。

【滦州市文化建设】 2021年，滦州市改造提升古马中学等农村中小学、幼儿园84所，滦河实验中学具备使用条件；滦州一中与唐山二中合作办学，71名考生被清华大学等“双一流”院校录取；落实“双减”政策，中、小学课后延时服务全覆盖；新招聘教师302名，充实到农村教学一线。实施文化惠民工程，开展文体活动273场次，举办滦州市第三届冰雪运动会。全省首部县级通史《滦州通史》出版发行，滦州地秧歌入选国家级非遗代表性项目名录，获2021～2023年度“河北省民间文化艺术之乡”称号。

【滦州市社会民生建设】 2021年，滦州市10件34项民生实事全部完成。社会保障能力增强，养老、医疗、失业等社会保险扩面提标，城镇和农村低保标准分别提高至每人每月6312元和每人每年770元，农村分散供养、集中供养和城市特困人员基本生活标准分别提高至每人每年8844元、1.01万元和1.39万元。新增城镇就业8263人，农村劳动力转移就业9790人；退役军人服务保障被评为河北省双拥模范城。实施农房抗震改造，2300户市达改造任务完成。巩固脱贫攻坚成果与乡村振兴衔接，落实产业帮扶资金1740万元，通过河北省巩固脱贫成果后评估考核验收。人民医院古城院区续建、医疗救治和防疫能力提升项目完成年度任务，连续3年获评河北省深化医药卫生体制改革工作先进县（市）。茨榆坨镇被评为全省首批法治政府建设示范镇。推进安全生产专项整治三年行动，加强食品药品安全监管，开展扫黑除恶专项斗争，防范化解重点领域风险，平安滦州、法治滦州建设取得成效，社会和谐稳定。

（章树森）

玉田县

【玉田县概况】 2021年，唐山市玉田县（户籍）人口70.07万人，自然增长率1.63‰。完成地区生产总值314.36 亿元，比上年增长7.0 %；第一产业69.88亿元，增长4.9%；第二产业138.12亿元，增长5.2%；第三产业106.36亿元，增长10.8%。粮食总产量50.87万吨，增长0.6%；棉花总产量72.75吨，下降12.7%；油料总产量2872吨，下降2.3%。全部财政收入24.36亿元，比上年增长14.0 %，其中一般公共预算收入14.54亿元，增长9.7%；一般公共预算支出44.0亿元，比上年下降9.1%。全年实现社会消费品零售总额94.99亿元，比上年增长4.6%。固定资产投资192.77亿元，比上年增长6.3%。农村居民人均可支配收入2.21万元，比上年增长10.4%；城镇居民人均可支配收入4.30万元，比上年增长6.8%。年末城乡居民存款余额568.41亿元，比上年增加50.71亿元。河北玉田经济开发区总体规划面积49.93平方千米，有企业443家，其中规模以上企业118家，国家高新技术企业85家，科技型中小企业205家。全年优良天数260天，比上年增加25天，优良天增加天数全市第4位。重污染天数8天，比上年减少4天，重污染天减少天数全市排名第6位。全县5条重点河流考核断面水质年均值达标。城区集中式饮用水水源水质和郭家桥乡集中式饮用水水源水质达标。综合指数4.82，全市排名第7位，全省排名第102位。

【玉田县政治建设】 2021年，中共玉田县委开展"党史学习教育"活动，组织县级专题学习11期，乡科级党史主题读书班3761场次，参与党员10万余人次。开展县级领导干部宣讲76场次、基层宣讲2200场次，受教育群众25.3万余人。开展"玉田革命史"专题讲座，在江浩故居等爱国主义教育基地组织宣讲300余场，参与人数3万人次，增强全县党员干部群众听党话、感党恩、跟党走自觉性和坚定性。召开全县领导干部换届任职集体谈话暨政治性警示教育大会，优化净化政治生态。召开15次县委理论学习中心组集中学习会议，学习习近平讲话和省、市文件精神。全县认证"学习强国"人数超20.6万人，供稿总积分排名全市第一，综合排名位居全市前列。11个县直单位、5个教育系统单位开展意识形态专项巡察。在《人民日报》、新华社、中央电视台等国家级媒体刊发图片、视频稿件146篇，在省、市级媒体刊发稿件1436篇，在央视新闻直播间、朝闻天下等平台连续播发《河北玉田人勤春来早特色大棚农户忙》专题节目。组织县乡村（社区）领导班子换届，调整乡科级干部12批次398人次，提拔使用85后年轻干部73名、90后年轻干部31名，优化乡科级干部队伍年龄和知识结构。实施"琢玉工程"，举办乡科级干部和年轻干部等网络培训班6期，组织线下培训16期，培训干部1.21万人次。农村（社区）"两委"换届完成，培训773名新任村（社区）书记和220名社区干部。整顿软弱涣散农村基层党组织22个，增强基层组织战斗力。开展中共玉田县委十三届委员会第一轮巡察，处置问题线索308件，立案124件，党纪政务处分109人，其中乡科级干部9人，保持惩治腐败高压态势。

【玉田县常态化疫情防控】 2021年，中共玉田县委应对石家庄、南京、内蒙古、浙江等多轮疫情，保持全县疫情防控形势总体平稳。全年累计处置协查函、告知函156份，流调3189人，分类落实管控措施。完善疫苗接种、医疗救治、异常反应监测与处置等8个方案，累计完成第一剂次接种59.87万人，全人口覆盖率90.05%；累计完成第二剂次接种58.96万人，全人口覆盖率88.67%。持续开展33类重点人群每周一次核酸检测，全年累计检测395.43万人次，结果均为阴性。累计采集冷链食品、物品及环境样本6076份，结果均为阴性。责令8家医疗机构停业整改，实现医疗机构零院感。强化基层医疗机构监测预警，20家乡镇卫生院均设立发热预检室和临时留观室，配备负压救护车和核酸采样物资。加强一体化管理，村卫生室设置临时发热人员留观室，规范开展居家健康监测人员体温测量和核酸采集送检等。启动设置社区卫生服务点64个，其中挂牌验收24个（辐射2000～1万人），40个（辐射2000人以下）完成选址。

【玉田县项目建设】 2021年，玉田县制发《玉田县2021年招商引资突破年活动实施方案》《玉田县招商引资高质量发展若干措施》等文件，每季度举办招商引资擂台赛，在广东、北京、上海等地组织招商推介活动4场，累计签约引进亿元以上项目45个，总投资186.82亿元，在全市招商引资百日攻坚行动中位居第三位。承接5000万元以上北京产业疏解转移项目35个，位居全省第七位、全市第三位。落实领导包联、现场办公、定期调度等制度，推进"拿地即开工"改革，新建亿元以上项目23个、续建43个、建成投产7个。纳入省市重点项目25个，北京建工新科建筑产业基地、金隅新材产业园等投产。截至2021年11月底，省市重点项目完成投资63.9亿元，提前完成全年任务。经济开发区调规扩区，建设经济开发区和农业园区基础设施及配套服务设施，园区形象和承载能力提升。商事制度改革，取消审批事项12项，审批改为备案事项5项，实行告知承诺事项17项，优化审批服务事项51项，1059项县级政务服务事项全部配置网上办理流程，网上可办率100%，乡镇级事项网上可办率90%。建设省行政备案规范管理改革试点，确定行政备案事项65项，全县56个单位完成281个电子印章备案，备案率100%。2021年，玉田县入选整县屋顶分布式光伏开发试点名单，建成屋顶光伏总规模9.45万千瓦。年内，安装完成分布式光伏总容量7.56万千瓦，1.51万户通过验收。恒泰30兆瓦光伏电站项目5月份并网发电，年发电4100万千瓦时。

玉田县家庭农场内，芍药花陆续绽放。 李洋摄

【玉田县商贸流通】 2021年，玉田县累计发放消费券50万元，开展购物夜市、线上销售、送货到家等多种形式促销活动100余次，拉动消费3亿元以上。举办“冀优品、行天下电商直播燕赵行”等3场大型直播热卖活动，相关信息被新华社等媒体宣传报道。发展电商产业，年销售额1000万元以上电商企业20家，获批国家级电子商务进农村综合示范县，新增7个淘宝村和1个淘宝镇，全县有3个淘宝镇、12个淘宝村，数量位居唐山首位。鸦鸿桥市场在中国商品市场综合百强榜单位列第36名，是全市唯一上榜市场。为外贸企业纾难解困，新办理进出口权企业29家，累计424家。跨境电商交易额完成2.26亿元，比上年增长19.58%。实际利用外资完成8871万美元，比上年增长29.5%，全市排名第5位。

【玉田县农业建设】 2021年，玉田县粮食播种面积8.65万公顷，产量50.85万吨，完成市达任务，居全市首位。蔬菜种植面积2.67万公顷，产量211万吨。生猪存栏48.2万头，出栏76.7万头。成年奶牛年均单产10吨，高于全省平均水平。北京同仁堂科技发展（唐山）有限公司被认定为河北省科技型中小企业，王致和二期取得不动产证。得玉中央厨房等精深加工项目在建，鑫喜鹤食品、北京鹏力达食品、天津伟响食品、天津悦丰、乐禾食品、华兴福科技、天赐园食品等项目或签订协议或在谈。中化集团MAP农业项目落地，建设服务站6家，推进星火中心和标准化数据中心建设。地下水超采综合治理工作被评为全市优秀档次。2021年调整落实压采1420万立方米项目7个，完工6个，部分实施1个，压采799万立方米。全域治水工程全市排名第三，一期工程完工。全县27座泵站全部开机排涝，排水1.87亿立方米，确保4万公顷洼地农田免受洪涝灾害。90个村农村饮水工程维修养护和738个村农村生活取水设施安装完工，玉田民生水利工作经验在搜狐网、《河北日报》“河北新闻联播”等媒体刊载报道。开展联查拉练4次，累计清运垃圾8.2万余立方米，栽植绿化树木2.8万余棵。采取第三方运营模式，建成4个粪污处理中心、25个400立方米大三格化粪池，日收集处理人居粪污300吨。13个傍河村3299户农村生活污水得到处理。

【玉田县城乡建设】 2021年，玉田县城区开工道路工程8项，总投资2.11亿元，总长度18.4千米，年内全部通车。公共基础设施建设工程投资3937万元，建成公共停车场4座，车位新增650个。城区道路交通基础设施建设投资280万元，新增振玉路、文明街、旭升路等8个路段中央隔离护栏2500米，城区主要路口新增机非隔离护栏5000米，新增不礼让行人抓拍设备7处，改造信号灯5处，增设标识标牌280块，新施划标线3.2万平方米、停车位1200个，旭升路口、旭升北路口等10个路口渠化完成，道路交通规范化建设水平提升。4座城区垃圾压缩转运站投入使用，日处理能力200吨。建成公园游园6个，植树7万余株，新增园林绿地面积37.8公顷。投资8528万元改造提升8个老旧小区，总改造面积32.4万平方米，10月底完工。农房“气代煤”改造3万户，“电代煤”改造1.48万户，全县“气代煤”用户18.28万户，“电代煤”用户3.11万户。玉田县在全市范围内率先推行“林长制”“田长制”，“林长制”完成718块信息公示展牌设立，实现所有村庄全覆盖，唐山市推进“林长制”工作现场观摩会在玉田县召开，玉田县作为唯一一个县（市、区）在全省推行“林长制”工作会议上做经验介绍。“田长制”工作形成“横向到边、纵向到底”耕地网格化管理新秩序。

【玉田县社会民生建设】 2021年，玉田县加强督导调度和现场办公，14项教育重点工程按时完工，优化提升教学设施环境。新招聘244名教师，开展各类培训11场，教师队伍整体水平增强。玉田县高考报名3927人，高考强基计划上线991人，上线率25.2%；本科上线3083人，上线率78.51%，保持全市领先位次。新建、改扩建公办幼儿园9所，实现学前教育全覆盖。推进托幼教育，支持幼儿园招收3岁以下幼儿，在唐山市“我为群众办实事擂台赛”中获第二名。玉田县实验小学代表唐山市参加全省“关注时事·胸怀天下”中小学生时事竞赛活动获特等奖，兰坡小学被评为第二届全国文明校园，玉田县职教中心成为河北省质量提升工程精品校、全国协同育人示范中职院校50强。落实国家“双减”政策，开展校外培训机构治理专项行动，责令22所学科类培训机构停止招生，查处取缔学科类培训机构4家。推行“5+2”课后服务模式，140所中小学4.77万名学生享受课后服务，占全县中小学生总数92%。医养结合向“4+N”新格局转化，扶持壮大县域医养结合机构，探索“协议联盟式”发展，创新培育“医养一体、两院融合”服务模式。打造华誉医院和石臼窝镇中心卫生院2个试点，敬德养老公寓于12月17日通过省级医养结合优质服务单位评估验收。探索婴幼儿照护试点示范工作，全县3岁以下婴幼儿托育服务机构18家，4所被评为市级托育试点，实现4种类型全覆盖。实施“点上控、线上巡、面上打”巡控治理模式，多警联动，持续严打侵财、电诈、黄赌毒、环安、食药、网络、邪教等各类犯罪，查处各类治安案件680起，处理违法人员467人；破获各类刑事案件290起，抓获犯罪嫌疑人255人，5起命案均快速侦破，抓获逃犯210名。开展道路交通安全隐患排查整治，处理事故黑点32处，查处各类交通违法行为58万起，处理交通事故2590起，破获肇事逃逸案件11起。强化情报预警和隐患排查，累计分析研判线索2700条，发布有效预警150人次。螺山检查站累计检查车辆4.8万辆次、人员6.5万人次，处置信访人员、涉毒人员、犯罪嫌疑人等重点人员190人次。开展禁毒铲毒工作，累计排查非法种植点位413处，铲除罂粟毒品原植物6948株，收缴罂粟果实196颗，打击处理36人。组织停车管理领域违法违规问题排查整治，排查各类停车场94处，整改问题11处。推进“国家反诈中心”APP安装，注册安装23万人，占全县总人口33%。平安社区建设投资1700余万元，实施70个小区平安社区建设工程。开展3年攻坚行动、全域安全生产隐患“大排查、大整治”行动和各专项领域排查整治行动，累计检查单位9667家次，排查整改隐患1.47万项，实施经济处罚299.8万元，降低资质等级3个，查封扣押7家。推进安全生产“双控”信息化平台建设，92家企业完成建设任务。开展“全国应急普法知识竞赛答题活动”，在唐山市排名第二。开展安全生产月活动，被评为河北省2021年“安全生产月”活动先进单位。开展汛期隐患排查巡查，备足防汛物资，加强应急演练，严格值班备勤，实现安全平稳度汛。秋冬季森林防火期组织人员每天巡视巡查，未发生森林火灾事故。第一次全国自然灾害综合风险普查2021年全面调查阶段数据填报全部完成，为防灾减灾奠定基础。

【玉田县新型工业化发展】 2021年，玉田县实施“工业强基”工程。整理编辑《政策一本通》，向企业发放1000册。全年高端装备制造产业实现主营业务收入77.3亿元，比上年增长27.6%。新型绿色建材及装配式住宅产业实现主营业务收入33.5亿元，比上年增长15.5%。食品加工与中医药产业实现营业收入45.8亿元，比上年增长13.4%。培育新增规模以上工业企业20家，其中月度新增11家，全市排名第4位。跨境电商交易额2.26亿元，比上年增长19.58%，跨境电商企业累计75家。培育月度新增规模以上服务业企业1家、限上贸易企业8家。谋划启动占地34.67公顷智能印机产业园区建设，管材制造产业列入全省107个重点产业集群，2个特色产业产品国内市场占有率均20%以上。印机产业实现营业收入48.62亿元，比上年增长12.5%。管材制造产业实现营业收入71.17亿元，比上年增长11.2%。战略性新兴产业增加值增速16.3%，占比44.1%。高新技术产业增加值增速22.8%，占比15.9%。累计培育国家级专精特新“小巨人”企业9家，居全省第2位，其中国家重点支持专精特新“小巨人”企业4家，省级“专精特新”中小企业37家，居全省第5位。全县拥有国家级绿色工厂企业4家、省级绿色工厂企业5家，总数位居全市前列。实施工业强基工程，按照高端化、绿色化、智能化、融合化产业发展方向，做大做强高端装备制造、食品加工与中医药、新型绿色建材及装配式住宅、现代商贸物流“四个主导产业”，做专做优智能印机、管材制造“两个特色产业”，培育发展数字、新能源新材料、康养文旅休闲“三个新兴产业”。新增规模以上工业企业17家，金州实业年纳税突破2亿元，润农节水成为全市唯一一家在北京证券交易所首批上市企业，涌现出兴邦管道、万杰印机、晶玉科技等隐形冠军企业。全年实现主营业务收入72.2亿元，被评为河北省印刷包装机械产业名县和河北省管材制造产业名县。

【玉田县科技创新】 2021年，玉田县推行“科技特派员+专业服务机构+企业一帮一”服务模式，新认定高新技术企业31家，总数139家。科技型中小企业备案240家，完成系统审核推荐107家。组织申报省级科技研发平台4家，获批2家。通过专家评审省市级企业技术中心4家。规模以上企业研究与试验发展经费完成6.87亿元，投入强度2.45%，超全市比重0.35个百分点。科技特派员工作宣传片在全省推广，河北经济电视台“冀有好物”玉田专场节目组专项宣传报道玉田县科技创新工作。举办2021年第一届跨界创新专家行暨“科创中国”技术路演（玉田）专场活动、“森智造•玉田精工打样中心供应链发布”活动。玉田县科学技术局获河北省第八届“人民满意公务员集体”称号。

【供京蔬菜品牌建设】 2021年，“玉田供京蔬菜”区域公用品牌建设被列入唐山市人民政府工作报告。召开品牌建设动员大会，成立专家智库，成立蔬菜产业协会，为10家专业合作社授牌，制订规范规程和供京标准，建设1333.3公顷供京蔬菜基地。申报省级区域公用品牌，国家级区域公用品牌组卷上报，“玉田供京蔬菜”区域公用品牌获2021全国网络票选中国区域公用品牌“市场竞争力新锐品牌”第一名，河北电视台经济生活频道“冀有好物”栏目进行玉田专场推荐。与首农（北菜）集团签订叶菜基地建设合作协议，与中国农科院蔬菜花卉研究所签订品种繁育合作协议，与中国蔬菜流通协会就拓展京津市场签订合作协议，累计销售供京蔬菜85万吨，比上年增长13%，市场溢价20%。打造孤树“山水枣乡”市级示范片区1个、市级示范村29个、提升村150个，市级乡村振兴示范片区实施“331”工程（打造活力枣乡、人文田园、净美水乡“三大特色片区”，打造万亩精品粮食、万亩供京蔬菜、万亩金丝小枣“三大产业基地”，打造一条全长18千米精品休闲旅游线路），建设成集现代农业、民俗体验、乡村旅游、康养度假、生态观光等功能于一体精品示范片区，年内全部完工。

（陈田雨）

迁西县

【迁西县概况】 2021年，迁西县总面积1460平方千米，辖14个镇、3个乡、1个街道办事处，有417个行政村、11个居民委员会。年末总户数10.95万户。年末总人口39.33万人，其中男性人口20.16万人、女性人口19.16万人。地区生产总值368.4亿元，比上年增长5.9%。第一产业增加值25.1亿元，增长7.4%；第二产业增加值240.0亿元，增长4.9%；第三产业增加值103.4亿元，增长7.6%。规模以上工业企业增加值增长6.2%。固定资产投资比上年增长6.7%。全社会用电量42.67亿千瓦时，下降6.7%。钢材产量740.0吨，增长19.1%；黄金产量950.5千克，下降15.9%。粮食总产量6.49万吨，增长0.3%；蔬菜产量10.74万吨，下降2.9%；食用菌产量7783吨，增长18.7%；园林水果产量3.97万吨，增长2.4%；食用坚果产量7.36万吨，增长3.7%；禽蛋产量1.12万吨，增长31.7%；水产品产量1.18万吨，增长2.9%。全部预算收入完成31.69亿元，增长14.0%；一般公共预算收入17.68亿元，增长7.6%。一般公共预算支出完成36.92亿元，下降2.3%。实际利用外资2.07亿美元，下降28.9%。社会消费品零售总额68.2亿元，增长4.8%。城镇居民人均可支配性收入4.68万元，增长6.2%；农村居民人均可支配性收入2.23万元，增长10.0%。各项存款余额440.24亿元，增长11.3%；住户存款余额335.65亿元，增长10.5%。居民消费价格指数101.4%，下降0.5%。

【迁西县经济建设】 2021年，迁西县累计签约项目141个，是2020年2.14倍。全年实施重点项目85个，完成投资111.5亿元，20个项目纳入省市重点。博驰自动化、金富瓶盖、津西H250型钢等32个项目竣工投产，磷酸铁锂、擎弓板簧等项目在建。津西、金信、亨旺等企业转型升级，瑞兆激光获评省级“科技创新发明专利百佳民营企业”。农业产业化率70.5%，10个文旅项目推进，新增规模以上工业企业13家、科技型中小企业97家，战新产业增加值增长15.8%，“1+2+N”现代产业体系形成，迁西县被评为全省“四个一”科技示范工程示范县。人事薪酬改革完成，中小企业孵化器、工业大街、东区水源置换工程实施，产业聚集能力增强，营业收入670亿元。

【迁西县生态文明建设】 2021年，迁西县空气质量优良天数比上年增加10天，综合指数4.45。PM10、SO2、NO2三项指标位居全市前三。实现津西环保创A，18家企业改造治理完成，推进8530户“光伏+”改造，迁西县被列入国家屋顶分布式光伏开发试点。创新“河长+”模式，河湖长制示范案例、秀美河湖建设作为典型在全省推广。节水型社会建设通过省级验收，全域治水清水润城工程进度全市领先，国控市控断面水质达标率全市第一。创建国家森林城市，实施植绿增彩工程，造林绿化9613.33公顷，修复主体灭失矿山34处，“人防+物防+技防”防火经验成为省市典型，“创森规划”全省首批在国家林草局备案。

【迁西县城乡建设】 2021年，迁西县龙湖盛景棚改项目55栋回迁房建成，三元楼等20个老旧小区改造完工，改造滦河路等雨污管网，增设停车场3处，办理房地产分户登记2055个。沃和星级酒店主体封顶，龙栖书院等精品社区建成，光明新媒体产业园项目实施。落实“大城管”机制，规范环卫市场化运营，实施智慧交管工程，建设智慧社区65个，入选“2021～2023”年创建周期全国文明城市提名城市。尚禾谷改扩建、人从众食用菌基地等项目列入省市农业产业化重点项目，新增大中城市板栗栗蘑直营店10家，迁西板栗品牌价值突破30亿元，入选全国“消费者喜爱果品品牌”，秋之宝板栗合作社被评为“国家级示范社”，迁西县被评为全省建设“互联网+”农产品出村进城试点县。改善农村环境，改造农村抗震房800户、厕所5556座，硬化村庄巷道10万平方米，改造提升农村公路148千米，被评为全市唯一“四好农村路”全国示范县。拓展脱贫攻坚成果同乡村振兴衔接，脱贫人口收入增幅高于全县平均水平6个百分点。白庙子、上营完成撤乡设镇，东城峪被评为全国乡村治理示范村。

【迁西县文旅建设】 2021年，迁西县完善旅游基础设施，迁曹线风景大道、京建线景观提升工程完工，旅游便捷性、观赏性提高。建设长城国家文化公园，滦阳特色民宿开发、青山关创AAAAA级景区等项目在建，喜峰口长城抗战遗址被评为全国爱国主义教育示范基地、民革党员教育基地。凤凰山、花乡果巷等核心景区提质，龙井关长城漂流、五海庄园创AAAA级景区、庚水田园、云天漫步等景区在建。组织长城文化节、冰雪大篷车等活动，雨花谷、归巢部落等网红景区游客增长，全县接待游客超过730万人次，实现旅游综合收入65.7亿元，迁西县被评为全市唯一中国县域旅游发展潜力百强县。

【迁西县社会民生建设】 2021年，迁西县民生支出占政府项目比重79.5%。上营学校综合楼、第四小学教学楼等在建，“双减”政策落实，课后延时服务全覆盖；吸收优质学校办学经验，高考一本上线率30.34%。中医院改扩建完工，建设人民医院康养中心；医药卫生体制改革深化，245种集中带量采购药品平均降价53%。新增参保人数位居全市第三，退休人员待遇“十八连涨”，城、乡低保标准分别上调5%、10%，累计发放救济救助资金5170万元，保障困难群体基本生活。解决重点群体就业6013人，城镇登记失业率保持在3.3%以内。举办农丰节、梨花节等节庆活动，开展“七进”惠民演出108场，为85个村居建设体育设施，满足群众精神生活。各行业领域排查整治，未发生安全生产事故。防汛应急演练成为全市示范标杆。开展“燕赵—砺剑铸盾2021”专项行动，加强社会面管控，群众安全感增强。加强信访源头治理，化解信访积案，信访综合考评全市优秀，“六项访”全市访量最低。铁门关被评为全国民主法治示范村，“七五”普法工作成为全省典型。

【迁西县疫情防控】 2021年，迁西县调整疫情防控领导小组（指挥部），日研判、日调度，将工作任务分解到14个专项工作组，落实各项防控措施，压实责任。针对境外来返迁人员等重点群体，采取大数据核查、网格化排查等手段，科学精准排查管控，适时组织应急演练，推动流调、转运、检测、消杀“四组联动”，织密无缝隙防控网络。落实“2+4+24”要求，累计排查重点人员1.1万人，实施集中隔离658人。全县417个行政村、县城183个小区恢复疫情防控检查点，落实测温、验码、戴口罩、外来人员询问登记制度。发挥医疗机构哨点作用，落实预检分诊制度，加强院感管理，对发热患者和可疑人员及时留观、规范转运。坚持“人物同防”，对33类重点人群应检尽检，严禁各企业、经营单位购进、储存、加工、销售非正规渠道进口或来源不明冷链食品和物品，降低疫情输入风险。组织疫苗接种，细化优化接种流程，抓实宣传发动、现场管理、防疫安全、信息统计等各项措施，适龄无禁忌人群“应接尽接”，“一老一小”安全接种，确保全覆盖、无遗漏，构筑全民化免疫屏障。截至年底，全县累计接种新冠疫苗68.09万剂次，其中第一剂次33.01万剂次，第二剂次29.07万剂次，第三剂次6.01万剂次，接种加强针剂2.29万剂次。

【中国县域旅游发展潜力百强县】 2021年11月2日，竞争力智库、中国经济导报社等机构联合发布《中国县域旅游竞争力报告2021》，公布“2021中国县域旅游发展潜力百强县市”名单，迁西县作为河北2家之一、唐山唯一县区入选。作为国家级全域旅游示范区，迁西县实施A级景区倍增计划，提升景忠山、青山关等现有A级景区基础设施水平和服务质量，龙井关长城漂流通过国家AAAA级景区质量评审，五海庄园创建国家国家AAAA级景区，青山关AAAAA级景区在建。建设全域旅游基础设施PPP项目，西环风景大道、迁曹线等项目完工，建成集管理平台、服务平台、营销平台于一体智慧旅游系统，全域旅游承载能力和服务水平提高。发展“旅游+美丽乡村、旅游+休闲农业、旅游+工业旅游”等新兴业态，庚水田园、云天漫步健走小镇、腾云涧等项目在建，马家沟、至山庄等4个村申报河北省乡村旅游样板村，水墨山庄、归巢部落等9家精品民宿创国家首批三星级民宿。

（路文东）

滦南村民在智能温室里调整智能喷淋设备管道。 张永新 摄

滦南县

【滦南县概况】 2021年，滦南县辖16个镇、589个行政村，1个街道办事处、19个居委会，全县总人口56.5万人，人口自然增长率-3.89‰。总面积1223.22平方千米，耕地面积7.01万公顷，滩涂7010.94公顷。全县有1个省级经济开发区，建成区面积7.7平方千米，进园企业84家。全县完成地区生产总值310.3亿元，比上年增长6.0%，其中第一产业增加值95.5亿元，比上年增长5.0%；第二产业增加值96.8亿元，比上年下降2.0%；第三产业增加值118.0亿元，比上年增长14.3%。三次产业增加值结构为30.8 ∶ 31.2 ∶ 38.0。完成规模以上工业增加值102.8亿元，比上年下降10.0%。实现公共财政预算收入16.2亿元，比上年增长7.6%，非税收入比上年增收1亿元，增长17.7%。实际利用外资1.35亿美元，比上年增长34.2%。进出口贸易总额71.75亿元，比上年下降26.87%。全社会固定资产投资257.8亿元，比上年增长6.8%；实现社会消费品零售总额95.6亿元，比上年增长5.2%;城镇居民人均可支配收入4.46万元，比上年增长6.3%。农村居民人均可支配收入1.97万元，比上年增长10.1%。跨境电商和线上交易额分别为2.2亿元、1.67亿元。在岗职工平均工资4.93万元，比上年增长2.1%；城镇低保标准提高到每人每月770元，农村低保标准提高到每人每年6312元，城乡居民养老保险参保率99.9%。全县粮食总产量39.9万吨，比上年增长1.2%。棉花总产量16.3吨，比上年下降6.0%。油料（花生）总产量6.9万吨，比上年增长4.1%。蔬菜总产量155.0万吨，与上年下降0.1%。肉类总产量8.7万吨，比上年下降6.3%；禽蛋产量4.6万吨，比上年增长23.9%；牛奶产量48.1万吨，比上年增长9.3%；水产品产量7.6万吨，比上年增长7.2%。

【滦南县政治建设】 2021年，滦南县开展为民办实事活动，提振士气，实现要我干、一般干向我要干、干得好转变。党员干部解放思想、提升能力、作风扎实，工作出成效，疫苗接种工作由全市倒数变为全市领先，1.2万名干部职工连续3天主动奋战在文明城创建一线，巩固拓展脱贫攻坚成果“后评估”高效完成，获省市领导肯定批示6次，干部精神状态转变获市委考核组肯定和认可。建立行政执法企业正负面清单，为374家企业代办事项877项。深化“互联网+政务服务”、商事制度改革和投资审批制度改革，推进政务事项全流程线上办理及“百事通”系统落地，完成统一线上服务平台推广，打通项目审批绿色通道，“拿地即开工”审批制度改革有序推进。

【滦南县经济建设】 2021年，滦南县新增签约亿元以上项目53个，引进总部企业11家。电科云“数智滦南”、中国电力国家级清洁能源示范基地等66个项目签约，中红普林丁腈手套四期等36个项目落地，实现数量、质量、体量“三提升”。申报政府专项债券，发行债券2.74亿元，为保民生、稳投资、促发展提供资金保障。全年实施重点建设项目200个，总投资1054.9亿元，新开项目76个、续建项目53个、前期项目71个。河北模筑装配式建筑新材料、蓝海丁腈手套等70个项目建成。平安滦康医疗滦南健康城、宝树泉智能农牧装备制造等19个项目列入省市重点建设计划，云玖科技微纳米精密滤芯、海都种质资源场等8个项目完工，年内完成投资79.5亿元，占年度计划116.7%。马城铁矿采选工程项目列入省重点建设计划，北京电子学会智能制造委员会电子装联等16个项目签约，鼎盛生态颐养示范基地等3个项目开工建设，云玖金属、华纤科技等12个续建项目投产。保障粮食安全，保有4666.67公顷高标准农田。打造优质水稻、高端乳品、优质生猪、特色水产4个产业集群，奶牛及河鲀养殖2个现代农业示范园区，对虾、肉鸡2个高端精品。县域地理标志证明商标总量10件，全省第一。唐山中红三融公司被认定为“具有国家影响力的企业品牌”，产品被评为“河北省名牌产品”，“菜篮子”市长负责制考核全市第一。实施技改项目132个，技改投资58.9亿元，蒙牛乳业液态奶生产线扩建、中红三融20万吨鸡肉及制品加工等7个技改项目纳入省“千项技改”工程。永发鸿田、盛奥松木业等7家企业被评为省“专精特新”中小企业，金利海、坤达科技2家企业被评为省“专精特新”

示范企业。中红医疗在深圳创业板上市，实现A股企业上市零突破。全年完成规模以上工业增加值102.8亿元，新增规模以上工业企业17家。南堡嘴东湿地公园获批全市首个省级湿地公园，被列为黄（渤）海候鸟栖息地申遗候选提名地之一，2家AAA级旅游景区通过年度复核。全年跨境电商交易额2.2亿元，新培育跨境电商市场主体3家。新增高新技术企业19家、科技型中小企业179家、市级以上创新平台3家，万家企业中高新技术企业拥有量全市第一。引进外国专家12人、科技成果5项。顺浩环保省级科技创新团队通过省级审核，华纤科技在第十届中国创新创业大赛获优秀奖。优化投融资机制，组建滦南国控发展集团，解决项目资金难题。马城铁矿占地问题解决，促成鼎业资源与北京清新环境开展合作，促成中船重工与新鑫特钢达成来料加工业务合作，停产5年新鑫特钢重获发展动力。

【滦南县文化建设】 2021年，滦南县乐亭大鼓项目入选第五批国家级非遗项目名录，镇街综合文化站全部达标，获“河北省民间文化艺术之乡”称号。连续25年保持“全国文化先进县”称号。县融媒体中心通过验收，文化广场主体完工，足球场、室内滑冰馆完成建设，群众体育工作全国有位，在唐山市第三届冰雪运动会夺冠，获批“全省轮滑运动试点县”。

【滦南县社会建设】 2021年，滦南县20项民心工程、10件民生实事如期完成。城镇新增就业9404人，农村劳动力转移就业9173人。居民基本养老保险、医疗保险基本实现应保尽保，“爱心养老小食堂”模式全国推广，为民办实事专题擂台赛获全省第一，成为三级养老服务建设试点县。改造提升农村中小学、幼儿园56所；实施课后延时服务，实现农村幼儿园全覆盖；成立高中教育集团，巩固全市高中工作先进地位；在全国第三届教育装备新技术应用创新论坛上作典型发言，获评省青少年近视防控试点县，省教育督导考核评估列为一类档次。县医院北河分院一期工程和县医院健康管理中心项目建成，嘴东卫生院迁址新建项目在建，村卫生室和乡医配备实现全覆盖，社区卫生服务中心和扒齿港镇中心卫生院获国家卫健委通报表扬。持续开展安全生产大排查、大整治，消除风险隐患。全市食品药品考核实现“四连冠、六连优”，食品安全追溯系统平台入网率100%。扫黑除恶斗争常态长效，防范打击电信网络诈骗犯罪工作排名全市第一。退役军人优待抚恤政策落实到位，被命名为“河北省双拥模范县”。疫情防控保持“零输入”“零感染”“零扩散”。胡各庄镇西胡村获评“全国乡村治理示范村”。

【滦南县生态文明建设】 2021年，滦南县开展重点行业企业、施工工地、道路扬尘和机动车污染深度整治，各级环保督查交办问题按期完成整改，市达159家涉VOCs企业完成治理，110台落后锅炉实现提标改造。全年空气质量综合指数比上年下降14.96%，优良天数比上年增加20天，低于市达任务。“全域治水、清水润城”工程18个子项目开工。落实河长制、湾长制，整治入海排污口，近岸海域水质达标。建立健全水源地监测监控系统，境内无劣V类河流，集中式饮用水水源地达Ⅲ类以上水质标准，获评“全国第四批节水型社会建设达标县”。落实林长制，开展国土绿化工程，人工造林486.67公顷，营林抚育2066.67公顷，创建“省级森林城市”。土壤修复全面加强，定期开展监测排查，未发生重大土壤环境污染事件，各类土壤质量状况良好。

【校园冰雪季活动启动】 2021年9月27日，滦南县在公共滑冰馆前举办2021年农村学校轮滑鞋发放仪式暨校园冰雪季启动仪式，29所农村学校校长、教师共计80余人参加，在县公共滑冰馆参观体验陆地冰壶、桌上冰壶、模拟滑雪器、滑冰等冰雪运动项目，开展青少年冰雪运动赛事，将冰雪运动知识教育纳入学校体育课教学内容，全县冰雪运动实现可持续发展，助力实现“到北京2022年冬奥会开幕前全省3000万人参与冰雪运动”目标。

【省青少年手球公开赛举行】 2021年12月10～12日，河北省青少年手球公开赛在滦南中学举行。本次比赛由河北省体育局小球运动中心、河北省体育局社会体育中心主办，唐山市体育局、唐山市教育局、滦南县人民政府承办，滦南县体育局、滦南县教育局、滦南中学协办。保定、沧州、邯郸、秦皇岛、石家庄、唐山、雄安新区及肥乡一中8支代表队150名教练员、运动员参赛，唐山代表队夺冠，石家庄代表队获亚军，保定代表队获季军，秦皇岛代表队、邯郸代表队、雄安新区代表队、沧州代表队、肥乡一中代表队分获第四、五、六、七、八名。

（贾志勇 李云涛）

乐亭县

【乐亭县概况】 2021年，乐亭县辖11镇2乡，1个街道，473个行政村，15个社区。总面积1308平方千米，总人口43.71万人。全县地区生产总值484.4亿元，比上年增长15.8%；规模以上工业增加值增长52.6%，两项增速居全市第一。固定资产投资增长7.4%，增速全市第二。一般公共预算收入20.03亿元，增长8.7%，增速全市第三。第三产业增加值完成128.53亿元，增长10.5%，增速全市第七。社会消费品零售总额完成94.22亿元，增长5.2%，增速全市第九。城镇居民人均可支配收入4.50万元，增长6.9%，增速全市第五；农村居民人均可支配收入2.30万元，增长10.8%，增速全市第四。年内，入选“中国最具发展潜力百佳县市”，连续入选“全国投资潜力百强县”。

【乐亭县项目建设】 2021年，乐亭县省重点建设项目综合评价全省排名第一，新增省重点前期项目数量全省第三，申报省市重点项目48个。全年实施亿元以上项目54个，总投资1041.6亿元，其中建成投产17个，26个省市重点项目累计完成投资212.3亿元。投资41.25亿元韩国浦项开工，是全国钢铁行业和全省最大外资合作项目。52家钢结构及建筑支护装备企业集聚发展，入围全省特色产业集群。投资419亿元唐钢新区、投资28亿元东日电极材料项目投产。投资140亿元国堂钢铁、投资43亿元东日锂离子负极材料等项目在建。河北乐亭经济开发区人

乐亭县姜各庄镇海产品工厂化养殖基地员工展示养殖河豚。　刘江涛 摄

事薪酬制度改革位全市前列，营业收入完成800亿元，增长48.9%；税收17.5亿元，增长13.4%。

【乐亭县工业技术转型升级】 2021年，乐亭县工业投资比上年增长10.1%、技改投资比上年增长8.6%。新增规模以上工业企业21家、规模以上服务业企业12家、限额以上批发零售业企业20家。制定“鼓励支持转型和创新发展20条措施”，落实专项扶持资金591万元。认定复审东日新能源等高新技术企业12家，新增科技型中小企业137家，引进科技成果6项，各类创新要素集聚发展。全社会研发投入占比2.76%。规模以上工业高新技术产业、战略性新兴产业增加值分别比上年增长60%和50%。南开大学、燕山大学、太原理工大学相继在乐亭县成立研发中心，为创新发展注入新动力。

【乐亭县城乡建设】 2021年，乐亭县城市建设晋档升级，规划体系更加科学完善。北外环路翻新，茂北街、景乐街建成通车，国道G509改建项目获批。老旧小区改造17.27万平方米，为4万余户城区居民免费安装燃气保护装置。新增公共停车场、共享电单车等服务设施。大相各庄乡撤乡设镇，汀流河、闫各庄、姜各庄3个国家级重点镇污水处理设施投入运行。常态长效创建“全国文明城市”，年度测评成绩全省建制县第一。连续获“河北省人居环境奖”。新增韭菜、草莓、大樱桃3个国家地理标志证明商标，总数7个，全市领先。中堡镇入选“全国乡村特色产业十亿元镇”，大黑坨村获评“河北省乡村旅游特色村”。建成市级示范村15个、省级美丽乡村17个。实施村集体经济壮大项目144个，数量和资金量全市第一。建档立卡脱贫户年人均纯收入增长24%。建成大黑坨、韩坨、毛庄村3个“数字宝盒”试点，举办首届数字乡村论坛。“农保贷”经验全省推广。获评“全国农业科技现代化先行县”。

【乐亭县第三产业发展】 2021年，乐亭县开展优化营商环境“十大专项行动”，企业登记时间缩短至4小时，保障“拿地即开工”，计划开工重点项目全部完成手续办理。新登记市场主体1.09万户，比上年增长115%。建设信用体系，改革投融资体制，强化投资集团资金监管。全县贷款增速31.1%，全市第一；存贷比66.6%，全市第二。

【乐亭县社会事业发展】 2021年，乐亭县10项民生实事全部兑现承诺。乐亭二中改扩建、县职校产教融合实训基地等完工。落实“双减”政策，通过省政府教育履职评价，社会满意度全市第一。县医院传染病区、疾控中心改扩建完成，公共卫生服务水平提升。城市低保提高到每人每月6312元，农村低保提高到每人每年770元，登记失业率控制在3.9%以内。姜各庄镇被命名为“中国民间文化艺术之乡”。“全省双拥模范县”实现7连冠。韩坨村获评“全国民主法治示范村”，中堡镇鲁家坨村被评为“全国村级议事协商创新实验试点单位”。

【乐亭县生态文明建设】 2021年，乐亭县蝉联“全国绿色发展百强县”。空气质量综合指数4.43，比上年下降13.14%。PM2.5平均浓度每立方米39微克，下降11.36%。优良天数286天，比上年增加16天。落实“河长制”，建设全域治水清水润城等工程，投资1242万元实施大滦河、二滦河入海口周边环境整治和重点河流断面水质综合治理，8条河流断面水质达市级考核标准。实施国土绿化，全县森林覆盖率15.6%，获评“河北省森林城市”。全国首条氢能重卡运输线投入运营。在全省率先建设“双碳”试验示范县，被国家能源局确定为“整县屋顶分布式光伏开发试点”。

【大相各庄乡撤乡设镇】 2021年1月14日，唐山市人民政府发布《关于部分行政区划调整的通告》，经省政府批准，唐山市路北区、乐亭县、玉田县、遵化市、迁安市5个县（市、区）部分行政区划调整。其中，乐亭县撤销大相各庄乡，设立大相各庄镇，以原大相各庄乡行政区域为大相各庄镇行政区域。

【《乐亭县人民法院志》出版发行】 2021年5月，乐亭县人民法院编纂《乐亭县人民法院志》出版发行，上限始于1949年，下限止于2019年，设24编、103章、396节，100万字，分为机构与人员、审判与执行、改革与创新、建设与管理4部分，通过资料、照片、文字，再现乐亭县人民法院70年发展改革历史，展示乐亭县人民法院人初心永驻、忘我拼搏、创新发展、司法为民风采。《乐亭县人民法院志》自2019年4月筹备，2021年2月定稿完成，搜集资料3000余万字，编辑各类资料500余万字。出版后被省高院作为全省8个样本志之一下发参考，乐亭县人民法院在全省法院志编修工作推进会上作典型发言，被省高院评为院志工作先进单位。

【中国最具发展潜力百佳县市】

2021年6月1日，中国小康网站发布2021中国最具发展潜力百佳县市”排行榜。乐亭县入榜，位列第73名。榜单实行全网数据解析：信源区间设立自2020年4月1日至2021年3月31日，设定8个网络数据评榜维度，设置人口素质、区域和谐程度、人均GDP、主导产品品牌影响力等120个关键词标签。来自互联网和移动互联网全程采集客观资讯信息超过1亿条。榜单涵盖除直辖市所含区与港澳台地区以外全国2757个县域行政单位，实现全域覆盖排榜。

【全国农业科技现代化共建先行县】 2021年7月22日，农业农村部在其网站发布《全国农业科技现代化先行县共建名单公示公告》，经地方推荐和集中遴选，将北京市平谷区等72个县（区）列为全国农业科技现代化共建先行县，公示期为7月22～28日。其中，乐亭县被列入与农业农村部直属有关单位共建名单。公示期满后正式进入共建阶段。

【河北省民间文化艺术之乡】 2021年8月30日，河北省文化和旅游厅发布《关于命名2021～2023年度“河北省民间文化艺术之乡”的通知》，乐亭县人民政府（戏剧—皮影戏）、乐亭县乐安街道办事处（舞蹈—地秧歌）、乐亭县姜各庄镇人民政府（曲艺—乐亭大鼓）分别被命名为“河北省民间文化艺术之乡”。此次“河北省民间文化艺术之乡”推荐申报工作从2021年4月下旬开始，经专家评审、评审命名、推荐申报、名单公示等环节，乐亭县是唐山市获评最多县（市、区）。

【全国绿色发展百强县、投资潜力百强县】 2021年9月28日，《中国经济时报》专版发布《2021年中国中小城市高质量发展指数研究成果》，乐亭县第三次获评全国绿色发展百强县、全国投资潜力百强县。其中，全国绿色发展百强县位于第92位，全国投资潜力百强县位于第85位。

【全国乡村特色产业十亿元镇】 2021年10月20日，农业农村部网站发布《2021年全国乡村特色产业十亿元镇亿元村名单公示》，根据2021年全国“一村一品”示范村镇运行监测结果，经专家审核，农业农村部遴选推介427个全国乡村特色产业十亿元镇和亿元村，乐亭县中堡镇入选2021年全国乡村特色产业十亿元镇名单。

【檀伟获评“全国司法所模范个人”】 2021年10月27日，司法部印发《关于表彰全国模范司法所和全国司法所模范个人的决定》，为表彰先进，发挥先进典型示范引领作用，激励全国司法所和基层司法行政工作者建功立业，全国评出597个“全国模范司法所”，授予796人“全国司法所模范个人”称号，乐亭县司法局乐安司法所所长檀伟（女）被授予“全国司法所模范个人”称号。

【中国民间文化艺术之乡】 2021年11月3日，文化和旅游部发布《关于命名2021～2023年度“中国民间文化艺术之乡”的通知》，经评审和公示，乐亭县姜各庄镇被命名为2021～2023年度“中国民间文化艺术之乡”。“中国民间文化艺术之乡”自1987年起评审命名和建设，命名周期3年，注重入选者在传承中华优秀传统文化、弘扬社会主义先进文化、带动公共文化服务高质量发展、促进文旅融合、助力乡村振兴中发挥作用，代表性民间文化资源或艺术形式既有美术、书法、音乐、舞蹈、戏剧等传统艺术形式，又有摄影、合唱、农民画等当代兴起文化艺术形式。

【第二批全国科普示范县】 2021年11月22日，中国科协办公厅印发《关于公布2021～2025年度第二批全国科普示范县（市、区）创建单位的通知》，经县级申报、市级审核、省级推荐、中国科协研究，确定北京市海淀区等482个县（市、区）作为2021～2025年度第二批全国科技示范县（市、区）创建单位。其中河北省20家，唐山市仅2家，乐亭县为其中之一。

【李瑶获评“全国乡村振兴青年先锋”】 2021年12月30日，共青团中央、农业农村部印发《关于表彰首届“全国乡村振兴青年先锋”的决定》，共青团中央、农业农村部决定，授予王军扬等10人首届“全国乡村振兴青年先锋”标兵称号，授予李民吉等380人“全国乡村振兴青年先锋”称号。乐亭县庞各庄乡阚田村党支部书记兼村委会主任李瑶获“全国乡村振兴青年先锋”称号。

【史东梅获评“全国妇联系统先进劳动模范”】 2021年12月30日，人力资源和社会保障部、全国妇联印发《关于表彰全国妇联系统先进集体、劳动模范和先进工作者的决定》，授予150个单位“全国妇联系统先进集体”称号，授予100人“全国妇联系统劳动模范”称号，授予100人“全国妇联系统先进工作者”称号。乐亭县马头营镇黄坨村妇联主席史东梅获“全国妇联系统先进劳动模范”称号。

（赵　延）

曹妃甸区

【曹妃甸区概况】 2021年，唐山市曹妃甸区辖曹妃甸新城、曹妃甸工业区、南堡开发区及5个镇、11个谷物农场、2个海水养殖专业场，全区总户数7.02万户，比上年增加367户。户籍总人口21.57万人，比上年增加1123人，其中城镇人口11.81万人，户籍人口城镇化率54.74%。常住人口3547万人，其中城镇人口30.10万人，常住人口城镇化率84.86%。年内出生人口1077人，出生率6.66‰；年死亡人口1419人，死亡率8.78‰；自然增长人口-342人，自然增长率-2.12‰。少数民族常住人口3845人，其中满族3099人、蒙古族298人、回族244人、其他民族204人。地区生产总值850.63亿元，比上年增长13.5%，其中第一产业增加值41.99亿元，比上年增长7.2%；第二产业增加值473.04亿元，比上年增长12.1%；第三产业增加值335.6亿元，比上年增长16.1%。民营经济增加值359.34亿元，比上年增长12.9%，占地区生产总值42.2%。全部财政收入153.07亿元，比上年增长31.0%，其中税收收入106.22亿元，比上年增长40.87%。一般公共预算收入86.03亿元，比上年增长12.1%，其中税收收入54.2亿元，比上年增长17.3%。一般公共预算支出100.45亿元，比上年下降9.9%。进出口总

曹妃甸区第一农场农民在稻田里向游客展示膏满黄肥稻田河蟹。
孔祥华 柳士伟 摄

值506亿元，比上年增长69%。全部工业增加值完成466.7亿元，比上年增长12.1%，其中规模以上工业增加值增长15%。规模以上工业企业209家，新增32家。规模以上工业企业营业收入1773.8亿元，比上年增长53.6%。完成建筑业增加值8.75亿元，比上年增长10.4%。资质以上建筑业企业23家，新增1家，资质以上房地产企业38家，新增6家。粮食种植面积2.35万公顷，比上年增长0.5%，粮食产量17.82万吨，比上年增长4.2%。肉类产量2.3万吨，与上年持平；禽蛋产量0.6万吨，比上年增长21.2%。农林牧渔业总产值80.3亿元，比上年增长5.41%，其中农业产值11.46亿元，比上年增长3.5%；林业产值40.36亿元，比上年下降32.03%；牧业产值10.5亿元，比上年增长13.8%；渔业产值51.425亿元，比上年增长3.88%；农林牧渔服务业产值6.55亿元，比上年增长2.81%。海淡水产品产量（不含远洋、远海捕捞）16.32万吨，比上年增长2.5%。全年造林面积1123公顷，森林覆盖率18.64%。年内入选中国综合实力百强区第88位、中国工业百强区第51位、中国科技创新百强区第80位、中国投资潜力百强区第43位。

【曹妃甸区政治建设】 2021年，唐山市曹妃甸区区委开展党史学习教育、“四史”（党史、国史、改革开放史、社会主义发展史）宣传教育，举办庆祝建党100周年系列活动，讲政治，增信心，提高政治判断力、政治领悟力和政治执行力。加强党组织建设，完成区、镇领导班子和村（社区）“两委”换届，区委委员、候补委员、纪委委员全票当选。按照新时代干部标准，调整干部12批567人次。开展“三基建设年”（抓基层、打基础、苦练基本功）活动，九农场李家房子村获评省级先进基层党组织。纠治“四风”（形式主义、官僚主义、享乐主义、奢靡之风），让在领导岗位人员不敢腐、不能腐、不想腐，全年立案53件，处分55人。

【曹妃甸区经济建设】 2021年，唐山市曹妃甸区实施项目攻坚，推动现代产业体系提档升级。举办各类招商推介活动15次，签约亿元以上项目230个，协议投资2354亿元。20个省市重点项目全部开工建设，其中新开工亿元以上项目135个，总投资1067亿元，完工亿元以上项目97个，总投资310.4亿元，冀东油田储气库、氯化钛白粉、中铝文丰新材料等9个超百亿元项目在建。帮助企业解决各类问题400个，减免税费23亿元，新增规模以上工业企业32家、规模以上服务业企业27家，数量均居全市第一位，新增市场主体7642户。重点港口建设项目41个，总投资1066亿元，其中华电智能化码头等12个项目完工。引进京津科技成果转化项目15个，签约亿元以上项目52个。巴威高端装备制造等33个项目开工建设，其中唐山LNG接收站应急调峰保障工程等27个项目完工投产。曹妃甸区与北师大亚太实验学校及安贞医院、妇产医院等机构合作，提高教育、医疗服务水平。完善《曹妃甸国土空间规划》，制定《城市更新实施方案》，实施产教城融合项目56个，首个超百米地标建筑和北方贸易总部实现封顶，养生谷沙滩公园、富力星光天地、景山学校二期建成使用。科创园引进各类企业70家，唐山首家人力资源产业基地项目签约落地。主城区77.6千米雨、污水分流改造工程完成，改造提升裕华街等道路。扩大对外开放，中国（河北）自由贸易试验区曹妃甸片区累计完成自主创新案例35项，其中20项复制推广，6项获国家认可，2项创新改革试点经验在全国复制推广，创新成果全省领先。实施农业产业化重点项目12个，农业产业化经营率75.5%。

【曹妃甸区社会建设】 2021年，唐山市曹妃甸区新增城镇就业人口9606人，农村劳动力向非农产业转移3441人，城镇登记失业率1.6%；居民消费价格比上年上涨1.3%；城镇居民人均可支配收入4.78万元，比上年增长7.3%；城镇居民人均消费支出2.8万元，比上年增长31.6%；人均住房面积36.44平方米。农村居民人均可支配收入2.54万元，比上年增长11.1%；农村居民人均消费支出1.99万元，比上年增长11.1%，人均住房面积34.01平方米。践行绿色发展，实施大气污染防治，空气质量排名全市前列。开展地下水超采治理，10项“全域治水、清水润城”工程实施，7条河流断面水质稳定达标，近海海域水质优良率100%。湿地保护区实行封闭管理，实施海草床保护，清理、取缔入海排污口，完成港区绿化48.96万平方米。民生和社会事业支出占一般公共预算支出逐年提升，比例达80%。10项民生工程兑现承诺，养老、医疗保险基本实现全覆盖，城乡低保标准逐步提高，继续保持全省领先水平。空气质量综合指数4.35，比上年下降14.5%，优良天数273天、比上年增加19天。开通唐山市中心区至曹妃甸新城、工业区城际公交，完成47栋老旧楼房改造，16个房地产处遗问题全部“清零”。落实疫情防控措施，疫苗接种“应接尽接”，严控疫情海外输入，保持“零确诊”。改善农村人居环境，实施美丽乡村项目91个，十里海养殖场获批“河北省美丽乡村”，完成农村厕所改造2929座。

【曹妃甸区文化建设】 2021年，唐山市曹妃甸区完善三级公共服务设施网络体系，打造区数字化图书馆、数字化文化馆和数字化大剧院，曹妃甸区文化馆在第五次全国文化馆评估中定级为部颁一级。全区5个场镇（街道）设有综合文化站，30个村（队）、社区综合性文化服务中心获评区级示范点。河豚小镇首批市级文旅综合服务中心功能提升，李家房子村获评唐山市第二批乡村文旅综合服务中心。组织各级各类演出机构、文化馆等开展惠民演出114场次，惠及群众2万余人次，发放文旅惠民券1.18万张，柳赞镇获评省民间文化艺术之乡。新城珠江电竞、童乐园、养生谷、富力会展中心等文旅项目在建，新城内湖皮划艇、快艇等海上特色文旅项目试运营，南部滨海旅游带初步形成。开展文旅商品创意大赛，44件作品参赛，其中8件作品参加市级文创商品大赛，1件获铜奖，7件获优秀奖。多玛乐园获河北省第七批文化产业示范基地、2021年全省智慧景区示范点称号。十里荷香景区升级改造，成功创建国家AAA级景区。河豚小镇、妈祖文化旅游区、中国盐生植物园完善基础设施。举办首届多玛乐园旅游节暨曹妃甸云旅游推介会、多玛乐园唐山首场沙滩交响乐演出、第二届桃荀水镇文旅节等活动，举办养殖河豚鱼厨师烹饪培训、特色旅游餐饮品牌评选等活动。年内旅游接待240万人次。征集庆祝建党100周年原创文艺作品千余件，其中舞蹈《蓝色梦想》代表唐山市参加“奋斗百年路，启航新征程”——“永远跟党走”庆祝中国共产党成立100周年全省群众文艺作品展演。新编革命历史评剧《滨海兰香》作为唐山市庆祝中国共产党成立100周年优秀剧目在唐山市南湖剧院展演，唢呐花吹《乡音乡韵》参加省第五届少数民族文艺调演并获三等奖。

【全域治水润水清城】 2021年，唐山市曹妃甸区实施全域治水、清水润城工程PPP项目，包括河道综合治理、河湖连通、“乡村振兴”水环境综合整治、傍河坑塘治理等4大类10项工程，总投资5.54亿元。年内完成总工程量85%，完成投资4.73亿元，其中输水管线22.7千米、河道清淤15.6千米、生态廊道清理14.3万平方米、巡河道路清理5千米、河道护坡3.1千米，防潮闸重建1座。青龙湖生态补水和农村水环境综合整治完成年度建设任务，滦河下游输水干渠西延工程、双龙河河道综合治理工程转为2022年续建工程。

【供热管线改造】 2021年，唐山市曹妃甸区对原有换热站进行扩容改造和部分管线改造，改建地下热水供暖为燃气取暖。在柳赞镇、大庄河村各新建燃气热源站一座，柳赞站安装3台10.5MW室外锅炉，新建60m³ LNG气化站及相关辅助用房，大庄河站安装2台5.6MW室外锅炉，新建30m³ LNG气化站及相关辅助用房，两站总供热能力41.7MW。

【“四好农村路”省级示范县获评】 2021年，唐山市曹妃甸区按照“建设好、管理好、保护好、运营好”标准，实施乡道、村路维护和改造提升。筹资1058万元，实施柳赞镇至蚕沙口乡道改造工程，全长2.80千米，四级路标准，沥青混凝土路面；四农场西外环至赤曹公路道路工程，全长2.36千米，四级路标准，沥青混凝土路面；九农场李家房子至三清线村路，全长2.94千米，四级路标准，沥青混凝土路面。投资4200万元，对县道于唐线八农场石丁线交叉口南侧至曹妃甸主城区西环线20.68千米进行改造，沥青混凝土，三级公路标准。年内河北省交通运输厅组织“四好农村路”验收，曹妃甸区综合考评列全省第一位，为“四好农村路”省级示范县。

【国家级渔业健康养殖示范县入选】 2021年2月15日，农业农村部公布第六批国家级渔业健康养殖示范县名单，唐山市曹妃甸区榜上有名，有效期自2021年1月1日至2025年12月31日。曹妃甸区渔业资源丰富，有海水、淡水养殖面积1.52万公顷，其中海水养殖面积6666.67公顷，淡水养殖面积8533.33公顷，工厂化养殖面积95万平方米。有农业农村部水产健康养殖示范场18个、河豚备案源基地2个，主导产业包括中国对虾养殖、南美白对虾养殖、河豚及淡水鱼养殖、河蟹养殖等。

【国家级标准化试点项目入选】 2021年3月20日，国家标准化管理委员会公布《全国第七批社会管理和公共服务综合标准化试点项目》名单，全国共有96个项目，唐山市曹妃甸区2个项目入选，分别为:“曹妃甸气象服务标准化试点”“曹妃甸政务服务标准化试点”。“曹妃甸气象服务标准化试点”由曹妃甸区气象局承担建设，通过气象服务体制、机制改革，为大中型企业气象服务、为农气象服务等方面开展标准化工作，协助驻区企业、水稻种植户、水产养殖户和社会各界实现减灾增产、安全生产、效益最大化。“曹妃甸政务服务标准化试点”由曹妃甸区行政审批局承担建设，通过“放管服”改革、行政审批制度改革，加强“行政审批+标准化”建设，制定通用、服务、保障三大标准体系，统一设置无差别受理专区、工程建设项目审批专区、企业开办专区等窗口，实现“一站式审批”和“一条龙服务”。

【曹妃甸区进出口企业协会成立】 2021年10月28日，唐山市曹妃甸区进出口企业协会成立，并举行第一届第一次全体会员大会。会议审议通过《唐山市曹妃甸区进出口企业协会章程》等，选举产生协会第一届理事会和协会第一届领导机构。曹妃甸自贸片区、综合保税区、跨境电商综合试验区“三区”叠加开放格局形成，各类进出口企业1000多家，全区年进出口总值43亿美元。8月份，由曹妃甸港深贸易有限公司、曹妃甸恒保物流有限公司、唐山纳潮物流有限公司、曹妃甸区泰飞贸易有限公司、唐山盛财智能科技有限公司5家企业联合发起成立唐山市曹妃甸区进出口企业协会。进出口企业协会首批会员41家，涵盖加工制造、国际物流、跨境电商等区内央企、大型国企以及从事国际贸易企业。

【首个综保区车管分所设立】 2021年12月23日，河北省首个综合保税区车管机构——曹妃甸综合保税区车辆管理所分所挂牌成立。该分所设有4个综合业务办理窗口，可办理车辆临时和正式牌照及过户、注销、年检、二手车“转移待出口”等一站式车管服务业务。

（曹滦生）

丰南区

【丰南区概况】 2021年，唐山市丰南区区域面积1312.05平方千米，辖12个镇、3个乡、1个街道办事处、1个经济开发区、444个村民委员会、41个居民委员会。常住人口55.25万人。完成地区生产总值840亿元，比上年增长12.5%，其中第一、二、三产业增加值分别完成54.8亿元、471.2亿元和314.1亿元，比上年分别增长9.1%、13.5%和11.8%。新增规模以上工业企业55家，排名全市第一位。全部财政收入89.0亿元，比上年增长14.6%，其中一般公共预算收入49.2亿元，比上年增长4.2%，固定资产投资279.4亿元，比上年增长6.6%，实际利用外资2833万美元。城乡居民人均可支配收入分别为4.92万元和2.25万元，比上年分别增长7.2%和10.9%，社会消费品零售总额219.1亿元，比上年增长7.1%。年内丰南区跻身中国工业百强区行列。

【丰南区政治建设】 2021年，唐山市丰南区开展“四史”（党史、国史、改革开放史、社会主义发展史）宣传教育，学习习近平总书记“七一”讲话精神，举办庆祝建党100周年系列活动。区委常委带头在基层上党课，开展“八进”（进机关、进社区、进农村、进企业、进校园、进田间、进建设工地、进搬迁安置点）及红色教育基地宣讲7300场次。开展“我为群众办实事”实践活动，制定惠民政策63项，解决群众关心关注问题2.4万件。开展政法队伍教育整顿，整改存在问题71个，高质量通过省、市评估验收。开展“三基”（抓基层、打基础、苦练基本功）建设年活动，打造各领域党建示范点50个、示范带（区）9个，新华社区获评全国先进基层党组织。加大案件查办力度，处置问题线索297件449人，其中给予党纪、政务处分125人，移送司法机关2人。年内获“平安中国建设示范县”称号。

【丰南区经济建设】 2021年，唐山市丰南区137个项目和193家新增规模以上企业争取到位政府债券15.8亿元、上级支持资金15.6亿元，新增规模以上企业数量全市排名第一位。临港园区实施基础设施建设工程21项，完成投资14.7亿元。减量、置换淘汰高炉6座、转炉3座、烧结机7座，钢铁装备转向大型化。实施“四大集群”（电子信息、高端装备制造、新材料和新能源、大文化和大健康）延链补链强链项目79个，瑞丰钢铁、东华钢铁减量升级，友发新型建材一期等54个项目竣工投产，镀锌板产能700万吨。实施战略新兴产业项目47个，战略新兴产业增加值比上年增长15%以上，占规模以上工业比重20%。开发天食集团锦疆现代农业园等重点农业龙头项目11个，农业产业化经营率70.5%。签约亿元以上项目62个，落地项目49个。新增省级以上“专精特新”企业17家，全市排名第一位，新增高新技术企业34家、市级以上研发机构8家，产学研合作及科技成果转化项目16个，县域科技创新能力升至A类（县域科技创新能力评价标准：80分以上为A类、60（含）～80分为B类、60分以下为C类）。华通线缆在上交所主板上市，开发区完成地区生产总值400亿元，主营业务收入2000亿元，税收55亿元。生猪出栏60万头，奶牛存栏1.75万头，肉牛存栏3.5万头，蛋鸡存栏160.5万只，肉蛋奶总产量15万吨。水产养殖面积3133.33公顷，水产品产量4.9万吨。

【丰南区社会建设】 2021年，唐山市丰南区完成投资22.1亿元实施69项城建工程，其中商品房开工59.4万平方米，完工26.4万平方米，么家泊棚改工程实施，改造老旧小区14个、供热管网9千米。建成公园游园14处，新增园林绿地41.2万平方米。新建停车场7个，增加停车位1167个，新建、改造城区道路10条，站前南路、欣胥路实现跨区通车。南孙庄乡撤乡设镇，高标准打造胥各庄市级乡村振兴示范区和11个市级示范村、24个提升村，改造193个村庄破损街道118万平方米，三年提升行动完成。新增生活污水集中治理村54个，总数64个。高标准完成3934户农房和宣庄中学抗震改造工程，新一中主体完工，改扩建中小学14所，新建幼儿园5所、改建7所。区中医院迁建工程基本竣工，高标准建立区应急指挥中心，打造全国优质示范卫生院4家、优质社区医院1家、中医康复典型专科1个，国家基本公共卫生服务项目考核连续3年全市排名第一位。城镇新增就业1.3万人，失业人员再就业2343人，就业困难人员就业359人，农村劳动力转移就业4624人。企业职工养老保险覆盖15.69

丰南区推进“美丽乡村”村史馆建设，图为孔家庄运河文化展馆。

刘洪超 摄

万人，失业保险覆盖9.37万人，工伤保险覆盖12.29万人，完成扩面任务。5家孵化基地在孵创业项目160个，优化升级创业就业孵化基地2家。全区基本医疗保险参保51.98万人，参保覆盖率96.85%。

【丰南区文化建设】 2021年，唐山市丰南区举办第三届冰雪运动会暨中小学生冰雪运动会、全国跆拳道精英赛、环湖定向赛等群众体育活动15次。区文化馆、图书馆在企业和村庄新建服务点14个，文化惠民“七进”（进企业、进农村、进机关、进校园、进社区、进网络、进军营）演出活动196场，“书香动车组”流动服务100余次，原创作品《我家门前那条路》《向党看齐》参加全省群众文艺优秀作品展演，《篓子秧歌》获河北省第五届少数民族文艺调演三等奖。文学期刊《芦笛》刊登小说、诗歌、散文、评论、报告文学等作品80万字，推出庆祝中国共产党100周年征文专刊。《芦笛》公众微信号专题刊载43期“抗击疫情”小说、散文、诗歌等作品及各类抗疫文章80篇。举办“百年荣光耀丰南”诗歌朗诵会、“永远跟党走”书画作品展、“迎国庆、感党恩、跟党走”摄影展、庆祝中国共产党成立100周年系列文艺活动。区业余体校女子篮球队参加2020～2021年度凯迪拉克中国初中篮球联赛获第二名，参加2021年度中国中西部篮球锦标赛U15、U17比赛，均获冠军。刘利在东京残奥会获2块金牌并打破世界纪录。总投资227万元完成农村、社区体育健身场地90处，新建、更新体育场地4处，投资9.6万元完成精品体育公园篮球场提升工程。开展未经许可经营旅行社业务专项整治行动、图书馆馆藏出版物专项检查行动、“扫黄打非”专项行动，检查文化单位58家次，检查书店50家次，检查印刷企业17家次。

【丰南区生态文明建设】 2021年，唐山市丰南区对123家问题企业开展整治行动，其中44家企业通过正面清单审核，33家企业纳入冬奥会空气质量保障“白名单”，纵横钢铁等58家企业实现“创B争A”，瑞丰钢铁、东华钢铁翻车机房全面完工，丰南港区通用码头通航，成为全省首个“水水转运”码头。建成区污水处理厂2座，设计日处理能力8.5万吨，外排水水质达到Ⅳ类排放标准，投资1028万元实施水源生态提升工程。城区日产生活垃圾230吨全部转运至洁城能源公司进行焚烧处置，无害化处理率100%，实现日产日清。1.83万户“双代”改造完成，251家规模养殖场全部建有粪污收集处理设施，设施配建率100%，粪污资源化利用率94.4%。全区空气质量综合指数4.62，比上年下降16.30%，PM2.5平均浓度35微克/立方米（省达43微克/立方米），综合指数居9个核心管控区第二位，国控点综合指数居10个国控点第二位。优良天数259天，比上年增加30天（省达246天）。落实“河湖长制”“湾长制”，投资120.5万元实施农村饮水工程维修养护，巩固、提升9个乡镇29个村饮水安全。整治入海排污口130个，完成地下水压采任务，形成压采能力4376万立方米，城区居民生活用水实现地表水源置换，地下水位回升3.81米，5条主要河流水质年均值全部达标。开展专项整治行动，夜查、晨查出动执法人员2956人，夜查企业8778家，发现问题1867个，立案处罚164件，罚金272.5万元。新增绿化面积37.5公顷，苗木补植1.41万平方米，完成营造林2133.33公顷，获评河北省森林城市。滨河北大街西段建设4座公厕，唐人街景区获评省级旅游休闲街区。

【丰南区疫情防控】 2021年，唐山市丰南区加强公共卫生防控体系建设，完善重大疫情防控体制机制，持续保持零输入、零感染、零疑似、零确诊。投入3150万元购置应急物资设备，建立疫情防控应急储备库，保障医疗机构至少满足30天满负荷运转需求。组建流调溯源、消杀处置、隔离观察、核酸检测、社区防控、健康教育、医疗救治等3814人团队，累计排查重点人员5424人，接收协查函196批，流调845人，集中隔离1362人。组织突发聚集性疫情应急处置、全员核酸检测等大型实战演练8场次，参加人员800人。组织相关医务人员开展新冠肺炎诊疗方案、院感防控、人员转运以及疫苗接种异常反应医疗救治培训150余场次8467人次。规范区医院发热门诊建设，投入200万元设置独立实验室。全区442个村卫生室、353个体诊所、32家医疗机构统一配备红外线测温仪，城区设置32个居民社区卫生服务点，配备卫生服务管理员39人。投入1100万元新建核酸检测基地，全区日单检能力2万份，1:10混检能力20万份。组织重点人群定期核酸检测，每周完成5万人。投入550万元为23家医疗机构安装数字化接种信息系统，合理分布疫苗接种点，日接种疫苗最高6万人。6月28日，提前2天完成省达第一剂接种任务，9月2日，提前23天完成省达第二剂接种任务。

【“无接触式”手机借书服务】 2021年，唐山市丰南图书馆推出“无接触式”手机借书服务。读者无须操作馆内自助借还机，只需用智能手机扫描图书条形码即可实现自助借书，避免读者聚集和间接接触，改善读者借书体验，提升服务效能。

【华通线缆上海主板上市】 2021年5月11日，唐山市丰南区华通线缆在上海证券交易所举行上市仪式。华通线缆上海主板上市，提前8个月完成2021年度市达上市任务，实现“十四五”上市开门红，是丰南区继惠达卫浴A股上市之后，第二家A股上市企业。

【丰南区散煤管控】 2021年，唐山市丰南区制发《丰南区2021年劣质散煤管控方案》，明确任务，压实责任，整体推进。自3月中旬开始，多部门对全区“双代”完成区域和未完成区域农户散煤存储情况进行入户摸排，共检查督导16个乡镇街道涉及355个行政村8612户，发现问题全部整改到位。年内查处6起销售散煤违法行为，查获散煤95.88吨，涉案金额15万元。

【亚洲品牌500强榜上有名】 2021年9月23日，世界品牌实验室(WorldBrandLab)主办“亚洲品牌大会”在上海召开，发布2021年度《亚洲品牌500强》排行榜，唐山市丰南区惠达卫浴榜上有名，排列第371位。本次“亚洲品牌大会”，共有19个国家和地区500个品牌入选。

【"全国模范司法所"称号获授】 2021年10月29日，司法部印发《关于表彰全国模范司法所和全国司法所模范个人决定》，授予全国597个司法所"全国模范司法所"、796名个人"全国司法所模范个人"称号，唐山市丰南区司法局黄各庄司法所名列其中。

【"河北省档案工作先进集体"称号获授】 2021年11月26日，唐山市丰南区档案馆被河北省委办公厅、河北省人力资源和社会保障厅授予"河北省档案工作先进集体"称号。自2000年首获河北省档案工作先进集体，丰南区（市）档案馆连续在"九五"至"十三五"25年中获得5个先进集体称号，持续保持"省内领先、全国有位"成绩。

【"丰南西红柿"年产值11亿元】 2021年，唐山市丰南区推广地理标志商品"丰南西红柿"种植，统筹规划工厂化育苗、高科技展示、标准化生产"三位一体"农业示范基地，全区保护地西红柿年播种面积8533.33公顷，年产60万吨，产值11亿元。2020年10月，丰南区成功向国家知识产权局申请注册"丰南西红柿"地理标志商标。

（张保华）

丰润区

【丰润区概况】 2021年，唐山市丰润区辖17个镇、3个乡、480个行政村、3个街道、47个社区居委会，总面积1154.16平方千米，总户数23.53万户，总人口79.77万人。完成地区生产总值980亿元，比上年增长4.6%；固定资产投资226.1亿元，比上年增长7.2%；一般公共预算收入34.51亿元，比上年增长4.2%；实际利用外资1.21亿美元，进出口总值40.40亿元。城镇居民人均可支配收入4.86万元，农民人均可支配收入2.17万元，分别比上年增长8.0%和10.0%。年内在"全国综合实力百强区"排名第61位、"全国高质量发展百强区"排名第58位。

【丰润区政治建设】 2021年，唐山市丰润区贯彻落实中共十九大及中央经济工作会议精神，坚持稳中求进工作总基调，坚持新发展理念，推进供给侧结构性改革，开展"四史"（党史、国史、改革开放史、社会主义发展史）宣传教育及"三抓三创"（抓项目、抓转型、抓作风，创优生态环境、创优营商环境、创优社会治理）活动，落实中央、省市巡视督查整改意见。区政府自觉接受人大、政协和社会各界监督，办理人大代表建议、政协委员提案184件，受理群众热线4.2万件，办复率100%。开展扫黑除恶专项行动，破获涉恶类案件115起，打击处理涉恶类犯罪嫌疑人115人。高质量完成村（社区）"两委"换届，全区545个村（社区）书记平均年龄比上届下降11岁，大专以上学历书记比上届提高14.21%，村"两委"平均年龄较上届下降10.4岁，村（社区）"两委"班子成员年龄、学历、能力实现"一降两升"。

【丰润区经济建设】 2021年，唐山市丰润区主营业务收入1878亿元，全年完成农、林、牧、渔业总产值63.87亿元，其中农业总产值31.12亿元，林业总产值1.37亿元，牧业总产值26.63亿元，渔业总产值9383万元，农、林、牧、渔服务业总产值 3.80亿元，比上年增长1.0%。实施生态环保、项目建设、园区发展、转型升级、城市建设、乡村振兴、营商环境、改革创新、民生改善、社会治理10项重点工程，实施"放管服""拿地即开工"审批改革，取消10个审批项目，优化53个服务项目，新增市场主体1.26万户。打造"5+4"（做优做强轨道交通装备、汽车零部件、装配式建筑、精品钢材、新型建材5大主导产业，培育壮大先进装备制造、现代物流、食品医药、文化旅游4大新兴产业）现代产业体系，实施高质量发展。举办中国工程机械"十四五"规划发布暨投资环境说明会，与377家重点企业、商会协会、科研院所签约开发项目48个。谋划、建设千万元以上项目297个，精诚机械精密制造等184个项目开工建设，丰钰轨道160千米动力集中动车组等120个项目竣工投产。压减炼铁产能503万吨，钢铁高附加值产品比重40%，12家水泥企业完成产能置换。唐车"未来系列"都市列车下线，爱信齿轮8AT变速器实现量产，泓泰水泥获评国家级绿色工厂。轨道交通创新发展中心被纳入"国字号"转型升级示范项目。新增省级技术创新中心2家，39家企业通过国家高新企业技术认定，250家企业通过省级科技型中小企业备案，4家企业获评第三批国家"专精特新小巨人"，二十二冶集团获批省级院士合作重点单位，盛航环保机车入选省级国际科技合作基地，经济开发区基础设施一期工程竣工。

【丰润区文化建设】 2021年，唐山市丰润区举办各类文艺演出98场，观众5.5万人次，其中举办庆祝中国共产党成立100周年、"我们的节日""文化进万家"惠民演出系列文化活动10场，观众5000人次。图书馆接待读者51.24万人，文献借阅81.76万册次，设立基层图书流动服务点15个。投资2.1亿元完成车轴山中学改造，新建、改造中小学、幼儿园16所，增加学位3555个。中医院迁址新建，40个省级卫生村全部达标。新军屯镇等3个文化站、沙流河村等9个村居文化中心被命名唐山市基层综合性文化服务中心示范点。全区有AAA级景区4家（西那母生态旅游度假村、蒙牛乳业、京东龙泉谷、山缘生态园）、AA级景区1家（潘家峪惨案纪念馆）、中国乡村旅游示范村和省级乡村旅游重点村1家（西那母庄三村）、全国工业旅游示范点1家（蒙牛乳业）、河北省工业旅游示范点1家（凤凰酿酒）、市级乡村旅游示范点9家，全年接待游客450万人次。落实疫情防控措施，实现零输入、零发生、零感染，3周岁以上人群疫苗接种70万人，覆盖率89.61%。

【丰润区社会建设】 2021年，唐山市丰润区为群众办10件实事兑现承诺，城镇低保标准每人每月770元，农村低保标准每人每月526元。落实养老保险、医疗保险提标政策，参加养老保险企业4234家，城乡居民参保人数61.24万人，其中一般参保59.51万人，特殊人群参保1.73万人。医保基金个人缴纳标准每人每年880元，其中个人缴纳300元，各级财政补助标准为每人每年580元。全区贫困建档立卡

326户730人，其中参加城乡居民医保725人（医保费全部由区财政担负），参加城镇职工医保5人，参保率100%，实施患病就医“先诊疗后付费”和“一站式”费用结算服务，建档立卡贫困人口慢性病随时申报，及时发放慢性病专用证，放宽慢性病患者门诊取药量，精准帮扶1.73万人次，总医疗费用1115.88万元，报销总额1140.72万元，报销比例93.26%。新增城镇就业1.09万人，城镇失业登记率低于市控水平1.4个百分点，为437名符合参保条件建档立卡贫困人员每人每年代缴100元基本养老保险费，为5822名低保和特困人员代缴2021年度城乡居民基本养老保险费。

【丰润区生态文明建设】 2021年，唐山市丰润区投资6.7亿元，改扩建市政道路13条13.1千米、农村公路40条102千米。光华东道贯通，林荫路南延项目启动。3个片区启动征拆，3个老旧小区拆迁改造，2500户农房抗震改造完工。图书馆、博物馆、档案馆改扩建工程完成，投资9700万元实施农村人居环境整治，26个“美丽乡村”“还乡河畔”市级示范片区和“药香水韵”区级示范片区完成创建。优良天数257天，比上年增加20天，新宝泰钢铁全面关停，天柱钢铁启动异地搬迁。拆除违规场院、散料堆场1505处，腾清土地308.37公顷。分两批次完成5.6万户“双代”改造，推广空气源热风机1.7万户。443台锅炉实现清洁能源替代，淘汰国III及以下柴油货车5186辆，实施“全域治水、清水润城”行动，7个农村污水处理站启动建设，河流断面年度考核全面达标，完成2409万立方米压采任务，修复矿山9处，完成国土绿化5273.33公顷，森林覆盖率40.4%。

【十大最具投资吸引力城区入选】 2021年5月16日，《环球时报》社主办“2021环球城市招商引资推介大会暨颁奖典礼”在北京举行，会上发布《中国城市投资吸引力指数报告》，唐山市丰润区入选“2020十大最具投资吸引力城区”。《中国城市投资吸引力指数报告》数据涵盖全国31个省、自治区、直辖市和计划单列市，报告通过对城市区位优势、经济发展环境、人力资源创新环境、营商环境、民生保障环境及国际化发展程度6个维度进行全景评估，经科学运算，与海内外专家、学者及资深媒体人专业评估而成。

【20个项目集中开工】 2021年5月25日，唐山市丰润区大唐国际光伏发电、嘉立荷牧业大型沼气工程、恒益文化教育园区等20个项目集中开工，总投资52.02亿元。开工项目涵盖智能轨道交通配套、装备制造转型、跨境电商、节能环保产业集群、牧业发展与废物综合利用及民生实事工程。

【公路养护助力环境整治】 2021年，唐山市丰润区开展公路养护，助力公路环境整治，公路养护人员对路肩、绿化带、边沟垃圾杂草等进行拉网式清理，清除路面飘洒物和路阻路障，修剪绿化苗木，清理边沟、反坡15.7千米，清理桥涵伸缩缝872延米，填垫坑槽405平方米，归位补设防撞墩和各类桩475个，修剪绿化苗木2.5千米。

【未成年人司法服务中心成立】 2021年11月4日，唐山市丰润区未成年人司法社会服务中心挂牌成立，旨在引导社会力量共同关心未成年人，吸纳律师、公益志愿者、爱心企业家等参与未成年人司法保护，加强青少年法治宣传，防止青少年犯罪。

（王翠香）

路北区

【路北区概况】 2021年，唐山市路北区区域面积147.4平方千米，辖韩城镇、果园镇及11个街道、71个行政村、164个社区、10个村民委员会，户籍人口67.2万人。地区生产总值完成566亿元，比上年增长2.6%，总量全市排名第五，增速排名第十六。服务业增加值完成357.76亿元，比上年增长8.3%，总量全市排名第一，增速排名第十二。固定资产投资比上年增长7.1%，增速全市排名第七。社会消费品零售总额完成267.87亿元，比上年增长6.5%，总量全市排名第一，增速排名第四。一般公共预算收入完成51.4亿元，比上年增长4.3%，总量全市排名第三，增速排名第十五。城乡居民人均可支配收入分别为51234元和26379万元，总量全市排名第二，增速排名第七。其余各项指标均保持在合理区间。

【路北区政治建设】 2021年，唐山市路北区完成区委、区政府领导班子新老交替，全区上下贯彻落实党中央和省市委各项决策部署，开展党史学习教育、“四史”宣传教育，传承红色基因，把党史教育成果转化为推动全区高质量发展动力。建设法治政府，科学编制法治建设五年规划，全面启动“八五普法”教育，获评全市依法行政优秀县区，祥富里社区获评“全国民主法治示范社区”。区政府配合人大代表和政协委员履行职责、行使权力，自觉接受人大法律监督、工作监督，政协民主监督和社会舆论监督，办理人大代表建议145件、政协委员提案71件，按时办复率、满意率100%。完成村、社区两委换届，实现学历、能力、年龄“两升一降”。大里路街道、钓鱼台街道基层治理创新经验成为全省典型案例。开展“转作风、提效能、比担当、促发展”纪律作风整顿，整治“微腐败”问题，营造风清气正氛围，为全区经济建设高质量发展提供纪律保障。

【路北区经济建设】 2021年，唐山市路北区在常态化疫情防控基础上，促进服务业经营秩序全面恢复，全年新增限上贸易企业和规模以上服务业企业40家。批发零售、住宿餐饮两大支柱行业增速分别为17.6%和16.3%，信息技术服务业、居民服务业增速超过20%。新落户跨境电商企业8家，总交易额27亿元，带动进出口总值突破17亿元，路北区“向海发展”工程位居全市非沿海地区第一名。乡村集体经济组织股份制改革全面完成，农村土地经营权有序、高效流转，农业农村资源得到有效利用，培育市级以上农业新型经营主体5个，新注册家庭农场5家，促进农民增收。营商环境持续优化，重点建设项目落地，帮助市场主体纾困解难，全面提高政务服务水平。实施“拿地即开工”“一窗受理”“百事通”等系列改革，企业投资立项

路北区赖旺庄城中村改造项目。　唐建勋 梁赞英 摄

审批时限压缩至5个工作日以内。完成镇街审批服务改革，打通服务群众“最后一公里”，获评省政务服务改革先进集体。开展“春雨金服”行动，登陆市综合金融服务平台企业数量、融资对接成功数量均为全市第一，助企融资112亿元。参与“四个一百进唐山”活动和招商引资“百日攻坚”专项行动，建立招商引资项目清单，持续开展阜外招商，全年接待洽谈客商260批次，签约项目169个，其中亿元以上项目25个。引进高层次人才51人，柔性引进外国专家及国家级领军人才4人，引进科研合作项目8个，新建技术创新中心3所。帮助金石钻探等企业与10家科研院所（机构）开展项目合作，助力唐山规划建筑设计院申请中央引导资金。全年认定高新技术企业38家、科技型中小企业304家，万人发明专利拥有量9.45件，比上年增长13%，增速高于省、市平均水平，在全省县域科技创新能力监测评价中获得A类等级。

【路北区城乡建设】 2021年，唐山市路北区加快老旧小区改造和回迁进度，境内碑子院村、马驹桥村等5600户群众搬进新房。边各寨等6个改造项目在建，禾木花苑等7个停滞商业项目实现复工。盛安金景等45个项目遗留问题得到化解，办理不动产权证1.6万套。周官屯、丁家屯、宋学新庄、吴家庄4个城中村改造工程启动，韩城镇6个压煤村搬迁，5个村旧址全部拆除并完成复垦，东欢坨一村227户村民完成紧急避险。境内4条新建道路竣工通车，14条“断头路”“瓶颈路”打通工程完成征拆。垃圾分类试点、厕所革命持续推进，新建垃圾投放点111个，城区旱厕实现清零。实施“增绿添色”行动，完成11条新建道路绿化，新建公园及游园8个、绿廊绿道3.77千米，完成植树造林146.67公顷，新增园林绿地51公顷。年内完成77个老旧小区改造提升、18个背街小巷治理工程，新增停车位近2000个，“空中蜘蛛网”、社区“五乱”问题得到治理。巩固乡村振兴成果，全区以2个示范村、4个提升村为典型示范，推进农村全域环境治理。实施24个村道路改造，新建村路13.5万平方米，硬化道路实现“户户通”。韩城镇粪污集中处理中心启动运转，果园镇粪污集中处理中心完工，首批8个村庄实现无害化利用。

【路北区社会建设】 2021年，唐山市路北区坚持硬件、软件双管齐下，优化基础设施，强化师资队伍建设，新建、提升中小学、幼儿园15所，学前教育实现“服务半径1.5千米”全覆盖，面向重点院校招聘、选聘优秀教师421人，落实“双减”政策，15项改革经验在省、市推广，获评全省“课后服务试点县（区）”。新眼科医院、疾控中心建成，开滦康复医院光明社区卫生服务中心通过省级验收，村卫生室标准化建设率100%，高分通过省级慢性病综合防控示范区验收。社区日间照料服务站实现全覆盖，培育星级养老机构8家，打造居家养老服务中心4个，养老机构护理型床位占比排名全市第一。基层综合文化服务中心设置率100%，区文（化）图（书）两馆项目在建，搭建文体平台，开展惠民文化演出活动345场次，举办冰雪赛事30场次，年内获全国群众体育先进单位称号。社会事业全面发展5大类26项民生工程各项既定目标完成。

【路北区生态文明建设】 2021年，唐山市路北区细化、完善管控措施，增加路面降尘专用车86辆、检测设备15部，专班配备人员35人以上。统筹开展工业企业扬尘、餐饮油烟、挥发性有机物专项治理，常态化开展全域“洗城洁厂”行动，散煤管控经验在全市推广。全区空气质量综合指数降至5.02，优良天数达到256天。落实三级河长责任制，开展巡河及问题治理，陡河新华闸和李村桥2个水质断面稳定达标。综合实施6项地下水压采措施，压采地下水290万立方米，地下水位比上年提升2.78米。开展土壤污染状况调查，8个地块完成调查并通过专家评审，受污染耕地和重点建设项目用地安全利用率均100%。

【路北区民生建设】 2021年，唐山市路北区通过线上线下结合开展招聘活动，新增城镇就业1.38万人，城镇调查失业率控制在5.5%以内，裕华嘉苑第二社区获评国家级充分就业社区。全年完成社保缴费8.3亿元，连续3年收入大于支出，实现养老保险基金健康平稳运行。开展退役军人服务保障工作，吾悦广场获评省级“拥军服务站”，北岸嘉园社区退役军人服务站获河北省“百家优秀退役军人服务站”“爱国拥军模范单位”称号。路北区获评全市首个省级未成年人救助保护服务体系建设试点县区。落实“四个不脱”（不脱责任、不脱帮扶、不脱监管、不脱政策），坚持产业扶贫、就业扶贫、社会兜底扶贫多管齐下，建档立卡贫困群众持续稳定脱贫。各类致贫风险实时监测预警，累计发放各类补贴及救助资金1900余万元，城乡低保实现应保尽保，保障弱势群体生活。疫情防控常态化，组织架构、运转机制、应急体系健全，区集中医学隔离点竣工交付，新冠疫苗加强针接种率82.3%。排查生产、消防、食品等安全隐患1.2万余处，全部完成整改，全年未发生安全生产责任事故和食品、药品安全事故。11家大中型超市获评市级放心肉菜超市，总量排名全市第一，其中5家成为省级试点单位。为16万户居民加装燃气安全保护装置，实施97个居民小区供水管网改造。加强社会面巡控，加大电信诈骗、抢劫盗窃等案件查办力度，治安案件发案数量比上年下降9.5%。智慧社区建设全面竣工，居民小区实现智慧封闭、红外线人脸识别联网，社会综合治理体系完善。

【城市发展战略实施】 2021年，唐山市路北区统筹推进“西进、东升、中优”城市发展战略，提升区域承载能力、产业吸附能力、未来发展潜力。唐山新城正式命名，金茂集团中央商务区建设框架协议签订，东海特钢、二十二冶等大型企业在境内意向设立总部，新中医医院、香港紫荆教育唐山学校在建，兴源道等7条新建道路工程启动。西部经济开发区建设工程启动，产业规划、功能布局趋于合理，冶金锯片等4个项目竣工投产，国轩高科“5G”新能源产业基地等12个项目在建，林德曼锯片、冠升鑫新材料等4个项目入围省重点项目。“东升转型”中，龙富南道、龙华东道建设工程提速，唐钢片区城市设计、土地性质调整、环境影响评估同步进行，累计出让土地19宗75.47公顷，培仁历史文化街投入运营，并入选首批国家级旅游休闲街区。“中优发展”向楼宇要效益，导入产业，盘活资源，金融中心实现税收3.45亿元，获评省物业管理十佳项目。全区楼宇新进驻企业185家，钢铁产业数字化创新中心、数字贸易综合服务中心等平台上线运营，吾悦广场商街获评省旅游休闲购物街区，爱琴海购物公园获评省级绿色商场，全区商业营业收入46亿元。

【路北区教育局获教育部表彰】 2021年1月，教育部基础教育质量监测中心公布2020年国家义务教育质量监测实施优秀组织单位名单，表彰完成监测实施工作样本单位，唐山市路北区教育局被授予“县级优秀组织单位”称号。路北区12所小学、8所中学成为样本监测学校，监测内容为义务教育阶段学生科学学习质量、德育发展状况及课程开设、条件保障、教师配备、学科教学和学校管理等，考察对象为2020年秋季学期义务教育阶段五年级和九年级学生及参测学生在四年级和八年级时相应教师。

【高导通硅基集成电路板项目签约】 2021年3月，在唐山市第一季度项目集中签约活动中，路北区高导通硅基集成电路板项目签约。该项目计划投资20亿元，建设年产值不低于30万平方米硅基电路板生产线，项目建成后，打造新材料科技创智中心及智能制造基地，促进区域产业化升级，带动区域经济整体增长。

【文化传承与数字经济论坛举行】 2021年6月8日，唐山市路北区人社局与区委组织部联合举行“传统文化传承与数字经济高质量发展”论坛。此次活动以“智领路北·人才强区”战略为主线，落实“百名高端人才进唐山”，推动创新人才培养和人才梯队建设，引进一批高端人才（团队），促成一批转型发展急需人才智力合作项目。活动中，北京大学信息学院企业文化专家委员会主任王碧波，北京大学博雅教育科技研究院研究员、总裁商学院名誉院长姜博仁分别就《国学与管理智慧》《破局——数据化新时代商业模式创新》主题授课。王碧波解读国学与传统文化渊源和国学智慧在指导人们生活中具体应用，姜博仁围绕数字化时代下商业模式创新，为企业家讲述数字化如何为社会带来整体效率提升。

【全民健康主题活动】 2021年10月8日，唐山市路北区“健康路北·我在行动”全民健康生活方式主题系列活动启动。本次活动由健康中国·路北行动领导小组办公室与路北区创建省级慢性病综合防控示范区领导小组办公室联合举办，旨在提高全民健康意识，推进全民健康生活方式，提高居民健康素养。活动现场，路北区文旅局文艺队伍以气功、广场舞、抖空竹等多种表演形式宣传科学健康生活方式，区卫健局在现场设置慢病义诊咨询台，发放宣传材料，接受咨询，免费测量血压，向群众普及高血压、糖尿病等慢性病防治常识。此次活动悬挂横幅12条，展出宣传展板35块，发放健康生活方式宣传手册400余份。

【招商推介会在沪举行】 2021年10月15日，唐山市路北区招商推介会暨重点项目签约仪式在上海举行。路北区政府分别与上海均和集团、上海红星美凯龙集团签订项目合作协议，金茂集团就唐山新城中央商务区和创智城开发建设分别与6家相关企业签订合作协议，红星美凯龙集团就唐山新城爱琴海购物公园项目、万物呼联信息技术有限公司就唐山万物呼联服务外包基地项目与相关企业签订合作协议。招商推介会由路北区委、区政府主办，金茂集团协办，“长三角”地区66家企业及商会代表出席。

【楼宇经济持续发展】 2021年，唐山市路北区将科技创新与楼宇经济发展有机结合，利用金融中心等楼宇资源，建设科技创新孵化载体，打造特色楼宇、双创楼宇，提升楼宇经济发展质量，完善基础配套设施，打造会议室、多功能厅、项目路演厅、业务洽谈室等多种服务功能公共办公区域，优化独立办公空间，为入驻企业提供优质办公环境。聘请117名专业导师为入驻企业、在孵项目团队提供创业指导，提高融资对接效率和成功率，年内10家科技企业孵化器和众创空间整合利用楼宇面积4.4万平方米，金融服务、现代商务、信息电商等领域321家企业、55个团队进驻。友谊路双创大街成为全市重点双创示范项目，汇金中心方创众创空间获评省级众创空间，服务场地5600余平方米，入驻企业、团队55家，累计孵化成功100余家企业，年纳税300余万元，年内申报国家级众创空间。“融·创客工场”获评全市首个国家级众创空间，服务场地3000平方米，入驻企业、团队26家，年纳税100余万元。

（张红瑶）

路南区

【路南区概况】 2021年，唐山市路南区区域面积117.4平方千米，辖稻地镇37个村、女织寨乡17个村1个社区及9个街道办事处82个社区，另有1个省级物流园区，全区人口35万人。完成地区生产总值308.1亿元，按不变价格计算，比上年增长7.0%，其中第一产业增加值1.9亿元，比上年增长6.3%；第二产业增加值127.9亿元，比上年增长9.3%；第三产业增加值178.3亿元，比上年增长5.6%。农林牧渔业总产值3.1亿元，比上年增长4.7%，粮食总产量1.64万吨。全部财政收入49.6亿元，比上年下降1.4%。一般公共财政预算收入26.3亿元，比上年增长4.5%。一般公共预算支出21.8亿元，比上年增长7.9%。全部工业增加值95.5亿元，比上年增长8.6%。社会消费品零售总额181.15亿元，比上年增长6.8%。固定资产投资比上年增长6.1%，实际利用外资1.29亿美元。批发和零售业增加值45.2亿元，比上年增长7.6%。城镇居民人均可支配收入5.17万元，比上年增长7.1%，农村居民人均可支配收入2.34万元，比上年增长10.6%。城镇居民人均消费支出3.01万元，比上年增长11.2%；农村居民人均消费支出1.59万元，比上年增长20.6%。

路南区城南经济开发区。 刘鸿远 摄

【路南区政治建设】 2021年，唐山市路南区贯彻中共十九届六中全会精神，开展多层次、多样化学习宣讲活动，区委中心组专题学习习近平讲话和上级会议文件精神14次，组织干部培训13场次。庆祝建党100周年与表彰先进、树典型、塑榜样相结合，开展“四史”（党史、国史、改革开放史和社会主义发展史）宣传教育，打造文化长廊、广场40个，开展“我为群众办实事”活动，惠及群众2万人。推进“三基”（抓基层、打基础、苦练基本功）建设，完成区、乡镇、村（社区）三级换届选举，创新党建引领社区治理新模式，打造尚信社区、西越河村等13个省、市党建示范点，社区工作者待遇提标。调整基层急、难、险、重等岗位65人次。加大执纪问责力度，全年立案21件22人，立案、处置数量比上年下降50%。

【路南区经济建设】 2021年，唐山市路南区中昊港创·唐山路南智慧创新产业园等33个产业项目签约落地，亿元以上项目12个。引进、培育税源企业80家，引资引税3亿元，在谈项目80个。实施“四个一百”（百家科研院所（大学）、百家央企京（津）企、百名高端人才、百家优质民营企业）引进工程，引入优质民营企业27家、科研院所6家，签约央企（京津）5家。耀伦机械汽车零部件生产基地等47个项目开工建设，九天微星卫星研发制造基地等26个项目竣工投入使用，19个省、市重点项目和110个区重点项目完成投资88亿元，新增“四上”（规模以上工业企业、资质等级建筑业企业、限额以上批零住餐企业、规模以上服务业企业）企业44家。城南经济开发区10条主干道路竣工通车，新入园亿元以上战略性新兴产业项目6个，全年营业收入950亿元。

【路南区社会建设】 2021年，唐山市路南区创新“签约＋预开工”模式，建立项目手续办理联动机制，省、市、区三级政务服务事项网上可办率100%。开展“春雨金服”行动，帮助企业贷款78.7亿元。城镇新增就业1.2万人，城镇登记失业率2.38%。完成城乡低保和特困供养人员提标，全区有城乡低保户1070户1374人，年内发放低保金1022.39万元。办理结婚登记1191对，办理离婚登记562对。全区有安葬点82个（公益性公墓1个、公益性骨灰堂1个、农村公益性墓地80个）。建成2个未成年保护站、13个未成年保护点，完成孤儿和事实无人抚养儿童基本生活费发放。提升6所学校机构规格，调整补充191个小学编制。完善医疗惠民服务措施，镇卫生院、社区卫生服务中心实现基本医疗服务全覆盖。建成57所日间照料服务站，梁家屯路街道尚诚社区获评“全国示范性老年友好型社区”。落实疫情防控措施，完善应急指挥体系，构建群体免疫屏障，全区3岁以上人群疫苗接种覆盖率98.7%。

【路南区文化建设】 2021年，唐山市路南区制定《路南区星级图书分馆考核标准》，推进“星级图书分馆打造工程”。组织“国潮文化·民族符号”“阅见匠心·阅见路南”系列活动，开展剪纸、书画展、非遗展播等各类题材线上文化活动12场次。开展“峥嵘百年·文化铸魂”庆祝中国共产党成立100周年系列文化活动、“峥嵘百年·文化铸魂”第三届全民阅读系列活动。文化分馆、文化志愿者、群众文艺社团在基层文艺巡演60场次。登记注册非遗项目29个，传承人28人。完善旅游标识和旅游基础公共设施，改扩建旅游厕所26座、游客服务中心2个、停车场2个、旅游交通标识67块、旅游交通专线1条。投入70万元建成仿真冰场1块，维修各类损坏健身器材100余件。组织路南区第六届武术节，举办庆“五一”大型文体展演活动6场次，39支队伍600人参加全国第六届“万步有约”健走，组织大型体育健身、武术友谊赛、绿色骑行等特色活动15场次。完善体育社团组织体系网络，成立路南区冰雪运动协会、区社会体育指导员协会等 11 个体育协会。

【路南区生态文明建设】 2021 年，唐山市路南区新增公共停车位 1885 个，完成 47 个老旧小区再提升工程，7 条市政道路建设完工。推进“三清一拆一通一治一建”（清理垃圾、杂物、小广告，拆除违建，疏通消防通道，治理乱停乱放，裸露地块绿地建设）专项整治行动，新建公园、游园 4 座，152 个小区“智慧社区”建设达标。整治农村环境，实施“三整治两提升”（农村人居环境整治、道路两侧整治、河道整治，村容村貌提升、道路提升）工程，完成 9 个村道路硬化和 12 个村生活污水治理，完成 30 座无害化厕所改造，建成 3 座粪污无害化处理站，打造美丽乡村曹家庄示范片区。开展“环境综合整治提升攻坚年”行动，优良天数比上年增加 18 天，境内流域断面水质达到四类标准，污染地块安全利用率 100%。完成 20 台锅炉治理，督导辖区内 25 家加油站完成 3 次油气回收并实现在线联网，提标整治辖区内 2 家铸造、3 家耐火材料、1 家水泥制品企业。全区境内餐饮服务单位 604 家（经营性餐饮单位 506 家，机关、企事业单位食堂 98 家）全部在线监测。

【家校（园）共育示范区称号获批】 2021 年 5 月，唐山市路南区教育局获国家教育行政学院家庭教育研究中心授予“全国家校（园）共育”数字化示范区称号，第二幼儿园获全国“家园共育”数字化示范幼儿园称号。路南区 2019 年成立家庭教育研究与指导中心，2020 年 9 月，路南区教育局获批成为全国“家校（园）共育”数字化项目试验区，全区 17 所小学（幼儿园）参与该项目。

【民主法治示范村（社区）称号获评】 2021 年 3 月，唐山市路南区女织寨乡西礼尚庄村获评“全国民主法治示范村（社区）称号”，西礼尚庄村村民调解委员会曾获评 2020 年度全国模范人民调解委员会。年内路南区建成 131 个村居法律顾问群、131 个公共法律服务中心。

【智慧创新产业园项目签约】 2021 年 8 月 18 日，唐山市路南区与上海昊港企业发展有限公司签订智慧创新产业园项目。中昊港创·唐山路南智慧创新产业园项目计划占地 20 公顷，计划总投资 15 亿元，分两期建设，一期项目占地 10 公顷，投资 7 亿元。路南区全年计划实施重点产业项目 16 个，计划总投资 192.5 亿元，其中列入省重点项目 3 个、市重点项目 10 个。

【劳动者欠薪追讨】 2021 年，唐山市路南区劳动监察大队重点排查、处置房地产、建筑企业拖欠劳动者工薪案件，向社会公布投诉举报电话，符合受理条件案件及时立案，涉及农民工工资投诉案件当日立案。对于建筑领域、校外培训机构等重点企业，做到早预防、早介入、早化解，对涉及人数较少一般性欠薪案件，通过宣讲政策化解纠纷，对涉及人数较多、金额较大欠薪案件，运用司法程序立案查处。年内检查各类企业 62 家，为 712 名劳动者追讨拖欠工资 993 万元。

【航空航天装备产业园项目签约】 2021 年 12 月 14 日，唐山市路南区与百强企业上海均和集团均和云谷·唐山航空航天装备产业园在唐山新世界大厦举行签约仪式。该项目总投资 7 亿元，重点围绕航空航天装备产业导入商业卫星、航空发动机、零部件制造领域，实现集高端制造、研发中试、生产性服务等功能于一体，打造完整产业生态链和可持续发展潜能战略新兴产业集群。

（曾庆媛）

开平区

【开平区概况】 2021 年，唐山市开平区区域面积 257.4 平方千米，总户数 8.47 万户，总人口 24.78 万人，其中城镇人口 14.48 万人，农村人口 10.30 万人，人口自然增长率—3.53 ‰。辖 6 个镇、5 个街道、134 个行政村、48 个社区。地区生产总值 152.9 亿元。其中第一产业增加值 4.9 亿元，比上年增长 9.4%；第二产业增加值 77.3 亿元，比上年下降 12.5%；第三产业增加值 70.7 亿元，比上年增长 6.7%。一般公共预算收入 14.1 亿元，比上年增长 4.2%，社会消费品零售额 112.7 亿元，比上年增长 3.2%，低于全市平均值 1.8 个百分点。城镇和农村居民人均可支配收入分别为 4.35 万元和 2.17 万元，分别比上年增长 6.2% 和 10.0%。固定资产投资比上年增长 6.4%，规模以上工业增加值比上年下降 23.8%。完成现价农业总产值 8.4 亿元，按可比价格计算比上年增长 7.66%。高标准通过省级文明城区复核，排列全省第十位、全市第三位。举办省第五届园林博览会，唐山花海与其同步开园。全年疫情保持“零输入，零感染”。

【开平区政治建设】 2021 年，唐山市开平区学习贯彻中共十九大全会精神，实施“转型发展示范区，生

开平区唐山鼎晨食品有限公司农产品深加工生产车间。

李志全 何 川 摄

态宜居幸福城”工程，开展“四史”（党史、国史、改革开放史、社会主义发展史）宣传教育，把增强“四个意识”（政治意识、大局意识、核心意识、看齐意识）、坚定“四个自信”（道路自信、理论自信、制度自信、文化自信）、做到“两个维护”（维护习近平总书记党中央核心、维护党中央权威和集中统一领导）落实到具体行动。科级以上领导带头讲党课208次，在基层宣讲510场。完成区（镇）、村“两委”换届，落实领导干部不敢腐、不能腐、不想腐制度，年内立案42件54人，党纪政务处分58人，转化软弱涣散党组织8个。

【开平区经济建设】 2021年，唐山市开平区组织项目集中签约、集中开工、集中观摩活动，全年签约项目33个，集中开工项目31个，19个市重点项目完成投资36.6亿元，占年度计划120%。大唐陡河发电厂容量替代等5个项目列入省重点，省园博会场馆、唐山花海“火红年代”文创园等8个项目竣工投产。实施全员招商、精准招商、产业链招商，接待中建集团、华侨城等客商90批次，19个项目签约。推进科技创新能力建设，年内新增高新技术企业28家、科技中小型企业267家，完成技术交易额6.83亿元，超过市下达任务48个百分点。产业聚集加快，开发区入驻企业由298家增加到320家，实现年主营业收入601亿元，比上年增长8.5%。9月16日，在全市2021年第三季度项目集中签约活动中，冀东北区域医疗中心、花海国际商娱综合体、唐山花海辛玛动物主题乐园和唐山花海清科园4个项目签约，总投资44亿元。

【开平区社会建设】 2021年，唐山市开平区完成省、市下达民心工程和本区确定10件实事。城镇新增就业8000多人，失业率控制在3.49%以内，零就业家庭动态为零。城乡低保年人均分别提高444元和576元，城镇居民养老保险参保率99.8%。开展“互联网+医疗健康”线上服务，乡镇卫生院和村卫生室实现一体化管理，标准化建设覆盖率100%。落实疫情常态化防控措施，完成各阶段疫苗接种。区教育系统名师占比10%，居全市第一位，农村学前教育覆盖率100%，29所义务教育阶段学校课后延时服务实现全覆盖，“双减”典型经验被教育部向全国推广，开平区获评第二批全国“家校（园）共育”示范区。推进依法治区，社区“六位一体”（预防、保健、医疗、康复、健康教育及计划生育技术指导）治理体系在全市率先通过全覆盖，农村“五位一体”（村党组织、村民委员会、村民代表会议、村务监督委员会、村集体经济组织）治理体系建成率100%。实施“亮剑开平”专项行动，侦破各类案件160起。完成地震断裂带周边房屋改造2830套。唐山花海完成生态修复，与北京正和恒基开启市场运营“后园博”工程。8个棚户区改造在建，四街小区472户拆迁居民迁入新居，改造44个老旧小区、11个村镇自备饮水井和50条市政供水管网，6条城区道路完成翻修改造，34个垃圾集中投放点和有毒有害垃圾暂存点投入使用。建设改造农村公路6.2千米，硬化乡道6.8万平方米，建设美丽庭院2884个，高标准打造4个省级美丽乡村。

【开平区文化建设】 2021年，唐山市开平区文化馆、图书馆均通过国家二级馆评估定级，9个镇综合文化站全部达到300平方米以上。组织“庆祝中国共产党建党100周年文艺巡演”系列活动150场次。制订《开平区公共文化服务提升工程》方案，发放文化惠民券1.05万张。新建和完善社区、村庄健身设施27处32套，完成省、市下达体育“民心实事”工程。完成开平小学300平方米仿真冰场馆建设，组织轮滑、冰壶等冰雪活动百余场。历时两个月，出动7辆“冰雪大篷车”在45个村、40个社区开展冰雪体验活动，“人人参与冰雪，人人支持冬奥”活动通过省、市验收。结合省第五届园博会和唐山花海建设，实施文旅项目5个。

【开平区生态文明建设】 2021年，唐山市开平区推进污染整治，国控点完成市达指标，全年大气综合指数5.00，下降率17.49%，PM2.5平均浓度每立方米39微克，下降率15.22%，全年优良天数由239天增至257天。修复生态环境，落实“河湖长制”，压采地下水259万立方米，地下水位稳步上升。完成4个农村生活污水治理项目，38家责任主体灭失矿山修复治理，治理面积538.67公顷，完成区、镇、村三级林长设置，全年造林绿化214.33公顷，双桥镇被自然资源部列为“全域土地整治试点单位”。

【开平区创新能力增强】 2021年，唐山市开平区新增国家级高新技术企业28家、省级以上科技型中小型企业267家。6家科研企业平台通过省级评审，19个项目列入市级以上科技计划，28家企业分别获得“专精特新”中小企业、技术创新示范企业、“两化”融合试点项目、战略性新型产品等国家、省、市奖励48项。北京航空航天大学入驻成立“宜朗轻量化技术中心”，新雅诺公司获全省创新创业大赛一等奖。

【开平区疫情防控常态化】 2021年，唐山市开平区落实常态化疫情防控措施，应急指挥体系保持激活状态，人员配备、设施装备、应急演练常态化。全区接种疫苗24.95万人，人口覆盖率91.21%，完成各阶段疫苗接种任务。全年接收协查函312份，流调876人，集中隔离1095人，保持全区全年疫情“零输入、零感染”。

【开平区政务服务效率提升】 2021年，唐山市开平区实施“放管服”改革，区政务服务智慧大厅全面完成升级改造，“证照分离”“一网通办”“不见面审批”范围逐步扩展，政务服务事项网上可办率、全流程网办率均100%，在全市率先完成14个新开工项目施工许可。“暖企惠企”“定制服务”措施惠及企业和市民，全年为企业融资贷款20.2亿元，实际利用外资1.13亿元，比上年增长51.2%，新增市场主体888家。唐山图灵科技股份有限公司在河北股权交易所挂牌，实现开平区上市公司零的突破。

【青少年科技创新大赛获奖】 2021年，唐山市开平区在第37届唐山市青少年科技创新大赛上，在青少年科技创新成果作品、青少年科技实践活动、青少年科学幻想画、科技辅导员创新项目、青少年科学DV、青少年科技创意项目6类比赛中，获一等奖27个、二等奖29个、三等奖42个，开平区教育局、康各庄小学分获优秀组织奖。

【开平区乡村振兴工程实施】 2021年，唐山市开平区实施乡村振兴提升工程，巩固拓展脱贫攻坚成果与乡村振兴相结合，发挥农产品深加工龙头企业辐射带动作用和系列品牌效应，发展壮大特色农业，通过一二三产融合发展，持续促进农民就业、增收，建设农业高效、农村宜居、农民富裕美丽乡村。

【生物多样性日主题宣传活动】 2021年5月22日，唐山市开平区生态环境分局开展“2021年国际生物多样性日主题宣传”活动。此次活动设立咨询台、悬挂标语、发放相关宣传手册和宣传单，向过往群众介绍生物多样性保护意义、相关法律法规及破坏野生动植物资源等生物多样性应承担法律责任，让群众了解生物多样性与人类生存关系，增强生物多样性保护意识。此次活动发放《生物多样性宣传单》《野生动物保护宣传单》《中华人民共和国野生动物保护法摘要》等200份，解答群众咨询60人次。

（赵　宵）

古冶区

【古冶区概况】 2021年，唐山市古冶区辖2个镇、3个乡、5个街道办事处、122个行政村、84个社区。总面积248.38平方千米，总人口32.26万人，人口自然增长率-3.79‰。地区生产总值266.6亿元，比上年增加2%，其中第一、二、三产业分别为11.3亿元、185.2亿元和70.1亿元，分别比上年增加13.9%、-0.1%和5.5%。固定资产投资比上年增加6.9%，规模以上工业增加值比上年减少5%。全年实现社会消费品零售总额80.3亿元，比上年增加5.8%。城镇居民人均可支配收入和农村居民人均可支配收入分别为4.5万元和2.2万元，分别比上年增加6.2%和10%。财政收入29.4亿元，比上年增加20.4%，区级公共财政预算收入和财政支出15.98亿元和24亿元，分别比上年增加5%和10.4%。粮食总产量2.36万吨，比上年增加1.5%。蔬瓜产量22.8万吨，果品产量8784吨，鲜肉总产量119万吨，禽蛋、牛奶和水产品产量分别为1.02万吨、5.67万吨和3990吨。

【古冶区政治建设】 2021年，唐山市古冶区贯彻落实新时代党建总要求，履行管党、治党责任，推进全面从严治党。各级党委（党组）、中心组开展理论学习900余次，举办专题培训班4场，培训党员干部4600人次。调整干部11批次270人次，整顿软弱涣散基层党组织4个，“六位一体”（预防、保健、医疗、康复、健康教育及计划生育技术指导）社区架构覆盖率100%，打造精品示范社区35个，新建非公企业党组织3个、社会组织党组织2个，党纪、政务处分75人。

【古冶区经济建设】 2021年，唐山市古冶区实施重点产业项目101个，完成投资89亿元。德惠民用航空装备、首冶新元产业园、云石支护装备制造等31个项目完工投产，启新水泥窑协同处置综合固废及余热发电、乾宸新型金属材料等34个项目开工建设。中信重工装备制造、唐山竟羊种羊培育基地等31个项目签约，计划总投资135亿元。培育高新技术企业12家、科技型中小企业108家，引进科研院所11家，唐姆节能科技（唐山）有限公司在“新三板”上市。三友公司、鹤兴公司获评“国家级大宗固体废弃物综合利用骨干企业”“工业固废综合利用产业技术创新人才发展项目”入选省“人才强冀”工程，汉川金属制品公司获省级“专精特新”示范企业称号。新增模以规上工业企业13家、规模以上服务业企业3家、批零住餐企业8家。承接中央和省市改革任务147项，创新推出自主性改革3项，采煤沉陷区综合治理经验在国家《改革内参》刊发，“山区复耕+山体复绿+矿山公园”自主性改革模式代表唐山市参选全国年度改革案例。

【古冶区社会建设】 2021年，唐山市古冶区投资6600万元完成205国道城区段翻修改造及绿化亮化工程，投资1.64亿元完成20.9千米北外环路和总长8.9千米林西道、古范路、古榛路等9条城区道路翻修。投资6900万元完成城区易积水区域排水系统改造提升和9条背街小巷改造，新建大型公益广告景观16处，翻修便道16.2万平方米，拆除私搭乱建800余处，开展实地观摩测评活动21次。建设示范片区1个、示范村4个、提升村25个，翻修农村公路73.8千米，“双代”改造7459户，改厕5598座，创建“美丽庭院”1675户。实施10件民生实事和174个“我为群众办实事”项目，开展创业就业活动20余场次，申报创业担保贷款1860万元，提供就业岗位7468个，新增城镇就业7317人，超额完成市达任务。改扩建小学、幼儿园4所，新建标准化塑胶运动场7个，修缮校舍15所，金山实验学校小学部建成投入使用，新增学位1890个，面向全国重点师范大学引进教师31人。基层医疗卫生机构标准化建设率90%以上，10家乡镇卫生院和社区卫生服务中心均达到“全国优质服务基层行”测评标准。在全市率先完成社区日间照料服务站（点）建设，覆盖全区84个社区，千名老人拥有养老床位40张，圣火医疗养老康复中心获评“全省医养结合优质服务单位”，安馨医疗养老中心获评“河北省中医康养示范基地”。完成城乡居民和企业职工养老保险扩面3560人，城乡居民基本养老保险参保率97.2%，发放低保金2386万元，向困难群众发放救助金1829万元，全部实现应保尽保、应助尽助，社会救助工作位居全市前列。常态化开展扫黑除恶和“砺剑铸盾2021”等专项行动，打掉恶势力犯罪团伙1个，抓获6人，受理治安案件2123起，比上年下降2.11%，查处率100%。进京集体访比上年下降50%，个体访比上年下降62%，完成重大活动安保维稳任务。

【古冶区文化建设】 2021年，唐山市古冶区乡镇街道综合文化站全部达到建设标准，194个村（社区）建成40个文化中心示范点，完成20%以上考核任务。开展冰雪体验系列活动6场次，参与人数千余人次，组建代表队参加唐山市第三届冰雪运动会，选手孙兆珩获速度滑冰500

古冶区逐步实现"矿区变景区"绿色转身。　　牟　宇摄

计划总投资30亿元，项目分两期建设，一期建设备件服务基地项目，二期建设机械加工制造中心项目，项目建成投产后，可带动就业1000人。

米和1500米冠军。组织射箭协会参加河北省青少年冠军赛，获金牌8块、银牌13块、铜牌6块，金牌总数、奖牌总数均获全省第一名。组织啦啦操代表队参加河北省健美操啦啦操锦标赛，获儿童组校园示范套路冠军。举办古冶区环湖健康跑活动，有54支代表队、700人参加。组织申报古冶区第五批非物质文化遗产项目，范各庄镇甘义庄村"甘正刀具"非遗项目完成区级项目认定，非遗项目"万里香烧鸡制作技艺""四远香麻糖制作技艺"传承人参加河北省长城脚下非遗交流活动，普查古冶区乡村旅游非遗项目3项（万里香烧鸡制作技艺、四远香麻糖制作技艺、刘江剪纸）。区级文保单位林西医院英式建筑旧址申报升级为市级文保单位。整理历史文物故事——"赵各庄10号洋房"。年内在市以上媒体刊播稿件1000余篇，其中中央级媒体17篇。

【古冶区生态文明建设】 2021年，唐山市古冶区关停450立方米高炉2座，启动钢铁和焦化企业搬迁，投资5.3亿元实施减排工程116项。创建环保A级企业2家、B级企业8家、引领性企业1家，首唐宝生公司、三友水泥公司获评"国家级绿色工厂"。常态化开展全域"洁城洗厂"行动，全年PM10浓度86微克/立方米、比上年下降17.3%，改善率列全省第39位、全市第3位。开展散煤出清攻坚，出清散煤5143吨。25家责任主体灭失矿山全部完成治理任务，2家国企矿山新增绿化面积29万平方米，硬化厂区道路16千米。投资3.14亿元"清水润城"工程主体基本完工，落实河长制列全市名第一位。河流断面水质、饮用水水源水质稳定达标，压采地下水609万立方米，地下水位止降反升，比上年上升3.57米。国土绿化1733.33公顷，获评"省级森林城市"称号。空气质量综合指数5.25，比上年下降16.4%，PM2.5平均浓度45微克/立方米，比上年下降15.1%，二级以上优良天数256天。环境违法立案215件，罚款5906万元，刑事立案17起，拘留28人，行政立案91起，拘留43人。

【古冶区疫情防控】 2021年，唐山市古冶区建立疫情防控常设机构，建立24小时应急运转体系，召开疫情防控专题调度会议195次，建成核酸检测基地1个、核酸检测实验室8个，日检测能力11万人份。落实重点人群每周核酸检测要求，第一时间排查境外及中高风险地区入古冶区人员423人，开展流调1434人，管控隔离1263人，处置"7·26"山东推送涉及古冶区30名密接人员管控。年内累计接种新冠疫苗65.3万剂次，全程接种覆盖率88.34%，加强针接种覆盖率69.7%。

【高端装备制造基地落户】 2021年，唐山市古冶区与中信重工机械股份有限公司签订高端装备制造产业基地项目。该项目占地面积53.33公顷、

【国家级工业固废综合利用基地打造】 2021年，唐山市古冶区推进工业固废综合开发利用，初步形成具有区域特色工业固废综合利用产业，建成唐山市第一家国家级大宗固体废弃物综合利用基地，获评"全国资源综合利用基地"。区内多家企业经过自主研发获处理大宗固体废弃物专利技术，鹤兴科技公司"烟气磁化熔融炉处理钢铁尘泥及有价元素回收技术装备"被工信部列入《工业资源综合利用先进适用技术装备目录》，瑞能公司锌电解工艺和稀散金属工艺获3项发明专利和4项实用新型专利。

【首届农业科技合作项目签订】 2021年6月18日，唐山市古冶区举办"2021年海内外高层次人才——古冶区首届农业科技合作项目大会"，来自中国农业科学院、天津市农业科学院、北京农学院、天津农学院等单位10位农技专家与古冶区41家农业技术需求单位对接洽谈，并就高效用水及农田灌溉技术、果蔬贮藏加工与质量安全、羊饲养管理技术等10个项目签订合作协议。

【航空装备生产基地建设】 2021年，唐山市古冶区航空装备制造产业园规划占地面积200公顷，计划总投资65亿元，整体建设期6年。产业园由研发展示、航空复合材料、航空通用装备、无人机装备、应急救援5大产业体系构成，打造京津冀区域高度自动化、智能化航空装备及航空复合材料生产基地。

【反家暴主题宣传活动】 2021年11月25日是"国际反家庭暴力日"，唐山市古冶区开展"拒绝家暴、共同参与"反家暴主题宣传活动。活动现场设置咨询台、发放宣传册，向过往群众介绍什么是家庭暴力、家庭暴力带来危害以及如何预防和制止家庭暴力相关法律法规。此次活动发放宣传册500余份，解答群众相关咨询30人次。

（郝宏武）

人物

RenWu

2021年全国五一劳动奖章获得者

陈占峰

男，汉族，1981年9月出生，中共党员，大学本科学历，中车唐山机车车辆有限公司铝合金厂电焊工高级技师，高级工程师。2011年起连续5年获得中车唐山公司劳动模范称号，先后获得“火车头奖章”以及“唐山市劳动模范”“河北省职工职业道德模范”“河北省三三三人才”“河北省劳动模范”等称号，2021年4月被授予“全国五一劳动奖章”。从事高速动车组关键部件焊缝（高质量检验等级）焊接16年，培养出20余名高级技师及工序骨干，攻克车体枕梁全自动焊接等50余项技术难题，获得5项国家专利，作为第一作者发表论文5篇，成为中车唐山公司焊缝免检第一人。

刘艳平

女，汉族，1978年12月出生，中共党员，大学文化，河北华通线缆集团股份有限公司项目办主任。2019年获得“河北省劳动模范”称号，2021年4月被授予“全国五一劳动奖章”。刘艳平带领团队完成科技部科研任务2项、省级科研任务8项，主持省级院士工作站项目1项，取得发明专利14项并全部实施产业化，带队研发海陆油气复合管缆项目获得国家创新创业大赛市赛第一名、省赛第二名、国家大赛三等奖（装备制造业第一名），项目得到业内专家肯定。通过技术革新、创新研发使企业技术中心多次获评省级“优秀”，2018年被评定为国家级企业技术中心，公司获得国家级技术创新示范企业称号。

蒋风山

男，汉族，1968年6月出生，高中文化，蒙牛乳业（滦南）有限责任公司工会宣传干事。他发挥剪纸特长，用剪纸作品宣传企业文化，传播正能量，多幅作品被河北省文明办、《河北日报》作为公益广告发表，《乡村文化进乡村》等反映家乡生活剪纸作品在国家级大赛中获奖。蒋风山热心公益事业，举办“中国梦 我的梦”“扎根沃土恋乡音”剪纸展，引导小学生参与“讴歌新时代剪纸颂党恩”“学剪纸 迎奥运”活动，把“非遗”剪纸带进课堂，传播到网上，先后获得“全国优秀农民工”“燕赵文化之星”“河北省最美农民工（工匠精神美）”等称号，2021年4月被授予“全国五一劳动奖章”。

刘拴虎

男，汉族，1974年5月出生，中共党员，硕士学位，唐山工人医院重症医学科主任医师。2020年初，新冠疫情暴发，刘拴虎作为第三批唐山支援湖北医疗队队长带队支援武汉江岸方舱医院，在武汉40多天完成抗疫任务。2021年1月石家庄暴发疫情，刘拴虎再次带队支援石家庄市人民医院，工作31天，参与重症患者救治与会诊工作，受到领导和同行肯定。先后获得“河北省抗击新冠肺炎疫情先进个人”“河北省优秀共产党员”、湖北省人民政府“最美逆行者”、武汉江岸方舱医院“抗疫标兵”、中国医师协会“白求恩式好医生”称号，2021年4月被授予“全国五一劳动奖章”。

和德明

男，汉族，1980年9月出生，

大学本科学历，唐山港集团股份有限公司技术员，2014年获得“河北省劳动模范”称号，2018年当选为中国全国总工会十七大代表，2021年4月被授予“全国五一劳动奖章”。和德明精通门座起重机、卸船机、堆取料机、装船机和运输皮带机等大型港口设备电气控制系统技术。2012年创立和德明创新工作室，为公司培养技能人才60余人，并依托创新工作室完成技术改造60余项，提合理化建议90余项，为公司创造直接经济效益1200余万元。多次主持或参与唐山港集团各个专业化码头工业设备建造和控制系统自动化改造项目，提出建设性意见20余项，为公司节省费用1300万元。

徐 伟

男，汉族，1985年7月出生，中共党员，大学本科学历，高级工程师，河钢集团唐钢新区特钢事业部转炉作业区日班作业长、徐伟智能炼钢创新工作室带头人。工作室完成科技创新成果11项，发表学术论文3篇，取得发明专利4项、实用新型专利11项，2020年被评为“省级创新工作室”“全国机械冶金建材行业示范性创新工作室”。徐伟先后获得“河北省技术能手”“全国钢铁行业技术能手”“全国青年岗位能手”称号，被评为“河钢集团十大杰出青年”“河北省劳动模范”，获“河北省五四青年奖章”，2017年当选为河北省人大代表和河北省青联委员，2021年4月被授予“全国五一劳动奖章”。

李建伟

男，1980年8月出生，中共党员，大学本科学历，河北津西钢铁集团股份有限公司技术中心副主任，炼铁工高级技师，从事烧结、炼铁工艺管理及技术研究。曾获“河北冶金科学技术奖”“河北省五一劳动奖章”“全国钢铁行业炼铁工技术能手”“全国机械冶金建材行业工匠”“民营企业钢铁工匠”等称号，获得国家专利8项，在中文核心期刊发表论文10余篇，2021年4月被授予“全国五一劳动奖章”。李建伟练就目测铁水硅硫本领，开展技术攻关创新创效，推广辐射覆层技术节能减排，成立工作室开展“传帮带”，提高煤气利用和提升烧结低温还原粉化率2个项目分获河北省冶金行业优秀管理成果一等奖和二等奖。

郭 旭

男，1982年出生，2009年3月入职河北顺丰速运有限公司唐山分公司，先后任快递员、营业点负责人和唐山分公司经营分部运作主管。2019年获得全国邮政行业职业技能竞赛第一名，2021年4月被授予“全国五一劳动奖章”。从业12年中先后获得“省技术能手”“全国技术能手”“全国邮政行业劳动模范”等称号，被集团授予“行政一等奖”，挂牌成立河北省首家以快递员命名“郭旭创新工作室”，并成为河北省邮政行业先进事迹代表团成员，参加河北省各地市行业先进事迹巡回宣讲，于2020年10月入选第四届“中国梦·邮政情 寻找最美快递员”50强。

（刘 刚）

2021年中国好人榜

李 盛

男，1993年出生，唐山壹谷粒生态农业发展有限公司负责人，上榜4月“中国好人榜——大学生返乡创业，拉动就业促增收”。李盛大学毕业后在一家机械厂从事技术工作，在国家政策倡导下返乡创业，经专家指导引进“胭脂稻”等6个新品种，培育试验田300亩，于2020年成立壹谷粒公司。新冠疫情暴发后，李盛运用“互联网+”销售模式，建立大米网站，宣传家乡特色大米，所种水稻获得河北省农科院颁发“绿色产品”证书。2021年，李盛与省农科院滨海农业研究所签订水稻新品种合作研究协议书，将壹谷粒公司作为省农科院水稻种植基地，带动当地农业产业发展，解决30余名富余劳动力就业问题，增加村民收入。

汤宝俊

男，1981年出生，中共党员，唐山市曹妃甸区垦区治安分局刑侦大队四级警长，上榜5月“中国好人榜——民警倒在抓捕现场，用生命诠释忠诚本色”。汤宝俊从警16年忠诚履职、精进业务，成为同事公认反诈专家、追逃先锋，先后破获各类刑事案件400余起，抓获犯罪嫌疑人300余人，多次因破获重大案件立功受奖。

2021年3月24日16时，分局接到举报，疑似网上在逃人员赵某军在当地某理发店出现，汤宝俊根据大队指派带队实施抓捕，在与嫌犯搏斗过程中不幸牺牲，年仅40岁。被追授为“全国公安系统二级英雄模范”“河北省优秀共产党员”“河北省人民满意的公务员”“河北省道德模范”等称号。

宋香芹

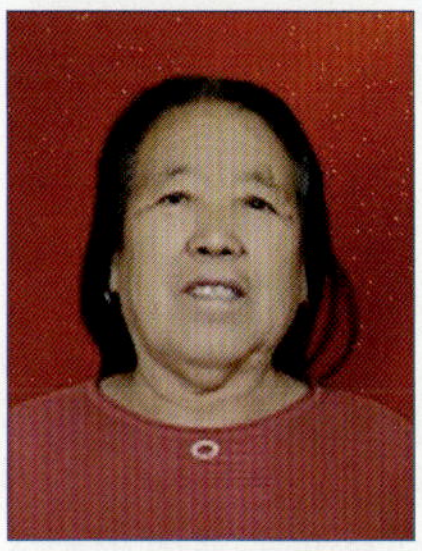

女，1949年出生，唐山迁安市蔡园镇孟官营村村民。上榜6月“中国好人榜——集小善为大善，累计捐款捐物19万元”。宋香芹凭借一手好针线活，组织村里六七个老姐妹加工制作被褥寿服，带领村民致富，并数十年如一日扶弱助困、奉献爱心。大兴安岭火灾、2003年“非典”、汶川地震，她率先捐款捐物。在新冠疫情防控期间，她为村里孤寡老人、留守老人、贫困家庭以及卡口工作人员、居家隔离人员赠送生活必需品，为村里捐款捐物，并加入志愿者服务队，规劝出门村民、宣传防疫知识，为抗击疫情出力奉献。多年来，宋香芹累计捐款捐物价值19万元，帮助300余人。

代 福

男，1939年出生，唐山迁安市上射雁庄镇离退休老干部党支部书记、迁安市老干部协会上庄分会主席、迁安市关工委委员、迁安市上庄镇老年体协主席。上榜7月“中国好人榜——耄耋老人初心如磐 退而不休继续服务群众”。代福退休22年始终以一名优秀共产党员标准要求自己，在社会治理、乡镇建设工作中主动带领老干部助力建言；为村民购置健身娱乐器材，自己出资举办比赛；自备电焊机、切割机，免费供百姓使用；多方筹措修建村中生活设施，组建镇老年大学、老年体协；每年为镇中小学生上革命传统教育课，22年累计为青年干部和中小学生作演讲报告100多场次，听众5万多人次。

（闻 明）

逝世人物

赵秋云

女，河北乐亭人，1923年10月出生，1938年7月参加革命，1941年12月加入中国共产党。曾任丰玉宁十五区地委抗联会主任，蓟县县委宣传部副部长，十四区地委通县专区妇联副主任、主任，唐山专区妇联主任，唐山市妇联主任，1966年8月“文革”中受审查，1975年8月任唐山市妇联主任，1982年10月任唐山市人大常委会副主任，1983年12月离休。2021年3月3日逝世，享年98岁。

李 毅

男，山西平陆人，1924年10月出生，1939年1月加入中国共产党，1939年1月参加工作。曾任山西闻喜县公安局局长、四川省新都县公安局局长、四川省新都县县委书记、西南局组织部科长、中央组织部干部二处巡视员、中央财贸干部处巡视员，1971年任滦县县委书记，1974年任秦皇岛市委书记，1978年任秦皇岛市委第一书记，1981年10月任唐山地区行署副专员，1983年5月任唐山市人民政府副市长，1985年4月离休。2021年5月23日逝世，享年97岁。

辛志纯

男，河北唐山人，1955年11月出生，1975年9月参加工作，大学学历，经济学学士学位。曾任唐山市经贸委副主任、主任、党组书记，唐山市发展和改革委员会副主任、党组副书记，唐山市发展和改革委员会主任、党组书记兼工业经济促进局局长、党组书记（正县），2008年3月任唐山市人民政府副市长、党组成员。2015年12月退休。2021年5月4日逝世，享年66岁。

张旭东

男，河北迁安人，中央军委战略规划委员会上将专职委员，1981年9月入伍，1984年8月加入中国共产党。历任区队长兼教员、副连长、参谋、副处长、处长、副部长、部长、代理师长、军参谋长、副军长、军长，中部战区副司令员兼中部战区陆军司令员、中部战区副司令员、西部战区司令员等职，2012年晋升为少将军衔，2018年晋升为中将军衔，2020年晋升为上将军衔。2021年10月1日逝世，享年58岁。

（周 跃）

权威媒体看唐山

QuanWeiMeiTiKanTangShan

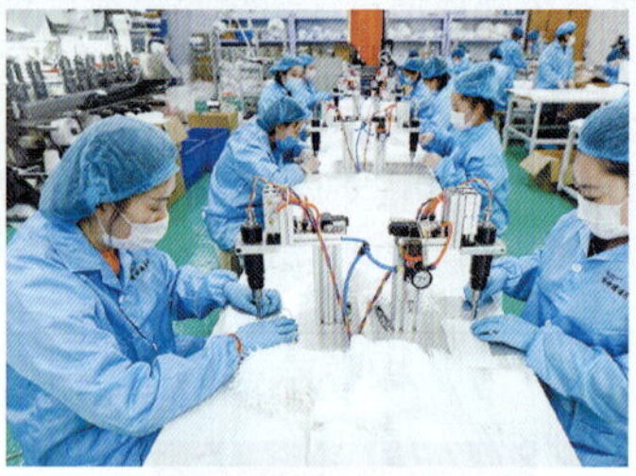

李大钊：铁肩担道义 精神启后人

张腾扬

1889年，李大钊生于河北省乐亭县大黑坨村。自幼父母双亡，靠祖父教养成人。1913年，他东渡日本，就读于东京早稻田大学，开始接触社会主义思想和马克思主义学说。当日本提出旨在灭亡中国的“二十一条”后，李大钊积极参加留日学生总会的爱国斗争，起草《警告全国父老书》，呼吁全国人民团结一致，保卫锦绣河山。

1916年回国后，李大钊到北京大学任图书馆主任兼经济学教授，并参加《新青年》杂志编辑部的工作。他积极投身新文化运动，宣传民主、科学精神，抨击旧礼教、旧道德，向封建顽固势力展开猛烈斗争，成为新文化运动的一员主将。他发表的《青春》一文，号召青年“冲决历史之桎梏，涤荡历史之积秽，新造民族之生命，挽回民族之青春”。

俄国十月革命的胜利令李大钊备受鼓舞，他连续发表《法俄革命之比较观》《庶民的胜利》《布尔什维主义的胜利》等文章和演说，热情讴歌十月革命，他满怀信心地预言：“试看将来的环球，必是赤旗的世界！”

在宣传十月革命过程中，李大钊从一个爱国的民主主义者转变为一个马克思主义者，进而成为我国最早的马克思主义传播者。1919年五四运动后，他更加致力于马克思主义的宣传，在《新青年》上发表《我的马克思主义观》，系统介绍马克思主义理论。李大钊推动了马克思主义在中国广泛传播，为中国共产党创建准备了思想条件。

李大钊是中国共产党的主要创始人之一。1920年初，李大钊等革命家就开始商议在中国建立无产阶级政党。同年秋，他领导建立北京的共产党早期组织和北京社会主义青年团，并积极推动建立全国范围的共产党组织。

中国共产党成立后，李大钊代表党中央指导北方的工作，在北方广大地区宣传马克思主义，开展工人运动，建立党的组织。1922年至1924年，他受党的委托，奔走于北京、上海、广州之间，帮助孙中山改组国民党，为建立第一次国共合作的统一战线作出重大贡献。李大钊还领导北方党组织配合五卅运动，配合北伐胜利进军，开展反帝反军阀斗争，为大革命胜利推进作出卓越贡献。

1927年4月6日，李大钊在北京被捕入狱。在狱中，他备受酷刑，始终严守党的秘密，坚贞不屈、大义凛然。4月28日，李大钊英勇就义，时年38岁。

“铁肩担道义，妙手著文章”，是李大钊光辉一生的真实写照。李大钊开创的伟大事业和留下的思想遗产永远不可磨灭，他播撒的革命种子已经在中国大地上生根、开花、结果。

（原载2020年5月6日《人民日报》）

张雪松 “干就要干到精致、干到极致”

邵玉姿

走进中车唐山机车车辆有限公司铝合金厂国家级技能大师工作室，48岁的高级技师张雪松不停穿梭在工作台和数控机械手之间。

从业29年，机械钳工出身的张雪松已将数控维修、数控加工、可编程控制器、三维制图等多项技术融会贯通，先后完成技术革新109项，制作工装卡具66套，改进进口工装设备技术缺陷20多项。

“新时代的产业工人，要敢于向世界先进技术发起挑战。”2007年，中车唐山公司开始生产高速动车组，张雪松受命带领16人组成的铆钳班，负责攻克高速动车组铝合金车体生产的技术难题。

面对从来没有见过的新产品和新工艺，张雪松带领团队成员从一个个零部件着手研究。仅一个月的时间，便摸索出高速动车组铝合金车体生产的各种技术参数，形成了自主研发的核心技术。

大规模的高速动车组车体生产，需要从国外引进大型数控设备。设备引进后，张雪松又开始自学数控机床装调维修，摸索出的"定点养护"模式，保障了高速动车组生产线的正常运转。"干就要干到精致、干到极致。"张雪松常说。

弘扬工匠精神，一大批奋战在生产一线的技术专家，已成为推动中车唐山公司发展的中坚力量。

（原载2021年5月8日《人民日报》）

河北唐山开滦国家矿山公园

工业文化成为富矿

张　贺

"今天我国铁路总里程已达14万公里，可是你知道中国第一条自建铁路在哪里吗？就在这里！"河北唐山开滦国家矿山公园管理中心主任、开滦博物馆馆长王立新站在复建的老唐山火车站前自豪地说。1881年，中国自建的第一条铁路唐胥铁路建成通车，尽管只有9.7公里，却是中国第一条标准轨距铁路。

唐山这座驰名中外的重工业城市是伴随着开滦煤矿诞生和崛起的。自1878年开平矿务局成立运营，在唐山诞生了中国近现代工业史上众多"第一"。

厚重的工业发展史为唐山市发展工业旅游提供了得天独厚的条件。2009年10月，作为全国首批国家级矿山公园开滦国家矿山公园正式开放，目前已建成包括开滦博物馆、中国铁路源头博物馆、井下探秘游、蒸汽机车观光园等展馆和景区，初步形成了"一园六馆"工业博物馆群落。

与其他近代工业遗存相比，开滦煤矿遗存的最大特点是"完整"。开滦是洋务运动中兴办的工业企业之一，与其他同时期开办的军工及民用企业相比，经历140多年沧桑巨变，开滦企业从未搬迁，经营从未中断，留下了大量典型珍贵的工业遗址、遗存和遗产。至今唐山一号矿井每年还能出煤约300万吨。"这可是开采了140多年的老矿井啊，太难得了。"王立新说。

在开滦国家矿山公园里，到处是高大的机车、绞车、龙门、烟囱……无处不在的"工业符号"营造出浓浓的"工业味儿"。而最受参观者欢迎的项目莫过于"井下探秘"。从博物馆四层坐电梯到地下入口，沿着红色步道步行至地下70余米的矿井内，幽暗的矿灯照射着巷道，曲曲折折犹如迷宫一般，一阵阵机器的轰鸣不断在耳边响起……从早期人挖骡拉到最先进的综合机械化采煤，9个工作面生动再现了煤炭生产的历史。

开滦国家矿山公园目前是河北省首批中小学研学实践教育基地之一，每年接待数千名中小学生参观游学。

王立新介绍，我们党早在1922年就在开滦煤矿工人中开展宣传、组织工作，领导了震惊中外的"开滦煤矿工人大罢工"，在工人运动史上留下了光辉的一页。毛泽东同志曾称赞开滦工人"特别能战斗"。新中国成立后，开滦工人在国民经济困难时期勇于担当，周恩来总理两次表扬开滦为国家"出了力、救了急、立了功"。今天的开滦人秉承"特别能战斗"的精神，走上转型发展的道路，实现了由"一煤独大"到多元化发展的转变。

"大量近代工业遗产中包含着红色基因，我们的宗旨是要把这些精神财富整理和展示出来，达到以文化人的目的。"唐山市文化和广电旅游局副局长陈福利说，"煤炭是会挖光的，可是文化是取之不尽、生生不息的富矿，我们要像挖掘煤炭资源一样挖掘文化资源，将优秀厚重、典型稀有的中国近代工业文化和开滦产业工人'特别能战斗'的精神挖掘出来，传播出去。"

工业遗产的概念在我国还是个新生事物，社会各界对工业文物的重视程度相比于古代文物还很不够。随着城市变迁和产业发展，很多承载着工业历史的重要文物也在消失。

"对工业遗产来说，保护是第一位的。"王立新说。在他的办公室里，一堆泛黄的纸卷诉说着沧桑的历史。这些是王立新刚刚收集到的老矿厂的资料，既有当年厂房的设计蓝图，也有各类机械配件的图纸，清晰的图案和笔迹显示着当年建设者们的一丝不苟。"文物是最有说服力的，工业遗产保护利用要特别注意收集相关文物。铁轨也好，标牌也好，哪怕仅仅是几张纸，有时也很宝贵。"王立新说。

开滦博物馆收藏着开平矿权骗占案英国法庭记录、1880年的英制铁轨、百年羊皮蒙面大账本等镇馆之宝，以及48件一级文物、72件二级文物、326件三级文物，总藏品上万件。

"对我们而言，拥有这份遗产既是幸运也是责任。我们必须把这些遗址遗存和文物完好地传给子孙后代。"王立新说。

（原载2021年5月12日《人民日报》）

完善产业链供应链　培育新动能新优势

唐山加快构建现代产业体系

徐运平　张腾扬

一支香烟刚刚点燃，一台轮式机器人便迅速赶来，发出火警语音提示。"这是我们研发的新一代'智能消防巡检灭火机器人'，用于文物、古建筑保护。它能迅速定位火情并抵达起火位置，喷射超细干粉灭火。"在河北省唐山市中信重工开诚智能装备有限公司展厅，总经理陆文涛介绍，"现在，平均每两个月就有一款新产品诞生。"

唐山市发展循环产业经济，打造综合性再生资源回收利用基地。图为唐山中再生资源开发有限公司拆解线上，工人拆解零件分类。　吕光宇 摄

2016年7月，习近平总书记在唐山市考察时强调，希望唐山广大干部群众继续弘扬抗震精神，抓住国家推动京津冀协同发展的有利时机，按照“三个努力建成”目标，再接再厉、不懈努力，全面做好改革发展稳定各项工作，争取在转变发展方式、调整经济结构、推进供给侧结构性改革等方面走在前列，使这座英雄城市再创辉煌。

抓住“转”字做文章，唐山近年来推动制造业数字化、智能化转型，完善产业链供应链，培育新动能新优势，加快构建现代产业体系。

2020年8月16日，位于主城区的河钢集团唐钢公司老厂区炼完最后一炉钢。20多天后，地处乐亭县渤海湾边的唐钢公司新厂区正式投产。

从城区到沿海，不仅是厂区搬迁，更是全新转型升级。走进新厂区，600多米长的轧钢生产线上空无一人；主控室内，操作工轻点鼠标，便完成炼钢、出钢、溅渣等工序。“新厂区构建起全流程一体化的生产管控系统，实现可视化、数字化、全智能模式。”公司生产制造部生产指挥中心主任田伟介绍。

高铁，是唐山的新名片。去年底，时速350公里的高速货运动车组在中车唐山机车车辆有限公司下线。“货物单位重量能耗仅为飞机的8%，还能用大数据分析、云端虚拟配载等技术，实现货物智能配载和精准识别定位。”公司产品研发中心高级工程师梁永廷说。

新技术、新业态正在加速崛起。炎炎夏日，路南区九天微星卫星研发制造基地项目一期工程完工，技术人员正紧张调试设备。“项目建成后，将拥有年产100颗卫星的研制生产能力。”唐山九天微星航天科技有限公司负责人介绍。眼下，路南区正整合上下游配套资源，打造集研发、测试、制造、运营于一体的国际航空航天产业园。

在唐山高新区，集研发、生产、销售、服务于一体的机器人产业集群业已成型，涉机器人研发制造的企业总数达70多家，产品达100多个品种，其中特种机器人和焊接机器人的规模、技术水平均居全国前列。今年上半年，唐山高新区机器人产业主营业务收入30亿元，同比增长23%。

今年上半年，唐山全市地区生产总值完成3805.4亿元，同比增长11.3%；全市高新技术产业增加值增速达13.3%。河北省委常委、唐山市委书记张古江表示：“我们将进一步聚焦聚力构建现代产业体系，加快实施创新驱动战略，提升产业链供应链现代化水平，培育壮大发展新动能，努力在转变发展方式、调整经济结构、推进供给侧结构性改革等方面走在前列。”

（原载2021年7月27日《人民日报》头版）

唐山沙流河村
“红色引擎”指路 奔向共同富裕

马　晨　李艳辉

腰系彩带跳起来，手舞彩扇扭起来，情不自禁唱起来。12月22日下午，在河北省唐山市丰润区沙流河村的文化广场上，衣着艳丽的村民们伴着铿锵的音乐载歌载舞，抒发着对美好生活的热爱之情。

“这是我们村的秧歌队。除了秧歌队，村里还有篮球队、舞蹈队、舞龙舞狮队、鼓乐队、高跷队等十多个文体队伍，类似的喜庆活动一年四季经常有。村民们日子越过越好，心里越来越乐呵……”沙流村村党委副书记潘颖说，这得益于村子几十年来认准了“党建”引领这条红色路，村民们才走上了共同富裕的康庄路。

沙流河村位于唐山市丰润区、玉田县、遵化市三地交界处，始建于唐朝贞观年间，是一处千年古驿站。坐拥特殊的地理位置，沙流河村却曾是有名的“破集乱镇”，村民们过着贫穷的生活。20世纪80年代初，新上任的一届村党委认准一个方向：利用区位优势发展集体经济，致富路上不让一户掉队。为保证方向不偏，村党委把每月15日定为党员活动日，至今坚持30余年从不间断。党员们在党日活动中受到教育，得到锻炼，党组织成为村集体事业发展的坚强堡垒。

如今，沙流河村集体企业已发展成实力雄厚的大型企业集团——沙流河集团，集团拥有下属企业16家，总资产21亿元，年创利税2.5亿元。2020年，全村实现工农业总产值25.6亿元，村民们实现了就业不出村，人均纯收入2.6万元。

红火的集体经济让共同富裕有了“压舱石”。目前，沙流河村1530户、6000口人享受到了多项福利：60岁以上的老人月月都能按时拿补贴，全体村民人人年终有分红，村集体统一为村民买房产、保险，孩子从幼儿园到小学全程有助学补贴，考取大学还给奖学金；村民种田、浇水、耕播、收割等都能

享受到补贴和服务。据统计，村集体每年用于村民直接、间接福利费用开支达26项2000多万元。

有了红色引擎，实现乡村振兴。漫步在村中，洋房鳞次栉比，别墅排列整齐，厂矿清洁繁忙，公园、广场令人心旷神怡……沙流河村先后被授予“全国先进基层党组织”“全国文明村”“河北省精神文明示范区”“河北省文明生态创建先进单位”等称号。

“心中有信仰，奋斗有力量！”沙流河村81岁的老党员杨淑芝说，好日子还在前头呢。

（原载人民日报客户端）

不负春光 全力开工

——河北曹妃甸新天LNG项目建设现场见闻

杨 帆

走进位于河北唐山曹妃甸区东南部的新天LNG（液化天然气）接收站项目现场，4个直径近90米、高60.7米的巨大白色罐体矗立海边。34岁的工人李晓龙蹲在地上焊接钢板，不远处还有几名工人在储罐穹顶处焊接钢板，火花四溅，机器轰鸣声不停。

3月的渤海之滨，气温仍是忽高忽低，但对项目现场的工程建设者们来说，这个不受疫情袭扰的春天他们已经盼望许久——2020年2月，当时为尽快复工复产，项目外包单位中核华兴公司通过租车点对点接方式将李晓龙和其他100余名工人从江苏、河南等多个省市接回工地。

今年1月，河北经历疫情严峻考验，但由于曹妃甸没有出现疫情，所以项目进度并没有受到影响。春节后，项目迅速复产复工，工程按照既定时间节点推进。

记者采访了解到，该项目是目前环渤海地区在建和规划LNG接收站接卸能力最大的项目，建成后将使曹妃甸成为全国LNG接卸能力最大的港口，项目建设对提高京津冀地区冬季安保供气能力和管网输气调配能力具有重大意义。

曹妃甸新天液化天然气有限公司接收站部经理司小雷介绍，项目一期建设4座20万立方米的LNG储罐，现已完成3号、4号储罐气顶升，7号、8号储罐计划4月初完成气顶升，接收站土建桩基、码头项目桩基工程均已开工。

“今年年底，力争完成一期4个储罐的内部焊接，再完成二期工程的4个储罐的墙体施工。”

司小雷指着项目沙盘告诉记者，一期建成后，气化外输能力就能到达8000万立方米/天，是京津冀地区天然气供应和储备的“定心丸”。

到今年3月1日，项目总包承建单位海洋石油工程股份有限公司安全总监丁善奎进场工作就超过600天了。亲眼看着数百根桩基一个个拔地而起，一根根钢筋绑扎完成，一块块钢板焊接成片，让他感慨不已。

“疫情常态化防控挑战不小，项目建设不断取得新进展不易，今年我们算是曹妃甸最早实现复工复产的项目了，能够如期完工才要紧。”丁善奎说。

曹妃甸新天液化天然气有限公司副总经理栾涛说，LNG储罐就像一个巨大的“暖水瓶”，我们现在还在进行罐体外墙的施工，4400平方米的“内胆”需要超耐低温材质钢板焊接而成，巨大的穹顶重量达到900吨，是用大型鼓风设备给“吹”上去的。

唐山市发改委三级调研员梁峻华表示，一期工程预计2022年10月具备投产条件，二期工程预计2024年投产。“项目全部投产后，预计年销售收入323亿元以上，利税31亿元以上，不仅推动唐山经济社会发展，对于京津冀地区能源结构优化，改善大气环境质量都将奉献力量。”他说。

（新华社石家庄3月18日电）

变沼气、发电、制肥料

看这座城市怎样将餐厨垃圾变废为宝

高 博

“我们每天能收到380吨餐厨垃圾。经过处理后，这些餐厨垃圾可变成沼气用来发电。每天发电近6万度，足够300多户家庭一个月的用电量。”唐山环洁能源有限公司生产经理张乾说。

记者近日在河北省唐山市采访了解到，为了让餐厨垃圾有安全的“出路”，唐山市通过推动餐厨废弃物资源化利用和无害化处理项目，将餐厨垃圾变废为宝，实现了资源化利用的同时，保障了人们“舌尖上的安全”。

午后一点，收运车司机李师傅驾驶一辆白色餐厨垃圾收运车行驶在唐山城区主干道上，开始了一天的垃圾收运工作。到达一家餐厅垃圾收储点后，只见餐厅工作人员将印有“厨余垃圾”字样的棕色专用垃圾桶搬到车侧面的传送架上。随后，电子系统自动称重、出票，启动传送带，将垃圾桶悬空吊起，把垃圾倒进车内。

随后，李师傅和餐厅工作人员各持一张芯片卡，在运输车的智能识别系统上打卡，司机信息、企业名称、垃圾重量、收运时间等数据就被记录进去了，双向确认后才代表这一家企业的餐厨垃圾收运工作正式完成。

“我驾驶的垃圾收运车装有GPS定位，是否按时收运、是否按照路线行驶、收运过程是否规范等，在后台都一目了然。”李师傅告诉记者，像这样的收运车，他们公司一共有50余辆，收完垃圾以后统一运到公司进行处理。

下午五点，李师傅驾驶的餐厨垃圾收运车到达“终点站”——唐山环洁能源有限公司。目前唐山市8个县市区6000多家餐饮单位、机关事业单位、学校宾馆和大型企业的餐厅等产生的餐厨废弃物都由这家公司收运和处理。

张乾介绍，这些垃圾进厂后，餐厨废弃物通过中温厌氧发酵产生沼气，可以用来发电。发酵残渣还是优质有机肥料，油水分离产生的废弃油则用于生产生物柴油。“真的称得上是在垃圾堆里‘淘金’了，每个生产环节的剩余物都成为下一个生产环节的原料，通过多步骤把餐厨垃圾‘吃干榨尽’。”

而在百公里外的京唐港，随着一声嘹亮汽笛鸣响，唐山金利海生物柴油股份有限公司生产的近万吨生物柴油从港口起航，送往荷兰鹿特丹港。

唐山金利海生物柴油股份有限公司是河北省首家国家循环经济标准化试点单位。走进这家公司，厂区内干净整洁，绿树环绕，池塘鱼戏，不见蚊蝇飞，不闻垃圾臭。

该公司董事长李艾军介绍，围绕餐厨废油制备生物柴油产业链和污水再利用链条，公司将“重复利用、闭路循环”的理念应用于全过程。通过循环经济标准化工作模式的实施，实现了经济、生态、社会效益的提升。目前公司可年产生物柴油16万吨，年综合利用地沟油等废弃油脂约20万吨。

餐厨废弃物流向问题一直是群众关心的民生问题。为加强监管，唐山市市场监管部门组织各类餐饮服务企业与有资质的餐厨废弃物运输处置单位签署《餐厨废弃物委托收运协议》，此外还搭建市、县、乡、村四级食品安全监管网络，配备网格员对餐饮单位餐厨废弃物处置情况进行监督。

唐山市市场监督管理局副局长王宝发说：“餐厨垃圾按规处置关乎百姓健康，把餐厨垃圾变废为宝，实现了绿色可持续循环发展，而且很大程度上从源头解决了‘地沟油’‘泔水猪’等食品安全隐患”。

（新华社唐山5月10日电）

敢向大山要财富 昔日荒山变金山

杨　帆

入伏之后，燕山南部的浅山区也开启酷暑模式，但李胜志每天依旧早出晚归，山上有活他放不下。

李胜志今年58岁，是河北省滦州市九百户镇大宋家峪村村民，以前奔走于北京天津等地打工谋生。2014年，他回到家乡，得知家门口的鸡冠山要被承包改造，便想安定下来。

一年后，规划面积达5万亩的滦州市鸡冠山生态农业产业园正式建立，李胜志也开始在山上干起了活计，参与基建以及照看果树林木。

“这里过去是一片荒山，光秃秃的，周围几条小土路，一下雨就断了。村民会在山上种些谷子、玉米，靠天吃饭。”李胜志告诉记者，正因如此，村民少有在家务农的，大多到外地打工。

熟悉当地情况的滦州市农业农村局工作人员曾凡春说，鸡冠山有9个山头，周边10个村，有村民9550余人，各村加起来有贫困户90多户。这里多乱石和胶泥，土层最薄的地方就十几厘米，草都难长。

九百户镇九百户村的村民武铁友，早年经商有所积累，回乡后成了产业园的投资人之一。“开发之初遇到不少困难，后来辗转找到了河北农业大学李保国教授。”武铁友说，“教授为我们确定了‘生态休闲采摘’的产业定位，并制定了详细规划。”

按照李保国教授的规划，2015年4月起，鸡冠山开始不断“换装”——有土层的山坡被做成石坎梯田，小块梯田并成大块；10余台大型机械进场平整土地，超过26万方的石块被清了出去，拉来了近20万方搅拌好的新土和有机肥……到2018年年初工程结束，这里终于创造了适宜果树生长的土壤条件。由于事关大家的切身利益，有近3000位村民参与了建设。

登上鸡冠山的山顶观景台，大片梯田鳞次栉比，层层绵延。武铁友指着东边的一个山头儿讲：“这以北是经济林，以南是果蔬基地。以前没人敢想，这些荒山能变出真金白银。”

通过发展科技循环农业，鸡冠山下建成了20亩联栋智能温室大棚和130亩拱形日光温室大棚，种了多种果蔬；果树林里养殖1.5万头野猪、牛、土鸡等特种畜禽，山地上种植500亩小米、丘陵甘薯等特色杂粮；育苗温室里，培育着50万株山桃、山杏和观赏用的火炬树等树种。

园区生产部经理黄坤亮介绍：“目前产业园已投资1.7亿元，建成园区公路30公里，新造梯田2000余亩，绿化荒山8000亩，带动农户1000户以上，安置就业人员400多人，产业园收益逐年增加。”

56岁的北王庄子村民宋玉环以前只在家种地，如今在园区负责火龙果、无花果大棚的管理，月工资3200元。“荒山治好了，是子孙后代的福。我这年纪还能在家门口挣工资，现在的日子真是好啊！”宋玉环说。

作为山区扶贫开发基地，鸡冠山建设有着坚实的科技和人才支撑。目前，这里是北京市林业果树科技研究院专家工作站，也成为河北农业大学、河北科技师范学院两所院校的“教学、科研、生产”三结合基地。

每逢节假日，一辆辆旅游观光车会载满游客驶来这里，游山玩水、赏花摘果，直播打卡、摄影采风。靠着网络平台销售，鸡冠山的农副产品开始走出大山，为当地村民增加更多收入。武铁友说，我们敢向大山要财富，以后生活会更好。

（新华社石家庄7月21日电）

“三个努力建成”领航 唐山谱写高质量发展新篇章

曹国厂　高　博　任丽颖

1976年7月28日，发生在河北唐山的里氏7.8级地震，将这座城市夷为平地。曾有人预言，这座历史悠久的工业城市将从地球上被抹去。

45年来，从满目疮痍到涅槃重生、从恢复生产到经济振兴，英雄的城市唐山不断创造奇迹。2020年，唐山地区生产总值达7210.9亿元，多项经济指标位居河北省首位。

站在历史新起点上，唐山正按照“三个努力建成”的目标全速前进：努力建成东北亚地区经济合作窗口城市、环渤海地区新型工业化基地、首都经济圈重要支点。

向海发展

东北亚地区经济合作窗口城市地位日渐提升

渤海之滨，惊涛拍岸。7月6日，一艘40万吨级超大型矿砂船“远见海”轮缓缓靠泊在曹妃甸港矿石码头。随后，数十米高的大型卸船机挥舞着“巨臂”开始卸船。

曹妃甸港集团总经理助理、物流发展公司总经理李进禄见证了这座城市在开放征途上走向蔚蓝。他说：“十几年前，曹妃甸是一个不足4平方公里的小沙岛，如今这里已变成210平方公里的希望之城。40万吨级巨轮进港靠泊已经成为常态。”

据统计，今年上半年，唐山港货物吞吐量3.5亿吨，港口吞吐量稳居世界沿海港口前列。随着国家“一带一路”倡议的深入实施，港口的辐射带动能力不断放大。

2月4日，运载着蒙古国进口煤炭的集装箱班列缓缓驶进曹妃甸港通用码头站。首趟国际班列开回唐山，标志着钟摆式双向运输初步实现。

6月25日，视频连线连起了中国和韩国的钢铁巨头，河钢集团和韩国浦项钢铁公司举行汽车板合资项目签约仪式。根据协议，双方将在唐山乐亭经济开发区成立合资公司，共同研发生产销售高端汽车板。

近年来，唐山工程企业先后参与了尼日利亚、阿尔及利亚、俄罗斯、摩洛哥、塞尔维亚等国的水泥厂、工业园等重大基础设施项目建设，海外市场稳步拓展。“十三五”期间，全市实际利用外资年均增长7%，总量达到85.4亿美元，居河北省首位。

转型发展

环渤海地区新型工业化基地建设提质提速

7月初，唐山中信重工开诚智能装备有限公司研发的第五代防爆消防灭火侦察机器人问世。

“相比于上一代产品，最大的突破是智能化水平的提升，实现多台设备协同作业。”公司副总经理刘立志介绍，产品问世不到一个月，订单量已达200多台。

机器人产业已成为唐山发展的“新名片”，作为国内特种机器人产业基地，唐山集研发、生产、销售、服务于一体，产品涉及20个领域百余个品种。

与此同时，唐山市力促新型工业化基地建设提速提质，重点发展精品钢铁、高端装备制造、现代化工、新型绿色建材等产业。

精品钢铁方面，河钢集团唐钢家电用钢大批量供货海尔、格力、美的等企业，汽车用钢直供北汽、吉利等近20家知名车企。今年上半年，唐山精品钢铁产业增加值同比增长2.8%，占规上工业增加值比重为55.5%。

延伸产业链方面，近年来，唐山加大力度提升产业链、供应链的稳定性和竞争力，全力打造高端装备制造基地，规模以上企业达到654家，资产总额1271.7亿元。

协同发展

首都经济圈重要支点作用更加坚实

推动京津冀协同发展，产业协同是关键。

2020年10月，京城机电旗下北京巴威公司高端装备制造基地在曹妃甸开工建设，项目总投资10亿元，计划今年年底竣工投产。全部达产后，预计年实现主营业务收入17亿元，新增就业岗位约400个。

区位优势、产业优势、政策优势多重叠加，让唐山成为京津企业眼中的“香饽饽”。唐山以京冀曹妃甸、津冀芦汉两大协同发展示范区为龙头，吸引了京津转移产业“组团式”进驻。

在金隅·曹妃甸协同发展示范产业园内，一辆辆货车往返于园区和港口间，11家企业厂房内机床飞转、焊花四溅，各类重型装备和精密设备成品正等待着发向世界各地。

落户在这里的金隅科实（曹妃甸）精密制造有限公司，是2018年从北京主动搬迁过来的。

“我们的生产精度最高可达到0.002毫米，相当于一根头发丝的二十五分之一，它们将用于汽车、医疗、船舶等高端项目。”金隅科实公司党支部书记、执行董事张启初说。

栽好梧桐树，引得凤凰来。“2016年以来，唐山累计实施与京津合作亿元以上项目562个，总投资3827亿元，累计完成投资2453亿元。”唐山市发改委副主任张国顺说。

为了全方位、宽领域、深层次与京津对接，融入协同发展大局，唐山深化与京津在医疗卫生、教育体育、健康养老、文旅融合等领域的对接合作，推动城市承载能力和品质内涵“双提升”，倾力打造繁荣舒适美丽的现代化沿海城市。

45年前，地震摧毁了一座城市，但它没有摧毁唐山人民的坚强意志。

河北省委常委、唐山市委书记张古江说，站在新起点上，唐山正奋力开创“三个努力建成”新局面，为全面建成社会主义现代化强国作出唐山贡献。

（新华社石家庄7月28日电）

地震45周年 英雄城市唐山涅槃重生

曹国厂 任丽颖 高 博

7月28日，唐山大地震45周年。唐山地震遗址纪念公园的罹难者纪念墙前，祭奠罹难亲人的民众络绎不绝。

一大早，71岁的刘国俭就带着鲜花来到了纪念墙前，拿着从电脑系统里查询到的名字排位，一排一排寻找着亲人的姓名。

在志愿者的帮助下，刘国俭找到了家人们时常惦念的名字“宋希春”。他在纪念墙前久久伫立，眼里饱含泪水，向逝去亲人诉说着45年来家乡的变化。

“出外有车，儿女们都有工

作，孙子也不小了，还有孙女、外孙，所以我从心里很是欣慰。”刘国俭说。

1976年7月28日，23秒，24.2万人罹难。发生在唐山的里氏7.8级地震，将这座城市夷为平地。

曾有人预言，这座百年工业城市将从地球上抹去。

45年来，英雄的城市唐山不断创造奇迹。2020年，地区生产总值达7210.9亿元，多项经济指标位居河北省首位。

站在历史新起点上，唐山正按照“三个努力建成”的目标全速前进：努力建成东北亚地区经济合作窗口城市、环渤海地区新型工业化基地、首都经济圈重要支点。

7月6日，一艘40万吨级超大型矿砂船“远见海”轮缓缓靠泊在曹妃甸港矿石码头。随后，数十米高的大型卸船机挥舞着“巨臂”开始卸船。

曹妃甸港集团总经理助理、物流发展公司总经理李进禄见证了这座城市在开放征途上走向蔚蓝。他说：“十几年前，曹妃甸是一个不足4平方公里的小沙岛，如今这里已变成210平方公里的希望之城。40万吨级巨轮进港靠泊已经成为常态。”

据统计，今年上半年，唐山港货物吞吐量3.5亿吨，港口吞吐量稳居世界沿海港口前列。随着国家“一带一路”倡议的深入实施，港口的辐射带动能力不断放大。

2月4日，运载着蒙古国进口煤炭的集装箱班列缓缓驶进曹妃甸港通用码头站。这是曹妃甸港自2018年开通至蒙古国乌兰巴托国际货运班列之后，首次开行的中蒙煤炭集装箱回程班列，标志着钟摆式双向运输初步实现。

李进禄说：“依托40个内陆港，唐山港口的间接腹地已达蒙古国、俄罗斯和中亚等国，实现陆海内外联动、东西双向互济。”

6月25日，中国河钢集团和韩国浦项钢铁公司通过视频举行汽车板合资项目签约。根据协议，双方将在唐山市乐亭经济开发区成立合资公司，共同研发生产销售高端汽车面板。

“这是浦项公司在中国单笔投资额最大的生产制造项目，将建设代表世界先进水平的连续热镀锌生产线，年设计产能135万吨。”河钢浦项项目组组长周国平说。

近年来，唐山工程企业先后参与了尼日利亚、阿尔及利亚、俄罗斯、摩洛哥、塞尔维亚等国的水泥厂、工业园等重大基础设施项目建设，海外市场稳步拓展。“十三五”期间，全市实际利用外资年均增长7%，总量达到85.4亿美元，居河北省首位。

7月初，唐山中信重工开诚智能装备有限公司研发的第五代防爆消防灭火侦察机器人问世。“相比于上一代产品，最大的突破是智能化水平的提升，实现多台设备协同作业。”公司副总经理刘立志说。

机器人产业已成为唐山发展的“新名片”，作为国内特种机器人产业基地，唐山集研发、生产、销售、服务于一体，产品涉及20个领域百余个品种。

与此同时，唐山市力促新型工业化基地建设提速提质，重点发展精品钢铁、高端装备制造、现代化工、新型绿色建材等产业。

延伸产业链方面，近年来，唐山加大力度提升产业链、供应链的稳定性和竞争力，全力打造高端装备制造基地，规模以上企业达到654家，资产总额1271.7亿元。

近年来，唐山在主动融入京津、对接京津、服务京津中加快发展自己，积极承接北京非首都功能疏解，加速融入以首都为核心的京津冀世界级城市群。

推动京津冀协同发展，产业协同是关键。2020年10月，京城机电旗下北京巴威公司高端装备制造基地在曹妃甸开工建设。项目总投资10亿元，计划今年年底竣工投产，全部达产后，预计年实现主营业务收入17亿元，新增就业岗位约400个。

栽好梧桐树，引得凤凰来。“2016年以来，唐山累计实施与京津合作亿元以上项目562个，总投资3827亿元，累计完成投资2453亿元。”唐山市发改委副主任张国顺说。

为了全方位、宽领域、深层次与京津对接，融入协同发展大局，唐山深化与京津在医疗卫生、教育体育、健康养老、文旅融合等领域的对接合作，推动城市承载能力和品质内涵“双提升”，倾力打造繁荣舒适美丽的现代化沿海城市。

45年前，地震摧毁了一座城市，但它没有摧毁唐山人民的坚强意志。河北省委常委、唐山市委书记张古江说，站在新起点上，唐山正奋力开创“三个努力建成”新局面，为全面建成社会主义现代化强国作出唐山贡献。

（新华社石家庄7月29日电）

通航三十年 旧貌换新颜
唐山港跻身世界一流综合贸易大港

杨　帆　曹国厂

在唐山港京唐港区集装箱码头，岸桥林立、车流如织。刘海滨正在远控台前监控设备自主作业的情况，他使用的这套ECS系统，可实现一人控制多台设备，作业效率是人工场桥的3至4倍。

刘海滨2018年从部队转业到唐山港，成为集装箱码头一名场桥司机。“当时场桥还是人工操作，开轨道式龙门吊。吊具上没有摄像头，我坐在22米高的驾驶室里，工作全凭肉眼判断。一个班组二三十人，工作量远没有现在多。”

为对标世界一流港口，近几年唐山港加快北斗、5G、物联网、无人驾驶等智能技术在生产运营中的深度应用。这里不仅集成了先进的码头智能化管理系统，通过攻克多项技术难题，更成为我国首个以智能无人集卡实现水平运输的全自动集装箱码头。同时，年均降低二氧化碳排放量5000余吨。

唐山港集团股份有限公司副总经理李建振介绍：“今年上半年，我们交出了3.5亿吨的吞吐量数据，稳居世界沿海港口第二位，大宗散货与集装箱吞吐量均保持高速增长。”

1991年8月28日，满载原盐的“海龙号”从港区8号泊位驶向大连，标志着唐山港发展迈出第一步。“当时我是工程科技术员，那天港口聚集了上万人，大家像过年一样高兴，一晃30年过去了。”唐山港集团股份有限公司总经理助理王国增说。

代代赓续，面貌巨变——如今唐山港已有生产性泊位143个，航线通达70多个国家和地区的190多个港口；40个内陆港建成运营；6条国际班列开通；获批综合保税区、跨境电子商务综合试验区、自由贸易试验区，唐山港基本拥有开放“全牌照”。

随着港口的发展，近几年一批对原材料、成品运输需求较强的企业涌向唐山沿海，首钢京唐、金隅科实等京津企业搬迁落户。

唐山市发改委副主任陈敬明说，唐山实施了“海洋+”行动计划，发展海洋化工、海水利用、海上风电、海洋船舶工业等海洋产业。2019年至2020年，唐山沿海地区累计实施亿元以上项目450个，完成投资超1685亿元，港口成为当地经济高质量发展的重要支点。

（新华社石家庄9月1日电）

这片百年厂区，见证中国水泥工业发展史

杨　帆

残破的巨大墙体，斑驳的水泥窑管道，成片爬山虎翻越屋顶，漫步在位于河北唐山有百年历史的启新水泥厂厂区，旧时光仿佛凝固。静谧雅致的书店、创意时尚的工作室、热火朝天的电商基地，各具特色的业态散布在老建筑群中，新气息扑面而来。

启新水泥厂始建于1889年，是中国第一家水泥厂。2008年，因唐山市改造城市面貌，启新水泥厂拆迁，新厂搬至郊县，原厂址修复建设了启新水泥工业博物馆暨1889文化创意产业园，这片百年厂区重焕生机。

经过几年建设，废旧厂区摇身一变，同期当地还建设了开滦博物馆等一批主题鲜明的工业博物馆，共同形成了城市博物馆群，留住唐山这座工业城市的记忆。

今年68岁的张宝利曾任启新水泥厂烧成车间主任。1971年，他进入启新技校半工半读，两年后留在厂里上班。张宝利感慨：“‘启新’创造了很多中国第一，为国家作出巨大贡献，过去厂区和生产线每年都有变化，很多细节我都记得。”

图为启新1889文化创意产业园内石碑。　杨　帆 摄

启新水泥工业博物馆里有水泥窑系统、发电机组等工业文物，还有从1889年至2008年近120年的2000余卷档案。展柜中，487枚企业公章整齐排列，最老的股票在1935年售出，上有毛笔签写的股东姓名和籍贯。

一台老旧保险柜引起了记者的注意。这台100多年前德国制造的保险柜有两个钥匙孔，需两把钥匙同时使用才能开启。“2011年我们把它征集来，其出厂年份与‘启新’建厂同年，真的是见证了企业历史。”启新水泥工业博物馆暨1889文化创意产业园文旅部部长侯晓军说。

“这片保留的区域是我曾经工作的地方，每次回来都感觉很亲切。”张宝利指着一处旧址向记者介绍。

来到博物馆外，是由旧厂房改造而成的文创园区，这里有特色餐厅、画廊、摄影和手工艺品工作室等，富有时尚气息。

2014年，做工程设计的李海永看中了这个工业元素浓郁的园区，将自己的工作室设在这里。“这是城市中心难得的清静之地，旅游文化业态相对稳定，配套设施也很成熟，适合我们在这里搞创作。”他说。

据启新1889文化创意产业园招商运营部部长于永波介绍，当年的熟料库现在已被电商租用。“当时，‘启新’是中国唯一在城市中心的大型水泥厂，企业要想发展，离开是必须的。”他说，目前园区完成招商面积达2.7万余平方米，入驻商家超150家，这片土地的繁荣正以另一种形式延续。

启新水泥厂的变迁在唐山并不是孤例。唐山市文化广电和旅游局文物管理处处长李军民介绍，缘于“以矿立市”的发展模式，丰富多样的工业元素在唐山城市空间中占据很大比例，记录着唐山艰辛创业和再创辉煌的历程，成为特殊的文化资源。

“要把工业遗产变成文化资产，推进‘工业遗存+文创产业+城市生活’融合发展。”侯晓军说，2018年1月，园区入选首批中国工业遗产保护名录，未来将以创建国家4A级旅游景区为目标，更好保护和传承这些工业遗存。

（新华社石家庄10月12日电）

一套冰雪操——这里的大课间“燃起”冬奥节奏

杨　帆

师杨珊珊走在千余人的队伍前，认真查看同学们冰雪运动操动作，把需要纠正的细节记录下来。这个12月，杨珊珊所在的河北省唐山市路北区凤凰中学大课间活动变样了，冰雪运动操成了最受同学们欢迎的项目。

“我们在2021年12月15日启动了冰雪运动操的教学工作，在全校范围内普及。”作为学校负责操舞类的体育教师，杨珊珊接到任务后，最快速度精心备课，利用课余时间将数名学生代表教会后，再利用大课间向全校学生教授。

这套冰雪运动操时长3分22秒，包含了速滑、短道速滑、花样滑冰、越野滑雪、单板滑雪、跳台滑雪等6个冰雪运动项目的基础动作。“动作相对简单易做，很受同学们欢迎，大部分孩子只用了4个大课间就完全掌握了。”杨珊珊说。

赵悦铭伟正读九年级，从小就喜欢滑冰，现在还是校园陆地冰壶队的队员。“虽然看上去挺简单，但需要注意的细节也不少。为了把每一处动作做到位，我每天回家把自己的动作进行录像，然后对比纠正。”她说。

凤凰中学校长陈松林告诉记者，过去学校的大课间以秋冬季的跑步和春夏季的自编校操为主。“跑步能提高体能，练操能锻炼孩子的团队意识和身体协调性。”他说，“随着冬奥临近，全社会冰雪运动氛围愈发浓郁，学校也开始将冰雪操项目引入大课间活动，为学生们营造更多与冰雪运动相关的内容。”

唐山市路北区教育局中教科科长侯书生介绍，此次推广的冰雪操，是河北省为推广冰雪运动而专门编排创作向各地中小学进行推广的。“把滑冰滑雪的基础动作与欢快明朗的音乐节奏相搭配，可以让学生们了解冰雪运动项目常识，还可以有效训练体能。”他说。

对于八年级的王一诺来说，有关冰雪的记忆总是快乐的——他从八岁开始学习滑雪，每年最盼望的就是雪季到来。“冰雪给我带来很多乐趣，滑雪、堆雪人、打雪仗，和老师同学在雪天的操场奔跑嬉闹。”王一诺说，冰雪操的某些动作会让自己想起滑雪的动作，两者能够很自然地融汇在一起。

唐山市教育局局长史林友介绍，目前唐山拥有全国青少年校园冰雪运动特色学校11所，冬奥会和冬残奥会教育示范学校29所，2021年，唐山全市中小学生参与冰雪运动人数达100余万人。

“在冬奥会前的黄金期里，不少学校成立了冰壶、轮滑等冰雪项目社团，组建冰球、滑轮等冰雪运动队，加大体育教师冰雪运动培训。”史林友说，“冰雪文化高效普及、冰雪人才靶向培养、冰雪场馆多点开花、冰雪运动全面发展，唐山的冰雪校园建设正在形成新的格局。”

（新华社石家庄2021年12月30日电）

裂变式发展三十余年

唐山港跻身世界名列前茅大港

白云水　施　疑

王国增是唐山港集团股份有限公司（以下简称唐山港）总经理助理，他所在的办公室窗外，门机林立、货轮如织。

“欲于有限时期发达此港，使与纽约等大。”1919年，孙中山在《建国方略》中提出了在直隶湾（指唐山沿海地区）建设“北方大港”的设想。在当时，“清河、滦河两口之间”建港并“与纽约等大”是遥不可及的梦想，而今天，唐山港已超越纽约港。

据唐山市海洋口岸和港航管理局副局长罗同祯介绍，今年1至6月，唐山港全港完成货物吞吐量3.5亿吨，比去年同期增长9.8%，港口吞吐量稳居世界沿海港口第2位。其中，集装箱吞吐量123.6万标箱，同比增长11.79%。

资料显示，唐山港（包括京唐港区和曹妃甸港区）京唐港区1989年8月开工建设，1992年7月国内通航，1993年7月国际通航。至今，通航近30个年头。

“今天的唐山港是从第一个1.5万吨级泊位一步步发展起来的。建港之初，第一个泊位的配电箱都是连夜跑到山东一家港口去买的。”王国增如是说。

从1989年建港之初王国增就在这里工作。他介绍，在一片盐碱地上，唐山港边建设、边运营、快发展。2001年吞吐量突破1000万吨，首次跻身全国沿海港口20强；2008年，曹妃甸港区通航3年后，唐山港成为全国最年轻的亿吨大港。

“唐山港的发展速度可以说是裂变式的，30余年就达到了许多港口数十年甚至上百年才能达到的目标。”王国增说，目前唐山港已建成生产性泊位143个，其中万吨级以上泊位129个，比例高于全国1.4倍；形成码头岸线37.34公里，年设计通过能力6.54亿吨。

面朝大海，唐山港航线通达70多个国家和地区的190多个港口，开通内外贸航线232条，覆盖中国国内及日韩主要港口并通达全球；背靠陆地，40个内陆港辐射华北、西北、东北，间接腹地延伸到蒙、俄和中亚等国，中欧、中蒙、中俄等4条国际班列常态化运行。

在唐山港京唐港区智慧码头控制中心，每个工位上都有3块显示屏和1个操作台。随着工作人员手握摇杆向上一提，电脑屏幕显示一个集装箱与无人集卡分离，缓缓吊起。此间的智慧港口建设让轨道吊车司机脱离了20多米高、冬冷夏热的驾驶室，工作环境改善，效率也提高了。现在，一人可同时控制4台以上的设备。

唐山港集团股份有限公司副总经理张小锐表示，唐山港全面加快智能技术在港口生产运营中的深度应用，集成世界最先进的码头智能化管理系统，攻克多项自动化升级技术难题，建成中国首个以智能无人集卡实现水平运输的全自动集装箱码头，效率提升了20%，为加快建设综合贸易大港提供了有力支撑。

（中新社唐山7月11日消息）

80年前遭日军屠村的潘家峪劫后重生成为“葡萄华夏第一村”

白云水

9月中旬，燕山深处的潘家峪村，迎来葡萄丰收季。潘家峪村位于河北省唐山市丰润区，家家户户栽种葡萄。

85岁的潘春义家也不例外。“葡萄这东西好活啊！”潘春义说，“就算是一把火烧了，只要根还在，就能活过来！”

潘春义说的那把“火”，是他心中永远的痛。90年前的“九一八”事变后，中国东北、冀东先后沦陷，潘家峪村也未能幸免。村民们过着夜间躲在山上，有家不敢回的日子。

潘家峪村民众较早创建起抗日游击根据地，先后配合游击队对敌战斗50多次。1941年1月25日，泯灭人性的日本侵略者制造了震惊中外的潘家峪惨案，全村1700口人中1230人惨遭杀害，1325间房屋全被烧毁，财物被抢劫一空。

在烈火焚烧和机枪扫射中，潘春义一家7口人惨死。“我之所以幸存，是因为被压在了潘家大院猪圈里的一层层死人下面，钻不出来，才没有被敌人发现。”等敌人撤退后，潘春义才得救。

潘春义当年只有6岁，目前是村里仅存的5名幸存者之一。

80年过去，往事并不如烟。时至今日，潘春义即便在家收葡萄，穿的T恤还印着“勿忘国耻”的字样。“每到腊月二十八和‘九一八’等日子，我们都会到潘家峪惨案纪念馆和潘家峪大院去鸣钟，为的是怀念过去，也为了珍惜现在。”潘春义说。

潘家峪村地处北纬四十度，四面环山，昼夜温差大，适宜葡萄生长。据潘家峪村史记载，自明朝永乐年间，村里就开始种植葡萄。

放眼望去，整个村庄葡萄藤藤相连，架架相接，被遮天蔽日的绿荫笼罩。尤其初秋时节，空气中弥漫着醉人的果香。

“村里种植龙眼、红星等葡萄1500多亩，年产100多万公斤。”潘家峪村党支部书记潘春喜说，因产的葡萄亮如玛瑙、翠如璞玉，潘家峪村被中国农业农村部命名为“葡萄华夏第一村”，被誉为“燕山脚下的小吐鲁番”。

13岁的潘姊伊从小就爱在院里的葡萄秧下乘凉，一边吃着葡萄，一边懵懂地听长辈们讲起那段悲怆的历史。渐渐地，潘姊伊在心里种下一颗守护家乡的种子。

如今，她珍藏了一套小军装，这是村里为她这样的小小讲解员配备的。“村里亲历惨案的爷爷奶奶能清晰表达的越来越少了，现在轮到我们接过接力棒了。”潘姊伊说。

“你看，当年的木门被日军刺刀留下的孔还在。”“这是妇女浆洗衣服的捶布石，惨案当天，竟有三四十个小孩子被日军摔死在石头上……”有游客来采摘和买酒时，潘姊伊就会换上这身衣服，带着游客在村里参观，讲起当年的惨案。

如今，村里的“红色基因”和绿色生态每年吸引游客30余万人，不少村民还开起了农家乐。时下旺季，一家一天最多摆过三十桌，月入两万元人民币。

潘春喜不满足于此，他积极利用村里“红色+绿色”特色资源，谋划建设绿色生态葡萄园，力争把潘家峪村打造成4A级景区，打造葡萄酒等商标品牌。

“现在可以告慰逝者了，我们的生活比酒还要甜。”潘春喜说。

（中新社唐山9月16日电）

唐钢向高端转型求效益

陈发明　温　明

近日，河钢集团唐钢公司（以下简称“唐钢”）汽车板事业部营销中心家电板营销总监张涛收到美的集团客户代表通知：“用锌铝镁产品加工的电机端盖耐蚀性和综合性能非常好，我们决定与贵公司合作。”两个多月的不懈努力得到了客户的认可，张涛激动不已。

今年初，美的集团计划用抗腐蚀性能更好、使用寿命更长的锌铝镁板替代镀锌板，并且希望和唐钢合作推进材料升级换代。虽然用量每月只有几十吨，但是张涛和他的同事没有一丝犹豫，立刻根据客户的要求确定生产工艺方案，组织生产，产品下线后马不停蹄开展盐雾试验和零件试制。

“客户要求盐雾试验时间要达到500小时，而我们的试验结果远远超过了客户预期。”张涛表示，接下来将进一步优化工艺，让材料质量更优，让下游制造商和消费者更满意。

为每月几十吨订货“兴师动众”，对唐钢这样的大型钢铁企业来说似乎有点得不偿失。但在唐钢人看来，这意味着把自己和客户打造成命运共同体。在唐钢的经营理念里，钢铁不是简单的工业产品，而是汇聚了科技、人才、创新、商业模式等众多因素的产品。只有无缝对接客户需求，才能让产品成为技术和创新的载体，培育企业差异化竞争优势。尤其是对接高端客户，不仅让唐钢实现了自身管理水平的不断提升，还加快了迈向先进制造业的步伐。

宝马汽车对供货商的挑剔和对材料选择的严苛在业内很出名。为了稳定供货宝马汽车，唐钢接受了“技术难度最大、管理难度最大”的挑战，专门成立了宝马钢技术小组，开展了37个技术项目攻关。最终，唐钢形成了一整套宝马钢生产技术诀窍和组织模式。

通过生产宝马钢，唐钢推动了产线基础管理的全面升级，全面提升了宝马钢、吉利面板、镀铝板等高端汽车板质量。唐钢汽车领域“朋友圈”越做越大，汽车用钢直供北汽、吉利、菲亚特等近20家知名汽车主机厂及其配套厂；产品进入高端家电领域，家电用钢大批量供货海尔、格力、美的、奥克斯；钢结构用钢逐步确立明显优势地位。

近年来，唐钢瞄准发展前景好、营利能力强的高效益产品持续发力，抢抓市场机遇，积极培育新的增长点。

“为顺应汽车轻量化的发展潮流，唐钢研发成功2000兆帕级热成型钢技术，与市场上普遍使用的1500兆帕级热成型钢相比可实现汽车零件减重10%至15%。”唐钢镀铝板研发团队负责人李建英介绍，截至目前，唐钢镀铝板产品已累计生产19.4万吨，拥有美的集团、德国杜尔等稳定合作的高端客户20余家，在镀铝板制造领域已形成一大批拥有自主知识产权的关键技术成果，其中镀铝板生产研发专利23项。

唐钢将钢铁产业服务链条逐渐延伸嵌入下游产业链条。去年，唐钢面向战略客户开展了100余项技术服务，为汽车制造企业提供个性化材料解决方案，累计为这些企业解决了40多项技术疑难问题。

随着高端化战略的实施，唐钢也从一家以棒线型等长材产品为主的建筑用钢材生产企业，跃升为国内外具有影响力和知名度的汽车板、家电板生产商和综合服务商。今年一季度，唐钢镀铝板产销量突破3万吨，国内市场占有率超过30%。镀铝板每吨售价比普通镀锌板高出1000多元，成为该公司创效拳头产品。

“无缝对接客户推动钢铁产品向高端迈进，推动了企业转型升级。”唐钢总经理助理、技术中心常务副主任邝霜说，近年来唐钢开发生产汽车板、家电板、桥梁钢、高建钢等43类70多种高端产品，去年这些高端产品产销量达到740万吨以上，占比达到70%以上。

（原载2021年5月7日《经济日报》）

深植党建兴企理念，河北瑞兆激光公司——

党旗下成长为“小巨人”

陈发明

近日，在“当代愚公精神”发祥地——河北省遵化市沙石峪村陈列馆内，60余名来自河北瑞兆激光再制造技术股份有限公司的党员重温入党誓词，感悟初心使命，汲取前进力量。

这是瑞兆激光公司开展党史学习教育的其中一站。党建兴企的理念深植在每位员工心中，赴北京、嘉兴南湖、赛罕坝等地寻根红色基因，成为助力公司发展的必修课。

瑞兆激光公司位于河北唐山市迁西县，是一家高新技术企业。公司成立于2006年6月，现有员工380人，是新三板上市公司。从一个仅有8名员工的手工小作坊，成长为国家级专精特新“小巨人”企业，在瑞兆激光公司的发展历程中，党建工作发挥着引领作用。

2006年，退伍老兵韩宏升回迁西老家探亲时偶然得知，不少钢铁企业的大型设备因为某一个关键部件损坏或磨损，不得不花巨资更换新件。“多浪费啊！”韩宏升想起在部队时，有一种激光熔覆技术能修复设备，这令他萌生了做点什么的念头。经多方筹措，当年6月，在迁西县几间旧厂房内，靠着几台电焊机、激光器，韩宏升成立了机电修复公司。

公司成立之初，韩宏升决定高薪聘请唐山陶瓷厂原党委书记专职抓党建工作。“不懂技术，不懂营销，政工干部能给企业带来啥？”面对质疑，韩宏升力排众议：“党组织能指引方向，也能凝聚力量。有个好的政工干部抓党建，我们企业一定能更好地汇集人才、凝聚人心！”

这位“不懂技术”的书记不负重托，在公司很快成立了只有4名党员的党支部，又相继成立了工会、青工委、女工委等群众组织，构建起以党支部为核心、群团组织为纽带的党群工作体系。同时，制定了每周一举行升旗仪式、全体党员佩戴党徽和写有“为人民服务”的胸牌上岗、车间设立党员先锋岗等一系列党建工作机制。争当模范、学习先进、向党组织靠拢在员工中逐渐形成习惯。

随着党建工作深入开展，公司逐步建立了党政联席会制度、党群协同协商制度、职工代表大会制度，组织党员群众参与党内事务，扩大党内民主，使党员在企业发展中发挥了核心作用。

2014年，受宏观经济下滑影响，公司高速动平衡检测中心项目资金吃紧。党员大会上，46名党员举手表决：宁愿不领工资，也要支持引进德国申克高速动平衡设备。众志成城，公司顺利渡过了难关。

2016年，公司计划筹建新办公楼，图纸已设计完毕，党政联席会站出来叫停。之后，党员大会民主决策，公司缓建办公楼，用已有资金建设绿色拆解清洗中心，改造燃气锅炉，建成国家绿色工厂。随后，经民主决策，公司每年把利润的30%投入到科技研发中。

“党组织把握企业航向，员工当家做主，公司才能兴旺，才不会跑偏！”这已经成为公司全体员工的共识。如今，公司党员队伍不断壮大，已由最初的4名发展到76名。

党建兴企取得显著成效。公司成立15年来，已获得国家技术专利49项、省科技成果进步奖1项，参与制定国家标准1项，被认定为国家高新技术企业、国家级绿色工厂。同时，企业服务业务拓展到26个省份和多个“一带一路”沿线国家，业务范围也由原来的钢铁业延伸到石油、化工、热电、造船、造纸等多个行业。

（原载2021年5月8日《经济日报》）

河北唐山：向海拓展 开放转型

陈发明 张晓悦

近年来，位于渤海湾的河北唐山市以面向海洋的“蓝色思维”推动城市由内陆资源型向沿海开放型转变：港口，被列为唐山“四大优势”之首；向海发展，也位居唐山提出的“八个发展”首位；海洋产业与精品钢铁、现代商贸物流、高端装备制造一起，被确定为唐山四大支柱产业。

临港布局

唐山因煤而起、因钢而兴，是典型的重工业城市。但唐山人也意识到，自身拥有比煤炭、铁矿更为宝贵的海洋资源。

1992年，随着一声汽笛长鸣，货轮从京唐港下水，标志着唐山海上通道打通，迈出了以港兴市第一步。就在京唐港运营当年，以建设首钢矿石码头为开端的曹妃甸港前期调研工作也拉开了帷幕。

经过几十年开发建设，唐山港已成为拥有曹妃甸港区、京唐港区的世界大港，“十三五”期间，成为全球最大的铁矿石接卸港、最大的钢材输出港、最大的煤炭输出港、我国重要的油气进口基地和储备中心，服务重大国家战略的能源原材料主枢纽港地位进一步巩固。2020年，唐山港全港完成货物吞吐量7.02亿吨，同比增长7%，港口货物吞吐量跃居世界沿海港口第二位。

“曹妃甸港区的上下水货物与钢铁产业关联度高，最高时曾达到90%左右。”曹妃甸港集团总经理助理李进禄说，唐山工业基础雄厚，为港口迅速发展提供了支撑。

为在城市转型发展和调整经济结构中降低对于钢铁产业的依赖，唐山港不断提升链接能力，拓展“朋友圈”。京津冀协同发展战略与“一带一路”倡议的实施，为唐山港提升经济外向度提供了机遇。

今年5月份，唐山港口集团在北京首发物流枢纽园区设立内陆港。至此，唐山港在华北、西北、东北已共建内陆港40个。直接腹地由华北扩大到内蒙古、宁夏、陕西、甘肃、新疆、青海等西北内陆地区，陆海内外联动、东西双向互济的开放格局进一步显现。

随着唐山港4条国际班列运行线路陆续开通，唐山加快打造东北亚地区经济合作窗口城市的步伐。通过深挖“中国（河北）自由贸易试验区曹妃甸片区+曹妃甸综合保税区+跨境电子商务综合试验区”的政策叠加红利，唐山正成为高水平对外开放平台。2020年，全市进出口总额完成1021亿元，实际利用外资完成19.5亿美元，均居河北省首位。

以港兴产

“蒸馏水，水源渤海海水。”首钢京唐公司生产的瓶装水配料表上如此写道。“公司从北京搬迁到曹妃甸，也是看好临海靠港的优势。”首钢京唐公司能源与环保部负责人张波说。

钢铁企业是用水大户。海水淡化，不仅满足了公司75%左右的生产生活用水需求，更将不易储存的余热资源转换为淡水储存，让钢铁冶炼更加节能高效。目前，唐山市海水淡化规模达每日25万吨。今年一季度，全市海水淡化水量894.65万吨，同比增长50.9%。

在距离首钢京唐公司50公里的三友集团，管道将海水淡化后剩余的浓盐水引入车间。“我们在全国首创的排废浓海水生产纯碱新工艺，每年可节约原盐60万吨，节水1000万立方米。”三友集团党委书记、董事长王春生说，企业通过联手发展海洋循环经济，实现了经济效益和生态效益的双赢。

类似的临港产业在唐山加速聚集。在环渤海地区最大LNG（液化天然气）项目——曹妃甸LNG码头东北，位于唐山海港经济开发区的河北冷科特种装备有限公司工作人员正在调试设备，为不久后生产可存储LNG的罐式集装箱做准备。作为一家清洁能源装备制造与耗钢企业，将与LNG码头、钢厂等形成上下游产业链条。

目前，唐山市已形成海洋产业体系，包括海洋交通运输、海洋化工、滨海旅游和海水利用四大优势产业，海洋盐业与海洋渔业两大传统产业，海上风电、海洋船舶工业等新产业。

在唐山湾国际旅游岛，游客则以满满的好奇心投入大海的怀抱。

“孤岛不孤，我们正在筹备海洋音乐节等活动。”唐山国际旅游岛文化广电和旅游局局长李树枚说，今年以来，旅游岛游客接待已经摆脱去年受疫情影响的局面，呈现恢复性增长态势，前5个月已经达到2019年同期的80%。

以产兴城

1.4公里，这是厂区距离港口的距离。河钢集团唐钢公司从主城区搬迁到乐亭，“生长”在离海最近的地方。“前港后厂、车船直取，既降低了运输成本，又从源头上解决了污染问题。”河钢唐钢新区能源环保部部长庞得奇说，他们致力于打造“世界最清洁钢厂”。

曹妃甸40万吨级矿石码头旁，黄黑条纹相间的灯塔依旧。一代代建设者见证了“沧海桑田”：一个不足4平方公里的带状小沙岛，成长为210平方公里的广阔陆域。这为国家能源、交通战略调整和后续唐山优化拓展城市空间布局提供了可能。

近年来，唐山市实施“一港（唐山港）双城（唐山市主城区、曹妃甸滨海新城）”战略，不断完善港城功能，提升港城品位，繁荣港城经济。曹妃甸新城作为“一港双城”建设的核心承载区、唐山向海发展的第二空间，曾经的盐碱滩涂已通达高铁，高等院校、科研院所、住宅商业林立。

除了曹妃甸吹沙造地，唐山市主城区钢铁、焦化、热电等高排放企业退城搬迁，也为城市转型发展腾挪出空间。2019年至2020年，唐山沿海地区累计实施亿元以上项目450个，完成投资1685.11亿元；今年1月份至4月份，沿海县区实施重点项目95个，完成投资305亿元。沿海地区已经成为唐山经济高质量发展的重要支点和增长极。

（原载2021年7月22日《经济日报》）

河北唐山持续推进结构优化升级——

产业迈向“高新绿”

陈发明

今年前7月，河北省唐山市PM2.5平均浓度为47微克/立方米，同比下降11.32%；空气质量综合指数5.30，同比下降14.38%。空气质量的变化，既有气象条件有利的“天帮忙”成分，但更主要的是唐山持续发力产业结构调整的“人努力”因素。近年来，唐山市通过强力实施工业企业深度治理、退城搬迁、“公转铁”“双代一清”等工程，全市空气质量持续改善。

作为一座因煤而建、因钢而兴的重工业城市，“高耗能”“高污染”曾是唐山的产业标签。如今，产品迈向高端、技术瞄准高新、产能向沿海高度聚集，成为唐山产业转型的“新三高”。

近年来，唐山市把加快环渤海地区新型工业化基地建设作为破除资源依赖、实现绿色转型发展和高质量发展的必由之路，以重点产业为突破，着力构建布局合理、链条稳固、创新迭代的现代产业体系。

数据显示，2020年，唐山压减炼钢产能605万吨、炼铁产能442万吨，分别占河北全省总任务量的43.2%、42.8%。与此同时，唐山钢铁产业竞争力逐步提高，研发能力不断提升，精品钢比重目前已达到36%。今年上半年，唐山高新技术产业增加值同比增长13.3%，战略性新兴产业投资增长16.1%。

钢铁企业搬离城区是唐山调整产业布局的重要路径。走进河北纵横集团丰南钢铁有限公司炼铁高炉车间，全封闭的工艺流程不仅看不到生产场面，也闻不见一丝异味。该项目整合了丰南城区国丰钢铁等5家钢铁企业产能，按1.25∶1比例减量置换，重新布局到唐山丰南沿海工业区，是河北省钢铁企业联合重组暨城市钢厂搬迁改造示范项目，不仅落实了产能压减，还实现了高端升级。

“我们生产的热轧卷板具有高强度、耐盐碱、耐腐蚀等特点，产品用于高速列车厢体、集装箱、家电、汽车结构件、五金工具等领域。”河北纵横集团丰南钢铁有限公司副董事长何志强说，经过搬迁改造，企业总体装备全部达到国际或国内先进水平，还实现了生产低碳化。“环保设施在原定投资41亿元基础上，又追加30多亿元进行环保超低排放和深度治理，其中烧结、轧钢加热炉SCR脱硫脱硝环保深度治理项目达到了世界领先水平。”何志强说。

记者了解到，“十四五”期间，唐山沿海地区产能占全市的比重将进一步提升，搬迁项目排放标准低于河北省钢铁企业超低排放标准。同时，依托临港钢铁产业优势，大力发展重型装备、海工装备、轨道交通装备、节能环保装备，形成技术领先、配套完备、链条完整的先进制造业产业集群。

（原载2021年8月28日《经济日报》）

唐山港迈向世界一流综合贸易大港

宋美倩

国庆节假期，位于渤海湾的河北唐山港船只如梭、岸桥林立、车流如潮。在华能曹妃甸港口有限公司杂货码头指挥作业的调度运行部主任杨涛告诉记者，国庆节期间，公司共完成过港量86.7万吨，同比增加25.9万吨。

华能曹妃甸港码头的高速发展，仅仅是唐山港高速发展的一个缩影。据唐山市海航局局长赵立军介绍，通过科学规划、完善配套、精细管理，唐山港建设日新月异，2020年实现货物吞吐量7.02亿吨，分别是2010年的2.85倍、2016年的1.35倍，年均增长率为11.04%；集装箱吞吐量达到312万标准箱，是2010年的11.28倍、2016年的1.61倍，年均增长率为27.42%。今年1月至9月，该港实现货物吞吐量5.3亿吨，集装箱吞吐量221万标箱，分别为去年同期的105%和107%。

唐山港京唐港区集装箱码头，巨轮停靠卸货。　杨世尧 摄

建设世界一流综合贸易大港，完善港口功能是基础支撑。为此，唐山市强化顶层设计，狠抓港口功能完善，出台了《唐山港总体规划调整》《唐山市港口条例》等政策文件，确立了“一港三区、错位发展”的港口发展布局，设计了利用岸线65.5公里、规划码头岸线198.1公里、布置泊位625个的发展规划，并分步给予落实。仅2016年至2020年，唐山港就投资192亿元，推进港口基础设施建设。截至目前，已建成生产性泊位145个，形成码头岸线37.34公里，年设计通过能力8亿吨和236万标准箱，其中万吨级以上泊位129个；仅今年前8个月就完成投资20.4亿元，同比增长42.6%。曹妃甸港区唐山LNG接收站应急调峰保障工程成功试运投产，成为目前国内LNG存储能力最大和天然气调峰能力最强的LNG接收站；建成了京唐港区25万吨级航道。

要建设东方大港，不仅要有港口运输优势，还要有货源组织优势。唐山将建设东北亚经济合作窗口作为港口增量突破的重头戏，全力推进内陆港建设，推进以港口为起点的中欧班列常态化开行。截至目前，唐山港已在华北、西北、东北共建设内陆港40个，间接腹地已达中亚，港口腹地延伸3000公里，实际覆盖面积扩大到230万平方公里，已形成“以唐山港为龙头，内陆港为节点，多式联运为脉络的国际班列常态化运行”的物流网络；开通内外贸航线232条，辐射70多个国家和地区的190余个港口，开通日本、韩国集装箱外贸航线7条和内贸干线及外贸内支线39条。

同时，唐山港紧紧抓住中国（河北）自由贸易试验区曹妃甸片区挂牌运行契机，加快唐山港口型（生产服务型）国家综合物流贸易枢纽建设，先后完成制度创新35项、省级复制推广11项，大宗商品交易中心总部落户，开通综合保税区天津港外贸内支线及韩国、日本外贸集装箱航线，整车、肉类、水果、粮食进口批量入关，二手车出口首单开航，跨境电商营业额突破2亿美元。185家港口物流企业在曹妃甸区注册、交易，成功发布电煤、铁矿石价格指数，落户航运企业3家、落籍内贸轮船4艘。2020年，仅曹妃甸港区港口物流贸易额就达2325亿元，是2016年的12.3倍。

（原载2021年10月18日《经济日报》）

唐山海洋牧场：构筑“海上塞罕坝”

耿建扩 陈元秋 施 疑

海草海藻附着在藻礁上随海水摇曳，鱼虾贝类在茂盛的海藻林中栖息捕食。唐山国际旅游岛祥云岛附近的祥云湾海域，十多年前还是一片海底荒漠，唐山海洋牧场实业有限公司十余年坚持科学养海、牧渔富民，将这片海域构筑成为“海上塞罕坝”。

祥云湾海洋牧场所在海域，曾广泛存在牡蛎礁、海藻场和海草床等典型生态系统，为海洋生命提供了栖息、索饵、产卵、孵化场所，是黄渤海各大渔场的生态根基。但多年的渔猎及污染造成生境受损，海底荒漠化，滦河口渔场消失。十多年前，唐山海洋牧场实业有限公司开始着手海洋资源绿色综合开发，一边修复海洋生态系统、恢复生物资源，一边优化产业生态系统，实现海洋资源永续利用。

唐山海洋牧场与中国科学院海洋研究所、中国海洋大学生命学院、自然资源部第一海洋研究所等专业院所合作，打造了国内首个省级“近海生态修复技术创新中心”“中国科学院海洋研究所唐山蓝色粮仓研究中心”等10余个科研平台，并自主研发了“祥云湾海洋牧场贝藻礁生态系统重构工程技术与应用”等技术成果。

2009年以来，唐山海洋牧场立足贝礁、藻场建设，自主设计了20余种人工礁体，在祥云湾海域投放各类贝藻礁110万多空方，建设贝藻礁区9000亩，增殖海参苗种20万公斤，放流魁蚶7000万粒，移植大型藻类300万株，海藻覆盖率达15%以上，海洋生物量比修复前增加了40倍以上，海洋物种日渐丰富。

“吾家有‘女’初长成，养在深闺人未识，一朝变为海草床，海底不再无颜色。”在唐山海洋牧场实业有限公司总经理张云岭的微信朋友圈，晒出了一组海草不同生长阶段的照片，并配上这样一段诗文。“海洋牧场附近是国内分布面积最大的鳗草海草床，约30平方公里。我们对鳗草生活史特征、海草床及周边水域渔业资源等进行深入调研后，选择适宜的海草种类，在科学的时间、区域移植海草，使海洋自然生态系统得到充分修复。”张云岭介绍，2019年以来，海洋牧场实验性移植、种植海草面积约50公顷，目前追踪到的移植效果很好。

依托科技创新，祥云湾海域生态环境得到极大改善。唐山海洋牧场还以“祥云湾海域国家级海洋牧场示范区”和公司渔港为依托，与认同绿色发展原则的渔民、养殖户组建产业联盟体，汇集资源、资金、数据，并提供孵化期、免租金、先回本再分成等激励措施，为渔民打造创业增收服务平台。

海洋牧场通过持续、系统监测，对生态系统承载力进行科学评估，以数据为支撑优化产业生态系统，指导渔民改善生产方式、提高产量和收益，从而使祥云湾海洋牧场及周边海域生态环境得到有效养护，确保水产资源稳定和持续增长，实现生态渔业可持续发展和渔区社会稳定。

海洋牧场直接安置渔民就业100余人，间接带动渔民就业2000余人。养殖户、渔民成为生态修复的受益者、参与者，实现了“牧渔富民”。很多渔民改为从事休闲渔业，打鱼船变成了观光船，捕鱼工具变成表演道具，渔民收入翻番。在海洋牧场已建成达产的3000多亩海域内，实现资源增殖3675万元，新增效益1785万元。

此外，唐山海洋牧场还抢救遇险渔民逾200人次，作为全国精品休闲渔业示范基地、国家高新技术企业，组织海洋生态环保主题科普研学活动上百次。

（原载2021年12月《光明日报》）

唐山高新区：多维度共建共享激发企业创新合力

刘廉君 孟 潮

237家高新技术企业，902家科技型中小企业，120家市级以上科技创新平台，42家市级以上创新创业载体……

作为国家产业转型升级示范园区，唐山高新区依托日本装备制造产业园、焊接产业基地、机器人产业基地，深入实施“创新驱动、产业引领、开放带动、产城融合”四大战略，先后培育了开元、中信重工开诚智能装备有限公司（以下简称开诚）、百川集团（以下简称百川）、汇中等一批行业领军企业，在不同领域开创了40多项“全国第一”。

今年1—6月，唐山高新区机器人产业主营业务收入30亿元，同比增长23%。透过这组数据，科技日报记者看到了更为亮眼的成绩。

培育创新主体，增强核心竞争力

“我见证了唐山国家高新技术创业中心孵化基地面积由2000平方米到8万平方米的发展历程，见证了一位位普通人的创富故事，更见证了唐山高新区乃至唐山市高新技术产业的蓬勃发展。”如今已在唐山国家高新技术创业中心工作20年的该中心党委书记许英华说。

许英华告诉记者，特种机器人行业的领头羊开诚、中华筛王陆凯科技、血液管理系统的佼佼者启奥科技、红外线触摸屏技术领跑者河北华发教育等一批批高新技术企业从这里出发，走向全国、走向世界。

企业是创新的主体。

为持续推进创新驱动发展，加快培育高新技术企业，唐山高新区建立了高新技术企业后备企业培育库，构建了“科技型中小企业—高新技术企业后备企业—高新技术企业”梯次培育机制。

“我们围绕国家重点支持的高新技术领域，重点从科技型中小企业中遴选有基础、有潜力、有积极性的企业，纳入高新技术企业后备企业库，进行重点培育，并对高新技术企业后备企业库实行动态管理，建立了入库一批、培育一批、申报一批的工作机制，有效提升了工作效率。”唐山高新区科技局副局长裴利云介绍。

高新技术企业享受的多项优惠政策，有效调动了企业科技创新积极性，唐山高新区高新技术企业数量2016—2020年四年增加四倍。

唐山高新区以国家级创业中心为核心，搭建集归国留学人员创业园、高校科技园于一体的创新创业平台，积极引入社会资本，高起点建设各类孵化器、加速器和众创空间。

据了解，唐山国家高新技术创业中心已累计孵化企业500余家，毕业企业200余家；培育高新技术企业100余家，科技型中小企业200余家，上市企业5家；获得授权的知识产权2000余项；培育市长特别奖获得者4人。

簇拥抱团发展，辟共享互助之路

百川科技孵化器位于唐山高新区的百川总部大楼内，由百川旗下的唐山百川创新科技服务有限公司负责运营，是涵盖创客空间、科技孵化、创业苗圃、科技加速为一体的综合体，为小型科技企业提供“超五星级”品质服务。

这里统一规划建设，将项目集中到统一规划、设计具有现代风格的单元格；统一物资供应，依托百川已有的物资供应体系，实行批量采购和统一采购，大大降低小微企业生产成本；统一管理服务，孵化器建有统一的职工餐厅和其他配套设施，由专业物业公司统一管理，解决小微企业管理水平不高和非生产性工作缺失问题。

唐山百川创新科技服务有限公司总经理王孟昭说：“目前，百川科技孵化器已入驻企业79家，实现了资源共享、平台共享、技术共享、市场共享。入驻企业与百川达成统一采购机电产品协议，仅此一项就可节约10%的资金。”

抱团合作还体现在金融服务上。入驻企业共同使用百川的现行授信额度，同时，百川还联合金融机构，以风投、入股等多种方式提供创业资本服务，解决企业融资难题。

今年以来，中科神威、合立普、威程科技3家企业合作承担了知名企业丹佛斯牵引无人驾驶改造项目；莱锐思与新禾科技联合研发的焊板焊接高度测量视觉识别系统在中车唐山公司投入使用；鹰眼智能与薏莱蒲茵就物料识别和AI视觉延伸产品研发签订合作协议……这些也得益于技术上的合作支撑。

瞄准科技创新前沿趋势超前布局，唐山高新区把中小企业作为经济发展的生力军来抓，形成了研发+孵化+产业化的创新创业生态圈，从产业氛围、市场需求、研发服务、创业孵化、人才培育、技术支撑等多维度共建共享，走上了共享互助的工业合作化道路，形成了高新技术企业协同创新的强大合力。

聚集重点产业，强链继续做强

唐山松下是首家落户唐山高新区的外资企业。中国第一台全数字电焊机、第一个信息化焊接管理系统、第一个智能焊接云管理系统iWeldCloud都诞生在这里。

松下焊接设备将璀璨的焊花闪耀在国家体育馆、上海世博会中国馆、国家大剧院、北京大兴机场、港珠澳大桥等的每一个钢筋铁骨的缝隙。

去年，唐山松下又与安徽奇瑞新能源汽车就铝合金车体自动焊接项目展开合作，该项目采用了松下的焊接机器人、全数字电焊机、激光跟踪系统，成为国内第一条铝合金型材车体自动焊接生产线。

在唐山高新区日本装备制造产业园，众多日资企业在这里集群式发展。“我们的对日招商是一项常态化的工作，双方交流非常频繁。”唐山高新区商务局副局长王淑玉告诉记者，他们设立专门的日本处，专业负责对日招商，充分利用唐山松下、唐山爱信等龙头企业的磁石效应，以商招商，走出了一条特色鲜明的日资企业招商之路。

唐山高新区作为国家火炬计划特色产业基地、全国焊接机器人制造产业知名品牌示范区，已形成以松下电焊机、开元自动焊接装备、小池酸素数控切割机、神户制钢特种焊丝为框架的集群发展模式，产品涵盖了焊接设备、焊接机器人及其系统、切割设备、焊接材料及辅助机具等各个领域，产业链条完备。

据介绍，唐山高新区已形成以工业机器人为支撑、特种机器人为特色的机器人产业体系，产业聚集度领跑全国。以开元、开诚两大领军企业为核心，唐山高新区现有机器人相关企业75家。

开诚的特种机器人，在抢险救援中解决了“人不能近、人不能及、人不能为”的特殊需求。开诚是我国产品种类最多的特种机器人生产企业，已形成“应急救援、特种作业”两大系列30余款特种机器人产品，其中消防机器人产品已全面列装30多个省、市消防系统，产品市场占有率达70%以上。

（原载2021年7月22日《科技日报》）

唐山：传统企业“触电”升级为经济发展装上新引擎

付兆飒

“我们公司与国内多家知名电商平台对接，把各大平台的畅销商品作为我们直播选品的‘数据库’，短短几天时间选品多达200多种。”7日，在河北唐山百货大楼集团电商直播基地，唐百电子商务有限公司经理张力介绍说，利用数据“抄作业”为直播选品效果很好，开播仅三天销量逾千单，日平均浏览量达2万多人。

据了解，唐山百货大楼集团是集百货、超市、电器、餐饮、物流、电商等业态于一体的大型商贸企业。为适应消费者消费方式和习惯的改变，9年前，集团也开始涉足电商行业。

在电商直播基地的一间直播间内，主播正在推介一款69.9元的保温杯；网络另一端，有4000余名网民通过短视频平台观看直播。“这两年直播电商兴起，我们也要继续转变经营思路。”张力说，今年“双十一”，唐百电商公司开始试水直播带货。

“我们不是集团商超的线上直播版，而是对实体店经营品类的扩大和补充，努力做出自己的特色。”张力介绍说，“我们大院有集团仓库，有快递公司的分拣中心，再加上集团37年的口碑背书，这都是我们发展直播电商的优势。传统零售企业正处于转型期，利用数字技术做好业务转型将为集团带来更多的发展机遇。”

趁着“双十一”这股销售热潮，唐山市一家生态农场的负责人李文广近日带着几箱富士苹果找到张力，想跟直播基地合作推介农场的农产品。据李文广介绍说，之前农场的产品供应唐百大集团各大超市，得知现在电商公司开始直播带货，就想搭上这班车。

“这样的供货商集团有三、四千家。”张力说，下一步直播基地准备培训主播，争取让每个供货商都拥有一两名主播，从而带来更大的销量。

线上直播，让唐山百货大楼集团这家37岁的老牌商贸流通企业焕发新的生机；唐山文旅红玫瑰陶瓷文化发展有限公司则借助直播带货，把唐山的“红玫瑰”等名牌骨质瓷产品卖得更远、更广。

在路北区唐马路红玫瑰陶瓷展厅东数百米，就是文旅红玫瑰陶瓷文化发展有限公司的直播基地。据介绍，红玫瑰陶瓷制品有限公司是我国第一家生产高档骨质瓷的企业，享有“中国骨瓷第一品牌”的美誉，公司已建立覆盖全国大部省市的销售网络。

“红玫瑰目前在各大电商平台开设线上店铺6家，涉及红玫瑰等3个品牌。”文旅红玫瑰陶瓷文化发展有限公司总经理刘朝波介绍，为迎接“双十一”线上销售旺季，公司提前备足180个款式、1500万元货值的产品入仓，筹备线上促销活动。

在廊式直播厅可以看到，一名女主播拿着手机，边走边介绍骨质瓷餐具产品。“这套‘欧菲堡’用的是满花18K浮雕金工艺，跟欧式风格装修绝配。小叶子宝宝想看‘出水芙蓉’是吧，在这边，这套一共62头，深盘多、平盘少，特别适合家用，喜欢的宝宝们拍39号链接。”

那么，直播间里的低价是否以牺牲企业的利润为代价？“企业做直播电商模式，产业链链条更短，能支撑更低的价格。用低价在直播间‘拉新’后，还可以吸引消费者复购，产生持续效益。我们可以通过数据分析找到价格、销量和利润的平衡点。”刘朝波介绍，“双十一”第一阶段11月1日至3日期间，企业线上店铺成交9000余单，销售额320万元。“今年全年预计实现线上销售收入3500万元，将超越线下门店销售额。”

在这一个个鲜活例子的背后，我们看到的是唐山市大力发展电子商务、加快培育经济发展新模式、推动传统企业“触电”升级、打造推动当地经济发展新引擎的决心和魄力。

据相关数据显示，今年前三季度唐山市网络零售额达151亿元。未来两年，唐山市商务、工信、市场监管等部门将加快推进唐山市电子商务大数据平台建设，加强对全市电商产品、物流、金融等数据的科学精准分析，助推电商产业提档升级迈入高质量发展快车道。

（人民网石家庄11月9日电）

报道唐山新闻要目

BaoDaoTangShanXinWenYaoMu

省级以上报刊报道唐山新闻存目

【《人民日报》】

1月26日	14版	提升海草床、红树林、盐沼碳汇能力——海洋固碳在行动
3月9日	12版	为实现中国梦贡献力量
3月28日	头版	1至2月规上工业企业利润增长1.79倍
4月3日	5版	播撒革命种子 谱写壮丽篇章（红色之旅·百年记忆）
4月18日	头版	春光好 播种忙
5月6日	4版	李大钊：铁肩担道义 精神启后人（奋斗百年路 启航新征程·数风流人物）
5月12日	16版	河北唐山开滦国家矿山公园 工业文化成为富矿
7月5日	6版	战斗英雄王占山——百战老兵真本色（奋斗百年路 启航新征程·“七一勋章”获得者）
7月27日	头版	唐山加快构建现代产业体系
7月29日	12版	采摘葡萄
8月7日	头版	河北在绿色转型中迈向高质量发展
8月24日	7版	港口繁忙 物流通畅
9月14日	2版	海上搜救实战演练
9月23日	4版	祥云湾的热心人
9月24日	2版	全域旅游助增收
10月17日	头版头条	河北奋力推进高质量发展
10月18日	18版	文化金融发展亮点纷呈
10月20日	5版	老管网改为新系统（图说）
10月23日	4版	京秦高速迁安段紧张施工
11月5日	13版	渤海治理 成效初显

【《光明日报》】

1月13日	头版	“技术创新是没有止境的”——记第七届全国道德模范、中车唐山机车车辆有限公司铝合金厂高级技师张雪松
1月18日	3版	曹妃甸：积极融入协同发展“一盘棋”
2月9日	头版	迎新春佳节 感受传统文化魅力
2月11日	4版	新春走基层·此心安处是吾乡
3月10日	10版	“红马甲”“黄马甲”，在唐山就是一家
3月26日	10版	特色农业助乡村振兴
4月9日	10版	河北唐山港京唐港区吞吐量实现“开门红”
4月10日	12版	李大钊的山水情结
4月20日	20版	党史教育进校园
5月8日	5版	河北：高质量发展迈出新步伐
6月4日	头版	打造田园综合体 开拓增收新渠道
7月6日	5版	丰润区西那母度假村游客
7月9日	3版	唐山港今年上半年集装箱吞吐量同比增长11.79%
8月11日	10版	玉米青储忙

8月27日	8版	河北玉田：直播经济“带火”传统“京东第一大集”
10月17日	头版	河北：高质量发展“新”意盎然
10月21日	2版	“践行初心使命是一辈子的事”
10月23日	4版	落实“双减”添彩校园
11月16日	10版	京秦高速遵秦段滦河特大桥主桥顺利合龙
12月21日	4版	战严寒 保冬供

【《经济日报》】

1月24日	2版	唐山港吞吐总吨位跃居世界第二
1月28日	头版	曹妃甸展现协同发展示范效应
2月5日	头版	全力以赴赶订单
3月2日	头版	河北迁安打造一小时园区产业链
3月7日	4版	推动远程医疗解决农村就医难
4月12日	头版	一季度唐山港吞吐量创新高
4月13日	3版	农村污染源变成清洁资源 ——河北唐山丰南区探索粪污无害资源化处理新路径
4月27日	12版	三友集团粘胶纤维实现“身份”可追踪
5月8日	11版	党旗下成长为“小巨人”
5月14日	7版	二十二冶何以拿下百亿元大单
5月17日	8版	延伸陶瓷产业链条 培育发展新动能
6月12日	6版	“工业疮疤”变风景如画
7月2日	10版	踏歌筑梦抒壮志 奋楫笃行扬劲帆
7月4日	8版	心旷神怡山水行
7月12日	12版	以绿色智能顺应消费升级
7月22日	11版	河北唐山 向海拓展，开放转型
8月6日	9版	工业资产如何变负为正
8月6日	11版	政策优势转化为企业收益
8月22日	8版	美好生活动起来
8月28日	头版头条	河北唐山持续推进结构优化升级 —— 产业迈向“高新绿”
9月15日	9版	众志成城弘扬抗震救灾精神
10月6日	3版	都市快轨列车跑出加速度
10月17日	头版头条	燕赵大地新动能澎湃
10月17日	7版	曹妃甸“渔”乐多
10月18日	8版	唐山港迈向世界一流综合贸易大港
10月22日	5版	图片新闻：唐山联络压气站
10月28日	头版	图片新闻（金岭矿山）
10月30日	8版	秋冬蔬菜保供给
11月15日	头版	京秦高速遵秦段滦河特大桥主桥合龙
12月17日	头版	河北迁安打造精钢基地

【《农民日报》】

2月1日	头版	录制视频迎新春
5月14日	头版	河北丰南：改善农村人居环境助力乡村振兴
12月24日	头版	迎春花卉备货忙

【《工人日报》】

1月25日	头版	南陈北李相约建党 革命精神生生不息
4月13日	头版	唐山港一季度吞吐量同比增长22.93%
9月16日	头版	河北迁安打造多业态全域旅游
9月26日	头版	河北将劳动公园打造成职工思想引领新地标

【《中国青年报》】

1月25日	头版	“点种”：南陈北李相约建党

新华社及音像媒体报道唐山新闻存目

【新华社】

1月10日	组图	去年战武汉，今岁护家园
1月13日	文字	唐山3000套集成房屋火速驰援石家庄建设集中隔离点
1月14日	视频	只要平凡！三女孩为“大白”献唱致谢
1月14日	视频	河北唐山：3000套集成房屋支援石家庄抗疫
1月16日	视频	河北唐山：加紧生产全力保障防疫物资供应
1月22日	文字	援石护士袁乐：守在一线，也是在守护妈妈
1月27日	组图	唐山港2020年吞吐量超7亿吨
1月28日	视频	河北唐山：志愿服务温暖留唐过年务工人员
2月2日	视频	河北唐山：跨境电商保税商品展示中心投入运营
2月3日	组图	唐山港吞吐量实现首月“开门红”
2月4日	组图	中蒙煤炭集装箱国际班列抵达河北曹妃甸
2月4日	文字	远方有家：“星愿之家”飘出温暖年味
2月6日	组图	河北唐山：海上交通重点项目疏浚忙
2月8日	组图	河北唐山：网上“赶集”购年货
2月10日	组图	河北唐山：加强天然气管道巡检 保障京津冀地区用气安全
2月14日	视频	京秦高速建设者的新春坚守
2月26日	视频	河北唐山：文物智能消防机器人问世
2月28日	视频	河北唐山：百万师生迎开学 校园展开全面消杀
3月1日	组图	世界文化遗产清东陵雪后入画来
3月3日	视频	河北唐山：风雪过后巡检忙
3月4日	视频	河北唐山：人勤春来早 种出美好“姜”来
3月16日	组图	京秦高速遵秦段施工正酣
3月17日	视频	河北唐山：新冠疫苗接种工作有序推进
3月21日	组图	河湖打捞保水清
3月23日	组图	“当代活愚公”的新传奇——来自燕山深处沙石峪村的故事
3月23日	视频	唐山港：开启无人机点检新模式
3月24日	组图	河北唐山：打造医养综合体 提升养老服务水平
3月26日	组图	河北曹妃甸新天LNG项目建设正酣
3月30日	组图	河北唐山港开通至韩国平泽港国际集装箱班轮航线
3月31日	文字	渤海湾·一个人·一群鸟
4月3日	视频	河北唐山：“花为媒”带火乡村游
4月6日	文字	渤海湾畔的“鹅雁之恋”
4月13日	组图	河北唐山：打造高新技术产业集群 助推区域经济高质量发展
4月13日	文字	不走了！百余只“鸟界国宝”东方白鹳定居渤海边
4月14日	组图	唐山海港经济开发区投放首批氢能重卡
4月16日	组图	京唐铁路六标段无砟轨道施工进展顺利
4月18日	文字	冀东油田大型储气库群在河北唐山开建
4月22日	视频	鹭鸟翩飞 这片渤海滩涂林地好热闹！
4月23日	组图	河北唐山：暮春时节葡萄管护忙
4月27日	视频	河北唐山：加快天然气保供基础设施建设
4月27日	视频	特殊的成人礼：传承大钊精神 勇担时代使命
4月28日	组图	河北唐山：打造中小学师生营养餐管理服务平台
5月4日	组图	河北唐山：流光溢彩南湖夜
5月4日	组图	唐山南湖：凤头鸊鷉“一家亲”
5月5日	文字	李大钊：铁肩担道义 精神启后人
5月5日	文字	传承青春力量 赓续时代风流
5月5日	视频	河北唐山：感悟大钊精神 传承红色基因
5月11日	组图	河北唐山：打造党史学习移动课堂
5月11日	组图	河北唐山：矿山修复进行时
5月15日	文字	河北唐山积极推动京津冀用气调峰保供工作
5月28日	视频	在李大钊故里感受榜样力量

6月2日	视频	文旅赋能 老城区变身“网红打卡地”
6月8日	视频	河北唐山：创新金融服务 助力乡村振兴
6月18日	组图	唐山开平：“工业疮疤”变身园博美景
6月19日	文字	第17届中国大学生柔道锦标赛落幕
6月24日	组图	河北曹妃甸新天LNG接收站外输管线项目稳步推进
6月24日	文字	河北唐山：优秀“教师”走进门 校园体育强起来
7月5日	组图	一年不重样！这里的体育课走出校门
7月5日	组图	中国大学生武术套路锦标赛在河北迁安开幕
7月8日	组图	河北唐山：“智”造转型助推老工业基地升级
7月11日	视频	河北唐山：河湖尽相连 清水绕“钢城”
7月12日	视频	河北唐山：中储粮2021年建仓项目开工
7月27日	单图	45年，再造壮丽新唐山
7月28日	单图	唐山：超越痛苦之渊，方致前行之远
7月28日	组图	唐山大地震45周年：纪念墙前寄哀思
7月28日	图片	23秒，45年，一座城的悲伤与力量同源
7月28日	组图	“三个努力建成”领航唐山谱写高质量发展新篇章
7月28日	视频	今天的幸福生活，是对45年前遇难亲人的最好告慰
8月2日	视频	这座城市会“呼吸”
8月22日	组图	推进养老服务体系建设 提升老人晚年生活质量
8月28日	组图	河北唐山：乡村小游园 亮丽风景线
8月27日	文字	河北唐山LNG接收站应急调峰保障工程试运投产
8月28日	视频	保障京津冀用气！河北唐山LNG接收站应急调峰保障工程试运投产
9月1日	通稿	唐山港：通航30年 跻身世界一流综合贸易大港
9月10日	组图	迁曹高速公路跨京哈铁路转体桥成功转体
9月12日	视频	学党史 办实事｜河北滦州：农房抗震改造圆群众“安居梦”
9月13日	组图	国家海上搜救无脚本实战演练在河北曹妃甸海域举行
9月19日	视频	巍巍古长城 见证抗战血与火
9月28日	组图	京唐城际铁路开始铺轨
10月4日	文字	水往高处“走” 荒山变“金山”
10月6日	组图	在田园综合体遇见“诗和远方”
10月12日	视频	打卡工业遗存｜这片百年厂区，见证中国水泥工业发展史
10月14日	视频	守护候鸟迁徙“国际航线”
10月15日	文字	西那母三村“造星”记
10月16日	组图	一个“曲艺之家”三代人的坚守与传承
10月19日	组图	河北唐山：承接京津产业转移 助推经济提质增效
10月19日	视频	“公转铁”项目建设构建绿色运输通路
10月21日	组图	河北唐山：水稻丰收
10月22日	组图	河北：迁曹高速公路全线通车
10月25日	组图	冀东传统农业大县乐亭向新兴工业强县迈进
10月28日	组图	京秦高速遵秦段建设稳步推进
11月1日	组图	河北唐山：河湖打捞保水质
11月11日	文字	纸短情长：一封道歉信“温暖”一座小城
11月14日	组图	河北唐山：打造锂电新能源产业基地
11月17日	组图	河北唐山：主题创作迎冬奥
11月18日	文字	我国首个出口欧盟城轨车辆项目在河北唐山开工
11月21日	视频	唐山港丰南港区河口码头区通用码头试通航
11月29日	视频	河北：“光伏＋电采暖”让农民清洁温暖过冬
12月4日	视频	青少年模拟法庭让青春与法同行
12月9日	组图	河北唐山港开通“绿色通道”保障电煤运输
12月9日	组图	河北唐山：打造蛋鸡全产业链助增收
12月12日	视频	河北唐山：落实河长制 冬季“不打烊”
12月30日	组图	河北唐山港：打造智慧港口助推经济高质量发展
12月30日	文字	一套冰雪操 这里的大课间“燃起”冬奥节奏
12月31日	文字	河北芦台：借风“京津冀”“飞地”变“高地”

【中央人民广播电台】

1月13日	新闻晚高峰	唐山参与石家庄隔离用房应急工程建设 紧急调用3000套集成房屋运往石家庄正定
1月14日	新闻纵横	河北唐山：3000套集成房屋驰援石家庄抗疫隔离一线
2月4日	全国新闻联播	曹妃甸港首开中蒙煤炭集装箱回程班列
5月6日	新闻和报纸摘要	“奋斗百年路 启航新征程——数风流人物”李大钊
6月29日	央广在线	一座村庄让一位日本学者了解了真正的中国共产党
7月14日	新闻和报纸摘要	【奋斗百年路 启航新征程·“七一勋章”获得者】革命后代李宏塔：传承家风 恪守初心
8月18日	新闻进行时	清东陵修复20件清朝皇家珍品
9月3日	新闻进行时	河北唐山：三代人75载守护抗战胜利纪念楼
9月13日	新闻进行时	国家首次海上搜救无脚本实战演练在河北曹妃甸海域成功举办
9月27日	中国之声	京唐城际铁路开始铺轨
10月3日	全国新闻联播	国庆长假：踏上红色之旅 接受爱国主义精神洗礼

【中央电视台】

1月13日	新闻直播间	河北唐山3000套集成房屋驰援石家庄
2月5日	24小时	河北曹妃甸港首开中蒙煤炭集装箱回程班列抵达
2月17日	新闻联播	河北唐山 过年不宅家 冰雪嗨翻天
3月2日	东方时空	唐山：202个项目集中开工
3月16日	朝闻天下	渤海全新“绿色油田”曹妃甸6-4油田投产
4月2日	新闻联播	学习教育走深走实 让革命精神薪火相传
4月5日	中国新闻	清明祭英烈 哀思悼英魂
4月21日	新闻直播间	我国首个海上油田群岸电改造项目完成
5月6日	新闻联播	“奋斗百年路 启航新征程——数风流人物”李大钊
6月23日	新闻直播间	李大钊：播火者，先驱者，革命者
7月11日	新闻联播	中储粮启动最大规模建仓项目
7月19日	新闻直播间	崇德向善 见贤思齐 德耀中华 汤宝俊：用生命捍卫正义
7月28日	新闻联播	河北唐山 第二届全国防震减灾科普大会举行
7月30日	新闻联播	京津冀协同发展取得新突破
8月15日	新闻联播	河北乐亭胡常各庄抗战胜利节
9月5日	新闻联播	残疾人事业全面发展 平等参与共享美好生活
9月13日	新闻联播	国家海上搜救无脚本实战演练在河北举行
9月26日	朝闻天下	12年爱心接力 三胞胎聋儿更换人工耳蜗
9月28日	新闻直播间	河北唐山 京唐铁路全线开始铺轨
10月6日	新闻直播间	喜峰口水下长城：两岸峰峦叠 雄关卧波静
10月16日	新闻联播	创新引领河北高质量发展
11月30日	新闻联播	冬奥来了“冰雪大篷车”继续走进百城千乡万村
12月25日	新闻直播间	河北唐山：倾听群众呼声 办实事解难题
12月4日	第一时间	河北唐山：工业余热供暖 清洁又节能

（王富民）

新华社记者镜头中的园博美景

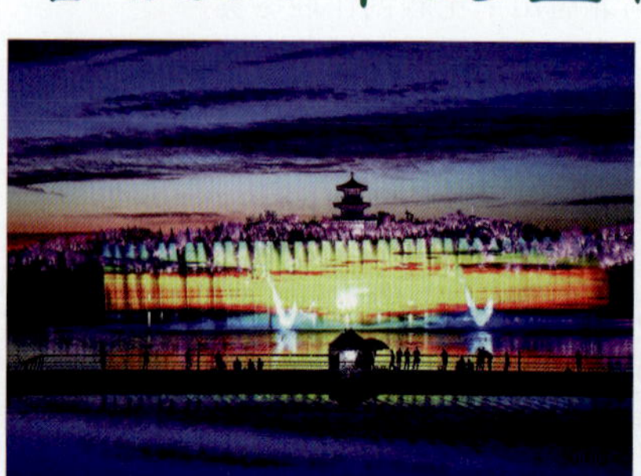

附录
FuLu

名　录

【全国五一劳动奖状】
曹妃甸港集团股份有限公司
唐山冀东水泥股份有限公司

【全国工人先锋号】
河北津西钢铁集团股份有限公司轧钢厂
唐山中润煤化工有限公司精苯分厂
唐山国轩电池有限公司产品制造班组
唐山工业职业技术学院自动化工程系

【检察机关打击危险废物环境违法犯罪行为突出集体】
丰南区检察院第一检察部

【全国检察机关“文明接待室”】
路北区检察院
丰南区检察院

【全国优秀检察新媒体百佳】
唐山检察微博

【最高检精品案件】
遵化市检察院办理河北吴秀宝与遵化市农业农村局案
遵化市行政审批局行政许可检察监督案
路北区院办理督促保护水资源行政公益诉讼系列案
迁安市检察院办理肖某某等32人涉嫌组织、领导、参加黑社会性质组织罪讯问合法性核查案

【最高检典型案例】
路北区院办理陈某某落户及受教育行政争议实质性化解案
唐山市院督促整治消防安全隐患行政公益诉讼案
路北区院办理刘某碟等11人诈骗终止侦查案

【全国自然资源系统“七五”普法成绩突出集体】
唐山市自然资源和规划局

【全国巾帼文明岗】
唐山市妇联

【全国维护妇女儿童权益先进集体】
唐山市公安局110指挥中心
唐山市人民检察院
唐山市妇儿工委办

【全国先进基层党组织】
唐山市丰南区青年路街道新华社区党总支
迁安市五重安镇万宝沟村党支部

【第二批全国乡村治理示范村镇】
迁安市五重安镇
曹妃甸区第三农场北常坨村
滦南县胡各庄镇西胡各庄村
迁西县东莲花院镇东城峪村
丰南区东田庄乡崔庄户村

【第八批“全国民主法治示范村（社区）”】
唐山市路南区女织寨乡西礼尚庄村
唐山市路北区机场路街道祥富里社区
唐山市曹妃甸区唐海镇芦井庄
遵化市团瓢庄乡山里各庄村
迁安市五重安乡万宝沟村
滦南县胡各庄镇沈营村
迁西县滦阳镇铁门关村

【全国示范性老年友好型社区】
唐山市迁安市兴安街道晨曦社区
唐山市路南区梁家屯路街道尚诚社区
唐山市遵化市团瓢庄乡山里各庄村
唐山市滦南县胡各庄镇西胡各庄村

【河北省爱国拥军模范单位】
中共唐山市委组织部干部一处
中共唐山市委宣传部宣教处
唐山市退役军人事务局
唐山市丰南区退役军人事务局
滦南县友谊路街道办事处
乐亭县汀流河镇人民政府
路北区河北路街道北岸嘉园社区退役军人服务站

【河北省拥政爱民模范单位】
武警河北省总队唐山支队

【河北省双拥模范城】
唐山市　　滦州市
迁安市　　遵化市

【河北省双拥模范县】
滦南县　乐亭县　玉田县

【河北省首批法治政府建设示范市】
迁安市

【河北省首批法治政府建设示范镇】
遵化市苏家洼镇
滦州市茨榆坨镇

【河北省“关爱儿童突出贡献”先进集体】
唐山市妇联

【河北省巾帼家政基地】
唐山市古冶区巾帼家政服务中心

【河北省劳动实践教育基地】
开平区成人教育中心
唐山市龙浩旅游开发有限公司
唐山鑫湖农业开发有限公司
唐山景兴农业科技有限公司
迁安市弘毅学校

【唐山市省级企业品牌】
河北美客多食品集团有限公司的美客多品牌

唐山蓝猫饮品集团有限公司的蓝猫饮品品牌
河北栗源食品有限公司的栗源品牌
曹妃甸惠通水产科技有限公司的惠通水产品牌
唐山海都水产品有限公司的河豚鱼、对虾、海参
唐山施尔得食品有限公司的烧鸡、老火腿、南味肠、酱猪蹄
唐山金路通商贸有限公司的金玉田品牌
遵化市亚太食品有限责任公司的亚太品牌
唐山市曹妃甸区兴海水产品养殖有限公司的兴海品牌
唐山市丰南区白龙（唐山）面粉集团有限公司的白龙品牌

【首批省级旅游休闲街区】
路北区启新1889文化旅游街区
路北培仁历史文化街
丰南区运河唐人街街区
迁安市轩辕里民俗休闲街区

【第四届市政府质量奖（企业）】
迁安正大通用钢管有限公司
梦牌瓷业有限公司
丰南区鑫丰热力有限公司
瑞兆激光再制造技术股份有限公司
兴隆起重设备有限公司

【唐山市爱国主义教育基地】
国家级爱国主义教育基地(7家)：
潘家峪惨案纪念馆
李大钊纪念馆
唐山抗震纪念馆
潘家戴庄惨案纪念馆
唐山地震遗址纪念公园
沙石峪陈列馆
喜峰口长城抗战遗址

省级爱国主义教育基地(7家)：
唐山博物馆
开滦博物馆
冀东烈士陵园
迁安博物馆
唐山启新水泥工业博物馆
中国滦州皮影博物馆
唐山市常记爱国主义教育综合展馆

市级爱国主义教育基地(34家)：
魏春波烈士纪念馆
开滦矿史展览馆
杨家铺烈士陵园
成兆才纪念馆
唐山科技馆
遵化市革命烈士陵园
玉田县革命烈士陵园
王翠兰烈士陵园
江浩故居
鲁家峪抗日根据地遗址
唐山市国家档案馆
开平区半壁店村文化活动中心
李大钊烈士纪念馆
甲山战斗纪念馆
管桦纪念馆
丰润中学校旧址
滦州文博馆
港北起义纪念碑
王平陆烈士纪念亭
古冶区雷锋精神教育基地
遵化市西埔村史馆
乐亭县博物馆
滦县小马庄镇邢各庄张济烈士纪念碑
滦南县高小安烈士纪念亭
丰润区左家坞镇大旺庄革命英雄纪念馆
韩东征纪念馆
遵化市长城抗战烈士陵园
中国板栗博物馆
丰润沙流河村展厅
丰润区于辛庄烈士陵园
唐山市规划展览馆
玉田县坦克一团团史纪念馆
丰润区冀东抗战展览馆
迁安市国防教育基地

【唐山老字号】
河北庆昇源酿酒有限公司
唐山市路北区鑫长江美食城
唐山市路南邓记烧鸡铺
唐山市施尔得肉制品有限公司
玉田县玉田镇京鲁川饭庄
唐山华盛超市有限公司
唐山市路北长城大酒店
唐山万里香食品有限公司
唐山四远香食品有限公司
唐山百顺德餐饮管理有限公司
唐山食神鼎逸餐饮管理有限公司
唐山悦海香天餐饮管理服务有限公司
唐山罗浮宫餐饮有限公司
唐山罗浮宫餐饮有限公司一帘幽梦店
唐山市厨兴源大酒店有限公司
唐山市路北区新穆斯林饭庄
滦县古城区玉品居烤鸭店
唐山郝家火烧餐饮有限公司
河北郝鸿来餐饮有限公司
唐山市卫东清真餐饮有限公司
遵化市建功街姚氏火锅店
唐山市丰润区渝宾川味饭店

【唐山市十大公益企业】
唐山友顺农业开发发展有限公司
唐山众一文化传媒有限公司
唐山甬妈妈餐饮有限公司
唐山市鸿达职业技能培训学校
京洲联信河北税务师事务所有限公司
唐山宴
唐山鼎晨食品有限公司
唐山港陆钢铁有限公司
唐山长城门业有限公司
唐山金城房地产开发公司

【唐山市十大公益行动】
唐山市社会各界援助河南灾区抗洪公益行动
六市民捐献造血干细胞公益行动
李印政捐赠珍贵文物公益行动
苗志刚团队近海救援公益行动
遵化岭俊救援队支援石家庄抗疫公益行动
唐山松下奖励环保功臣公益行动
市民南湖合力救助轻生女孩公益行动
200余辆出租车免费接送高考生公益行动
王丹助残就业公益行动
李亚如为孤寡老人免费养老公益行动

名 单

【中国好人榜】
汤宝俊　唐山市曹妃甸区公安局垦区治安分局刑侦大队四级警长
李　盛　唐山壹谷粒生态农业发展有限公司负责人
宋香芹　唐山市迁安市蔡园镇孟官营村村民
代　福　唐山市迁安市上射雁庄镇离退休老干部

【全国道德模范提名】
苏海东　唐山市乐亭县姜各庄镇滨海村村民
汤宝俊　唐山市曹妃甸区公安局垦区治安分局刑侦大队四级警长

【全国五一劳动奖章】
陈占峰　中车唐山机车车辆有限公司高级技师
刘艳平　河北华通线缆集团股份有限公司项目办主任、工程师
蒋风山　蒙牛乳业（滦南）有限责任公司工会宣传干事

刘拴虎　唐山市工人医院主任医师
和德明　唐山港集团股份有限公司技术员、工程师
徐　伟　河钢集团唐钢新区转炉作业区日班作业长、工程师
李建伟　河北津西钢铁集团股份有限公司技术中心副主任
郭　旭　河北顺丰速运有限公司唐山分公司动作主管

【全国优秀共产党员】

郑百芹（女）　唐山市食品药品综合检验检测中心党组书记、主任，唐山市妇联副主席（兼职）
宋嗣海　河钢集团塞钢党支部书记、执行董事，唐钢副总经理

【全国优秀党务工作者】

李志刚　滦南县姚王庄镇李营村党支部书记、村委会主任
韩宏升　河北瑞兆激光再制造技术股份有限公司党总支书记、董事长

【全国优秀县委书记】

李建忠　唐山市滦州市委书记

【扫黑除恶专项斗争成绩突出个人】

魏　云　唐山市检察院

【全国实施妇女儿童发展纲要先进个人】

付丽娟　丰润区检察院

【全国三八红旗手】

张　微　河北省红蔷薇律师事务所主任

【全国“巾帼新农人”创业典型】

宋丽佳　佳华（唐山）现代农业科技有限公司法人、总经理

【全国妇联系统劳动模范】

史东梅　唐山市乐亭县马头营镇黄坨村妇联主席

【全国维护妇女儿童权益先进个人】

张　莉　唐山市路北区人民法院简易案件速裁庭庭长
耿翠香　唐山市妇联妇女儿童权益部部长
季红霞　唐山市迁安市杨各庄镇小套村党支部书记、村委会主任

【全国最美家庭】

孙艳梅家庭　孙连珍家庭
王丽娜家庭　马行晓家庭

【河北省五一奖章】

尹　超　张　斌　高自勇　孙克安
李子禹　常家宝　郭从民　张艳征
付阳阳　李　宁

【河北省道德模范】

苏海东　汤宝俊　韩宏升

【河北省道德模范提名】

郭俊章

【“时代新人、河北好人”】

丁振涛　苗润泽　贾俊杰　刘　瑞
李　盛　马印明　汤宝俊　李　阳
穆海滨　张玉红　宋香芹　代　福
王从保　阴利华　于海英　郑　爽
丁宝成　张　焱　李津州　田　雷
刘　江　李东海　李凤玉　刘丙辉
佟德强　杨艳环　刘　利　赵俪蔓
肖永魁

【河北省爱国拥军模范】

杨智丽（女）　河北君业科技股份有限公司总经理
刘长虹（女）　中共唐山市委机构编制委员会办公室监督检查处处长

【河北省爱国拥军先进个人】

张海玲（女）　唐山市交通运输局交通战备办公室副主任
王春晖（女）　唐山市城市管理综合行政执法局干部人事处副处长
孟令旸　唐山市教育局基础教育处科员
田　更　唐山市公安局治安支队基层基础大队副大队长
张建立　冀东烈士陵园管理中心工作人员
金瑞卿　迁安市退役军人事务局局长
张爱国　滦州市退役军人事务局局长
姚宏伟　玉田县无终街道城西社区党支部书记、居委会主任、社区退役军人服务站站长
杨福印　唐山可信医药连锁有限公司总经理

【河北省拥政爱民先进个人】

薄志伟　河北省军区唐山第一干休所参谋
赵冀君　武警河北省总队唐山支队滦州中队中队长

【河北省巾帼建功标兵】

王淑敏　唐山市迁安市人民医院党委副书记、院长
李春丽　唐山市丰南区青年路街道党工委书记
李翔红　唐山市曹妃甸区第一实验小学教师
何蕙岚　金石钻探（唐山）股份有限公司总工程师
门素艳　唐山市丰润区燕山路小学党支部书记、校长
杨惠玲　唐山市滦南杨惠玲家政服务有限公司经理
夏云敬　唐山市乐亭县妇联主席
刘英华　唐山英东国际贸易有限公司职工
孙艳萍　唐山市自来水公司办公室主任
高秀英　唐山市古冶区中医医院院长
郭翠玲　唐山市迁西县白庙子乡喜峰寨村村党支部书记
史爱华　唐山市中医医院宣传统战部副部长

【河北省“巾帼新农人”创业典型】

宋丽佳　佳华（唐山）现代农业科技有限公司法人、总经理
李惠新　唐山市丰南区丰源香粮油有限公司总经理
牛月侠　唐山市乐亭县宏霞果菜专业合作社理事长
王立娟　唐山市曹妃甸区稻口香米业有限公司总经理

【河北福嫂】

陈　静　唐山金艺爱心妈咪家政服务有限公司
陶秋香　唐山市知心大姐家政服务有限公司
刘士珍　唐山市珍缘家政服务有限公司
何艳波　唐山市知心大姐家政服务有限公司

【河北省“最美家庭”】

骆宗明家庭　梁树海家庭　杨红美家庭
李凤艳家庭　赵彩芸家庭　史克芹家庭
周学军家庭　张丽君家庭　王秀红家庭

【河北省最美绿色家庭】

方玉成家庭　张　杰家庭　郝一满家庭
张子佳家庭　翟　岩家庭　张志会家庭
王俊荣家庭　刁艳宁家庭　蔡风云家庭

【美丽河北·十佳美丽庭院】

戚　檬庭院

【美丽河北·百优美丽庭院】

赵俊香庭院　马雨婷庭院　郭善东庭院
李体洪庭院　窦玉娟庭院　董　朴庭院
李春玲庭院　施文超庭院　刘志林庭院
刘志民庭院

【唐山市十大公益人物】

刘文福　杨冬英　李建国　苏海东
白　璐　颜士云　张秀芸　王　强
詹　蕾　陈兆庆与陈兆柱兄弟

【第四届市政府质量奖（个人）】

晏希会　报春电子商务股份有限公司董事长
张书军　华通线缆集团股份有限公司总经理
李艾军　金利海生物柴油股份有限公司总经理
高　超　遵化市阔旺木业有限公司总经理兼技术总监

【第四届“唐山工匠”】

王　建　唐山三友集团有限公司　电子技术
李永杰　唐山港集团股份有限公司　电　工
李欣建　唐山三友集团有限公司　工业搬运（叉车）
刘祥勇　中国二十二冶集团有限公司　焊　接
赵　艳　首钢集团有限公司矿业公司　烘　焙
李　慧　唐山市宏强爱心家政服务有限公司　燕赵家政
付阳阳　中车唐山机车车辆有限公司　装配钳工
郭　彬　唐山三友集团有限公司　CAD机械设计
张力军　遵化市君康盲人按摩部　保健按摩
侯　静　首钢集团有限公司矿业公司　餐厅服务
郭晓康　唐山高新区晓康茶行　茶　艺
田　玲　开滦国家矿山公园　导游服务
赵晨光　中车唐山机车车辆有限公司　加工中心操作
李建飞　庞大汽贸集团股份有限公司　汽车维修
高自勇　开元集团-唐山松下产业机器有限公司　数控车
苏学铎　住友重机械（唐山）有限公司　数控铣
杨　洋　唐山博玉陶瓷文化创意有限公司　陶瓷拉坯成型
万相涛　迁安首信自动化信息技术有限公司　网络系统管理
赛明顺　迁安首信自动化信息技术有限公司　信息网络布线
高秀明、张召星、厉永泽　中车唐山机车车辆有限公司　智能制造应用

【唐山市中小学幼儿园名师】

高中7人

韩芙蓉　女　美术　唐山市第五中学
何桂平　女　语文　唐山二中
高丽洁　女　数学　唐山市开滦第二中学
张文学　女　英语　遵化市第一中学
王经会　男　历史　唐山市第一中学
马文娟　女　地理　唐山市开滦第二中学
马　磊　男　体育　唐山市开滦第一中学

初中8人

安秋红　女　语文　乐亭县新戴河初级中学
王艳君　女　语文　滦南县第三中学
闫红英　女　语文　开平区教育局
马锦秋　女　英语　滦州市中山实验学校
杨冬梅　女　化学　古冶区教育局
郭　佳　女　生物　河北唐山外国语学校
李焕兵　男　历史　唐山市第十二中学
华　倩　女　语文　唐山市开滦十中

小学7人

曹宝华　女　语文　丰润区石各庄镇石各庄中心小学
苗双荣　女　语文　乐亭县第五实验小学
刘赵英　女　语文　唐山市路北区幸福小学
李颖新　女　语文　迁安市教研训中心
刘品伶　女　数学　遵化市第六实验小学
焦立娜　女　数学　迁安市建昌营镇新房子中心完全小学
王　雪　女　数学　高新区龙富小学

幼儿园3人

杜金凤　女　乐亭县直属机关第三幼儿园
李丹丹　女　唐山市第二幼儿园
王玉春　女　唐山市花苗实验幼儿园

【唐山市“新时代好少年”】

胡馨元　女　唐山市第三十中学八年级学生
解玉馨　女　唐山市第二中学高二年级学生
蒋新萍　女　唐山市开平区孩儿屯小学六年级学生
全泽涛　男　滦州市茨榆坨镇茨榆坨中学九年级学生
曹恩溥　男　遵化市堡子店镇中学九年级学生
邹佳琦　女　乐亭县第三实验小学六年级学生
律明阳　女　唐山市路南区实验小学五年级学生
林马羽秋　女　唐山市古冶区林西第四小学六年级学生
朱泓宇　男　唐山市路北区唐城壹零壹实验小学三年级学生
刘明达　男　迁安市第三初级中学八年级学生
郑　博　男　迁西县第四小学六年级学生
闫冬生　男　唐山市丰南区第一实验小学五年级学生
王楚贺　男　唐山市路北区外国语小学祥荣校区五年级学生
张一凡　男　唐山市丰润区西实验小学六年级学生
郭车怡然　女　唐山市路南区文北小学五年级学生
刘宇轩　男　玉田县第三中学八年级学生
王曦曼　女　滦南县第一实验小学五年级学生
刘雨翔　男　迁安市第二实验小学四年级学生
武世鑫　女　唐山市路南区福庄小学六年级学生
考钇璇　女　唐山市冀东中学五年级学生

法规·规章

FaGui · GuiZhang

地方性法规

唐山市集中式饮用水水源地保护管理条例

（2021年2月2日唐山市第十五届人民代表大会第六次会议通过，2021年5月28日河北省第十三届人民代表大会常务委员会第二十三次会议批准）

第一章　总　则

第一条　为了加强集中式饮用水水源地保护管理，保障饮用水安全，维护公众健康，推进生态文明建设，促进经济社会高质量发展，根据《中华人民共和国水法》《中华人民共和国水污染防治法》《河北省水污染防治条例》《河北省地下水管理条例》等法律法规，结合本市实际，制定本条例。

第二条　本市行政区域内集中式饮用水水源地的保护以及有关管理活动适用本条例。

本条例所称集中式饮用水水源地，是指具有一定取水规模的在用、备用饮用水水源保护区所涉的水域和陆域。集中式饮用水水源地，包括地表水饮用水源地和地下水饮用水源地。

第三条　集中式饮用水水源地保护管理应当坚持科学规划、保护优先、防治结合、安全第一、综合治理的原则。

第四条　市、县级人民政府统筹做好本行政区域内集中式饮用水水源地的保护管理工作，将其纳入国民经济和社会发展规划、国土空间规划和水资源综合规划，建立健全部门联动和重大事项会商机制，加大投入，将保护经费纳入本级财政预算。

乡镇人民政府、街道办事处依法组织开展本辖区内集中式饮用水水源地的保护管理工作。

第五条　生态环境主管部门对本行政区域内集中式饮用水水源地水环境保护和污染防治实施统一监督管理。

水利主管部门对本行政区域内饮用水水资源实施统一监督管理。水库管理机构负责水库库区的日常管理工作。

发展改革、财政、公安、自然资源和规划、卫生健康、住房和城乡建设、城市管理综合执法、交通运输、农业农村、行政审批、应急管理等部门依据各自职责，做好集中式饮用水水源地保护管理相关工作。

第六条　市、县级人民政府应当建立健全饮用水水源生态保护补偿机制，坚持“谁受益、谁补偿，谁保护、谁受偿”的原则，科学界定生态环境保护者、良好生态环境受益者的权利和责任，建立合理的生态保护补偿标准、考核评价制度和沟通协调平台。

第七条　各级人民政府及其有关部门应当组织开展饮用水水源保护管理宣传教育，普及相关法律、法规和科学知识，增强社会公众自觉参与意识。

任何单位和个人都有保护饮用水水源的义务，并有权对污染水源、破坏保护设施的行为进行劝阻、举报。

检察机关等法律规定的机关和有关社会组织可以依法对破坏饮用水水源生态环境的行为提起公益诉讼。

第二章　饮用水水源保护区的划定和调整

第八条　饮用水水源保护区（以下简称保护区）分为一级保护区和二级保护区；必要时，可以在保护区外围划定一定的区域作为准保护区。

保护区的划定和调整，由市、县级人民政府提出方案，报省人民政府批准；跨县级保护区的划定，由市人民政府提出划定方案，报省人民政府批准后，由所在地人民政府向社会公告。

保护区除因饮用水水源功能发生变化、水质不能满足饮用水要求、水源安全受到威胁等原因确需调整外，一经划定不得调整。

第九条　市、县级人民政府应当在保护区边界建设护栏围网或者生态隔离设施，并设立明确的地理界标和明显的警示标志；在一级保护区周边人类活动频繁区域设置隔离防护设施。有条件的一级保护区应当实行封闭管理。

禁止任何单位和个人破坏、擅自改变、移动前款规定的隔离防护设施、地理界标和警示标志。

第十条　市、县级人民政府应当采取相应的工程措施或者建设水源涵养林、护岸林和人工湿地等生态保护措施，保护饮用水水源水质。

第十一条　市、县级人民政府应当建设应急水源或者备用水源，保障应急状态下的饮用水供应，有条件的地区可以开展区域联网供水。

第三章　饮用水水源保护

第十二条　市、县级人民政府应当组织生态环境等部门，对饮用水水源保护区、地下水型饮用水水源的补给区以及供水单位周边区域的环境状况和污染风险定期进行调查评估，筛查可能存在的污染风险因素，并采取相应的防范措施。

第十三条　编制国土空间规划、审批建设项目，应当优先考虑饮用水水源保护，严格控制保护区内的规划用地和项目建设及周围矿产资源的开发、利用，防止水土流失和污染水源，制定和实施保护区水源涵养林发展和利用规划，加强沿河沿库区植被缓冲带和隔离带等植被的保护管理。

第十四条　运输危险化学品、剧毒化学品应当避开保护区；确实无法避开的，市、县级人民政府及公安机关等有关部门应当采取相应的安全防护措施。

第十五条　建设公路、桥梁需要穿越保护区的，交通运输部门应当监督建设单位或者管理单位设置隔离防护设施和事故应急处置设施。

第十六条　保护区内的农业生产应当推广精准施肥技术，生产经营者应当科学、合理地施用化肥。

第十七条　在准保护区内，应当遵守下列规定：

（一）禁止新建、扩建对水体污染严重的建设项目，改建建设项目不得增加排污量；

（二）禁止直接或者间接排入不符合国家和地方规定标准的废水、污水；

（三）禁止使用剧毒、高毒、高残留农药；

（四）禁止设置易溶性、有毒有害废弃物和危险废物的暂存和转运场所，禁止设置生活垃圾和工业固体废物的处置场所，生活垃圾转运站和工业固体废物暂存场所应当设置防护设施。

排放总量不能保证准保护区内水质符合规定的标准时，所在地人民政府应当组织排污单位削减排污总量。

第十八条　在二级保护区内，除适用本条例第十七条规定外，还应当遵守下列规定：

（一）禁止设置排污口；

（二）禁止新建、改建、扩建排放污染物的建设项目，已建成的由县级以上人民政府责令拆除或者关闭；

（三）禁止从事网箱养殖等可能污染饮用水水体的活动；

（四）禁止建设规模化畜禽养殖场、养殖小区；

（五）禁止从事经营性取土和采石、采砂等活动；

（六）禁止建设工业固体废物、危险废物集中贮存、利用、处置的设施、场所以及生活垃圾填埋场；

（七）禁止铺设输送有毒有害物品的管道，铺设生活污水、油类输送管道及贮存设施应当采取防护措施；

（八）严禁使用农药，禁止丢弃农药、农药包装物或者在河道内清洗施药器械；

（九）法律、法规规定的其他禁止行为。

在二级保护区内从事旅游等活动的，应当按照规定采取措施，防止污染水体。

第十九条　在一级保护区内，除适用本条例第十七条、第十八条规定外，还应当遵守下列规定：

（一）禁止新建、改建、扩建与供水设施和保护水源无关的建设项目，已建成的由县级以上人民政府责令拆除或者关闭；

（二）禁止铺设输送污水的管道及输油管道；

（三）禁止其他可能污染饮用水水体的行为。

对一级保护区内的居民，市、县级人民政府应当根据集中式饮用水水源地保护需要，有计划地实施搬迁，妥善安置，并依法给予补偿。保护区划定前已有的农业种植和经济林，应当严格控制化肥、农药等非点源污染，并逐步退出。

第二十条　在作为地表水源的水库一级保护区内，除适用本条例第十七条、第十八条、第十九条规定外，还应当遵守下列规定：

（一）禁止组织旅游、野炊、露营、非法捕捞、游泳、垂钓或者其他可能污染水体的活动；

（二）禁止造田、养殖、放牧；

（三）禁止在水体清洗机动车辆；

（四）禁止在水库库区倾倒垃圾或者排放含油污水、生活污水；

（五）禁止与供水设施和保护水源无关的车辆、船舶行驶、停靠、装卸。

第二十一条　在地下水饮用水水源准保护区内从事地下勘探、兴建地下工程设施等活动的，应当采取防护性措施，防止破坏和污染地下水。

在地下水饮用水水源保护区内，除适用本条例第十七条、第十八条、第十九条和前款规定外，还应当遵守下列规定：

（一）禁止利用渗坑、渗井、裂隙等排放污水和其他有害废弃物；

（二）禁止利用渗坑、渗井、裂隙及废弃矿坑储存石油、天然气、放射性物质、有毒有害化工原料、农药等；

（三）禁止使用不符合农田灌溉水质标准的水进行灌溉；

（四）实行人工回灌地下水时不得污染地下水源。

第四章　饮用水水源监督管理

第二十二条　市、县级人民政府应当实行集中式饮用水水源地水环境保护目标责任制和考核评价制度，将目标完成情况作为对本级人民政府有关部门和下一级人民政府及其负责人考核的内容。

第二十三条　市、县级人民政府应当组织生态环境、水利、综合行政执法等部门和水库、流域管理机构以及供水单位，建立巡查机制，及时发现、处置可能影响饮用水水源安全的行为。

乡镇人民政府、街道办事处应当组织村（居）民委员会开展日常巡查，发现问题及时采取措施并向有关主管部门报告。

第二十四条　市、县级人民政府生态环境、水利主管部门应当依法做好饮用水水源水质监测工作，建立监测监控和预警预报系统，定期向社会公开水质状况信息。

第二十五条　饮用水水源取水口和出水口应当设置监控设施，进行实时监测。饮用水供水单位发现取水口水质不符合饮用水水源水质标准或者出水口水质不符合饮用水卫生标准的，应当及时采取相应措施，并向供水主管部门报告。供水主管部门接到报告后，应当通报生态环境、卫生健康、水利等部门。

第二十六条　市、县级人民政府应当加强饮用水水源污染事故应急处置工作，组织编制饮用水水源污染事故应急预案，配备相应的应急救援力量，定期进行应急演练。

第二十七条　企业事业单位发生事故或者其他突发性事件，造成或者可能造成饮用水水源污染事故的，应当立即启动本单位的应急预案，采取应急措施，并向事故发生地的县级以上人民政府或者生态环境主管部门报告，不得迟报、谎报、瞒报、漏报；生态环境主管部门接到报告后，应当及时向本级人民政府报告，并抄送有关部门。

第二十八条　发生饮用水水源污染事故后，所在地人民政府应当及时启动污染事故应急预案；导致饮用水供应停止的，应当启动供水保障预案；跨行政区域的，还应当通报相关地方人民政府。

第五章　法律责任

第二十九条　违反本条例规定的行为，法律、法规已规定法律责任的，从其规定；法律、法规未规定法律责任的，依照本条例的规定执行。

本条例规定的行政处罚，实行相对集中行政处罚权的，按照有关规定执行。

第三十条　违反本条例规定，造成饮用水水源污染或者生态破坏的，应当依法承担损害赔偿责任，赔偿费用包括：消除污染、修复生态环境、修复期间服务功能的损失、生态环境功能永久性损害造成的损失以及生态环境损害赔偿调查、鉴定评估等费用。

市、县级人民政府及其有关部门应当建立饮用水水源损害赔偿磋商工作机制，研究制定磋商规则，明确磋商主体、程序、司法确认和保障措施等。

因饮用水水源污染、生态破坏受到损害的单位和个人，有权依法要求污染者承担停止侵害、排除妨碍、消除危险、恢复原状、赔偿损失等民事责任。

第三十一条　违反本条例第九条第二款规定的，破坏、擅自改变、移动保护区护栏围挡等隔离设施、地理界标和警示标志的，由相关主管部门或者乡镇人民政府、街道办事处按照各自职责责令停止违法行为，恢复原状，可以处三千元以上五千元以下的罚款；情节较重的，处五千元以上一万元以下的罚款；情节严重的，处一万元以上三万元以下的罚款。

第三十二条　违反本条例第十七条第一款第一项、第十八条第一款第二项、第十九条规定的，按照《中华人民共和国水污染防治法》第九十一条的规定予以处罚。

违反本条例第十七条第一款第二项、第四项、第十八条第一款第六项、第七项、第十八条第二款、第二十一条规定的，按照《中华人民共和国水污染防治法》第八十五条的规定予以处罚。

违反本条例第十七条第一款第三项、第十八条第一款第八项规定的，由农业农村主管部门或者乡镇人民政府、街道办事处按照《农药管理条例》等相关法律法规的规定予以处罚。

第三十三条　违反本条例第十八条第一款第一项规定的，按照《中华人民共和国水污染防治法》第八十四条的规定予以处罚。

违反本条例第十八条第一款第三项规定的，由生态环境主管部门或者农业农村主管部门责令停止违法行为，可以处二万元以上五万元以下的罚款；情节严重的，处五万元以上十万元以下的罚款。

违反本条例第十八条第一款第四项规定的，由生态环境主管部门按照《畜禽规模养殖污染防治条例》第三十七条的规定予以处罚。

违反本条例第十八条第一款第五项规定的，由自然资源和规划、水利等主管部门或者乡镇人民政府、街道办事处按照各自职责依法责令停止违法行为，没收违法所得，并处一万元以上三万元以下的罚款；情节严重的，处三万元以上十万元以下的罚款。

第三十四条　违反本条例第二十条第一项规定从事可能污染饮用水水体的活动的，由水库管理机构责令改正，对组织者处二万元以上五万元以下的罚款；情节较重的，处五万元以上十万元以下的罚款；对个人可以处五百元以下的罚款。

违反本条例第二十条第二项规定的，由水库管理机构或者乡镇人民政府、街道办事处责令改正，处一千元以下的罚款。

违反本条例第二十条第三项规定的，由生态环境主管部门或者水库管理机构责令停止违法行为，处二万元以上五万元以下的罚款；情节较重的，处五万元以上十万元以下的罚款；情节严重的，处十万元以上二十万元以下的罚款。

违反本条例第二十条第四项规定的，由水库管理机构责令停止违法行为，对组织者处二万元以上五万元以下的罚款；情节较重的，处五万元以上十万元以下的罚款；对个人可以处五百元以下的罚款。造成水污染的，由生态环境主管部门按照《中华人民共和国水污染防治法》第八十五条的规定予以处罚。

违反本条例第二十条第五项规定的，由水库管理机构或者乡镇人民政府、街道办事处责令驶离，可以处一万元以上三万元以下的罚款；情节较重的，处三万元以上十万元以下的罚款。造成水污染的，由生态环境主管部门按照《中华人民共和国水污染防治法》第八十五条的规定予以处罚。

第三十五条　违反本条例规定，企业事业单位迟报、谎报、瞒报、漏报饮用水水源污染事故造成影响的，由生态环境主管部门责令改正，处一万元以上三万元以下的罚款；情节严重的，处三万元以上十万元以下罚款。

第三十六条　负有饮用水水源保护监督管理职责的部门及其工作人员，滥用职权、玩忽职守、徇私舞弊、弄虚作假的，对直接负责的主管人员和其他责任人员依法给予处分；构成犯罪的，依法追究刑事责任。

第六章　附　则

第三十七条　本条例自2021年9月1日起施行。1995年2月1日起施行的《唐山市陡河水库饮用水水源保护区污染防治管理条例》同时废止。

唐山市养犬管理条例

（2008年7月4日唐山市第十三届人民代表大会常务委员会第四次会议通过，2008年9月25日河北省第十一届人民代表大会常务委员会第五次会议批准，于2008年9月27日公布、自2009年1月1日起施行；2021年4月29日唐山市第十五届人民代表大会常务委员会第四十二次会议修订，2021年7月29日河北省第十三届人民代表大会常务委员会第二十四次会议批准，于2021年7月30日公布施行）

第一章　总 则

第一条　为了加强养犬管理和犬只疫病防控，规范养犬行为，保障公民健康和人身安全，维护社会公共秩序，保持市容环境卫生，促进文明城市建设，根据《中华人民共和国动物防疫法》和《中华人民共和国传染病防治法实施办法》等有关法律、法规，结合本市实际，制定本条例。

第二条　本市行政区域内犬类饲养、交易、诊疗等活动以及相关管理工作，适用本条例。

军用、警用、表演、科研用犬以及经营性肉用犬的管理，按照国家有关规定执行。

盲人饲养导盲犬、其他残疾人士饲养服务犬的，不受本条例关于不得饲养大型犬、禁止携犬进入公共场所、公共交通工具和禁止携犬出户时间的管理，但应当遵守养犬管理的其他规定。

第三条　对养犬实行限养严管的方针，坚持管理和服务相结合、行政机关执法和基层组织日常管理相结合、养犬人（包括养犬单位、个人）自律和社会公众监督相结合的原则。

第四条　本市养犬实行分区管理。市、县（市、区）、建制镇人民政府所在地的城区以及实行城市化管理的区域为重点管理区，其他区域为一般管理区。一般管理区内人口聚集的特殊区域可以按照重点管理区进行管理。

实行养犬重点管理的具体区域范围，由县级公安机关、镇（乡）人民政府向社会公布。

第五条　市、县（市、区）人民政府应当加强对养犬管理工作的领导，将养犬管理纳入文明城市创建和社会治理的内容，建立养犬管理协调工作机制，实施执法联动，将犬类疫病的监测、预防、控制、净化、消灭、犬只和犬只产品的检疫、病死犬只的无害化处理以及养犬监督管理所需支出纳入本级预算。

政府有关部门应当履行下列养犬管理工作职责：

（一）公安机关是养犬管理工作的主管部门，对养犬负责实施登记管理、受理有关投诉、查处扰民行为；对养犬人遵守登记制度的情况进行监督检查，依法查处各类违法养犬行为；捕杀狂犬；组织收容和管理无主犬、流浪犬。

（二）城市管理综合行政执法部门或者乡镇和街道综合行政执法机构（以下统称综合执法部门）负责在城市道路、广场等公共场所，查处售犬和不及时清除犬只排泄物等破坏市容环境卫生的行为，协助公安机关捕杀狂犬、收容无主犬和流浪犬；协助公安机关查处违法养犬和违法携犬外出等行为。

（三）农业农村部门负责依法对犬只的免疫、诊疗服务、动物传染病预防控制以及检疫等进行监督管理；协同公安机关对疫犬、无主犬尸进行无害化处理，检查和督促养犬人对所养犬只进行免疫、检疫和无害化处理；对疑似患有狂犬病的犬只及时进行采样诊断；监测、预防和控制动物狂犬病疫情，及时向卫生健康部门提供疫情信息；划定动物狂犬病疫点、疫区、受威胁区。

（四）卫生健康部门负责对医疗机构人用狂犬病疫苗的储备、接种以及被犬只咬伤人员的及时救治等进行监督管理；做好人患狂犬病疫情的监测、报告和调查处理工作，预防和控制狂犬病在人群中的传播流行；开展预防狂犬病卫生知识宣传。

（五）市场监督管理部门负责对犬只经营活动进行登记注册，依法对人用狂犬病疫苗储存、运输以及预防接种中的疫苗质量进行监督管理，查处违法行为。

第六条　城市街道办事处、镇（乡）人民政府负责养犬日常监督管理工作，联系协调执法机关及时处理养犬管理工作中的问题。

社区居民委员会、住宅小区业主委员会和村民委员会（以下简称基层组织）以及物业服务人和犬业协会等组织，应当协助做好养犬管理和犬只免疫工作，开展依法养犬、文明养犬的宣传教育，依法调解因养犬引起的纠纷。

第七条　公安机关应当会同有关部门和单位每年组织开展依法、文明、科学养犬知识的集中宣传教育和养犬专项整治行动。

广播、电视、报刊和网站等媒体应当做好养犬法律法规以及卫生防疫知识的宣传工作，开展养犬知识的公益宣传，引导养犬人形成文明养犬风尚。

支持相关行业协会、动物保护组织等社会组织参与养犬管理活动，开展养犬专业服务和宣传教育。

鼓励志愿者组织和志愿者参与养犬宣传教育和监督活动。

第二章　犬只免疫、检疫和登记

第八条　本市养犬实行狂犬病强制免疫制度。犬只未经免疫，不得饲养。

农业农村部门应当按照便民、利民原则确定辖区内符合规定条件的动物诊疗机构或者基层防疫组织为狂犬病免疫点，开展犬只狂犬病免疫接种工作，并向社会公布。

养犬人应当在犬只出生满三个月后十五日内或者免疫间隔期满前，携带犬只到县级以上农业农村部门确定的狂犬病免疫点进行狂犬病疫苗接种，取得市农业农村部门监制的犬只狂犬病免疫证明，免疫一年一次。

第九条　犬只的免疫和检疫，由当地农业农村部门按照国家有关规定执行。

外地养犬人携犬进入本市的，应当持有合法有效的动物检疫合格证明。

第十条　重点管理区内，实行养犬登记和年检制度。养犬人应当自取得犬只狂犬病免疫证明之日起十五日内，向公安机关申请办理养犬登记手续，领取养犬登记证和犬牌。未经登记，任何单位和个人不得饲养犬龄超过四个月的犬只。养犬登记证有效期为一年，养犬人应当在养犬登记证有效期届满前三十日内，凭有效的犬只免疫证明和养犬登记证办理年检手续。

居民每户只准饲养一只犬，禁止饲养烈性犬、大型犬。准养犬只产幼犬的，养犬人应当在三个月内妥善处理。

机关、医院（动物医院除外）、学校、幼儿园，以及单位集体宿舍区禁止饲养犬只。

前款以外的其他单位一般不得饲养犬只，确因工作或者护卫需要必须养犬的，应当安排专人管理，有犬笼、犬舍或者围墙等圈养设施以及养犬标志，护卫场所在住宅楼、商住楼、办公楼以外。单位准养犬只的品种和数量由所在地县级公安机关根据实际需要审核批准。

烈性犬的品种和大型犬的体高标准，由市公安机关会同市农业农村部门确定，并向社会公布。

外地犬只及重点管理区以外犬只在重点管理区逗留时间超过一个月的，携犬人应当按照本条例的规定办理养犬登记手续。

第十一条　重点管理区内，养犬人应当符合下列条件：

（一）养犬个人具有本市常住户口或者居住证件，养犬单位具有合法手续和单位负责人的合法身份证明；

（二）养犬个人具有完全民事行为能力，养犬单位应当建立健全相关安全管理制度和措施并安排专人管理犬只；

（三）在禁止养犬区域以外，有固定的独自占有或者独自使用的住宅、场地。

第十二条　个人办理养犬登记的，应当提交下列材料：

（一）居民身份证、户口簿或者居住证；

（二）房产证明或者房屋租赁合同；

（三）养犬人彩色电子照片；

（四）犬只正面彩色电子照片；

（五）犬只狂犬病免疫证明；

（六）因导盲、导听、扶助等需要饲养大型服务犬的，应当提供残疾人证和服务犬的相关专业训练证明或者服务证明。

单位办理养犬登记的，应当提交下列材料：

（一）统一社会信用代码；

（二）养犬用途说明；

（三）养犬安全管理制度；

（四）犬只管理人身份证明；

（五）能够证明具备养犬条件的场所和设施的材料；

（六）犬只正面彩色电子照片；

（七）犬只狂犬病免疫证明。

第十三条　养犬登记应当遵循高效、便民原则。公安机关应当利用在线服务平台或者合理设置养犬登记办理地点，也可以会同农业农村部门实行免疫、登记的一站式服务，为办理养犬登记、年检、变更、注销等手续提供便利。对符合本条例规定条件的，公安机关应当在三个工作日内予以审核并及时发放养犬登记证和犬牌；不予登记的，应当及时反馈理由。

需要进一步核实或者有其他特殊情况的，经公安机关负责人同意，可以延长五个工作日办理审核手续，并向养犬人反馈理由。

养犬登记证和犬牌由市人民政府指定的机构统一规格。犬牌的内容应当便于查找犬主。

第十四条　养犬登记证和犬牌费用、年检登记服务费用的标准应当遵循市场化原则，根据生产、制作、维护、服务等成本因素确定。

重点管理区内，养犬人应当自行承担犬只免疫、养犬登记证和犬牌、年检登记服务等费用。

残疾人饲养导盲犬等服务犬的，免收养犬登记证和犬牌、年检登记服务等费用。

第十五条　公安机关应当建立养犬管理信息系统，并将养犬登记事项定期向相关部门以及养犬人所在地的基层组织反馈，或者开放养犬管理信息系统内容查询权限，实现信息共享。

养犬登记（档案）事项为：

（一）养犬个人姓名、年龄、联系方式以及户籍和居所情况，养犬单位名称、地址以及单位负责人姓名、联系方式；

（二）准养犬只的品种、出生时间、图片和主要体貌特征；

（三）免疫种类及接种疫苗的时间；

（四）养犬登记证号码、发放时间以及年检、变更、补发等情况；

（五）养犬违法记录；

（六）需要记载的其他事项。

第十六条　重点管理区内，养犬人有下列情形之一的，应当办理变更、注销手续：

（一）养犬人的姓名、地址、联系方式变更的，应当自变更之日起三十日内办理变更登记；

（二）饲养的犬只出售或者赠与他人的，原养犬人、买受人或者受赠人应当在三十日内办理变更登记；

（三）饲养的犬只死亡的，养犬人应当自犬只死亡之日起十五日内办理注销登记；

（四）养犬人放弃所饲养犬只的，应当将犬只送交犬只留置场所，并在送交之日起十五日内办理注销登记。

养犬登记证、犬牌遗失或者损毁的，养犬人应当自遗失或者损毁之日起十五日内申请补发。

第十七条　一般管理区内，实行犬只备案制度。养犬人应当将养犬情况向村（居）民委员会报告。村（居）民委员会应当将本辖区内所养犬只的品种、数量、狂犬病免疫等情况统一登记造册，向当地乡（镇）人民政府和公安机关备案。

在一般管理区，养犬人应当自行承担犬只免疫费用；烈性犬、大型犬应当实行拴养或者圈（笼）养，不得携犬出户；烈性犬、大型犬因免疫、诊疗等原因确需外出的，养犬人应当为犬只佩戴嘴套并束犬绳（链）或者装入犬笼。

第十八条　禁止冒用、伪造、变造、转让养犬登记证、犬牌、犬类免疫证明和动物检疫合格证明。

通过提供虚假材料或者信息取得的养犬登记证、犬牌无效，应当由公安机关依法予以吊销。

第三章　养犬行为规范

第十九条　饲养犬只应当遵守有关法律、法规和公共秩序，尊重社会公德，做到依法、文明、科学养犬。

提倡饲养绝育犬和投保犬只责任险。

第二十条　养犬人应当按照国家相关规定定期为犬只接种预防狂犬病疫苗，还应当防治犬只的其他疫病。

对有兴奋、狂暴、流涎、具有明显攻击性等疑似狂犬病症状的犬只应当及时进行捕杀，并及时报告当地公安机关、农业农村主管部门或者动物疫病预防控制机构。

第二十一条　市、县（市、区）人民政府可以规定在重点管理区内禁止遛犬的区域和时间，并设立标识；在重大节日或者举办重大活动期间可以规定临时禁止遛犬的区域和时间，并设立标识。

公共场所的管理者或者经营使用者有权禁止养犬人携犬进入，但应当设立明显的犬只禁入标识。

基层组织可以在居住区内设立标识，标明禁止遛犬的区域和时间。有条件的地方可以划定专门遛犬区域，可以在公共活动场地设置文明养犬宣传标语以及便于收集犬粪等遗弃物的器材或者物品。

第二十二条　饲养犬只应当遵守下列规定：

（一）不得携犬进入机关、医院、学校、幼儿园、体育场馆、博物馆、图书馆、影剧院、商场、餐饮服务场所、社区公共健身场所以及设有犬只禁入标识的公园、风景名胜区等不宜犬只进入的公共场所；

（二）不得携犬乘坐除小型出租汽车以外的公共交通工具，携犬乘坐小型出租汽车的应当征得驾驶员同意；

（三）犬只死亡的，养犬人不得随意丢弃，应当及时向当地农业农村部门报告，在其指导下对犬尸进行无害化处理；

（四）携犬乘坐电梯时，应当征得其他乘坐人的同意，并为犬戴嘴套或者采取怀抱、将犬装入犬笼或犬袋等其他约束措施；

（五）重点管理区内，犬只在楼道、公共阳台、道路、广场等人员活动的公共场所产生的粪便等遗弃物，养犬人应当立即处理干净；

（六）重点管理区内携犬出户的，由具有完全民事行为能力的人牵领约束，犬只必须挂犬牌、束犬绳（链），犬绳（链）长度不得超过一点五米，遛犬时应当避让他人，尤其应当注意避让老年人、残疾人、孕妇和儿童，不得在人群聚集场所放任犬只追逐嬉闹干扰他人，必要时应当采取为犬戴嘴套等约束措施；

（七）不得在住宅小区的公共通道、楼道、楼顶、绿地、地下室等公共区域或者公共部位养犬；

（八）单位饲养烈性犬、大型犬的，必须实行圈养或者拴养，不得在公共场所遛犬，并在饲养场所外显著位置张贴警示标牌，因工作需要携烈性犬、大型犬出户或者从一般管理区进入重点管理区的，应当采取将犬只装入犬笼或者为犬只戴嘴套等约束措施；

（九）饲养犬只不得干扰他人正常生活、工作和学习，不得放任、驱使犬只恐吓、攻击他人，犬吠影响他人休息的，养犬人应当采取措施予以制止；

（十）采取约束措施避免犬只伤害他人，犬只给他人造成伤害的，养犬人或者管理人应当立即将受害人送至医疗卫生机构诊治并先行垫付必要的费用，依法承担相应的民事责任；

（十一）履行养犬义务，遵守居住地养犬自律公约；

（十二）养犬人不得遗弃犬只，任何人不得虐待犬只。

第四章　犬只诊疗和经营规范

第二十三条　从事动物诊疗活动的单位和个人，应当取得动物诊疗许可证，依法办理登记注册手续。动物诊疗活动中产生的废弃物应当按照国家有关规定进行妥善处理。诊疗从业人员应当具有相应的兽医资格，遵守法律、法规，遵守职业道德，建立健全病例档案制度和诊疗制度。严禁为养犬人开具虚假免疫证明。

第二十四条　以营利为目的、在固定场所从事犬只养殖、交易、寄养、训练等经营活动的，应当具备国家规定的动物防疫条件，建立登记档案并如实记录相关信息，依法办理登记注册，并自登记注册之日起三十日内到所在地县级以上公安机关备案。

犬只养殖、交易、寄养、训练等场所不得设在生活饮用水的水源保护区、风景名胜区、自然保护区的核心区和缓冲区、住宅小区或者学校附近以及其他人口密集的区域。

第二十五条　从事犬只交易，应当遵守下列规定：

（一）重点管理区内，在规定的交易市场进行；

（二）对所交易的犬只进行有效约束；

（三）出售犬只的，向买受人出具相关证明文件；

（四）犬只有动物检疫合格证明，从境外进口的有入境检验检疫证明；

（五）发现犬只染疫或者疑似染疫的，应当立即向当地农业农村部门或者动物疫病预防控制机构报告，并迅速采取隔离等控制措施，防止动物疫情扩散，不得擅自转移、出售和屠宰。

第五章　监督管理

第二十六条　对违反本条例的行为，任何单位和个人都有权进行批评、劝阻，并可以向相关部门举报、投诉。

相关部门应当公布举报、投诉电话，并及时处理举报、投诉事项。接受和处理举报实行首问负责制。

第二十七条　基层组织可以通过居（村）民（代表）会议或者业主（代表）大会等形式就文明养犬、遛犬区域和时间等事项依法制定自律公约，并负责监督实施。居（村）民、业主应当遵守公约。

基层组织工作人员、物业服务人应当对违反养犬规定的行为进行劝导和制止，可以将有关情况及时报告相关执法部门，协助执法工作人员进行监督和管理。

第二十八条　养犬人、诊疗机构和其他居民发现狂犬或者发现犬只患有疑似狂犬病等传染性疾病时，应当立即报告当地公安机关、农业农村部门或者动物疫病预防控制机构，公安机关应当会同农业农村部门捕杀或者采取其他处置措施。

第二十九条　对正在伤人的犬只，任何人均可就地捕杀。

公安机关发现犬只伤人或者接到犬只伤人报告的，应当对伤人犬只实施暂扣，按照有关规定进行医学观察，由当地动物疫病预防控制机构确认是否患有狂犬病。

应当事人要求，公安机关应当及时调查犬只伤人事件，确定各方当事人的责任。养犬人或者管理人应当承担相应的医疗和检疫等费用，但养犬人或者管理人能够证明损害是由被侵权人故意或者重大过失造成的，养犬人或者管理人可以不承担或者减轻责任；因第三人的过错致使犬只造成他人伤害的，被侵权人可以向养犬人或者管理人请求赔偿，也可以向第三人请求赔偿，养犬人或者管理人赔偿后，有权向第三人追偿。

养犬人或者管理人未尽看管责任，致使犬只危害交通安全，造成交通事故的，应当依法承担相应的民事责任；犬只伤亡的，责任由养犬人自负。

第三十条　单位和个人发现无主犬、流浪犬的，应当及时报告当地公安机关。

犬只没有佩戴犬牌且无人牵领、看护的，可以视为无主犬。

第三十一条　公安机关应当设立犬只留置场所，负责收容、留检和处理无主犬、流浪犬、伤人犬、疑似患有狂犬病犬以及没收的犬只，接收超养犬、弃养犬、死亡犬，对犬尸进行无害化处理。公安机关也可以通过购买服务等方式委托符合要求的单位或者个人设立犬只留置场所。

犬只留置场所应当符合相关动物防疫条件，建立完善的防疫消毒、病犬隔离、狂犬病强制免疫、病死犬只无害化处理等制度，防止疫病传播。

公安机关应当自流浪犬只被收容之日起七日内通过养犬管理信息系统等平台发布犬只认领公告，通知养犬人在五日内认领；被收容的依法登记的走失犬只，公安机关应当及时通知养犬人认领。养犬人认领犬只的，应当依法承担犬只在收容期间所发生的饲养、免疫、诊疗等相应费用；逾期无人认领的，按无主犬处理。

公安机关应当建立犬只领养制度，对犬只留置场所的没收犬和无主犬、弃养犬等犬只，经检疫合格的，可以由符合本条例规定条件的单位或者个人领养；无人领养或者检疫不合格的，由公安机关按照有关规定处理。

第三十二条　禁止将狂犬和被狂犬咬伤、咬死的畜禽剥皮、出售、食用；禁止乱弃死犬和被狂犬咬伤、咬死的畜禽。

第三十三条　外埠来本市举办犬类销售、展览、演出等活动的，所携犬只应当具有合法有效的动物检疫合格证明。

第六章　法律责任

第三十四条　因养犬干扰他人正常生活发生纠纷的，当事人可以自行协商解决或者向基层调解组织申请调解，也可以依法向人民法院提起民事诉讼，请求停止侵害、排除妨碍、消除影响或者赔偿损失。

第三十五条　对有下列行为之一的，由公安机关予以处罚：

（一）违反第十条规定，饲养犬只超过规定数量的，或者重点管理区内饲养烈性犬、大型犬（依法登记的单位除外）的，没收非法犬只。

（二）违反第十条规定，未登记、无养犬登记证和犬牌的，责令五日内补办手续，可以并处五百元以上一千元以下罚款；逾期未办理的，没收犬只。

（三）违反本条例规定，不按照规定的要求和时间年检的，或者违反第十六条第二款规定不及时申请补发养犬登记证、犬牌的，予以警告，责令限期改正；逾期不改的，没收犬只，吊销养犬登记证。

（四）违反第十六条第一款第一项、第二项、第三项规定，不按照要求办理变更、注销手续的，予以警告，责令限期补办手续；逾期不补办的，处一百元以上五百元以下罚款。

（五）违反第十八条第一款规定，伪造、变造、买卖养犬登记证、犬牌的，予以收缴，没收违法所得，并依照《中华人民共和国治安管理处罚法》的有关规定予以处罚；冒用养犬登记证、犬牌的，予以收缴，责令五日内补办手续，可以并处五百元以上一千元以下罚款；逾期未办理的，没收犬只。

（六）违反第二十二条第九项规定，犬吠扰民不采取有效措施予以制止的，予以警告，责令为犬戴嘴套；多次违反规定的，处二百元以上五百元以下罚款，可以没收犬只并吊销养犬登记证。

（七）违反第二十二条第十二项规定，遗弃犬只的，责令改正，拒不改正的按照每只处五百元罚款；虐待犬只的，予以警告，责令改正，拒不改正的处二百元以上五百元以下罚款。

（八）违反第二十四条规定，从事犬只养殖、交易、寄养、训练等经营活动没有依法备案的，予以警告，责令限期整改。

第三十六条　养犬个人或者养犬单位负责人有下列行为之一的，由公安机关依照《中华人民共和国治安管理处罚法》的规定处罚；涉嫌犯罪的，移送司法机关处理：

（一）驱使犬只伤人或者干扰他人正常生活的；

（二）阻碍执法人员执行职务的。

第三十七条　养犬人违反本条例第八条、第十八条第一款、第二十条、第二十三条、第二十四条、第二十五条第四项、第五项、第三十三条等规定，涉及动物免疫、检疫等行为的，由农业农村部门依据《中华人民共和国动物防疫法》予以处罚；从事犬只养殖、动物诊疗未建立登记档案或者不如实记录信息的，由农业农村部门依据《中华人民共和国动物防疫法》《中华人民共和国畜牧法》的相关规定进行处罚。

第三十八条　养犬人违反第二十二条规定的，基层组织工作人员、物业服务人、公共场所管理人员或者利害关系人有权提出警告和进行劝阻。对不听劝阻的，由综合执法部门或者公安机关、农业农村部门依照各自的职权范围予以相应处罚。

（一）违反第一项、第二项规定，携犬强行进入禁止犬只进入的区域或者强行搭乘公共交通工具的，由公安机关处五十元以上二百元以下罚款。

（二）违反第三项规定随意丢弃犬尸的，由公安机关处一千元以上二千元以下罚款；随意弃置病死犬只的，由农业农村部门责令改正，处三千元以上三万元以下罚款；随意弃置染疫犬尸的，由农业农村部门责令限期处理；逾期不处理的，由农业农村部门委托有关单位代为处理，所需费用由违法行为人承担，处五千元以上五万元以下罚款。

（三）违反第四项规定携犬乘坐电梯的，由公安机关予以警告，责令改正；再次违反规定的，处五十元以上二百元以下罚款；多次违反规定的，处二百元以上五百元以下罚款；屡教不改的，可以没收犬只并吊销养犬登记证。

（四）违反第五项规定，重点管理区内养犬人不及时清理犬只在公共场所产生的粪便等遗弃物的，由综合执法部门予以警告，责令改正，可以并处五十元罚款；再次违反规定的，处一百元以上二百元以下罚款；多次违反规定的，可以由公安机关没收犬只并吊销养犬登记证。

（五）违反第六项规定，重点管理区内携犬出户不束犬绳（链）或未挂犬牌的，或者遛犬时不避让他人的，由公安机关予以警告，责令改正，可以并处五十元罚款；再次违反规定的，处一百元以上二百元以下罚款；多次违反规定或者造成不良影响的，可以没收犬只并吊销养犬登记证。

（六）违反第七项、第八项规定，在公共区域或者公共部位养犬的，或者养犬单位不按照规定饲养烈性犬、大型犬的，或者不按照规定要求携带烈性犬、大型犬外出的，由公安机关予以警告，责令改正；再次违反规定的，处五百元以上一千元以下罚款；屡教不改的，可以没收犬只并吊销养犬登记证。

第三十九条 违反第二十三条、第二十四条规定，已取得动物诊疗许可证未依法办理登记注册即开展营业活动的，由市场监督管理部门责令停止违法行为，没收违法所得，并处一万元以下罚款。

违反第二十五条第一项在规定的交易市场外从事犬只交易，在城市道路、广场的，由综合执法部门依法予以查处；在其他区域的，由公安机关依法予以查处。

违反第二十五条第二项、第三项规定的，由公安机关或者市场监督管理部门予以警告；拒不改正的，责令停止经营行为，并处五千元以下罚款。

第四十条 违反本条例规定，单位或者个人饲养的犬只伤害他人的，由公安机关予以警告，对个人并处一千元以上二千元以下罚款，对单位并处三千元以上五千元以下罚款；犬只两次以上伤害他人或者一次伤害两人以上的，或者有其他严重情节的，由公安机关没收犬只并吊销养犬登记证，对个人并处三千元以上五千元以下罚款，对单位并处五千元以上一万元以下罚款。

犬只伤人后，养犬人未立即将被伤害人送至医疗机构就医的，或者不先行垫付全部医疗费用的，由公安机关没收犬只并吊销养犬登记证，对个人可以并处三千元以上五千元以下罚款，对单位可以并处五千元以上一万元以下罚款。

第四十一条 违反第三十二条规定的，由农业农村部门或者市场监督、卫生健康部门或者公安机关依照各自的职权范围没收狂犬和被狂犬咬伤、咬死的畜禽及其产品，无害化处理费用由违法行为人承担，处五千元以上五万元以下罚款。

第四十二条 有关部门及其工作人员在养犬管理工作中有下列行为的，对直接负责的主管人员和其他直接责任人员依法给予处分；涉嫌犯罪的，移送有关国家机关依法处理：

（一）出具虚假证明材料的，或者对符合本条例规定条件，不予办理或者拖延办理养犬登记、年检等事项的；

（二）对执行职务中发现的问题或者接到的举报，不依法处理或者相互推诿的；

（三）将没收的犬只据为己有或者转送他人的；

（四）玩忽职守、滥用职权、徇私舞弊的其他行为。

第七章 附 则

第四十三条 本条例自2009年1月1日起施行。

政府规章

唐山市人民政府
关于废止《唐山市土地管理办法》的决定

根据《中华人民共和国民法典》的规定，决定废止《唐山市土地管理法》（政府令〔2001〕第18号）。

唐山市住宅专项维修资金管理办法

第一章 总 则

第一条 为加强住宅专项维修资金管理，保障住宅共用部位、共用设施设备的维修和正常使用，维护住宅专项维修资金所有权人的合法权益，根据《中华人民共和国物权法》《物业管理条例》等法律、法规，结合本市实际，制定本办法。

第二条 本市行政区域内国有土地上的商品住宅、售后公有住房住宅专项维修资金的交存、使用、管理和监督，适用本办法。

第三条 住宅专项维修资金的管理实行专户存储、专款专用、所有权人决策、政府监督的原则。

第四条 市住宅专项维修资金行政主管部门负责全市住宅专项维修资金管理的指导和监督工作。

市住宅专项维修资金管理机构负责路南区、路北区住宅专项维修资金的日常管理工作。

其他县（市、区）住宅专项维修资金行政主管部门负责本行政区域内住宅专项维修资金的日常管理工作。

财政、审计、自然资源和规划、市场监管、应急管理、城市管理等部门按照各自职责，做好住宅专项维修资金管理的相关工作。

街道办事处、镇（乡）人民政府按照规定职责，做好住宅专项维修资金管理的相关工作。

第五条 住宅专项维修资金行政主管部门应当建立统一的维修资金信息管理系统。住宅专项维修资金管理机构与房地产交易管理机构、不动产登记机构应当加强预售和网签合同等楼盘表信息和自然状况、维修资金交存状况、权属状况等不动产登记簿信息的互通共享，推进住宅专项维修资金交存、使用、核算、查询和监督等工作的信息化，提供方便快捷的查询渠道，切实保障所有权人的知情权和监督权。

市、县级人民政府应当保障住宅专项维修资金监督管理工作所需的经费。

第二章 交 存

第六条 下列房屋的业主应当按照本办法的规定交存住宅专项维修资金：

（一）住宅，但一个业主所有且与其他房屋不具有共用部位、共用设施设备的除外；

（二）住宅小区内的非住宅或者住宅小区外与单幢住宅结构相连的非住宅；

（三）已售公有住房。

第七条　首期住宅专项维修资金按照下列标准交存：

（一）配备电梯的房屋，每平方米建筑面积交存标准为本市住宅建筑安装工程每平方米造价的百分之六；

（二）未配备电梯的房屋，每平方米建筑面积交存标准为本市住宅建筑安装工程每平方米造价的百分之五；

（三）交存的面积按照商品房买卖合同中约定的建筑面积确定。

市住宅专项维修资金行政主管部门应当根据本市住宅建筑安装工程每平方米造价的变化情况，适时调整首期住宅专项维修资金的交存标准。

第八条　业主交存的住宅专项维修资金属于业主所有。

购房人应当在办理房屋交付手续前，将首期住宅专项维修资金交存至住宅专项维修资金管理机构指定的专用账户。

开发建设单位在办理房屋所有权首次登记时，尚未售出的房屋，应当先行交存首期住宅专项维修资金。

第九条　住宅专项维修资金实行住宅专项维修资金管理机构代为管理或者业主大会自主管理的方式。

住宅专项维修资金管理机构代为管理的，应当遵循资金安全、服务优质的原则，按照国家有关规定确定在本行政区域内营业的商业银行，作为住宅专项维修资金的专户管理银行。

住宅专项维修资金管理机构应当与专户管理银行签订专户管理协议，开立专用账户。

第十条　住宅专项维修资金自交存至专用账户之日起，以会计年度为基准，按照人民银行公告的利率计算利息，并转入本金滚存使用。

第十一条　住宅专项维修资金实行补建制度。本办法实施前，商品住宅、已售公有住房未交存住宅专项维修资金的业主，应当按照本办法规定的交存标准补建首期住宅专项维修资金。

第十二条　住宅专项维修资金实行续交制度。业主分户账面余额不足首期交存额百分之三十的，业主应当及时续交。

住宅专项维修资金管理机构应当告知物业管理单位、业主委员会或者居（村）民委员会，通知业主在六十日内，按照首期交存数额补足住宅专项维修资金。

第十三条　业主大会决定自主管理住宅专项维修资金的，可以向住宅专项维修资金管理机构申请划转，并提交以下材料：

（一）业主大会确定自主管理住宅专项维修资金的决议；

（二）业主大会住宅专项维修资金管理使用办法；

（三）业主大会在住宅专项维修资金管理机构委托的商业银行开立的专用账户；

（四）法律、法规和规章规定的其他材料。

第十四条　开发建设单位或者物业管理单位不得代收住宅专项维修资金。

本办法实施前，开发建设单位或者物业管理单位已经代收的，应当将代收的住宅专项维修资金及利息交存至住宅专项维修资金管理机构指定的专用账户。

第十五条　开发建设单位办理房屋交付手续时，应当核实购房人住宅专项维修资金专用票据；购房人未按规定交存首期住宅专项维修资金的，开发建设单位不得将房屋交付使用。

第三章　使　用

第十六条　住宅专项维修资金应当专项用于住宅共用部位、共用设施设备保修期满后的维修和更新、改造，不得挪作他用。

第十七条　住宅共用部位、共用设施设备的维修和更新、改造费用，按照下列原则分摊：

（一）用于建筑区划内住宅共用部位、共用设施设备的，由建筑区划内全体业主按照各自拥有房屋建筑面积的比例共同承担；

（二）用于单幢或者多幢住宅共用部位、共用设施设备的，由该幢或者多幢住宅业主按照各自拥有房屋建筑面积的比例共同承担；

（三）用于单元住宅共用部位、共用设施设备的，由该单元业主按照各自拥有房屋建筑面积的比例共同承担；

（四）用于两户或者两户以上住宅共用部位、共用设施设备的，由相关业主按照各自拥有房屋建筑面积的比例共同承担。

业主住宅专项维修资金分户账面余额不够支付维修和更新、改造费用的，差额部分由该业主承担。

涉及尚未售出的房屋，开发建设单位应当按照尚未售出房屋的建筑面积，分摊维修和更新、改造费用。

第十八条　申请使用住宅专项维修资金的，按照以下程序办理：

（一）物业管理单位、业主委员会，或者相关业主委托的居（村）民委员会（以下统称申请人）根据维修和更新、改造项目提出使用申请；

（二）住宅专项维修资金管理机构进行现场核查，明确列支范围；

（三）申请人制定维修和更新、改造方案，编制工程预算，对列支范围内的业主进行公示，公示期不得少于五个工作日。公示期满后，居（村）民委员会对公示情况予以确认；

（四）应当由专有部分面积占比三分之二以上的业主且人数占比三分之二以上的业主参与表决，经参与表决专有部分面积过半数的业主且参与表决人数过半数的业主同意后，申请人向住宅专项维修资金管理机构提交申请使用报告和相关材料；

（五）住宅专项维修资金管理机构应当对申报材料的完整性和规范性进行核实，符合要求的予以备案，可以按照工程预算百分之五十拨付工程预付款；

（六）工程竣工后，申请人应当组织施工单位、监理单位、居（村）民委员会、相关业主对工程进行验收。验收合格的，在验收报告上签署意见；

（七）申请人应当将验收报告、决算审计报告、业主费用分摊情况对列支范围内的业主进行公示，公示期不得少于五个工作日；

（八）住宅专项维修资金管理机构依据申请人提交的验收报告、决算审计报告等材料，拨付工程尾款。

第十九条　发生下列危及房屋使用安全和人身财产安全的紧急情况，业主大会或者业主委员会可以直接申请使用住宅专项维修资金，及时消除安全隐患：

（一）电梯故障危及人身安全，无法正常使用严重影响业主生活的；

（二）消防设施设备严重损坏的；

（三）二次供水水泵损坏或者水管爆裂导致供水中断，严重影响业主生活的，但是依法或者依照合同约定应当由供水单位承担的除外；

（四）排水设施堵塞、坍塌、爆裂等造成功能障碍，严重影响业主生活，或者危及财产安全的；

（五）屋面、外墙防水损坏，造成严重渗漏的；

（六）楼体外立面存在脱落危险的；

（七）其他危及房屋使用和人身财产安全的紧急情况。

第二十条　申请使用住宅专项维修资金进行应急维修的，按照以下程序办理：

（一）住宅专项维修资金管理机构会同街道办事处、镇（乡）人民政府进行现场核查，需要专业检测的，业主大会或者业主委员会应当提交专业检测报告；

（二）住宅专项维修资金管理机构核实业主大会或者业主委员会提交的申请材料，符合备案要求的，可以拨付百分之五十工程预付款；

（三）工程竣工后，业主大会或者业主委员会应当对维修和更新、改造方案、验收报告、决算审计报告、业主费用分摊情况等进行公示，公示期不得少于五个工作日。公示期满后，居（村）民委员会对公示情况予以确认；

（四）住宅专项维修资金管理机构依据业主大会或者业主委员会提交的验收报告、决算审计报告等材料，拨付工程尾款。

第二十一条　应急使用住宅专项维修资金应当以排险抢修、保障共用部位、共用设施设备安全及正常使用为目的，申请人不得扩大维修和更新、改造范围。

第二十二条　使用住宅专项维修资金实行工程造价审核、工程监理等第三方监督服务制度。推行申请人通过公开招标方式选聘施工单位。

住宅专项维修资金行政主管部门可以建立造价咨询、施工、监理等诚信企业信息库，为使用住宅专项维修资金提供便捷服务。

第二十三条　维修和更新、改造过程中发生下列费用的，可以在住宅专项维修资金中列支：

（一）维修和更新、改造工程费用；

（二）前期勘察设计、鉴定费用；

（三）工程招标、监理费用；

（四）工程预决算审核等有关费用。

第二十四条　申请人在申请住宅专项维修资金使用过程中，应当对申报材料的真实性、合法性负责，不得隐瞒真实情况或者提供虚假资料；不得将已拨付的住宅专项维修资金挪作他用；不得虚列维修工程项目或者虚增维修工程量。

第四章　监督管理

第二十五条　住宅专项维修资金行政主管部门应当建立完善的信用管理体系。对不交存住宅专项维修资金影响使用的，或者在使用过程中提供虚假资料等单位和个人，纳入统一的社会信用体系。

第二十六条　住宅专项维修资金专用账户应当通过转账结算，不得支取现金。用于支付维修和更新、改造工程的费用只能支付到施工单位或者物业管理单位账户。

第二十七条　住宅专项维修资金专用账户管理银行应当定期向住宅专项维修资金管理机构发送住宅专项维修资金银行存款对账单。

第二十八条　房屋所有权转让时，该房屋分户账面结余的住宅专项维修资金与房屋所有权同时变更。分户账面结余的住宅专项维修资金不足首期交存额百分之三十的，在办理房屋买卖合同备案手续时，由双方当事人协商补足。

房屋灭失的，在注销登记后返还账户中结余的住宅专项维修资金。

第二十九条　住宅专项维修资金由业主大会自主管理的，应当接受住宅专项维修资金管理机构对其账户和资金使用情况的监督。

第五章　法律责任

第三十条　开发建设单位或者物业管理单位违反本办法第十四条规定的，由市、县级人民政府住宅专项维修资金行政主管部门责令限期改正；逾期不改正的，每套房屋处五千元以上三万元以下罚款。

第三十一条　开发建设单位违反本办法第十五条规定的，由市、县级人民政府住宅专项维修资金行政主管部门责令限期改正；逾期不改正的，每套房屋处三万元以下罚款。

第三十二条　开发建设单位违反本办法第十七条第三款规定的，由市、县级人民政府住宅专项维修资金行政主管部门责令限期改正；逾期不改正的，每套房屋处一万元以下罚款。

第三十三条　违反本办法第二十四条规定的，由市、县级人民政府住宅专项维修资金行政主管部门追回拨付资金；挪用住宅专项维修资金的，由市、县级人民政府住宅专项维修资金行政主管部门没收违法所得，可以并处挪用金额2倍以下罚款；构成犯罪的，依法追究刑事责任。

第三十四条　市、县级人民政府住宅专项维修资金行政主管部门及其工作人员滥用职权、徇私舞弊、玩忽职守的，依法给予行政处分；构成犯罪的，依法追究刑事责任。

第六章　附　则

第三十五条　政府直接投资建设的公共租赁住房发生维修和更新、改造时，所需分摊费用由同级财政承担。

第三十六条　本办法自2021年3月6日起施行。

唐山市优化营商环境若干规定

第一章 总 则

第一条 为了进一步优化营商环境，提高政务服务水平，规范行政权力运行，不断激发市场主体活力和社会创造力，推进经济社会高质量发展，根据国务院《优化营商环境条例》《河北省优化营商环境条例》等有关规定，结合本市实际情况，制定本规定。

第二条 本市行政区域内的优化营商环境工作，适用本规定。

本规定所称营商环境，是指市场主体在准入、生产经营、退出等过程中涉及的政务环境、市场环境、法治环境等有关外部因素和条件的总和。

第三条 优化营商环境应当坚持市场化、法治化、国际化、便利化原则，以市场主体需求为导向，以政府职能转变为核心，以创新体制机制为支撑，对标国际国内先进水平，推进贸易投资便利化、审批服务便民化、政务服务规范化，为各类市场主体投资兴业营造稳定、公平、透明、可预期的发展环境。

第四条 市场主体在市场经济活动中的权利平等、机会平等、规则平等，依法享有自主决定经营业态、模式的权利，人身和财产权益受到保护的权利，知悉法律、政策和监管、服务等情况的权利，自主加入或者退出社会组织的权利，对营商环境工作进行监督的权利。

市场主体应当遵守法律法规，恪守社会公德和商业道德，诚实守信、公平竞争，履行安全、质量、环境保护、劳动者权益保护、消费者权益保护等方面的法定义务，在国际经贸活动中遵循国际通行规则。

第五条 市、县（市、区）人民政府、开发区（管理区）管委会应当加强领导，建立健全统筹推进、督促落实优化营商环境工作的相关机制，持续完善优化营商环境政策措施，及时协调、解决优化营商环境工作中的重大问题。

市、县（市、区）人民政府、开发区（管理区）管委会主要负责人是本区域、本部门优化营商环境的第一责任人，对优化营商环境工作负领导责任。

第六条 各级优化营商环境工作主管部门负责本行政区域内优化营商环境的组织指导、统筹协调、监督检查等工作。

政府有关部门以及法律法规授权的具有管理公共事务职能的组织应当按照各自职责制定优化营商环境工作实施方案，明确目标、任务和具体工作措施，做好优化营商环境相关工作。

第七条 中国（河北）自由贸易试验区曹妃甸片区应当对标营商环境评价指标体系，持续提升片区营商环境水平；大力开展行政体制、投资、贸易、金融等领域改革创新探索，营造稳定公平透明、可预期的营商环境。

第八条 市、县（市、区）人民政府、开发区（管理区）管委会及其有关部门应当结合实际，在法治框架内探索创新优化营商环境具体改革措施。对取得明显成效的经验做法，及时复制推广并加大正向激励；对探索中出现失误或者偏差，但同时符合下列情形的，对有关单位和个人不作负面评价，依法予以免责或者减轻责任：

（一）符合国家、省和市确定的改革方向；

（二）未违反法律、法规禁止性、义务性规定，决策程序符合规定；

（三）勤勉尽责、未牟取私利；

（四）主动挽回损失、消除不良影响或者有效阻止危害结果发生；

（五）其他依法可以免责或者减轻责任的情形。

第二章 政务环境

第九条 市、县（市、区）人民政府、开发区（管理区）管委会及其有关部门应当依托河北省一体化政务服务平台，推行政务服务事项网上办理，优化政务服务流程；推行政务服务事项标准化，着力打造运行规范、系统集成、服务高效、联动贯通的政务服务环境，不断优化提升我市政务服务能力和营商环境竞争力。

第十条 市人民政府应当按照国家、省有关要求编制政务数据共享责任清单。

政务数据主管部门应当组织编制并及时更新本区域政务信息资源目录，按照责任清单和资源目录做好政务数据共享工作。

有关部门应当深化政务数据共享应用，能够通过部门间政务数据共享收集的，不得要求服务对象重复填报。

第十一条 市、县（市、区）人民政府、开发区（管理区）管委会及其有关部门应当依托河北省一体化政务服务平台，统一提供电子印章的申请、制作、备案、查询、变更、注销、签章、验章和使用管理等服务，拓展电子证照在政务服务、特定监管执法、社会生活等领域的应用，推进电子证照跨区域互信互认。

电子证照、电子印章、电子签名的法律效力，按照国家电子签名、在线政务服务等有关规定执行。

第十二条 市、县（市、区）人民政府、开发区（管理区）管委会及其有关部门应当优化和改善政务服务中心办事环境，建立以服务窗口为主导的政务服务运行机制，对政务服务事项和政务服务中心窗口服务质量实行“好差评”制度。

对行政许可事项，市、县（市、区）人民政府、开发区（管理区）管委会及其有关部门应当通过整合实施、下放审批层级、在线并联办理等方式，优化审批服务，提高审批效率，减轻市场主体负担。

第十三条 市、县（市、区）人民政府、开发区（管理区）管委会及其有关部门应当在办理行政许可时依法推行告知承诺制。实行告知承诺制的具体办法和承诺书样式，由相关部门制定并向社会公布。

实行告知承诺的行政许可事项，严格执行省级业务主管部门确立的统一标准，对因企业承诺可以减少的审批材料，不再要求企业提供；对可在企业领证后补交的审批材料，实行容缺办理、限期补交。对企业自愿作出承诺并按要求提交材料的，要当场作出审批决定。现场核查环节由审批前实施调整为审批决定后核查，统一由监管部门实施。

申请人在办理推行告知承诺制的许可事项时，自愿就其涉及企业经营符合许可条件作出书面承诺的，许可部门应当直接作出许可决定。

第十四条　不动产登记机构应当会同有关部门整合和优化不动产登记流程，加强信息共享，减少办理环节，压缩办理时限；推行登记、交易和税收“一窗受理、并行办理”，在不动产登记大厅、政务服务大厅等设立“一窗式”综合服务窗口，实现一个窗口统一受理各部门相关办理事项。

第十五条　市、县（市、区）人民政府、开发区（管理区）管委会有关部门应当编制并向社会公布证明事项清单，逐项列明设定依据、索要单位、开具单位、办理指南等内容。未纳入证明事项清单以及已经录入政务共享信息系统的证明事项，不得要求市场主体提供。

有关部门应当建立证明事项清单动态调整机制，对各类证明事项，凡是没有法律法规或者国务院决定依据的，一律取消。证明事项调整或者取消的，有关部门应当及时更新证明事项清单。

市、县（市、区）人民政府、开发区（管理区）管委会有关部门应当全面推行证明事项告知承诺制，明确实行告知承诺制的证明事项范围、适用对象、工作流程和承诺要求。

第十六条　持续推进社会投资工程建设项目取得施工许可“一次办”、政府投资工程建设项目取得施工许可“两次办”改革不断深入落实，推行一张申请表单、一套申报材料、一窗受理、一次办结审批模式，推进“多评合一”“多测合一”、联合验收制度。确保社会投资及政府投资项目取得施工许可审批时限均在20个工作日内。

公布已开展区域评估的区域和事项清单。在中国（河北）自由贸易试验区曹妃甸片区、全市各类开发区和其他有条件的区域，对地震安全性评价、地质灾害危险性评估、节能评估、压覆重要矿产资源评估、气候可行性论证、环境影响评价、考古调查勘探、规划水资源论证等评估评价事项，继续开展一批区域评估项目，拓展区域评估事项、区域覆盖面，强化评估成果运用。

第十七条　聚焦服务全市重点产业发展，增强产业竞争力，促进项目快速落地，区分项目类型实行精细化、差别化审批服务。在中国（河北）自由贸易试验区曹妃甸片区、各类开发区和其他有条件的区域探索推行社会投资一般工业厂房（仓库）类项目、带方案出让土地工程建设项目、社会投资简易低风险项目、“标准地”项目简易审批、极简审批、告知承诺制、拿地即开工等审批模式。

第十八条　市、县（市、区）人民政府、开发区（管理区）管委会全面推行工程建设项目分级分类管理。在确保安全的前提下，对社会投资的简易低风险新建、改扩建项目，由有关部门发布统一的企业开工条件，企业取得用地、满足开工条件后作出相关承诺，有关部门应当直接发放相关证书，项目即可开工。

对重大工程建设项目中不影响安全和公共利益的非关键要件，在审批流程中探索试行“容缺后补”机制，允许市场主体在竣工验收备案前补齐相关材料。

第三章　市场环境

第十九条　本市全面落实市场准入负面清单制度。负面清单以外的领域，各类市场主体均可以依法平等进入。市、县（市、区）人民政府、开发区（管理区）管委会及其有关部门不得另行制定市场准入性质的负面清单。

本市实行外商投资准入前国民待遇加负面清单管理制度。外商投资准入负面清单以外的领域，按照内外资一致的原则管理。

市、县（市、区）人民政府、开发区（管理区）管委会根据城市发展定位、产业规划以及环保安全等规定，按照规定程序制定产业引导政策，并向社会公开。

开展与外商投资法不符的法规、规章和规范性文件专项清理工作，确保外商投资法各项制度切实有效执行。制定《唐山市外商投资企业投诉工作办法》，及时有效处理外商投资企业投诉，保护外商在唐投资合法权益。

第二十条　各类市场主体依法平等适用国家、省和市支持发展的各项政策，依法享有平等使用资金、技术、人力资源、土地使用权及其他自然资源等各类生产要素和用水、用电、用气、通信等公共服务资源。

市、县（市、区）人民政府、开发区（管理区）管委会及其有关部门应当平等对待各类市场主体，畅通生产要素流动渠道，依法保障不同市场主体平等获取生产要素和公共服务资源，不得制定或者实施歧视性政策措施。

第二十一条　市人民政府应当不断完善公共资源交易制度和规则，市、县（市、区）人民政府、开发区（管理区）管委会有关部门应当不断完善提升公共资源交易服务和监管水平，持续优化公共资源交易流程，创新公共资源交易监管机制，实现公共资源交易市场全域化、交易电子化、服务标准化、监管智慧化。

各公共资源交易监督管理部门应当加强公共资源交易全过程的监管和指导，建立健全公共资源交易市场主体评价机制，对公共资源交易平台提供公共服务的情况进行评价；推进公共资源交易平台服务事项“全程网办”和招标事项“一网通办”，推行保函、保险等方式替代现金缴纳投标保证金、履约保证金、工程质量保证金；优化中标信息、合同内容等信息公开机制，保障市场主体及时获取有关信息。

政府采购和招标投标等公共资源交易活动，应当公开透明、公平公正，保障各类市场主体依法平等参与。不得设定与合同履行无关和明显超过招标项目要求的业绩等不合理条件，不得违规设立各类预选供应商、预选承包商名录，或者以其他任何形式排斥、限制潜在投标人或者供应商。

第二十二条　市、县（市、区）人民政府、开发区（管理区）管委会及其有关部门应当依法开放和共享公共数据资源，加强业务协同办理，简化企业开办手续和流程，推动线下和线上企业开办服务融合。

本市推行开办企业“网上办、即时办、联合办、一日办”模式，线上实行“一网通办、全程网办”，线下实行“一窗受理、集成服务”，有关主管部门应当建立跟踪服务机制，可以通过增加公益岗、辅助人员等方式，提供全程免费代办服务。

第二十三条　本市将全部涉企经营许可事项纳入清单管理，依法采取直接取消审批、审批改为备案、实行告知承诺、优化审批服务等方式进行分类管理，为企业取得营业执照后开展相关经营活动提供便利。严格落实《唐山市市本级涉企经营前置后置行政许可目录》，营造稳定、公平、透明的市场准入环境。

企业登记机关办理企业登记时，应当告知企业需要办理的涉企经营许可事项，并及时将有关企业登记注册信息推送有关主管部门。有关主管部门不得以企业登记的经营范围为由，限制其办理涉企经营许可事项。

市场监督管理部门应当组织编制经营范围规范目录，并根据新产业、新业态的发展情况及时调整更新，为企业自主选择经营范围提供服务。

第二十四条　供水、供电、供气、供热等公用企事业单位应当向社会公开服务范围、服务标准、资费标准、服务流程、办理时间等信息，不得强迫市场主体接受不合理的服务条件，不得以任何名义收取不合理费用；全面推进在线办理业务，简化报装手续，优化办理流程、压缩办理时限，为市场主体提供安全、方便、快捷、稳定和价格合理的服务。

第二十五条　市、县（市、区）人民政府、开发区（管理区）管委会应当健全政府性融资担保体系建设，完善可持续发展模式，建立资本金补充、代偿补偿、保费补贴奖补机制。

第二十六条　市、县（市、区）人民政府、开发区（管理区）管委会及其有关部门应当严格落实国家各项减税降费政策，加强政策跟踪调研和协调配合，及时办理各项退税退费，确保减税降费政策全面、及时惠及市场主体。

对政府性基金、涉企行政事业性收费、涉企保证金以及实行政府定价的经营服务性收费，实行目录清单管理并向社会公开，目录清单之外的涉企收费和保证金一律不得执行。全面推进以金融机构保函等替代现金缴纳涉企保证金，并在相关规范和办事指南中予以明确。

第二十七条　市、县（市、区）人民政府、开发区（管理区）管委会应当规范和加强中小企业发展专项资金的使用和管理。坚决贯彻落实民营企业、中小企业各项支持政策，保障民营企业、中小企业参与公平竞争。发挥市民营经济领导小组办公室协调联络作用，建立沟通机制，组织各成员单位开展专题研究、提出工作建议，推动各项工作落实。

金融监管部门应当完善金融监管、考核和激励机制，鼓励和引导金融机构开发、推广惠及民营企业、中小企业的金融产品，开通民营企业、中小企业服务绿色通道，简化贷款手续，增加对民营企业、中小企业的信贷投放，并合理增加中长期贷款和信用贷款支持，降低民营企业、中小企业的综合融资成本，提高融资便利度。

第二十八条　支持发展新产业、新业态、新模式，培育发展一批特色产业集群，推动人工智能、大数据、5G、物联网、云计算、区块链等数字产业加快发展，推动数字经济和实体经济深度融合。

第二十九条　市、县（市、区）人民政府、开发区（管理区）管委会应当根据经济社会发展和市场主体需求，构建更加开放、便利、精准的人才培养、引进、评价、激励等政策体系，做好人才安居、医疗、子女教育、配偶就业等保障措施。

加强人力资源服务机构标准化建设，培育高端化、国际化、专业化、数字化的人力资源服务机构，提高人力资源服务业发展水平，畅通维权渠道，加大指导帮助和监督执法力度，依法保护劳动者和市场主体合法权益。

第三十条　市场监督管理、行政审批、税务等部门应当优化企业注销办理流程，精简申请材料，压缩办理时间，降低注销成本。市场主体未办理过涉税事宜，或办理过涉税事宜但未领用发票、无欠税（含滞纳金、罚款）和其他未办结事项的纳税人，免予办理清税手续。

探索“证照同注”，实施同一登记机关企业注销登记与行政许可注销登记同步办理试点，以食品经营许可证等“证照联办”事项为试点，探索推进涉企经营许可事项注销与企业登记注销合并办理。

第三十一条　强化知识产权创造、保护和运用，完善知识产权保护体系，开展知识产权保护宣传教育，提升知识产权保护效能，坚持日常监管和专项整治相结合，加强知识产权全链条保护，有效维护市场经济秩序。

第三十二条　推动更高质量的知识产权信息开放和更高水平的知识产权运营服务供给，主动对接中小微企业技术需求，进一步畅通技术要素流转渠道，推动专利技术转化实施，唤醒“沉睡专利”，降低创新创业成本，提升综合服务能力，助力中小微企业创新发展，充分释放全社会创新创业活力和创造潜力，推动全市高质量发展。

第三十三条　市、县（市、区）人民政府、开发区（管理区）管委会应当在依法合规、风险可控的基础上创新金融产品。优化金融服务流程，降低民营企业、中小企业获得资金成本，为市场主体提供优质、高效便捷的财政扶持、费用减免等金融支持、政策支持。

市、县（市、区）人民政府、开发区（管理区）管委会及相关部门应当组织开展各类与中小企业的服务对接活动。鼓励各类机构与民营企业、中小企业建立常态化沟通机制和中小企业公共服务示范平台，在政策咨询、人才培训、信息化服务、投融资、知识产权、财会税务、法律咨询等方面提供精准服务。

第三十四条　中、基层法院应当提高执行合同的办理效率，压缩办案时间，提高办案质量。

立案部门应当全面落实立案登记制，有案必立、有诉必理。深化一站式建设，畅通立案渠道，完善现场立案、网上立案、邮寄立案和跨域立案等服务功能，最大限度缩短立案审查期限。健全商事合同案件的分调裁审机制，审判部门持续压缩简单商事合同案件的审理时长。执行部门应当加大执行力度，对被执行人有财产可供执行的案件，原则上应当在立案之日起六个月内执结。执行案件立案后一般应当在一个月内完成财产调查，并依法采取查封、扣押、冻结等执行措施。对需要变价的财产，原则上采取网络司法拍卖的方式，一般应当在参考价确定后十日内发布拍卖公告。执行案款到账后，应当在三十日内完成执行案款核算、执行费用结算、通知申请执行人领取和执行案款发还等工作。

第三十五条　市、县（市、区）人民政府、开发区（管理区）管委会推进完善市场化、法治化的破产制度，支持人民法院探索建立重整识别、预重整等破产拯救机制，探索破产案件繁简分流、简易破产案件快速审理等机制，简化破产流程。

建立企业破产处置协调联动机制，统筹协调解决企业破产处置工作的民生保障、社会稳定、财产接管、税收申报、资产处置、金融协调、信用修复、变更注销、中介管理、费用保障等问题。

支持破产管理人协会和破产管理人援助基金会建设，引导管理人加强自治和自律，规范援助基金提留、管理和使用行为。

第四章　法治环境

第三十六条　市、县（市、区）人民政府、开发区（管理区）管委会及其有关部门应当衔接落实对应领域国家统一的监管规则和标准体系，并严格依照监管规则和标准对市场主体进行监管。

第三十七条　市、县（市、区）人民政府、开发区（管理区）管委会及其有关行业主管部门应当建立健全分级分类监管制度，依托“河北省企业信用风险分级分类管理系统”，对社会信用主体实施信用分级分类差异化监管，分级分类情况作为行政执法确定抽查比例和频次的参考依据。

市、县（市、区）人民政府、开发区（管理区）管委会及其有关行业主管部门应当按照国家有关法律法规的规定建立健全跨行业、跨领域、跨部门守信联合激励和失信联合惩戒措施，加强对守信行为的褒扬和激励、对失信行为的约束和惩戒。

市、县（市、区）人民政府、开发区（管理区）管委会及其有关行业主管部门应当按照国家有关信用修复的要求，建立健全信用修复机制，明确信用信息修复的条件、标准、流程等要素，对市场主体提出的修复申请，有关部门应当及时予以处理、按时办结。

第三十八条　市、县（市、区）人民政府、开发区（管理区）管委会有关部门应当根据监管需求，推行综合行政执法，加强执法协作，明确联动程序，推进不同部门之间监管标准互通、违法线索互联、处理结果互认，提高跨部门、跨领域联合检查效能。

同一部门同一时期对同一检查对象实施多项检查的，应当合并进行。不同部门的日常监督检查能够合并进行的，由市、县（市、区）人民政府、开发区（管理区）管委会有关部门组织实施联合检查。

第三十九条　市、县（市、区）人民政府、开发区（管理区）管委会有关部门应当根据不同领域特点、风险等级，采取分类监管措施。对直接涉及公共安全和人民群众生命健康等特殊行业、重点领域，依法依规实行全覆盖的重点监管。

第四十条　市、县（市、区）人民政府、开发区（管理区）管委会及其有关部门应当按照鼓励创新的原则，在确保质量和安全的前提下，对新技术、新产业、新业态、新模式等实行包容审慎监管，针对其性质、特点分类制定和实行相应的监管规则和标准，留足发展空间，引导其健康规范发展，不得简单化予以禁止或者不予监管。

第四十一条　市、县（市、区）人民政府、开发区（管理区）管委会及其有关部门应当依托全省统建的“互联网+监管”平台系统，推动实现各部门监管信息归集共享和应用；充分运用互联网、大数据等技术手段，严格限制重复检查、多头执法和涉企现场检查，实现行政检查、行政处罚、行政强制等监管行为全程留痕、闭环管理。

第四十二条　行政执法机关应当实行行政执法公示制度，依托行政执法公示平台，及时准确向社会公开有关行政执法的基本情况与执法结果。

行政执法机关应当实行行政执法全过程记录制度，通过文字、音像等方式，对行政执法行为进行记录并归档，实现全过程留痕和可回溯管理。

行政执法机关应当实行重大行政执法决定法制审核全覆盖，未经法制审核或者审核未通过的，不得作出决定。

第五章　监督保障

第四十三条　市、县（市、区）人民政府、开发区（管理区）管委会应当结合政府工作报告或者专项工作报告，向本级人民代表大会及其常务委员会报告优化营商环境工作，依法接受监督。

第四十四条　市、县（市、区）人民政府、开发区（管理区）管委会应当对本行政区域内优化营商环境工作组织开展监督检查，对发现的问题依法及时纠正。

第四十五条　市、县（市、区）人民政府、开发区（管理区）管委会应当建立健全投诉查处机制，通过便民服务热线、政务服务平台等渠道，接受社会各界对损害营商环境行为的投诉举报。各级各部门应当认真核查投诉举报事项，在规定时限内办理完毕并回复。

第四十六条　市级优化营商环境工作主管部门应当对各县（市、区）人民政府、开发区（管理区）管委会，市政府有关部门、市直有关单位的优化营商环境工作，进行监督考核。

第四十七条　建立优化营商环境社会监督员制度，聘请人大代表、政协委员、企业家代表、律师等作为监督员，发现营商环境问题，及时提出意见和建议。政府及有关部门应当接受社会监督员的监督，及时整改查实的问题。

第四十八条　各级各部门应当加强优化营商环境的法律、法规和政策措施的宣传，营造良好的营商环境舆论氛围。

鼓励新闻媒体发挥舆论监督作用，对损害营商环境的行为和典型案件予以曝光。

第四十九条　纪检监察机关要将优化营商化境工作列为重点监督事项，对落实不力、完成质量不高的，按规定进行责任追究；对弄虚作假、欺上瞒下、不作为、乱作为的，一经查实，严肃问责、从严处理。

第六章　附则

第五十条　市、县（市、区）人民政府、开发区（管理区）管委会及有关部门要依据本规定制定有关实施办法或者实施细则。

第五十一条　本规定自2021年11月20日起施行。

重要文献

Zhongyao Wenxian

唐山市人民代表大会常务委员会工作报告

——2022年1月24日在唐山市第十六届人民代表大会第二次会议上

2021年主要工作

2021年，是党和国家历史上具有里程碑意义的一年，是唐山昂扬奋进开启“三个努力建成”新征程的一年，也是市十六届人大常委会的履新之年。在市委坚强领导下，常委会坚持以习近平新时代中国特色社会主义思想为指导，深入学习贯彻党的十九大、十九届历次全会和中央、省市委人大工作会议精神，紧扣市第十一次党代会决策部署，着力在服务中心大局中强担当，在增进民生福祉中践初心，在接续团结奋斗中开新局，人大整体工作取得新进步，为加快“三个努力建成”作出了新贡献。

一、坚持政治站位，始终把牢人大工作的正确方向。常委会牢牢把握政治机关定位，强化政治引领，坚守政治定力，提升政治能力，自觉把党的领导贯穿于人大工作的各方面全过程。

人大制度自信更加坚定。建立常态化学习机制，着力学懂弄通做实习近平法治思想、习近平总书记关于坚持和完善人民代表大会制度的重要思想。把深入学习宣传贯彻党的十九届六中全会和中央人大工作会议精神作为重大政治任务，以绝对忠诚拥护“两个确立”，进一步深化对全过程人民民主重大理念的理解把握，以理论武装的新提升，推动人大事业与时俱进、开拓前行。

坚持党的领导更加自觉。市委高度重视人大工作，在全省设区市第一时间召开人大工作会议，制发关于新时代坚持和完善人民代表大会制度、加强和改进人大工作的实施意见；全年12次研究部署人大工作，出台关于加强人大对政府债务审查监督的实施意见等文件。常委会党组严格落实党的领导各项制度，全年向市委报告重要会议、重要立法、重要活动37次。市十六届人大一次会议各职人选均全票当选，常委会任免国家机关工作人员221人次均全票通过，确保了省市委人事安排得到有效落实。

依法履职尽责更加精准。紧紧围绕“33458”工作思路谋划推进人大工作，坚决做到市委中心工作在哪里，人大工作就跟进到哪里。年内，常委会制定地方法规1件、修改1件、废止1件，作出专项决议决定3项，听取审议“一府一委两院”工作报告19项，组织专项工作满意度测评、专题询问5次，开展执法检查、视察调研55次。市委主要领导先后10次批示肯定。

二、聚焦服务大局，全力助推经济社会高质量发展。常委会紧扣党中央和省市委决策部署，自觉践行“唐山发展、人大尽责”理念，围绕中心、主动作为，坚决扛起人大推动高质量发展的责任担当。

着力推动重大部署落地落实。扎实开展优化营商环境、农业结构调整、地下水超采治理、公共医疗卫生服务和大气污染治理“4+1”联动监督，对“6+1”联动监督进行“回头看”，跟踪监督大气污染治理省达问题整改。全市三级人大组建186个代表监督小组、3784名五级代表参与，实地检查点位1934个，汇总转交政府办理的问题线索281个，提出意见建议460条，“法律巡视”监督利剑作用得以彰显。跟进作出加强地下水超采综合治理工作的决定，建立治理长效机制。省人大执法检查组对我市工作给予高度评价。

着力服务“十四五”开好局、起好步。审查批准市“十四五”规划和年度计划预算报告，听取审议半年计划预算执行情况；组织种子“一法一条例”执法检查，维护农业安全；开展“牢记总书记嘱托、矢志奋斗开新局”人大代表专题考察活动，提出针对性意见建议118条；领导班子成员认真包联重点项目和企业，解决各类问题57个，有力促进了全市经济平稳健康发展。坚持全口径全覆盖全过程监督，严格审查决算报告和预算调整方案，听取审计查出问题整改、行政事业性国有资产管理等情况报告，代表人民管好“钱袋子”。作出加强国有资产管理情况监督的决定，推动监督工作制度化、常态化。

着力回应人民群众关心关切。关注“一老一小”，听取市政府对常委会社会养老服务工作审议意见落实情况报告，推进补齐养老服务短板；听取学前教育专项报告，督促各级政府加强学前教育投入和管理，确保学龄前儿童“有园上、园好上、上好园”。围绕打通城市断头路、立体停车场建设、新能源公交车应用等开展视察调研，组织三级代表专题视察市政府20件民生工程落实情况。在全省率先实现街道居民议事制度全覆盖，听取市政府贯彻执行《城市民族工作条例》情况报告，受理人民群众来信来访和网上信访487件次，促进了社会和谐稳定。

三、强化法治保障，积极推动法治唐山建设。常委会认真贯彻习近平法治思想，遵循立法原则，优化立法机制，加强制度供给，努力以良法促进发展、保障善治。

扎实开展地方立法。坚持立改废并举，制定《唐山市集中式饮用水水源地保护管理条例》，修改《唐山市养犬管理条例》，废止《唐山市农作物种子管理办法》。《唐山市防灾减灾救灾条例》入围2021年度河北省“十大法治成果”，网上投票排名全省第一。坚持计划立、立必成，把科学编制五年立法规划和2022年立法计划作为重中之重，连续6轮开展征求意见活动，召开3次协调会议，广听民意、开门立法。我市在全省地方立法工作会议上作典型发言。

大力弘扬法治精神。听取审议市政府“七五”普法工作报告，作出开展第八个五年法治宣传教育的决议，推动“八五”普法任务有效落实。在唐山法治园开展“12.4”国家宪法日集中宣传活动，组织市十六届人大8个专门委员会组成人员向宪法集体宣誓，强化宪法意识。常态化听取审议备案审查工作情况报告，全年备案审查规范性文件35件，有力维护了国家法制统一。

深入推进依法监察公正司法。聚焦人防系统腐败问题专项治理，首次听取市监察委员会专项报告，推动监察工作依法开展。按照省人大统一部署，认真开展民事执行工作联动监督，针对民事执行透明度不高、被执行人规避执行等问题，督促市法院加大力度、认真解决，让人民群众在每一个司法案件中真正感受到公平正义。

四、突出代表主体，支持和保证人民当家作主。常委会始终坚持尊重代表、依靠代表、服务代表，支持和保障代表依法履职，让人民当家作主和全过程人民民主得到充分体现。

加强代表服务保障。首次借助“云端”平台，举办全国、省、市三级人大代表培训班，提升代表履职能力。常委会组成人员与170名基层代表建立经常性联系，邀请130余名代表列席市委、市政府会议和人大常委会会议，促进代表知情知政，更好履职行权。优化代表掌上履职平台，建立代表之家可视系统，提升代表履职实效。

丰富代表履职形式。立足选区和代表职业特点，组建39个市人大代表小组，定期开展活动。坚持邀请代表参与执法检查、视察调研，组织三级人大代表集中视察项目建设、乡村振兴等重点工作。发出《倡议书》，引导全市各级代表带头接种新冠疫苗。依托222个代表之家和507个代表联络站，组织代表听民声、汇民意、促发展，收集意见建议13000余条。

提升建议办理实效。先后召开专门会议，对年初、年中两次大会代表提出的404件建议进行集中交办，落实办理责任。确定“加快数字经济发展”“推动绿色转型迎接碳达峰”等24件建议，由各专门委员会重点督办，主任会议、常委会会议专题听取建议办理情况报告。年内，所有建议全部按时办结，代表“满意率”、建议“落实率”实现双提升。

五、加强自身建设，激发昂扬向上内生动力。常委会始终坚持与时俱进，主动适应新时代人大工作需要，努力夯实履职基础，提升履职质效。

认真开展党史学习教育。把党史学习教育作为贯穿全年的政治任务，深入学习习近平总书记重要论述，学习人大制度史，常委会领导班子以上率下，带头深入基层宣讲专题党课、宣讲党的十九届六中全会精神，召开党组扩大会议、中心组学习会议15次。严肃党内政治生活，召开专题民主生活会、组织生活会，切实做到学史明理、学史增信、学史崇德、学史力行。

努力提升履职本领。开展“大学习、大走访、大调研”活动，依托“人大讲堂”举办5期专题讲座，主任会议成员带队到县区人大、代表家（站）调研指导，与“一府一委两院”及相关部门对接沟通，理清工作思路，凝聚发展共识。聘任79名专家组建咨询库，为常委会履职提供人才和智力支撑。

坚持不懈改进工作作风。认真开展作风纪律专项整治，弘扬严实细快久工作作风，健全“五个一”抓落实机制。着力提标提速提质提效，在重大任务中培养锻炼干部，人大机关形成了讲政治、求创新、争一流、重学习、善团结、守规矩的良好氛围。

各位代表！过去的一年，我们以担当书写忠诚，用初心践行使命，人大制度的优势和功效得到进一步彰显。成绩的取得，是市委坚强领导的结果，是“一府一委两院”积极配合、各有关方面大力支持的结果，是常委会组成人员、全体市人大代表以及各县（市、区）人大共同努力的结果。在此，我代表市人大常委会，表示衷心的感谢和崇高的敬意！

各位代表！在看到成绩的同时，我们也清醒地认识到，对照党和人民的期望和要求，常委会工作还存在一些差距和不足。主要是：立法的质量和效率还需进一步提高，监督的力度和刚性还需进一步增强，代表联系群众的广度和深度还需进一步拓展，依法履职的制度和机制还需进一步健全。我们将正视问题、认真改进，奋发作为、永不懈怠！

2022年主要任务

2022年，是党的二十大召开之年，是实施“十四五”规划的关键之年，也是市十六届人大及其常委会履职深化之年。市人大常委会工作的总体要求是：高举习近平新时代中国特色社会主义思想伟大旗帜，毫不动摇坚持、与时俱进完善人民代表大会制度，紧跟党中央和省市委决策部署，紧扣高质量发展法治需求，紧贴人民群众美好生活向往，精准履职提质量，满怀真情惠民生，着力打造过硬的政治机关、国家权力机关、工作机关和代表机关，在加快“三个努力建成”的新征程中，不断谱写人大工作高质量发展的新篇章。

一、坚持政治机关定位，努力在履职站位上有新提升。牢记人大是党领导下的重要政治机关，强化对标看齐、紧跟紧随的政治自觉，始终在思想上政治上行动上同以习近平同志为核心的党中央保持高度一致。一是持续深化党的创新理论武装。持之以恒深入学习贯彻习近平法治思想和习近平总书记关于坚持和完善人民代表大会制度的重要思想，切实把学思践悟新成效，转化为增强“四个意识”、坚定“四个自信”、做到“两个维护”的具体行动，转化为推进人大事业蓬勃发展的强大动力。二是全面践行全过程人民民主。自觉把人民意志体现到立法工作的全过程，把人民权力落实到监督工作的全链条，把人民呼声融入代表工作的各方面，确保人民的知情权、参与权、表达权、监督权落实到人大各项工作中，实现党的领导、人民当家作主、依法治国有机统一，奏响全过程人民民主的崭新乐章。三是坚决落实市委决策部署。自觉把人大工作放在“三个努力建成”“三个走在前列”大局中谋划推动，深入贯彻市委十一届四次全会精神，在助力全面绿色转型中更好发挥人大职能作用。认真落实市委人大工作会议精神，将市委实施意见确定的5个方面25项任务措施，逐项分解、压实责任、推动落实，让人大制度更加深入人心，优越性充分展现。

二、坚持立法引领，努力在法治唐山建设上有新作为。良法是法治之基。要紧紧抓住提高立法质量这个关键，坚持科学立法、民主立法、依法立法，使立法更具唐山特色，为法治唐山提供有力保障。一是更加注重务实管用。坚持“小切口、能落地、真管用、见成效”，加强重点领域立法和创制性立法，制定截瘫疗养院保护利用、生态环境保护等条例，围绕机动车停车、古树名木保护管理、城市景观风貌保护、养老社会化服务促进、预防未成年人犯罪等12部法规开展立法调研。适时开展执法调研和立法后评估，切实发挥法规的引领保障和推动作用。二是更加注重立法主导。坚持人大在立法选题、组织起草、审议把关等环节的主导作用，研究出台做好地方立法工作的实施意见，健全“两审三通过”审议制度。制定规范性文件备案审查实施办法，推进备案审查平台建设，确保有件必备、有备必审、有错必纠。扩大群众立法参与度，有效打通立法和民意的“最后一公里”。三是更加注重法治宣传。结合落实“八五”法治宣传教育规划和决议，认真开展宪法法律和我市地方性法规宣传活动，培育全社会尊法、学法、守法、用法的良好氛围。

三、坚持正确有效依法监督，努力在增强监督刚性实效上有新成效。人大监督是宪法法律赋予的重要职权。要深化拓展监督方式，力求做到重点更突出、内容更精准、方法更有力、效果更明显。一是聚焦五个重点领域强化联动监督。按照省人大统一部署，就重点项目建设、优化营商环境、地下水超采综合治理、农村人居环境整治提升、城市生活垃圾分类管理开展联动监督，巩固深化“4+1”联动监督成效，着力推动解决制约全市高质量发展的重点难点问题。二是聚焦经济运行强化监督。听取审议市政府计划、预算执行和审计查出问题整改、国有自然资源资产管理、政府性债务管理使用偿还、农业龙头企业品牌建设等情况报告，开展乡村振兴促进法执法检查，围绕沿海经济、城市经济、科技成果转化等开展专题调研。认真落实全国人大常委会关于加强经济工作监督的决定，持续提升预算联网监督水平，增强监督的规范性、实效性。三是聚焦民生热点强化监督。以百姓心为心，听取市政府落实全市办好人民满意教育大会精神的情况报告，听取和审议普通高中教育专项报告并组织专题询问，围绕教育“双减”政策落实开展专项调研，聚力推进基础教育高质量发展。听取市政府关于医疗保障、社区居家养老等报告，调研家政服务工作，让民生更有温度。四是聚焦生态环保和城市建设强化监督。开展固体废物污染环境防治法执法检查，并组织专题询问。听取市政府关于市中心区建设、创建国家文化和旅游消费试点城市专项工作报告，围绕城市更新行动、城市综合治理、工业城市文化蝶变等组织调研视察，打好监督“组合拳”，助推“一港双城”建设提速提质。五是聚焦监察和司法领域强化监督。支持监察机关依法严格履行职责、行使权力。组织修订关于加强检察公益诉讼工作的决定和加强司法工作监督的意见。不断规范人大信访工作流程，加强县级人大信访工作交流指导，提升信访工作水平。

四、坚持代表主体地位，努力在发挥代表作用、激发代表活力上有新进展。人大代表是党联系服务群众的桥梁和纽带，保证人大代表依法履职就是保证人民当家作主。我们要让代表走向人大舞台的中心，密切联系代表、紧紧依靠代表，让群众切身感受到代表就在身边。一是进一步丰富代表闭会期间活动。在全市五级代表中，组织开展“忠诚履职践初心、服务发展惠民生”主题实践活动。坚持常委会组成人员走访联系代表、与列席常委会会议代表座谈等制度，邀请更多代表参与立法、监督等活动。切实发挥代表家（站）作用，真正成为代表联系群众的“民意窗”“连心桥”。二是进一步提升代表服务保障水平。持续推进民生工程项目代表票决制，实现政府决策与人民需求精准对接、高度融合。按照代表建议“内容高质量、办理高质量”要求，健全完善重点督办、跟踪督办、满意度测评、办理情况公开等机制，让代表的呼声有回应，让人民的诉求有着落。三是进一步加强代表履职管理和考核激励。推进代表履职档案规范化建设，完善落实年度考核制度，健全代表退出和增补机制。有序组织代表回原选区或原选举单位述职，亮出代表履职答卷。开展优秀代表建议、优秀承办单位和优秀代表小组评选，讲好代表履职故事，展示代表时代风采。

五、坚持强基固本，努力在加强自身建设上有新气象。适应新时代人大工作的新定位、新任务，从百年党史中汲取智慧和力量，建设让党放心、人民满意的模范机关。一是强化政治引领。严守政治纪律和政治规矩，始终在重大政治问题上立场坚定、旗帜鲜明。充分发挥常委会党组把方向、管大局、保落实的领导作用，善于使党的主张通过法定程序成为国家意志，善于使党组织推荐的人选通过法定程序成为国家政权机关的领导人员。二是强化能力建设。坚持办好“人大讲堂”，有针对性开展代表学习培训。完善常委会工作制度和运行机制，支持各专委会行使法定职权。加强“智慧人大”建设，深化人大理论研究，重视发挥专家咨询库作用，提升人大工作信息化、专业化水平。三是强化过硬作风。树立“争第一、创唯一”鲜明导向，保持干事创业的朝气、锐气、正气，干就干好、做就做成，打造政治坚定、服务人民、尊崇法治、发扬民主、勤勉尽责的人大工作队伍。加强各级人大协同联动，凝心聚力推动全市人大工作再上新台阶。

各位代表，落实中央人大工作会议精神，坚持和完善人民代表大会制度，我们使命光荣；牢记总书记嘱托，奋力开创新时代“三个努力建成”新局面，我们责任重大。让我们在中共唐山市委坚强领导下，聚焦聚力、依法履职，踔厉奋发、笃行不怠，努力为加快建设繁荣舒适美丽的现代化沿海强市作出人大新贡献，以优异成绩迎接党的二十大胜利召开！

中国人民政治协商会议
河北省唐山市第十三届委员会常务委员会工作报告

——2022年1月22日在政协唐山市第十三届委员会第二次会议上

2021年工作回顾

2021年是中国共产党建党100周年，也是第二个一百年奋斗目标、“十四五”规划和十三届市政协工作的开局之年。在中共唐山市委的坚强领导下，市政协常委会坚持以习近平新时代中国特色社会主义思想为指导，全面落实中共中央和省市委政协工作会议部署，以开展党史学习教育和“四史”宣传教育为契机，把加强思想政治引领、广泛凝聚共识作为中心环节，把发挥专门协商机构作用作为履职重点，突出团结和民主两大主题，坚持“跟得紧、贴得近、承得重、落得实”原则，认真履行政治协商、民主监督、参政议政职能，在唐山经济社会高质量发展的生动实践中展现了新作为、作出了新贡献。

（一）着力夯实思想政治基础，在对标对表、忠诚履职上更加自觉。常委会始终坚持中国共产党对政协工作的全面领导，把捍卫“两个确立”、增强“四个意识”、坚定“四个自信”、做到“两个维护”落实到人民政协事业发展全过程各环节，同心同向同行的政治属性进一步强化。一是全面加强理论武装。认真落实理论学习中心组学习制度，以党组会议、理论学习中心组学习会议等形式，第一时间、第一议题传达学习中共中央和省市委重要会议精神；搭建“委员大讲堂”“云上微课堂”等多层次学习平台，邀请专家学者开展全体委员培训5次，组织市政协常委和县（市、区）政协主席赴江西开展履职能力提升专题培训班，不断加深对习近平新时代中国特色社会主义思想的理解和掌握，努力做到学思用贯通、知信行统一。深刻把握政协学习的规律和特点，建立“学习+知情、学习+协商、学习+调研、学习+监督”的“1+4”学习格局，持续开展“读好书、强素质”活动，在全省政协系统党建工作座谈会上以“大学习”为主题作了典型发言。二是全面加强党的领导。坚决贯彻习近平总书记系列重要讲话和重要指示批示精神，扎实开展党史学习教育和“四史”宣传教育，深入开展庆祝中国共产党成立100周年系列主题活动，引领各党派团体、政协各参加单位、广大政协委员不断增进“四个认同”，始终同以习近平同志为核心的中共中央保持高度一致。严格落实请示报告制度，主动向市委请示报告29件次，确保在市委的正确领导下协调一致地开展工作。市委审定转发市政协“一个要点、五个计划”，多次专题听取和研究政协工作，对政协提出的建议、反映的情况，督促相关单位逐件办理、落实到位。三是全面加强组织建设。深入贯彻落实中共中央关于加强新时代人民政协党的建设工作的意见，发挥政协党组把方向、管大局、保落实的重要作用，严格落实重大履职活动建立临时党组织制度，搭建自上而下的党组织架构，实现党的组织对党员委员全覆盖。建立健全政协党组成员、机关党组成员、专委会党支部委员联系带动党员委员，党员委员联系带动党外委员，委员联系带动界别群众机制，实现党的工作对政协委员全覆盖。加强政协机关党的建设，圆满完成机关党支部换届工作，持续开展“双创一争”活动，连续5年被市直工委评为党建考核优秀单位。

（二）着力提高建言资政水平，在服务大局、助推发展上更加务实。常委会坚持把促进高质量发展作为履行职能的第一要务，紧紧围绕中心大局开展专题协商和视察监督活动33次，提出意见建议100余条，得到省市领导批示52人次，有力有为有效的智慧力量进一步汇聚。一是突出协商重点。围绕市委确定的“绿色发展”战略，开展以“打造循环产业链体系，大力推进绿色发展”为议题的议政大会协商，市委书记张古江、市长田国良出席会议，听取委员发言，与委员互动交流，共商发展大计。聚焦“创新发展”和“转型发展”战略，开展以“实施创新驱动发展战略，加快科技创新平台建设”“做优做强钢铁服务业，推进钢铁产业转型发展”为议题的常委会协商，提出意见建议20余条，得到市委、市政府主要领导充分肯定，一批意见建议纳入决策视野、转化为政策举措。二是丰富协商形式。制定协商工作规则，完善党政点题、群众出题、政协答题的课题遴选、评审机制，建立完善“协商议题库”，落实政协协商议题会商机制，聘用46名议政咨询委员并举行聘书发放仪式，为高质量履职建言提供了有效支撑。增加网络议政、远程协商密度和频次，“智慧政协”实现上线运行，为市县政协线上线下互动、委员场内场外联动搭建了平台。对标学习省政协，在常委会协商中增设分组讨论和学习环节，不断提升协商质效。三是拓展协商广度。进一步发挥政协协商平台作用，积极探索民主监督与法律监督协同保护社会公共利益的有效方法和途径，与市检察院联合印发《关于建立公益保护协同监督机制的意见》，得到张古江书记的批示肯定，在把人民政协的制度优势转化为基层治理效能上进行了积极探索。四是开展有效监督。组织加强大气污染防治助力实现“退后十”目标等专题视察监督8次，综合运用各项履职手段集成作战，力促市委、市政府重大决策部署落地落实。围绕市委、市政府中心工作和群众关注的热点难点问题，确定1号提案和10件重点提案，由主席、副主席牵头督办，打造提案协商品牌，十二届五次全会立案的337件提案和十三届一次全会立案的128件提案全部办复。

（三）着力汇聚改革发展合力，在增进共识、团结合作上更加有力。常委会坚持把加强思想政治引领、广泛凝聚共识作为履职中心环节，拓宽团结面、画大同心圆，合作共事、拼搏奋进的工作局面进一步拓展。一是在开展调研视察中强化引领。组织三级政协委员开展“践行习近平总书记2016年视察唐山重要指示五周年系列活动”专题视察，形成“求同”“成事”的浓厚氛围。加强民族宗教和对台工作，扩大与归侨、侨眷和海外华侨（华人）联系，聚焦少数民族乡村经济社会发展、坚持宗教中国化方向等开展调研视察，促进民族团结、宗教和睦、社会稳定。二是在激发党派活力中凝聚力量。落实党组成员联系民主党派、工商联制度，注重发挥党外代表人士在协商议政中的作用，各民主党派、市工商联代表作专题发言122人次，反映社情民意信息480余条，党派团体在政协履行职责的渠道更加畅通、作用更加显著。民盟市委积极推进“一支一案”工作，7篇意见建议被民盟中央、省委统战部采用。民建市委组建专门参政议政人才库，参政议政和社情民意工作在全省位居前列。农工党市委在农工党中央专职副主席杨震一行来唐调研中，主动宣传推介我市绿色转型的做法成效，为我市转型发展赢得了上级的理解和支持。三是在推进文史宣传中塑树形象。讲好唐山故事、政协故事，召开“百年呔商”调研座谈会，编纂出版《唐山名胜名食》等文史专著，追寻城市根脉、保留唐山记忆。举办全市政协系统宣传思想和社情民意信息工作培训班，《人民政协报》等省级以上媒体刊发市政协宣传稿件20余篇次，录制播出《政协委员关注》26期，在全省政协宣传思想工作座谈会上作典型发言，政协传播力、引导力、影响力不断增强。

（四）着力践行人民至上理念，在协商于民、履职为民上更加主动。常委会深入践行以人民为中心的发展思想，用心用情用力解决人民群众的“急难愁盼”问题，亲民爱民为民的政协情怀进一步彰显。一是聚焦热点难点协商议政。深入基层、深入群众、深入一线听取意见建议，开展加强对精神障碍患者的服务保障与管理、推进城市生活垃圾分类、食品安全监督管理机制建设等专委会协商10次，促进了民生问题的解决。二是聚焦群众关切反映民意。完善“上提中拓下沉”的三维工作模式，累计上报全国政协社情民意信息228篇，上报省政协236篇，报送市委主要领导《社情民意专报》18期，全国政协、省政协采用63篇，得到省、市领导批示15人次，在全国政协社情民意座谈会上作书面发言。三是聚焦民生所盼回应诉求。组织政协各参加单位立足专业所长，积极开展“我为群众办实事”活动，民革市委与有关部门建立关爱自闭症儿童联动帮扶机制，对自闭症患儿和家庭提供爱心帮助；民进市委对接民进中央、民进省委社会服务工作，促成贵州省金沙县名优农产品唐山市展示展销中心揭牌；九三学社市委组织专家为群众提供面对面服务11000余人次，受到群众欢迎。

选派机关干部组成专班，赴玉田县驻村帮扶，协助解决实际困难，受到村民赞誉。

（五）着力强化政协自身建设，在建章立制、服务管理上更加规范。常委会坚持把“懂政协、会协商、善议政，守纪律、讲规矩、重品行”的要求作为重要遵循，建强“两支队伍”，不断提升工作效能，忠诚干净担当的政协形象进一步提升。一是突出委员主体作用。出台《强化政协委员责任担当的若干措施》《广泛凝聚共识的若干措施》等制度文件，发挥委员特长、挖掘委员资源，支持和保障委员依章依规履职尽责。二是加强上下协调联动。积极推进省市县三级政协联动协商、联动监督，召开全市政协系统秘书长工作交流座谈会，密切工作联系，加强协调沟通，形成推进工作的整体合力。三是提升机关服务水平。落实“争第一、创唯一”标准，大力弘扬“严实细快久”工作作风，组织开展专题读书班、主题演讲、微党课、主题党日等系列活动，机关干部服务意识和能力不断增强。

过去的一年，市政协常委会继承和发扬人民政协的优良传统，着眼新形势、新任务、新要求，不断深化对人民政协事业发展特点和规律的探索，更加深刻地认识到：必须紧跟核心，对标党的领导这一根本点，把坚持党对政协工作的全面领导贯彻始终。铸就坚如磐石的理想信念，坚守绝对忠诚的政治品格，引领广大政协委员感党恩、听党话、跟党走。必须紧扣中心，对标党委政府工作的着力点，把高质量履职的追求贯彻始终。做实协商议政的主责主业，保持昂扬向上的蓬勃朝气，为加快实现“三个努力建成”目标建真言、献良策、出实招。必须紧贴民心，对标人民群众的关注点，把以人民为中心的理念贯彻始终。走好新形势下的群众路线，落实协商为民的工作导向，在促进民生福祉改善中用真情、暖民心、办实事。必须紧盯圆心，对标思想政治引领这一重心点，把广泛凝聚共识的要求贯彻始终。深化党派团体的合作共事，加强各层各界的联系联谊，为推进党委政府决策部署落实聚人心、增合力、添助力。必须紧守初心，对标自身建设的关键点，把“大熔炉、大学校、大家庭、大舞台、大窗口”五大机关建设目标贯彻始终。完善有力有效的制度机制，建强担当尽责的两支队伍，在投身高质量发展的伟大实践中讲情怀、有作为、做贡献。

各位委员，过去一年取得的成绩，得益于习近平新时代中国特色社会主义思想的领航定向、科学指引，得益于中共唐山市委的高度重视、坚强领导，得益于市人大常委会、市政府、“一委两院”及各部门和县（市、区）党委政府的大力支持、密切配合，得益于各县（市、区）政协、政协各参加单位和全体委员勠力同心、奋发作为。在此，我谨代表市政协常委会向大家表示衷心的感谢，并致以崇高的敬意！

成绩属于过去，未来任重道远。与新形势新任务相比，与市委的要求和各界群众的期望相比，我们也要清醒地看到工作中还存在一些薄弱环节：主要是建言资政质量还有待进一步提高、专门协商机构作用还需要进一步发挥、政协委员责任担当意识还需要进一步强化、政协自身建设还有待进一步加强，等等。对此，我们将高度重视，切实加以改进。

2022年工作安排

2022年是实施“十四五”规划的关键之年，是中共二十大的召开之年，做好今年工作的总体要求是：在中共唐山市委的正确领导下，以习近平新时代中国特色社会主义思想为指导，深入学习贯彻中共十九大和十九届历次全会，以及中共中央、省市委政协工作会议、省市党代会和省市委全会精神，立足新发展阶段、贯彻新发展理念、融入新发展格局，围绕“33458”总体工作思路，继续坚持“跟得紧、贴得近、承得重、落得实”原则，坚持目标导向、问题导向、创新导向，始终聚焦主责主线，不断强化“中心环节”，在理念机制、履职载体、委员管理上持续创新，在提升精神境界、履职能力、委员活力和履职质量上持续加力，把政协组织建成锤炼品格的大熔炉、自我提升的大学校、团结和谐的大家庭、建功立业的大舞台、传播共识的大窗口，为加快建设繁荣舒适美丽的现代化沿海强市，助力唐山加快实现“三个努力建成”目标贡献智慧力量，以优异成绩迎接中共二十大胜利召开。

（一）高举伟大旗帜、加强理论武装，努力做到在筑牢思想基础上有新强化。要毫不动摇加强思想政治建设，落实以理论学习中心组学习为引领的学习制度，深入学习贯彻习近平总书记关于加强和改进人民政协工作的重要思想，扩大党史学习教育和“四史”宣传教育成果，不断巩固团结奋斗的共同思想政治基础。要毫不动摇坚持党对人民政协工作的全面领导，始终把政协工作置于市委领导之下，团结带领各党派团体和各族各界人士，坚决捍卫“两个确立”，不断增强“四个意识”、坚定“四个自信”、做到“两个维护”，始终保持政协事业发展的正确方向。要毫不动摇加强政协系统党的建设，在确保符合党章党规前提下，探索创新政协党的组织体系和工作机制，努力实现党的建设与政协履职深度融合、互促共进。

（二）立足全市大局、服务全市中心，努力做到在助推高质量发展上有新贡献。要围绕中心精心谋事，聚焦科技创新、“退后十”、乡村振兴等市委、市政府中心工作，精心组织全会协商、常委会议协商、专委会协商等广泛多层的协商议政活动，为党政科学决策提供有益参考。要聚焦大局潜心干事，胸怀“国之大者”“市之大计”，围绕推动共同富裕和高质量发展的具体实践，务实开展协商议政，努力提高提案质量，认真反映社情民意，充分彰显人民政协情系民生、心系发展的价值追求。要服务发展专心成事，准确把握新时代人民政协的性质定位，坚持“集成作战、全程贯通、一体设计”，聚焦改革发展重点、社会治理难点、群众关注热点，丰富履职形式，强化履职效果，助推市委重大决策部署落地落实。

（三）锚定使命任务、聚焦主责主业，努力做到在发挥专门协商机构作用上有新举措。要着力完善“1+3+10+N”协商机制，构建以1次全体会议为龙头，3次常委会协商、10次专委会协商为重点，N次提案办理协商、对口协商、界别协商为常态的协商议政新格局。要着力推进多个协商主体的联系配合，提高同党外代表人士协商、部门协商、界别群众协商的能力，充分彰显专门协商机构在发展全过程人民民主、完善国家治理体系中的优势和作用。要着力探索政协协商与基层协商的有效衔接，引导群众有序参与民主协商，做强“一线协商”工作品牌，把基层协商平台“靠群众很近”的优势，切实转化为人民政协“与群众很亲”的履职阵地。要着力拓展“智慧政协”应用功能，增强网络议政、远程协商实效，通过“协商上云”扩大参与范围，提升政协影响，努力实现“互联网+政协”的深度融合。

（四）突出团结民主、广泛凝聚共识，努力做到在汇聚各方力量上有新作为。要加强党派合作，为各民主党派、工商联、无党派人士参加政协履职活动搭建更多平台、提供更优服务。要加强联系联谊，广交深交党外朋友，落实好联系走访等制度，做好政协民族宗教工作和港澳台侨工作，团结更多的非公有制经济人士、新的社会阶层人士。要加强对外交流，承办好京津冀六城市（区）政协合作机制第四次会议，发挥轮值主席单位作用，搭建招商引资、项目洽谈平台，积极推动与京津深度合作。要加强文史宣传，进一步挖掘唐山文化、宣传唐山形象，不断扩大唐山影响力，使社会各界更好地关注唐山、了解唐山、支持唐山。

（五）注重夯实根基、加强制度建设，努力做到在深化自身建设上有新成效。要强化委员培训管理，完善常态化委员学习培训制度，不断增强学习的针对性和覆盖面，切实提升委员履职能力。要强化委员履职考评，督促做好“委员作业”，探索党员委员履职情况报送市委组织部和市委统战部制度，激发委员履职热情。要强化上下联动，积极配合省政协开展相关工作，加强对县级政协的联系指导，推进协同履职。要强化专委会建设，深化专委会党组织与委员之家、党员委员活动小组、委员活动小组一体化建设，进一步规范专委会人员组成及职能分工。要强化机关管理，持续开展“双创一争”主题活动，在实践中培养锻炼干部，不断提升服务能力和工作水平，努力形成“争第一、创唯一”的良好氛围。

各位委员，加快实现“三个努力建成”是我们的共同追求，走好新时期的赶考路是我们的共同责任。我们要牢记习近平总书记“为国履职，为民尽责”的殷殷嘱托，在中共唐山市委的坚强领导下，坚定奋斗方向、找准工作坐标、汲取前进力量、彰显责任担当，为唐山高质量发展作出新的更大的贡献，以优异成绩迎接中共二十大胜利召开！

唐山市中级人民法院工作报告

——2022年1月24日在唐山市第十六届人民代表大会第二次会议上

2021年工作回顾

2021年，在市委坚强领导和上级法院监督指导下，在市人大及其常委会有力监督和市政府、政协以及社会各界关心支持下，全市法院坚持以习近平新时代中国特色社会主义思想为指导，认真学习贯彻习近平法治思想和习近平总书记视察唐山重要指示精神，深入贯彻党的十九大和十九届历次全会精神，全面落实省市委部署要求，扎实开展党史学习教育和政法队伍教育整顿，坚持服务大局、司法为民、公正司法，忠实履行宪法法律赋予的职责，努力让人民群众在每一个司法案件中感受到公平正义，奋力为全市“十四五”开好局起好步、开创“三个努力建成”新局面贡献法院力量。全市法院共受理各类案件145897件，审执结135377件，比上年增长38.37%和33.45%。其中，市中院受理各类案件49281件，审执结46321件，比上年增长7.55%和5.81%。

一、坚定不移维护安全稳定，坚决筑牢首都政治“护城河”

依法严惩严重刑事犯罪。全面贯彻总体国家安全观，审结一审刑事案件4774件，判处罪犯6736人。审结杀人、爆炸、抢劫、强奸、绑架等严重危害人民群众生命财产安全犯罪案件187件222人，集资诈骗、网络电信诈骗、非法吸收公众存款等破坏经济秩序犯罪案件103件145人，涉疫情犯罪案件9件10人，切实扛起防风险、保安全、护稳定政治责任。保持反腐肃贪高压态势，审结职务犯罪案件38件46人，依法审理上海市政府原副市长、市公安局原局长龚道安涉嫌受贿案，龚道安当庭认罪、悔罪，案件办理受到最高院充分肯定。

常态化推进扫黑除恶。巩固专项斗争成果，确保打准、打深、打透，一审审结涉黑恶案件19件113人，二审审结13件178人，肖振国、杨庆义等一批称霸一方、欺压群众的黑恶势力被依法严惩，罚当其罪、大快人心。创新“黑财清底”工作机制，铲除黑恶犯罪经济基础，追缴“黑财”23.81亿元，结案率和处置到位率均100%，成效全省领先。聚焦行业清源，发挥“三书一函”作用，针对重点领域突出问题及时发出司法建议，促进堵塞监管漏洞。市中院扫黑办被评为全省扫黑除恶先进集体，丰润法院刑庭被省法院荣记集体三等功，路北法院刑庭受到集体嘉奖。

全面加强人权司法保障。深化人身损害赔偿标准城乡统一试点，简化索赔过程，实现“同案同命”“同城同价”。坚持宽严相济，落实认罪认罚从宽制度，一审刑事案件认罪认罚适用率达87.78%。坚持实事求是、有错必究，启动审判监督程序审结再审案件835件。深入推进刑事案件律师辩护全覆盖，指定辩护律师1040人次，法律援助辩护1370件次。坚持“教育、感化、挽救”方针，对45%以上未成年罪犯适用非监禁刑。依法开展减刑假释工作，裁定减刑、假释案件1416件，激励罪犯积极改造。

提升涉诉信访工作水平。以“事要解决”为核心，健全院庭长约访、接访和包案制度，实行首接负责制，开展市中院领导集体大接访，中联办、省联办、市联办、最高院交办的348件重复访案件100%办结，列入市中院重点信访案件专项化解活动的419件案件100%息诉罢访，确保全国“两会”、建党100周年等重要节点安全稳定，做法受到最高院通报表扬。

二、坚定不移服务中心大局，全力保障经济社会高质量发展

服务重大战略和重要部署。出台服务保障京津冀协同发展实施方案，深化拓展司法协同广度深度，一批优质项目落地生根开花结果，佳华公司重整案被最高院评为服务保障京津冀协同发展典型案例。探索服务自贸区高质量发展新机制，牵头起草并会同石家庄、廊坊、雄安新区中院签署《中国（河北）自由贸易试验区法院司法协作框架协议》，成立曹妃甸自贸区巡回法庭和诉讼服务中心，受到省法院、市委主要领导充分肯定。路北法院出台服务保障意见，司法助力唐山新城片区建设。丰润法院服务辖区高质量发展，受到区四大班子主要领导批示肯定。依法妥善处理房地产遗留问题项目16个，协助9000余户群众解决“办证难”“回迁难”，停滞烂尾十多年的禾木花苑项目重整成功，356家动迁户、414家购房户将喜迁新居。

大力优化法治化营商环境。积极参与“四个一百”进唐山活动，开辟执行合同案件办理绿色通道，推进涉民营企业积案集中攻坚，审结各类合同纠纷48783件。建立知识产权审判“三合一”工作机制，公布知识产权典型案例，审结知识产权纠纷263件，服务创新驱动发展。规范破产案件审理，有序处置“僵尸企业”，审结破产重整、强制清算案件126件，唐山远大、路桥建设、柒麟正东等一批企业顺利进入重整计划执行阶段，实现破茧重生。办理破产指标在全省营商环境评价中被列为标杆，经验做法全省推广。

支持和促进法治政府建设。服务保障“放管服”改革，审结行政案件2998件。充分发挥“行政争议化解中心”作用，实质性化解行政争议256件。玉田法院“圆桌会议”经验做法在全省推广，丰南法院获评全省行政争议实质性化解工作先进集体。推动“告官能见官”“出庭又出声”常态化，行政机关负责人出庭应诉率较去年上升14.7%。搭建“国家赔偿合议庭”，审结国家赔偿案件200件，向行政机关发出司法建议18份，促进规范行政行为。

着力保障美丽唐山建设。深入贯彻习近平生态文明思想，弘扬塞罕坝精神，打出“调研+审判+普法”组合拳，推动形成环境资源保护合力。审结涉野生动物、污染环境、滥伐林木等破坏环境资源刑事案件157件，发布典型案例5件，强化刑责治污震慑作用。曹妃甸法院加强与海警部门在刑事案件、公益诉讼中的协作配合，乐亭法院集中审理17件非法捕捞水产品犯罪案件，切实保护海洋生态。市中院获评国家级“节约型公共机构示范单位”。

三、坚定不移厚植为民情怀，强力维护公平正义增进人民福祉

切实强化民生保障。坚持快立快审，审结一审民事案件79786件。及时回应人民群众关切，审结医疗纠纷、人身伤害、产品责任等民生案件8871件。高新法院亮剑“退费难”“退费慢”，高效化解教育培训系列纠纷631件。保障劳动者权益，维护企业用工利益，审结劳动争议4183件。推进家事审判改革，保障弱势群体和军人军属权益，落实“人身安全保护令”制度，妥善审理婚姻家庭纠纷9216件。滦州法院联合妇联非诉化解家事纠纷，古冶法院“上门断案”调处赡养纠纷，受到群众一致好评。依法发放司法救助金711.9万元，以法治温度聚民心、暖人心。

努力提升诉讼服务水平。深化一站式多元解纷和诉讼服务体系建设，落实23项业务“一次办好”清单，推出“六个一”服务模式，努力兑现“最多跑一次”承诺。大力整治“年底立案难”， 12月份立案14885件，比前11个月均值增长25.72%。配置跨域立案智能终端，实现全国范围“网上立、就近立”。建立联系法官制度，设置群众满意度评价一体机，随机电话、短信回访，倒逼提升审判质量。强化速裁快审，简易案件平均审理周期降至16天。扎实开展“我为群众办实事”实践活动，送法“进企业、进社区、进学校”196场，推出便民利民举措105项，收到锦旗、表扬信106件次，有效解决一批群众急难愁盼问题。

狠抓审判案件质效。召开业务条线会议，强化对下监督指导，规范类案法律适用，统一裁判尺度。压实院庭长监管责任，纳入“四类案件”监管案件3540件。强化审判流程管理，全市法院平均审理时长53.8天，比全省均值少6.02天。制定长期未结案件管理办法，将1年以上未结案件变更主办人为庭长、主管院长直至“一把手”，清理长期未结案431件，开平法院、滦南法院实现动态清零，省法院主要领导给予充分肯定。先行先试案件评查系统，常态化评查案件12631件，经验做法受到最高院充分肯定。强化评查结果运用，采取通报、约谈、诫勉谈话、纪律处分直至组织调整等措施，全力推动案件质效不断向好。

深入推进执行攻坚。努力健全完善唐山执行模式，成立执行委员会，加强立审执协作，推进“执前督促”“统一立案、分段集约、繁简分流”，执结各类案件31586件，执行到位48.81亿元。强化执行公开，推行不见面执行，快执案件执行到位1.3亿元，平均结案用时仅28天，办案质效稳步提升。与中国邮政开展送达合作，推广“审执配合、院队联动”滦南执行模式，以能动司法解决案多人少、保障不足难题。加强失信惩戒，纳入失信被执行人11483人，限制高消费18986人次，移送拒执罪14人，助推“诚信唐山”体系建设。开展“集中执行百日攻坚”“执行案款集中发放”“根治拖欠农民工工资专项行动”，坚决兑现胜诉权益，受到市委市政府主要领导批示肯定。

四、坚定不移深化改革创新，持续推进审判体系审判能力现代化

深化司法体制改革。适应四级法院审级职能定位改革需要，向基层法院划拨员额法官职数24个。细化审判权力和责任清单，严格落实院庭长办案任务，让优质审判资源回归一线，审执结案件93320件，占总结案数68.93%。建立健全“类案检索过滤、专业法官会议研究、审判委员会讨论”案件办理机制，规范法官自由裁量权。完善综合考评办法，将纪检、督察、信访、舆情、案件质效、群众满意度等工作评价纳入考评体系，形成负面清单，提升考评实效。深化以审判为中心的刑事诉讼制度改革，加强与公安、检察、司法等部门协调联动，全面推进14个配套规范性文件落地落实。

强化基层基础建设。以“三基”建设年活动为契机，召开人民法庭现场工作会，优化法庭布局，强化人才保障，打造人民法庭建设“唐山品牌”。积极参与基层社会治理，发挥104个人民法庭、87个法官工作站“前沿阵地”作用，化解矛盾纠纷34511件。丰南法院胥各庄法庭“四聚服务”彰显为民情怀，入选最高院第二批“新时代人民法庭建设案例”，全省唯一。遵化法院设立清东陵环境资源和旅游巡回审判庭助力全域旅游。路南法院与社区构建共治共享小区，迁安法院发挥人民法庭与群众连心桥作用，迁西法院联合政法委、镇村两委全力打造21个无讼村庄，努力实现老百姓不出村、不出社区、不伤和气解决纠纷。

推进智慧法院建设。统筹常态化疫情防控与执法办案，大力推广“云诉讼”，网上立案55682件，网上开庭17560件，网上调解24971件。以阳光司法照亮公平公正，开展庭审直播28541场，公开裁判文书49279件。短信推送审判流程信息和执行信息，让公正司法“看得见、摸得着”。加强网络安全与信息化建设，打造唐山智慧法院4.0版，创造更高水平的数字正义。

五、坚定不移狠抓队伍教育整顿，努力锻造过硬法院铁军

坚决筑牢政治忠诚。弘扬伟大建党精神，持续掀起习近平总书记“七一”讲话精神、关于新时代政法工作重要论述和训词精神学习热潮，全市法院开展“四项教育”1438次，院党组理论学习中心组集体学习党史、党规党纪53次，广大干警充分利用“线上+线下”多载体、多形式集中学、自主学、时时学，切实把红色基因注入血脉、融入灵魂，夯实筑牢政治忠诚思想根基。

铁腕清除害群之马。坚持无禁区、全覆盖、零容忍，公开“信、网、电”联系方式，主动接受群众监督举报。运用智慧法院成果，动态筛查审执案件，狠抓违纪违法线索跟踪督办，做到逐一核查、逐一处置、逐一销号。用好监督执纪“四种形态”，贯彻“自查从宽、被查从严”政策，处理违纪违法干警144人次，其中谈话提醒、批评教育97人次，党政纪处分、组织处理38人次，移送司法机关9人次，真正达到惩前毖后、“治病救人”。

深入整治顽瘴痼疾。直面人民群众反映强烈的突出问题，开展“大起底”行动，全面摸排、立改力行有案不立、压案不查、违法“超审限”等“六大顽瘴痼疾”。重拳整治虚假诉讼、套路租赁，642件次问题案件全面整改，开平法院政治生态持续优化，审判质效全省排名跃升100余个位次。大力推进“三个规定”强制填报，形成“逢问必录”纪律自觉，源头预防“关系案、人情案、金钱案”。深挖病灶、对症下药，健全涉“三个规定”、审判执行、信访维稳、安全应急等4大类22个制度、15项机制，努力实现常治长效。

大力弘扬英模精神。开展“学典型找差距、对标先进增动力”实践活动，召开“弘扬榜样精神凝聚奋进力量”先进典型报告会，集中观看英模事迹影片，推动形成学习英模、崇尚英模、争当英模良好风尚。市中院连续三届获评“全国文明单位”，全市法院9个集体、14名个人受到省级以上表彰，法警支队获评“全国法院先进集体”，涌现出全国“扫黑除恶”专项斗争先进工作者王振峰，全国法院党建工作先进个人王晓宁，全省法院英模张庆伟、周爱静等一批先进典型，不断激励广大干警建功新时代、奋进新征程。

主动接受各界监督。自觉接受人大监督和政协民主监督，主动向人大及其常委会报告工作，畅通与民主党派、人民团体、工商联和无党派人士沟通渠道，认真办理人大代表建议42件、政协委员提案14件。开展市中院领导集体大走访和“一对一”结对联络活动，举办法院开放日51场次，邀请代表、委员和新闻媒体、社会公众视察法院、旁听庭审、见证执行、座谈研讨1406人次，切实加强与代表委员联系，保障代表委员知情权、监督权。自觉接受监察、检察监督，认真贯彻监察法，积极配合纪检监察部门履行监督责任，邀请检察长列席审委会，认真办理抗诉案件和检察建议，共同维护司法公正。

各位代表，一年来，全市法院取得的成绩和进步，是习近平新时代中国特色社会主义思想正确指引的结果，是市委坚强领导、市人大及其常委会有力监督的结果，是市政府、市政协以及社会各界关心支持的结果，是全市法院广大干警拼搏奋斗的结果。在此，我代表全市法院致以崇高的敬意、表示衷心的感谢！

在看到成绩的同时，我们也清醒认识到工作中还存在一些亟待解决的问题和困难：一是司法服务保障经济社会高质量发展的举措落实还有不足，针对性有待进一步加强；二是随着四级法院审级职能定位改革持续推进，中、基层法院收案数量持续增加，人案矛盾日益突出，办案压力持续增大；三是执行机制还需进一步完善，执行质量和水平与人民群众的期待还有一定差距；四是司法权力监督制约机制还不够健全，作风不实、司法不廉还一定程度存在。对此，我们将积极采取有效措施，努力加以解决。

2022年工作打算

2022年，全市法院将坚持以习近平新时代中国特色社会主义思想为指导，深入学习贯彻习近平法治思想，认真贯彻党的十九届六中全会精神，全面贯彻落实省市委决策部署，紧紧围绕市委“33458”工作思路，坚持政治引领、开拓创新、自我革命，坚持服务大局、司法为民、公正司法，争第一、创唯一，为唐山开创“三个努力建成”新局面提供更加有力司法服务和保障。

一是更高站位聚焦政治建设。坚定不移走中国特色社会主义法治道路，始终把党的绝对领导贯穿到法院工作的各方面、各环节，坚决拥护“两个确立”，做到“两个维护”，不断提高政治判断力、政治领悟力、政治执行力，不折不扣贯彻落实党中央、省市委决策部署。

二是更强担当服务发展大局。牢固树立总体国家安全观，依法严惩各类刑事犯罪，推动扫黑除恶常态化，做好常态化疫情防控，努力为北京冬奥会、党的二十大等大事要事营造良好法治环境和社会环境。服务保障唐山“四个之城”“八个发展”，加强产权、知识产权、生态环境司法保护，大力营造市场化、法治化、国际化营商环境，服务经济社会行稳致远。

三是更实举措加强民生保障。坚持以人民为中心发展思想，深化一站式多元解纷和诉讼服务体系建设，不断提升审判质效，以更大力度健全和完善执行体制机制，全力推进切实解决执行难，扎实开展“我为群众办实事”实践活动，创新司法便民利民举措，切实提升人民群众满意度。

四是更快步伐深化司法改革。不断深化司法责任制综合配套改革，强化院庭长监督管理责任和对下监督指导，健全司法权力制约体系，深化诉讼制度改革，落实四级法院审级职能定位改革部署，强化智慧法院建设，完善互联网司法模式，持续推进审判体系和审判能力现代化。

五是更大决心锻造过硬队伍。坚定不移推进新时代党的建设新的伟大工程，聚焦思想政治建设、能力作风建设，推进队伍教育整顿常态化，驰而不息正风肃纪反腐，严格落实防止干预司法“三个规定”等铁规禁令，确保法院队伍绝对忠诚、绝对纯洁、绝对可靠。

各位代表，在新时代全面建设社会主义现代化强国新征程上，在市委坚强领导下，全市法院将认真落实本次大会决议，心系“国之大者”，发扬“赶考”精神，以“只争朝夕、昂扬向上”精神状态，踔厉奋发、笃行不息，推进全市法院工作实现新跨越，以优异成绩迎接党的二十大胜利召开！

河北省唐山市人民检察院工作报告

——2022年1月24日在唐山市第十六届人民代表大会第二次会议上

2021年主要工作

2021年，全市检察机关在市委和省院正确领导下，在人大及其常委会有力监督下，在政府、政协和社会各界大力支持下，坚持以习近平新时代中国特色社会主义思想为指导，全面贯彻习近平法治思想，全面贯彻党的十九大和十九届历次全会精神，增强“四个意识”、坚定“四个自信”、做到“两个维护”，全面依法履行检察职责，各项工作取得新进展。

一、以“三个自觉”筑牢政治忠诚，书写平安建设新答卷

贯彻总体国家安全观，把维护国家安全、社会安定、人民安宁作为首要政治责任，不断增强更高水平平安唐山建设的政治自觉、法治自觉、检察自觉。

一是依法惩治各类刑事犯罪。全年共批捕2723人，起诉5977人。倾力办好破坏稳定的“大案”，严厉打击危害国家安全犯罪、邪教组织犯罪、杀人、抢劫等严重暴力犯罪以及妨害疫情防控、袭警犯罪案件，批捕227人，起诉302人。认真办好群众身边的“小案”，起诉黄赌毒、盗抢骗、暴力伤医等犯罪1734人。依法办理破坏市场秩序的“经济案”，起诉破坏金融管理秩序、侵犯知识产权犯罪209人。依法惩治涉及民生民利的“焦点案”，起诉制售有毒有害食品、假药劣药等犯罪194人，侵犯公民个人信息等“侵权”犯罪778人。

二是常态化开展扫黑除恶斗争。坚持打击力度不减，落实市院领导包院、检察长带头办案、全面提前介入、上提审核把关等16项常态化扫黑除恶机制，批捕、起诉涉黑恶犯罪89人。迁安市院办理的肖振国等32人涉黑犯罪讯问合法性核查案被最高检评为精品案例。深化扫黑除恶专项斗争成果，推动落实对十大领域提出行业整治检察建议，牵头与11个政府部门建立常态化扫黑除恶工作协作机制。与市公安局、市自然资源和规划局、市住房和城乡建设局、市交通运输局、市农业农村局会商推进四大行业领域专项整治工作，批捕452人，起诉592人，制发检察建议171件，提起公益诉讼40件。

三是尽职尽责推进反腐败斗争。加强与纪委监委协作配合，出台《职务犯罪案件会商工作办法》，打好反腐败斗争总体战、整体战。起诉上海市原副市长、公安局长龚道安受贿案等职务犯罪案件40件42人。加大司法工作人员相关职务犯罪查处力度，立查11人，同比上升22.2%。认真办理中央第二督导组交办案件，以涉嫌徇私舞弊假释罪立案1人，移送市纪委监委线索2件，监督法院依法撤销对一名罪犯的暂予监外执行决定和假释裁定。

四是发挥职能促进社会治理。认真落实维稳责任，检察长带头化解信访积案193件，保持涉检赴省进京非法上访零纪录。发挥在刑事诉讼中主导作用，应用尽用认罪认罚从宽制度，适用率上升至90.3%，律师见证率100%，确定刑量刑建议法院采纳率96.7%，一审上诉率仅为5.6%，有效减少社会对抗，促进案结事了。增强检察建议在市域社会治理中的效果，针对办案中发现的社会治理漏洞，发出检察建议259件，全部得到落实回复。向市委报告疫情防控常态化背景下野生动物资源保护工作，提出23条建议，在市委、市政府领导支持下，27个部门建章立制。针对办案中发现的鉴定意见存在的共性问题，建议堵塞司法鉴定行业漏洞，两家司法鉴定机构先后被省主管部门惩戒、行政处罚。

二、以“能动检察”诠释大局意识，彰显服务中心新作为

聚焦市委“33458”工作思路，锚定争创一流目标，弘扬英雄城市精神，激发检察担当力量，保障城市发展更加繁荣、更具活力、更显魅力。

一是服务保障经济发展。深化“一院一品护发展”活动，市院检察长深入首钢京唐钢铁联合有限责任公司、迁安市九江线材有限责任公司等30多家重点企业调研座谈，认真研究企业法律需求，主动服务京津冀协同发展和民营企业健康发展。市院设立知识产权检察办公室，路北区院与市知识产权促进和保护中心成立全省首家打击知识产权犯罪联合办公室，为创新发展穿上法律“铠甲”；曹妃甸区院开展“公益诉讼+公开听证”活动，全力服务向海发展；玉田县院联合天津市宁河区院实行跨区域“河长+检察长”制推进京津冀公益保护协同发展；滦州市院立体化护航“滦河文化产业带项目”建设，助力融合发展。

二是营造法治化营商环境。平等保护各类市场主体，服务保障“六稳”“六保”。落实服务民营经济16条措施，在全省率先搭建检企合规共建平台，155家企业进驻，获批市委自主创新改革立项。依法、妥善办理企业家、经营者涉嫌犯罪案件，依法适用认罪认罚从宽制度124人，不捕30人，不诉22人，建议变更为取保候审13人，建议判处缓刑24人。在全省首创到涉案民营企业现场公开听证，依法对企业负责人作出相对不起诉决定，并及时向有关部门送达加强企业监管的检察建议，既保企业稳定生产又促合规经营。

三是积极护航金融安全。防范化解重大风险，起诉涉案50亿余元“购车无忧”等非法集资案件80件142人。

从严惩治非法买卖电话卡、银行卡等电信网络犯罪，提前介入63件，批捕378人，起诉408人。“亮剑”斩断犯罪“再生血源”，起诉洗钱犯罪10件，古冶区院办理我市首例洗钱案件获有罪判决。与中信银行唐山分行建立网格化防控金融风险机制，走进高校开展反电诈宣传巡讲，编播检察官揭秘金融骗术系列宣传专题。丰润区院预防网络犯罪原创漫画被中央政法委官网转发。

四是投身环境污染防治。起诉破坏生态环境资源犯罪300人，建议判处实刑142人。开展打击排放危险废物和重点排污单位自动监测数据作假专项行动，逮捕48人、起诉47人。提出公益诉讼诉前检察建议635件，起诉45件。杨庆义黑社会性质组织非法采砂附带民事公益诉讼案入选全省公益诉讼典型案例。深挖一起非法采矿刑事案件线索，对三被告人提起附带民事公益诉讼，依法要求赔偿生态环境修复费用1亿余元，让环境破坏者付出沉重代价。

三、以“如我在诉”境界传递为民情怀，实现司法为民新跃升

坚持人民至上，始终把人民利益挂在心头、念在心里，让检察履职更有态度、更有温度、更有厚度。

一是让当事人“看得见”公平正义。抓牢“司法办案GDP”，“案-件比”降至1.09，同比降低26%，压缩1538个办案环节，把质和效提上去，把当事人诉累减下来，提升人民群众的司法体验和司法评价。牢固树立“客观公正”“少捕慎诉慎押”等司法理念，不捕率同比上升8.41%，不诉率同比上升5.94%。依法监督公安机关对搅进境外电信诈骗团伙的李某等11名大学生终止立案侦查，予以释放，并向学校出具无犯罪情况说明，消除影响帮助其重返校园。关注特殊群体维权，起诉侵害妇女儿童、老年人、残疾人犯罪520人，支持民事起诉99件。乐亭县院会同县妇联等八部门建立家庭暴力案件联动处置机制，用法治构建人人幸福的美好家园。

二是让群众“感受到”民生安全。着力守护人民群众“头顶上”“脚底下”“舌尖上”的安全。针对高空抛物、坠物安全隐患，遵化市院推动住建部门完善措施，排查23个建筑工地，做法被最高检肯定；针对汛期窨井盖漏电、缺失伤人隐患，相关基层院建议供电部门加强防范，避免事故发生；紧盯群众“入口关”，依法办理梁某某等8人走私国家禁止进出口货物案，督促海关缉私部门销毁2000余吨来自疫区的冷冻肉产品。滦南县院与农业农村局等五部门会签《食用农产品“治违禁、控药残、促提升”三年行动方案》，共同守护食品安全。

三是让家长们“更放心”孩子安康。落实未成年人特殊保护政策，不捕103人，不诉43人，附条件不诉99人，89名被帮教未成年人回归社会、重返校园或考上大学。依法起诉性侵、虐待未成年人和拐卖儿童等犯罪102人。携手团市委等单位有力推进未成年人检察工作社会支持体系全国试点建设，省院、团省委召开现场会推广唐山经验。成立“护未天使”法宣团，市委政法委依托法宣团整合全市专业力量开展法治联讲，被《河北法制报》等多家媒体报道。联合市场监管和烟草专卖部门治理向中小学生销售电子烟问题，做法被《法治日报》刊发。路北区院办理的非婚生子女落户及受教育权保护行政争议化解案，被写入最高检未成年人保护工作白皮书，获评我省唯一全国检察机关维护妇女儿童权益典型案例。丰南区院对因男子杀妻入狱遗留“事实孤儿”司法救助案，入选全省典型案例。

四是让老百姓“享受到”服务提质。深入开展“我为群众办实事”活动，认真办理来信来访5074件，及时兑现“件件有回复”承诺。积极开展司法救助，发放救助金226.75万元，惠及群众230人。探索互联网直播听证、同类案件集中听证，组织公开听证1363次，规模居全省前列，以公开促公正赢公信。深化检律定期会商协作，完善律师异地阅卷、远程会见等保障机制，积极提供履职便利。针对非法集资、校园欺凌、套路贷、醉酒驾驶等群众关心问题，走进社区、农村、企业、校园开展主题法治宣讲两百余场。迁安市院“法律宣传+集中训诫”对20名涉危险驾驶罪被不起诉人公开宣告训诫，以特殊法治课让“珍爱生命、拒绝酒驾”深入人心。路南区院进中学讲宪法活动被央视《新闻联播》报道。

四、以“精细精准”深耕“四大检察”，共谱法律监督新篇章

主动回应新发展阶段人民群众新需求，以新时代检察机关法律监督有力推动法治建设，增强人民群众获得感幸福感安全感。

一是突出“效”字落实党中央法律监督新部署。全面贯彻《中共中央关于加强新时代检察机关法律监督工作的意见》和省委实施意见，市委常委会审议通过60条贯彻措施。市委政法委及时调整法律监督领导小组，将未检工作、未收押收监专项监督等工作列为市委政法委员会研究议题，为开展法律监督工作创造条件。市人大常委会将民事执行检察工作作为联动监督内容，多次听取有关法律监督工作报告并给予大力支持。市政协与市院联合建立公益保护协同监督机制，市委张古江书记批示肯定并提出具体要求，省院丁顺生检察长批示在全省推广。

二是扭住“优”字推动刑事检察“求极致”。完善监督协作配合机制，落实最高检、公安部文件要求，各县区全覆盖成立监督协作办公室。与市公安局、海关缉私分局、海警局建立刑事案件信息互通机制，共享信息2212条，提前介入侦查1442件。强化刑事立案、侦查监督，监督立案108件、撤案125件，追捕60人，追诉270人，对不构成犯罪或证据不足的不捕678人、不诉203人。强化刑事审判监督，检察长列席法院审判委员会82次，提出抗诉58件，已裁判案件法院抗诉意见采纳率66%。强化刑事执行监督，深化监狱巡回检察，监督清理未依法收押收监人员297人，深入开展减刑、假释、暂予监外执行专项监督，监督纠正一起判处无期徒刑罪犯24年未交付执行案件，深化、落实精准监督，严防“纸面服刑”。

三是抓牢“强”字驶入民事检察“高速路”。对确有错误的民事裁判提出再审检察建议40件，同比上升135.3%，提出抗诉9件，均获法院支持。强化民事审判程序和审判人员违法监督，对民事执行活动中的违法情形提出检察建议158件。对民事审判中违法送达、违法采取保全措施、适用程序错误等提出检察建议130件。持续深化专项监督，针对模板租赁、民间借贷等虚假诉讼“高发区”摸排线索52件，建议再审3件，提请抗诉1件。

四是把准“实”字架起行政检察“连心桥”。坚持以行政诉讼监督为基石，对行政裁判提请省院抗诉2件，均获支持。对行政审判中违法送达、违反法定审理期限等提出检察建议54件，对行政执行活动中的违法情形提出检察建议180件。坚持以化解行政争议为牵引，实质性化解104件，其中10年以上的9件，努力实现案结事了政通人和。吴某某与遵化市农业农村局、遵化市行政审批局行政许可检察监督案被最高检评为优秀案件。坚持以专项活动为载体，与市人社局联合开展根治农民工欠薪工作。坚持以行政非诉执行监督为延伸，发现土地执法领域线索84件，发出检察建议63件。

五是紧扣“好”字守住公益检察“保护线”。秉持“双赢多赢共赢”理念，构建公益保护大格局。聚焦生态环境保护、食品药品安全、国有土地出让、国有财产保护和未成年人保护等重点领域，立案1167件，发出诉前检察建议999件，起诉105件，同比增长6.5倍，挽回损失1400余万元。通过卫星遥感监测数据开展长城保护，在全省介绍经验，《法治日报》等多家媒体报道。整治消防安全隐患行政公益诉讼案被最高检评为典型案例，央视《今日说法》给予报道。

五、以“严管厚爱”锻造过硬铁军，迈上检察事业新征程

狠抓队伍教育、管理和监督，努力打造党和人民信得过、靠得住、能放心的检察铁军。

一是坚持政治建检，铸牢忠诚检魂。以党的政治建设为统领，深入开展党史学习教育，两级院检察长带头宣讲82场，到市县两级党校专题授课17次，进一步提升政治判断力、政治领悟力、政治执行力。坚持党对检察工作的绝对领导，主动向市委、市委政法委请示报告68次，市委张古江书记多次批示肯定。加强党建引领，紧紧围绕建党百年系列活动，加大先进典型培树力度，推进党建与队伍建设、业务工作深度融合，持续营造干事创业的良好氛围。

二是坚持业务强检，提升履职素能。以提高“十大业务”核心能力为抓手，通过培训研讨、典型示范、案例检视、业务研判等方式，推动司法办案新理念引领办案、指导实践。深化司法责任制落实，入额院领导办案4143件，占比16%，引领司法办案质效提高。强化检察官业绩考评，完善检察官员额进退机制，做到奖勤罚懒，优胜劣汰。市院聘请行政机关、事业单位25名特邀检察官助理，借助“外脑”提升司法办案水平。

三是坚持从严治检，强化纪律作风。严格落实“三个规定”，持续开展警示教育，落实与驻院纪检监察组党风廉政会商制度，切实履行全面从严治党两个责任。加强对检察权运行的监督制约，重点落实上级院对下级院、检察长对检察官等上下级之间的领导和监督管理，从严防控司法办案廉政风险。深入开展政法队伍教育整顿，办结中央、省委交办案件209件，评查五类案件4982件，134名干警主动向组织说明问题，问责处理81人，建章立制123项。

四是坚持强基固检，夯实发展根基。坚持强基导向，建立市院领导包联制度，做到精力向基层集中，力量向基层凝聚，政策向基层倾斜，着力激发基层院自身活力、创造力。坚持正确用人导向，协助党委做好换届工作，提拔任用基层院检察长9人，两级院领导干部交流任职28人，平稳有序无杂音，班子、队伍结构明显优化。借助“三远一网一监控”智慧检务系统，实现远程提讯、远程开庭、远程接访，对全市看守所和监狱全方位、实时、动态监督。

一年来，全市检察机关主动、真诚接受人大政协和社会各界监督。办结反馈人大代表建议和政协委员提案20件，征集意见建议167条。邀请人大代表、政协委员、人民监督员参加“检察开放日”、观摩视察、座谈调研、公开听证等活动1226人次，主动向民主党派、无党派人士和工商联通报工作情况。加大检务公开力度，定期发布典型案例，公开案件程序性信息10847条、法律文书4287份。努力讲好群众喜爱听、听得懂的检察故事，唐山检察微信公众号获得全国优秀检察新媒体称号，连续五年保持全国检察机关20强，唐山检察微博荣获全省政法影响力十佳账号。

各位代表，过去的一年硕果累累。21项业务指标位居全省第一，12项位居全省先进行列，市院被确定为最高检检察信息直报点，获评“全国维护妇女儿童权益先进集体”“全国检察宣传先进单位”“全省扫黑除恶先进单位”“2018-2020年度市级文明单位”等荣誉称号；因整体工作成绩突出，2021年5月被省院嘉奖；涌现出了全国扫黑除恶专项斗争成绩突出个人、全国实施妇女儿童发展纲要先进个人、全省最美政法干警等一批先进典型，11个集体、25名个人获省级以上表彰奖励，34起案件被最高检、省院评为精品案件和典型案例。成绩的取得，根本在于党委坚强领导，离不开人大有力监督、政府大力支持、政协民主监督，司法机关的配合与协作，社会各界的热忱关心帮助，在此，我代表全市检察干警表示衷心的感谢！

我们也清醒地认识到工作中还存在一些问题和不足：一是检察工作服务大局的前瞻性、精准性有待进一步增强，推动经济社会高质量发展的成效还不够明显。二是落实检察新理念与人民群众新需求还有一定差距，办案质效有待提高，申诉、信访案件体量仍然很大。三是履行法律监督职责还不够到位，“四大检察”发展还不够协调充分。四是队伍建设还有不足，违纪违法问题还时有发生，基层基础工作仍需大力加强，一些司法为民重点工作还没有落实到位。对此，我们将高度重视，认真研究，持之以恒解新题、答难题。

今年主要工作安排

今年，党带领我们踏上了全面建设社会主义现代化强国、实现中华民族伟大复兴新的赶考之路，全市检察机关将坚持以习近平新时代中国特色社会主义思想为指导，深入学习领会“两个确立”的决定性意义，围绕市委“走在前列、当好排头”目标，全力以赴、担当作为，立足本职、抓好办案、强化素能、提高水平，努力在唐山经济社会高质量发展新征程中贡献检察力量。

一是凝心聚力强党性，政治建设有新加强。把党的绝对领导作为检察机关党的建设永恒主题和检察人员终身课题，坚持政治建设与业务建设深度融合，坚定不移把维护国家政治安全放在首位，用政治忠诚、担当尽责勠力守护红色江山。

二是凝心聚力护发展，服务大局有新举措。完整、准确、全面贯彻新发展理念，坚持依法能动履职，主动服务“一港双城”、沿海经济带建设，助力乡村振兴、绿色发展、共建共享、改革开放、创新转型，防范化解重大风险，保障市委市政府“十四五”规划顺利实施，确保检察工作与经济发展同频共振。

三是凝心聚力保民生，为民司法有新作为。着力解决影响人民安全感的突出问题，加大民生领域司法保障力度，坚决打击电信网络诈骗等新型犯罪，突出惩治教育、医疗、就业、养老、育幼、个人信息、环境保护、食药安全等领域犯罪，及时回复、用心办理群众信访案件，更好回应民生诉求，让人民群众切实感受到公平正义就在身边。

四是凝心聚力强履职，法律监督有新担当。持续深入落实《中共中央关于加强新时代检察机关法律监督工作的意见》和省市委贯彻措施，强化严格执法、公正司法，持续推动“四大检察”全面协调充分发展，不断强化法律监督质效。秉持“双赢多赢共赢”理念，与政法各部门和有关部门形成良性、互动、积极的工作关系，共同推动更高水平法治唐山建设。严肃查办司法工作人员相关职务犯罪，不断提升法律监督刚性。

五是凝心聚力抓质量，自身建设有新提升。抓实“质量建设年”，着力推动检察工作高质量发展，进一步做到战略前瞻、理念先进、办案精细、素能过硬、基础坚实、管理科学。持续推动检察改革，强化科学管理，发挥“检察大数据”效能，抓牢基层基础，进一步深化政治建设、业务建设、智慧检务建设，筑牢新时代检察事业发展根基。

六是凝心聚力正风纪，队伍建设有新发展。巩固深化政法队伍教育整顿成果，锤炼忠诚干净担当政治品格。坚决落实全面从严管党治检主体责任，健全正风肃纪反腐长效机制。加大教育培训力度，集中开展司法理念教育，抓好业务考核、业绩考评，不断提升检察队伍革命化、正规化、专业化、职业化水平。

各位代表，全市检察机关将紧紧依靠市委和省院的坚强领导，认真落实本次会议的决议，立足新起点，开启新征程，开创新局面，创造新业绩，只争朝夕勇奋进，昂扬向上再出发，以检察工作优异成绩迎接党的二十大胜利召开！

关于唐山市 2021年国民经济和社会发展计划执行情况与 2022年国民经济和社会发展计划（草案）的报告（书面）

——2022年1月23日在唐山市第十六届人民代表大会第二次会议上

一、2021年计划执行情况

过去的一年，面对常态化疫情防控和复杂多变的外部环境，全市上下在市委的坚强领导下，在市人大、市政协的监督指导下，坚决贯彻落实习近平总书记对河北工作的重要指示批示特别是对唐山的重要指示精神和党中央、省委决策部署，扎实做好“六稳”工作，全面落实“六保”任务，坚持“33458”工作思路，以“争第一、创唯一”标准推动各项工作争先进位，全市经济社会发展持续向好，动能转换不断提速，社会事业全面进步，计划执行情况总体较好。其中：

——地区生产总值完成8230.6亿元，同比增长6.7%，在计划目标区间之内；其中，第三产业增加值增长10.2%，超计划2.2个百分点。

——固定资产投资增长7%，完成年初计划。

——地方一般公共预算收入完成552.7亿元，增长9%，超计划2个百分点。

——进出口总值增长36.3%，超计划31.3个百分点；出口总值增长19%，超计划19个百分点。

——实际利用外资增长7.9%，超计划2.9个百分点。

——居民人均可支配收入预计增长8.5%，城镇新增就业人数完成12.99万人，均超额完成年初计划。

此外，研究与试验发展经费支出增长10%；技术合同成交总额完成95亿元；新增规模以上工业、服务业企业和限额以上批零住餐企业数620家；常住人口城镇化率提高1.2个百分点；PM2.5平均浓度降低12.2个百分点；每万元生产总值能耗降低13.9个百分点；平均优良天数比例、每万元生产总值二氧化碳排放量完成省达任务；每万元生产总值用水量达到31.5立方米；开发区营业收入增长17%；城镇调查失业率5.5%；居民消费价格指数达到100.9；粮食综合生产能力达到58.76亿斤；能源综合生产能力达到1690万吨标准煤，经济运行稳中有进、稳中提质、稳中向好，为做好2022年工作打下坚实基础。

4项指标与计划目标有差距：每万人口拥有高价值发明专利数达到1.66件，低于计划0.58件，主要是省统计口径调整，致使计划目标设定偏高。规上工业增加值增长4.9%，低于计划2.6个百分点，主要是受宏观需求收缩、供给冲击、预期转弱、能源供应偏紧等多种因素的影响。社会消费品零售总额增长5.7%，低于计划2.3个百分点，主要是受国内疫情零星频发，住宿、餐饮、旅游等聚集性、接触性行业恢复缓慢，汽车市场供应紧缩，成品油销售下滑等方面影响。高新技术产业增加值增长7.4%，低于计划2.6个百分点，主要是受钢铁新材料产业、智能轨道交通装备等行业需求收缩等因素的影响。

二、2022年主要发展目标

2022年是党的二十大胜利召开之年，是落实市委第十一次党代会部署的开局之年，是扎实推进"十四五"规划落地的关键之年，做好经济工作至关重要。今年全市经济社会发展的主要目标是：

——综合经济实力持续增强。地区生产总值增长7%左右，固定资产投资增长7%以上，社会消费品零售总额增长8%左右，地方一般公共预算收入增长8%以上。

——创新发展水平不断提升。研究与试验发展经费支出增长率达到10%左右，技术合同成交总额达到115亿元，每万人口拥有高价值发明专利数达到2.0件。

——转型升级步伐加速推进。第一产业增加值增长3%以上，第二产业增加值增长5.5%，规模以上工业增加值增长6%，高新技术产业增加值增长10%左右，第三产业增加值增长10%左右，新增规模以上工业、服务业企业和限额以上批零住餐企业380家，常住人口城镇化率比上年提高1.2个百分点。

——生态环境质量稳步改善。PM2.5平均浓度、平均优良天数比例、每万元生产总值能耗、每万元生产总值二氧化碳排放量完成省达任务，每万元生产总值用水量不超过31.1立方米。

——对外开放规模稳步扩大。进出口总值增长5%左右；出口总值实现正增长；实际利用外资增长5%左右；开发区营业收入增长10%左右。

——人民生活质量持续提升。城镇新增就业11.7万人，城镇调查失业率控制在5.5%以内，居民人均可支配收入增长8%左右，城镇居民人均可支配收入增长7%左右，农村居民人均可支配收入增长7.5%左右，居民消费价格指数涨幅控制在3%左右。

——粮食和能源安全保障有力。粮食综合生产能力稳定在58亿斤左右，能源综合生产能力达到1700万吨标准煤左右。

三、工作重点和主要措施

（一）全力服务"三件大事"，全面提高对接合作水平

深度融入京津冀协同发展。主动承接北京非首都功能疏解，年内实施亿元以上京津合作项目200个，完成投资300亿元以上。全面对接"两网""两群"建设，实施"大交通"项目41个，完成投资203亿元，年内遵秦高速通车运营，京唐铁路唐山段9月底前完成验收，唐秦高速一期主体建成。拓展与社会领域对接合作，推进市工人医院与北京天坛医院、市妇幼保健院与首都儿科研究所附属医院等的合作，办好中拉沙滩足球锦标赛，年内实施亿元以上京津公共服务项目5个以上，完成投资10亿元以上。

全力支持雄安新区建设发展。深化"雄安研发、唐山落地"协同创新模式，加快雄曹产业园建设步伐，打造雄安新区科技创新成果转化和加工制造基地。强化与雄安在产业发展、港口物流、建材、装配式住宅等领域对接合作，支持鼓励市内更多企业、更多产品参与雄安新区建设。

全力做好服务北京冬奥会和"后冬奥"各项工作。推进市、县两级公共滑冰馆建设运营，积极开展冰雪活动"六进"，持续性开展"唐山周末·快乐冰雪迎冬奥"等冰雪运动品牌赛事和活动，年内举办群众冰雪赛事活动200场次以上，带动全市参与冰雪项目达到300万人次。

（二）大力实施创新驱动发展战略，着力推进创新唐山建设

大力推进创新成果转化。建设唐山技术转移公共服务平台，完善技术转移服务体系，谋划组织"京津冀专家唐山行"等活动，推动一批重大创新成果落地转化与产业化，全年引进科技成果70项以上，技术合同成交总额达到115亿元。深化与北京中关村对接合作，打造高能级的城市发展平台和产业创新高地。

大力培育创新主体。实施企业创新能力提升工程，健全梯次培育发展机制，年内培育市级以上科技研发平台20家，高新技术企业和科技型中小企业分别新增100家和500家，国家"小巨人"企业10家以上、省"专精特新"中小企业100家以上。健全完善全链条科技企业孵化育成体系，实施县域科技创新跃升计划，每个县（市、区）至少建立1家以上孵化平台。

健全创新体制机制。依托中国技术交易所，加快搭建"线上线下"相结合的科技公共服务平台。实施新时代"凤凰英才"政策3.0升级版，全面落实中长期青年发展规划，实施"一站式"人才综合服务，年内引进海外高层次人才20人、研究生1000人以上，柔性引进高端人才200人，达成智力技术合作项目120项。实施企业家素质提升计划，全年培训企业家1300人次。深化技能实训，全年培训高技能人才2万人以上。

（三）着力做实做强做优实体经济，加快建设现代化产业体系

推动支柱产业转型升级。落实万亿级产业跃升计划，以"千企转型""创B争A"加快工业技改，以"主辅分离""贸易回归"培育新的增长点，全年列入省"千项技改"项目120个以上，年内完工50个。深入开展质量提升行动，支持企业主导和参与标准制定修订，年内新增国家（行业）标准化试点20个以上、企业标准领跑者3个以上。坚定不移实现钢铁产业绿色转型，年底前天柱、国义（国堂）钢铁沿海搬迁项目建成投产，钢铁高附加值产品比重达到40%左右。加速机器人、智能轨道交通等高端制造业发展，支持中车唐车等"链主型"企业提高本地配套率。深入实施商贸物流提质工程和"海洋+"行动计划，加快打造现代商贸物流基地和海洋产业基地，年内贸易额5000亿元以上，海洋生产总值达到570亿元。

推动优势产业发展壮大。提速现代化工产业发展，全力推动旭阳30万吨/年尼龙66及配套工程等重点项目建设，年内现代化工产业营业收入达到1100亿元以上。引导支持企业研发新技术、开发新产品，推动新型绿色建材、新能源与新材料等产业向产业链、价值链高端迈进。以"旅游+""会展+""体育+"创新产品供给、激

活消费潜能，高质量举办第七届河北省旅游产业发展大会，持续抓好文化和旅游消费试点城市、国家公共文化服务体系示范区建设，擦亮“唐山周末品牌”，进一步提升文旅产业竞争优势。

推动新兴产业补链扩容。深入实施战略性新兴产业振兴工程，确保世拓5G激光智能装备等百个战略性新兴产业项目完成投资100亿元以上。加快数字产业化、产业数字化，电子信息产业营业收入增长15%以上。大力发展节能环保产业，加快国家大宗固体废弃物综合利用示范基地建设，全年产业增加值增长15%以上。加快推进开平国家应急产业示范基地、高新区应急产业园等重点园区建设，现代应急装备产业营业收入达到260亿元。

推动特色产业集群集聚。坚持做大做强、优化提升、培育发展“三个一批”，以集群重点企业、“专精特新”企业、单项冠军企业等为重点，每个县（市、区）打造2-3个特色产业，确保2022年营业收入超50亿元县域特色产业集群达到13个以上。

（四）着力扩大内需，夯实高质量发展的增量支撑

狠抓重点项目建设。树牢“项目为王”理念，落实领导分包、“周沟通、月督导、季调度”等工作机制，持续开展“手续跑办季”活动，继续以季度为单元组织项目集中开工、集中签约和观摩测评等“三集中”活动，加大对重点项目要素保障，全力以赴保开工、保进度、保质量、保安全、保投产达效，全年520个省市重点项目完成投资2000亿元以上，新增规上工业企业150家、规上服务业企业130家、限额以上批零住餐企业100家。

促进城乡消费升级。实施商贸业品牌提升工程，聚焦购物（网购）、旅游等重点领域，办好首届唐山夏日消费季活动，注入消费回补新动能，扩大我市本土网购企业的市场占有率和销售额。做大做强城市经济，加快新会展中心等城市经济项目建设，推动南湖景区和开滦国家矿山公园联合创建国家5A景区。培育壮大电商经济，抓好京东（唐山）电商基地等重点项目，促进线上线下融合，确保网络零售额突破180亿元，社会消费品零售总额增长8%左右。

提升开发区能级水平。对标沿海先进地区，抓好省级以上开发区主导产业和空间布局顶层设计，深化人事和薪酬制度改革，开展“六比六看”活动，加大开发区产业强链补链延链力度，推动开发区项目集群成链，着力提高园区发展的“含金量”“含绿量”“含新量”，全年开发区营业收入增长10%左右，营业收入超2000亿元开发区达到3家、超千亿元4家。

（五）全面深化改革提升开放能级，增强发展动力活力

全面优化营商环境。全面落实优化营商环境49条，持续深化“放管服”改革，深化“拿地即开工”审批模式，优化“一网通办、全程网办”套餐服务，持续开展“万名干部下基层、万名干部联企业”活动，推进“春雨金服”行动，提升对企业和项目的精准服务水平，确保政务服务事项100%网上可办。落实国家更大力度组合式减税降费，帮助市场主体纾困激发活力。深入实施国企综合改革三年行动，持续释放企业内部活力，提高国有资本配置效率。深化财税体制改革，切实提升财政管理水平。

提升开放水平和能级。实施外贸综合实力提升工程，巩固出口前200强和进口前30强企业规模，进出口总额增长5%左右。全面落实稳外资政策措施，鼓励既有外商投资企业开展以商招商，培育符合条件企业开展境外上市融资，全年实际利用外资增长5%左右。深入实施“四个一百”进唐山活动和招商引资攻坚行动，确保2022年新签约超亿元项目500个。鼓励企业“走出去”，年内备案对外投资企业达到180家。

加速释放重大开放平台潜能。充分释放“国家级开发区+综合保税区+跨境电商综合试验区+自贸区”政策叠加优势，曹妃甸自贸片区大力发展国际大宗商品贸易、港航服务、能源储配、高端装备制造等产业，新增市场主体2000家以上。推进跨境电商综试区建设，年内跨境电商交易额同比增长5%。推动综合保税区增比进位，确保跨入全国40强。

（六）全面推进“一港双城”建设，增强城市综合竞争力

推进城区扩容提质。完善全市国土空间规划体系，推动释放国土空间资源效益，实现“多规合一”。深化中心城区“3+5”城市创建活动，以国家城市更新、城市体检“双试点”为契机，加快实施总投资1662.1亿元的1032个城市重点项目。加快重点片区建设，实施唐山新城、唐山花海等九大片区项目117个，完成投资162.8亿元；重点抓好城市原点片区、唐钢南区、唐银片区规划建设，强力推进唐山新城产业导入、项目建设，加快中央商务区开发建设，确保金茂集团写字楼、唐山银行大厦等项目落地开工。推进“五改一通一场”工程，高标准改造4个棚户区、151个老旧小区、打通中心区20条断头路。

加快打造现代化滨海新城。曹妃甸区坚持靓丽城市、美丽岸线、生态港湾同步推进，提速构建“一主六辅多节点”空间布局，高标准抓好城市建设管理，健全完善教育、医疗、商业等公共设施，加速总部经济、养生会展、商贸金融等业态聚集，培育壮大一批消费热点，打造沿海旅游消费城市。加快沿海县（区）与曹妃甸统筹规划、联动发展，打造优势互补、抱团发展的沿海增长极，年内沿海地区实施亿元以上项目100个，完成投资700亿元，沿海地区经济总量占全市比重达到35%。

统筹抓好县城建设。支持迁安、丰润、遵化、滦州打造唐山城市副中心，实施城市体检专项行动等县城建设九大专项行动，实施县城更新项目566个，提高县城综合承载能力。加快农业转移人口市民化步伐，抓好特色小镇等平台建设，常住人口城镇化率提高1.2个百分点。

加快建设世界一流综合贸易大港。着力提升港口能级，加快华能煤码头6号泊位工程等一批重点项目建设，确保年内完成港口基础设施投资35.1亿元，全港货物吞吐量保持领先，集装箱吞吐量340万标箱。抓好河北省自贸区大宗商品交易中心运营，加快大宗商品价格指数、交易、金融“三大平台”建设，全年港口贸易额突破3500亿元。完善港口集疏运体系，推动港口铁路货运钟摆式运行；拓展内陆港布局，推动内外贸航线、国际班列增点扩线，年内在内蒙古、新疆等地新建内陆港5个以上、总数达到50个，实现西北地区重要城市内陆港布局全覆盖。

（七）深入实施乡村振兴战略，提升农业农村现代化水平

保障粮食和主要农产品供给。实施最严格的耕地保护制度，落实“米袋子”“菜篮子”责任制，粮食种植面积稳定在729万亩。加快推进35.8万亩高标准农田建设任务和2.2万亩农田基础工程修复建设。加强现代农业体系建设，保障种植业生产用种安全，粮食综合生产能力稳定在58亿斤左右。提升牛奶、蔬菜、禽蛋等优势农产品供给水平，生猪存栏达到300万头以上。

加快发展现代农业。深入实施“双十双百”和农产品加工业提升行动，推进玉田国家农业现代化示范区创建和丰南、乐亭全国农业科技现代化先行县建设。集中力量打造10个优势特色产业、10个区域性农产品加工集群，持续打造100个省、市两级农业高质量发展示范基地，年内引进示范推广新品种、新技术、新模式200个（项）以上，农产品加工业产值增长10%以上。进一步巩固国家农产品质量安全市创建成果，农产品质量安全总体监测合格率稳定在98%以上。

实施乡村振兴“十百千”工程。按照“四环、九带、多片”的布局，新创建1个以上省级乡村振兴示范区，10个市级示范区、230个示范村（美丽乡村）和1000个提升村，重点培育2个左右美丽乡村建设全域示范县。推进垃圾治理、厕所改造“两个全域达标”和村容村貌、污水管控“两个全域提升”，年内新建、改建农村户厕71258座，改造农村公路765公里。推进巩固拓展脱贫攻坚成果与乡村振兴有效衔接，促进已脱贫人口稳定就业、持续增收，确保不产生新的贫困人口。大力扶持集体经济薄弱村发展，消除500个年集体收入低于5万元的薄弱村。

（八）坚持生态优先、绿色发展理念，持续推进生态唐山建设

严抓大气污染防治。坚持精细治污、科学治污、依法治污，聚焦工业污染治理，扎实推进钢铁、水泥、焦化、火电等行业超低排放改造，深化生态环境监管正面清单制度，加大清洁能源汽车推广力度，动态清除“散乱污”企业，加强秋冬细颗粒物和夏秋季臭氧协同控制，确保大气质量持续好转。2022年，确保PM2.5浓度下降率和空气质量优良天数完成省达任务。

深入推进碳达峰工作。全面落实碳达峰工作部署，以能源、工业、城建、交通等领域和钢铁、火电、建材、化工等行业为重点，加强顶层设计，明确推进碳达峰工作的时间表、路线图。坚决遏制“两高”项目盲目发展，抓好煤炭清洁高效利用，统筹煤电油气运保障供应，倡导全民简约适度、绿色低碳生活方式，推动能耗“双控”向碳排放总量和强度“双控”转变，确保完成省达节能削煤目标任务，实现单位GDP能耗、二氧化碳排放双下降，加快构建绿色低碳循环发展经济体系。

深入开展生态保护修复。坚持山水林田湖草沙系统治理，深入开展碧水、净土保卫战，发挥河（湖）长制、林长制网格化作用，持续推进全域治水、清水润城工程建设，深化入海入河排污口和农村生活污水治理，常态化排查整治城市黑臭水体并实现动态清零。推进土壤污染防治，做好农用地和建设用地土壤污染风险管控，强化农业面源污染综合治理。开展大规模国土绿化、矿山综合整治和“绿盾”自然保护地强化监督专项行动，加大生态环境问题查处力度，巩固国家森林城市创建成果，完成营造林面积25万亩。加快地下水超采综合治理17项工程建设，打好“节引调补蓄管”组合拳。

（九）持续改善民生和发展社会事业，增强人民群众的获得感、幸福感、安全感

强化稳就业举措。全面落实就业优先政策，切实保障高校毕业生、退役军人、农民工、就业困难人员等重点群体就业，全年城镇新增就业11.7万人以上，保持零就业家庭动态清零。深入推进职业技能提升行动，积极开展就业创业服务活动，优化升级23家创业孵化基地，全年提供创业服务11万人以上，开展补贴性培训7.5万人次。

发展文化体育事业。推动国家公共文化服务体系示范区创新发展，年内组织“七进”惠民演出活动1500场以上。加速推进长城国家文化公园（唐山段）建设。做好“长城+”文章，加快实施长城文化廊道、喜峰口长城遗址公园等一批长城文旅融合标志性工程，尽快形成长城国家文化公园（唐山段）的核心支撑。实施健康中国·唐山行动，年内举办健康乐跑等大型赛事活动20项次，全民健身活动1000次以上。

着力抓好公共服务。推进学前教育普及普惠发展，确保公办幼儿园占比55%，普惠性幼儿园覆盖率保持在85%以上，九年义务教育巩固率达到98%。积极推进国家产教融合试点城市建设，提速唐山幼专整合搬迁和冀唐学院与唐山职业技术学院合并转设为河北唐山职业技术大学工作，提升北交大、北理工、西南交大唐山研究生院科技成果转化实效，支持唐山工职院升级本科。坚持“外防输入、内防反弹”，严格落实常态化疫情防控措施，强化学校、商超等重点场所防控，有序实施“加强针”接种，严防疫情反弹。深化“四医联动”改革，加强医联体建设和乡村一体化管理建设，全力推进市中医医院异地新建、市第二医院骨科大楼以及市中心血站整体搬迁改造等项目建设。

着力办好民生实事。聚焦群众所需所急所盼，持续提升人民群众幸福感、获得感、安全感。坚持“房住不炒”定位，开工（筹集）保障性租赁住房2000套，促进房地产市场平稳健康发展。推动社会保险扩面提质调标，实现参保人群基本全覆盖。健全社会救助和社会福利体系，加强基本养老服务体系建设，鼓励社会资本参与养老服务，深化殡葬改革，不断强化兜底保障能力。深入贯彻总体国家安全观，持续加强重点领域风险防范，综合做好安全生产、森林防火、防汛抗旱及食品安全等工作，切实保障人民群众生命财产安全。加强社会治安动态防控，加快立体化、智能化社会治安防控体系建设，切实维护社会和谐稳定。

各位代表，2022年全市经济社会发展任务艰巨、责任重大。我们将更加紧密地团结在以习近平同志为核心的党中央周围，在省委、省政府和市委的坚强领导下，自觉接受人大的指导和监督，虚心听取政协的意见和建议，苦干实干，担当作为，推动各项工作“争第一、创唯一”，圆满完成全年各项目标任务，推动唐山在新时代全面建设现代化经济强省、美丽河北中担重任、挑大梁。

关于唐山市 2021年预算执行情况和 2022年预算草案的报告（书面）

——2022年1月23日在唐山市第十六届人民代表大会第二次会议上

一、2021年预算执行情况

2021年，在市委的正确领导和市人大的监督指导下，全市上下面对复杂的经济形势和突出的收支矛盾，全面落实“33458”工作思路，牢牢把握稳中求进工作总基调，加强重点保障，狠抓收支管理，深化财税改革，防控财政风险，全市和市本级财政收支总体运行平稳，为经济社会发展提供了坚实保障。

（一）全市预算执行情况

2021年全市一般公共预算收入完成5527061万元，完成预算的101.9%，同比增长9%；一般公共预算支出完成9173340万元，完成调整预算的97.5%，同比下降1%。政府性基金收入完成4824958万元，完成调整预算的97.3%，同比下降3.2%；政府性基金支出完成5725193万元，完成调整预算的92.1%，同比下降0.9%。国有资本经营预算收入完成33579万元，完成调整预算的104.7%，同比下降7.7%；国有资本经营预算支出完成17946万元，完成调整预算的98.1%，同比下降11.2%。社会保险基金预算收入完成2599303万元，完成预算的104.3%，同比增长12.4%；社会保险基金预算支出完成2486335万元，完成调整预算的100%，同比增长10.5%。

（二）市本级预算执行情况

1.一般公共预算收支情况。一般公共预算收入完成434005万元，完成预算的123.5%，同比增长37.9%；一般公共预算支出完成2031664万元，完成调整预算的95.2%，同比增长16.9%。

2.政府性基金预算收支情况。政府性基金收入完成2301772万元，完成调整预算的103.2%，同比增长11.7%；政府性基金支出完成582660万元，完成调整预算的61.3%，同比下降36.3%（主要是地方政府专项债券支出进度较慢）。

3.国有资本经营预算收支情况。国有资本经营预算收入完成30149万元，完成调整预算的109.8%，同比增长0.3%；国有资本经营预算支出完成13572万元，完成调整预算的99.9%，同比下降18.7%。

4.社会保险基金预算收支情况。社会保险基金预算收入完成1279576万元，完成预算的105%，同比增长62.8%（主要是城乡居民基本医疗保险实行市级统筹）；社会保险基金预算支出完成1328414万元，完成调整预算的100%，同比增长53.6%。

（三）落实市人大预算决议情况及2021年预算执行效果

按照市十五届人大六次会议有关决议，各级各部门主动作为，攻坚克难，积极发挥调控职能，强化预算执行管理，加强资金监管，各项工作取得新的成效。

——围绕发挥筹资功能，积极拓宽资金渠道，财政保障能力得到新增强。一是财政收入再上新台阶。强化税源管理，加强收入调度，充分发挥综合治税作用，依法征税管费，全市一般公共预算收入达到552.7亿元，总量稳居全省第2位，增速居全省第3位。全市19个县（市、区）一般公共预算收入全部实现正增长，曹妃甸区、迁安市、路北区收入总量超50亿元。二是争取上级资金实现新突破。全年累计获得上级转移支付197.1亿元，同比增长2.3%。成功争取到全国系统化全域推进海绵城市建设示范城市中央补助9亿元、海洋生态保护修复项目中央补助3亿元，助推我市生态修复和环境改善。成功发行地方政府债券227.1亿元，有力保障了全市重点项目资金需求。三是政府和社会资本合作收获新成果。全市累计进入财政部综合信息平台管理库项目58个，总投资1229亿元，其中，落地项目47个，投资额1017亿元，全市入库项目和落地项目均居全省第一。

——围绕集中财力办大事，优化财政资源配置，城乡统筹发展迈出新步伐。一方面，全面推进乡村振兴。筹集资金24.2亿元，着力支持巩固拓展脱贫攻坚成果同乡村振兴有效衔接，推进“十百千”工程，扶持145个村集体经济项目，建设15个农村综合改革示范村，全面落实耕地地力保护、农机购置、农业保险保费等强农惠农补贴政策，有力促进了乡村产业发展、农民增收；贯彻落实中央、省“关于调整完善土地出让收入使用范围优先支持乡村振兴”政策精神，将土地出让收益的33%用于农业农村。另一方面，推进“一港双城”建设。筹集资金40.8亿元，用于保障唐秦高速唐山段建设，支持打通23条城区断头路，完成唐丰路、朝阳道等市内道路新建翻修，以及市中心区老旧供水管网改造和市政排水工程，实施一批城市公园新建和改造提升工程，支持举办省第五届园博会；运用土地出让金封闭运行等财政政策支持唐山新城发展，助推唐山原点及东部片区改造顺利启动；落实支持曹妃甸高质量发展政策，返还资金15.5亿元，支持打造全市经济增长极。

——围绕发展第一要务，着力发挥引导作用，助推产业转型升级取得新进展。一是支持科技创新体系建设。筹集资金2.2亿元，对新认定的538家高新技术企业、229家科技型中小企业、37个科技创新平台等创新主体进行奖补扶持；支持先进装备制造等战略性新兴产业，落实“专精特新”中小企业高质量发展奖补政策，提高科技进步对经济增长贡献率。二是助力对外经济和人才发展。筹集资金1.2亿元，用于举办多场次“京津冀专家唐山行”“海内外高层次人才唐山行”，兑现创新团队和创业人才奖励补助政策，有效推动我市引才引智；支持跨境电商商务氛围和市场主体培育，推动外资外经外贸发展，促进对外交流合作。三是支持市场主体发展壮大。筹集资金6.2亿元，支持组建河北产业引导基金，兑现唐山唐钢气体有限公司等9家企业上市奖励；全面落实减税降费各项政策，全年新增减税降费29亿元，助力实体经济发展。

——围绕改善民生福祉，着力强化分配职能，办好惠民利民实事取得新成效。一是优先保障疫情防控资金。全市累计投入12.5亿元，用于全民免费接种新冠病毒疫苗、核酸检测、购买防控物资设备，为全市疫情防控提供了坚强保障。二是支持教育高质量发展。筹集资金10.9亿元，用于落实各项教育补助政策，改善幼儿园、中小学办学条件；支持党校迁建、唐山职业技术学院与华北理工大学冀唐学院合并、唐山工业职业技术学院建设双高校；继续推动北京交通大学、北京理工大学唐山研究院改造提升，全面投入运转，为我市深度融入京津冀协同发展提供更多机遇。三是稳步提高社会保障水平。筹集资金47.8亿元，落实就业优先政策，持续推进基层医疗机构能力提升和标准化建设，完善城乡养老服务体系，支持中医医院迁建、第二医院新建骨科大楼，提高基本公共卫生、城乡居民医疗保险、城乡低保和长期护理保险保障标准。四是推进美丽唐山建设。筹集资金23.7亿元，完成双代改造27.56万户，购置国控点示范区精细化治理装备，推进高铁、高速生态廊道和荒山绿化建设，深入实施大气、水、土壤污染综合治理。五是提升社会公共服务能力。筹集资金27.3亿元，用于应急物资储备基地建设、食品药品综合检验检测配套设施建设；用于制发“文化惠民卡”，举办特色体育赛事活动，繁荣文化事业；支持改善低收入人群住房条件，营造良好人居环境；助力扫黑除恶，建设智慧平安社区。

——围绕构建现代财政制度，着力完善运行机制，财政管理水平得到新提升。一是持续推进财政体制改革。紧跟中央、省改革步伐，出台国防、自然资源、文化、生态环境等领域市与区财政事权和支出责任改革方案，有效规范了上下级政府间财政关系。二是进一步深化预算管理改革。出台《关于进一步深化预算管理制度改革的实施意见》《市级预备费管理办法》《市直单位申请追加预算工作规范》，改进预算管理，规范支出行为，建立健全预算管理长效机制。三是加强直达资金使用管理。强化直达资金动态监控，督促县（市、区）规范高效使用直达资金。下达市以上直达资金106.2亿元，落实项目4952个，为保障基层财政运行、补齐短板弱项、兜牢民生底线提供有力保障。四是深化预算绩效管理改革。加强事中绩效运行管理，通过对绩效目标实现程度和预算执行进度实行双监控，调减预算项目资金5.9亿元，统筹用于民生事业。五是推进财政支出管理改革。强化采购人内控制度建设，优化政府采购营商环境，制定《唐山市市级政府采购绩效管理办法（试行）》，全面落实支持中小企业发展、绿色环保等政府采购政策；全市完成政府采购额158.4亿元，节支率5.2%；强化财政投资评审，全年完成评审项目424项，审减金额8.3亿元，审减率12.7%。落实“过紧日子”要求，坚持厉行节约，全市和市本级“三公”经费同比分别下降10.9%和16.5%。

——围绕实现安全发展，坚决守牢风险底线，财政平稳运行态势得到新巩固。一方面，严防政府债务风险。印发《唐山市防范化解财政金融领域风险实施方案》，加强财政金融风险防控；争取再融资债券278.3亿元，有效缓解我市偿债压力；完善还本付息管理，督导县（市、区）将偿债本息足额列入预算，全市按时足额偿还到期债券本息384亿元；成功落地市中心城区环线及北环连接线（二环路）PPP项目，有效降低全市和市本级政府债务率。另一方面，扎实做好基层“三保”工作。围绕防范基层运转风险，动态监控基层财政运行，压实各级“三保”责任；在全力争取上级财力性补助资金的同时，对困难县区加大倾斜力度，确保基层财政平稳运行。

各位代表！成绩的取得来之不易，理财的经验弥足珍贵。在刚刚过去的一年里，我们在落实疫情防控常态化各项要求的基础上，始终坚持把发展放在首位，紧紧围绕经济建设这个中心，狠抓财源建设不动摇，财政收入规模不断壮大；始终坚持艰苦奋斗、勤俭办一切事业的优良传统，持续压减一般性支出，千方百计挤出资金用到最急需的地方；始终坚持集中财力办大事，着力解决制约改革发展稳定的突出问题，为全市经济社会健康发展提供了强有力的财力支撑；始终坚持与时俱进、敢为人先的创新精神，大力推进现代财政制度体系建设，依法理财、科学理财水平不断提高。

在看到成绩的同时，我们也清醒地认识到，预算执行和财政工作中还存在一些困难和问题，主要是：落实国家、省、市各项民生提标政策，偿还到期债务等财政刚性支出不断增加，收支矛盾更趋紧张；个别县区财政运行困难，全市统筹平衡压力有增无减；一些预算项目支出进度缓慢，资金绩效亟待提高；全面深化改革任重道远，现代财政制度尚需健全完善。对于这些问题，我们将高度重视，认真加以解决。

二、2022年预算安排（草案）

（一）2022年财政工作面临形势和预算安排的指导思想

我市正处于大有可为的战略机遇期、优势叠加的历史窗口期、全面绿色转型的关键攻坚期。2022年财政增收有一定基础，但受各方面因素影响，收支矛盾更为突出。收入方面，受环保限产、钢铁行业利润下降及市内可出让地块收益减少等因素影响，预计今后一个时期我市财政收入组织难度将进一步加大。支出方面，津补贴政策调整，民生政策提标扩面，债务还本付息，支持“一港双城”、转型升级、乡村振兴、污染防治等支出压力持续增加，“紧平衡”将成为财政运行常态。综合分析宏观经济形势及全市财源变化，同时充分考虑落实重大决策部署和民生政策的增支需要，按照积极稳妥原则，2022年全市一般公共预算收入计划突破600亿元，增长8%以上。

根据市委关于经济社会发展的总体部署，预算安排的指导思想是：以习近平新时代中国特色社会主义思想为指导，深入学习贯彻党的十九大和十九届历次全会精神，全面落实中央和省委、市委决策部署，把握稳字当头、稳中求进总基调，坚持“33458”工作思路不动摇，围绕支持“八个发展”，落实积极财政政策，加强财政资源统筹，强化财政收支管理，深化财税体制改革，防范化解财政风险，为加快建设繁荣舒适美丽的现代化沿海强市提供财力保障。

（二）2022年全市预算草案

1. 一般公共预算

一般公共预算收入6000766万元，加返还性收入、上级转移支付、调入资金等3464202万元，收入总计9464968万元。一般公共预算支出9370337万元，加上解上级支出94631万元，支出总计9464968万元。

2. 政府性基金预算

政府性基金收入4925888万元，加上级转移支付等20139万元，收入总计4946027万元。政府性基金支出4333590万元，加调入一般公共预算612437万元，支出总计4946027万元。

3. 国有资本经营预算

国有资本经营预算收入18718万元，加上年结余收入13264万元，收入总计31982万元。国有资本经营预算支出23449万元，加调入一般公共预算8533万元，支出总计31982万元。

4. 社会保险基金预算

社会保险基金预算收入2787005万元，支出2668108万元，年末新增结余118897万元。

（三）2022年市本级预算草案

1. 一般公共预算

（1）一般公共预算收入465540万元，加上级税收返还77415万元，上级转移支付392248万元，下级上解收入1321354万元，动用预算稳定调节基金412032万元，调入资金86186万元，收入总计2754775万元。

（2）一般公共预算支出2286884万元，加上解上级支出94631万元、补助下级支出373260万元，支出总计2754775万元。

2. 政府性基金预算

（1）政府性基金收入1616661万元（其中，国有土地使用权出让收入1563000万元），加上级提前下达转移支付8662万元，上年结转收入468万元，收入总计1625791万元。

（2）政府性基金支出1599092万元（其中，本级财力安排1590430万元，上级提前下达转移支付安排8662万元），加调入一般公共预算26699万元，支出总计1625791万元。

3. 国有资本经营预算

（1）国有资本经营预算收入13858万元，加上年结转收入9658万元，收入总计23516万元。

（2）国有资本经营预算支出17253万元，加调入一般公共预算6263万元，支出总计23516万元。

4. 社会保险基金预算

（1）社会保险基金预算收入1863162万元（其中，保险费收入1281211万元，财政补贴收入452938万元，上级补助收入87877万元，利息收入39373万元、其他收入996万元、转移收入767万元）。年末新增结余45312万元。

（2）社会保险基金预算支出1817850万元（其中，医疗保险基金支出1456676万元，机关养老保险基金支出276336万元，失业保险基金支出84838万元）。

（四）市本级重大支出预算安排情况

在预算编制中，我们全面落实“过紧日子”要求，坚持有保有压，集中财力支持重点支出：一是民生政策全面兑现，中央、省、市确定的民生政策支出全部安排；二是人员经费足额保障，预留资金落实津补贴调整政策；三是政府债务还本付息资金足额安排；四是中央和省委、市委决策部署的重要事项、重点领域所需资金全面落实；五是部门事业发展支出合理保障。按照以上原则，剔除基本支出后，共安排重点项目支出180.4亿元。

——着力支持向海发展，安排资金2.8亿元。围绕支持开放型经济发展，安排资金0.8亿元。建立跨境电子商务综合试验区，完善出口信用保险保障政策，发展会展经济，落实招商引资年度考评奖励资金，继续落实支持曹妃甸发展的财政体制优惠政策，提升开放水平和能级。围绕促进沿海经济带高质量发展，安排资金2亿元。设立高质量发展专项资金，加快培育具有较强竞争优势的海洋产业集群，不断增强我市发展内驱动力。

——着力支持转型发展，安排资金5.5亿元。围绕推进科技创新，安排资金3亿元。落实环渤海地区新型工业化基地建设40条支持政策，支持关键核心技术研发和科技创新平台建设。培育科技创业创新领军人才，支持品牌创建和质量提升，落实 “凤凰英才”计划，激发人才创新创造活力。围绕构建现代产业体系，安排资金2.5亿元。用好产业引导投资基金，支持战略性新兴产业发展以及工业设计成果转化应用，促进中小微企业发展，引导汽车消费，落实新增限上贸易企业奖励政策，做实做强实体经济。

——着力支持协同发展，安排资金4亿元。加快构筑京津发展第二空间，支持京唐铁路唐山西站（机场站）站房规模调整，注资河北省城际铁路发展基金，畅通京津冀协同发展通道；助力筹办冬季奥运会、全运会、省运会等重大赛事，发展冰雪产业，举办中拉沙滩足球锦标赛、唐山国际马拉松比赛；支持西南交通大学、北京交通大学、北京理工大学唐山研究院运转，保障学校配套设施设备，打造一批高水平研究生院和专业群，深入推进京津冀教育资源共享。

——着力支持绿色发展，安排资金10.9亿元。围绕大气污染防治，安排资金7.3亿元。支持大气污染防治网格化工程运维、大气环境监控预警能力建设及综合治理，加强环境执法检测，落实电代煤、气代煤改造以及洁净煤取暖补贴，做好碳达峰碳中和工作。围绕生态保护修复，安排资金3.6亿元。支持“数字唐山”地理空间框架建设，加强地表水、海洋、气象灾害预警监测和综合治理，巩固国家森林城市创建成果，对宜林荒山造林给予补助，持续推进海域海岸带、海岛、矿山等系统性生态修复。

——着力支持融合发展，安排资金52.8亿元。围绕提升城市治理效能，安排资金48.8亿元。用于支持机场、普通国省道等交通运输基础设施建设，打造“双大外环”；持续打通断头路，落实市中心城区二环路及北环连接线运营补贴，新建改造市政道桥，建设会展中心、人防工程以及市中心区保障性租赁住房。围绕推进城区扩容提质，安排资金2.8亿元。用于健全国土空间规划体系，支持城市建设规划区地下空间开发利用以及海绵城市建设规划，推进城市体检及城市更新“双试点”建设。围绕智慧城市建设，安排资金1.2亿元。用于推动医保、交管、食品安全监管、社区、殡葬等智慧系统建设，保障智慧唐山一期运营和二期建设，让城市变得更“聪明”、更“温暖”。

——着力支持统筹发展，安排资金5.4亿元。围绕巩固拓展脱贫攻坚成果，安排资金0.4亿元。以产业发展和精准防贫为重点，保障巩固脱贫成果向乡村全面振兴顺利过渡。围绕加快推进农业现代化，安排资金2.1亿元，支持培育新型农业经营主体、推进农业结构调整、增强农业防灾减灾能力、提高灌区等水利基础设施建设水平，保障农业高质量可持续发展。围绕实施乡村建设行动，安排资金2.9亿元。支持乡村振兴“十百千”工程及美丽乡村建设、扶持壮大农村集体经济、加强农村公益事业建设，持续提升农村人居环境水平，打造乡村振兴唐山样板。

——着力支持共享发展，安排资金40.6亿元。围绕加强社会保障，安排资金8.1亿元。落实就业帮扶以及特殊困难群体社会救助政策，足额保障养老保险政策资金，发展普惠型养老服务；解决国有困难企业到龄退休人员社保缴费及僵尸企业人员处置问题；支持妇女儿童和民族宗教事业健康发展。围绕提升医疗卫生服务水平，安排资金7.7亿元。完善疾病预防控制体系和基层公共卫生服务体系，落实城市公立医院综合改革补贴政策，继续支持市中心血站迁建，启动建设市工人医院新院区、传染病区提升改造工程，优化提升医疗供给水平。围绕教育高质量发展，安排资金4.7亿元。落实教育各项经费保障配套资金，支持乌拉圭国际足球学校续建，启动唐山职业技术学院配套建设项目，落实唐山工业职业技术学院新校园续建（PPP项目）运营补贴，继续推进唐山学院大学西道校区北院改造提升、唐山幼专与玉师整合搬迁、市委党校迁建，提高本土院校硬件实力。围绕提升公共服务能力，安排资金14.1亿元。推动公交总公司市场化运作，促进文化、旅游和体育事业发展；狠抓食品、药品、粮油质量安全，继续支持“农业农村部农产品质量安全检验测试中心（唐山）”建设；更换新能源出租车、公交车，保障垃圾焚烧、供热、燃气安全、雨水管网等市政公用事业发展。围绕加强社会管理，安排资金6亿元。落实城市社区党组织及工作者相关经费，支持推进全市政务服务便民热线整合优化，保障市委市政府重要活动开展以及行政运转。

——着力支持安全发展，安排资金58.4亿元。足额保障地方债务还本付息，安排资金51.6亿元。用于偿还地方政府债券以及二环线、交通道路、棚改项目等贷款到期本息。同时，争取再融资债券219.8亿元，用于偿还全市2022年到期债券本金，有效缓解偿债压力。围绕维护公共安全，安排资金6.8亿元。加强政法基础设施和保障能力建设，提升消防、应急等综合救援能力，推进平安唐山建设；抓好常态化疫情防控，维护社会大局和谐稳定，以政治担当守好首都“东大门”。

三、完成2022年预算任务的主要措施

贯彻落实中央和省委、市委决策部署，进一步深化改革、强化管理、优化措施，确保圆满完成预算任务。

（一）推动高质量发展。发展是第一要务。围绕落实积极财政政策，一方面，优化财政体制。将财政分配与结构调整、动能转换、高质量发展成效挂钩，形成良性利益分配导向，引导各方面资源要素集聚到高质量发展上来。巩固深化减税降费成效，进一步激发市场主体活力。另一方面，创新财政资金投入方式。用足用好政府债券，灵活运用政府引导基金、PPP、贷款贴息、风险补偿、股权投资等方式，吸引撬动更多金融和社会资本，投向经济社会发展的重点领域。

（二）抓好财政运行。增收节支是财政永恒主题。一方面，依法依规组织财政收入。在全面落实税费减免政策的同时，强化税费征管，加大非税收入清缴力度，及时盘活闲置国有资产，注重提高收入质量，全面巩固财源基础。另一方面，强化财政支出管理。全面落实“过紧日子”要求，坚持公务用车非必需不增编、非急需不采购，严禁财政资金用于楼堂馆所等形象工程、政绩工程。规范高效使用直达资金，推动专项债券尽快形成实物量。加大暂付款清理力度，严格落实财政借款报同级政府审批制度，将财政支出进度纳入市委对市直部门和各县（市、区）领导班子考核，引导督促预算部门资金快支出、项目早见效。

（三）深化财税体制改革。改革创新是发展不竭动力。一是加快建立现代财政制度。构建四本预算、债务计划、存量资金、资产资源相结合的统筹机制，强化预算对落实国家、省、市重大部署的保障能力。继续分领域推进市以下财政事权和支出责任划分改革，完善转移支付制度，增强基层公共服务能力。围绕契税、城市维护建设税等税种改革，做好政策转换、衔接和宣传。二是深化预算绩效改革。健全权责对等、激励相容的预算绩效管理机制，突出绩效导向，推行绩效评价结果、支出进度与预算安排挂钩机制，推进预算和绩效管理深度融合。三是加强支出管理改革。积极开展政府采购意向公开，提高政府采购透明度。研究制定市级财政投资评审监督管理制度，规范评审工作流程，切实提高政府投资效益。

（四）防范化解财政风险。安全是发展底线。一是严格管控政府债务风险。全面落实债务限额管理和预算管理要求，稳妥化解债务存量，推动政府融资平台转型，健全风险预警体系，强化违规举债责任追究，牢牢守住不发生系统性、区域性风险底线。二是防范财政管理风险。科学审慎制定新的民生政策，加强重大建设项目财政承受能力评估。做好县级“三保”支出预算审核，持续强化基层财政运行监控，坚决兜牢基层“三保”底线。三是完善监督工作体系。自觉接受人大、政协监督，强化财会监督职能，严肃审计发现问题整改，认真落实《财政违法行为处罚处分条例》，切实严肃财经纪律，推动资金规范使用、政策高效落实。

各位代表，做好今年财政工作，使命光荣、任务艰巨。我们将在市委的坚强领导和市人大、市政协的监督支持下，切实增强责任感紧迫感，不忘初心、牢记使命，忠诚担当，拼搏竞进，努力完成全市收支预算和各项工作任务，以“三个努力建成”新成绩迎接党的二十大胜利召开！

统计资料
TongJiZiLiao

唐山市2021年国民经济和社会发展统计公报

2021年，在市委、市政府的坚强领导下，全市各级各部门始终坚持以习近平新时代中国特色社会主义思想为指导，坚持稳中求进工作总基调，坚持以“三个努力建成”领航定向，坚持“33458”工作思路不动摇，完整、准确、全面贯彻新发展理念，科学统筹疫情防控和经济社会发展，全市经济社会高质量发展取得新成效，现代化沿海强市建设迈出新步伐，实现了“十四五”良好开局。

一、综合

初步核算，全年地区生产总值8230.6亿元，比上年增长6.7%。其中，第一产业增加值606.5亿元，增长6.6%；第二产业增加值4546.8亿元，增长4.1%；第三产业增加值3077.3亿元，增长10.2%。三次产业增加值结构为7.4:55.2:37.4。全市人均生产总值106783元，比上年增长6.8%。

图1：2017-2021年地区生产总值及其增长速度

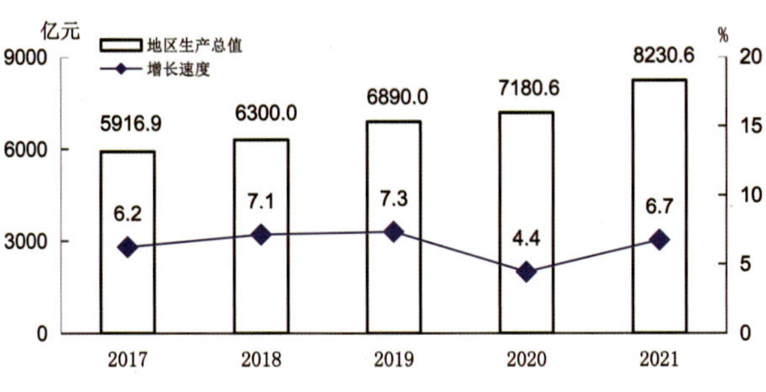

全年民营经济增加值5175.9亿元，比上年增长6.7%；占地区生产总值的比重为62.9%，比上年提高0.1个百分点。

全年城镇新增就业12.99万人，城镇失业人员实现再就业4.37万人，农村劳动力向非农产业转移6.56万人。年末城镇登记失业率为3.21%。

图2：2017-2021年城镇新增就业人数

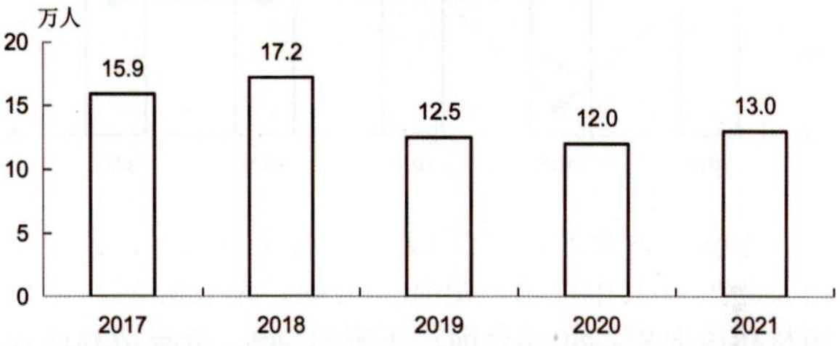

全年城市居民消费价格比上年上涨0.9%。分类别看，食品烟酒价格上涨1.9%，衣着价格上涨0.5%，居住价格下降2.0%，生活用品及服务价格上涨0.4%，教育文化和娱乐价格上涨0.5%，医疗保健价格与上年持平，交通和通信价格上涨5.6%，其他用品和服务价格下降2.0%。

图3：2017-2021年城市居民消费价格涨跌幅度

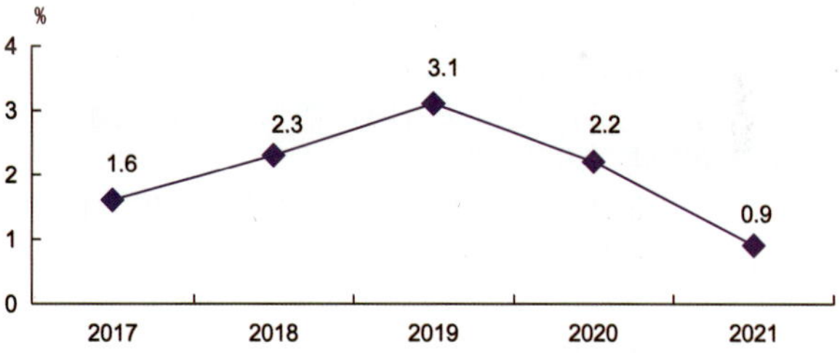

全年全部财政收入975.0亿元，比上年增长13.4%。一般公共预算收入552.7亿元，增长9.0%，其中税收收入347.1亿元，增长6.7%。一般公共预算支出921.4亿元，比上年下降0.5%。其中，一般公共服务支出增长5.8%，教育支出增长7.7%，社会保障和就业支出增长5.1%，卫生健康支出增长13.7%。

图4：2017-2021年一般公共预算收入及其增长速度

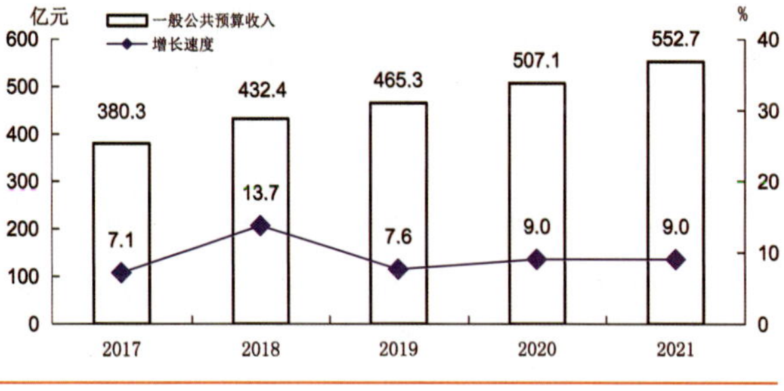

二、农业

全年粮食播种面积49.0万公顷，比上年增长0.7%。粮食产量293.8万吨，增长1.4%。其中，夏收粮食70.8万吨，秋收粮食223.1万吨。粮食亩产400.1公斤，增长0.7%。棉花播种面积0.8万公顷，产量0.9万吨，下降20.8%。油料播种面积7.6万公顷，产量31.9万吨，下降0.3%。蔬菜播种面积12.2万公顷，产量947.6万吨，增长0.7%，其中设施蔬菜（含食用菌）产量309.5万吨，增长2.0%。

图5：2017-2021年粮食产量及其增长速度

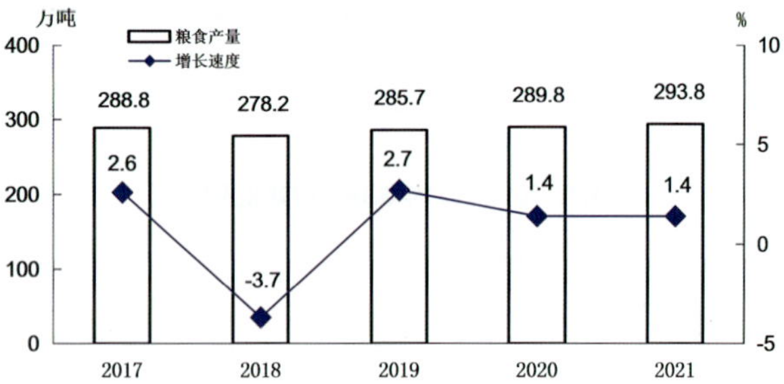

全年干鲜果产量142.1万吨（含果用瓜），比上年增长0.2%，其中板栗产量10.8万吨，增长5.5%。中草药材种植面积1380.6公顷，下降21.4%。全年造林面积（含森林抚育）4.1万公顷，增长10.5%。

全年猪牛羊禽肉产量60.0万吨，比上年增长4.5%。其中，猪肉产量39.8万吨，增长8.8%；牛肉产量7.9万吨，增长0.6%；羊肉产量1.6万吨，下降2.4%。禽蛋产量26.4万吨，下降9.0%。牛奶产量110.5万吨，增长1.3%。

全年水产品产量（不含远洋、远海捕捞）51.6万吨，比上年增长4.2%。在总产量中，养殖水产品产量42.3万吨，增长4.1%，捕捞水产品产量9.2万吨，增长4.3%；海水产品产量33.6万吨，增长5.9%，淡水产品产量18.0万吨，增长1.0%。

年末农业产业化龙头企业331家，比上年末增加3家，其中销售收入亿元以上企业78家。

三、工业和建筑业

全年全部工业增加值4141.5亿元，比上年增长3.4%，其中规模以上工业增加值增长4.9%。

年末规模以上工业企业1950家，其中年内新建投产企业134家。

图6：2017-2021年全部工业增加值及其增长速度

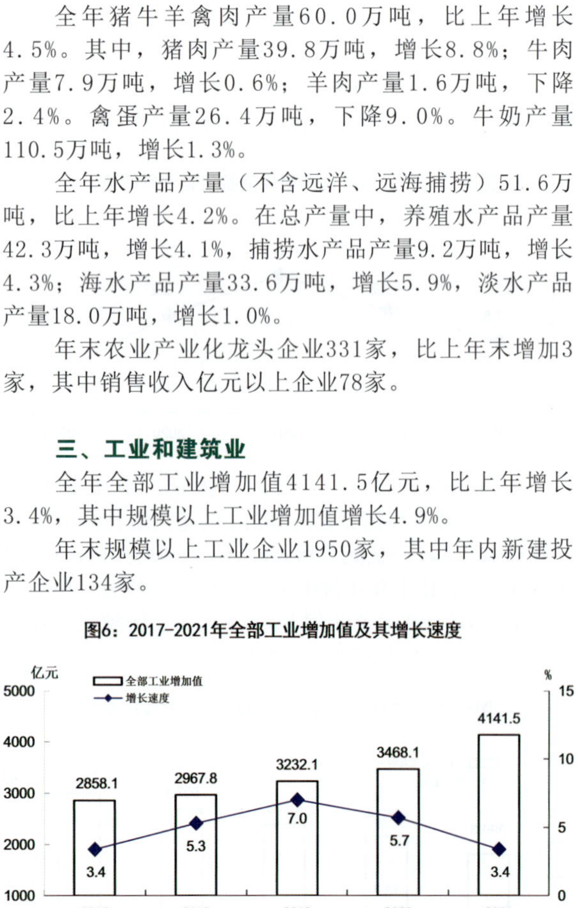

在规模以上工业中，分经济类型看，国有控股企业增加值比上年增长5.6%，股份制企业增长4.9%，外商及港澳台商投资企业增长3.5%，私营企业增长4.7%。分门类看，采矿业增加值比上年增长8.7%，制造业增长4.8%，电力、热力、燃气及水生产和供应业增长7.6%。分行业看，煤炭开采和洗选业增加值比上年增长10.0%，石油和天然气开采业下降2.6%，黑色金属矿采选业增长10.7%，农副食品加工业增长5.8%，石油、煤炭及其他燃料加工业下降11.5%，化学原料和化学制品制造业增长9.5%，橡胶和塑料制品业增长8.1%，非金属矿物制品业增长11.9%，黑色金属冶炼和压延加工业增长5.4%，金属制品业下降8.8%，通用设备制造业增长5.3%，专用设备制造业增长10.6%，汽车制造业下降5.5%，铁路、船舶、航空航天和其他运输设备制造业增长15.6%，电气机械和器材制造业增长21.0%，电力、热力生产和供应业增长6.1%。战略性新兴产业增加值比上年增长15.9%，占规模以上工业的比重为12.3%。高新技术产业增加值比上年增长7.4%，占规模以上工业的比重为15.3%。装备制造业增加值比上年下降1.0%，占规模以上工业的比重为13.1%。

表1：2021年主要工业产品产量及其增长速度

指标	单位	产量	比上年增长%
原煤	万吨	1971	-2.9
原油	万吨	121	-5.5
天然气	万立方米	19969	-17.7
发电量	亿千瓦时	719	-6.2
焦炭	万吨	1850	-7.6
精制食用植物油	吨	19522	0.0
乳制品	万吨	108	17.0
纯碱	万吨	218	-0.2
化学纤维	万吨	70	-8.9
水泥	万吨	3141	-5.5
平板玻璃	万重量箱	464	-47.4
卫生陶瓷	万件	3094	3.2
生铁	万吨	11385	-14.4
粗钢	万吨	13111	-9.0
钢材	万吨	15475	-1.8
电焊机	台	222539	15.1
矿山专用设备	万吨	17	28.4
水泥专用设备	吨	39096	45.4
工业机器人	套	4592	34.2
改装汽车	辆	10333	-29.4
动车组	辆	152	-62.4
城市轨道车辆	辆	307	365.2
锂离子电池	万只	1578	57.8
电子元件	万只	69399	30.0

全年规模以上工业企业营业收入14982.0亿元，比上年增长24.6%。其中，采矿业892.1亿元，增长36.0%；制造业13383.1亿元，增长24.6%；电力、热

力、燃气及水生产和供应业706.8亿元，增长12.3%。

全年规模以上工业企业实现利润565.0亿元，比上年增长14.3%。其中，采矿业53.8亿元，增长104.7%；制造业525.5亿元，增长17.1%；电力、热力、燃气及水生产和供应业亏损14.3亿元。

全年全社会建筑业增加值416.9亿元，比上年增长12.0%。资质等级以上建筑业企业房屋施工面积4295.0万平方米，增长16.5%；房屋竣工面积936.9万平方米，增长10.0%。具有资质等级的总承包和专业承包建筑业企业利润12.0亿元，增长5.9%。

图7：2017-2021年建筑业增加值及其增长速度

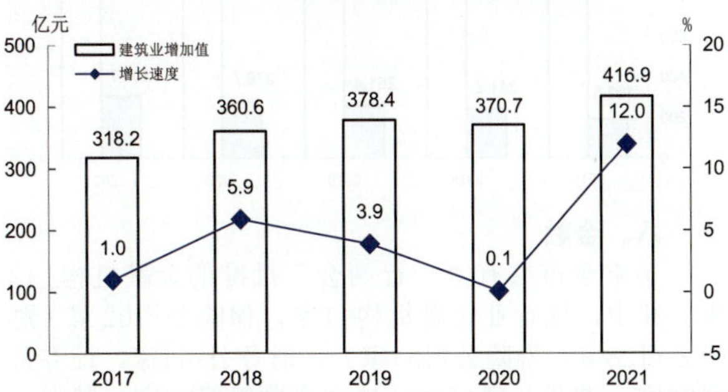

四、固定资产投资

全年全部工业增加值4141.5亿元，比上年增长3.4%，其中规模以上工业增加值增长4.9%。

全年全社会固定资产投资比上年增长7.0%，其中固定资产投资（不含农户）增长7.0%。

图8：2017-2021年固定资产投资增长速度

在固定资产投资中，第一产业投资比上年增长45.3%，第二产业投资增长7.3%，第三产业投资增长2.6%。工业投资增长7.8%，其中工业技术改造投资增长0.9%，占工业投资的比重为67.9%。在工业投资中，采矿业投资比上年增长8.8%，制造业投资增长8.0%，电力、热力、燃气及水生产和供应业投资增长4.4%。高新技术产业投资比上年下降10.7%，战略性新兴产业投资增长17.3%，装备制造业投资下降4.7%，城市基础设施投资下降0.7%。民间投资比上年增长5.0%，占固定资产投资的比重为75.2%。

全年固定资产投资施工项目4000个，其中本年新开工项目3026个，比上年增长24.8%。在施工项目中，总投资亿元以上项目1145个，下降2.9%，完成投资增长4.3%，其中本年新开工亿元以上项目593个，增长1.9%，完成投资增长2.5%。

全年房地产开发投资比上年增长12.6%。其中，商品住宅投资增长8.9%，办公楼投资增长1.1倍，商业营业用房投资下降2.3%。

五、国内贸易

全年全部工业增加值4141.5亿元，比上年增长3.4%，其中规模以上工业增加值增长4.9%。

全年社会消费品零售总额2143.2亿元，比上年增长5.7%。按经营地统计，城镇消费品零售额1767.1亿元，增长5.8%；乡村消费品零售额376.1亿元，增长5.1%。按行业统计，批发业零售额385.9亿元，下降9.0%；零售业零售额1586.7亿元，增长8.9%；住宿业零售额10.8亿元，增长9.4%；餐饮业零售额159.9亿元，增长16.8%。

年末限额以上批发、零售、住宿、餐饮企业1075家，其中年内新增新开业企业119家。

图9：2017-2021年社会消费品零售总额及其增长速度

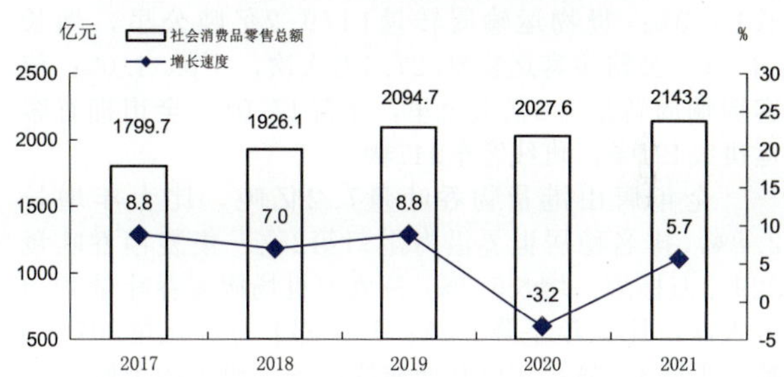

在限额以上批发和零售单位商品零售额中，粮油食品类零售额比上年增长1.9%，服装鞋帽纺织品类增长14.1%，金银珠宝类增长87.9%，日用品类增长13.7%，家用电器和音像器材类增长6.5%，家具类增长32.4%，通信器材类增长10.1%，汽车类增长3.7%，中西药类增长6.6%，石油及制品类增长4.6%。

六、对外经济

全年进出口总额1420.9亿元，比上年增长36.3%。其中，出口额416.6亿元，增长19.0%；进口额1004.2亿元，增长45.1%。

全年实际利用外资21.0亿美元，比上年增长7.9%。外商直接投资20.2亿美元，增长4.1%。其中，第二产业16.4亿美元，增长18.7%；第三产业3.4亿美元，下降35.9%。全年新批准外资合同项目124个，合同外资额40.7亿美元，增长128.1%。年末实有外商投资企业498家。

图10：2017-2021年实际利用外资及其增长速度

全年对外承包工程业务完成营业额6.3亿美元，比上年增长32.8%。境外投资中方实际投资额0.4亿美元，下降25.3%。

七、服务业

全年批发和零售业增加值779.7亿元，比上年增长12.2%；交通运输、仓储和邮政业增加值713.2亿元，增长15.1%；住宿和餐饮业增加值68.3亿元，增长6.5%；金融业增加值229.9亿元，增长4.6%；房地产业增加值207.6亿元，下降0.2%。年末规模以上服务业企业925家，其中年内新增新开业企业12家。全年规模以上服务业企业营业收入865.0亿元，比上年增长2.8%；利润总额73.1亿元，增长13.7%。

年末公路通车里程达到1.99万公里，比上年末增加136.6公里。高速公路通车里程达到754公里。农村公路通车里程达到1.77万公里，全年改造农村公路746公里。

全年公路货物运输量47925.0万吨，比上年增长13.3%；货物运输周转量1479.2亿吨公里，增长14.7%。公路旅客运输量527.1万人次，下降34.0%；旅客运输周转量5.9亿人公里，下降47.0%。全市拥有客运班线491条，班线客车947辆。

全年唐山港货物吞吐量7.2亿吨，比上年增长2.8%，排名稳居世界沿海港口第2位；集装箱吞吐量329.3万标箱，增长5.7%。三女河机场旅客吞吐量39.4万人次，比上年下降9.7%；货（邮）行吞吐量2078.3吨，下降35.5%；年底开通航线17条，通达19个城市。

表2：2021年各种运输方式运输量

指 标	单 位	绝对数	比上年增长%
公路货物运输量	万吨	47925.0	13.3
公路货物运输周转量	亿吨公里	1479.2	14.7
公路旅客运输量	万人次	527.1	-34.0
公路旅客运输周转量	亿人公里	5.9	-47.0
港口货物吞吐量	万吨	72240	2.8
其中：曹妃甸港	万吨	44524	10.7
京唐港	万吨	27715	-7.7
其中：集装箱	万标箱	329.3	5.7
其中：钢铁	万吨	5512	12.1
煤炭	万吨	33793	18.1
矿石	万吨	20655	-16.5
民航旅客吞吐量	万人次	39.4	-9.7
民航货（邮）行吞吐量	吨	2078.3	-35.5

年末民用汽车保有量260.3万辆（包括三轮汽车和低速货车），比上年末增加20.0万辆，其中私人汽车保有量236.3万辆，增加16.4万辆。民用轿车保有量145.5万辆，增加8.6万辆，其中私人轿车保有量140.3万辆，增加8.1万辆。

全年邮电业务总收入86.8亿元，比上年增长9.4%。其中，邮政业务收入30.1亿元（不包括邮政储蓄银行直接营业收入），增长16.5%；电信业务收入56.7亿元，增长4.7%。年末固定电话用户86.4万户，比上年末增加0.6万户；移动电话用户967.1万户，增加29.9万户；互联网宽带接入用户309.7万户，增加29.9万户；移动互联网用户865.3万户，减少64.7万户。年末全市许可备案的快递法人企业18家，其分支机构333家，备案快递末端网点2082个，全年完成快递业务量13622.1万件，增长31.7%，实现业务收入21.2亿元，增长24.4%。

图11：2017-2021年互联网宽带接入用户、移动电话年末用户

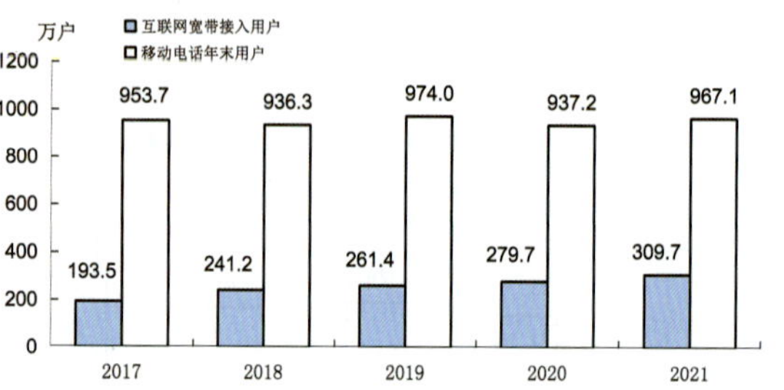

八、金融

年末全市共有“一行两会”批准的金融机构142家。其中，银行业金融机构41家，保险公司62家（财险公司28家、寿险公司34家），财务公司1家，证券公司23家，期货公司15家。地方金融组织98家。其中，小额贷款公司38家，融资担保公司15家，典当行42家，融资租赁公司1家，资产管理公司1家，交易场所1家。

年末金融机构人民币各项存款余额11880.7亿元，比年初增加700.6亿元，其中住户存款余额8191.2亿元，比年初增加730.3亿元。金融机构人民币各项贷款余额7748.1亿元，比年初增加811.9亿元。

图12：2017-2021年年末住户人民币存款余额

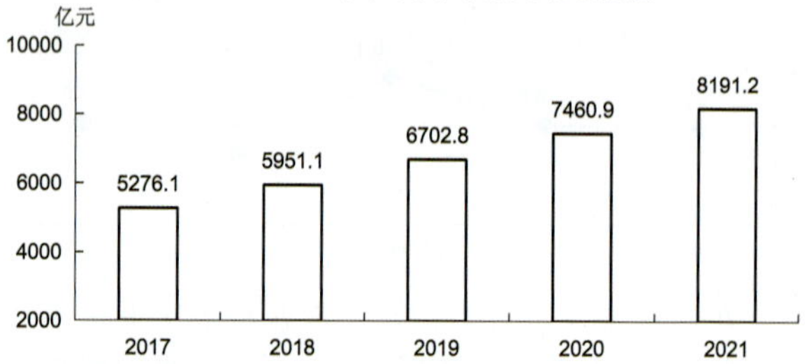

年末全市共有存量上市挂牌公司126家。其中，境内外上市公司15家（上交所7家、深交所5家、北交所1家、港交所2家），新三板挂牌公司29家（基础层22家、创新层7家），河北股权交易所挂牌公司82家。全年实现股权融资160.5亿元。

全年保险业实现原保险保费收入271.7亿元，比上年增长4.0%。其中，财产险保费收入66.7亿元，人身险保费收入205.0亿元。保险业赔款与给付支出97.7亿元，增长27.2%。其中，财产险业务赔款与给付支出45.7亿元，人身险业务赔款与给付支出52.0亿元。

九、城市建设与管理

年末市区集中供热面积7205万平方米，比上年末

增加335万平方米。天然气管线总里程2056公里，增加7公里。年末建成区供水能力93.2万立方米/日，排水管道长度2980.4公里，污水处理能力91.8万立方米/日，污水集中处理率99.2%，生活垃圾无害化处理率100%。年末建成区绿化覆盖面积10799.4公顷，绿化覆盖率43.37%；绿地面积9960.6公顷，绿地率40.0%；公园绿地面积3396.2公顷。

年末城区公交运营车辆2034部。其中，新能源公交车（电动、插电）883部，清洁能源公交车1151部。公交运营线路143条。其中，优化调整线路25条，新开线路3条，线路总长度2348.9公里。

十、教育、科技、文化、旅游和体育

年末拥有普通高等学校13所，在校生19.7万人，其中研究生4862人；本年新招生6.3万人，其中研究生1791人。中等职业学校在校生6.2万人，比上年末增长4.5%；普通中学在校生39.2万人，增长3.0%；小学在校生55.4万人，下降0.9%；幼儿园在园幼儿23.8万人，增长1.9%。九年义务教育巩固率98.1%，高中阶段教育毛入学率95.3%。发放各类困难学生生活费、助学金、奖学金2.2亿元，惠及各类学生11.2万人。

表3：2021年各类教育基本情况

单位：万人、%

指标	毕业生数		招生数		在校生数	
	绝对数	比上年增长%	绝对数	比上年增长%	绝对数	比上年增长%
总计	24.8	1.7	29.3	1.2	113.4	3.8
其中：普通高等学校	3.4	2.1	5.2	22.4	15.0	12.4
中等职业学校	1.9	7.8	2.1	6.3	6.0	0.6
普通中学	11.7	10.0	12.4	-1.3	38.1	1.8
小学	7.8	-10.0	9.6	-5.6	54.2	3.5

注：中等职业学校不包含技校。

年末拥有市级以上重点实验室、技术创新中心和产业技术研究院等科技研发平台309家，其中省级106家。

年末拥有国家级高新区1个，省级高新区2个；省级以上农业科技园区9个。国家级科技企业孵化器3家，省级16家；国家级众创空间10家，省级22家。年末拥有高新技术企业1458家，其中本年新增203家；科技型中小企业10049家，其中本年新增1081家。

全年专利授权13873项，比上年增长22.2%。截至年底，有效发明专利5667件，增长15.6%，每万人口高价值发明专利拥有量1.84件。全年引进科技成果110项。

年末拥有艺术表演团体11个，影剧院6个，文化馆、群艺馆15个，博物馆、纪念馆17个，公共图书馆15个。《相期吾少年》《更待丁香开·少年李大钊》等10部优秀作品参加“百年风华 红色旋律”河北省庆祝中国共产党成立100周年优秀剧目展演活动。

全年接待游客5087.8万人次，比上年增长20.1%；旅游总收入536.5亿元，增长20.1%。成功举办第五届唐山市旅游产业发展大会。南湖景区入选首批国家夜间文旅消费集聚区。

年末拥有体育场地16722个，游泳池78个，公共体育健身器材12898套，人均体育场地面积2.27平方米。全年获得全国冠军3个，省年度比赛金牌75枚。成功举办全国U21足球联赛、第17届中国大学生柔道锦标赛暨第31届世界大学生夏季运动会柔道项目选拔赛、河北省青少年艺术体操锦标赛等赛事活动。

十一、卫生、社会保障和公共服务

年末全市拥有各类卫生机构9065个。其中，医院262个，乡镇卫生院190个，社区卫生机构187个，农村卫生室6011个。全市卫生机构拥有床位6.1万张。其中，医院4.4万张，乡镇卫生院0.6万张。卫生技术人员6.7万人。其中，执业（助理）医师2.8万人，注册护士3.0万人。全年总诊疗人次4036.5万人次。

图13：2017-2021年卫生技术人员人数

年末全市城镇职工基本养老保险覆盖人数257.0万人，比上年末增加4.5万人。其中，参保职工183.4万人，参保离退休人员73.6万人。城乡居民养老保险覆盖人数332.3万人，减少3.3万人，其中农村居民参保人数323.2万人。城乡基本医疗保险覆盖人数725.0万人。其中，城镇职工参保183.4万人，居民参保541.6万人。失业保险覆盖人数117.7万人，增加8.6万人。工伤保险覆盖人数135.9万人，其中参加工伤保险的农民工42.5万人。生育保险覆盖人数121.3万人。

全年发放城乡最低生活保障金4.3亿元，保障居民74061人。其中，10614人享受城市最低生活保障，63447人享受农村最低生活保障。城市低保标准每人每月770元，农村低保标准每人每年6312元。

年末全市拥有敬老院327家，床位32277张，收养照料人数15986人。儿童福利机构集中养育孤儿和社会散居孤儿每月基本生活费分别为1450元和1000元。

十二、人口和人民生活

年末全市常住人口769.70万人，比上年末减少2.15万人，其中城镇人口503.54万人，增加7.10万人。常住人口城镇化率65.42%，比上年提高1.10个百分点。

图14：2017-2021年常住人口及城镇化率

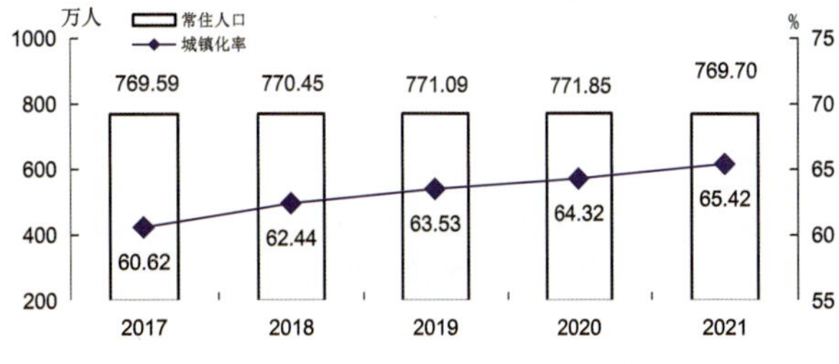

全年居民人均可支配收入37661元，比上年增长8.0%。按常住地分，城镇居民人均可支配收入47264元，增长6.6%；农村居民人均可支配收入22839元，增长10.4%。城乡居民人均可支配收入比值为2.07，比上年缩小0.07。居民人均消费支出24187元，比上年增长13.0%。按常住地分，城镇居民人均消费支出28784元，增长10.5%；农村居民人均消费支出17092元，增长18.4%。

图15：2017-2021年居民人均可支配收入及其增长速度

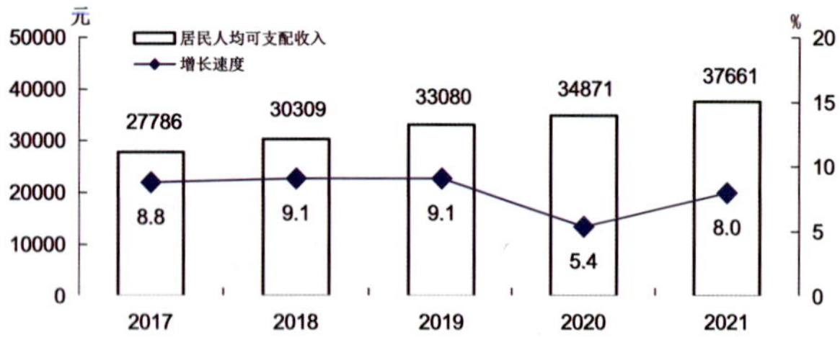

十三、环境保护和应急管理

全年环境空气质量优良天数256天，比上年增加19天。其中，优天56天，增加19天；重度污染及以上天数8天，减少4天。细颗粒物（PM2.5）年均浓度43微克/立方米，下降14.0%；可吸入颗粒物（PM10）年均浓度79微克/立方米，下降16.0%。

全年共发生各类生产安全事故93起，死亡84人。

注释：

[1]本公报2021年数据为快报统计数据。

[2]部分数据由于四舍五入，存在分项合计与总计不等的情况。

[3]公报中地区生产总值、各产业增加值绝对量按当年价格计算，增长速度按不变价格计算。

[4]按照我国地区生产总值统一核算和数据发布制度规定，地区生产总值核算包括初步核算和最终核实两个步骤。最终核实数据确定后，初步核算数据不再使用。经最终核实，2020年，全市地区生产总值现价总量为7180.6亿元，按不变价格计算，比上年增长4.4%。

[5]民营经济统计口径为除国有控股、港澳台商控股和外商控股以外的多种所有制经济，具体包括五类经济单位：民营企业（企业控股情况中除国有控股、港澳台商控股、外商控股之外的企业）；民间非营利组织（社会组织）；个体经营户和农村承包经营户；新型农业经营主体和其他民营组织。

[6]装备制造业包括金属制品业，通用设备制造业，专用设备制造业，汽车制造业，铁路、船舶、航空航天和其他运输设备制造业，电气机械和器材制造业，计算机、通信和其他电子设备制造业，仪器仪表制造业。

[7]房地产业投资除房地产开发投资外，还包括建设单位自建房屋以及物业管理、中介服务和其他房地产投资。

[8]财政相关数据为总决算口径。

[9]公报中部分数据来源于相关部门。

省内各城市相关数据排行表

表11：全省各市生产总值及位次

单位：亿元

城市	总量	位次	累计增长%	位次
全国	1143670	--	8.1	--
全省	40391.3	--	6.5	--
石家庄市	6013.7	2	6.6	7
承德市	1697.0	11	6.1	11
张家口市	1727.8	9	6.3	9
秦皇岛市	1843.8	8	6.8	4
唐山市	8230.6	1	6.7	6
廊坊市	3553.1	6	6.6	7
保定市	3725.0	5	7.2	1
沧州市	4163.4	3	7.0	2
衡水市	1703.1	10	6.8	4
邢台市	2427.1	7	6.2	10
邯郸市	4114.8	4	6.9	3
辛集市	476.6	1	7.0	1
定州市	363.7	2	6.5	2
石家庄（含辛集）	6490.3	--	6.6	--
保定市（含定州）	--	--	--	--

表12：全省各市第一产业增加值及位次

单位：亿元

城市	总量	位次	累计增长%	位次
全国	83086	--	7.1	--
全省	4030.3	--	6.3	--
石家庄市	451.6	2	6.4	9
承德市	373.7	5	7.8	1
张家口市	278.3	8	6.7	5
秦皇岛市	239.5	9	6.8	4
唐山市	606.5	1	6.6	6
廊坊市	216.3	11	4.2	11
保定市	412.9	3	7.2	2
沧州市	332.8	6	7.2	2
衡水市	237.9	10	6.5	8
邢台市	331.3	7	4.4	10
邯郸市	391.5	4	6.6	6
辛集市	53.2	2	3.7	2
定州市	85.5	1	4.7	1
石家庄（含辛集）	504.8	--	6.1	--
保定市（含定州）	--	--	--	--

表13：全省各市第二产业增加值及位次

单位：亿元

城 市	总量	位次	累计增长%	位次
全 国	450904	--	8.2	--
全 省	16364.2	--	4.8	--
石家庄市	1797.0	3	2.8	10
承 德 市	577.1	10	3.0	9
张家口市	478.7	11	1.7	11
秦皇岛市	657.1	8	5.6	1
唐 山 市	4546.8	1	4.1	8
廊 坊 市	1193.6	6	5.5	2
保 定 市	1352.0	5	5.2	4
沧 州 市	1728.4	4	5.1	5
衡 水 市	583.7	9	4.7	7
邢 台 市	958.9	7	5.4	3
邯 郸 市	1911.4	2	4.8	6
辛 集 市	310.1	1	7.6	1
定 州 市	136.6	2	7.2	2
石家庄（含辛集）	2107.1	--	3.5	--
保定市（含定州）	--	--	--	--

表14：全省各市规模以上工业增加值及位次

单位：亿元

城 市	规上工业增加值		高新产业增加值	
	增速%	位次	增速%	位次
全 国	9.6	--	--	--
全 省	4.9	--	12.0	--
石家庄市	4.4	9	11.3	8
承 德 市	2.6	11	15.9	3
张家口市	3.1	10	11.3	8
秦皇岛市	6.2	4	12.0	7
唐 山 市	4.9	8	7.4	11
廊 坊 市	8.3	2	13.1	6
保 定 市	11.4	1	15.0	4
沧 州 市	7.3	3	18.0	2
衡 水 市	5.7	5	14.4	5
邢 台 市	5.7	5	22.6	1
邯 郸 市	5.7	5	10.4	10
雄安新区	0.8	--	-24.9	--
辛 集 市	7.7	2	21.7	1
定 州 市	8.0	1	12.5	2
石家庄（含辛集）	4.5	--	--	--
保定市（含定州）	10.6	--	--	--

表15：全省各市第三产业增加值及位次

单位：亿元

城 市	总量	位次	累计增长%	位次
全 国	609680	--	8.2	--
全 省	19996.7	--	7.7	--
石家庄市	3765.1	1	8.2	6
承 德 市	746.3	11	7.3	10
张家口市	970.8	8	8.3	4
秦皇岛市	947.2	9	7.4	8
唐 山 市	3077.3	2	10.2	1
廊 坊 市	2143.1	3	7.4	8
保 定 市	1960.1	5	8.5	3
沧 州 市	2102.1	4	8.3	4
衡 水 市	881.5	10	8.1	7
邢 台 市	1136.9	7	7.3	10
邯 郸 市	1811.9	6	8.9	2
辛 集 市	113.3	2	7.0	1
定 州 市	141.6	1	6.8	2
石家庄（含辛集）	3878.4	--	8.2	--
保定市（含定州）	--	--	--	--

表16：全省各市规模以上工业利润及位次

单位：亿元

城 市	总量	位次	增速%	位次
全 国	87092.1	--	34.3	--
全 省	2294.3	--	10.6	--
石家庄市	345.7	2	15.8	4
承 德 市	142.4	7	30.2	2
张家口市	37.8	11	-51.7	11
秦皇岛市	196.9	4	13.4	6
唐 山 市	565.0	1	14.3	5
廊 坊 市	103.6	9	-4.2	8
保 定 市	136.9	8	-13.0	10
沧 州 市	155.9	6	99.4	1
衡 水 市	67.0	10	-5.5	9
邢 台 市	157.8	5	29.2	3
邯 郸 市	248.6	3	6.6	7
雄安新区	4.4	--	-21.0	--
辛 集 市	100.7	1	-16.7	2
定 州 市	31.6	2	28.3	1
石家庄（含辛集）	446.4	1	6.4	1
保定市（含定州）	173.0	2	-7.8	2

表17：全省各市固定资产投资及位次

单位：%

城 市	固定资产投资增速	位次	房地产投资增速	位次
全　　国	4.9	—	4.4	—
全　　省	3.0	—	9.2	—
石家庄市	-6.0	11	2.6	10
承 德 市	5.2	4	4.3	9
张家口市	2.0	9	-14.1	11
秦皇岛市	5.2	4	12.0	6
唐 山 市	7.0	1	12.6	5
廊 坊 市	5.4	3	16.6	4
保 定 市	6.9	2	7.1	8
沧 州 市	5.0	7	19.1	2
衡 水 市	5.1	6	17.5	3
邢 台 市	-2.6	10	22.4	1
邯 郸 市	3.3	8	11.6	7
雄安新区	22.1	—		—
辛 集 市	1.2	2	4.7	1
定 州 市	5.4	1	3.0	2
石家庄（含辛集）	-5.6	—	2.7	—
保定市（含定州）	11.6	—	6.6	—

表18：全省各市社会消费品零售总额及位次

单位：亿元

城 市	总量	位次	累计增长%	位次
全　　国	440823	—	12.5	—
全　　省	13509.9	—	6.3	—
石家庄市	2392.5	1	5.0	9
承 德 市	500.9	11	5.7	5
张家口市	640.7	8	14.0	1
秦皇岛市	592.5	10	5.0	9
唐 山 市	2143.2	2	5.7	5
廊 坊 市	1403.1	4	5.5	8
保 定 市	1490.5	3	9.5	2
沧 州 市	1114.7	6	6.0	4
衡 水 市	611.3	9	5.7	5
邢 台 市	1025.9	7	4.8	11
邯 郸 市	1276.0	5	6.3	3
雄安新区	102.4	—	12.6	—
辛 集 市	108.8	1	5.5	2
定 州 市	107.5	2	6.7	1
石家庄（含辛集）	2501.2	—	5.0	—
保定市（含定州）	1700.3	—	9.5	—

表19：全省各市工业投资及位次

单位：%

城 市	工　业投资增速	位次	工业技改投资增速	位次
全　　国	11.4	—	—	—
全　　省	0.7	—	-2.3	—
石家庄市	-8.6	10	-25.9	11
承 德 市	15.2	2	-13.2	8
张家口市	22.1	1	14.1	1
秦皇岛市	2.9	4	1.3	4
唐 山 市	7.8	3	0.9	5
廊 坊 市	-5.8	8	-14.4	9
保 定 市	0.8	6	13.2	2
沧 州 市	0.7	7	-1.4	6
衡 水 市	-8.5	9	-4.8	7
邢 台 市	-17.1	11	-14.4	9
邯 郸 市	2.1	5	8.6	3
雄安新区	-50.1	—	149.1	—
辛 集 市	-1.2	1	0.1	1
定 州 市	-1.6	2	-18.0	2
石家庄（含辛集）	-7.8	—	-21.8	—
保定市（含定州）	-4.2	—	10.7	—

表20：全省各市限额以上单位消费品零售额及位次

单位：亿元

城 市	总量	位次	累计增长%	位次
全　　国	164148	—	13.4	—
全　　省	4132.9	—	9.9	—
石家庄市	853.5	1	2.5	10
承 德 市	119.8	11	6.5	6
张家口市	393.7	4	59.4	1
秦皇岛市	168.5	10	2.9	9
唐 山 市	380.5	5	7.7	5
廊 坊 市	495.8	3	5.0	8
保 定 市	508.3	2	15.1	2
沧 州 市	358.0	6	8.3	4
衡 水 市	176.5	9	6.2	7
邢 台 市	248.8	8	0.3	11
邯 郸 市	345.8	7	8.8	3
雄安新区	15.0	—	47.0	—
辛 集 市	12.1	2	3.2	2
定 州 市	56.7	1	10.3	1
石家庄（含辛集）	865.6	—	2.5	—
保定市（含定州）	580.0	—	15.3	—

表21：全省各市一般公共预算收入及位次

单位：亿元

城 市	总量	位次	累计增长%	位次
全 国	111000	--	10.9	--
全 省	4167.6	--	8.9	--
石家庄市	654.1	1	8.1	9
承 德 市	126.0	11	8.5	6
张家口市	186.4	8	6.2	11
秦皇岛市	172.2	9	8.7	5
唐 山 市	552.7	2	9.0	3
廊 坊 市	390.5	3	8.4	8
保 定 市	312.5	5	11.3	1
沧 州 市	299.6	6	8.8	4
衡 水 市	136.6	10	7.4	10
邢 台 市	190.7	7	8.5	6
邯 郸 市	314.1	4	9.1	2
雄安新区	43.1	--	1.6	--
辛 集 市	27.3	2	0.6	2
定 州 市	28.1	1	9.1	1
石家庄（含辛集）	--	--	--	--
保定市（含定州）	--	--	--	--

表22：全省各市进出口、出口总额

单位：亿元

城 市	规上工业增加值		高新产业增加值	
	增速%	位次	增速%	位次
全 国	391009	--	21.4	--
全 省	5415.6	--	21.5	--
石家庄（含辛集）	1481.2	1	9.2	10
承 德 市	20.5	11	23.2	6
张家口市	51.5	10	31.5	3
秦皇岛市	401.1	5	11.7	9
唐 山 市	1420.9	2	36.3	2
廊 坊 市	510.0	3	29.8	5
保定市（含定州）	411.3	4	40.4	1
沧 州 市	373.8	6	14.8	8
衡 水 市	239.7	8	1.8	11
邢 台 市	206.1	9	21.3	7
邯 郸 市	279.4	7	30.6	4
雄安新区	20.2	--	64.4	--

表23：全省各市实际利用外资及位次

单位：万美元

城 市	总量	位次	累计增长%	位次
全 国	17348000	--	20.2	--
全 省	1161405	--	5.3	--
石家庄市	192647	2	5.2	5
承 德 市	12026	11	-44.1	11
张家口市	41186	9	-15.8	10
秦皇岛市	147729	4	11.6	2
唐 山 市	209966	1	7.9	4
廊 坊 市	122407	5	40.1	1
保 定 市	94135	6	-8.7	9
沧 州 市	74574	8	-7.0	7
衡 水 市	26095	10	-7.8	8
邢 台 市	78654	7	2.1	6
邯 郸 市	148946	3	10.8	3
雄安新区	1206	--	-82.3	--
辛 集 市	1140	2	-35.0	2
定 州 市	6618	1	81.1	1

表24：全省各市出口总额及位次

单位：亿元

城 市	规上工业增加值		高新产业增加值	
	增速%	位次	增速%	位次
全 国	217348	--	21.2	--
全 省	3029.8	--	20.2	--
石家庄（含辛集）	857.1	1	9.1	10
承 德 市	16.4	11	36.8	4
张家口市	43.8	10	43.1	2
秦皇岛市	235.5	5	13.9	9
唐 山 市	416.6	2	19.0	8
廊 坊 市	238.0	4	39.8	3
保定市（含定州）	370.7	3	45.4	1
沧 州 市	229.3	6	33.6	5
衡 水 市	217.1	7	-1.2	11
邢 台 市	183.2	9	21.3	7
邯 郸 市	207.4	8	31.1	6
雄安新区	14.7	--	46.4	--

表25：全省各市进口总额及位次

单位：亿元

城市	规上工业增加值		高新产业增加值	
	增速%	位次	增速%	位次
全　国	173661	—	21.5	—
全　省	2385.9	—	23.2	—
石家庄（含辛集）	624.1	2	9.2	6
承德市	4.1	11	-11.8	11
张家口市	7.6	10	-10.4	10
秦皇岛市	165.7	4	8.7	7
唐山市	1004.2	1	45.1	2
廊坊市	272.0	3	22.2	4
保定市（含定州）	40.6	7	7.1	8
沧州市	144.4	5	-6.1	9
衡水市	22.6	9	45.4	1
邢台市	23.0	8	20.8	5
邯郸市	72.0	6	29.2	3
雄安新区	5.5	—	143.8	—

26：全省各市城镇居民人均可支配收入及位次

单位：元

城市	总量	位次	累计增长%	位次
全　国	47412	—	8.2	—
全　省	39791	—	6.7	—
石家庄市	43024	3	6.9	7
承德市	36767	9	8.4	1
张家口市	38122	7	7.1	5
秦皇岛市	42567	4	6.6	9
唐山市	47264	2	6.6	9
廊坊市	48912	1	7.0	6
保定市	37314	8	7.9	2
沧州市	40411	5	6.8	8
衡水市	35748	10	7.6	3
邢台市	35228	11	6.4	11
邯郸市	38124	6	7.4	4
辛集市	41882	1	7.0	2
定州市	40715	2	7.2	1

表27：全省各市居民人均可支配收入及位次

单位：元

城市	总量	位次	累计增长%	位次
全　国	35128	—	9.1	—
全　省	29383	—	8.3	—
石家庄市	33555	3	8.4	7
承德市	25661	10	10.5	1
张家口市	27983	8	9.0	4
秦皇岛市	30748	4	8.2	9
唐山市	37661	1	8.0	10
廊坊市	37347	2	8.7	6
保定市	28252	7	10.1	2
沧州市	29146	6	8.4	7
衡水市	25880	9	10.0	3
邢台市	25626	11	7.8	11
邯郸市	29287	5	8.8	5
辛集市	32428	1	8.5	2
定州市	30937	2	8.7	1

表28：全省各市农村居民人均可支配收入及位次

单位：元

城市	总量	位次	累计增长%	位次
全　国	18931	—	10.5	—
全　省	18179	—	10.4	—
石家庄市	18676	5	10.2	9
承德市	14852	11	12.6	2
张家口市	15979	10	12.8	1
秦皇岛市	17793	6	10.6	6
唐山市	22839	1	10.4	7
廊坊市	21735	2	10.2	9
保定市	18957	3	11.6	4
沧州市	17547	7	10.3	8
衡水市	16912	8	12.0	3
邢台市	16438	9	10.0	11
邯郸市	18796	4	11.3	5
辛集市	22571	1	10.6	1
定州市	21138	2	10.6	1

索引

SuoYin

说明：

一、本类目含主题索引、插图、表、补白4个分目。

二、主题索引按主题词首字汉语拼音字母顺序排列，第一字相同，按第二字音序排列，依此类推。

三、篇目、分目用黑体红字标明，子目用楷体红色字标明，条目用宋体字标明。标引词后的数字表示内容所在页码，字母a、b、c分别表示从左至右第一、二、三栏。各篇目只标示页码。

四、“大事记”“报道唐山新闻要目”“统计资料”内容不做索引。“特载”“权威媒体看唐山”“重要文献”内容只标示页码。

五、插图、表、补白按前后顺序排列，只标示页码。

主题索引

插图

表（不含《统计公报》）

补　白

唐山市行政区划图

北京市
辽宁省
承德市
秦皇岛
兴隆县
鹰手营子矿区
宽城满族自治县
青龙满族自治县
卢龙县
抚宁区
昌黎县
迁西县
迁安市
遵化市
玉田县
丰润区
古冶区
潘家口水库
大黑汀水库
桃林口水库
洋河水库
水胡同水库
于桥水库
邱庄水库
般若院水库
老虎沟水库
雾灵山
雾灵山国家自然保护区
五指山
都山

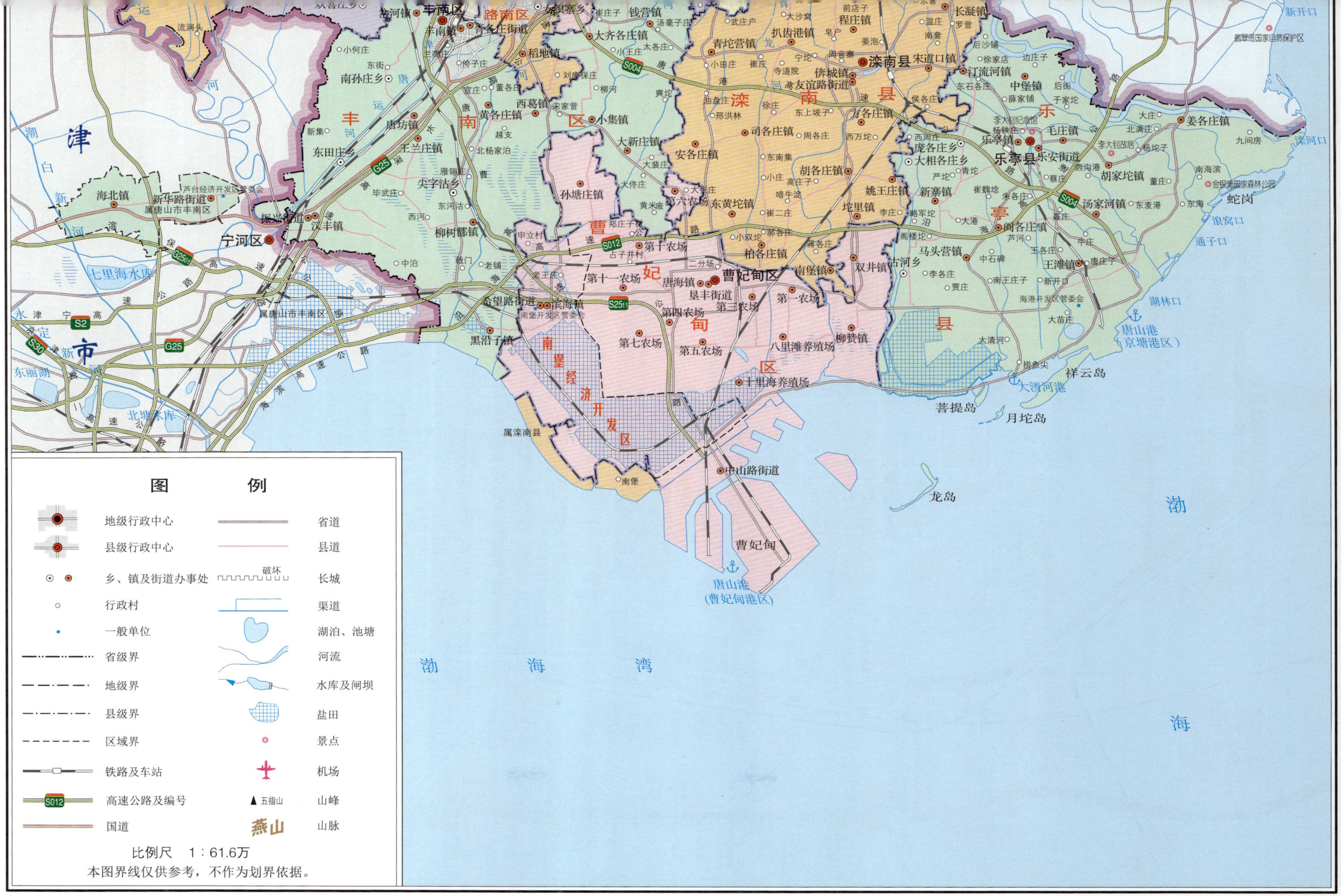

审图号：冀S（2021）37号

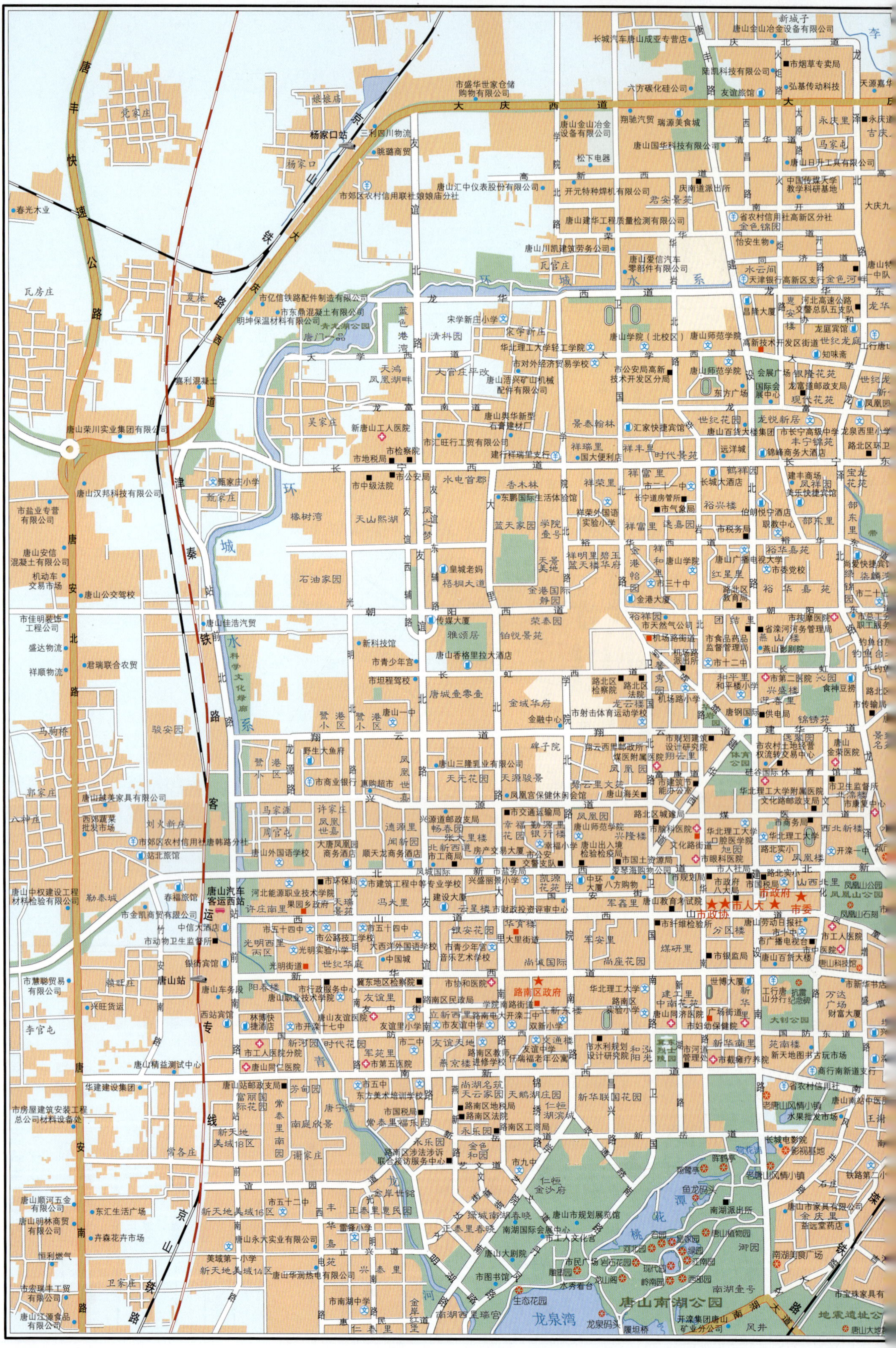

审图号：冀S（2021）37号

唐山市主城区图

图　例
街区及街道
高速铁路
铁路及车站
高速公路
环路、快速公路
主要街道
次要街道
一般街道
市政府驻地
县、区政府驻地
乡、镇政府街道办事处
机关事业单位
汽车站
医院
学校
宾馆、酒店、大厦
金融、保险
一般单位
景点
体育场
河流
渠道
湖泊、池塘
公园、绿地
唐山市动物园
开平区政府
开平站
屈庄站
唐山汽车客运东站
越河镇
越河镇政府
唐山绕城高速公路
开平镇政府
开平街道
开平区交通运输局
开平区民政局
开平区地税局
市公安局开平区分局
开平区教育局
开平区医院
开平区商务局
开平区城管局
开平区邮政支局
开平区国税局
开平区燃气公司
开平区宏祥工业气体有限公司
开平区治城化工厂
开平区三星电工导线厂
开平区创业孵化基地
唐山开平高新技术开发区管委会
唐山钢铁集团有限责任公司
唐山学院（东校区）
唐山工业职业技术学院
河北科技大学唐山分院
唐山市第四医院
唐钢体育中心
唐钢文化广场
唐山友好医院
唐山钢铁集团医院
市中医医院
市人民医院
中国近代工业博物馆
市第一职业中专
唐山华新集团毛巾有限责任公司
唐山天马物流有限公司
市兴唐技校
市第六轧钢厂
市救护队
开平区教师进修学校
开平区第一实验小学
古镇新城
华岐生活区
东城景苑
东城绿庭
开平一街
开平二街
开平三街
开平四街
开平五街
开平六街
开平西城
开平东城
清真寺
玉湖源
市四十九中
市冲压中心
赵庄
东八里
西八里
中八里
税北
税后
税东
东刘庄
康各庄
罗各庄
西马各庄
东马各庄
西王盼庄
中王盼庄
老谢庄
刘营庄
石家庄
褚各庄
国各庄
耿家营
东窑
上村
新立庄
马家沟
东越河
东越河小学
东越河花苑
富荣物流苑
济雅园
苗莆里
河联园
东港龙城
钢城春色
华新公园
东风小康唐山万达专修店
唐山欧伦特高压电瓷有限公司
唐山伟业机械数控制造
北方佳源钢材加工配送公司
市宏泰新型建材有限公司
唐山盛世国际汽车园发展有限公司
河北冶金高级技工学校
市畜牧水产品质量检测中心
唐山建工集团有限公司
市神农果树高科技示范园
河北德骏工程机械销售有限公司
华北建材市场
开平建材市场
唐山振华轧钢有限公司
唐山万达塑业有限公司
河北盛业实业集团有限公司
唐山宏方贸易有限公司
市隆潮新型建材有限公司
唐山星凯国际贸易有限公司
唐山驾驶员培训学校
市东山市政工程有限公司
新凤凰大酒店
爱途快捷酒店
唐山众联环境检测有限公司
唐山特检
海马汽车唐山雅莱店
十通汽车专卖
唐山凯博星工贸有限公司
唐山拓普生物科技有限公司
市公交总公司东郊停车场
康各庄小学
康明家苑
市公安交警支队车辆管理所
开平区冀东汽车市场
中陶洁具
宝鑫钢铁公司
市兴业工贸集团有限公司
欧尚宾馆
税务庄房管所
税务庄街道
路南区职业技术学校
市宏伟园艺有限公司
唐钢设备机动处
河北钢铁建设集团制修厂
唐钢集团金恒企业发展总公司
唐山兴华水泥厂
市莫来石砂厂
省九洲技工学校
开滦国各庄矿业公司
市半钢电炉炼钢厂
果品批发市场
开平公园
半壁店文化中心
半壁店
西新苑
东新苑
北别墅
西新苑别墅区
市工商中等专业学校
河北钢铁集团采购总公司唐钢分公司
缸窑耐火材料厂
市华信陶瓷制品有限公司
市国华陶瓷有限公司
唐山工业职业技术学院
金鼎园
高各庄
市公安局钢城分局
市建材产品质量监督检验站
市兴源瓷业有限公司
缸窑里
缸窑街道
沿河东楼
唐山市第十五中学
市长征机械厂
市公安局唐马路治安检查站
洞东科技
开滦集团马家沟矿业有限公司
唐山马家沟耐火材料有限责任公司
唐山怀德医院
市自强中学
市开平综合职业技术学校
鞍轮集团唐山总经销
开平体校
马矿新区
唐山陶瓷有限公司销售分公司
唐山华龙陶瓷有限公司
红玫瑰陶瓷销售大厅
精诚骨质瓷
中外合资华美瓷有限公司
景盛骨质瓷厂
冀东水泥
唐山市美玉瓷厂
前屈庄
福园小区
屈庄小学
中屈庄
金土地牛奶屋
金城快捷酒店
润友快捷酒店
市国土局开平区分局
北环道
外环道
东城道
中兴道
普光道
佳园道
园区道
新华东道
南新东道
大庆道
西北环路
唐丰铁路
七滦铁路
开越路
开平路
荆矿铁路
光明南里
东湖御墅
市东新村街道
唐山汽车客运东站
市税东中学
市饲料研究所
中行税钢分理处
税钢小学
税钢市场
唐钱楼小学
市传染病医院
唐山华新集团毛巾有限责任公司
市天南节能保温材料有限公司
市农业科学研究院
市植物保护检疫站
唐山东联陶瓷有限公司
市农业技术市场
市沥石混凝土有限公司
唐山冀东有限公司威志夏利
唐山顺航商贸有限公司
海都国际广场
唐山义乌小商品城
市公安局刑事科学技术研究所
市胜利油脂化工有限公司
市科技职业技术学院
永信实业
佳建局保障性住房
市国税局第一稽查局
市线材有限责任公司
市鑫和园科贸有限公司
荷花坑
胜利小学
市第十医院
唐山肛肠医院
文化北后街街道
工行唐山唐古支行
吉祥米家楼
唐钢宾馆
大洪桥楼
路南区工商局
市人民医院
女织寨分局
市第四医院
中新药业
荷花盛世
凤城盛世
胜利路
华岩路
唐马路
缸窑路
建设路
大里路
小山
路南区

旅游线路示意图

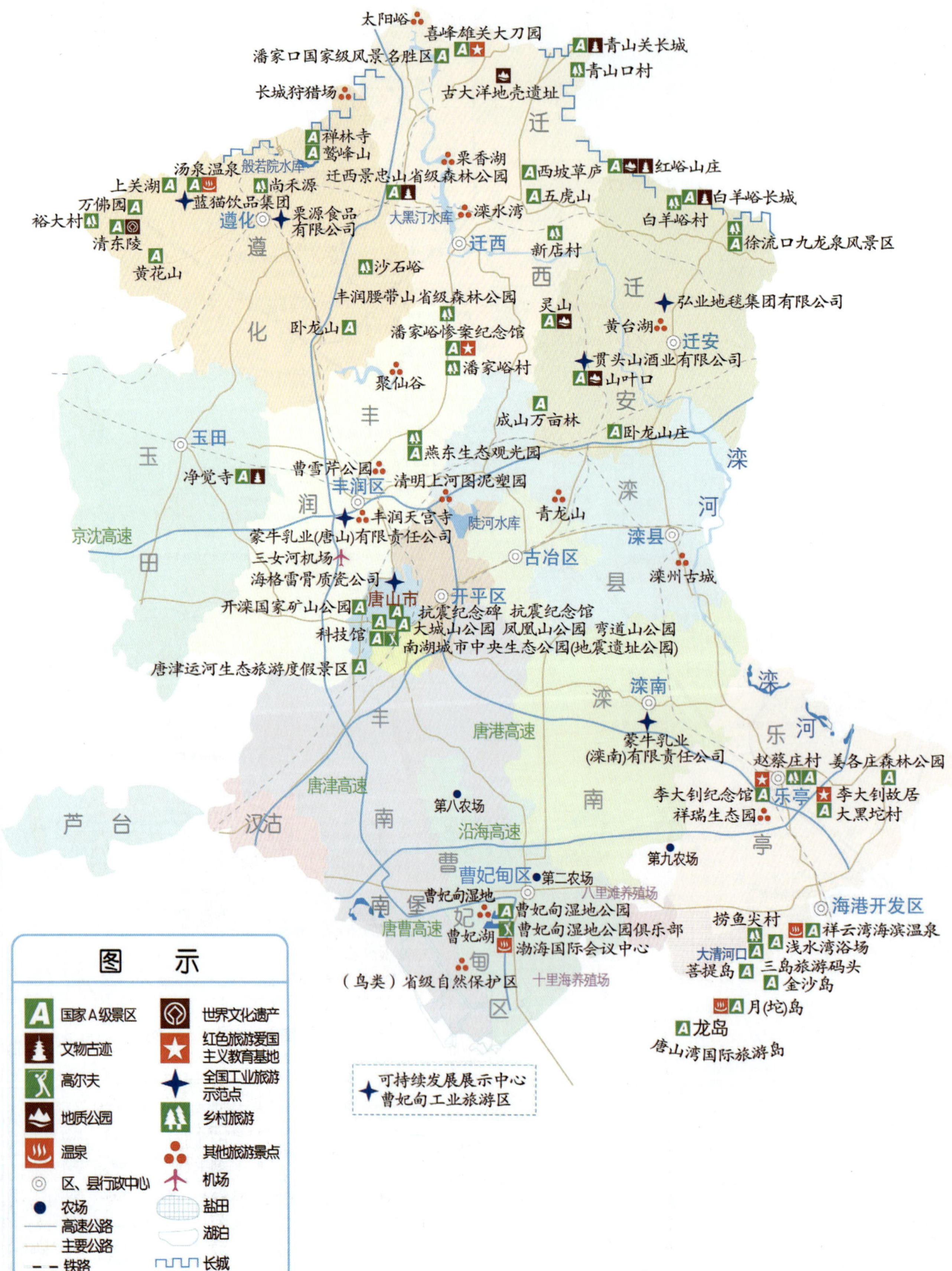

太阳峪
喜峰雄关大刀园
潘家口国家级风景名胜区
青山关长城
青山口村
长城狩猎场
古大洋地壳遗址
迁
禅林寺
鹫峰山
汤泉温泉
般若院水库
栗香湖
迁西景忠山省级森林公园
西坡草庐
红峪山庄
上关湖
尚禾源
五虎山
白羊峪长城
万佛园
蓝猫饮品集团
滦水湾
白羊峪村
裕大村
遵化
栗源食品有限公司
大黑汀水库
迁西
徐流口九龙泉风景区
清东陵
遵
新店村
黄花山
沙石峪
西
迁
丰润腰带山省级森林公园
灵山
弘业地毯集团有限公司
化
卧龙山
潘家峪惨案纪念馆
黄台湖
迁安
贯头山酒业有限公司
聚仙谷
潘家峪村
山叶口
安
丰
成山万亩林
玉田
卧龙山庄
滦
玉
燕东生态观光园
净觉寺
曹雪芹公园
清明上河图泥塑园
滦
丰润区
润
丰润天宫寺
青龙山
河
京沈高速
陡河水库
蒙牛乳业(唐山)有限责任公司
滦县
田
三女河机场
古冶区
滦州古城
县
海格雷骨质瓷公司
唐山市
开平区
开滦国家矿山公园
抗震纪念碑 抗震纪念馆
大城山公园 凤凰山公园 弯道山公园
科技馆
南湖城市中央生态公园(地震遗址公园)
唐津运河生态旅游度假景区
滦南
滦
滦
丰
唐港高速
蒙牛乳业
(滦南)有限责任公司
乐
河
赵蔡庄村
姜各庄森林公园
唐津高速
李大钊纪念馆
乐亭
李大钊故居
第八农场
南
祥瑞生态园
大黑坨村
芦
台
汉沽
南
沿海高速
亭
曹
第九农场
曹妃甸区
第二农场
曹妃甸湿地
八里滩养殖场
海港开发区
南
堡
妃
曹妃甸湿地公园
捞鱼尖村
唐曹高速
曹妃湖
曹妃甸湿地公园俱乐部
祥云湾海滨温泉
渤海国际会议中心
浅水湾浴场
大清河口
甸
菩提岛
三岛旅游码头
（鸟类）省级自然保护区
十里海养殖场
金沙岛
区
月(坨)岛
龙岛
唐山湾国际旅游岛
可持续发展展示中心
曹妃甸工业旅游区
图 示
国家A级景区
世界文化遗产
文物古迹
红色旅游爱国主义教育基地
高尔夫
全国工业旅游示范点
地质公园
乡村旅游
温泉
其他旅游景点
区、县行政中心
机场
农场
盐田
高速公路
湖泊
主要公路
铁路
长城